"十二五"国家重点图书出版规划项目·新世纪法学教育丛书

中国刑法各罪论

◆ 阮齐林 著

中国政法大学出版社
2016·北京

声　明　1. 版权所有，侵权必究。
　　　　2. 如有缺页、倒装问题，由出版社负责退换。

图书在版编目（CIP）数据

中国刑法各罪论/阮齐林著.—北京：中国政法大学出版社，2016.12
ISBN 978-7-5620-7166-2

Ⅰ.①中… Ⅱ.①阮… Ⅲ.①刑罚－研究－中国 Ⅳ.①D924.124

中国版本图书馆CIP数据核字(2016)第278781号

出 版 者	中国政法大学出版社
地　　址	北京市海淀区西土城路25号
邮　　箱	fadapress@163.com
网　　址	http://www.cuplpress.com（网络实名：中国政法大学出版社）
电　　话	010-58908435(第一编辑部) 58908334(邮购部)
承　　印	固安华明印业有限公司
开　　本	787mm×1092mm　1/16
印　　张	36.25
字　　数	975千字
版　　次	2016年12月第1版
印　　次	2016年12月第1次印刷
印　　数	1~4000册
定　　价	69.00元

作者简介

阮齐林 男，中国政法大学刑事司法学院教授。1957年10月出生，安徽省枞阳人，法学博士，刑法专业博士生导师。

1978年考入西南政法学院读法律本科，1982年考入中国政法大学读刑法专业硕士研究生，1985年留校任教，从事刑法教学工作。1992年10月至1994年4月由国家教委派遣日本东京大学进修刑法学。2000年考入北京大学攻读刑法学博士学位，2003年获法学博士学位。先后为本科生、双学士和硕士研究生讲授中国刑法、英美刑法、日本刑法、国际刑法、刑法实务等课程，为博士生开外国刑法、刑法讲座。

曾担任中国法学会刑法学研究会第五届理事会副会长兼秘书长；中国政法大学校学术委员会委员（2001~2004届）；2000年6月至2002年6月曾兼任北京市朝阳区人民检察院副检察长。现担任中国法学会刑法学研究会第六届理事，国家检察官学院兼职教授。

著述有：《毛泽东刑事法律思想初探》（中国检察出版社1991年版，与张穹合著）、《中国刑法上的量刑制度与实务》（法律出版社2003年版）、《刑法总则案例教程》（中国政法大学出版社1999年版）、《刑法案例研习教程》（高等教育出版社2005年版，与康瑛合著）。在《法学研究》《中国法学》等期刊上发表学术论文十余篇。

编写说明

这本《中国刑法各罪论》是以我著的《刑法学（第三版）》"分则编"为基础，经修改、增补而来的。相比《刑法学（第三版）》，本书修改的内容很多：一是近五年来出台了许多新的司法解释，需要更新；二是自己对许多罪名也有了新认识，对其中常见罪名的内容改动较大。本书增补的内容也很多：一是增加了《刑法修正案（九）》的相关内容，二是增加了最高司法机关的指导案例。

这次修改、增补的主旨，首先是尽量反映近些年刑法各罪理论和实务的新发展；其次是力图反映自己的犯罪论体系倾向：以罪状为核心的刑法教义学，即以分则各罪特殊构成要件为核心，从客观、主观两方面把握构成要件内容（要素），从司法进路掌握各罪的适用。审查行为是否成立犯罪，首先应审查是否具备（或实施、实现、该当、符合）分则某刑罚法规的客观要件，然后再审查行为人对自己具备客观要件之行为是否"明知"。定罪量刑的客观要素、主观要素永远应精确到分则某条具体的刑罚法规。

最后，需要说明一下"罪量"概念。"罪量"作为刑法学体系性概念，在《陈兴良刑法教科书》[1]中被首次使用。本书在同样意义上使用，以标示刑法各罪的危害性程度或者违法与犯罪的界限。中国惩罚危害行为采取行政罚与刑事罚二元体系，且极为分明。与此相对应，司法机关出台了大量的刑事"立案标准"以及其他司法解释，为刑事司法提供具体而详细的标准，以便清晰区分违法与犯罪。

阮齐林
2016 年 11 月

---

[1] 陈兴良：《陈兴良刑法教科书》，中国政法大学出版社 2003 年版。

规范性法律文件名称缩略语

缩略语	规范性法律文件名称
《刑法》	中华人民共和国刑法（1997年修订）
刑法修正案	中华人民共和国刑法修正案
《保守国家秘密法》	中华人民共和国保守国家秘密法（2010年修订）
反恐法	中华人民共和国反恐怖主义法（2015年发布）
● 立法解释	
《刑法第228、342、410条的解释》	全国人民代表大会常务委员会关于《中华人民共和国刑法》第二百二十八条、第三百四十二条、第四百一十条的解释（2001发布，2009修正）
《渎职罪主体的解释》	全国人民代表大会常务委员会关于《中华人民共和国刑法》第九章渎职罪主体适用问题的解释（2002）
《刑法第313条的解释》	全国人民代表大会常务委员会关于《中华人民共和国刑法》第三百一十三条的解释（2002）
《刑法第384条第1款的解释》	全国人民代表大会常务委员会关于《中华人民共和国刑法》第三百八十四条第一款的解释（2002）
《刑法第294条第1款的解释》	全国人民代表大会常务委员会关于《中华人民共和国刑法》第二百九十四条第一款的解释（2002）
《信用卡的解释》	全国人大常委会关于《中华人民共和国刑法》有关信用卡规定的解释（2004）
《古脊椎动物化石的解释》	全国人大常委会关于《中华人民共和国刑法》有关文物的规定适用于具有科学价值的古脊椎动物化石、古人类化石的解释（2005）
《第158、159条解释》	全国人民代表大会常务委员会关于《中华人民共和国刑法》第一百五十八条、第一百五十九条的解释（2014）
《第341、312条解释》	全国人民代表大会常务委员会关于《中华人民共和国刑法》第三百四十一条、第三百一十二条的解释（2014）
● 司法解释	
《重婚批复》	最高人民法院关于如何认定重婚行为问题的批复（1958，现已失效）
《办理强奸案解答》	最高人民法院、最高人民检察院、公安部关于当前办理强奸案件中具体应用法律的若干问题的解答（1984）

续表

缩略语	规范性法律文件名称
《办理经济犯罪案解答》	最高人民法院、最高人民检察关于当前办理经济犯罪案件中具体应用法律的若干问题的解答（试行）(1985，现已失效)
《窝藏、包庇罪答复》	最高人民法院关于窝藏、包庇罪中"事前通谋的，以共同犯罪论处"如何理解的请示答复（1986，现已失效）
《办理文物案解释》	最高人民法院、最高人民检察院关于办理盗窃、盗掘、非法经营和走私文物的案件具体应用法律的若干问题的解释（1987，现已失效）
《非邮电工作人员窃取财物批复》	最高人民检察院关于非邮电工作人员非法开拆他人信件并从中窃取财物案件定性问题的批复（1989，现已失效）
《拐卖绑架妇女儿童案解答》	最高人民法院、最高人民检察院《关于执行〈全国人民代表大会常务委员会关于严惩拐卖、绑架妇女、儿童的犯罪分子的决定〉的若干问题的解答》（1992，现已失效）
《铁路法刑事罚则解释》	最高人民法院关于执行《中华人民共和国铁路法》中刑事罚则若干问题的解释（1993，现已失效）
《聘用或委托人员批复》	最高人民检察院关于受监管机关正式聘用或委托履行监管职务的人员能否成为体罚虐待人犯罪和私放罪犯罪主体的批复（1994，现已失效）
《设置圈套诱骗参赌批复》	最高人民法院关于对设置圈套诱骗他人参赌又向索还钱财的受骗者施以暴力或暴力威胁的行为应如何定罪问题的批复（1995）
《办理违反公司法刑案解释》	最高人民法院关于办理违反公司法受贿、侵占、挪用等刑事案件适用法律若干问题的解释（1995，现已失效）
《审判严重刑案答复（三）》	最高人民法院关于人民法院审判严重刑事犯罪案件中具体应用法律的若干问题的答复（三）（1985，现已失效）
《审理诈骗案解释》	最高人民法院关于审理诈骗案件具体应用法律的若干问题的解释（1996，现已失效）
《增值税专用发票解释》	最高人民法院关于适用《全国人民代表大会常务委员会关于惩治虚开、伪造和非法出售增值税专用发票犯罪的决定》的若干问题的解释（1996）
《审理盗窃案解释》	最高人民法院关于审理盗窃案件具体应用法律若干问题的解释（1998，现已失效）

续表

缩略语	规范性法律文件名称
《审理挪用公款案解释》	最高人民法院关于审理挪用公款案件具体应用法律若干问题的解释（1998）
《审理非法出版物刑案解释》	最高人民法院关于审理非法出版物刑事案件具体应用法律若干问题的解释（1998）
《审理外汇刑案解释》	最高人民法院关于审理骗购外汇、非法买卖外汇刑事案件具体应用法律若干问题的解释（1998）
《机动车案规定》	最高人民法院、最高人民检察院、公安部、国家工商行政管理局关于依法查处盗窃、抢劫机动车案件的规定（1998）
《审理拒不执行判决、裁定案解释》	最高人民法院关于审理拒不执行判决、裁定案件具体应用法律若干问题的解释（1998，现已失效）
《自侦案件立案标准》	最高人民检察院关于人民检察院直接受理立案侦查案件立案标准的规定（试行）（1999）
《维护农村稳定座谈会纪要》	全国法院维护农村稳定刑事审判工作座谈会纪要（1999）
《查处严重行贿通知》	最高人民法院、最高人民检察院关于在办理受贿犯罪大要案的同时要严肃查处严重行贿犯罪分子的通知（1999）
《审理车票刑案解释》	最高人民法院关于审理倒卖车票刑事案件有关问题的解释（1999）
《村民小组组长批复》	最高人民法院关于村民小组组长利用职务便利非法占有公共财物行为如何定性问题的批复（1999）
《办理邪教组织案解释》	最高人民法院、最高人民检察院关于办理组织和利用邪教组织犯罪案件具体应用法律若干问题的解释（1999）
《审理电信市场案解释》	最高人民法院关于审理扰乱电信市场管理秩序案件具体应用法律若干问题的解释（2000）
《审理伪造货币案解释》	最高人民法院关于审理伪造货币等案件具体应用法律若干问题的解释（2000）
《走私解释（一）》	最高人民法院关于审理走私刑事案件具体应用法律若干问题的解释（2000，现已失效）
《审理强奸案解释》	最高人民法院关于审理强奸案件有关问题的解释（2000，现已失效）
《邮票解释》	最高人民法院关于对变造、倒卖变造邮票行为如何适用法律问题的解释（2000）
《审理森林资源刑案解释》	最高人民法院关于审理破坏森林资源刑事案件具体应用法律若干问题的解释（2000）

续表

缩略语	规范性法律文件名称
《适用财产刑规定》	最高人民法院关于适用财产刑若干问题的规定（2000）
《审理贪污、职务侵占案共同犯罪解释》	最高人民法院关于审理贪污、职务侵占案件如何认定共同犯罪几个问题的解释（2000）
《审理毒品案纪要》（南宁）	全国法院审理毒品犯罪案件工作座谈会纪要（2000，现已失效）
《审理交通肇事刑案解释》	最高人民法院关于审理交通肇事刑事案件具体应用法律若干问题的解释（2000）
《审理土地资源刑案解释》	最高人民法院关于审理破坏土地资源刑事案件具体应用法律若干问题的解释（2000）
《为索取非法债务非法拘禁解释》	最高人民法院关于对为索取法律不予保护的债务非法拘禁他人行为如何定罪问题的解释（2000）
《审理拐卖妇女案解释》	最高人民法院关于审理拐卖妇女案件适用法律有关问题的解释（2000）
《拐卖妇女儿童案通知》	最高人民法院、最高人民检察院、公安部等六部门关于打击拐卖妇女儿童犯罪有关问题的通知（2000）
《审理抢劫案解释》	最高人民法院关于审理抢劫案件具体应用法律若干问题的解释（2000）
《基金会人员批复》	最高人民法院关于农村合作基金会从业人员犯罪如何定性问题的批复（2000）
《挪用尚未注册公司资金批复》	最高人民检察院关于挪用尚未注册成立公司资金的行为适用法律问题的批复（2000）
《刑法第272条批复》	最高人民法院关于如何理解刑法第二百七十二条规定的"挪用本单位资金归个人使用或者借贷给他人"问题的批复（2000）
《妨害公务罪认定批复》	最高人民检察院关于以暴力威胁方法阻碍事业编制人员依法执行行政执法职务是否可对侵害人以妨害公务罪论处的批复（2000）
《审理野生动物资源刑案解释》	最高人民法院关于审理破坏野生动物资源刑事案件具体应用法律若干问题的解释（2000）
《审理毒品案量刑解释》	最高人民法院关于审理毒品案件定罪量刑标准有关问题的解释（2000，现已失效）
《审理黑社会性质组织案解释》	最高人民法院关于审理黑社会性质组织犯罪的案件具体应用法律若干问题的解释（2000）

续表

缩略语	规范性法律文件名称
《拒不执行调解书答复》	最高人民法院研究室关于拒不执行人民法院调解书的行为是否构成拒不执行判决、裁定罪的答复（2000）
《非特定公物批复》	最高人民检察院关于国家工作人员挪用非特定公物能否定罪的请求的批复（2000）
《证监会主体认定答复函》	最高人民检察院对《关于中国证监会主体认定的请示》的答复函（2000）
《镇财政所所长批复》	最高人民检察院关于镇财政所所长是否适用国家机关工作人员的批复（2000）
《狱医批复》	最高人民法院关于未被公安机关正式录用的人员、狱医能否构成失职致使在押人员脱逃罪主体问题的批复（2000）
《合同制民警批复》	最高人民检察院关于合同制民警能否成为玩忽职守罪主体问题的批复（2000）
《工商所所长批复》	最高人民检察院关于属工人编制的乡（镇）工商所所长能否依照刑法第397条的规定追究刑事责任问题的批复（2000）
《传销批复》	最高人民法院关于情节严重的传销或者变相传销行为如何定性问题的批复（2001，现已失效）
《办理伪劣商品刑案解释》	最高人民法院、最高人民检察院关于办理生产、销售伪劣商品刑事案件具体应用法律若干问题的解释（2001）
《审理金融犯罪案座谈会纪要》	全国法院审理金融犯罪案件工作座谈会纪要（2001）
《审理国家秘密、情报案解释》	最高人民法院关于审理为境外窃取、刺探、收买、非法提供国家秘密、情报案件具体应用法律若干问题的解释（2001）
《审理枪支、弹药、爆炸物刑案解释》	最高人民法院关于审理非法制造、买卖、运输枪支、弹药、爆炸物等刑事案件具体应用法律若干问题的解释（2001，已于2009年被修改）
《〈审理枪支、弹药、爆炸物刑案解释〉通知》	最高人民法院对执行《关于审理非法制造、买卖、运输枪支、弹药、爆炸物等刑事案件具体应用法律若干问题的解释》有关问题的通知（2001，现已失效）
《失职致使在押人员脱逃案解释》	最高人民检察院关于工人等非监管机关在编监管人员私放在押人员行为和失职致使在押人员脱逃行为适用法律问题的解释（2001）

续表

缩略语	规范性法律文件名称
《抢劫杀人案批复》	最高人民法院关于抢劫过程中故意杀人案件如何定罪问题的批复（2001）
《国有控股、参股公司管理人员批复》	最高人民法院关于在国有资本控股、参股的股份有限公司中从事管理工作的人员利用职务便利非法占有本公司财物如何定罪问题的批复（2001）
《办理高等院校学历证明刑案解释》	最高人民法院、最高人民检察院关于办理伪造、贩卖伪造的高等院校学历、学位证明刑事案件如何适用法律问题的解释（2001）
《办理邪教组织案解释（二）》	最高人民法院、最高人民检察院关于办理组织和利用邪教组织犯罪案件具体应用法律若干问题的解释（二）（2001）
《嫖宿幼女罪解释》	最高人民检察院关于构成嫖宿幼女罪主观上是否需要具备明知要件的解释（2001）
《离退休后收受财物批复》	最高人民法院关于国家工作人员利用职务上的便利为他人谋取利益离退休后收受财物行为如何处理问题的批复（2001）
《办理非法经营食盐刑案解释》	最高人民检察院关于办理非法经营食盐刑事案件具体应用法律若干问题的解释（2002）
《审理出口退税刑案解释》	最高人民法院关于审理骗取出口退税刑事案件具体应用法律若干问题的解释（2002）
《单位组织盗窃批复》	最高人民检察院关于单位有关人员组织实施盗窃行为如何适用法律问题的批复（2002）
《办理走私刑案意见》	最高人民法院、最高人民检察院、海关总署关于办理走私刑事案件适用法律若干问题的意见（2002）
《审理抢夺刑案解释》	最高人民法院关于审理抢夺刑事案件具体应用法律若干问题的解释（2002，现已失效）
《非法经营电信业务批复》	最高人民检察院关于非法经营国际或港澳台地区电信业务行为法律适用问题的批复（2002）
《办理药品刑案解释》	最高人民法院、最高人民检察院关于办理非法生产、销售、使用禁止在饲料和动物饮用水中使用的药品等刑事案件具体应用法律若干问题的解释（2002）
《审理偷税抗税刑案解释》	最高人民法院关于审理偷税抗税刑事案件具体应用法律若干问题的解释（2002）

续表

缩略语	规范性法律文件名称
《公安机构批复》	最高人民检察院关于企业事业单位的公安机构在机构改革过程中其工作人员能否构成渎职侵权犯罪主体问题的批复（2002）
《渎职侵权重特大案件标准》	人民检察院直接受理立案侦查的渎职侵权重特大案件标准（试行）（2002）
《审理武装部队车辆号牌刑案解释》	最高人民法院关于审理非法生产、买卖武装部队车辆号牌等刑事案件具体应用法律若干问题的解释（2002，现已失效）
《伪造证据答复》	最高人民检察院法律政策研究室关于通过伪造证据骗取法院民事裁判占有他人财物的行为如何适用法律问题的答复（2002）
《买卖空白边境证答复》	最高人民检察院研究室关于买卖尚未加盖印章的空白《边境证》行为如何适用法律问题的答复（2002）
《盗窃骨灰行为答复》	最高人民检察院研究室关于盗窃骨灰行为如何处理问题的答复（2002）
《审理偷越国（边）境刑案解释》	最高人民法院关于审理组织、运送他人偷越国（边）境等刑事案件适用法律若干问题的解释（2002，现已失效）
《妨害预防、控制传染病疫情刑案解释》	最高人民法院、最高人民检察院关于办理妨害预防、控制突发传染病疫情等灾害的刑事案件具体应用法律若干问题的解释（2003）
《审理经济犯罪案座谈会纪要》	全国法院审理经济犯罪案件工作座谈会纪要（2003）
《办理传染病刑案解释》	最高人民法院、最高人民检察院关于办理妨害预防、控制突发传染病疫情等灾害的刑事案件具体应用法律若干问题的解释（2003）
《办理烟草制品刑案座谈会纪要》	最高人民法院、最高人民检察院、公安部、国家烟草专卖局关于办理假冒伪劣烟草制品等刑事案件适用法律问题座谈会纪要（2003）
《IC电话卡答复》	最高人民检察院关于非法制作、出售、使用IC电话卡行为如何适用法律问题的答复（2003）
《强奸罪认定批复》	最高人民法院关于行为人不明知是不满十四周岁的幼女双方自愿发生性关系是否构成强奸罪问题的批复（2003，现已失效）
《审理采矿刑案解释》	最高人民法院关于审理非法采矿、破坏性采矿刑事案件具体应用法律若干问题的解释（2003）

续表

缩略语	规范性法律文件名称
《海事局答复》	最高人民检察院关于对海事局工作人员如何使用法律问题的答复（2003）
《办理禁用化学品刑案解释》	最高人民法院、最高人民检察院关于办理非法制造、买卖、运输、储存毒鼠强等禁用剧毒化学品刑事案件具体应用法律若干问题的解释（2003）
《徇私枉法罪共犯答复》	最高人民检察院法律政策研究室关于非司法工作人员是否可以构成徇私枉法罪共犯问题的答复（2003）
《政府临时性机构公文答复》	最高人民检察院法律政策研究室关于伪造、变造、买卖政府设立的临时性机构的公文、证件、印章行为如何适用法律问题的答复（2003）
《办理知识产权刑案解释》	最高人民法院、最高人民检察院关于办理侵犯知识产权刑事案件具体应用法律若干问题的解释（2004）
《打击色情网站通知》	最高人民法院、最高人民检察院、公安部关于依法开展打击淫秽色情网站专项行动有关工作的通知（2004）
《采伐许可证批复》	最高人民法院关于在林木采伐许可证规定的地点以外采伐本单位或者本人所有的森林或者其他林木的行为如何适用法律问题的批复（2004）
《办理淫秽电子信息刑案解释（一）》	最高人民法院、最高人民检察院关于办理利用互联网、移动通讯终端、声讯台制作、复制、出版、贩卖、传播淫秽电子信息刑事案件具体应用法律若干问题的解释（一）（2004）
《办理赌博刑案解释》	最高人民法院、最高人民检察院关于办理赌博刑事案件具体应用法律若干问题的解释（2005）
《审理公用电信设施刑案解释》	最高人民法院关于审理破坏公用电信设施刑事案件具体应用法律若干问题的解释（2005）
《审理抢劫抢夺刑案意见》	最高人民法院关于审理抢劫、抢夺刑事案件适用法律若干问题的意见（2005）
《审理林地资源刑案解释》	最高人民法院关于审理破坏林地资源刑事案件具体应用法律若干问题的解释（2005）
《审理未成年人刑案解释》	最高人民法院关于审理未成年人刑事案件具体应用法律若干问题的解释（2006）
《渎职侵权案立案标准》	最高人民检察院关于渎职侵权犯罪案件立案标准的规定（2006）

续表

缩略语	规范性法律文件名称
《走私解释（二）》	最高人民法院关于审理走私刑事案件具体应用法律若干问题的解释（二）（2006，现已失效）
《审理破坏电力设备刑案解释》	最高人民法院关于审理破坏电力设备刑事案件具体应用法律若干问题的解释（2007）
《查处拒不执行、暴力抗拒执行犯罪通知》	最高人民法院、最高人民检察院、公安部《关于依法严肃查处拒不执行判决、裁定和暴力抗拒法院执行犯罪行为有关问题的通知》（2007）
《办理盗窃油气、破坏油气设备刑案解释》	最高人民法院、最高人民检察院关于办理盗窃油气、破坏油气设备等刑事案件具体应用法律若干问题的解释（2007）
《审理军事通信刑案解释》	最高人民法院关于审理危害军事通信刑事案件具体应用法律若干问题的解释（2007）
《办理知识产权刑案解释（二）》	最高人民法院、最高人民检察院关于办理侵犯知识产权刑事案件具体应用法律若干问题的解释（二）（2007）
《办理矿山生产安全刑案解释》	最高人民法院、最高人民检察院关于办理危害矿山生产安全刑事案件具体应用法律若干问题的解释（2007，现已失效）
《审理军事通信刑案解释》	最高人民法院关于审理危害军事通信刑事案件具体应用法律若干问题的解释（2007）
《办理机动车相关刑案解释》	最高人民法院、最高人民检察院关于办理与盗窃、抢劫、诈骗、抢夺机动车相关刑事案件具体应用法律若干问题的解释（2007）
《办理毒品案意见》	最高人民法院、最高人民检察院、公安部办理毒品犯罪案件适用法律若干问题的意见（2007）
《办理受贿刑案意见》	最高人民法院、最高人民检察院关于办理受贿刑事案件适用法律若干问题的意见（2007）
《立案标准（一）》	最高人民检察院、公安部关于公安机关管辖的刑事案件立案追诉标准的规定（一）（2008）
《整治非法证券活动通知》	最高人民法院、最高人民检察院、公安部、证监会关于整治非法证券活动有关问题的通知（2008）
《审理非法行医刑案解释》	最高人民法院关于审理非法行医刑事案件具体应用法律若干问题的解释（2008）
《办理商业贿赂刑案意见》	最高人民法院、最高人民检察院关于办理商业贿赂刑事案件适用法律若干问题的意见（2008）

续表

缩略语	规范性法律文件名称
《办理采供血液等刑案解释》	最高人民法院、最高人民检察院关于办理非法采供血液等刑事案件具体应用法律若干问题的解释（2008）
《审理毒品案纪要》（大连）	全国部分法院审理毒品犯罪案件工作座谈会纪要（2008）
《办理制毒物品案意见》	最高人民法院、最高人民检察、公安部关于办理制毒物品犯罪案件适用法律若干问题的意见（2009）
《醉驾犯罪法律适用意见》	最高人民法院关于印发醉酒驾车犯罪法律适用问题指导意见及相关典型案例的通知（2009）
《审理涉枪弹案解释》	最高人民法院关于审理非法制造、买卖、运输枪支、弹药、爆炸物等刑事案件具体应用法律若干问题的解释（2009）
《办理假劣药刑案解释》	最高人民法院、最高人民检察院关于办理生产、销售假药、劣药刑事案件具体应用法律若干问题的解释（2009，现已失效）
《职务犯罪认定自首等量刑情节意见》	最高人民法院、最高人民检察院关于办理职务犯罪案件认定自首、立功等量刑情节若干问题的意见（2009）
《审理洗钱刑案解释》	最高人民法院关于审理洗钱等刑事案件具体应用法律若干问题的解释（2009）
《办理信用卡刑案解释》	最高人民法院、最高人民检察院关于办理妨害信用卡管理刑事案件具体应用法律若干问题的解释（2009）
《立案标准（二）》	最高人民检察院、公安部关于公安机关管辖的刑事案件立案追诉标准的规定（二）（2010）
《办理非法制售烟草刑案解释》	最高人民法院、最高人民检察院关于办理非法生产、销售烟草专卖品等刑事案件具体应用法律若干问题的解释（2010）
《办理国家出资企业中职务犯罪案意见》	最高人民法院、最高人民检察院关于办理国家出资企业中职务犯罪案件具体应用法律若干问题的意见（2010）
《审理伪造货币案解释（二）》	最高人民法院关于审理伪造货币等案件具体应用法律若干问题的解释（二）（2010）
《严惩拐卖犯罪意见》	最高人民法院、最高人民检察院、公安部、司法部关于依法惩治拐卖妇女儿童犯罪的意见（2010）
《贯彻宽严相济政策》	最高人民法院刑三庭在审理故意杀人、伤害及黑社会性质组织犯罪案件中切实贯彻宽严相济刑事政策（2010）

续表

缩略语	规范性法律文件名称
《办理网络赌博案意见》	最高人民法院、最高人民检察院、公安部关于办理网络赌博犯罪案件适用法律若干问题的意见（2010）
《办理传播淫秽电子信息刑案解释（二）》	最高人民法院、最高人民检察院关于办理利用互联网、移动通讯终端、声讯台制作、复制、出版、贩卖、传播淫秽电子信息刑事案件具体应用法律若干问题的解释（二）（2010）
《审理非法集资刑案解释》	最高人民法院关于审理非法集资刑事案件具体应用法律若干问题的解释》（2010）
《立案标准（二）补充》	最高人民检察院、公安部关于公安机关管辖的刑事案件立案追诉标准件立案追诉标准的规定（二）的补充规定（2011）
《危害生产安全刑案意见》	最高人民法院关于进一步加强危害生产安全刑事案件审判工作的意见（2011）
《关于国家规定的通知》	最高人民法院关于准确理解和适用刑法中"国家规定"的有关问题的通知（2011）
《办理黑社会罪案纪要》	最高人民法院、最高人民检察院、公安部办理黑社会性质组织犯罪案件座谈会纪要（2010）
《办理诈骗案的解释》	最高人民法院、最高人民检察院关于办理诈骗刑事案件具体应用法律若干问题的解释（2011）
《审理非法集资事解释》	最高人民法院关于审理非法集资刑事案件具体应用法律若干问题的解释（2011）
《办理计算机刑案解释》	最高人民法院、最高人民检察院关于办理危害计算机信息系统安全刑事案件应用法律若干问题的解释（2011）
《〈刑法修正案（八）〉时间效力解释》	最高人民法院关于《中华人民共和国刑法修正案（八）》时间效力问题的解释（2011）
《办理知识产权刑案意见》	最高人民法院、最高人民检察院、公安部关于办理侵犯知识产权刑事案件适用法律若干问题的意见（2011）
《刑事诉讼法解释》	最高人民法院关于适用中华人民共和国刑事诉讼法的解释（2012）
《职务犯罪严格适用缓刑、免处意见》	最高人民法院、最高人民检察院关于办理职务犯罪案件严格适用缓刑、免予刑事处罚若干问题的意见（2012）

续表

缩略语	规范性法律文件名称
《办理内幕信息刑案解释》	最高人民法院、最高人民检察院关于办理内幕交易、泄露内幕信息刑事案件具体应用法律若干问题的解释（2012）
《破坏草原资源刑案解释》	最高人民法院关于审理破坏草原资源刑事案件应用法律若干问题的解释（2012）
《走私、非法买卖麻黄碱类复方制剂意见》	最高人民法院、最高人民检察院、公安部关于办理走私、非法买卖麻黄碱类复方制剂等刑事案件适用法律若干问题的意见（2012）
《办理妨害国边境刑案解释》	最高人民法院、最高人民检察院关于办理妨害国（边）境管理刑事案件应用法律若干问题的解释（2012）
《办理危害食品安全刑案解释》	最高人民法院、最高人民检察院关于办理危害食品安全刑事案件适用法律若干问题的解释（2013）
《打击非法买卖麻黄草通知》	最高人民法院、最高人民检察院、公安部、农业部、食品药品监管总局关于进一步加强麻黄草管理严厉打击非法买卖麻黄草等违法犯罪活动的通知（2009）
《办理醉驾案意见》	最高人民法院、最高人民检察院、公安部关于办理醉酒驾驶机动车刑事案件适用法律若干问题的意见（2013）
《办理传销案意见》	最高人民法院、最高人民检察院、公安部关于办理组织领导传销活动刑事案件适用法律若干问题的意见（2013）
《人体损伤程度鉴定标准》	最高人民法院、最高人民检察院、公安部、国家安全部、司法部：人体损伤程度鉴定标准（2013）
《惩治性侵未成年意见》	最高人民法院、最高人民检察院、公安部、司法部关于依法惩治性侵害未成年人犯罪的意见（2013）
《办理网络诽谤等刑案解释》	最高人民法院、最高人民检察院关于办理利用信息网络实施诽谤等刑事案件适用法律若干问题的解释（2013）
《办理盗窃案解释》	最高人民法院、最高人民检察院关于办理盗窃刑事案件适用法律若干问题的解释（2013）
《办理抢夺案解释》	最高人民法院、最高人民检察院关于办理抢夺刑事案件适用法律若干问题的解释（2013）
《办理敲诈案解释》	最高人民法院、最高人民检察院关于办理敲诈勒索刑事案件适用法律若干问题的解释（2013）
《拒不支付劳动报酬刑案解释》	最高人民法院关于审理拒不支付劳动报酬刑事案件适用法律若干问题的解释（2013）

续表

缩略语	规范性法律文件名称
《严惩侵害公民信息通知》	最高人民法院、最高人民检察院、公安部关于依法惩处侵害公民个人信息犯罪活动的通知（2013）
《审理虚假恐怖信息案解释》	最高人民法院关于审理编造、故意传播虚假恐怖信息刑事案件适用法律若干问题的解释（2013）
《寻衅滋事案解释》	最高人民法院、最高人民检察院关于办理寻衅滋事刑事案件适用法律若干问题的解释（2013）
《办理环境污染案解释》	最高人民法院、最高人民检察院关于办理环境污染刑事案件适用法律若干问题的解释（2013）
《量刑指导意见》	最高人民法院关于常见犯罪的量刑指导意见（2014）
《暴恐案意见》	最高人民法院、最高人民检察院、公安部关于办理暴力恐怖和宗教极端刑事案件适用法律若干问题的意见（2014）
《办理危害药品安全刑案解释》	最高人民法院、最高人民检察院关于办理危害药品安全刑事案件适用法律若干问题的解释（2014）
《办理走私刑案解释》	最高人民法院、最高人民检察院关于办理走私刑事案件适用法律若干问题的解释（2014）
《办理伪基站案意见》	最高人民法院、最高人民检察院、公安部、国家安全部《关于依法办理非法生产销售使用"伪基站"设备案件的意见》（2014）
《办理非法集资刑案意见》	最高人民法院、最高人民检察院、公安部关于办理非法集资刑事案件适用法律若干问题的意见（2014）
《办理开设赌场案意见》	最高人民法院、最高人民检察院、公安部关于办理利用赌博机开设赌场案件适用法律若干问题的意见（2014）
《办理赌博机案意见》	最高人民法院、最高人民检察院、公安部关于办理利用赌博机开设赌场案件适用法律若干问题的意见（2014）
《涉医犯罪维护秩序意见》	最高人民法院、最高人民检察院、公安部、司法部、国家卫生和计划生育委员会关于依法惩处涉医违法犯罪维护正常医疗秩序的意见（2014）
《办理危害生产安全刑案解释》	最高人民法院、最高人民检察院关于办理危害生产安全刑事案件适用法律若干问题的解释（2015）
《审理毒品案纪要》（武汉）	全国法院毒品犯罪审判工作座谈会纪要（2015）
《办理家暴案意见》	最高人民法院、最高人民检察院、公安部、司法部关于依法办理家庭暴力犯罪案件的意见（2015）

续表

缩略语	规范性法律文件名称
《审理掩饰犯罪所得罪解释》	最高人民法院关于审理掩饰、隐瞒犯罪所得、犯罪所得收益刑事案件适用法律若干问题的解释（2015）
《审理拒不执行判决案解释》	最高人民法院关于审理拒不执行判决、裁定刑事案件适用法律若干问题的解释（2015）
《审理抢劫案意见》	最高人民法院关于审理抢劫刑事案件适用法律若干问题的指导意见（2016）
《审理毒品案解释》	最高人民法院关于审理毒品犯罪案件适用法律若干问题的解释（2016）
《办理贪贿案解释》	最高人民法院、最高人民检察院关于办理贪污贿赂刑事案件适用法律若干问题的解释（2016）
《毒品案程序规定》	最高人民法院、最高人民检察院、公安部办理毒品犯罪案件毒品提取、扣押、称量、取样和送检程序若干问题的规定（2016）
《防范制裁虚假诉讼意见》	最高人民法院关于防范和制裁虚假诉讼的指导意见（2016）
●部门规章	
《拐卖妇女儿童案意见》	公安部关于打击拐卖妇女儿童犯罪适用法律和政策有关问题的意见（2000）

目 录

导 论 ··· 1

第一章 危害国家安全罪 ·· 12
第一节 概 述 ·· 12
第二节 间谍、资敌的犯罪 ·· 12
第三节 其他危害国家安全的犯罪 ··· 16

第二章 危害公共安全罪 ·· 19
第一节 概 述 ·· 19
第二节 以危险方法危害公共安全的犯罪 ··· 21
第三节 破坏公用设施危害公共安全的犯罪 ··· 28
第四节 实施恐怖、危险活动危害公共安全的犯罪 ·· 34
第五节 违反枪支、弹药、爆炸物管理规定危害公共安全的犯罪 ························· 40
第六节 造成重大事故危害公共安全的犯罪 ··· 49

第三章 破坏社会主义市场经济秩序罪 ··· 69
第一节 生产、销售伪劣商品罪 ·· 70
第二节 走私罪 ··· 83
第三节 妨害对公司、企业的管理秩序罪 ··· 95
第四节 破坏金融管理秩序罪 ·· 110
第五节 金融诈骗罪 ·· 141
第六节 危害税收征管罪 ·· 153
第七节 侵犯知识产权罪 ·· 165
第八节 扰乱市场秩序罪 ·· 174

第四章 侵犯公民人身权利、民主权利罪 ··· 196
第一节 侵犯他人生命、健康的犯罪 ·· 196
第二节 侵犯妇女、儿童性权利、人格尊严的犯罪 ·· 211

第三节　侵犯他人人身权利、自由和人格尊严的犯罪 ……………… 223
　　第四节　侵犯他人人格、名誉的犯罪 ……………………………… 240
　　第五节　侵犯他人民主权利的犯罪 ………………………………… 244
　　第六节　借国家机关权力侵犯他人权利的犯罪 …………………… 248
　　第七节　妨害婚姻家庭的犯罪 ……………………………………… 255

第五章　侵犯财产罪 ……………………………………………………… 267
　　第一节　违背他人意志非法夺取他人占有物的犯罪 ……………… 267
　　第二节　诈骗罪、敲诈勒索罪 ……………………………………… 294
　　第三节　以侵占、挪用的方法侵犯财产的犯罪 …………………… 307
　　第四节　毁坏、破坏型财产犯罪 …………………………………… 318

第六章　妨害社会管理秩序罪 …………………………………………… 322
　　第一节　扰乱公共秩序罪 …………………………………………… 322
　　第二节　妨害司法罪 ………………………………………………… 370
　　第三节　妨害国（边）境管理罪 …………………………………… 394
　　第四节　妨害文物管理罪 …………………………………………… 400
　　第五节　危害公共卫生罪 …………………………………………… 406
　　第六节　破坏环境资源保护罪 ……………………………………… 417
　　第七节　走私、贩卖、运输、制造毒品罪 ………………………… 432
　　第八节　组织、强迫、引诱、容留、介绍卖淫罪 ………………… 452
　　第九节　制作、贩卖、传播淫秽物品罪 …………………………… 456

第七章　危害国防利益罪 ………………………………………………… 463
　　第一节　危害国防利益罪概述 ……………………………………… 463
　　第二节　平时危害国防利益的犯罪 ………………………………… 463
　　第三节　战时危害国防利益的犯罪 ………………………………… 471

第八章　贪污贿赂罪 ……………………………………………………… 473
　　第一节　贪污贿赂罪概述 …………………………………………… 473
　　第二节　贪污挪用犯罪 ……………………………………………… 473
　　第三节　贿赂犯罪 …………………………………………………… 492

第九章　渎职罪 …………………………………………………………… 511
　　第一节　渎职罪概述 ………………………………………………… 511
　　第二节　一般国家机关工作人员的渎职罪 ………………………… 513

第三节　司法工作人员的渎职罪 …………………………………………… 525
　　第四节　特定国家机关工作人员的渎职罪 ………………………………… 533

第十章　军人违反职责罪 …………………………………………………… 543
　　第一节　军人违反职责罪概述 ……………………………………………… 543
　　第二节　危害作战利益的犯罪 ……………………………………………… 544
　　第三节　违反部队管理秩序的犯罪 ………………………………………… 546
　　第四节　危害军事秘密安全的犯罪 ………………………………………… 548
　　第五节　危害部队物质保障的犯罪 ………………………………………… 549
　　第六节　违反人道主义的犯罪 ……………………………………………… 551

导 论

一、各罪论的对象、意义

各罪论研究中国刑法分则各条规定的"罪和罚"。中国刑法规范统一规定于刑法典,单行刑法只有一个《惩治外汇犯罪的决定》,附属刑法只有一些依照刑法典追究刑事责任的照应性规定,尚无实质性内容,所以,各罪论就是阐释刑法典分则各条关于各个犯罪和刑罚的规定。

刑法分则各条的立法和司法解释是有权解释,是阐释各罪与罚的重要依据。自1979年第一部刑法典施行以来,三十余年的司法实践积累了丰富的司法经验,集中体现在司法解释中。有权解释是掌握刑法分则各条罪和罚的重要规范。近些年随着刑法分则各条适用、各罪认定的日益深入、细致,"两高"逐渐重视采取"指导判例"的形式指导刑法的适用,指导判例也成为各罪论的依据。

刑法分则各条"罪和罚"的规定,是定罪处罚最重要的根据。它是罪刑法定即刑法限定罪与罚的具体边界的体现,是司法机关办理刑案基本且不可或缺的法律依据,因而也是法律适用疑难问题存在最多的部分。对于刑事案件在事实查清之后,公安机关立案还是不立案,检察机关起诉还是不起诉,法院判决有罪还是无罪以及处罚轻重,主要是对刑法分则各条的适用。被告人的行为齐备刑法分则某条的构成要件,才能适用该条定罪并适用相应的法定刑幅度处罚。刑法分则各条的适用,也积累了丰富的司法经验,推动着刑法学说的发展。

二、刑法分则体系

刑法分则体系指刑法典中分则的章、节、条、款编排或组成的结构,主要是对各条规定的各种犯罪的分类和排序。在我国刑法分则中,首先根据同类客体把犯罪分为10类,然后再根据各类犯罪的危害性程度和犯罪主体的特殊性对各类犯罪排列先后顺序,从而形成刑法分则体系。

三、刑法分则条文的结构:罪状·法定刑

在刑法分则中,凡规定各罪和罚的条文都分为两个部分:前半部分规定该罪的构成要件(或称法律要件、行为类型、构成特征、犯罪名称),称"罪状";后半部分规定对该罪配置的刑罚,称"法定刑"。每个罪状包含该种罪特有的犯罪构成(也称"构成要件"),是定罪的法律根据;每个罪状之后的法定刑规定了对该罪处罚的刑罚幅度,是量刑的法律根据。例如,《刑法》第270条(侵占罪)第1款规定:"将代为保管的他人财物非法占为己有,数额较大,拒不退还的,处2年以下有期徒刑、拘役或者罚金;数额巨大或者有其他严重情节的,处2年以上5年以下有期徒刑,并处罚金。"前部是罪状,后部是法定刑。

四、罪状

(一)罪状与"构成要件"

在犯罪构成要件是"该当构成要件·违法·有责"的"三要件"犯罪论中,构成要件就是罪状,例如:"刑法法规由保障权利或规定义务的构成要件(Tatbestand)和法律后果(Rechtsfolge)组成。构成要件是对特定事实从法律特征上的描述。如果实现了构成要件,就应当产生法律后果。刑法规范的特殊性在于,其犯罪构成要件是对犯罪的描述,其法律后果为刑罚

或处分。"[1] 罪状即构成要件，这是"三要件"犯罪论与我国犯罪构成论的重要差异之一：三要件犯罪论之"构成要件"是分则各条规定的具体罪的法律要件，是犯罪成立的条件之一；我国犯罪构成论之"犯罪构成"是犯罪成立的（四个）一般条件。在学说、教材体系上，对罪状，三要件犯罪论于刑法总则犯罪论之构成要件论中展开；我国则在刑法分则概论中介绍。

（二）罪状的形态

罪状是刑法分则各条中规定的各罪的法律（构成）要件或要素。根据各罪之罪状的特点，按照一定的标准，可归纳出若干罪状形态。罪状形态也称"构成要件类型"。

1. 结果犯、单纯行为犯。以犯罪行为造成人身伤亡、财产损害等有形结果为要件的，称为结果犯，如《刑法》第234条故意伤害罪，以造成身体伤害结果（轻伤）为要件；《刑法》第133条交通肇事罪，以造成人身伤亡或财产损失结果为要件。不以犯罪行为造成有形结果为要件的，是行为犯，如《刑法》第133条之一的危险驾驶罪和《刑法》第141条生产、销售假药罪等。这种划分对解释、适用刑法非常实用，比如，销售假药罪是行为犯，那么被告人销售假药的行为即使没有造成人身伤亡的结果或危险，即使没有多大的销售额，都能认定该当《刑法》第141条（销售假药罪）罪状。

2. 侵害犯、危险犯、形式犯。刑法分则规定的各种犯罪是根据法益及对法益的侵害方式不同而彼此区别的。其中，以实际发生了侵害法益结果为要件的，称为侵害犯。仅以发生侵害法益危险为要件的，称为危险犯。不以发生侵害法益结果及其危险为要件的，是形式犯。故意杀人罪、盗窃罪等为保护个人法益而规定的犯罪，虽大多属于侵害犯，但在处罚其未遂罪的场合，因其侵害法益的结果即使没有实际发生也成立犯罪，又属于危险犯。结果犯以造成有形损害结果为要件，当然也以造成法益侵害结果为要件，所以，结果犯都是侵害犯，只是划分标准存在细微差异，比如，过失致人死亡罪是结果犯，也是侵害犯。形式犯当然都是行为犯，如危险驾驶罪既是形式犯，也是行为犯。

3. 即成犯、状态犯、继续犯。根据犯罪行为与侵害法益、产生结果之间的关系，又可分为即成犯、状态犯和继续犯。即成犯，指侵害法益的结果发生之时，犯罪行为实行终了，此后犯罪人的行为对该法益不会再有任何影响，如故意杀人罪。状态犯，指侵害法益的结果发生之时，犯罪行为虽然终了，但其后对法益侵害的不法状态可能依然存在，且犯罪人的行为可能依然影响该不法状态。不过即使存续的侵害法益的状态还可受构成要件评价，也不另成立他罪，例如，甲窃取财物后，盗窃既遂，盗窃行为结束，甲对赃物占有、处分的不法状态依然存在，这已包括在盗窃罪评价之中，不另成立赃物罪，即所谓的事后不可罚行为。继续犯，指侵害法益的结果发生之时，犯罪行为依然会持续侵害法益直至犯罪行为结束。犯罪行为不结束，侵害法益的不法状态就会依然存在，不法状态存在意味着犯罪行为继续存在。继续犯与状态犯的区别在正当防卫、数罪并罚、追诉时效的起算等方面有实际意义。

4. 身份犯、非身份犯。以犯罪主体具有特定身份为要件的，是身份犯；其余的是非身份犯。身份犯中，如果行为人不具有特定身份就不能构成该罪的，是真正的身份犯；如果不具有特定身份则不构成刑罚较轻或较重之罪的，是非真正身份犯。真正身份犯之身份也称构成要件之身份；非真正身份犯之身份也称（刑之）加减身份。所谓身份，不仅包括性别、所属国籍、亲属关系、公务员的资格，还包括一切与一定的犯罪行为有关的犯罪人的特殊地位或状态，如侵占罪中的占有人地位。例如，贪污罪、受贿罪以国家工作人员身份为要件，是身份犯；盗窃

---

[1] [德]汉斯·海因里希·耶赛克·托马斯·魏根特著，徐久生译：《德国刑法教科书总论》，中国法制出版社2001年版，第64页。

罪、绑架罪不以身份为要件，是非身份犯。

5. 故意犯、过失犯、结果加重犯。以故意为主观要件的，是故意犯。《刑法》第 14 条第 2 款规定，"故意犯罪，应当负刑事责任"；第 15 条第 2 款规定，"过失犯罪，法律有规定的才负刑事责任"。这一般性地确立了分则各罪应当以故意为要件，除非有特别规定处罚该条之罪的过失行为。换言之，分则某条之罪在没有明示处罚其过失时，当然以故意为要件。以过失为主观要件的，是过失犯。对于过失犯，罪状中一般通过"由于过失""疏忽"等文字明示出来。过失犯与故意犯的差异是：对自己实现的客观构成要件事实承担罪责不以故意为必要，过失足矣。结果加重犯指由于故意犯实现罪状的行为进一步造成一定的结果，从而负刑罚加重责任的特别罪状。结果加重犯与故意犯的差异，是对加重之结果承担罪责也不以故意为必要，比如，成立《刑法》第 263 条抢劫罪（致人重伤死亡），被告人对于抢劫行为造成抢劫被害人伤亡的后果，即使没有故意，也成立抢劫罪结果加重犯。

故意犯与过失犯划分，可能因对故意认识范围的不同掌握而生歧义。例如，《刑法》第 129 条丢失枪支不报罪："依法配备公务用枪的人员，丢失枪支不及时报告，造成严重后果的，处……"本条之罪客观要件包括：①"丢失枪支不及时报告"；②"造成严重后果"。行为人实现了这两个要件才具备客观要件。本条之罪的主观要件，显然以对"丢失枪支不及时报告"明知为必要，但不以对"造成严重后果"明知为必要。根据对"丢失枪支不及时报告"的心理要件，是故意犯。根据对"造成严重后果"的心理要件，则是过失犯。类似情形如《刑法》第 332 条妨害国境卫生检疫罪："违反国境卫生检疫规定，引起检疫传染病传播或者有传播严重危险的，处……"成立第 332 条之罪显然不必明知自己的行为引起"疫病传播"结果或者"危险"。根据该条之罪以对"违反国境卫生检疫规定"有故意为必要，是故意犯；根据不以对引起"疫病传播"结果或危险有故意为必要，则是过失犯。那么应该贴"故意犯"还是"过失犯"标签呢？我认为，如果该条之罪以对"违反国境卫生检疫规定"有故意为必要，贴上故意犯标签较合理。因为无意"违反国境卫生检疫规定"引起疫病传播的，也要追究刑事责任，会混淆行政违法与刑事犯罪的界限。

6. 结合犯。结合犯指将两个彼此独立的犯罪的数行为结合规定于一个罪状中而形成的一个新的犯罪。例如，《刑法》第 239 条第 2 款规定，犯绑架罪，"杀害被绑架人的，或者故意伤害被绑架人，致人重伤、死亡的，处……"该规定将"绑架并故意杀人"和"绑架并故意伤害"合为一罪，适用一个法定刑。

（三）罪状的描述方式

根据对基本罪状的描述方式，可将基本罪状分为以下五种：

1. 叙明罪状。叙明罪状是指在刑法规范中较为详细地描述具体犯罪构成要件。例如，《刑法》第 305 条规定："在刑事诉讼中，证人、鉴定人、记录人、翻译人对与案件有重要关系的情节，故意作虚假证明、鉴定、记录、翻译，意图陷害他人或者隐匿罪证的，处……"就对伪证罪主客观要件作了具体的描述。现行刑法为了更加具体、详细地描述犯罪的特征，在相当多的条文中还采取了列举的方式，这在有关破坏经济、环境等犯罪的规定中尤其明显。采取叙明罪状可以详细、具体地揭示犯罪构成，划清罪与非罪、此罪与彼罪的界限，因而是刑法主要的描述罪状的方式。

2. 简单罪状。简单罪状是指刑法规范只是简要地描述犯罪构成要件。例如，《刑法》第 232 条对故意杀人罪的规定："故意杀人的，处……刑"仅对主客观要件作了极简要的界定；《刑法》第 279 条对招摇撞骗罪的规定："冒充国家机关工作人员招摇撞骗的，处……"仅对行为方式作了简要描述。刑法采取简单罪状的主要原因是：有些犯罪概念本身通俗易懂、众所周知，无需过多的描述。

3. 引证罪状。引证罪状是指刑法规范引用刑法分则的其他条款来说明和确定本条款的犯罪构成。例如，《刑法》第398条第1款叙述了故意和过失泄露国家秘密罪的罪状，该条第2款则省去对罪状的描述，直接引用第1款的罪状，规定："非国家机关工作人员犯前款罪的，依照前款的规定酌情处罚。再如，《刑法》第124条第1款描述了破坏广播电视设施、公用电信设施罪的罪状，该条第2款之规定（"过失犯前款罪的，处3年以上7年以下有期徒刑……"）便是引用第1款的罪状来说明和确定过失损坏广播电视设施、公用电信设施罪的罪状。采取引用罪状是为了避免重复，使条文简练。

4. 空白罪状。空白罪状，是指刑法规范没有完整地描述犯罪构成，而是指明必须参照的其他法律、法规。例如，《刑法》第225条（非法经营罪）规定："违反国家规定，有下列非法经营行为之一，扰乱市场秩序，情节严重的，处……"本条"违反国家规定"是典型的"空白"式规定。经营是合法还是非法，需根据有关"国家规定"来确定。例如，买卖黄金，过去的法律规定必须经过特许，未经允许买卖黄金即为"非法"经营；后来法律变更为不需要特许，买卖黄金就不属于"非法"经营。再如"传销"，原先没有法律规定禁止，"传销"不属于非法经营；后来出台法律规定禁止"传销"，传销情节严重的，可成立非法经营罪。

5. 混合罪状。混合罪状是指刑法规范中同时用两种以上的方法描述犯罪构成要件。例如，《刑法》第343条第1款规定："违反矿产资源法的规定，未取得采矿许可证擅自采矿的，擅自进入国家规划矿区、对国民经济具有重要价值的矿区和他人矿区范围采矿，或者擅自开采国家规定实行保护性开采的特定矿种，情节严重的，处3年以下有期徒刑、拘役或者管制，并处或者单处罚金；情节特别严重的，处3年以上7年以下有期徒刑，并处罚金。"本条的前半段指出犯罪行为违反的法规即"矿产资源法的规定"，具有空白罪状的特征；而后半段详尽地描述了犯罪构成，具有叙明罪状的典型特征。立法同时使用两种方式共同说明非法采矿罪的构成要件，因而是混合罪状。现行刑法中汇纂了大量的附属刑法条款，其中不少采用的是混合罪状。混合罪状实际可归入叙明罪状之中。划分出混合罪状，自然又产生与之相对应的种类——单一罪状。所谓单一罪状，是指刑法规范仅采用一种方式描述犯罪构成的罪状。

（四）一个条文规定数罪状的情形

通常一个条文规定一个罪状、一种犯罪，但也有一个条文规定多种犯罪的情形。例如，《刑法》第247条之规定（"司法工作人员对犯罪嫌疑人、被告人实行刑讯逼供或者使用暴力逼取证人证言的，处……"）包括"刑讯逼供"和"暴力取证"两个罪状、两种罪名。

五、法定刑

（一）法定刑的基本形式

从各国立法例看，对法定刑的规定有三种基本形式：

1. 相对确定的法定刑。相对确定的法定刑，是指在刑法条文中对某种犯罪规定一定的刑种和刑度，并确定其最高刑和最低刑。这种法定刑的特点在于：①具有明确性、确定性，使公民能大致了解犯罪的法律后果，也使立法对法官的刑罚裁量权有所制约。②它又有一定的灵活性，即赋予司法机关根据案件的具体情节在法定幅度内选择适当刑罚的权力。因此，它成了各国立法者选择的出发点，并被普遍采纳。例如，《刑法》第121条规定："以暴力、胁迫或者其他方法劫持航空器的，处10年以上有期徒刑或者无期徒刑；致人重伤、死亡或者使航空器遭受严重破坏的，处死刑。"本条前半段"处10年以上有期徒刑或者无期徒刑"是相对确定的法定刑，其相对确定表现在：①有上限（无期）和下限（10年）；②中间有浮动、选择的空间。

2. 绝对确定的法定刑。绝对确定的法定刑，是指在条文中对某种犯罪或某种犯罪的某种情形只规定单一的刑种和固定的刑度。如《刑法》第121条后半段：犯劫持航空器罪"致人重伤、死亡或者使航空器遭受严重破坏的，处死刑"，"处死刑"是唯一刑度，绝对确定。不过，在适用时还受总则减轻处罚法定情节的调节和限制性规定的约束，例如，不满18周岁的人犯罪应当"从轻、减轻处罚""不适用死刑"，共犯中的从犯应当从轻、减轻或者免除处罚，等等，根据这些规定可以不适用死刑。另外，就《刑法》第121条整个条文对劫持航空器罪规定的法定刑（法律效果）而言，大约还可说成是相对确定的。

3. 绝对不确定的法定刑。绝对不确定的法定刑，是指在刑法条文中对某种犯罪不规定具体的刑种和刑度，只规定对该种犯罪处以刑罚，具体如何处罚则完全由法官掌握。例如，只规定"依法制裁""依法追究刑事责任""依法严惩"，至于如何具体处罚，则完全由审判机关决定。这种法定刑的特点是法官的自由裁量权过大，难以保障公正、合理地适用刑罚，容易违反罪刑法定原则和罪刑相适应原则。当前我国刑法没有规定绝对不确定的法定刑。

（二）我国刑法所采的"相对确定的法定刑"的表现形式

现代刑法重视刑罚明确性，故不采用绝对不确定法定刑；同时需要给法官根据案情量刑的空间，故也不采取绝对确定的法定刑。相对确定法定刑是法定刑配置的普遍模式。我国刑法全部采取"相对确定的法定刑"模式，分析起来有以下形式：

1. 只规定法定刑的最高限度，最低限度从总则的有关规定。例如，《刑法》第259条第1款规定："明知是现役军人的配偶而与之同居或者结婚的，处3年以下有期徒刑或者拘役。"本条规定的法定刑中，有期徒刑的最高限度为3年。依照《刑法》第45条的规定，有期徒刑的最低限度为6个月。因此，破坏军婚罪的法定刑为6个月以上3年以下有期徒刑，或者1个月以上6个月以下拘役。

2. 只规定法定刑的最低限度，其最高限度从总则的有关规定。例如，《刑法》第425条第2款规定，战时犯擅离、玩忽军事职守罪的，处5年以上有期徒刑。依照《刑法》第45条的规定，有期徒刑的最高限度为15年。因此，《刑法》第425条第2款的法定刑是5年以上15年以下有期徒刑。

3. 同时规定法定刑最低和最高限度。例如，《刑法》第114条规定："放火、决水、爆炸以及投放毒害性、放射性、传染病病原体等物质或者以其他危险方法危害公共安全，尚未造成严重后果的，处3年以上10年以下有期徒刑。"该条规定的刑种是有期徒刑，其最低限度为3年，最高限度为10年。

4. 规定两种以上主刑或者两种以上主刑并有附加刑。例如，《刑法》第115条第1款规定："放火、决水、爆炸以及投放毒害性、放射性、传染病病原体等物质或者以其他危险方法致人重伤、死亡或者使公私财产遭受重大损失的，处10年以上有期徒刑、无期徒刑或者死刑。"该条并列规定了可供选择的3种主刑：10年以上有期徒刑、无期徒刑、死刑。又如，《刑法》第246条第1款规定："以暴力或者其他方法公然侮辱他人或者捏造事实诽谤他人，情节严重的，处3年以下有期徒刑、拘役、管制或者剥夺政治权利。"这里除了规定3年以下有期徒刑、拘役、管制3种主刑外，还规定了剥夺政治权利附加刑。

5. 援引法定刑，即刑法条文对某些罪的规定援引其他条款的法定刑处罚。例如，《刑法》第386条规定："对犯受贿罪的，根据受贿所得数额及情节，依照本法第383条的规定处罚。索贿的从重处罚。"这样规定，使法律条文更加简洁。

六、罪名

（一）个罪名与类罪名

罪名，指犯罪的名称。分为个罪名和类罪名。个罪名是根据罪状概括出的某一种犯罪的名称，如贪污罪、受贿罪。个罪名由司法解释规定，如《最高人民法院关于执行〈中华人民共和国刑法〉确定罪名的规定》《最高人民法院、最高人民检察院关于执行〈中华人民共和国刑法〉确定罪名的补充规定》。截至《刑法修正案（九）》，共确定有个罪名471个。个罪名由司法解释确定，要求统一、规范使用，不可杜撰罪名。类罪名则是一类犯罪的名称，刑法分则各章、节名称就是类罪名。在办理案件时，认定行为触犯了某一分则条文才能成立犯罪，所以，只能使用所触犯条文的个罪名，不使用类罪名。例如，甲放火烧毁自家房屋，引起火灾，危害公共安全，认定甲行为类罪名是"危害公共安全罪"，个罪名是"放火罪"，仅需使用个罪名即"放火罪"。

（二）单一罪名与选择罪名

1. 单一罪名，指只包括一种犯罪行为、概括一个犯罪构成的罪名。例如爆炸罪、投放危险物质罪、招摇撞骗罪、抢劫罪等。刑法中的大多数罪名是单一罪名。

2. 选择罪名，指包括多种行为、概括多个犯罪构成并可拆分使用的罪名。例如，引诱、容留、介绍卖淫罪；盗窃枪支、弹药、爆炸物罪；走私、贩卖、运输、制造毒品罪；非法制造、运输、买卖枪支、弹药、危险物质罪；制作、复制、出版、贩卖、传播淫秽物品牟利罪；等等。

选择罪名的特点是：①一个罪名包含多种行为或犯罪构成，如"走私、贩卖、运输、制造毒品罪"一个罪名包含四种行为或四个犯罪构成。②可拆分使用，行为人具备其中的任何一种行为或犯罪构成，可单独构成一个完整的犯罪，如甲走私毒品，构成"走私毒品罪"。③可合一使用，如果甲既走私毒品又贩卖毒品，根据其行为特点确认罪名为"走私、贩卖毒品罪"。合一使用还不限同一案件，如甲3月运输毒品80克，9月贩卖毒品5克，甲构成"贩卖、运输罪"（数量85克）。④行为人触犯选择罪名的，按一罪定罪处罚，不实行数罪并罚，称"选择一罪"。对一并审理的选择数罪与同种数罪一样，实践中不实行数罪并罚。

罪名统计困扰。选择罪名如"走私、贩卖、运输、制造毒品罪"究竟该算作一个罪名还是四个罪名？标准不同，则罪名统计数量差别很大，这是罪名数量说法不一的原因。从执行罪名的司法解释看，选择罪名算作一个罪名较妥当。

并列罪名与选择罪名不要混淆。一个条文也可能规定数个并列关系的罪名，如《刑法》第114条规定："放火、决水、爆炸以及投放毒害性、放射性、传染病病原体等物质或者以其他危险方法危害公共安全，尚未造成严重后果的，处3年以上10年以下有期徒刑。"其中的"放火罪""决水罪""爆炸罪"等虽规定在同一条文中，却是并列的各自独立的罪名。

七、解释罪刑条款的套路

例如，《刑法》第239条规定："以勒索财物为目的绑架他人的，或者绑架他人作为人质的，处10年以上有期徒刑或者无期徒刑，并处罚金或者没收财产；情节较轻的，处5年以上10年以下有期徒刑，并处罚金。犯前款罪，杀害被绑架人的，或者故意伤害被绑架人，致人重伤、死亡的，处无期徒刑或者死刑，并处没收财产。以勒索财物为目的偷盗婴幼儿的，依照前两款的规定处罚。"

1. 罪状（构成要件）：以勒索财物为目的绑架他人的，或者绑架他人作为人质的，或者以勒索财物为目的偷盗婴幼儿的。

2. 罪名：绑架罪。

3. 罪状内容（构成要件）：①客观要件（要素）：绑架他人的，或者绑架他人作为人质的；②主观要件（要素）：故意，以勒索财物为目的。

4. 法定刑：①基本犯：处10年以上有期徒刑或者无期徒刑，并处罚金或者没收财产。②减轻犯：情节较轻的，处5年以上10年以下有期徒刑，并处罚金。③加重犯：处无期徒刑或者死刑，并处没收财产。"以勒索财物为目的绑架他人的，或者绑架他人作为人质的"，这一罪状也可称为狭义的"构成要件"，是适用该条（《刑法》第239条）法定刑（法律效果：处10年以上……）的"法律要件"或"假定前提"。

5. 构成要件分类：属于"基本的构成要件"，因为：①从定罪角度，具备该前提也就具备了构成该种犯罪的必要条件（构成犯罪）；②从处罚角度，具备该前提也就达到了适用该条法定刑处罚的标准状态（既遂）。

与此相对应的是"修正的构成要件"，其法律依据规定在总则中。包括：①预备犯。假如甲为绑架而进行犯罪准备但未能着手实行的，如进行了策划、准备了犯罪工具、选定了绑架目标即被举报，未能开始实施绑架行为。甲尚未开始实施绑架行为，自然没有绑架行为，不具备"以勒索财物为目的绑架他人的，或者绑架他人作为人质"的基本构成要件，据此基本构成要件不足以对甲定绑架罪。这时需要根据《刑法》总则第22条（预备犯）的规定定罪处罚。因此，第22条规定（预备犯）的构成要件属于对第239条（绑架罪基本构成）的"修正"，是"修正的构成要件"之一。②帮助犯。假如乙为帮助甲实行绑架而提供被害人的情况，但未亲自参与实行"以勒索财物为目的绑架他人的，或者绑架他人作为人质"的行为，则因为没有绑架行为而不符合基本构成要件，同理，据此不足以对乙直接适用第239条定罪，还需借助第27条"起辅助作用"的规定定罪处罚，因此，从犯中的帮助犯也属于修正的构成要件。③教唆犯。假如丙教唆甲绑架他人而本人并无意参与实行绑架活动，同理也不能单独依据第239条规定定罪处罚，还需依据第29条（教唆犯）的规定，因此，教唆犯也是修正的构成要件。以上预备犯、帮助犯、教唆犯均没有实行第239条"以勒索财物为目的绑架他人的，或者绑架他人作为人质"的行为，在借助总则预备犯、帮助犯、教唆犯的规定处罚之后，也要依据第239条处罚，所以扩大了第239条的适用范围，即扩大了第239条的构成犯罪的范围，所以又称为"扩张的构成要件"。④未遂犯。假如甲在准备之后，顺利进入实行阶段，但因为意志以外的原因没有控制住人质，即虽然开始实行了"绑架他人"的行为，但未能实际控制住人质，未能完整地实现"以勒索财物为目的绑架他人的，或者绑架他人作为人质的"构成要件，按理也不符合第239条的要件，不能直接单独适用第239条处罚（10年以上），需借助第23条（未遂犯）的规定。因此，未遂犯也是修正的构成要件或扩张的构成要件。⑤中止犯。同理，中止犯也是修正的构成要件或扩张的构成要件。

对于严重的故意犯罪，如绑架罪、盗窃罪、抢劫罪、强奸罪等，立法者不仅要惩罚该犯罪行为本身（绑架、盗窃、抢劫、强奸……），还要惩罚这些犯罪的预备、未遂、中止、帮助、教唆行为。从立法技术上说，不在每一个分则条文（如第239条）之下逐一规定惩罚该条之罪的预备、未遂、中止、帮助、教唆行为，而放到总则中一并规定，成为分则各条之通用或补充事项，可以使刑法条文更简洁。这也是刑法结构（或体系）分为"总则"和"分则"两大部分内容的重要原因。

从处罚轻重的角度对犯罪构成要件进行分类，可分为"标准（或基本）的构成要件"与"加减的构成要件"。根据《刑法》第239条的规定，绑架（既遂）法定刑是"10年以上有期徒刑或者无期徒刑，并处罚金或者没收财产"。这是绑架罪既遂标准的法律效果，所以，"以勒索财物为目的绑架他人的，或者绑架他人作为人质的"是适用基准的法律效果的条件，又称处罚基准的要件。与此相对，"杀害被绑架人的，或者故意伤害被绑架人，致人重伤、死亡的，处无期徒刑或者死刑，并处没收财产"属于加重的构成要件。因为具备"杀害被绑架人的，或者故意伤害被绑架人，致人重伤、死亡的"是适用较重法定刑"处无期徒刑或者死刑，并处没收财产"的条件或要件。"情节较轻的，处 5 年以上 10 年以下有期徒刑，并处罚金"是本条减轻的构成要件。

6. 条文的法定刑分析。

（1）该条基本或普通的法定刑是：处 10 年以上有期徒刑或者无期徒刑，并处罚金或者没收财产。具体而言：①法定刑主刑的幅度：10 年以上有期徒刑或无期徒刑，其中，法定最低刑为 10 年有期徒刑，最高刑是无期徒刑；②种类：相对确定的法定刑；③附加刑：在判处主刑的同时，必须并处罚金或没收财产刑。判处无期徒刑的，应当附加剥夺政治权利终身（总则规定）；判处有期徒刑的，可以附加剥夺政治权利 1 年以上 5 年以下（总则规定）。

（2）该条情节较轻的法定刑是：处 5 年以上 10 年以下有期徒刑，并处罚金。

（3）该条加重的法定刑为：处无期徒刑或者死刑，并处没收财产。具体而言：①主刑幅度：无期徒刑或者死刑；②法定刑种类：相对确定的法定刑；③附加刑：在判处主刑的同时，必须附加并处没收财产刑，判处无期徒刑或者死刑的，附加剥夺政治权利终身（总则规定）；④适用条件：杀害被绑架人的，或者故意伤害被绑架人，致人重伤、死亡的。犯 A 罪（绑架）伴生 B 或 C 罪（杀人或伤害罪），将 B 或 C 罪作为法定加重事由，可称为"罪行加重犯"。

7. 在具体案件中的适用。

（1）对被告人适用从重处罚、从轻处罚（情节）的：①如具备基本构成要件，在 10 年以上有期徒刑、无期徒刑的法定刑幅度内判处较重或较轻刑罚；②如具备情节较轻的构成要件，在 5 年以上 10 年以下有期徒刑的法定刑幅度内判处较重或较轻刑罚；③如具备加重构成的要件，处死刑并处没收财产。如果没有法定减轻处罚的情节，只能判处死刑。

（2）对被告人适用减轻处罚的：①如具备基本构成要件，在法定最低刑 10 年有期徒刑之下判处刑罚；②如具备加重构成要件，减轻处罚，不适用死刑。减轻处罚的事由：一是通常具有法定减轻处罚情节，如自首、未遂、预备等；二是酌情减轻处罚，根据《刑法》第 63 条之规定，没有法定减轻处罚的情节，"但是根据案件的特殊情况，经最高人民法院核准，也可以在法定刑以下判处刑罚"。

（3）对被告人适用免除处罚的：通常需具有免除处罚内容的法定量刑情节，如犯罪中止没有造成损害结果的，应当免除处罚，预备犯可以比照既遂犯免除处罚。绑架是极为严重的犯罪，适用免除处罚的可能性极小。至于在具备加重构成要件的情况下，因绑架致人死亡或杀害人质，通常没有适用免除处罚的可能性，也没有成立预备、未遂、中止的余地。

（4）对被告人适用免予刑事处罚的事由：《刑法》第 37 条规定，犯罪情节轻微不需要判处刑罚的，可以免予刑事处罚。因为绑架是极为严重的犯罪，适用免予刑事处罚的可能性也极小。至于在具备加重构成要件的情况下，因绑架致人死亡或杀害人质，通常没有适用免予刑事处罚的可能性。

（5）其他处理：①不满 16 周岁的人实施绑架行为，不负刑事责任，但应责令家长管教或由政府收容教养；②造成被害人遭受损失的，应当赔偿经济损失；③勒索到的赃款应予追缴并返还被害人；④犯罪工具应予没收。

由上可见，刑法分则条文确立了基本的构成要件和法定刑，确立了定罪处罚的基本框架。总则通过预备犯、未遂犯、中止犯、（从犯中的）帮助犯、教唆犯对基本的犯罪构成进行修正或扩张，形成修正的犯罪构成。总则通过法定量刑情节，对分则确立的基本的法定刑进行"微调"。另外，总则关于刑事责任和刑罚的一些通用规定，也适用于分则各条，如刑事责任年龄、附加刑适用等。在阅读、适用分则各条时，如有这样的"联系"的观念，必能收到融会贯通、举一反三的效果。

八、适用分则条文定罪判刑的思路

（一）特定构成要件（特殊构成要件·个罪构成要件）

"特定构成要件"，指刑法分则各正条罪状描述之某一具体罪的特有构成要件，如第239条绑架罪之构成要件、第263条抢劫罪之构成要件。刑法分则四百余正条确立四百余罪，就有相应的四百余特定构成要件。

"特定构成要件"与犯罪"一般构成要件"不同。刑法总则中，有犯罪一般构成要件，即任何行为成立任何犯罪，一般而言须具备客体、客观、主观、主体"四要件"，可称之为"全体犯罪"之一般构成要件或共同要件，其承载了犯罪成立的原理。特定构成要件与一般构成要件不同，是某具体罪名之特有构成要件。

例如，《刑法》第259条第1款："明知是现役军人的配偶而与之同居或者结婚的，处3年以下有期徒刑或者拘役。"该第259条确立了一种罪即"破坏军婚罪"，并且确立了该条适用或该罪名的构成要件即"明知是现役军人的配偶而与之同居或者结婚的"。这是破坏军婚罪特有的构成要件，只含个性的内容。

（二）特定构成要件内容及其划分

对特定构成要件内容，主要划分方法是"客观·主观"两分，即划分为客观要素和主观要素。特定构成要件中，身份、行为、对象、结果的内容划归"客观要素"；故意、过失、目的、动机等心理内容划归"主观要素"。

例如，《刑法》第259条破坏军婚罪的构成要件，"明知是现役军人的配偶而与之同居或者结婚"，其内容划分为：①客观要素："与现役军人配偶同居或结婚"，并可细分为：行为（"同居或结婚"）；对象（"现役军人配偶"）。②主观要素：故意，其"明知"的内容或对象为"现役军人的配偶而与之同居或者结婚"。

（三）适用思路

"特定构成要件"及其内容（即"客观·主观"两分）与适用刑法定罪判刑密切关联。

1. 首先看被告行为是否符合某一特定构成要件。罪刑法定原则要求对任何行为定罪判刑必须触犯某"刑罚法规"。确认被告行为触犯刑罚法规的根据是：该行为符合（或该当）该刑罚法规之特定构成要件。该行为不符合任一特定构成要件的，不成立犯罪，如张三（男）与李梅（女）进行视频裸聊，查遍刑法典也没有这种犯罪类型（构成要件），当然不能定罪。再如，赵燕在网上与众人视频裸聊，一个月收取"服务费"数万元。该行为符合《刑法》第363条之"传播淫秽物品牟利罪"构成要件，具备了定罪法律要件；之后再审查该行为是否具有危害性（或违法性·侵犯刑法保护之客体）和该行为人是否应当负刑事责任（有责·主体责任能力）。这一"特定构成要件符合性"与"三要件论"（构成要件符合·违法·有责）中的"构成要件符合"相同。

2. 行为符合特定构成要件的认定顺序是："先客观后主观"，即先认定被告行为是否符合客观要素，然后认定是否符合主观要素。例如，赵某（男）与王红（女）网聊时，邀约王红"一夜情"，王红谎称自己是军人的妻子，想以此推脱。不料赵某兴趣更大，一直穷追不舍，不仅与王红发生一夜情，还发展到同居。赵某行为是否符合《刑法》第259条破坏军婚罪的构成要件？先看客观，王红不是现役军人配偶，赵某行为不符合与"军人配偶同居"的客观要素，没有发生第259条之破坏军婚的事实，不可能违反第259条（破坏军婚罪）之规定。赵某以为王红是军人配偶且颇为迷恋，仅主观认识不能成为定罪依据。只有在被告行为具备"与军人配偶同居"的客观要素时，才有必要认定被告人主观对自己所为"与军人配偶同居"事实有没有"明知"。有"明知"的，因齐备客观、主观要件而成立犯罪；没有明知的，虽然具备客观要件，但缺乏主观要件，不成立犯罪。换言之，主观"明知"是对自己所为之"客观"违法事实的认知，没有发生客观违法事实，主观"明知"无从谈起。

3. 行为符合客观要件（要素），还需认定行为人对自己实施的符合客观要素的事实有"明知"，这被称为"构成要件故意"。例如，《刑法》第259条中的"明知是现役军人的配偶而与之同居或者结婚"。这表明两点：

（1）"明知"是要件。成立《刑法》第259条之罪，仅仅发生"与现役军人的配偶同居或结婚"的行为是不够的，还需要对此行为事实有"明知"才完全齐备了第259条之罪的构成要件。

（2）"明知"的内容是：对"自己实施符合构成要件客观要素的事实"明知。关于这点，《刑法》第259条对（破坏军婚罪）明知的内容表述得极为清晰，即明知自己"与现役军人的配偶同居或结婚"的事实。这被称为"构成要件故意"。

（3）"构成要件故意"，指行为人明知自己实施的符合构成要件客观要素的事实。可以用公式表达如下：

构成要件故意＝明知"第××条之罪之客观要素"

这是行为人自己实施该条规定之客观违法事实承担故意罪责的要件。据此，认定故意犯罪须看两点：其一，行为人实施了构成要件的客观事实；其二，行为人对自己实施的该构成要件客观事实有明知。刑法条文对于"明知"的内容表述清晰的条款如：①《刑法》第360条（传播性病罪）："明知自己患有梅毒、淋病等严重性病卖淫、嫖娼的，处5年以下……"该条之罪"明知"的内容是：有性病卖淫嫖娼。②《刑法》第258条（重婚罪）："有配偶而重婚的，或者明知他人有配偶而与之结婚的，处2年以下……"该条之罪"明知"的内容：与有配偶之人结婚。③《刑法》第312条（掩饰隐瞒犯罪所得罪）："明知是犯罪所得及其产生的收益而予以窝藏、转移、收购、代为销售或者以其他方法掩饰、隐瞒的，处……"该条之罪"明知"的内容是：掩饰、隐瞒"他人犯罪所得及其产生的收益"。

（4）"构成要件故意"与第14条第2款和第15条第2款。第14条第2款："故意犯罪，应当负刑事责任。"第15条第2款："过失犯罪，法律有规定的才负刑事责任。"意思是：①凡分则各条规定的犯罪行为没有特别提示过失应当负刑事责任的，只追究故意罪责，不追究过失罪责。②凡分则各条规定的犯罪行为没有特别提示主观要件是故意还是过失的，可推断为主观要件是故意。"故意"内容是：对自己实施了符合该条客观要素的事实有明知。

因此，即使分则条文没有特别提示"明知"及明知内容的，亦可推知该条构成要件故意及其内容。例如，《刑法》第127条："盗窃、抢夺枪支、弹药、爆炸物的……处3年以上10年以下有期徒刑；情节严重的，处10年以上有期徒刑、无期徒刑或者死刑。"对第127条之罪的主观要素，常规推断是：①主观要件是故意，或称"故意犯"；②该构成要件故意内容：明知"枪支、弹药、爆炸物"而盗窃、抢夺，即对该条之罪客观要素的明知。如果行为人确实不知他人包内有枪支而窃取的，即使客观上窃得枪支，也不成立盗窃枪支罪。

（5）"构成要件故意"与《刑法》第14条"犯罪故意"概念。《刑法》第14条第1款："明知自己的行为会发生危害社会的结果，并且希望或者放任这种结果发生，因而构成犯罪的，是故意犯罪。"这条确立的"犯罪故意"的概念有两个意义：①确认刑法中的"犯罪故意"的范围，不仅包括"希望"犯罪事实的心理，还包括"放任"犯罪事实的心理。这样一来，其实"明知"自己所为的犯罪事实，就具有犯罪故意。②概括了全体犯罪之故意的"共同内容"。

"构成要件故意"与《刑法》第14条"犯罪故意"不可混同。"构成要件故意"是具体罪之特有的故意，每一条文确立的每一故意罪都有其特有客观要素，因此也都有其特有故意内容（明知内容）。第14条"犯罪故意"是全体犯罪之一般故意，只概括了故意的共性，对认定"构成要件故意"有一定的指导意义，但不能替代"构成要件故意"。

本书中【主观】之"故意"或"故意犯"，就是指"构成要件故意"，其内容是行为人对自己所为之该条罪之行为、对象、结果等客观要素的明知。

九、法条竞合

刑法分则中存在大量法条竞合（或重叠）现象，使法律适用颇为复杂。掌握各罪构成要件，还需要掌握法条竞合状况，才能正确适用法律。

十、罪量

罪量，指定罪的社会危害性程度标准。为了与违反治安法、经济法等一般违法行为相区别，刑法对各罪大多规定了定罪的程度标准，如"数额较大""情节严重""情节恶劣""销售额5万元以上"等。即使没有明文规定程度要素或数量标准的，也往往通过司法解释规定了具体标准，称之为刑事"立案标准""立案追诉标准"，如《立案标准（一）》（2008）、《立案标准（二）》（2010）等，这些司法解释成为掌握罪与非罪程度要件的基本依据。

第一章

危害国家安全罪

第一节 概 述

一、概念

危害国家安全罪,是危害中华人民共和国国家主权、政治、经济制度等国家利益和安全的行为。

二、罪名沿革

危害国家安全罪,也称"国事罪",其作为类罪名的形成过程:1979 年《刑法》对危害国家根本利益和安全的犯罪曾称"反革命罪";1997 年修订《刑法》时,鉴于"反革命罪"的类罪名已经不适应中国社会政治、经济发展状况,也不适应国际交往形势,便取消了"反革命罪"的名称,改称"危害国家安全罪"。

三、部分共谋、预备、帮助、教唆行为直接可罚

由于部分犯罪行为直接危害国家内政外交安全,例如,背叛国家,分裂国家,武装叛乱、暴乱,颠覆国家政权等,需要将处罚范围提前。对于分裂国家,武装叛乱、暴乱,颠覆国家政权等行为的勾结、组织、策划、煽动、教唆、帮助行为,也一并规定为犯罪。因有关共谋、预备、帮助、教唆行为实行行为化,应直接依据刑法分则条文定罪处罚,不必适用总则未完成罪和共犯规定。

四、处罚

1. 依据《刑法》第113条第1款,对某些危害国家安全罪可以适用死刑。这类罪危害国家的存立,历来被当作最严重的罪行,所以,对这类犯罪,除在相应条文规定法定刑以外,还在第113条中特别规定有死刑。对于背叛国家罪,分裂国家罪,武装叛乱、暴乱罪,投敌叛变罪,间谍罪,为境外窃取、刺探、收买、非法提供国家秘密、情报罪,资敌罪,如果犯罪对国家和人民危害特别严重、情节特别恶劣的,可以判处死刑。

2. 依据《刑法》第113条第2款,对危害国家安全罪可以并处没收财产。

3. 依据《刑法》第56条第1款,对危害国家安全罪应当附加剥夺政治权利。

第二节 间谍、资敌的犯罪

一、间谍罪

(一)构成要件·法定刑

《刑法》第110条 有下列间谍行为之一,危害国家安全的,处10年以上有期徒刑或者无期徒刑;情节较轻的,处3年以上10年以下有期徒刑:

(一)参加间谍组织或者接受间谍组织及其代理人的任务的;

(二)为敌人指示轰击目标的。

【定义】参加间谍组织或者接受间谍组织及其代理人的任务，或者为敌人指示轰击目标、危害国家安全的行为。

1. 构成要件。

【客体】中华人民共和国国家安全。

【客观】"间谍行为"，包括：①"参加间谍组织"。"间谍组织"，是指外国政府或者境外敌对势力建立的旨在收集我国情报、进行颠覆破坏活动等危害我国国家安全和利益的组织。"参加间谍组织"，是指通过履行一定的手续加入间谍组织成为间谍组织成员的行为。②"接受间谍组织及其代理人的任务"。间谍组织的代理人，是指受间谍组织或其成员的指使、委托、资助，进行或者授意、指使他人进行危害中华人民共和国国家安全的人。接受间谍组织及其代理人的任务，是指受间谍组织及其代理人的命令、派遣、指使、委托为间谍组织服务，从事危害中华人民共和国国家安全的活动。③"为敌人指示轰击目标"。实施上述三种行为之一的，即具备间谍罪的行为要件。

【主观】故意。故意内容应当包括明知是间谍组织及其代理人或敌人而为其实施有关间谍犯罪行为。客观为间谍人员提供国家秘密，但主观不知对方间谍身份的，因缺乏间谍罪故意而不成立间谍罪，但不排除成立为境外人员非法提供国家秘密或故意泄露国家秘密罪。

2. 处罚。依据《刑法》第56、113条的规定，犯本罪，对国家和人民危害特别严重，情节特别恶劣的，可以判处死刑，可以并处没收财产，应当附加剥夺政治权利。

（二）适用

【定罪】因听信广播宣传等而受欺骗，或者为猎奇、骗取钱财而与间谍机构联系，没有实施加入间谍组织或者完成间谍任务等行为的，不构成间谍罪。对于在间谍组织中就业，从事勤杂、医务等非间谍事务的人员，如果没有履行参加间谍组织的手续，也没有从事间谍活动的，不认为是犯罪。

二、为境外窃取、刺探、收买、非法提供国家秘密、情报罪

（一）构成要件·法定刑

《刑法》第111条　为境外的机构、组织、人员窃取、刺探、收买、非法提供国家秘密或者情报的，处5年以上10年以下有期徒刑；情节特别严重的，处10年以上有期徒刑或者无期徒刑；情节较轻的，处5年以下有期徒刑、拘役、管制或者剥夺政治权利。

【定义】为境外的机构、组织或个人窃取、刺探、收买、非法提供国家秘密或情报，危害中华人民共和国国家安全的行为。

1. 构成要件。

【客体】国家安全和利益。

【客观】（1）对象："国家秘密或者情报"。根据《审理国家秘密、情报案解释》（2001），"国家秘密"，指关系国家安全和利益，依法在一定时间内只限在一定的人群中知悉的事项，具体指《保守国家秘密法》第2、8条以及《保守国家秘密法实施条例》第8条确定的事项。如国家的重大决策，国防建设和武装力量及活动，外交、国民经济发展中须保守秘密的事项以及科技和国家安全的秘密等，其标志为"绝密""机密""秘密"。"情报"，指除国家秘密以外，关系国家安全和利益、尚未公开或者依照有关规定不应公开的事项。

（2）行为："为境外的机构、组织、个人窃取、刺探、收买、非法提供国家秘密或者情报"。窃取，指以盗窃方式取得；刺探，指向他人非法探知；收买，指以金钱、财物或其他利益为对价非法获取；非法提供，指掌握国家秘密或者情报的人，将国家秘密或情报非法交付、告知给不应知悉的人。非法提供的方式是多种多样的，包括借助电话、传真等现代通信手段提

供。通过互联网将国家秘密或者情报非法发送给境外的机构、组织、个人的，也属于非法提供，而不问其所非法提供之秘密、情报的来源合法与否。行为人将依法知悉、管理的或者因为捡拾等偶然获取的秘密、情报非法提供的，照样成立犯罪。

【主观】故意。认识内容包括：①行为人知道或者应当知道是境外的机构、组织、人员而为其窃取、刺探、收买、非法提供国家秘密或情报。②行为人明知是国家秘密或情报。对于标明密级的事项，行为人只要知道或者应当知道该事项有密级标志的，即足以认定为明知。对于没有标明密级的事项，如情报，行为人知道或者应当知道该事项关系国家安全和利益的，也足以认定为明知。

2. 处罚。

（1）【基本犯】依《审理国家秘密、情报案解释》（2001）第3条的规定，有下列情形之一的，适用《刑法》第111条，处5年以上10年以下有期徒刑，可以并处没收财产：①为境外窃取、刺探、收买、非法提供机密级国家秘密的；②为境外窃取、刺探、收买、非法提供3项以上秘密级国家秘密的；③为境外窃取、刺探、收买、非法提供国家秘密或者情报，对国家安全和利益造成其他严重损害的。

（2）【加重犯】依《审理国家秘密、情报案解释》（2011）第2条的规定，具有下列情形之一的，属于《刑法》第110条的"情节特别严重"：①为境外窃取、刺探、收买、非法提供绝密级国家秘密的；②为境外窃取、刺探、收买、非法提供3项以上机密级国家秘密的；③为境外窃取、刺探、收买、非法提供国家秘密或者情报，对国家安全和利益造成其他特别严重损害的。根据《刑法》第56、113条的规定，犯本罪情节特别恶劣的，可以判处死刑，可以没收财产，应当附加剥夺政治权利。

（二）适用

【定罪】判断本罪与非罪，注意以下三点：①对象的认定。本罪的对象限于国家秘密和情报，如果行为人窃取、刺探、收买、非法提供的不属于国家秘密和情报，主观上也没有危害国家秘密和情报安全的意图，不构成犯罪。②主观故意的认定。构成本罪必须具有针对国家秘密和情报而实施犯罪行为的意图。如果行为人没有这种意图，即使在客观上有买卖国家秘密、情报的行为，也不能认定为犯罪。例如，在废品的收购、出售过程中，无意中买卖国家秘密、情报的。③非法性的认定。使用窃取、刺探、收买的方式，本身就具有非法性，不存在非法性的认定问题。但是在主动"提供"的场合，应注意认定该"提供"行为是否具有非法性。在对外交往中，经过国家有关部门审批，有限度地将某些国家秘密予以公开，与境外的组织、机构、人员交换情报、交流资料，属于合法行为，不构成犯罪。

【关联罪】1. 本罪与间谍罪的界限。如果作为间谍组织的成员接受间谍组织的任务"搞秘密或情报"的，属于间谍活动之一，定间谍罪。除此以外，为境外效力"搞秘密或情报"的情形，按照本罪论处。

2. 本罪与其他涉密犯罪的界限。要点是：①是否"为境外"。非法获取国家秘密罪也包含窃取、刺探、收买国家秘密的行为，但是，该罪不具有"为境外"的特征。故意泄露国家秘密罪包含有非法提供的行为，同样也不具有"为境外"的特征。由于行为人所非法获取的国家秘密泄露、扩散，而被境外的机构、组织、个人知悉、取得的，只要行为人对此不是故意的，仍应定非法获取国家秘密罪。②对象的范围不同。本罪的对象范围较广，除包含国家秘密之外，还包含情报；而其他涉密犯罪的对象仅限于国家秘密。③《审理国家秘密、情报案解释》（2001）第6条规定：通过互联网将国家秘密或者情报非法发送给境外的机构、组织、个人的，按照本罪定罪处罚；将国家秘密通过互联网予以发布，情节严重的，按照故意泄露国家秘密罪定罪处罚。

【罪数】1. 本罪是选择性罪名，可按行为人的行为方式与对象确定罪名。同时有"窃取、刺探、收买、非法提供"四种行为的，不实行数罪并罚，但犯罪行为是多种的，可作为量刑时予以考虑的情节。

2. 本罪法条竞合的法律适用。其他涉密犯罪，也包含有窃取、刺探、收买国家秘密的内容，如非法获取国家秘密罪；或者包含有非法提供的内容，如故意泄露国家秘密罪。因此，当行为人构成为境外窃取、刺探、收买、非法提供国家秘密、情报罪时，往往也触犯其他涉密犯罪的法条。对此，根据法条竞合犯适用法律的一般规则，以本罪一罪定罪处罚。另外，刑法在"军人违反职责罪"一章中还规定有为境外窃取、刺探、收买、非法提供军事秘密、情报罪，该罪的主体限于现役军人，对象限于军事秘密、情报，是比本罪更为特殊的规定。二者发生法条竞合时，应当优先适用军人违反职责罪条款定罪处罚。

3. 想象竞合犯的处理。行为人犯本罪而同时触犯窃取、抢夺国有档案罪，非法侵入计算机信息系统罪，盗窃、抢夺国家机关公文罪等的，属于想象竞合犯，应当按照本罪一罪定罪处罚，不需要数罪并罚。

【案例】　　　　　　　**吴某为香港报社记者窃取、提供国家秘密案**[1]

被告人吴某，男，我国某通讯社记者。

吴某与香港《快报》记者梁某相识。梁某为提前获取中共第十四次全国代表大会的报告稿，唆使吴某进行搜集。吴某利用工作之便，将本单位有关人员内部传阅的江泽民总书记《在中共第十四次全国代表大会上的报告》送审稿（绝密级）私自复印一份，携带回家。然后，吴某指使其妻马某按事先约定的地点将该"报告"交给梁某。梁某使用私自安装的传真机将此"报告"全文传回香港《快报》报社。随后，香港《快报》全文刊登了这个"报告"。梁某与吴某、马某在约定地点见面，梁某付给吴某人民币外汇兑换券5000元。案发后，吴某、马某认罪态度好，所得赃款已被查获。

法院经审理后认为，被告人吴某、马某身为国家工作人员，为谋私利，违反国家保密法规，为境外人员非法提供国家核心机密，危害国家安全，均已构成为境外人员非法提供国家秘密罪，且犯罪性质恶劣，情节、后果特别严重。吴某系主犯，应依法从重处罚；马某系从犯，且能认罪悔罪，应比照主犯减轻处罚。判处吴某无期徒刑，剥夺政治权利终身；判处马某有期徒刑6年，剥夺政治权利1年。

提示：①本罪之"境外"，不仅指外国，也包括我国港澳台地区。②吴某既有"窃取"也有"非法提供"行为，只需定一罪。③吴某收取5000元不是受贿，因为与其职务无关。

【案例】甲（国家机关工作人员）到N国探亲，趁机滞留不归。甲于一年后受雇于N国的间谍组织，并受指派潜回我国，找到其在某军区参谋部工作的战友乙，以1万美元从乙手中购买了3份军事机密材料。甲构成间谍罪。甲的行为虽然同时触犯为境外组织收买国家秘密罪，但是应择间谍罪定罪。因为甲不是在岗期间脱岗叛逃的，故不构成叛逃罪。

---

[1] 最高人民法院中国应用法学研究所编：《人民法院案例选（1994年第1辑·总第7辑）》，人民法院出版社1994年版，第61页。

第三节 其他危害国家安全的犯罪

一、背叛国家罪

《刑法》第102条　勾结外国，危害中华人民共和国的主权、领土完整和安全的，处无期徒刑或者10年以上有期徒刑。

与境外机构、组织、个人相勾结，犯前款罪的，依照前款的规定处罚。

【定义】中国公民故意勾结外国或与境外机构、组织、个人相勾结，危害中华人民共和国的主权、领土完整和安全的行为。

二、分裂国家罪·煽动分裂国家罪

《刑法》第103条　组织、策划、实施分裂国家、破坏国家统一的，对首要分子或者罪行重大的，处无期徒刑或者10年以上有期徒刑；对积极参加的，处3年以上10年以下有期徒刑；对其他参加的，处3年以下有期徒刑、拘役、管制或者剥夺政治权利。

煽动分裂国家、破坏国家统一的，处5年以下有期徒刑、拘役、管制或者剥夺政治权利；首要分子或者罪行重大的，处5年以上有期徒刑。

【定义】分裂国家罪，指组织、策划、实施分裂国家、破坏国家统一的行为。煽动分裂国家罪，指煽动分裂国家、破坏国家统一的行为。

【提示】"煽动"，指以语言、文字尤其是借助书刊、电视、广播等大众传媒或者以当众演讲的方式对不特定多人宣扬分裂国家的思想，鼓动分裂国家的情绪。根据《审理非法出版物刑案解释》（1998）第1条，"明知出版物中载有煽动分裂国家、破坏国家统一或者煽动颠覆国家政权、推翻社会主义制度的内容，而予以出版、印刷、复制、发行、传播的"；根据《办理邪教组织案解释》（1999）第7条，"组织和利用邪教组织，组织、策划、实施、煽动分裂国家、破坏国家统一或者颠覆国家政权、推翻社会主义制度的"，以煽动分裂国家罪或者煽动颠覆国家政权罪定罪处罚。根据《妨害预防、控制传染病疫情刑案解释》（2003）第10条第2款，利用突发传染病疫情等灾害，制造、传播谣言，煽动分裂国家、破坏国家统一，或者煽动颠覆国家政权、推翻社会主义制度的，以煽动分裂国家罪或煽动颠覆国家政权罪定罪处罚。根据《暴恐案意见》（2014），组织、纠集他人或通过出版物、网络、标志饰物等方式，宣扬、散布、传播宗教极端、暴力恐怖思想，煽动分裂国家、破坏国家统一的，以煽动分裂国家罪定罪处罚。

三、武装叛乱、暴乱罪

《刑法》第104条　组织、策划、实施武装叛乱或者武装暴乱的，对首要分子或者罪行重大的，处无期徒刑或者10年以上有期徒刑；对积极参加的，处3年以上10年以下有期徒刑；对其他参加的，处3年以下有期徒刑、拘役、管制或者剥夺政治权利。

策动、胁迫、勾引、收买国家机关工作人员、武装部队人员、人民警察、民兵进行武装叛乱或者武装暴乱的，依照前款的规定从重处罚

【定义】组织、策划、实施武装叛乱或者武装暴乱，或者策动、胁迫、勾引、收买国家机关工作人员、武装部队人员、人民警察、民兵进行武装叛乱或者武装暴乱的行为。

【提示】1. 直接处罚特定的教唆行为。《刑法》第104条第2款规定，对特定"策动、胁迫、勾引、收买"行为，依据第104条第1款定罪处罚，无需依据总则关于教唆犯的规定处罚。

2. 武装叛乱、暴乱时实施杀人、抢劫、放火、破坏公共设施等暴力犯罪的，可被包容于武装叛乱、暴乱罪中，不必数罪并罚。

四、颠覆国家政权罪·煽动颠覆国家政权罪

《刑法》第105条 组织、策划、实施颠覆国家政权、推翻社会主义制度的，对首要分子或者罪行重大的，处无期徒刑或者10年以上有期徒刑；对积极参加的，处3年以上10年以下有期徒刑；对其他参加的，处3年以下有期徒刑、拘役、管制或者剥夺政治权利。

以造谣、诽谤或者其他方式煽动颠覆国家政权、推翻社会主义制度的，处5年以下有期徒刑、拘役、管制或者剥夺政治权利；首要分子或者罪行重大的，处5年以上有期徒刑。

【定义】颠覆国家政权罪，指组织、策划、实施颠覆国家政权，推翻社会主义制度的行为。煽动颠覆国家政权罪，指以造谣、诽谤或其他方式颠覆国家政权，推翻社会主义制度的行为。

【案例】 **黄金秋颠覆国家政权案**[1]

黄金秋于2003年1月，在境外"博讯"新闻网站上以"清水君"之名组织、策划成立"中华爱国民主党"，并在互联网上发表由其亲自制定的《中华爱国民主党党章》，招募了多名预备党员，并以"中华爱国民主党"筹委会负责人"清水君"的名义，在"博讯"新闻网上发表大量文章，攻击我国的政治制度、煽动颠覆国家政权。江苏省常州市中级人民法院于2004年9月20日判决被告人黄金秋犯颠覆国家政权罪，判处有期徒刑12年，剥夺政治权利4年。本案要点：既有组织、策划、实施颠覆国家政权行为，又有发表文章煽动颠覆国家政权的行为，应根据想象竞合理论从一重罪处断，以颠覆国家政权罪论处。

【案例】 **刘某某煽动颠覆国家政权案**[2]

刘某某自1999年6月至2000年8月间，因对社会主义制度及国家领导人不满，通过电子信箱在江苏、贵州、宁夏、江西等地的网站、论坛上发表文章11篇，煽动颠覆国家政权，推翻社会主义制度。某市中级人民法院以煽动颠覆国家政权罪，判处刘某某有期徒刑3年。本案要点：对于利用互联网实施煽动颠覆国家政权犯罪，应注意审查下列证据：①关于犯罪主体的证据，有关单位对上网用户、电子公告系统用户上网时间、账号等的登记是认定利用互联网犯罪案件犯罪主体的重要证据。②表明行为人与犯罪行为之间有必然联系的证据。某些情况下，即使查清了与署名相对应的真名，犯罪行为也不一定是"真名"人所为，还应注意有无冒名的情况。

五、资助危害国家安全犯罪活动罪

《刑法》第107条 境内外机构、组织或者个人资助实施本章第102条、第103条、第104条、第105条规定之罪的，对直接责任人员，处5年以下有期徒刑、拘役、管制或者剥夺政治权利；情节严重的，处5年以上有期徒刑。

【定义】境内外机构、组织或者个人资助实施特定危害国家安全犯罪活动的行为。

【提示】1. 资助的犯罪范围，限定于资助实施《刑法》第102条（背叛国家罪）、第103条（分裂国家罪·煽动分裂国家罪）、第104条（武装叛乱、暴乱罪）、第105条（颠覆国家政权罪·煽动颠覆国家政权罪）规定的行为。资助其他国事罪的，不成立本罪。

---

[1] 最高人民法院中国应用法学研究所编：《人民法院案例选（2005年第2辑·总第52辑）》，人民法院出版社2006年版。

[2] 中华人民共和国最高人民法院刑事审判第一庭、第二庭编：《刑事审判参考（2001年第9辑·总第20辑）》，法律出版社2001年版。

2. 资助的对象或被资助的人（组织）不限境内还是境外的。

3. 立法变化：本条曾规定资助的对象限于"境内"的组织或个人，2011年5月1日生效的《刑法修正案（八）》废除了这个限制。

六、投敌叛变罪

《刑法》第108条　投敌叛变的，处3年以上10年以下有期徒刑；情节严重或者带领武装部队人员、人民警察、民兵投敌叛变的，处10年以上有期徒刑或者无期徒刑。

【定义】中国公民背叛国家，投奔敌对营垒，意图危害国家安全，或者在被敌方捕、俘后投降敌人的行为。

七、叛逃罪

《刑法》第109条　国家机关工作人员在履行公务期间，擅离岗位，叛逃境外或者在境外叛逃的，处5年以下有期徒刑、拘役、管制或者剥夺政治权利；情节严重的，处5年以上10年以下有期徒刑。

掌握国家秘密的国家工作人员叛逃境外或者在境外叛逃的，依照前款的规定从重处罚。

【定义】国家机关工作人员在履行公务期间，擅离岗位，叛逃境外或者在境外叛逃的行为。

【提示】"叛逃"，包括从境内叛逃境外和在境外直接叛逃。在中国境内逃入外国使领馆的，也认为"叛逃"。本罪叛逃以"在履行公务期间，擅离岗位"为要件。如果不是在履行公务期间，不成立本罪，如出国、出境度假旅游，在国外或境外滞留不归，不是叛逃。掌握国家秘密的国家工作人员构成叛逃罪，不以"在履行公务期间，擅离岗位"为要件，且从重处罚。

【案例】**王立军叛逃美国领馆案**

王立军，系重庆市原副市长、公安局原局长。2012年2月初，王立军职务被宣布调整，身边多名工作人员被非法审查。王立军感到自身处境危险，遂于2月6日14时31分私自进入美国驻成都总领事馆，请求美方提供庇护，并提出政治避难申请。后经我国有关方面劝导，王立军于2月7日23时35分自动离开美国驻成都总领事馆。四川省成都市中级人民法院认为：王立军作为掌握国家秘密的国家工作人员叛逃境外，构成叛逃罪，依法应从重处罚，判处有期徒刑2年（王立军除叛逃罪外，另有徇私枉法罪、滥用职权罪、受贿罪，数罪并罚，决定执行有期徒刑15年，剥夺政治权利1年）。

八、资敌罪

《刑法》第112条　战时供给敌人武器装备、军用物资资敌的，处10年以上有期徒刑或者无期徒刑；情节较轻的，处3年以上10年以下有期徒刑。

【定义】在战时供给敌人武器装备、军用物资资助敌人的行为。

第二章
危害公共安全罪

第一节 概 述

危害公共安全罪，指故意或者过失地危害不特定多人的生命、健康、重大公私财产安全的一类犯罪行为。本类罪的共同特征是：

1. 客体是公共安全。这里的"公共安全"，指不特定多人的生命、健康、重大公私财产安全。所谓"不特定多人"，指犯罪行为可能危害的对象不是某个、某几个特定的人或者某项特定的财产。在认定时需注意：

（1）"可能"危害不特定多人生命健康或重大财产即可，不以实际发生多人死伤结果为必要。在这个意义上也可称之为"公共危险性"。

（2）可能的犯罪后果具有"严重性"，即可能造成多人伤亡或者重大财产损失，例如，对建筑物放火、在公共场所爆炸、在食堂饭店投毒、在学校车站持刀砍杀众人等，可能导致多人伤亡或重大财产损失。换言之，也就是行为方式的严重危险性，该行为足以造成重大伤亡后果。

侵害的对象具有"不特定多人"或"众人"的特征，但是不具有后果严重性或行为方式高度危险性的，如使用刮胡刀片在街头针对不特定妇女割划衣服，仅有强制猥亵妇女的性质，不具有危害公共安全性质。

（3）公共安全的核心是不特定多人的人身安全。对"重大财产"的侵害，只有在危及公众人身安全时，方可认为具有公共危险性。不危及公众人身安全的重大或巨大财产损害，不具有危害公共安全的性质，如使用斧头棍棒砸毁停车场中数十辆汽车，或者烧毁价值数千万元的豪车，但不危及人身安全的。

公共安全也是本章之罪区别于刑法其他章节之罪的本质特征。例如，行为人使用爆炸方法杀人的，如果足以危害公共安全，应定爆炸罪，排斥故意杀人罪的适用；如果不足以危害公共安全的，不构成爆炸罪，应以故意杀人罪论处。再如，放火烧毁无人建筑物且不至于延烧到其他有人的建筑物、不危及人身安全的，因不危害公共安全，不成立放火罪，只能成立刑法其他章节的犯罪，如故意毁坏财物罪或破坏生产经营罪等。

（4）竞合的法律适用。危害公共安全犯罪的结果或加重结果往往包含两项内容：①人身伤亡；②财物毁损。例如，爆炸往往会造成人员伤亡和财物毁损，与故意杀人罪、故意伤害罪、过失致人死亡罪、故意毁坏财物罪、破坏生产经营罪发生竞合。这种竞合一般认为是法条竞合，优先适用本章规定的"完整法"，排斥适用"局部法"。也有学者主张是想象竞合犯，因为爆炸致人死伤既危害生命健康又危害公共安全，不仅一行为触犯数法条，还实际造成数结果、侵害数客体，应当是想象竞合犯。此说虽然有力，但鉴于中国司法实务不喜好数罪并罚，且爆炸一罪（或放火、投放危险物质等一罪）能够完整涵盖、评价致多人死伤以及财产损失的结果，仍然优先适用本章危害公共安全的条款定罪处罚。

（5）危险时代与危害公共安全犯罪的惩治。鉴于极端主义的暴恐势力抬头，惩治恐怖主义犯罪呈扩张取向；鉴于高速交通发展和中国快速进入汽车社会，对于破坏交通设施、交通工具的犯罪以及危险驾驶的犯罪，呈现严厉惩治的取向。

我们所处的时代充满危险，高速交通如飞机、高铁，超级城市中的高楼大厦和高度聚集人群，稍有不慎，引发一场火灾、一个事故，就可能造成惨重的人员伤亡和财产损失。近期，极端主义分子在毫无征兆的情况下以爆炸、枪击、刀砍等方式滥杀无辜，制造暴力恐怖事件。这令公众心生恐惧，期待刑法采取扩张态势加强公共危险行为的预先防范，把规制重心由"行为结果"推前到"行为危险"。因此，无论立法还是司法，都要加强惩治危害公共安全危险犯。另一方面，把犯罪界限过分前移至"行为之危险"，会增加侵犯公民自由的危险，需要审慎掌握尺度。

2. 本类罪客观上危害公共安全的行为，包括已经造成实际损害结果的行为，也包括虽未造成实际损害结果，但有公共危险性的行为。

（1）危险与结果。基于公共安全的重要性，刑法将规制界限向前推移。对于故意危害公共安全的犯罪行为，将危险犯设置为处罚的基准，只要足以发生危害公共安全的危险，就是既遂。例如，《刑法》第116条规定，破坏交通工具足以使其发生倾覆、毁坏危险的，就构成既遂；《刑法》第114条规定，放火、爆炸、投放危险物质足以危害公共安全尚未造成严重后果的，构成既遂。如果危害公共安全的行为造成了人身伤亡或重大财产损害的结果，则规定了较重的法定刑即结果加重犯，如《刑法》第115条规定，放火、爆炸造成严重后果的，处10年以上有期徒刑、无期徒刑或者死刑。如果没有发生第115条的结果，直接适用第114条处罚，没有按照第115条未遂犯处罚的余地。例如，乙因为失恋而产生爆炸自杀的念头，用3公斤炸药和数个雷管制造了一个爆炸装置，然后乘火车到某大城市，欲在火车站引爆雷管。炸药因受潮没有爆炸，除乙本人被雷管炸伤腰部之外，没有其他后果。乙构成爆炸罪，对乙的爆炸行为应直接适用《刑法》第114条仿照既遂犯处罚，而不适用未遂。

不过也有学者认为，危害公共安全罪的故意犯也应当以结果为设定处罚或认定既遂的基准。按照这种观点，危害公共安全罪的危险犯可以解释为未遂因特别规定而排斥《刑法》总则第23条未遂犯规定的适用。

（2）不能犯。即使对于《刑法》第114、116、117、118条之罪的危险犯，不能犯可成立犯罪未遂。因为不能犯指该行为在具体场合下对保护法益不可能造成实害或危险的情形，比如，行为人意欲向饭店食品中投放毒药，并为此购买了一包毒鼠强予以投放，但是因为所购之毒鼠强是假货，没有毒性。在这种场合，该行为对公共安全既不可能造成实害，也不可能发生现实危险，"客观上"不可能侵害公共安全，如果认为该行为具有可罚性，应当按照投放危险物质罪的未遂犯处罚。

（3）中止犯。在已经着手实行并足以危害公共安全的情况下，即危险已经发生、《刑法》第114条之罪已既遂时，自动有效防止第115条之罪严重结果发生的，是否能成立中止？通说认为，在第114条之罪危险犯已既遂时，不再有成立犯罪中止的余地。司法实务中也有不认可第115条之罪结果犯中止的判例，如甲实施投毒罪后发生危险，但在严重结果发生前防止结果发生案。[1]

【案例】甲在工棚中听见有人与其丈夫争吵，以为是二组工人，便产生报复恶念。其将老鼠药放入二组工人的绿豆汤盆中。后来听说与其丈夫争吵的是七组工人，顿生悔意。急忙跑到二组工棚，见已有一人因为喝绿豆汤出现了头晕、恶心的中毒症状，当即告诉大家绿豆汤有

---

[1] 赵秉志主编：《中国刑法案例与学理研究·分则篇（一）》，法律出版社2001年版，第120页。

毒，不能喝了，并立即找人将该中毒者送医院抢救，没有发生严重的后果。检察院以投毒罪[1]起诉甲，并认为其自动有效防止犯罪结果的发生，成立犯罪中止，且有投案自首行为，对甲应当免除处罚。法院认为甲不成立犯罪中止，但鉴于其防止犯罪结果的发生，且自首，故可以从轻处罚。判决甲有期徒刑3年，缓刑4年。不过，在同一犯罪过程中，自动有效防止犯罪结果发生却不成立犯罪中止，很不自然，也不利于鼓励犯罪分子迷途知返。

3. 这类犯罪的主观方面既有故意，也有过失。本章之罪的过失犯，如失火罪、过失爆炸罪、交通肇事罪等，以造成伤亡结果为客观要件，但不以对伤亡结果有故意（明知）为主观要件；故意犯如放火罪、爆炸罪，则以对致人死伤危险或结果有故意（明知）为主观要件。但是也有特别情形，如《刑法》第128条第3款之"依法配置枪支的人员，非法出租、出借枪支，造成严重后果的"方可构成犯罪。该款之罪以"造成严重后果"为客观要件，但不以对结果有故意（明知）为要件。类似还有《刑法》第129条之"依法配备公务用枪的人员，丢失枪支不及时报告，造成严重后果的"方可成立犯罪（丢失枪支不报罪），也以"造成严重后果"（轻伤以上伤亡事故等）为客观要件，但不以对该后果有故意（明知）为主观要件。对于上述两条款之罪，称故意犯还是过失犯都不典型。需要特别说明：虽然以"造成严重后果"为客观要件，但是该"严重后果"不在故意认知范围内。称其为"故意犯"却不要求对自己行为"造成严重后果"的要素有明知，这是其不同于故意犯之处。

【不处罚过失危险犯】即使危害公共安全，也不惩罚过失危险犯，所以，危害公共安全的过失犯，如失火罪、过失爆炸罪、交通肇事罪、危险物品肇事罪等，都以造成重大人身伤亡或重大财产损失为要件。

我国《刑法》分则第二章"危害公共安全罪"共有26个条文，规定了42个罪名。

第二节 以危险方法危害公共安全的犯罪

一、放火罪·决水罪·爆炸罪·投放危险物质罪·以危险方法危害公共安全罪

《刑法》第114条 放火、决水、爆炸以及投放毒害性、放射性、传染病病原体等物质[2]或者以其他危险方法危害公共安全，尚未造成严重后果的，处3年以上10年以下有期徒刑。

《刑法》第115条第1款 放火、决水、爆炸以及投放毒害性、放射性、传染病病原体等物质或者以其他危险方法致人重伤、死亡或者使公私财产遭受重大损失的，处10年以上有期徒刑、无期徒刑或者死刑。

（一）放火罪

【定义】故意放火焚烧建筑物、森林等物体，危害公共安全的行为。

1. 构成要件。

【客观】放火，指纵火焚烧建筑物、森林等物体，危害公共安全的行为。放火焚烧的对象（目的物）通常为建筑物、森林等涉及不特定多人生命、健康或者重大公私财产安全的物体。

【主观】故意，即明知自己的行为会造成火灾的结果而希望或放任该结果发生。

---

[1] 经《刑法修正案（三）》修正后，罪名为投放危险物质罪。
[2] 《刑法修正案（三）》将第114、115条的"投毒"改为"投放毒害性、放射性、传染病病原体等物质"，明确"毒"的概念、范围，罪名相应地由投毒罪改为投放危险物质罪。

2. 适用。

（1）【危险犯】放火致使目的物脱离引火物后能够独立燃烧，出现发生火灾危险状态的，就构成既遂。开始点燃目的物的行为是放火罪的"着手"；已经着手放火，但由于意志以外的原因而未能使目的物独立燃烧的，构成未遂。为了放火准备工具、制造条件的行为是放火罪的预备行为。放火致目的物独立燃烧，虽然已经既遂，但在严重后果发生之前自动有效防止犯罪加重结果发生的，也可以成立中止。

（2）客体与放火罪认定。危害公共安全是放火的实质特征，因此，"放火"焚烧财物不危害"不特定多人生命健康"的，不成立放火罪。

【案例】 **及长龙烧毁蔬菜棚案**[1]

及长龙与本村党支书及保坤、村主任李希顺因琐事发生过争执，产生报复之念。1993年12月20日凌晨，及长龙携带火柴等引火物，来到本村村东的野外，先后分别将及保坤、李希顺承包种植蔬菜的大棚点燃，把两个大棚内种植的西葫芦苗全部烧毁，造成直接经济损失10 696.36元。判决认为，其行为构成破坏集体生产罪（1997年修订后刑法罪名为"破坏生产经营罪"），判处有期徒刑5年，剥夺政治权利1年。

本案要点：被烧大棚位于野外，放火时其中无人，也不与有人居住建筑物毗邻，不可能"危及不特定多人人身安全"，不成立放火罪。

另认定危害公共安全成立放火罪判例有：王新生等放火案【第150号】[2]。王新生为骗保险金而放火烧毁停放于车站的自己承包的汽车，鉴于放火地点为汽车站且毗邻停放有十余辆汽车，法院判决成立放火罪。

（二）决水罪

【定义】故意破坏堤坝、水利设施，制造水患，危害公共安全的行为。

【客观】决水，指破坏堤坝等水利设施，制造水患，危害公共安全。

【主观】故意，明知毁坏水利设施的行为足以造成水患，并且希望或放任水患发生。

（三）爆炸罪

【定义】故意使用爆炸的方法，杀伤不特定多人、毁坏重大公私财物，危害公共安全的行为。

1. 构成要件。

【客观】"爆炸"，作为一种犯罪行为，指利用物质因化学或物理变化迅速放出的能量造成人身伤亡、财产毁损的后果。爆炸主要有两种情形：①化学爆炸，如炸药爆炸；②物理爆炸，如压力容器爆炸。作为犯罪现象，常见的是利用爆炸物杀伤人员、毁损财物。

【着手・既遂】使用爆炸物作案的，针对爆炸目标如人群、建筑物等，携爆炸物抵近或者开始安放、投掷为着手，因为此刻对爆炸目标已形成紧迫威胁。爆炸物发生爆炸致人死伤或者产生公共危险，分别成立《刑法》第115条或第114条的犯罪既遂。已抵近或安放、投掷爆炸物但未能爆炸的，或者虽然爆炸但其爆炸威力或爆炸场所等诸因素判断不足以危害公共安全的，成立第114条之未遂罪。

【主观】故意。行为人认识到爆炸行为足以产生危害公共安全的结果。因为爆炸的破坏力很大，产生的破坏后果难以预料和控制，所以，行为人只要认识到自己在使用爆炸方式进行危

---

［1］ 最高人民法院中国应用法学研究所编：《人民法院案例选（1996年第1辑）》，人民法院出版社1996年版。

［2］ 最高人民法院刑事审判第一庭、第二庭编：《刑事审判参考（2002年第1辑・总第24辑）》，法律出版社2002年版。

害人身和财产的破坏活动，就足以认定具有危害公共安全的故意。

2. 适用。

（1）爆炸预备行为与《刑法》第125条之非法制造、买卖、运输、邮寄、储存爆炸物罪的竞合、牵连。行为人为了实施爆炸犯罪而准备实施第125条之涉爆行为，因意志以外的原因未能着手实行爆炸罪的，是爆炸罪预备与第125条之罪的竞合，应当择一重罪或高度罪处断。行为人为实施爆炸而实行第125条之涉爆行为，因意志以外的原因未能得逞的，是爆炸罪未遂与第125条之罪的竞合，也应当择一重罪或高度罪处断。

（2）共犯与间接正犯。采取"人体炸弹"方式实施爆炸犯罪的，"人体炸弹"行为人与他人共谋充当人体炸弹实施爆炸的，成立爆炸罪的共同犯罪。"人体炸弹"行为不知情的，则是他人爆炸的工具，不构成爆炸罪，利用人成立爆炸罪的间接正犯。

【案例】　　　　　　　　　　**李常安爆毁轿车案**[1]

李常安怀疑妻子与县公安局局长岑某某关系暧昧，为给岑造成不良影响，谋划炸公安局的轿车。为此，李常安用雷管1枚、硝铵炸药2筒制成爆炸装置。于零时许撬门进入车库，将爆炸装置放于一辆日产轿车左前门20厘米的地面上引爆，小轿车被炸坏，造成经济损失31 490元。法院判决李常安犯故意毁坏财物罪，处有期徒刑3年。本案要点：目的是炸坏轿车给岑惹麻烦，且爆炸威力和场所不危及不特定多人人身，不成立爆炸罪；不足以因导致交通工具罪倾覆、毁坏而危及交通安全，不成立破坏交通工具罪。

与前述判例相反，行为人以报复特定人为目的，所实施的不计危害后果的爆炸行为，应认定为爆炸罪而非故意杀人罪。

【案例】　　　　　　　　　　**赖贵勇爆炸案【第137号】**[2]

赖贵勇因生活琐事与扎西、普布卓玛产生纠纷后，为泄愤报复而自制爆炸物，用细线将一炸药瓶吊至扎西家南侧的厨房天窗内并引爆，致使扎西之子因房屋倒塌窒息死亡，扎西、普布卓玛、尼珍（扎西之妻）受轻微伤。一审法院以故意杀人罪判处其死刑。二审法院认为，赖贵勇对危害左邻右舍等不特定人的生命财产安全持放任态度，改判爆炸罪。

（四）投放危险物质罪

【定义】故意投放毒害性、放射性、传染病病原体等危险物质危害公共安全的行为。

1. 构成要件。

【客观】投放毒害性、放射性、传染病病原体等危险物质危害公共安全。毒害性物质，指接触人畜体表或进入人畜体内足以造成人畜伤亡的物质，如甲胺磷、氰化钠、氰化钾、硝基苯、砒霜等。放射性物质，指能够因原子核衰变放出射线的物质，该物质发出的射线能够危及人身和财产安全，主要包括铀、镭、钍、钚、氚、锂等核材料及其制品。传染病病原体，指能引起传染病的微生物和寄生虫，包括病菌、寄生虫和病毒。传染病，指由病原体引起的能在人之间、动物之间和人与动物之间传播的疾病。《传染病防治法》（2013）第3条第1~4款规定了传染病的等级和种类："本法规定的传染病分为甲类、乙类和丙类。甲类传染病是指：鼠疫、霍乱。乙类传染病是指：传染性非典型肺炎、艾滋病、病毒性肝炎、脊髓灰质炎、人感染高致病性禽流感、麻疹、流行性出血热、狂犬病、流行性乙型脑炎、登革热、炭疽、细菌性和阿米巴性痢疾、肺结核、伤寒和副伤寒、流行性脑脊髓膜炎、百日咳、白喉、新生儿破伤风、

---

[1] 广西百色中院百中刑初字1996第73号《刑事判决书》
[2] 最高人民法院刑事审判第一庭、第二庭编：《刑事审判参考（2001年第1辑·总第22辑）》，法律出版社2001年版。

猩红热、布鲁氏菌病、淋病、梅毒、钩端螺旋体病、血吸虫病、疟疾。丙类传染病是指：流行性感冒、流行性腮腺炎、风疹、急性出血性结膜炎、麻风病、流行性和地方性斑疹伤寒、黑热病、包虫病、丝虫病，除霍乱、细菌性和阿米巴性痢疾、伤寒和副伤寒以外的感染性腹泻病。"因为本罪的客体是公共安全，所以，投放危险物质应具有足以危害公众生命、健康或重大财产安全的危险。将危险物质投放于特定位置、场所，针对特定人，不足以危害公共安全的，不成立本罪。

【主观】故意，即明知自己投放危险物质的行为足以造成危害公共安全的结果，并希望或放任该结果发生。

2. 适用。

【案例】**古计明、方振华投放危险物质案**[1]

被告人购买铱射线工业探伤机、安装铱放射源（源强为95居里），通过驱动探伤机施源器，将铅罐内的铱放射源输送到被害人的办公室天花板，使用铱源直接对被害人的身体进行照射，致使被害人及在该中心工作的70多名医护人员受到放射源的辐射伤害。法医鉴定，其中1人重伤、13人轻伤、61人微伤。法院认为：二被告人为泄愤报复而采用投放放射性物质的方法致伤多人，构成投放危险物质罪，分别判处死缓、15年有期徒刑。

本案要点：以投放危险物质方式危害不特定多人生命健康，成立投放危险物质罪。虽然也具备故意伤害罪的要件，但按照完整法优先于局部法适用的法条竞合规则，应以投放危险物质罪定罪处罚。

【案例】**林木春为防盗窃，在柚子果实中注入农药投毒案**[2]

林木春（女，25岁）因其柚子园树上的柚果常被人偷摘，分别在5粒柚子果上用注射器注入2毫升左右的"甲胺磷"（农药）。此间，林木春亦将此事告诉了同村的一些妇女。5~6天后，有药的柚果都落地。林秀玉（死者，24岁）带其外甥黄少伟（6岁）到寨顶山牧牛时，到林木春家的柚子园内，捡得一粒注有剧毒农药且已开始大面积腐烂并带有一股刺鼻农药味的柚果，与其外甥黄少伟共食后均中毒。林秀玉经抢救无效死亡，黄少伟经住院治疗痊愈出院。法院认为，被告人在柚果中注入剧毒农药"甲胺磷"，欲让偷摘者食后中毒。造成他人捡食后中毒，导致1人中毒、1人死亡的后果，危害了公共安全，其行为已构成投毒罪（投放危险物质罪）。鉴于林木春认罪态度好，并能积极筹款予以赔偿，悔罪表现较好，依法减轻处罚，判处有期徒刑3年，向二附带民事诉讼原告人分别赔偿经济损失27 000元和23 063元。

本案要点：为防他人偷食瓜果等，而故意在瓜果中投放毒药致人死伤的，通常认定有危害公共安全性质、对中毒结果具有间接故意。

（五）以危险方法危害公共安全罪

【定义】以放火、爆炸、决水、投放危险物质之外的危险方法危害公共安全的行为。

1. 构成要件。

【客体】公共安全。即不特定多人的人身安全以及涉及人身安全的重大财产损害。有必要对《刑法》第115条第1款中的"使公私财产遭受重大损失"限制解释为：在使公私财产遭受重大损失的同时，还存在致人重伤、死亡的现实可能性；如果仅有使公私财产遭受重大损失的危险，而实际上不可能危及他人生命、身体安全的，则仍不能成立以危险方法危害公共安全

---

[1] 中华人民共和国最高人民法院刑事审判第一庭、第二庭编：《刑事审判参考（2005年第5集·总第46集）》，法律出版社2006年版。

[2] 福建省漳州市中级人民法院（1996）漳刑终字第145号刑事判决。

罪。这意味着：具有致不特定人或多数人重伤、死亡的现实危险，是成立以危险方法危害公共安全罪的必要前提。[1]

【行为】以"其他危险方法"危害公共安全。"'其他危险方法'仅限于与放火、决水、爆炸、投放危险物质相当的方法，而不是泛指任何具有危害公共安全性质的方法。因为《刑法》将本罪规定在第114条与第115条之中，根据同类解释规则，它必须与前面所列举的行为相当；根据该罪所处的地位，'其他危险方法'只是《刑法》第114、115条的'兜底'规定，而不是刑法分则第二章的兜底规定。换言之，对那些与放火、决水、爆炸等危险方法不相当的行为，即使危害公共安全，也不宜认定为本罪。"[2]从司法实务看，认定的这类方法有：①驾驶机动车辆在公共场所故意冲撞众人的（对于为了敲诈勒索、诈骗而恶意制造交通事故、放任重大伤亡结果发生的，也可定本罪）；②在公共场所私设电网危及众人安全的；③破坏矿井的通风设备危及井下矿工生命安全的；④拆卸公共道路中央的下水井盖的；⑤以制、输坏血、病毒血的方法致众人感染的；⑥向人群开枪的；⑦驾驶人员与人打闹而任机动车处于失控状态的。最近，极端主义分子为了制造恐怖而使用枪支、砍刀、匕首在公共场所（如火车站、商店）故意滥杀滥砍无辜群众的，被定性为"暴力恐怖"事件，实务中也以本罪定罪处罚。

如果是使用放火、爆炸、投放危险物质、决水等已有规定的方法，则排斥适用以危险方法危害公共安全罪。根据《妨害预防、控制传染病疫情刑案解释》（2003）第1条，故意传播突发传染病病原体，危害公共安全的，按照以危险方法危害公共安全罪定罪处罚；患有突发传染病或疑似突发传染病而拒绝接受检疫、强制隔离或治疗，过失造成传染病传播，情节严重，危害公共安全的，按照过失以危险方法危害公共安全罪定罪处罚。

【主观】故意，即明知自己使用的方法足以危害众人的生命、健康和重大财产安全，而希望或放任该结果发生。不具有本罪故意，仅有过失的，可成立过失以危险方法危害公共安全罪。

2. 适用。

（1）与交通肇事罪的区分。本罪是故意罪，对致人死伤结果有故意；而交通肇事罪是过失罪，对致人死伤结果不得有故意。故意驾车冲撞众人致人死伤的，成立以（驾车撞人的）危险方法危害公共安全罪。早期判例如：20世纪80年代，姚锦云因奖金问题闹情绪，故意驾驶出租车在天安门广场由北向南横冲直撞，撞死、撞伤19人，构成以危险方法危害公共安全罪。因该行为对致人死伤有故意，定交通肇事罪会轻纵罪犯。

近年来，醉酒危险驾驶致不特定多人死伤的案件时有发生，为了规范醉酒驾车的法律适用，《醉驾犯罪法律适用意见》（2009）指出："无视法律醉酒驾车，特别是在肇事后继续驾车冲撞，造成重大伤亡，说明行为人主观上对持续发生的危害结果持放任态度，具有危害公共安全的故意。对此类醉酒驾车造成重大伤亡的，应依法以危险方法危害公共安全罪定罪。"并发布典型判例"成都孙伟铭案""广东佛山黎景全案"作为参照。关于量刑，考虑到醉酒驾车构成本罪的，一般是间接故意，与以制造事端为目的而恶意驾车撞人并造成重大伤亡后果的直接故意犯罪有所不同，量刑时应有所区别。此外，醉酒状态下驾车，行为人的辨认和控制能力实际有所减弱，量刑时也应酌情考虑。

（2）与故意杀人罪、故意伤害罪的区分。驾车故意杀伤特定人，没有危害公共安全的，

---

[1] 劳东燕："以危险方法危害公共安全罪的解释学研究"，载《政治与法律》2013年第3期。
[2] 张明楷："论以危险方法危害公共安全罪——扩大适用的成因与限制适用的规则"，载《国家检察官学院学报》2012年第20卷第4期。

成立故意杀人罪或故意伤害罪。驾车故意冲撞众人危害公共安全的，成立本罪。按通说，法条竞合优先适用本罪处罚。

（3）与已专门规定之方法危害公共安全犯罪的区分。以危险方法危害公共安全罪是《刑法》第114、115条规定的"兜底"条款，即刑法将所有其他条款没有包括的、难以包括的或者目前预测不到的危害公共安全的犯罪方法，都包括在这个"以其他危险方法危害公共安全"规定中。以防止法律"漏洞"，适应社会情势变化。因此，本罪适用需注意两点：①如果属于已有规定之方法，如同条之放火、爆炸、决水、投放危险物质的方法，其他如《刑法》第144条之生产、销售有毒、有害食品，第116条之破坏交通工具，第117条之破坏交通设施，第118条之破坏电力设备、易燃易爆设备，第124条之破坏广播电视设施、公用电信设施，使用已有规定之方法危害公共安全的，排斥本罪适用。②适度扩张适用本罪以适应保护公众安全的需要，例如，暴恐分子使用砍刀、斧头街头行凶的，在繁华街道、高速公路驾车高速逆行的，张玉军销售三聚氰胺（被用于三鹿奶粉奶源）的，李新军等隐瞒重大安全隐患导致平顶山9·8惨重矿难发生的，均以本罪定罪处罚。近几年对本罪的扩张适用引起了学界关注，主张"以同类解释规则严格限缩以危险方法危害公共安全罪的司法适用范围……这里的'其他危险方法'应该具有与放火、决水、爆炸、投放危险物质的性质上的同一性"[1]。进而主张"就以危险方法危害公共安全罪而言，其危险性属于手段危险性，……手段是否具有与放火、决水、爆炸、投放危险物质行为的相当性，才是认定以危险方法危害公共安全罪的关键之所在"，并据此认为，"盗窃窨井盖的行为"形成隐患，具有结果的危险性，但不具有手段与放火爆炸等方式相当的危险性，不应当认定为本罪。同理，导游徐敏超挥动匕首向游客及路人乱刺，造成20人伤害的行为，不具有与放火爆炸等方式相当的手段危险性，不成立本罪。[2]

（4）罪数。《刑法》第114、115条之罪的结果，包含"致人重伤、死亡或者使公私财产遭受重大损失"，故意内容包含杀伤他人或毁损财物的意思，所以，当行为触犯本条之罪同时触犯《刑法》第232条故意杀人罪、第234条故意伤害罪、第275条故意毁坏财物罪、第276条破坏生产经营罪时，只需以第114、115条定罪处罚。通说是法条竞合关系，第114、115条能较完整地涵盖放火、决水、爆炸、投放危险物质、以危险方法危害公共安全行为的后果。

3. 处罚。关于《刑法》第114条与第115条第1款之间的关系，通说认为是"基本犯～结果加重犯"模式，即第114条是危险犯，第115条是结果加重犯。也有学者认为应解释为"未遂犯～既遂犯"模式，第114条属于实质的未遂犯，是侵害犯的未遂形式。这种主张的理由是："第114条中的具体危险，应指针对多数人的生命、身体安全的危险，因为只有涉及多数人的生命、身体安全方面的法益，才值得以危险犯的形式进行保护，财产安全本身并不具有此等重要性。"[3] 这一主张的实益是："因而，在仅仅导致重大公私财产损失的情况下，因具体危险的内容并未实现，故只能适用刑法典第114条。换言之，如果只是单纯导致重大财产损失，不能认为满足侵害犯的要求，并无适用第115条第1款的余地。"[4]

---

[1] 陈兴良："现行刑法中具有口袋化倾向的罪名规范适用研究——口袋罪的法教义学分析：以以危险方法危害公共安全罪为例"，载《政治与法律》2013年第3期。

[2] 陈兴良："现行刑法中具有口袋化倾向的罪名规范适用研究——口袋罪的法教义学分析：以以危险方法危害公共安全罪为例"，载《政治与法律》2013年第3期。

[3] 劳东燕："以危险方法危害公共安全罪的解释学研究"，载《政治与法律》2013年第3期。

[4] 劳东燕："以危险方法危害公共安全罪的解释学研究"，载《政治与法律》2013年第3期。

二、失火罪·过失决水罪·过失爆炸罪·过失投放危险物质罪·过失以危险方法危害公共安全罪

《刑法》第115条　放火、决水、爆炸以及投放毒害性、放射性、传染病病原体等物质或者以其他危险方法致人重伤、死亡或者使公私财产遭受重大损失的，处10年以上有期徒刑、无期徒刑或者死刑。

过失犯前款罪的，处3年以上7年以下有期徒刑；情节较轻的，处3年以下有期徒刑或者拘役。

（一）失火罪

【定义】过失引起火灾，造成严重后果，危害公共安全的行为。

【客观】1. 失火行为，指在日常生活中因用火、用电不慎引起了火灾。

2. 严重火灾后果，即因失火行为造成的火灾致人重伤、死亡，或者使公私财产遭受重大损失。过失犯都是结果犯，构成失火罪应当以造成第115条第1款规定之"致人重伤、死亡，或者使公私财产遭受重大损失"结果为要件。根据《立案标准（一）》（2008），包括下列情形：①造成死亡1人或重伤3人以上；②造成公共财产或者他人财产直接经济损失50万元以上；③造成10户以上家庭的房屋以及其他基本生活资料烧毁；④造成森林火灾，过火有林地面积2公顷或者疏林地、灌木林地、未成林地、苗圃地面积4公顷以上。其他过失罪如过失爆炸、过失投放危险物质罪的结果要件可参考此标准。本罪的过失行为是普通过失，即行为人在日常生活中因为用火不慎而致火灾。因为业务过失行为而致火灾的，以业务过失罪如重大责任事故罪、危险物品肇事罪等定罪处罚，不以本罪论处。

【主观】过失，即行为人应当预见自己的行为可能发生火灾，但因为疏忽大意而没有预见，或者已经预见而轻信能够避免，以致发生火灾。判断这种犯罪的过失，不是行为人对行为本身的认识，而是对行为造成火灾结果的认识和态度。行为人用火往往是故意的，但对自己的用火行为可能发生火灾的结果，应当预见而没有预见，或者已经预见但轻信能够避免，所以是过失。

【适用】失火罪的立案标准对于本条乃至本章的过失犯罪都具有参考意义。过失犯罪中，因失火罪更常见，所以专门规定立案标准以方便司法。其他罪如过失爆炸罪、过失投放危险物质罪等虽然没有规定立案标准，但司法实践中可以参照失火罪的立案标准。

（二）过失决水罪

【定义】过失毁损堤坝、水利设施，引起水灾，致人重伤、死亡或者使公私财产遭受重大损失，危害公共安全的行为。

（三）过失爆炸罪

【定义】过失引发爆炸物，致人重伤、死亡或者使公私财产遭受重大损失，危害公共安全的行为。

（四）过失投放危险物质罪

【定义】过失投放毒害性、放射性、传染病病原体等物质，致人重伤、死亡或者使公私财产遭受重大损失，危害公共安全的行为。

（五）过失以危险方法危害公共安全罪

【定义】以失火、过失决水、过失爆炸、过失投放危险物质以外的危险方式，过失致人重伤、死亡或者使公私财产遭受重大损失，危害公共安全的行为。

【案例】**曾巩义、陈月容非法狩猎案**[1]

1998~2003年间,曾巩义、陈月容未经批准私自从家中的高压变电器上拉出一条导线至本村洋头隔门山场设置电网,接通电源捕猎野生动物,每年都有野猪等野生动物被电击死亡。2003年3月1日22时许,陈月容在家中接通电源,致使路过的村民陈洪生被电击致轻微伤。检察院以非法狩猎罪、过失以危险方法危害公共安全罪起诉。法院认为:曾巩义、陈月容违反狩猎法规,使用禁用的工具、方法狩猎,属于非法狩猎情节严重,其行为已构成非法狩猎罪。但曾巩义、陈月容设置电网没有致他人重伤、死亡的后果,不构成过失以危险方法危害公共安全罪。遂以非法狩猎罪对曾巩义、陈月容分别判处有期徒刑6个月、拘役5个月。

裁判要旨:使用爆炸、投毒、设置电网等危险方法破坏野生动物资源,构成非法狩猎罪,同时构成《刑法》第114条或者第115条规定之罪的,从一重罪处罚;但如果不符合《刑法》第114条或者第115条之规定的,应定非法狩猎罪。

第三节 破坏公用设施危害公共安全的犯罪

一、破坏交通工具罪

(一)构成要件·法定刑

《刑法》第116条(危险犯) 破坏火车、汽车、电车、船只、航空器,足以使火车、汽车、电车、船只、航空器发生倾覆、毁坏危险,尚未造成严重后果的,处3年以上10年以下有期徒刑。

《刑法》第119条第1款(结果加重犯) 破坏交通工具、交通设施、电力设备、燃气设备、易燃易爆设备,造成严重后果的,处10年以上有期徒刑、无期徒刑或者死刑。

【定义】故意破坏火车、汽车、电车、船只、航空器,足以使其发生倾覆、毁坏危险或者造成严重后果的行为。

【客体】交通运输安全。

【对象】正在使用中的交通工具。①"交通工具"包括火车、汽车、电车、船只、航空器等机动的交通工具。因为这些交通工具一般承担运输人员或物资的任务,一经破坏,能够同时使不特定多人伤亡或者使公私财产遭受重大损失。用于运输的大型农用拖拉机,也属于本罪对象。自行车、三轮车、马车等小型的非机动的交通工具,一般不涉及危害公共安全,不是本罪的对象。②"正在使用中"指正在行驶或者飞行中。待用、备用的交通工具,因为会随时投入使用,所以应视为正在使用中的交通工具。尚未检验出厂、交付使用或者正在工厂修理的交通工具,不是本罪对象。

【行为】破坏交通工具,足以使其发生倾覆、毁坏危险。倾覆,指火车出轨、汽车翻车、船只沉没、航空器坠落等。毁坏,指使交通工具的性能丧失、报废或者遭受重大破损,以致不能运行。危险,指具体危险,即在具体场合下对交通工具的破坏具有发生倾覆、毁坏的现实可能性。

【主观】故意,即明知自己的行为会使交通工具发生倾覆、毁坏危险,并且希望或者放任这种危险结果发生。

---

[1] 参见中华人民共和国最高人民法院刑事审判第一、二、三、四、五庭主办:《刑事审判参考(2010年第1集·总第72集)》,法律出版社2010年版。

【加重犯】"造成严重后果",指因交通工具倾覆、毁坏而致人重伤、死亡或者使公私财产遭受重大损失等情形。

【既遂·未遂】行为造成倾覆、毁坏危险的,即使没有发生严重结果,也应适用《刑法》第116条,与既遂犯一样处罚,排斥适用未遂规定。造成交通工具倾覆、毁坏严重后果的,是本罪的加重犯,适用《刑法》第119条处罚。没有发生具体危险或不能犯的,成立本罪未遂。

(二) 适用

本罪客体是交通运输安全。只有破坏《刑法》第116条之交通工具且实质上构成对交通运输安全的破坏的,才能成立本罪。我国在20世纪50~70年代,汽车等交通工具十分贵重且基本为国企、政府所有,对于破坏汽车行为,往往不问是否危害交通运输安全即认定为破坏交通工具罪,此做法显然不妥。如今,轿车已经进入寻常百姓家,对汽车包括轿车的破坏不足以危害交通运输安全的,不成立破坏交通工具罪。例如李常安爆毁轿车案、王新生等放火案等。

【案例】 **贾某破坏交通工具案**

被告人贾某是某机场检票员,因平素与领导有矛盾,意欲制造飞机事故,使领导受撤职处分。某日贾某到停机坪,用改锥猛戳一架民航机的油箱,在油箱上造成5个凹陷痕迹和1个贯通洞,被执勤人员当场抓获,未造成严重后果。法院判决构成破坏交通工具罪(既遂)。

因为《刑法》第116条是危险犯,对交通工具的破坏达到有倾覆、毁坏可能性的程度(具体危险),即达到该罪设定的完成状态。本案中,贾某在飞机油箱上造成"贯通洞",若没有被发现,让飞机在这种状态下飞行,可能会出事故,有具体危险。本案如果适用未遂,可分为以下两种情形:①若仅仅形成几个"凹陷痕迹",经技术检验不会影响飞行安全,仅有抽象危险,尚未造成具体危险的,是犯罪未遂,属于能犯的未遂。②如果该飞机是停运待大修的飞机,被告人以为是正在使用中的,因不可能造成危险,是不能犯未遂。相反,如果被告人知道是停运待大修的飞机,对其破坏不会出什么大事,因而对其破坏以发泄情绪的,因被告人没有破坏交通工具的故意,其行为也不可能影响交通运输安全,仅可成立故意毁坏财物罪。

二、破坏交通设施罪

(一) 构成要件·法定刑

《刑法》第117条(危险犯) 破坏轨道、桥梁、隧道、公路、机场、航道、灯塔、标志或者进行其他破坏活动,足以使火车、汽车、电车、船只、航空器发生倾覆、毁坏危险,尚未造成严重后果的,处3年以上10年以下有期徒刑。

《刑法》第119条第1款(结果加重犯) 破坏交通工具、交通设施、电力设备、燃气设备、易燃易爆设备,造成严重后果的,处10年以上有期徒刑、无期徒刑或者死刑。

【定义】故意破坏轨道、桥梁、隧道、公路、机场、航道、灯塔、标志或者进行其他破坏活动,足以使火车、汽车、电车、船只、航空器发生倾覆、毁坏危险或者造成严重后果的行为。

【客体】交通运输安全。

【对象】正在使用中的交通设施。交通设施,指供交通工具通行或保障交通工具安全运行的专门设施,包括轨道、桥梁、隧道、公路、机场、航道、灯塔、标志等。这些交通设施必须是正在使用中的,因为只有对正在使用中的交通设施进行破坏,才可能危害交通运输安全。正在修筑或者已经废弃的交通设施,不是本罪的对象。

【行为】破坏交通设施足以使交通工具发生倾覆、毁坏危险。

【主观】故意,即明知是正在使用中的交通设施而对其实施毁损行为。至于行为人是否明知自己的行为会使交通工具发生倾覆、毁坏,在所不问。

【加重犯】"造成严重后果",指因交通设施被破坏,致使交通工具倾覆、毁坏而致人重伤、死亡或者使公私财产遭受重大损失等情形。

【既遂·未遂】对交通设施的破坏,足以影响交通安全的,即使没有发生严重结果,也成立《刑法》第117条的危险犯既遂;造成交通工具倾覆、毁坏严重后果的,是本罪的加重犯,适用《刑法》第119条处罚。

(二)适用

【关联罪】与破坏交通工具罪的区分。行为对象不同,破坏交通设施罪的对象是正在使用中的交通设施。交通设施,指供交通工具通行或保障交通工具安全运行的专门设施,包括轨道、桥梁、隧道、公路、机场、航道、灯塔、标志等。为了颠覆、毁坏交通工具而破坏交通设施的,应当以《刑法》第117条破坏交通设施罪定罪处罚;因而造成交通工具倾覆毁坏致人死伤的,应当适用《刑法》第119条以破坏交通工具罪定罪处罚。

【想象竞合】常见因盗窃交通设施而致交通设施毁损的情形,如盗窃(割下)铁路专用电话线、机场信号灯、公路交通标志牌等。如果盗窃的物品价值数额较大,成立盗窃罪;如果同时造成危害交通运输安全的危险,又构成破坏交通设施罪,属于想象竞合犯,择一重罪处罚。

三、破坏电力设备罪·破坏易燃易爆设备罪

《刑法》第118条(危险犯) 破坏电力、燃气或者其他易燃易爆设备,危害公共安全,尚未造成严重后果的,处3年以上10年以下有期徒刑。

《刑法》第119条第1款(结果加重犯) 破坏交通工具、交通设施、电力设备、燃气设备、易燃易爆设备,造成严重后果的,处10年以上有期徒刑、无期徒刑或者死刑。

(一)破坏电力设备罪

【定义】故意破坏正在使用中的电力设备,危害公共安全的行为。

【客体】公共安全。

【对象】正在使用中的"电力设备"。根据《审理破坏电力设备刑案解释》(2007)第4条第1款,是指处于运行、应急等使用中的电力设备;已经通电使用,只是由于枯水季节或电力不足等原因暂停使用的电力设备;已经交付使用但尚未通电的电力设备。不包括尚未安装完毕或者已经安装完毕但尚未交付使用的电力设备。

【行为】使用砸毁、拆卸、切割等方法损坏电力设备,足以危害公共安全。

【主观】故意。

【既遂·未遂】本罪是危险犯,破坏行为足以危害公共安全时,即使尚未造成严重后果,也构成既遂。造成严重后果的,成立《刑法》第119条之加重犯。

【加重犯】根据《审理破坏电力设备刑案解释》(2007)第1条,破坏电力设备,具有下列情形之一的,属于《刑法》第119条第1款规定的"造成严重后果",以破坏电力设备罪判处10年以上有期徒刑、无期徒刑或者死刑:①造成1人以上死亡、3人以上重伤或者10人以上轻伤的;②造成1万以上用户电力供应中断6小时以上,致使生产、生活受到严重影响的;③造成直接经济损失100万元以上的(计算范围,包括电量损失金额,被毁损设备材料的购置、更换、修复费用,以及因停电给用户造成的直接经济损失等);④造成其他危害公共安全严重后果的。

【关联罪】与盗窃罪区分。根据《审理破坏电力设备刑案解释》(2007)第3条,盗窃电力设备,危害公共安全,但不构成盗窃罪的,以破坏电力设备罪定罪处罚;同时构成盗窃罪和破坏电力设备罪的,依照刑法处罚较重的规定定罪处罚。盗窃电力设备,没有危及公共安全,但应当追究刑事责任的,可以根据案件的不同情况,按照盗窃罪等犯罪处理。

【案例】**冯留民破坏电力设备、盗窃案**[1]

冯留民以非法占有为目的,盗剪正在使用中的光铝线 6700 余米,造成直接经济损失 2 万余元,密云县人民法院以破坏电力设备罪对其判处有期徒刑 7 年。本案中,偷盗电力设备对应的破坏电力设备罪、盗窃罪法定刑都是 3~10 年有期徒刑,此时应通过比较两种犯罪的社会危害性及犯罪行为本身的性质来确定罪名的轻重,再从一重罪处罚。

(二)破坏易燃易爆设备罪

【定义】故意破坏正在使用中的燃气设备或者其他易燃易爆设备,危害公共安全的行为。

【客体】公共安全。

【对象】易燃易爆设备。包括:①燃气设备,包括燃气的开采(发生)、净化、输送、储存设备;②其他易燃易爆设备,是指电力、燃气设备以外的易燃易爆设备,如石油、化学工业方面的易燃易爆设备等。

【行为】对易燃易爆设备进行破坏,足以危害公共安全。

【主观】故意。

【加重犯】为维护油气的生产、运输安全,依法惩治盗窃油气、破坏油气设备等犯罪,《办理盗窃油气、破坏油气设备刑案解释》(2007)第 2 条规定:具有下列情形之一的,属于《刑法》第 119 条第 1 款规定的"造成严重后果":①造成 1 人以上死亡、3 人以上重伤或者 10 人以上轻伤的;②造成井喷或者重大环境污染事故的;③造成直接经济损失数额在 50 万元以上的;④造成其他严重后果的。

【关联罪】《办理盗窃油气、破坏油气设备刑案解释》(2007)指出:

1. 在实施盗窃油气等行为过程中,采用切割、打孔、撬砸、拆卸、开关等手段破坏正在使用的油气设备的,属于《刑法》第 118 条规定的"破坏燃气或者其他易燃易爆设备"的行为;危害公共安全,尚未造成严重后果的,依照《刑法》第 118 条的规定(破坏易燃易爆设备罪)定罪处罚。

2. 盗窃油气或者正在使用的油气设备,构成犯罪,但未危害公共安全的,依照《刑法》第 264 条的规定,以盗窃罪定罪处罚。

3. 盗窃油气同时构成盗窃罪和破坏易燃易爆设备罪的,依照《刑法》处罚较重的规定定罪处罚。

4. 违反《矿产资源法》的规定,非法开采或者破坏性开采石油、天然气资源的,依照《刑法》第 343 条追究破坏矿产资源罪的刑事责任。

【案例】甲见村边新架设的电力线路还不带电,认为不会有危险,就爬上电线杆,割下 1500 余米,价值 3000 余元。经查,该部分线路已经架设完毕并经电力部门验收合格,打算下个月通电。在审查中,甲还交代,曾经盗割过一段国防通信线路,当时造成该线路通信中断 3 小时;还曾经盗割过一段铁路专用电话线路,造成铁路调度工作中断,差点造成严重的交通事故。甲的行为构成破坏电力设备罪、破坏交通设施罪和破坏军事通信罪。此外,甲的行为还构成盗窃罪。

---

[1] 最高人民法院刑事审判第一、二、三、四、五庭主办:《刑事审判参考(2008 年第 5 集·总第 64 集)》,法律出版社 2009 年版。

四、过失损坏交通工具罪·过失损坏交通设施罪·过失损坏电力设备罪·过失损坏易燃易爆设备罪

《刑法》第119条　破坏交通工具、交通设施、电力设备、燃气设备、易燃易爆设备，造成严重后果的，处10年以上有期徒刑、无期徒刑或者死刑。

过失犯前款罪的，处3年以上7年以下有期徒刑；情节较轻的，处3年以下有期徒刑或者拘役。

（一）过失损坏交通工具罪

【定义】过失损坏火车、汽车、电车、船只、航空器等交通工具危害交通运输安全，已经造成严重后果的行为。

（二）过失损坏交通设施罪

【定义】过失破坏轨道、桥梁、隧道、公路、机场、航道、灯塔、标志等交通设施，危害交通运输安全，造成严重后果的行为。

（三）过失损坏电力设备罪

【定义】过失损坏正在使用的电力设备，造成严重后果，危害公共安全的行为。

（四）过失损坏易燃易爆设备罪

【定义】过失损坏燃气或者其他易燃易爆设备，造成严重后果，危害公共安全的行为。

五、破坏广播电视设施、公用电信设施罪

（一）构成要件·法定刑

《刑法》第124条第1款　破坏广播电视设施、公用电信设施，危害公共安全的，处3年以上7年以下有期徒刑；造成严重后果的，处7年以上有期徒刑。

【定义】故意破坏广播电视设施、公用电信设施，危害公共安全的行为。

【客体】公共安全。

【对象】正在使用中的广播电视设施、公用电信设施。

【行为】对广播电视设施、公用电信设施进行毁损，危害公共安全。

【主观】故意。

【罪量】根据《审理公用电信设施刑案解释》（2005）第1条，采用截断通信线路、损毁通信设备或者删除、修改、增加电信网计算机信息系统中存储、处理或者传输的数据和应用程序等手段，故意破坏正在使用的公用电信设施，具有下列情形之一的，以破坏公用电信设施罪处罚：①造成火警、匪警、医疗急救、交通事故报警、救灾、抢险、防汛等通信中断或者严重障碍，并因此贻误救助、救治、救灾、抢险等，致使人员死亡1人、重伤3人以上或者造成财产损失30万元以上的；②造成2000以上不满1万用户通信中断1小时以上，或者1万以上用户通信中断不满1小时的；③在一个本地网范围内，网间通信全阻、关口局至某一局向全部中断或网间某一业务全部中断不满2小时或者直接影响范围不满5万（用户×小时）的；④造成网间通信严重障碍，一日内累计2小时以上不满12小时的；⑤其他危害公共安全的情形。

【加重犯】根据《审理公用电信设施刑案解释》（2005）第2条，实施破坏广播电视设施、公用电信设施的行为，具有下列情形之一的，属于《刑法》第124条第1款规定的"严重后果"：①造成火警、匪警、医疗急救、交通事故报警、救灾、抢险、防汛等通信中断或者严重障碍，并因此贻误救助、救治、救灾、抢险等，致使人员死亡2人以上、重伤6人以上或者造成财产损失60万元以上的；②造成1万以上用户通信中断1小时以上的；③在一个本地网范围内，网间通信全阻、关口局至某一局向全部中断或网间某一业务全部中断2小时以上或者直接影响范围5万（用户×小时）以上的；④造成网间通信严重障碍，一日内累计12小时以上

的；⑤造成其他严重后果的。

（二）适用

【关联罪】1. 与破坏交通设施罪的区分：对象不同。本罪对象为公用电信设施，破坏交通设施罪的对象是交通设施。如果电信设施属于交通设施的组成部分，即具有交通专用特性而不具有公用特性的，属于交通设施。如果因破坏交通设施中的专用通信设备而危及交通运输安全的，应认定为破坏交通设施罪。

2. 与破坏军事通信罪的区别：对象不同。本罪对象是公用通信设施；后罪是军事通信设备。

【罪数】根据最高人民法院《审理公用电信设施刑案解释》（2005）第1、3条之规定：

1. 采用截断通信线路、损毁通信设备或者删除、修改、增加电信网计算机信息系统中存储、处理或者传输的数据和应用程序等手段，故意破坏正在使用的公用电信设施，以破坏公用电信设施罪处罚。

2. 故意破坏正在使用的公用电信设施尚未危害公共安全，或者故意毁坏尚未投入使用的公用电信设施，造成财物损失，构成犯罪的，依照《刑法》第275条的规定，以故意毁坏财物罪定罪处罚。

3. 盗窃公用电信设施价值数额不大，但是构成危害公共安全犯罪的，依照《刑法》第124条（破坏公用电信设施罪）的规定定罪处罚；盗窃公用电信设施同时构成盗窃罪和破坏公用电信设施罪的，依照处罚较重的规定定罪处罚。

因为破坏广播电视设施、公用电信设施罪的法定最高刑是15年，盗窃罪的法定最高刑是无期徒刑，所以，发生想象竞合择一重罪处罚时，存在以盗窃罪定罪处罚的可能性。盗窃正在使用中的广播电视、公用电信设施且危害公共安全的，通常以本罪论处，如果所盗设施价值数额特别巨大，依盗窃罪应该判处无期徒刑的，定盗窃罪。

4. 根据《办理"伪基站"案件意见》（2014），非法使用"伪基站"设备干扰公用电信网络信号，危害公共安全的，以破坏公用电信设施罪追究刑事责任；同时构成虚假广告罪、非法获取公民个人信息罪、破坏计算机信息系统罪、扰乱无线电通讯管理秩序罪的，依照处罚较重的规定追究刑事责任。

【案例】**郝林喜、黄国祥破坏公用电信设施案**[1]

2013年9月9日~11日，郝林喜在举办皮鞋、箱包特卖会的过程中，为提高销量，雇用其亲戚黄国祥驾车携带一套"伪基站"设备，占用中国移动上海公司GSM公众数字蜂窝移动通信网的频率，截断一定范围内移动电话的正常通信联系，并发射无线电信号进行广告宣传。经上海市无线电管理局的工作人员查处并没收"伪基站"相关设备后，同年10月初，郝林喜继续雇用黄国祥使用上述方法进行广告宣传。10月10日和11日，因郝林喜、黄国祥使用"伪基站"设备，周边用户通信中断约14万人次。法院以破坏公用电信设施罪分别判处郝林喜、黄国祥有期徒刑3年、1年6个月。

六、过失损坏广播电视设施、公用电信设施罪

《刑法》第124条　破坏广播电视设施、公用电信设施，危害公共安全的，处3年以上7年以下有期徒刑；造成严重后果的，处7年以上有期徒刑。

过失犯前款罪的，处3年以上7年以下有期徒刑；情节较轻的，处3年以下有期徒刑或者

---

[1] 最高人民法院刑事审判第一、二、三、四、五庭主办：《刑事审判参考（2014年第2集·总第97集）》，法律出版社2014年版。

拘役。

【定义】过失损坏正在使用中的广播电视设施、公用电信设施，危害公共安全的行为。

第四节　实施恐怖、危险活动危害公共安全的犯罪

一、组织、领导、参加恐怖组织罪

（一）构成要件·法定刑

《刑法》第120条　组织、领导恐怖活动组织的，处10年以上有期徒刑或者无期徒刑，并处没收财产；积极参加的，处3年以上10年以下有期徒刑，并处罚金；其他参加的，处3年以下有期徒刑、拘役、管制或者剥夺政治权利，可以并处罚金。[1]

犯前款罪并实施杀人、爆炸、绑架等犯罪的，依照数罪并罚的规定处罚。

【定义】组织、领导、参加恐怖组织，危害公共安全的行为。

【客体】公共安全，即社会大众的生命、健康、财产安全。

【行为】组织、领导、积极参加或参加恐怖组织。

"恐怖组织"，也称恐怖活动组织。根据《反恐法》（2015）第3条的规定，"恐怖活动组织"，是指3人以上为实施恐怖活动而组成的犯罪组织。"恐怖活动"，是指恐怖主义性质的下列行为：

（1）组织、策划、准备实施、实施造成或者意图造成人员伤亡、重大财产损失、公共设施损坏、社会秩序混乱等严重社会危害的活动的；

（2）宣扬恐怖主义，煽动实施恐怖活动，或者非法持有宣扬恐怖主义的物品，强制他人在公共场所穿戴宣扬恐怖主义的服饰、标志的；

（3）组织、领导、参加恐怖活动组织的；

（4）为恐怖活动组织、恐怖活动人员、实施恐怖活动或者恐怖活动培训提供信息、资金、物资、劳务、技术、场所等支持、协助、便利的；

（5）其他恐怖活动。

"恐怖主义"，是指通过暴力、破坏、恐吓等手段，制造社会恐慌、危害公共安全、侵犯人身财产，或者胁迫国家机关、国际组织，以实现其政治、意识形态等目的的主张和行为。

国际社会一般认为，"恐怖行为"是以"莫测的暴力"为手段实现其某种目的的行为。其具有两个特征：①以莫测的暴力为手段。由于暴力的方式、规模以及实施暴力的对象、时间、地点不特定，就危害公共安全并破坏了公众的安全感。②为了实现某种目的。即利用莫测的暴力对社会、公众施加压力，以实现其政治、经济以及其他目的。这种目的性是恐怖主义犯罪与放火、爆炸、投放危险物质、劫机、绑架、破坏公共设施、故意杀人等犯罪的不同之处。对于"恐怖行为"的范围，一般也采取列举方式，如1977年1月27日的《关于制止恐怖主义的欧洲公约》第1条采取列举方式确认的恐怖行为包括：①劫持航空器和危害民用航空安全的非法行为；②涉及侵害应受国际保护人员包括外交代表的生命、健康或自由的严重罪行；③诱拐、劫持人质或者严重的非法拘禁的犯罪；④涉及使用炮弹、手榴弹、火箭、自动武器或信件或邮包炸弹而危及他人的罪行。此外，海盗行为被认为是最早出现的典型的恐怖行为。

---

[1] 该款已被《刑法修正案（三）》第3条修订。

"组织",指通过策划、引诱、胁迫等方法勾结多名犯罪分子成立恐怖活动组织的行为。"领导",指在恐怖活动组织中起策划、指挥作用的行为。"积极参加",指主动参加恐怖组织,或者多次参加恐怖组织实施的恐怖活动,或者虽然偶尔参加恐怖组织的活动但在其参加的恐怖活动中起重要作用的行为。"参加",指加入恐怖组织作为其成员或者实际参与恐怖组织的恐怖活动的行为。

【主观】故意,通常具有从事恐怖活动的意图。参加者必须对所参加之组织属于恐怖组织有认识。不具有从事恐怖活动的意图而组织、领导犯罪组织的,不构成本罪。不知是恐怖活动组织而参与其事的,也不能构成本罪。

(二)适用

1. 恐怖活动组织和人员的认定。《反恐法》(2015)第12条规定:"国家反恐怖主义工作领导机构根据本法第3条的规定,认定恐怖活动组织和人员,由国家反恐怖主义工作领导机构的办事机构予以公告。"据此,"恐怖组织"一般由国家反恐机构依据"反恐法"认定并公告。《反恐法》(2015)第15条规定:"被认定的恐怖活动组织和人员对认定不服的,可以通过国家反恐怖主义工作领导机构的办事机构申请复核。国家反恐怖主义工作领导机构应当及时进行复核,作出维持或者撤销认定的决定。复核决定为最终决定。"恐怖组织的认定,不仅涉及刑法的适用,还涉及资金冻结、资产的冻结以及特别刑事程序的适用,以国家反恐机构的认定和公告为准。

2. 《暴恐案意见》(2014)规定,为制造社会恐慌、危害公共安全或者胁迫国家机关、国际组织,组织、纠集他人策划、实施下列行为之一,造成或者意图造成人员伤亡、重大财产损失、公共设施损坏、社会秩序混乱的,以组织、领导、参加恐怖组织罪定罪处罚:

(1)发起、建立恐怖活动组织或者以从事恐怖活动为目的的训练营地,进行恐怖活动体能、技能训练的;

(2)为组建恐怖活动组织、发展组织成员或者组织、策划、实施恐怖活动,宣扬、散布、传播宗教极端、暴力恐怖思想的;

(3)在恐怖活动组织成立以后,利用宗教极端、暴力恐怖思想控制组织成员,指挥组织成员进行恐怖活动的;

(4)对特定或者不特定的目标进行爆炸、放火、杀人、伤害、绑架、劫持、恐吓、投放危险物质及其他暴力活动的;

(5)制造、买卖、运输、储存枪支、弹药、爆炸物的;

(6)设计、制造、散发、邮寄、销售、展示含有暴力恐怖思想内容的标识、标志物、旗帜、徽章、服饰、器物、纪念品的;

(7)参与制订行动计划、准备作案工具等活动的。

3. 根据《暴恐案意见》(2014),参加或者纠集他人参加恐怖活动组织的,或者为参加恐怖活动组织、接受其训练,出境或者组织、策划、煽动、拉拢他人出境,或者在境内跨区域活动,进行犯罪准备行为的,以参加恐怖组织罪定罪处罚。

【罪数】只要有组织、领导、积极参加或者参加恐怖组织的行为,就构成本罪的既遂,而不问恐怖组织成立后是否实施了恐怖活动。如果恐怖组织成立后又实施了放火、爆炸、投放危险物质、杀人、劫机、绑架等犯罪的,成立数罪,应当按照数罪并罚的原则定罪处罚。

二、帮助恐怖活动罪[1]

（一）构成要件·法定刑

《刑法》第120条之一　资助恐怖活动组织、实施恐怖活动的个人的，或者资助恐怖活动培训的，处5年以下有期徒刑、拘役、管制或者剥夺政治权利，并处罚金；情节严重的，处5年以上有期徒刑，并处罚金或者没收财产。

为恐怖活动组织、实施恐怖活动或者恐怖活动培训招募、运送人员的，依照前款的规定处罚。

单位犯前两款罪的，对单位判处罚金，并对其直接负责的主管人员和其他直接责任人员，依照第一款的规定处罚。

【定义】对恐怖活动组织、实施恐怖活动的个人、恐怖活动培训提供资助或者为其招募、运送人员的行为。

【客体】公共安全。

【行为】包括两种类型：

1. 资助恐怖活动组织、实施恐怖活动的个人、恐怖活动培训。根据《立案标准（二）》（2010），"资助"，是指为恐怖活动组织或者实施恐怖活动的个人筹集、提供经费、物资或者提供场所以及其他物质便利的行为，包括筹集和提供两种行为方式，即使是单纯的筹集行为，也属于资助行为。提供的资助包括一切"物质便利"，不限于金钱资助，也包括提供物资、场所等物质便利的行为。资助的对象包括：①恐怖活动组织。②实施恐怖活动的个人，包括预谋实施、准备实施和实际实施恐怖活动的个人。③恐怖活动培训。根据《暴恐案意见》（2014），明知是恐怖活动组织或者实施恐怖活动人员而为其提供经费，或者提供器材、设备、交通工具、武器装备等物质条件，或者提供场所以及其他物质便利的，属于资助；通过收取宗教课税募捐，为暴力恐怖、宗教极端犯罪活动筹集经费的，也属于资助。同时构成其他罪的，也可以相应犯罪的共同犯罪定罪处罚。

2. 为恐怖活动组织、实施恐怖活动或者恐怖活动培训的招募、运送人员。《立案标准（二）》（2010）第1条第2款指出："实施恐怖活动的个人，包括预谋实施、准备实施和实际实施恐怖活动的个人。"进一步明确，本罪成立不以被资助的人已经实际实施恐怖活动为条件，即使是资助预谋实施、准备实施恐怖活动的个人，也可成立本罪。

【主观】故意，即明知是恐怖组织或实施恐怖活动的个人，而给予帮助。

（二）适用

1. 根据《立案标准（二）》第1条之规定，实施本条行为即应立案追诉。根据《反恐法》（2015）第79、80条，帮助恐怖活动的，依法追究刑事责任。但为实施恐怖主义、极端主义活动提供信息、资金、物资、劳务、技术、场所等支持、协助、便利，情节轻微，尚不构成犯罪的，给予治安处罚。

2. 帮助行为"犯罪化"。鉴于恐怖活动的隐蔽性和巨大破坏性，《刑法修正案（九）》将其帮助行为全面"犯罪化"。对于《刑法》第120条之一所列恐怖活动的帮助行为，直接适用第120条之一（以正犯·实行犯）定罪处罚。

3. 与其他恐怖活动犯罪的区分。本罪是"恐怖活动"的帮助犯，对同一恐怖活动犯罪，没有参与实施行为，仅有帮助行为的，以帮助恐怖活动罪定罪处罚。因为刑法将该帮助行为犯

---

[1] 经《刑法修正案（三）》增补、《刑法修正案（九）》修正。

罪化（正犯化），已有专门处罚规定，无需依据其他恐怖活动罪之共犯处罚。

三、准备实施恐怖活动罪

《刑法》第 120 条之二　有下列情形之一的，处 5 年以下有期徒刑、拘役、管制或者剥夺政治权利，并处罚金；情节严重的，处 5 年以上有期徒刑，并处罚金或者没收财产：

（一）为实施恐怖活动准备凶器、危险物品或者其他工具的；

（二）组织恐怖活动培训或者积极参加恐怖活动培训的；

（三）为实施恐怖活动与境外恐怖活动组织或者人员联络的；

（四）为实施恐怖活动进行策划或者其他准备的。

有前款行为，同时构成其他犯罪的，依照处罚较重的规定定罪处罚。

【适用】1. 根据《反恐法》（2015）第 79 条，准备实施、实施恐怖活动的，依法追究刑事责任。

2. 预备行为"犯罪化"。鉴于恐怖活动的隐蔽性和巨大破坏性，《刑法修正案（九）》将其预备行为"犯罪化"。对于《刑法》第 120 条之二所列恐怖活动的准备行为直接适用该条（以正犯·实行犯）定罪处罚，无需适用《刑法》总则第 22 条预备犯之规定。

四、宣扬恐怖主义、极端主义、煽动实施恐怖活动罪

《刑法》第 120 条之三　以制作、散发宣扬恐怖主义、极端主义的图书、音频视频资料或者其他物品，或者通过讲授、发布信息等方式宣扬恐怖主义、极端主义的，或者煽动实施恐怖活动的，处 5 年以下有期徒刑、拘役、管制或者剥夺政治权利，并处罚金；情节严重的，处 5 年以上有期徒刑，并处罚金或者没收财产。

【适用】根据《反恐法》（2015）第 79、80 条，宣扬恐怖主义，煽动实施恐怖活动的，依法追究刑事责任；但情节轻微，尚不构成犯罪的，给予治安处罚。为宣扬恐怖主义、极端主义提供信息、资金、物资、劳务、技术、场所等支持、协助、便利，但是情节轻微尚不构成犯罪的，给予治安处罚。

五、利用极端主义破坏法律实施罪

（一）构成要件·法定刑

《刑法》第 120 条之四　利用极端主义煽动、胁迫群众破坏国家法律确立的婚姻、司法、教育、社会管理等制度实施的，处 3 年以下有期徒刑、拘役或者管制，并处罚金；情节严重的，处 3 年以上 7 年以下有期徒刑，并处罚金；情节特别严重的，处 7 年以上有期徒刑，并处罚金或者没收财产。

（二）适用

利用极端主义破坏法律实施的，应依法追究刑事责任。但是，根据《反恐法》（2015）第 81 条，利用极端主义，实施下列行为之一，情节轻微，尚不构成犯罪的，给予治安处罚：①强迫他人参加宗教活动，或者强迫他人向宗教活动场所、宗教教职人员提供财物或者劳务的；②以恐吓、骚扰等方式驱赶其他民族或者有其他信仰的人员离开居住地的；③以恐吓、骚扰等方式干涉他人与其他民族或者有其他信仰的人员交往、共同生活的；④以恐吓、骚扰等方式干涉他人生活习俗、方式和生产经营的；⑤阻碍国家机关工作人员依法执行职务的；⑥歪曲、诋毁国家政策、法律、行政法规，煽动、教唆抵制人民政府依法管理的；⑦煽动、胁迫群众损毁或者故意损毁居民身份证、户口簿等国家法定证件以及人民币的；⑧煽动、胁迫他人以宗教仪式取代结婚、离婚登记的；⑨煽动、胁迫未成年人不接受义务教育的；⑩其他利用极端主义破坏国家法律制度实施的。

六、强制穿戴宣扬恐怖主义、极端主义服饰、标志罪

《刑法》第120条之五 以暴力、胁迫等方式强制他人在公共场所穿着、佩戴宣扬恐怖主义、极端主义服饰、标志的,处3年以下有期徒刑、拘役或者管制,并处罚金。

【适用】根据《反恐法》(2015)第79条、第80条第3项,强制他人在公共场所穿戴宣扬恐怖主义、极端主义的服饰、标志的,依法追究刑事责任;但是情节轻微,尚不构成犯罪的,给予治安处罚。

七、非法持有宣扬恐怖主义、极端主义物品罪

《刑法》第120条之六 明知是宣扬恐怖主义、极端主义的图书、音频视频资料或者其他物品而非法持有,情节严重的,处3年以下有期徒刑、拘役或者管制,并处或者单处罚金。

【适用】根据《反恐法》(2015)第79条、第80条第2项,制作、传播、非法持有宣扬恐怖主义物品的,依法追究刑事责任;但情节轻微,尚不构成犯罪的,给予治安处罚。

八、劫持航空器罪

(一)构成要件·法定刑

《刑法》第121条 以暴力、胁迫或者其他方法劫持航空器的,处10年以上有期徒刑或者无期徒刑;致人重伤、死亡或者使航空器遭受严重破坏的,处死刑。

【定义】以暴力、胁迫或者其他方法劫持正在飞行中的航空器的行为。

【客体】航空运输安全,即正在飞行的航空器及其中的乘员、货物的安全。

【对象】正在飞行中的航空器。根据《海牙公约》第3条第1款的规定,"正在飞行中"是指:航空器从装载完毕,机舱外部各门均已关闭时起,直至为了卸载打开任一机舱门时为止;航空器迫降时,在有关主管当局接管对该航空器及其所载人员和财产的责任之前,也应被认为正在飞行中。我国《刑法》中规定的劫持航空器罪的对象,既包括民用航空器,也包括其他航空器,如供军事、海关、消防、警察等使用的航空器。

【行为】以暴力、胁迫或者其他方法劫持正在飞行中的航空器。劫持,指在航空器内的人员以暴力、胁迫的方法非法强行控制航空器或者支配其航行的行为。劫持行为在正在飞行中的航空器内实施,在航空器之外的人员帮助、教唆他人在航空器内劫持的,可以构成本罪的共犯。在航空器之外,以暴力或以暴力胁迫的方法企图控制、支配正在飞行中的航空器的,不能构成本罪。

【主观】故意,通常具有控制、支配航空器的目的。

(二)适用

【定罪】国内刑法中的劫持航空器罪与国际刑法中的劫持航空器罪(空中劫持罪)的区别。国际刑法中的劫持航空器罪除具有国内刑法中的劫持航空器罪的构成要件之外,还有两个特征:①对象限于民用航空器,即以载运乘客、货物、邮件等公共空运输业务为宗旨的有人驾驶的航空器,不包括供军事、海关、警察部门使用的国家航空器,也不包括无人驾驶的航空器;②具有跨国性,即犯罪发生的场合限于被劫持航空器的起飞地点或实际降落地点是在该航空器登记国以外。如果劫持航空器的行为还具有这两个特征,则还属于国际法上的犯罪,在追诉过程中,必要时可以适用国际公约的有关规定。

九、劫持船只、汽车罪

(一)构成要件·法定刑

《刑法》第122条 以暴力、胁迫或者其他方法劫持船只、汽车的,处5年以上10年以下有期徒刑;造成严重后果的,处10年以上有期徒刑或者无期徒刑。

【定义】以暴力、胁迫或者其他方法劫持船只、汽车的行为。

【客体】交通运输安全。

【对象】船只或者汽车。应为大型的正在运营中的船只和汽车以及其上的乘员、货物。火车、列车等有轨车辆不能脱离轨道运行,不是本罪的对象。航空器不是本罪对象。

【行为】劫持,指强行排除原有人员对船只、汽车的控制、支配,自行控制或者支配船只、汽车运行的行为。在公海上劫持船只、掠夺船上的货物或者乘员的财物的,同时构成国际法上的海盗罪。

(二)适用

1. 与破坏交通工具罪的区别:主要是目的不同。本罪以支配、控制交通工具及其运行路线为目的;破坏交通工具罪则以造成交通工具倾覆、毁坏为目的。

2. 与抢劫罪的区别。抢劫罪以非法占有财物为目的;本罪仅具有非法控制、支配船只、汽车的目的。

十、暴力危及飞行安全罪

(一)构成要件·法定刑

《刑法》第123条　对飞行中的航空器上的人员使用暴力,危及飞行安全,尚未造成严重后果的,处5年以下有期徒刑或者拘役;造成严重后果的,处5年以上有期徒刑。

【定义】对飞行中的航空器上的人员使用暴力,危及飞行安全,尚未造成严重后果或者已经造成严重后果的行为。

【客体】航空运输安全。

【对象】正在飞行中的航空器上的人员,包括乘客和乘务人员。

【行为】在正在飞行中的航空器上对机上人员使用暴力,危及飞行安全的行为。暴力行为必须足以危及飞行安全才能构成本罪。所谓危及飞行安全,是指足以导致航空器有坠落、毁坏、被迫中断飞行的危险。

【主观】故意,即明知自己对飞行中的航空器上的人员使用暴力会危及该航空器的飞行安全,并且希望或者放任这种危险发生。行为人使用暴力的动机可能是多种多样的,如寻衅滋事、对机组人员的服务不满、与其他乘客发生争执等。

【加重犯】"造成严重后果",指因对航空器上的人员使用暴力,使飞行中的航空器重要部件被毁坏,航空器的操纵系统失灵,甚至造成航空器坠毁等情形。

(二)适用

1. 成立本罪以足以危及飞行安全为必要,但不以暴力造成人身伤害为必要。

2. 与劫持航空器罪的区别:故意的内容不同。劫持航空器罪具有控制、支配航空器的意图;本罪虽然有在航空器上施暴的行为,但无控制、支配航空器的意图。

3. 与在航空器中实施的其他犯罪的区别。行为人在飞行中的航空器内故意实施杀人、伤害、抢劫、绑架、强奸等暴力犯罪未危及飞行安全的,不构成本罪;实施上述等暴力犯罪,同时又危及飞行安全的,应择一重罪定罪处罚。

4. 与破坏交通工具罪的区别。行为人以造成航空器坠毁为目的而故意对驾驶、领航人员使用暴力,直接导致航空器坠毁的,应择一重罪以破坏交通工具罪论处。

第五节　违反枪支、弹药、爆炸物管理规定危害公共安全的犯罪

一、非法制造、买卖、运输、邮寄、储存枪支、弹药、爆炸物罪・非法制造、买卖、运输、储存危险物质罪

《刑法》第125条　　非法制造、买卖、运输、邮寄、储存枪支、弹药、爆炸物的，处3年以上10年以下有期徒刑；情节严重的，处10年以上有期徒刑、无期徒刑或者死刑。

非法制造、买卖、运输、储存毒害性、放射性、传染病病原体等物质，危害公共安全的，依照前款的规定处罚。[1]

单位犯前两款罪的，对单位判处罚金，并对其直接负责的主管人员和其他直接责任人员，依照第1款的规定处罚。

（一）非法制造、买卖、运输、邮寄、储存枪支、弹药、爆炸物罪

【定义】违反国家有关枪支、弹药、爆炸物的管理规定，私自制造、买卖、运输、邮寄、储存枪支、弹药、爆炸物，危害公共安全的行为。

【客体】枪支、弹药、爆炸物的管理制度。

【对象】枪支、弹药、爆炸物。"枪支"指《刑法》中所规定的各种枪支，即以火药或者压缩气体等为动力，利用管状器具发射金属弹丸或者其他物质，足以致人伤亡或者丧失知觉的各种枪支。其种类包括军用的手枪、步枪、冲锋枪和机枪，射击运动用的各种枪支，狩猎用的有线膛枪、散弹枪、火药枪，麻醉动物用的注射枪，以及能发射金属弹丸的气枪。还应包括自制的具有一定杀伤力的土枪、火药枪、钢珠枪等。不包括口径不超过4.5毫米的气步枪。枪支包括成套枪支散件和非成套枪支散件。

"弹药"是指供枪支发射使用的足以致人伤亡或者丧失知觉的金属弹丸或者其他物质。

1. 枪支、弹药的鉴定标准。根据《公安机关涉案枪支弹药性能鉴定工作规定》第3条的规定：①凡是制式枪支、弹药，无论是否能够完成击发动作，一律认定为枪支、弹药。②凡是能发射制式弹药的非制式枪支（包括自制、改制枪支），一律认定为枪支。对能够装填制式弹药，但因缺少个别零件或锈蚀不能完成击发，经加装相关零件或除锈后能够发射制式弹药的非制式枪支，一律认定为枪支。③对不能发射制式弹药的非制式枪支，按照《枪支致伤力的法庭科学鉴定判据》（GA/T 718-2007）的规定，当所发射弹丸的枪口比动能大于等于1.8焦耳/平方厘米时，一律认定为枪支。④对制式枪支、弹药专用散件（零部件），能够由制造厂家提供相关零部件图样（复印件）和件号的，一律认定为枪支、弹药散件（零部件）。⑤对非制式枪支、弹药散件（零部件），如具备与制式枪支、弹药专用散件（零部件）相同功能的，一律认定为枪支、弹药散件（零部件）。

2. 枪支在法律上的分类。

（1）从可配备枪支单位角度分三类：①军用枪支；②公务用枪；③民用枪支。

（2）《审理涉枪弹案解释》（2009）分二类：①军用枪支；②非军用枪支。

（3）《公安机关涉案枪支弹药性能鉴定工作规定》中分二类：①制式枪支（弹药）；②非制式枪支（弹药）。"制式枪支、弹药"是指"按照国家标准或公安部、军队下达的战术技

---

[1] 本款经《刑法修正案（三）》修正，原为"非法买卖、运输核材料的，依照前款的规定处罚"。

指标要求，经国家有关部门或军队批准定型，由合法企业生产的各类枪支、弹药，包括国外制造和历史遗留的各类旧杂式枪支、弹药"。"非制式枪支、弹药"是指未经有关部门批准定型或不符合国家标准的各类枪支、弹药，包括自制、改制的枪支、弹药和枪支弹药生产企业研制工作中的中间产品。

3. 刑事司法中采取的枪支分类及其认定标准。上述不同标准的分类存在交叉，给司法实践造成一定的困扰：被公安部门鉴定为"制式枪支"的，法庭是否都认定为《审理涉枪弹案解释》中的军用枪支？对此，法官通过判决表明的观点是：在认定军用枪支时，应当持收缩立场，围绕军用枪支杀伤力较大的实质，要求同时具备以下三个条件：①属于"制式枪支"。②该制式枪支在"军队列装"，既包括解放军列装，也包括外国军队列装。军队列装说明足以满足军队战斗需要、杀伤力大，至于该枪支是否实际由军队保管使用，不影响军用枪支的认定。曾为军队列装、现已淘汰的枪支，如果是在《审理涉枪弹案解释》（2009）出台之后曾经列装的，可以认定为军用枪支。③虽为军队列装但类型特殊的枪支弹药（如信号枪弹、教练弹等），"经鉴定相当于军用枪支杀伤力"。符合上述 3 个条件的枪支可认定为军用枪支（弹药），其他不符合上述 3 个条件的枪支则应认定为非军用枪支。[1]

该判断标准涉及判例：被告人杨庆林等十余人各私买制式 5.4 手枪 1~2 支、配套子弹 10~70 发不等，枪支被认定为不属于军用，但子弹属于军用[2]。特别提示：军用枪支的范围要略小于公务用枪、制式枪支。不符合军用枪支司法标准的制式枪支、公务用枪属于非军用枪支。枪弹军用与否至关重要，根据《审理涉枪弹案解释》（2009）第 1 条的规定，涉军用枪 1 支或军用子弹 10 发即达到刑事追诉标准；涉非军用枪 2 支或非军用子弹 100 发达到刑事追诉标准。

4. 军事弹药与非军事弹药。弹药性质一般可随附于枪支，军用枪支配套使用的弹药可认定为军用弹药。其他弹药则属于非军用弹药。

"爆炸物"，指雷管、炸药、炸弹、炮弹、地雷等能瞬间释放巨大能量，足以致人死伤或毁坏财物的高能物质及其装置。制造烟花、爆竹的原料形态的黑火药、烟火药是爆炸物[3]；成品的烟花、爆竹不应当被认定为爆炸物，因为其爆炸威力不足以危害公共安全[4]；生产爆炸物的原料（如硝酸铵等）不是爆炸物；燃烧瓶属于易燃物，不属于爆炸物。

【行为】非法制造、买卖、运输、邮寄、储存枪支、弹药、爆炸物。根据《审理涉枪弹案解释》（2009），"非法制造"，是指非经国家许可擅自制造枪支、弹药、爆炸物；"制造"包括改装、配装。非法"买卖"，是指违反有关法规，购买或者出售枪支、弹药、爆炸物。非法"运输"，是指违反有关法规，为变换存放、使用地点而将枪支、弹药、爆炸物移动相当距离的行为。非法"储存"，是指明知是他人非法制造、买卖、运输、邮寄的枪支、弹药而为其存放的行为，或者非法存放爆炸物的行为。应注意："非法储存爆炸物"不以属于"他人"为必要。非法"邮寄"，是指违反有关法规，通过邮政部门、邮递公司寄递枪支、弹药、爆炸物的行为。

---

[1] 肖江峰："军用枪支、军用弹药之认定"，载《人民司法》2008 年第 14 期。
[2] 2007 京一中刑初字第 425 号判决书，2008 二审京高刑终字第 236 号判决书。
[3] 王佳："生产烟花所用的烟火药是否属于爆炸物"，载《人民司法》2011 年第 22 期。裁判要旨：行为人为非法生产烟花爆竹而配制、买卖烟火药的行为，构成非法制造、买卖爆炸物罪。
[4] 张惠芳、刘丽芳："爆炸物犯罪司法疑难问题及其解决"，载《时代法学》2014 年第 5 期。

1. 司法解释对涉爆炸物的"非法性"认定尺度极度扩张。根据《审理涉枪弹案解释》（2009）第1条，"具有生产爆炸物品资格的单位不按照规定的品种制造，或者具有销售、使用爆炸物品资格的单位超过限额买卖炸药、发射药、黑火药10千克以上或者烟火药30千克以上、雷管300枚以上或者导火索、导爆索300米以上的"，可立案追究刑事责任。根据该司法解释推断：即使有资格，若不按照规定的品种制售或者超限额买卖的，也应认定为"非法"制造、买卖。因为这本来就是极度扩张的解释，所以在适用中应当尽量收缩，且不应扩大到爆炸物的运输、储存行为，以及涉枪支弹药的制售行为。

2. 爆炸物运输行为"非法"与"违规"的认定。根据《民用爆炸物品安全管理条例》第26、28条的规定，运输民用爆炸物品，收货单位应报运达地公安机关批准并获得民用爆炸物品运输许可证，经由道路运输的，应符合以下条件：①携带《民用爆炸物品运输许可证》；②装载符合国家有关标准和规范；③运输车辆安全技术状况符合国家标准；④按照规定的运输时间（起始地点、运输路线）经停地点进行运输。违反上述规定运输爆炸物，根据情形可认定为非法运输并追究刑事责任，也可认定为违规运输而给予行政处罚。要点是：违反上述规定未必一律是"非法"运输，以下情形可认定为刑法上的"非法运输"情形："①运输的爆炸物品来源不合法，包括非法企业生产出的爆炸物或者合法生产企业违反管理规定生产出的爆炸物；②运输主体不具合法运输资格，主要是指运输主体未取得'民用爆炸物品运输许可证'，其所从事的运输行为是未经公安机关批准的。"[1] 其他违反《民用爆炸物品安全管理条例》运输爆炸物的行为，属于"违规"性质，不应当追究非法运输爆炸物的责任。关于"储存"爆炸物的违规与非法，可以参照运输的尺度认定。

3. 因为《刑法》第126条专门规定有违规制造、销售枪支罪，因此，不应当将该司法解释扩张适用到涉枪弹非法性的认定。

【主观】故意，即对于自己实施非法制造、买卖、运输、邮寄、储存的枪支、弹药、爆炸物的行为有明知。关于本罪故意的认定，有两点值得注意：

1. 行为人对于枪支性质的误解或认识不清。近年来，一方面，制造、网售的仿真枪、玩具枪花样翻新，吸引了很多爱好者、购买者；另一方面，2007年公安部实施《枪支致伤力的法庭科学鉴定判据》的标准规定，"当所发射弹丸的枪口比动能大于等于1.8焦耳/平方厘米时，一律认定为枪支"，"将鉴定临界值大幅度地降低到接近原有标准的1/10左右，枪支的司法认定标准和多数民众对枪支的认知相差悬殊，出现了大量被告人坚称行为对象是'玩具枪'但因为被鉴定达到了新的认定标准而被以有关枪支犯罪追究刑事责任的案件，司法裁判难以获得公众认同……应当阻却犯罪故意的成立"[2]，这一观点值得赞同。行为人自认为是玩具枪、仿真枪，不是"真枪"，这属于事实认识错误还是法律认识错误？应当认为是事实认识错误，可以阻却本罪的故意。虽然一般而言，对《刑法》第125条之"枪支"概念误解属于法律构成要件概念的误解，属于法律认识错误。但是，是否"真枪"的认知并非纯法律概念的认知。"真枪"是普通百姓心目中打仗用的、火药发射砰砰响、一枪就能要命的"枪"，这种"真枪"玩不得。而很多仿真枪、玩具枪是气枪，配置子弹就是些塑料弹丸，普通人很难将它们认作真枪，因此产生误解，具有事实认识错误性质。人们拿到这样的仿真气枪弹，怎么看都认为不是真枪，经过专业检测之后，因为达到了鉴定规定的"大于等于1.8焦耳/平方厘米"的标准，才确认其为《刑法》第125条意义上的枪支。用这样的标准要求普通百姓，过于苛刻。

---

[1] 张惠芳、刘丽芳："爆炸物犯罪司法疑难问题及其解决"，载《时代法学》2014年第5期。
[2] 陈志军："枪支认定标准剧变的刑法分析"，载《国家检察官学院学报》2013年第5期。

2. 有购买、使用、储存爆炸物资质的单位，违规超限量购买、储存或者变更使用地点、自行搬运的，往往没有意识到行为具有《刑法》第 125 条意义上的"非法"买卖、运输。虽然一般而言，法律错误不免责，但是鉴于《刑法》第 125 条之罪处罚极为严厉，厂矿企业因生产使用需要而擅自超量购买、储存或者搬运的数量往往很大，动辄 10 年以上有期徒刑的幅度，对于这样的认识错误，不免责、减责，也过于苛刻。

【适用】1. 立案标准：《审理涉枪弹案解释》（2009）第 1 条规定的定罪标准。中国对枪支弹药爆炸物实行极其严格的管制，因此也制定有具体且极其严厉的定罪处罚标准。《审理涉枪弹案解释》（2009）第 1 条第 1 款规定：个人或单位非法制造、买卖、运输、邮寄、储存枪支、弹药、爆炸物的数量或情节符合下列情形的，依《刑法》第 125 条定罪处罚：①军用枪支 1 支以上的；②以火药为动力发射枪弹的非军用枪支 1 支以上或者以压缩气体等为动力的其他非军用枪支 2 支以上的；③军用子弹 10 发以上、气枪铅弹 500 发以上或者其他非军用子弹 100 发以上的；④手榴弹 1 枚以上的；⑤爆炸装置（1 个以上）的；⑥炸药、发射药、黑火药 1000 克以上或者烟火药 3000 克以上，雷管 30 枚以上或者导火索、导爆索 30 米以上的；⑦具有生产爆炸物品资格的单位不按照规定的品种制造，或者具有销售、使用爆炸物品资格的单位超过限额买卖炸药、发射药、黑火药 10 千克以上或者烟火药 30 千克以上，雷管 300 枚以上或者导火索、导爆索 300 米以上的；⑧多次非法制造、买卖、运输、邮寄、储存弹药、爆炸物的；⑨虽未达到上述最低数量标准，但具有造成严重后果等其他恶劣情节的。

2. 加重犯：根据《审理涉枪弹案解释》（2009）第 2 条，《刑法》第 125 条之"情节严重"是指非法制造、买卖、运输、邮寄、储存枪支、弹药、爆炸物有下列情形之一的：①非法制造、买卖、运输、邮寄、储存枪支、弹药、爆炸物的数量达到《审理涉枪弹案解释》（2009）第 1 条规定的定罪标准之第 1、2、3、6、7 项的最低数量标准 5 倍以上的；②非法制造、买卖、运输、邮寄、储存手榴弹 3 枚以上的；③非法制造、买卖、运输、邮寄、储存爆炸装置，危害严重的；④达到《审理涉枪弹案解释》（2009）第 1 条规定的最低数量标准，并具有造成严重后果等其他恶劣情节的。

【案例】　　　　　　**吴芝桥非法制造、买卖枪支、弹药案**[1]

2006 年 5 月，吴芝桥与周鎏弘等人商议非法制造枪支出售牟利，并出资租房，购买设备、工具，制作枪械图纸。在生产出枪械部件后，吴芝桥等人再行加工、组装，非法制造出猎枪和仿"六四"式手枪并卖给社会闲散人员。2007 年 9 月 6 日，陈祖庚等人为争夺赌客，使用吴芝桥制造的猎枪射击并造成 3 人重伤、1 人轻伤的严重后果。至 2007 年 11 月案发，吴芝桥共计非法制造、出售枪支 50 余支、枪弹约 200 发，除公安机关依法收缴的以外，尚有 10 余支枪、30 余发子弹流入社会下落不明。宁波市中级人民法院认定吴芝桥犯非法制造、买卖枪支、弹药罪，判处死刑。

裁判要旨：首先，非法制造、买卖枪支、弹药罪情节特别严重的，才能适用死刑。把握情节特别严重，应根据非法制造、买卖枪支、弹药的数量、犯罪情节、危害后果，被告人主观恶性及人身危险性，在共同犯罪中的地位与作用等因素综合考虑；其次，危害后果应当从两个方面判断，一是非法制造买卖枪支弹药是否流入社会对社会造成潜在的威胁；二是非法制造买卖的枪支弹药是否被用于违法犯罪并造成严重后果。

3. 酌定情节：根据《审理涉枪弹案解释》（2009）第 9 条，因筑路、建房、打井、整修宅

---

[1] 参见中华人民共和国最高人民法院刑事审判第一、二、三、四、五庭主办：《刑事审判参考（2010 年第 4 集·总第 75 集）》，法律出版社 2011 年版。

基地和土地等正常生产、生活需要，以及因从事合法的生产经营活动而非法制造、买卖、运输、邮寄、储存爆炸物，数量达到《审理涉枪弹案解释》（2009）第1条规定的标准，没有造成严重社会危害，并确有悔改表现的，可依法从轻处罚；情节轻微的，可以免除处罚。具有上述情形，数量虽达到《审理涉枪弹案解释》规定的"情节严重"标准的，也可以不认定为《刑法》第125条第1款规定的"情节严重"。在公共场所、居民区等人员集中区域非法制造、买卖、运输、邮寄、储存爆炸物，或者因非法制造、买卖、运输、邮寄、储存爆炸物3年内受到2次以上行政处罚又实施上述行为，数量达到本解释规定标准的，不适用前述酌情从宽量刑的规定。

4. 选择一罪：有非法制造、买卖、运输、邮寄、储存枪支、弹药、爆炸物行为或者对象之一的，就构成完整的一罪。但同时具有其中数行为的，如非法制造后又非法运输、出售的，或者行为涉及数个对象的，如既买卖枪支又买卖爆炸物的，也只构成一罪，不数罪并罚。罪名按照行为方式和对象确定，如既制造又买卖的，罪名就是非法制造、买卖枪支弹药罪，依此类推。

（二）非法制造、买卖、运输、储存危险物质罪。

【定义】违反国家规定，非法制造、买卖、运输、储存毒害性、放射性、传染病病原体等物质，危害公共安全的行为。

【客体】危险物质的管理制度和公共安全。

【对象】毒害性、放射性、传染病病原体等危险物质，不包括爆炸物。

【行为】违反国家有关危险物质的管理制度，非法制造、买卖、运输、储存危险物质。

【立案】《立案标准（一）》（2008）第2条：涉嫌下列情形之一的，应予立案追诉：①造成人员重伤或者死亡的；②造成直接经济损失10万元以上的；③非法制造、买卖、运输、储存毒鼠强、氟乙酰胺、氟乙酰钠、毒鼠硅、甘氟原粉、原液、制剂50克以上，或者饵料2000克以上的；④造成急性中毒、放射性疾病或者造成传染病流行、暴发的；⑤造成严重环境污染的；⑥造成毒害性、放射性、传染病病原体等危险物质丢失、被盗、被抢或者被他人利用进行违法犯罪活动的；⑦其他危害公共安全的情形。

二、违规制造、销售枪支罪

（一）构成要件·法定刑

《刑法》第126条　依法被指定、确定的枪支制造企业、销售企业，违反枪支管理规定，有下列行为之一的，对单位判处罚金，并对其直接负责的主管人员和其他直接责任人员，处5年以下有期徒刑；情节严重的，处5年以上10年以下有期徒刑；情节特别严重的，处10年以上有期徒刑或者无期徒刑：

（一）以非法销售为目的，超过限额或者不按照规定的品种制造、配售枪支的；

（二）以非法销售为目的，制造无号、重号、假号的枪支的；

（三）非法销售枪支或者在境内销售为出口制造的枪支的。

【定义】依法被指定、确定的枪支制造企业、销售企业，违反枪支管理规定制造、销售枪支的行为。

【客体】公共安全。

【主体】依法被指定、确定的枪支制造企业、销售企业，即经授权合法从事枪支制造、销售的单位。其他单位和个人不属于本罪的主体范围。

【行为】《刑法》第126条列举的违规制造、销售行为之一。

【主观】故意，目的犯，须具有"非法销售目的"。在非法销售时，其非法销售的目的不言而喻。在《刑法》第126条第1、2项违规制造、违规配售时，需以"非法销售"为目的。

【立案标准】《审理涉枪弹案解释》（2009）第3条第1款规定，违规制造、销售枪支具有下列情形之一的，成立犯罪：①违规制造枪支5支以上的；②违规销售枪支2支以上的；③虽未达到上述最低数量标准，但具有造成严重后果等其他恶劣情节的。

【加重犯】根据《审理涉枪弹案解释》（2009）第3条第2、3款的规定：

1. 本罪的"情节严重"是指：①违规制造枪支20支以上的；②违规销售枪支10支以上的；③达到上述定罪的最低数量标准，并具有造成严重后果等其他恶劣情节的。

2. 本罪的"情节特别严重"是指：①违规制造枪支50支以上的；②违规销售枪支30支以上的；③达到上述"情节严重"最低数量标准，并具有造成严重后果等其他恶劣情节的。

（二）适 用

本罪与非法制造、买卖枪支罪的区分：违规与非法。"违规制造、销售"是有资格即有许可制售，但是违反了国家规定的合法制售管理要求；"非法制造、买卖"是没有许可即没有从事制售枪支的资格而从事非法的制造、买卖。

三、盗窃、抢夺枪支、弹药、爆炸物、危险物质罪·抢劫枪支、弹药、爆炸物、危险物质罪[1]

《刑法》第127条　　盗窃、抢夺枪支、弹药、爆炸物的，或者盗窃、抢夺毒害性、放射性、传染病病原体等物质，危害公共安全的，处3年以上10年以下有期徒刑；情节严重的，处10年以上有期徒刑、无期徒刑或者死刑。

抢劫枪支、弹药、爆炸物的，或者抢劫毒害性、放射性、传染病病原体等物质，危害公共安全的，或者盗窃、抢夺国家机关、军警人员、民兵的枪支、弹药、爆炸物的，处10年以上有期徒刑、无期徒刑或者死刑。

（一）盗窃、抢夺枪支、弹药、爆炸物、危险物质罪

【定义】以非法占有为目的，窃取或者公然夺取枪支、弹药、爆炸物、危险物质，危害公共安全的行为。

【对象】枪支、弹药、爆炸物、毒害性、放射性、传染病病原体等危险物质。

【行为】盗窃、抢夺。

【主观】故意，具有非法占有的目的。

【立案标准】《审理涉枪弹案解释》（2009）第4条规定：盗窃、抢夺枪支、弹药、爆炸物，具有下列情形之一的，成立犯罪：①盗窃、抢夺以火药为动力的发射枪弹非军用枪支1支以上或者以压缩气体等为动力的其他非军用枪支2支以上的；②盗窃、抢夺军用子弹10发以上、气枪铅弹500发以上或者其他非军用子弹100发以上的；③盗窃、抢夺爆炸装置的；④盗窃、抢夺炸药、发射药、黑火药1千克以上或者烟火药3千克以上、雷管30枚以上或者导火索、导爆索30米以上的；⑤虽未达到上述最低数量标准，但具有造成严重后果等其他恶劣情节的。

【加重犯】"情节严重"是指：①盗窃、抢夺枪支、弹药、爆炸物的数量达到上述立案最低数量标准5倍以上的；②盗窃、抢夺军用枪支的；③盗窃、抢夺手榴弹的；④盗窃、抢夺爆炸装置，危害严重的；⑤达到上述定罪的最低数量标准，并具有造成严重后果等其他恶劣情节的。

---

[1] 本条经《刑法修正案（三）》修正，增加"毒害性、放射性、传染病病原体等物质"为本条之罪的对象。

【罪数】行为人为了实施其他犯罪而盗窃、抢夺枪支、弹药、爆炸物的,如果已经使用所盗窃、抢夺的枪支、弹药、爆炸物着手实行了其他犯罪的,不属于牵连犯,应当数罪并罚;如果行为人尚未着手实行其他犯罪的,是想象竞合犯,只需以本罪一罪处罚。

(二)抢劫枪支、弹药、爆炸物、危险物质罪

【定义】以非法占有为目的,使用暴力、胁迫或者其他手段抢劫枪支、弹药、爆炸物、危险物质的行为。

四、非法持有、私藏枪支、弹药罪·非法出租、出借枪支罪

(一)构成要件·法定刑

《刑法》第128条 违反枪支管理规定,非法持有、私藏枪支、弹药的,处3年以下有期徒刑、拘役或者管制;情节严重的,处3年以上7年以下有期徒刑。

依法配备公务用枪的人员,非法出租、出借枪支的,依照前款的规定处罚。

依法配置枪支的人员,非法出租、出借枪支,造成严重后果的,依照第1款的规定处罚。

单位犯第2款、第3款罪的,对单位判处罚金,并对其直接负责的主管人员和其他直接责任人员,依照第1款的规定处罚。

1. 非法持有、私藏枪支、弹药罪。

【定义】违反枪支管理规定,非法持有、私藏枪支、弹药的行为。

【客体】枪支管理制度。

【对象】枪支、弹药。该枪支、弹药是否为非法持有、藏匿人所有,不影响本罪的成立。

【主体】不符合配备、配置枪支、弹药条件的人员。

【行为】违反枪支管理规定,非法持有、私藏枪支、弹药。"非法持有",是指不符合配备、配置枪支、弹药条件的人员,违反枪支管理法律、法规的规定,擅自持有枪支、弹药的行为。"私藏",是指依法配备、配置枪支、弹药的人员,在配备、配置枪支、弹药的条件消除后,违反枪支管理法律、法规的规定,私自藏匿所配备、配置的枪支、弹药且拒不交出的行为。因为受合法持有人委托暂时代为保管枪支、弹药的,不属于非法持有、私藏。行为人如果尚未脱离依法使用枪支、弹药的岗位,其配备枪支、弹药的条件亦未消除,在需要合法使用枪支弹药的任务完成后(包括备警状态结束后)未将枪支、弹药及时入库的行为,不属于非法持有、私藏,仅属于一般的违反枪支管理法律、法规的行为。

【案例】 **郭继东涉嫌私藏枪支弹药无罪案**[1]

郭继东在任刑警队长期间,以执行任务、打靶为名,先后多次领取千余发军用子弹,除已用去的之外,仍有630发在家中藏匿,拒不交出。河南省南阳市中级人民法院认为其行为不符合私藏弹药罪的构成要件。

【主观】故意,即明知是国家管制的枪支、弹药而在未获得许可的情况下持有、私藏。

【立案标准】《审理涉枪弹案解释》(2009)第5条规定,具有下列情形之一的,依照《刑法》第128条第1款的规定,以非法持有、私藏枪支、弹药罪定罪处罚:①非法持有、私藏军用枪支1支的;②非法持有、私藏以火药为动力发射枪弹的非军用枪支1支或者以压缩气体等为动力的其他非军用枪支2支以上的;③非法持有、私藏军用子弹20发以上,气枪铅弹1000发以上或者其他非军用子弹200发以上的;④非法持有、私藏手榴弹1枚以上的;⑤非法持有、私藏的弹药造成人员伤亡、财产损失的。

---

[1] 中华人民共和国最高人民法院刑事审判第一庭、第二庭编:《刑事审判参考(2005年第5集·总第46集)》,法律出版社2006年版。

【加重犯】本罪的"情节严重"是指：①非法持有、私藏军用枪支2支以上的；②非法持有、私藏以火药为动力发射枪弹的非军用枪支2支以上或者以压缩气体等为动力的其他非军用枪支5支以上的；③非法持有、私藏军用子弹100发以上，气枪铅弹5000发以上或者其他非军用子弹1000发以上的；④非法持有、私藏手榴弹3枚以上的；⑤达到本罪定罪的最低数量标准，并具有造成严重后果等其他恶劣情节的。

2. 非法出租、出借枪支罪。

【定义】依法配备公务用枪的人员、单位非法出租、出借枪支，或者依法配置枪支的人员、单位非法出租、出借枪支造成严重后果的行为。

【主体】包括两种人：①"依法配备公务用枪的人员、单位"，指依照《枪支管理法》（1996）第5条的规定，经有关部门批准配备公务用枪的人员、单位：公安机关、国家安全机关、监狱、劳动教养机关的人民警察，人民法院的司法警察，人民检察院的司法警察和担负案件侦查任务的检察人员，海关的缉私人员，在依法履行职责时确有必要使用枪支的，可以配备公务用枪。国家重要的军工、金融、仓储、科研等单位的专职守护、押运人员在执行守护、押运任务时确有必要使用枪支的，可以配备公务用枪。②"依法配置枪支的人员、单位"，是指依照《枪支管理法》（2015年修正）第6条的规定，经有关部门批准配置民用枪支的人员和单位，例如，牧民、猎人配置的猎枪，运动员配置的射击运动枪支，等等。

本罪主体不包括"非法持有枪支"者。非法持有者又非法出租、出借的，仍只以非法持有枪支罪论处。因为本罪的主体只能是依法配备、配置枪支的人员，不包括非法持有者。

【行为】非法出租、出借枪支。包括3种类型：①出租出借公务用枪给无配枪资格者或用作借债质押物。②出租出借公务用枪给有配枪资格者。③非法出租出借民用枪支。

【主观】故意。故意是针对非法出租、出借行为而言的，对非法出租、出借的枪支被用于违法犯罪活动"造成严重后果"不具有故意。

（二）适用

【罪量】根据《立案标准（一）》（2008）第5条的规定，依法配备公务用枪的人员或单位，非法将枪支出租、出借给未取得公务用枪配备资格的人员或单位，或者将公务用枪用作借债质押物的，应予立案追诉。

依法配备公务用枪的人员或单位，非法将枪支出租、出借给具有公务用枪配备资格的人员或单位，以及依法配置民用枪支的人员或单位，非法出租、出借民用枪支，涉嫌下列情形之一的，应予立案追诉：①造成人员轻伤以上伤亡事故的；②造成枪支丢失、被盗、被抢的；③枪支被他人利用进行违法犯罪活动的；④其他造成严重后果的情形。因为《刑法》第128条规定的出租、出借民用枪以"造成严重后果"为要件，所以"立案标准"规定该"结果"。另，出租、出借公务用枪给有配枪资格者，性质较轻，也以前述结果为要件。该"后果"要件属于限制处罚范围的客观条件，不在本罪故意认识的范围内。所以，本罪故意内容不包括对"造成严重后果"的认识。

【共犯】行为人与犯罪分子事先通谋，出租、出借枪支供其用于犯罪的，应当以共犯论处。

【罪数】盗窃、抢夺、抢劫枪支后非法持有、私藏该枪支、弹药的，对其事后非法持有、私藏行为不单独定罪处罚。因为盗窃、抢夺或者抢劫枪支、弹药罪已经包括了行为人事后对该枪支、弹药的非法持有、私藏行为，没有实行数罪并罚的余地。非法持有、私藏枪支、弹药，为实行其他犯罪做准备的，如果行为人尚未着手实行欲犯之罪的，应当以本罪定罪处罚。对于其他犯罪的预备行为，不必另行定罪处罚。

五、丢失枪支不报罪

《刑法》第129条　依法配备公务用枪的人员，丢失枪支不及时报告，造成严重后果的，处3年以下有期徒刑或者拘役。

【定义】依法配备公务用枪的人员，丢失枪支不及时报告，造成严重后果的行为。

【主体】依法配备公务用枪的人员。

【行为】丢失枪支不及时报告，不作为犯。

【主观】故意，故意内容是对及时履行报告义务而言的，即行为人已知自己丢失了枪支仍不履行及时报告的义务，放任枪支流失、威胁公共安全的危险状态。因为不知自己的枪支已经丢失而没有及时报告的，不能构成本罪。行为人对自己丢失枪支和因丢失枪支所造成的严重后果，不得是故意的。行为人丢失枪支是由于过失还是不可预见或者不可抗拒的原因造成的，不影响本罪的成立。

【罪量】"造成严重后果"，根据《立案标准（一）》（2008）第6条的规定，主要指：丢失的枪支被他人使用造成人员轻伤以上伤亡事故，或者丢失的枪支被他人利用进行违法犯罪活动的。这个结果，不是丢失者所愿意发生的，也不是他能左右的。丢失者即使及时报告了，也未必就能阻止其发生。所以，这个结果在构成要件中的地位很奇特，它不是丢失者的行为结果，也不在丢失者故意范围之内，应当认为是一个限制处罚范围的要件。把它作为要件意味着：丢失枪支不及时报告，若流失社会的枪支没有引发其他的事件，就不认为是犯罪；只是在造成严重后果时，才有必要追究刑事责任。

六、非法携带枪支、弹药、管制刀具、危险物品危及公共安全罪

（一）构成要件·法定刑

《刑法》第130条　非法携带枪支、弹药、管制刀具或者爆炸性、易燃性、放射性、毒害性、腐蚀性物品，进入公共场所或者公共交通工具，危及公共安全，情节严重的，处3年以下有期徒刑、拘役或者管制。

【定义】非法携带枪支、弹药、管制刀具或者爆炸性、易燃性、放射性、毒害性、腐蚀性物品进入公共场所或者公共交通工具，危及公共安全，情节严重的行为。

【罪量】《审理涉枪弹案解释》（2009）第6条第1款规定，非法携带枪支、弹药、爆炸物具有下列情形之一的，属于《刑法》第130条"情节严重"：①携带枪支或者手榴弹的；②携带爆炸装置的；③携带炸药、发射药、黑火药500克以上或者烟火药1千克以上，雷管20枚以上或者导火索、导爆索20米以上的；④携带的弹药、爆炸物在公共场所或者公共交通工具上发生爆炸或者燃烧，尚未造成严重后果的；⑤具有其他严重情节的。

行为人非法携带《审理涉枪弹案解释》（2009）第6条第1款第3项规定的爆炸物进入公共场所或者公共交通工具，虽未达到上述数量标准，但拒不交出的，依照《刑法》第130条的规定定罪处罚；携带的数量达到最低数量标准，能够主动、全部交出的，可不以犯罪论处。

（二）适用

1. 与非法运输枪支、弹药、爆炸物罪的区别。在乘坐交通工具长距离"携带"的场合，显然也具有"运输"之义。二者区别要点在于："携带"与"运输"的"非法性"不同。运输枪支的非法性是指"没有运输许可"，侧重于违反对枪支弹药的管制，即运输许可的制度；而"携带"主要危及公共场所的安全，不得擅自携带枪支、弹药、爆炸物进入公共交通工具或公共场所。非法运输危险品不一定违反运输危险品的（技术或安全）规范，比如使用专用运输工具按照法规的运输要求运输。反之，携带危险品进入公共交通工具，不一定违反危险品运输许可制度，比如有该宗危险品的运输许可。

根据《铁路法刑事罚则解释》(1993)第2条第4项的规定,"行为人非法运输枪支、弹药并携带枪支、弹药进站上车的,应以非法运输枪支、弹药罪定罪处罚"。这个结论实际上是想象竞合犯,即既触犯非法运输枪支、弹药罪,又触犯非法携带枪支、弹药危及公共安全罪,择一重罪处罚。

2. 与非法持有枪支、弹药罪的区别。"携带"当然也是持有,其区别在于:非法持有枪支罪违反持有枪支的许可制度;非法携带枪支、弹药危及公共安全罪则强调携带方式的违法性,携带进入不该进入的场所。非法携带不以非法持有为必要,合法持枪者未经许可也不得携带进入特定公共场所。

【案例】　　　　　　　　　李召义非法运输枪支案

被告人从梅河口车站乘上通化开往长春的旅客列车,并随身携带钢珠手枪2支、子弹2发欲到公主岭出卖,被乘警查获。被控非法运输枪支、弹药罪;法院一审判决非法携带枪支、弹药危及公共安全罪;经抗诉,法院二审改判非法运输枪支、弹药罪。本案被告人的行为涉嫌:①非法持有枪支罪;②非法运输枪支、弹药罪;③非法买卖枪支罪;④非法携带枪支、弹药危及公共安全罪。长距离非法携带也可是非法"运输",一行为同时触犯二罪,是想象竞合犯,应从一重罪处罚。

本案被告人运输子弹2发,其运输弹药行为未达到独立定罪的程度,罪名应为"非法运输枪支罪",不应为"非法运输枪支、弹药罪"。

第六节　造成重大事故危害公共安全的犯罪

一、交通肇事罪

(一)构成要件·法定刑

《刑法》第133条　违反交通运输管理法规,因而发生重大事故,致人重伤、死亡或者使公私财产遭受重大损失的,处3年以下有期徒刑或者拘役;交通运输肇事后逃逸或者有其他特别恶劣情节的,处3年以上7年以下有期徒刑;因逃逸致人死亡的,处7年以上有期徒刑。

【定义】违反交通运输管理法规,因而发生重大事故,致人重伤、死亡或者使公私财产遭受重大损失的行为。

【客体】交通运输安全。

【行为】因违反交通运输管理法规而发生重大交通事故,致人重伤、死亡或者使公私财产遭受重大损失。单位主管人员、机动车辆所有人或者机动车辆承包人指使、强令他人违章驾驶造成重大交通事故的,以交通肇事罪定罪处罚。

【主观】过失,即行为人应当预见自己的违章行为可能造成重大交通事故,因为疏忽大意而没有预见,或者已经预见但轻信能够避免。这种过失是指行为人对自己的违章行为可能造成的交通事故的心理态度而言的,行为人在违反交通规章上可能是明知故犯,如酒后驾车、强行超车、超速行驶等。但对自己的违章行为可能发生重大事故、造成严重后果则是因为疏忽大意而没有预见或者已经预见但轻信能够避免,以致造成严重的后果。在司法实践中,单纯的主观过失判断基本不存在,而是变成"违反交通运输法规"之违章责任程度、因果关系、结果大小以及被害人违章程度的综合判断,全面采取"客观归责"做法,全面体现在《审理交通肇事刑案解释》(2000)当中。

【罪量】交通肇事罪是现代社会发案率最高的过失犯罪,居过失犯罪之首,如2008年发生交通事故 265 204 起，死亡 73 484 人。大量交通事故案件也极大地推动了过失犯罪理论与实务的发展。目前，《审理交通肇事刑案解释》（2000）汇集了我国处理交通肇事刑事案件的经验。该司法解释确定的交通肇事案定罪处罚标准主要有三个：①事故责任的大小，其中，定罪的责任底线是"同等责任"，如果仅负事故"次要责任"的，不成立犯罪。②结果的轻重，其中，结果的底线是"重伤"1人或造成财产损失30万元且无法赔偿的。③违章情节。根据《审理交通肇事刑案解释》（2000）第2条，因违反道路交通法规而造成事故，有下列情形之一的，认为是重大交通事故，应予立案追究刑事责任：

（1）死亡1人或者重伤3人以上，负事故全部或者主要责任的。

（2）死亡3人以上，负事故同等责任的。

（3）造成公共财产或者他人财产直接损失，负事故全部或者主要责任，无能力赔偿数额在30万元以上的。

（4）交通肇事致1人以上重伤，负事故全部或者主要责任，并具有下列情形之一的，以交通肇事罪定罪处罚：①酒后、吸食毒品后驾驶机动车辆的；②无驾驶资格驾驶机动车辆的；③明知是安全装置不全或者安全机件失灵的机动车辆而驾驶的；④明知是无牌证或者已报废的机动车辆而驾驶的；⑤严重超载驾驶的；⑥为逃避法律追究逃离事故现场的。

因违章发生交通事故，不具有上列情形之一的，一般按交通违章行为处理，不追究刑事责任。

自2017年1月1日起，《道路交通事故受伤人员伤残评定》标准不再适用，所有交通事故案件、故意伤害案件、雇员损害等所有人身损害致伤的鉴定标准统一适用最高人民法院、最高人民检察院、公安部、国家安全部、司法部2016年发布的《人体损伤致残程度分级》，工伤除外。

【加重犯】1."交通运输肇事后逃逸"，是指行为人在发生交通事故后，为逃避法律追究而逃跑的行为。适用此情节加重的前提是具有上述应予立案情形之一。

2. 肇事后逃逸的责任认定。

（1）行政责任。根据《道路交通安全法实施条例》（2004）第92条，发生交通事故后当事人逃逸的，逃逸的当事人承担全部责任。但是，有证据证明对方当事人也有过错的，可以减轻责任。当事人故意破坏、伪造现场、毁灭证据的，承担全部责任。例如，甲驾车在上高速公路匝道上行驶时撞到一个横穿匝道的行人乙。甲逃逸，通常承担事故全责（100%责任）。鉴于乙横穿匝道违反交通规则，有明显过错可减轻甲责任，甲承担主责（75%责任）。如果甲不逃逸，甲乙的责任应该是颠倒过来，乙承担全责或主责；甲没有责任或次要责任。

（2）刑事责任。①逃逸对事故（行政）责任认定的影响：逃逸者承担全责，对方有过错的可以减轻责任，往往成为追究刑事责任的责任依据。逃逸者通常按照"全责或主责"来承担交通肇事罪责。②根据《审理交通肇事刑案解释》（2000），肇事后逃逸，致1人以上重伤且负事故全部或主要责任的，可追究刑事责任。由此可知，逃逸者承担两点不利后果：其一，承担事故全责或主责；其二，定罪的客观标准降低，由致人死亡降为致人重伤。③加重犯。逃逸的法定刑升格由"3年以下"升格到"处3年以上7年以下"。一个逃逸情节承受上述三重不利后果，存在"重复评价"。通说认为：逃逸情节作为上述②的定罪事由的，不再作为刑罚加重事由。逃逸者承担上述①的不利又承担②的不利，是否为重复评价？学界对此存在争议。既然驾车，事故在所难免；无故逃逸、逃避责任实属可恨。事故责任无人承担，这是不可容忍的。

3. "肇事逃逸"的认定。根据《审理交通肇事刑案解释》（2000），"肇事后逃逸"指行为人在发生交通事故后，为逃避法律追究而逃跑的行为。据此包括两个要件：

(1)"逃跑"，指离开事故现场，没有离开事故现场则不存在逃逸。

(2)"为逃避法律追究"，是认定逃逸的实质条件。"判断是否属于逃逸的关键就在于准确认定肇事人离开现场的目的，如果离开现场的目的不是为了逃避法律追究，而是因惧怕受害人家属殴打而离开现场，或者因报案或抢救被害人需要而离开现场等，均不属于逃逸。"[1] 交通肇事逃离现场后又投案自首的，能否认定"肇事逃逸"？认定标准仍然看是否"为逃避法律追究"。

【案例】　　　　　　　　**孙贤玉交通肇事案**[2]

孙贤玉某日下午驾驶重型货车至某路口处，因违反交通信号灯规定行驶，与骑自行车行驶的张（该自行车后载徐）相撞，造成徐当场死亡、张受重伤。经公安机关事故责任认定，孙贤玉驾驶的机动车制动性能不符合要求，亦未定期进行安全技术检验，违反交通信号灯规定行驶，且采取措施不当导致事故发生，是本起交通事故的全部过错方，负事故的全部责任。孙贤玉肇事后，曾拨打电话报警，并将被害人张扶至路边，后弃车离开现场。次日下午，孙贤玉向公安机关投案自首。

"如果肇事人'立即投案'，说明肇事人离开现场与'主动投案'两个行为之间具有密切的不可分割的连续性，反映出肇事人在主观上具有'接受法律追究'的意向，客观上也已经开始实施'接受法律追究'的行为，不应认定其'逃逸'；如果肇事人'逃离现场'后没有立即投案，而是经过一段时间后'事后投案'，则说明肇事人的'逃离'与'投案'分属两个独立的行为，这种'事后投案'不能成为否定其肇事后'逃逸'的理由，应认定为'逃逸'。至于是'立即投案'还是'事后投案'，应当根据投案路途远近、投案时间间隔长短等案件当时的客观情况，结合日常生活经验来认定。"[3]

实践中，认定为肇事逃逸的情形主要包括：①明知发生交通事故，交通事故当事人驾车或弃车逃离事故现场的；②交通事故当事人认为自己对事故没有责任，驾车驶离事故现场的；③交通事故当事人有酒后和无证驾车等嫌疑，报案后不履行现场听候处理义务，弃车离开事故现场后又返回的；④交通事故当事人虽将伤者送到医院，但未报案且无故离开医院的；⑤交通事故当事人虽将伤者送到医院，但给伤者或家属留下假姓名、假地址、假联系方式后离开医院的；⑥交通事故当事人接受调查期间逃匿的；⑦交通事故当事人离开现场且不承认曾发生交通事故，但有证据证明其应知道发生交通事故的；⑧经协商未能达成一致或未经协商给付赔偿费用明显不足，交通事故当事人未留下本人真实信息，有证据证明其是强行离开现场的。

4. "有其他特别恶劣情节"，指交通肇事具有下列情形之一的：①死亡2人以上或者重伤5人以上，负事故全部或者主要责任的；②死亡6人以上，负事故同等责任的；③造成公共财产或者他人财产直接损失，负事故全部或者主要责任，无能力赔偿数额在60万元以上的。

5. "因逃逸致人死亡"，是指行为人在交通肇事后为逃避法律追究而逃跑，致使被害人因得不到救助而死亡的情形。

---

[1] "孙贤玉交通肇事案【第415号】"，参见最高人民法院刑事审判第一、二、三、四、五庭主办：《刑事审判参考（2006年第6集·总第53集）》，法律出版社2007年版。

[2] "孙贤玉交通肇事案【第415号】"，参见最高人民法院刑事审判第一、二、三、四、五庭主办：《刑事审判参考（2006年第6集·总第53集）》，法律出版社2007年版。

[3] "孙贤玉交通肇事案【第415号】"，参见最高人民法院刑事审判第一、二、三、四、五庭主办：《刑事审判参考（2006年第6集·总第53集）》，法律出版社2007年版。

根据《审理交通肇事刑案解释》（2000）第 5 条的规定，"因逃逸致人死亡"要件应包括：①交通事故的被害人受伤当场未死；②肇事者有逃逸行为；③逃逸之后发生了死亡结果；④因逃逸而不救助（不作为）与死亡结果有因果关系。这意味着：由于逃逸，被害人既没有得到肇事者的救助，也没有得到其他人的救助，以致延误了宝贵的抢救时机而发生死亡结果。这涉及不救助（不作为）与死亡结果之间的因果关系判断。例如，李某在夜晚肇事后把受伤者送至某医院急诊室外，为了逃避责任，并未直接送入急诊室抢救，而是将受伤者以坐姿倚放在急诊室外的一棵树干旁。受伤者直到 2 小时后才被发现，已经死亡。这足以认定其逃逸行为与死亡结果存在因果关系，法院判决构成交通肇事罪结果加重犯（逃逸致人死亡）。有逃逸行为但没有延误救助的，不成立逃逸致人死亡。比如，甲违章将乙撞倒后逃逸，路人见状报警，大约 10 分钟警察和救护车都赶到现场，将乙送医院抢救，乙不治身亡。逃逸不救助对死亡结果究竟有多大的影响实在难以判断，或许伤势太重，即使肇事者当场施救被害人也难免一死，或许救助及时被害人有生还希望。司法解释的措词是：逃逸"致使被害人因得不到救助而死亡"，显然指既得不到肇事者也得不到其他人的救助而死亡。如果被害人获得及时救助仍然难免死亡，表明死亡结果与因逃逸未救助行为之间没有因果关系，死亡仍属肇事的结果，不是逃逸致人死亡。

此外，"有逃逸行为"是不可忽略的要件。有逃逸行为意味着肇事者认识到可能存在需要救助的被害人，若发生了逃逸致人死亡的结果，证实其存在过失，是归责的重要依据。假如行为人没有逃逸的行为则不成立逃逸致死，例如，甲夜间驾驶一辆 50 吨满载渣土的卡车，在街角转弯处，车后轮将骑自行车的人撞倒，甲当时正在接听电话，加之车重，没有觉察到发生事故。如同没有发生事故一样驶离事故现场。甲没有发现或意识到发生事故而离开现场，不属于逃逸。由此产生一个效果：甲即使没有救助也不存在过错，没有归责的根据。

【量刑】《量刑指导意见》（2014）规定：①构成交通肇事罪的，可以在 2 年以下有期徒刑、拘役幅度内确定量刑起点。②肇事后逃逸或者有其他特别恶劣情节的，可以在 3 年至 5 年有期徒刑幅度内确定量刑起点。③因逃逸致一人死亡的，可以在 7 年至 10 年有期徒刑幅度内确定量刑起点。在量刑起点的基础上，可以根据事故责任、致人重伤、死亡的人数或者财产损失的数额以及逃逸等其他影响犯罪构成的犯罪事实增加刑罚量，确定基准刑。

（二）适用

【认定】全面实行"客观归责"，弃用自然的因果行为论和心理责任论。学说上对于过失犯罪认定的套路至今依然是：客观上分析行为、结果及其因果关系，主观上认定对危害结果的过失心态。这种自然的因果行为观和心理责任论根本应付不了海量的交通肇事刑事案件，逐渐衰落。值得庆幸的是，司法实践找到了解决的方案，并全面体现在《审理交通肇事刑案解释》（2000）之中，那就是客观归责。实践中认定交通肇事罪，主要依据"行为之交通违章程度"认定"事故责任大小"，从而认定是否成立犯罪以及罪责的轻重。例如，甲驾车撞倒乙致死，如果甲违章，乙没有违章，则甲全责，如果乙也违章但相对较轻，则甲主要责任、乙次要责任，这两种情况根据《审理交通肇事案解释》（2000），致一人死亡负事故全部责任或者主要责任的，应当追究刑事责任，负对等责任或者次要责任的，不追究刑事责任。全然没有单独的因果关系和过失心态认定。这种客观归责的方法，有效地解决了过失认定的困难，尤其是过失程度的困难，将主观过失及其程度的认定化为客观违章程度的认定。该方法的特点：①主观过失认定客观化了，简单可靠高效；②行为与结果的自然因果关系判断转变为规范违反程度（即违章程度）与结果责任大小的判断，具有强烈的规范性；③促进公民遵守交通规则，发挥法律规范公民行为的作用；④有效地划分了交通违法与刑事犯罪的界限。例如，甲撞倒醉酒横穿公路的丙致伤后逃逸,就行为时的责任而言,丙负主要责任、甲负次要责任,但是因为甲逃逸,依法(规范)认定为全责,又因丙确有过错减轻甲的责任,甲为主要责任、丙是次要责任。随后,乙驾车碾压到因伤躺路面的丙致其死亡,按自然的因果律是乙致丙死亡,但是,乙对丙死亡的责任远远小于甲。自然主义的因果关系理论和心理责任论很难合理解释这样的问题,而实践摸索出的客观归责的做法有效地解决了这些难题,甲对丙的死亡负全责,乙若没有违章则对丙的死亡不负责,若有观察不细的轻微违章行为也仅负次要责任,不构成犯罪。得益于客观归责的解决方案,我国高速进入汽车社会后面对猛然增长的交通肇事案件,16年前制定的《审理交通肇事刑案解释》至今仍游刃有余。

【共犯】交通肇事后,单位主管人员、机动车辆所有人、承包人或者乘车人指使肇事人逃逸,致使被害人因得不到救助而死亡的,以交通肇事罪的共犯论处。

这是司法解释确认的过失犯以共犯论处的特例。按理,过失共同犯罪不以共犯论处,这里规定以共犯论处,只能理解为一种例外。其实,交通肇事后逃逸致人死亡,本有间接故意不作为杀人的嫌疑,也曾有过这样的判例。修订后的《刑法》将"肇事后逃逸致人死亡"特别规定为加重犯之后,省去了这种考虑。不过,在肇事后,有关人员明知被害人身处危险境地而不救助,事实上有放任他人死亡的心态,有故意的成分。所以,对指使者以共犯论处,有合理的根据。这种情形有故意之实,只因法律特别规定了加重的责任,仅以过失犯罪(交通肇事罪)的名义追究罪责。

【过失共犯】司法解释规定:单位主管人员、机动车辆所有人或者机动车辆承包人指使、强令他人违章驾驶造成重大交通事故,以交通肇事罪定罪处罚。这种情形可认为是过失共同犯罪,但仍然遵循《刑法》第25条之规定,不以共犯论处。

【故意犯】行为人在交通肇事后为逃避法律追究,将被害人带离事故现场后隐藏或者遗弃,致使被害人无法得到救助而死亡或者严重残疾的,应当分别依照《刑法》第232条、第234条第2款的规定,以故意杀人罪或者故意伤害罪定罪处罚。例如,甲肇事后,把受伤者从路上拖到路下藏于公路的涵洞里,被害人因无法得到救助,于8小时后因失血过多而死亡。甲成立故意杀人罪。

掌握这一规定的要点有四个:①实施了将被害人带离现场的遗弃或隐藏行为;②将被害人置于无法得到救助的境地;③事实上发生了死亡或伤残结果;④遗弃或隐藏行为与死亡、伤残结果有因果关系。如果被害人已经死亡,则属于交通肇事后抛尸破坏现场的行为。为逃避法律责任而实施此行为的,属于肇事后逃逸。不过,带离现场被抛弃的被害人是否已经死亡,也属于查证困难的问题。

【"二次碾压"的责任认定】甲先驾车将被害人撞倒并离开,随后乙驾车经过并再次碰撞或碾压被害人,并最终发生了被害人死亡结果的,应分为三种情形探讨:[1]

1. 甲的碰撞直接导致被害人死亡。由甲单独承担交通肇事致死的刑事责任。具体而言:①因甲的行为构成交通肇事罪,故应承担事故全部责任;②乙再次碰撞或碾压的仅是尸体,由于侮辱尸体罪必须有主观上的故意,而乙主观上为过失,因此无罪。

2. 乙的碰撞或碾压直接导致被害人死亡。

(1) 甲应承担交通肇事致人死亡的刑事责任。可分为两种情形:

第一,甲撞倒被害人后,因未发现或意识到发生事故而离开现场,应承担交通肇事致人死

---

[1] 参见林东茂:《刑法综览》,中国人民大学出版社2009年版。

亡的刑事责任。原因在于：首先，其行为导致被害人一直被置于马路中间的危险境地，与被害人死亡的结果存在因果关系；其次，乙的碰撞或碾压不属于异常的介入因素，不能中断因果关系。因为乙的行为造成损害结果的可能性未超过正常人的预期，且甲的前行为已经使死亡结果的发生具有极大的可能性，乙只是对死亡结果的发生起到推动作用。[1]

第二，甲撞倒被害人后，明知被害人受伤，因害怕承担责任而放任被害人躺在马路中间的危险境地，之后被害人遭到二次碾压并最终死亡的，甲属于"交通肇事后逃逸致人死亡"的加重犯。

【案例】 **李中海故意杀人案**[2]

2005年10月16日，李中海驾摩托车搭载章诚，后因操作不当造成车头撞到路边隔离带，导致章诚从后座甩出后倒地。李中海下车查看后，发现章诚躺在机动车道内因受伤而无法动弹，他在未采取任何保护措施的情况下自行驾车逃逸。后章诚因被途经该处的大货车碾压而当场死亡，交警部门认定李中海对事故负全部责任，尸检表明，章诚系因在交通事故中造成复合伤而死亡（李中海交通肇事、后续车辆碾压共同所致）。法院认为：李中海不履行法定作为义务的行为与被害人死亡结果之间的因果关系不中断，李中海对结果持间接故意，遂以故意杀人罪对其判处有期徒刑12年，剥夺政治权利3年。依本案情形，应定故意杀人罪还是交通肇事罪（逃逸致死）值得讨论。"逃逸致死"属于立法"打包"作加重犯处理，不问故意过失。据此，本案以交通肇事罪逃逸致死处理即可，似无必要以故意杀人罪论。

裁判要旨：肇事人明知未死亡被害人可能会被后续车辆碾压仍然逃离的，应当认定为故意杀人罪。（2）乙是否承担刑事责任，取决于其是否具有相应的预见义务和能力。这应当从事发道路的照明情况、途经该地的其他车辆是否采取规避措施等方面具体分析。如果不具备相应的预见义务和能力，则属于意外事件。

3. 无法确定哪一次碰撞导致被害人死亡。甲应承担交通肇事致人死亡的刑事责任。根据"疑罪从无"原则，除非确有证据认定乙的行为构成犯罪，否则不能追究乙的刑事责任。

【罪数】因隐藏、遗弃被害人而成立故意杀人罪或故意伤害罪的，通常无需再论以交通肇事罪，即不必数罪并罚。因为，只有"一个"死亡结果，因该死亡结果已经作为故意杀人罪的结果处罚了，再作为交通肇事罪的结果处罚，存在一个死亡结果"两头沾"（既作为故意杀人罪的结果，又作为交通肇事罪的结果），是重复评价或处罚，不可接受。当然，如果存在多个死伤结果的，不排除数罪并罚，比如，甲驾车违章撞倒3人，2死、1伤，甲将伤者带离现场隐藏使其无法得到救助而死亡。对甲应当以故意杀人罪（致1人死亡）和交通肇事罪（致2人死亡）数罪并罚。这不存在重复评价的问题。

【关联罪】1. 交通肇事罪与以危险方法危害公共安全罪的区别要点：如果故意使用驾车撞人的方法在公共场所故意撞死撞伤多人的，应定以危险方法危害公共安全罪。我国逐渐进入汽车社会后，深感"车祸猛于虎"，对于极端危险的驾驶方式渐趋采取严惩态度。《醉驾犯罪法律适用意见》（2009）指出："行为人明知酒后驾车违法、醉酒驾车会危害公共安全，却无视法律醉酒驾车，特别是在肇事后继续驾车冲撞，造成重大伤亡，说明行为人主观上对持续发生的危害结果持放任态度，具有危害公共安全的故意。对此类醉酒驾车造成重大伤亡的，应依法以以危险方法危害公共安全罪定罪。"另外，故意使用驾车的方式杀害、伤害特定人的，以故

---

[1] 参见陈子平：《刑法总论》，中国人民大学出版社2009年版。
[2] 中华人民共和国最高人民法院刑事审判第一、二、三、四、五庭主办：《刑事审判参考（2013年第5集·总第94集）》，法律出版社2014年版。

意杀人罪、故意伤害罪定罪处罚。

2. 交通肇事罪与其他过失犯罪的区别点：是否在"实行公共交通管理的范围内"。厂矿企业的专用机动车辆、施工车辆以及军队的军用车辆等在"实行公共交通管理的范围内"发生重大交通事故的，以交通肇事罪论处。如果是在公共交通管理范围之外，因为违反有关生产、操作规章而造成人身伤亡、财产损失，构成犯罪的，分别依照《刑法》第134条（重大责任事故罪）、第135条（重大劳动安全事故罪）、第436条（武器装备肇事罪）等规定定罪处罚。例如，厂矿企业的作业车辆在厂区作业活动中违章造成重大事故的，以重大责任事故罪论处。

《道路交通安全法》（2011）第77条规定："车辆在道路以外通行时发生的事故，公安机关交通管理部门接到报案的，参照本法的有关规定办理。"这一规定扩大了适用交通规则认定事故责任的范围，也就相应地扩大了交通肇事罪的范围。因此，仅根据案发场所来确定案件的性质存在不足。这种情形下，定性的实质根据是认定事故责任的规范，不论车辆事故发生于何种场所，只要交通管理部门适用交通安全法认定事故责任认为构成犯罪的，一律按照交通肇事罪认定处罚。如果不是或不能适用交通安全法认定事故车辆责任的，可以其他罪处罚。一般而言，适用有关生产安全规章认定责任的，以重大责任事故罪处罚；适用生活常理认定责任的，只能以过失致人死亡罪、过失致人重伤罪定罪处罚。在"实行公共交通管理的范围内"，通常适用交通规则确定事故责任，二者存在关联性。

【案例】　　　　　　　　　　陆华故意杀人案[1]

2010年4月17日，陆华酒后驾车（血液酒精含量163毫克/100毫升，属醉酒状态）并撞击到同向骑自行车的申某，致申某跌坐于汽车前方。陆华停车后，因害怕酒后驾车被查处，不顾多名路人的呼叫和制止，又启动汽车前行，将申某及自行车拖拽于汽车车身之下。陆华在明显感觉到车下有阻力并伴有金属摩擦声，意识到车下可能有人的情况下，仍未停车，将申某及其自行车拖行150余米，直至汽车右轮冲上路边隔离带才将申某及自行车甩离车体。后陆华继续驾车逃离现场。申某因严重颅脑损伤合并创伤性休克，经抢救无效，于次日死亡。案发后，陆华自动投案，赔偿被害方经济损失53万元并获得谅解书。法院以故意杀人罪判处陆华无期徒刑，剥夺政治权利终身。

裁判要旨：被告人陆华在实施交通肇事行为后，为逃避法律追究，明知有异物被拖拽于汽车底下，继续驾车行驶可能会导致被害人死亡结果的发生，而继续驾车逃逸，放任这种危害结果的发生，并最终导致被害人死亡，其后行为属于间接故意杀人，其行为构成故意杀人罪。

另外，也有拖拽致伤残以故意伤害罪定罪处罚的判例。

二、危险驾驶罪

（一）构成要件·法定刑[2]

《刑法》第133条之一　在道路上驾驶机动车，有下列情形之一的，处拘役，并处罚金：

（一）追逐竞驶，情节恶劣的；

（二）醉酒驾驶机动车的；

（三）从事校车业务或者旅客运输，严重超过额定乘员载客，或者严重超过规定时速行驶的；

（四）违反危险化学品安全管理规定运输危险化学品，危及公共安全的。

---

[1] 参见中华人民共和国最高人民法院刑事审判第一、二、三、四、五庭主办：《刑事审判参考（2013年第5集·总第94集）》，法律出版社2014年版。

[2] 《刑法修正案（八）》《刑法修正案（九）》增补。

机动车所有人、管理人对前款第三项、第四项行为负有直接责任的，依照前款的规定处罚。

有前两款行为，同时构成其他犯罪的，依照处罚较重的规定定罪处罚。

【定义】指在道路上驾驶机动车，有《刑法》第133条之一规定的危险驾驶情形之一的行为。

【客体】道路交通管理制度。

【行为】四种类型：

1. 在道路上驾驶机动车追逐竞驶，情节恶劣，俗称"飙车"。《办理醉驾案意见》（2013）第1条第2款规定，"道路""机动车"适用道路交通安全法的有关规定。根据《道路交通安全法》（2011）第119条，"道路"，是指公路、城市道路和虽在单位管辖范围内但允许社会机动车通行的地方，包括广场、公共停车场等用于公众通行的场所。无论单位对其管辖范围内的路段、停车场采取的管理方式是收费还是免费，车辆进出是否需要登记，只要允许不特定的社会车辆自由通行，就属于道路[1]。"机动车"，是指以动力装置驱动或者牵引，上道路行驶的供人员乘用或者用于运送物品以及进行工程专项作业的轮式车辆。驾驶非机动车不构成本罪。"非机动车"，指以人力或者畜力驱动，上道路行驶的交通工具，以及虽有动力装置驱动但设计最高时速（20公里以下），空车质量、外形尺寸符合有关国家标准的残疾人机动轮椅车、电动自行车等交通工具。根据有关的指导判例，对于时速设计超标的电动自行车，也应当认定为非机动车[2]。"追逐竞驶"，指驾驶机动车非法竞速或追逐。"指机动车驾驶人员出于竞技、追求刺激、斗气或其他动机，在道路上曲折穿行、快速追赶行驶。"

【案例】　　　　　　　　张纪伟、金鑫危险驾驶案[3]

张纪伟、金鑫相约驾驶摩托车出去享受大功率摩托车的刺激感，"约定目的地，谁先到谁就等谁"。随后二被告人驾车在密集车流中反复并线、曲折穿插、多次闯红灯、大幅度超速行驶，全程28.5公里。法院判决二被告人犯危险驾驶罪。

裁判理由：本案中，从主观驾驶心态上看，二被告人先后供述"心里面想找点享乐和刺激""在道路上穿插、超车、得到心理满足"；在面临红灯时，"刹车不舒服、逢车必超""前方有车就变道曲折行驶再超越"，反映出其追求刺激、炫耀驾驶技能的竞技心理。从客观行为上看，二被告人驾驶超标大功率的改装摩托车，为追求速度，多次随意变道、闯红灯、大幅超速等严重违章。从行驶路线看，约定了竞相行驶的起点和终点。综上，认定本案被告人"追逐竞驶"。

追逐竞驶不以超限速为必要。因为在车辆拥挤时，为追逐竞驶而在车流中高速曲线行驶同样危险。在道路上以计时方式竞速（比赛速度），即使在道路上没有其他竞赛目标车辆行驶，也应当视为追逐竞驶。追逐竞驶出于竞赛、比拼速度的动机，具有竞赛竞速性质。这与违章超速行为不同：违章超速一般是在路况良好时超过该路段限速行驶，有时，为赶路而违章超速驾驶，不具有竞赛竞速性质。

---

[1] 指导判例"廖开田危险驾驶案【第893号】——在小区道路醉驾是否构成危险驾驶罪？"载最高人民法院刑事审判第一、二、三、四、五庭主办：《刑事审判参考（2013年第5集·总第94集）》，法律出版社2014年版。

[2] 指导判例"林某危险驾驶案【第894号】——醉酒驾驶超标电动自行车的，是否构成危险驾驶罪？"载最高人民法院刑事审判第一、二、三、四、五庭主办：《刑事审判参考（2013年第5集·总第94集）》，法律出版社2014年版。

[3] 参见最高人民法院刑事审判第一、二、三、四、五庭主办：《刑事审判参考（2013年第5集·总第94集）》，法律出版社2014年版。

"情节恶劣",根据前述指导判例,追逐竞驶虽未造成人员伤亡或财产损失,但综合考虑超过限速、闯红灯、强行超车、抗拒交通执法等严重违反《道路交通安全法》的行为,足以威胁他人生命、财产安全的,属于危险驾驶罪中"情节恶劣"的情形。

2. 在道路上醉酒驾驶机动车,俗称"醉驾"。《办理醉驾案意见》(2013)第1条规定:"在道路上驾驶机动车,血液酒精含量达到80毫克/100毫升以上的,属于醉酒驾驶机动车,依照刑法第133条之一第1款的规定,以危险驾驶罪定罪处罚。"

3. 从事校车业务或者旅客运输,严重超过额定乘员载客,或者严重超过规定时速行驶的。机动车所有人、管理人对前述行为负有直接责任的,也依法处罚。

4. 违反危险化学品安全管理规定运输危险化学品,危及公共安全的。机动车所有人、管理人对前述行为负有直接责任的,也依法处罚。

【主观】以行为人对自己危险驾驶行为明知为必要。在社会和伦理评价上,相当于过失犯。因危险驾驶尤其是发案较多的"醉驾"被定罪判刑,其刑事处罚后续的党纪政纪处罚,对被定罪判刑人的职业或政治生涯影响大,因故意犯罪而被判刑,公务员、教师、律师资格可能丧失,党员会被开除党籍,后续效果足以毁掉一个人职业、政治生涯。过于严厉,也不符合预防主义的理念。因此,有必要对危险驾驶罪从政治、道德上评价为过失犯罪,以缓和刑事处罚派生的其他过严厉的效果。从法理讲,危险驾驶罪是交通肇事罪之下的较轻类型,其客观危险性较小,主观恶性也较小;交通肇事罪是过失犯罪,危险驾驶罪主观恶性不会超过它,也应当是过失犯罪。其共同点为:对法益侵害结果(人身伤亡财产损失)没有故意。

【罪量】对醉驾情节较轻的,依法可以适用缓刑。"情节较轻"主要包括以下几种情形:①没有发生交通事故,行为人认罪、悔罪,且无其他法定或者酌定从轻、从重处罚情节的;②虽然发生交通事故,但只造成轻微人身伤害或者财产损失,且被告人积极赔偿取得谅解,无其他从重处罚情节的。但是,对于既有从轻处罚情节,又有从重处罚情节的,是否整体上认定为醉驾情节较轻,应当从严掌握。

在"可以免予刑事处罚"的认定上,除不低于前述缓刑的适用条件外,还应当同时具备:①被告人无从重处罚情节,原则上没有发生交通事故,即便发生交通事故,也仅造成轻微财产损失或者轻微人身伤害,且被告人积极赔偿,取得被害人谅解;②至少具备一项法定或者酌定从宽处罚情节,如自首、坦白、立功、自动停止醉驾等;③醉酒程度一般,血液酒精含量在160毫克/100毫升以下;④有符合情理的醉驾理由,如为救治病人而醉驾、在休息较长时间后误以为醒酒而醉驾、为挪动车位而短距离醉驾等。[1]

(二)适用

1. 在道路上醉酒驾驶机动车("醉驾"),是否一律定罪?存在两种观点:①一律定罪;②未必一律定罪,情节显著轻微、危害不大的,也可以酌情不定罪。本书认为,危险驾驶罪由行政犯升格为刑事犯,具有"行为简单、处罚轻"的特点,酌量空间很小。且《道路交通安全法》(2011)第91条第2款规定:"醉酒驾驶机动车的,由公安机关交通管理部门约束至酒醒,吊销机动车驾驶证,依法追究刑事责任……"拿掉了公安按行政违法"自处"的法律依据。目前,对符合醉酒驾驶构成要件的就认为构成犯罪的做法是妥当的。对于这样的"行为简单、处罚轻"的犯罪,如何行使司法酌情不定罪处罚(出罪)的权力?有关的指导判例指出:

---

[1] 指导判例"张纪伟、金鑫危险驾驶案【第906号】——如何认定刑法第一百三十三条之一规定的追逐竞驶情节恶劣?"载中华人民共和国最高人民法院刑事审判第一、二、三、四、五庭主办:《刑事审判参考(2013年第5集·总第94集)》,法律出版社2014年版。

除不低于免予刑事处罚的适用条件外，更应在罪量上严格把握，要求同时具备：①没有发生交通事故或者仅造成特别轻微财产损失或者人身伤害；②血液酒精含量在100毫克/100毫升以下；③醉驾的时间和距离极短，根据一般人的经验判断，几乎没有发生交通事故的可能性。以醉酒后在道路上挪动车位的行为为例，对于为挪动车位而在道路上醉酒驾驶机动车，且行驶距离较短、速度较慢、未发生严重后果的，可以不作为犯罪处理。[1]

2. 本罪的量刑情节应考虑哪些方面？有关的指导判例指出：首先，应考察醉驾的危险程度，包括四个方面：①是否发生交通事故及事故的严重程度，具体包括财产损失、人员受伤情况；②行为人案发时的驾驶能力，主要以血液酒精含量为判断标准；③行为人是否实施了严重违反道路交通安全法的其他行为；④醉驾行为是否严重威胁到不特定多数人的生命安全。其次，应考察行为人的主观恶性和人身危险性大小，包括三个方面：①实施醉驾行为前的表现，例如，是否曾因酒后驾驶受过行政或刑事处罚，是否有多次严重违反道路交通安全法的行为，是否不顾他人劝阻坚持醉驾等等；②被查获时的表现，是否实施了当场饮酒、锁车门不下车、抵制呼气酒精含量检测或者抗拒抽血检验等不配合检查的行为；发生交通事故的，是否积极救援伤者、主动打电话报警或明知他人报警而在现场等候处理等；③归案后的认罪悔罪态度，如是否如实供述罪行、积极赔偿被害人的经济损失、取得谅解等。[2]

3. 如何把握本罪的自首情节？①对于公安机关例行检查的，即使犯罪嫌疑人在被公安人员询问、呼气酒精检查之前主动交代醉酒驾驶的，也不构成自首。因为其归案具有被动性，即使其不主动交代，公安人员通过检查也能发现其醉驾的犯罪事实，故应当认定为坦白。②对于报警后案发的，应分为两种情况：一种是发生交通事故后犯罪嫌疑人主动报警，这属于典型的自动投案；另一种是他人报警。只有犯罪嫌疑人明知他人报警，且自愿留在现场等候警方处理、无拒捕行为的，才能视为自动投案。如果其根本不知道他人已经报警而留在现场，或者在得知他人报警后欲逃离现场，但因对方当事人控制或者群众围堵而未得逞的，不能认定为自动投案。但得知他人报警后逃离现场，事后迫于压力又主动到公安机关交代犯罪事实的，可以认定为自动投案。[3]

4. 危险驾驶同时构成其他犯罪的，依照处罚较重的规定定罪处罚。

（1）醉驾同时也是《刑法》第133条"违反交通运输管理法规"的行为，因而造成重大交通事故致人重伤、死亡或造成严重财产损失，达到交通肇事罪的定罪处罚标准的，以交通肇事罪定罪处罚。醉驾中发生交通事故，未达到交通肇事罪定罪处罚标准的，以危险驾驶罪定罪处罚。

（2）危险驾驶致人重伤死亡，且对致人重伤死亡结果达到故意程度的，可以成立《刑法》第115条之以其他危险方法危害公共安全罪。

---

[1] 指导判例"张纪伟、金鑫危险驾驶案【第906号】——如何认定刑法第一百三十三条之一规定的追逐竞驶情节恶劣？"载中华人民共和国最高人民法院刑事审判第一、二、三、四、五庭主办：《刑事审判参考（2013年第5集·总第94集）》，法律出版社2014年版。

[2] 指导判例"吴晓明危险驾驶案【第896号】——如何认定醉驾型危险驾驶案件中的犯罪情节轻微？"以及指导判例"魏海涛危险驾驶案【第897号】——在醉驾型危险驾驶案件中如何把握缓刑适用标准？"载中华人民共和国最高人民法院刑事审判第一、二、三、四、五庭主办：《刑事审判参考（2013年第5集·总第94集）》，法律出版社2014年版。

[3] 指导判例"唐浩彬危险驾驶案【第895号】——醉酒后在道路上挪动车位的行为是否构成危险驾驶罪？"载中华人民共和国最高人民法院刑事审判第一、二、三、四、五庭主办：《刑事审判参考（2013年第5集·总第94集）》，法律出版社2014年版。

如何认定达到"故意"程度成为关键，为了统一标准，最高人民法院于 2009 年出台了《醉驾犯罪法律适用意见》，并配发了两个典型案例。

从《醉驾犯罪法律适用意见》（2009）看，该"故意"的内容是（行为人）对"致人死伤结果"的认知，而非对"醉酒驾驶"的认知。从发布的两个典型判例（东莞黎景全案和成都孙伟铭案）看，认定行为人达到故意程度的关键在于醉酒驾驶肇事之后，其后续行为又连续肇事造成新的损害结果。指导意见指出：黎景全、孙伟铭"在醉酒驾车发生交通事故后，继续驾车冲撞行驶，其主观上对他人伤亡的危害结果明显持放任态度，具有危害公共安全的故意。二被告人的行为均已构成以危险方法危害公共安全罪"。[1]

有关司法人员为了进一步明确肇事之后的"后续行为及其结果"对认定故意心态的意义，还在论文中特意将醉酒驾驶分为"一次碰撞"和"二次碰撞"两种情形，并指出："在二次碰撞情形下，行为人醉酒驾车发生一次碰撞后，……仍然继续驾车行驶，以致再次肇事，冲撞车辆或行人造成更为严重的后果。此种情形之下，行为人将他人的生命置于高度危险之中，其本人已经没有能力对这种危险予以控制，危险随时随地都会发生，却依然不管不顾、置之不理。这种状态，明显反映出行为人完全不计自己醉酒驾车行为的后果，对他人伤亡的危害结果持放任态度，主观上具有危害公共安全的间接故意，应定以危险方法危害公共安全罪。"[2] 由此可见，对于醉酒驾驶致人死伤案，例外地适用以危险方法危害公共安全罪，关键在于肇事后发生"二次肇事"（碰撞），并且根据二次肇事及其后果所表现出的心态认定其故意。

《刑法》第 133 条之一（危险驾驶罪）是《刑法》第 133 条（交通肇事罪）的特殊类型（不以发生重大交通事故为要件），《刑法》第 133 条是《刑法》第 115 条第 2 款（过失以危险方法危害公共安全罪）的特殊类型。《刑法》第 133 条、第 133 条之一不是第 114 条、第 115 条（故意）以其他危险方法危害公共安全罪的特殊类型。因此，飙车、醉驾没有逾越危险驾驶范围的，只能适用《刑法》第 133 条之一，不能适用《刑法》第 114 条。造成致人死伤的，通常是交通肇事罪。只有足以认定对致人死伤结果成立故意的，才能定以其他危险方法危害公共安全罪。醉酒驾驶、追逐竞驶致人死伤的就应当成立以其他危险方法危害公共安全罪，这种观点是错误的。

(3) 醉酒驾驶并抗拒检查的，以危险驾驶罪和妨害公务罪并罚。

【案例】　　　　　　　**于岗危险驾驶、妨害公务案**[3]

于岗醉酒后驾驶机动车遇民警检查，其拒不配合检查并欲逃离，并在查报站内撕扯、推搡民警致一人轻微伤。法院认为：于岗醉酒驾驶与抗拒检查的两行为虽有一定关联，但在性质上相互独立，故以妨害公务罪与危险驾驶罪并罚，决定执行拘役 6 个月。

（三）处罚

根据《刑法》第 133 条之一，犯本罪的，处拘役，并处罚金。根据《办理醉驾案意见》（2013）第 2 条的规定，醉酒驾驶机动车，具有下列情形之一的，依照《刑法》第 133 条之一第 1 款的规定，从重处罚：①造成交通事故且负事故全部或者主要责任，或者造成交通事故后逃逸，尚未构成其他犯罪的；②血液酒精含量达到 200 毫克/100 毫升以上的；③在高速公路、

---

[1]《最高人民法院关于醉酒驾车犯罪法律适用问题的意见》。
[2] 高贵君、韩维中、王飞："醉酒驾车犯罪的法律适用问题"，载《法学杂志》2009 年第 12 期。
[3] 指导判例"罗代智危险驾驶案【第 898 号】——如何把握醉驾型危险驾驶犯罪案件中的量刑情节？"载中华人民共和国最高人民法院刑事审判第一、二、三、四、五庭主办：《刑事审判参考（2013 年第 5 集·总第 94 集）》，法律出版社 2014 年版。

城市快速路上驾驶的；④驾驶载有乘客的营运机动车的；⑤有严重超员、超载或者超速驾驶，无驾驶资格驾驶机动车，使用伪造或者变造的机动车牌证等严重违反道路交通安全法的行为的；⑥逃避公安机关依法检查，或者拒绝、阻碍公安机关依法检查尚未构成其他犯罪的；⑦曾因酒后驾驶机动车受过行政处罚或者刑事追究的；⑧其他可以从重处罚的情形。对醉酒驾驶机动车的被告人判处罚金，应当根据被告人的醉酒程度、是否造成实际损害、认罪悔罪态度等情况，确定与主刑相适应的罚金数额。

三、重大责任事故罪·强令违章冒险作业罪[1]

（一）构成要件·法定刑

《刑法》第134条　在生产、作业中违反有关安全管理的规定，因而发生重大伤亡事故或者造成其他严重后果的，处3年以下有期徒刑或者拘役；情节特别恶劣的，处3年以上7年以下有期徒刑。

强令他人违章冒险作业，因而发生重大伤亡事故或者造成其他严重后果的，处5年以下有期徒刑或者拘役；情节特别恶劣的，处5年以上有期徒刑。

1. 重大责任事故罪。

【定义】在生产、作业中违反有关安全管理的规定，因而发生重大伤亡事故或者造成其他严重后果的行为。

【客体】厂矿企业、事业单位的安全生产制度。

【主体】从事生产、作业的人员，根据《办理危害生产安全刑案解释》（2015）第1条，包括：①对生产、作业负有组织、指挥或者管理职责的负责人、管理人员、实际控制人、投资人等人员；②直接从事生产、作业的人员。《刑法修正案（六）》取消了《刑法》第134条中"工厂、矿山、林场、建筑企业或者其他企业、事业单位的职工"的限制，意味着无论何种单位的业务活动，包括正规单位和不正规单位，如个体、包工头组织的生产、作业；也不论何种人从事的业务活动，包括有证和无证的生产、作业人员，只要是从事生产、作业活动，都属于本罪的主体范围。

【行为】在生产、作业活动中，违反有关安全管理的规定，因而发生重大伤亡事故，或者造成其他严重后果。

【结果】根据《办理危害生产安全刑案解释》（2015）第6条的规定，"重大伤亡事故"，指致人死亡1人以上或者致人重伤3人以上。"其他严重后果"，指造成直接经济损失在100万元以上，或者其他造成严重后果或者重大安全事故的情形。

【主观】过失。这里的"过失"是就行为人对其行为可能造成的危害后果的心理态度而言的。行为人违反规章制度可能是故意的，但对于自己违章行为所造成重大事故是由于疏忽大意而没有预见或者已经预见但轻信能够避免。行为人违章的态度往往是判断其是否具有本罪过失的重要根据。

【加重犯】《刑法》第134条第1款之"情节特别恶劣"，根据《办理危害生产安全刑案解释》（2015）第7条，是指下列情形之一：①造成死亡3人以上或者重伤10人以上，负事故主要责任的；②造成直接经济损失500万元以上，负事故主要责任的；③其他造成特别严重后果、情节特别恶劣或者后果特别严重的情形。

2. 强令违章冒险作业罪。

---

[1] 经《刑法修正案（六）》修正。

【定义】强令他人违章冒险作业，因而发生重大伤亡事故或者造成其他严重后果的行为。

【对象】他人，其他从事生产作业的人员。"作业"，包括正规单位和不正规单位中的作业，比如个体开矿或无证非法开采矿窑；包括正式职工和非正式职工的作业；包括有证人员和无证人员的作业。

【主体】一般主体，包括对生产、作业负有组织、指挥或者管理职责的负责人、管理人员、实际控制人、投资人等人员。

【行为】"强令他人违章冒险作业"。《办理危害生产安全刑案解释》（2015）第5条指出："明知存在事故隐患、继续作业存在危险，仍然违反有关安全管理的规定，实施下列行为之一的，应当认定为'强令他人违章冒险作业'：①利用组织、指挥、管理职权，强制他人违章作业的；②采取威逼、胁迫、恐吓等手段，强制他人违章作业的；③故意掩盖事故隐患，组织他人违章作业的；④其他强令他人违章作业的行为。"

"'强令'，不能机械地理解为必须有说话态度强硬或者大声命令等外在表现，强令者也不一定必须在生产、作业现场，而应当理解为'强令'者发出的信息内容所产生的影响，达到了使工人不得不违心继续生产、作业的心理强制程度。比如，有的生产、作业单位的负责人以直接或者间接方式对工人传达了如下信息：如果拒绝服从，会面临扣工资、扣奖金、炒鱿鱼等后果，使工人产生了心理畏惧，不得不继续工作，这显然属于强令。如果发生重大伤亡事故或其他严重后果，应当追究强令违章作业的人，而不是被强令违章作业的工人。"[1]

【结果】重大伤亡事故或者造成其他严重后果。根据《办理危害生产安全刑案解释》（2015）第6条，主要是指致人死亡1人以上或者致人重伤3人以上，或者造成直接经济损失在100万元以上。

【主观】过失。行为人可能知道自己的强令行为违反安全规章，存在发生事故的危险，但对强令行为导致事故结果不具有故意。

【加重犯】根据《办理危害生产安全刑案解释》（2015）第7条，主要指负事故主要责任且具有下列情形之一：①造成死亡3人以上或者重伤10人以上；②造成直接经济损失500万元以上。

（二）适用

【定罪】重大责任事故罪以及其他危害安全生产犯罪的认定：通常客观上违反安全生产管理规定的行为造成人员伤亡或重大财产损失结果；主观上存在过失。过失认定往往依据客观"违章"事实，最终导致"违反安全规章"的行为造成事故结果成为最关键的认定依据。

《危害生产安全刑案意见》（2011）第7、8条指出：

1. 是否违反有关安全管理规定的认定，应当根据相关法律、行政法规，参照地方性法规、规章及国家标准、行业标准，必要时可参考公认的惯例和生产经营单位制定的安全生产规章制度、操作规程。

2. 主要责任的认定：多个原因行为导致生产安全事故发生的，在区分直接原因与间接原因的同时，应当根据原因行为在引发事故中所具作用的大小，分清主要原因与次要原因，确认主要责任和次要责任，合理确定罪责。

一般情况下，对生产、作业负有组织、指挥或者管理职责的负责人、管理人员、实际控制人、投资人，违反有关安全生产管理规定，对重大生产安全事故的发生起决定性、关键性作用

---

[1] 黄太云："《中华人民共和国刑法修正案（六）》的理解与适用"，载中华人民共和国最高人民法院刑事审判第一、二、三、四、五庭主办：《刑事审判参考（2006年第4集·总第51集）》，法律出版社2006年版。

的,应当承担主要责任。

对于直接从事生产、作业的人员违反安全管理规定,发生重大生产安全事故的,要综合考虑行为人的从业资格、从业时间、接受安全生产教育培训情况、现场条件、是否受到他人强令作业、生产经营单位执行安全生产规章制度的情况等因素认定责任,不能将直接责任简单等同于主要责任。

对于负有安全生产管理、监督职责的工作人员,应根据其岗位职责、履职依据、履职时间等,综合考察工作职责、监管条件、履职能力、履职情况等,合理确定罪责。

【量刑】1. 从重处罚情节。根据《办理危害生产安全刑案解释》(2015)第12、14条的规定,实施《刑法》第132条、第134~139条之一规定的犯罪行为,具有下列情形之一的,从重处罚:①未依法取得安全许可证件或者安全许可证件过期、被暂扣、吊销、注销后从事生产经营活动的;②关闭、破坏必要的安全监控和报警设备的;③已经发现事故隐患,经有关部门或者个人提出后,仍不采取措施的;④一年内曾因危害生产安全违法犯罪活动受过行政处罚或者刑事处罚的;⑤采取弄虚作假、行贿等手段,故意逃避、阻挠负有安全监督管理职责的部门实施监督检查的;⑥安全事故发生后转移财产意图逃避承担责任的;⑦其他从重处罚的情形。

国家工作人员违反规定投资入股生产经营,构成本解释规定的有关犯罪的,或者国家工作人员的贪污、受贿犯罪行为与安全事故发生存在关联性的,从重处罚。

2. 从轻处罚情节。《办理危害生产安全刑案解释》(2015)第13条规定:实施《刑法》第132条、第134~139条之一规定的犯罪行为,在安全事故发生后积极组织、参与事故抢救,或者积极配合调查、主动赔偿损失的,可以酌情从轻处罚。

3. 禁止令·禁业令。《办理危害生产安全刑案解释》(2015)第16条规定:对于实施危害生产安全犯罪适用缓刑的犯罪分子,可以根据犯罪情况,禁止其在缓刑考验期限内从事与安全生产相关联的特定活动;对于被判处刑罚的犯罪分子,可以根据犯罪情况和预防再犯罪的需要,禁止其自刑罚执行完毕之日或者假释之日起3~5年内从事与安全生产相关的职业。

【关联罪】1.《危害生产安全刑案意见》(2011)第9条指出:严格把握危害生产安全犯罪与以其他危险方法危害公共安全罪的界限,不应将生产经营中违章违规的故意不加区别地视为对危害后果发生的故意。

2. 重大责任事故罪与失火罪、过失爆炸罪的界限:是否属于业务过失。造成火灾、爆炸后果的重大责任事故罪与失火罪、过失爆炸罪的共同点:都属于过失犯罪,都造成了重大的火灾、爆炸后果。区别在于:重大责任事故罪是在生产、作业活动中,由于违反规章制度而造成火灾、爆炸后果的责任事故;而失火罪、过失爆炸罪是在日常生活中由于用火、用电不慎而发生火灾、爆炸的,与生产、作业活动无关。简言之,前者是业务过失犯罪;后者是普通过失犯罪。例如,某国有大型林场职工在作业中失火,属于业务过失,被认定为重大责任事故罪。再如,洛阳某商厦失火烧死三百余人案,原因是工人在装修施工过程中违章作业,造成电焊焊渣掉入易燃物质中引起火灾,被认定为重大责任事故罪。

3. 重大责任事故罪与重大飞行事故罪的界限。重大责任事故罪和重大飞行事故罪同属业务过失犯罪;但前罪是一般生产、作业活动中发生的业务过失犯罪;而重大飞行事故罪是特定的航空飞行方面的业务过失犯罪。

4. 重大责任事故罪与重大铁路运营安全事故罪的界限。重大责任事故罪和重大铁路运营安全事故罪同属业务过失犯罪;但前罪是一般生产、作业活动中发生的业务过失犯罪;而重大铁路运营安全事故罪是特定的铁路运营方面的业务过失犯罪。

5. 重大责任事故罪与工程重大安全事故罪的区别:①工程重大安全事故罪主体是单位,

即建设单位、设计单位、施工单位、工程监理单位；而重大责任事故罪的主体是生产、作业人员。②行为方式不同。工程重大安全事故罪是违反国家规定，降低工程质量标准，造成工程质量事故；而重大责任事故罪是职工或者生产指挥人员违章作业造成安全事故。工程重大安全事故罪常见的是偷工减料或者降低质量标准，造成工程质量事故（如"豆腐渣工程"），因而造成财产损失或者人身伤亡的情况。如果建筑工人在施工时违章作业造成施工安全事故的，或者建筑用车辆在工地违章操作造成人身伤亡事故的，应认定为重大责任事故罪。

6. 重大责任事故罪与危险物品肇事罪的区别要点：是否违反危险物品管理规定。厂矿企业职工因为违反有关危险品的生产、运输、使用的管理规定而造成责任事故的，应当以危险物品肇事罪处理。二者发生竞合，通常优先适用危险物品肇事罪的规定定罪处罚。因为认定业务过失罪责，必须依据一定的规章制度作为判断责任根据。对于危险物品的生产、管理、使用，有许多特殊的规定，例如，生产烟花爆竹时，成品绝对不能在生产车间堆放，应存放于远离人的生活、工作场所的专门库房，远比普通的商品生产规定严格。如果有关人员违反这类危险物品生产的特有规定，任凭成品堆放在车间，引发重大爆炸事故，据此可认定违反危险品生产管理规定，是责任事故，应认定为危险物品肇事罪。

7. 重大责任事故罪与强令违章冒险作业罪的区别。在《刑法修正案（六）》修正之前，强令违章冒险作业罪是重大责任事故罪的一种表现形式。经《刑法修正案（六）》修正，强令违章冒险作业罪被独立规定为一种犯罪。其立法修正的精神在于："'强令工人冒险作业'比工人'不服管理、违反规章制度'的性质更严重，社会危害性更大。"所以，有必要单独规定较重的处罚。[1] 鉴于本罪的处罚较重，也可把本罪看作重大责任事故罪的特殊类型，行为造成重大责任事故必须具备"强令他人违章冒险作业"特征，才能定本罪；不具备此特征的，只能定重大责任事故罪，如"本人"违章冒险作业造成事故的，组织、指挥、管理者非因"强令他人违章冒险作业"造成重大事故的等。

【数罪并罚】国家工作人员贪污、受贿犯罪行为与安全事故发生存在关联性，同时构成贪污、受贿犯罪和危害生产安全犯罪的，数罪并罚。采取行贿手段故意逃避、阻挠负有安全监督管理职责的部门实施监督检查的，同时构成《刑法》第389条规定的（行贿）犯罪的，数罪并罚。

四、重大劳动安全事故罪[2]

（一）构成要件·法定刑

《刑法》第135条　安全生产设施或者安全生产条件不符合国家规定，因而发生重大伤亡事故或者造成其他严重后果的，对直接负责的主管人员和其他直接责任人员，处3年以下有期徒刑或者拘役；情节特别恶劣的，处3年以上7年以下有期徒刑。

【定义】安全生产设施或者安全生产条件不符合国家规定，因而发生重大伤亡事故或者造成其他严重后果的行为。

【客体】厂矿企业、事业单位的劳动安全。

【主体】单位。"直接负责的主管人员和其他直接责任人员"，根据《办理危害生产安全刑案解释》（2015）第3条的规定，是指对安全生产设施或者安全生产条件不符合国家规定负有直接责任的生产经营单位负责人、管理人员、实际控制人、投资人，以及其他对安全生产设施

---

[1] 黄太云："《中华人民共和国刑法修正案（六）》的理解与适用"，载中华人民共和国最高人民法院刑事审判第一、二、三、四、五庭主办：《刑事审判参考（2006年第4集·总第51集）》，法律出版社2006年版。

[2] 经《刑法修正案（六）》修正。

或者安全生产条件负有管理、维护职责的人员。

【行为】因"安全生产设施"或"安全生产条件"不符合国家规定而导致的严重事故。"安全生产设施"是指用于保护劳动者人身安全的各种设施、设备，如隔离栏、防护网、危险标志、紧急逃生通道等。"安全生产条件"主要是指保障劳动者安全生产、作业必不可少的安全防护用品和措施，如用于防毒、绝缘、避雷、防爆、防火、通风等的用品和措施。

【结果】重大伤亡事故或者其他严重后果，其标准与重大责任事故罪相同。

【主观】过失。

【加重犯】根据《办理危害生产安全刑案解释》（2015）第7条，本罪"情节特别恶劣"是指发生安全事故，且具有下列情形之一：①造成死亡3人以上，或者重伤10人以上，负事故主要责任的；②造成直接经济损失500万元以上，负事故主要责任的；③其他造成特别严重后果、情节特别恶劣或者后果特别严重的情形。

【修正内容】本罪经《刑法修正案（六）》修正。修正的内容有：①事故发生单位的限制取消，原规定"工厂、矿山、林场、建筑企业或者其他企业、事业单位"的劳动安全设施；修正后则不限于劳动安全设施问题的发生单位。②构成要件的变化，原规定要求"经有关部门或者单位职工提出后，对事故隐患仍不采取措施"；修正后则取消了这个限制，只要安全生产设施或者安全生产条件不符合国家规定，因而发生重大伤亡事故或者造成其他严重后果的，就可成立犯罪。此修正旨在保护劳动者安全生产的权利，严厉纠正生产、经营单位尤其是一些非法矿窑无视劳动者生命健康、不提供基本的劳动安全条件的现象，有效防止发生事故单位规避法律、推卸责任。

（二）适用

【关联罪】本罪与重大责任事故罪、强令违章冒险作业罪的区别。本罪是因为"生产经营单位"的安全生产设施、条件不符合安全生产要求而导致的事故，例如，矿井的通风设备损坏，建设高层建筑没有设防护网，在有毒害气体的环境中作业而没有配备防毒用品等等，造成人身伤亡。后两罪主要是"自然人"用违反安全规章的方式进行作业或者强令他人违章作业而造成事故。比如，在发生矿井瓦斯爆炸事故的场合，因为矿井通风设备的通风能力不足，检测设备损坏失效，矿工在瓦斯超标的环境下采矿，发生瓦斯爆炸事故，这属于生产设施、设备不安全造成的事故，应是本罪。如果是有关人员忘记开通风机或者不按规定检测井下瓦斯浓度，导致瓦斯浓度超标或没有发现瓦斯浓度超标，造成瓦斯爆炸事故，有关人员的违章失职行为属于重大责任事故性质。因为在这种情况下，生产经营单位提供了充分的劳动安全设施，采取了保障安全的措施，但是因有关作业人员失职没有使这些设备发挥作用，是有关人员的违章因素导致了事故。但如果矿主、工头明知井下瓦斯浓度超标，仍以扣工资、解雇等方式强令矿工下井作业，因而发生重大事故，则属于强令违章冒险作业性质。如果在矿井的安全生产条件不符合国家规定的情况下，强令矿工违章冒险作业，可能涉及多方多种责任：一方面，要追究生产经营单位中应对单位安全生产负责任的人员的责任（重大劳动安全事故罪）；另一方面，也要追究强令违章冒险作业者的责任（强令违章冒险作业罪）。

当然，本罪与重大责任事故罪也存在某种程度的竞合。"重大责任事故罪的行为特征是'在生产、作业中违反有关安全管理的规定'，重大劳动安全事故罪的行为特征是'安全生产设施或者安全生产条件不符合国家规定'。然而，'在安全生产设施或者安全生产条件不符合国家规定'的情况下进行生产、作业，其本身就是'在生产、作业中违反有关安全管理的规定'，这种情况客观方面实际上是竞合。"[1] 此时，应区分不同情况选择较为妥当的罪名定罪量刑：①当两罪中的某一罪的情节明显重于另一罪时，应按照情节较重的罪名定罪量刑；②当两罪的情节基本相当的情况下，对于无法查清是否负有组织、指挥或管理生产职责的实际控制人、投资人，应以重大劳动安全事故罪定罪量刑；能够查清的，仍以重大劳动安全事故罪定罪，并将"在生产、作业中违反有关安全管理的规定"的行为作为从重处罚情节。原因在于：①两罪法定刑相同，罪责轻重不好区分，无法重罪吸收轻罪；②如果以重大责任事故罪定罪，则无法全面评价"安全生产设施或安全生产条件不符合国家规定"的罪责。

【案例】 **尚知国等重大劳动安全事故案**[2]

尚知国（煤矿矿长）既对安全生产设施、安全生产条件是否符合国家规定负有直接责任，又对生产、作业负有组织、指挥、管理职责，其拒不执行有关停工指令而造成108人死亡、29人受伤的重大伤亡事故，法院以重大劳动安全事故罪判处其有期徒刑6年。

五、危险物品肇事罪

（一）构成要件·法定刑

《刑法》第136条 违反爆炸性、易燃性、放射性、毒害性、腐蚀性物品的管理规定，在生产、储存、运输、使用中发生重大事故，造成严重后果的，处3年以下有期徒刑或者拘役；后果特别严重的，处3年以上7年以下有期徒刑。

【定义】违反爆炸性、易燃性、放射性、毒害性、腐蚀性物品的管理规定，在生产、储存、运输、使用中发生重大事故，造成严重后果的行为。

（二）适用

【关联罪】本罪与过失爆炸罪、失火罪、过失投放危险物质罪的界限。本罪后果往往表现为火灾、爆炸、中毒事故，与过失爆炸罪、失火罪、过失投放危险物质罪后果相似。其区别是：①本罪的主体主要是从事危险物品业务的职工；后者是一般主体。②本罪发生于危险物品的生产、运输、储存、使用的业务活动中；后者发生于上述业务性活动之外的场合。③本罪的严重后果是由于违反危险物品管理规定的业务性过失造成的；后者是由于在日常生活中接触危险物品时不谨慎造成的。

六、工程重大安全事故罪

（一）构成要件·法定刑

《刑法》第137条 建设单位、设计单位、施工单位、工程监理单位违反国家规定，降低工程质量标准，造成重大安全事故的，对直接责任人员，处5年以下有期徒刑或者拘役，并处罚金；后果特别严重的，处5年以上10年以下有期徒刑，并处罚金。

【定义】建设单位、设计单位、施工单位、工程监理单位的有关责任人员，在建筑设计和施工中违反国家规定，降低工程质量标准，造成重大安全责任事故的行为。

【主体】建设单位、设计单位、施工单位、工程监理单位。

【加重犯】"后果特别严重"，实践中主要从事故所造成的危害、导致人员伤亡情况严重、建筑工程毁损严重、经济损失严重、社会影响恶劣等方面综合判断。

---

[1] 中华人民共和国最高人民法院刑事审判第一、二、三、四、五庭主办：《刑事审判参考（2008年第5集·总第64集）》，法律出版社2009年版，第14页。

[2] 中华人民共和国最高人民法院刑事审判第一、二、三、四、五庭主办：《刑事审判参考（2008年第5集·总第64集）》，法律出版社2009年版，第14页。

（二）适 用

【关联罪】本罪与重大责任事故罪的界限：①客体不同。本罪的客体是国家的建筑工程建设管理和质量管理制度；重大责任事故罪的客体是企业、事业单位的安全生产经营制度。②主体不同。本罪的主体只能是参与工程建筑的有关单位的经营管理人员和工程的设计、施工、监理人员；重大责任事故罪的主体是生产、作业人员。③行为不同。本罪表现为在建筑设计和施工中因违反国家规定，偷工减料，降低工程质量标准而发生事故，事故的后果通常表现为建筑工程本身质量低劣而造成经济损失或者人身伤亡，如建筑倒塌、报废，受害者往往是建筑工程的客户或者用户；重大责任事故罪表现为在生产经营中因作业行为本身违反安全生产规章制度而发生事故，事故的后果通常发生在生产作业的过程中，使本单位遭受经济损失。

七、不报、谎报安全事故罪[1]

（一）构成要件·法定刑

《刑法》第139条之一　在安全事故发生后，负有报告职责的人员不报或者谎报事故情况，贻误事故抢救，情节严重的，处3年以下有期徒刑或者拘役；情节特别严重的，处3年以上7年以下有期徒刑。

【定义】在安全事故发生后，负有报告职责的人员不报或者谎报事故情况，贻误事故抢救，情节严重的行为。

【主体】特殊主体，"负有报告职责的人员"，根据《办理危害生产安全刑案解释》（2015）第4条，是指负有组织、指挥或者管理职责的负责人、管理人员、实际控制人、投资人，以及其他负有报告职责的人员。

【行为】不作为犯：不报或者谎报事故情况，贻误事故抢救，情节严重的。

1."不报或者谎报'事故情况'不仅限于生产经营单位发生的安全生产事故、大型群众性活动中发生的重大伤亡事故，还包括《刑法》分则第二章规定的所有与安全事故有关的犯罪，但第133条（交通肇事罪）、第138条（教育设施重大安全事故罪）除外，因为这两条已经将不报告作为构成犯罪的条件之一。"[2]

2."贻误事故抢救，情节严重"，根据《办理危害生产安全刑案解释》（2015）第8条第1款，在安全事故发生后，负有报告职责的人员不报或者谎报事故情况，贻误事故抢救，具有下列情形之一的，应当认定为"情节严重"：

（1）导致事故后果扩大，增加死亡1人以上，或者增加重伤3人以上，或者增加直接经济损失100万元以上的；

（2）实施下列行为之一，致使不能及时有效开展事故抢救的：①决定不报、迟报、谎报事故情况或者指使、串通有关人员不报、迟报、谎报事故情况的；②在事故抢救期间擅离职守或者逃匿的；③伪造、破坏事故现场，或者转移、藏匿、毁灭遇难人员尸体，或者转移、藏匿受伤人员的；④毁灭、伪造、隐匿与事故有关的图纸、记录、计算机数据等资料以及其他证据的；⑤其他情节严重的情形。

【主观】故意，故意的内容是针对"不报或谎报"行为而言的。因不报或谎报，贻误抢救，导致事故损失扩大，增加死伤人数或经济损失，则是认定情节严重的因素，属于限制处罚范围的要素，不属于罪过的内容。

---

[1] 经《刑法修正案（六）》增加。
[2] 黄太云："《中华人民共和国刑法修正案（六）》的理解与适用"，载中华人民共和国最高人民法院刑事审判第一、二、三、四、五庭主办：《刑事审判参考（2006年第4集·总第51集）》，法律出版社2006年版，第66页。

【加重犯】《办理危害生产安全刑案解释》（2015）第 8 条第 2 款规定：具有下列情形之一的，应认定为"情节特别严重"：①导致事故后果扩大，增加死亡 3 人以上，或者增加重伤 10 人以上，或者增加直接经济损失 500 万元以上的；②采用暴力、胁迫、命令等方式阻止他人报告事故情况，导致事故后果扩大的；③其他情节特别严重的情形。

（二）适用

1. 在安全事故发生后，与负有报告职责的人员串通，不报或者谎报事故情况，贻误事故抢救，情节严重的，以本罪之共犯论处。

2. 根据《办理危害生产安全刑案解释》（2015）第 10 条，在安全事故发生后，直接负责的主管人员和其他直接责任人员故意阻挠开展抢救，导致人员死亡或者重伤，或者为了逃避法律追究，对被害人进行隐藏、遗弃，致使被害人因无法得到救助而死亡或者重度残疾的，分别依照《刑法》第 232、234 条的规定，以故意杀人罪或者故意伤害罪定罪处罚。

八、其他造成重大事故危害公共安全的犯罪

（一）重大飞行事故罪

《刑法》第 131 条　航空人员违反规章制度，致使发生重大飞行事故，造成严重后果的，处 3 年以下有期徒刑或者拘役；造成飞机坠毁或者人员死亡的，处 3 年以上 7 年以下有期徒刑。

【定义】从事航空业务的人员违反规章制度，致使发生重大飞行事故，造成严重后果的行为。

【适用】本罪与过失损坏交通工具罪的区别要点：本罪是航空人员从事航空飞行方面发生的业务过失犯罪；过失损坏交通工具罪是普通过失犯罪。

（二）铁路运营安全事故罪

《刑法》第 132 条　铁路职工违反规章制度，致使发生铁路运营安全事故，造成严重后果的，处 3 年以下有期徒刑或者拘役；造成特别严重后果的，处 3 年以上 7 年以下有期徒刑。

【定义】铁路职工违反规章制度，致使发生铁路运营安全事故，造成严重后果的行为。

【加重犯】特别严重后果，主要是指造成数量较多的人员伤亡或者致使公私财产遭受重大损失等情形。

【适用】本罪与过失损坏交通工具罪的区别要点：本罪是铁路职工在铁路运营方面的业务过失犯罪；过失损坏交通工具罪是普通过失犯罪。

（三）大型群众性活动重大安全事故罪[1]

《刑法》第 135 条之一　举办大型群众性活动违反安全管理规定，因而发生重大伤亡事故或者造成其他严重后果的，对直接负责的主管人员和其他直接责任人员，处 3 年以下有期徒刑或者拘役；情节特别恶劣的，处 3 年以上 7 年以下有期徒刑。

【定义】举办大型群众性活动违反安全管理规定，因而发生重大伤亡事故或者造成其他严重后果的行为。

（四）教育设施重大安全事故罪

《刑法》第 138 条　明知校舍或者教育教学设施有危险，而不采取措施或者不及时报告，致使发生重大伤亡事故的，对直接责任人员，处 3 年以下有期徒刑或者拘役；后果特别严重的，处 3 年以上 7 年以下有期徒刑。

---

[1]　经《刑法修正案（六）》修正后增加的条款。

【定义】明知校舍或者教育设施有危险，而不采取措施或者不及时报告，致使发生重大伤亡事故的行为。

【加重犯】后果特别严重，一般指校舍或其他教育教学设施严重损坏，造成多人伤亡，公私财产遭受特别严重损失等情形。

(五) 消防责任事故罪

《刑法》第 139 条　　违反消防管理法规，经消防监督机构通知采取改正措施而拒绝执行，造成严重后果的，对直接责任人员，处 3 年以下有期徒刑或者拘役；后果特别严重的，处 3 年以上 7 年以下有期徒刑。

【定义】违反消防管理法规，经消防监督机构通知采取改正措施而拒绝执行，造成严重后果的行为。

【加重犯】后果特别严重，主要是指造成多人伤亡或者使公私财产遭受特别重大损失等情形。

【适用】本罪与失火罪的界限。二罪在主观上都是过失；在客观上都造成了火灾的后果，十分近似。二者的区别是：本罪是单位负有消防职责的人员因为拒不执行消防机构改正通知、消除火灾隐患或者改善消防应急措施，因而致使发生火灾或者在发生火情之际不能有效应对，以致酿成灾害或者造成不应有的损害。本罪是由于行为人防火不力而导致火灾或者致使火灾的后果扩大、蔓延，行为人不一定是直接引起火灾的责任人。而失火罪则是由于用火不慎造成火灾，行为人是引起火灾的直接责任人。

第三章
破坏社会主义市场经济秩序罪

一、本章的体系

《刑法》分则第三章"破坏社会主义市场经济秩序罪"之下分8节规定了共约108个罪名（含修正案增补罪名），它是一类犯罪的统称，泛指违反国家市场经济管理法规，破坏社会主义市场经济秩序，危害国家市场经济发展的行为。

二、本类犯罪通常具有违反国家经济管理法规的特征

由此须注意以下几点：

1. "违反国家规定"的含义。《刑法》第96条规定："本法所称违反国家规定，是指违反全国人民代表大会及其常务委员会制定的法律和决定，国务院制定的行政法规、规定的行政措施、发布的决定和命令。"最高人民法院《关于国家规定的通知》（2011）则进一步解释了"国家规定"的范围和适用（参见"非法经营罪"部分）。

2. 本类犯罪大多以行政法、经济法、民商法为依据规定，因此需要结合行政法、经济法、民商法的规定掌握，比如妨害对公司、企业的管理秩序罪，不仅以公司法、企业法为基础，而且与其规定的追究违法责任或附属刑法条款相照应，所以有必要结合相关法规掌握。

3. 经济犯罪大多是"法定犯"，为了区分违法与犯罪的界限，《刑法》对本类犯罪的行为、结果规定得较具体，有的还采取列举式，因此，必须严格符合法定行为类型才能定罪。此外，需违反国家规定达到相当严重的程度（值得刑罚惩罚）才追究刑事责任。确定这类经济犯罪的"定罪"数量标准的主要依据是2008年6月公布的最高人民检察院、公安部《关于公安机关管辖的刑事案件立案追诉标准的规定（一）》（以下称《立案标准（一）》）和2010年5月公布的最高人民检察院、公安部《关于公安机关管辖的刑事案件立案追诉标准的规定（二）》（以下称《立案标准（二）》）等司法解释。"其法律责任的实现，在程序上应以'行政优先'为一般原则，在实体上应以'并合实现'为必要，对于在先适用的行政责任形式，与在后适用的刑事责任形式的竞合，按照功能相同者予以折抵，功能不同者分别执行的原则处理。"[1]

4. 本类犯罪大多属于行政犯或法定犯，因此，其犯罪主体大多不限于自然人，往往包含单位犯罪主体。

三、此罪与彼罪的区分

1. 非法经营罪与其他经济犯罪的区别。经济犯罪大多具有"非法经营"的性质，但是如果刑法已经将该种非法经营行为单独规定为一种经济犯罪时，排斥适用非法经营罪（《刑法》第225条）。因此，掌握《刑法》第225条非法经营罪的行为类型十分重要。

2. 经营性欺诈与非法占有性欺诈的区别。经济犯罪大多具有欺诈性，但它属于经营活动中违法实施的欺诈，比如，在生产、销售产品活动中"以假充真、以次充好"，在推销产品中作"虚假广告"等，其特点是具有经营的形式和内容。与此相对，还有一种非法占有性欺诈，如诈骗罪、合同诈骗罪、金融诈骗罪等。二者虽然同样具有欺诈性，但根本性质不同，需要谨慎辨别、区分。

---

[1] 田宏杰："行政犯的法律属性及其责任——兼及定罪机制的重构"，载《法学家》2013年第3期。

四、本类犯罪处刑的特殊性

本类犯罪大多具有营利或贪利的动机,所以刑法往往配置财产刑作为其法律后果。

第一节 生产、销售伪劣商品罪

《刑法》第140~148条规定了9种生产、销售伪劣商品的犯罪,重点是第149条规定发生竞合时依照处罚较重的规定定罪处罚。第140条之生产、销售伪劣产品罪在本类犯罪中具有基本类型的地位,以销售额达到5万元为成立犯罪的要件;在尚未销售的场合,以查获伪劣产品价值15万元以上为处罚未遂的要件。第141~148条规定之各特殊伪劣产品罪,不以销售额或查获货物额为要件,但以发生特定"行为""危险""结果"为要件。如果发生竞合,比如销售假药销售额达到5万元以上的,择一重罪处罚。犯本节之罪同时构成侵犯知识产权罪、非法经营罪的,也属于想象竞合犯,择一重罪处罚。本类犯罪具有经营性欺诈的特点,这是它们与诈骗罪、合同诈骗罪区别的要点。第150条确认本类犯罪的主体均包含单位,单位犯本罪的,对单位判处罚金,并对其直接负责的主管人员和其他直接责任人员,依照上述规定处罚。《办理伪劣商品刑案解释》(2001)、《办理危害食品安全刑案解释》(2013)、《办理危害药品安全刑案解释》(2014)、《办理非法制售烟草刑案解释》(2010)是关于本类犯罪重要的司法解释。

一、生产、销售伪劣产品罪

(一)构成要件·法定刑

《刑法》第140条 生产者、销售者在产品中掺杂、掺假,以假充真,以次充好或者以不合格产品冒充合格产品,销售金额5万元以上不满20万元的,处2年以下有期徒刑或者拘役,并处或者单处销售金额50%以上2倍以下罚金;销售金额20万元以上不满50万元的,处2年以上7年以下有期徒刑,并处销售金额50%以上2倍以下罚金;销售金额50万元以上不满200万元的,处7年以上有期徒刑,并处销售金额50%以上2倍以下罚金;销售金额200万元以上的,处15年有期徒刑或者无期徒刑,并处销售金额50%以上2倍以下罚金或者没收财产。

【定义】生产者、销售者在产品中掺杂、掺假,以假充真,以次充好或者以不合格产品冒充合格产品,销售金额较大的行为。

【客体】商品生产、销售的管理秩序和消费者的合法权益。

【主体】生产者、销售者,包括自然人和单位。"生产者"包括产品的制造者与加工者。"销售者"既包括批发销售者,也包括零售销售者。生产者、销售者无需取得有关生产、销售的执照或许可,道理在于:如果将生产者、销售者限定为取得资格的"合格"的生产者、销售者才能构成本罪,将放纵大量犯罪。此外,根据《办理伪劣商品刑案解释》(2001)第9条,知道或者应当知道他人实施生产、销售伪劣商品犯罪,而为其提供贷款、资金、账号、发票、证明、许可证件,或者提供生产、经营场所或者运输、仓储、保管、邮寄等便利条件,或者提供制假生产技术的,以生产、销售伪劣商品犯罪的共犯论处。

【对象】伪劣产品,包括伪产品和劣产品。伪产品,主要指以假充真的产品;劣产品,指不合格产品。"不合格产品"指不符合《产品质量法》第26条第2款规定的质量要求的产品,[1]根据该款规定,产品质量应当符合下列要求:①不存在危及人身、财产安全的不合理

---

[1]《办理伪劣商品刑案解释》(2001)第1条。

的危险，有保障人体健康和人身、财产安全的国家标准、行业标准的，应当符合该标准；②具备产品应当具备的使用性能，但是，对产品存在使用性能的瑕疵作出说明的除外；③符合在产品或者其包装上注明采用的产品标准，符合以产品说明、实物样品等方式表明的质量状况。不符合上述要求的产品，即属不合格产品。对上述行为及其产品的性质难以确定时，则应当委托法律、行政法规规定的产品质量检验机构进行鉴定。

【行为】根据《刑法》第140条《办理伪劣商品刑案解释》（2001）第1条，本罪有四种表现方式：①"在产品中掺杂、掺假"，是指在生产、销售的产品中掺入杂质或者异物，致使产品质量不符合国家法律、法规或者产品明示质量标准规定的质量要求，降低、失去应有的使用性能的行为。例如，在酒中加水、在磷肥中加入同样颜色的泥土。②"以假充真"，指以不具有某种使用性能的产品冒充具有该种使用性能的产品的行为。如以自来水冒充矿泉水。③"以次充好"，指以低等级、低档次的产品冒充高等级、高档次的产品，或者以残次、废旧零配件组合、拼装后冒充正品或者新产品的行为。④"以不合格产品冒充合格产品"。行为人只要实施了上述行为之一即可构成犯罪，在实践中，是以假充真、以次充好，还是以不合格产品冒充合格产品，可能很难作出绝对区分，实际上也没有区分的必要，只要实施其中一种行为即可定罪，同时实施多种行为的，也只以一罪论处。

"生产"包括产品的制造与加工。"销售"包括批发和零售。生产、销售者是否取得有关产品的生产、销售的执照或许可，在此不问。其道理在于：无论是否具有生产、销售资格，都不得产销伪劣商品。

【结果】销售金额在5万元以上。如果生产、销售伪劣产品的销售金额没有达到5万元的，则不构成本罪。"销售金额"，是指生产者、销售者出售伪劣产品后所得和应得的全部违法收入。

【主观】故意，包括直接故意和间接故意，即行为人明知生产、销售伪劣产品的行为会发生破坏市场经济秩序、侵犯消费者合法权益的危害结果，仍然希望或放任这种结果发生。行为人实施该类犯罪一般是为了谋取非法利润，但谋取非法利润的目的不是本罪的构成要件。

【加重犯】销售金额20万元以上的，构成本罪的加重犯。

（二）适用

【定罪】1. 销售金额不足5万元的，不构成生产、销售伪劣产品罪。属于一般违法行为，可以由工商行政部门适当给予行政处罚；过失生产、销售伪劣产品的，不构成生产、销售伪劣产品罪。本罪只能由故意构成，如果由于疏忽大意或过于自信，生产者不知道使用的原材料被掺杂、掺假或者不符合标准，销售者不知道其销售的商品是伪劣产品，均不构成本罪。

2. 伪劣产品尚未销售，货值金额达到《刑法》第140条规定的销售金额3倍以上的，以生产、销售伪劣产品罪（未遂）定罪处罚。货值金额以违法生产、销售的伪劣产品的标价计算；没有标价的，按照同类合格产品的市场中间价格计算。货值金额难以确定的，按照国家计划委员会、最高人民法院、最高人民检察院、公安部于1997年4月22日联合发布的《扣押、追缴、没收物品估价管理办法》的规定，委托指定的估价机构确定。对于多次实施生产、销售伪劣产品行为，未经处理的，伪劣产品的销售金额或者货值金额累计计算。[1]

【处罚】1. 根据《办理伪劣商品刑案解释》（2001）第12条，国家机关工作人员参与生产、销售伪劣商品犯罪的，从重处罚。

---

[1]《办理伪劣商品刑案解释》（2001）第2条。

2. 根据《办理传染病刑案解释》(2003) 第 2 条,在预防、控制突发传染病疫情等灾害期间,生产、销售伪劣的防治、防护产品、物资,构成犯罪的,依照《刑法》第 140 条的规定,以生产、销售伪劣产品罪依法从重处罚。

【关联罪】《刑法》第 140 条之生产、销售伪劣产品罪与《刑法》第 141~148 条之罪的差别:第 140 条之罪,以销售金额在 5 万元以上为要件,而第 141~148 条之罪不以销售额为要件。其中,第 141 条之生产、销售假药罪,第 144 条之生产、销售有毒、有害食品罪,既不要求危险也不要求结果,只要实施了刑法禁止的行为即构成犯罪。《刑法》第 143 条之生产、销售不符合卫生标准的食品罪,以造成中毒或致病危险为要件。其他各罪则以造成人身或财产危害结果为要件。

【罪数】1. 法条竞合。行为人生产销售《刑法》第 141~148 条之特殊伪劣产品构成犯罪,同时又达到第 140 条之罪的数额标准的,是法条竞合犯。例如,甲销售假药销售额达到 5 万元以上的,既构成第 141 条之销售假药罪,也构成第 140 条之销售伪劣产品罪,依据《刑法》第 149 条之规定,依照处罚较重的规定定罪处罚,不数罪并罚。

2. 想象竞合。生产、销售伪劣产品,同时构成侵犯知识产权、非法经营等其他犯罪的,依照处罚较重的规定定罪处罚。犯本罪,又以暴力、威胁方法抗拒查处,构成其他犯罪的,依照数罪并罚的规定处罚。这体现在有关的"指导判例"中,如陈建明等销售伪劣产品案【第 118 号】[1]:陈建明伙同他人购买假冒卷烟并贩运来京销售,销售金额达 661.5854 万元,法院以销售伪劣产品罪对陈建明判处无期徒刑。

【共犯】根据《办理伪劣商品刑案解释》(2001) 第 9 条,知道或者应当知道他人实施生产、销售伪劣商品犯罪,而为其提供贷款、资金、账号、发票、证明、许可证件,或者提供生产、经营场所或者运输、仓储、保管、邮寄等便利条件,或者提供制假生产技术的,以生产、销售伪劣商品犯罪的共犯论处。

【练习】甲为了获取超额利润,在明知其所经销的电器产品不符合保障人身安全的国家标准的情况下,仍然大量进货销售,销售金额总计达到 180 万元。一企业因使用这种电器而导致短路,引起火灾,造成 3 人轻伤,部分厂房被烧毁,直接经济损失 10 万元。本行为如何定罪处罚?

答:甲销售不符合保障人身安全的国家标准的电器产品,造成严重后果且销售额达到 5 万元以上,同时触犯(或构成)销售不符合安全标准的产品罪和销售伪劣产品罪,是想象竞合犯,应择一重罪定罪处罚。

【案例】"不合格产品"的认定:王洪成生产、销售伪劣产品案[2]

1992 年末,王洪成组织生产了不具备基本使用性能的劣质产品——重油膨化剂、重柴油膨化剂,并以前述产品在使用时可节油 20%~30% 为名,骗取购货方的信任,销售其伪劣产品。自 1993 年 2 月至 1994 年 11 月间,王洪成先后向沈阳冶炼厂等 7 家单位,销售伪劣重油膨化剂、重柴油膨化剂 60 余吨,违法所得人民币 393 万元。法院以生产、销售伪劣商品罪判处王洪成有期徒刑 10 年。

裁判要旨:某一新产品如没有国际标准、国家标准、行业标准、地方标准可供执行,应执

---

[1] 中华人民共和国最高人民法院刑事审判庭第一庭、第二庭编:《刑事审判参考(2001 年第 8 辑·总第 19 辑)》,法律出版社 2001 年版。

[2] 中华人民共和国最高人民法院刑事审判第一庭编:《刑事审判参考(1999 年第 2 辑·总第 2 辑)》,法律出版社 1996 年版。

行企业标准。根据企业标准生产、销售的产品，应当具备其许诺的使用性能，否则就是不合格产品。

二、生产、销售假药罪

（一）构成要件·法定刑

《刑法》第141条　生产、销售假药的，处3年以下有期徒刑或者拘役，并处罚金；对人体健康造成严重危害或者有其他严重情节的，处3年以上10年以下有期徒刑，并处罚金；致人死亡或者有其他特别严重情节的，处10年以上有期徒刑、无期徒刑或者死刑，并处罚金或者没收财产。

本条所称假药，是指依照《中华人民共和国药品管理法》的规定属于假药和按假药处理的药品、非药品。

【定义】生产、销售假药的行为。

【客体】复杂客体，既侵犯了药品的生产、销售管理秩序，又侵犯了不特定多数人的健康权、生命权。

【主体】自然人和单位。

【行为】生产、销售假药。

1. "假药"，是指依照《药品管理法》的规定属于假药和按假药处理的药品、非药品。根据《药品管理法》第48条的规定，假药是指：①药品所含成分与国家药品标准规定的成分不符的；②以非药品冒充药品或者以他种药品冒充此种药品的。按假药处理的药品指：①国务院药品监督管理部门规定禁止使用的；②依照本法必须批准而未经批准生产、进口，或者依照本法必须检验而未经检验即销售的；③变质的；④被污染的；⑤使用依照本法必须取得批准文号而未取得批准文号的原料药生产的；⑥所标明的适应症或者功能主治超出规定范围的。上述假药限于供人服用的假药，不包括兽药。但如果行为人以某种兽药冒充人用药品出售，也应以本罪论处。"假药"难以确定的，司法机关可以根据地市级以上药品监督管理部门出具的认定意见等相关材料进行认定。必要时，可以委托省级以上药品监督管理部门设置或者确定的药品检验机构进行检验。

2. "生产、销售"假药。行为人违反国家药品管理法规，实施了生产、销售假药的行为。违反国家药品管理法规，主要是指违反《药品管理法》等法律、法规。生产假药，是指非法制造、加工假药的行为。根据《办理危害药品安全刑案解释》（2014）第6条第1款，以生产、销售假药、劣药为目的，实施下列行为之一的，应认定为本罪之"生产"：①合成、精制、提取、储存、加工炮制药品原料的行为；②将药品原料、辅料、包装材料制成成品过程中，进行配料、混合、制剂、储存、包装的行为；③印制包装材料、标签、说明书的行为。销售假药，是指将自己生产或他人生产的假药非法出售（批发或零售）的行为。生产和销售虽有联系但并不相同，行为人可能只生产假药而不销售假药，也可能只销售假药而不生产假药，只要生产或销售具备其一，即可构成生产假药罪或销售假药罪。如果行为人既生产又销售的，则构成生产、销售假药罪，不实行数罪并罚。

医疗机构、医疗机构工作人员明知是假药、劣药而有偿提供给他人使用，或者为出售而购买、储存的行为，是本罪之"销售"。

【主观】本罪主观方面是故意，即明知是假药而生产、销售的。

【加重犯】根据《办理危害药品安全刑案解释》（2014）第2~4条，生产、销售假药，具有下列情形之一的，应当认定为《刑法》第141条之"对人体健康造成严重危害"：①造成轻伤或者重伤的；②造成轻度残疾或者中度残疾的；③造成器官组织损伤导致一般功能障碍或者严重功能障碍的;④其他对人体健康造成严重危害的情形。具有下列情形之一的,应当认定为《刑法》第141条的"其他严重情节":①造成较大突发公共卫生事件的;②生产、销售金额20万元以上不满50万元的;③生产、销售金额10万元以上不满20万元,并具有本解释第1条规定情形之一的;④根据生产、销售的时间、数量、假药种类等,应当认定为情节严重的。具有下列情形之一的,应当认定为《刑法》第141条的"其他特别严重情节":①致人重度残疾的;②造成3人以上重伤、中度残疾或者器官组织损伤导致严重功能障碍的;③造成5人以上轻度残疾或者器官组织损伤导致一般功能障碍的;④造成10人以上轻伤的;⑤造成重大、特别重大突发公共卫生事件的;⑥生产、销售金额50万元以上的;⑦生产、销售金额20万元以上不满50万元,并具有本解释第1条规定情形之一的;⑧根据生产、销售的时间、数量、假药种类等,应当认定为情节特别严重的。

"生产、销售金额",是指生产、销售假药、劣药所得和可得的全部违法收入。"轻伤""重伤"按照《人体损伤程度鉴定标准》进行鉴定。"轻度残疾""中度残疾""重度残疾"按照相关伤残等级评定标准进行评定。

(二)适用

【定罪】行为人实施了生产、销售假药的行为,即可成立犯罪。《刑法》第141条原规定以"足以危害人体健康"为要件,经《刑法修正案(八)》修正,删除了此危险要件,表明本罪是行为犯或抽象危险犯,不以发生实害结果和具体危险为要件。不过,根据《办理危害药品安全刑案解释》(2014)第11条第2款,销售少量根据民间传统配方私自加工的药品,或者销售少量未经批准进口的国外、境外药品,没有造成他人伤害后果或者延误诊治,情节显著轻微危害不大的,不认为是犯罪。

有案例认可,患者为自用而"团购"未经批准进口的国外、境外药品或者不具有营利性地帮助其他患者购买未经批准进口的国外、境外药品的,不以销售假药罪或非法经营罪追究刑事责任。

【案例】 **陆勇涉嫌销售假药被撤诉案**

沅江市检察院查明:陆勇患有慢粒性白血病,需要长期服用名为"格列卫"的抗癌药。该药系瑞士进口,每盒2.35万元。为交流医药信息、低价团购,陆勇从2004年4月开始建立了白血病患者病友网络QQ群。同年9月,陆勇通过他人从日本购买由印度生产的同类药品,价格每盒约4000元,效果与"格列卫"相同。之后,陆勇直接从印度购买该抗癌药物,并通过QQ群等向病友推荐。随着病友间的传播,从印度购买该抗癌药品的患者逐渐增多,价格逐渐降低,直至每盒约200余元。为方便给印度公司汇款,陆勇网购了3张信用卡,用于帮病友代购药品,其中一张卡给印度公司作收款账户,另外两张因无法激活被他丢弃。2013年,沅江市公安局在查办一个网络银行卡贩卖团伙时,将陆勇抓获。2014年7月22日,沅江市检察院以涉嫌妨害信用卡管理罪和涉嫌销售假药罪对陆勇提起公诉。此后,上百名白血病患者联名写信,请求司法机关对陆勇免予刑事处罚。2015年1月27日,沅江市人民检察院向沅江市人民法院撤回起诉。撤诉理由主要是:陆勇的行为源起于自己是白血病患者而寻求维持生命的药品;陆勇所帮助买药的群体是白血病患者,没有为营利而从事销售或中介等经营药品的人员;陆勇对白血病病友群体提供的帮助是无偿的;在国内市场合法的抗癌药品昂贵的情形下,陆勇的行为客观上惠及了白血病患者。

【量刑】根据《办理危害药品安全刑案解释》(2014)第1条和第11~13条:

1. 生产、销售假药,具有下列情形之一的,应当酌情从重处罚:①生产、销售的假药以孕产妇、婴幼儿、儿童或者危重病人为主要使用对象的;②生产、销售的假药属于麻醉药品、精神药品、医疗用毒性药品、放射性药品、避孕药品、血液制品、疫苗的;③生产、销售的假药属于注射剂药品、急救药品的;④医疗机构、医疗机构工作人员生产、销售假药的;⑤在自然灾害、事故灾难、公共卫生事件、社会安全事件等突发事件期间,生产、销售用于应对突发事件的假药的;⑥2年内曾因危害药品安全违法犯罪活动受过行政处罚或者刑事处罚的;⑦其他应当酌情从重处罚的情形。

2. 对实施本解释规定之犯罪的犯罪分子,应当依照刑法规定的条件,严格缓刑、免予刑事处罚的适用。对于适用缓刑的,应当同时宣告禁止令,禁止犯罪分子在缓刑考验期内从事药品生产、销售及相关活动。

3. 犯生产、销售假药罪的,一般应当依法判处生产、销售金额2倍以上的罚金。共同犯罪的,对各共同犯罪人合计判处的罚金应当在生产、销售金额的2倍以上。

4. 单位犯本解释规定之罪的,对单位判处罚金,并对直接负责的主管人员和其他直接责任人员,依照本解释规定的自然人犯罪的定罪量刑标准处罚。

【共犯】根据《办理危害药品安全刑案解释》(2014)第8条,明知他人生产、销售假药、劣药,而有下列情形之一的,以共同犯罪论处:①提供资金、贷款、账号、发票、证明、许可证件的;②提供生产、经营场所、设备或者运输、储存、保管、邮寄、网络销售渠道等便利条件的;③提供生产技术或者原料、辅料、包装材料、标签、说明书的;④提供广告宣传等帮助行为的。

【案例】 熊漓斌等将"穿心莲片"包装冒充"三金片"出售案[1]

1998年10月,熊漓斌与兰忠灵、唐荣付共谋做"三金片"生意。之后,熊漓斌提供穿心莲片、塑料瓶,兰忠灵、唐荣付等人租房请工人将穿心莲片用三金片的包装瓶进行分瓶包装("穿心莲片"与"三金片"均为中药制剂,所含成分不同,三金片价格是穿心莲的3倍),共计包装好264件假三金片。熊漓斌电话联系柳州地区医药工业公司的莫明新,谎称该批药是唐荣付的亲戚从桂林三金药业集团公司内部得到的正宗三金片,唐荣付也在电话里向莫明新证实了熊漓斌的说法,莫明新表示要货。熊漓斌和唐荣付将莫明新约到桂林三金药业集团公司门口,熊漓斌假装让唐荣付到厂里提货,把该批假三金片运到三金药业集团公司门前的路口,称是从厂里提的货,莫明新夫妇信以为真。莫明新验货后以每件1200元的价格购得该180件假三金片,共付货款216 000元。桂林市七星区人民法院认为:被告人熊漓斌等人的行为均已构成生产、销售假药罪,判处熊漓斌、谢庆庄有期徒刑3年,唐荣付有期徒刑2年6个月缓刑3年、莫忠明有期徒刑2年缓刑3年、兰忠灵有期徒刑1年缓刑2年。本案被告人行为同时构成生产销售伪劣产品罪、销售假药罪,择重以销售假药罪定罪处罚。本案是否触犯合同诈骗罪,存在分歧。因有相当的对价物(仿冒品180件),属经营性欺诈,司法实务中一般不定合同诈骗罪。

三、生产、销售劣药罪

(一) 构成要件·法定刑

《刑法》第142条 生产、销售劣药,对人体健康造成严重危害的,处3年以上10年以下有期徒刑,并处销售金额50%以上2倍以下罚金;后果特别严重的,处10年以上有期徒刑或者无期徒刑,并处销售金额50%以上2倍以下罚金或者没收财产。

本条所称劣药,是指依照《中华人民共和国药品管理法》的规定属于劣药的药品。

---

[1] 参见中华人民共和国最高人民法院刑事审判第一庭、第二庭编:《刑事审判参考(2001年第7辑·总第18辑)》,法律出版社2001年版。

【定义】生产、销售劣药，对人体健康造成严重危害的行为。

【客体】国家对药品的生产、销售管理秩序和不特定多人的健康权、生命权。

【主体】一般主体，包括自然人和单位。

【行为】违反国家药品管理法规，实施了生产、销售劣药的行为。"劣药"，指药品成分的含量不符合国家标准的药品。下列药品以劣药论处：①未标明有效期或者更改有效期的；②不注明或者更改生产批号的；③超过有效期的；④直接接触药品的包装材料和容器未经批准的；⑤擅自添加着色剂、防腐剂、香料、矫味剂及辅料的；⑥其他不符合药品标准规定的。

根据《办理危害药品安全刑案解释》（2014）第6条第2款，医疗机构、医疗机构工作人员明知是劣药而使用或者销售，严重危害人体健康的，以销售劣药罪追究刑事责任。

【结果】本罪是结果犯。由于劣药比假药的危害性小，因此，生产、销售劣药对人体造成严重危害的，才构成本罪。根据《办理危害药品安全刑案解释》（2014）第5条第1款，有下列情形之一的，应当认定为《刑法》第142条规定的"对人体健康造成严重危害"：①造成轻伤或者重伤的；②造成轻度残疾或者中度残疾的；③造成器官组织损伤导致一般功能障碍或者严重功能障碍的；④其他对人体健康造成严重危害的情形。

【主观】故意。对生产、销售劣药行为有明知，但不必对致人死伤结果有明知。

【加重犯】根据《办理危害药品安全刑案解释》（2014）第5条第2款，生产、销售劣药，致人死亡，或者具有《办理危害药品安全刑案解释》（2014）第4条第1～5项规定情形之一的，应当认定为《刑法》第142条的"后果特别严重"。

（二）适用

【关联罪】在认定本罪时，注意本罪与生产、销售假药罪的界限：①本罪生产、销售的是劣药，而后者生产、销售的是假药。②本罪要求造成损害人体健康的严重危害结果，是结果犯；后者只要求生产、销售假药行为即可定罪，不要求造成严重危害人体健康的结果或具体危险，是抽象危险犯或行为犯。

【共犯】根据《办理危害药品安全刑案解释》（2014）第8条，明知他人生产、销售假药、劣药，而有下列情形之一的，以共犯论处：①提供资金、贷款、账号、发票、证明、许可证件的；②提供生产、经营场所、设备或者运输、储存、保管、邮寄、网络销售渠道等便利条件的；③提供生产技术或者原料、辅料、包装材料、标签、说明书的；④提供广告宣传等帮助行为的。

四、生产、销售不符合食品安全标准的食品罪

《刑法》第143条　生产、销售不符合食品安全标准的食品，足以造成严重食物中毒事故或者其他严重食源性疾病的，处3年以下有期徒刑或者拘役，并处罚金；对人体健康造成严重危害或者有其他严重情节的，处3年以上7年以下有期徒刑，并处罚金；后果特别严重的，处7年以上有期徒刑或者无期徒刑，并处罚金或者没收财产。

【定义】生产、销售不符合食品安全标准的食品，足以造成严重食物中毒事故或者其他严重食源性疾病的行为。

【客体】国家对食品安全的监督管理秩序和食品的公共安全。

【主体】一般主体，包括自然人和单位。

【行为】违反国家食品安全管理法规，生产、销售不符合食品安全标准的食品、足以造成严重食物中毒事故或者其他严重食源性疾病的行为。根据《办理危害食品安全刑案解释》（2013）第1条，生产、销售不符合食品安全标准的食品，具有下列情形之一的，应当认定为"足以造成严重食物中毒事故或者其他严重食源性疾病"：①含有严重超出标准限量的致病性

微生物、农药残留、兽药残留、重金属、污染物质以及其他危害人体健康的物质的;②属于病死、死因不明或者检验检疫不合格的畜、禽、兽、水产动物及其肉类、肉类制品的;③属于国家为防控疾病等特殊需要明令禁止生产、销售的;④婴幼儿食品中生长发育所需营养成分严重不符合食品安全标准的;⑤其他足以造成严重食物中毒事故或者严重食源性疾病的情形。"足以造成严重食物中毒事故或者其他严重食源性疾病"难以确定的,司法机关可以根据检验报告并结合专家意见等相关材料进行认定。必要时,人民法院可以依法通知有关专家出庭作出说明。

根据《办理危害食品安全刑案解释》(2013)第8条,以下两种情形以生产、销售不符合安全标准的食品罪定罪处罚:①在食品加工、销售、运输、贮存等过程中,违反食品安全标准,超限量或者超范围滥用食品添加剂,足以造成严重食物中毒事故或者其他严重食源性疾病的。②在食用农产品种植、养殖、销售、运输、贮存等过程中,违反食品安全标准,超限量或者超范围滥用添加剂、农药、兽药等,足以造成严重食物中毒事故或者其他严重食源性疾病的。

【主观】故意。

【加重犯】根据《办理危害食品安全刑案解释》(2013)第2条,有下列情形之一的,认定为《刑法》第143条之"对人体健康造成严重危害":①造成轻伤以上伤害的;②造成轻度残疾或者中度残疾的;③造成器官组织损伤导致一般功能障碍或者严重功能障碍的;④造成10人以上严重食物中毒或者其他严重食源性疾病的;⑤其他对人体健康造成严重危害的情形。

根据《办理危害食品安全刑案解释》(2013)第3条,具有下列情形之一的,认定为《刑法》第143条之"其他严重情节":①生产、销售金额20万元以上的;②生产、销售金额10万元以上不满20万元,不符合食品安全标准的食品数量较大或者生产、销售持续时间较长的;③生产、销售金额10万元以上不满20万元,属于婴幼儿食品的;④生产、销售金额10万元以上不满20万元,一年内曾因危害食品安全违法犯罪活动受过行政处罚或者刑事处罚的;⑤其他情节严重的情形。

根据《办理危害食品安全刑案解释》(2013)第4条,有下列情形之一的,认定为《刑法》第143条之"后果特别严重":①致人死亡或者重度残疾的;②造成3人以上重伤、中度残疾或者器官组织损伤导致严重功能障碍的;③造成10人以上轻伤、5人以上轻度残疾或者器官组织损伤导致一般功能障碍的;④造成30人以上严重食物中毒或者其他严重食源性疾病的;⑤其他特别严重的后果。

【量刑】根据《办理危害食品安全刑案解释》(2013)第17、18条,犯本罪,一般应当依法判处生产、销售金额2倍以上的罚金。应当依照刑法规定的条件严格适用缓刑、免予刑事处罚。根据犯罪事实、情节和悔罪表现,对于符合刑法规定的缓刑适用条件的犯罪分子,可以适用缓刑,但是应当同时宣告禁止令,禁止其在缓刑考验期限内从事食品生产、销售及相关活动。

五、生产、销售有毒、有害食品罪

(一)构成要件·法定刑

《刑法》第144条 在生产、销售的食品中掺入有毒、有害的非食品原料的,或者销售明知掺有有毒、有害的非食品原料的食品的,处5年以下有期徒刑,并处罚金;对人体健康造成严重危害或者有其他严重情节的,处5年以上10年以下有期徒刑,并处罚金;致人死亡或者有其他特别严重情节的,依照本法第141条的规定处罚。

【定义】在生产、销售的食品中掺入有毒、有害的非食品原料的,或者销售明知掺有有毒、有害的非食品原料的食品的行为。

【客体】国家食品安全监督管理秩序和不特定多人的健康权、生命权。

【主体】一般主体,包括自然人和单位。

【行为】根据《办理危害食品安全刑案解释》(2013)第9条,包括三种情形:①在食品加工、销售、运输、贮存等过程中,掺入有毒、有害的非食品原料,或者使用有毒、有害的非食品原料加工食品的;②在食用农产品种植、养殖、销售、运输、贮存等过程中,使用禁用农药、兽药等禁用物质或者其他有毒、有害物质的;③在保健食品或者其他食品中非法添加国家禁用药物等有毒、有害物质的。根据前述解释第20条,下列物质应当认定为"有毒、有害的非食品原料":①法律、法规禁止在食品生产经营活动中添加、使用的物质;②国务院有关部门公布的《食品中可能违法添加的非食用物质名单》《保健食品中可能非法添加的物质名单》上的物质;③国务院有关部门公告禁止使用的农药、兽药以及其他有毒、有害物质;④其他危害人体健康的物质。

"有毒、有害非食品原料"难以确定的,司法机关可以根据检验报告并结合专家意见等相关材料进行认定。必要时,人民法院可以依法通知有关专家出庭作出说明。

所谓"掺入",不仅包括将有毒、有害的非食品原料加入到生产、销售的食品中,而且包括把这些有毒、有害的非食品原料直接当作食品或者食品原料出售。在保健食品或者其他食品中非法添加国家禁用药物等有毒、有害物质的,适用《刑法》第9条第1款的规定定罪处罚。

【主观】故意。

【加重犯】根据《办理危害食品安全刑案解释》(2013)第5条,《刑法》第144条之"对人体健康造成严重危害"的掌握与第143条相同。

根据《办理危害食品安全刑案解释》(2013)第6条,具有下列情形之一的,认定为《刑法》第144条之"其他严重情节":①生产、销售金额20万元以上不满50万元的;②生产、销售金额10万元以上不满20万元,有毒、有害食品的数量较大或者生产、销售持续时间较长的;③生产、销售金额10万元以上不满20万元,属于婴幼儿食品的;④生产、销售金额10万元以上不满20万元,一年内曾因危害食品安全违法犯罪活动受过行政处罚或者刑事处罚的;⑤有毒、有害的非食品原料毒害性强或者含量高的;⑥其他情节严重的情形。

根据《办理危害食品安全刑案解释》(2013)第7条,生产、销售金额50万元以上,或者具有《刑法》第143条之"后果特别严重"的,认定为《刑法》第144条之"致人死亡或者有其他特别严重情节"。

【量刑】根据《办理危害食品安全刑案解释》(2013)第17、18条,犯本罪,一般应当依法判处生产、销售金额2倍以上的罚金。应当依照刑法规定的条件严格适用缓刑、免予刑事处罚。根据犯罪事实、情节和悔罪表现,对于符合刑法规定的缓刑适用条件的犯罪分子,可以适用缓刑,但是应当同时宣告禁止令,禁止其在缓刑考验期限内从事食品生产、销售及相关活动。

(二)适用

【定罪】1. 本罪是行为犯,行为人实施了生产、销售有毒、有害食品的行为,通常可构成犯罪。犯罪应有较严重的社会危害性,因此,如果情节显著轻微危害不大的,不认为是犯罪。例如,偶尔售卖少量含有"伟哥"成分的性保健品的。

2. 根据司法解释,对于利用"地沟油"生产"食用油"的;明知是利用"地沟油"生产的"食用油"而予以销售的,以本罪论处。认定是否"明知",应当结合犯罪嫌疑人、被告人的认知能力,犯罪嫌疑人、被告人及其同案人的供述和辩解,证人证言,产品质量,进货渠道以及进货价格、销售渠道及销售价格等主、客观因素予以综合判断。"地沟油"指餐厨垃圾、废弃油脂、各类肉及肉制品加工废弃物等非食品原料提炼出的油。

【关联罪】1. 本罪与生产、销售不符合食品安全标准的食品罪的界限。二者在犯罪客体、主体、主观方面等存在相同或相似之处，区别在于：①生产、销售食品的性质不同。本罪造成危害是"有毒、有害的非食品原料"，包括本身就不是食品的物质，如用工业酒精甲醇兑制假白酒；也包括在食品中掺入有毒、有害的物质，如白酒中加敌敌畏冒充茅台酒，使用工业用油加工饼干、糕点等。而不符合食品安全标准的食品，则通常是食品本身因为变质而产生毒害。②前者是行为犯，只要实施了生产、销售有毒、有害食品的行为，即构成犯罪；后者是危险犯，除了实施生产、销售不符合食品安全标准的食品的行为，还要足以造成严重食物中毒或者其他严重食源性疾病，才能成立犯罪。

2. 本罪与投放危险物质罪的界限。二者的区别在于：①客观方面不同。前者在客观方面表现为在生产、销售的食品中掺入有毒、有害的非食品原料的行为；后者除在食品中投放危险物质，还可能在其他场合如公共饮用水源、河流等处投放危险物质。②主体不同。前者的犯罪主体是已满 16 周岁具有刑事责任能力的自然人，并且可以是单位；后者的犯罪主体是已满 14 周岁具有刑事责任能力的自然人，不包括单位。③主观方面不完全相同。虽然二者都是故意犯罪，但前者主观上往往是为了使食品降低成本、增大利润而实施该行为；后者往往是出于其他目的而投放危险物质。

3. 生产、销售不符合食品安全标准的食品添加剂，用于食品的包装材料、容器、洗涤剂、消毒剂，或者用于食品生产经营的工具、设备等，构成犯罪的，依照《刑法》第 140 条以生产、销售伪劣产品罪定罪处罚。

4. ①以提供给他人生产、销售食品为目的，违反国家规定，生产、销售国家禁止用于食品生产、销售的非食品原料，情节严重的，依照《刑法》第 225 条以非法经营罪定罪处罚。②违反国家规定，生产、销售国家禁止生产、销售、使用的农药、兽药、饲料、饲料添加剂，或者饲料原料、饲料添加剂原料，情节严重的，依照《刑法》第 225 条以非法经营罪定罪处罚。③实施前述①、②的行为，同时又构成生产、销售伪劣产品罪，生产、销售伪劣农药、兽药罪等其他犯罪的，依照处罚较重的规定定罪处罚。

【共犯】明知他人生产、销售不符合食品安全标准的食品，有毒、有害食品，具有下列情形之一的，以共犯论处：①提供资金、贷款、账号、发票、证明、许可证件的；②提供生产、经营场所或者运输、贮存、保管、邮寄、网络销售渠道等便利条件的；③提供生产技术或者食品原料、食品添加剂、食品相关产品的；④提供广告等宣传的。

负有食品安全监督管理职责的国家机关工作人员与他人共谋，利用其职务行为帮助他人实施危害食品安全犯罪行为，同时构成渎职犯罪和危害食品安全犯罪共犯的，依照处罚较重的规定定罪处罚。

【案例】**徐某等制售有毒害食品案**

被告人徐孝伦、贾昌容在猪肉加工点内使用工业松香加热的方式对生猪头进行脱毛，并将加工后的猪头分割销售给熟食店，销售金额达 61 万余元。被告人徐体斌、叶建勇、杨玉美明知徐孝伦所销售的猪头系用工业松香加工脱毛仍予以购买，并做成熟食在其经营的熟食店进行销售。经鉴定，工业松香属食品添加剂外的化学物质，内含重金属铅，经反复高温使用后，铅等重金属含量升高，长期食用工业松香脱毛的禽畜类肉可能会对人体造成伤害。法院判决本案上列被告人构成生产、销售有害食品罪或销售有害食品罪，其中，对徐孝伦判处有期徒刑 10 年 6 个月，并处罚金 125 万元；对贾昌容判处有期徒刑 6 年，并处罚金 60 万元。

裁判要旨：使用有毒、有害的非食品原料加工食品并出售的，明知是他人使用有毒、有害的非食品原料加工出的食品仍然购买并出售的，是本罪之生产、销售行为。

【案例】　　　　　　孙建亮等人生产、销售有毒、有害食品案

裁判要旨：明知盐酸克伦特罗（俗称"瘦肉精"）是国家禁止在饲料和动物饮用水中使用的药品，而用以养殖供人食用的动物并出售的，应当认定为生产、销售有毒、有害食品罪。明知盐酸克伦特罗是国家禁止在饲料和动物饮用水中使用的药品，而买卖和代买盐酸克伦特罗片，供他人用以养殖供人食用的动物的，应当认定为生产、销售有毒、有害食品罪的共犯。

【案例】　　　　　　胡林贵等人生产、销售有毒、有害食品，行贿案

裁判要旨：实施生产、销售有毒、有害食品犯罪，为逃避查处，向负有食品安全监管职责的国家工作人员行贿的，应当以生产、销售有毒、有害食品罪和行贿罪实行数罪并罚。负有食品安全监督管理职责的国家机关工作人员，滥用职权，向生产、销售有毒、有害食品的犯罪分子通风报信，帮助逃避处罚的，应当认定为食品监管渎职罪；在渎职过程中受贿的，应当以食品监管渎职罪和受贿罪实行数罪并罚。

六、生产、销售不符合标准的医用器材罪[1]

《刑法》第145条　　生产不符合保障人体健康的国家标准、行业标准的医疗器械、医用卫生材料，或者销售明知是不符合保障人体健康的国家标准、行业标准的医疗器械、医用卫生材料，足以严重危害人体健康的，处3年以下有期徒刑或者拘役，并处销售金额50%以上2倍以下罚金；对人体健康造成严重危害的，处3年以上10年以下有期徒刑，并处销售金额50%以上2倍以下罚金；后果特别严重的，处10年以上有期徒刑或者无期徒刑，并处销售金额50%以上2倍以下罚金或者没收财产。

【定义】生产不符合保障人体健康的国家标准、行业标准的医疗器械、医用卫生材料，或者销售明知是不符合保障人体健康的国家标准、行业标准的医疗器械、医用卫生材料，足以对人体健康造成严重危害的行为。

【客体】国家对医用器材的质量监督管理秩序和不特定多人的健康权、生命权。

【主体】一般主体，自然人和单位均可构成本罪。

【对象】医疗器械、医用卫生材料。所谓医疗器械，是指用于诊断、治疗、预防人体疾病的仪器、设备等物品。所谓医用卫生材料，是指在治疗过程中用于治病、防病的辅助材料，如医用包扎纱布、胶皮手套等。没有国家标准、行业标准的医疗器械，注册产品标准可视为保障人体健康的行业标准。

【行为】生产或者销售不符合保障人体健康的国家标准、行业标准的医疗器械、医用卫生材料。医疗机构或者个人购买并有偿使用的，可视为"销售"。根据《办理伪劣商品刑案解释》（2001）第6条第4款，医疗机构或者个人，知道或者应当知道是不符合保障人体健康的国家标准、行业标准的医疗器械、医用卫生材料而购买、使用，对人体健康造成严重危害的，以销售不符合标准的医用器材罪定罪处罚。

【结果】本罪是危险犯，即只要足以对人体健康造成严重危害的，就成立本罪。根据《立案标准（一）》（2008）第21条，生产、销售不符合保障人体健康的国家标准、行业标准的医疗器械、医用卫生材料，涉嫌下列情形之一的，应予立案追诉：①进入人体的医疗器械的材料中含有超过标准的有毒有害物质的；②进入人体的医疗器械的有效性指标不符合标准要求，导

---

[1] 本罪经《刑法修正案（四）》修正。

致治疗、替代、调节、补偿功能部分或者全部丧失,可能造成贻误诊治或者人体严重损伤的;③用于诊断、监护、治疗的有源医疗器械的安全指标不符合强制性标准要求,可能对人体构成伤害或者潜在危害的;④用于诊断、监护、治疗的有源医疗器械的主要性能指标不合格,可能造成贻误诊治或者人体严重损伤的;⑤未经批准,擅自增加功能或者适用范围,可能造成贻误诊治或者人体严重损伤的;⑥其他足以严重危害人体健康或者对人体健康造成严重危害的情形。

【主观】故意。单位或者个人知道或者应当知道是不符合保障人体健康的国家标准、行业标准的医疗器械、医用卫生材料而生产、销售。

【加重犯】根据《办理伪劣商品刑案解释》(2001)第6条第1~3款的规定,生产、销售不符合标准的医用器械、医用卫生材料,致人轻伤或者其他严重后果的,应认定为《刑法》第145条规定的"对人体健康造成严重危害";生产、销售不符合标准的医疗器械、医用卫生材料,造成感染病毒性肝炎等难以治愈的疾病、1人以上重伤、3人以上轻伤或者造成其他严重后果的,应认定为"后果特别严重";生产、销售不符合标准的医疗器械、医用卫生材料,致人死亡、严重残疾、感染艾滋病、3人以上重伤、10人以上轻伤或者造成其他特别严重后果的,应认定为"情节特别恶劣"。

七、生产、销售不符合安全标准的产品罪

(一)构成要件·法定刑

《刑法》第146条　生产不符合保障人身、财产安全的国家标准、行业标准的电器、压力容器、易燃易爆产品或者其他不符合保障人身、财产安全的国家标准、行业标准的产品,或者销售明知是以上不符合保障人身、财产安全的国家标准、行业标准的产品,造成严重后果的,处5年以下有期徒刑,并处销售金额50%以上2倍以下罚金;后果特别严重的,处5年以上有期徒刑,并处销售金额50%以上2倍以下罚金。

【定义】生产不符合保障人身、财产安全的国家标准、行业标准的电器、压力容器、易燃易爆产品或者其他不符合保障人身、财产安全的国家标准、行业标准的产品,或者销售明知是以上不符合保障人身、财产安全的国家标准、行业标准的产品,造成严重后果的行为。

【客体】国家对生产、销售电器、压力容器、易燃易爆产品等生产、销售的监督管理秩序和公民的健康权、生命权。

【主体】一般主体,包括自然人和单位。

【对象】不符合保障人身、财产安全的国家标准、行业标准的电器、压力容器、易燃易爆产品或者其他不符合保障人身、财产安全的国家标准、行业标准的产品。如果行为人生产的产品符合国家标准、行业标准,即使发生严重后果,也不成立本罪。

【行为】生产或者销售行为。

【结果】本罪是结果犯,必须发生重大人身伤亡、财产损害的结果才成立本罪。根据《立案标准(一)》第22条,造成人员重伤或者死亡或者直接经济损失10万元以上的,应予立案追诉。

【主观】故意。

(二)适用

【定罪】因果关系认定。在实践中,对于行为与危害结果之间的因果关系的认定,是比较复杂的问题。对于不符合安全标准的产品产生危害结果,到底是由于产品质量所致,还是由于使用者违反常规或说明使用所致,双方当事人往往各执一词,并在一些情况下,无法对"造成严重后果"的产品进行检测,或者无法通过检测得出结论,在这种情况下,行为和结果之间是

否具有因果关系,主要还是通过产品是否符合国家标准、行业标准来进行判断。如果生产、销售者的行为与危害结果之间不存在因果关系,不能追究其刑事责任:①危害结果由于被害人使用不当造成;②危害结果由第三人造成,一般认为与生产、销售者的行为没有因果关系。

【关联罪】 与生产、销售伪劣产品罪的界限:①主观上故意的内容不同。在生产、销售不符合安全标准的产品罪中,要求行为人明知其所生产、销售的产品是保障人身、财产安全的产品,且没有达到国家标准、行业标准;在生产、销售伪劣产品罪中,只要求行为人明知所生产、销售的产品是不符合产品质量标准的产品。②犯罪对象不同。生产、销售不符合安全标准的产品罪的犯罪对象是不符合保障人身、财产安全的国家标准、行业标准的伪劣产品。生产、销售伪劣产品罪的犯罪对象则不涉及人身、财产安全。③定罪标准和依据不同。构成生产、销售不符合安全标准的产品罪,不仅要求行为人有生产、销售不符合保障人身、财产安全的国家标准、行业标准的产品的行为,还必须造成严重后果;而生产、销售伪劣产品罪则不要求造成严重后果,只要生产、销售伪劣产品的金额达到5万元以上,就可以构成犯罪;如果生产、销售不符合安全标准的产品,没有造成严重后果,但销售金额在5万元以上的,应按生产、销售伪劣产品罪定罪处罚。

【案例】 刘泽均、王远凯等生产、销售不符合安全标准的产品案[1]

刘泽均无生产加工能力却承揽虹桥主拱钢管构件的供货业务,明知主拱钢管没有出厂合格证、质量保证书却直接销往需方,在得知质量不合格时,串通作假,致使不符合安全标准的产品用于虹桥主体,给虹桥工程留下严重质量隐患,法院以销售不符合安全标准的产品罪对其判处有期徒刑13年。

八、生产、销售伪劣农药、兽药、化肥、种子罪

《刑法》第147条 生产假农药、假兽药、假化肥,销售明知是假的或者失去使用效能的农药、兽药、化肥、种子,或者生产者、销售者以不合格的农药、兽药、化肥、种子冒充合格的农药、兽药、化肥、种子,使生产遭受较大损失的,处3年以下有期徒刑或者拘役,并处或者单处销售金额50%以上2倍以下罚金;使生产遭受重大损失的,处3年以上7年以下有期徒刑,并处销售金额50%以上2倍以下罚金;使生产遭受特别重大损失的,处7年以上有期徒刑或者无期徒刑,并处销售金额50%以上2倍以下罚金或者没收财产。

【定义】 生产假农药、假兽药、假化肥,销售明知是假的或者失去使用效能的农药、兽药、化肥、种子,或者生产者、销售者以不合格的农药、兽药、化肥、种子冒充合格的农药、兽药、化肥、种子,使生产遭受较大损失的行为。

【客体】 国家对农业生产资料市场的管理秩序和农业生产安全。

【主体】 一般主体,包括自然人和单位。

【对象】 假的或者失去使用效能的或者不合格的农药、兽药、化肥、种子。

【行为】 ①生产假农药、假兽药、假化肥。②销售明知是假的或者失去使用效能的农药、兽药、化肥、种子。③生产者、销售者以不合格的农药、兽药、化肥、种子冒充合格的农药、兽药、化肥、种子。

【结果】 本罪是结果犯,本罪的成立要求使生产遭受较大损失。根据《办理伪劣商品刑案解释》(2001)第7条的规定,《刑法》第147条规定的所谓"使生产遭受较大损失",一般以2万元为起点;"重大损失",一般以10万元为起点;"特别重大损失",一般以50万元为

---

[1] 中华人民共和国最高人民法院刑事审判第一庭编:《刑事审判参考(2000年第2辑·总第7辑)》,法律出版社2000年版。

起点。

【主观】故意。

九、生产、销售不符合卫生标准的化妆品罪

（一）构成要件·法定刑

《刑法》第148条　生产不符合卫生标准的化妆品，或者销售明知是不符合卫生标准的化妆品，造成严重后果的，处3年以下有期徒刑或者拘役，并处或者单处销售金额50%以上2倍以下罚金。

【定义】生产不符合卫生标准的化妆品，或者销售明知是不符合卫生标准的化妆品，造成严重后果的行为。

【客体】国家对于化妆品市场的管理秩序和消费者的健康权。

【主体】一般主体，包括自然人和单位。

【对象】不符合卫生标准的化妆品。所谓化妆品，指的是以涂擦、喷洒或者类似的方法，散布于人体表面某一部位（皮肤、毛发、指甲、口唇等），以达到清洁、消除不良气味、护肤、美容和修饰目的的日用化学工业品。不符合卫生标准化妆品的范围，可根据卫生部《化妆品卫生监督条例》的规定予以认定。

【行为】生产不符合卫生标准的化妆品或者销售明知是不符合卫生标准的化妆品的行为。

【结果】造成严重后果，根据《立案标准（一）》（2008）第24条，指给他人造成下列情形之一：①容貌毁损或者皮肤严重损伤的；②器官组织损伤导致严重功能障碍的；③精神失常或者自杀、自残造成重伤、死亡的。

【主观】故意。明知是不符合卫生标准的化妆品而生产、销售。

（二）适用

【练习】某化妆品厂系私营企业，其所生产的婴儿护肤产品供不应求。为增加产量，厂长童某决定改变配方，增加添加剂。结果生产出不符合卫生标准的劣质产品，销售金额达30万元。消费者使用后不同程度地引起过敏、脱皮等不良反应。此案应如何处理？

答：①以生产、销售伪劣产品罪定罪处罚；②单位犯罪。

提示：①该化工厂的行为既触犯了生产、销售伪劣产品罪的规定，也触犯了生产、销售不符合卫生标准的化妆品罪，属于想象竞合犯，应择一重罪定罪处罚（《刑法》第149条）。经比较，适用生产、销售伪劣产品罪的规定处罚较重。②生产、销售伪劣产品罪包含单位主体。有法人资格的私营企业犯罪的，可以按单位犯罪论处。

第二节　走私罪

一、走私罪概说

"走私罪"并非一个具体罪名，而是一类犯罪的统称，包括11个罪名。

"走私"，是违反海关法规，逃避海关监管，运送物品出入国（边）境的行为。针对"自贸区"，有学者主张建立"关境"概念，"关境是指一个国家的海关法得以完全适用的区域。申言之，关境以内即一国海关法适用的地理空间范围，货物、物品一旦进入一国之内，就应当

受到该国海关部门的监管,接受该国海关法的管辖"。[1] 以关境概念为基础,根据货品是否禁止出入国(边)境,区分一线、二线,分别掌握走私行为的认定。[2] 根据走私的对象,"走私罪"可分为两类:①《刑法》第151条、第152条之走私国家禁止进出口货物、物品的犯罪,属于走私特定对象的犯罪,包括10个罪名。②《刑法》第153条之走私普通货物、物品罪。二者之间是基本条款与补充条款的关系,即走私《刑法》第151、152条之(禁止进出口)货品的,依据基本条款定罪处罚,排斥适用第153条;如果走私《刑法》第151、152条之外的(普通)货品偷逃税额较大的,均适用第153条以走私普通货物、物品罪处罚。但也有例外的情形,如走私废物又偷逃应缴税额,同时构成走私废物罪和走私普通货物罪的,依司法解释择一重罪处罚。

根据上述走私对象的分类,自然人、单位犯罪在定罪处罚标准上也有所区别。具体而言:

1. 单位走私特定对象的犯罪与自然人犯罪的标准相同。这类犯罪的危害性主要表现为对国家基于经济、国防、环境安全等制定的管理制度的侵害而非国家税款损失,故有必要淡化犯罪数额对量刑的影响,而走私普通货物、物品罪的危害性主要表现为偷逃税款及由此给国家造成的经济损失。

2. 单位走私普通货物、物品罪,《办理走私刑案解释》(2014)将之规定为自然人犯罪标准的2倍。原因在于:①公司设立门槛不断降低、单位走私犯罪数量急剧攀升,单位利益与个人利益更趋紧密,在预留出行政处罚必要空间的基础上,单位犯罪的定罪量刑标准与自然人犯罪不宜拉开过大;②入罪门槛基本相当但不同量刑档次的数额标准明显拉大,既可以避免案件总体数量的大起大落,又为均衡量刑预留出更大的裁量空间。[3]

走私"进口"还是"出口"一般不影响定性,但有例外。走私贵重金属罪、走私文物罪限于走私"出口",若走私进口的,仍属于走私普通货物、物品性质。

根据《刑法》第155条,下列行为,以走私罪论处,依照本节的有关规定处罚:

1. 直接向走私人非法收购国家禁止进口物品的,或者直接向走私人非法收购走私进口的其他货物、物品,数额较大的;

2. 在内海、领海、界河、界湖运输、收购、贩卖国家禁止进出口物品的,或者运输、收购、贩卖国家限制进出口货物、物品,数额较大,没有合法证明的;

3. 逃避海关监管将境外固体废物运输进境的。

《刑法》第156条规定,与走私罪犯通谋,为其提供贷款、资金、账号、发票、证明,或者为其提供运输、保管、邮寄或者其他方便的,以走私罪的共犯论处。

根据《刑法》第157条第1款的规定,武装掩护走私的,依照《刑法》第151条第1款的规定从重处罚。以暴力、威胁方法抗拒缉私的,以走私罪和妨害公务罪数罪并罚。

关于走私犯罪最重要的司法解释是《办理走私刑案解释》(2014),它将《走私解释(一)》(2000)、《走私解释(二)》(2006)重新梳理编纂,予以统一整合。该解释发布实施后,之前发布的有关走私的司法解释与该解释不一致的,以该解释为准。

---

[1] 张弛:"自贸区内走私罪的认定与处理",载《政治与法律》2015年第4期。
[2] 张弛:"自贸区内走私罪的认定与处理",载《政治与法律》2015年第4期。
[3] 裴显鼎等:"《关于办理走私刑事案件适用法律若干问题的解释》的理解与适用",载《人民司法》2015年第3期。

二、走私武器、弹药罪·走私核材料罪·走私假币罪·走私文物罪·走私贵重金属罪·走私珍贵动物、珍贵动物制品罪·走私国家禁止进出口的货物、物品罪

《刑法》第151条 走私武器、弹药、核材料或者伪造的货币的，处7年以上有期徒刑，并处罚金或者没收财产；情节特别严重的，处无期徒刑，并处没收财产；情节较轻的，处3年以上7年以下有期徒刑，并处罚金。

走私国家禁止出口的文物、黄金、白银和其他贵重金属或者国家禁止进出口的珍贵动物及其制品的，处5年以上10年以下有期徒刑，并处罚金；情节特别严重的，处10年以上有期徒刑或者无期徒刑，并处没收财产；情节较轻的，处5年以下有期徒刑，并处罚金。

走私珍稀植物及其制品等国家禁止进出口的其他货物、物品的，处5年以下有期徒刑或者拘役，并处或者单处罚金；情节严重的，处5年以上有期徒刑，并处罚金。

单位犯本条规定之罪的，对单位判处罚金，并对其直接负责的主管人员和其他直接责任人员，依照本条各款的规定处罚。

（一）走私武器、弹药罪

【定义】违反海关法规，逃避海关监管，走私武器、弹药的行为。

【客体】国家外贸管制中关于武器、弹药的监管制度。

【主体】一般主体，即自然人和单位均可构成本罪。《办理走私刑案解释》（2014）第24条规定：单位犯《刑法》第151、152条规定之罪，依照本解释规定的标准定罪处罚。

【对象】武器、弹药。根据《办理走私刑案解释》（2014）第2、4、5条，"武器、弹药"的种类，参照《中华人民共和国进口税则》及《中华人民共和国禁止进出境物品表》的有关规定确定。走私报废或者无法组装并使用的各种弹药的弹头、弹壳，构成犯罪的，依照《刑法》第153条的规定，以走私普通货物、物品罪定罪处罚；属于废物的，依照《刑法》第152条第2款的规定，以走私废物罪定罪处罚。弹头、弹壳是否属于规定的"报废或者无法组装并使用"或者"废物"，由国家有关技术部门进行鉴定。走私国家禁止或者限制进出口的仿真枪、管制刀具，构成犯罪的，依照《刑法》第151条第3款的规定，以走私国家禁止进出口的货物、物品罪定罪处罚。

【行为】实施逃避海关监管，走私武器、弹药的行为。具体包括以下行为方式：①未经国务院或者国务院授权的部门批准，不经过设立海关的地点，非法运输、携带武器、弹药进出国（边）境；②虽然通过设立海关的地点进出国（边）境，但采取隐匿、伪装、假报等欺骗手段，逃避海关监管、检查，非法运输、偷带或非法邮寄武器、弹药；③直接向走私人收购走私进口的武器、弹药；④在内海、领海、界河、界湖运输、收购、贩卖走私进口的武器、弹药。

【主观】故意，对逃避海关监管运送、携带、邮寄等方式走私武器弹药明知。根据司法经验，认定明知走私即逃避海关监管即可，一般不接受对武器弹药不知的辩解。

【定罪】根据《办理走私刑案解释》（2014），以枪支发射枪弹的动力来源为标准，将枪支分类调整为"以火药为动力发射枪弹的枪支"和"以压缩气体等非火药为动力发射枪弹的枪支"；与此相应，弹药划分为"以火药为动力发射枪弹"和"以压缩气体为动力发射枪弹"，以此分类[1]制定定罪量刑标准。

1. 定罪数量起点。根据《办理走私刑案的解释》（2014）第1条第1款，走私武器、弹药，具有下列情形之一的，可以认定为《刑法》第151条第1款规定的"情节较轻"：①走私

---

[1] 关于改变枪支分类的理由，参见裴显鼎等："《关于办理走私刑事案件适用法律若干问题的解释》的理解与适用"，载《人民司法》2015年第3期。

以压缩气体等非火药为动力发射枪弹的枪支 2 支以上不满 5 支的;②走私气枪铅弹 500 发以上不满 2500 发,或者其他子弹 10 发以上不满 50 发的;③未达到上述数量标准,但属于犯罪集团的首要分子,使用特种车辆从事走私活动,或者走私的武器、弹药被用于实施犯罪等情形的;④走私各种口径在 60 毫米以下常规炮弹、手榴弹或者枪榴弹等分别或者合计不满 5 枚的。

根据《办理走私刑案解释》(2010) 第 5 条第 2 款,走私的仿真枪经鉴定为枪支,构成犯罪的,依照《刑法》第 151 条第 1 款的规定,以走私武器罪定罪处罚。不以牟利或者从事违法犯罪活动为目的,且无其他严重情节的,可以依法从轻处罚;情节轻微不需要判处刑罚的,可以免予刑事处罚。

2. 基本犯。根据《办理走私刑案解释》(2010) 第 1 条第 2 款,具有下列情节之一的,处 7 年以上有期徒刑,并处罚金或者没收财产:①走私以火药为动力发射枪弹的枪支 1 支,或者以压缩气体等非火药为动力发射枪弹的枪支 5 支以上不满 10 支的;②走私第 1 款第 2 项规定的弹药,数量在该项规定的最高数量以上不满最高数量 5 倍的;③走私各种口径在 60 毫米以下常规炮弹、手榴弹或者枪榴弹等分别或者合计达到 5 枚以上不满 10 枚,或者各种口径超过 60 毫米以上常规炮弹合计不满 5 枚的;④达到第 1 款第 1、2、4 项规定的数量标准,且属于犯罪集团的首要分子,使用特种车辆从事走私活动,或者走私的武器、弹药被用于实施犯罪等情形的。

3. 加重犯。根据《办理走私刑案解释》(2014) 第 1 条第 3 款,具有下列情形之一的,应当认定为《刑法》第 151 条第 1 款规定的"情节特别严重":①走私第 2 款第 1 项规定的枪支,数量超过该项规定的数量标准的;②走私第 1 款第 2 项规定的弹药,数量在该项规定的最高数量标准 5 倍以上的;③走私第 2 款第 3 项规定的弹药,数量超过该项规定的数量标准,或者走私具有巨大杀伤力的非常规炮弹 1 枚以上的;④达到第 2 款第 1 项至第 3 项规定的数量标准,且属于犯罪集团的首要分子,使用特种车辆从事走私活动,或者走私的武器、弹药被用于实施犯罪等情形的。走私其他武器、弹药,构成犯罪的,参照本条各款规定的标准处罚。

走私枪支散件,构成犯罪的,依照《刑法》第 151 条第 1 款的规定,以走私武器罪定罪处罚。成套枪支散件以相应数量的枪支计,非成套枪支散件以每 30 件为一套枪支散件计。

走私各种弹药的弹头、弹壳,构成犯罪的,依照《刑法》第 151 条第 1 款的规定,以走私弹药罪定罪处罚。具体的定罪量刑标准,按照《办理走私刑案解释》(2014) 第 1 条规定的数量标准的 5 倍执行。

【关联罪】走私武器、弹药,可能同时包含了运输、邮寄、储存、非法买卖武器、弹药的行为,但符合走私武器、弹药罪的,不再认定为非法买卖、运输、邮寄、储存枪支、弹药罪。但行为人走私武器、弹药入境后,又非法出售的,另成立非法买卖枪支、弹药罪。

(二) 走私核材料罪

【定义】违反海关法规,逃避海关监管,走私核材料的行为。

【对象】核材料。所谓核材料,是指可用来制造核武器的各种核材料和核燃料。根据 1989 年我国加入的《核材料实物保护公约》以及 1997 年国务院公布的《核出口管制条例》之规定可确认核材料的范围。

(三) 走私假币罪

【定义】违反海关法规,逃避海关监管,走私伪造的货币的行为。

【对象】伪造的货币。伪造的货币是指仿照真货币的图案、形状、颜色等所制造出来的假货币,包括伪造的人民币、香港币、澳门币、台湾币以及外国货币(如美元、欧元)等。货币面额以人民币计,走私伪造的境外货币的,其面额以案发时国家外汇管理机关公布的外汇牌价折合人民币计算。

【罪量】根据《办理走私刑案解释》（2014）第6条第1款，走私伪造的货币，数额在2000元以上不满20 000元，或者数量在200张（枚）以上不满2000张（枚）的，可以认定为《刑法》第151条第1款规定的"情节较轻"。

【基本犯】《办理走私刑案解释》（2014）第6条第2款，具有下列情形之一的，依照《刑法》第151条第1款的规定处7年以上有期徒刑，并处罚金或者没收财产：①走私数额在2万元以上不满20万元，或者数量在2000张（枚）以上不满2万张（枚）的；②走私数额或者数量达到第1款规定的标准，且具有走私的伪造货币流入市场等情节的。

【加重犯】具有下列情形之一的，应当认定为《刑法》第151条第1款规定的"情节特别严重"：①走私数额在20万元以上，或者数量在2万张（枚）以上的；②走私数额或者数量达到第2款第1项规定的标准，且属于犯罪集团的首要分子，使用特种车辆从事走私活动，或者走私的伪造货币流入市场等情形的。

（四）走私文物罪

【定义】违反海关法规，逃避海关监管，走私国家禁止出口的文物的行为。

【对象】国家禁止出口的文物。根据《文物保护法》（2015）第2条的规定，在我国境内，下列文物受国家保护：①具有历史、艺术、科学价值的古文化遗址、古墓葬、古建筑、石窟寺和石刻、壁画；②与重大历史事件、革命运动或者著名人物有关的以及具有重要纪念意义、教育意义或者史料价值的近代、现代重要史迹、实物、代表性建筑；③历史上各时代珍贵的艺术品、工艺美术品；④历史上各时代重要的文献资料以及具有历史、艺术、科学价值的手稿和图书资料等；⑤反映历史上各时代、各民族社会制度、社会生产、社会生活的代表性实物；⑥具有科学价值的古脊椎动物化石和古人类化石。但是，不是所有文物都是走私文物罪的对象，走私文物罪的对象还受到"国家禁止出口"的限制，主要指具有重要历史、艺术、科学价值的珍贵文物以及其他国家禁止出境的文物。

【罪量】根据《办理走私刑案解释》（2014）第8条第1款，走私国家禁止出口的三级文物2件以下的，可以认定为"情节较轻"。

【基本犯】根据《办理走私刑案解释》（2014）第8条第2款，走私文物，具有下列情节之一的，处5年以上10年以下有期徒刑，并处罚金：①走私国家禁止出口的二级文物不满3件，或者三级文物3件以上不满9件的；②走私国家禁止出口的三级文物不满3件，且具有造成文物严重毁损或者无法追回等情节的。

【加重犯】根据《办理走私刑案解释》（2014）第8条第3款，具有下列情形之一的，属于走私文物罪"情节特别严重"：①走私国家禁止出口的一级文物1件以上，或者二级文物3件以上，或者三级文物9件以上的；②走私国家禁止出口的文物达到该解释第8条第2款第1项规定的数量标准，且属于犯罪集团的首要分子，使用特种车辆从事走私活动，或者造成文物严重毁损、无法追回等情形的。

（五）走私贵重金属罪

【定义】违反海关法规，逃避海关监管，走私黄金、白银或其他贵重金属出国（边）境的行为。

【对象】贵重金属，包括黄金、白银以及与金、银同等重要的铱、铂、钯、铑、钛等国家禁止出口的各种贵重金属及其制品。

（六）走私珍贵动物、珍贵动物制品罪

【定义】违反海关法规，逃避海关监管，走私珍贵动物及其制品进出国（边）境的行为。

【对象】珍贵动物或珍贵动物制品。珍贵动物，包括列入《国家重点保护野生动物名录》中的国家一、二级保护野生动物，《濒危野生动植物种国际贸易公约》附录Ⅰ、附录Ⅱ中的野生动物，以及驯养繁殖的上述动物。走私《办理走私刑案解释》附表中未规定的珍贵动物的，参照附表中规定的同属或者同科动物的数量标准执行。走私《办理走私刑案解释》附表中未规定珍贵动物的制品的，按照《最高人民法院、最高人民检察院、国家林业局、公安部、海关总署关于破坏野生动物资源刑事案件中涉及的CITES附录Ⅰ和附录Ⅱ所列陆生野生动物制品价值核定问题的通知》（林濒发〔2012〕239号）的有关规定核定价值。珍贵动物制品，是指用上述珍贵动物的毛皮、羽毛、骨、内脏、血、肉、胚胎、角等制成的标本、食品、药品、服装、工艺品、纪念品以及其他物品。

【定罪】根据《办理走私刑案解释》（2014）第9条第1、4款，走私国家一、二级保护动物未达到本解释附表中（一）规定的数量标准，或者走私珍贵动物制品数额不满20万元的，可以认定为"情节较轻"。但是不以牟利为目的，为留作纪念而走私珍贵动物制品进境，数额不满10万元的，可以免于刑事处罚；情节显著轻微的，不作为犯罪处理。

【基本犯】根据《办理走私刑案解释》（2014）第9条第2款，具有下列情形之一的，依照《刑法》第151条第2款的规定处5年以上10年以下有期徒刑，并处罚金：①走私国家一、二级保护动物达到本解释附表中（一）规定的数量标准的；②走私珍贵动物制品数额在20万元以上不满100万元的；③走私国家一、二级保护动物未达到本解释附表中（一）规定的数量标准，但具有造成该珍贵动物死亡或者无法追回等情节的。

【加重犯】根据《办理走私刑案解释》（2014）第9条第3款，具有下列情形之一的，应当认定为"情节特别严重"：①走私国家一、二级保护动物达到本解释附表中（二）规定的数量标准的；②走私珍贵动物制品数额在100万元以上的；③走私国家一、二级保护动物达到本解释附表中（一）规定的数量标准，且属于犯罪集团的首要分子，使用特种车辆从事走私活动，或者造成该珍贵动物死亡、无法追回等情形的。

（七）走私国家禁止进出口的货物、物品罪[1]

【定义】违反海关法规，逃避海关监管，走私国家禁止进出口的货物、物品的行为。禁止进出口的货物、物品包括绝对禁止和相对禁止两种，这里的"禁止进出口"不限于绝对禁止的情形。

【对象】《刑法》第151条第1、2款和第152条之外的国家禁止进出口的货物、物品，如禁止进出口的珍稀植物或珍稀植物制品，禁止进口的来自疫区的动植物及其制品，禁止出口的古植物化石等。根据《办理走私刑案解释》（2014）第12条，"珍稀植物"包括列入《国家重点保护野生植物名录》《国家重点保护野生药材物种名录》《国家珍贵树种名录》中的国家一、二级保护野生植物、国家重点保护的野生药材、珍贵树木，《濒危野生动植物种国际贸易公约》附录Ⅰ、附录Ⅱ中的野生植物，以及人工培育的上述植物。"古生物化石"，按照《古生物化石保护条例》的规定予以认定。走私具有科学价值的古脊椎动物化石、古人类化石，构成犯罪的，依照《刑法》第151条第2款的规定，以走私文物罪定罪处罚。

【定罪】根据《办理走私刑案解释》（2014）第11条第1款，走私国家禁止进出口的货物、物品，具有下列情形之一的，依照《刑法》第151条第3款的规定处5年以下有期徒刑或者拘役，并处或者单处罚金：

---

[1] 原"走私珍稀植物、珍稀植物制品罪"已经《刑法修正案（七）》修订，罪名已取消。

（1）走私国家一级保护野生植物 5 株以上不满 25 株，国家二级保护野生植物 10 株以上不满 50 株，或者珍稀植物、珍稀植物制品数额在 20 万元以上不满 100 万元的。

（2）走私重点保护古生物化石或者未命名的古生物化石不满 10 件，或者一般保护古生物化石 10 件以上不满 50 件的。

（3）走私禁止进出口的有毒物质 1 吨以上不满 5 吨，或者数额在 2 万元以上不满 10 万元的。"有毒物质"具体包括：①列入国家危险废物名录的废物，以及根据国家规定的危险废物鉴别标准和鉴别方法认定的具有危险特性的废物；②剧毒化学品、列入重点环境管理危险化学品名录的化学品，以及含有上述化学品的物质；③含有铅、汞、镉、铬等重金属的物质；④《关于持久性有机污染物的斯德哥尔摩公约》附件所列物质；⑤其他具有毒性，可能污染环境的物质。

（4）走私来自境外疫区的动植物及其产品 5 吨以上不满 25 吨，或者数额在 5 万元以上不满 25 万元的。来自境外疫区的动植物及其产品是否属于国家禁止进口的货物、物品，应以是否为我国进出境检验检疫机构所明令禁止作为认定依据。[1]

（5）走私木炭、硅砂等妨害环境、资源保护的货物、物品 10 吨以上不满 50 吨，或者数额在 10 万元以上不满 50 万元的。

（6）走私旧机动车、切割车、旧机电产品或者其他禁止进出口的货物、物品 20 吨以上不满 100 吨，或者数额在 20 万元以上不满 100 万元的。

（7）数量或者数额未达到第（1）~（6）项规定的标准，但属于犯罪集团的首要分子，使用特种车辆从事走私活动，造成环境严重污染，或者引起甲类传染病传播、重大动植物疫情等情形的。

【加重犯】根据《办理走私刑案解释》（2014）第 11 条第 2 款，具有下列情形之一的，应当认定为"情节严重"：①走私数量或者数额超过前款第 1 项至第 6 项规定的标准的；②达到该解释第 11 条第 1 款第 1~6 项规定的标准，且属于犯罪集团的首要分子，使用特种车辆从事走私活动，造成环境严重污染，或者引起甲类传染病传播、重大动植物疫情等情形的。

【罪数】根据《办理走私刑案解释》（2014）第 21 条，未经许可进出口国家限制进出口的货物、物品，构成犯罪的，或者租用、借用或者使用购买的他人许可证，进出口国家限制进出口的货物、物品的，应当依照《刑法》第 151 条、第 152 条的规定，以走私国家禁止进出口的货物、物品罪等罪名定罪处罚；偷逃应缴税额，同时又构成走私普通货物、物品罪的，依照处罚较重的规定定罪处罚。取得许可，但超过许可数量进出口国家限制进出口的货物、物品，构成犯罪的，依照《刑法》第 153 条的规定，以走私普通货物、物品罪定罪处罚。

【练习】1999 年 2 月，刘某在香港以 84 万港币购买了 12 公斤金条。次日上午，刘某携带经过伪装的金条从某海关入境，入境时未向海关申报，企图将黄金偷运往内地销售。经鉴定，该批黄金价值人民币 100 万元，应缴纳关税 8 万元。刘某的行为构成走私普通货物、物品罪。

提示：走私贵重金属进口的，应当定走私普通货物、物品罪。走私贵重金属罪限于走私"出口"。

---

[1] 裴显鼎等："《关于办理走私刑事案件适用法律若干问题的解释》的理解与适用"，载《人民司法》2015 年第 3 期。

三、走私淫秽物品罪·走私废物罪[1]

《刑法》第 152 条 以牟利或者传播为目的,走私淫秽的影片、录像带、录音带、图片、书刊或其他淫秽物品的,处 3 年以上 10 年以下有期徒刑,并处罚金;情节严重的,处 10 年以上有期徒刑或者无期徒刑,并处罚金或者没收财产;情节较轻的,处 3 年以下有期徒刑、拘役或者管制,并处罚金。

逃避海关监管将境外固体废物、液态废物和气态废物运输进境,情节严重的,处 5 年以下有期徒刑,并处或者单处罚金;情节特别严重的,处 5 年以上有期徒刑,并处罚金。

单位犯前两款罪的,对单位判处罚金,并对其直接负责的主管人员和其他直接责任人员,依照前两款的规定处罚。

(一) 走私淫秽物品罪

【定义】以牟利或者传播为目的,违反海关法规,逃避海关监管,走私淫秽的影片、录像带、录音带、图片、书刊或其他淫秽物品的行为。

【客体】复杂客体,既侵犯了海关监管秩序,也侵犯了社会管理秩序。

【主体】一般主体,包括自然人和单位。

【对象】"淫秽物品"。所谓淫秽物品,是指具体描绘性行为或露骨宣扬色情的秽淫性的书刊、影片、录像带、录音带、电视片、幻灯片、照片、图画等物品。"其他淫秽物品",根据《审理走私刑案解释》(2000) 第 5 条,是指除淫秽的影片、录像带、录音带、图片、书刊以外的,通过文字、声音、形象等形式表现淫秽内容的影碟、音碟、电子出版物等物品。但夹杂淫秽内容有艺术价值的文艺作品,表现人体美的美术作品,有关人体生理、医学知识和其他自然科学作品,不属于淫秽物品的范围。

【行为】违反海关法规,逃避海关监管,走私淫秽物品的行为。

【主观】故意,并以牟利或者传播为目的。行为人为了自用,走私少量淫秽物品,或者虽携带淫秽物品但本人不知情的,均不成立本罪。至于行为人是否具有牟利或者传播的目的,可通过走私淫秽物品的数量、次数等进行判断。牟利或传播的目的是否实际达到,不影响本罪的成立。

【练习】海关发现甲携带的两个尼龙编织袋内藏匿有《龙虎豹》《藏青阁》等光碟共 500 张。经鉴定,均属于淫秽物品,甲辩称是带回自己看的,不承认有牟利和传播的目的。

答:就本案的情形,足以认定甲具有牟利或传播的目的,成立走私淫秽物品罪。

【罪量】《办理走私刑案解释》(2014) 第 13 条第 1 款规定:以牟利或者传播为目的,走私淫秽物品,达到下列数量之一的,可认定为"情节较轻":①走私淫秽录像带、影碟 50 盘(张)以上不满 100 盘(张)的;②走私淫秽录音带、音碟 100 盘(张)以上不满 200 盘(张)的;③走私淫秽扑克、书刊、画册 100 副(册)以上不满 200 副(册)的;④走私淫秽照片、画片 500 张以上不满 1000 张的;⑤走私其他淫秽物品相当于上述数量的。

【基本犯】根据《办理走私刑案解释》(2014) 第 13 条第 2 款,走私淫秽物品在第 1 款规定的最高数量以上不满最高数量 5 倍的,依照《刑法》第 152 条第 1 款的规定处 3 年以上 10 年以下有期徒刑,并处罚金。

【加重犯】根据《办理走私刑案解释》(2014) 第 13 条第 3 款,走私淫秽物品在第 1 款规定的最高数量 5 倍以上,或者在第 1 款规定的最高数量以上不满 5 倍,但属于犯罪集团的首要

---

[1] 本罪经《刑法修正案(四)》修订。

分子,使用特种车辆从事走私活动等情形的,应当认定为"情节严重"。

(二)走私废物罪

【定义】逃避海关监管,将境外固体废物、液态废物和气态废物运输进境,情节严重的行为。

【客体】复杂客体,既侵犯了海关监管制度,又侵犯了环境保护制度。

【主体】一般主体,包括自然人和单位。

【对象】境外的固体废物、液态废物或气态废物。包括国家禁止进口的废物和国家限制进口的可用作原料的废物。

【行为】本罪行为方式仅限于将境外的废物非法运输进入我国的国(边)境。如果是将我国境内废物、运到我国国(边)境外,即使达到情节严重,也不能成立本罪。

【主观】故意,即行为人明知是境外的废物,仍将其走私入境。过失不构成本罪;本罪的成立也不要求行为人具有特定的目的。

【罪量】《办审理走私刑案解释》(2014)第14条第1款规定,走私废物具有下列情形之一的,应当认定为"情节严重":①走私国家禁止进口的危险性固体废物、液态废物分别或者合计达到1吨以上不满5吨的;②走私国家禁止进口的非危险性固体废物、液态废物分别或者合计达到5吨以上不满25吨的;③走私国家限制进口的可用作原料的固体废物、液态废物分别或者合计达到20吨以上不满100吨的;④未达到上述数量标准,但属于犯罪集团的首要分子,使用特种车辆从事走私活动,或者造成环境严重污染等情形的。

【加重犯】根据《办理走私刑案解释》(2014)第14条第2款的规定,"情节特别严重"指下列情形之一:①超过该条第1款规定的"情节严重"的数量标准;②达到"情节严重"的数量标准,且属于犯罪集团的首要分子,使用特种车辆从事走私活动,或者造成环境严重污染等情形的;③未达到上述标准,但造成环境严重污染且后果特别严重的。

根据《办理走私刑案解释》(2014)第14条第3款的规定,走私置于容器中的气态废物,构成犯罪的,参照前述标准处罚。

根据《办理走私刑案解释》(2014)第15条的规定,国家限制进口的可用作原料的废物的具体种类,参照国家有关部门的规定确定。

【案例】 **程瑞洁等走私废物案**[1]

程瑞洁接受郭某雇请,从越南走私废电器进境销售,由郭某提供运输工具、资金、组织货源,程瑞洁负责召集船员、管理运输过程中的一切事务。郭某、程瑞洁分别明确告知各被告人,驾驶该船前往越南走私废旧电器入境。程瑞洁走私返航后,行至湛江市附近海域时,被海关缉私艇追缉查获。海关缉私部门从其所驾船只中查获11个装满废旧电器等固体废物的集装箱(共计261.3吨),另1个集装箱的废旧电器里混杂了全新电器等一批普通货物重2.53吨,偷逃税款达人民币1 869 819.88元。公诉机关指控程瑞洁等犯走私废物罪和走私普通货物罪两项罪名,法院只认定了走私废物罪一项罪名。

裁判要旨:行为人基于概括故意而实施走私犯罪,或是在走私的普通货物、物品中藏匿刑法规定的特殊货物、物品的,应当数罪并罚;行为人受他人雇用实施走私犯罪,且知道走私货物、物品的性质,但因受蒙骗而不知走私的货物、物品中混有其他特殊货物、物品的,应当根据其主观上认识的走私货物、物品的性质来定罪处罚。

---

[1] 参见中华人民共和国最高人民法院刑事审判第一、二、三、四、五庭主办:《刑事审判参考(2012年第3集·总第86集)》,法律出版社2013年版。

【案例】 应志敏、陆毅走私废物案[1]

应志敏、陆毅系受货主委托办理废旧电子产品进境通关手续及运输的中介（既非走私物品货源的组织者，也非货主、收货人），并按照废旧电子产品进口数量计算报酬。他们采用伪报品名的方式，通过进境备案的手段进口废旧电子产品等货物，其中，32.29 吨属国家禁止进口的危险性固体废物，349.812 吨属国家禁止进口的非危险性固体废物，7.27 吨属国家限制进口的可用作原料的固体废物，另夹藏了 20 余吨属普通货物的进口胶带、轴承，以高密度、小体积分散在各集装箱，偷逃应缴税额人民币 74 万余元。公诉机关指控应志敏、陆毅犯走私废物罪和走私普通货物罪两项罪名，法院只认定了走私废物罪一项罪名。

裁判要旨：应当根据相关合同约定，夹藏物品归属主体及所占体积，行为人所收报酬等情况，综合认定行为人对夹藏物品是否具有走私的故意。

四、走私普通货物、物品罪

（一）构成要件·法定刑

《刑法》第 153 条　走私本法第 151 条、第 152 条、第 347 条规定以外的货物、物品的，根据情节轻重，分别依照下列规定处罚：

（一）走私货物、物品偷逃应缴税额较大或者一年内曾因走私被给予 2 次行政处罚后又走私的，处 3 年以下有期徒刑或者拘役，并处偷逃应缴税额 1 倍以上 5 倍以下罚金。

（二）走私货物、物品偷逃应缴税额巨大或者有其他严重情节的，处 3 年以上 10 年以下有期徒刑，并处偷逃应缴税额 1 倍以上 5 倍以下罚金。

（三）走私货物、物品偷逃应缴税额特别巨大或者有其他特别严重情节的，处 10 年以上有期徒刑或者无期徒刑，并处偷逃应缴税额 1 倍以上 5 倍以下罚金或者没收财产。

单位犯前款罪的，对单位判处罚金，并对其直接负责的主管人员和其他直接责任人员，处 3 年以下有期徒刑或者拘役；情节严重的，处 3 年以上 10 年以下有期徒刑；情节特别严重的，处 10 年以上有期徒刑。

对多次走私未经处理的，按照累计走私货物、物品的偷逃应缴税额处罚。

【定义】指逃避海关监管，走私货物、物品偷逃应缴税额较大或者一年内曾因走私被给予二次行政处罚后又走私的行为。

【客体】国家外贸管制中对于普通货物、物品进出口的监管制度和税收制度。

【主体】一般主体，包括自然人和单位。

【对象】本罪的行为对象是除《刑法》第 151、152、347 条规定以外的货物、物品，即指除武器、弹药、核材料、伪造的货币、国家禁止出口的文物、黄金、白银和其他贵重金属、珍贵动物及其制品、珍稀植物及其制品、淫秽物品、废物、毒品及国家禁止进出口的其他物品以外的货物、物品。

【行为】1. 行为人违反海关法规，逃避海关监管。"违反海关法规"，指违反我国《海关法》《进出口关税条例》及其他有关的法律、法规。"逃避海关监管"，指采用藏匿、隐瞒、伪报等方式蒙混过关，或者从不设关的国（边）境上进出绕关，躲避海关监督、管理和检查。

2. 本罪的行为方式具体包括以下内容：①未经国务院或国务院授权的部门批准，不经过设立海关的地点，非法运输、携带国家禁止或限制进出口的货物、物品或者依法应当缴纳关税的货物、物品进出国（边）境的。②虽然通过设立海关的地点进出国（边）境，但采取隐匿、

---

[1] 参见中华人民共和国最高人民法院刑事审判第一、二、三、四、五庭主办：《刑事审判参考（2013 年第 2 集·总第 91 集）》，法律出版社 2014 年版。

伪装、假报等欺骗手段，逃避海关监管、检查，非法盗运、偷带或者非法邮寄国家禁止或限制进出口的货物、物品或者依法应当缴纳关税的货物、物品的。③未经国务院批准或者海关许可并补缴关税，擅自将批准进口的来料加工、来件配装、补偿贸易的原材料、零部件、制成品、设备等保税货物或者海关监管的其他货物、进境的海外运输工具等，非法在境内销售牟利的。根据《办理走私刑案解释》（2014）第19条，"保税货物"，是指经海关批准，未办理纳税手续进境，在境内储存、加工、装配后应予复运出境的货物，包括通过加工贸易、补偿贸易等方式进口的货物，以及在保税仓库、保税工厂、保税区或者免税商店内等储存、加工、寄售的货物。④假借捐赠名义进口货物、物品，或者未经海关许可并补缴关税，擅自将减税、免税进口捐赠货物、物品或者其他特定减税、免税进口用于特定企业、特定地区、特定用途的货物、物品，非法在境内销售牟利的。⑤直接向走私人非法收购国家禁止进口物品的，或者直接向走私人非法收购走私进口的其他货物、物品，数额较大的。⑥在内海、领海、界河、界湖运输、收购、贩卖国家禁止进出口的物品，或者没有合法证明，在内海、领海、界河、界湖运输、收购、贩卖国家限制进出口的货物、物品的。"内海"，包括内河的入海口水域。

【结果】个人走私货物、物品"偷逃应缴税额较大"或者"一年内曾因走私被给予二次行政处罚后又走私的"，成立犯罪。《办理走私刑案解释》（2014）第16、18、24条规定：走私普通货物、物品，偷逃应缴税额在10万元以上不满50万元的，应当认定为"偷逃应缴税额较大"。单位犯走私普通货物、物品罪，偷逃应缴税额在20万元以上不满100万元的，应当依照《刑法》第153条第2款的规定，对单位判处罚金，并对其直接负责的主管人员和其他直接责任人员，处3年以下有期徒刑或者拘役。"应缴税额"，包括进出口货物、物品应当缴纳的进出口关税和进口环节海关代征税的税额。应缴税额以走私行为实施时的税则、税率、汇率和完税价格计算；多次走私的，以每次走私行为实施时的税则、税率、汇率和完税价格逐票计算；走私行为实施时间不能确定的，以案发时的税则、税率、汇率和完税价格计算。

【主观】故意犯，"明知"自己走私。根据《办理走私刑案意见》（2002）第5条，"明知"是指行为人知道或者应当知道所从事的行为是走私行为。具有下列情形之一的，可以认定为"明知"，但有证据证明确属被蒙骗的除外：①用特制的设备或者运输工具走私货物、物品的；②未经海关同意，在非设关的码头运输、收购非法进出境货物、物品的；③提供虚假的合同、发票、证明等商业单证委托他人办理通关手续的；④以明显低于货物正常进（出）口的应缴税额委托他人代理进（出）口业务的。

如果由于行为人不了解海关监管制度，或者由于疏忽漏报、错报关税，确实不知走私的，不成立本罪。

【练习】甲、乙、丙是A有限责任公司的经理、副经理，为了公司盈利，他们逃避海关监管，以公司名义非法进口原油数百万吨，偷逃应缴税额共计2000余万元，并且还夹带大量管制刀具和仿真枪支等。为使本公司赚取尽可能多的走私收入，甲、乙、丙等人还与其他公司签订代理出口协议，利用虚开增值税专用发票，虚假报关凭证，虚假结汇税单向某国税局申报出口退税，共为公司获取退税金500余万元，并先后给提供方便的有关官员送去80万元。本案行为构成何罪？

答：①走私普通货物罪、骗取出口退税罪、单位行贿罪。②都是单位行为，成立单位犯罪，对A有限责任公司判处罚金，对直接责任人甲、乙、丙判处刑罚。③数罪并罚。

【加重犯】根据《办理走私刑案解释》（2010）第16条，《刑法》第153条之"偷逃应缴税额巨大"指50万元以上不满250万元；"偷逃应缴税额特别巨大"指250万元以上。

走私普通货物、物品，具有下列情形之一，偷逃应缴税额在30万元以上不满50万元的，应当认定为《刑法》第 153 条的"其他严重情节";偷逃应缴税额在 150 万元以上不满 250 万元的,应当认定为"其他特别严重情节":①犯罪集团的首要分子;②使用特种车辆从事走私活动的;③为实施走私犯罪,向国家机关工作人员行贿的;④教唆、利用未成年人、孕妇等特殊人群走私的;⑤聚众阻挠缉私的。

根据《办理走私刑案解释》(2010)第 24 条,单位犯走私普通货物、物品罪,偷逃应缴税额在 20 万元以上不满 100 万元的,应当依照《刑法》第 153 条第 2 款的规定,对单位判处罚金,并对其直接负责的主管人员和其他直接责任人员,处 3 年以下有期徒刑或者拘役;偷逃应缴税额在 100 万元以上不满 500 万元的,应当认定为"情节严重";偷逃应缴税额在 500 万元以上的,应当认定为"情节特别严重"。

(二) 适用

【定罪】小额多次走私的定罪。《刑法修正案(八)》将小额多次走私行为纳入了刑事打击范畴,第 27 条规定:"一年内曾因走私被给予二次行政处罚后又走私"的,成立本罪。《办理走私刑案解释》(2010)第 17 条规定,"一年内"应以因走私第一次受到行政处罚的生效之日与"又走私"行为实施之日的时间间隔计算确定。需要注意的是:被处罚人不服行政处罚的,可提起行政复议或诉讼,但不影响行政处罚的生效执行,故通常情况下可直接根据处罚决定是否送达来认定行政处罚是否生效;[1] 已受行政处罚的走私行为的对象不受普通货物、物品的限制,但是"又走私"行为的对象必须是普通货物、物品。

【既遂】根据《办理走私刑案解释》(2010)第 23 条,实施走私犯罪,具有下列情形之一的,应当认定为犯罪既遂:①在海关监管现场被查获的。海关监管现场包括既包括通关场所,也包括绕关场所,不管是通关还是绕关走私,凡是在海关监管现场被查获的,均按犯罪既遂处理。海关监管现场不仅包括海关监管区(例如海关查验关口、专设的监管货场),也包括其他海关有权执法的地域空间;②以虚假申报方式走私,申报行为实施完毕的。"实施完毕"的判断不受是否进入查验环节、查验是否通过的影响,且实施申报行为与海关监管现场被查获的时间不具有同步性和必然的先后顺序,申报行为尚未实施完毕即在海关监管现场被查获的,同样应认定为走私既遂;③以保税货物或者特定减税、免税进口的货物、物品为对象走私,在境内销售的,或者申请核销行为实施完毕的。

应注意:①实际牟利不影响既遂、未遂的认定,牟利系后续走私犯罪的主观目的要件而非客观要件。②不要求销售行为实行完毕或者完成货物、物品的交付。③"申请核销行为"不以实际骗取核销为条件。

【案例】　　　　　**上海华源依龙实业发展公司等走私普通货物案**[2]

上海华源伊龙实业发展公司以及被告人濮仪清等违反海关规定,逃避海关监管,未经海关许可并且未补缴应缴税款,擅自将一千余吨批准进口加工的涤纶短纤在境内非法销售,偷逃应缴税额共计 338 万余元,法院认定单位及个人均构成走私普通货物罪。

【关联罪】走私限制进出口物品的定性。

1. 经许可进出口限制进出口物品偷逃关税的,属于单纯"涉税"的走私案,以走私普通货物、物品罪定性。

---

[1] 裴显鼎等:"《关于办理走私刑事案件适用法律若干问题的解释》的理解与适用",载《人民司法》2015 年第 3 期。

[2] 参见中华人民共和国最高人民法院刑事审判第一庭、第二庭编:《刑事审判参考(2003 年第 6 辑·总第 35 辑)》,法律出版社 2004 年版。

2. 根据《办理走私刑案解释》(2010) 第21条，如果未经许可（"逃证"）进出口国家限制进出口的货物、物品，依照《刑法》第151条、第152条以走私国家禁止进出口的货物、物品罪等罪名定罪处罚。禁止进出口货物、物品包括绝对禁止和相对禁止两种。司法解释在此将"限制"进出口物品视为"相对禁止"进出口物品。例如，部分驯养繁殖的野生动植物及其制品在经国务院行政主管部门批准并取得证明书的情况下可以合法进出口的，但是如果未经国家有关部门批准，并取得相应进出口证明的，则属于走私国家禁止进出口物品性质。使用他人许可证进出口国家限制进出口的货物、物品的，应认定为未经许可走私国家禁止进出口货物、物品。如果该"逃证"走私"限制"进出口物品行为同时偷逃应缴税额（逃税）的，又构成走私普通货物、物品罪的，即"逃证又逃税"，依照处罚较重的规定定罪处罚。

3. 取得许可，但超过许可数量进出口国家限制进出口的货物、物品，构成犯罪的，依照《刑法》第153条的规定，以走私普通货物、物品罪定罪处罚。

【练习】甲逃避海关监管，使用大货柜车走私进口豪华整装汽车10辆，并在汽车中还藏匿有手枪10支、海洛因1000克、淫秽光盘20箱、假币20箱、黄金50公斤、一级文物3件，甲构成何罪？

答：走私普通货物、物品罪，走私武器弹药罪，走私毒品罪，走私假币罪，走私淫秽物品罪。

【案例】**宋世璋在代理转口贸易中未如实报关的行为无罪案**[1]

管道公司向劳雷公司订购了8套价值共42.7万美元的"气动管线夹"（需由美国经中国再转运至苏丹），并委托中海贸公司办理该批货物的转口手续，与该公司经理宋世璋签订了委托代理合同、购货合同，约定：劳雷公司货运时间为3月23日前；中海贸公司在交付日30日前开具信用证。因劳雷公司推迟至4月上旬交货，宋世璋遂向中国农业银行申请将信用证交货时间由3月23日变更为4月5日。其间，宋世璋在中国海外贸易总公司低报货物价值，办理了价值6.4万美元的机电产品进口审批手续，后又伪造了货物价值为6.4万美元的供货合同及发票，并委托华捷国际货运代理公司办理报关手续和负责在北京提货及运至天津新港再转口到苏丹的事宜。在办理报关过程中，宋世璋按6.4万美元的货物价值缴纳了进口关税、代扣增值税共计人民币240 000余元。检察院以中海贸公司、宋世璋走私普通货物罪起诉，法院认定无罪。

裁判要旨：在代理转口贸易中未如实报关的行为不构成走私普通货物罪。因为货物转口不需交纳税费，对国家也不产生税赋，也未给国家税赋造成损失，行为人主观认识上对此存在错误，继而采取不法手段少交税款，该行为不符合本罪"偷逃应缴关税税额较大"的要求，仅应受行政处罚。

第三节 妨害对公司、企业的管理秩序罪

本类犯罪的疑难点主要是区分由"身份"产生的界限问题：①非国家工作人员受贿罪与受贿罪的区别；对非国家工作人员行贿罪与行贿罪的区别。②签订履行合同失职被骗罪，国有公司、企业、事业单位人员失职罪与有关渎职罪的区别。区别要点是身份不同。此外，为亲友非法牟利罪，非法经营同类营业罪，国有公司、企业、事业单位人员失职罪，签订履行合同失

---

[1] 参见最高人民法院刑事审判第一庭、第二庭编：《刑事审判参考（2003年第6辑·总第35辑）》，法律出版社2004年版。

职被骗罪的主体存在细微差别，应予注意。本节大多数犯罪的主体均包含单位，如无特殊说明，单位犯本罪的，对单位判处罚金，并对其直接负责的主管人员和其他直接责任人员，依照上述规定处罚。

一、虚报注册资本罪

（一）构成要件·法定刑

《刑法》第158条　申请公司登记使用虚假证明文件或者采取其他欺诈手段虚报注册资本，欺骗公司登记主管部门，取得公司登记，虚报注册资本数额巨大、后果严重或者有其他严重情节的，处3年以下有期徒刑或者拘役，并处或者单处虚报注册资本金额1%以上5%以下罚金。

单位犯前款罪的，对单位判处罚金，并对其直接负责的主管人员和其他直接责任人员，处3年以下有期徒刑或者拘役。

【定义】申请公司登记时，使用虚假证明文件或者采取其他欺诈手段，为注册资本实缴制的公司虚报注册资本，欺骗公司登记主管部门，取得公司登记，虚报注册资本数额巨大，后果严重或者有其他严重情节的行为。

【客体】公司的登记管理制度。

【行为】本罪的行为包含以下三个要素：

1. 为法定的注册资本实缴制公司虚报注册资本。因为《公司法》将一般公司的注册资本"实缴"登记制改为"认缴"登记制，取消注册资本最低限额制度和缴足出资的期限规定。据此，全国人大常委会《第158、159条解释》（2014）规定："刑法第158条、第159条的规定，只适用于依法实行注册资本实缴制的公司。"

注册资本实缴制公司，指公司法规定设定注册资本最低限额以及缴足出资额的期限等的公司，如金融机构、准金融机构的企业、募集设立的股份有限公司、直销企业、对外劳务合作企业、劳务派遣企业等法律、行政法规和国务院规定的27类企业。

2. 申请公司登记，使用虚假的证明文件或者采取其他欺诈手段虚报注册资本，欺骗公司登记主管部门。虚报注册资本，既包括没有达到注册资本实缴的法定数额而虚报达到法定实缴数额，也包括虽达到法定实缴数额而虚报具有更高实缴数额的情形。

3. 已经取得公司登记，即已被公司登记机关批准登记注册并已发给营业执照。未取得登记并获发营业执照的，不成立本罪。

【罪量】成立本罪必须要求虚报注册资本数额巨大、后果严重或者有其他严重情节。其具体认定标准，根据《立案标准（二）》（2010）第3条，是指具备以下情形之一：①超过法定出资期限，实缴注册资本不足法定注册资本最低限额，有限责任公司虚报数额在30万元以上并占其应缴出资数额60%以上的，股份有限公司虚报数额在300万元以上并占其应缴出资数额30%以上的；②超过法定出资期限，实缴注册资本达到法定注册资本最低限额，但仍虚报注册资本，有限责任公司虚报数额在100万元以上并占其应缴出资数额60%以上的，股份有限公司虚报数额在1000万元以上并占其应缴出资数额30%以上的；③造成投资者或者其他债权人直接经济损失累计数额在10万元以上的；④虽未达到上述数额标准，但具有下列情形之一的：一是2年内因虚报注册资本受过行政处罚2次以上，又虚报注册资本的；二是向公司登记主管人员行贿的；三是为进行违法活动而注册的。⑤其他后果严重或者其他严重的情节。

【主观】故意。

（二）适用

【定罪】对认缴登记制的公司，不再依照《刑法》第158、159条的规定追究刑事责任。

对于认缴登记制公司而言，没有违反公司法有关注册资本的规定，当然不构成犯罪。

【关联罪】1. 虚报注册资本罪与抽逃出资罪的区别：①主要看是否为了骗取公司登记、变更登记。虚报注册资本从公司登记主管部门骗取公司登记（成立或注册资本数）的，是虚报注册资本罪；从已经注册登记的公司账户上抽走资金的，是抽逃出资罪。实践中常遇到申请公司登记人根本没有资金也不打算实际出资，而是由办理公司登记的中介机构代办登记并"垫资"，取得公司登记后立即由中介机构收回。这种行为的实质是虚假出资。②在公司成立并经营一段时间后，为了增加注册资本而进行变更登记，在新的营业执照签发前抽回出资的，其实质是注册资本没有到位，因此不构成抽逃出资罪，应以虚报注册资本罪论处。例如，在孙凤娟等虚报注册资本案[1]中，孙凤娟在公司成立后、因增资 1500 万元而进行变更登记并获得新营业执照之前，抽逃出资达 370 万元，法院认定其构成虚报注册资本罪。

2. 虚报注册资本罪与虚假出资罪的区别：①虚报注册资本罪侵犯的客体是工商行政管理登记制度，虚假出资罪侵犯的客体是公司出资制度。两罪所侵害的法益也存在一定区别：虚报注册资本罪使潜在债权人的利益受到威胁；而虚假出资罪则不仅将潜在债权人的利益置于危险之中，同时还侵犯公司其他股东的实际利益。②虚报注册资本是公司整体行为，具有对外欺骗性，欺骗对象指向公司之外的登记管理部门；而虚假出资为公司发起人、股东的个人行为，具有对内欺骗性。③虚报注册资本行为的目的在于非法取得公司登记；虚假出资行为的目的则在于通过少出资或不出资的方式谋取利益。例如，卜毅冰虚报注册资本案[2]中，卜毅冰委托中介公司代为垫资 500 万元骗取公司登记，法院认定其构成虚报注册资本罪。

【共犯】承担资产评估、验资、验证、会计、审计、法律服务等职责的中介组织人员与申请公司登记的单位或者个人相通谋，故意提供虚假证明文件，欺骗公司登记主管部门，取得公司登记的，以共犯论处。

二、虚假出资、抽逃出资罪

（一）构成要件·法定刑

《刑法》第 159 条　　公司发起人、股东违反公司法的规定未交付货币、实物或者未转移财产权，虚假出资，或者在公司成立后又抽逃其出资，数额巨大、后果严重或者有其他严重情节的，处 5 年以下有期徒刑或者拘役，并处或者单处虚假出资额或者抽逃出资金额 2% 以上 10% 以下罚金。

单位犯前款罪的，对单位判处罚金，并对其直接负责的主管人员和其他直接责任人员，处 5 年以下有期徒刑或者拘役。

【定义】法定注册资本实缴制公司发起人、股东违反公司法的规定未交付货币、实物或者未转移财产权，虚假出资，或者在公司成立后又抽逃出资，数额巨大、后果严重或者有其他严重情节的行为。

【客体】公司的出资管理制度及公司、其他股东和债权人的合法权益。

【行为】包含以下两个要素：其一，限于法定的注册资本实缴制公司虚假出资或抽逃资金；其二，实施了违反公司法的规定，未交付货币、实物或者未转移财产权，虚假出资，或者在公司成立后又抽逃其出资的行为。具体包括两种行为方式：①虚假出资。虚假出资可以是弄

---

[1] 参见中华人民共和国最高人民法院中国应用法学研究所编：《人民法院案例选（2005 年第 1 辑·总第 51 辑）》，人民法院出版社 2005 年版。
[2] 参见中华人民共和国最高人民法院刑事审判第一、二、三、四、五庭主办：《刑事审判参考（2012 年第 3 集·总第 86 集）》，法律出版社 2012 年版。

虚作假根本不出资,也可以是不按规定足额出资。②抽逃出资。即在公司成立后又违反法律规定,不经过登记机关批准,撤出其出资的行为。

【罪量】本罪成立要求虚假出资、抽逃出资的数额巨大,后果严重或者有其他严重情节。根据《立案标准(二)》(2010)第4条,主要是指下列情况之一:①超过法定出资期限,有限责任公司股东虚假出资数额在30万元以上并占其应缴出资数额60%以上的,股份有限公司发起人、股东虚假出资数额在300万元以上并占其应缴出资数额30%以上的;②有限责任公司股东抽逃出资数额在30万元以上并占其实缴出资数额60%以上的,股份有限公司发起人、股东抽逃出资数额在300万元以上并占其实缴出资数额30%以上的;③造成公司、股东、债权人的直接经济损失累计数额在10万元以上的;④虽未达到上述数额标准,但具有下列情形之一的:致使公司资不抵债或者无法正常经营的;公司发起人、股东合谋虚假出资、抽逃出资的;2年内因虚假出资、抽逃出资受过行政处罚2次以上,又虚假出资、抽逃出资的;利用虚假出资、抽逃出资所得资金进行违法活动的。⑤其他后果严重或者有其他严重情节的情形。

【主观】故意。

(二) 适用

【定罪】根据立法解释,《刑法》第159条的规定只适用于依法实行注册资本实缴制的公司。对认缴登记制的公司,不再依照《刑法》第159条定罪处罚。

三、欺诈发行股票、债券罪

《刑法》第160条　在招股说明书、认股书、公司、企业债券募集办法中隐瞒重要事实或者编造重大虚假内容,发行股票或者公司、企业债券,数额巨大、后果严重或者有其他严重情节的,处5年以下有期徒刑或者拘役,并处或者单处非法募集资金金额1%以上5%以下罚金。

单位犯前款罪的,对单位判处罚金,并对其直接负责的主管人员和其他直接责任人员,处5年以下有期徒刑或者拘役。

【定义】在招股说明书、认股书、公司、企业债券募集办法中隐瞒重要事实或者编造重大虚假内容,发行股票或者公司、企业债券,数额巨大、后果严重或者有其他严重情节的行为。

【客体】公司、企业的股票、债券发行管理制度及公司、企业、股东和债权人的合法权益。

【主体】既可以是自然人,也可以是单位。但个人犯本罪只能是在公司、企业设立阶段;公司、企业登记成立后,犯罪主体只能是公司、企业。

【行为】在招股说明书、认股书、公司、企业债券募集办法中隐瞒重要事实或者编造重大虚假内容,发行股票或者公司、企业债券。

【罪量】行为人发行的股票或者公司、企业债券必须数额巨大、后果严重或者有其他严重情节。对于数额巨大、后果严重或有其他严重情节的认定,根据《立案标准(二)》(2010)第5条,主要指下列情形之一:①发行数额在500万元以上的;②伪造、变造国家机关公文、有效证明文件或者相关凭证、单据的;③利用募集的资金进行违法活动的;④转移或者隐瞒所募集资金的;⑤其他后果严重或者有其他严重情节的情形。

【主观】故意。

四、违规披露、不披露重要信息罪

《刑法》第161条　依法负有信息披露义务的公司、企业向股东和社会公众提供虚假的或者隐瞒重要事实的财务会计报告,或者对依法应当披露的其他重要信息不按照规定披露,严重损害股东或者其他人利益,或者有其他严重情节的,对其直接负责的主管人员和其他直接责任人员,处3年以下有期徒刑或者拘役,并处或者单处2万元以上20万元以下罚金。

【定义】依法负有信息披露义务的公司、企业向股东和社会公众提供虚假的或者隐瞒重要事实的财务会计报告，或者不按照规定披露依法应当披露的其他重要信息，严重损害股东和其他人利益，或者有其他严重情节的行为。[1]

【客体】国家对于公司、企业信息披露的管理制度和股东及其他人的权益。

【主体】依法负有信息披露义务的"公司、企业"，包括股票发行人、上市公司，公司、企业债券上市交易的公司、企业，银行、基金管理人、基金托管人和其他信息披露义务人。本罪属于单位犯罪，实行"单罚"制，即处罚直接负责的主管人员和其他直接责任人。原因在于：如果处罚公司、企业，将进一步损害作为被害人的股东和一般投资者的利益。

【行为】两种行为方式：①提供虚假的或者隐瞒重要事实的财务会计报告；②对依法应当披露的其他重要信息不按照规定披露。

【罪量】实施前述行为且具有"严重损害股东或者其他人利益"或者"有其他严重情节"之一的，可构成犯罪。因此，如果实施违规披露或不披露的行为方式十分严重的，即使没有发生严重损害他人利益的结果，也可以成立犯罪。这体现在有关的指导判例中：

【案例】　　　　　　　　于在青违规不披露重要信息案[2]

时任琼花公司法定代表人、董事长的于在青以公司名义，为明显不具有清偿能力的控股股东提供 16 035 万元的担保，占公司净资产的 101.29%。其中，连续 12 个月的担保累计金额达到 12 005 万元，占公司净资产的 75.83%。江苏琼花对上述担保事项未按规定履行临时公告披露义务，也连续 3 年未在年报中披露。虽然公司违规不披露重要信息的行为未对股东和社会公众造成具体的经济损失，但法院根据上述情节认定其构成违规不披露重要信息罪。

根据《立案标准（二）》（2010）第 6 条，应予立案追诉的违规披露、不披露重要信息，包括下列情形：①造成股东、债权人或者其他人直接经济损失数额累计在 50 万元以上的；②虚增或者虚减资产达到当期披露的资产总额 30% 以上的；③虚增或者虚减利润达到当期披露的利润总额 30% 以上的；④未按规定披露的重大诉讼、仲裁、担保、关联交易或者其他重大事项所涉及的数额或者连续 12 个月的累计数额占净资产 50% 以上的；⑤致使公司发行的股票、公司债券或者国务院依法认定的其他证券被终止上市交易或者多次被暂停上市交易的；⑥致使不符合发行条件的公司、企业骗取发行核准并且上市交易的；⑦在公司财务会计报告中将亏损披露为盈利，或者将盈利披露为亏损的；⑧多次提供虚假的或者隐瞒重要事实的财务会计报告，或者多次对依法应当披露的其他重要信息不按照规定披露的；⑨其他严重损害股东、债权人或者其他人利益，或者有其他严重情节的。

【主观】故意。

五、妨害清算罪

（一）构成要件·法定刑

《刑法》第 162 条　公司、企业进行清算时，隐匿财产，对资产负债表或者财产清单作虚伪记载或者在未清偿债务前分配公司、企业财产，严重损害债权人或者其他人利益的，对其直接负责的主管人员和其他直接责任人员，处 5 年以下有期徒刑或者拘役，并处或者单处 2 万元以上 20 万元以下罚金。

【定义】妨害清算罪，是指公司、企业进行清算时，隐匿财产，对资产负债表或者财产清

---

[1] 本罪经《刑法修正案（六）》修正，取消原"提供虚假财会报告罪"罪名。
[2] 中华人民共和国最高人民法院刑事审判第一、二、三、四、五庭主办：《刑事审判参考（2013 年第 1 集·总第 90 集）》，法律出版社 2013 年版。

单作虚伪记载或者在未清偿债务前分配公司、企业财产，严重损害债权人或者其他人利益的行为。

【客体】复杂客体，既侵犯了公司、企业的清算管理制度，也侵犯了债权人或者其他人的利益。

【主体】公司、企业的直接负责的主管人员和其他直接责任人员。本罪属于单位犯罪，实行"单罚"制。

【行为】1. 行为必须发生在公司、企业的清算财产过程中。清算，是指清理公司、企业尚未了结的事务，以保证公司、企业归于消灭的程序。

2. 实施了三种行为之一：①隐匿公司、企业财产；②对资产负债表或者财产清单作虚假记载；③在清偿债务前分配公司、企业财产。但本罪行为不包括集体私分国有资产的情况，如果集体私分国有资产的，应当以集体私分国有资产罪论处。

【罪量】本罪要求严重损害债权人或者其他人的利益才能构成犯罪，在公司清算过程中，实施擅自处理、转移库存及代销物资或拒绝移交账单等行为，若没有损害到相关债权人及其他利害关系人利益的，不构成本罪。

【案例】　　　　　　　　　沈卫国等挪用资金、妨害清算案[1]

沈卫国等 3 名被告人在清算小组进驻分公司并进行限制经营及作出关闭决定期间，将分公司的库存物资以退货等形式擅自转移至他公司，因属债权债务共同移转，公司财产、债权人及其他利害关系人利益未受损失、损害。二审法院认定沈卫国等人不构成妨害清算罪。

根据《立案标准（二）》（2010）第 7 条，妨害清算罪包括下列情形：①隐匿财产价值在 50 万元以上的；②对资产负债表或者财产清单作虚伪记载涉及金额在 50 万元以上的；③在未清偿债务前分配公司、企业财产价值在 50 万元以上的；④造成债权人或者其他人直接经济损失数额累计在 10 万元以上的；⑤虽未达到上述数额标准，但应清偿的职工的工资、社会保险费用和法定补偿金得不到及时清偿，造成恶劣社会影响的；⑥其他严重损害债权人或者其他人利益的情形。

【主观】故意。

（二）适用

【练习】某国有企业因长期经营不善，资不抵债，其债权人 A 公司依法向人民法院申请破产。在破产清算时，该国有企业领导常某为照顾其弟任经理的业务单位 B 公司，以本单位一台价值 20 万元的轿车和一台价值 70 万元的精密机床为本单位欠 B 公司的一笔 90 万元贷款设定抵押，并且在财产清单上作虚假记录，将抵押的时间提前到破产清算前，从而使 B 公司不必进入破产程序得到上述轿车和机床。常某的行为属于妨害清算罪。

六、隐匿、故意销毁会计凭证、会计账簿、财务会计报告罪

《刑法》第 162 条之一　　隐匿或者故意销毁依法应当保存的会计凭证、会计账簿、财务会计报告，情节严重的，处 5 年以下有期徒刑或者拘役，并处或者单处 2 万元以上 20 万元以下罚金。

单位犯前款罪的，对单位判处罚金，并对其直接负责的主管人员和其他直接责任人员，依照前款的规定处罚。

【定义】隐匿或者故意销毁依法应当保存的会计凭证、会计账簿、财务会计报告，情节严

---

[1] 中华人民共和国最高人民法院刑事审判第一、二、三、四、五庭主办：《刑事审判参考（2013 年第 6 集·总第 95 集）》，法律出版社 2014 年版。

重的行为。

【客体】公司、企业的财会管理制度。

【主体】既可以是自然人，也可以是单位，但不限于公司、企业，所有依照会计法的规定办理会计事务的国家机关、社会团体、公司、企业、事业单位等组织和个人，均可成为本罪的主体。

【对象】依法应当保存的会计凭证、会计账簿、财务会计报告。会计凭证，是指会计核算中用以记录经济业务，明确经济责任并作为记账依据的书面证明，包括原始凭证与记账凭证。会计账簿是全面、连续、系统地记录并反映会计要素变动和经营过程及其结果的重要工具，是编制会计报表的依据，包括序时账簿、分类账簿和备查账簿。财务会计报告是提供企业财务状况、经营状况及其他相关信息并予以分析说明的书面报告，包括正规格式的会计报表和无正规格式的财务情况说明书等。会计凭证、会计账簿、财务会计报告都是记录、反映企业财务状况的重要资料。

【行为】隐匿或者销毁。"隐匿"，是指妨害他人依法发现会计凭证、会计账簿、财务会计报告的一切行为。《会计法》第32条规定，政府财政部门可以要求有关人员交出会计凭证、会计账簿、财务会计报告。"销毁"，是指灭失会计凭证、会计账簿、财务会计报告效用的一切行为。

【罪量】"情节严重"，根据《立案标准（二）》（2010）第8条，指下列情形之一：①隐匿、销毁的会计凭证、会计账簿、财务会计报告涉及金额在50万元以上的；②依法应当向司法机关、行政机关、有关主管部门等提供而隐匿、故意销毁或者拒不交出会计凭证、会计账簿、财务会计报告的；③其他情节严重的情形。

【主观】故意。过失不构成本罪。从条文的表述来看，刑法只要求"销毁"行为是出于故意，"隐匿"不限于故意。而实际上，隐匿行为必须也只能是出于故意，因此，刑法条文没有予以强调。但实践中可能存在过失销毁的情况，立法者为了提醒司法者不要将过失销毁的行为也当作本罪处理，所以在"销毁"之前加上"故意"这一注意规定，提醒司法机关只追究故意销毁行为的刑事责任。

七、虚假破产罪

这是《刑法修正案（六）》增补的罪名。修订的动因是"针对在经济活动中出现的采用隐匿、转移财产等欺骗手段，搞假破产、真逃债，严重损害债权人利益"[1]的情形，为维护市场经济秩序，特增加规定虚假破产罪。

（一）构成要件·法定刑

《刑法》第162条之二　公司、企业通过隐匿财产、承担虚构的债务或者以其他方法转移、处分财产，实施虚假破产，严重损害债权人或者其他人利益的，对其直接负责的主管人员和其他直接责任人员，处5年以下有期徒刑或者拘役，并处或者单处2万元以上20万元以下罚金。

【定义】公司、企业通过隐匿财产、承担虚构的债务或者以其他方法转移、处分财产，实施虚假破产，严重损害债权人或者其他人利益的行为。

【客体】公司、企业破产的管理秩序和债权人及相关人员的合法权益。

【主体】公司、企业，是纯正的单位犯罪。对犯罪单位实行"单罚"制，即只处罚直接负

---

[1] 全国人大常委会法制工作委员会副主任安建2005年12月24日在第十届全国人民代表大会常务委员会第十九次会议上《关于〈中华人民共和国刑法修正案（六）（草案）〉的说明》。

责的主管人员和其他直接责任人。

【行为】使用弄虚作假的欺骗手法转移、处分财产,如隐匿财产、承担虚构的债务等。

【罪量】"严重损害了债权人或其他人利益"。根据《立案标准(二)》(2010)第9条,虚假破产有下列情形之一的应予立案追诉:①隐匿财产价值在50万元以上的;②承担虚构的债务涉及金额在50万元以上的;③以其他方法转移、处分财产价值在50万元以上的;④造成债权人或者其他人直接经济损失数额累计在10万元以上的;⑤虽未达到上述数额标准,但应清偿的职工的工资、社会保险费用和法定补偿金得不到及时清偿,造成恶劣社会影响的;⑥其他严重损害债权人或其他人利益的情形。

【主观】故意,即故意地进行虚假破产来逃避债务、损害债权人利益。

(二)适用

【关联罪】本罪与妨害清算罪区别的要点在于:是否进入清算程序。[1] 公司、企业因破产进入清算程序以后非法隐匿、转移、分配财产损害债权人利益的,是妨害清算性质;在进入破产程序之前,非法隐匿、转移、分配财产损害债权人利益的,是虚假破产性质。《企业破产法》第30条规定:"破产申请受理时属于债务人的全部财产,以及破产申请受理后至破产程序终结前债务人取得的财产,为债务人财产。"第33条规定:"涉及债务人财产的下列行为无效:①为逃避债务而隐匿、转移财产的;②虚构债务或者承认不真实的债务的。"破产申请被法院受理应认为是进入破产程序,本罪的虚假破产行为应限定发生在"破产申请被法院受理"之前。

八、非国家工作人员受贿罪

(一)构成要件·法定刑

《刑法》第163条 公司、企业或者其他单位的工作人员利用职务上的便利,索取他人财物或者非法收受他人财物,为他人谋取利益,数额较大的,处5年以下有期徒刑或者拘役;数额巨大的,处5年以上有期徒刑,可以并处没收财产。

公司、企业或者其他单位的工作人员在经济往来中,利用职务上的便利,违反国家规定,收受各种名义的回扣、手续费,归个人所有的,依照前款的规定处罚。

国有公司、企业或者其他国有单位中从事公务的人员和国有公司、企业或者其他国有单位委派到非国有公司、企业以及其他单位从事公务的人员有前两款行为的,依照本法第385条、第386条的规定定罪处罚。

【定义】公司、企业或者其他单位的工作人员利用职务上的便利,索取他人财物或者非法收受他人财物,为他人谋取利益,数额较大的行为。《刑法修正案(六)》修改了原罪名"公司、企业人员受贿罪",将其他单位的工作人员纳入犯罪主体,更名为"非国家工作人员受贿罪"。

【客体】公司、企业或者其他单位的正常管理活动和职务行为的廉洁性。

【主体】公司、企业或者其他单位的工作人员。根据《办理商业贿赂刑案意见》(2008)和《刑法》第163、164条的规定,"其他单位"既包括事业单位、社会团体、村民委员会、居民委员会、村民小组等常设性的组织,也包括为组织体育赛事、文艺演出或者其他正当活动而成立的组委会、筹委会、工程承包队等非常设性的组织。"公司、企业或者其他单位的工作人员",包括国有公司、企业以及其他国有单位中的非国家工作人员。

---

[1] 黄太云:"《中华人民共和国刑法修正案(六)》的理解与适用",载中华人民共和国最高人民法院刑事审判第一、二、三、四、五庭主办:《刑事审判参考(2006年第4集·总第51集)》,法律出版社2006年版。

【行为】①利用职务上的便利。利用职务上的便利，是指行为人利用自己在公司、企业或者其他单位的职务行为实施危害行为。②索取或者非法收受他人财物。索取，既包括强索硬要，也包括明示或暗示的索要。非法收受，是指违反法律规定被动地接受他人交付的财物。此外，公司、企业或者其他单位的工作人员在经济往来中，违反国家规定，收受各种名义的回扣、手续费，归个人所有的，也属于本罪中的受贿行为。③为他人谋取利益。不论是索取他人财物，还是收受他人财物，都必须为他人谋取利益。这种谋取利益并不要求利益实际实现，只要承诺为其谋取就可以了。该利益是合法还是非法，是物质利益还是非物质利益，以及为他人谋取的利益是否实现，均不影响本罪的成立。根据《办理商业贿赂刑案意见》（2008）第7条，"财物"既包括金钱和实物，也包括可以用金钱计算数额的财产性利益，如提供房屋装修、含有金额的会员卡、代币卡（券）、旅游费用等。具体数额以实际支付的资费为准。

【罪量】索取或非法收受他人财物需达到"数额较大"。根据《办理贪贿案解释》（2016）第11条第1款，按照贪污、受贿罪的2倍执行，即66万以上。

【主观】故意。

【加重犯】"数额巨大"。根据《办理贪贿案解释》（2016）第11条第1款，应按照贪污、受贿罪的5倍执行，即100万以上。

（二）适用

【定罪】本罪中"违反国家规定，收受各种名义的回扣、手续费，归个人所有的"行为与正当业务行为的界限。《反不正当竞争法》第8条规定，经营者不得采用财物或者其他手段进行贿赂以销售或者购买商品。在账外暗中给予对方单位或者个人回扣的，以行贿论处；对方单位或者个人在账外暗中收受回扣的，以受贿论处。经营者销售或者购买商品，可以以明示方式给对方折扣，可以给中间人佣金。经营者给对方折扣、给中间人佣金的，必须如实入账。接受折扣、佣金的经营者必须如实入账。根据该项规定，如果在经济往来中，公司、企业或者其他单位的人员虽然收受了各种名义的折扣、佣金，但如实计入本单位账目的，不能以本罪论处。但对违反规定，账外暗中接受而又归个人所有的，可能成立本罪。

根据《刑法》第184条的规定，银行或者其他金融机构的工作人员（不包括国有金融机构工作人员和国有金融机构委派到非国有金融机构从事公务的人员）在金融业务活动中索取他人财物或者非法收受他人财物，为他人谋取利益的，或者违反国家规定，收受各种名义的回扣、手续费，归个人所有的，依照非国家工作人员受贿罪定罪。

【类型】根据《办理商业贿赂刑案意见》（2008）第5~7条，本罪类型有：①医疗机构中的医务人员，利用开处方的职务便利，以各种名义非法收受药品、医疗器械、医用卫生材料等医药产品销售方财物，为医药产品销售方谋取利益，数额较大的。②学校及其他教育机构中的教师，利用教学活动的职务便利，以各种名义非法收受教材、教具、校服或者其他物品销售方财物，为教材、教具、校服或者其他物品销售方谋取利益，数额较大的。③依法组建的评标委员会、竞争性谈判采购中谈判小组、询价采购中询价小组的组成人员，在招标、政府采购等事项的评标或者采购活动中，索取他人财物或者非法收受他人财物，为他人谋取利益，数额较大的。

【关联罪】本罪与受贿罪区别的要点：主体不同。本罪主体是公司、企业和其他单位的工作人员；受贿罪的主体是国家工作人员。公司、企业或其他单位中从事公务的人员利用职务便利收受请托人财物为请托人谋取利益的，以受贿罪论处。《办理商业贿赂刑案意见》（2008）特别提示：医疗、教育机构中的国家工作人员，在单位的采购活动中利用职务上的便利，非法收受销售方财物，为销售方谋取利益的，以受贿罪定罪处罚。依法组建的评标委员会、竞争性谈判采购中谈判小组、询价采购中询价小组中国家机关或者其他国有单位的代表中的国家工作人员，在招标、政府采购等事项的评标或者采购活动中，非法收受他人财物为他人谋取利益，数额较大的，以受贿罪定罪处罚。

九、对非国家工作人员行贿罪·对外国公职人员、国际公共组织官员行贿罪

《刑法》第164条　为谋取不正当利益，给予公司、企业或者其他单位的工作人员以财物，数额较大的，处3年以下有期徒刑或者拘役，并处罚金；数额巨大的，处3年以上10年以下有期徒刑，并处罚金。

为谋取不正当商业利益，给予外国公职人员或者国际公共组织官员以财物的，依照前款的规定处罚。

单位犯前两款罪的，对单位判处罚金，并对其直接负责的主管人员和其他直接责任人员，依照第一款的规定处罚。

行贿人在被追诉前主动交待行贿行为的，可以减轻处罚或者免除处罚。

（一）对非国家工作人员行贿罪

【定义】为谋取不正当利益，给予公司、企业或者其他单位的工作人员以财物，数额较大的行为。《刑法修正案（六）》及相关罪名规定修改了原罪名"对公司、企业人员行贿罪"，将其他单位的工作人员纳入条文，更名为"对非国家工作人员行贿罪"。

【客体】公司、企业以及其他单位工作人员职务行为的廉洁性。

【主体】一般主体，包括自然人和单位。

【行为】给予公司、企业或者其他单位的工作人员以财物。这里的"给予"，既包括主动提供、交付的行为，也应包括因被索取或者勒索而被动给付的情形。只是在被勒索的情形下应参照《刑法》第389条行贿罪的精神予以认定，即财物给付人未获得不正当利益的，不构成本罪；如获得了不正当利益，则以本罪论处。

【主观】故意，且需有"谋取不正当利益"之目的。根据《办理商业贿赂刑案意见》(2008)第9条，在行贿犯罪中，"谋取不正当利益"，是指行贿人谋取违反法律、法规、规章或者政策规定的利益，或者要求对方违反法律、法规、规章、政策、行业规范的规定提供帮助或者方便条件。在招标投标、政府采购等商业活动中，违背公平原则，给予相关人员财物以谋取竞争优势的，属于"谋取不正当利益"。谋取不正当利益是主观要件，行为人怀此意图行事即可，是否实际得到了不正当利益，不影响犯罪成立。只有在被勒索给予财物时，才以实际获取了不正当利益为要件。

【罪量】"数额较大"，根据《办理贪贿案解释》(2016)第11条第3款，按照行贿罪的"数额较大"2倍掌握，即6万元以上。

【加重犯】"数额巨大"。根据《办理贪贿案解释》(2016)第11条第3款，按照行贿罪的"数额巨大"2倍掌握，即200万元以上。

（二）对外国公职人员、国际公共组织官员行贿罪

【定义】为谋取不正当商业利益，给予外国公职人员或者国际公共组织官员以财物的行为。

《联合国反腐败公约》第16条要求缔约国采取必要的立法将贿赂外国公职人员或者国际公共组织官员的行为规定为犯罪。作为回应，《刑法修正案（八）》新增这一犯罪类型。

【客体】外国公职人员、国际公共组织官员职务的廉洁性以及最大限度地保持公平竞争的

社会主义市场经济秩序。[1]

【对象】①"外国公职人员",根据《联合国反腐败公约》第 2 条之二,"系指外国无论是经任命还是经选举而担任立法、行政、行政管理或者司法职务的任何人员;以及为外国,包括为公共机构或者公营企业行使公共职能的任何人员"。②"国际公共组织官员",根据《联合国反腐败公约》第 2 条之三,"系指国际公务员或者经此种组织授权代表该组织行事的任何人员"。国际公务员"必须具有国际性和独立性的基本特点",对于各成员国政府派遣到国际组织的代表应属于国际公务员,因为他们直接受命于本国政府,且对外代表本国意志,行事的基本原则是维护其本国利益。[2]

【行为】给予外国公职人员或者国际公共组织官员以财物。

【主观】故意,且需有"为谋取不正当商业利益"之目的。"不正当商业利益",根据《联合国反腐败公约》第 16 条,指与进行国际商务有关的商业或者其他不正当好处。"不正当好处",指违反法律法规的利益或便利。参照我国有关司法解释,"不正当商业利益"应当指违反法律、法规、规章、政策规定以及国际组织规章的经济利益,或者外国公务员或国际公共组织官员违反法律、法规、规章、政策、行业规范规定提供的帮助或者方便条件,也包括违背公平、公正原则,在经济活动中谋取竞争优势的情形。

【罪量】根据《办理贪贿案解释》(2016)第 11 条第 3 款,按照行贿罪的 2 倍掌握,即 6 万以上作为追诉数额起点。

根据《立案标准(二)》(2010)第 11 条,单位行贿 20 万元以上的,应予立案追诉。

十、非法经营同类营业罪

《刑法》第 165 条　国有公司、企业的董事、经理利用职务便利,自己经营或者为他人经营与其所任职公司、企业同类的营业,获取非法利益,数额巨大的,处 3 年以下有期徒刑或者拘役,并处或者单处罚金;数额特别巨大的,处 3 年以上 7 年以下有期徒刑,并处罚金。

【定义】国有公司、企业的董事、经理利用职务便利,自己经营或者为他人经营与其所任职公司、企业同类的营业,获取非法利益,数额巨大的行为。

【客体】国有公司、企业的正常管理秩序。

【主体】特殊主体,国有公司、企业的董事、经理。此"国有公司、企业"可扩张至"国家出资企业"。董事、经理,指公司、企业的高层董事、经理。实践中,一些国有公司、企业将其中层管理人员也称作经理,如部门经理、业务经理、项目经理等,有的还被称为科长、处长、部长等,这类系日常称谓,而非法律用语,且其负责的不是整个公司、企业的管理,而是对某一部门、某一项目、某一项业务的管理,其经营、管理权有限,因此,本罪的主体不宜在职务上作出扩大解释。

【案例】**杨文康非法经营同类营业无罪案**[3]

裁判要旨:"国家出资企业董事、经理之外的中层管理人员利用职务便利,将所在公司业务交由以亲属名义设立的公司进行经营的,不构成非法经营同类营业罪。"

【行为】①利用职务上的便利。即利用自己在公司所任职务赋予的职权或者同职务有关的便利条件。②非法经营同类营业的行为。同类的营业,是指与自己所任职公司、企业营业执照

---

[1] 赵龙龙:"对外国公职人员行贿罪探究",载《山西农业大学学报(社会科学版)》2014 年第 10 期。
[2] 赵龙龙:"对外国公职人员行贿罪探究",载《山西农业大学学报(社会科学版)》2014 年第 10 期。
[3] 中华人民共和国最高人民法院刑事审判第一庭、第二庭编:《刑事审判参考(2002 年第 4 辑·总第 27 辑)》,法律出版社 2002 年版。

中确定的经营范围的具体种类全部或部分相同的营业。

【主观】故意，并且具有获取非法利益的目的。

【罪量】获取非法利益"数额巨大"。根据《立案标准（二）》（2010）第12条，是指非法经营同类营业获取非法利益数额在10万元以上的。

十一、为亲友非法牟利罪

《刑法》第166条　国有公司、企业、事业单位的工作人员，利用职务便利，有下列情形之一，使国家利益遭受重大损失的，处3年以下有期徒刑或者拘役，并处或者单处罚金；致使国家利益遭受特别重大损失的，处3年以上7年以下有期徒刑，并处罚金：

（一）将本单位的盈利业务交由自己的亲友进行经营的；

（二）以明显高于市场的价格向自己的亲友经营管理的单位采购商品或者以明显低于市场的价格向自己的亲友经营管理的单位销售商品的；

（三）向自己的亲友经营管理的单位采购不合格商品的。

【定义】国有公司、企业、事业单位的工作人员，利用职务便利，为亲友非法牟利，使国家利益遭受重大损失的行为。

本罪属于国外刑法"背信罪"（或称背任罪）中的一种特殊情形，旧中国刑法对背信罪也有规定。所谓"背信罪"，是指为他人处理事务的人，为谋求自己或第三人的利益，或出于损害委托人利益的目的，违背其任务，致使委托人的财产受到损失的行为。

【客体】国有公司、企业、事业单位的正常管理活动及国家利益。

【主体】国有公司、企业、事业单位的工作人员。此"国有公司、企业"可扩张至"国家出资企业"。

【行为】1. 必须利用了职务上的便利。所谓"利用职务便利"，是指利用自己主管、经管、经营、经手的公司、企业业务的便利。

2. 实施了下列三种行为之一：①将本单位的盈利业务交由自己的亲友经营。这里的盈利业务是指本可盈利的业务，或者说在正常情况下预计显然可以盈利的业务，而不仅指后来一定盈利的业务。②以明显高于市场的价格向自己的亲友经营管理的单位采购商品或者明显低于市场的价格向自己的亲友经营管理的单位销售商品。③向自己的亲友经营管理的单位采购不合格商品。

【主观】故意，并具有为亲友非法牟利的目的。

【罪量】使国家利益遭受重大损失。对于"重大损失"的认定，根据《立案标准（二）》（2010）第13条，是指具有下列情形之一的：①造成国家直接经济损失数额在10万元以上的；②使其亲友非法获利数额在20万元以上的；③造成有关单位破产，停业、停产6个月以上，或者被吊销许可证和营业执照、责令关闭、撤销、解散的；④其他致使国家利益遭受重大损失的情形。

【适用】本罪与非法经营同类营业罪的界限：实践中，有的国有公司、企业的董事、经理利用职务便利，将本单位盈利业务交由其亲友的公司、企业经营，自己也参与经营并从中获取巨大的非法利益，应择一定罪处罚。本罪与非法经营同类营业罪构成要件不同：一为造成损失，二为获利。如只具一项，则以具备者定罪；如两项行为都具备，才定非法经营同类营业罪。本罪中的"将本单位的盈利业务交由自己的亲友进行经营"与非法经营同类营业罪中的"为他人经营"区别如下：行为人实施本罪的目的在于为自己的亲友谋取非法利益，行为人虽然也可能从中得到一定的"报酬"或者"好处费"，但是，该报酬并非直接源于行为人在本单位的具体经营行为，而是其利用职务便利行为所获，属于受贿性质。相比之下，非法经营同类营业罪要求行为人获取的非法利益必须与其利用职务之便实施的经营活动具有直接对应关系，具体表现为经营利润或者经营报酬，且需达到数额巨大。

十二、签订、履行合同失职被骗罪

《刑法》第167条　国有公司、企业、事业单位直接负责的主管人员，在签订、履行合同过程中，因严重不负责任被诈骗，致使国家利益遭受重大损失的，处3年以下有期徒刑或者拘役；致使国家利益遭受特别重大损失的，处3年以上7年以下有期徒刑。

【定义】国有公司、企业、事业单位直接负责的主管人员，在签订、履行合同过程中，因严重不负责任被诈骗，致使国家利益遭受重大损失的行为。损失后果指的是现实的、具体的经济的损失。可能的、间接的、潜在的或者非经济性的损失，一般不能视为此处的损失后果，但不得将虽然损失对象是第三方但最终责任将落到该国有单位的损失理解为间接损失。[1]

【客体】国有公司、企业、事业单位的管理制度及国家利益。

【主体】特殊主体，国有公司、企业、事业单位的直接负责的主管人员。此"国有公司、企业"可扩张至"国家出资企业"。

【行为】①行为发生在签订、履行经济贸易等合同过程中；②因严重不负责任被诈骗，即由于没有履行合同法规定或惯例上所应遵循的最基本的注意义务而被骗。

【主观】过失。

【罪量】致使国家利益遭受重大损失。根据《立案标准（二）》（2010）第14条，是指下列情形之一：①造成国家直接经济损失数额在50万元以上的；②造成有关单位破产、停业、停产6个月以上，或者被吊销许可证和营业执照、责令关闭、撤销、解散的；③金融机构、从事对外贸易经营活动的公司、企业的工作人员严重不负责任，造成100万美元以上外汇被骗购或者逃汇1000万美元以上的；④其他致使国家利益遭受重大损失的情形。"诈骗"，是指对方当事人的行为已经涉嫌诈骗犯罪，不以对方当事人已经被人民法院判决构成诈骗犯罪作为立案追诉的前提。

根据1998年12月29日全国人大常委会《惩治外汇犯罪的决定》第7条的规定，金融机构、从事对外贸易经营活动的公司、企业的工作人员严重不负责任，造成大量外汇被骗购或者逃汇，致使国家利益遭受重大损失的，以本罪定罪处罚。

十三、国有公司、企业、事业单位人员失职罪·国有公司、企业、事业单位人员滥用职权罪

《刑法》第168条　国有公司、企业的工作人员，由于严重不负责任或者滥用职权，造成国有公司、企业破产或者严重损失，致使国家利益遭受重大损失的，处3年以下有期徒刑或者拘役；致使国家利益遭受特别重大损失的，处3年以上7年以下有期徒刑。

国有事业单位的工作人员有前款行为，致使国家利益遭受重大损失的，依照前款的规定处罚。

国有公司、企业、事业单位的工作人员徇私舞弊，犯前两款罪的，依照第1款的规定从重处罚。

（一）国有公司、企业、事业单位人员失职罪

【定义】国有公司、企业的工作人员由于严重不负责任，造成国有公司、企业破产或者严重损失，或者国有事业单位工作人员严重不负责任，致使国家利益遭受重大损失的行为。

---

[1] 中华人民共和国最高人民法院刑事审判第一庭、第二庭：《刑事审判参考（2002年第4辑·总第27辑）》，法律出版社2002年版。

【客体】国有公司、企业、事业单位的管理制度及国家利益。

【主体】国有公司、企业、事业单位的工作人员。这里的工作人员不限于主管人员，而是包括在国有公司、企业、事业单位工作的所有工作人员。《办理国家出资企业中职务犯罪案意见》（2010）第4条第1款指出："国家出资企业中的国家工作人员在公司、企业改制或者国有资产处置过程中严重不负责任或者滥用职权，致使国家利益遭受重大损失的，依照刑法第168条的规定，以国有公司、企业人员失职罪或者国有公司、企业人员滥用职权罪定罪处罚。"此处的"国家出资企业"，根据该意见"包括国家出资的国有独资公司、国有独资企业，以及国有资本控股公司、国有资本参股公司"。是否属于国家出资企业不清楚的，应遵循"谁投资、谁拥有产权"的原则进行界定。企业注册登记中的资金来源与实际出资不符的，应根据实际出资情况确定企业的性质。企业实际出资情况不清楚的，可以综合工商注册、分配形式、经营管理等因素确定企业的性质。

该"意见"之前，按照《审理经济犯罪案座谈会纪要》（2003），"国有公司、企业"指国有独资全资的公司、企业，不包括国有参股控股的公司、企业。该"意见"则以"国家出资企业"概念取代"国有公司、企业"。"意见"相比"纪要"对本节"国有公司、企业"作了扩大解释，由国有独资全资企业扩大到国家出资企业（含国有参股控股企业）。这个主体范围的变化与国有独资全资公司、企业日益减少和国有参股控股公司、企业日益壮大有关。

【行为】行为人严重不负责任，包括两种情形：①不履行职责，即行为人应该履行且能够履行而不履行职责；②不认真履行职责，即行为人虽然履行了一定的职责，但是没有尽到职责义务，做事马虎，草率行事。

【主观】过失。

【罪量】致使国家利益遭受重大损失。根据《立案标准（二）》（2010）第15条，指下列情形之一：①造成国家直接经济损失数额在50万元以上的；②造成有关单位破产，停业、停产1年以上，或者被吊销许可证和营业执照、责令关闭、撤销、解散的；③其他致使国家利益遭受重大损失的情形。

（二）国有公司、企业、事业单位人员滥用职权罪

【定义】国有公司、企业、事业单位的工作人员滥用职权，造成国有公司、企业破产或者严重损失，致使国家利益遭受重大损失的行为。

【客体】国有公司、企业、事业单位的管理制度及国家利益。

【主体】国有公司、企业、事业单位的工作人员。《办理国家出资企业中职务犯罪案意见》（2010）第4条第1款指出：国家出资企业中的国家工作人员滥用职权，致使国家利益遭受重大损失的，以国有公司、企业人员滥用职权罪定罪处罚。

【行为】行为人滥用职权。滥用职权主要表现为：故意不正当地行使自己职责范围内的权力或者超越自己的职责权限处理事务。

【主观】故意。

【罪量】致使国家利益遭受重大损失。根据《立案标准（二）》（2010）第16条的规定，"致使国家利益遭受重大损失"是指具有下列情形之一的：①造成国家直接经济损失数额在30万元以上的；②造成有关单位破产，停业、停产6个月以上，或者被吊销许可证和营业执照、责令关闭、撤销、解散的；③其他致使国家利益遭受重大损失的情形。

十四、徇私舞弊低价折股、出售国有资产罪

《刑法》第169条　国有公司、企业或者其上级主管部门直接负责的主管人员，徇私舞弊，将国有资产低价折股或者低价出售，致使国家利益遭受重大损失的，处3年以下有期徒刑

或者拘役；致使国家利益遭受特别重大损失的，处 3 年以上 7 年以下有期徒刑。

【定义】国有公司、企业或者其上级主管部门直接负责的主管人员，徇私舞弊，将国有资产低价折股或者低价出售，致使国家利益遭受重大损失的行为。

【客体】国家对国有公司、企业的管理制度和国有资产所有权。

【主体】特殊主体，国有公司、企业或者上级主管部门直接负责的主管人员。《办理国家出资企业中职务犯罪案意见》（2010）第 4 条第 2 款指出：国家出资企业中的国家工作人员徇私舞弊，将国有资产低价折股或者低价出售给其本人未持有股份的公司、企业或者其他个人，致使国家利益遭受重大损失的，以徇私舞弊低价折股、出售国有资产罪定罪处罚。

【行为】徇私舞弊，将国家资产低价折股或者低价出售的行为。

【主观】故意。

【罪量】"遭受重大损失"，根据《立案标准（二）》（2010）第 17 条的规定，"遭受重大损失"是指具有下列情形之一的：①造成国家直接经济损失数额在 30 万元以上的；②造成有关单位破产、停业、停产 6 个月以上，或者被吊销许可证和营业执照、责令关闭、撤销、解散的；③其他致使国家利益遭受重大损失的情形。

【关联罪】《办理国家出资企业中职务犯罪案意见》（2010）第 4 条第 3 款指出：国家出资企业中的国家工作人员在公司、企业改制或者国有资产处置过程中徇私舞弊，将国有资产低价折股或者低价出售给特定关系人持有股份或者本人实际控制的公司、企业，致使国家利益遭受重大损失的，以贪污罪定罪处罚。贪污数额以国有资产的损失数额计算。

十五、背信损害上市公司利益罪

《刑法》第 169 条之一　　上市公司的董事、监事、高级管理人员违背对公司的忠实义务，利用职务便利，操纵上市公司从事下列行为之一，致使上市公司利益遭受重大损失的，处 3 年以下有期徒刑或者拘役，并处或者单处罚金；致使上市公司利益遭受特别重大损失的，处 3 年以上 7 年以下有期徒刑，并处罚金：

（一）无偿向其他单位或者个人提供资金、商品、服务或者其他资产的；

（二）以明显不公平的条件，提供或者接受资金、商品、服务或者其他资产的；

（三）向明显不具有清偿能力的单位或者个人提供资金、商品、服务或者其他资产的；

（四）为明显不具有清偿能力的单位或者个人提供担保，或者无正当理由为其他单位或者个人提供担保的；

（五）无正当理由放弃债权、承担债务的；

（六）采用其他方式损害上市公司利益的。

上市公司的控股股东或者实际控制人，指使上市公司董事、监事、高级管理人员实施前款行为的，依照前款的规定处罚。

犯前款罪的上市公司的控股股东或者实际控制人是单位的，对单位判处罚金，并对其直接负责的主管人员和其他直接责任人员，依照第一款的规定处罚。

这是《刑法修正案（六）》新增条文，增设本条之罪的宗旨在于："近年来，一些上市公司的管理人员、控股股东、实际控制人，以无偿占用或者明显不公允的关联交易等非法手段，侵占上市公司资产，严重损害上市公司和公众投资者的合法权益。对因此给上市公司造成重大损失的，应当追究刑事责任。"[1]

---

[1] 全国人大常委会法制工作委员会副主任安建 2005 年 12 月 24 日在第十届全国人民代表大会常务委员会第十九次会议上《关于〈中华人民共和国刑法修正案（六）（草案）〉的说明》。

【定义】上市公司的董事、监事、高级管理人员违背对公司的忠实义务,利用职务便利,操纵上市公司从事损害公司利益、致使上市公司利益遭受重大损失的行为。

【客体】国家对上市公司的管理制度和上市公司的利益。

【主体】特殊主体,即上市公司的董事、监事、高级管理人员和上市公司的控股股东或者实际控制人或单位。

【行为·结果】根据《立案标准(二)》(2010)第18条的规定,有下列情形之一的,应予立案追诉:①无偿向其他单位或者个人提供资金、商品、服务或者其他资产,致使上市公司直接经济损失数额在150万元以上的;②以明显不公平的条件,提供或者接受资金、商品、服务或者其他资产,致使上市公司直接经济损失数额在150万元以上的;③向明显不具有清偿能力的单位或者个人提供资金、商品、服务或者其他资产,致使上市公司直接经济损失数额在150万元以上的;④为明显不具有清偿能力的单位或者个人提供担保,或者无正当理由为其他单位或者个人提供担保,致使上市公司直接经济损失数额在150万元以上的;⑤无正当理由放弃债权、承担债务,致使上市公司直接经济损失数额在150万元以上的;⑥致使公司发行的股票、公司债券或者国务院依法认定的其他证券被终止上市交易或者多次被暂停上市交易的;⑦其他致使上市公司利益遭受重大损失的。

上市公司的控股股东或者实际控制人,指使上市公司董事、监事、高级管理人员实施上述行为的,依照本罪的规定处罚。此处的"指使"行为显然具有教唆的特征,可认为是特定教唆行为在分则已有特别规定的情形,不适用教唆犯的规定。

【主观】故意。过失不构成本罪。

第四节 破坏金融管理秩序罪

一、伪造货币罪

(一)构成要件·法定刑

《刑法》第170条 伪造货币的,处3年以上10年以下有期徒刑,并处罚金;有下列情形之一的,处10年以上有期徒刑、无期徒刑,并处罚金或者没收财产:

(一)伪造货币集团的首要分子;

(二)伪造货币数额特别巨大的;

(三)有其他特别严重情节的。

【定义】仿照真货币的图案、形状、色彩等特征非法制造假币、冒充真币的行为。

【客体】国家对货币的管理制度。

【行为】"伪造货币",指仿照真货币的图案、形状、色彩等特征非法制造假币、冒充真币的行为。因为《刑法》第173条另行规定变造货币罪,所以伪造货币之"伪造"不包括变造。此处的"伪造"(排除变造货币)是指使用"真币之外的原材料"非法制作货币。《审理伪造货币案解释(二)》(2010)第2条指出:同时采用伪造和变造手段,制造真伪拼凑货币的行为,依照《刑法》第170条,以伪造货币罪定罪处罚。

【对象】被仿冒伪造的真币应当是流通使用中的"货币",根据《立案标准(二)》(2010)第19条的规定,"货币"是指流通的以下货币:①人民币(含普通纪念币、贵金属纪念币)、港元、澳门元、新台币;②其他国家及地区的法定货币。停止或退出流通的"货币",不属伪造对象。伪造的假币在外观上应当足以使一般人误认为是真币即可,不要求与真币达到完全相同的程度，也无须达到足以欺骗专业人士的程度。伪造停止流通的货币不成立伪造货币罪，伪造并使用停止流通的货币可以诈骗罪论处。

【主观】故意犯。对是否以特定目的为要件存在争议。有学者主张伪造货币罪是目的犯，应以营利或者谋取非法利益为目的。[1] 有学者主张伪造货币罪是目的犯，但不能以"营利目的"作为要件，而应以"意图流通"或"意图使之进入流通领域"为目的。[2] 也有学者认为，如果从刑事立法学的角度看，或许要求"以使用为目的"较为合适，但我国刑法鉴于伪造货币行为的严重危害程度，没有作出类似要求。从解释论而言，不应认为伪造货币罪是目的犯。[3] 现在看，第三种观点似为通说。

【罪量】根据《立案标准（二）》（2010）第19条的规定，伪造货币涉嫌下列情形之一的，应予立案追诉：①伪造货币，总面额在2000元以上或者币量在200张（枚）以上的；②制造货币版样或者为他人伪造货币提供版样的；③其他伪造货币应予追究刑事责任的情形。货币面额应当以人民币计算，其他币种以案发时国家外汇管理机关公布的外汇牌价折算为人民币。贵金属纪念币的面额以中国人民银行授权中国金币总公司的初始发售价格为准。

【加重犯】"伪造货币数额特别巨大"。根据《审理伪造货币案解释》（2000）第1条第2款，指伪造货币的总面额在3万元以上。

（二）适用

【罪数】伪造货币后又贩卖、运输（本人）伪造的货币的，以伪造货币罪一罪定罪，从重处罚。伪造货币又使用（本人）伪造货币的，属于目的行为的牵连，也只需以伪造货币罪一罪处罚。行为人贩卖、运输或者使用的假币不是本人伪造的，应当数罪并罚。走私假币时被查获的，以走私假币罪追诉。如果一并追查其伪造假币罪行并查明其走私的假币是其伪造的一部分，可比照伪造货币后又贩运的行为，以伪造货币一罪定罪，从重处罚。

【犯罪形态】《审理伪造货币案解释》（2000）第1条第3款规定：制造货币版样或者与他人事前通谋，为他人伪造货币提供版样的，以本罪定罪处罚。这似乎可以直接以伪造货币罪定罪处罚，无需适用共犯或预备。

二、出售、购买、运输假币罪·金融工作人员购买假币、以假币换取货币罪

（一）构成要件·法定刑

《刑法》第171条　出售、购买伪造的货币或者明知是伪造的货币而运输，数额较大的，处3年以下有期徒刑或者拘役，并处2万元以上20万元以下罚金；数额巨大的，处3年以上10年以下有期徒刑，并处5万元以上50万元以下罚金；数额特别巨大的，处10年以上有期徒刑或者无期徒刑，并处5万元以上50万元以下罚金或者没收财产。

银行或者其他金融机构的工作人员购买伪造的货币或者利用职务上的便利，以伪造的货币换取货币的，处3年以上10年以下有期徒刑，并处2万元以上20万元以下罚金；数额巨大或者有其他严重情节的，处10年以上有期徒刑或者无期徒刑，并处2万元以上20万元以下罚金或者没收财产；情节较轻的，处3年以下有期徒刑或者拘役，并处或者单处1万元以上10万元以下罚金。

伪造货币并出售或者运输伪造的货币的，依照本法第170条的规定定罪从重处罚。

---

[1] 苏惠渔主编：《刑法学》，中国政法大学出版社1997年版，第506页。
[2] 陈兴良：《刑法疏议》，中国人民公安大学出版社1997年版，第304页。
[3] 张明楷：《刑法学》，法律出版社2003年版，第607页。

1. 出售、购买、运输假币罪。

【定义】明知是伪造的货币而出售、购买、运输，数额较大的行为。

【客体】国家的货币管理制度。

【行为】出售、购买、运输伪造的货币。对象是伪造的货币，简称"假币"。出售，指有偿转让假币，通常以低于假币面额的价格交易真币，如按假币面值的3折或2折交换真币。以假币交易的价格使用假币抵偿债务的，实质是出售。购买，指有偿取得假币。以假币交易的价格收取假币抵偿债权的，实质是购买。运输，指使假币发生相当距离的转移，通常发生于由伪造地、购买地往出售地或使用地转移的过程。

【主观】故意，即明知是伪造的货币而予以出售、购买或者运输。双方以假币面额的折扣价格即通常假币交易的价格进行买卖的，足以证明双方有假币交易的明知。

【罪量】"数额较大"，根据《立案标准（二）》（2010）第20条，出售、购买、运输假币总面额在4000元以上或者币量在400张（枚）以上的，应予立案追诉。在出售假币时被抓获的，除现场查获的假币应认定为出售假币的数额外，现场之外在行为人住所或者其他藏匿地查获的假币，也应认定为出售假币的数额。

【加重犯】根据《审理伪造货币案解释》（2000）第3条，"数额巨大"，是指总面额在5万元以上不满20万元的情形；"数额特别巨大"，是指总面额在20万元以上的情形。货币面额以人民币计算，如果是外币，则依据案发时国家外汇管理机关公布的外汇牌价折算成人民币。

2. 金融工作人员购买假币、以假币换取货币罪。

【定义】银行或者其他金融机构的工作人员，购买伪造的货币，或者利用职务上的便利，以伪造的货币换取货币的行为。

【客体】国家对货币及金融机构工作人员的管理制度。

【主体】特殊主体，银行或者其他金融机构工作人员。

【行为】①购买伪造的货币；②利用职务上的便利，以伪造的货币换取货币。利用职务之便，是指利用职务上管理金库、出纳现金、吸收存款等便利条件，将伪造的货币换成真币。如果行为人并未利用自己的职务便利，而是利用了其他从事管理、经手货币的工作人员的工作疏忽，乘机以伪造的货币换取货币，不以本罪论处，而应以盗窃罪论处。"以伪造的货币换取货币"，既可以是为自己换取，也可以是为他人换取。

【罪量】根据《立案标准（二）》（2010）第21条，金融工作人员购买假币、以假币换取货币，总面额在2000元以上或者币量在200张（枚）以上的，应予立案追诉。

【主观】故意。

（二）适用

【罪数】"出售、购买、运输"假币，属于选择一罪。实施三种行为之一的，构成完整一罪，对同一笔假币兼有出售、购买、运输行为的，也只成立一罪。例如：赵某用10万元在广州购买面额50万的假币，乘火车到哈尔滨售出，赵某只成立一罪，且犯罪数额为50万元，不得重复计算。如果数个行为涉及多笔假币，则应累计，如果赵某另外还曾出售一笔20万元的假币，则累加犯罪数额为70万元。

伪造货币并出售或者运输伪造的货币的，以伪造货币罪从重处罚，不另成立出售、运输假币罪。这种情况下，出售假币或运输假币的行为可以看作伪造货币行为的当然结果行为，属于吸收犯。但这仅限于行为人出售、运输自己伪造的假币的情形。如果行为人既伪造货币，又出售或运输他人伪造的货币，则应以伪造货币罪和出售或运输假币罪数罪并罚。

三、持有、使用假币罪

（一）构成要件·法定刑

《刑法》第172条　明知是伪造的货币而持有、使用，数额较大的，处3年以下有期徒刑或者拘役，并处或单处1万元以上10万元以下罚金；数额巨大的，处3年以上10年以下有期徒刑，并处2万元以上20万元以下罚金；数额特别巨大的，处10年以上有期徒刑，并处5万元以上50万元以下罚金或者没收财产。

【定义】明知是伪造的货币而持有、使用，数额较大的行为。

【客体】国家的货币流通管理制度。

【行为】1."持有"假币，指拥有或占有假币。拥有，不以本人实际占有假币为必要，如委托他人保管；占有，指实际控制支配，不以本人拥有假币为必要，如代他人保管假币。

2."使用"假币，指将假币当作真币利用，其实质是使假币如同真币一样地进入流通领域。常见用于购物、偿债等的消费、支付；赠与、存储假币而有可能进入流通的，也属于使用。用于非法活动的，如赌博、行贿，也属于使用。

如果利用假币而不会使假币进入流通领域的，不是使用假币行为，例如，以假币示人，显示经济能力，不是使用假币而是持有假币。

【主观】故意犯，明知是伪造的货币而持有、使用。确实不知是假币而持有、使用的，不为罪。

【罪量】"数额较大"是要件，根据《立案标准（二）》（2010）第22条，面额在4000元以上或者币量在400张（枚）以上的，应予立案追诉。

【加重犯】根据《审理伪造货币案解释》（2000）第5条，"数额巨大"指持有、使用假币总面额在5万元以上不满20万元的；"数额特别巨大"指总面额在20万元以上的。

（二）适用

【定罪】持有假币罪，是在惩治涉假币犯罪法律体系中，事实证据要求最低的罪名，也是处罚最轻的罪名，无需证明所持假币的来源、用途，只要证实持有的事实即可定罪。因此，能够证实行为人因实施其他假币犯罪而持有，如因出售、购买、运输假币而持有，就应当"择重"以出售、购买、运输假币罪论处，不应以持有假币罪定罪处刑。例如，行为人出售假币时被抓获，现场查获的假币应认定为出售假币的数额，现场之外在行为人住所或者其他藏匿地查获的假币，一般也认定为出售假币的犯罪数额。

【案例】　　　　　　　　张顺发持有、使用假币案[1]

被告人张顺发购得总面额一万余元的假人民币，并伙同其他3人用之购买商品以换取真币。他们先购买红梅香烟一包，获取真币95元，在继续购买挂面时被识破并抓获，4人携带在身上、丢弃在地上的面额100元的假币总计108张。检察院以持有、使用假币罪起诉，法院以购买假币罪定罪，对张顺发从重处罚。

【关联罪】1. 使用假币罪与持有假币罪的关系。使用假币必然持有假币，因此，行为人只有持有行为而没有使用行为的，认定为持有假币罪；如果行为人仅仅使用假币的，认定为使用假币罪；如果行为人既有持有假币行为也有使用假币行为的（如使用5000元，手中尚持有1万元），认定为持有、使用假币罪。

2. 使用假币罪与出售假币罪的界限。出售假币罪是"以假售假"，对于买方不隐瞒假币的

---

[1] "高原、梁汉钊信用证诈骗，签订、履行合同失职被骗案"裁判要旨，载中华人民共和国最高人民法院刑事审判第一庭、第二庭编：《刑事审判参考（2003年第6辑·总第35辑）》，法律出版社2004年版。

真相，没有欺骗买方，其表现往往是买卖双方按折扣价格交易，如 100 元假币卖 30 元真币。与此相应，"买方"构成购买假币罪，二者（出售假币和购买假币）具有"对合犯罪"的关系，通常不按照共犯定罪处罚。使用假币的特点是以假（币）充真（币），掩饰隐瞒假币的真相，表现为直接按照假币票面金额使用，没有"折扣"问题。与此相应，收取假币一方是受害人。这在用假币还债、赌博的性质认定上具有重要的作用，假如行为人掩盖假币真相，按票面金额抵债、赌博，属于使用假币行为；假如行为人不掩盖假币真相，按市场假币的价格"打折"抵债、赌博，属于出售假币行为，对方（收方）往往具有购买假币的性质，双方实质上是一种变相买卖（交易）假币的行为。

3. 使用假币罪与诈骗罪的界限。使用假币时，以假（币）充真（币），掩饰隐瞒假币的真相，当然具有欺骗性。所以，在过去的法律中，对使用假币罪没有专门规定时，就是按诈骗罪定罪处罚的。现行刑法中专门规定了使用假币罪之后，对这种特定的诈骗行为就应当按照法条竞合的原理，适用特别规定排斥一般规定（诈骗罪）。

4. 在 ATM 机存假币取真币的行为，如何定罪处罚存在 3 种观点：①存入假币获取账户余额成立盗窃罪，取款是盗窃之事后不可罚行为，仅成立盗窃罪[1]；②存入假币构成使用假币罪，取出所获余额构成盗窃罪，应当数罪并罚[2]；③存入假币成立使用假币罪与盗窃罪想象竞合；存假币后取真币或者转账，成立使用假币罪与盗窃罪，应当数罪并罚[3]。笔者认为，在中国不喜好数罪并罚的司法习惯下，对此存假币取真币行为数罪并罚与其他类似案件相比，处理明显不公或不平衡，还是以盗窃罪与使用假币罪想象竞合、择一重罪处断较公平合理。存假币获账户余额是盗窃（既遂）结果，取出行为与存真币后取出行为无异，不应再行评价处罚。

【罪数】①行为人购买假币后使用，构成犯罪的，以购买假币罪定罪，从重处罚。②行为人出售、运输假币构成犯罪，同时有使用假币行为的，以出售、运输假币罪和使用假币罪，实行数罪并罚。对①的情形不并罚而对②的情形并罚，原因在于犯罪数额（假币）计算方法不同。例如，甲在福建购买 10 万元假币，使用了 5000 元。在以购买假币罪一罪论处时，购买假币犯罪数额仍以当初实际购买额 10 万元为准，不扣除使用的 5000 元，所以，按照一罪处罚能罚当其罪且避免（对使用的 5000 元）重复处罚。如果甲出售、运输假币又有使用假币行为的，分别按照实际数额计算，如甲实际出售 95 万元、实际使用 5000 元的，以出售假币罪（95 万元）和使用假币罪（5000 元）数罪并罚。换言之，在以购买假币罪处罚时，通常以实际购买额为准，不扣除使用额，所以不必数罪并罚；在以出售假币罪论处时，通常以实际出售额为准，不包括使用额，所以数罪并罚。

【共犯】在实践中，行为人出售、运输的假币或持有、使用的假币，通常都是源自购买，在买卖过程中难免有运输行为。对涉假币犯罪，司法机关以何罪立案、起诉、判决，通常与发案、取证有关。卖方为"上家"，买方为"下家"，在双方买卖（交易）时当场拿获的，卖方是出售假币罪、买方是购买假币罪。这属于双方行为都为罪的对向犯，也属于同案犯但通常不以共犯论处的特殊情况，犯罪金额以当时交易金额为准，如为 10 万元假币，则对双方分别以（卖方、上家）出售假币罪和（买方、下家）购买假币罪论处，这很简单。如果甲是在运输途

---

[1] 参见中华人民共和国最高人民法院刑事审判第一庭、第二庭编：《刑事审判参考（2002 年第 4 辑·总第 27 辑）》，法律出版社 2002 年版。
[2] 陈兴良："在 ATM 机上存假币取真币的行为构成盗窃罪"，载《中国审判》2009 年第 6 期。
[3] 张明楷："使用假币罪与相关犯罪的关系"，载《政治与法律》2012 年第 6 期。

中（比如火车上）被查获的持有（10万元假币），甲交代该10万元假币从福建乙处购买的，因无法找到"上家"乙取证，只能指控运输假币罪。假如查获甲持有10万元假币，如果能找到上家（卖方）的证据，起诉购买假币罪；如果能找到下家（甲联系欲售予的人）的证据，起诉出售假币罪；如果找到运输方面的证据，起诉运输假币罪。如果既不能证明是运输，也不能证实假币的来源（是否购买）和用途（是否出售），则只能起诉非法持有假币罪。

四、变造货币罪

《刑法》第173条　变造货币，数额较大的，处3年以下有期徒刑或者拘役，并处或者单处1万元以上10万元以下罚金；数额巨大的，处3年以上10年以下有期徒刑，并处2万元以上20万元以下罚金。

【定义】对真货币采用剪贴、挖补、揭层、涂改、移位、重印等方法加工处理，改变真币形态、价值，数额较大的行为。

【客体】国家对货币的管理制度。

【行为】"变造货币"，对真货币采用剪贴、挖补、揭层、涂改、移位、重印等方法加工处理，改变真币形态、价值的行为。加工改制的方法如挖补、剪贴、涂改、拼凑、揭层等，增加价值如将10元的真货币加工改制为100元的货币，增加数量如将1张钞票"揭层"形成2张钞票。广义讲，变造也属于伪造。鉴于刑法将变造货币单独规定为一种轻于伪造货币的犯罪，所以有区分的必要。变造货币的要点是以"真币"为基础的加工改制。用真币之外的材料非法制造货币的，是伪造；将钞票打成纸浆或将硬币融化成金属，用于非法制造假币的，属于伪造。《审理伪造货币案解释（二）》(2010)第2条指出：同时采用伪造和变造手段，制造真伪拼凑货币的行为，以伪造论。

【主观】故意。过失不构成本罪。

【罪量】变造货币之"数额较大"，根据《立案标准（二）》(2010)第23条，变造货币的总面额在2000元以上或者币量在200张（枚）以上的，应予立案追诉。

【加重犯】变造货币之"数额巨大"，根据《审理伪造货币案解释》(2000)第6条，指总面额在3万元以上的。

五、擅自设立金融机构罪·伪造、变造、转让金融机构经营许可证、批准文件罪

《刑法》第174条　未经国家有关主管部门批准，擅自设立商业银行、证券交易所、期货交易所、证券公司、期货经纪公司、保险公司或者其他金融机构的，处3年以下有期徒刑或者拘役，并处或者单处2万元以上20万元以下罚金；情节严重的，处3年以上10年以下有期徒刑，并处5万元以上50万元以下罚金。

伪造、变造、转让商业银行、证券交易所、期货交易所、证券公司、期货经纪公司、保险公司或者其他金融机构的经营许可证或者批准文件的，依照前款的规定处罚。

单位犯前两款罪的，对单位判处罚金，并对其直接负责的主管人员和其他直接责任人员，依照第1款的规定处罚。

（一）擅自设立金融机构罪

【定义】未经国家有关主管机关批准，擅自设立商业银行、证券交易所、证券公司、期货交易所、期货经纪公司、保险公司或者其他金融机构的行为。

【客体】国家对商业银行、证券交易所、证券公司、期货交易所、期货经纪公司、保险公司或者其他金融机构的审批管理制度。

【行为】未经国家有关主管机关批准，擅自设立商业银行、证券交易所、证券公司、期货交易所、期货经纪公司、保险公司或其他金融机构。对擅自设立金融机构的行为，既可能是未经申请便自行设立，也可能是依法提出后未获批准而自行设立，还可能是虽获批准，但在未领取营业执照或其他与经营相关之手续尚未完结的情况下就开始经营。

【主观】故意。

【罪量】根据《立案标准（二）》（2010）第24条，实施本罪行为涉嫌下列情形之一的，应予追诉：①擅自设立商业银行、证券交易所、期货交易所、证券公司、期货公司、保险公司或者其他金融机构的；②擅自设立商业银行、证券交易所、期货交易所、证券公司、期货公司、保险公司或者其他金融机构筹备组织的。

（二）伪造、变造、转让金融机构经营许可证、批准文件罪

【定义】个人或单位伪造、变造、转让商业银行、证券交易所、期货交易所、证券公司、期货经纪公司、保险公司或者其他金融机构经营许可证或者批准文件的行为。

【客体】国家对商业银行、证券交易所、期货交易所、证券公司、期货经纪公司、保险公司或者其他金融机构经营许可证或者批准文件的管理秩序。

【行为】本罪行为方式表现为伪造、变造、转让商业银行、证券交易所、期货交易所、证券公司、期货经纪公司、保险公司或者其他金融机构经营许可证或者批准文件的行为。所谓伪造，是指没有制作、发放权的人，仿照真实的金融机构经营许可证或者批准文件的特征，擅自制造金融机构经营许可证或者批准文件的行为。所谓变造，是指行为人采用各种手段对真实的金融机构经营许可证或批准文件进行加工改制的行为，例如，更改金融机构名称、注册资本数额、经营范围等行为，均属变造行为。所谓转让，是指行为人将真实有效的金融机构经营许可证或批准文件有偿或者无偿地让与他人的行为，包括出租、出借、出卖等行为。

【主观】故意。

六、高利转贷罪

（一）构成要件·法定刑

《刑法》第175条　以转贷牟利为目的，套取金融机构信贷资金高利转贷他人，违法所得数额较大的，处3年以下有期徒刑或者拘役，并处违法所得1倍以上5倍以下罚金；数额巨大的，处3年以上7年以下有期徒刑，并处违法所得1倍以上5倍以下罚金。

单位犯前款罪的，对单位判处罚金，并对其直接负责的主管人员和其他直接责任人员，处3年以下有期徒刑或者拘役。

【定义】以转贷牟利为目的，套取金融机构信贷资金高利转贷给他人，违法所得数额较大的行为。

【客体】国家信贷资金管理制度。

【对象】信贷资金，指金融机构用于发放贷款的资金，既包括担保贷款，也包括信用贷款。这里的金融机构包括银行和其他金融机构。民间利用其他资金高利放贷的行为，属于违规行为，但不成立犯罪。

【行为】①套取信贷资金，即行为人在不符合贷款的前提下，采取不正当的方式从金融机构取得贷款。②高利转贷他人，是指套取金融机构信贷资金后，再以高于金融机构贷款利率的利率转贷给其他人或其他单位，谋取高额利差。

【主观】故意，且在套取信贷资金时具有转贷牟利的目的。若当时没有此目的，申请贷款后因情势变化，如贷款项目遭遇困难或丧失盈利前景等，为了减轻利息成本的压力，而将贷款供他人使用的，不成立本罪。

【罪量】"违法所得数额较大"。根据《立案标准（二）》（2010）第26条，高利转贷涉嫌下列情形之一的，应予追诉：①高利转贷违法所得10万元以上的；②虽未达到上述数额标准，

但因高利转贷受过行政处罚2次以上，又高利转贷的。

（二）适用

【关联罪】高利转贷罪与贷款诈骗罪、挪用公款罪的区别。高利转贷在放贷和获取贷款的方面是基本正常的，不存在犯罪问题，只是在获取贷款后，为了牟取高利而转贷他人。区别的要点在于：①主观上有牟取高额利息的目的；②有"转贷"行为。"转贷"意味着不仅有非法放贷行为，而且其放贷本金来源于贷款；贷款诈骗是以非法占有贷款为目的，其获取贷款的行为本身具有非法性和欺诈性；挪用公款则是在放贷环节上存在国家工作人员利用职务便利以贷款名义擅自挪用公款。

七、骗取贷款、票据承兑、金融票证罪

（一）构成要件·法定刑

《刑法》第175条之一　　以欺骗手段取得银行或者其他金融机构贷款、票据承兑、信用证、保函等，给银行或者其他金融机构造成重大损失或者有其他严重情节的，处3年以下有期徒刑或者拘役，并处或者单处罚金；给银行或者其他金融机构造成特别重大损失或者有其他特别严重情节的，处3年以上7年以下有期徒刑，并处罚金。

单位犯前款罪的，对单位判处罚金，并对其直接负责的主管人员和其他直接责任人员，依照前款的规定处罚。

【定义】以欺骗手段取得银行或者其他金融机构贷款、票据承兑、信用证、保函等，给银行或者其他金融机构造成重大损失或者有其他严重情节的行为。根据中国人民银行下发的《关于2010年中资金融机构金融统计制度有关事项的通知》，小额贷款公司亦属于金融机构。

【客体】金融管理秩序和金融机构的信用安全。

【行为】①在申请贷款、票据承兑、信用证、保函等金融信用时，使用了欺骗手段。即在申请如上金融信用时，故意作虚假陈述或提供与客观事实不符的材料，骗取金融机构的信任。②取得了金融机构贷款或信用。即银行或其他金融机构由于行为人的"欺骗"，把本不符合取得金融机构贷款或信用的行为人误认为符合条件，并向其发放贷款或出具信用。

【主观】故意，且尚不足以认定具有非法占有的目的。

【罪量】"给银行或者其他金融机构造成重大损失，或者有其他严重情节"，根据《立案标准（二）》（2010）第27条，指下列情形之一：①以欺骗手段取得贷款、票据承兑、信用证、保函等，数额在100万元以上的；②以欺骗手段取得贷款、票据承兑、信用证、保函等，给银行或者其他金融机构造成直接经济损失数额在20万元以上的；③虽未达到上述数额标准，但多次以欺骗手段取得贷款、票据承兑、信用证、保函等的；④其他给银行或者其他金融机构造成重大损失或者有其他严重情节的情形。

（二）适用

【关联罪】1. 本罪与贷款诈骗罪、票据诈骗罪、金融凭证诈骗罪的界限：不以非法占有的目的为要件。"《刑法》第193条规定了贷款诈骗罪，对以非法占有为目的，诈骗银行或者其他金融机构贷款的行为规定了刑事责任。……近来一些单位和个人以虚构事实、隐瞒真相等欺骗手段，骗用银行或其他金融机构的贷款，危害金融安全，但要认定骗贷人是否具有'非法占有'贷款的目的很困难。建议规定，只要以欺骗手段取得贷款，情节严重的，就应追究刑事责任。"[1]骗取贷款不足以证明非法占有目的的，以骗取贷款罪论处。

---

[1] 全国人大常委会法制工作委员会副主任安建在第十届全国人民代表大会常务委员会第十九次会议上关于《中华人民共和国刑法修正案（六）（草案）》的说明。

【案例】 **陈恒国骗取贷款案**[1]

陈恒国多次冒用他人名义贷款 845 000 元，冒用他人名义担保贷款 900 000 元，共计骗取银行贷款 1 745 000 元，用于开发周党步行街房产、山店林场、山店乡水电站、自来水经营管理权等投资项目。为应付信阳市清理冒名贷款的检查，陈恒国与多名经办的信贷员签订了转贷协议，并将其资产证件交付了信贷员。检察院以贷款诈骗罪起诉，法院认定其构成骗取贷款罪。

裁判要旨：认定行为人主观上具有非法占有贷款为目的，必须同时具备以下条件：①行为人是通过欺诈手段获取贷款，即行为人实施了贷款诈骗罪规定的 5 项情形之一；②行为人到期没有归还贷款；③行为人贷款时即明知不具有归还能力，或者贷款后实施了某种特定行为，如实施了《审理金融犯罪案座谈会纪要》（2001）规定的 7 种情形之一。

2. 金融机构推出金融创新产品诱发新类型金融犯罪。这方面，最高人民检察院于 2015 年 9 月发布的"某酒业有限公司、彭某骗取贷款案"具有典型意义。

【案例】 **某酒业有限公司彭某骗取贷款案**

2012 年 10 月，某银行与被告单位上海某酒业有限公司（以下简称酒业公司）签订《采购卡分期透支业务合作协议》，双方约定在酒业公司提供连带责任担保承诺的前提下，由银行为购买酒业公司产品且有分期付款需求的借款人提供贷款以支付产品款项。2012 年 11 月至 2013 年 4 月期间，被告人彭某作为被告单位酒业公司的实际负责人，虚构 18 人系酒业公司购货商的身份，伪造相关身份证明、购销合同、交易确认请款单等材料，骗取银行贷款 2018 万余元，至案发尚有 1053 万余元无力偿还，造成银行特别重大损失。浦东新区人民法院于同年 11 月 25 日判决被告单位上海某酒业有限公司犯骗取贷款罪，罚金 20 万元。被告人彭某犯骗取贷款罪，判处有期徒刑 1 年 6 个月，罚金 2 万元。违法所得责令退赔。

八、非法吸收公众存款罪

（一）构成要件·法定刑

《刑法》第 176 条　非法吸收公众存款或者变相吸收公众存款，扰乱金融秩序的，处 3 年以下有期徒刑或者拘役，并处或者单处 2 万元以上 20 万元以下罚金；数额巨大或者有其他严重情节的，处 3 年以上 10 年以下有期徒刑，并处 5 万元以上 50 万元以下罚金。

单位犯前款罪的，对单位判处罚金，并对其直接负责的主管人员和其他直接责任人员，依照前款的规定处罚。

【定义】非法吸收公众存款或者变相吸收公众存款，扰乱金融秩序的行为。

【客体】国家对存款的管理秩序。

【行为】"非法吸收公众存款或者变相吸收公众存款"，根据《审理非法集资刑案解释》（2010）第 1 条，该行为具有 4 个要素：①未经有关部门依法批准或者借用合法经营的形式吸收资金。②通过媒体、推介会、传单、手机短信等途径向社会公开宣传。《办理非法集资刑案意见》（2014）第 2 条规定，"向社会公开宣传"，包括以各种途径向社会公众传播吸收资金的信息，以及明知吸收资金的信息向社会公众扩散而予以放任等情形。③承诺在一定期限内以货币、实物、股权等方式还本付息或者给付回报。④向社会公众即社会不特定对象吸收资金。根据《办理非法集资刑案意见》（2014）第 3 条，以下两种情形也应当认定为向社会公众吸收资金：其一，在向亲友或者单位内部人员吸收资金的过程中，明知亲友或者单位内部人员向不特

---

[1] 杜文俊："论使用假币罪与相关犯罪的关系——兼与陈兴良、张明楷二位教授商榷"，载《法学》2015 年第 5 期。

定对象吸收资金而予以放任的;其二,以吸收资金为目的,将社会人员吸收为单位内部人员,并向其吸收资金的。

未向社会公开宣传,在亲友或者单位内部针对特定对象吸收资金的,不属于非法吸收公众存款。

【主观】故意,且不足以认定有非法占有的目的。

【罪量】根据《审理非法集资刑案解释》(2010)第3条第1款,非法吸收或者变相吸收公众存款的数量标准,指下列情形之一:①个人非法吸收或者变相吸收公众存款在20万元以上的,单位在100万元以上的;②个人非法吸收或者变相吸收公众存款对象在30人以上的,单位在150人以上的;③个人非法吸收或者变相吸收公众存款,给存款人造成直接经济损失数额在10万元以上,单位在50万元以上的;④造成恶劣社会影响或其他严重后果的。

【加重犯】"数额巨大或者有其他严重情节",根据《审理非法集资刑案解释》(2010)第3条第2款,指有下列情形之一的:①个人非法吸收或者变相吸收公众存款数额在100万元以上的,单位在500万元以上的;②个人非法吸收或者变相吸收公众存款对象在100人以上的,单位在500人以上的;③个人非法吸收或者变相吸收公众存款,给存款人造成直接经济损失在50万元以上的,单位在250万元以上的;④造成特别恶劣社会影响或者其他特别严重后果的。

非法吸收或者变相吸收公众存款的数额,以行为人所吸收的资金全额计算。案发前后已归还的数额,可以作为量刑情节酌情考虑。

(二)适用

【司法认定】根据《审理非法集资刑案解释》(2010)第2条,未经有关部门依法批准或者借用合法经营的形式吸收资金,实施下列行为之一的,认定为非法吸收公众存款:①不具有房产销售的真实内容或者不以房产销售为主要目的,以返本销售、售后包租、约定回购、销售房产份额等方式非法吸收资金的;②以转让林权并代为管护等方式非法吸收资金的;③以代种植(养殖)、租种植(养殖)、联合种植(养殖)等方式非法吸收资金的;④不具有销售商品、提供服务的真实内容或者不以销售商品、提供服务为主要目的,以商品回购、寄存代售等方式非法吸收资金的;⑤不具有发行股票、债券的真实内容,以虚假转让股权、发售虚构债券等方式非法吸收资金的;⑥不具有募集基金的真实内容,以假借境外基金、发售虚构基金等方式非法吸收资金的;⑦不具有销售保险的真实内容,以假冒保险公司、伪造保险单据等方式非法吸收资金的;⑧以投资入股的方式非法吸收资金的;⑨以委托理财的方式非法吸收资金的;⑩利用民间"会""社"等组织非法吸收资金的;⑪其他非法吸收资金的行为。

非法吸收或者变相吸收公众存款,主要用于正常的生产经营活动,能够及时清退所吸收资金,可以免予刑事处罚;情节显著轻微的,不作为犯罪处理。

以非法占有为目的,使用诈骗方法实施上述行为之一的,是集资诈骗罪。

【非法、变相吸收公众存款的认定】变相吸收公众存款不以直接吸收存款的名义出现,而以成立资金互助会或以投资、集资入股等名义,但承诺履行的义务与吸收公众存款性质相同,即承诺在一定期限内还本付息,从而达到吸收公众存款的目的。

【案例】 **惠庆祥等非法吸收公众存款案**[1]

尤湖塔园公司董事长兼总经理惠庆祥在销售塔位的过程中,为了解决经营资金的紧张,将塔位分为使用型和投资型以及选位型和不选位型,其中,对于投资型和不选位型塔位,突出宣

---

[1] 中华人民共和国最高人民法院刑事审判第一、二、三、四、五庭主办:《刑事审判参考(2008年第3集·总第62集)》,法律出版社2008年版。

传购买这两种塔位有保值增值的投资功能,采用随意调高不同期塔位价格、将公司前期退单情况予以宣传等方式(实际公司亦按承诺退单两千余万元),造成购买塔位可升值的假象,并且公司承诺逐年返利或到期按增值价格退单、兑付,共计吸引4334人购买投资型、不选位型塔位,非法吸收公众存款1.07亿余元。法院认定尤湖塔园公司、惠庆祥构成非法吸收公众存款罪。在以销售房产形式非法吸收公众存款的行为当中,"返本销售"是指定期向购房人返还购房款,"售后包租"是指向购房人承诺对所购商品房由开发商承租或者代为出租并支付回报,"约定回购"是指向购房人承诺在一定期限后回购房产。前述"售后包租"情形较为复杂,实践中可以结合是否具有真实销售内容、是否符合房地产销售管理规定、回报比例是否符合市场规律、主观动机和目的、资金去向等情况予以综合判断,其中一个较为直观的判断依据是拟售房产是否已经竣工。

对于合作(托管)造林形式的非法吸收公众存款行为,应区别对待:①有真实生产经营内容、大致相当的林地和林木,资金主要用于生产经营及相关活动,所承诺的回报比例符合一般商业规律,性质认定应格外慎重,主要考虑给付回报的依据和方式、是否约定回购以及林木成活率、蓄积量、成材林砍伐、林业生产投资合理预期风险等技术标准等因素;②无林无地,资金主要用于返本付息、支付个人销售提成等,这属于典型的非法吸收公众存款,其中以非法占有为目的的,应以集资诈骗罪定罪处罚;③以传销形式销售林地并代为管护,一般应以组织、领导传销活动罪定罪处罚。

对于销售商品(提供劳务)形式的非法吸收公众存款,应考虑:①交易目的。从提供资金方的角度看,商业交易以获取商品或者服务为目的,非法集资则以获取高额提成、分红或者返利等回报为目的。从接受资金方的角度看,商业交易以赚取交易利润为目的,非法集资则以筹集资金为目的。②交易条件。在非法集资中,接受资金方不提供真实的商品和服务,或者以次充好、以少换多,提供商品和服务价值远远低于购买方支付的资金数额,甚至予以虚拟化、证券化,使购买者不能真正行使商品的支配、使用、处分等权能;提供资金方也不把自己作为真正的消费者看待,对于商品或者服务的真实性和等价性并不在意,对于虚假销售行为具有主观明知或予以默许。[1]

【共犯】《办理非法集资刑案意见》(2014)第4条指出:为他人向社会公众非法吸收资金提供帮助,从中收取代理费、好处费、返点费、佣金、提成等费用,构成非法集资共同犯罪的,应当依法追究刑事责任。能够及时退缴上述费用的,可依法从轻处罚;其中情节轻微的,可以免除处罚;情节显著轻微、危害不大的,不作为犯罪处理。

【赃款追缴】《办理非法集资刑案意见》(2014)第5条指出:向社会公众非法吸收的资金属于违法所得。以吸收的资金向集资参与人支付的利息、分红等回报,以及向帮助吸收资金人员支付的代理费、好处费、返点费、佣金、提成等费用,应当依法追缴。集资参与人本金尚未归还的,所支付的回报可予折抵本金。

将非法吸收的资金及其转换财物用于清偿债务或者转让给他人,有下列情形之一的,应当依法追缴:①他人明知是上述资金及财物而收取的;②他人无偿取得上述资金及财物的;③他人以明显低于市场的价格取得上述资金及财物的;④他人取得上述资金及财物系源于非法债务或者违法犯罪活动的;⑤其他依法应当追缴的情形。查封、扣押、冻结的易贬值及保管、养护成本较高的涉案财物,可以在诉讼终结前依照有关规定变卖、拍卖。所得价款由查封、扣押、

---

[1] 参见中华人民共和国最高人民法院刑事审判第一、二、三、四、五庭主办:《刑事审判参考(2014年第2辑·总第97集)》,法律出版社2014年版。

冻结机关予以保管，待诉讼终结后一并处置。

查封、扣押、冻结的涉案财物，一般应在诉讼终结后，返还集资参与人。涉案财物不足全部返还的，按照集资参与人的集资额比例返还。

【关联罪】本罪与集资诈骗罪的区别。二者的区别在于主观目的不同，本罪不具有非法占有的目的。吸收公众存款在客观上也具有集资性质（把不特定人手中的资金集中到一处），但只是通过合理经营牟取息差，主观上打算归还，客观上也有能力归还吸收的存款。在合理的金融风险范围内，即使不能归还部分资金，仍属于非法吸收公众存款的性质。如果"吸收存款"或投资之后，根本没有合理经营资金活动，而是肆意挥霍、滥用资金，主观上不想归还，客观上根本不可能归还吸收的资金，则说明行为人具有非法占有的目的，具有集资诈骗的性质。

根据《审理非法集资刑案解释》（2010）第4条，使用诈骗方法非法集资，具有下列情形之一的，可以认定为"以非法占有为目的"：①集资后不用于生产经营活动或者用于生产经营活动与筹集资金规模明显不成比例，致使集资款不能返还的；②肆意挥霍集资款，致使集资款不能返还的；③携带集资款逃匿的；④将集资款用于违法犯罪活动的；⑤抽逃、转移资金、隐匿财产，逃避返还资金的；⑥隐匿、销毁账目，或者搞假破产、假倒闭，逃避返还资金的；⑦拒不交代资金去向，逃避返还资金的；⑧其他可以认定非法占有目的的情形。

集资诈骗罪中的非法占有目的，应当区分情形进行具体认定。行为人部分非法集资行为具有非法占有目的的，对该部分非法集资行为所涉集资款以集资诈骗罪定罪处罚；非法集资共同犯罪中部分行为人具有非法占有目的，其他行为人没有非法占有集资款的共同故意和行为的，对具有非法占有目的的行为人以集资诈骗罪定罪处罚。

使用欺诈方式非法吸收公众存款，尚不足以认定具有非法占有目的，可认定为非法吸收公众存款罪。

【争议】资本市场创新的保护。有学者认为：对"非法吸收公众存款"，刑法禁止20年收效甚微，有部分非法吸存"往往是一种资本市场创新行为，暗合了以美国为代表的资本市场发达国家或地区证券法所认定的'投资合同'性质，因此应考虑将其纳入'证券法'规制"。对于真正的非法吸收公众存款行为，亦应以民事责任优先于刑事责任为原则，加强对公众投资者的保护。[1]期望这种政策层面的检讨，能促进立法变革。

九、伪造、变造金融票证罪

《刑法》第177条　有下列情形之一，伪造、变造金融票证的，处5年以下有期徒刑或者拘役，并处或者单处2万元以上20万元以下罚金；情节严重的，处5年以上10年以下有期徒刑，并处5万元以上50万元以下罚金；情节特别严重的，处10年以上有期徒刑或者无期徒刑，并处5万元以上50万元以下罚金或者没收财产：

（一）伪造、变造汇票、本票、支票的；
（二）伪造、变造委托收款凭证、汇款凭证、银行存单等其他银行结算凭证的；
（三）伪造、变造信用证或者附随的单据、文件的；
（四）伪造信用卡的。

单位犯前款罪的，对单位判处罚金，并对其直接负责的主管人员和其他直接责任人员，依照前款的规定处罚。

---

[1] 刘为波："非法吸收公众存款行为方式的理解与认定"，载《中国审判》2011年第2期。

【定义】伪造、变造汇票、本票、支票、委托收款凭证、汇款凭证、银行存单及其他结算凭证、信用证或附随的单据、文件及伪造信用卡的行为。

【客体】国家对金融票证的管理秩序。

【对象】（被仿冒的对象）金融票证，包括：①汇票、本票、支票。②委托收款凭证、汇款凭证、银行存单等银行结算凭证。③信用证或者附随的单据、文件。④信用卡。

【行为】"伪造、变造"金融票证。"伪造"包括：①有形伪造，即没有金融票证制作权的人，假冒他人名义，仿照真实的金融票证的样式，制作外观足以使一般人误认为是真实的金融票证。②无形伪造，即具有金融票证制作权的人，超越其制作权限，制作内容虚假的金融票证。"变造"，指没有权限的人对真实金融票证进行加工改制，改变其记载内容，并达到足以使一般人误认为是真实的金融票证。

根据司法解释，复制他人信用卡，将他人信用卡信息资料写入磁条介质、芯片，伪造空白信用卡，都属于伪造信用卡。

【主观】故意。

【罪量】根据《立案标准（二）》（2010）第29条，涉嫌下列情形之一的，应予立案追诉：①伪造、变造金融票证，总面额在1万元以上或者数量在10张以上的；②伪造信用卡1张以上，或者伪造空白信用卡10张以上的。根据《办理信用卡刑案解释》（2009）第1条，复制他人信用卡、将他人信用卡信息资料写入磁条介质、芯片或者以其他方法伪造信用卡1张以上的，或者伪造空白信用卡10张以上的，应当认定为"伪造信用卡"，以伪造金融票证罪定罪处罚。

【加重犯】根据《办理信用卡刑案解释》（2009）第1条，伪造信用卡，有下列情形之一的，应当认定为《刑法》第177条规定的"情节严重"：①伪造信用卡5张以上不满25张的；②伪造的信用卡内存款余额、透支额度单独或者合计数额在20万元以上不满100万元的；③伪造空白信用卡50张以上不满250张的；④其他情节严重的情形。

伪造信用卡，有下列情形之一的，应当认定为《刑法》第177条规定的"情节特别严重"：①伪造信用卡25张以上的；②伪造的信用卡内存款余额、透支额度单独或者合计数额在100万元以上的；③伪造空白信用卡250张以上的；④其他情节特别严重的情形。"信用卡内存款余额、透支额度"，以信用卡被伪造后发卡行记录的最高存款余额、可透支额度计算。

十、妨害信用卡管理罪·窃取、收买、非法提供信用卡信息罪

（一）构成要件·法定刑

《刑法》第177条之一　有下列情形之一，妨害信用卡管理的，处3年以下有期徒刑或者拘役，并处或者单处1万元以上10万元以下罚金；数量巨大或者有其他严重情节的，处3年以上10年以下有期徒刑，并处2万元以上20万元以下罚金：

（一）明知是伪造的信用卡而持有、运输的，或者明知是伪造的空白信用卡而持有、运输，数量较大的；

（二）非法持有他人信用卡，数量较大的；

（三）使用虚假的身份证明骗领信用卡的；

（四）出售、购买、为他人提供伪造的信用卡或者以虚假的身份证明骗领的信用卡的。

窃取、收买或者非法提供他人信用卡信息资料的，依照前款规定处罚。

银行或者其他金融机构的工作人员利用职务上的便利，犯第2款罪的，从重处罚。

1. 妨害信用卡管理罪。

【定义】明知是伪造的信用卡、伪造的空白信用卡而持有、运输，数量较大的；或者非法持有他人信用卡，数量较大的；或者使用虚假的身份证明骗领信用卡；或者出售、购买、为他人提供伪造的信用卡或者以虚假的身份证明骗领的信用卡的行为。

【客体】国家对信用卡的管理制度。

【行为】行为的具体内容如下：①明知是伪造的信用卡而持有、运输的，或者明知是伪造的空白信用卡而持有、运输，数量较大的。根据《办理信用卡刑案解释》（2009）第2条，此"数量较大"指10张以上、不满100张。②非法持有他人信用卡，数量较大的，根据《办理信用卡刑案解释》（2009）第2条，此"数量较大"指5张以上、不满50张。③使用虚假的身份证明骗领信用卡的，指违背他人意愿，使用其居民身份证、军官证、士兵证、港澳地区居民往来内地通行证、台湾地区居民来往大陆通行证、护照等身份证明申领信用卡的，或者使用伪造、变造的身份证明申领信用卡的。④出售、购买、为他人提供伪造的信用卡或者以虚假的身份证明骗领的信用卡的。

【主观】故意。

【加重犯】根据《办理信用卡刑案解释》（2009）第2条第2款，有下列情形之一的，应当认定为《刑法》第177条之一第1款规定的"数量巨大"：①明知是伪造的信用卡而持有、运输10张以上的；②明知是伪造的空白信用卡而持有、运输100张以上的；③非法持有他人信用卡50张以上的；④使用虚假的身份证明骗领信用卡10张以上的；⑤出售、购买、为他人提供伪造的信用卡或者以虚假的身份证明骗领的信用卡10张以上的。

2. 窃取、收买、非法提供信用卡信息罪。

【定义】窃取、收买或者非法提供他人信用卡信息资料的行为。本罪是《刑法修正案（五）》第1条第2款新增加的犯罪，其内容被置于《刑法》第177条之后，作为第177条之一第2款列入条文。

【客体】国家对信用卡信息资料的管理秩序。

【对象】他人的信用卡信息资料。

【行为】窃取、收买或者非法提供他人信用卡信息资料。窃取，指违背他人意志，非法获取、占有他人信用卡信息资料。收买，指以财物、金钱或其他利益为对价，取得他人信用卡信息资料。非法提供，指未经信用卡持有人同意，将他人信用卡的信息资料提供给其他人的行为。非法提供的他人信用卡资料来源是否非法在所不问。窃取、收买、非法提供他人信用卡信息资料，足以伪造可进行交易的信用卡，或者足以使他人以信用卡持卡人名义进行交易，涉及信用卡1张以上、不满5张的，依照《刑法》第177条之一第2款的规定，以窃取、收买、非法提供信用卡信息罪定罪处罚。

【主观】故意，即行为人明知是他人的信用卡信息资料仍予以窃取、收买、非法提供给其他人。

【加重犯】窃取、收买、非法提供他人信用卡信息资料涉及信用卡5张以上的，应当认定为《刑法》第177条之一第1款规定的"数量巨大"。

（二）适用

【处罚】银行或者其他金融机构的工作人员利用职务上的便利犯窃取、收买、非法提供他人信用卡信息资料罪的，从重处罚。

【罪数】如果行为人将窃取、收买的他人信用卡的信息资料非法提供给其他人的，也只以一罪论处，本罪为选择性罪名。

【关联罪】他人为信用卡申请人制作、提供虚假的财产状况、收入、职务等资信证明材料，涉及伪造、变造、买卖国家机关公文、证件、印章，或者涉及伪造公司、企业、事业单位、人民团体印章，应当追究刑事责任的，依照《刑法》第280条的规定，分别以伪造、变造、买卖国家机关公文、证件、印章罪和伪造公司、企业、事业单位、人民团体印章罪定罪处罚。

承担资产评估、验资、验证、会计、审计、法律服务等职责的中介组织或其人员，为信用卡申请人提供虚假的财产状况、收入、职务等资信证明材料，应当追究刑事责任的，依照《刑法》第229条的规定，分别以提供虚假证明文件罪和出具证明文件重大失实罪定罪处罚。

【案例】2004年5~6月间，李某先后3次将788张印有JCB、VISA、MASTER等标识及图案的伪造空白信用卡邮寄至日本。同年10月，在张某的住所查获张某写有20条他人信用卡卡号等信息资料的纸条，其中18条系VISA国际卡的卡号磁道信息。张、李二人虽然同在J公司任职，张是董事长，李是副总经理，但尚无事实证据表明二人存在共谋。[1]

本案要点：李、张的行为是否应认定为伪造金融票证罪（预备犯）？法院认为，李某明知是伪造的空白信用卡而运输，张某非法收集他人信用卡信息资料，数量较大，二人都构成妨害信用卡管理罪。收集信用卡磁信息和运输伪造的空白信用卡，往往是伪造信用卡（金融票证）犯罪的环节，鉴于被警方及时查获，没有伪造出成品的信用卡，没有必要按照伪造金融票证罪预备犯或未遂犯处罚。

十一、伪造、变造国家有价证券罪·伪造、变造股票、公司、企业债券罪

《刑法》第178条　伪造、变造国库券或者国家发行的其他有价证券，数额较大的，处3年以下有期徒刑或者拘役，并处或者单处2万元以上20万元以下罚金；数额巨大的，处3年以上10年以下有期徒刑，并处5万元以上50万元以下罚金；数额特别巨大的，处10年以上有期徒刑或者无期徒刑，并处5万元以上50万元以下罚金或者没收财产。

伪造、变造股票或者公司、企业债券，数额较大的，处3年以下有期徒刑或者拘役，并处或者单处1万元以上10万元以下罚金；数额巨大的，处3年以上10年以下有期徒刑，并处2万元以上20万元以下罚金。

单位犯前两款罪的，对单位判处罚金，并对其直接负责的主管人员和其他直接责任人员，依照前款的规定处罚。

（一）伪造、变造国家有价证券罪

【定义】伪造、变造国库券或者国家发行的其他有价证券，数额较大的行为。

【客体】国家对有价证券的管理制度。

【对象】国库券或者国家发行的其他有价证券。国库券，即国家债券，指为解决急需预算支出由国家向社会公众和机构发行的，由国家财政负责还本付息的一种国家债务凭证。国家发行的其他有价证券，指国家发行的除国库券以外的，有一定货币票面价值的财产权利凭证，如国家主管机关批准发行的财政债券、国家建设债券、国家重点建设债券等。

【行为】行为人实施了伪造、变造国库券等国家有价证券的行为。伪造，指行为人仿照真实的国库券或者国家发行的其他有价证券的样式，通过印刷、复印、刻印、绘制等方法制作假的国家有价证券的行为。变造，指行为人在真实的国库券或者国家发行的其他有价证券的基础上，通过剪接、挖补、涂改等方法，对有价证券的金额、发行期限等内容加以改变的行为。

---

[1] 中华人民共和国最高人民法院刑事审判第一、二、三、四、五庭主办：《刑事审判参考（2006年第2集·总第49集）》，法律出版社2006年版，第1页。

【主观】故意。

【罪量】"数额较大",根据《立案标准(二)》(2010)第32条,指伪造、变造国库券或者国家发行的其他有价证券,总面额在2000元以上的。

(二)伪造、变造股票、公司、企业债券罪

【定义】伪造、变造股票或者公司、企业债券,数额较大的行为。

【客体】国家对股票、公司、企业债券的管理制度。

【主体】一般主体,包括自然人和单位。

【对象】股票或者公司、企业债券。股票,指股份有限公司为筹集资金公开发给股东的,证明其投资入股、拥有一定权利的有价证券。公司、企业债券,指公司、企业为了筹集资金而依法发行的保证按照规定时间偿还本金和支付利息的书面债权凭证。

【行为】伪造、变造股票或者公司、企业债券。伪造,指仿照真实的股票或者公司、企业的债券制作假股票、公司或企业债券的行为。变造,指在真实的股票、公司或企业债券的基础上,通过剪接、挖补、涂改等方法改变股票、公司或企业债券面值的行为。

【主观】故意。

【罪量】"数额较大",根据《立案标准(二)》(2010)第33条,指伪造、变造股票或者公司、企业债券,总面额在5000元以上的。

十二、擅自发行股票、公司、企业债券罪

(一)构成要件·法定刑

《刑法》第179条　未经国家有关主管部门批准,擅自发行股票或者公司、企业债券,数额巨大、后果严重或者有其他严重情节的,处5年以下有期徒刑或者拘役,并处或者单处非法募集资金额1%以上5%以下罚金。

单位犯前款罪的,对单位判处罚金,并对其直接负责的主管人员和其他直接责任人员,处5年以下有期徒刑或者拘役。

【定义】未经国家有关主管部门批准,擅自发行股票或公司、企业债券数额巨大、后果严重或者有其他严重情节的行为。

【客体】国家对股票、公司、企业债券发行的管理制度。

【对象】股票或公司、企业债券。

【行为】未经国家有关主管部门批准,擅自发行股票或公司、企业债券。擅自发行,指未经《公司法》和《企业债券管理条例》所确定的审批机关的批准,不具有发行条件而擅自发行股票、公司、企业债券,以及具有合法的发行条件但违反《证券法》等法律法规发行股票、公司、企业债券。根据《审理非法集资刑案解释》(2010)第6条,未经国家有关主管部门批准,向社会不特定对象发行、以转让股权等方式变相发行股票或者公司、企业债券,或者向特定对象发行、变相发行股票或者公司、企业债券累计超过200人的,应当认定为擅自发行股票、公司、企业债券行为。

【主观】故意。

【罪量】必须是擅自发行的股票、公司、企业债券数额巨大、后果严重或者有其他严重情节。其认定标准,根据《立案标准(二)》(2010)第34条,指下列情形之一:①发行数额在50万元以上;②虽未达到上述数额标准,但擅自发行致使30人以上的投资者购买了股票或者公司、企业债券的;③不能及时清偿或清退的;④其他后果严重或者有其他严重情节的情形。

(二)适用

【关联罪】本罪与欺诈发行股票、债券罪的界限。二者存在相同之处:①行为对象均是股

票或者债券;②主体均包括自然人和单位;③主观方面均是故意;④均要求数额巨大、后果严重或者有其他严重情节。二者区别的要点在于:本罪是未经国家有关主管部门批准,擅自发行股票或公司、企业债券;欺诈发行股票、债券罪是在招股说明书、认股书或公司、企业债券募集办法中隐瞒重要事实或者编造重大虚假内容,发行股票或者公司、企业债券。

【罪数】既未经国家有关主管部门批准,又采取欺诈方法发行股票或公司、企业债券的,属于一行为触犯数罪名,是想象竞合犯,应从一重罪论处。

十三、内幕交易、泄露内幕信息罪·利用未公开信息交易罪[1]

《刑法》第180条 证券、期货交易内幕信息的知情人员或者非法获取证券、期货交易内幕信息的人员,在涉及证券的发行,证券、期货交易或者其他对证券、期货交易价格有重大影响的信息尚未公开前,买入或者卖出该证券,或者从事与该内幕信息有关的期货交易,或者泄露该信息,或者明示、暗示他人从事上述交易活动,情节严重的,处5年以下有期徒刑或者拘役,并处或者单处违法所得1倍以上5倍以下罚金;情节特别严重的,处5年以上10年以下有期徒刑,并处违法所得1倍以上5倍以下罚金。

单位犯前款罪的,对单位判处罚金,并对其直接负责的主管人员和其他直接责任人员,处5年以下有期徒刑或者拘役。

内幕信息、知情人员的范围,依照法律、行政法规的规定确定。

证券交易所、期货交易所、证券公司、期货经纪公司、基金管理公司、商业银行、保险公司等金融机构的从业人员以及有关监管部门或者行业协会的工作人员,利用因职务便利获取的内幕信息以外的其他未公开的信息,违反规定,从事与该信息相关的证券、期货交易活动,或者明示、暗示他人从事相关交易活动,情节严重的,依照第一款的规定处罚。

(一) 内幕交易、泄露内幕信息罪

【定义】证券、期货交易内幕信息的知情人员或者非法获取证券、期货交易内幕信息的人员,在涉及证券的发行以及证券、期货交易或其他对证券、期货交易的价格有重大影响的信息尚未公开之前,买入或者卖出该证券,或者从事与该内幕信息有关的期货交易,或者泄露该信息,情节严重的行为。

【客体】国家对证券、期货市场的管理秩序和证券、期货投资者的合法权益。

【主体】特殊主体,即证券、期货交易内幕信息的知情人员或者非法获取了证券、期货交易内幕信息的人员和单位。证券、期货交易内幕信息的知情人员或单位即内幕人员。根据《办理内幕信息刑案解释》(2012)第1条,"证券、期货交易内幕信息的知情人员"指下列人员:其一,《证券法》第74条规定的人员,即内幕人员有如下几种:①发行人的董事、监事、高级管理人员;②持有公司5%以上股份的股东及其董事、监事、高级管理人员,公司的实际控制人及其董事、监事、高级管理人员;③发行人控股的公司及其董事、监事、高级管理人员;④由于所任公司职务可以获取公司有关内幕信息的人员;⑤证券监督管理机构工作人员以及由于法定职责对证券的发行、交易进行管理的其他人员;⑥保荐人、承销的证券公司、证券交易所、证券登记结算机构、证券交易服务机构的有关人员;⑦国务院证券监督管理机构规定的其他人。内幕信息知情本身并不区分合法途径和非法途径,前述"由于所任公司职务可以获取公司有关内幕信息的人员",包括通过下属所汇报的材料,并结合自己的专业知识准确判断出被重组对象的人员。其二,《期货交易管理条例》第85条第12项规定的人员,即指由于其管理

---

[1] 经《刑法修正案(七)》修正。

地位、监督地位或者职业地位,或者作为雇员、专业顾问履行职务,能够接触或者获得内幕信息的人员,包括:①期货交易所的管理人员以及其他由于任职可获取内幕信息的从业人员,②国务院期货监督管理机构和其他有关部门的工作人员以及国务院期货监督管理机构规定的其他人员。

根据《办理内幕信息刑案解释》(2012)第2条,"非法获取证券、期货交易内幕信息的人员",指除上述内幕人员以外,通过各种非法方法获取证券、期货交易内幕信息的人员。具体指具有下列行为的人员:①利用窃取、骗取、套取、窃听、利诱、刺探或者私下交易等手段获取内幕信息的;②内幕信息知情人员的近亲属或者其他与内幕信息知情人员关系密切的人员,在内幕信息敏感期内,从事或者明示、暗示他人从事,或者泄露内幕信息导致他人从事与该内幕信息有关的证券、期货交易,相关交易行为明显异常,且无正当理由或者正当信息来源的。"与内幕信息知情人员关系密切的人员",如与内幕信息知情人员具有某种经济利益合作的大学同学。前述人员即便是被动获悉内幕信息,也应当依法认定为非法获取内幕信息的人员;[1] ③在内幕信息敏感期内,与内幕信息知情人员联络、接触,从事或者明示、暗示他人从事,或者泄露内幕信息导致他人从事与该内幕信息有关的证券、期货交易,相关交易行为明显异常,且无正当理由或者正当信息来源的。

《办理内幕信息刑案解释》(2012)第3条规定,第2条中所称"相关交易行为明显异常",要综合以下情形,从时间吻合程度、交易背离程度和利益关联程度等方面予以认定:①开户、销户、激活资金账户或者指定交易(托管)、撤销指定交易(转托管)的时间与该内幕信息形成、变化、公开时间基本一致的;②资金变化与该内幕信息形成、变化、公开时间基本一致的;③买入或者卖出与内幕信息有关的证券、期货合约时间与内幕信息的形成、变化和公开时间基本一致的;④买入或者卖出与内幕信息有关的证券、期货合约时间与获悉内幕信息的时间基本一致的;⑤买入或者卖出证券、期货合约行为明显与平时交易习惯不同的;⑥买入或者卖出证券、期货合约行为,或者集中持有证券、期货合约行为与该证券、期货公开信息反映的基本面明显背离的;⑦账户交易资金进出与该内幕信息知情人员或者非法获取人员有关联或者利害关系的;⑧其他交易行为明显异常情形。

【对象】内幕信息,是指在证券、期货交易活动中,涉及公司的经营、财务或者对该公司证券的市场价格、期货交易的价格有重大影响的尚未公开的信息,包括持有公司5%以上股份的股东或者实际控制人,其持有股份或者控制公司的情况发生较大变化、公司股权结构的重大变化等重大事件信息。[2] 内幕信息的判断可根据《证券法》第67条第2款和第75条第2款的规定予以确定。

【行为】内幕交易或者泄露内幕信息的行为。包括:①内幕交易,指在内幕信息尚未公开之前买入、卖出该证券或者从事与该内幕信息有关的期货交易。②泄露内幕信息。③明示、暗示他人从事证券、期货交易活动。

《办理内幕信息刑案解释》(2012)第4条规定,具有下列情形之一的,不属于第180条第

---

[1] 刘新民:"'非法吸收公众存款罪'的证券法规制研究",载《华东师范大学学报(哲学社会科学版)》2015年第3期,指导判例"赵丽梅等内幕交易案【第758号】——内幕信息知情人员的近亲属或者与其关系密切的人被动获悉内幕信息的,能否认定为非法获取证券交易内幕信息的人员?"载最高人民法院刑事审判第一、二、三、四、五庭主办:《刑事审判参考(2012年第2集·总第85集)》,法律出版社2012年版。

[2] 指导判例"杜兰库、刘乃华内幕交易,刘乃华泄露内幕信息案【757号】——内幕信息、内幕信息的知情人员和非法获取人员的认定以及相关法律适用问题的把握",载中华人民共和国最高人民法院刑事审判第一、二、三、四、五庭主办:《刑事审判参考(2012年第2集·总第85集)》,法律出版社2012年版。

1 款规定的从事与内幕信息有关的证券、期货交易：①持有或者通过协议、其他安排与他人共同持有上市公司 5% 以上股份的自然人、法人或者其他组织收购该上市公司股份的；②按照事先订立的书面合同、指令、计划从事相关证券、期货交易的；③依据已被他人披露的信息而交易的；④交易具有其他正当理由或者正当信息来源的。

《办理内幕信息刑案解释》（2012）第 5 条规定，"内幕信息敏感期"是指内幕信息自形成至公开的期间。《证券法》第 67 条第 2 款所列"重大事件"的发生时间，第 75 条规定的"计划""方案"以及《期货交易管理条例》第 85 条第 11 项规定的"政策"、"决定"等的形成时间，应当认定为内幕信息形成之时。影响内幕信息形成的动议、筹划、决策或者执行人员，其动议、筹划、决策或者执行初始时间，应当认定为内幕信息的形成之时。内幕信息的公开，是指内幕信息在国务院证券、期货监督管理机构指定的报刊、网站等媒体披露。但如果交易人是从内幕信息知情人员处获取了内幕信息，即使该信息在被获取时仅发布在非指定报刊、媒体，也不可作为抗辩事由，因为促使交易决策最主要的原因在于交易人对内幕信息知情人员这种身份的信赖。[1]

【主观】故意，即明知证券、期货交易内幕信息尚未公开而进行内幕交易或明知是证券、期货交易的内幕信息而泄露。

【罪量】"情节严重"，根据《立案标准（二）》（2010）第 35 条，指个人或单位内幕交易、泄露内幕信息涉嫌下列情形之一：①证券交易成交额累计在 50 万元以上的；②期货交易占用保证金数额累计在 30 万元以上的；③获利或者避免损失数额累计在 15 万元以上的；④多次进行内幕交易、泄露内幕信息的；⑤其他情节严重的情形。

《办理内幕信息刑案解释》（2010）第 6 条规定：在内幕信息敏感期内从事或者明示、暗示他人从事或者泄露内幕信息导致他人从事与该内幕信息有关的证券、期货交易，具有下列情形之一的，应当认定为《刑法》第 180 条第 1 款规定的"情节严重"：①证券交易成交额在 50 万元以上的；②期货交易占用保证金数额在 30 万元以上的；③获利或者避免损失数额在 15 万元以上的；④3 次以上的；⑤具有其他严重情节的。

【加重犯】《办理内幕信息刑案解释》（2010）第 7～10 条规定，在内幕信息敏感期内从事或者明示、暗示他人从事或者泄露内幕信息导致他人从事与该内幕信息有关的证券、期货交易，具有下列情形之一的，应当认定为《刑法》第 180 条第 1 款规定的"情节特别严重"：①证券交易成交额在 250 元以上的；②期货交易占用保证金数额在 150 万元以上的；③获利或者避免损失数额在 75 万元以上的；④具有其他特别严重情节的。2 次以上实施内幕交易或者泄露内幕信息行为，未经行政处理或者刑事处理的，应当对相关交易数额依法累计计算。同一案件中，成交额、占用保证金额、获利或者避免损失额分别构成情节严重、情节特别严重的，按照处罚较重的数额定罪处罚。构成共同犯罪的，按照共同犯罪行为人的成交总额、占用保证金总额、获利或者避免损失总额定罪处罚，但判处各被告人罚金的总额应掌握在获利或者避免损失总额的 1 倍以上 5 倍以下。

"违法所得"，是指通过内幕交易行为所获利益或者避免的损失。

内幕信息的泄露人员或者内幕交易的明示、暗示人员未实际从事内幕交易的，其罚金数额按照因泄露而获悉内幕信息人员或者被明示、暗示人员从事内幕交易的违法所得计算。

【适用】1. 本罪与编造并传播证券、期货交易虚假信息罪及操纵证券、期货市场罪的界

---

[1] 裴显鼎、逢锦温、刘晓虎："证券犯罪若干疑难问题之研讨"，载《人民法院报》2012 年 3 月 28 日。

限。内幕信息应当相对真实，所泄露的信息应当与指定报刊、媒体发布的消息基本一致。如果不一致，则泄露者不能构成本罪，而可能构成编造并传播证券、期货交易虚假信息罪或操纵证券、期货市场罪；如果泄露的信息根本不可能影响证券、期货交易价格，则属于绝对不能犯，不能构成犯罪，与刑法理论中的对象错误、相对不能犯应当进行区别。对于因谈判失败等原因而最终未公开或者故意违规不予披露的信息，泄露的信息是否真实，应当根据所泄露的信息与实践中发生的事实是否基本一致进行评断。

2. 本罪与洗钱罪的关联。明知是内幕交易犯罪所得而予以掩饰、隐瞒的，应以洗钱罪论处。[1]

3. 本罪"自动投案"和"如实供述主要罪行"的认定。只要行为人主动向基层组织或者证券监管部门如实反映自身涉案情况，并自愿等候有关部门处理的，均可以认定为自动投案。行为人如实供述的内容应当包括：行为人的主体身份；所购买的相关股票的名称、数量；行为人获悉内幕信息等相关情况。在行为人如实供述内幕交易犯罪事实的前提下，作出其是主要基于专业判断而买卖相关股票的辩解，不影响对其如实供述罪行的认定。[2]

4. 特殊情形下违法所得的数额计算。在未获取股票预期价格信息的前提下，对利好型内幕信息公开后继续持股未卖，且公开当日股票价格未出现涨停的，内幕交易的违法所得应当以复牌日收盘价计算。[3]

5. 建议人与被建议人行为的定性。①如果建议人建议他人从事内幕交易时拒绝透露任何与内幕信息有关的信息，只是建议他人买卖具体证券、期货的，建议人构成内幕交易罪的间接正犯，被建议人不构成内幕交易罪；②如果建议人建议他人买卖证券、期货时，为增加被建议人的确信，同时泄露内幕信息的，建议人与被建议人除了构成内幕交易罪的共犯，建议人还单独构成泄露内幕信息罪，但不并罚；③如果建议人仅暗示内幕信息的内容，却无明确建议意见的，此种情形下的建议实际上是名不副实的建议，建议人仅构成泄露内幕信息罪，被建议人构成内幕交易罪。建议人是否实际参与买卖、是否以获利为目的，不影响定罪。

6. 对于内幕信息多级传递的认定。如果属于明知是内幕信息而予以传递的，即表明行为人在传递时具有主观故意，无论是第几手传递内幕信息，都是泄露内幕信息行为。

7. 对涉案证券、期货的后续处理。应当将证券、期货退还给客户，因为涉案证券、期货是由客户授权给行为人代理投资的，其所有权并没有转移给行为人，仍然属于客户所有。至于是直接发还客户，还是变卖、拍卖后归还客户，应当充分尊重客户的意见，如果客户想要继续从事该证券、期货的投资经营，则直接退还；如果客户没有要求，可以在变卖后，将变卖所得款退还客户。如涉及资产的，从有利于客户的角度，可拍卖后再返还客户。[4]

---

[1] 指导判例"李启红等内幕交易、泄露内幕信息案【第735号】——如何确定内幕信息价格敏感期、建议他人买卖与内幕信息有关的证券行为如何定性以及如何区分洗钱罪与掩饰、隐瞒犯罪所得罪？"载中华人民共和国最高人民法院刑事审判第一、二、三、四、五庭主办：《刑事审判参考（2011年第6集·总第83集）》，法律出版社2012年版。

[2] 指导判例"杨治山内幕交易案【第1019号】——如何理解内幕交易犯罪案件中的'自动投案'和'如实供述主要罪行'？"载中华人民共和国最高人民法院刑事审判第一、二、三、四、五庭主办：《刑事审判参考（2015年第1集·总第102集）》，法律出版社2016年版。

[3] 指导判例"王文芳泄露内幕信息、徐双全内幕交易案【第920号】——对利好型内幕信息公开后继续持股未卖的，内幕交易的违法所得如何认定？"载中华人民共和国最高人民法院刑事审判第一、二、三、四、五庭主办：《刑事审判参考（2013年第6集·总第95集）》，法律出版社2014年版。

[4] 裴显鼎、逄锦温、刘晓虎："证券犯罪若干疑难问题之研讨"，载《人民法院报》2012年3月28日。

【案例】　　　　　　　　　　**李某等三人内幕交易案**[1]

被告人李某担任某上市公司董事兼董事会秘书。2012年6月23日，该上市公司实际控制人召集公司董事长及董事李某等高管人员召开非正式会议，要求公司必须在限定期限内完成资产优化重组。会后，公司董事长指示要加快推进重组进度，并让李某准备上市公司申请停牌的相关资料。2012年7月6日，该上市公司因重大资产重组事项，向深圳证券交易所申请停牌，公司证券于当日开市起临时停牌；同年11月5日，公司复牌并发布非公开发行股票预案。2012年6月23日会议确定的公司限期内完成资产优化重组事项，在公开披露前属于证券法规定的内幕信息，2012年6月23日至同年11月5日为内幕信息敏感期。被告人李某作为该上市公司董事、董事会秘书，属于证券法规定的内幕信息知情人员。2012年6月底，李某把公司将要重组的信息告诉其丈夫宋某和表妹涂某，要求二人帮助购买公司的股票。7月1日，宋某委托他人将169万元人民币存入他人的银行账户。7月2日，涂某用他人的证券账户买入该公司股票共计332 655股，成交金额1 686 959.29元。同年11月21日，涂某按照李某的要求，将上述公司股票全部卖出，获利860 120.87元。被告人李某、宋某、涂某于2013年3月15日被查获归案。

2014年5月12日，北京市第二中级人民法院作出一审判决，被告人李某犯内幕交易罪，判处有期徒刑5年，并处罚金62万元；被告人宋某犯内幕交易罪，判处有期徒刑1年6个月，缓刑1年6个月，并处罚金19万元；被告人涂某犯内幕交易罪，判处有期徒刑6个月，缓刑1年，并处罚金6万元。

（二）利用未公开信息交易罪

【定义】证券交易所、期货交易所、证券公司、期货经纪公司、基金管理公司、商业银行、保险公司等金融机构的从业人员以及有关监管部门或者行业协会的工作人员，利用因职务便利获取的内幕信息以外的其他未公开的信息，违反规定，从事与该信息相关的证券、期货交易活动，或者明示、暗示他人从事相关交易活动，情节严重的行为。

【主体】特殊主体：证券交易所、期货交易所、证券公司、期货经纪公司、基金管理公司、商业银行、保险公司等金融机构的从业人员以及有关监管部门或者行业协会的工作人员。

【行为】"其他未公开的信息"，指内幕信息以外的与证券交易活动有关的，涉及公司的经营、财务或者对该公司证券的市场供求有重大影响的信息。社会公众获得该信息后，会对证券交易活动产生重大影响。构成本罪，不以"先买先卖"同时具备为要件，"先买先卖"是典型"老鼠仓"的特征，具体是指：基金公司、证券、期货、保险公司等资产管理机构的从业人员（主要是机构经理、操盘手），在用客户资金买入证券或者其衍生品、期货或者期权合约等金融产品前，以自己名义或假借他人名义，或者告知其亲属、朋友、关系户，先行低价买入证券、期货等金融产品，然后用客户资金拉升到高位后自己率先卖出获利，使个人以相对较低的成本牟取暴利。就本罪而言，只要行为人利用因职务便利获取的未公开信息，违反规定从事与该信息相关的证券、期货交易活动，达到"情节严重"的程度即可。例如：①利用所任职基金公司未公开利好信息先行或者同期买入某一股票，在所任职基金公司卖出相关股票后，行为人基于个人判断或者其他原因继续持有该股票；②行为人在所任职基金公司买入相关股票后再买入同样股票，在获悉所任职基金公司的未公开利空信息后，先于基金卖出相同股票；③在担任基金经理期间，违反规定，利用掌握的未公开的信息从事与该信息相关的证券交易活动，先

---

[1] "中华人民共和国最高人民检察院发布6起依法查处金融犯罪典型案例"，载最高人民检察院官网，2015年9月23日。

于或同步多次买入、卖出相同个股。[1]

【罪量】"情节严重",根据《立案标准(二)》(2010)第36条,与内幕交易、泄露内幕信息的标准相同。应注意:本罪有"情节严重""情节特别严重"两种情形和两个量刑档次。本罪罪状中的"情节严重"是入罪条款,并不兼具量刑条款的性质,刑法条文中虽然大量存在"情节严重"兼具定罪条款及量刑条款性质的情形,但均在其后列明了具体的法定刑,而本罪"情节严重"之后,并未列明具体的法定刑,而是参照内幕交易、泄露内幕信息罪的法定刑。因此,本罪罪状虽然没有明确表述"情节特别严重",但应当包含"情节特别严重"的情形和量刑档次。[2]

【案例】<center>苏某利用未公开信息交易案[3]</center>

2006年9月起,被告人苏某就职于某基金公司。2007年12月~2013年11月,苏某先后担任该公司均衡基金、蓝筹基金经理,负责股票投资的决策和操作。2009年3月~2012年10月间,苏某利用因职务便利获取的基金股票交易情况等未公开信息,使用其控制的"王某"等人的证券账户,先于或者同期于其管理的基金买入或者卖出130只股票,累计交易金额7.33亿余元,获利3652万余元。2013年11月28日,被告人苏某携相关银行、证券账户资料至公安机关投案,并如实陈述了上述犯罪实施;案发后,侦查机关根据苏某提供的相关账户,冻结了银行户名为"王某"的账户内的资金2800万余元。2014年10月21日,上海市第一中级人民法院以利用未公开信息交易罪判处被告人苏某有期徒刑2年6个月,并处罚金3700万元;冻结在案的银行户名为"王某"的账户内的全部资金并予以追缴,其余违法所得,责令被告人苏某退赔。

十四、编造并传播证券、期货交易虚假信息罪·诱骗投资者买卖证券、期货合约罪

《刑法》第181条 编造并且传播影响证券、期货交易的虚假信息,扰乱证券、期货交易市场,造成严重后果的,处5年以下有期徒刑或者拘役,并处或者单处1万元以上10万元以下罚金。

证券交易所、期货交易所、证券公司、期货经纪公司的从业人员,证券业协会、期货业协会或者证券期货监督管理部门的工作人员,故意提供虚假信息或者伪造、变造、销毁交易记录,诱骗投资者买卖证券、期货合约,造成严重后果的,处5年以下有期徒刑或者拘役,并处或者单处1万元以上10万元以下罚金;情节特别恶劣的,处5年以上10年以下有期徒刑,并处2万元以上20万元以下罚金。

单位犯前两款罪的,对单位判处罚金,并对其直接负责的主管人员和其他直接责任人员,处5年以下有期徒刑或者拘役。

(一)编造并传播证券、期货交易虚假信息罪

【定义】编造并传播影响证券、期货交易的虚假信息,扰乱证券、期货交易市场秩序,造成严重后果的行为。

【客体】证券、期货交易市场的正常管理秩序。

【行为】编造并传播虚假信息。编造,指捏造根本不存在的信息或者篡改、加工、隐瞒真

---
[1] 指导判例"李旭利利用未公开信息交易案【第941号】——利用未公开信息交易罪司法认定中的证据和法律问题",载中华人民共和国最高人民法院刑事审判第一、二、三、四、五庭主办:《刑事审判参考(2014年第1集·总第96集)》,法律出版社2014年版。
[2] 最高人民法院刑事判决书(2015)刑抗字第1号:马乐利用未公开信息交易案。
[3] "最高人民检察院发布6起依法查处金融犯罪典型案例",载最高人民检察院官网,2015年9月23日。

实的信息。传播，指通过各种途径使信息为不特定的人或者多数人知悉。注意：行为人必须实施了编造与传播虚假信息这两个行为才成立本罪。如果行为人只编造而没有传播或是没有编造而仅仅是单纯传播的，不能构成本罪。虚假信息必须足以影响证券、期货交易，扰乱证券、期货交易市场，否则也不可能构成本罪。

【主观】故意。

【罪量】"造成严重后果"，根据《立案标准（二）》（2010）第37条，指具有下列情形之一：①获利或者避免损失数额累计在5万元以上的；②造成投资者直接经济损失数额在5万元以上的；③致使交易价格和交易量异常波动的；④虽未达到上述数额标准，但多次编造并且传播影响证券、期货交易的虚假信息的；⑤其他造成严重后果的情形。

（二）诱骗投资者买卖证券、期货合约罪

【定义】证券交易所、期货交易所、证券公司、期货经纪公司的从业人员，证券业协会、期货业协会或者证券、期货监督管理部门的工作人员，故意提供虚假信息或者伪造、变造、销毁交易记录，诱骗投资者买卖证券、期货合约，造成严重后果的行为。

【客体】证券、期货市场交易秩序和投资者的合法权益。

【主体】身份犯，指证券交易所、期货交易所、证券公司、期货经纪公司的从业人员，证券业协会、期货业协会或者证券期货监督管理部门的工作人员。

【行为】提供虚假信息或者伪造、变造、销毁交易记录。提供虚假信息，指行为人向投资者提供可能影响证券、期货市场价格的不真实的信息。提供方式没有限制，被提供信息的投资者既可以是一人，也可以是多人。伪造、变造、销毁交易记录，指伪造、变造、销毁记载证券、期货合约交易情况的原始数据以及其他与证券、期货交易有关的记录等。提供虚假信息的行为和伪造、变造、销毁交易记录等行为，行为人只要实施了其中一行为并造成严重后果，即可成立本罪。

【主观】故意，并具有诱骗投资者买卖证券、期货合约的特定目的。

【罪量】"严重后果"，根据《立案标准（二）》（2010）第38条，是指具有下列情形之一的：①获利或者避免损失数额累计在5万元以上的；②造成投资者直接经济损失数额在5万元以上的；③致使交易价格和交易量异常波动的；④其他造成严重后果的情形。

十五、操纵证券、期货市场罪

《刑法》第182条　有下列情形之一，操纵证券、期货市场，情节严重的，处5年以下有期徒刑或者拘役，并处或者单处罚金；情节特别严重的，处5年以上10年以下有期徒刑，并处罚金：

（一）单独或者合谋，集中资金优势、持股或者持仓优势或者利用信息优势联合或者连续买卖，操纵证券、期货交易价格或者证券、期货交易量的；

（二）与他人串通，以事先约定的时间、价格和方式相互进行证券、期货交易，影响证券、期货交易价格或者证券、期货交易量的；

（三）在自己实际控制的账户之间进行证券交易，或者以自己为交易对象，自买自卖期货合约，影响证券、期货交易价格或者证券、期货交易量的；

（四）以其他方法操纵证券、期货市场的。

单位犯前款罪的，对单位判处罚金，并对其直接负责的主管人员和其他直接责任人员，依照前款的规定处罚。

【定义】操纵证券、期货市场,情节严重的行为。[1]

【客体】国家对证券、期货市场的管理秩序和投资者的合法利益。

【行为】具体有四种行为方式:①单独或者合谋,集中资金优势、持股或者持仓优势,或者利用信息优势联合或者连续买卖,操纵证券、期货交易价格或者证券、期货交易量的;②与他人串通,以事先约定的时间、价格和方式相互进行证券、期货交易,影响证券、期货交易价格或者证券、期货交易量的;③在自己实际控制的账户之间进行证券交易,或者以自己为交易对象,自买自卖期货合约,影响证券、期货交易价格或者证券、期货交易量的;④以其他方法操纵证券、期货市场的。

根据《立案标准(二)》(2010)第39条第7项,证券公司、证券投资咨询机构、专业中介机构或者从业人员,违背有关从业禁止的规定,买卖或者持有相关证券,通过对证券或者其发行人、上市公司公开作出评价、预测或者投资建议,在该证券的交易中谋取利益,情节严重的,也以本罪追诉。

【主观】故意,但不是目的犯。鉴于从事证券期货交易之人皆追求获利避险,"获取不正当利益或者转嫁风险"的目的要素没有意义,且难以认定。所以《刑法修正案(六)》将其删除。

【罪量】"情节严重",根据《立案标准(二)》(2010)第39条,指操纵证券、期货市场,涉嫌下列情形之一的:①单独或者合谋,持有或者实际控制证券的流通股份数达到该证券的实际流通股份总量30%以上,且在该证券连续20个交易日内联合或者连续买卖股份数累计达到该证券同期总成交量30%以上的;②单独或者合谋,持有或者实际控制期货合约的数量超过期货交易所业务规则限定的持仓量50%以上,且在该期货合约连续20个交易日内联合或者连续买卖期货合约数累计达到该期货合约同期总成交量30%以上的;③与他人串通,以事先约定的时间、价格和方式相互进行证券或者期货合约交易,且在该证券或者期货合约连续20个交易日内成交量累计达到该证券或者期货合约同期总成交量20%以上的;④在自己实际控制的账户之间进行证券交易,或者以自己为交易对象,自买自卖期货合约,且在该证券或者期货合约连续20个交易日内成交量累计达到该证券或者期货合约同期总成交量20%以上的;⑤单独或者合谋,当日连续申报买入或者卖出同一证券、期货合约并在成交前撤回申报,撤回申报量占当日该种股票总申报量或者该种期货合约总申报量50%以上的;⑥上市公司及其董事、监事、高级管理人员、实际控制人、控股股东或者其他关联人单独或者合谋,利用信息优势,操纵该公司证券交易价格或者交易量的;⑦证券公司、证券投资咨询机构、专业中介机构或者从业人员,违背有关禁止的规定,买卖或者持有相关证券,通过对证券或者其发行人、上市公司公开作出评价、预测或者投资建议,在该证券的交易中谋取利益,情节严重的;⑧其他情节严重的情形。

十六、背信运用受托财产罪·违法运用资金罪

(一)构成要件·法定刑

《刑法》第185条之一 商业银行、证券交易所、期货交易所、证券公司、期货经纪公司、保险公司或者其他金融机构,违背受托义务,擅自运用客户资金或者其他委托、信托的财产,情节严重的,对单位判处罚金,并对其直接负责的主管人员和其他直接责任人员,处3年以下有期徒刑或者拘役,并处3万元以上30万元以下罚金;情节特别严重的,处3年以上10年以下有期徒刑,并处5万元以上50万元以下罚金。

---

[1] 操纵证券、期货市场罪经《刑法修正案(六)》修正而成,取消了原"操纵证券、期货交易价格罪"罪名。

社会保障基金管理机构、住房公积金管理机构等公众资金管理机构，以及保险公司、保险资产管理公司、证券投资基金管理公司，违反国家规定运用资金的，对其直接负责的主管人员和其他直接责任人员，依照前款的规定处罚。

1. 背信运用受托财产罪。

【定义】商业银行、证券交易所、期货交易所、证券公司、期货经纪公司、保险公司或者其他金融机构，违背受托义务，擅自运用客户资金或者其他委托、信托的财产，情节严重的行为。[1]

【客体】国家对金融市场的管理秩序和委托人的财产权益。

【主体】商业银行、证券交易所、期货交易所、证券公司、期货经纪公司、保险公司或者其他金融机构。本罪是纯正的单位犯罪，主体必须是单位且限于金融机构，这也是本罪与挪用公款罪、挪用资金罪的区别要点。

【行为】违背受托义务，擅自运用客户资金或者其他委托、信托的财产。所谓擅自运用，是指未得到客户授权而运用该客户的资金或者其他委托、信托的财产。本罪是金融机构单位挪用客户资金的行为。如果是个人挪用的，则视主体身份认定为挪用公款罪或者挪用资金罪。

【主观】故意。

【罪量】"情节严重"，根据《立案标准（二）》（2010）第40条，指以下情形之一：①擅自运用客户资金或者其他委托、信托的财产数额累计在30万元以上的；②虽未达到上述数额标准，但多次擅自运用客户资金或者其他委托、信托的财产，或者擅自运用多个客户资金或者其他委托、信托的财产的；③其他情节严重的情形。

2. 违法运用资金罪。

【定义】社会保障基金管理机构、住房公积金管理机构等公众资金管理机构，以及保险公司、保险资产管理公司、证券投资基金管理公司，违反国家规定运用资金的行为。[2]

【客体】国家对于公众资金及特定行业资金的管理秩序。

【主体】特殊主体，仅限于公众资金管理机构和保险公司、保险资产管理公司、证券投资基金管理公司。并且只能由单位构成，是纯正的单位犯罪。

【对象】社会保障基金、住房公积金以及保险公司、基金公司的资金。

【行为】违反国家规定运用资金。

【主观】故意。至于违法运用客户资金的目的，在所不问，不影响本罪的成立。

【罪量】"情节严重"，根据《立案标准（二）》（2010）第41条，指违法运用资金涉嫌下列情形之一的：①违反国家规定运用资金数额在30万元以上的；②虽未达到上述数额标准，但多次违反国家规定运用资金的；③其他情节严重的情形。

（二）适用

【关联罪】违法运用资金罪与背信运用受托财产罪的界限：①主体不同。本罪的主体是指社会保障基金管理机构、住房公积金管理机构等公众资金管理机构，以及保险公司、保险资产管理公司、证券投资基金管理公司。背信运用受托财产罪的主体是商业银行、证券交易所、期货交易所、证券公司、期货经纪公司、保险公司或者其他金融机构。②对象不同。本罪的对象是社会保障基金、住房公积金以及保险公司、基金公司的资金。背信运用受托财产罪的对象是客户资金或者其他委托、信托的财产。

---

[1] 本罪是《刑法修正案（六）》修正（第185条之一第1款）增加的罪名。立法动因是"有些金融机构挪用客户资金的行为并不是其工作人员个人的行为，而是由单位决定实施的；对情节严重的，也应当追究刑事责任"。

[2] 本罪是《刑法修正案（六）》修正（第185条之一第2款）增加的罪名。

十七、违法发放贷款罪[1]

《刑法》第 186 条 银行或者其他金融机构的工作人员违反国家规定发放贷款，数额巨大或者造成重大损失的，处 5 年以下有期徒刑或者拘役，并处 1 万元以上 10 万元以下罚金；数额特别巨大或者造成特别重大损失的，处 5 年以上有期徒刑，并处 2 万元以上 20 万元以下罚金。

银行或者其他金融机构的工作人员违反国家规定，向关系人发放贷款的，依照前款的规定从重处罚。

单位犯前两款罪的，对单位判处罚金，并对其直接负责的主管人员和其他直接责任人员，依照前款的规定处罚。

关系人的范围，依照《中华人民共和国商业银行法》和有关金融法规规定。

【定义】银行或者其他金融机构的工作人员违反国家规定发放贷款，数额巨大或者造成重大损失的行为。

【客体】国家对金融机构贷款活动的管理秩序和金融机构的财产权益。

【主体】特殊主体，即银行或者其他金融机构及其工作人员，包括自然人和单位。

【行为】违反国家规定发放贷款，数额巨大或者造成重大损失的行为。违反国家规定，指违反全国人大和国务院制定的有关信贷管理的法规，如违反《商业银行法》《担保法》《贷款通则》《贷款证管理办法》《信贷资金管理办法》《合同法》等，不依法审查贷款条件、不依法评估贷款人的资信；或者知道借款人不符合条件，但由于人情关系或接受了借款人贿赂及某种利益，利用自己的职权擅自向其发放贷款等。

【主观】故意。

【罪量】数额巨大或者造成重大损失。根据《立案标准（二）》（2010）第 42 条，"数额巨大"，指违法发放贷款数额在 100 万元以上的；"重大损失"指违法发放贷款，造成直接经济损失数额在 20 万元以上的。

【处罚】银行或者其他金融机构的工作人员违反国家规定，向关系人发放贷款的，依照上述规定从重处罚。关系人的范围是指：①银行或其他金融机构的董事、监事、管理人员、信贷业务人员及其近亲属；②前项所列人员投资或者担任高级管理职务的公司、企业和其他经济组织。

十八、吸收客户资金不入账罪

（一）构成要件·法定刑

《刑法》第 187 条 银行或者其他金融机构的工作人员吸收客户资金不入账，数额巨大或者造成重大损失的，处 5 年以下有期徒刑或者拘役，并处 2 万元以上 20 万元以下罚金；数额特别巨大或者造成特别重大损失的，处 5 年以上有期徒刑，并处 5 万元以上 50 万元以下罚金。

单位犯前款罪的，对单位判处罚金，并对其直接负责的主管人员和其他直接责任人员，依照前款的规定处罚。

【定义】银行或者其他金融机构的工作人员吸收客户资金不入账，数额巨大或者造成重大

---

[1] 违法发放贷款罪是《刑法修正案（六）》修正而成，将刑法原来规定的"违法向关系人发放贷款罪"与"违法发放贷款罪"合并，取消了原"违法向关系人发放贷款罪"罪名。

损失的行为。[1]

【客体】金融机构的管理秩序。

【主体】特殊主体，即银行或者其他金融机构及其工作人员，包括自然人和单位。

【行为】吸收客户资金不入账，指违反国家有关法律的规定，未真实记录并全面反映其业务活动和财务状况。不入账，既可能是根本不入任何账户，也可能是不入法定的账户，而私自设立其他保密账户。

【主观】故意。

【罪量】数额巨大或者造成重大损失。根据《立案标准（二）》（2010）第43条，"数额巨大"，指吸收客户资金不入账，数额在100万元以上；"造成重大损失"，指造成直接经济损失数额在20万元以上。

（二）适用

【关联罪】本罪与挪用公款罪、挪用资金罪的区别：对于银行或者其他金融机构的工作人员利用职务上的便利，挪用已经记入金融机构法定存款账户的客户资金归个人使用的，或者吸收客户资金不入账，却给客户开具银行存单，客户也认为将款已存入银行，该款却被行为人以个人名义借贷给他人的，应认定为挪用公款罪或者挪用资金罪。因为在这种情况下：①事先没有与客户串通，客户无过错；②是个人行为而不是单位行为；③虽然是个人行为，但是单位（有关金融机构）应当对其职员个人的渎职行为对客户承担民事责任。在这种（金融机构职员）个人用账外客户资金非法拆借、发放贷款的情况下，单位（该金融机构）实际上承担着该笔账外资金的风险，所以，其实质是个人挪用行为。

十九、违规出具金融票证罪

《刑法》第188条　银行或者其他金融机构的工作人员违反规定，为他人出具信用证或者其他保函、票据、存单、资信证明，情节严重的，处5年以下有期徒刑或者拘役；情节特别严重的，处5年以上有期徒刑。

单位犯前款罪的，对单位判处罚金，并对其直接负责的主管人员和其他直接责任人员，依照前款的规定处罚。

【定义】银行或者其他金融机构的工作人员违反规定，为他人出具信用证或者其他保函、票据、存单、资信证明，情节严重的行为。[2]

【客体】国家对金融票证的管理制度和金融机构的财产权益。

【主体】特殊主体，即银行或者其他金融机构及其工作人员，包括自然人和单位。

【行为】违反规定，为他人出具信用证或其他保函、票据、存单、资信证明。违反规定，指违反应当遵守的有关金融法律、法规、规章及银行、金融机构内部制定的规章制度等。他人，包括自然人和单位。信用证，指开证银行或其他金融机构根据申请人的请求或者自己主动向一方（受益人）签发的一种书面协议。如果受益人满足了书面约定的条件，开证银行或者其他金融机构即向受益人付款的一种书面凭证。保函，指银行以其自身的信用为他人承担责任的担保文件。票据，指票据法上规定的汇票、本票、支票。存单，指银行等金融机构签发给存款人的一种存款凭证。资信证明，指证明个人或单位的财产状况、偿还能力、信用程度等情况的证明文件。

---

[1] 吸收客户资金不入账罪是《刑法修正案（六）》修正而成，取消了原"用账外客户资金非法拆借、发放贷款罪"罪名。
[2] 违规出具金融票证罪是《刑法修正案（六）》修正而成，取消了原"非法出具金融票证罪"罪名。

【主观】故意。

【罪量】"情节严重",根据《立案标准(二)》(2010)第44条,指下列情形之一:①违规出具信用证等数额在100万元以上的;②违规出具信用证等造成直接经济损失20万元以上的;③多次违规出具信用证等的;④接受贿赂违规出具信用证等的;⑤其他情节严重的情形。

二十、对违法票据承兑、付款、保证罪

《刑法》第189条　银行或者其他金融机构的工作人员在票据业务中,对违反票据法规定的票据予以承兑、付款或者保证,造成重大损失的,处5年以下有期徒刑或者拘役;造成特别重大损失的,处5年以上有期徒刑。

单位犯前款罪的,对单位判处罚金,并对其直接负责的主管人员和其他直接责任人员,依照前款的规定处罚。

【定义】银行或其他金融机构的工作人员在票据业务中,对违反票据法规定的票据予以承兑、付款或者保证,造成重大损失的行为。

【客体】国家的金融票据管理制度和金融机构的财产权益。

【主体】特殊主体,即银行或者其他金融机构及其工作人员,包括自然人和单位。

【行为】对违反票据法规定的票据予以承兑、付款、保证。承兑,指汇票付款人承诺在汇票到期日支付汇票金额的行为;付款,指票据付款人支付票据金额的行为;保证,指对已经存在的票据上的债务进行担保的行为,保证人与被保证人对持票人承担连带责任,在票据到期后,如果持票人或者收款人得不到付款的,应当由保证人足额付款。

【主观】故意,即行为人明知是违反票据法规定的票据而予以承兑、付款、保证。

【罪量】"重大损失",根据《立案标准(二)》(2010)第45条,指造成直接经济损失20万元以上。既包括给银行或者其他金融机构造成重大损失,也包括给其他票据当事人造成重大损失。

二十一、逃汇罪·骗购外汇罪[1]

(一)构成要件·法定刑

《刑法》第190条　公司、企业或者其他单位,违反国家规定,擅自将外汇存放境外,或者将境内的外汇非法转移到境外,数额较大的,对单位判处逃汇数额5%以上30%以下罚金,并对其直接负责的主管人员和其他直接责任人员处5年以下有期徒刑或者拘役;数额巨大或者有其他严重情节的,对单位判处逃汇数额5%以上30%以下罚金,并对其直接负责的主管人员和其他直接责任人员处5年以上有期徒刑。

《惩治外汇犯罪的决定》(1998)第1条　有下列情形之一,骗购外汇,数额较大的,处5年以下有期徒刑或者拘役,并处骗购外汇数额5%以上30%以下罚金;数额巨大或者有其他严重情节的,处5年以上10年以下有期徒刑,并处骗购外汇数额5%以上30%以下罚金;数额特别巨大或者有其他特别严重情节的,处10年以上有期徒刑或者无期徒刑,并处骗购外汇数额5%以上30%以下罚金或者没收财产:

(一)使用伪造、变造海关签发的报关单、进口证明、外汇管理部门核准件等凭证和单据的;

(二)重复使用海关签发的报关单、进口证明、外汇管理部门核准件等凭证和单据的;

(三)以其他方式骗购外汇的。

---

[1] 逃汇罪与骗购外汇罪是两个独立的罪名,分别由《刑法》第190条和《惩治外汇犯罪的决定》第1条所规定,鉴于二罪之间的特殊联系,拟将之合并论述。

伪造、变造海关签发的报关单、进口证明、外汇管理部门核准件等凭证和单据，并用于骗购外汇的，依照前款的规定从重处罚。

明知用于骗购外汇而提供人民币资金的，以共犯论处。

单位犯前三款罪的，对单位依照第一款的规定判处罚金，并对其直接负责的主管人员和其他直接责任人员，处5年以下有期徒刑或者拘役；数额巨大或者有其他严重情节的，处5年以上10年以下有期徒刑；数额特别巨大或者有其他特别严重情节的，处10年以上有期徒刑或者无期徒刑。

1. 逃汇罪。

【定义】公司、企业或者其他单位违反国家规定，擅自将外汇存放境外，或者将境内的外汇非法转移到境外，数额较大的行为。

【客体】国家对外汇的管理秩序。

【主体】公司、企业或其他单位。

【行为】违反国家规定，擅自将外汇存放境外，或者将境内的外汇非法转移到境外。具体包括如下内容：①违反国家规定，指违反外汇管理法规、规章，包括《外汇管理条例》《境外外汇账户管理规定》《境内外汇账户管理规定》等。②擅自将外汇存放境外，或者将境内的外汇非法转移到境外。逃汇行为有多种形式，只要违反外汇管理法规，逃避国家外汇监管的，都是逃汇行为，但刑法只处罚擅自将外汇存放境外或者将境内的外汇非法转移到境外这两种逃汇行为。

【主观】故意。

【罪量】"数额较大"，根据《立案标准（二）》（2010）第46条，指逃汇单笔在200万美元以上或者累计数额在500万美元以上。

2. 骗购外汇罪。

【定义】骗购外汇，数额较大的行为。

【客体】国家的外汇管理制度。

【对象】外汇。外汇是指以外币表示的可用作国际清偿的支付手段和资产，如外国货币、外币支付凭证、外币有价证券等。

【行为】三种行为方式：①使用伪造、变造的海关签发的报关单、进口证明、外汇管理部门核准件等凭证和单据的欺骗方法骗购外汇，即使用虚假的或篡改的凭证和单据骗购外汇。②重复使用海关签发的报关单、进口证明、外汇管理部门核准件等凭证和单据骗购外汇。③以其他方式骗购外汇的，这是指除上述两种方法以外的其他手段。例如，利用签订假合同骗购外汇等。

【主观】故意。

【罪量】"数额较大"，根据《立案标准（二）》（2010）第47条，指骗购外汇数额在50万美元以上。

（二）适用

【共犯】1. 根据《惩治外汇犯罪的决定》（1998）第5条，海关、外汇管理部门以及金融机构、从事对外贸易经营活动的公司、企业或者其他单位的工作人员与逃汇的行为人通谋，为其提供购买外汇的有关凭证或者其他便利的，或者明知是伪造、变造的凭证和单据而售汇、付汇的，以共犯论，依照上述规定从重处罚。

2. 明知用于骗购外汇而提供人民币资金的，以共犯论处。

3. 海关、外汇管理部门以及金融机构、从事对外贸易经营活动的公司、企业或者其他单位的工作人员与骗购外汇或者逃汇的行为人通谋,为其提供购买外汇的有关凭证或者其他便利的,或者明知是伪造、变造的凭证和单据而售汇、付汇的,以共犯论,从重处罚。

【牵连犯】伪造、变造海关签发的报关单、进口证明、外汇管理部门核准件等凭证和单据,并用于骗购外汇的,构成骗购外汇罪,从重处罚。

二十二、洗钱罪

(一) 构成要件·法定刑

《刑法》第191条 明知是毒品犯罪、黑社会性质组织犯罪、恐怖活动犯罪、走私犯罪、贪污贿赂犯罪、破坏金融管理秩序犯罪、金融诈骗犯罪的所得及其产生的收益,为掩饰、隐瞒其来源和性质,有下列行为之一的,没收实施以上犯罪的所得及其产生的收益,处5年以下有期徒刑或者拘役,并处或者单处洗钱数额5%以上20%以下罚金;情节严重的,处5年以上10年以下有期徒刑,并处洗钱数额5%以上20%以下罚金:

(一) 提供资金账户的;
(二) 协助将财产转换为现金、金融票据、有价证券的;
(三) 通过转账或者其他结算方式协助资金转移的;
(四) 协助将资金汇往境外的;
(五) 以其他方法掩饰、隐瞒犯罪所得及其收益的来源和性质的。

单位犯前款罪的,对单位判处罚金,并对其直接负责的主管人员和其他直接责任人员,处5年以下有期徒刑或者拘役;情节严重的,处5年以上10年以下有期徒刑。

【定义】明知是毒品犯罪、黑社会性质组织犯罪、恐怖活动犯罪、走私犯罪、贪污贿赂犯罪、破坏金融管理秩序犯罪、金融诈骗犯罪的所得及其产生的收益,而采用各种方法掩饰、隐瞒其来源和性质的行为。[1]

【客体】国家的正常金融管理秩序和司法机关的正常活动。

【主体】特殊主体,包括自然人和单位。但不包括上游犯罪的行为人,如果上游犯罪的行为人主体自己实施洗钱行为的,属于事后不可罚的行为,不以洗钱罪论处,即本罪的主体只能是实施上游犯罪的主体以外的其他人。

【对象】毒品犯罪、黑社会性质的组织犯罪、恐怖活动犯罪、走私犯罪、贪污贿赂犯罪、破坏金融管理秩序犯罪、金融诈骗犯罪的所得及其产生的收益。

上游犯罪,指产生《刑法》第191条规定的犯罪所得及其收益的各种犯罪行为,包括以下7类:①毒品犯罪,指《刑法》分则第六章第7节之罪;②黑社会性质的组织犯罪(《刑法》第294条之罪);③恐怖活动犯罪,包含恐怖组织的犯罪以及其他具有恐怖主义性质的爆炸、投放危险物质、放火、绑架、劫持航空器等犯罪;④走私犯罪,包含《刑法》分则第三章第1节之罪;⑤贪污贿赂犯罪,指《刑法》分则第八章全部贪污贿赂的犯罪;⑥破坏金融管理秩序犯罪,指《刑法》分则第三章第4节之罪;⑦金融诈骗犯罪,指《刑法》分则第三章第5节之罪。上述上游犯罪的"违法所得及其产生的收益",指由上述7种犯罪行为所获取的非法利益以及由该非法利益产生的其他经济利益。

根据《审理洗钱刑案解释》(2009)第4条,《刑法》第191条(洗钱罪)、第312条(掩饰隐瞒犯罪所得、犯罪所得收益罪)、第349条(窝藏毒品、毒赃罪)规定的犯罪,应当以上游犯罪事实成立为认定前提。不过,上游犯罪尚未依法裁判但查证属实的,不影响前述各条之

---

[1]《刑法修正案(六)》将洗钱罪的上游犯罪由原先的4种犯罪(毒品犯罪、黑社会性质的组织犯罪、恐怖活动犯罪、走私犯罪)扩大为7种犯罪,增加了贪污贿赂犯罪、破坏金融管理秩序犯罪、金融诈骗犯罪。

罪的审判；上游犯罪事实可以确认，因行为人死亡等原因依法不予追究刑事责任的，不影响前述各条之罪的认定；上游犯罪事实可以确认，依法以其他罪名定罪处罚的，也不影响前述各条之罪的认定。如指导案例"潘儒民、祝素贞、李大明、龚媛洗钱案"[1]的裁判要旨指出：上游犯罪行为人虽未定罪判刑，洗钱行为的证据确实、充分的，可以认定洗钱罪。

【行为】包括以下几种：①提供资金账户的。既包括行为人为上述7类犯罪人开设新的银行资金账户，也包括行为人将自己现有的合法银行资金账户提供给上述7类犯罪人使用。②协助将财产转换为现金、金融票据、有价证券的。既包括将上述7类犯罪人所获得的实物转换为现金、金融票据或有价证券，也包括将现金转换成金融票据、有价证券，将金融票据、有价证券转换成现金，将此种现金转换成彼种现金，将此种金融票据转换成彼种现金金融票据，将此种有价证券转换成彼种有价证券。③通过转账或者其他结算方式协助资金转移的。犯罪人通过转账或其他结算方式，往往将犯罪收入与合法收入相混合，以掩饰、隐瞒其非法来源和性质。④协助将资金汇往境外。即在国内外享有资金往来权的个人或单位，通过自己在银行或其他金融机构所开设的账号，协助上述犯罪人，将违法资金汇往境外。⑤以其他方法掩饰、隐瞒犯罪所得及其收益的来源和性质的。根据《审理洗钱刑案解释》（2009）第2条，"其他方法"包括下列情形：①通过典当、租赁、买卖、投资等方式，协助转移、转换犯罪所得及其收益的；②通过与商场、饭店、娱乐场所等现金密集型场所的经营收入相混合的方式，协助转移、转换犯罪所得及其收益的；③通过虚构交易、虚设债权债务、虚假担保、虚报收入等方式，协助将犯罪所得及其收益转换为"合法"财物的；④通过买卖彩票、奖券等方式，协助转换犯罪所得及其收益的；⑤通过赌博方式，协助将犯罪所得及其收益转换为赌博收益的；⑥协助将犯罪所得及其收益携带、运输或者邮寄出入境的；⑦通过前述规定以外的方式协助转移、转换犯罪所得及其收益的。

【主观】故意。故意的内容，只要明知是《刑法》第191条范围内的上游犯罪的违法所得及其收益即可。《审理洗钱刑案解释》（2009）第1条第2款指出，被告人将《刑法》第191条（洗钱罪）规定的某一上游犯罪的犯罪所得及其收益误认为《刑法》第191条规定的上游犯罪范围内的其他犯罪所得及其收益的，不影响《刑法》第191条规定的"明知"的认定。故意的认定，根据《审理洗钱刑案解释》第1条的规定，《刑法》第191、312条规定的"明知"，应当结合被告人的认知能力，接触他人犯罪所得及其收益的情况，犯罪所得及其收益的种类、数额，犯罪所得及其收益的转换、转移方式以及被告人的供述等主、客观因素进行认定。具有下列情形之一的，可以认定被告人明知系犯罪所得及其收益，但有证据证明确实不知道的除外：①知道他人从事犯罪活动，协助转换或者转移财物的；②没有正当理由，通过非法途径协助转换或者转移财物的；③没有正当理由，以明显低于市场的价格收购财物的；④没有正当理由，协助转换或者转移财物，收取明显高于市场"手续费"的；⑤没有正当理由，协助他人将巨额现金散存于多个银行账户或者在不同银行账户之间频繁划转的；⑥协助近亲属或者其他关系密切的人转换或者转移与其职业或者财产状况明显不符的财物的；⑦其他可以认定行为人明知的情形。行为人将属于《刑法》第191条（洗钱罪）规定的7类上游犯罪范围内的此种犯罪所得及其收益误认为彼种犯罪的，是同一构成要件范围内的具体对象认识错误，依法定符合说，不影响"明知"的认定。

美国刑法洗钱罪主观要件包括三种情形："一是确知；二是通过推定的方式将行为人可能

---

[1] 参见中华人民共和国最高人民法院刑事审判第一、二、三、四、五庭主办：《刑事审判参考（2008年第1集·总第60集）》，法律出版社2008年版。

明知的情况列入明知范围；三是通过'故意不知'概念的引入将具有明知可能性的主观状态纳入到明知范围。"[1] 其"故意不知"（Willful Blindness）的概念具有借鉴意义。

【罪量】根据《立案标准（二）》（2010）第48条，实施洗钱行为即应立案追诉。

（二）适用

【关联罪】1. 洗钱罪与掩饰、隐瞒犯罪所得、犯罪所得收益罪的界限：二者是特殊规定与一般性规定的关系。洗钱罪是以《刑法》第191条规定的方式掩饰、隐瞒犯罪所得及其收益。洗钱罪上游犯罪之外的犯罪所得、犯罪所得收益则属于《刑法》第312条规定之掩饰、隐瞒犯罪所得、犯罪所得收益罪的范围。

2. 洗钱罪与窝藏毒赃罪的界限：以《刑法》第191条规定的方式掩饰、隐瞒"毒赃"来源和性质的，是洗钱罪；而以窝藏方式为毒品犯罪分子隐瞒毒赃的，是窝藏毒赃罪。

【案例】 汪照洗钱案[2]

汪照在明知他人从事毒品犯罪并想将其违法所得转为合法收益的情况下，仍建议并参与将其毒品犯罪所得资金以投入企业经营的方式转为合法收益的犯罪活动，以他人毒品犯罪所得港币520万元（折合约人民币550万元），购入百叶林木业有限公司的60%股权，后由汪照任董事长，以经营木业为名，采用制造亏损账目的手段，掩饰、隐瞒违法所得的来源与性质。法院认定其构成洗钱罪。

3. 明知是犯罪所得及其产生的收益而予以掩饰、隐瞒，构成《刑法》第312条规定的犯罪，同时又构成《刑法》第191条或者第349条规定的犯罪的，依照处罚较重的规定定罪处罚。

第五节 金融诈骗罪

一、集资诈骗罪

（一）构成要件·法定刑

《刑法》第192条 以非法占有为目的，使用诈骗方法非法集资，数额较大的，处5年以下有期徒刑或者拘役，并处2万元以上20万元以下罚金；数额巨大或者有其他严重情节的，处5年以上10年以下有期徒刑，并处5万元以上50万元以下罚金；数额特别巨大或者有其他特别严重情节的，处10年以上有期徒刑或者无期徒刑，并处5万元以上50万元以下罚金或者没收财产。

【定义】以非法占有为目的，使用诈骗方法非法集资，数额较大的行为。

【客体】国家的金融管理秩序和公私财产所有权。

【行为】使用诈骗的方法非法集资。诈骗方法，指采取虚构资金的用途，以虚假的证明文件和高回报率为诱饵，或者其他骗取集资款的手段。非法集资，指未经有关机关批准向社会募集资金。

【主观】故意，并且具有非法占有集资款的目的。本罪是目的犯，成立本罪必须有非法占有集资款的目的。如果行为人没有非法占有他人财物的目的，只是夸大集资项目的前景，夸大

---

[1] 李云飞："中美洗钱罪主观要素界定的比较"，载《中南大学学报（社会科学版）》2014年第4期。
[2] 参见中华人民共和国最高人民法院刑事审判第一庭、第二庭编：《刑事审判参考（2004年第2集·总第37集）》，法律出版社2004年版。

集资回报，因事后市场风险或经营管理不善而没能兑现的，属于民事欺诈行为，不成立本罪。是否有非法占有集资款的目的，应综合案件的一切事实来认定，而不能仅根据事实上没有返还集资款来认定。根据《审理诈骗案解释》（1996，现已失效）第 3 条的规定，行为人具有下列行为之一的，即认定为以非法占有为目的，使用诈骗方法非法集资：①携带集资款逃跑的；②挥霍集资款，致使集资款无法返还的；③使用集资款进行违法犯罪活动，致使集资款无法返还的；④具有其他欺诈行为，拒不返还集资款，或者致使集资款无法返还的。[1]

【罪量】"数额较大"，根据《审理非法集资刑案解释》（2010）第 5 条，指个人进行集资诈骗，数额在 10 万元以上，单位进行集资诈骗，数额在 50 万元以上。非法集资的数额应按案发时未归还的数额计算。

【加重犯】"数额巨大"，根据《审理非法集资刑案解释》（2010）第 5 条，指个人集资诈骗 30 万元以上，单位集资诈骗 150 万元以上。"数额特别巨大"，指个人集资诈骗 100 万元以上，单位集资诈骗 500 万元以上。

集资诈骗的数额以行为人实际骗取的数额计算，案发前已归还的数额应予扣除。行为人为实施集资诈骗活动而支付的广告费、中介费、手续费、回扣，或者用于行贿、赠与等的费用，不予扣除。行为人为实施集资诈骗活动而支付的利息，除本金未归还，可予折抵本金以外，应当计入诈骗数额。

（二）适用

【关联罪】1. 集资诈骗罪与诈骗罪的界限。本罪与诈骗罪的规定属于法条竞合关系，根据法条竞合原理，特别法优先适用，凡使用诈骗方法非法集资的，以本罪论处。

2. 集资诈骗罪与非法吸收公众存款罪，擅自发行股票、公司、企业债券罪的界限。非法吸收公众存款罪，擅自发行股票、公司、企业债券罪，也是非法募集资金的行为。本罪与它们区别的要点在于是否具有非法占有的目的。本罪必须以非法占有集资款为目的，而上述其他两种犯罪中的行为人没有非法占有的目的，并且具有返还的意图。关于二者界分的案例：

【案例】　　　　　　　　　蔡某集资诈骗案[2]

2013 年 4 月，蔡某委托他人注册成立一家投资管理有限公司，其系法定代表人。8 月起，其租借经营场地建立一家财富网，通过刊登虚假抵押信息，对外虚假宣传公司进行高利借贷等业务并已取得相关抵押权，许诺给投资人年化利率 21% 的投资回报，吸引他人投资。其间，通过上述方法，获取 20 名被害人共计 105 万余元。蔡某在获取上述钱款后归个人使用，未用于任何投资经营。上海市普陀区人民检察院对蔡某于 2014 年 3 月批捕、10 月起诉，法院以集资诈骗罪判处蔡某有期徒刑 7 年，并处罚金 8 万元。本案被告人利用网贷平台信息不对称的特点，发布虚假信息，骗取投资者资金，突破了 P2P 网络借贷平台的业务经营红线，构成集资诈骗罪。

认定要点：其一，被告人有"欺骗"行为：①虚构借贷业务；②虚构公司有抵押权之类兑现回报能力。其二，足以证实被告人有"非法占有目的"：骗取的钱款作他用，未用于经营，没有兑现回报可能。对此可结合前述"非法占有目的"的认定。由前两点决定不可能兑现高回报，印证欺骗。不过本案定性可能有"变数"：假如被告人在被立案后以卖房、借贷等方式筹款，偿还被害人全部投资款，甚至兑现部分或全部回报，会有什么"变数"？理论上，

---

[1] 关于非法占有目的认定，另参见《审理非法集资刑案解释》第 4 条或者本书非法吸收公众存款部分。
[2] "中华人民共和国最高人民检察院发布 6 起依法查处金融犯罪典型案例"，载最高人民检察院官网，访问日期：2015 年 9 月 23 日。

立案后筹款偿还被害人，属于犯罪既遂后公安追赃、退赃成果，被告人有积极退赃表现，不影响行为性质。司法上，会动摇"非法占有目的"的认定，一般不认定集资诈骗罪（高度罪），仅认定非法吸收公众存款罪（低度罪）。而且公安很可能对其不移送起诉，其中有"交易"因素：筹款帮公安为被害人解决了最大诉求，作为回报，公安不移送起诉。在起诉阶段，被告人全部退赃的，也可能换得检察院对其不起诉；如果移送起诉的罪名是集资诈骗罪，可相对不诉，也可存疑不诉。本案不过区区百万，有筹款偿还可能。如果是数千万、数亿，没有筹款偿还可能的，这种变数则不存在。

二、贷款诈骗罪

（一）构成要件·法定刑

《刑法》第193条　有下列情形之一，以非法占有为目的，诈骗银行或者其他金融机构的贷款，数额较大的，处5年以下有期徒刑或者拘役，并处2万元以上20万元以下罚金；数额巨大或者有其他严重情节的，处5年以上10年以下有期徒刑，并处5万元以上50万元以下罚金；数额特别巨大或者有其他特别严重情节的，处10年以上有期徒刑或者无期徒刑，并处5万元以上50万元以下罚金或者没收财产：

（一）编造引进资金、项目等虚假理由的；

（二）使用虚假的经济合同的；

（三）使用虚假的证明文件的；

（四）使用虚假的产权证明作担保或者超出抵押物价值重复担保的；

（五）以其他方法诈骗贷款的。

【定义】以非法占有为目的，诈骗银行或者其他金融机构的贷款，数额较大的行为。

【客体】国家对金融机构的贷款管理制度和金融机构的财产所有权。

【主体】一般主体，但只能是自然人，不能是单位。如果单位实施贷款诈骗的行为，对其以合同诈骗罪论处。

【对象】银行或其他金融机构的贷款。

【行为】诈骗银行或者其他金融机构的贷款。具体的行为方式有：①编造引进资金、项目等理由的；②使用虚假的经济合同的；③使用虚假的证明文件的（证明文件是指申请贷款所需要的文件，如银行的存款证明、评估机构的资产评估报告、担保单位的担保函等）；④使用虚假的产权证明作担保或者超出抵押物价值重复担保的；⑤以其他方法诈骗贷款的。

【主观】故意，并且具有非法占有贷款的目的。行为人是否具有"非法占有贷款的目的"是区分本罪与借贷纠纷的关键。实践中常见贷款人从银行或者其他金融机构获得贷款后，到期拖欠不还或者到期丧失还贷能力，因而发生借贷纠纷。不能将所有贷款到期不还的行为简单地认定为贷款诈骗罪，关键是看行为人贷款时主观上有无非法占有的目的。非法目的的认定，要综合各种因素进行判断，例如，行为人在申请贷款时是否具有履约能力、是否使用了刑法规定的诈骗手段，取得贷款后是否按照原借贷合同规定的用途或事项使用，贷款到期后是否积极设法偿还，等等。

【罪量】"数额较大"，根据《立案标准（二）》（2010）第50条，指诈骗贷款2万元以上。

【加重犯】《审理金融犯罪案纪要》（2001），可参照《审理诈骗案解释》（1996，现已失效）第4条掌握，诈骗贷款数额在5万元以上的，为"数额巨大"；数额在20万元以上的，为"数额特别巨大"。"其他严重情节"是指：①为骗取贷款，向银行或者其他金融机构工作人员行贿，数额较大的；②挥霍贷款，或者用贷款进行违法活动，致使贷款到期不能偿还的；③隐匿贷款去向，贷款期限届满后，拒不偿还的；④提供虚假的担保申请贷款，贷款期限届满后，拒不偿还的；⑤假冒他人名义申请贷款，贷款期限届满后，拒不偿还的。"其他特别严重情节"是指：①为骗取贷款，向银行或其他金融机构工作人员行贿，数额巨大的；②携带贷款逃跑的；③使用贷款进行犯罪活动的。

（二）适用

【关联罪】1. 与诈骗罪的区分。本罪与诈骗罪的规定属于法条竞合关系，根据法条竞合原理，特别法优先适用，即以非法占有为目的，诈骗银行或者其他金融机构贷款，数额较大的，以本罪论处。二者也存在如下区别：①犯罪对象不同。本罪的犯罪对象是贷款，诈骗罪的犯罪对象无限制，既可以是资金，也可以是其他形式的财物。②行为方式不同。本罪行为方式表现为通过金融机构的信贷业务实施诈骗，而诈骗罪的行为方式相对广泛得多。③数额要求不同。二者成立犯罪都要求"数额较大"，但具体标准不同。本罪"数额较大"的标准是诈骗贷款1万元以上。诈骗罪中"数额较大"的标准，如果是个人，诈骗公私财物为2000元以上，为"数额较大"；如果是单位直接负责的主管人员和其他直接责任人员以单位名义实施诈骗行为，诈骗所得归单位所有的，以5万~10万元以上，为"数额较大"。

2. 与合同诈骗罪的区分。"使用虚假的经济合同"骗取金融机构贷款的，以本罪论处。单位"使用虚假的经济合同"骗取金融机构贷款的，不符合本罪的主体条件，不成立本罪，但可以成立合同诈骗罪。

3. 与骗取贷款罪的区分。关键在"非法占有目的"认定。《审理金融犯罪案纪要》（2001）指出："根据司法实践，对于行为人通过诈骗的方法非法获取资金，造成数额较大资金不能归还，并具有下列情形之一的，可以认定为具有非法占有的目的：①明知没有归还能力而大量骗取资金的；②非法获取资金后逃跑的；③肆意挥霍骗取资金的；④使用骗取的资金进行违法犯罪活动的；⑤抽逃、转移资金、隐匿财产，以逃避返还资金的；⑥隐匿、销毁账目，或者搞假破产、假倒闭，以逃避返还资金的；⑦其他非法占有资金、拒不返还的行为。但是，在处理具体案件的时候，对于有证据证明行为人不具有非法占有目的的，不能单纯以财产不能归还就按金融诈骗罪处罚。"此经验适用于包括贷款诈骗罪在内的整个金融诈骗犯罪案件"非法占有目的"的认定，非常重要。例如：

甲公司为了解决资金不足，以与虚构的单位签订供货合同的方法，向银行申请获得贷款200万元，并将该款用于购置造酒设备和原料，后因生产、销售假冒注册商标的红酒被查处，导致银行贷款不能归还。甲公司获取贷款的行为构成合同诈骗罪。判断被告人具有"非法占有目的"的根据是将欺骗方式获得之贷款"用于违法犯罪"且导致不能归还。参见前述《审理金融犯罪案纪要》（2001）"非法占有目的"认定经验之"④使用骗取的资金进行违法犯罪活动的"。不过，本案认定仍存变数：被告人以假合同获取贷款、购置造酒设备，贷款理由与用途严重不一致，具有骗取贷款性质，可成立骗取贷款罪。假如将所骗贷款用于合法造酒等经营活动，通常能排除"非法占有目的"，不成立贷款诈骗罪。假如将所骗贷款用于贩毒之类严重违法的犯罪活动被查导致不能归还的，可确凿认定具有"非法占有目的"，成立贷款诈骗罪。本案依据所骗贷款用于制售"假冒注册商标红酒"被查处不还贷，认定具有"非法占有目的"，尺度偏严；尺度宽点，认为不具有非法占有目的未尝不可，存在"变数"。不过，法官照"纪要"认定，无可厚非。因贷款诈骗罪主体不包括单位，根据前述"纪要"，对于单位实施的贷款诈骗行为，不能以贷款诈骗罪定罪处罚。但是，在司法实践中，对于单位十分明显地以非法占有为目的，利用签订、履行借款合同诈骗银行或其他金融机构贷款，触犯《刑法》第224条合同诈骗罪的，以合同诈骗罪论处。

变数：①前述"纪要"出台于2001年，骗取贷款罪增于2006年。此后，贷款诈骗罪"非法占有目的"认定尺度有所放宽，原因是有骗取贷款罪"兜底"。当"非法占有目的"或系单位行为还是个人行为有分歧时，往往择轻定骗取贷款罪。②合同诈骗罪包括单位主体，而贷款诈骗罪不包含，当可确凿认定"非法占有目的"时，认定为个人行为就可以贷款诈骗罪来回避合同诈骗罪的适用。常见如以单位名义犯罪、违法利益归个人的，以个人犯罪论处。

【案例】 郭建升因不具有非法占有目的不成立贷款诈骗罪案[1]

郭建升是糊涂楼饭庄、升宏公司的法定代表人，升宏公司系郭建升与他人为管理糊涂楼饭庄及火锅研制开发项目而共同出资（大部分为北京市糊涂楼饭庄固定资产折价，少部分为投入资金）设立。升宏公司经董事会研究决定，通过无业人员郭永瑞介绍，向招商银行中关村营业部申请贷款300万元，申请书中所列企业经营业绩、企业财务状况等项目，均按糊涂楼饭庄及分店的业绩、发展情况和财务状况进行填写。提交给银行的资产负债表、损益表中的数字，部分为会计推算和照抄郭永瑞提供的一份报表数字。此项贷款业务已由有关单位提供有效的担保保证，郭建升将贷款分别以现金形式或者以所购房产用作贷款抵押等方式用于企业经营活动。因经营不善，资金周转发生困难，郭建升在贷款到期后多次向银行表示暂无还款能力，待经营好转后再还款，至案发时，升宏公司未能偿还。检察院以贷款诈骗起诉，法院认定郭建升无罪。

裁判要旨：应综合贷款的使用、不能归还贷款的原因以及被告人对偿还贷款的主观态度等事实来判断"非法占有目的"。

三、票据诈骗罪·金融凭证诈骗罪

（一）构成要件·法定刑

《刑法》第194条 有下列情形之一，进行金融票据诈骗活动，数额较大的，处5年以下有期徒刑或者拘役，并处2万元以上20万元以下罚金；数额巨大或者有其他严重情节的，处5年以上10年以下有期徒刑，并处5万元以上50万元以下罚金；数额特别巨大或者有其他特别严重情节的，处10年以上有期徒刑或者无期徒刑，并处5万元以上50万元以下罚金或者没收财产：

（一）明知是伪造、变造的汇票、本票、支票而使用的；

（二）明知是作废的汇票、本票、支票而使用的；

（三）冒用他人的汇票、本票、支票的；

（四）签发空头支票或者与其预留印鉴不符的支票，骗取财物的；

（五）汇票、本票的出票人签发无资金保证的汇票、本票或者在出票时作虚假记载，骗取财物的。

使用伪造、变造的委托收款凭证、汇款凭证、银行存单等其他银行结算凭证的，依照前款的规定处罚。

1. 票据诈骗罪。

【定义】 以非法占有为目的，利用金融票据进行诈骗活动，数额较大的行为。

【客体】 国家对金融票据的管理制度和公私财产所有权。

【主体】 一般主体，包括自然人和单位。

【对象】 金融票据，在我国是指票据法所规定的汇票、本票、支票。

---

[1] 载中华人民共和国最高人民法院刑事审判第一庭、第二庭编：《刑事审判参考（2001年第3集·总第14集）》，法律出版社2002年版。

【行为】利用金融票据进行诈骗，具体包括以下行为方式：①明知是伪造、变造的汇票、本票、支票而使用的。这里的"使用"，是将伪造、变造的票据作为真实票据予以利用，既可以是直接使用，如直接利用伪造、变造的金融票据骗取财物，也可以是间接使用，如将伪造、变造的金融票据作为抵押骗取财物。②明知是作废的汇票、本票、支票而使用的。作废的汇票、本票、支票，是指根据法律和有关规定不能使用的票据，包括过期的票据、无效的票据以及被依法宣布作废的票据。③冒用他人的汇票、本票、支票。冒用，是指行为人擅自以合法持票人的名义支配、使用自己本没有支配权利的他人票据的行为。④签发空头支票或者与其预留印鉴不符的支票，骗取财物的。空头支票，是指出票人所签发的支票金额超过其付款时在付款人处实有的存款金额的支票。⑤汇票、本票的出票人签发无资金保证的汇票、本票或者在出票时作虚假记载，骗取财物的。出票人，指制作票据，按照法定条件在票据上签章，并按照所记载的事项承担票据责任的人。资金保证，指出票人在承兑票据时，具有按票据支付的能力。出票人签发汇票、本票时，必须具有可靠的资金保证。作虚假记载，指在汇票或本票上作不真实的记载的行为，例如在票据上记载根本不存在的付款地、出票地等。

【主观】故意，并且要求行为人主观上具有非法占有的目的。尽管《刑法》第194条没有在条文中明文规定"以非法占有为目的"，但是"以非法占有为目的"是诈骗行为的应有之义，只是立法在文字上没有特别强调而已。非法占有目的的认定，参见"贷款诈骗罪"部分。

【罪量】"数额较大"，根据《立案标准（二）》（2010）第51条，指进行金融票据诈骗，个人诈骗数额在1万元以上，单位诈骗数额在10万元以上。

【加重犯】根据前述"纪要"，参照《审理诈骗案解释》（1996，现已失效）的规定，个人实施票据诈骗，骗取金额在5万元以上的，为"数额巨大"；数额在20万元以上的，为"数额特别巨大"。单位实施票据诈骗，数额在30万元以上的，属于"数额巨大"，数额在100万元以上的，属于"数额特别巨大"。

2. 金融凭证诈骗罪。

【定义】以非法占有为目的，使用伪造、变造的委托收款凭证、汇款凭证、银行存单等其他银行结算凭证，骗取财物，数额较大的行为。

【客体】国家对金融票据的管理制度和公私财产所有权。

【主体】一般主体，包括自然人和单位。

【对象】"委托收款凭证"，指收款人在委托银行向付款人收取款项时所填写的书面凭证；"汇款凭证"，指汇款人委托银行将款项汇给外地收款人时所填写的书面凭证；"银行存单"，指银行向存款人开具的结算凭证；"其他银行结算凭证"，指除票据及上述凭证以外的各种银行结算凭证。

【行为】行为人使用伪造、变造的委托收款凭证、汇票凭证、银行存单等其他银行结算凭证进行诈骗的行为。

【罪量】"数额较大"，根据《立案标准（二）》（2010）第52条，指进行金融票据诈骗，个人诈骗数额在1万元以上，单位诈骗数额在10万元以上。

【主观】故意，并以非法占有他人财物为目的。

（二）适用

【案例】 马球、罗强、覃超金融凭证诈骗案[1]

被告人马球、罗强合谋由被告人罗强从其供职的银行窃得作废的存折和多个受害人的银行账号等资料交给被告人马球，由被告人马球伪造存折。被告人马球用复制的存折将被害人银行账户内的钱转到第三人的账户后指使他人为其分批取款。本案被告人涉嫌伪造金融票证罪、金融凭证诈骗罪，属牵连犯，法院以金融凭证诈骗罪定罪处罚。

【练习】钱某持盗来的身份证及伪造的空头支票，骗取某音像中心 VCD 光盘 4000 张，票面金额 35 万元。物价部门进行赃物估价鉴定的结论为："盗版光盘无价值。"钱某骗取光盘的行为构成票据诈骗罪的既遂，数额按票面金额计算。

四、信用证诈骗罪

《刑法》第 195 条　有下列情形之一，进行信用证诈骗活动的，处 5 年以下有期徒刑或者拘役，并处 2 万元以上 20 万元以下罚金；数额巨大或者有其他严重情节的，处 5 年以上 10 年以下有期徒刑，并处 5 万元以上 50 万元以下罚金；数额特别巨大或者有其他特别严重情节的，处 10 年以上有期徒刑或者无期徒刑，并处 5 万元以上 50 万元以下罚金或者没收财产：

（一）使用伪造、变造的信用证或者附随的单据、文件的；

（二）使用作废的信用证的；

（三）骗取信用证的；

（四）以其他方法进行信用证诈骗活动的。

【定义】以非法占有为目的，利用信用证进行诈骗的行为。

【客体】国家有关信用证的管理制度和公私财产所有权。

【行为】本罪行为方式表现为利用信用证进行诈骗。具体包括以下情形：①使用伪造、变造的信用证或者附随的单据、文件。既包括自己伪造、变造信用证后使用，也包括明知是他人伪造、变造的信用证而使用的情形。②使用作废的信用证。作废的信用证主要指过期的信用证、经涂改的信用证、无效的信用证等。③骗取信用证。即以虚构事实、隐瞒真相的方法，欺骗开证银行为其开具信用证。④以其他方法进行信用证诈骗活动。

【主观】故意，并且具有非法占有他人财物的目的。

【加重犯】根据前述"纪要"，参照《审理诈骗案件解释》（1996，现已失效）的规定，"数额巨大"，指个人信用证诈骗数额在 10 万元以上，单位诈骗数额在 50 万元以上。"数额特别巨大"，指个人信用证诈骗数额在 50 万元以上，单位诈骗数额在 250 万元以上。

五、信用卡诈骗罪

（一）构成要件·法定刑

《刑法》第 196 条　有下列情形之一，进行信用卡诈骗活动，数额较大的，处 5 年以下有期徒刑或者拘役，并处 2 万元以上 20 万元以下罚金；数额巨大或者有其他严重情节的，处 5 年以上 10 年以下有期徒刑，并处 5 万元以上 50 万元以下罚金；数额特别巨大或者有其他特别严重情节的，处 10 年以上有期徒刑或者无期徒刑，并处 5 万元以上 50 万元以下罚金或者没收财产：

（一）使用伪造的信用卡，或者使用以虚假的身份证明骗领的信用卡的；

（二）使用作废的信用卡的；

---

[1] 广西壮族自治区高级人民法院（2004）桂刑终字第 52 号刑事判决。

（三）冒用他人信用卡的；

（四）恶意透支的。

前款所称恶意透支，是指持卡人以非法占有为目的，超过规定限额或者规定期限透支，并且经发卡银行催收后仍不归还的行为。

盗窃信用卡并使用的，依照本法第264条的规定定罪处罚。

【定义】以非法占有为目的，利用信用卡进行诈骗活动，数额较大的行为。

【客体】国家对于信用卡的管理制度和公私财产所有权。

【主体】一般主体，即已满16周岁，具有刑事责任能力的自然人。单位不能成为本罪的主体。

【对象】信用卡。根据《信用卡的解释》（2004），《刑法》规定的"信用卡"，是指由商业银行或者其他金融机构发行的具有消费支付、信用贷款、转账结算、存取现金等全部功能或者部分功能的电子支付卡，银行借记卡也属于刑法意义上的信用卡。

【行为】本罪的行为方式具体包括以下几种：

1. 使用伪造的信用卡，或者使用以虚假的身份证明骗领的信用卡进行诈骗的。"伪造信用卡"，指仿照信用卡的质地、版式、外观以及真信用卡所记载的有关资料，非法制作信用卡的行为。

"使用以虚假的身份证明骗领的信用卡"，指行为人所持有、使用的信用卡并非伪造的，而是发卡银行所发行的，但是行为人领取信用卡时是以虚假的身份证明骗领的。[1]

2. 使用作废的信用卡的。作废的信用卡，指因法定原因失去效用的信用卡。具体包括以下几种情形：①由于超过有效使用期限而失效；②在信用卡有效期内中途停止使用，由于办理退卡手续而失效；③由于挂失而失效。

3. 冒用他人信用卡的。这是指非持卡人擅自以持卡人的名义使用持卡人的信用卡。包括以下情形：①拾得他人信用卡并使用的；②骗取他人信用卡并使用的；③窃取、收买、骗取或者以其他非法方式获取他人信用卡信息资料，并通过互联网、通讯终端等使用的；④其他冒用他人信用卡的情形。

4. 恶意透支的。这是指持卡人以非法占有为目的，超过规定限额或者规定期限透支，并且经发卡银行2次催收后超过3个月仍不归还的。对于善意透支的行为，不能认定为本罪。善意透支与恶意透支的区别在于行为人是否"以非法占有为目的"。根据《办理信用卡刑案解释》（2009）第6条，有以下情形之一的，应当认定为"以非法占有为目的"：①明知没有还款能力而大量透支，无法归还的；②肆意挥霍透支的资金，无法归还的；③透支后逃匿、改变联系方式，逃避银行催收的；④抽逃、转移资金，隐匿财产，逃避还款的；⑤使用透支的资金进行违法犯罪活动的；⑥其他非法占有资金，拒不归还的行为。恶意透支有两种表现形式：一是超过规定限额透支；二是超过规定期限透支，并且有一个限制条件，即"经发卡银行催收后超过3个月仍不归还"。如果行为人透支但发卡银行没有催收的，或者经发卡银行催收后归还的，无论持卡人主观上是否有非法占有的目的，都不能认定为恶意透支，不成立信用卡诈骗罪。

【主观】故意，并且具有非法占有他人财物的目的。对于误用他人信用卡，主观上没有非法占有的目的，或者经持卡人同意后使用他人信用卡的，不能认定为本罪。

---

[1] 这种信用卡诈骗行为方式是《刑法修正案（五）》所增设的。

【罪量】根据《办理信用卡刑案解释》(2009)第5、6条,《刑法》第196条规定的"数额较大",指信用卡诈骗数额在5000元以上不满5万元。在恶意透支的情况下,认定"数额较大"的标准是在1万元以上不满10万元。恶意透支的数额,指构成恶意透支的情况下持卡人拒不归还的数额或者尚未归还的数额,不包括复利、滞纳金、手续费等发卡银行收取的费用。持卡人在银行交纳保证金的,其恶意透支数额以超出保证金数额计算。

【加重犯】根据《办理信用卡刑案解释》(2009)第5、6条,信用卡诈骗数额在5万元以上不满50万元的,应认定为《刑法》第196条规定的"数额巨大";在50万元以上的,应当认定为《刑法》第196条规定的"数额特别巨大"。恶意透支的"数额巨大"标准为10万元以上不满100万元;恶意透支"数额特别巨大"的标准为100万元以上。

(二) 适用

【定罪】1. "盗窃信用卡并使用"行为的认定。根据《刑法》第196条第3款:盗窃信用卡并使用的,依照《刑法》第264条的规定,以盗窃罪定罪处罚。注意:这里的信用卡指的是真实有效的信用卡,如果盗窃的是无效的信用卡,即伪造或者作废的信用卡并使用的,该使用行为应认定为信用卡诈骗。另指导案例"王立军等信用卡诈骗案"[1]的裁判要旨指出:"窃取他人开卡邮件后,激活信用卡并使用的,应当以信用卡诈骗罪定罪。未被激活的信用卡不属于'盗窃信用卡并使用'调整的范围,因为盗窃未被激活的信用卡后并不能无条件地获取财物,还需实施冒名激活、冒名使用的欺诈行为。"无论窃取"真卡"还是"假卡",因为卡本身的价值微不足道,如未使用的,一般没有定罪的必要。

2. 恶意透支案件处理。①指导案例"陈自渝信用卡诈骗案"[2]的裁判要旨指出:"在恶意透支型信用卡诈骗罪案件中,法院仅应当对透支的本金部分作出刑事判决。对于透支本金产生的复利(包括正常利息和罚息)、滞纳金、手续费等银行收取的费用,在未提起刑事附带民事诉讼的情况下,人民法院不应主动进行裁判。"②恶意透支应当追究刑事责任,但在公安机关立案后、人民法院判决宣告前,已偿还全部透支款息的,可以从轻处罚;情节轻微的,可以免除处罚。恶意透支数额较大,在公安机关立案前已偿还全部透支款息,情节显著轻微的,可以依法不追究刑事责任。

3. 争议问题。行为人冒用他人信用卡在自动取款机上进行操作,能否成立信用卡诈骗罪?有学者认为,既然是信用卡"诈骗"罪,那么,就应当有因为受骗而处分财产的人,"机器"不可能被骗,所以,《刑法》第196条中的"使用""冒用"应限定为对"人"使用、冒用。换言之,冒用他人信用卡从自动取款机上非法取得财物的,很难认定为"诈骗",认定为盗窃罪可能更为合适。[3]这一观点很有影响。不过,司法实务对这种情形一般仍以信用卡诈骗罪定罪处罚。最高人民检察院《关于拾得他人信用卡并在自动柜员机(ATM机)上使用的行为如何定性问题的批复》(高检发释字〔2008〕1号)规定:"拾得他人信用卡并在自动柜员机(ATM)上使用的行为,属于刑法第196条第1款第3项规定的'冒用他人信用卡'的情形,构成犯罪的,以信用卡诈骗罪追究刑事责任。"此批复似乎可平息该问题的争论,成为定说。

【关联罪】1. 根据《办理信用卡刑案解释》(2009)第7条,违反国家规定,使用销售点

---

[1] 载中华人民共和国最高人民法院刑事审判第一、二、三、四、五庭主办:《刑事审判参考(2013年第4集·总第93集)》,法律出版社2014年版。

[2] 载中华人民共和国最高人民法院刑事审判第一、二、三、四、五庭主办:《刑事审判参考(2013年第2集·总第91集)》,法律出版社2014年版。

[3] 张明楷:《刑法学》,法律出版社2003年版,第584页。

终端机具（POS机）等方法，以虚构交易、虚开价格、现金退货等方式向信用卡持卡人直接支付现金，情节严重的，应当依据《刑法》第225条的规定，以非法经营罪定罪处罚。持卡人以非法占有为目的，采用上述方式恶意透支，应当追究刑事责任的，依照《刑法》第196条的规定，以信用卡诈骗罪定罪处罚。

2. 信用卡诈骗罪与伪造金融票证罪的界限。"使用伪造的信用卡，或者使用以虚假的身份证明骗领的信用卡"是信用卡诈骗罪的行为方式之一。"伪造信用卡"是伪造金融票证罪的行为方式之一。如果行为人先伪造了信用卡，然后用之进行诈骗的，手段行为构成《刑法》第177条规定的伪造金融票证罪，目的行为又触犯了信用卡诈骗罪，如果诈骗"数额较大"，构成牵连犯，从一重罪从重处罚。如果诈骗未达到"数额较大"，仅以伪造金融票证罪论处。实施信用卡诈骗行为必须骗得数额较大财产才成立本罪；而实施了伪造信用卡的行为，无论是否发生危害结果，都构成伪造金融票证罪。另外，信用卡诈骗罪的主体限于自然人，伪造金融票证罪的主体，个人和单位均可构成。

【单位犯罪】单位犯信用卡诈骗罪的定罪量刑标准依照个人犯罪的定罪量刑标准执行。

六、有价证券诈骗罪

（一）构成要件·法定刑

《刑法》第197条　使用伪造、变造的国库券或者国家发行的其他有价证券，进行诈骗活动，数额较大的，处5年以下有期徒刑或者拘役，并处2万元以上20万元以下罚金；数额巨大或者有其他严重情节的，处5年以上10年以下有期徒刑，并处5万元以上50万元以下罚金；数额特别巨大或者有其他特别严重情节的，处10年以上有期徒刑或者无期徒刑，并处5万元以上50万元以下罚金或者没收财产。

【定义】以非法占有为目的，使用伪造、变造的国库券或者国家发行的其他有价证券，进行诈骗活动，数额较大的行为。

【客体】国家对有价证券的发行管理制度和公私财产所有权。

【行为】使用伪造、变造的国库券或者国家发行的其他有价证券进行诈骗。国家有价证券，包括国库券和国家发行的其他有价证券，如国家主管机关批准发行的财政债券、国家建设债券、国家重点建设债券等。股票、公司、企业债券不属于国家发行的有价证券。此处的"使用"，既可以是使用自己伪造、变造的国家发行的有价证券，也可以是明知是他人伪造、变造的国家发行的有价证券而使用。

【主观】故意，并且具有非法占有他人财物的目的。

【罪量】"数额较大"，根据《立案标准（二）》（2010）第55条，指有价证券诈骗数额在1万元以上。

（二）适用

【罪数】使用自己伪造、变造的国家发行的有价证券，成立伪造、变造国家有价证券罪与本罪的牵连犯，从一重罪处罚。

七、保险诈骗罪

（一）构成要件·法定刑

《刑法》第198条　有下列情形之一，进行保险诈骗活动，数额较大的，处5年以下有期徒刑或者拘役，并处1万元以上10万元以下罚金；数额巨大或者有其他严重情节的，处5年以上10年以下有期徒刑，并处2万元以上20万元以下罚金；数额特别巨大或者有其他特别严重情节的，处10年以上有期徒刑，并处2万元以上20万元以下罚金或者没收财产：

（一）投保人故意虚构保险标的，骗取保险金的；

（二）投保人、被保险人或者受益人对发生的保险事故编造虚假的原因或者夸大损失的程度，骗取保险金的；

（三）投保人、被保险人或者受益人编造未曾发生的保险事故，骗取保险金的；

（四）投保人、被保险人故意造成财产损失的保险事故，骗取保险金的；

（五）投保人、受益人故意造成被保险人死亡、伤残或者疾病，骗取保险金的。

有前款第 4 项、第 5 项所列行为，同时构成其他犯罪的，依照数罪并罚的规定处罚。

单位犯第 1 款罪的，对单位判处罚金，并对其直接负责的主管人员和其他直接责任人员，处 5 年以下有期徒刑或者拘役；数额巨大或者有其他严重情节的，处 5 年以上 10 年以下有期徒刑；数额特别巨大或者有其他特别严重情节的，处 10 年以上有期徒刑。

保险事故的鉴定人、证明人、财产评估人故意提供虚假的证明文件，为他人诈骗提供条件的，以保险诈骗的共犯论处。

【定义】投保人、被保险人、受益人，以非法占有为目的，采取虚构事实、隐瞒真相的方法，骗取保险金，数额较大的行为。

【客体】国家有关保险的管理制度和保险人的财产所有权。

【主体】特殊主体，包括投保人、被保险人和受益人。但根据行为方式的不同，具体犯罪主体有区别。《刑法》第 198 条第 1 项行为之主体是投保人；第 2、3 项行为之主体可以是投保人、被保险人或受益人；第 4 项行为之主体是投保人和被保险人，因为受益人是在人寿保险合同中才存在的概念，在财产保险合同中没有受益人的概念，实际上，被保险人就是受益人。第 5 项行为之主体限于投保人和受益人。隐名投保人利用名义投保人骗取保险金的，可以构成间接正犯。

【案例】 **徐开雷保险诈骗案**[1]

裁判要旨：①挂靠车辆的实际所有者作为实际投保人和被保险人，对于保险标的具有直接的保险利益关系，可以成为保险诈骗罪的主体。②车辆的实际所有者利用挂靠单位从保险公司骗得保险金的行为，属于隐名被保险人（实际投保人）利用显名被保险人（名义投保人）名义实施的保险诈骗行为，构成保险诈骗罪的间接正犯。不符合本罪主体条件的，不能成立本罪之正犯。例如：甲开办的汽车修理厂系某保险公司指定的汽车修理厂家，甲在为他人修理汽车时，多次夸大汽车毁损程度，向保险公司多报汽车修理费用，从保险公司骗取 12 万余元。因为甲不符合保险诈骗罪"投保人、被保险人或者受益人"的主体要件，故不能认定为保险诈骗罪。如果甲帮助投保人骗取保险金的，可以构成共犯。

另根据《刑法》规定，单位也可以成为本罪的主体，但对于单位实施上述第 4、5 种行为时，对单位只能定保险诈骗罪，而不能数罪并罚，对其主管人员和其他直接责任人员可以保险诈骗罪和其他相关罪名数罪并罚。

【行为】本罪行为方式表现为采取虚构保险标的、保险事故或者制造保险事故等方法，骗取保险金，数额较大的行为。具体表现为以下 5 种行为：①投保人故意虚构保险标的，骗取保

---

[1] 载中华人民共和国最高人民法院刑事审判第一、二、三、四、五庭主办：《刑事审判参考（2008 年第 2 集·总第 61 集）》，法律出版社 2009 年版。该案案情和定性：徐开雷个人购买了一辆"凤凰"牌重型自卸货车，并挂靠在北郊运输队，再以北郊运输队的名义向中华联合财产保险公司办理了盗抢险保险业务，所有上牌、年检、保险的相关费用均由被告人徐开雷个人支付。徐开雷将自己购买的上述货车出售给他人之后，次日即向公安机关及保险公司谎报假案，称车辆失窃，并从保险公司骗得盗抢险保险金 63130.97 元，法院认定徐开雷构成保险诈骗罪。

险金的。保险标的，指作为保险对象的财产及其有关利益或者人的寿命和身体。投保人，指对保险标的具有保险利益，与保险人订立保险合同，并按照保险合同负有支付保险费义务的人。保险人，指与投保人订立保险合同，并承担赔偿或者给付保险金责任的保险公司。虚构保险标的，指行为人为骗取保险金，虚构根本不存在或不真实的保险标的与保险人订立保险合同。②投保人、被保险人或者受益人对发生的保险事故编造虚假的原因或者夸大损失的程度，骗取保险金的。被保险人，指其财产或人身受保险合同保障，享有保险金请求权的人，投保人可以为被保险人。受益人，指人身保险合同中由被保险人或者投保人指定的享有保险金请求权的人，投保人、被保险人可以是受益人。保险事故，指保险合同中约定的保险责任范围内的事故。"编造虚假原因"，指对于所发生的保险事故本来是保险责任以外的原因导致，但投保人、被保险人或者受益人谎称由于保险责任范围内的原因所致，向保险人骗取保险金。"夸大损失的程度"，指保险事故发生后，投保人、被保险人或者受益人故意夸大保险标的损失的程度，骗取超出应得赔偿数额的保险金。③投保人、被保险人或者受益人编造未曾发生的保险事故，骗取保险金的。④投保人、被保险人故意造成财产损失的保险事故，骗取保险金的。"故意造成财产损失的保险事故"，指投保人、被保险人在保险合同的有效期内，故意人为地制造保险标的损失的保险事故，骗取保险金的行为。例如，为了骗取保险金，故意放火烧毁已经投保的房屋，进而骗取保险金的。⑤投保人、受益人故意造成被保险人死亡、伤残或者疾病，骗取保险金的。这种行为是指投保人、受益人为了骗取保险金，采取杀害、伤害、虐待等方法故意人为地制造保险事故，致被保险人死亡、伤残或者疾病，进而骗取保险金的行为。

【主观】故意，并且行为人具有非法占有保险金的目的。如果行为人故意制造保险事故，但并非出于骗取保险金的目的，则行为人不构成本罪，而可能构成其他罪。

【罪量】"数额较大"，根据《立案标准（二）》（2010）第56条，指个人进行保险诈骗数额在1万元以上，单位在5万元以上。

【加重犯】参照《审理诈骗案件解释》（1996，现已失效）第8条，个人进行保险诈骗数额在5万元以上的，属于"数额巨大"；个人进行保险诈骗数额在20万元以上的，属于"数额特别巨大"。单位进行保险诈骗数额在5万元以上的，属于"数额较大"；单位进行保险诈骗数额在25万元以上的，属于"数额巨大"；单位进行保险诈骗数额在100万元以上的，属于"数额特别巨大"。

【未遂】本罪属结果犯，其既遂的标准为保险机构是否因行为人的诈骗行为陷入认识错误，从而对被保险人或受益人进行了理赔。

（二）适用

【关联罪】保险诈骗罪的共犯与贪污、职务侵占罪的区别。这涉及两个重要的规定：①《刑法》第198条第4款规定："保险事故的鉴定人、证明人、财产评估人故意提供虚假的证明文件，为他人诈骗提供条件的，以保险诈骗的共犯论处。"如果保险事故的鉴定人、证明人、财产评估人是《刑法》第229条规定的承担资产评估、验资、验证、会计、审计、法律服务等职责的中介组织人员，则其行为（如果情节严重）同时触犯保险诈骗罪和提供虚假证明文件罪，这种情况下，属于一行为触犯数罪名，成立想象竞合犯，应从一重罪论处。②《刑法》第183条规定："保险公司的工作人员利用职务上的便利，故意编造未曾发生的保险事故进行虚假理赔，骗取保险金归自己所有的，依照本法第271条（职务侵占罪）的规定定罪处罚。国有保险公司工作人员和国有保险公司委派到非国有保险公司从事公务的人员有前款行为的，依照本法第382条、第383条（贪污罪）的规定定罪处罚。"

【罪数】行为人开始向保险机构提出保险理赔为保险诈骗罪的"着手"，通过欺骗使保险机构陷入认识错误，取得其支付的保险理赔金为既遂。行为人在着手前，虚构保险标的或恶意制造保险事故的行为，是保险诈骗的预备行为。该预备行为构成其他罪，如故意杀人罪、放火罪等，应单独评价处罚。如果因为涉嫌杀人或放火被司法机关控制，尚未开始保险索赔，意味保险诈骗行为尚未着手实行，不成立保险诈骗罪，只能追究故意杀人或放火罪责。如果已经提出保险理赔的，成立数罪。例如：

李某租用某建筑公司场地开了一家酒店，并为酒店财产投了10万元人民币保险，后因经营不善，无力支付租金，场地被建筑公司封锁。李某决定放火烧毁酒楼，一是报复建筑公司（因酒店旁边还有建筑公司的其他建筑），二是可以获取保险赔偿金。李某放火后到保险公司理赔时被公安机关抓获归案。李某成立放火罪与保险诈骗（未遂）罪。根据《刑法》第198条第2款的规定，投保人、被保险人故意造成财产损失的保险事故，投保人、受益人故意造成被保险人死亡、伤残或者疾病，骗取保险金，同时构成其他犯罪的，依照数罪并罚的规定处罚。

【共犯】根据《刑法》第198条第4款的规定，保险事故的鉴定人、证明人、财产评估人故意提供虚假的证明文件，为他人诈骗提供条件的，以保险诈骗罪的共犯论处。如果这里的鉴定人、证明人、财产评估人属于《刑法》第229条规定的承担资产评估、验资、验证、会计、审计、法律服务等职责的中介组织人员，则其行为（要求情节严重）同时触犯保险诈骗罪（帮助犯）和故意提供虚假证明文件罪，属想象竞合犯，应从一重罪论处。

第六节　危害税收征管罪

一、逃税罪[1]

（一）构成要件·法定刑

《刑法》第201条　纳税人采取欺骗、隐瞒手段进行虚假纳税申报或者不申报，逃避缴纳税款数额较大并且占应纳税额10%以上的，处3年以下有期徒刑或者拘役，并处罚金；数额巨大并且占应纳税额30%以上的，处3年以上7年以下有期徒刑，并处罚金。

扣缴义务人采取前款所列手段，不缴或者少缴已扣、已收税款，数额较大的，依照前款的规定处罚。

对多次实施前两款行为，未经处理的，按照累计数额计算。

有第1款行为，经税务机关依法下达追缴通知后，补缴应纳税款，缴纳滞纳金，已受行政处罚的，不予追究刑事责任；但是，5年内因逃避缴纳税款受过刑事处罚或者被税务机关给予2次以上行政处罚的除外。

【定义】纳税人采取欺骗、隐瞒手段进行虚假纳税申报或者不申报，逃避缴纳税款数额较大或者因逃税受到2次行政处罚又逃税的行为。

【客体】国家税收征管制度。

【主体】特殊主体：包括纳税人和扣缴义务人，不包括受委托代收税款人。根据指导案例"黄明惠贪污案"[2]的裁判要旨指出："利用国家税务机关委托行使代收税款的便利侵吞税款的

---

[1] 经《刑法修正案（七）》修正后，更改为"逃税罪"，取消原"偷税罪"罪名。
[2] 载中华人民共和国最高人民法院刑事审判第一、二、三、四、五庭主办：《刑事审判参考（2011年第2集·总第79集）》，法律出版社2012年版。

行为，应以贪污罪论处。"无照经营的，不免除其纳税义务，故不妨碍追究其逃税罪的刑事责任。

【行为】采取欺骗、隐瞒手段，进行虚假纳税申报或者不申报，逃避缴纳税款。包括两种方式：

1. 虚假申报，下列情形通常认定为虚假申报：①伪造、变造、转移、藏匿、毁灭账簿凭证或者其关资料进行纳税申报的；②编造虚假计税依据，虚列支出或者转移、隐匿收入进行纳税申报的；③骗取税收优惠资格进行纳税申报的；等等。

2. 下列情形通常认定为不申报：①纳税人、扣缴义务人已经依法办理税务登记或者扣缴款登记，发生应税行为而不申报纳税的；②依法不需要办理税务登记的纳税人发生应税行为，经税务机关依法书面通知其申报而不申报纳税的；③尚未依法办理税务登记的纳税人发生应税行为，尚未依法办理扣缴税款登记的扣缴义务人已扣、已收税款，经税务机依法书面通知其申报而不申报纳税的。

【主观】故意。在单位逃税场合，法定代表人、股东、实际控制人等不知情的，不应当承担刑事责任。

【罪量】根据《立案标准（二）》（2010）第57条，逃税涉嫌下列情形之一的，应予立案追诉：①逃避缴纳税款数额在5万元以上并且占各税种应纳税总额10%以上，经税务机关依法下达追缴通知后，不补缴应纳税款、不缴纳滞纳金或者不接受行政处罚的；②纳税人5年内因逃避缴纳税款受过刑事处罚或者被税务机关给予2次以上行政处罚，又逃避缴纳税款，数额在5万元以上并且占各税种应纳税总额10%以上的；③扣缴义务人采取欺骗、隐瞒手段，不缴或者少缴已扣、已收税款，数额在5万元以上的。根据《审理偷税抗税刑案解释》（2002）第3条，"逃税数额"是指在确定的纳税期间，不缴或者少缴各税种税款的总额。"逃税数额占应纳税额的百分比"，指一个纳税年度中的各税种逃税总额与该纳税年度应纳税总额的比例。不按纳税年度确定纳税期的其他纳税人，逃税数额占应纳税额的百分比，按照行为人最后一次逃税行为发生之日前一年中各税种逃税总额与该年纳税总额的比例确定。纳税义务存续期间不足一个纳税年度的，逃税数额占应纳税额的百分比，按照各税种逃税总额与实际发生纳税义务期间应当缴纳税款总额的比例确定。逃税行为跨越若干个纳税年度，只要其中一个纳税年度的逃税数额及百分比达到《刑法》第201条第1款规定的情节严重的标准，即构成逃税罪。各纳税年度的逃税数额应当累计计算，逃税百分比应当按照最高的百分比确定。注意：这个数额标准与比例标准必须同时具备。如果逃避纳税数额不够较大或所占比例不足应纳税税额的10%以上的，属于一般违法行为。

对多次犯有逃税行为，未经处理的，按照累计数额计算。"未经处理"，指纳税人或者扣缴义务人多次实施逃税逃避缴纳税款或者不缴、少缴已扣、已收税款行为，未经行政处理或者刑事处罚的情形。

（二）适用

【定罪】1.《刑法》第205条第4款对第1款逃税"初犯"有条件不追究刑事责任的规定。惩治逃税主要是为了维护税收征管秩序，保证国家税收收入。对于逃税初犯，在公安机关立案以前，经税务机关依法下达追缴通知后，足额补缴应纳税款、缴纳滞纳金，并履行完毕税务机关作出的行政处罚决定的，不予追究刑事责任。纳税人缴纳税款以后，又对税务机关作出的行政处罚提起行政诉讼的，不影响《刑法》第205条第4款的适用。有逃避缴纳税款行为，税务机关没有下达追缴通知或者没有作出行政处罚决定的，适用第205条第4款不追究刑事责任；但行为人采用行贿、欺骗、抗拒检查等非法手段致使税务机关没有或者无法下达追缴通知或者作出行政处罚的除外。纳税人在税务机关批准延缓缴纳的期限内缴清税款滞纳金、罚款的，不予追究刑事责任;在批准延缓缴纳的期限届满后仍不缴清税款、滞纳金、罚款的,应当追究刑事责任。《刑法》第 205 条第 4 款规定仅适用于第 205 第 1 款之逃税行为,不属于该条第 2 款之扣缴义务人逃税行为。

2. 逃税罪与漏税的区分。逃税与漏税虽然都是少征税款,但是性质完全不同。漏税,是指纳税单位或个人,由于不了解、不熟悉税法规定和财务制度或因工作粗心大意,错用税率、漏报应税项目,不计应税数量、销售金额和经营利润等原因,非故意地发生漏缴或少缴税款的行为。漏税属于一般的违法行为,其与逃税的区别在于:①逃税行为是故意实施的,并且具有不缴或少缴税款的目的,而漏税是无意识实施的,不具有不缴或少缴税款的目的。②逃税行为表现为采取欺骗、隐瞒等非法手段不缴或少缴税款,而漏税行为客观上并不存在弄虚作假等非法手段,行为也不具有欺骗性和逃避性的特点。

3. 逃税罪与欠税的区分。欠税,是指在法律规定的纳税期限内,纳税人因无力缴纳税款而拖欠税款的行为。逃税与欠税的区别在于:逃税具有不缴、少缴税款的故意,并且采取非法手段偷逃税款;而欠税只是因客观原因没有按时缴纳税款,并无偷逃税款的故意,也未使用非法手段。

4. 逃税罪与避税的区分。避税,是指利用税法的漏洞、缺陷或模糊之处,选择有利于自己的计税方法,规避或者减轻纳税义务的行为。逃税和避税的区别在于:逃税是采用违法手段,而避税虽然是钻法律的空子,但并非"手段非法",其手段不属于法律明文规定允许的范围,也不属于法律明文规定禁止的范围,是由于立法疏忽而未纳入法律调整的范围,只能日后通过完善税法来解决。

5. 逃税罪与虚开抵扣税款发票罪的区分。在虚开抵扣税款发票罪中,如果行为人虚开可以抵扣税款的发票不是为了用于抵扣税款,客观上也没有去抵扣税款,而是作其他用途,则不能以虚开抵扣税款发票罪定性。如果具有偷逃税款的主观目的,客观上实施了逃避缴纳税款的行为,则构成逃税罪。

【案例】 芦才兴虚开抵扣税款发票案[1]

1998 年 12 月,个体运输户芦才兴为少缴应纳税款,先后从 5 家运输企业(均非增值税一般纳税人,无申报抵扣税款资格)接受虚开的表明营业支出的运输发票共 53 张,价税合计人民币 6 744 563.77 元,并将上述发票全部入账,用于冲减其以旭日公司名义经营运输业务的营业额,实际偷逃税款 548 371.21 元,占其应纳税额的 30% 以上。芦才兴还将旭日公司联运发票的发票联共 50 张提供给其他联运企业用于偷逃税款,合计偷税款 33 万余元。检察院以虚开抵扣税款发票罪起诉,法院认定芦才兴构成偷税罪。

行为人既为他人虚开抵扣税款发票,又为自己购买发票进行虚假纳税申报的,应以虚开抵扣税款发票罪与偷税罪数罪并罚。[2]

6. 使用伪造、变造、盗窃的武装部队车辆号牌,不缴或者少缴应纳的车辆购置税、车辆

---

[1] 指导判例"芦才兴虚开抵扣税款发票案【第 110 号】——虚开可以用于抵扣税款的发票冲减营业额偷逃税款的行为如何定性?"载中华人民共和国最高人民法院刑事审判第一庭、第二庭编:《刑事审判参考(2001 年第 6 集·总第 17 集)》,法律出版社 2002 年版。

[2] 上海市杨浦区人民法院(2004)杨刑初字第 257 号刑事判决。被告人唐熠在担任航通船务有限公司法定代表人兼总经理期间和股东王志珍等人商定,为被告人宝山民建线路管道安装队的法定代表人黄新祥等虚开联运行业货运统一发票以收取开票费。由于其多次向他人虚开联运发票,被告人唐熠即以低价从其他单位大肆购进了运输发票充抵成本抵缴税款。行为人既为他人虚开抵扣税款发票又为自己购买发票进行虚假纳税申报,应以虚开抵扣税款发票罪与偷税罪数罪并罚。

使用税等税款，逃税数额占应纳税额10%以上，且逃税数额较大的，以逃税罪定罪处罚。

【处罚】判处罚金的，在执行前，应当先由税务机关追缴税款。根据《审理偷税抗税刑案解释》（2002）第2条，纳税人、扣缴义务人因同一逃税行为受到行政处罚，又被移送起诉的，人民法院应当依法受理。依法定罪并判处罚金的，行政罚款充抵罚金。

【共犯】税务人员利用职务上的便利，索取纳税人（自然人、法人）财物的，或者非法收受纳税人财物为纳税人谋取利益的，以受贿罪论处；非法所得虽未达到追究受贿罪的数额标准，但情节较重的，也应以受贿罪论处。税务人员与纳税人相互勾结，共同实施逃税行为，情节严重的，以逃税罪共犯论处，从重处罚。

二、抗税罪

（一）构成要件·法定刑

《刑法》第202条　以暴力、威胁方法拒不缴纳税款的，处3年以下有期徒刑或者拘役，并处拒缴税款1倍以上5倍以下罚金；情节严重的，处3年以上7年以下有期徒刑，并处拒缴税款1倍以上5倍以下罚金。

【定义】纳税人或者扣缴义务人以暴力、威胁方法拒不缴纳税款的行为。

【客体】国家的税收征管制度和国家税收人员的人身权利。

【主体】特殊主体，即纳税人和扣缴义务人，且只能是自然人，单位不能成为本罪主体。对于单位集体抗税的案件，只能对抗税的领导者、组织者及主要参与者以抗税罪论处。

【行为】本罪行为方式表现为以暴力、威胁方法拒不缴纳税款的行为。本罪中的暴力包括两种情况：①对人实施暴力，即对履行税收职责的税务人员的人身实施暴力，例如，对征税人员实施殴打、伤害等，对人施暴的程度应限于轻伤以下。②对物实施暴力，即冲击、打砸税务机关，使税务机关不能从事正常的税收活动。威胁方法，是指对履行税收职责的税务人员实行精神上的强制，使其不敢正常履行税收职责。例如，扬言杀害、伤害征税工作人员或其亲属等。暴力、威胁是行为手段，目的是拒绝缴纳税款。

【主观】故意。

【罪量】根据《立案标准（二）》（2010）第58条，暴力抗税有下列情形之一的，应予立案：①造成税务工作人员轻微伤以上的；②以给税务工作人员及其亲友的生命、健康、财产等造成损害为威胁，抗拒缴纳税款的；③聚众抗拒缴纳税款的；④以其他暴力、威胁方法拒不缴纳税款的。

【加重犯】"情节严重"，根据《审理偷税抗税刑案解释》（2002）第5条，指抗税具有下列情形之一的：①聚众抗税的首要分子；②抗税数额在10万元以上的；③多次抗税的；④故意伤害致人轻伤的；⑤具有其他严重情节的。

（二）适用

【罪数】暴力是抗税罪题中应有之义，所以，根据《审理偷税抗税刑案解释》（2002）第6条，抗税中因故意伤害致人轻伤的，是抗税罪的情节加重犯，不需数罪并罚；致人重伤、死亡，构成故意伤害罪、故意杀人罪的，分别依照《刑法》第234条第2款（故意伤害罪致人重伤或死亡）、第232条（故意杀人罪）的规定定罪处罚，也不数罪并罚。此外，妨害公务是抗税罪的题中应有之义，所以，因抗税而妨害公务的，也不需数罪并罚。

【共犯】根据《审理偷税抗税刑案解释》（2002）第6条，与纳税人或者扣缴义务人共同实施抗税行为的，以抗税罪的共犯依法处罚。

三、逃避追缴欠税罪

《刑法》第 203 条　　纳税人欠缴应纳税款，采取转移或者隐匿财产的手段，致使税务机关无法追缴欠缴的税款，数额在 1 万元以上不满 10 万元的，处 3 年以下有期徒刑或者拘役，并处或者单处欠缴税款 1 倍以上 5 倍以下罚金；数额在 10 万元以上的，处 3 年以上 7 年以下有期徒刑，并处欠缴税款 1 倍以上 5 倍以下罚金。

【定义】纳税人欠缴应纳税款，采取转移或者隐匿财产的手段，致使税务机关无法追缴欠缴的税款，数额较大的行为。

【客体】国家税收征管制度。

【主体】纳税人，包括自然人和单位。

【行为】本罪行为方式表现为在欠缴应纳税款的前提下，采取转移或者隐匿财产的手段，致使税务机关无法追缴欠缴的税款。具体包括以下内容：①行为人欠缴应纳税款。即纳税人超过纳税期限，没有按时缴纳或者缴足应纳税款。②行为人有转移和隐匿财产的行为。"转移财产"，通常指从开户银行、其他金融机构中提走存款或者转移到其他户头，或者将财产的通常存放地点予以改变的行为。"隐匿财产"，是指将财产予以隐藏，使税务机关难以发现的行为。③转移、隐匿财产的行为致使税务机关无法追缴欠缴的税款。"无法追缴"，是指税务机关不能或不能全额追缴欠缴税款，而非指绝对不能追缴。

【主观】故意。

【罪量】成立本罪需要无法追缴的欠税达到数额较大。"数额较大"以 1 万元为起点。这里的"数额"既非转移、隐匿财产的数额，也非欠税数额，而是指税务机关无法追缴的数额。

四、骗取出口退税罪

（一）构成要件·法定刑

《刑法》第 204 条　　以假报出口或者其他欺骗手段，骗取国家出口退税款，数额较大的，处 5 年以下有期徒刑或者拘役，并处骗取税款 1 倍以上 5 倍以下罚金；数额巨大或者有其他严重情节的，处 5 年以上 10 年以下有期徒刑，并处骗取税款 1 倍以上 5 倍以下罚金；数额特别巨大或者有其他特别严重情节的，处 10 年以上有期徒刑或者无期徒刑，并处骗取税款 1 倍以上 5 倍以下罚金或者没收财产。

纳税人缴纳税款后，采取前款规定的欺骗方法，骗取所缴纳的税款的，依照本法第 201 条的规定定罪处罚；骗取税款超过所缴纳的税款部分，依照前款的规定处罚。

【定义】以假报出口或者欺骗手段，骗取国家出口退税款，数额较大的行为。

【客体】国家的出口退税制度。

【对象】作为国内税的产品税、增值税、营业税和特别消费税四项特定税种的税款。

【行为】"以假报出口或者其他欺骗手段，骗取国家出口退税款"。根据《审理骗取出口退税刑案解释》（2002）第 1、2 条，"假报出口"，是指以虚构已税货物出口事实为目的，具有下列情形之一的行为：①伪造或者签订虚假的买卖合同；②以伪造、变造或者其他非法手段取得出口货物报关单、出口收汇核销单、出口货物专用缴款书等有关出口退税单据、凭证；③虚开、伪造、非法购买增值税专用发票或者其他可以用于出口退税的发票；④其他虚构已税货物出口事实的行为。"其他欺骗手段"，是指以下情形之一：①骗取出口货物退税资格的；②将未纳税或者免税货物作为已税货物出口的；③虽有货物出口，但虚构该出口货物的品名、数量、单价等要素，骗取未实际纳税部分出口退税款的；④以其他手段骗取出口退税款的。

【主观】故意，以非法占有为目的。包括以本人非法占有为目的和意图将骗得的财物非法为第三人所占有两种涵义。

【罪量】"数额较大",根据《审理骗取出口退税刑案解释》(2002)第3条,指骗取国家出口退税款5万元以上。

【加重犯】根据《审理骗取出口退税刑案解释》(2002)第3、4条,骗取国家出口退税款50万元以上的,为本罪的"数额巨大";骗取国家出口退税款250万元以上的,为本罪的"数额特别巨大"。具有下列情形之一的,属于本罪的"其他严重情节":①造成国家税款损失30万元以上并且在第一审判决宣告前无法追回的;②因骗取国家出口退税行为受过行政处罚,2年内又骗取国家出口退税款数额在30万元以上的;③情节严重的其他情形。具有下列情形之一的,属于本罪的"其他特别严重情节":①造成国家税款损失150万元以上并且在第一审判决宣告前无法追回的;②因骗取国家出口退税行为受过行政处罚,2年内又骗取国家出口退税款数额在150万元以上的;③情节特别严重的其他情形。

【未遂】实施骗取国家出口退税行为,没有实际取得出口退税款的,可以比照既遂犯从轻或者减轻处罚。

(二) 适用

【定罪】对于有进出口经营权的公司、企业,明知他人意欲骗取国家出口退税款,仍违反国家有关进出口经营的规定,允许他人自带客户、自带货源、自带汇票并自行报关,骗取国家出口退税款的,以本罪定罪处罚。如指导案例"中国包装进出口陕西公司、侯万万骗取出口退税案"[1]的裁判要旨指出:"有进出口经营权的公司将空白单证交予他人,进行违法的'四自三不见'业务(不见出口商品、不见供货货主、不见外商的情况下,允许或者放任他人自带客户、自带货源、自带汇票、自行报关),致使国家税款被骗的,应认定其具有非法占有之目的。"

【罪数】根据《刑法》第204条第2款,纳税人缴纳税款后,采取假报出口或其他欺骗手段,骗取所缴纳的税款的,依照逃税罪定罪处罚;骗取税款超过所缴纳的税款部分,依照骗取出口退税款的规定处罚。骗取出口退税罪与逃税罪的区别在于纳税人是否已经缴纳了税款。如果行为人根本没有纳税,骗取出口退税的,成立本罪;如果行为人缴纳税款后,又采取假报出口等欺骗手段骗回所缴纳的税款的,成立逃税罪。对于骗取税款超出所缴纳的税款部分,成立本罪,与逃税罪实行数罪并罚。例如,某企业生产的一批外贸供货产品因外商原因无法出口,该企业采用伪造出口退税单证和签订虚假买卖合同等方法,骗取出口退税50万元(其中包括该批产品已征的产品税、增值税等税款19万元),对该企业应当以逃税罪和骗取出口退税罪并罚。根据《刑法》第204条第2款,被告企业已缴纳税款19万元,以假报出口方式骗回,属于逃税性质;超过31万元(50万-19万=31万)的部分,属于骗取出口退税。

【共犯】货物运输代理公司、报关行、税务师事务所等中介组织违反国家有关进出口经营规定,为他人提供证明、单证、代理业务或者其他帮助,致使他人骗取国家出口退税款,构成犯罪的,以骗取口退税罪的共犯论处。

---

[1] 载中华人民共和国最高人民法院刑事审判第一庭、第二庭编:《刑事审判参考(2004年第2集·总第37集)》,法律出版社2005年版。该案案情:中国包装进出口陕西公司(以下简称包装公司)总经理侯万万与骏业公司副经理林明(在逃)商定,由林明以包装公司名义实施出口贸易,包装公司提供货物出口的手续和所需单证,从中收取每收汇一美元不低于三分人民币的利润。侯万万以包装公司的名义开设结汇账户,随后将公司财务章、法人印章,以及印鉴齐全的内外销合同、报关单、外汇核销单、商业发票等空白单证交给林明。之后,侯万万指使公司财务将林明返回的单证作成自营出口业务,虚构与兴通针织公司、溢兴制衣公司等企业出口购货金额7071万元的事实,骗取国家出口退税款8 537 068.35元。法院认定中国包装进出口陕西公司、侯万万构成骗取出口退税罪。

五、虚开增值税专用发票、用于骗取出口退税、抵扣税款发票罪

（一）构成要件·法定刑

《刑法》第205条　虚开增值税专用发票或者虚开用于骗取出口退税、抵扣税款的其他发票的，处3年以下有期徒刑或者拘役，并处2万元以上20万元以下罚金；虚开的税款数额较大或者有其他严重情节的，处3年以上10年以下有期徒刑，并处5万元以上50万元以下罚金；虚开的税款数额巨大或者有其他特别严重情节的，处10年以上有期徒刑或者无期徒刑，并处5万元以上50万元以下罚金或者没收财产。

单位犯本条规定之罪的，对单位判处罚金，并对其直接负责的主管人员和其他直接责任人员，处3年以下有期徒刑或者拘役；虚开的税款数额较大或者有其他严重情节的，处3年以上10年以下有期徒刑；虚开的税款数额巨大或者有其他特别严重情节的，处10年以上有期徒刑或者无期徒刑。

虚开增值税专用发票或者虚开用于骗取出口退税、抵扣税款的其他发票，是指有为他人虚开、为自己虚开、让他人为自己虚开、介绍他人虚开行为之一的。

【定义】故意虚开增值税专用发票、用于骗取出口退税、抵扣税款的其他发票的行为。

【客体】国家对于专用发票的管理制度和税收征管制度。

【主体】包括自然人和单位。

【对象】专用发票，包括增值税专用发票与用于骗取出口退税、抵扣税款的其他发票。"出口退税、抵扣税款的其他发票"，是指除增值税专用发票以外的，具有出口退税、抵扣税款功能的收付款凭证或者完税凭证。

【行为】"虚开增值税专用发票"。《惩治发票犯罪解释》（1996）指出：具有下列行为之一的，属于"虚开增值税专用发票"：①没有货物购销或者没有提供或接受应税劳务而为他人、为自己、让他人为自己、介绍他人开具增值税专用发票；②有货物购销或者提供或接受了应税劳务但为他人、为自己、让他人为自己、介绍他人开具数量或者金额不实的增值税专用发票；③进行了实际经营活动，但让他人为自己代开增值税专用发票。

【主观】故意。不必具有偷逃、骗取税款的目的。因为在为"他人虚开""介绍他人虚开"的场合，只要有帮助他人偷逃、骗取税款的认识就可以构成本罪，而不问行为人本人有没有偷逃、骗取税款的目的。"刑法将虚开增值税专用发票规定为犯罪，主要是为了惩治那些为自己或为他人偷逃、骗取国家税款虚开增值税专用发票的行为。因此，对于确有证据证实行为人不具有偷、骗税的目的，客观上也不会造成国家税款流失的虚开增值税专用发票的行为，不以虚开增值税专用发票罪论处。"[1] 因此，通过虚开增值税专用发票夸大销售业绩或企业实力，没有造成国家税款损失或流失的，不以虚开增值税专用发票罪论处。

【罪量】《惩治发票犯罪解释》（1996）第1条规定，虚开税款数额在1万元以上或者虚开增值税专用发票致使国家税款被骗取5000元以上的，应当定罪处罚。既虚开进项增值税专用发票，又虚开销项增值税专用发票的，以进项税额和销项税额合计计算虚开数额。

【加重犯】2014年最高法研究室的有关答复指出：为了贯彻罪刑相当原则，对虚开增值税专用发票案件，以及虚开用于骗取出口退税、抵押税款发票案件的量刑数额标准，可以不再适用前述《惩治发票犯罪解释》（1996），在新的司法解释制定前，可参照《审理出口退税刑案

---

[1] 牛克乾："虚开增值税专用发票、用于骗取出口退税、抵扣税款发票犯罪法律适用的若干问题"，载最高人民法院刑事审判第一、二、三、四、五庭主办：《刑事审判参考（2006年第2集·总第49集）》，法律出版社2006年版，第140页。

解释》（2002）的有关规定执行。具体而言，"虚开的税款数额较大或者有其他严重情节""虚开的税款数额巨大或者有其他特别严重情节"分别参照骗取出口退税罪"数额巨大或者有其他严重情节""数额特别巨大或者有其他特别严重情节"的数额标准执行，分别为 50 万元、250 万元。对于参照适用《审理出口退税刑案解释》（2002）的虚开增值税专用发票案件，在裁判文书中不能将其作为适用法律依据，而应当直接适用《刑法》第 205 条作为法律依据。[1]。在执行罚金、没收财产前，应先由税务机关追缴税款。

（二）适用

【定罪】"虚开"的特殊类型及其认定。《全国部分法院"经济犯罪案件审判工作座谈会"综述》（2004·苏州）指出："下列几种虚开行为，一般不宜认定为虚开增值税专用发票犯罪：①为虚增营业额、扩大销售收入或者制造虚假繁荣，相互对开或环开增值税专用发票的行为；②在货物销售过程中，一般纳税人为夸大销售业绩，虚增货物的销售环节，虚开进项增值税专用发票和销项增值税专用发票，但依法缴纳增值税并未造成国家税款损失的行为；③为夸大企业经济实力，通过虚开进项增值税专用发票虚增企业的固定资产、但并未利用增值税专用发票抵扣税款，国家税款亦未受到损失的行为。"学说认为，本罪的实质仍是逃税。"如果虚开、代开增值税等发票的行为不具有骗取国家税款的危险，那么就不宜认定构成该罪。例如，甲、乙双方以相同的数额相互为对方虚开增值税专用发票并且已按规定缴纳税款，不具有骗取国家税款的故意和现实危险，对其就不宜认定构成该罪。又如，行为人为了虚增公司业绩而虚开增值税专用发票，但是虚开的增值税专用发票没有抵扣联的，对其也不应认定构成该罪。再如，代开的发票有实际经营活动相对应，没有并且不可能骗取国家税款的，也不能认定构成该罪。……对这种行为以虚开发票罪论处，既符合罪刑法定原则，又能做到罪刑相适应。"[2]

对于"抵扣税款的行为人（受票方）与他人之间有真实货物交易，且票与货的价格和金额相符，但受票方与开票方之间无对应关系，也就是说张三供货、李四开票的行为（包括如实代开）"是否具有虚开性质，存在分歧。[3] 本书认为，关键看有没有造成税收损失的可能，例如：

甲销售 100 万元的煤给乙，甲本应给乙开具 100 万煤款和 17 万税款的发票，乙本应付款 117 万元给甲。而实际甲仅收 100 万元煤款而没有给乙开票，乙也仅支付了 100 万元的煤款，而没有支付 17 万元的税款。甲、乙发生了这笔 100 万元煤炭购销，却没有产生增值税收，肯定会造成增值税收流失。所以，一般应认定为虚开，除非有第三人代开票并如实纳税。

【关联罪】与逃税罪的界限：主要看是否采取"虚开"方式逃税。"虚开"的要点是开具无真实交易活动的发票，或者开具的金额与实际交易不符。逃税罪与虚开增值税专用发票罪虽然本质上都是危害税收征管、逃避税收，但属于性质不同的犯罪。体现为二者的处罚有明显的差异：逃税罪法定最高刑为 7 年有期徒刑，而虚开增值税专用发票或其他可用于抵扣税款的发票罪法定最高刑为死刑。二者本质上均属于偷逃税收的犯罪，但法定最高刑差别如此悬殊，反映出立法者对二者危害性的不同评价，因此应当严格区分。

二者区别的关键在于是否通过"抵扣税款"来骗取税款，而不在于是否逃税和是否使

---

[1]《关于如何适用法发［1996］30 号司法解释数额标准问题的电话答复》（法研［2014］179 号）。
[2] 张明楷："自然犯与法定犯一体化立法体例下的实质解释"，载《法商研究》2013 年第 4 期。
[3] 陶维俊："虚开增值税专用发票行为认定标准探析"，载《中国检察官》2015 年 11 月下期。

用增值税发票。这需要对增值税的抵扣规定有一个了解。所谓增值税，顾名思义是指因提供产品或劳务等产生增值而缴纳的税种，而一个企业提供产品（或劳务）增值的部分实际受付出部分的制约。如果付出越多，增值越小；相反，付出越少，增值越大，因此而影响缴纳增值税额的多少。当一个企业既是卖方又是买方时，不仅作为卖方负担增值税，而且作为买方也负担了对方（另一卖方）加在产品中的增值税。让企业承担这种双重税赋显然不合理，所以，增值税条例中规定了"抵扣"制度：一个企业缴纳的增值税额仅仅是其当期销项（卖出）税额减去当期进项（买进）税额的余额部分（或差额部分），即允许企业以当期进项（因买进而承担的）增值税额抵扣其（因卖出产品）增值而应缴纳的增值税额。例如：

A公司获得抵扣税款资格后，从税务机关领取可抵扣（增值税）税款的发票（主要是增值税专用发票），如果A公司卖给B公司一台机器价格100万元，按17%的税率计算，增值税额是17万元（销项税额）。A公司需给B公司开具增值税发票，其上载明：机器价格100万元，增值税17万元。A公司就此项交易向B公司收取117万元。A公司是该发票的出票方；B公司是该发票的受票方。A公司就该笔交易（销项税额）承担缴纳17万元的纳税义务。B公司作为受票方，就该笔交易作为进项税额可以用于抵扣税款。假如A公司同期为制造机器从C公司买进了50万元的零件，C公司需给A公司开具增值税发票，其上载明：零件价格50万元，增值税额为8.5万元。A公司作为受票方，可凭该进项税额8.5万元抵扣销项税额，即原本应缴纳增值税17万元，经使用进项税额8.5万元抵扣，实际只需交纳8.5万元增值税。

有些不法之徒利用这一抵扣制度，使用增值税专用发票或其他可用于抵扣增值税的发票虚开进项税额，用于抵扣销项（卖出）税额，从而达到不缴或者少缴增值税，即偷逃缴纳增值税的目的。更有一些不法之徒，甚至专门为他人虚开发票，从中牟利。同时，还伴生诸如非法买卖增值税专用发票和伪造、买卖伪造的增值税专用发票等犯罪。

另外，国家为了防止滥用抵扣制度，对纳税户抵扣税款资格也有所限制，即限于一般纳税人。如果行为人仅仅虚开了可抵扣税款的发票，偷逃税收，但不是直接用于抵扣税款，而是通过虚开做大支出成本，降低收入，从而达到偷逃税的目的，属于一般的逃税行为，而不是特定的以虚开发票直接抵扣税款（增值税）的方式逃税，不构成虚开可用于抵扣税款的发票罪。

【罪数】非法购买增值税专用发票或者购买伪造的增值税专用发票又虚开或者出售的，分别以虚开增值税专用发票罪、出售伪造的增值税专用发票罪、非法出售增值税专用发票罪定罪处罚，不需要数罪并罚。

六、虚开发票罪[1]

《刑法》第205条之一　虚开本法第205条规定以外的其他发票，情节严重的，处2年以下有期徒刑、拘役或者管制，并处罚金；情节特别严重的，处2年以上7年以下有期徒刑，并处罚金。

单位犯前款罪的，对单位判处罚金，并对其直接负责的主管人员和其他直接责任人员，依照前款的规定处罚。

【定义】虚开（增值税专用发票或者虚开用于骗取出口退税、抵扣税款的其他发票以外

---

[1] 这是《刑法修正案八》之三十三新增规定。

的）其他发票,情节严重的行为。

【客体】国家对于发票的管理制度。

【行为】虚开《刑法》第205条所规定之发票以外的其他发票。"虚开"指没有实际经营业务而为他人、为自己、让他人为自己开具发票。司法经验中,下列情形认定为虚开:①有实际经营业务,但为他人、为自己、让他人为自己开具与实际经营业务的货物品名、服务名称、货物数量、金额不符的发票的;②进行了实际经营活动,但违反规定让销售方以外的第三方为自己开具发票的;③介绍他人虚开发票的。

【主观】故意。

【罪量】"情节严重"。根据《立案标准（二）补充》(2011) 第2条,虚开其他发票具有下列情形之一的,应立案追诉:①虚开发票100份以上或者票面额累计在40万元以的,②虽未达到上述数额标准,但5年内因虚开发票行为受过行政处罚2次以上又虚开发票的;③其他情节严重的情形。

【加重犯】"情节特别严重"。一般指虚开发票数达到立案标准5倍以上,或者曾因虚开发票受过刑事处罚或2次以上行政处罚又虚开发票金额达到"情节特别严重"数额的一半的。

【适用】本罪客体是发票管理制度而非税收征管制度,不以有逃税行为、意图危害税收征管为必要。虚开其他发票逃税的,属于牵连犯,择一重罪处罚。

七、持有伪造的发票罪[1]

《刑法》第210条之一　　明知是伪造的发票而持有,数量较大的,处2年以下有期徒刑、拘役或者管制,并处罚金;数量巨大的,处2年以上7年以下有期徒刑,并处罚金。

单位犯前款罪的,对单位判处罚金,并对其直接负责的主管人员和其他直接责任人员,依照前款的规定处罚。

【定义】持有伪造发票罪,是指明知是伪造的发票而持有,数量较大的行为。

【客体】国家对发票的管理秩序。发票是财务收支的法定凭证,是会计核算的原始依据,也是审计机关、税务机关执法检查的重要依据。

【行为】持有数量较大的伪造的发票。伪造的发票,包括有形伪造和无形伪造的发票。发票,包括一切单位和个人在购销商品、提供劳务或接受劳务、服务以及从事其他经营活动所提供给对方的收付款的书面证明。

【主观】故意,即明知是伪造的发票而持有。

【罪量】"数量较大",根据《立案标准（二）补充》(2011) 第3条,持有伪造发票具有下列情形之一的,应立案追诉:①持有伪造的增值税专用发票50份以上或者票面额累计在20万元以的;②持有伪造的可以用于骗取出口退税、抵扣税款的其他发票100份以上或者票面额累计在40万元以上的;③持有伪造的第1项、第2项规定以外的其他发票200份以上或者票面额累计在80万元以上的。

八、本节其他危害税收征管罪

（一）伪造、出售伪造的增值税专用发票罪

《刑法》第206条　　伪造或者出售伪造的增值税专用发票的,处3年以下有期徒刑、拘役或者管制,并处2万元以上20万元以下罚金;数量较大或者有其他严重情节的,处3年以上10年以下有期徒刑,并处5万元以上50万元以下罚金;数量巨大或者有其他特别严重情节

---

[1] 这是《刑法修正案八》之三十五新增规定。

的,处10年以上有期徒刑或者无期徒刑,并处5万元以上50万元以下罚金或者没收财产。

单位犯本条规定之罪的,对单位判处罚金,并对其直接负责的主管人员和其他直接责任人员,处3年以下有期徒刑、拘役或者管制;数量较大或者有其他严重情节的,处3年以上10年以下有期徒刑;数量巨大或者有其他特别严重情节的,处10年以上有期徒刑或者无期徒刑。

【行为】本罪之"伪造"取广义,包括变造增值税发票的行为。"出售"指将伪造的增值税专用发票出卖给他人的行为。伪造并出售同一增值税专用发票的,以伪造、出售伪造的增值税专用发票罪论处,数量不重复计算。

【罪量】根据《立案标准(二)》(2010)第62条,伪造或者出售伪造的增值税专用发票25份以上或票面额累计在10万元以上的,应予立案追诉。

【加重犯】"数量较大"一般指数量达到立案标准5倍以上的;"数量巨大"一般指数量达到立案标准50倍以上的。情节严重或情节特别严重,一般指屡教不改的情形。

【案例】　　　　　　　**邓冬蓉非法出售增值税专用发票案**[1]

陈永亮等人为非法出售增值税专用发票,非法注册成立了两家公司并骗取了一般纳税人资格。随后,陈永亮结识了邓冬蓉(系海淀区国税局干部),请托邓东蓉雇人在海淀区国税局为上述两家公司领购增值税专用发票。邓东蓉在明知领购规定、行为后果的情况下,仍为陈永亮领购增值税专用发票275份(均系万元版)。法院以非法出售增值税专用发票罪对邓冬蓉判处有期徒刑7年,并处罚金20万元。

裁判要旨:非法出售增值税专用发票份数和票面额分别达到不同的量刑档次的,应适用处罚较重的规定进行量刑。

【案例】　　**上海航通船务有限公司、宝山民建线路管道安装队等虚开抵扣税款发票、偷税案**[2]

被告人唐熠在担任航通船务有限公司法定代表人兼总经理期间,与股东王志珍等人商定,为被告人宝山民建线路管道安装队的法定代表人黄新祥等虚开联运行业货运统一发票以收取开票费。由于其多次向他人虚开联运发票,被告人唐熠即以低价从其他单位大肆购进了运输发票充抵成本抵缴税款。

裁判要旨:行为人既为他人虚开抵扣税款发票,又为自己购买发票进行虚假纳税申报,应以虚开抵扣税款发票罪与偷税罪数罪并罚。

(二) 非法出售增值税专用发票罪

《刑法》第207条　　非法出售增值税专用发票的,处3年以下有期徒刑、拘役或者管制,并处2万元以上20万元以下罚金;数量较大的,处3年以上10年以下有期徒刑,并处5万元以上50万元以下罚金;数量巨大的,处10年以上有期徒刑或者无期徒刑,并处5万元以上50万元以下罚金或者没收财产。

【罪量】根据《立案标准(二)》(2010)第63条,非法出售增值税专用发票25份以上或者票面额累计在10万元以上的,应予立案追诉。

(三) 非法购买增值税专用发票、购买伪造的增值税专用发票罪

《刑法》第208条　　非法购买增值税专用发票或者购买伪造的增值税专用发票的,处5年以下有期徒刑或者拘役,并处或者单处2万元以上20万元以下罚金。

---

[1] 指导判例"邓冬蓉非法出售增值税专用发票案【第337号】——非法出售增值税专用发票份数和票面额分别达到不同的量刑档次的如何量刑?",载中华人民共和国最高人民法院刑事审判第一庭、第二庭编:《刑事审判参考(2005年第2集·总第43集)》,法律出版社2005年版。

[2] 上海市杨浦区人民法院(2004)杨刑初字第257号刑事判决。

【行为】非法购买,指不按照我国发票管理法规规定,在指定的税务机关购买,而是从指定的税务机关以外的单位或者个人处购买增值税专用发票。购买伪造的增值税专用发票又出售的,以出售伪造的增值税专用发票罪定罪处罚。

【罪量】根据《立案标准(二)》(2010)第64条,非法购买增值税专用发票或者购买伪造的增值税专用发票25份以上或者票面额累计在10万元以上的,应予立案追诉。

【罪数】本罪是选择性罪名,非法购买真、伪两种增值税专用发票的,仍成立一罪,数额累计计算,不实行数罪并罚。

【适用】根据《刑法》第208条第2款的规定,非法购买增值税专用发票或者购买伪造的增值税专用发票又虚开或者出售的,分别以虚开增值税专用发票、用于骗取出口退税、抵扣税款发票罪,出售伪造的增值税专用发票罪,非法出售增值税专用发票罪论处。

(四)非法制造、出售非法制造的用于骗取出口退税、抵扣税款发票罪·非法制造、出售非法制造的发票罪·非法出售用于骗取出口退税、抵扣税款发票罪·非法出售发票罪

《刑法》第209条　　伪造、擅自制造或者出售伪造、擅自制造的可以用于骗取出口退税、抵扣税款的其他发票的,处3年以下有期徒刑、拘役或者管制,并处2万元以上20万元以下罚金;数量巨大的,处3年以上7年以下有期徒刑,并处5万元以上50万元以下罚金;数量特别巨大的,处7年以上有期徒刑,并处5万元以上50万元以下罚金或者没收财产。

伪造、擅自制造或者出售伪造、擅自制造的前款规定以外的其他发票的,处2年以下有期徒刑、拘役或者管制,并处或者单处1万元以上5万元以下罚金;情节严重的,处2年以上7年以下有期徒刑,并处5万元以上50万元以下罚金。

非法出售可以用于骗取出口退税、抵扣税款的其他发票的,依照第1款的规定处罚。

非法出售第3款规定以外的其他发票的,依照第2款的规定处罚。

1. 非法制造、出售非法制造的用于骗取出口退税、抵扣税款发票罪。

【罪量】根据《立案标准(二)》(2010)第65条,以本罪行为涉有关发票50份以上或票面金额累计20万元以上的,应予立案追诉。

【加重犯】"数量巨大",以200份为起点;"数量特别巨大",以1000份为起点。

2. 非法制造、出售非法制造的发票罪。

【罪量】根据《立案标准(二)》(2010)第66条,以本罪行为涉普通发票100份以上或者票面额累计在40万元以上的,应予立案追诉。

3. 非法出售用于骗取出口退税、抵扣税款发票罪。

【罪量】根据《立案标准(二)》(2010)第67条,以本罪行为涉有关发票50份以上或票面额累计在20万元以上的,应予立案追诉。

【加重犯】"数量巨大",以200份为起点;"数量特别巨大",以1000份为起点。

4. 非法出售发票罪。

【罪量】根据《立案标准(二)》(2010)第68条,非法出售普通发票100份以上或者票面额累计在40万元以上的,应予立案追诉。

第七节 侵犯知识产权罪

一、假冒注册商标罪

（一）构成要件·法定刑

《刑法》第213条 未经注册商标所有人许可，在同一种商品上使用与其注册商标相同的商标，情节严重的，处3年以下有期徒刑或者拘役，并处或者单处罚金；情节特别严重的，处3年以上7年以下有期徒刑，并处罚金。

【定义】未经注册商标所有人许可，在同一种商品上使用与其注册商标相同的商标，情节严重的行为。

【客体】国家的商标管理制度和他人的注册商标专用权。

【对象】他人已注册的商标。如果假冒他人已注销的注册商标的，不成立本罪。

此外，要注意商标与商品装潢的区别。商标一般附着于装潢之上，有些企业虽然不制作假冒其他企业的注册商标，但却制造该产品的装潢，以达到使消费者混淆、欺骗消费者的目的。因此，也有学者认为假冒他人商品装潢的，视同假冒他人商标，但没有在理论界获得认可。通说观点认为，只要商标不同，即使擅自制造、使用了他人商品的独特装潢，也不成立本罪。反之，如果使用了与他人注册商标相同的商标，即使没有使用他人商品的装潢，也可能成立本罪。

【行为】未经注册商标所有人许可，在同一种商品上使用与其注册商标相同的商标。具体包括以下内容：

1. 在同一种商品上使用与他人注册商标相同的商标。具体包括：①行为人所使用的与他人注册商标相同的商标针对同一种商品。"同一种商品"，是指同一品种的商品或者完全相同的商品。关于"同一种商品"的认定，《办理知识产权刑案意见》（2011）第5条指出：名称相同的商品以及名称不同但指同一事物的商品，可以认定为"同一种商品"。"名称"，是指国家工商行政管理总局商标局在商标注册工作中对商品使用的名称，通常即《商标注册用商品和服务国际分类》中规定的商品名称。"名称不同但指同一事物的商品"，是指在功能、用途、主要原料、消费对象、销售渠道等方面相同或者基本相同，相关公众一般认为是同一种事物的商品。认定"同一种商品"，应当在权利人注册商标核定使用的商品和行为人实际生产销售的商品之间进行比较。②行为人所使用的商标与他人的注册商标相同。根据《办理知识产权刑案解释》（2004）第8条，"相同的商标"，是指与被假冒的注册商标完全相同，或者与被假冒的注册商标在视觉上基本无差别，足以对公众产生误导的商标。《办理知识产权刑案意见》（2011）第6条进一步具体明确规定，具有下列情形之一，可以认定为"与其注册商标相同的商标"：一是改变注册商标的字体、字母大小写或者文字横竖排列，与注册商标之间仅有细微差别的；二是改变注册商标的文字、字母、数字等之间的间距，不影响体现注册商标显著特征的；三是改变注册商标颜色的；四是其他与注册商标在视觉上基本无差别、足以对公众产生误导的商标。③"使用"，是指将注册商标或者假冒的注册商标用于商品、商品包装或者容器以及产品说明书、商品交易文书，或者将注册商标或者假冒的注册商标用于广告宣传、展览以及其他商业活动等的行为。在类似的商品上使用与他人注册商标相同或者相似的商标的，以及在同一种商品上使用与他人注册商标相似的商标，不成立本罪。

2. 行为人未经注册商标所有人许可。这是本罪成立的前提。《商标法》第43条规定："商标注册人可以通过签订商标使用许可合同,许可他人使用其注册商标……"因此,如果行为人经商标所有人许可后使用其注册商标的,是合法行为,不存在侵犯注册商标专用权的问题。

【主观】故意,即行为人认识到自己未经注册商标所有人许可,而在同一种商品上使用了与其注册商标相同的商标。根据司法经验,以明显低于市场价格进货或者销售,或者被发现后转移、销毁物证或者提供虚假证明虚假情况的,通常可以认定行为人"明知"。

【罪量】"情节严重",根据《立案标准(二)》(2010)第69条,指假冒注册商标涉嫌下列情形之一:①非法经营数额在5万元以上或者违法所得数额在3万元以上的;②假冒2种以上注册商标,非法经营数额在3万元以上或者违法所得数额在2万元以上的;③其他情节严重的情形。

【加重犯】"情节特别严重",根据《办理知识产权刑案解释》(2004)第1条,指具有下列情形之一:①非法经营数额在25万元以上或者违法所得数额在15万元以上的;②假冒2种以上注册商标,非法经营数额在15万元以上或者违法所得数额在10万元以上的。

(二) 适用

【关联罪】生产、销售伪劣商品同时假冒他人注册商标的,二行为若存在竞合或牵连关系的,择一重罪处罚,不需要数罪并罚。

【案例】　　　　　　　　赵扣忠、赵方忠假冒注册商标案[1]

被告人赵扣忠在任农药厂技术员期间,将灭菌配方告诉被告人赵方忠并侵占本公司的原药和包装,被告人赵方忠开始组织生产,并委托他人从被告人公司购买印有该产品注册商标标识的包装袋等物品,予以销售,并给予被告人赵扣忠好处费。法院最终认定被告人构成假冒注册商标罪。

行为人假冒他人注册商标,并采用相同技术和原料生产销售农药制品,可否以假冒注册商标罪和非法经营罪数罪并罚?

答:无须数罪并罚,销售侵权的农药制品属于假冒注册商标罪后续的当然行为,也不构成非法经营罪。

二、销售假冒注册商标的商品罪

(一) 构成要件·法定刑

《刑法》第214条　　销售明知是假冒注册商标的商品,销售金额数额较大的,处3年以下有期徒刑或者拘役,并处或者单处罚金;销售金额数额巨大的,处3年以上7年以下有期徒刑,并处罚金。

【定义】明知是假冒注册商标的商品,而予以销售,销售金额数额较大的行为。

【客体】国家的商标管理制度和他人的注册商标专用权。

【行为】销售假冒注册商标的商品。"假冒注册商标的商品",指未经注册商标所有人许可,使用与其注册商标相同的商标的同一种商品。至于这种假冒商品的质量优劣,与正牌商品的差异如何,不影响本罪的成立。"销售",指以一切形式出卖假冒注册商标的商品的行为,既包括零售,也包括批发;既包括自销,也包括代销。伪劣产品尚未销售,货值金额达到销售金额3倍以上的,以生产、销售伪劣产品罪(未遂)定罪处罚。但如果是将假冒注册商标的商品无偿赠送他人,或者购买来供自己消费的,不成立本罪。

【主观】故意,即行为人明知自己销售的是假冒注册商标的商品。本罪中的"明知",指

---

[1] 江苏省常州市天宁区人民法院(2005)天刑初字第193号刑事判决。

只要已经意识到销售的可能是假冒注册商标的商品,且没有在心理上加以否定即可,不要求确知销售的是假冒的注册商标的商品。根据《办理知识产权刑案解释》(2004)第9条第2款,具有下列情形之一的,应当认定为属于《刑法》第214条规定的"明知":①知道自己销售的商品上的注册商标被涂改、调换或者覆盖的;②因销售假冒注册商标的商品受到过行政处罚或者承担过民事责任,又销售同一种假冒注册商标的商品的;③伪造、涂改商标注册人授权文件或者知道该文件被伪造、涂改的;④其他知道或者应当知道是假冒注册商标的商品的情形。

【罪量】"销售金额数额较大"。根据《立案标准(二)》(2010)第70条,指销售假冒注册商标的商品涉嫌下列情形之一:①销售金额在5万元以上的;②尚未销售,货值金额在15万元以上的;③销售金额不满5万元,但已销售金额与尚未销售的货值金额合计在15万元以上的。"销售金额",指销售假冒注册商标的商品后所得和应得的全部违法收入。

数额计算:根据《办理伪劣商品刑案解释》(2001)第2条第3、4款,货值金额以违法生产、销售的伪劣产品的标价计算;没有标价的,按照同类合格产品的市场中间价格计算;货值金额难以确定的,按照《扣押、追缴、没收物品估价管理办法》的规定,委托指定的估价机构确定。多次实施生产、销售伪劣产品行为,未经处理的,伪劣产品的销售金额或者货值金额累计计算。实际情形是:标价和市场中间价较低,鉴定价往往采取被假冒商品真品的价格,高出标价或市场中间价数倍甚至10倍。因此,货值金额采取何种标准认定,对定罪量刑有重大影响。侦办人认为,按标价或市场中间价可能达不到定罪数额标准,可能会积极采取鉴定确定方式,导致同类案件定罪处罚的差异。

【加重犯】"销售金额数额巨大",根据《办理知识产权刑案解释》(2004)第2条,指销售金额在25万元以上的。

(二)适用

【关联罪】1. 本罪与生产、销售伪劣产品罪的竞合。销售假冒注册商标的商品通常是伪劣产品,因此,实施一个销售行为可能同时触犯销售假冒注册商标的商品罪和销售伪劣产品罪,这种情况下,属于想象竞合犯,从一重罚论处。

【案例】**杨昌君销售假冒注册商标的商品案**[1]

杨昌君自2007年5月起,在北京市朝阳区秀水市场仓库内存放假冒LOUIS VUITTON、GUCCI、CHANEL等注册商标标识的男女式包,用于销售牟利。公安人员从其仓库内起获各种型号带有假冒注册商标标识的男女式包共计8425个(尚未出售),货值金额766 990元。法院认定其构成销售假冒注册商标的商品罪,判处有期徒刑3年6个月,罚金人民币1万元。

2. 本罪与假冒注册商标罪的界限。行为人既实施了假冒注册商标的行为,又销售自己假冒注册商标的商品的,销售假冒注册商标的商品的行为属于假冒注册商标罪整个犯罪过程的组成部分,属于吸收犯,只以假冒注册商标罪论处,不实行数罪并罚。如果行为人事先与假冒注册商标的犯罪人通谋,按照分工,销售假冒注册商标的商品的,对行为人应以假冒注册商标罪的共犯论处。

三、非法制造、销售非法制造的注册商标标识罪

《刑法》第215条 伪造、擅自制造他人注册商标标识或者销售伪造、擅自制造的注册商标标识,情节严重的,处3年以下有期徒刑、拘役或者管制,并处或者单处罚金;情节特别严重的,处3年以上7年以下有期徒刑,并处罚金。

---

[1] 中华人民共和国最高人民法院刑事审判第一、二、三、四、五庭主办:《刑事审判参考(2011年第1集·总第78集)》,法律出版社2011年版。

【定义】伪造、擅自制造他人注册商标标识，或者销售伪造、擅自制造的注册商标标识，情节严重的行为。

【罪量】"情节严重"，根据《立案标准（二）》（2010）第71条，指涉嫌下列情形之一的：①伪造、擅自制造或者销售伪造、擅自制造的注册商标标识数量在2万件以上，或者非法经营数额在5万元以上，或者违法所得数额在3万元以上的；②伪造、擅自制造或者销售伪造、擅自制造两种以上注册商标标识数量在1万件以上，或者非法经营数额在3万元以上，或者违法所得数额在2万元以上的；③其他情节严重的情形。

【加重犯】"情节特别严重"，根据《办理知识产权刑案解释》（2004）第3条，指下列情形之一：①伪造、擅自制造或者销售伪造、擅自制造的注册商标标识数量在10万件以上，或者非法经营数额在25万元以上，或者违法所得数额在15万元以上的；②伪造、擅自制造或者销售伪造、擅自制造两种以上注册商标标识数量在5万件以上，或者非法经营数额在15万元以上，或者违法所得数额在10万元以上的；③其他情节特别严重的情形。

四、假冒专利罪

《刑法》第216条　假冒他人专利，情节严重的，处3年以下有期徒刑或者拘役，并处或者单处罚金。

【定义】违反国家专利管理法规，假冒他人专利，情节严重的行为。

【行为】根据《办理知识产权刑案解释》（2004）第10条，实施下列行为之一的，属于"假冒他人专利"的行为：①未经许可，在其制造或者销售的产品、产品的包装上标注他人专利号的；②未经许可，在广告或者其他宣传材料中使用他人的专利号，使人将所涉及的技术误认为是他人专利技术的；③未经许可，在合同中使用他人的专利号，使人将合同涉及的技术误认为是他人专利技术的；④伪造或者变造他人的专利证书、专利文件或者专利申请文件的。

注意假冒专利与冒充专利的区别："冒充专利"，是指将非专利产品冒充专利产品或者将非专利方法冒充专利方法的行为。行为人所冒充的专利根本不存在，只是对自己生产的非专利产品凭空捏造一个不存在的专利标记或专利号，谎称为专利产品。对于冒充专利的行为，不成立本罪。

【主观】故意。

【罪量】"情节严重"，根据《办理知识产权刑案解释》（2004）第4条，指假冒他人专利具有下列情形之一的：①非法经营数额在20万元以上或者违法所得数额在10万元以上的；②给专利权人造成直接经济损失50万元以上的；③假冒两项以上他人专利，非法经营数额在10万元以上或者违法所得数额在5万元以上的；④其他情节严重的情形。

五、侵犯著作权罪

（一）构成要件·法定刑

《刑法》第217条　以营利为目的，有下列侵犯著作权情形之一，违法所得数额较大或者有其他严重情节的，处3年以下有期徒刑或者拘役，并处或者单处罚金；违法所得数额巨大或者有其他特别严重情节的，处3年以上7年以下有期徒刑，并处罚金：

（一）未经著作权人许可，复制发行其文字作品、音乐、电影、电视、录像作品、计算机软件及其他作品的；

（二）出版他人享有专有出版权的图书的；

（三）未经录音录像制作者许可，复制发行其制作的录音录像的；

（四）制作、出售假冒他人署名的美术作品的。

【定义】以营利为目的，违反著作权法的规定，侵犯他人著作权，违法所得数额较大或者有其他严重情节的行为。

【客体】他人的著作权和市场竞争秩序。

【行为】侵犯他人著作权，包括以下四种行为方式：①未经著作权人许可，复制发行其文字作品、音乐、电影、电视、录像作品、计算机软件及其他作品。"其他作品"的范围存在扩张与缩小两种解释。扩张观点主张："口述作品、舞蹈作品、美术建筑作品、摄影作品、工程设计图、产品设计图、地图等作品应当与刑法所列举的传统作品一样受到刑法保护。"[1]"未经著作权人许可"，指没有得到著作权人授权或者伪造、涂改著作权人授权许可文件或者超出授权许可范围的情形。《办理知识产权刑案意见》（2011）第11条指出："未经著作权人许可"一般应当依据著作权人或者其授权的代理人、著作权集体管理组织、国家著作权行政管理部门指定的著作权认证机构出具的涉案作品版权认证文书，或者证明出版者、复制发行者伪造、涂改授权许可文件或者超出授权许可范围的证据，结合其他证据综合予以认定。在涉案作品种类众多且权利人分散的案件中，上述证据确实难以一一取得，但有证据证明涉案复制品系非法出版、复制发行的，且出版者、复制发行者不能提供获得著作权人许可的相关证明材料的，可以认定为"未经著作权人许可"。但是，有证据证明权利人放弃权利、涉案作品的著作权不受我国著作权法保护或者著作权保护期限已经届满的除外。对于"未经著作权人许可"的认定，指导案例"凌永超侵犯著作权、贩卖淫秽物品牟利案"[2]的裁判要旨指出："对于有证据证明涉案复制品系非法复制发行，且复制发行者不能提供获得著作权人许可的相关证明材料的，可以认定为'未经著作权人许可'。"

"复制发行"，根据《办理知识产权刑案解释（二）》（2007）第2条，包括复制、发行或者既复制又发行的行为。"发行"，指通过出售、出租等方式向公众提供一定数量的作品复制件的行为。侵权产品的持有人通过广告、征订等方式推销侵权产品的，属于"发行"。"发行"包括总发行、批发、零售、通过信息网络传播以及出租、展销等活动。通过信息网络向公众传播他人文字作品、音乐、电影、电视、录像作品、计算机软件及其他作品的行为，应当视为"复制发行"。②出版他人享有专有出版权的图书。"出版"，指将作品编辑加工后，经过复制向公众发行的行为。"专有出版权"，指图书出版者对著作权人交付的作品，根据出版合同而享有的，由著作权人转让或许可使用的，在合同有效期和约定地区内独家享有并排除他人出版某一作品的权利。③未经录音录像制作者许可，复制发行其制作的录音录像。"录音录像制作者"，指制造录音制品、制作录像作品的人。④制作、出售假冒他人署名的美术作品。"美术作品"，指绘画、书法、雕塑、建筑等以线条、色彩或者其他方法构成的有审美意义的平面或立体的造型艺术作品。

【主观】故意且"以营利为目的"。以刊登收费广告等方式直接或者间接收取费用的情形，属于"以营利为目的"。根据《办理知识产权刑案意见》（2011）第10条，除销售外，具有下列情形之一的，可以认定为"以营利为目的"：

（1）以在他人作品中刊登收费广告、捆绑第三方作品等方式直接或者间接收取费用的。

【案例】　　　　　　　　　**王佳豪侵犯著作权案**

王佳豪自2008年3月起，未经批准在网络上设立"去听去听"音乐网，提供音乐试听。其中有包括环球唱片有限公司、华纳国际音乐股份有限公司等享有版权的677首歌曲。上述在

---

[1] 沈红霞、罗曦："侵犯著作权犯罪法律适用探析"，载《人民检察》2014年第12期。
[2] 指导判例"凌永超侵犯著作权、贩卖淫秽物品牟利案【第679号】——贩卖普通侵权盗版光碟的行为应如何定罪处罚？"载中华人民共和国最高人民法院刑事审判第一、二、三、四、五庭主办：《刑事审判参考（2011年第1集·总第78集）》，法律出版社2012年版。

线试听的歌曲,王佳豪均没有合法权源。2009年3月至2009年6月期间,王佳豪在该网站植入广告,并获取广告费用12 837.05元。常熟市人民法院认定,被告人王佳豪以营利为目的,未经著作权人许可,将他人享有著作权的音乐作品上传网络,为互联网用户提供试听等服务,情节严重,其行为构成侵犯著作权罪。判处有期徒刑6个月,缓刑1年,并处罚金1.5万元,追缴犯罪所得。

(2) 通过信息网络传播他人作品,或者利用他人上传的侵权作品,在网站或者网页上提供刊登收费广告服务,直接或者间接收取费用的。

(3) 以会员制方式通过信息网络传播他人作品,收取会员注册费或者其他费用的。

(4) 其他利用他人作品牟利的情形。

【罪量】"违法所得数额较大或者有其他严重情节"。根据《办理知识产权刑案解释》(2004) 第5条,"违法所得数额较大",指违法所得额在3万元以上。根据《办理知识产权刑案解释》(2004) 第5条和《办理知识产权刑案解释》(2007) 第1条的规定,"有其他严重情节",指具有下列情形之一:①非法经营数额在5万元以上的;②复制品数量合计在500张(份)以上的;③其他严重情节的情形。单位实施上述行为的,按照本解释规定的相应个人犯罪的定罪量刑标准的3倍定罪量刑。

根据《办理知识产权刑案意见》(2011) 第13条,通过信息网络传播侵权作品行为具有下列情形之一的,也属于"其他严重情节":①非法经营数额在5万元以上的;②传播他人作品的数量合计在500件(部)以上的;③传播他人作品的实际被点击数达到5万次以上的;④以会员制方式传播他人作品,注册会员达到1000人以上的;⑤数额或者数量虽未达到第①项至第④项规定标准,但分别达到其中两项以上标准一半以上的。

【加重犯】根据《办理知识产权刑案解释》(2011) 第5条、《办理知识产权刑案解释(二)》(2007) 第1条,"违法所得数额巨大",指违法所得数额在15万元以上。"有其他特别严重情节",指具有下列情形之一的:①非法经营数额在25万元以上的;②非法复制发行他人作品数量合计在2500张(份)以上的;③其他特别严重情节。

(二) 适用

【定罪】"提供'私服'的行为包含了刑法意义上的复制与发行,在性质上属于取代获得游戏合法授权运营商的网络盗版行为,构成侵犯著作权罪。""'外挂代练'的行为方式不符合侵犯著作权罪之客观构成要件,不构成侵犯著作权罪。"[1] 司法实务中,提供"私服"或"外挂代练"同时触犯非法获取数据罪的,以非法获取计算机信息系统数据罪定罪处罚。

【关联罪】与非法经营罪的区分。根据《办理知识产权刑案解释(二)》(2007) 第2条,非法出版、复制、发行他人作品,侵犯著作权构成犯罪的,按照侵犯著作权罪定罪处罚。这意味着根据特别法条优于普通法条的适用原则,排斥适用非法经营罪。过去因为侵犯著作权罪违法所得数额和非法侵犯版权较难查证,往往对非法出版、复制、发行他人作品的行为按照非法经营罪处罚。上述司法解释强调对侵犯著作权罪与非法经营罪的区分,不可随意适用非法经营罪替代侵犯著作权罪。

【案例】 **孟祥国、李桂英、金利杰侵犯著作权案**[2]

孟祥国以营利为目的,出版上海外教社、高教社享有专有出版权的《大学英语》《高等数学》《中专英语综合教程》等教材,李桂英(北京三元装订厂厂长)、金利杰(北京三元装订

---

[1] 《关于如何适用法发〔1996〕30号司法解释数额标准问题的电话答复》(法研〔2014〕179号)。
[2] 张明楷:"自然犯与法定犯一体化立法体例下的实质解释",载《法商研究》2013年第4期。

厂业务人员）在明知无图书印制委托书等相关手续的情况下，为牟取非法利益，未经许可印刷、装订上述教材，非法经营数额达人民币272万余元。法院认定3名被告构成侵犯著作权罪。

【案例】　　　　　　　　　　　葛权卫侵犯著作权案[1]

葛权卫伙同他人收集鹭江出版社等多家出版社的《高中课时训练》等书籍，作为样本提供给某印刷厂大量印刷，之后通过学校销售给学生，得销售款近60万元。经该省新闻出版局鉴定，葛权卫销售的书籍均属非法出版物。本案行为构成侵犯著作权罪、销售侵权复制品罪还是非法经营罪？"非法出版物"有二种不同意义的"非法"：①未得新闻出版机关的书刊出版的行政许可，行政违法；②未获得著作权人的许可，著作权违法。鹭江等多家出版社《高中课时训练》等书籍，有书刊批准文号，其盗印本不违反新闻出版管制法，但侵犯了作者的著作权或有关出版社的版权。葛权卫盗版他人合法出版的书籍，其违法性在于侵犯著作权，所以应定侵犯著作权罪。如果张三编著并出版发行《花姐秘闻》一书未获得新闻出版行政许可，具有行政非法性，涉嫌非法经营。如果李四盗版《花姐秘闻》一书发行，则具有双重非法性（未得出版许可和未得著作权人许可），属于想象竞合犯，择一重罪处罚。侵犯著作权（盗版）而后又销售该侵权复制品（盗版品）的，销售是盗版的当然结果行为，只定侵犯著作权罪一罪。法院以侵犯著作权罪判处葛权卫5年6个月有期徒刑，并处罚金5万元。

六、销售侵权复制品罪

（一）构成要件·法定刑

《刑法》第218条　　以营利为目的，销售明知是本法第217条规定的侵权复制品，违法所得数额巨大的，处3年以下有期徒刑或者拘役，并处或者单处罚金。

【定义】以营利为目的，销售明知是侵权复制品的物品，违法所得数额巨大的行为。

【罪量】"违法所得数额巨大"，根据《立案标准（一）》（2008）第27条，指下列情形之一：①违法所得数额在10万元以上的；②违法所得数额虽未达到上述数标准，但尚未销售的侵权复制品货值金额达到30万元以上的。根据《办理知识产权刑案解释》（2004）第15条，单位行为，按个人犯罪标准的3倍掌握。

（二）适用

【罪数】1. 实施《刑法》第217条规定的侵犯著作权行为，又销售该侵权复制品，构成犯罪的，以侵犯著作权罪（一罪）定罪处罚（不数罪并罚）。

2. 实施《刑法》第217条规定的侵犯著作权的犯罪行为，又销售明知是他人的侵权复制品，构成犯罪的，应当实行数罪并罚。

七、侵犯商业秘密罪

（一）构成要件·法定刑

《刑法》第219条　　有下列侵犯商业秘密行为之一，给商业秘密的权利人造成重大损失的，处3年以下有期徒刑或者拘役，并处或者单处罚金；造成特别严重后果的，处3年以上7年以下有期徒刑，并处罚金：

（一）以盗窃、利诱、胁迫或者其他不正当手段获取权利人的商业秘密的；

（二）披露、使用或者允许他人使用以前项手段获取的权利人的商业秘密的；

---

[1] 福建省泉州市中级人民法院（2004）泉刑终字第484号刑事判决。

（三）违反约定或者违反权利人有关保守商业秘密的要求，披露、使用或者允许他人使用其所掌握的商业秘密的。

明知或应知前款所列行为，获取、使用或者披露他人的商业秘密的，以侵犯商业秘密论。

本条所称商业秘密，是指不为公众所知悉，能为权利人带来经济利益，具有实用性并经权利人采取保密措施的技术信息和经营信息。

本条所称权利人，是指商业秘密的所有人和经商业秘密所有人许可的商业秘密使用人。

【定义】以不正当手段，非法获取或非法披露、使用、允许他人使用商业秘密，给商业秘密的权利人造成重大损失的行为。

【客体】国家对商业秘密的管理制度和商业秘密权利人对商业秘密享有的专用权。

【对象】本罪的行为对象是"商业秘密"。"商业秘密"，是指不为公众所知悉，能为权利人带来经济利益，具有实用性并经权利人采取保密措施的技术信息和经营信息。商业秘密具有以下特点：①商业秘密是一种技术信息和经营信息，包括设计、程序、产品配方、制作工艺、制作方法、管理诀窍、客户名单、货源情况、产销策略、招投标中的标底及标书内容，以及计算机软件源代码等信息。②商业秘密是不为公众所知悉的事项，具有新颖性和相对秘密性。③商业秘密能为权利人带来经济利益。权利人，是指商业秘密所有人和经商业秘密所有人许可的商业秘密使用人。经济利益，是指通过使用能给权利人带来现实或潜在的物质利益，如增加财产或者财产上的利益，使其具有竞争优势，不具有经济利益的信息，不构成商业秘密。④商业秘密具有实用性，即具有现实可用性，权利人能够将商业秘密直接运用于生产、经营活动。⑤商业秘密权利人采取了保密措施，具有保密性。对于权利人采取保密措施，并不要求万无一失，只要采取了合理的保密措施，尽到保密义务就可以了。

【行为】行为人实施了侵犯他人商业秘密的行为，具体包括以下几种方式：①以盗窃、利诱、胁迫或者其他不正当手段获取权利人的商业秘密；②披露、使用或者允许他人使用以前项手段获取的权利人的商业秘密；③违反约定或者违反权利人有关保守商业秘密的要求，披露、使用或者允许他人使用其所掌握的商业秘密；④明知或者应知前述3项违法行为，而获取、使用或者披露他人商业秘密。

【主观】故意。但是，上述客观行为第4项中"应知是前述3项违法行为，而获取、使用或者披露他人商业秘密"的情形，如果是"应知"而不知，造成损害结果，应当认定为过失。至于动机和目的如何，不影响本罪的成立。

【罪量】本罪的成立要求给商业秘密的权利人造成重大损失。根据《办理知识产权刑案解释》（2004）第7条，给商业秘密的权利人造成损失数额在50万元以上的，属于"给商业秘密的权利人造成重大损失"。被害人的实际损失难以确定时，也可以根据侵害人的获利确定损失额。根据《立案标准（二）》（2010）第73条，因侵犯商业秘密违法所得数额在50万元以上也应予立案追诉。

【加重犯】根据《办理知识产权刑案解释》（2004）第7条，给商业秘密的权利人造成损失数额在250万元以上的，属于"造成特别严重后果"。

（二）适用

【定罪】罪与非罪的界限。判断标准：

1. 行为人侵犯的是否是他人的商业秘密。

2. 是否给商业秘密的权利人造成重大损失达到50万元以上。在侵犯商业秘密犯罪案件中，重大损失的计算主要存在4种方式，即权利人的实际损失、侵权人的获利、商业秘密的商业价值、商业秘密许可费的倍数。①立案标准根据给被害人造成的经济损失数额来判定。②被害人的实际损失难以计算的，参照侵权所获非法利润认定。③也有人主张"根据侵权行为种类及其对象，商业秘密的研发成本、转化和应用周期、前景预期、使用人的使用规模和经济效益等因素综合认定"。[1] 如非法获取具有经济价值的技术信息，包括技术配方、技术诀窍、工艺流程等，研发成本和转让费用等都可以直接认定为经济损失；如非法获取经营方式、经营决策、客户资料等经营信息，可以根据非法获利认定权利人的损失。这种计算方式更为精细。④也有观点认为侵犯知识产权犯罪"一般均以'非法经营数额'或者'违法所得数额'作为主要的认定标准"，因此，侵犯商业秘密罪应保持一致，也应主要"以其违法所得（侵权产品销售后的获利）或者非法经营数额（侵权产品的生产或者销售总量×权利人在被侵权前的平均销售所得）来认定'重大损失'"，同时兼采其他计算方法。[2] 之所以不能将人民法院酌定赔偿方式作为商业秘密刑事案件重大损失的计算方法，主要是因为刑事诉讼与民事诉讼的证据标准不同：刑事诉讼实行确实、充分的证据标准，而民事诉讼实行高度盖然性的证据标准，在商业秘密刑事案件中，"重大损失"是决定被告人行为罪与非罪的重要依据，因此，其数额必须有确实、充分的证据予以证明，而不允许法官具有自由裁量的空间。[3]

【关联罪】本罪与假冒注册商标罪、假冒专利罪、侵犯著作权罪的界限。相同之处是都侵犯了知识产权。但有如下区别：①对象不同。本罪是商业秘密，而后三者分别是商标权、专利权和著作权。②客观方面的行为不同。本罪客观方面表现为以不法手段获取商业秘密，或者非法披露、使用或者允许他人使用商业秘密，其他犯罪则主要表现为假冒行为。行为人采用不正当手段获取他人商业秘密后，又使用该商业秘密制造产品并假冒他人注册商标，或者只是单纯非法使用他人商业秘密制造产品而又假冒他人注册商标，可认定为一行为触犯数罪名，从一重罪论处。

【罪数】如果行为人侵犯的商业秘密同时属于国家秘密，行为人侵犯这种秘密时，同时触犯两个罪名，除了触犯侵犯商业秘密罪外，还可能触犯故意泄露国家秘密罪，过失泄露国家秘密罪，非法获取国家秘密罪，为境外窃取、刺探、收买、非法提供国家秘密、情报罪。这种情况下，应从一重罪论处，依照侵犯国家秘密的有关犯罪处理。

【练习】甲公司拥有某项独家技术，每年为公司带来100万元利润，故对该技术严加保密。乙公司经理丙为获得该技术，带人将甲公司技术员丁在其回家路上强行拦截并推入丙的汽车，对丁说如果他提供该技术资料就给他2万元，如果不提供就将他嫖娼之事公之于众。丁同意配合。次日，丁向丙提供了该技术资料，并获得2万元报酬。丙的行为构成侵犯商业秘密罪。因为"以盗窃、利诱、胁迫或者其他不正当手段获取权利人的商业秘密的"，构成侵犯商业秘密罪。

八、对侵犯知识产权罪的处罚

根据《办理知识产权刑案解释（二）》（2007）第3、4条的规定：

1. 限制缓刑适用。侵犯知识产权犯罪，符合《刑法》规定的缓刑条件的，依法适用缓刑。有下列情形之一的，一般不适用缓刑：

（1）因侵犯知识产权被刑事处罚或者行政处罚后，再次侵犯知识产权构成犯罪的。

---

[1] 陶维俊："虚开增值税专用发票行为认定标准探析"，载《中国检察官》2015年11月下期。
[2] 田宏杰："侵犯知识产权犯罪的几个疑难问题探究"，载《法商研究》2010年第2期。
[3] 指导判例"伊特克斯公司、郭书周等侵犯商业秘密案【第1005号】——如何理解和把握侵犯商业秘密刑事案件中'重大损失'的计算依据、方法及对象？"载中华人民共和国最高人民法院刑事审判第一、二、三、四、五庭主办：《刑事审判参考（2014年第4集·总第99集）》，法律出版社2015年版。

（2）不具有悔罪表现的。
（3）拒不交出违法所得的。
（4）其他不宜适用缓刑的情形。

2. 罚金刑适用。对于侵犯知识产权犯罪的，人民法院应当综合考虑犯罪的违法所得、非法经营数额、给权利人造成的损失、社会危害性等情节，依法判处罚金。罚金数额一般在违法所得的1倍以上、5倍以下，或者按照非法经营数额的50%以上、1倍以下确定。

第八节　扰乱市场秩序罪

根据《刑法》第231条，本节犯罪的主体不仅包括自然人，也包括单位。单位犯本节之罪的，对单位判处罚金，并对其直接负责的主管人员和其他直接责任人员，依照本节各该条的规定处罚。

一、损害商业信誉、商品声誉罪

（一）构成要件·法定刑

《刑法》第221条　捏造并散布虚伪事实，损害他人的商业信誉、商品声誉，给他人造成重大损失或者有其他严重情节的，处2年以下有期徒刑或者拘役，并处或者单处罚金。

【定义】捏造并散布虚伪事实，损害他人的商业信誉、商品声誉，给他人造成重大损失或者有其他严重情节的行为。本罪为选择性罪名。

【客体】市场竞争秩序和他人的商誉权。

【对象】他人的商业信誉、商品声誉。他人，是指捏造并散布者以外的主体，并不限于竞争对手，也可以是非竞争对手，包括自然人和单位。商业信誉，是指社会对他人在商业活动中的可信赖程度、价值和地位的客观评价。商品声誉，是指社会对商品的良好评价。

【行为】捏造并散布虚伪事实。捏造，是指虚构、编造不符合真实情况或并不存在的事实。散布，是指使不特定或多数人知悉行为人所捏造的虚伪事实。捏造和散布必须同时具备。

此外，还应当注意，对于消费者及新闻单位等对经营者的产品质量、服务质量进行合理评价、批评的，不属于捏造并散布虚伪事实的行为。消费者使用过激的方式维权，可能对他人商誉造成不利影响，但不构成犯罪，例如，甲所购某名牌轿车行驶不久，发动机就发生故障，经多次修理仍未排除。甲用牛车拉着该轿车在闹市区展示。甲不构成损害商品声誉罪。因为该产品（汽车）确实有瑕疵，厂商自身应该承受由此对商誉发生的不利影响，甲充其量也只是"维权过激"。对于没有损害他人商誉的故意，而是听信他人谣传、散布虚伪事实，甚至对谣传进行某种程度的加工并散布的行为，也不宜认定为本罪。

【主观】故意。

【罪量】根据《立案标准（二）》（2010）第74条，损害他人的商业信誉、商品声誉，涉嫌下列情形之一的，应予立案追诉：①给他人造成直接经济损失在50万元以上的；②虽未达到50万元损失，但具有下列情形之一的：一是利用互联网或者其他媒体公开损害他人商业信誉、商品声誉的；二是造成公司、企业等单位停业、停产6个月以上，或者破产的。③其他给他人造成重大损失或者有其他严重情节的情形。关于本罪的"重大损失"，指导案例"王宗达损害商业信誉、商品声誉案"[1]的裁判要旨指出："本罪中的'重大损失',是因商业信誉、商品声誉受损而产生的直接经济损失,如企业商誉显著降低、销售额和利润严重减少、上市公司股票价格大幅度下跌以及其他无形资产的价值显著降低,不应包括被害人为了恢复受到损害的商业信誉、商品声誉所投入的资金(如广告费用)或者为制止不法侵害事件而扩大的开支(如诉讼费用)等间接经济损失,这些间接经济损失一般只在量刑或者附带民事诉讼赔偿时酌情加以考虑。"

(二) 适用

【关联罪】本罪与假冒注册商标罪的界限。如果行为人为了损害他人的商誉,在自己生产的伪劣产品上假冒他人优质产品的注册商标,造成他人重大损失的,属于想象竞合犯,应从一重罪,即假冒注册商标罪论处。

二、虚假广告罪

(一) 构成要件·法定刑

《刑法》第 222 条　广告主、广告经营者、广告发布者违反国家规定,利用广告对商品或者服务作虚假宣传,情节严重的,处 2 年以下有期徒刑或者拘役,并处或者单处罚金。

【定义】广告主、广告经营者、广告发布者,违反国家规定,利用广告对商品或者服务作虚假宣传,情节严重的行为。

【客体】市场竞争秩序和消费者的合法权益。

【主体】特殊主体,只能由广告主、广告经营者、广告发布者构成,单位也可以成为本罪的主体。根据《广告法》的规定,"广告主",是指为推销商品或提供服务,自行或委托他人设计、制作、发布广告的单位或个人;"广告经营者",是指受委托提供广告设计、制作、代理服务的法人、其他经济组织或者个人;"广告发布者",是指为广告主或者广告主委托的广告经营者发布广告的法人或其他经济组织。

【行为】利用广告对商品或者服务作虚假宣传。"广告",根据《广告法》第 2 条的规定,该法的适用对象是:在中华人民共和国境内,商品经营者或者服务提供者通过一定媒介和形式直接或者间接地介绍自己所推销的商品或者服务的商业广告活动。因此,本罪中的广告,指的是商业性广告。作虚假宣传,是指广告的内容与真实情况不相符,主要包括两种情况:①对商品或者服务作夸大失实的宣传;②对商品或者服务作语义含糊、令人误解的宣传。

【主观】故意。

【罪量】"情节严重"。根据《立案标准(二)》(2010) 第 75 条,虚假广告涉嫌下列情形之一的,应予立案追诉:①违法所得在 10 万元以上的;②给单个消费者造成直接经济损失在 5

---

[1] 载中华人民共和国最高人民法院刑事审判第一庭、第二庭编:《刑事审判参考(2001 年第 2 集·总第 13 集)》,法律出版社 2002 年版。案情:浙江碧湖啤酒公司副总经理王宗达得知卫生防疫部门对浙江仙都啤酒公司进行流行病学调查之后,对防疫站发布的《调查报告》予以修改、增减,编造了一份题为《缙云县仙都啤酒发展公司发生群体感染性腹泻疫情》的传单,捏造仙都啤酒公司职工不断出现疫情的事实,提醒仙都啤酒消费者千万小心。尔后,王宗达将地区防疫站往年所发文件上的公章剪贴、套印到前述《调查报告》的复印件上,以南昌市经济信息中心的名义,从武汉、杭州等地将 600 余份传单单独或附上《调查报告》邮寄给丽水、金华地区的仙都啤酒消费者。同时,王宗达还向金华啤酒厂领导应某提出在啤酒市场联手打败仙都啤酒,从而导致金华、永康等市场上有大量由王宗达编写的传单被散发,该传单在丽水市场上则被广为张贴和投递。王宗达的行为给浙江仙都啤酒发展公司的企业形象和商品声誉造成了严重损害,导致该公司的产品销售量急剧下降,遭受经济损失共计 290 万元。法院以损害商业信誉、商品声誉罪,对王宗达判处有期徒刑 6 个月,缓刑 1 年,并处罚金人民币 5 万元。

万元以上，或者给多个消费者造成直接经济损失数额累计在 20 万元以上；③假借预防、控制突发事件的名义，利用广告作虚假宣传，致使多人上当受骗，违法所得在 3 万元以上的；④虽未达到前述数额标准，但 2 年内因利用广告作虚假宣传，受过行政处罚 2 次以上，又利用广告作虚假宣传的；⑤造成人身伤残的；⑥其他情节严重的情形。

【定罪】商业广告，或多或少都有夸大的性质，所以不能将凡具有夸大性质的广告都认定为虚假广告。具体认定时，要考察是否达到情节严重的程度，对于虽为虚假广告，但情节并不严重的，不能成立本罪。至于情节是否严重，应从多方面进行综合评价，如作虚假广告的手段、动机、次数、持续时间、造成的结果与影响等。例如，广告商乙在拍摄某减肥药广告时，以肥胖的郭某当替身拍摄减肥前的画面，再以苗条的影视明星刘某作代言人夸赞减肥效果。事后查明，该药具有一定的减肥作用，乙不构成虚假广告罪。因为乙制作广告虽然有虚假成分，但产品毕竟有一定的减肥效果，是夸大宣传。夸大宣传的广告不是虚假广告，另外，也可认为乙的行为尚未达到"情节严重"的程度，不构成犯罪。

（二）适用

【关联罪】1. 本罪与生产、销售伪劣产品罪的界限。行为人利用虚假广告为自己生产、销售的伪劣产品作不实宣传或者利用广告生产、销售伪劣产品的，可以认定为行为人的手段行为又触犯了其他罪名，属于牵连犯，只以一重罪论处，即认定为生产、销售伪劣产品罪。

2. 本罪与诈骗罪的界限。二者区别的要点在于：本罪虽然利用广告对商品或者服务作虚假宣传，但广告中所宣传的商品或服务毕竟是真实存在的；诈骗罪，通过虚构事实、隐瞒真相的方法，骗取被害人的财物，行为人在广告中所宣称的商品或服务是根本不存在的。如果推销的商品或者服务根本不存在，利用虚假广告骗取财物的，以诈骗罪论处。

3. 与非法吸收公众存款罪、集资诈骗罪、欺诈发行股票、债券罪等关联。根据《审理非法集资刑案解释》（2014）第 8 条，广告经营者、广告发布者违反国家规定，利用广告为非法集资活动相关的商品或者服务作虚假宣传，情节严重的，以虚假广告罪定罪处罚。如果集资诈骗罪等犯罪得逞，则构成数罪。

明知他人从事欺诈发行股票、债券，非法吸收公众存款，擅自发行股票、债券，集资诈骗或者组织、领导传销活动等集资犯罪活动，为其提供广告等宣传的，以相关犯罪的共犯论处。

三、串通投标罪

《刑法》第 223 条　　投标人相互串通投标报价，损害招标人或者其他投标人利益，情节严重的，处 3 年以下有期徒刑或者拘役，并处或者单处罚金。

投标人与招标人串通投标，损害国家、集体、公民的合法权益的，依照前款的规定处罚。

【定义】投标人相互串通投标报价，损害招标人或者其他投标人的利益，情节严重，或者投标人与招标人串通投标，损害国家、集体、公民的合法权益的行为。

【客体】正常的市场竞争秩序和国家、集体、公民的合法权益。

【主体】特殊主体，仅限于招标人和投标人，本罪主体是必要的共犯，即只有两个以上的主体之间相互串通投标时，才可能成立本罪。

【行为】本罪行为方式共分为 2 种情况：①投标人相互串通投标报价，损害招标人或者其他投标人的利益。"串通投标报价"，是指投标人之间相互串通，在投标过程中抬高或压低投标报价的行为。②投标人与招标人串通投标，损害国家、集体、公民的合法权益。"串通投标"，是指投标人与招标人私下勾结，事先根据招标底价确定投标报价、中标价格及其他事宜的行为。对于第 1 种情况，投标者相互串通投标报价，损害招标人或者其他投标人的利益，必须达到情节严重。对于第 2 种情况，行为人只要实施了串通投标行为，损害国家、集体、公民合法利益的,即构成犯罪,无需达到情节严重。

【主观】故意。

【罪量】"情节严重",根据《立案标准(二)》(2010)第76条,指投标人相互串通投标报价,或者投标人与招标人串通投标,涉嫌下列情形之一的:①损害招标人、投标人或者国家、集体、公民的合法利益,造成直接经济损失在50万元以上;②违法所得在10万元以上的;③中标项目金额在200万元以上的;④采取威胁、欺骗或者贿赂等非法手段的;⑤虽未达到前述数额标准,但2年内因串通投标,受过行政处罚2次以上,又串通投标的;⑥其他情节严重的情形。

四、合同诈骗罪

(一)构成要件·法定刑

《刑法》第224条 有下列情形之一,以非法占有为目的,在签订、履行合同过程中,骗取对方当事人财物,数额较大的,处3年以下有期徒刑或者拘役,并处或者单处罚金;数额巨大或者有其他严重情节的,处3年以上10年以下有期徒刑,并处罚金;数额特别巨大或者有其他特别严重情节的,处10年以上有期徒刑或者无期徒刑,并处罚金或者没收财产:

(一)以虚构的单位或者冒用他人名义签订合同的;

(二)以伪造、变造、作废的票据或者其他虚假的产权证明作担保的;

(三)没有实际履行能力,以先履行小额合同或者部分合同的方法,诱骗对方当事人继续签订和履行合同的;

(四)收受对方当事人给付的货物、货款、预付款或者担保财产后逃匿的;

(五)以其他方法骗取对方当事人财物的。

【定义】以非法占有为目的,在签订、履行合同的过程中,使用欺诈手段,骗取对方当事人财物,数额较大的行为。

【客体】市场交易安全秩序和公私财产所有权。

【行为】在签订、履行合同的过程中,使用欺诈手段,骗取对方当事人数额较大财物的行为。"在签订、履行合同的过程中",这是合同诈骗罪的突出特点。从实质理解,应是当事人在从事市场经济活动过程中通过签订、履行合同,实现商品、服务交易的经济目的。首先,合同诈骗罪的"合同"不限于经济合同,而是指在市场经济领域内,人们借以发生关系的、签订与履行活动均受市场秩序制约的合同。[1] 包括书面和口头的合同,不包括与市场秩序无关以及主要不受市场调整的各种"合同""协议",如不具有交易性质的赠与合同,以及婚姻、监护、收养、抚养等有关身份关系的协议,以及主要受劳动法、行政法调整的劳务合同、行政合同。[2] 其次,行为人非法占有的财物应当是与合同签订、履行有关的财物,如合同标的物、定金、预付款、担保财产、货款等。如果行为人在与他人签订或履行合同的过程中,以其他与合同无关的事由为借口骗取他人钱财的,则不是合同诈骗。[3] 根据《刑法》第224条的规定,

---

[1] 指导判例"郭松飞合同诈骗案【第875号】——通过网络交易平台诱骗二手车卖家过户车辆并出具收款凭据的行为如何定性?"载中华人民共和国最高人民法院刑事审判第一、二、三、四、五庭主办:《刑事审判参考(2013年第4集·总第93集)》,法律出版社2014年版。

[2] 指导判例"宋德明合同诈骗案【第308号】——如何理解合同诈骗罪中的'合同'?"载中华人民共和国最高人民法院刑事审判第一庭、第二庭编:《刑事审判参考(2004年第4集·总第39集)》,法律出版社2005年版。

[3] 指导判例"王贺军合同诈骗案【第403号】——以签订虚假的工程施工合同为诱饵骗取钱财的行为是诈骗罪还是合同诈骗罪?"载中华人民共和国最高人民法院刑事审判第一、二、三、四、五庭主办:《刑事审判参考(2006年第4集·总第51集)》,法律出版社2007年版。

常见的合同诈骗行为有 5 种行为方式：①以虚构的单位或者冒用他人名义签订合同的；②以伪造、变造、作废的票据或者其他虚假的产权证明作担保的；③没有实际履行能力，以先履行小额合同或者部分合同的方法，诱骗对方当事人继续签订或者履行合同的；④收受对方当事人给付的货物、货款、预付款或者担保财产后逃跑的；⑤以其他方法骗取对方当事人财物的。实施上述行为之一，骗取对方当事人财物数额较大的，即构成本罪。

【既遂】行为人使受害人陷入错误认识并以之为基础处分财产，使财产的占有转移到行为人为既遂。合同诈骗既有既遂，又有未遂，分别达到不同量刑幅度的，依照处罚较重的规定处罚；达到同一量刑幅度的，以合同诈骗罪既遂处罚。但未遂部分的未遂情节不能适用于整个犯罪。因此，应先确定未遂部分对应的法定刑幅度，再与既遂部分进行比较。[1]

【主观】故意，且具有非法占有他人财物的目的。可从两个方面认定：①行为人是否采用了《刑法》第 224 条所列举的欺诈手段。使用法定欺诈手段骗取了财物且不归还的，一般可定非法占有他人财物的目的。②综合签订合同前后的各种表现及各种因素认定，例如，行为人在签订合同时有无履约能力；在签订合同后有无履行合同的实际行动；未能履行合同的原因；骗取钱款的去向、用途；有无逃匿行为。

【罪量】"数额较大"，根据《立案标准（二）》（2010）第 77 条，是指数额在 2 万元以上的。

（二）适用

【定罪】认定合同诈骗罪要点：查清涉案"钱款真实用途"。①钱款用途与签订、履行合同的事由、用途不一致的，是认定骗取财物的重要根据；相反，钱款用途与合同约定一致的，不能认定为骗取。②钱款用于挥霍、赌博、还旧债等非经营性活动导致没有能力归还的，表明行为人不打算归还，具有非法占有目的；相反，钱款用于经营活动但因经营风险导致不能还款的，表明行为人有为获得还款能力而努力，不能认定非法占有。此外，行为人骗取财物之后，以转移隐匿财产或逃匿失联方式逃避还款的，也是认定非法占有的重要依据。在认定非法占有目的方面，有以下指导案例可供参考。

【案例】 **谭某合同诈骗案**[2]

谭某利用自己是煤气公司业务推销员的身份，先后以每吨低于公司当时定价 300～1000 元不等的价格，私下与纸箱厂签订液化石油气买卖协议。在收取预付款后，谭某向纸箱厂出具了盖有未经授权使用的煤气公司发票专用章、财务专用章的收据，随后向其所在公司以正常价格购买液化石油气后送至纸箱厂。谭某以先履行部分合同的方法与纸箱厂继续签订和履行液化石油气买卖协议，先后 11 次与纸箱厂达成共计 358 吨的石油气买卖协议，收取预付款 1 556 400 元，案发时仅向纸箱厂交货 164.1041 吨，向煤气公司支付购买石油气款 1 077 790.71 元，将余款 478 609.29 元非法占为己有，后谭某到公安机关投案自首。法院以合同诈骗罪对谭某判处有期徒刑 3 年，并处罚金人民币 4000 元。

裁判要旨：对于冒用公司名义以低于市场价格与他人签订买卖协议，收取预付款后截留自用的，应从两个方面认定非法占有目的：①现有证据是否足以证明被告人所称的款项用途、归还货

---

[1] 指导判例"王新明合同诈骗案【第 1020 号】——在数额犯中，行为既遂部分与未遂部分并存且分别构成犯罪的，如何准确量刑？"载中华人民共和国最高人民法院刑事审判第一、二、三、四、五庭主办：《刑事审判参考（2015 年第 1 集·总第 100 集）》，法律出版社 2016 年版。

[2] 载中华人民共和国最高人民法院刑事审判第一、二、三、四、五庭主办：《刑事审判参考（2009 年第 5 集·总第 70 集）》，法律出版社 2010 年版。

款的行为；②从被告人收入、家庭经济条件、合同所涉货物价格的涨落情况，判断被告人是否明知自己无能力填补收受货款与履行合同成本之间的巨额差价。

【案例】 **刘恺基合同诈骗案**[1]

刘恺基与他人约定购买防护林的林权，但在林权转至自己名下之后，始终未缴清约定款项。在委托评估机构进行评估时，刘恺基擅自改变林地的公益性质，指使评估人员出具与事实严重不符的评估报告。刘恺基持该评估报告注册成立了凯瑞投资公司并任法定代表人，意图以林权证为担保向银行申请贷款，但屡被拒绝。在公司并无资金来源的情况下，刘恺基到叶集改革发展试验区商谈投资合同，谎称自己在其他地方还有林地，并且无视自己名下的林地属防护林、不能进行大规模商业采伐的事实，签订了年产18万立方米的木材加工投资协议以及6000万元的工程施工合同，在合同签订后，推拖不履行，并将对方的履约保证金150万元的小部分用于购置车辆、电脑等设备，大部分用于还债或者其他消费。法院认定刘恺基犯合同诈骗罪，判处有期徒刑12年，并处罚金5万元。

裁判要旨：对行为人是否具有非法占有之目的，可从以下几个方面分析：①是否具有签订、履行合同的条件，是否创造虚假条件；②在签订合同时有无履约能力；③在签订和履行合同过程中有无诈骗行为；④在签订合同后有无履行合同的实际行为；⑤对取得财物的处置情况，是否有挥霍、挪用及携款潜逃等行为。

【案例】 **王立强涉嫌合同诈骗无罪案**[2]

王立强在普天公司任职并实际控制该公司。2005年1月，普天公司与唐某签订了浅水湾4套房屋的销售合同（实际上是以4套房屋折抵数额过高的双方之间另3套房屋买卖的逾期交房违约金，此外，公司还与唐某达成了总额200万元的和解协议）。自2005年12月起，普天公司连年出现巨额亏损。2007年8月~2008年8月，普天公司在为唐某保留了其中1套房屋的前提下，将其余3套房屋转卖给3名新客户，又在擅自决定将本公司的另一套房屋调整给李某之后，将已经出售给李某的1套房屋再出售给郭某。普天公司通过以上两项转卖行为，骗取郭某等4名二手购房客户的款项共计155万元，用于支付公司诉讼费、债务、房租、职工工资等。2008年9月，王立强代表普天公司与另一公司签订协议，将普天公司股权及土地等资产予以转让，并约定了该公司应当承担的债务总额。检察院以合同诈骗罪起诉，法院认定王立强无罪。

裁判要旨：在一房二卖情况下，应从以下几个方面考察非法占有目的：①一房二卖行为的起因。行为人是否自认为本属于自己财产而使用不正当手段取回？是否因面临经营困境而急需资金？②行为人有无将房屋交付二手购房者的真实意思表示。③转卖之后，一手购房者在房源上是否有保障。④如果发生了股权、资产转让等公司变更事项，应考察行为人是否实施了转移、隐匿资产的行为，是否与受让方就公司债务作出充分约定。

【案例】 **向某才合同诈骗案**

2006年7月3日，被告人向某才驾驶一货车在海南经浙江台州货运部驻海口办事处徐道恩介绍，与海南省东方黎族自治县板桥镇供销社的王松林签订了西瓜货运协议，约定卸货地点为上海。运输途中，被告人向某才为了偿还个人欠账，改道将西瓜运至郑州。次日，又租车将西瓜拉到浙江嘉兴水果市场销售，售价69 000元，后携款逃匿。法院依照《刑法》第224条第4

---

[1] 载中华人民共和国最高人民法院刑事审判第一、二、三、四、五庭主办：《刑事审判参考（2010年第5集·总第76集）》，法律出版社2011年版。
[2] 载中华人民共和国最高人民法院刑事审判第一、二、三、四、五庭主办：《刑事审判参考（2014年第2集·总第97集）》，法律出版社2015年版。

项之规定，以合同诈骗罪判处有期徒刑3年。

【特殊类型】1."两头骗"合同诈骗案件的处理。"两头骗"指的是行为人通过第一个行为骗取财物后，又以此为工具实施第二个欺骗行为，这类案件的既遂，应以前一行为中行为人对物取得实际控制为准。以骗取车辆质押贷款类案件为例，行为人先以租车名义骗取车辆，再通过伪造证件、谎称受车主委托等手段，将车辆质押向他人借款。前一行为无疑构成合同诈骗罪，但对于后一行为是否构成本罪则存在争议。本书认为，后一行为只是对赃物的非法处置、变现行为，不另外构成犯罪。理由在于：①在行为性质上，出借人尽管受到一定的欺诈，但借贷关系真实存在，如果被告人不能归还，出借人可以通过质押物受偿的方式实现债权；②在行为关联上，后一行为只是将通过前一行为获取的赃物予以非法处置、变现，并未侵害新的法益，如对此论以合同诈骗罪，则有违重复评价原则。类似的指导判例有：

【案例】　　　　　　　　**周有文、陈巧芳合同诈骗案**[1]

周有文、陈巧芳先骗取被害人房产，再以房产为抵押向他人借款，用于偿还个人欠款及挥霍。法院认为：本案被害人仅包括最初的卖房人即原房主，而抵押权人属于善意取得，其债权因房屋抵押手续而有实现的保障。虽然因被告人无法归还欠款，抵押权人的债权也受到了侵害，但其源于被告人不按期履行还款的合同义务，性质上仅属于民事违约。

2. 骗取他人担保申请贷款，无偿还能力后致使担保人承担担保责任的，一般应以合同诈骗罪论处。如果行为人提供虚假担保或者重复担保，骗取银行或者其他金融机构贷款的，应以贷款诈骗罪论处。[2]

3. 业务员冒用公司名义，采用欺骗的方式使合同相对方误以为由于合同标的系非法获取、价格较低而同意签署购销合同，出具盖有失效的公司印章或者盖有未经授权的公司印章收据、收取货款的行为，不成立表见代理，构成合同诈骗罪。[3]

4. 承运人预谋非法占有被承运货物，在履行承运合同过程中偷偷将承运货物调包的行为，构成合同诈骗罪。类似地，挂靠轮船公司的个体船主，在履行承运合同过程中，采用以次充好的方式骗取收货方收货并向货主足额支付货款及运费的行为，构成合同诈骗罪。[4]

5. 通过信息网络骗取卖家二手车的行为构成合同诈骗罪。被骗车辆已过户但未交付的，应认定为犯罪未遂。私车牌照的竞买价格不应计入犯罪数额。[5]

6. 行为人利用合同陷阱收取对方当事人违约金的行为，不宜认定为本罪。例如：甲以某

---

[1] 载中华人民共和国最高人民法院刑事审判第一、二、三、四、五庭主办：《刑事审判参考（2012年第6集·总第89集）》，法律出版社2013年版。

[2] 指导判例"秦文虚报注册资本、合同诈骗案【第352号】——骗取他人担保申请贷款诈骗还是合同诈骗？"载中华人民共和国最高人民法院刑事审判第一庭、第二庭编：《刑事审判参考（2005年第4集·总第45集）》，法律出版社2006年版。

[3] 指导判例"谭某合同诈骗案【第577号】——业务员冒用公司名义与他人签订合同违规收取货款的行为如何定性？"载中华人民共和国最高人民法院刑事审判第一、二、三、四、五庭主办：《刑事审判参考（2009年第5集·总第70集）》，法律出版社2010年版。

[4] 指导判例"吴某合同诈骗案【第808号】——挂靠轮船公司的个体船主，在履行承运合同过程中采用以次充好的方式骗取收货方收货并向货主足额支付货款及运费的，该行为如何定性？"载中华人民共和国最高人民法院刑事审判第一、二、三、四、五庭主办：《刑事审判参考（2012年第6集·总第89集）》，法律出版社2013年版。

[5] 指导判例"郭松飞合同诈骗案【第875号】——通过网络交易平台诱骗二手车卖家过户车辆并出具收款凭据的行为如何定性？"载中华人民共和国最高人民法院刑事审判第一、二、三、四、五庭主办：《刑事审判参考（2013年第4集·总第93集）》，法律出版社2014年版。

公司经销处名义，先后与 30 家企业签订购销合同。其明知对方公司没有取得质量体系认证，却在合同中设置了对方需随货附质量体系认证的条款。对方因没有仔细审查就签了合同，致使最终无法履约而导致双倍返还定金。一方面，订立合同的双方都应认真审查、慎重行事，倘因自己的行为过错导致义务的加重，则应由其自己承担；另一方面，基于刑法的谦抑性，对于合同陷阱，受损方完全可以通过民事的、经济的途径加以解决。因此，对于依据"合同陷阱"条款追究对方当事人违约责任而骗取对方当事人财物的行为，因其是以合法形式实现了非法目的，其占有对方财物的行为因对方的承诺而正当化，故不宜按犯罪追究刑事责任。[1]

【关联罪】1. 本罪与诈骗罪的界限。区分本罪与诈骗罪不能简单地以有无合同为标准。诈骗罪也可能以合同的方式实施，合同诈骗罪也可能不以书面合同的方式存在。二者区别的关键在于：合同诈骗罪中的"合同"是指经济合同，应当根据合同诈骗罪侵害的客体性质并结合立法目的加以界定，必须能够体现一定的市场秩序，并且结合该合同的具体情况，考察其行为是否符合扰乱市场秩序的特征，从而认定是否成立合同诈骗罪。

2. 本罪与金融诈骗罪的界限。刑法上规定的各种金融诈骗罪，都可能利用合同的形式来实施，例如，贷款诈骗利用贷款合同实施，保险诈骗利用保险合同实施。这种情况下，属于法条竞合，既然刑法对金融诈骗罪作了特别规定，特别法优先，应以金融诈骗罪论处。但由于单位不能构成贷款诈骗罪，因此，当单位以贷款合同的形式诈骗贷款时，不成立贷款诈骗罪，应以合同诈骗罪论处。单位与自然人共同实施的贷款诈骗行为，可否以合同诈骗罪论处？应结合主犯的犯罪性质确定：①单位与自然人共同实施贷款诈骗行为，如果符合合同诈骗罪的规定，且单位或者直接负责的主管人员（其他直接责任人员）在犯罪中起主要作用的，应以合同诈骗罪处罚；②单位与自然人共同实施贷款诈骗行为，即使符合合同诈骗罪的规定，但自然人在犯罪中起主要作用的，应以贷款诈骗罪处罚。[2]

五、组织、领导传销活动罪

（一）构成要件·法定刑

《刑法》第 224 条之一　组织、领导以推销商品、提供服务等经营活动为名，要求参加者以缴纳费用或者购买商品、服务等方式获得加入资格，并按照一定顺序组成层级，直接或者间接以发展人员的数量作为计酬或者返利依据，引诱、胁迫参加者继续发展他人参加，骗取财物，扰乱经济社会秩序的传销活动的，处 5 年以下有期徒刑或者拘役，并处罚金；情节严重的，处 5 年以上有期徒刑，并处罚金。

【定义】组织、领导非法传销活动，严重扰乱经济社会秩序的行为。

【客体】经济社会秩序。

【行为】组织、领导传销活动。鉴于被诱骗参加传销的人数众多，他们本身也是受害者，所以，刑法只把组织、领导传销的行为规定为犯罪。参加传销的行为不认为犯罪。

1. "传销活动"具有以下几个特征：

（1）缴费"获得加入资格"。传销活动以推销商品、提供服务等经营活动为名，要求参加者以缴纳费用或者购买商品、服务等方式获得加入资格，即所谓的"入门费"。入门费构成非法获利的来源。通常采取要求参加者高价购买商品的方式，如用数千元买进成本不过百元的产

---

[1] 耿景仪："合同诈骗罪三大疑难问题解析"，载《中国刑法学年会文集》（2016）。
[2] 指导判例"马汝方等贷款诈骗、违法发放贷款、挪用资金案【第 305 号】——单位与自然人共同实施贷款诈骗行为的罪名适用？"载中华人民共和国最高人民法院刑事审判第一庭、第二庭编：《刑事审判参考（2004 年第 4 集·总第 39 集）》，法律出版社 2005 年版。

品；也有直接以"入会费""会员费"的名义收取费用的。

（2）"组成层级、以发展人员作为计酬返利依据"。这种计酬机制通常从两个途径使参加者获利：①从本人吸收的新参加者缴纳的入门费中直接获利；②从"下线"吸收的新参加者缴纳的入门费中提成获利。本人吸收的参加者是本人的"下线"，本人成为其"上线"，"下线"吸收的成员成为本人的"下下线"，由此形成"金字塔式"提成级层。"上线"可以从"下线"、下线的下线……提成获利。这种计酬方式产生的激励机制就是不断吸收新成员。吸收的成员越多，收入越高，本人下线吸收的成员越多，本人级别越高、提成的范围越大，最初启动某项传销活动的人，能够直接或间接地从几乎全体参加者的入门费中获利。努力成为上线、坐收暴利也成为诱惑他人加入传销的诱饵。

这种计酬方式还可以虚构出"发横财"远景，即如果自己发展的金字塔下线以几何级数增加，其提成最高可达到千万，这种虚妄发财的梦想诱惑部分人狂热投入传销中。因此，"组成层级以人数计酬提成"既是传销诱惑力的源泉，也成为传销的重要特征。

《办理传销案意见》（2013）第1条指出：传销组织内部参与传销活动人员在30人以上且层级在3级以上的，应当对组织者、领导者追究刑事责任。组织、领导多个传销组织，单个或者多个组织中的层级已达3级以上的，可将在各个组织中发展的人数合并计算。组织者、领导者形式上脱离原传销组织后，继续从原传销组织获取报酬或者返利的，原传销组织在其脱离后发展人员的层级数和人数，应当计算为其发展的层级数和人数。"30人以上且层级在3级以上"之"以上"包括本数。"层级"和"级"，系指组织者、领导者与参与传销活动人员之间的上下线关系层次，而非组织者、领导者在传销组织中的身份等级。对传销组织内部人数和层级数的计算，以及对组织者、领导者直接或者间接发展参与传销活动人员人数和层级数的计算，包括组织者、领导者本人及其本层级在内。

办理组织、领导传销活动刑事案件中，确因客观条件的限制无法逐一收集参与传销活动人员的言词证据的，可以结合依法收集并查证属实的缴纳、支付费用及计酬、返利记录，视听资料，传销人员关系图，银行账户交易记录，互联网电子数据，鉴定意见等证据，综合认定参与传销的人数、层级数等犯罪事实。

（3）"骗取财物"。《办理传销案意见》（2013）第3条指出：传销活动的组织者、领导者采取编造、歪曲国家政策，虚构、夸大经营、投资、服务项目及盈利前景，掩饰计酬、返利真实来源或者其他欺诈手段，实施《刑法》第224条之一规定的行为，从参与传销活动人员缴纳的费用或者购买商品、服务的费用中非法获利，应当认定为骗取财物。参与传销活动人员是否认为"被骗"，不影响骗取财物的认定。

2. "组织、领导"传销活动的行为，是指在传销活动中实施组织、领导行为。《办理传销案意见》（2013）第2条指出：下列人员应认定为传销活动组织者、领导者：①起发起、策划、操纵作用的人员；②承担管理、协调等职责的人员；③承担宣传、培训等职责的人员；④曾因组织、领导传销活动受过刑事处罚，或者一年以内因组织、领导传销活动受过行政处罚，又直接或者间接发展参与传销活动人员在15人以上且层级在3级以上的人员；⑤其他对传销活动的实施、传销组织的建立、扩大等起关键作用的人员。

以单位名义实施组织、领导传销活动犯罪的，对于受单位指派，仅从事劳务性工作的人员，一般不予追究刑事责任。

【罪量】根据《立案标准（二）》（2010）第78条，组织、领导的传销活动人员在30人以上且层级在3级以上的，对组织者、领导者，应予立案追诉。例如：

甲乙丙丁等人以某生物科技有限公司连锁销售的形式，销售保健品（每份成本15元），其销售模式为"五级三节制":高级业务员（A级600份以上）、业务经理（B级65～599份）、业务主任（C级10～64份）、业务组长（D级3～9份）、实习业务员（E级1～2份）。并且规定,购买第一份份额和产品的价格是3800元,以后购买份额的价格都是3300元,然后根据级别和发展的下线申购的份额款获得提成。甲乙丙丁发展了四百余人,涉案金额五百余万元。甲乙丙丁的行为构成组织、领导传销罪,因为其符合组织、领导传销的要件：①有层级；②依层级发展人数计酬；③传销活动人员在30人以上且层级在3级以上；④甲乙丙丁等人起组织、领导作用。本案的隐蔽性在于：以销售"保健品份数"分层、计酬掩盖以"发展人员"分层、计酬。判断是传销还是团队计酬的关键在于是依据"销售商品数"还是"发展人头数"计酬。本案中,"保健品"价格脱离商品价值,是道具,都在各级"业务员"手里,没有销售给业务员以外的人。各级"业务员"获利来源是所发展的下线业务员购买的份额数计酬提成。

【加重犯】《办理传销案意见》(2013)第4条指出：达到立案标准的传销组织的组织者、领导者,具有下列情形之一的,应当认定为"情节严重"：①组织、领导的参与传销活动人员累计达120人以上的；②直接或者间接收取参与传销活动人员缴纳的传销资金数额累计达250万元以上的；③曾因组织、领导传销活动受过刑事处罚,或者一年以内因组织、领导传销活动受过行政处罚,又直接或者间接发展参与传销活动人员累计达60人以上的；④造成参与传销活动人员精神失常、自杀等严重后果的；⑤造成其他严重后果或者恶劣社会影响的。

(二) 适用

【定罪】"团队计酬"的定性。定性的关键在于是依据"销售商品数"还是"发展人头数"计酬。《办理传销案意见》(2013)第5条指出：传销活动的组织者或者领导者通过发展人员,要求传销活动的被发展人员发展其他人员加入,形成上下线关系,并以下线的销售业绩为依据计算和给付上线报酬,牟取非法利益的,是"团队计酬"式传销活动。

以销售商品为目的、以销售业绩为计酬依据的单纯的"团队计酬"式传销活动,不作为犯罪处理。形式上采取"团队计酬"方式,但实质上属于"以发展人员的数量作为计酬或者返利依据"的传销活动,应当依照《刑法》第224条之一的规定,以组织、领导传销活动罪定罪处罚。

【关联罪】1.《办理传销案意见》(2013)第6条指出：以非法占有为目的,组织、领导传销活动,同时构成组织、领导传销活动罪和集资诈骗罪的,依照处罚较重的规定定罪处罚。犯组织、领导传销活动罪,并实施故意伤害、非法拘禁、敲诈勒索、妨害公务、聚众扰乱社会秩序、聚众冲击国家机关、聚众扰乱公共场所秩序、交通秩序等行为,构成犯罪的,依照数罪并罚的规定处罚。

2. 与非法经营罪的区别。因为《刑法修正案(七)》已经专门将组织、领导传销活动的行为单独规定为犯罪,故不适用非法经营罪。也有学者认为,组织、领导传销活动罪必须具备"骗取财物"的要素；并非"骗取财物"的,仍然成立非法经营罪；如果具有骗取财物要素,同时构成诈骗犯罪的,应当按照想象竞合犯从一重罪论处。参与传销活动者,可能承担非法经营、集资诈骗等犯罪的刑事责任。[1] 不过，指导案例"曾国坚等涉嫌非法经营无罪案"[2] 的裁判要旨指出："对组织、领导传销活动的行为，如未达到组织、领导传销活动罪的追诉标准，行为人不构成组织、领导传销活动罪，亦不宜再以非法经营罪追究刑事责任。"

六、非法经营罪

（一）构成要件·法定刑

《刑法》第225条　　违反国家规定，有下列非法经营行为之一，扰乱市场秩序，情节严重的，处5年以下有期徒刑或者拘役，并处或者单处违法所得1倍以上5倍以下的罚金；情节特别严重的，处5年以上有期徒刑，并处违法所得1倍以上5倍以下罚金或者没收财产：

（一）未经许可经营法律、行政法规规定的专营、专卖物品或者其他限制买卖的物品的；

（二）买卖进出口许可证、进出口原产地证明以及其他法律、行政法规规定的经营许可证或者批准文件的；

（三）未经国家有关主管部门批准，非法经营证券、期货或者保险业务，或者非法从事资金支付结算业务的；

（四）其他严重扰乱市场秩序的非法经营行为。

【定义】违反国家规定，从事非法经营活动，扰乱市场秩序，情节严重的行为。

【客体】市场交易的正常秩序。

【行为】违反国家规定，实施非法经营行为，扰乱市场秩序，情节严重。

1. "违反国家规定"，根据《刑法》第96条，是指违反全国人民代表大会及其常务委员会制定的法律和决定，国务院制定的行政法规、规定的行政措施、发布的决定和命令。不包括地方法规和中央各部委的规章。根据《关于国家规定的通知》（2011），"国务院规定的行政措施"应当由国务院决定，通常以行政法规或者国务院制发文件的形式加以规定。以国务院办公厅名义制发的文件，符合以下条件的，亦应视为刑法中的"国家规定"：①有明确的法律依据或者同相关行政法规不相抵触；②经国务院常务会议讨论通过或者经国务院批准；③在国务院公报上公开发布。

《关于国家规定的通知》（2011）特别指出：各级人民法院在刑事审判工作中，对有关案件所涉及的"违反国家规定"的认定，要依照相关法律、行政法规及司法解释的规定准确把握。对于规定不明确的，要按照本通知的要求审慎认定。对于违反地方性法规、部门规章的行为，不得认定为"违反国家规定"。对被告人的行为是否"违反国家规定"存在争议的，应当作为法律适用问题，逐级向最高人民法院请示。

---

[1] 张明楷："传销犯罪的基本问题"，载《政治与法律》2009年第9期。

[2] 载中华人民共和国最高人民法院刑事审判第一、二、三、四、五庭主办：《刑事审判参考（2013年第3集·总第92集）》，法律出版社2014年版。2009年6月始，曾国坚租赁一房间为临时经营场所，以某香港公司发展经销商的名义发展下线，以高额回馈为诱饵，向他人推广传销产品、宣讲传销奖金制度。同时，其组织策划传销，诱骗他人加入，要求被发展人员交纳入会费用取得加入资格，并要求他们发展其他人员加入，以发展成员业绩为依据计算和给付报酬。黄水娣、罗玲晓、莫红珍均在上述场所参加传销培训，并积极发展下线：曾国坚发展的下线人员有杨某芳、袁某霞，分别交纳20 000元、62 000元；黄水娣发展罗玲晓、莫红珍和龚某玲为下线，3人分别向其购买了港币5000元的产品；罗玲晓发展黄某梅、王某华为下线，2人分别交纳入会费港币67 648元；莫红珍发展龙某玉等人为下线，被发展人员向其购买了港币5000元的产品，交纳入会费港币67 648元。2009年12月8日，曾国坚、黄水娣、罗玲晓、莫红珍等人被查获。检方以非法经营起诉，法院认为：曾国坚等人的行为应当认定为组织、领导传销活动，而不应以非法经营罪定罪处罚。鉴于现有证据不能证明曾国坚等人的行为已达到组织、领导传销活动罪的追诉标准，故宣告无罪。

2. "实施非法经营行为，扰乱市场秩序"，是指《刑法》第225条列举的下列行为：

（1）第225条第1项的行为，即未经许可经营法律、行政法规规定的专营、专卖物品或者其他限制买卖的物品的。在我国，专营、专卖的物品主要包括烟草、金银、麻醉药品等；其他限制买卖的物品一般包括煤炭、原油、成品油等，这种限制买卖物品的种类随着国家政治经济的发展变化将不断调整。指导案例"于润龙涉嫌非法经营无罪案"[1]的裁判要旨指出："未经许可从事非法经营行为，但审理期间相关行政审批项目被取消的，不构成非法经营罪。"

（2）第225条第2项的行为，即买卖进出口许可证、进出口原产地证明以及其他法律、行政法规规定的经营许可证或者批准文件的。

（3）第225条第3项的行为，即未经国家有关主管部门批准，非法经营证券、期货或者保险业务或者非法从事资金支付结算业务。值得注意的是："近年来……出现了众多专门以买卖银行承兑汇票以及银行承兑汇票代理贴现为业的票据中介业务。……此类行为不宜认定为非法经营罪。"[2]因为，"'非法从事资金支付结算业务'是未经批准而从事银行专营的各种支付结算和资金清算业务的行为，通常认为该规定专指地下钱庄。而票据中介是把汇票当成商品而非支付工具，所实施的票据出票、承兑、兑付、贴现等均在银行完成，票据中介只是票据流通的一个环节，不属于刑法规定的'资金支付结算业务'，简单把银行内部管理的结算概念套用至刑法上存在问题。……银监会政策法规部以及公安部经侦局批复对票据中介'非法从事资金支付结算业务'的函复意见，从行业内部的规范来说虽有一定分量，但却并不是法律或行政法规，也不具有司法解释的效力。……后经咨询有关专家，其认为从银行业务的角度来看，单纯从事买卖银行承兑汇票的行为不应该作为支付结算行为看待，因此不构成犯罪"[3]。

（4）第225条第4项的行为，即其他严重扰乱市场秩序的非法经营行为。第225条（非法经营罪）虽然采取了列举规定非法经营行为的方式，但最后还是需要采取"其他扰乱市场秩序行为"的概括立法模式，使其构成要件具有开放性，成为惩治经济犯罪的"兜底"条款。同时也产生了严格解释、适用的要求。《关于国家规定的通知》（2011）特别指出："各级人民法院审理非法经营犯罪案件，要依法严格把握《刑法》第225条第（四）的适用范围。对被告人的行为是否属于第225条第（四）规定的'其他严重扰乱市场秩序的非法经营行为'，有关司法解释未作明确规定的，应当作为法律适用问题，逐级向最高人民法院请示。"据此，"其他扰乱市场秩序"的扩张适用，必须遵循司法解释、指导判例。在没有司法解释、判例的情况下，其扩张适用权限在最高人民法院。

---

[1] 载中华人民共和国最高人民法院刑事审判第一、二、三、四、五庭主办：《刑事审判参考（2013年第3集·总第92集）》，法律出版社2014年版。2000年9月15日至2002年9月15日，于润龙承包某金矿东沟二坑坑口，共生产黄金约23 000克。2002年9月21日，于润龙自驾车辆将其承包金矿自产和收购的共46 384克黄金运往吉林省长春市。途中从桦甸市沿吉桦公路行驶至某收费站时被公安人员抓获，涉案黄金全部由吉林市公安局扣押，后向银行出售，总售价为3 843 054.58元。一审期间，国务院发布的"国发[2003]5号"文件取消了中国人民银行关于黄金经营许可的规定。一审法院认定于润龙构成非法经营罪，免予刑事处罚。二审法院认为：虽然于润龙经营黄金的行为发生在国发[2003]5号文件发布前，按照当时的法律构成非法经营罪，但国发[2003]5号文件发布后，个人经营黄金的行为黄金不再由中国人民银行统购统配，单位或者个人经营黄金无须经由中国人民银行审核批准，遂宣告无罪。

[2] 中华人民共和国最高人民检察院公诉厅史卫忠、李莹："银行承兑汇票中介业务不宜认定为非法经营罪"，载《检察日报》2012年7月27日，第3版。

[3] 中华人民共和国最高人民检察院公诉厅史卫忠、李莹："银行承兑汇票中介业务不宜认定为非法经营罪"，载《检察日报》2012年7月27日，第3版。

3. 【罪量】"情节严重":

(1) 除特别规定或特别类型有专门规定的以外,非法经营"情节严重"根据《立案标准（二）》（2010）第79条,指具有下列情形之一:①个人非法经营数额在5万元以上,或者违法所得数额在1万元以上的;②单位非法经营数额在50万元以上,或者违法所得数额在10万元以上的;③虽未达到上述数额标准,但2年内因同种非法经营行为受过2次以上行政处罚,又进行同种非法经营行为的;④其他情节严重的情形。

(2) 第225条第3项的"情节严重",指未经国家有关主管部门批准,非法经营证券、期货、保险业务,或者非法从事资金支付结算业务,具有下列情形之一的:①非法经营证券、期货、保险业务,数额在30万元以上的;②非法从事资金支付结算业务,数额在200万元以上的;③违法所得数额在5万元以上的。

【数额计算】实务中应注意:①行政机关超越职权范围以罚代刑的非法经营数额,应计入犯罪数额;[1]②行为人为自己或者实际控制的信用卡套取现金,情节严重的,均构成非法经营罪,且套现数额均应计入非法经营犯罪数额。用后次所套取现金归还前次套取现金的,应当累计为非法经营数额。明知他人为非法套现借用POS机,无偿出借期间套现数额应当计入非法经营犯罪数额。租用POS机从事非法套现的行为人为作为出租人的持卡人非法套现的数额,应当计入非法经营犯罪数额。[2]

(二) 适用

1. 司法解释对《刑法》第225条第1、2、3项对非法经营罪专门规定:

(1) 非法经营烟草案。根据《立案标准（二）》（2010）第79条,非法经营（烟草）涉嫌下列情形之一的,应予立案追诉:违反国家烟草专卖管理法律法规,未经烟草专卖行政主管部门许可,无烟草专卖生产企业许可证、烟草专卖批发企业许可证、特种烟草专卖经营企业许可证、烟草专卖零售许可证等许可证明,非法经营烟草专卖品,具有下列情形之一的:①非法经营额在5万元以上,或者违法所得额在2万元以上的;②非法经营卷烟在20万支以上的;③曾因非法经营烟草专卖品3年内受过2次以上行政处罚,又非法经营烟草专卖品且数额在3万元以上的。

具有下列情形之一的,应当认定为"情节特别严重":①非法经营数额在25万元以上,或者违法所得数额在10万元以上的;②非法经营卷烟100万支以上的

(2) 非法出版物案。根据《立案标准（二）》（2010）第79条:出版、印刷、复制、发行严重危害社会秩序和扰乱市场秩序的非法出版物,具有下列情形之一的,应予立案追诉:①个人非法经营数额在5万元以上的,单位非法经营数额在15万元以上的;②个人违法所得数额在2万元以上的,单位违法所得数额在5万元以上的;③个人非法经营报纸5000份或者期刊5000本或者图书2000册或者音像制品、电子出版物500张（盒）以上的,单位非法经营报纸15 000份或者期刊15 000或者图书5000册或者音像制品、电子出版物1500张（盒）以上的;④虽未达到前述数额标准,但具有下列情形之一的:2年内因出版、印刷、复制、发行非法出版物受过行政处罚2次以上,又出版、印刷、复制、发行非法出版物的;因出版、印刷、复

---

[1] 指导案例"郭金元、肖东梅非法经营案【第378号】——被行政处罚过的非法经营数额应否计入犯罪数额?"载中华人民共和国最高人民法院刑事审判第一、二、三、四、五庭主办:《刑事审判参考（2006年第1集·总第48集）》,法律出版社2007年版。

[2] 指导案例"张虹飚等非法经营案【第863号】——利用POS终端机非法套现的行为定性以及非法经营犯罪数额的认定",载中华人民共和国最高人民法院刑事审判第一、二、三、四、五庭主办:《刑事审判参考（2013年第3集·总第92集）》,法律出版社2014年版。

制、发行非法出版物造成恶劣社会影响或者其他严重后果的。

根据《审理非法出版物刑案解释》（1998）第1～11条的规定，前述"非法出版物"不包含以下情形：①煽动分裂国家、破坏国家统一或者煽动颠覆国家政权、推翻社会主义制度的内容；②他人享有著作权的文字作品、音乐、电影、电视、录像作品、计算机软件及其他作品；③公然侮辱他人或者捏造事实诽谤他人的内容；④歧视、侮辱少数民族的内容；⑤淫秽内容。

根据《审理非法出版物刑案解释》（1998）第12、13条，此处的"情节严重"包括：①个人经营数额在5万元至10万元以上的、违法所得数额在2万元至3万元以上的、经营报纸5000份或者期刊5000本或者图书2000册或者音像制品、电子出版物500张（盒）以上的；②单位经营数额在15万元至30万元以上的、违法所得数额在5万元至10万元以上的［编者注：《立案标准（二）》（2010）直接取下限，即单位经营数额在15万元以上的、违法所得数额在10万元以上的］、经营报纸15 000份或者期刊15 000本或者图书5000册或者音像制品、电子出版物1500张（盒）以上的。

根据《审理非法出版物刑案解释》（1998）第14、16条，实施上述行为，经营数额、违法所得数额或者经营数量接近非法经营行为"情节严重"的数额、数量起点标准，并具有下列情形之一的，可以认定为非法经营行为"情节严重"：①2年内因出版、印刷、复制、发行非法出版物受过行政处罚2次以上的，又出版、印刷、复制、发行非法出版物的；②因出版、印刷、复制、发行非法出版物造成恶劣社会影响或者其他严重后果的。出版单位与他人事前通谋，向其出售、出租或者以其他形式转让该出版单位的名称、书号、刊号、版号，他人实施了上述行为的，对该出版单位应当以非法经营罪的共犯论处。

（3）非法从事出版业务案。根据《立案标准（二）》（2010）第79条，非法从事出版物的出版、印刷、复制、发行业务，严重扰乱市场秩序，具有下列情形之一的立案追诉：①个人非法经营数额在15万元以上的，单位非法经营数额在50万元以上的；②个人违法所得数额在5万元以上的，单位违法所得数额在15万元以上的；③个人非法经营报纸15 000份或者期刊15 000本或者图书5000册或者音像制品、电子出版物1500张（盒）以上的，单位非法经营报纸50 000份或者期刊50 000本或者图书15 000册或者音像制品、电子出版物5000张（盒）以上的；④虽未达到前述数额标准，两年内因非法从事出版物的出版、印刷、复制、发行业务受过行政处罚2次以上的，又非法从事出版物的出版、印刷、复制、发行业务的。

（4）非法制售药品案。根据《办理危害药品安全刑案解释》（2014）第7条，违反国家药品管理法律法规，未取得或者使用伪造、变造的药品经营许可证，非法经营药品，情节严重的，依照《刑法》第225条的规定以非法经营罪定罪处罚。以提供给他人生产、销售药品为目的，违反国家规定，生产、销售不符合药用要求的非药品原料、辅料，情节严重的，依照《刑法》第225条的规定以非法经营罪定罪处罚。实施前述行为，非法经营数额在10万元以上，或者违法所得数额在5万元以上的，应当认定为"情节严重"；非法经营数额在50万元以上，或者违法所得数额在25万元以上的，应当认定为"情节特别严重"。同时又构成生产、销售伪劣产品罪、以危险方法危害公共安全罪等犯罪的，依照处罚较重的规定定罪处罚。此外，行为人挂靠具有经营资质的企业从事药品经营的行为属于非法经营行为。[1]

（5）非法生产"瘦肉精"等药物。根据《办理药品刑案解释》（2002）第1条，未取得药

---

[1] 指导判例"王后平非法经营案【第864号】——挂靠具有经营资质的企业从事药品经营且不建立真实购销记录的，如何定性？"载中华人民共和国最高人民法院刑事审判第一、二、三、四、五庭主办：《刑事审判参考（2013年第3集·总第92集）》，法律出版社2014年版。

品生产、经营许可证件和批准文号，非法生产、销售盐酸克仑特罗等禁止在饲料和动物饮用水中使用的药品，扰乱药品市场秩序，情节严重的，依照《刑法》第225条第1项的规定，以非法经营罪追究刑事责任。

（6）非法经营外汇案。根据《惩治外汇犯罪的决定》（1998）第4条，在国家规定的交易场所以外买卖外汇，扰乱市场秩序，情节严重的，以本罪论处。根据《立案标准（二）》（2010）第79条，非法经营外汇，具有下列情形之一的，立案追诉：①在外汇指定银行和中国外汇交易中心及其分中心以外买卖外汇20万美元以上的，或者违法所得额在5万元以上的；②公司、企业或者其他单位违反有关外贸代理业务的规定，采用非法手段，或者明知是伪造、变造的凭证、商业单据，为他人向外汇指定银行骗购外汇，数额在500万美元以上或者违法所得额在50万元以上的；③居间介绍骗购外汇，数额在100万美元以上或者违法所得数额在10万元以上的。

（7）非法经营证券、期货、保险业务、资金支付结算业务案。根据《立案标准（二）》（2010）第79条，实施前述行为涉嫌下列情形之一的，应予立案追诉：①非法经营证券、期货、保险业务，数额在30万元以上的。②非法从事资金支付结算业务，数额在200万元以上的。③违反国家规定，使用销售点终端机具（POS机）等方法，以虚构交易、虚开价格、现金退货等方式向信用卡持卡人直接支付现金，数额在100万元以上的，或者造成金融机构资金20万元以上逾期未还的，或者造成金融机构经济损失在10万元以上的。④违法所得额在5万元以上的。

（8）擅自募集基金案。《审理非法集资刑案解释》（2010）第7条规定："违反国家规定，未经依法核准擅自发行基金份额募集基金，情节严重的，依照刑法第225条的规定，以非法经营罪定罪处罚。""情节严重"按照非法经营罪的立案标准掌握。

（9）非法制售赌博机具案。《办理开设赌场案意见》（2014）第4条规定：以提供给他人开设赌场为目的，违反国家规定，非法生产、销售具有退币、退分、退钢珠等赌博功能的电子游戏设施设备或者其专用软件，情节严重的，依照《刑法》第225条的规定，以非法经营罪定罪处罚。

具有下列情形之一的，属于制售赌博机具非法经营"情节严重"：①个人非法经营数额在5万元以上，或者违法所得数额在1万元以上的；②单位非法经营数额在50万元以上，或者违法所得数额在10万元以上的；③虽未达到上述数额标准，但2年内因非法生产、销售赌博机行为受过2次以上行政处罚，又进行同种非法经营行为的；④其他情节严重的情形。

具有下列情形之一的，属于非法经营行为"情节特别严重"：①个人非法经营数额在25万元以上，或者违法所得数额在5万元以上的；②单位非法经营数额在250万元以上，或者违法所得数额在50万元以上的。

（10）非法制售伪基站案。《办理伪基站案意见》（2014）规定，非法生产、销售"伪基站"设备，具有以下情形之一的，依照《刑法》第225条的规定，以非法经营罪追究刑事责任：①个人非法生产、销售"伪基站"设备3套以上，或者非法经营数额5万元以上，或者违法所得数额2万元以上的；②单位非法生产、销售"伪基站"设备10套以上，或者非法经营数额15万元以上，或者违法所得数额5万元以上的；③虽未达到上述数额标准，但2年内曾因非法生产、销售"伪基站"设备受过2次以上行政处罚，又非法生产、销售"伪基站"设备的。④实施前款规定的行为，数量、数额达到前款规定的数量、数额5倍以上的，应当认定为《刑法》第225条规定的"情节特别严重"。非法生产、销售"伪基站"设备，经鉴定为专用间谍器材的，以非法生产、销售间谍专用器材罪追究刑事责任；同时构成非法经营罪的，以非法经营罪追究刑事责任。明知他人实施非法生产、销售"伪基站"设备,为其提供资金、场所、技术、设备等帮助的,以共同犯罪论处。

(11)根据《打击色情网站通知》(2004),对于违反国家规定,擅自设立互联网上网服务营业场所,或者擅自从事互联网上网服务经营活动,情节严重,构成犯罪的,以非法经营罪追究刑事责任。

(12)根据《毒品犯罪纪要》(2015):行为人出于医疗目的,违反有关药品管理的国家规定,非法贩卖国家规定管制的能够使人形成毒瘾的麻醉药品或者精神药品,扰乱市场秩序,情节严重的,以非法经营罪定罪处罚。

2.《刑法》第225条第4项"其他严重扰乱市场秩序的非法经营行为"的适用。根据近几年的司法解释,主要包括如下行为:

(1)非法经营电信业务。根据《审理电信市场案解释》(2000)第1条,违反国家规定,采取租用国际专线、私设转接设备或者其他方法,擅自经营国际电信业务或者涉港澳台电信业务进行营利活动,扰乱电信市场管理秩序,情节严重的,依照《刑法》第225条第4项的规定,以非法经营罪定罪处罚。同时构成非法经营罪和《刑法》第288条规定的扰乱无线电通讯管理秩序罪的,依照处罚较重的规定定罪处罚。根据《立案标准(二)》(2010)第79条,实施前述擅自经营电信活动行为具有下列情形之一的,立案追诉:①经营去话业务数额在100万元以上的;②经营来话业务造成电信资费损失数额在100万元以上的;③虽未达到上述数额标准,但具有下列情形之一的:一是2年内因非法经营国际电信业务或者涉港澳台电信业务行为受过行政处罚2次以上,又非法经营国际电信业务或者涉港澳台电信业务的;二是因非法经营国际电信业务或者涉港澳台电信业务行为造成其他严重后果的。根据最高人民法院、最高人民检察院、公安部2003年4月22日发布的《办理非法经营国际电信业务犯罪案件联席会议纪要》第3条,获得国际电信业务经营许可的经营者(含涉港澳台电信业务经营者)明知他人非法从事国际电信业务,仍违反国家规定,采取出租、合作、授权等手段,为他人提供经营和技术条件,利用现有设备或另设国际话务转接设备并从中营利,情节严重的,以非法经营罪的共犯论处。

(2)灾害期间哄抬物价。根据《办理传染病刑案解释》(2003)第6条,违反国家在预防、控制突发传染病疫情等灾害期间有关市场经营、价格管理等规定,哄抬物价、牟取暴利,严重扰乱市场秩序,违法所得数额较大或者有其他严重情节的,依照《刑法》第225条第4项的规定,以非法经营罪定罪,依法从重处罚。

(3)擅自发行、销售彩票。根据《办理赌博刑案解释》(2005)第6条,未经国家批准擅自发行、销售彩票,构成犯罪的,依照《刑法》第225条第4项的规定,以非法经营罪定罪处罚。

(4)添加禁止使用的药品或销售添加药品的饲料。根据《办理药品刑案解释》(2002)第2条,在生产、销售的饲料中添加盐酸克仑特罗等禁止在饲料和动物饮用水中使用的药品,或者销售明知是添加有该类药品的饲料,情节严重的,依照《刑法》第225条第4项的规定,以非法经营罪追究刑事责任。"情节严重"按照非法经营罪的立案标准掌握。

(5)有偿提供删除、发布信息服务。根据《办理网络诽谤等刑案解释》(2013)第7条,违反国家规定,以营利为目的,通过信息网络有偿提供删除信息服务,或者明知是虚假信息,通过信息网络有偿提供发布信息等服务,扰乱市场秩序的。具有下列情形之一的,属于非法经营行为"情节严重",依照《刑法》第225条第4项的规定,以非法经营罪定罪处罚:①个人非法经营数额在5万元以上,或者违法所得数额在2万元以上的;②单位非法经营数额在15

万元以上，或者违法所得数额在 5 万元以上的。数额达到前述"情节严重"的数额 5 倍以上的，应当认定为"情节特别严重"。

（6）非法代理买卖非上市公司股票。根据《整治非法证券活动通知》（2008），对于中介机构非法代理买卖非上市公司股票，涉嫌犯罪的，以非法经营罪追究刑事责任。

（7）生产、销售非食品原料、饲料、饲料添加剂及原料。根据《办理危害食品安全刑案解释》（2013）第 11 条，以提供给他人生产、销售食品为目的，违反国家规定，生产、销售国家禁止用于食品生产、销售的非食品原料，情节严重的，以非法经营罪定罪处罚。违反国家规定，生产、销售国家禁止生产、销售、使用的农药、兽药、饲料、饲料添加剂，或者饲料原料、饲料添加剂原料，情节严重的，依照前述规定定罪处罚。实施前述行为，同时又构成生产、销售伪劣产品罪，生产、销售伪劣农药、兽药罪等其他犯罪的，依照处罚较重的规定定罪处罚。

（8）私设生猪屠宰场、屠宰销售生猪。根据《办理危害食品安全刑案解释》（2013）第 12 条，违反国家规定，私设生猪屠宰厂（场），从事生猪屠宰、销售等经营活动，情节严重的，以非法经营罪定罪处罚。实施上述行为，同时又构成生产、销售不符合安全标准的食品罪，生产、销售有毒、有害食品罪等其他犯罪的，依照处罚较重的规定定罪处罚。

（9）非法买卖、运输、携带、寄递麻黄碱类复方制剂进出境。根据《走私、非法买卖麻黄碱类复方制剂意见》（2012）第 1 条，非法买卖麻黄碱类复方制剂或者运输、携带、寄递麻黄碱类复方制剂进出境，没有证据证明系用于制造毒品或者走私、非法买卖制毒物品，或者未达到走私制毒物品罪、非法买卖制毒物品罪的定罪数量标准，构成非法经营罪、走私普通货物、物品罪等其他犯罪的，依法定罪处罚。

（10）违规采挖、销售、收购麻黄草。根据《打击非法买卖麻黄草通知》（2013），违反国家规定采挖、销售、收购麻黄草，没有证据证明以制造毒品或者走私、非法买卖制毒物品为目的，情节严重的，以非法经营罪定罪处罚。

（11）擅自制作网游外挂出售牟利，侵犯了计算机软件著作权的修改权，属于非法经营行为。情节严重的，应根据《审理非法出版物刑案解释》（1998）按非法经营罪处罚。[1]

（12）对于违反国家规定，出版、印刷、复制、发行政治性非法出版物，包含攻击我国基本政治制度、诋毁党和国家领导人、煽动民族分裂、挑动社会对立等严重政治问题的内容，又达不到足以煽动分裂国家或煽动颠覆国家政权的严重程度，情节严重的，应按非法经营罪处罚。[2]

（13）未经批准招揽客户参与境外黄金买卖。以介绍现货黄金投资为名，未经批准招揽国内客户参与境外市场的黄金合约买卖，属于组织变相期货交易活动，情节严重的，可以构成非法经营罪。[3]

（14）擅自经营现货黄金延期交收业务。未经许可，经营现货黄金延期交收业务的行为，

---

[1] 指导案例"谈文明等非法经营案【第473号】——擅自制作网络游戏外挂出售牟利构成犯罪的应当如何适用法律？"载中华人民共和国最高人民法院刑事审判第一、二、三、四、五庭主办：《刑事审判参考（2008年第1集·总第60集）》，法律出版社2009年版。

[2] 指导案例"梁俊涛非法经营案【第663号】——对于制售有严重政治问题的非法出版物行为应如何定性？"载中华人民共和国最高人民法院刑事审判第一、二、三、四、五庭主办：《刑事审判参考（2011年第1集·总第78集）》，法律出版社2012年版。

[3] 指导案例"刘溪、聂明湛、原维达非法经营案【第727号】——以现货投资名义非法代理境外黄金合约买卖的行为，如何定性？"载中华人民共和国最高人民法院刑事审判第一、二、三、四、五庭主办：《刑事审判参考（2011年第5集·总第82集）》，法律出版社2012年版。

属于实质的变相黄金期货交易,应当认定为刑法规制的非法经营行为。[1]

(15) 不具备资格合作开展证券咨询业务。不具备证券从业资格的公司与具备资格的公司合作开展证券咨询业务,情节严重的,以非法经营罪定罪处罚。《刑法》第225条第3款规定的证券业务的具体内容包括证券咨询业务。采取与有资格经营证券咨询业务的公司合作的方式不能规避应当接受证券业主管机构批准和监管的义务。[2]

(16) 没有贩卖、制造毒品的故意,仅有生产、销售假药的故意,而其生产、销售国家管制的精神药品的行为同时又构成非法经营罪,生产、销售假药罪与非法经营罪发生竞合,应择一重罪处,比较两罪的法定刑,在没有出现致人体健康严重危害后果或其他情节的情况下,生产、销售假药罪的法定刑幅度较低,而且以生产、销售假药罪来处理不能充分评价行为人生产、销售国家管制的精神药品的社会危害性,定非法经营罪更合适。[3]

七、强迫交易罪

(一) 构成要件·法定刑

《刑法》第226条 以暴力、威胁手段,实施下列行为之一,情节严重的,处3年以下有期徒刑或者拘役,并处或者单处罚金;情节特别严重的,处3年以上7年以下有期徒刑,并处罚金:

(一) 强买强卖商品的;
(二) 强迫他人提供或者接受服务的;
(三) 强迫他人参与或者退出投标、拍卖的;
(四) 强迫他人转让或者收购公司、企业的股份、债券或者其他资产的;
(五) 强迫他人参与或者退出特定的经营活动的。

【定义】以暴力、威胁手段强迫交易,情节严重的行为。

【客体】公平自由的市场交易秩序和公民的合法权益。

【行为】以暴力、威胁手段,实施《刑法》第226条的强迫交易行为:①强买强卖商品的;②强迫他人提供或者接受服务的;③强迫他人参与或者退出投标、拍卖的;④强迫他人转让或者收购公司、企业的股份、债券或者其他资产的;⑤强迫他人参与或者退出特定的经营活动的。

以暴力、威胁手段,本罪的"暴力","指对他人的身体施加有形力的场合",如推搡、摔砸物品[4],这种暴力不以达到足以压制对方的程度为必要。"威胁",指以告知向对方施加某种恶害使对方感到恐惧,也不以达到足以压制对方的程度为必要。相比抢劫的暴力、胁迫,强迫交易罪的暴力、威胁的标准应当略微降低一点。暴力、威胁手段达到足以压制被害人的程度,无疑也属于本罪的暴力、威胁。不过,有可能超出强迫交易的范围,触犯抢劫、敲诈勒索等暴力更为严重的犯罪。

---

[1] 指导案例"钟小云非法经营案【第1021号】——未经许可经营现货黄金延期交收业务的行为如何定性?"载中华人民共和国最高人民法院刑事审判第一、二、三、四、五庭主办:《刑事审判参考(2015年第1集·总第100集)》,法律出版社2016年版。

[2] 指导案例"王丹、沈玮婷非法经营、虚报注册资本案【第1043号】——不具备证券从业资格的公司与具备资格的公司合作开展证券咨询业务,是否构成非法经营罪?"载中华人民共和国最高人民法院刑事审判第一、二、三、四、五庭主办:《刑事审判参考(2015年第2集·总第101集)》,法律出版社2016年版。

[3] 指导案例"吴名强、黄桂荣等非法经营案【第1057号】——非法生产、经营国家管制的第二类精神药品盐酸曲马多,应如何定性?"载中华人民共和国最高人民法院刑事审判第一、二、三、四、五庭主办:《刑事审判参考(2016年第1集·总第102集)》,法律出版社2016年版。

[4] [日] 大塚仁著,冯军译:《刑法概说(总论)》,中国人民大学出版社2003年版,第49页。

"强迫"交易，既包括他人本无交易意愿、强要他人接受；也包括他人虽有交易意愿，但强要他人接受不公平价格、不合理方式等情形。

【主观】故意。

【罪量】"情节严重"，根据《立案标准（一）》（2008）第28条，指强迫交易涉嫌下列情形之一的：①造成被害人轻微伤或者其他严重后果的；②造成直接经济损失在2000元以上的；③强迫交易3次以上或者强迫3人以上交易的；④强迫交易数额在1万元以上，或者违法所得数额在2000元以上的；⑤强迫他人购买伪劣商品数额在5000元以上，或者违法所得数额在1000元以上的；⑥其他情节严重的情形。

（二）适用

【关联罪】1. 本罪与抢劫罪的区别。本罪与抢劫罪的区分是司法实践中的一个难点问题，二者在客观上都有暴力、胁迫的行为，主观上也都是故意，二者的区别是：①客体不同。抢劫罪侵犯的客体是公私财产所有权和他人的人身权利。强迫交易罪的客体是市场交易秩序和公民的合法权益。②暴力、威胁的程度不同。抢劫罪的暴力、胁迫须达到使被害人不敢反抗或不能反抗的程度。而强迫交易罪使得被害人不得已违背其真实意愿进行交易就可以了。③行为发生的场合不同。强迫交易罪必须发生在经营或交易活动过程中，而抢劫罪则无此限制。根据《审理抢劫抢夺刑案意见》（2005）第9条，从事正常商品买卖、交易或者劳动服务的人，以暴力、胁迫手段迫使他人交出与合理价钱、费用相差不大的钱物，情节严重的，以强迫交易罪定罪处罚；以非法占有为目的，以买卖、交易、服务为幌子采用暴力、胁迫手段迫使他人交出与合理价钱、费用相差悬殊的钱物的，以抢劫罪定罪处刑。在具体认定时，既要考虑超出合理价钱、费用的绝对数额，还要考虑超出合理价钱、费用的比例，加以综合判断。

2. 本罪与敲诈勒索罪的区别。区别的要点在于：索取的财物与交易的商品和提供的服务是否大体相当。如果行为人根本不从事有关交易、无交易的内容，借口敲诈财物数额较大的，是敲诈勒索罪。

3. 本罪与强迫卖血罪的竞合。本罪与强迫卖血罪存在法条竞合，特别规定优先。对强迫他人卖血的，以强迫卖血罪论处。

八、伪造、倒卖伪造的有价票证罪·倒卖车票、船票罪

（一）构成要件·法定刑

《刑法》第227条　伪造或者倒卖伪造的车票、船票、邮票或者其他有价票证，数额较大的，处2年以下有期徒刑、拘役或者管制，并处或者单处票证价额1倍以上5倍以下的罚金；数额巨大的，处2年以上7年以下有期徒刑，并处票证价额1倍以上5倍以下罚金。

倒卖车票、船票，情节严重的，处3年以下有期徒刑、拘役或者管制，并处或者单处票证价额1倍以上5倍以下的罚金。

1. 伪造、倒卖伪造的有价票证罪。

【定义】伪造或者倒卖伪造的车票、船票、邮票或者其他有价票证，数额较大的行为。

【客体】国家对有价票证的管理秩序。

【对象】车票、船票、邮票或者其他有价票证。根据《邮票解释》（2000），对变造或者倒卖变造的邮票数额较大的，应按本罪定罪处罚。根据《IC电话卡答复》（2003），非法制作或者出售非法制作的IC电话卡，数额较大的，以本罪定罪处罚。

【行为】本罪中的伪造，是广义的伪造，不仅包括伪造有价票证的行为，也包括变造有价票证的行为。倒卖，一般是指低价买进高价卖出或者转手贩卖。

【主观】故意。

【罪量】"数额较大",根据《立案标准(一)》(2008)第29条,指伪造或者倒卖伪造的有价票证涉嫌下列情形之一的:①车票、船票票面数额累计 2000 元以上,或者数量累计 50 张以上的;②邮票票面数额累计 5000 元以上,或者数量累计 1000 枚以上的;③其他有价票证价额累计 5000 元以上,或者数量累计 100 张以上的;④非法获利累计 1000 元以上的;⑤其他数额较大的情形。

2. 倒卖车票、船票罪。

【定义】倒卖车票、船票,情节严重的行为。

【客体】国家对车票、船票的管理秩序。

【对象】车票、船票、车票座席、卧铺签字号,订购车票、船票凭证。

【行为】倒卖车票、船票。

【罪量】"情节严重",根据《立案标准(一)》(2008)第30条,指倒卖车票、船票等,涉嫌下列情形之一的:①票面数额累计在 5000 元以上的;②非法获利累计在 2000 元以上的;③其他情节严重的情形。

【主观】故意。

(二)适用

【关联罪】行为人伪造或者倒卖伪造的有价票证,成立本罪,如果行为人伪造或者倒卖伪造的金融票证、票据,则成立破坏金融秩序的犯罪或者金融诈骗犯罪。

【处罚】根据《审理车票刑案解释》(1999)第2条,对于铁路职工倒卖车票或者与其他人员勾结倒卖车票;组织倒卖车票的首要分子;曾因倒卖车票受过治安处罚 2 次以上或者被劳动教养 1 次以上,2 年内又倒卖车票,构成倒卖车票罪的,依法从重处罚。

九、非法转让、倒卖土地使用权罪

《刑法》第 228 条 以牟利为目的,违反土地管理法规,非法转让、倒卖土地使用权,情节严重的,处 3 年以下有期徒刑或者拘役,并处或者单处非法转让、倒卖土地使用价额 5%以上 20%以下罚金;情节特别严重的,处 3 年以上 7 年以下有期徒刑,并处非法转让、倒卖土地使用权价额 5%以上 20%以下罚金。

【定义】以牟利为目的,违反土地管理法规,非法转让、倒卖土地使用权,情节严重的行为。

【客体】国家对土地使用权的管理秩序。

【行为】违反土地管理法规,非法转让、倒卖土地使用权。根据《刑法第 228、342、410 条的解释》(2001),"违反土地管理法规",指违反《土地管理法》《森林法》《草原法》等法律以及有关行政法规中关于土地管理的规定。"非法转让土地使用权",指行为人在合法取得土地使用权后,违反国家土地管理法规规定,未经批准,擅自将土地转让给他人的行为。"非法倒卖土地使用权",指土地受让者违反国家土地管理法规,擅自将土地转手卖给他人,从中谋取差价的行为。

【主观】故意,且以牟利为目的。

【立案】"情节严重",根据《审理土地资源刑案解释》(2000)第1条,具有下列情形之一的,属于上述"情节严重":①非法转让、倒卖基本农田 5 亩以上的;②非法转让、倒卖基本农田以外的耕地 10 亩以上的;③非法转让、倒卖其他土地 20 亩以上的;④非法获利 50 万元以上的;⑤非法转让、倒卖土地接近上述数量标准并具有其他恶劣情节的,如曾因非法转让、倒卖土地使用权受过行政处罚或者造成严重后果等。

【加重犯】根据《审理土地资源刑案解释》(2000)第 2 条,具有下列情形之一的,属于非法转让、倒卖土地使用权"情节特别严重"：①非法转让、倒卖基本农田 10 亩以上的；②非法转让、倒卖基本农田以外的耕地 20 亩以上的；③非法转让、倒卖其他土地 40 亩以上的；④非法获利 100 万元以上的；⑤非法转让、倒卖土地接近上述数量标准并具有其他恶劣情节，如造成严重后果等。

十、提供虚假证明文件罪·出具证明文件重大失实罪

《刑法》第 229 条　承担资产评估、验资、验证、会计、审计、法律服务等职责的中介组织的人员故意提供虚假证明文件，情节严重的，处 5 年以下有期徒刑或者拘役，并处罚金。

前款规定的人员，索取他人财物或者非法收受他人财物，犯前款罪的，处 5 年以上 10 年以下有期徒刑，并处罚金。

第 1 款规定的人员，严重不负责任，出具的证明文件有重大失实，造成严重后果的，处 3 年以下有期徒刑或者拘役，并处或者单处罚金。

（一）提供虚假证明文件罪

【定义】承担资产评估、验资、验证、会计、审计、法律服务等职责的中介组织的人员，故意提供虚假的证明文件，情节严重的行为。

【客体】国家对中介市场的监督管理制度。

【主体】特殊主体，只能是承担资产评估、验资、验证、会计、审计、法律服务等职责的中介组织及其工作人员。

【对象】虚假的中介证明文件，即资产评估机构、会计师事务所、审计师事务所、律师事务所等中介服务机构提供的虚假中介证明文件。

【行为】提供虚假证明文件。

【主观】故意。

【罪量】"情节严重"，根据《立案标准（二）》（2010）第 81 条，指故意提供虚假证明文件，涉嫌下列情形之一的：①给国家、公众或者其他投资者造成直接经济损失 50 万元以上的；②违法所得额 10 万元以上的；③虚假证明文件虚构数额在 100 万元且占实际数额 30% 以上的；④虽未达到上述数额标准，但具有下列情形之一的：一是在提供虚假证明文件过程中索取或者非法接受他人财物的；二是 2 年内因提供虚假证明文件，受过行政处罚 2 次以上，又提供虚假证明文件的。

（二）出具证明文件重大失实罪

【定义】出具证明文件重大失实罪，是指承担资产评估、验资、验证、会计、审计、法律服务等职责的中介组织的人员，严重不负责任，出具的证明文件有重大失实，造成严重后果的行为。

【客体】国家对中介市场的监督管理制度。

【主体】特殊主体，只能是承担资产评估、验资、验证、会计、审计、法律服务等职责的中介组织及其人员。

【行为】严重不负责任，出具的证明文件重大失实。

【主观】过失。

【罪量】"造成严重后果"，根据《立案标准（二）》（2010）第 82 条，指给国家、公众或者其他投资者造成直接经济损失数额在 100 万元以上的。

十一、逃避商检罪

《刑法》第 230 条　违反进出口商品检验法的规定，逃避商品检验，将必须经商检机构检验的进口商品未报经检验而擅自销售、使用，或者将必须经商检机构检验的出口商品未报经

检验合格而擅自出口，情节严重的，处 3 年以下有期徒刑或者拘役，并处或者单处罚金。

【定义】违反进出口商品检验法的规定，逃避商品检验，将必须经商检机构检验的进口商品未报经检验而擅自销售、使用，或者将必须经商检机构检验的出口商品未报经检验合格而擅自出口，情节严重的行为。

【客体】国家进出口商品检验管理制度。

【行为】本罪行为方式表现为逃避商品检验，将必须经商检机构检验的进口商品未报经检验而擅自销售、使用，或者将必须经商检机构检验的出口商品未报经检验合格而擅自出口。

【主观】故意。

【罪量】"情节严重"，根据《立案标准（二）》（2010）第 83 条，指涉嫌下列情形之一的：①给国家、单位或者个人造成直接经济损失数额在 50 万元以上的；②逃避商检的进出口货物货值金额在 300 万元以上的；③导致病疫流行、灾害事故的；④多次逃避商检的；⑤引起国际经济贸易纠纷，严重影响国家对外贸易关系，或者严重损害国家声誉的；⑥其他情节严重的情形。

第四章

侵犯公民人身权利、民主权利罪

侵犯公民人身权利、民主权利罪，是指侵犯公民人身和与人身直接有关的权利，非法剥夺或者妨害公民自由行使依法享有的管理国家事务和参加社会政治活动的权利以及妨害婚姻家庭的行为。

犯罪侵害的对象大抵有两类：一是人；二是物。本章之罪包括了主要的对人的犯罪，因此属于常见的、基本的犯罪。古代约法三章，"杀人者死，伤人及盗抵罪"，说明再简约的刑法也少不了惩治侵犯人身的犯罪。刑法基本理论，比如故意、过失、共犯、未完成罪、罪数的理论等，很多都是依托这一章的犯罪而演绎和诠释的，所以，掌握这类犯罪的法律要件和处罚，对于掌握刑法的基本理论也具有重要意义。

第一节 侵犯他人生命、健康的犯罪

一、故意杀人罪

（一）构成要件·法定刑

《刑法》第 232 条　故意杀人的，处死刑、无期徒刑或者 10 年以上有期徒刑；情节较轻的，处 3 年以上 10 年以下有期徒刑。

【定义】故意非法剥夺他人生命的行为。

【客体】他人的生命权利。人类出于维护自身生存、繁衍的需要，无论在伦理还是法律上，都把人的生命视为至尊的价值而予以保护，禁止非法剥夺生命的行为。在现代，人人平等的观念日益深入人心，因此，一切非法剥夺他人生命的行为，不论被害人的肤色、种族、性别、年龄如何，都是对我国法律所保护的生命权益的侵害。即使是某种社会功利的需要，如计划生育、优生优育，也不能成为非法剥夺他人生命的正当理由。

【对象】他人。

1. "他人"是指有生命的自然人。关于生命起始的时间有多种观点，如阵痛说、一部露出说、全部露出说、断带说、发声说、独立呼吸说等。在我国，独立呼吸说是通说。独立呼吸说以胎儿脱离母体能够独立呼吸作为生命起始的标志。因此，堕胎不具有杀人的性质，非法堕胎属于非法进行节育手术的犯罪行为。其他故意造成孕妇流产、胎儿死亡的行为，也不具有杀人的性质，只能作为对孕妇的损害结果加以考虑。如对孕妇实施伤害、强奸等犯罪而导致胎儿流产死亡的，作为伤害、强奸孕妇的加重结果或者情节。关于生命结束的时间，原则上以人的生命已经不可逆转为标准。传统观点以心脏停止跳动或呼吸停止为标志。也就是认为心跳或呼吸不可逆转地停止，标志着人的生命已经不可逆转地结束了，即死亡，这也是我国的通说。随着医学技术和医学伦理观念的发展，出现了脑死亡说，该说以大脑发生不可逆转地丧失生命为死亡的标准。医学技术证明，如果大脑已经不可逆转地死亡，即使还有心跳、呼吸的生命征象，人的生命也已经不可逆转地死亡了。如果以脑死亡说为标准，在某些场合可能把死亡的时间适当提前。脑死亡说在我国、在世界尚未取得通说地位。

2. "他人"是指杀人者以外的一切有生命的自然人，这意味着：①不包括自杀。自杀在伦理上固然不可取，但是在法律上不属于犯罪行为。帮助、教唆、逼迫、欺骗、引诱他人自杀的，是否属于杀人行为？因为情况复杂，不可一概而论。②被害人的差异不影响行为的性质。在有的国家，根据对象的不同，规定了不同的杀人罪，如普通杀人罪、杀婴罪、杀害尊亲属罪。在我国刑法中，对故意杀人罪没有做这样的分类，故意杀害何种人对罪名不产生影响。

【行为】非法剥夺他人生命，指一切非法的足以致人死亡的行为。在现代刑法广泛惩罚不能犯未遂的背景下，所谓足以造成死亡，指在"常识"意义上能够造成死亡结果，不以实际能够造成死亡为必要。例如，甲意图用毒药谋杀乙，因毒药失效在该场合实际上不可能致乙死亡，也是杀人行为。因为毒药能致人死亡是常识。例如：M 为杀其夫 B，将杀虫剂"德特莫尔"从一个喷雾罐里喷到 B 的午后点心上。喷两次，各约一秒。B 咬了一口，因味苦吐了，没再吃。法庭查明：喷雾罐中化螟松的有效成分共 0.85 毫升，而致死量需 40 克。德国最高法院认定成立杀人未遂。[1] 作为对极端主义、恐怖主义的反应，刑事立法注重防患于未然，将惩罚限度提前，杀人危险的认定应相应提前到抽象危险，不以有具体危险为必要。如果使用在"常识"上不可能造成死亡的方式，如用诅咒、巫蛊之类的方式"杀人"，则不是杀人行为。因为这是超自然、违背常识的方法，不可能致人死亡。

故意杀人行为包括作为和不作为。不作为只有在与作为的杀人行为相当时，才能认定为杀人行为。例如，某对夫妇生下畸形儿，不想让他留在人间，但又不忍心下手杀害（如果亲自把孩子溺死或者掐死则属于作为犯），于是就把孩子放在家中，不予照料喂养，致其死亡。对于结束孩子生命（即法律禁止的杀人），该夫妇没有采取积极的作为去实施（如溺、掐），而只是不哺育，属于不作为。该不作为致婴儿死亡与溺、掐致死（作为）相当，应认定为故意杀人行为。相反，该夫妇如果将婴儿放到医院、救助站、公园门口或显眼处，希望有人抱走且很可能被人发现并抱走，但长时间没有被人抱走而死亡，该不作为（不履行抚养义务）与作为的杀人行为不相当，不是能认定为故意杀人行为。但不排除该不作为成立《刑法》第 261 条之遗弃罪。

"安乐死"在中国非法，因此，施行"安乐死"致人死亡的，属于杀人行为。

【主观】故意，包括两方面内容：

1. 行为事实层面的故意：①认识内容是明知自己行为会造成他人死亡；②意志因素是希望或者放任他人死亡。"致人死亡"结果是故意杀人罪"故意"的核心内容。这种故意是行为人主观的认识和意志，即使与实际的情形不一致，例如，把已经死亡的人误认为是有生命的人进行杀害的，也成立杀人故意。

2. 行为价值层面的认识，即行为人意识到行为的非法性。杀人在伦理道德上的恶性人人皆知，行为人只要认识到杀人事实，就足以判定其有危害性或违法性认识。除非行为人基于阻却违法性事由而杀人，表明自己缺乏非法性认识，排除杀人故意。例如，在紧急避险、执行法令或职务时，行为人自认行为合法而排除杀人故意。行为人杀死假想的不法侵害人（假想防卫），有判例认为仅成立过失致人死亡罪，不成立故意杀人罪。

杀人故意，包括直接故意和间接故意。杀人的直接故意指明知自己的行为会造成他人死亡，并且希望该死亡结果发生。直接故意支配下的杀人行为，可称之为蓄意杀人或者谋杀。直接故意杀人的，无论事实上是否发生了希望的死亡结果，都应当认定为故意杀人罪，根据具体

---

[1] ［德］克劳斯·罗克辛著，何庆仁、蔡桂生译：《德国最高法院判例刑法总论》，中国人民大学出版社 2012 年版。

情况，可以按照杀人的预备犯、未遂犯或中止犯从宽处罚。杀人的间接故意，指明知自己的行为会造成他人死亡而"放任"该死亡结果发生。被放任之"死亡结果"没有发生时，是否成立间接故意杀人罪？存在分歧。例如，乙扒窃被民警丙抓获扭送，乙同伙甲见状持刀上前朝丙颈背胸腹连扎十余刀，直至丙不支、倒地松开乙，甲乙一同逃脱。若丙死亡，甲肯定构成故意杀人罪，也无需考虑直接故意还是间接故意。实际案情是：丙因抢救得力、及时而侥幸生还。甲疯狂扎丙十余刀、刀刀刺向要害、毫无顾忌，足以认定明知会致丙死亡而放任（对致人死亡持间接故意）。如果不能认定甲有杀人的直接故意，甲是故意杀人未遂还是故意伤害（重伤、残疾）？本书认为，本案认定为故意伤害罪较妥。毕竟，客观没有发生死亡结果，也不能证实主观希望死亡结果发生。杀人客体是生命法益，伤害客体是健康法益，事实上造成了伤害而没有发生死亡，也不能证实行为人希望该死亡结果发生，认定为故意伤害罪较为简明，易于统一司法尺度。

认识杀人故意内容对于对认定故意杀人罪具有重要的意义。刑法中的许多条款、罪名都包含"致人死亡"的内容，如故意伤害罪、过失致人死亡罪、抢劫罪、强奸罪、绑架罪、非法行医罪、暴力干涉婚姻自由罪、虐待罪、遗弃罪等，以故意举止"致人死亡"的，未必都是故意杀人罪。

杀人故意的内容是针对"杀人行为"和"致人死亡结果"的故意，而杀人行为必须是在放任他人死亡的意志支配下实施的具有足以致人死亡的物理能量的行为。引起或导致死亡结果的"举止"，未必本身都具有足以致人死亡的物理力量，即未必都是杀人行为，对该举止的故意，也不是杀人的故意。

1. 本身不足以致人死亡的举止，如推搡、撕扯、拳打、脚踢、掌掴等偶然与其他因素遭遇，如被害人跌倒磕碰致死，或者被害人患有高血压、心脏病，肢体冲突加情绪激动致病发而死，不能证实有意利用有关因素或对"致人死亡"明知的，不具有杀人故意。

2. 即使故意实施足以致人死伤的行为致人死亡的，如暴力刀刺、棒击、砖砸、连续拳打脚踢等，若不能证实对"致人死亡"明知的，仍然不是故意杀人。

【案例】　　　　　　　　王兴佰、韩涛、王永央故意伤害案[1]
被告人王兴佰与被害人逄孝先各自承包了本村沙地售沙。王兴佰因逄孝先卖沙价格较低、影响自己的经营，即预谋找人教训逄孝先。2003年10月8日16时许，王兴佰纠集了韩涛、王永央等5人，在地头树林内将4根铁管分发，并指认了田里干活的逄孝先。韩涛、王永央等5人随即冲入田地殴打逄孝先。其间，韩涛掏出随身携带的尖刀捅刺被害人逄孝先腿部数刀，致其双下肢多处锐器创伤，致失血性休克死亡。法院判决王兴栢等人故意伤害罪（致人死亡），其中，判处王兴佰有期徒刑10年，剥夺政治权利3年；韩涛有期徒刑12年。本案各被告人明显具有伤害的故意，实施"故意伤害行为"致被害人死亡，不能证实对"致人死亡"有故意，不成立故意杀人罪。

综上，故意的举止致人死亡，只有证实行为人对自己故意举止本身具有足以致人死亡的物理力量和"致人死亡"二点皆有明知，才能认定杀人故意。不了解这一点，无以区分《刑法》第232条之故意杀人致死与第234条之故意伤害致死、第233条之过失致死，甚至不能区分故意杀人致死和意外事件致死。

【既遂·未遂】1. 既遂与未遂的界限。故意杀人罪是典型的结果犯，必须发生死亡结果，

---

[1] 参见中华人民共和国最高人民法院刑事审判第一、二、三、四、五庭主办：《刑事审判参考（2006年第5集·总第52集）》，法律出版社2007年版，第5页。

才能构成既遂。反之，行为人已经着手实行杀人行为，但由于意志以外的原因没有造成死亡结果的，是未遂犯。

2. 未遂与预备的界限。区别的要点在于是否"着手"实行杀人行为。一般而言，故意杀人的实行行为的"着手"，是指开始实行能够剥夺他人生命的行为。认定"着手"，要结合行为人的杀人方式。在刀杀、棒杀时，举刀要砍、刺他人或者举棒要击打他人之际是着手；在枪杀时，正要扣动扳机射击他人之际是着手；因为此刻开始危及人身安全。而在此之前，行为人准备刀枪等犯罪工具，持械接近、尾随他人，在特定的地点守候他人，都是杀人准备行为。毒杀的有两说：①向被害人的食物投放毒药之际是着手；②被害人将要饮食有毒食物是着手。早先，"投放说"影响较大，现在"即将饮食说"也很有力。"投放说"较为合理，杀人着手的实质标准是开始危及生命，投放毒药到食物中，被害人或其他人随时可能误食中毒，足见客观上已经危及他人生命；同时足以显示行为人杀人的主观决意，由预谋、计划、准备，跃进到实行阶段。"投放说"也较简明且易统一尺度。投放毒物之后，行为人无需添加其他行动，被害人即将饮食或很可能会饮食或很可能被其他人误食，应认定开始危及他人生命，达到杀人着手程度。如果投放毒物之后，还需添加或借助其他行动才能危及他人生命的，例如，投放毒物后需要邮寄给被害人的；或投放毒药于酒中，待来日宴请时伺机给被害人饮用的；或投放于茶叶中，择日将该茶叶送给被害人饮用的，不能认为着手。

【减轻犯】《刑法》第232条"情节较轻"，司法实务中，一般是指基于义愤杀人、激情杀人、家庭矛盾激化杀人、溺婴、帮助他人自杀、受嘱托的杀人、防卫过当杀人等。

【案例】 **姚国英故意杀人案**[1]

结婚十余年间，丈夫徐树生经常无故打骂、虐待妻子姚国英。2010年以来，徐树生殴打姚国英更为频繁和严重。同年5月10日晚，徐树生又寻机对姚国英进行长时间打骂，次日凌晨5时许，姚国英趁徐树生熟睡之际，从家中楼梯处拿出一把铁榔头，朝徐树生头、面部等处猛击数下，后用衣服堵住其口、鼻部，致徐树生当场死亡。当日8时30分许，姚国英到衢州市公安局衢江分局上方派出所投案。法院认为，姚国英因长期遭受虐待和家庭暴力而杀夫，可认定为故意杀人罪中的情节较轻。其社会危害性相对较小，且具有自首情节，认罪态度较好，家中又尚有未成年的女儿需要抚养，根据犯罪情节和悔罪表现，对其适用缓刑不致再危害社会，遂以故意杀人罪判处有期徒刑1年，缓刑5年。

(二) 适用

【定罪】1. 故意杀人罪未遂的认定。行为人有明确的杀人故意，即使因意志以外的原因未能造成死亡或者伤害结果，也成立故意杀人罪（未遂）。例如：

甲男因恋爱乙女不成，写下绝命书，发誓与乙女"阳间不成、阴间成"。然后带上刀子、绳子、农药到乙女家，喊出乙女，用刀子向乙女要害部位猛扎。乙女倒地后，又拿石头向其头部砸。甲男见众人赶到相救，不得不慌张逃走。先上吊自杀，绳断未遂；继而又喝农药，仍自杀未遂。乙女因及时获救未死。从整个案情看，甲男的杀人犯意坚决明确，只是由于意志以外的原因没有造成死亡结果，应当认定为故意杀人罪（未遂）。

如果不能证实行为人有明确的杀人故意，造成轻伤以上结果的，通常可以故意伤害罪定罪处罚。不过，在连轻伤结果也没有时，鉴于司法习惯不处罚故意伤害未遂，案件定性选项只有故意杀人罪（未遂）与无罪，往往会出现偏差，把连故意伤害罪（未遂）都不成立的行为，

---

[1] 中华人民共和国最高人民法院刑事审判第一、二、三、四、五庭主办：《刑事审判参考（2010年第5集·总第76集）》，法律出版社2011年版。

勉强"升格"为故意杀人罪（未遂）。

【案例】 **王书强故意杀人（未遂）案**

王书强（男，25岁）与王婉婷（女，24岁，爱卡汽车网编辑）上班乘坐地铁途中相识并互换联系方式。到达单位后二人互加QQ聊天，其间因谈论个人交友、汽车等问题发生争执，王婉婷遂在新浪微博上转发二人聊天记录，并辱骂王书强。王书强见到上述微博后要求王婉婷马上删除，王婉婷要求王书强道歉，王书强向其道歉后，王婉婷删除部分微博，之后王书强通过QQ、短信继续交涉，要求全部删除，但王婉婷予以拒绝。当日14时许，王书强按照王婉婷名片上的地址到达王婉婷所在公司14层楼，通过公司前台约出王婉婷。二人在楼道内谈话，王书强继续要求王婉婷删除微博剩余内容，王婉婷予以拒绝。谈话期间，王书强右手在衣兜内握住平日携带的折叠水果刀（该刀平时与嫌疑人钥匙放在一起，刀刃长约5厘米，展开长约15厘米，已起获），王婉婷察觉王书强神色有异，转身离开。王书强用左手拉拽王婉婷致被害人倒地，后王书强压在王婉婷身上，右手拿出水果刀往其头部扎划，王婉婷用手阻挡，仍被划伤。其间，王婉婷多名同事赶至现场将二人拉开，王书强手中水果刀被夺下，群众当即报警，民警赶至现场将王书强抓获。经诊断，王婉婷头部多发软组织挫伤，前额皮肤划伤长3.5厘米，深0.1厘米；左耳后皮肤划伤长约1厘米，深0.3厘米；右手腕皮肤划伤长2.0厘米。后经北京市海淀区公安司法鉴定中心依法鉴定为轻微伤。本案王书强行为，客观上不足以致命、主观上不足以证实有"致人死亡"故意，不成立故意杀人罪。仅仅造成轻微伤，未达到故意伤害罪"轻伤"立案标准，不成立故意伤害罪。属于《治安处罚法》第43条规定之殴打他人的违法行为。

2. 经（被害人）同意杀人。得到被害人有效同意将其杀死，如注射毒药致其死亡，或者将被害人从高楼上推下致其坠亡，属于同意杀人。通说：经被害人同意不能阻却杀人、重伤害行为的非法性，故不影响故意杀人罪成立，被害人同意仅能作为量刑因素。例如，甲老汉中风卧床十余年，其妻乙因年迈无力照料甲。甲求死，乙将甲勒死。乙杀死了甲，法院判决乙成立故意杀人罪，鉴于经被害人同意且情状可悯，免于刑事处罚。

3. 参与自杀。自杀，自愿且自己（动手）结束自己的生命，不为罪。参与自杀之"参与"行为包括教唆（欺骗、诱惑）、精神鼓励、物质帮助等方式，从心理上、物理上促成他人自杀。自杀不为罪，按理参与自杀亦不为罪。但是学说、判例均持审慎态度，严格限定"自杀"条件：其一，被害人自己动手结束自己生命，非他人实施。他人实施剥夺生命行为，则属于同意杀人。其二，被害人结束自己生命基于"有效的自杀意思"[1]。有效的自杀意思包括：①正常辨认、控制自己行为能力人的自杀意思，精神病人、未成年人等不能辨认、控制自己行为的人的自杀意思无效。②被害人认识且愿意自杀。③自杀意思是意志自由状态下形成。逼迫、欺骗他人产生自杀意思，包括以相约自杀的方式诱骗他人产生自杀意思，严重影响意志自由的，该自杀意思无效。例如，甲与乙丙夫妇交往甚密，某日乙丙夫妇吵架。甲建议乙假装上吊自杀吓唬其妻丙一下，甲在旁会适时相救。乙上吊后，甲故意不施救，乙死亡。甲的行为成立故意杀人罪。

【案例】 **刘祖枝故意杀人案**[2]

被告人刘祖枝之夫秦继明患重病长年卧床，一直由刘祖枝扶养和照料。某日，刘祖枝因秦继明病痛叫喊影响他人休息，与秦发生争吵。后刘祖枝将农药（敌敌畏）倒入杯中给秦继明，秦继

---

[1] [日]山口厚著，王昭武译：《刑法各论（第2版）》，中国人民公安大学出版社2011年版，第15页。
[2] 参见中华人民共和国最高人民法院刑事审判第一、二、三、四、五庭主办：《刑事审判参考（2012年第1集·总第84集）》，法律出版社2012年版。

明自行服下中毒死亡。本案被害人在困境下、情绪波动中饮毒自尽，不是意志自由状态下的选择，不是有效的自杀意思。另，基于被告人刘祖枝有摆脱照料抚养义务的趋利动因，也不能阻却其成立故意杀人罪。法院判决刘祖枝犯故意杀人罪，判处有期徒刑7年，剥夺政治权利1年。

在他人因遭遇失业、失恋、患病、失去亲人等重大生活不幸、变故而萌生、流露自杀念头时，乘势提供自杀帮助或者教唆、鼓励他人自杀，不应排除故意杀人罪的帮助、教唆的适用。因为：①有违珍惜生命的基本伦理，在他人遭遇人生危机时，常人常规做法是劝慰珍惜生命。②他人遭遇人生危机时，辨认、控制能力会暂时降低，意志自由受到危机干扰，不在正常状态。利用他人意志不自由的状态，教唆、帮助他人自杀且导致自杀身亡结果的，可以故意杀人罪的教唆犯、帮助犯定罪处罚。

4. 引起了他人自杀但并无引起自杀故意的，不构成故意杀人罪。因为没有杀人的故意。如果该行为本身不具有犯罪性质如通奸，不构成犯罪。如果该行为本身是犯罪性质，如侮辱、诽谤、强制猥亵，暴力干涉婚姻自由，刑讯逼供，非法拘禁，强奸、拐卖妇女、儿童等，按照其行为自身性质定性，引起他人自杀是犯罪情节或后果。

5. 安乐死。给他人施行"安乐死"，属于同意杀人；为他人自己施行"安乐死"提供帮助，属于帮助自杀。"安乐死"特殊性在于：对于濒临死亡且遭受病痛折磨的人，为了维护尊严、解脱病痛而为其施行或帮助其施行结束生命。安乐死在我国没有合法化，因此施行或帮助施行安乐死，不阻却故意杀人罪。"安乐死"之利诱惑不少人倡导"安乐死"合法化。不过，对是否能够正确掌控"安乐死"制度，人们缺乏信心，合法化进程缓慢。社会福利、医疗保障是"安乐死"合理、公正施行的基础。没有这个基础，"安乐死"合法化可能是灾祸。

医生为了减缓病人的痛苦而给予适量麻醉、镇静药物的，或者对于抢救无望的病人停止抢救的，或者为脑死亡的病人撤除维持装置的，虽然可能加快了病人的死亡进程，但这属于符合医疗常规的行为，不属于施行或帮助"安乐死"。

【关联罪】1. 故意杀人罪与投放危险物质罪等危害公共安全犯罪的区别，关键在于是否足以危害不特定多数人的生命、健康。例如，张三为杀害李四，把毒药投放到食堂的饭锅里，因足以危害不特定多数人的生命、健康，构成投放危险物质罪。造成人员中毒伤亡的，是投放危险物质的后果，不再以故意杀人罪论。若张三仅将毒药投放在李四的饭碗里，则是故意杀人罪，投毒不过是杀害特定人的手段。故意杀人罪与放火罪，爆炸罪，破坏交通工具罪，破坏交通设施罪，劫持船只、汽车罪，劫持航空器罪等危害公共安全致人死亡的区别亦同此理。

2. 故意杀人罪与以危险方法危害公共安全罪的区别要点在于：是否危害公共安全。例如，行为人驾车遇见仇人乙在路边行走，故意将乙撞死，构成故意杀人罪。因为这种情形不涉及不特定多数人的生命、健康。相反，如果行为人为了以报复社会的方式泄愤，驾驶汽车在闹市故意冲撞无辜群众，撞死、撞伤多人的，因为具有危害公共安全的特征，就应当以危险方法危害公共安全罪定罪处罚。

这还涉及法律结构、竞合犯的认定及其法律适用的选择。我国刑法在侵犯人身和财产罪之外，还设立专章规定危害公共安全罪。通说认为，该危害公共安全罪包容故意杀人的犯罪行为，且性质重于故意杀人罪。所以，当使用放火、爆炸方式杀害他人且危害公共安全的，选择适用有关放火罪、爆炸罪的条款定罪处罚，排斥适用故意杀人罪的条款定罪处罚。假如转换观念，把故意杀人视为最严重的犯罪，在法律结构上设置不为任何罪包容，则不论以何种方式杀人、产生何种效果，都以故意杀人罪论处。

【罪数】刑法中的许多故意犯罪，尤其是暴力性故意犯罪，往往伴随侵害他人生命的行为或结果，对此，应当分不同情况处理：

1. 按有关犯罪的加重犯定罪处罚。常见的如：犯强奸罪，抢劫罪，绑架罪，拐卖妇女、儿童罪的过程中暴力致被害人死亡的，这种情形也被称为有关犯罪的结果加重犯，包含行为人对死亡结果具有故意或过失的心态。

2. 犯放火、爆炸、决水、投放危险物质罪或者以危险方法危害公共安全罪致人死亡的，犯破坏交通工具、破坏交通设施罪、破坏易燃易爆设备罪、破坏电力设备罪、劫持航空器罪致人死亡的，这类情形是上述放火等危害公共安全犯罪危险犯的加重犯。通说认为，这类情形致人死亡的是故意杀人罪的法条竞合犯。按照整体法优于局部法的原则，适用有关危害公共安全的犯罪加重犯的条款定罪处罚，排斥故意杀人罪条款的适用。

3. 按吸收犯从一重罪定罪处罚。在犯非法拘禁罪、刑讯逼供罪、暴力取证罪、虐待被监管人罪、聚众斗殴罪等犯罪过程中，故意使用暴力致被害人死亡的，法定以故意杀人罪定罪处罚。对此，可以理解为是故意杀人的重犯罪行为吸收有关的轻犯罪行为。也有学者通俗地称之为"转化罪"，即由原本犯的刑讯逼供等罪转化成为故意杀人罪。

4. 准结合犯。根据《刑法》第239条的规定，绑架又杀害人质的，以绑架罪一罪定罪处罚。其故意杀害人质的故意杀人行为，作为绑架的加重条件。

5. 按想象竞合犯从一重罪处罚。在犯妨害公务罪、寻衅滋事罪的过程中，故意杀害被害人的，可视为想象竞合犯，从一重罪即故意杀人罪定罪处罚。

6. 数罪并罚。在强奸、抢劫行为实行终了之后，另生犯意，如为了灭口、泄愤报复而将被害人杀害的，又构成故意杀人罪，应当数罪并罚。此外，犯走私罪、走私毒品罪、组织他人偷越国（边）境罪，使用暴力手段抗拒稽查致人死亡的；犯组织恐怖组织罪、组织黑社会性质组织罪又实施了故意杀人犯罪的，均应当与有关犯罪数罪并罚。

【处罚】故意杀人罪是侵犯公民人身权利最为严重的犯罪，也是伦理道德上最为邪恶的犯罪，所以我国刑法对其规定了极为严厉的法定刑。故意杀人罪的量刑、死刑适用是焦点。以往对犯故意杀人罪既遂（导致死亡结果）的，适用死刑较为普遍，反映出"杀人偿命"的观念。近十几年来，由于我国重视控制死刑适用，情况有较大改变。最高人民法院《维护农村稳定座谈会纪要》（1999）指出："要准确把握故意杀人犯罪适用死刑的标准。对故意杀人犯罪是否判处死刑，不仅要看是否造成了被害人死亡的结果，还要综合考虑案件的全部情况。对于因婚姻家庭、邻里纠纷等民间矛盾激化引发的故意杀人犯罪，适用死刑一定要十分慎重。"同时还强调，"被告人有法定从轻处罚情节的，一般不应判处死刑立即执行"。此外，被害人有严重过错的，也是不判处死刑的重要理由。根据该解释，故意杀人罪死刑适用有所减少。《贯彻宽严相济政策》（2010）指出："实践中，故意杀人、伤害案件从性质上通常可分为两类：一类是严重危害社会治安、严重影响人民群众安全感的案件，如极端仇视国家和社会，以不特定人为行凶对象的；一类是因婚姻家庭、邻里纠纷等民间矛盾激化引发的案件。对于前者应当作为严惩的重点，依法判处被告人重刑直至判处死刑。对后者处理时应注意体现从严的精神，在判处重刑尤其是适用死刑时应特别慎重，除犯罪情节特别恶劣、犯罪后果特别严重、人身危险性极大的被告人外，一般不应当判处死刑。对于被害人在起因上存在过错，或者是被告人案发后积极赔偿，真诚悔罪，取得被害人或其家属谅解的，应依法从宽处罚，对同时有法定从轻、减轻处罚情节的，应考虑在无期徒刑以下裁量刑罚。同时应重视此类案件中的附带民事调解工作，努力化解双方矛盾，实现积极的'案结事了'，增进社会和谐，达成法律效果与社会效果的有机统一。……严格控制和慎重适用死刑。……对于罪行极其严重，但只要有法定、酌定从轻情节，依法可不立即执行的，就不应当判处死刑立即执行。……共同犯罪中，多名被告人共同致死一名被害人的，原则上只判处一人死刑。"《刑法修正案（八）》设置限制减刑的死缓后，适用特别死缓取代死刑（立即）执行，有关判例如最高人民法院指导案例4号"王志才故意杀人案"、12号"李飞故意杀人案"。该二案皆没有核准执行死刑，改判特别死缓。现在，对故意杀人罪适用死刑（立即执行），主要是出于情仇、利益或卑劣动机的"谋杀"案、雇凶谋杀案等。对于因邻里、婚姻家庭等纠纷、矛盾激化，冲动或突发的杀人案，一般以死缓或无期徒刑取代。其中，被害方的压力或谅解有一定的影响。因为对非预谋杀人案不适用死刑，符合控制死刑政策，只有被害方诉求是不得不考虑的因素。

二、故意伤害罪

（一）构成要件·法定刑

《刑法》第234条　　故意伤害他人身体的，处3年以下有期徒刑、拘役或者管制。

犯前款罪，致人重伤的，处3年以上10年以下有期徒刑；致人死亡或者以特别残忍手段致人重伤造成严重残疾的，处10年以上有期徒刑、无期徒刑或者死刑。本法另有规定的，依照规定。

【定义】故意伤害罪，是指故意非法损害他人身体、造成轻伤结果的行为。

【客体】他人身体健康。

【行为】非法损害他人身体健康、造成轻伤结果。伤害行为，是指物理、化学、生物等各种外界因素作用于人体，造成组织、器官结构一定程度的损害或者部分功能障碍的行为。根据《人体损伤程度鉴定标准》（2013），轻伤使人肢体或者容貌损害，听觉、视觉或者其他器官功能部分障碍或者其他对于人身健康有中度伤害的损伤，包括轻伤一级和轻伤二级。"轻伤"不轻，如颅脑轻伤一级包括：①头皮创口或者瘢痕长度累计20.0cm以上；②颅骨凹陷性或者粉碎性骨折；③颅底骨折伴脑脊液漏；等等。颅脑轻伤二级包括：①头皮创口或者瘢痕长度累计8.0cm以上；②颅骨骨折；③外伤性蛛网膜下腔出血；等等。再如，手部轻伤一级包括：①一手拇指离断或者缺失未超过指间关节；②一手除拇指外的食指和中指离断或者缺失均超过远侧指间关节。轻伤二级包括：①除拇指外的一个指节离断或者缺失；②两节指骨线性骨折或者一节指骨粉碎性骨折（不含第2～5指末节）；等等。

【主观】伤害故意，指认识到自己的行为会使他人人体组织或者器官功能受到损伤，而希望或者放任该伤害结果发生。故意伤害罪之下，还有治安违法的殴打和伤害，属于结果犯，本罪故意应是对他人身体造成相当严重程度损害的故意。故意实施推搡、撕扯、殴打行为，仅有治安违法性质，不足以评价为故意伤害罪的伤害行为和伤害故意。

【加重犯】1. 重伤是指下述三种情形之一：①使人肢体残废或者毁人容貌的；②使人丧失听觉、视觉或者其他器官损伤和功能丧失；③其他对于人身体健康有重大伤害的。

2. 伤害行为造成死亡结果的，是结果加重犯，只影响伤害罪的轻重，不影响犯罪的性质和个数。即使故意伤害致人死亡，罪名还是定故意伤害罪。故意伤害致死与故意杀人致死虽然都造成了死亡结果，常人眼里都是"命案"，但在量刑上存在差异，通常故意伤害致死量刑较轻，不判死刑是常规。不过，根据司法经验，"对于下列故意伤害致人死亡的被告人，如果没有从轻情节，可以适用死刑立即执行。如暴力恐怖犯罪、黑社会性质组织犯罪、恶势力犯罪以及其他暴力犯罪中故意伤害他人的首要分子；起组织、策划作用或者为主实施伤害行为、罪行最严重的主犯；聚众'打砸抢'伤害致人死亡的首要分子；动机卑劣而预谋伤害致人死亡的，等等"。[1]

---

[1] 周道鸾、张军主编：《刑法罪名精释》，人民法院出版社2013年版，第519页。

3. 以特别残忍手段致人重伤造成严重残疾。"严重残疾"根据司法经验指重于六级的残疾，不是指一般的重伤。"特别残忍手段"，常见如"那些使用硫酸等化学物质严重毁容，或者采取砍掉脚等极其残忍手段致使被害人肉体、精神极度痛苦的"手段。对于以特别残忍手段致人严重残疾的，适用10年以上有期徒刑、无期徒刑，也可以适用死刑立即执行。[1]《北京市高级人民法院〈关于常见犯罪的量刑指导意见〉实施细则》规定："使用以下手段之一，使被害人具有身体器官缺损、器官明显畸形、身体器官有中等功能障碍、造成严重并发症等情形之一，且残疾程度在六级以上的，可以认定为'以特别残忍手段致人重伤造成严重残疾'：①挖人眼睛，割人耳、鼻，挑人脚筋，砍人手足，剜人髌骨；②以刀划或硫酸等腐蚀性溶液严重毁人容貌；③电击、烧烫他人要害部位；④其他特别残忍手段。"

【量刑】《量刑指导意见》（2014）规定：①故意伤害致一人轻伤的，可在2年以下有期徒刑、拘役幅度内确定量刑起点；②故意伤害致一人重伤的，可以在3年至5年有期徒刑幅度内确定量刑起点；③以特别残忍手段故意伤害致一人重伤，造成六级严重残疾的，可以在10年至13年有期徒刑幅度内确定量刑起点。依法应当判处无期徒刑以上刑罚的除外。在量刑起点的基础上，可以根据伤害后果、伤残等级、手段残忍程度等其他影响犯罪构成的犯罪事实增加刑罚量，确定基准刑。故意伤害致人轻伤的，伤残程度可在确定量刑起点时考虑，或者作为调节基准刑的量刑情节。

轻伤的刑事和解。故意致人轻伤构成犯罪的，在起诉、审判阶段有机会达成和解，通常由被告人给被害人合理的补偿并达成和解协议。这样就不必起诉或者不定罪处罚。

（二）适用

【定罪】1. 伤情认定。损害身体健康的结果包括三种：轻伤、重伤、死亡。伤害结果对定罪量刑具有重要影响，故伤情认定是对故意伤害罪定罪处罚的关键。在实务中，法院认定轻伤、重伤需要根据经法定程序作出的医学鉴定。而有关的法定伤情鉴定机构则是根据刑法的原则、规定以及有关部门制定的《人体损伤程度鉴定标准》的具体标准，作出伤情鉴定。①鉴定原则：遵循实事求是的原则，坚持以致伤因素对人体直接造成的原发性损伤及由损伤引起的并发症或者后遗症为依据，全面分析，综合鉴定。对于以原发性损伤及其并发症作为鉴定依据的，鉴定时应以损伤当时的伤情为主，损伤的后果为辅，综合鉴定。对于以容貌损害或者组织器官功能障碍作为鉴定依据的，鉴定时应以损伤的后果为主，损伤当时伤情为辅，综合鉴定。②鉴定时机：以原发性损伤为主要鉴定依据的，伤后即可进行鉴定；以损伤所致的并发症为主要鉴定依据的，在伤情稳定后进行鉴定。以容貌损害或者组织器官功能障碍为主要鉴定依据的，在损伤90日后进行鉴定；在特殊情况下，可以根据原发性损伤及其并发症出具鉴定意见，但须对有可能出现的后遗症加以说明，必要时应进行复检并予以补充鉴定。疑难、复杂的损伤，在临床治疗终结或者伤情稳定后进行鉴定。具体损伤程度分级，依据《人体损伤程度鉴定标准》。

2. 故意伤害罪与违反治安法的区分。《治安处罚法》（2012）第43条规定："殴打他人的，或者故意伤害他人身体的，处5日以上10日以下拘留，并处200元以上500元以下罚款；情节较轻的，处5日以下拘留或者500元以下罚款。有下列情形之一的，处10日以上15日以下拘留，并处500元以上1000元以下罚款：①结伙殴打、伤害他人的；②殴打、伤害残疾人、孕妇、不满14周岁的人或者60周岁以上的人的；③多次殴打、伤害他人或者一次殴打、伤害多

---

[1] 周道鸾、张军主编：《刑法罪名精释》，人民法院出版社2013年版，第519页。

人的。"由此产生了违反治安法的殴打伤害行为与故意伤害罪的区分。比如，甲殴打乙，首先由公安机关受理，需要甄别移送检察机关起诉故意伤害罪还是依照《治安处罚法》第43条自行处罚（自处）？为了客观、严格界分，防止警察选择执法等节外生枝的情况，司法实务是"一刀切"看有没有"轻伤"结果，暴力攻击他人经鉴定造成"轻伤"结果的，认定构成犯罪；没有造成轻伤结果的，认定为治安违法行为，由公安"自处"。该界分源自伤害行为治安违法与刑事犯罪的二分法律结构，也成为公安机关与检察院、法院职权的区分。另，伤害案当事人之间多结怨斗气，也涉及社会矛盾纠纷的化解，常见而重要。

"轻伤"与"轻微伤"的意义。轻伤的，构成犯罪；轻微伤的，不构成犯罪，给予治安处罚；连"轻微伤"结果都不够的，一般不处罚。根据《人体损伤程度鉴定标准》（2013），轻微伤，指各种致伤因素所致的原发性损伤，造成组织器官结构轻微损害或者轻微功能障碍，如轻微伤包括：①头部外伤后伴有神经症状；②头皮擦伤面积 $5.0cm^2$ 以上；头皮挫伤；头皮下血肿；③肢体一处创口或者瘢痕长度 $1.0cm$ 以上；④足骨骨折；⑤腕骨、掌骨或者指骨骨折；⑥牙齿脱落或者缺损；等等。可见，"轻微伤"不轻微。轻微伤与轻伤程度上的差异，常人凭经验很难判断，所以不得不根据"伤情鉴定"认定。

故意伤害罪是一种常见高发的犯罪，也是人民法院可直接受理的刑事案件之一（自诉），合理掌握罪与非罪的尺度，对于维护社会治安、化解邻里矛盾具有重要意义。

3. 未遂的可罚性。因为法院受理伤害案件要求提供轻伤以上的伤情鉴定，所以等于是从程序上实际否定了伤害未遂的可罚性。不过，在学说上，还是有观点认为，对伤害未遂的（结果不够轻伤的），不排除定罪处罚的可能性。如明显具有重伤意图并实施了相应的行为，只是由于意志以外的原因没有造成轻伤以上结果的；或者使用毒物损害他人健康，因为意志以外的原因未能造成轻伤以上结果的，可以考虑追究刑事责任。教唆未成年人实施故意伤害行为的，即使未达到轻伤以上程度的后果，对于教唆者仍可以故意伤害罪处罚。

【案例】 **吴学友故意伤害案**[1]

2001年1月上旬，吴学友雇请无业青年胡围围、方彬（均不满18周岁）欲重伤李汉德，并带领胡围围、方彬指认李汉德并告之其回家的必经路线。1月12日晚10时许，李汉德在骑自行车回家的路上，被携带钢管守候在此的胡、方等人殴打，连人带车被打翻在路边田地里，经法医鉴定为轻微伤甲级。法院认为，因被教唆人实施的伤害行为后果较轻，尚不构成故意伤害罪，故可对吴学友从轻或减轻处罚。吴学友教唆未满18周岁的人实施故意伤害犯罪，应当从重处罚，遂对吴学友判处有期徒刑6个月。

4. 中国刑法的故意伤害罪以"轻伤"结果为要件，甚至《治安处罚法》第43条殴打伤害违法行为也以"轻微伤"结果为要件，因此明显重于日本刑法的"暴行罪"、美国刑法的"暴力攻击罪"，不具有可比性。认定故意伤害罪应当要求怀有致人轻伤即造成人体组织、器官损害或者部分功能障碍的意图并造成轻伤结果的，才是犯罪性质的伤害。当事人因发生撕扯、纠缠而意外摔倒磕碰致伤残、死亡的，其行为不足以评价为伤害或治安违法行为，不能成立故意伤害罪。

【关联罪】 故意伤害罪和故意杀人罪的区分。在暴力攻击致人死亡案件中，应认定为故意杀人罪还是故意伤害罪（致死）？对此常有分歧。例如，甲、乙二人在饭店因为酒后身体发生碰撞而起争执，继而发展成打斗，甲掏出匕首朝乙连扎数刀离去，乙死亡。这类案件，客观使

---

[1] 中华人民共和国最高人民法院刑事审判第一庭、第二庭编：《刑事审判参考（2002年第5辑·总第28辑）》，法律出版社2002年版。

用了足以致人死伤的暴力造成死亡结果，可是突发暴力冲突的起因、过程难以证实主观上有杀人直接故意，这类偶发的冲突按理不至于引起杀人的动机。对于这类暴力致人死亡的案件，在不能证实行为人存在杀人直接故意或杀人动机时，只能诉诸杀人间接故意的认定。通常，行为人使用致命工具打击致命部位致人死亡，能够认识到自己的行为会造成他人死亡或伤残结果，死亡与伤害的结果都在认识之中、放任之下，当事实上发生了死亡结果时，就可以认定行为人对该死亡结果是"明知"且"放任"的，具有杀人的间接故意。

【案例】　　　　　　陈卫国、余建华故意杀人案[1]

余建华因怀疑同宿舍工友王东义窃取其洗涤用品而与王发生纠纷，遂打电话给亦在温州市务工的被告人陈卫国，要陈前来"教训"王。次日晚上8时许，陈卫国携带尖刀伙同同乡吕裕双（另案处理）来到某鞋业有限公司门口与余建华会合，此时，王东义与被害人胡恒旺及武沛刚正从门口经过，经余建华指认，陈卫国即上前责问并殴打胡恒旺，余建华、吕裕双也上前分别与武沛刚、王东义对打。其间，陈卫国持尖刀朝胡恒旺的胸部、大腿等处连刺3刀，致被害人胡恒旺左肺破裂、左股动静脉离断，急性失血性休克死亡。一审判决陈卫国、余建华构成故意杀人罪，判处陈卫国死刑，附加剥夺政治权利终身；余建华有期徒刑15年，附加剥夺政治权利5年。陈卫国、余建华均以没有杀人的故意、定性不准、量刑过重为由提出上诉。

二审认为，上诉人陈卫国事先携带尖刀，在与被害人争吵中连刺被害人3刀，其中，左胸部、左大腿的两处创伤均为致命伤，足以证明陈卫国对被害人的死亡后果持放任心态，原审据此对陈卫国定故意杀人罪并无不当。上诉人余建华、陈卫国均供述余建华仅要求陈卫国前去"教训"被害人，没有要求陈卫国携带凶器；在现场斗殴时，余建华没有与陈卫国进行商谋，且没有证据证明其知道陈卫国带着凶器前往；余建华也没有直接协助陈卫国殴打被害人。原判认定余建华有杀人故意的依据不足，应对其以故意伤害罪判处（量刑部分不变）。

本案要点：其一，陈卫国对"致胡恒旺死亡"从常情判断不成立直接故意，只能认定是否成立"间接故意"。司法判断要领：①致命工具；②打击致命部位；③致死，足以说明"放任死亡结果"。其二，不足以认定余建华对"致胡恒旺死亡"有故意，所以不成立故意杀人罪（共犯），仅成立故意伤害罪。

但是，如果行为人在事后真诚地、积极地抢救被害人的，即使被害人因为抢救无效而死亡，行为人的事后表现足以证实不是"放任"他人死亡的，可以认定为故意伤害罪（致人死亡）。例如，职工食堂厨师甲看不惯乙挑拣馒头，就说乙，乙怒而将馒头砸甲，甲顺手抄起手边的厨刀砍向乙，正中颈部。甲见乙颈部鲜血涌出后，立即抱起乙打车送医院抢救，乙因抢救无效死亡。从本案行为过程或事后表现可以看出甲是瞬间冲动之举，不足以认定行为人具有杀人的间接故意。

区分故意伤害罪和故意杀人罪的实际意义是处罚轻重不同。对于故意杀人罪，处罚较为严厉，在造成死亡结果的场合（既遂），判处死刑属于较为普遍的处罚；对于故意伤害罪，处罚较轻，适用死刑属于例外情况。《贯彻宽严相济政策》（2010）指出："实践中一些致人死亡的犯罪是故意杀人还是故意伤害往往难以区分，在认定时除从作案工具、打击的部位、力度等方面进行判断外，也要注意考虑犯罪的起因等因素。对于民间纠纷引发的案件，如果难以区分是故意杀人还是故意伤害时，一般可考虑定故意伤害罪。"有时是否应当适用死刑的考虑反过来影响杀人伤害"两可"命案定性的尺度，倾向于不判死刑的，尺度上偏向于判故意伤害罪；

---

[1] 中华人民共和国最高人民法院刑事审判第一、二、三、四、五庭主办：《刑事审判参考（2006年第5集·总第52集）》，法律出版社2007年版，第1~4页。

反之，倾向于判处死刑的，尺度上偏向于判故意杀人罪，这是导致两罪定性尺度摇摆的重要原因。

【罪数】1. 其他罪的结果加重犯。《刑法》中有些条文规定"致人重伤"或者"致人死亡"作为某种犯罪加重法定刑的结果，例如，犯绑架罪，拐卖妇女、儿童罪，强奸罪，抢劫罪的过程中暴力致人重伤、死亡的；犯放火、爆炸、投放危险物质、决水或者以危险方法危害公共安全罪致人重伤、死亡的；犯破坏交通工具、破坏交通设施罪致人重伤或者死亡的；等等。这类情形虽然也具有故意伤害致人重伤或者死亡的性质，仍应当按照有关刑法条文的规定定罪量刑，不按故意伤害罪定罪处罚。

2. 故意伤害罪的法条竞合与"转化犯"。刑法中还有大量的条款包含有伤害的内容，存在法条竞合现象。如刑讯逼供、暴力取证、非法拘禁、虐待被监管人、聚众斗殴等犯罪，包含有故意伤害致人轻伤的内容。因此，在实施上述犯罪的过程中，伤害他人致轻伤的，直接按有关犯罪定罪处罚，不定故意伤害罪。但是，如果造成重伤结果的，则通常应当按照故意伤害罪定罪处罚。这种情形可以称之为"转化犯"。

3. 按想象竞合犯从一重罪处罚。行为人在犯妨害公务罪、寻衅滋事罪、打击报复证人罪、破坏监管秩序罪的过程中，故意伤害他人致人重伤的，可视为想象竞合犯，从一重罪即故意伤害罪定罪处罚。

三、过失致人死亡罪

（一）构成要件·法定刑

《刑法》第233条　过失致人死亡的，处3年以上7年以下有期徒刑；情节较轻的，处3年以下有期徒刑。本法另有规定的，依照规定。

【定义】过失造成他人死亡的行为。

【客体】他人生命权。

【行为】因为过失的行为而造成他人死亡的结果。过失行为未造成死亡结果仅造成重伤结果的，不成立过失致人死亡罪（未遂），可成立过失重伤罪。

【主观】过失，包括疏忽大意的过失与过于自信的过失。

（二）适用

【关联罪】1. 与故意伤害罪（致人死亡）的区分。二者有两点是相同的：①客观上都发生了死亡结果；②主观上行为人对死亡结果都不是故意的。二者区别的要点在于：造成死亡结果的行为性质不同，一个是行为本身不具有伤害性质，另一个是行为本身具有伤害性质。

如果行为人具有伤害的故意并实施了相应的伤害行为，过失（或非故意地）导致死亡结果的，应当认定为故意伤害罪。例如，甲、乙二人在单位财务室发生争吵继而发展为拳脚互殴，其间甲一拳击中乙额头致乙后脑勺撞到财务室铁门，法医鉴定乙面额骨折、构成轻伤，死因是后脑撞击铁门脑腔出血致死。甲拳击面额致轻伤，达到故意伤害罪程度，但是对死亡结果没有故意，成立故意伤害罪（致人死亡）。

如果行为本身不具有伤害性质，而是由于日常生活、工作中粗心轻率行为不慎造成死亡结果的，如驾驶车辆、爆破作业等不慎致人死亡，是过失致人死亡。

【案例】　　　　　　　　**杨春致人死亡案**[1]

2008年12月4日14时许，杨春驾驶轻型货车至吴雪琴的杂货店送桶装净水，杨春将水卸

---

[1] 参见中华人民共和国最高人民法院刑事审判第一、二、三、四、五庭主办：《刑事审判参考（2010年第4集·总第75集）》，法律出版社2011年版。

在吴雪琴店门口，吴要求杨将桶装水搬入店内，遭杨拒绝。随后杨春驾驶车辆欲离开，吴雪琴遂用右手抓住汽车的副驾驶室车门、左手抓住车厢挡板，阻止杨离开。杨春见状仍驾车向前低速行驶数米并右转弯，致吴跌地后遭汽车右后轮碾轧，吴因腹部遭重力碾轧造成左肾破裂、多发骨折致失血性休克，经送医院抢救无效，于当日死亡。一审判决：过失致人死亡罪，判处有期徒刑4年。检察院以故意伤害罪提起抗诉，二审维持原判。本案被告人驾车驶离是日常生活行为，无事实证据表明其有杀、伤被害人故意，不成立故意杀人罪或故意伤害罪。

简言之：以故意伤害性质的行为过失致人死亡的，是故意伤害罪；以不具有伤害性质的行为过失致人死亡的，是过失致人死亡罪。

以治安违法程度的殴打、伤害行为致人死亡的，因导致死亡的行为没有达到故意伤害犯罪的程度，应当认定为过失致人死亡。

【案例】　　　　　　　　　季忠兵过失致人死亡案[1]

被告人季忠兵在某装饰公司锅炉房，因打开水与被害人汪亚龙发生争执，继而相互推搡扭打。在推搡扭打过程中，季忠兵拎起放于锅炉房边上的一个油漆桶甩向汪亚龙，致盛放桶内的香蕉水泼洒在汪身上，香蕉水随即起火燃烧，季和汪均被烧着。嗣后，两人被送往医院救治，汪亚龙因高温热作用致休克而死亡。二审法院认为，季忠兵行为构成过失致人死亡罪，判处4年有期徒刑。本案季忠兵"推搡扭打"行为至多属于不足以致人轻伤的治安违法行为，该故意举止致汪亚龙死亡不能证实有"致人死亡"明知，不成立故意杀人罪。不足以认定达到故意杀害的程度，也不成立故意伤害罪（致人死亡）。

2. 与故意杀人罪的界限。过失致人死亡罪与故意杀人罪区别的要点在于：罪过形式不同。前者主观上是过失；后者主观上是故意。区别的难点是过于自信的过失致人死亡与间接故意杀人的界限。尤其需要注意：故意举止致人死亡，未必是故意杀人罪（参见本书故意杀人罪部分）。

3. 与意外事件的界限。过失致人死亡罪与意外事件的相同点是行为都引起了他人死亡的危害后果。不同点在于：在过失致人死亡的情况下，行为人对于死亡结果的发生应当预见而没有预见，或者已经预见到，但轻信能够避免；在意外事件的情况下，死亡结果的发生，或者是由于不能预见的原因，或者是由于不能抗拒的原因所引起的。简言之，在过失致人死亡的情况下，对于引起他人死亡的后果，行为人主观上有罪过；在意外事件的情况下，行为人主观上没有罪过，不应该承担刑事责任。

【法条竞合】过失致人死亡的，法律另有规定的，依照有关规定定罪处罚。刑法分则中有大量的特别规定包含过失致人死亡的内容，如医疗事故致人死亡的，交通肇事致人死亡的，失火、过失爆炸、过失投放危险物质致人死亡的，重大责任事故致人死亡的，玩忽职守致人死亡的等，属于法有特别规定的，按照特别规定来处理，不定过失致人死亡罪。

值得注意的是，《刑法》第233条作为过失致人死亡的一般规定，其法定刑明显重于刑法中的其他包含过失致人死亡内容的特别规定。这种一般规定与特别规定在处罚上"倒挂"的现象，将使过失致人死亡案件的法律适用面临问题。被告方将会努力谋取特别条款的适用。有些故意犯罪的结果加重犯，例如，强奸、抢劫致人死亡的，非法行医致就诊人死亡的，非法拘禁致人死亡的，暴力干涉婚姻自由致人死亡的，组织、运送他人偷越国（边）境造成被组织人死亡的，生产、销售假药、劣药、有毒有害食品等致人死亡的，等等，也包括过失致人死亡

---

[1] 参见中华人民共和国最高人民法院刑事审判第一、二、三、四、五庭主办：《刑事审判参考（2012年第6集·总第89集）》，法律出版社2013年版。

的情况,对此过失致人死亡的结果,直接依法按照有关故意罪的结果加重犯定罪处罚。

【案例】 **蒋勇、李刚过失致人死亡案**[1]

蒋勇、李刚受人雇佣驾驶农用车在无锡华新村村道上行驶时,与徐维勤驾驶的农用车对向相遇,双方为了让道问题发生争执并扭打。尔后,徐维勤持手机打电话,蒋勇、李刚以为徐维勤纠集人员,即上车调转车头欲驾车离开现场。徐维勤见状,即冲上前拦在农用车前方并抓住右侧反光镜,意图阻止蒋勇、李刚离开。蒋勇、李刚将徐维勤拉至车后,由李刚拉住徐维勤,蒋勇上车驾驶该车以约20公里的时速缓慢行驶。后李刚放开徐、跳上该车的后车厢。徐维勤见状迅速追赶,双手抓住该车的右侧护栏欲爬上该车。蒋勇从驾驶室的后视窗看到徐维勤的一只手抓在右侧护栏上,但未停车。李刚为了阻止徐维勤爬进车厢,将徐维勤的双手沿护栏扳开,徐维勤因而右倾跌地且面朝下,被该车的右后轮当场碾轧致死。该车开出十余米时,李刚将此事告知了蒋勇并下车先行离开。蒋勇见状将农用车开到厂里后逃离无锡,后被公安机关抓获。不久之后,李刚到公安机关投案自首。检察院以故意杀人罪起诉,法院认为:虽然蒋勇、李刚的共同目的是为了摆脱徐维勤的纠缠,但二人之间并无共同实施犯罪的意思联络。在危害结果可能发生的情况下,蒋勇、李刚分别违反了应有的预见义务和应尽的避免义务,从而导致了徐维勤死亡结果的发生,遂分别以过失致人死亡罪判处蒋勇、李刚有期徒刑4年6个月、3年6个月。

裁判要旨:过于自信的过失与间接故意的区分在于行为人对危害结果的态度,前者是行为人认为凭借一定的主客观条件可以避免死亡结果的发生,后者则是行为人对前述条件并不考虑,并在明知死亡结果可能发生的情况下仍实施其行为。

【司法考试题】张某和赵某长期一起赌博。某日两人在工地发生争执,张某推了赵某一把,赵某倒地后,后脑勺正好碰到石头上,导致颅脑损伤,经抢救无效死亡。张某的行为应认定为故意杀人罪?故意伤害罪?过失致人死亡罪?无罪?

本题要点:甲乙二人推搡、撕扯,既不是故意杀人行为也不是故意伤害行为。跌倒致死是推搡、撕扯行为之外的偶然因素所致,不是其撕扯推搡自身能估量的结果。至多可能认定为过失致人死亡罪,不排除可认定为意外事件。

四、组织出卖人体器官罪

(一)构成要件·法定刑

《刑法》第234条之一 组织他人出卖人体器官的,处5年以下有期徒刑,并处罚金;情节严重的,处5年以上有期徒刑,并处罚金或者没收财产。

未经本人同意摘取其器官或者摘取不满18周岁的人的器官,或者强迫、欺骗他人捐献器官的,依照本法第234条、第232条的规定定罪处罚。

违背本人生前意愿摘取其尸体器官,或者本人生前未表示同意,违反国家规定,违背其近亲属意愿摘取其尸体器官的,依照本法第302条的规定定罪处罚。

【定义】组织他人出卖人体器官的行为。

【客体】人体器官移植的管理制度。根据国务院2007年颁发的《人体器官移植条例》第3条的规定,任何组织或者个人不得以任何形式买卖人体器官,不得从事与买卖人体器官有关的活动。

【行为】"组织他人出卖人体器官"。"组织",指安排、管理他人出卖其人体器官。"他

---

[1] 参见中华人民共和国最高人民法院刑事审判第一、二、三、四、五庭主办:《刑事审判参考(2007第4集·总第57集)》,法律出版社2007年版。

人"，指出卖自己身体器官的人。组织他人出卖人体器官的行为的非法性体现在违反国家禁止人体器官买卖的规定。"组织他人出卖"，这里把被组织出卖自己人体器官者排除在外，不包括出卖自己人体器官的行为，当然也不包括购买行为。

【对象】出卖自己人体器官的人。

【主观】故意。

（二）适用

【关联罪】本罪与故意伤害罪、故意杀人罪的区别：有无获得被组织出卖人体器官的他人（器官供体）合法有效同意。本罪以获得被害人（被组织摘取自身器官的人）合法有效同意为前提。出卖人体器官一般用于器官移植。我国法律允许摘取死体的器官移植，从活体摘取器官移植仅限于近亲属或抚养扶助形成的亲属关系，但绝对禁止器官买卖。因此，即使得到被害人合法有效同意而买卖器官的，仍然违法。本罪的违法性在于违反禁止器官买卖的规定，以不违反器官活体供体的意志为前提。

"未经本人同意摘取其器官，或者摘取不满18周岁的人的器官，或者强迫、欺骗他人捐献器官的，依照本法第234条（故意伤害罪）、第232条（故意杀人罪）的规定定罪处罚。"这一规定清楚表明：未经器官的活体供体合法有效同意而摘取其器官的，构成对人的健康、生命的侵害。不论是否买卖，均以侵害人的健康、生命的犯罪论处。

【案例】　　　　　　　　王海涛等组织出卖人体器官案[1]

王海涛纠集刘超、孙友玉、李明伟至泰兴市黄桥镇等地，组织他人出卖活体肾脏。刘超、孙友玉主要利用互联网发布收购肾源广告；李明伟主要负责收取供体的手机和身份证、为供体提供食宿、安排供体体检及抽取配型血样等；王海涛主要负责联系将肾脏卖出。四名被告人先后组织朱其瑞、徐欣等多名供体出卖活体肾脏，朱其瑞在石家庄市一家医院实施了肾脏移植手术，得款3.5万元，经鉴定，其左侧肾脏缺失，构成重伤；徐欣在孙友玉招揽及王海涛的安排下，在印度尼西亚雅加达市一家医院实施了肾脏移植手术，得款3.8万元，后因无法联系其损伤程度未能鉴定；王海涛从这两起移植手术中得款3.8万元并用于钟明志、杨维东等供体的食宿支出。案发时，钟明志、杨维东尚未实施肾脏移植手术。法院以组织出卖人体器官罪，判处王海涛有期徒刑5年，并处罚金人民币4万元。

裁判要旨：行为人只要实施了组织他人出卖人体器官的行为，即可构成本罪，不应以损害结果的发生作为认定既遂的标准。具有以下情形之一的，可认定为情节严重：①在医疗机构中执业的医务人员组织出卖的；②组织多人或者多次出卖人体器官的；③通过网络发布信息招揽、组织出卖的；④组织未成年人出卖人体器官的；⑤造成出卖人或者受移植人重伤、死亡等严重后果的；⑥组织他人出卖人体器官非法获利数额巨大的；⑦组织他人出卖人体器官造成恶劣的社会影响的。

五、过失致人重伤罪

（一）构成要件·法定刑

《刑法》第235条　过失伤害他人致人重伤的，处3年以下有期徒刑或者拘役。本法另有规定的，依照规定。

【定义】过失造成他人身体重伤的行为。

【客体】公民人身健康。

---

[1] 参见中华人民共和国最高人民法院刑事审判第一、二、三、四、五庭主办：《刑事审判参考（2013年第6集·总第95集）》，法律出版社2014年版。

【行为】过失行为并造成重伤害的结果,过失行为与重伤结果之间存在因果关系。
【主观】过失。
(二) 适用
【关联罪】1. 过失致人重伤罪与过失致人死亡罪的区别:结果不同,本罪的结果限于重伤。过失致人重伤后,经过一段时间因伤势过重不治身亡的,应以最后的死亡结局为准,认定为过失致人死亡罪。

2. 过失重伤罪与故意伤害罪的界限。这两种犯罪的相同点在于客观方面,都可能出现重伤后果。二者的不同点在于:①主观心理态度不同,前者是过失的心理态度,后者是故意的心理态度;②在客观方面构成犯罪的后果要求不同,前者只有造成重伤后果,才可以构成犯罪,而后者即使未造成重伤后果,也可能构成犯罪。

【法条竞合】《刑法》中还有一些过失犯罪条款包含有过失致人重伤的内容,如医疗事故罪致就诊人伤残、非法拘禁罪致人重伤的结果加重犯等,属于"本法另有规定"的过失致人重伤的情况,直接按有关犯罪定罪处罚,不定过失致人重伤罪。

第二节 侵犯妇女、儿童性权利、人格尊严的犯罪

一、强奸罪

(一) 构成要件·法定刑

《刑法》第236条 以暴力、胁迫或者其他手段强奸妇女的,处3年以上10年以下有期徒刑。

奸淫不满14周岁的幼女的,以强奸论,从重处罚。

强奸妇女、奸淫幼女,有下列情形之一的,处10年以上有期徒刑、无期徒刑或者死刑:

(一) 强奸妇女、奸淫幼女情节恶劣的;
(二) 强奸妇女、奸淫幼女多人的;
(三) 在公共场所当众强奸妇女的;
(四) 二人以上轮奸的;
(五) 致使被害人重伤、死亡或者造成其他严重后果的。

【定义】以暴力、胁迫或者其他手段,违背妇女意志,强行与其性交或者奸淫幼女的行为。

【客体】妇女性自由、尊严或者幼女身心健康。国家保护妇女性自由权不受男人性侵犯,因此,男性使用强制手段违背妇女意志与其发生性交的,侵犯了妇女的性自由,即同意或不同意性交的权利。同时,鉴于幼女身心尚未发育健全,国家提供特别保护,禁止男人与幼女发生性行为,使幼女免遭性行为的侵害。在惩治性侵未成年人犯罪方面,《惩治性侵未成年意见》(2013) 非常重要,从对未成年人"最高限度保护"、对性侵未成年犯罪"最低限度容忍"两方面作出规定。

【对象】一切女人，[1] 根据年龄的差别，分为妇女和幼女。《刑法》第 236 条强奸罪对象之妇女，是指年龄在 14 周岁以上的女人；幼女，是指年龄不满 14 周岁的女人。对于妇女，根据有无辨认自己性行为的能力，又可分为普通妇女和智力残疾或者精神残疾的妇女。认定强奸罪，行为对象同是妇女而在法律上有不同的要求。已死亡女人属于尸体，不是本罪的对象，"奸尸"的，不成立强奸罪，有判例以侮辱尸体罪论处。

【主体】年满 14 周岁具有刑事责任能力的男子。《刑法》第 236 条之强奸，对象限于女人，强奸方式限于男性生殖器插入妇女或接触幼女生殖器，属于最狭义强奸[2]。据此，强奸（正犯）之主体似乎仅限男人。妇女帮助男人实行强奸，可以成立强奸罪共犯（教唆犯或帮助犯）。不过，如果扩大强奸实行行为的范围，把妇女暴力、胁迫压制被害妇女帮助男人强奸的行为也视为实行行为，强奸主体就不限于男人。另，丈夫强行与妻性交不构成强奸罪。理由主要有二：①男女结为夫妻意味同意性交；②夫妻之间、卧房之内发生的事情，是否违背意志，不便查证，按照家庭暴力案件处理更为合理。

【行为】暴力、胁迫或者其他手段强奸妇女，或者奸淫幼女。强奸妇女的暴力、胁迫手段，应达到足以违背妇女意志强迫性交的程度，《办理强奸案解答》（1984）指出："'暴力手段'，是指犯罪分子直接对被害妇女采用殴打、捆绑、卡脖子、按倒等危害人身安全或者人身自由，使妇女不能抗拒的手段。'胁迫手段'，是指犯罪分子对被害妇女威胁、恫吓，达到精神上的强制的手段。如扬言行凶报复、揭发隐私、加害亲属等相威胁，利用迷信进行恐吓、欺骗，利用教养关系、从属关系、职权以及孤立无援的环境条件，进行挟制、迫害等，迫使妇女忍辱屈从，不敢抗拒。"强奸的"其他手段"，根据《办理强奸案解答》（1984），"是指犯罪分子用暴力、胁迫以外的手段，使被害妇女无法抗拒。例如：利用妇女患重病、熟睡之机，进行奸淫；以醉酒、药物麻醉，以及利用或者假冒治病等方法对妇女进行奸淫"。另根据判例和经验，造成或者利用妇女处于孤立无援的状态进行强奸；假借治疗强奸妇女；组织和利用会道门、邪教组织或者利用迷信强奸妇女等也属于其他手段。根据《刑法》第 259 条第 2 款的规定，利用职权、从属关系，以胁迫手段奸淫现役军人的妻子的，以强奸罪论处。

"违背妇女意志"及其认定，通说认为强奸罪的本质特征或不成文要件是"违背妇女意志"即违背妇女自愿性交的意思。《办理强奸案解答》（1984）特别强调："在认定是否违背妇女意志时，不能以被害妇女作风好坏来划分。强行与作风不好的妇女发生性行为的，也应定强奸罪。""认定强奸罪不能以被害妇女有无反抗表示作为必要条件。对妇女未作反抗表示或者反抗表示不明显的，要具体分析，精心区别。"

对于不能辨认自己行为的智力残疾或者精神残疾妇女，只要行为人实施奸淫行为，不问是否违背妇女的意志，也不问是否使用了暴力、胁迫以及其他足以违背妇女意志的强奸手段，就具备强奸罪的客观要件。《办理强奸案解答》（1984）指出："明知妇女是精神病患者或者痴呆者（程度严重的）而与其发生性行为的，不管犯罪分子采取什么手段，都应以强奸罪论处。

---

[1] 在我国，过去一直将奸淫幼女罪当作一个独立的罪名，因此，强奸罪的对象限于已满 14 周岁的妇女，而奸淫幼女罪的对象限于不满 14 周岁的幼女。最高人民法院和最高人民检察院于 2002 年 3 月 15 日公布的《关于执行〈中华人民共和国刑法〉确定罪名的补充规定》中，取消了《刑法》第 236 条规定的奸淫幼女罪罪名。自此，《刑法》第 236 条规定的奸淫幼女的行为一并纳入强奸罪罪名之内。强奸罪对象的范围也因而扩大到一切女人，不仅包括妇女，也包括幼女。

[2] 有些国家如法国，采取广义的强奸概念，指对他人违背意志的性侵入，强奸对象包括一切人，性侵入包括使用身体一部分或物体自他人生殖器、口腔、肛门等侵入他人身体。我国台湾地区"刑法"也是广义强奸。广义强奸概念下，主体应包括任何性别的人。

与间歇性精神病患者在未发病期间发生性行为,妇女本人同意的,不构成强奸罪。"

被害人是幼女的,只要行为人实施了奸淫行为,不问幼女是否同意,也不问是否使用了暴力、胁迫以及其他足以违背妇女意志的强奸手段,就具备强奸罪的客观要件。因为幼女心智尚不具备辨认自己性行为的能力,幼女的生理也尚未发育成熟到适宜发生性行为的程度。出于对幼女身心健康的保护,避免遭受不当性行为的侵害。所以对于幼女的奸淫行为视同强奸行为,予以禁止。

《惩治性侵未成年意见》(2013)第21条第2款规定:"对已满14周岁的未成年女性负有特殊职责的人员,利用其优势地位或者被害人孤立无援的境地,迫使未成年被害人就范,而与其发生性关系的,以强奸罪定罪处罚。"

【主观】强行奸淫妇女或者奸淫幼女的故意。

1. 强行奸淫妇女的故意包含以下认知内容:①明知违背妇女意志。行为人知道妇女对性关系表示拒绝或不同意,可认为违背妇女意志。妇女表示拒绝或不同意性关系的方式包括言语、表情、身体动作等。妇女对性关系表示同意,即使不是真心愿意,不能认定行为人有强奸故意。②意图性交,即意图发生男女生殖器交合的性关系。如果意图性交之外的性行为,则属于猥亵意图。

2. 没有使用暴力胁迫等手段、经幼女"同意"性交的,需明知对方是未满14周岁的幼女,确实不知的,不成立强奸罪。关于"明知"幼女的认定,《惩治性侵未成年意见》(2013)第19条规定:"知道或者应当知道对方是不满14周岁的幼女,而实施奸淫等性侵害行为的,应当认定行为人'明知'对方是幼女。对于不满12周岁的被害人实施奸淫等性侵害行为的,应当认定行为人'明知'对方是幼女。对于已满12周岁不满14周岁的被害人,从其身体发育状况、言谈举止、衣着特征、生活作息规律等观察可能是幼女,而实施奸淫等性侵害行为的,应当认定行为人'明知'对方是幼女。"前述"意见"对于被害人是未满12周岁的,采取了司法认定上的"严格责任",不接受被告人不知幼女的辩解。"对于已满12周岁的幼女实施奸淫等性侵害行为的,如无极其特殊的例外情况,一般均应当认定行为人明知被害人是幼女。这里的极其特殊的例外情况,具体可从以下三个方面把握:①客观上被害人身体发育状况、言谈举止、衣着、生活作息规律等特征确实接近成年人;②必须确有证据或者合理依据证明行为人根本不可能知道被害人是幼女;③行为人已经足够谨慎行事,仍然对幼女年龄产生了误认,即使其他正常人处在行为人的场合,也难以避免这种错误判断。比如,与发育较早、貌似成人、虚报年龄的已满12周岁不满14周岁的幼女,在谈恋爱和正常交往过程中,双方自愿发生了性行为,确有证据证实行为人不可能知道对方是幼女的,才可以采纳其不明知的辩解,但应特别严格掌握。相反,如果行为人采取引诱、欺骗等方式,或者根本不考虑被害人是否是幼女,而甘冒风险对被害人进行奸淫等性侵害的,一般都应当认定行为人明知被害人是幼女,以实现对幼女的特殊保护,堵塞惩治犯罪的漏洞。"[1]

使用暴力、胁迫以及其他违背幼女意志奸淫幼女的,不问是否明知是幼女。

【既遂·未遂·着手】强奸罪既遂、未遂界限因行为对象的不同而有所差别。在强奸的对象是妇女的场合,通常采取"插入说"或者"结合说"作为认定既遂的标准。传统观念评价强奸在于侵犯妇女贞操,而是否失去贞操在于是否被插入。所以,强奸妇女达到插入程度的,是强奸既遂;反之,已经着手强奸但因为意志以外的原因未能插入的,是强奸未遂。

---

[1] 薛淑兰、赵俊甫、肖凤:"《关于依法惩治性侵害未成年人犯罪的意见》有关问题的解读",载《人民法院报》2014年1月4日。

被害人是幼女的,通说既遂标准采"接触说",即"只要双方发生性器官接触,即应视为奸淫既遂"。[1] 反之,已经着手奸淫,双方性器官没有达到接触程度的,是未遂。被害人是幼女还是妇女,既遂标准不同,一方面生理发育程度不同,另一方面对幼女应特别保护。不过,在1997年《刑法》修订增设猥亵儿童罪之后,对幼女性器官仅仅达到接触程度就认为强奸既遂,将导致奸淫与猥亵的界限不清。本书主张,奸淫幼女应是意图插入且达到一定程度插入为既遂。没有插入意图且仅有接触的,应当认定为猥亵。

强奸罪着手,指已经开始对妇女实施暴力、胁迫。在使用麻药、迷药或利用醉酒等其他手段强奸的,应当以开始性侵行为为着手,已经导致被害人不能、不知反抗状态,未能开始性侵行为的,是强奸的预备犯。强奸属于侵犯人身类犯罪,开始了侵犯被害人人身的行为才算着手。以电话、恐吓信威胁妇女强要性关系的,不是胁迫行为的开始,不是强奸着手。[2]

【加重犯】1."强奸妇女、奸淫幼女情节恶劣的"。"情节恶劣",根据司法经验,一般指强奸妇女手段残酷的;在公共场所劫持妇女强奸的;强奸妇女多次的;因强奸妇女引起被害人自杀、精神失常的;等等。

2."强奸妇女、奸淫幼女多人的",即指强奸妇女、奸淫幼女3人以上的。

3."在公共场所当众强奸妇女的",指在车站、码头、公园、影剧院、歌舞厅等公共场所当着第三人或多人的面对妇女进行强奸。为了加强对未成年人保护、严惩性侵未成年人的犯罪,《惩治性侵未成年意见》(2013)第23条作扩大解释,不以在场人看见为必要:"在校园、游泳馆、儿童游乐场等公共场所对未成年人实施强奸、猥亵犯罪,只要有其他多人在场,不论在场人员是否实际看到,均可以依照刑法第236条第3款、第237条的规定,认定为在公共场所'当众'强奸妇女,强制猥亵、侮辱妇女,猥亵儿童。"

4."二人以上轮奸的",指二人以上同一时间轮流强奸同一妇女或幼女,同一时间指同一轮流强奸作案过程,不以同一场所为必要。如甲乙共谋轮奸丙女,甲强奸后又将丙女挟持到乙的房间由乙强奸,仍属于同一时间。成立轮奸,以主观有轮奸认识为必要。甲帮助乙强奸丙女,甲强奸后离开现场,乙临时起意强奸丙的,如果甲确实不知情,仅乙构成轮奸、甲不构成轮奸。甲把丙女灌醉后强奸,甲离去,乙利用丙醉酒实行强奸,如果甲乙互不知情,均不构成轮奸。轮奸是否以二人以上强奸既遂(二人以上达于插入程度)为必要?分歧颇多。主要观点一:二人以上着手轮奸即成立轮奸、适用加重法定刑处罚。皆没有既遂的,同时皆适用未遂或中止情节,其中有共犯人没有既遂的,对该共犯人适用未遂或中止情节。预备轮奸未着手的,不成立轮奸。观点二:主张轮奸以二人以上既遂为必要。本书赞同观点二。理由:轮奸应当作限缩解释方能符合罪刑相适应原则,与《刑法》第236条其他加重事由、强奸共犯的适用保持平衡。具体而言:①轮奸加重的重要理由是生理上对被害人伤害更大,而只有(二人以上插入)既遂才能产生这种生理性伤害;没有二人以上插入,与一人帮助、另一人强奸的共犯差不多,如乙暴力帮助甲强奸丙,与甲乙共谋轮奸丙、甲插入、乙未逞,二者差不多。另,一人强奸意思、一人猥亵意思共同性侵丙,与甲乙共谋轮奸丙、甲插入、乙未逞也差不多。但二者法定刑差别很大,轮奸的适用10年以上刑罚,强奸的适用3年以上刑罚。②对于未遂者,以轮奸情节同时适用未遂处罚,相较单纯的帮助犯仍然显失平衡;③对于既遂的那部分行为人,以轮奸情节在10年以上量刑亦不公平。对轮奸还要适用共同犯罪规定区分责任,进行处罚。

---

[1] 1984年4月26日最高人民法院、最高人民检察院、公安部《办理强奸案解答》。

[2] 罗开卷、彭涛、赵拥军:"以威胁方式要求发生性关系并且使被害人来到酒店——强奸未遂还是强奸预备?"载《人民法院报》2015年10月15日。

例如，甲乙丙丁轮奸戊女，其中作用较小者可以认定为从犯从轻、减轻处罚。轮奸幼女的，应同时适用轮奸加重处罚和奸淫幼女从重处罚情节。轮奸是强奸罪法定加重事由，不是独立罪名。

5. 致使被害人重伤、死亡或者造成其他严重后果的。"强奸'致人重伤、死亡'，是指因强奸妇女、奸淫幼女导致被害人性器官严重损伤，或者造成其他严重伤害，甚至当场死亡或者经治疗无效死亡的。因强奸'造成其他严重后果'，除包括因强奸妇女或者奸淫幼女引起被害人自杀或者精神失常这两种常见的情形外，还应包括因强奸妇女或者奸淫幼女造成被害人怀孕分娩或堕胎等其他严重危害被害妇女或幼女身心健康的严重后果〔1〕 对于强奸犯出于报复、灭口等动机，在实施强奸的过程中，杀死或者伤害被害妇女、幼女的，应分别定为强奸罪、故意杀人罪或者故意伤害罪，按数罪并罚惩处。"〔2〕

【量刑】奸淫不满14周岁的幼女的，以强奸论，从重处罚，是指无论使用何种方式奸淫幼女的，都定强奸罪，分别按照本条第1款或第3款的法定刑从重处罚。

《量刑指导意见》（2013）规定：①强奸妇女1人的，可以在3～5年有期徒刑幅度内确定量刑起点。奸淫幼女一人的，可以在4～7年有期徒刑幅度内确定量刑起点。②有下列情形之一的，可以在10～13年有期徒刑幅度内确定量刑起点：强奸妇女、奸淫幼女情节恶劣的；强奸妇女、奸淫幼女3人的；在公共场所当众强奸妇女的；二人以上轮奸妇女的；强奸致被害人重伤或者造成其他严重后果的。依法应当判处无期徒刑以上刑罚的除外。在量刑起点的基础上，可以根据强奸妇女、奸淫幼女情节恶劣程度、强奸人数、致人伤害后果等其他影响犯罪构成的犯罪事实增加刑罚量，确定基准刑。强奸多人多次的，以强奸人数作为增加刑罚量的事实，强奸次数作为调节基准刑的量刑情节。

《惩治性侵未成年意见》（2013）第25条规定：针对未成年人实施强奸、猥亵犯罪的，应当从重处罚，具有下列情形之一的，更要依法从严惩处：①对未成年人负有特殊职责的人员、与未成年人有共同家庭生活关系的人员、国家工作人员或者冒充国家工作人员，实施强奸、猥亵犯罪的；②进入未成年人住所、学生集体宿舍实施强奸、猥亵犯罪的；③采取暴力、胁迫、麻醉等强制手段实施奸淫幼女、猥亵儿童犯罪的；④对不满12周岁的儿童、农村留守儿童、严重残疾或者精神智力发育迟滞的未成年人，实施强奸、猥亵犯罪的；⑤猥亵多名未成年人，或者多次实施强奸、猥亵犯罪的；⑥造成未成年被害人轻伤、怀孕、感染性病等后果的；⑦有强奸、猥亵犯罪前科劣迹的。对于"与未成年人有共同家庭生活关系的人员"，应当立足家庭的概念，准确把握"共同家庭生活关系"内涵中具有的"质"和"量"的要求。从"质"上来说，需要形成实际上的共同生活关系，如事实上的抚养关系、监护关系等；从"量"上来说，需要具有共同生活的长期性、确定性和稳定性，不包括仅有几次的共同居住或者较短时间的共同居住之情形。〔3〕

《惩治性侵未成年意见》（2013）第28条规定：对于强奸未成年人的成年犯罪分子判处刑罚时，一般不适用缓刑。对于性侵害未成年人的犯罪分子确定是否适用缓刑，人民法院、人民

---

〔1〕 指导判例"曹占宝强奸案【第228号】——如何理解强奸'致使被害人重伤、死亡或者造成其他严重后果'以及能否对此提起附带民事诉讼？"载中华人民共和国最高人民法院刑事审判第一庭、第二庭编：《刑事审判参考（2003年第1辑·总第30辑）》，法律出版社2003年版。

〔2〕 1984年4月26日最高人民法院、最高人民检察院、公安部《办理强奸案解答》。

〔3〕 指导判例"谈朝贵强奸案【第980号】——如何界定"共同家庭生活关系"以及与幼女有共同家庭生活关系的人多次奸淫幼女致其怀孕，是否属于奸淫幼女'情节恶劣'？"载中华人民共和国最高人民法院刑事审判第一、二、三、四、五庭主办：《刑事审判参考（2014年第3集·总第99集）》，法律出版社2015年版。

检察院可以委托犯罪分子居住地的社区矫正机构,就对其宣告缓刑对所居住社区是否有重大不良影响进行调查。受委托的社区矫正机构应当及时组织调查,在规定的期限内将调查评估意见提交委托机关。对于判处刑罚同时宣告缓刑的,可以根据犯罪情况,同时宣告禁止令,禁止犯罪分子在缓刑考验期内从事与未成年人有关的工作、活动,禁止其进入中小学校区、幼儿园园区及其他未成年人集中的场所,确因本人就学、居住等原因,经执行机关批准的除外。

《惩治性侵未成年意见》(2013) 第 29 条规定:外国人在我国领域内实施强奸、猥亵未成年人等犯罪的,应当依法判处,在判处刑罚时,可以独立适用或者附加适用驱逐出境。对于尚不构成犯罪但构成违反治安管理行为的,或者因实施性侵害未成年人犯罪不适宜在中国境内继续停留居留的,公安机关可以依法适用限期出境或者驱逐出境。

《惩治性侵未成年意见》(2013) 第 31 ~ 34 条规定:①对于未成年人因被性侵害而造成的人身损害,为进行康复治疗所支付的医疗费、护理费、交通费、误工费等合理费用,未成年被害人及其法定代理人、近亲属提出赔偿请求的,人民法院依法予以支持。②未成年人在幼儿园、学校或者其他教育机构学习、生活期间被性侵害而造成人身损害,被害人及其法定代理人、近亲属据此向人民法院起诉要求上述单位承担赔偿责任的,人民法院依法予以支持。③未成年人受到监护人性侵害,其他具有监护资格的人员、民政部门等有关单位和组织向人民法院提出申请,要求撤销监护人资格,另行指定监护人的,人民法院依法予以支持。④对未成年被害人因性侵害犯罪而造成人身损害,不能及时获得有效赔偿,生活困难的,各级人民法院、人民检察院、公安机关可会同有关部门,优先考虑予以司法救助。

(二) 适用

【定罪】1. 丈夫对妻子不构成强奸罪。男女自愿结婚,也意味着同意性关系,排除强奸罪。即使丈夫对妻子暴力强制性交的,属于"家暴"问题。如果该暴力行为构成伤害、侮辱、非法拘禁等犯罪的,应当以伤害、侮辱、非法拘禁等罪名追究刑事责任。[1] 该判例确认丈夫对妻子不成立强奸罪,但婚姻关系实质无效的除外。婚姻关系是否实质无效可从三个方面判断:①从结婚的目的看,是否体现双方缔结婚姻的真实意思;②从婚后状况看,婚后是否共同生活过,财产归属如何,是否相互承担权利义务;③从婚后感情及女方态度看,婚后是否有感情,女方是否提出过离婚。[2] 例如,强抢妇女为妻或者收买被拐卖的妇女为妻并骗取婚姻登记的,这种婚姻徒具合法的形式,不排除成立强奸罪。再如,通过欺骗手段与幼女登记"结婚"后发生性关系的,成立强奸罪。

如果男方因为女方毁约或者担心女方毁约,而将仅有婚约关系的女方抢至家中,违背妇女意志强行发生性交行为的,成立强奸罪。在有抢婚习俗的地方,依照习俗的"抢婚"行为不为罪。

2. 强奸与同意的性交(以下简称"和奸")区分。和奸,狭义指已婚男女的婚外自愿性交;广义指男女婚外的自愿性交。和奸不为罪。强奸是违背意愿的性交。妇女想要还是不想要该性交的意志,是内心愿望,需要通过外在的举止表现,认定起来存在两种倾向:①妇女没有表示"同意"或没有得到妇女"同意"就认为违背妇女意志;②妇女表示"不同意"如说不或抗拒才认为违背妇女意志。"法律的责任是立足于让男性获得肯定的许可,还是让女性对此

---

[1] 但在司法实践中有这样的判例:法院一审判决甲男与乙女离婚,在甲男上诉一审判决尚未生效期间,甲男强奸乙女,法院认定强奸罪成立。

[2] 石耀辉、伍红梅:"非正常婚姻状态下强奸罪的构成",载《人民司法》2011 年第 24 期。

进行否定。"[1] 鉴于成立强奸罪需要有违背妇女意志或者妇女不同意该性关系的认知，应当以妇女有不同意表示为必要，但不以妇女有强烈反抗为必要。

现在网络约会的很多，男女网友约会开房，双方通常会理解为有意"一夜情"。女方应清晰明确表示"不同意"性关系，才能认定男方有强奸故意。

在歌厅、酒吧等娱乐场所，常有陪酒女陪酒陪唱，其中还有兼职"出台"卖淫的。对于其间经常发生的指控利用女方醉酒强奸轮奸的案件，也需要女方有清晰明确的"不同意"性关系的表示才能认定男方有强奸认识。因为陪酒陪唱到深夜，之后还随客人去"开房"或"上门"，足以使男方以为女方有意卖淫。女方没有明确清晰的"不同意"性关系表示，也没有醉酒到不能表达意思的程度，不能认定男方有强奸故意。另外，有长期陪酒陪唱经历的，一般了解自己的酒量，也有自我保护、应酬客人的能力。认定被告人利用被害人陷入醉态强奸，应当要求女方因醉酒达到不能或不知拒绝性关系的程度。

在男方说女方愿意而女方说不愿意的"一对一"案件中，妇女报案时间早晚相当关键。妇女报案及时，首先多少能印证妇女对刚刚发生的性关系不愿意；其次，能够取得一些暴力痕迹的证据，如衣裳遭撕扯的痕迹、暴力压制与反抗中在身体上形成的痕迹、案发现场凌乱的状况等；再次，妇女刚刚遭到性侵，其心情尚未平复状态下的陈述显得较真实、可信。相反，数天之后才报案，妇女的控告失去了上述优势，成为双方各执一词的"一对一"案件，往往因证据不足而不能立案。

【案例】 陈某涉嫌强奸无罪案[2]

陈某与某女为分属不同部门的同一银行工作人员，两人曾在之前的几次单位活动中有过接触，且行为亲昵。2004年某日中午，陈某、某女以及其他同事在酒店就餐，席间两人言行、神情亲密，均无喝醉迹象。就餐结束后，陈某、某女手挽手出入电梯，与其他几位同事来到本单位用于存放礼品的酒店房间，其他同事将多余的礼品搬出房间后陆续离开，某女打电话让其男友来接送并告知了房间号码。在其他同事离去后，房间内仅留下陈某及某女，陈某即将房门关上。之后，同事周某因忘拿衣服而折回该房间并敲门，陈某出来开门且表情较为尴尬，某女当时坐在床上。周某离去后，陈某又关上房门并与某女发生了性关系。其间，某女的男友到达该房间门口按门铃并敲门，见无反应便让服务员开门。陈某与某女听到门铃声后，即将被子盖在身上并保持安静。某女的男友进去后，发现两人裸体躺在床上，即与陈某争执并扭打，陈某逃离现场，男友用力将某女推倒在床上后离开并报案。一审法院以强奸罪对陈某判处有期徒刑3年；二审法院宣告无罪。

裁判要旨：强奸案件中的直接证据，往往只有被告人供述和被害人陈述。在这种"一对一"的情况下不应简单地采信这两者，而应：首先，将这两者进行比较分析，寻找矛盾之处；其次，将这两者与间接证据进行比较分析，确定各个证据的证明力。关键在于判断发生性关系是否自愿。

3. 根据司法解释，女方控告"男友"强奸的，应当具体分析：如果女方控告男友强奸，查证属实的，尽管二人曾经发生过同意性关系，不影响强奸罪成立。常见的情形是：男女之间原本发生过性关系，女方因为顾忌舆论的压力，或者不想造成家庭关系的破裂，或者想建立新的恋爱关系等，提出与男方断绝奸关系。而男方不仅不尊重女方的意愿，反而继续纠缠，进

---

[1] [美] 约书亚·德雷斯勒著，王秀梅等译：《美国刑法精解（第四版）》，北京大学出版社2009年版，第540页。
[2] 中华人民共和国最高人民法院刑事审判第一、二、三、四、五庭主办：《刑事审判参考（2006年第3集·总第50集）》，法律出版社2006年版。

而对女方实施暴力胁迫行为强行奸淫的,如果女方及时报案、查证属实,对后来的强奸行为可以认定为强奸罪。不能仅仅根据男女之间有过和奸关系就排除强奸的可能。相反,如果女方后来因为和奸关系暴露,为了表示自己的清白或者在家人的压力之下,把与对方和奸的行为说成强奸的,也不能仅凭女方的一面之词就认定为强奸罪。

如果女方控告男方对其曾经实施过强奸,但在指控的强奸事实发生之后,与男方又发生和奸行为、保持和奸关系的,一般不采信女方的指控。因为后来发生的和奸行为、保持的和奸关系,以及案发当时没有及时控告,导致女方强奸指控证据不足。

4. 试探和奸未成与强奸未遂、中止的界限。在因为邻居、同学、同事、朋友等关系而相识的男女之间,有时发生男方意图与女方和奸,而通过语言甚至拉扯动作一厢情愿地表示要与女方发生性交的意思。但是一旦女方有拒绝、反对、厌恶的表示,即停止纠缠的,通常属于试探和奸的性质,不宜认定为强奸未遂或者强奸中止。

5. "有教养关系、从属关系和利用职权与妇女发生性行为的,不能都视为强奸。行为人利用其与被害妇女之间特定的关系,迫使就范,如养(生)父以虐待、克扣生活费迫使养(生)女容忍其奸淫的;或者行为人利用职权,乘人之危,奸淫妇女的,都构成强奸罪。行为人利用职权引诱女方,女方基于互相利用与之发生性行为的,不定为强奸罪。"[1]

6. 行为人强迫他人性交、猥亵供其观看的,虽然其没有亲自实施强奸、猥亵妇女的行为,但实际上是利用他人作为犯罪工具,属于间接实行犯,应当按照实行正犯来处理。一般情况下,强奸罪或强制猥亵妇女罪的行为人为满足性欲、追求性刺激,均亲自直接实施强奸或猥亵行为,但在特殊情况下,行为人不必直接实施实行行为,而让其他人代为实施强奸或猥亵行为,亦能达到宣泄性欲或者追求其他目的的效果,如打击报复、羞辱被害人等。[2]

7. 少男的越轨行为与强奸罪的界限。已满14周岁、不满16周岁的人偶尔与幼女发生性行为,情节轻微、未造成严重后果的,不认为是犯罪,[3]可责成家长和学校严加管教。[4]但是,如果已满14周岁、不满16周岁的男少年与不满14周岁的幼女发生性交,情节严重或者后果严重的,应当以强奸罪追究刑事责任。所谓情节严重,一般指使用一些具有强制性手段;或者奸淫多名幼女的;等等。后果严重,一般指造成幼女怀孕,严重影响身心健康的;或者造成幼女自杀的;等等。

【共犯】二人轮奸,即使其中一人未达刑事责任年龄,也不影响轮奸成立。

【案例】 <center>**李尧强奸案**[5]</center>

2000年7月某日中午,李尧(犯罪时未满16周岁)伙同未成年人申某某(犯罪时13周岁)将幼女王某(1992年5月21日出生)领到东柞村村民张松岭家的玉米地里,先后对王某实施轮流奸淫。同年11月2日,因被害人亲属报案,李尧被抓获。一审法院认定李尧存在轮奸情节,以奸淫幼女罪判处李尧有期徒刑8年;二审法院改判强奸罪,判处有期徒刑6年。

---

[1] 1984年4月26日最高人民法院、最高人民检察院、公安部《办理强奸案解答》第2问。
[2] 中华人民共和国最高人民法院刑事审判第一、二、三、四、五庭主办:《刑事审判参考(2006年第3集·总第50集)》,法律出版社2006年版。
[3] 2006年1月23日最高人民法院《审理未成年人刑案解释》《惩治性侵未成年意见》)。
[4] 1984年4月26日最高人民法院、最高人民检察院、公安部《办理强奸案解答》。
[5] 指导判例"谭荣财、罗进东强奸、抢劫、盗窃案【第495号】——强迫他人性交、猥亵供其观看的行为如何定性?"载中华人民共和国最高人民法院刑事审判第一、二、三、四、五庭主办:《刑事审判参考(2008年第4集·总第63集)》,法律出版社2008年版。

裁判要旨：与不满14周岁的人轮流奸淫同一幼女的，应认定为轮奸。这是因为轮奸比单独实施的强奸犯罪更为严重，若坚持"轮奸"的行为人必须构成强奸共同犯罪（共同实行犯），参与轮奸的人都必须具备犯罪主体的一般要件，显然既不利于保护被害人的合法权益，也有违立法本意。

李尧案的裁判要旨在不法与责任分立上仍不够彻底。其实，二人共犯强奸，其中一人未达刑事责任年龄，不影响强奸共同犯罪的成立。比如，甲（15岁）帮助乙（13岁）强奸丙，二人共同实施强奸犯罪事实即可成立共同犯罪，不必共同具有刑事责任能力。乙虽然实行了强奸但未达到刑事责任年龄，不负刑事责任；甲成立乙强奸的帮助犯，如果作用很小，应当适用从犯从宽处罚。

【罪数】1. 行为人在强奸的过程中，因为使用暴力压制反抗或者因为强奸行为粗暴致使被害人重伤、死亡或者造成其他严重后果的，属于强奸罪的结果加重犯，以强奸罪一罪定罪处罚。如果行为人在强奸行为实施终了以后，为了杀人灭口或者泄愤报复或者满足变态心理，而又对被害人实施杀害、伤害行为的，应当以强奸罪与故意杀人罪、故意伤害罪数罪并罚。

2. 行为人在收买被拐卖的妇女、幼女之后，又对被其收买的妇女、幼女实施强奸行为的，应当数罪并罚。但是，对于在拐卖妇女、儿童过程中奸淫被拐卖的被害人的；在强迫他人卖淫中强奸后迫使卖淫的，根据《刑法》第240、358条特别规定，应当将强奸罪行作为拐卖妇女、儿童罪或者强迫卖淫罪的法定加重情节，不实行数罪并罚。

二、强制猥亵、侮辱罪，猥亵儿童罪

（一）构成要件·法定刑[1]

《刑法》第237条　以暴力、胁迫或者其他方法强制猥亵他人或者侮辱妇女的，处5年以下有期徒刑或者拘役。

聚众或者在公共场所当众犯前款罪的，或者有其他恶劣情节的，处5年以上有期徒刑。

猥亵儿童的，依照前两款的规定从重处罚。

1. 强制猥亵、侮辱罪。

【定义】以暴力、胁迫或者其他方法强制猥亵他人、侮辱妇女的行为。

【客体】他人的性尊严，人格尊严。

【对象】（1）强制猥亵对象："他人"，除自己以外的任何性别的人，包括女人、男人、"中性人"。

（2）侮辱行为的对象："妇女"。因为《刑法》第237条第3款专门规定有猥亵儿童罪，因此猥亵儿童的应当适用专门的且处罚较重的猥亵儿童罪定罪处罚。

【行为】以暴力、胁迫或者其他方法，违背他人意志强制猥亵他人、侮辱妇女的行为。"猥亵他人、侮辱妇女"，指使用性交以外的方法故意侵犯他人性自由、性尊严、性羞耻心的性侵犯行为，即具有性意义的侵犯行为，如抠摸、亲吻、搂抱、剥衣、鸡奸、口交等。包括行为人对他人实施，也包括强迫被害人自行猥亵，如被害人自己手淫，以及强迫被害人对自己或第三人实施[2]，还包括异性和同性之间的猥亵、侮辱。"以暴力、胁迫或者其他方法强制"之"其他方法"，指除暴力、胁迫以外的足以违背他人意志对他人实施性侵犯的方法，如使用麻

---

[1] 中华人民共和国最高人民法院刑事审判第一庭、第二庭编：《刑事审判参考（2004年第1集·总第36集）》，法律出版社2004年版。

[2] 中华人民共和国最高人民法院刑事审判第一庭、第二庭编：《刑事审判参考（2004年第1集·总第34集）》，法律出版社2004年版。

醉、灌醉酒的方法；假借治病施展巫医骗术的方法，以及趁他人重病昏迷之际或者熟睡之际实施猥亵、侮辱。《刑法》第237条之"猥亵他人、侮辱妇女"均以"强制"为必要，且"猥亵他人"与"侮辱妇女"均需要具有性侵犯性质，且"他人"涵盖"妇女"，实难区分。或许对于被害妇女具有性侵犯意义但对行为人却不具有性动机的行为，可以归入强制侮辱妇女的范围，如丈夫当众剥光"出轨"妻子的衣服，妻子当众剥光"小三"的衣服，对被害妇女有性羞辱意义，但行为人却没有性刺激的动机。

【主观】故意。

【主体】一般主体，包括女人和被害人配偶。

【罪量】《治安处罚法》（2012）第44条规定："猥亵他人的，或者在公共场所故意裸露身体，情节恶劣的，处5日以上10日以下拘留……"其中包含强制猥亵行为，因此，强制猥亵他人、侮辱妇女的行为情节显著轻微、危害不大的，是治安违法行为，不是犯罪，如在公共场所或者公共汽车上借人多拥挤之机，偶尔摸捏妇女（"咸猪手"），主观恶性不深并且尚未造成严重后果的，就不能认定为犯罪。强制猥亵行为达到了值得使用刑罚惩罚的程度的，以强制猥亵、侮辱罪处罚。

2. 猥亵儿童罪。

【定义】故意对不满14周岁的儿童以奸淫幼女之外的方式进行性侵犯的行为。

【客体】儿童身心健康。

【对象】儿童，指不满14周岁的人，既包括男童，也包括女童。猥亵儿童的行为对儿童身心健康危害很大，影响儿童的正常发育和成长，所以刑法对儿童给予特殊保护。

【行为】猥亵儿童，指对儿童实施性骚扰、侵犯的行为。不论行为人与被害人性别是否相同。

【主观】故意。如果以奸淫为目的，则构成强奸罪。

【罪量】猥亵儿童行为，在我国现行法律体制下，既是犯罪行为，也是治安违法行为，因此需要从程度上划分出治安违法与犯罪的界限。猥亵儿童行为尚未达到依法追究刑事责任程度的，可以根据《治安处罚法》（2012）第44条之规定："猥亵智力残疾人、精神病人、不满14周岁的人或者有其他严重情节的，处10日以上15日以下拘留。"对于下列猥亵儿童行为，应当定罪处罚：①对儿童实施性侵入行为，包括抠摸儿童生殖器、肛门、口腔或其他以身体一部或物体进入儿童生殖器、肛门、口腔的。因为这类性侵儿童行为与奸淫幼女的危害性相近。②使儿童裸露性器官或对裸露性敏感部位进行猥亵的。③行为人以自己的生殖器直接接触儿童身体、令被害儿童反感或不安的。④强制猥亵儿童的。⑤以搂抱、亲吻、抚摸等方式猥亵儿童2次以上的。⑥对儿童负有特殊职责的人猥亵儿童的。对儿童偶尔或轻微的性骚扰行为，以及在公共场所、公共交通工具上的"咸猪手"性骚扰行为，可以认为情节显著轻微危害不大，给予治安处罚。

【加重犯】《刑法》第237条第2款规定："聚众或者在公共场所当众犯前款罪的，或者有其他恶劣情节的，处5年以上有期徒刑。"

（1）"聚众或者在公共场所当众"，聚众，是指纠集3人以上；"在公共场所当众"，其"公共场所"，一般指"公众自由出入的场所。如广场、公共汽车上、公园等场所"[1]；"当

---

[1] 中华人民共和国最高人民法院刑事审判第一庭、第二庭编：《刑事审判参考（2004年第1集·总第34集）》，法律出版社2004年版。

众",一般解释为"当着众人面""当着多人面"。如"'当众'即当着众人的面"。[1]"当众"实施性侵害犯罪虽不要求其他在场的多人实际看到,但基于"当众"概念的一般语义及具有"当众"情节即升格法定刑幅度的严厉性,其他在场的多人一般要在行为人实施犯罪地点视力所及的范围之内。也就是说,性侵害行为处于其他在场人员随时可能发现、可以发现的状况。[2]"在公共场所"当众猥亵妇女,是指在车站、码头、公园、影剧院、歌舞厅等公共场所当着第三人或多人的面对妇女进行猥亵的行为。[3] 为了加强对未成年人的保护、严惩性侵未成年人的犯罪,《惩治性侵未成年意见》(2013) 第 23 条作扩大解释,不以在场人看见为必要:"在校园、游泳馆、儿童游乐场等公共场所对未成年人实施强奸、猥亵犯罪,只要有其他多人在场,不论在场人员是否实际看到,均可以依照刑法第 236 条第 3 款、第 237 条的规定,认定为在公共场所'当众'强奸妇女,强制猥亵、侮辱妇女,猥亵儿童"。

【案例】 吴茂东猥亵儿童案[4]

吴茂东系某小学语文教师。2012 年 11 月至 2013 年 5 月 23 日期间,吴茂东利用在教室内管理学生午休之机,多次将协助其管理午休纪律的被害人 Z 某、C 某、H 某(女,时年均 7 岁)等女学生叫到讲台上,采用哄、骗、吓等手段,以将手伸进被害人衣裤内抠摸敏感部位等方式进行猥亵;吴茂东还多次利用周五放学后无人之机,以亲吻脸部的方式对被害人 L 某(女,时年 8 岁)进行猥亵。吴茂东在实施上述猥亵行为后,哄骗被害人不能告诉家长。5 月 23 日中午,吴茂东采用上述方式又一次猥亵被害人 C 某。第二天 C 某的父母发现女儿行为异常,在向其他被害人了解情况后向公安机关报案。Z 某经检验后诊断为细菌性阴道炎,Z 某、C 某、H 某会阴、体表均未检见明显暴力损伤痕迹。法院认为吴茂东符合"在公共场所当众"猥亵儿童,以猥亵儿童罪对其判处有期徒刑 8 年。

裁判要旨:应从以下几个方面区分猥亵一般违法行为与猥亵犯罪行为:①侵害的身体部位所代表的性象征意义明显与否;②是否伴随暴力、胁迫等强制手段;③持续时长;④其他能反映对被害人身心伤害、对性的羞耻心冒犯程度大小的情节;⑤行为人主观恶性、人身危险性大小。如果猥亵行为情节轻微,危害不大,可以不以犯罪论处。针对儿童实施的猥亵行为,入罪门槛可适当降低。

(2)"其他恶劣情节",指"聚众或者在公共场所当众"猥亵之外的恶劣情节。参照强奸罪加重犯的规定和猥亵罪犯人格特点,一般指:①猥亵多人或多次猥亵;②强制性侵入、严重损害被害人身心健康的情形,如强制鸡奸、口交、使用器物性侵入。有的国家将强奸概念扩大为"性侵入",如《法国刑法典》第 222-23 条规定:"以暴力、强制、威胁方法或趁人不备施以任何性进入行为,无论其为何种性质,均为强奸罪。"我国台湾地区"刑法"也将"性交"扩大规定为"性进入行为","包括①以性器进入他人的性器、肛门或口腔,或使之接合的行为。②以性器以外的其他身体部位或器物进入他人的性器、肛门,或使之接合的行为"。[5] 本书认为,相对于狭义强奸(强制异性生殖器交合),其他强制性侵入对被害人的伤害可能更大,因为更不自然。所以,对于强制性侵入严重损害被害人身心健康的猥亵行为,可

---

[1] 中华人民共和国最高人民法院刑事审判第一庭、第二庭编:《刑事审判参考(2004 年第 1 集·总第 34 集)》,法律出版社 2004 年版。
[2] 经《刑法修正案(九)》修正,对象由"妇女"修正为"他人",并增加"或者有其他恶劣情节的"的加重事由。
[3] 张明楷:《刑法学》,法律出版社 2011 年版,第 784 页。
[4] 李淳、王尚新主编:《中国刑法修订的背景与适用》,法律出版社 1998 年版,第 304 页。
[5] 李淳、王尚新主编:《中国刑法修订的背景与适用》,法律出版社 1998 年版,第 304 页。

以认定为"其他恶劣情节"。

（二）适用

【定罪】正当医疗行为与强制猥亵行为的区分：

【案例】　　　　　　　王晓鹏强制猥亵、猥亵儿童案[1]

2012年5月28日~31日，甘肃省肃北县某中学组织学生在肃北县医院体检。王晓鹏利用自己作为尿检项目检验医生的便利，超出尿检医生的职责范围，以"体检复查"为名，对14名已满14周岁的女学生和7名不满14周岁的女学生抚摸胸胸部和下腹部、腹股沟区，将裤子脱至大腿根部查看生殖器，用手在阴部进行按压抚摸，对个别女学生以棉签插入阴部擦拭的方式提取所谓"分泌物"，进行猥亵。法院以王晓鹏犯强制猥亵罪，判处有期徒刑3年；犯猥亵儿童罪，判处有期徒刑4年；决定执行有期徒刑6年。

裁判要旨：应从两个方面区分正常的医疗检查与猥亵犯罪行为。首先，医疗检查是在遵循相关医疗规范的前提下，对病人进行必要、科学的医务检查和诊治；而猥亵犯罪需要具备猥亵的故意，可以通过医疗检查是否明显超越职责范围、是否系医疗诊治所必需的检查手段等方面予以分析。其次，应考察是否使用了强制或者欺骗等不正当手段。医务人员如利用特殊身份、特定场所，通过有针对性的语言或者行为暗示等方式，可对妇女、儿童的身体或者精神形成强制力，使其不能、不敢或者不知反抗，因此，不能完全以被害人是否明显反抗作为认定其是否自愿接受身体检查的依据。

【关联罪】1. 强制猥亵、侮辱罪与强奸未遂的界限。强奸罪是强制猥亵罪的特别类型。中国刑法取最狭义"强奸"，即男人对妇女强制实行"生殖器交合"，因此，怀有这种强制性交（强奸）意图、着手实行未得逞的，成立强奸罪（未遂）。怀有狭义性交之外的性侵犯意图，对他人（包括男性和女性）强制实施性侵犯的，是强制猥亵、侮辱罪。在尚未达到插入程度时，认定强奸意图，主要看有没有欲行插入的表现。行为人开始性侵行为，但没有欲行插入表现且本人否认强奸意图的，只能退而求其轻，以强制猥亵定性。

2. 强制猥亵、侮辱罪与侮辱罪的界限。二者区别在于是否具有"性侵犯"的性质。强制猥亵行为，当然有损他人尊严、人格，具有侮辱性质。刑法给予性尊严更强的保护，对性侵方式损害他人尊严的行为给予更严厉的惩罚。以强制性侵方式使他人遭受侮辱的，适用特别的、性质较严重的强制猥亵、侮辱罪定罪处罚。侮辱他人不具有性侵犯性质，因而也不触犯强制猥亵、侮辱罪的，属于侮辱罪的适用范围。过去，较多考虑强制猥亵、侮辱罪与流氓罪之间的立法沿革关系，依据是否具有"流氓"动机区分。现在，强制猥亵罪的对象扩大到包括男人的一切人，仍根据行为人动机来界分显然不妥。因为：①动机是主观的，不好认定；②脱离了刑法的评价。刑法对强制猥亵、侮辱罪规定了最高15年的法定刑，对侮辱罪仅仅规定了最高3年的法定刑且要求告诉才处理。对这2种都有侮辱性的行为，刑法评价如此悬殊的要点在哪里？应该是性侵害上。因此，依据行为是否在客观上具有性侵犯性质进行区分，符合刑法评价，且标准明确、易于操作。

3. 强制猥亵、侮辱罪与猥亵儿童罪的界限：行为对象不同，猥亵或性侵犯对象为不满14周岁儿童的，不论是否采取强制行为，成立猥亵儿童罪，适用猥亵儿童罪的规定定罪处罚。如果采取了强制行为，虽然符合强制猥亵、侮辱罪的要件，也应当以较严重的猥亵儿童罪定罪，从重处罚。

---

[1] 参见中华人民共和国最高人民法院刑事审判第一、二、三、四、五庭主办：《刑事审判参考（2014年第3集·总第98集）》，法律出版社2014年版。

第三节 侵犯他人人身权利、自由和人格尊严的犯罪

一、非法拘禁罪

(一) 构成要件·法定刑

《刑法》第238条 非法拘禁他人或者以其他方法非法剥夺他人人身自由的，处3年以下有期徒刑、拘役、管制或者剥夺政治权利。具有殴打、侮辱情节的，从重处罚。

犯前款罪，致人重伤的，处3年以上10年以下有期徒刑；致人死亡的，处10年以上有期徒刑。使用暴力致人伤残、死亡的，依照本法第234条、第232条的规定定罪处罚。

为索取债务非法扣押、拘禁他人的，依照前两款的规定处罚。

国家机关工作人员利用职权犯前3款罪的，依照前3款的规定从重处罚。

【定义】非法剥夺他人人身自由的行为。

【客体】他人的人身自由或者被保护、监护状态。所谓人身自由，是指人按照本人意志行动的自由，即在法律允许的范围内按照自己的意志决定自己身体活动的自由。人身自由权是一项受到宪法保护的权利。我国《宪法》第37条规定："中华人民共和国公民的人身自由不受侵犯。任何公民，非经人民检察院批准或者决定或者人民法院决定，并由公安机关执行，不受逮捕。禁止非法拘禁和以其他方法非法剥夺或者限制公民的人身自由，禁止非法搜查公民的身体。"被保护、监护状态，指没有意志或行动自由能力的人受保护、监护的状态，如婴幼儿、未成年人、精神病人等，缺乏意志自由、行动自由能力，处在家庭、机构、监护人的保护、看护、监护之下，破坏或者剥夺他们受保护的状态。《刑法》第238条第3款规定，为索取债务非法扣押、拘禁他人的，依照非法拘禁罪处罚。对于为索债而扣押儿童的，仅暂扣并非使儿童长久脱离家庭或监护人，多适用该款定罪处罚，而不以拐骗儿童罪处罚。

【对象】人。不以被害人有意志自由、行动自由能力为必要。精神病人等心智障碍人可以成为本罪的对象，婴幼儿也可以成为本罪的行为对象。

【行为】"非法拘禁"，指通过暴力、胁迫手段以捆绑、囚禁等方式束缚他人身体活动自由。"拘"，强制控制他人身体使他人身体活动不自由，如扭臂膀、挟持、捆绑等。"禁"，将他人束缚于一定范围，常见如关押、捆系于柱子、树木等固定物上。"非法拘禁"是"非法剥夺人身自由"的通俗表述和常见形式。"以其他方法非法剥夺人身自由"，指以"非法拘禁"以外的方法非法剥夺他人自由。"人身"自由，指人按照自己意志决定身体活动的自由。根据《治安处罚法》第40条的规定，非法限制他人人身自由是治安违法行为，处拘留或罚款。此"剥夺"他人自由不能包括"限制"人身自由的行为，例如，威胁或者强求他人作为或者不作为，对他人自由有所侵犯，但没有达到剥夺自由的程度，再如，将人双手铐住即放行，仅仅限制人身自由，未达到剥夺人身自由的程度。此"剥夺"自由应当以达到实际剥夺程度为必要，仅有剥夺自由可能的，未达到此剥夺人身自由程度。据此，以被害人意识到按照自己意志决定身体活动遭到干涉、妨害为必要。被害人没有认识到行动自由受限的，没有被剥夺自由，例如，甲发现债务人乙投宿于旅店某客房内，向债权人丙报告，同时将门反锁防逃跑，直到丙到来方解除。乙没有意识到被反锁不能自由行动，仅有剥夺人身自由可能，未发生剥夺人身自由结果，不是本罪之剥夺自由行为。剥夺人身自由不限于捆绑、关押的方式，如将他人投放于荒岛、骗上车船高速驶离等，也是剥夺人身自由行为。成立本罪还必须具有非法性。因为人身自由是公民享有的一项宪法权利，所以，在没有履行法律手续或者经过正当的法律程序的情况

下，任何剥夺他人人身自由的行为都是非法的。即使是经法律授权实施拘留、逮捕的强制措施的公安、司法机关，在履行拘留、逮捕职权时，如果违反法定程序剥夺他人人身自由的，也具有非法性。

【主观】故意，即明知自己的行为会产生非法剥夺他人人身自由的结果，并且希望或者放任这种结果发生。鉴于非法拘禁是一种单纯侵犯他人人身自由的犯罪，所以，出于何种目的拘禁他人，在法律上没有特别限定。不过，如果出于绑架人质，拐卖妇女、儿童，拐骗儿童的目的，则超出了本罪故意的范围，构成其他侵犯自由的犯罪。为了索取债务而绑架人质的，根据法律的特别规定，属于非法拘禁罪的故意。过失不能构成本罪。

【罪量】剥夺、限制人身自由轻微的，可以适用《治安处罚法》第40条处拘留或罚款。非法剥夺人身自由达到较为严重程度的，成立非法拘禁罪。对普通主体，非法拘禁行为没有立案标准。《渎职侵权案立案标准》（2006）规定，国家机关工作人员利用职权非法拘禁，涉嫌下列情形之一的，应予立案：①非法剥夺他人人身自由24小时以上的；②非法剥夺他人人身自由，并使用械具或者捆绑等恶劣手段，或者实施殴打、侮辱、虐待行为的；③非法拘禁，造成被拘禁人轻伤、重伤、死亡的；④非法拘禁，情节严重，导致被拘禁人自杀、自残造成重伤、死亡，或者精神失常的；⑤非法拘禁3人次以上的；⑥司法工作人员对明知是没有违法犯罪事实的人而非法拘禁的；⑦其他非法拘禁应予追究刑事责任的情形。该立案标准可供参照。利用职权的非法拘禁轻于非利用职权的，因为毕竟由公职人员依公权力实施，仍有一定的法度，仅仅滥权而已，对被害人及其家属危害性较小。相反，非利用职权的非法拘禁，常见如讨债尤其是讨要高利贷者，从业人员良莠不齐，暴力倾向严重，往往使被拘禁人人身安全受到严重威胁。对非利用职权非法拘禁行为掌握入罪标准，应当低于上述立案标准。一般拘禁持续相当长时间，如8小时以上；或者拘禁时间未达8小时但是手段、情节恶劣的，如暴力绑架、偷盗婴幼儿，有殴打、侮辱情节，或者造成了严重后果等，明显超出治安处罚规制范围的，应当立案追究刑事责任。

【加重犯】犯非法拘禁罪，致人重伤或者死亡的，是结果加重犯。致人重伤、死亡，指在使用暴力手段非法拘禁他人的过程中过失致被拘禁人死亡，如捆绑过紧或是关押、照顾不周，过失造成被拘禁人重伤、死亡的结果。这种情况仍然认定为非法拘禁罪，重伤、死亡结果作为非法拘禁罪的法定加重结果。

【案例】　　　　　　　田某为索取债务而绑架他人并致人死亡案[1]

田某因为刘某欠30万元购车款久拖不还，便许诺12万元酬谢，请万某等4人将刘某从延安绑架到四川。万某等人携带"冬眠灵"针剂（一种镇静剂）。7月5日，田某在西安租得1辆桑塔纳轿车，将刘某带上车后，往四川方向驶去。车开出延安后，田某害怕刘某闹，停下车在刘的右臂注射"冬眠灵"2支，致刘睡着，次日早5时许，在西安境内，刘某醒后，田某让万某给刘注射"冬眠灵"1支，刘又睡着。车驶入四川境内刘醒后，又给刘注射1支"冬眠灵"。当车要过四川剑门关时，田某害怕交警查车，再次让万某给刘注射"冬眠灵"1支。到达四川省新都县某村，4人将刘抬到相识的范某家地下室，此时，刘已气息微弱。7月8日中午12时许，田某等人到地下室发现刘某死亡。为避免被人发现，田等将刘某碎尸后装入桶内沉入河底，将刘的衣服烧毁。

法院一审判决：田某构成绑架罪，处死刑，剥夺政治权利终身。二审法院认为：被告人等

---

[1] 中华人民共和国最高人民法院刑事审判第一庭、第二庭编：《刑事审判参考（2002年第3辑·总第26辑）》，法律出版社2002年版，第33页。

为追索债务，绑架刘某，为了控制刘某，多次给刘注射冬眠灵，经法医鉴定，没有充分依据证实刘某系因注射该药而直接致死。故其行为构成非法拘禁罪，处有期徒刑15年，剥夺政治权利4年。

犯非法拘禁罪"使用暴力致人伤残、死亡的"，不是加重犯，直接以故意伤害罪或者故意杀人罪定罪处罚。故意对被拘禁人实施暴力伤害或者杀害行为并直接造成伤残、死亡结果，触犯了故意伤害罪或者故意杀人罪，对此直接以故意伤害罪或故意杀人罪定罪处罚。非法拘禁行为为故意杀伤行为吸收，不数罪并罚。

【量刑】根据《量刑指导意见》(2014)：

1. 构成非法拘禁罪的，可以根据下列不同情形在相应的幅度内确定量刑起点：①犯罪情节一般的，可以在一年以下有期徒刑、拘役幅度内确定量刑起点。②致一人重伤的，可以在3~5年有期徒刑幅度内确定量刑起点。③致一人死亡的，可以在10~13年有期徒刑幅度内确定量刑起点。

2. 在量刑起点的基础上，可以根据非法拘禁人数、拘禁时间、致人伤亡后果等其他影响犯罪构成的犯罪事实增加刑罚量，确定基准刑。非法拘禁多人多次的，以非法拘禁人数作为增加刑罚量的事实，非法拘禁次数作为调节基准刑的量刑情节。

3. 有下列情节之一的，可以增加基准刑的10%~20%：①具有殴打、侮辱情节的（致人重伤、死亡的除外）；②国家机关工作人员利用职权非法扣押、拘禁他人的。

【继续犯】着手实行犯罪后，对他人人身自由的侵害处在持续（不间断）状态，且既遂以后侵害自由状态存在，则（非法拘禁的）犯罪行为本身仍在继续着，是单纯一罪，不是数罪。例如，甲为索债扣押住乙，犯罪既遂。之后把乙扣押一个月，意味着犯罪既遂后，非法拘禁行为又实行了一个月，仍是一罪。犯罪既遂但犯罪行为未必结束，只有当不法状态（他人被剥夺自由）解除，犯罪行为才结束。

【状态犯】以偷盗、欺骗、诱拐等方式使婴幼儿、精神病人、缺乏行动自由能力的未成年人等脱离保护、监护环境的，属于状态犯。以使被害人脱离保护、监护环境为既遂。

(二) 适 用

【定罪】合法的拘禁行为，不构成犯罪。公安司法机关人员依法采取逮捕、拘留措施，公民扭送现行的犯罪人，精神病院医生对精神病人采取管束措施等，都属于合法行为，不能认定为非法拘禁行为。公安司法机关在履行职责时出现一些手续上的瑕疵的，也不认为具有非法性，不发生非法拘禁的问题。此外，宾馆、饭店为了避免遭受难以挽回的损失，对于拒绝或者不能付费的顾客不得已进行滞留的行为，属于一种紧急情况下的自救行为，排除非法性。

【关联罪】1. 非法拘禁罪与其他侵犯人身自由犯罪的界限。拐卖妇女、儿童罪，绑架罪，拐骗儿童罪，均包含有侵犯自由的内容，它们与非法拘禁罪同属于侵犯自由类犯罪，在客观方面非常相似。区别的要点在于：目的和行为方式不同。非法拘禁罪是侵犯自由类犯罪的基本类型，除为索取债务扣押人质这种特殊情形外，对主观目的和侵犯自由的方式均无特别的限定。而其他三种侵犯自由的犯罪则对主观目的或者行为方式有特别的限定。拐卖妇女、儿童罪限于以出卖为目的；绑架罪限于为了非法勒索财物或其他不法要求为目的；拐骗儿童罪则限于拐骗儿童脱离家庭或者监护人。因此，行为人非法拘禁他人且具有出卖、勒索目的，或者具有使儿童脱离家庭、监护人特征的，应当按照其他侵犯自由的犯罪定罪处罚。

2. 非法拘禁罪与绑架罪的区别。《刑法》第238条第3款规定，为索取债务非法扣押、拘禁他人的，按照非法拘禁罪定罪处罚。对这种行为只按非法拘禁罪处罚不按照绑架罪处罚，主要考虑行为人索取债务是为了实现自己的权利，没有非法占有他人财物的目的。这里所说的

"债务",既包括合法的债务,也包括高利贷、赌债等法律不予保护的债务。因此,行为人为索取高利贷、赌债等法律不予保护的债务而非法扣押、拘禁他人的,也应当按照非法拘禁罪定罪处罚。[1] 在无法查清被害人是否存在债务的情况下,要根据被告人的真实意思,审查其是否存在认识错误。如果被告人确实认为被害人存在债务的,从有利于被告人和坚持主客观相统一原则出发,应当认定被告人构成非法拘禁罪。

【案例】 **罗灵伟、蒋鼎非法拘禁案**[2]

罗灵伟因怀疑王华祥等3人在管理其经营的石渣生意期间,在账目上造假、侵吞款项,遂与被告人蒋鼎、"阿三"等人将王华祥等3人带至佛岭水库洋山庙边上,质询账目收支情况,并使用拳脚、持棍殴打王华祥等3人,致王华祥构成轻伤二级。后罗灵伟与王华祥达成协议,将罗灵伟怀疑的账目上被侵吞的3万余元与其欠王华祥的3万余元抵销,整个过程持续4个小时左右。法院以非法拘禁罪判处罗灵伟有期徒刑9个月。

【罪数】非法拘禁中发生伤害、侮辱行为的包容。如果对被拘禁人进行殴打、侮辱没有造成重伤结果的,仍然属于非法拘禁罪,殴打、侮辱行为作为量刑情节考虑。

二、绑架罪[3]

(一)构成要件·法定刑

《刑法》第239条(经《刑法修正案(七)》修正) 以勒索财物为目的绑架他人的,或者绑架他人作为人质的,处10年以上有期徒刑或者无期徒刑,并处罚金或者没收财产;情节较轻的,处5年以上10年以下有期徒刑,并处罚金。

犯前款罪,杀害被绑架人的,或者故意伤害被绑架人,致人重伤、死亡的,处无期徒刑或者死刑,并处没收财产。[4]

以勒索财物为目的偷盗婴幼儿的,依照前两款的规定处罚。

【定义】以暴力、胁迫以及其他方法劫持他人作为人质的行为。

【客体】他人的人身权利、财产权和第三人自决权。因为绑架罪的特点是扣押人质,以释放人质为条件或者以继续扣押、加害人质相威胁,向担忧人质安全的第三人勒索财物或其他不法利益,不仅侵害人质人身,同时还侵犯第三人自决权。典型绑架如绑架人质向其亲友勒索赎金。"第三人"通常是担忧人质安危的亲友,也包括其他个人、组织、政府机构和国家。

【行为】"绑架他人",指以暴力、胁迫以及其他方法劫持他人作为人质的行为。绑架他人"作为人质",是绑架行为最实质的内容。劫持他人作为人质,以释放人质为条件或者以继续扣押甚至加害人质相威胁,向担忧人质人身自由、安全的人、组织、政府等索取不法要求。刑法按照不法要求将绑架分为:①"以勒索财物为目的绑架他人",即赎金型绑架,也是常见的绑架类型。②"绑架他人作为人质",即出于(赎金之外)其他不法意图的绑架人质,如劫持人质,要求释放犯人、割让领土、改变政策等。偷盗不满1周岁的婴儿和偷盗不满6周岁幼儿,作为人质勒索赎金或者其他不法要求的,属于绑架他人作为人质。绑架他人作为人质,以人质作为筹码向关切人质人身安全的"第三人"提出不法要求,是绑架罪的实质特征,也是绑架与非法拘禁、拐卖妇女儿童、抢劫区别的要点。

---

[1] 2000年7月19日中华人民共和国最高人民法院《为索取非法债务非法拘禁解释》。
[2] 参见中华人民共和国最高人民法院刑事审判第一、二、三、四、五庭主办:《刑事审判参考(2014年第4集·总第99集)》,法律出版社2015年版。
[3] 经《刑法修正案(七)》修正。
[4] 陈兴良主编:《罪名指南(上册)》,中国政法大学出版社2000年版,第666页。

【主观】故意,故意的内容是"绑架他人作为人质"。具体的不法要求分为:①"以勒索财物为目的",指勒索赎金,这是典型的绑架的目的。②以勒索财物以外的不法要求为目的,如要求政府改变政策、释放政治犯等而绑架政府官员。绑架外交官提出不法要求的,同时还构成一种国际犯罪。

【既遂】实际控制了人质即成立,不以开始或者实现勒索财物或其他不法目的为必要。既遂后自动释放人质的,通说不成立犯罪中止,可适用《刑法》第239条"情节较轻"的规定体现宽大处理。

【减轻犯】《刑法修正案(七)》对《刑法》第239条增加规定减轻犯,主要是因为刑法原来对绑架罪配置的刑罚层次偏少,特以减轻犯的形式增加一个量刑档次,因此,该"情节较轻",应当是指该绑架行为的危害程度较低,如索要数额不大的赎金的或具有其他可特别宽恕的理由的,如绑架后具有主动放弃犯罪、将人质安全送回且悔罪表现较好等情节的。

【案例】 **俞志刚绑架案**[1]

2007年3月29日7时30分许,俞志刚驾车经过桐乡市梧桐街道时,看到魏某(女,8岁)背着书包独自站在路边,因无法偿还所欠他人债务,顿生绑架勒索财物之念。俞志刚以送其上学为由将魏某诱骗上车,后驾车途经桐乡市下属乡镇及相邻的海宁市等地。其间,俞志刚通过电话,以魏某在其处相要挟,向魏某的父亲以"借"为名索要5万元,并要求将钱汇至自己用假身份证开设的银行卡上。当日10时许,俞志刚出于害怕,主动放弃继续犯罪,驾车将魏某送回桐乡市梧桐街道,并出资雇三轮车将魏某安全送回所在学校。法院以绑架罪在法定刑以下对其判处有期徒刑4年。

【加重犯】1."杀害被绑架人",指犯绑架罪过程中,故意杀害被绑架人。绑架过程中,自绑架人质时起至人质获释时止。"杀害被绑架人"包括:①在绑架过程中将被绑架人杀害,掩饰、隐瞒杀害被绑架人真相,继续勒索赎金或不法利益。例如,甲、乙为勒索财物绑架邻居5岁儿童丙,因为丙哭闹带在身边不方便,就将丙杀害掩埋。之后打电话给丙的父亲,声称绑架丙,索要10万元赎金。本案属于绑架罪"杀害被绑架人"。如果不是在犯绑架罪过程中而是因其他缘故杀害他人后,临时起意谎称绑架被害人勒索财物的,不是绑架罪的加重犯,如甲与乙因借款发生纠纷,争执中,甲将乙打死。甲又给乙妻打电话,谎称将乙绑架,索要10万元赎金。甲的行为构成故意杀人罪和敲诈勒索罪。②因绑架勒索的条件未得满足或因报警报复等原因杀害被绑架人的。③绑架勒索条件得到满足,但在人质获释前为灭口、报复等而杀害绑架人的。比如,人质家人支付赎金100万元满足了绑匪要求,绑匪不仅不如约释放人质,还将人质杀害。本案仍应认定杀害被绑架人的加重犯。理由是:其一,人质未获释,绑架行为未实行终了,仍在绑架犯罪过程中;其二,在可适用法定最高刑为无期徒刑或死刑的场合,按绑架罪加重犯一罪处罚,更利于作出严厉判罚。这是实质理由,因为绑匪违背承诺杀害人质,凶残且无信,应当给予最为严厉的惩罚,择重法而适用,符合罪刑均衡原则。这里的"杀害",指故意杀害,即具有故意杀人罪性质。《刑法》第239条将"杀害被绑架人"与"故意伤害被绑架人"并列作为加重事由,从前后段关系可推出该"杀害"限于故意杀害,不包括过失致被绑架人死亡。关于"杀害被绑架人"是否以被绑架人被杀害致死为必要?曾有分歧。在《刑法修正案(九)》将法定刑修正为"处死刑、无期徒刑"之后,该"杀害"不以杀害致死为必要,包括杀害未遂,估计不会有分歧了。杀害被绑架人未遂成立绑架罪加重犯,可以参照犯罪

---

[1] 参见中华人民共和国最高人民法院刑事审判第一、二、三、四、五庭主办:《刑事审判参考(2008年第4集·总第63集)》法律出版社2004年版。

未遂规定酌情从轻处罚。

【案例】　　　　　　　　王建平绑架案[1]

王建平找到其表弟之子高朝蓬（10 岁）并骗走，随后挟持高朝蓬乘车先后到河南安阳、山西长治、河北武安等地。其间，王建平用事先准备好的手机亲自或胁迫高朝蓬多次向高家打电话索要现金 5 万元。在索要未果的情况下，王建平将高朝蓬挟持到一火车隧道内，乘高不备，用石头砸击其头部，将高击昏后放入下水道内，并用水泥板盖住后逃离现场。不久后，高朝蓬被铁路工人发现，抢救后脱险，经法医鉴定属轻伤。法院认定王建平属于"杀害被绑架人"，以绑架罪对其处死刑。

2."故意伤害被绑架人，致人重伤、死亡的"，这里把《刑法》第 234 条之故意伤害罪致人重伤、死亡情形作为绑架罪的加重犯。该处故意杀害和故意伤害之对象限于"被绑架人"，不包括杀伤其他人，比如，绑匪将解救人质特警杀伤的，不成立绑架罪之加重犯。《刑法》第 239 条第 2 款是特别保护被绑架人的规定，犯绑架罪杀伤被绑架人虽然也构成故意杀人罪、故意伤害罪，但无需数罪并罚，优先适用第 239 条第 2 款定罪处罚。鉴于这是特别保护被绑架人的规定，因此量刑应重于故意杀人罪和故意伤害罪。

（二）适用

【定罪】绑架罪是极凶恶犯罪，其法定最低刑为 5 年有期徒刑，犯绑架罪中杀伤被绑架人的，不单独定罪处罚而是作为绑架罪加重犯处罚，足以说明绑架罪是最严重的犯罪之一。绑架他人作为人质，以扣押、加害人质相威胁索要巨额赎金，不仅严重侵害人质，也使营救人质亲友深陷两难困境，人质和营救者都受制于绑架者的"要价"，这是绑架罪与非法拘禁罪不同之处。如果要价很低、可轻易满足，那么人质容易脱险，营救者也不会为难，与非法拘禁罪危害性接近。在适用中，应当与刑法对绑架罪的重大危害性评价相称。成立绑架罪需要勒索巨额赎金或者有重大不法要求。如果索取数额不大赎金或仅有其他微不足道的不法要求，情节显著轻微、危害不大，可以不认为是犯罪。比如，扣住岳母要求妻子从娘家返回；为女友筹人工流产费用，而绑架堂弟向其叔叔索要 3000 元赎金。

【关联罪】1. 绑架罪与非法拘禁罪的区别。《刑法》第 238 条第 3 款规定，为索债而绑架、扣押人质的，以非法拘禁罪论处。索取超出债务范围的财物的，构成何罪应当具体分析：如果债务范围本身存在争议或超出债务范围不大，总体判断索要财物的数量还是以债务为依据的，仍可按照非法拘禁罪认定处罚；如果超出债务范围过大，索要的金额脱离了债务纠纷额的制约，甚至以索债为名，绑架人质非法索取巨额财产的，应当按照绑架罪定罪处罚。

常有雇人索债或绑架的案件，对于被雇用者，应当分别以非法拘禁罪或绑架罪的共犯论处。有时，雇用者以非法勒索财物为目的，却对被雇用者谎称为了索债而扣押人质，因为被雇用者不明雇用者绑架的真相，仅有为他人索债而扣押人质的故意，不成立绑架罪的共犯，可单独论以非法拘禁罪。有时，雇用者为索债而雇用他人帮助扣押人质，被雇用人在扣押人质过程中撇开雇用者直接向人质亲友勒索与债务无关的财物，或远远超出债务范围的巨额财物，对被雇用者应单独以绑架罪论处。

2. 绑架罪与抢劫罪的界限。二者都实施了暴力、胁迫等行为，在主观上都有非法占有他人财物的目的，都侵犯他人人身和财产权益。但是，二者有以下差别：①犯罪手段不同。绑架罪以绑架人质为手段，抢劫罪不包括这样的犯罪手段。②取得财物的时间、地点不同。前者索

---

[1] 参见中华人民共和国最高人民法院刑事审判第一庭、第二庭编：《刑事审判参考（2004 年第 3 集 · 总第 38 集）》，法律出版社 2004 年版。

要的财物是在第三人的控制之下,罪犯通常要求第三人在指定的时间、地点交付;后者抢劫的财物通常是在被害人的直接控制之下,罪犯当时直接从被害人处强取。③侵害对象不同。绑架罪的犯罪对象包括被绑架人质和人质的亲属及相关人等,表现为双重或多重被害人,而抢劫罪的犯罪对象不具有这样的特点。④侵害的客体不同。绑架罪侵害第三人的自决权,而抢劫罪则不一定侵犯第三人的自决权。例如,甲、乙二人将丙劫持至车上,用宽胶带将丙的眼睛、双手缠住,挟持至一旅馆内向其索要钱物,持续2日后,将丙挟持回丙住处,从丙存折中支取现金5000元,然后将丙释放。甲、乙虽然对丙有劫持、扣押等侵犯人身自由的行为,但是仅仅是从丙的控制下直接获得财物,没有将丙作为人质向第三人勒索赎金,不是绑架罪而是抢劫罪。抢劫的暴力可以包含为抢取财物而约束被害人人身自由的情形。根据《审理抢劫抢夺刑案意见》(2005)之规定,绑架过程中又当场劫取被害人随身携带的财物的,同时触犯绑架罪和抢劫罪两罪名,应择一重罪定罪处罚。

3. 绑架罪与敲诈勒索罪的界限。在勒索财物上,二者相同,可以认为绑架罪是以绑架人质方式敲诈勒索他人,敲诈勒索罪是以绑架人质以外的方式敲诈勒索财物。可见区别点在于:是否使用绑架人质的行为方式索取财物。如果以谎称绑架人质的方式索取财物的,仍然属于敲诈勒索罪,因为行为人没有实施绑架行为。如果为了勒索财物或者其他非法利益而绑架人质,致人质死亡,或者杀害人质之后,向被害人亲属或其他人谎称人质仍然活着,继续勒索的,应当认定为绑架罪。

【练习】甲、乙合谋勒索丙的钱财。甲与丙及丙的儿子丁(17周岁)相识。某日下午,甲将丁邀到一家游乐场游玩,然后由乙向丙打电话。乙称丁被绑架,令丙赶快送3万元现金到约定地点,不许报警,否则杀害丁。丙担心儿子的生命而没有报警,下午7点左右准备了3万元送往约定地点。乙取得钱后通知甲,甲随后与丁分手回家。甲、乙的行为构成敲诈勒索罪。要点是甲邀丁游玩,并没有违背丁的意志使丁不能按照自己的意志行动,所以没有侵犯丁的自由,不构成绑架罪。另外,乙虽然虚构事实具有欺诈性,但是他虚构的是一个令人恐惧、害怕的事实,使他人感到恐惧而被迫交付财物,构成敲诈勒索罪。

三、拐卖妇女、儿童罪
(一)构成要件·法定刑

《刑法》第240条 拐卖妇女、儿童的,处5年以上10年以下有期徒刑,并处罚金;有下列情形之一的,处10年以上有期徒刑或者无期徒刑,并处罚金或者没收财产;情节特别严重的,处死刑,并处没收财产:

(一)拐卖妇女、儿童集团的首要分子;
(二)拐卖妇女、儿童3人以上的;
(三)奸淫被拐卖的妇女的;
(四)诱骗、强迫被拐卖的妇女卖淫或者将被拐卖的妇女卖给他人迫使其卖淫的;
(五)以出卖为目的,使用暴力、胁迫或者麻醉方法绑架妇女、儿童的;
(六)以出卖为目的,偷盗婴幼儿的;
(七)造成被拐卖的妇女、儿童或者其亲属重伤、死亡或者其他严重后果的;
(八)将妇女、儿童卖往境外的。

拐卖妇女、儿童是指以出卖为目的,有拐骗、绑架、收买、贩卖、接送、中转妇女、儿童的行为之一的。

【定义】以出卖为目的,拐骗、绑架、收买、贩卖、接送、中转妇女、儿童的行为。
【客体】妇女、儿童的人身自由和尊严。

【对象】妇女和儿童。"妇女",既包括具有我国国籍的妇女,也包括具有外国国籍和无国籍的妇女。被拐卖的外国妇女没有身份证明的,不影响对犯罪分子的定罪处罚。[1] 误将两性人视为妇女而予以拐卖的,属于刑法理论上的对象不能犯未遂。"儿童",是指一切不满14周岁的人,[2] 包括男童和女童。

【行为】拐骗、收买、贩卖、接送、中转妇女、儿童。只要实行其中一种行为,即构成拐卖妇女、儿童罪。"拐骗",指以暴力、威胁、欺骗等手段挟持妇女,或者诱骗儿童脱离家庭、监护人,或者将儿童从监护人那里骗走。"收买",在此特指以出卖为目的而收买。拐卖包括暴力劫持妇女、儿童出卖的行为。

【主观】故意且是目的犯,"以出卖为目的"。拐骗、收买、贩卖、接送、中转妇女、儿童的行为,应在"出卖目的"支配下。有出卖妇女、儿童行为,当然证实出卖目的,尚未实施出卖行为时,如为拐骗、收买妇女儿童行为时,应当查明"以出卖为目的"。不以出卖为目的,拐骗儿童脱离家庭、监护人的,是拐骗儿童罪。以勒索财物为目的,诱拐妇女、儿童的,是绑架罪。

【既遂】本罪虽然"以出卖为目的",但其既遂不以实际卖出为必要。一般而言,行为人实施了拐骗、绑架、收买、贩卖、接送、中转妇女、儿童的行为之一,就是既遂犯。在行为人使用"拐骗""绑架"手段以及与其关联的接送、中转时,人们对这种观点不存在分歧。但是在使用"收买"手段以及与其关联的接送、中转时,构成既遂是否以实际卖出为必要?对此存在分歧。

【加重犯】具有《刑法》第240条规定之第1、2项情形之一的,是本罪加重犯。"奸淫被拐卖的妇女的",是指"拐卖妇女的犯罪分子在拐卖过程中,与被害妇女发生性关系的行为。不论行为人是否使用了暴力或者胁迫手段,也不论被害妇女是否有反抗行为"。[3] "诱骗、强迫被拐卖的妇女卖淫或者将被拐卖的妇女卖给他人迫使其卖淫的",包括对被拐卖妇女犯有引诱卖淫(或引诱幼女卖淫)、强迫卖淫的罪行。"以出卖为目的,使用暴力、胁迫或者麻醉方法绑架妇女、儿童的",是指行为人使用暴力劫持的手段犯拐卖妇女、儿童罪,应包括从监护人支配下抢劫婴、幼儿的行为。"以出卖为目的偷盗婴、幼儿的",是指违背监护人意志,非法从监护人支配下带走婴、幼儿。婴儿指不满1周岁的人;幼儿指1周岁以上、不满6周岁的人。"造成被拐卖的妇女、儿童或者其亲属重伤、死亡或者其他严重后果",是指由于犯罪分子拐卖儿童的行为,直接、间接造成被拐卖的妇女、儿童或者其亲属重伤、死亡或者其他严重后果的。例如,由于犯罪分子采取拘禁、捆绑、虐待等手段,致使被害人重伤、死亡或者其他严重后果的;由于犯罪分子的拐卖行为以及在拐卖中的侮辱、殴打等行为引起的被害人或者其亲属自杀、精神失常或者其他严重后果的;等等。[4] "将妇女、儿童卖往境外的",包括卖往外国和我国台、港、澳地区。

《刑法》第240条之"情节特别严重的",是指具有第240条所列之8项加重情形之一且情节特别严重的,不能扩大适用。

---

[1] 2000年1月25日中华人民共和国最高人民法院《审理拐卖妇女案解释》。
[2] 1992年12月24日中华人民共和国最高人民法院、最高人民检察院《拐卖绑架妇女儿童案解答》。
[3] 1992年12月11日发布的《最高人民法院、最高人民检察院关于执行〈全国人民代表大会常务委员会关于严惩拐卖、绑架妇女、儿童的犯罪分子的决定〉的若干问题的解答》(现已失效)。
[4] 1992年12月11日发布的《最高人民法院、最高人民检察院关于执行〈全国人民代表大会常务委员会关于严惩拐卖、绑架妇女、儿童的犯罪分子的决定〉的若干问题的解答》(现已失效)。

【量刑】《严惩拐卖犯罪意见》(2010)第28、29条指出：对于拐卖妇女、儿童犯罪集团的首要分子，情节严重的主犯，累犯，偷盗婴幼儿、强抢儿童情节严重，将妇女、儿童卖往境外情节严重，拐卖妇女、儿童多人多次、造成伤亡后果，或者具有其他严重情节的，依法从重处罚；情节特别严重的，依法判处死刑。拐卖妇女、儿童，并对被拐卖的妇女、儿童实施故意杀害、伤害、猥亵、侮辱等行为，数罪并罚决定执行的刑罚应当依法体现从严。对于拐卖妇女、儿童的犯罪分子，应当注重依法适用财产刑，并切实加大执行力度，以强化刑罚的特殊预防与一般预防效果。

(二) 适用

【定罪】1. 拐卖妇女、儿童是一种严重侵犯公民人身权利的犯罪，因此，"凡是拐卖妇女、儿童的，不论在哪个环节，只要以出卖为目的，有拐骗、绑架、收买、贩卖、接送、中转妇女、儿童行为之一的，均应以拐卖妇女、儿童罪立案侦查"，也"不论拐卖人数多少，是否获利，只要实施拐卖妇女、儿童行为的，均应当以拐卖妇女、儿童罪立案侦查"。[1]《严惩拐卖犯罪意见》(2010)第14条规定："犯罪嫌疑人、被告人参与拐卖妇女、儿童犯罪活动的多个环节，只有部分环节的犯罪事实查证清楚、证据确实、充分的，可以对该环节的犯罪事实依法予以认定。"

2. 有出卖妇女、儿童行为即足以定罪，不问妇女、儿童的来源。根据《严惩拐卖犯罪意见》(2010)第15、16条的规定，①以出卖为目的强抢儿童；②或者捡拾儿童后予以出卖；③以抚养为目的偷盗婴幼儿或者拐骗儿童，之后予以出卖的；④以非法获利为目的，出卖亲生子女的，应当以拐卖儿童罪论处。

3. 出卖与送养的界限。关于出卖亲生子女的处罚尺度，有一个从宽大到严厉的变化过程。最初，卖亲生或收养子女的可不作为犯罪处理。"对于出卖子女确属情节恶劣的，可按遗弃罪处罚。"[2] 后来，对以营利为目的，出卖不满14周岁子女，情节恶劣的，以拐卖儿童罪论处。[3] 再后来，《严惩拐卖犯罪意见》(2010)去掉"情节恶劣"条件，以拐卖儿童罪论处。《严惩拐卖犯罪的意见》(2010)第17条规定："要严格分区借送养之名出卖亲生子女与民间送养行为的界限。区分的关键在于行为人是否具有非法获利的目的。应当通过审查将子女'送'人的背景和原因、有无收取钱财及收取钱财的多少、对方是否具有抚养目的及有无抚养能力等事实，综合判断行为人是否具有非法获利的目的。具有下列情形之一的，可以认定属于出卖亲生子女，应当以拐卖妇女、儿童罪论处：①将生育作为非法获利手段，生育后即出卖子女的；②明知对方不具有抚养目的，或者根本不考虑对方是否具有抚养目的，为收取钱财将子女'送'给他人的；③为收取明显不属于'营养费''感谢费'的巨额钱财将子女'送'给他人的；④其他足以反映行为人具有非法获利目的的'送养'行为的。不是出于非法获利目的，而是迫于生活困难，或者受重男轻女思想影响，私自将没有独立生活能力的子女送给他人抚养，包括收取少量'营养费''感谢费'的，属于民间送养行为，不能以拐卖妇女、儿童罪论处。对私自送养导致子女身心健康受到严重损害，或者具有其他恶劣情节，符合遗弃罪特征的，可以遗弃罪论处；情节显著轻微危害不大的，可由公安机关依法予以行政处罚。"

现行《严惩拐卖犯罪意见》的尺度过于严厉。因为即使送养，收养方往往也会给送养方钱财，且"出卖价金"数额相差不大，是否"以营利为目的"？很难区分、判断。本书认为，

---

[1] 2000年3月24日发布的《公安部关于打击拐卖妇女儿童犯罪适用法律和政策有关问题的意见》。
[2] 1999年10月27日中华人民共和国最高人民法院《维护农村稳定座谈会纪要》。
[3] 2000年3月20日中华人民共和国最高人民法院、最高人民检察院、公安部等六部门《拐卖妇女儿童案通知》。

关键还要看是送给谁？如给收养人，即使收取与出卖价金数额相当的钱财，也不能认定为出卖。

4. 医疗机构、社会福利机构等单位的工作人员以非法获利为目的，将所诊疗、护理、抚养的儿童贩卖给他人的，以拐卖儿童罪论处。

5. 通过介绍婚姻、介绍收养儿童索取财物的，不构成本罪。在日常生活中，行为人为他人介绍婚姻或者介绍收养儿童，索取或者收受财物乃人之常情，也是一种普遍的习俗，不认为是犯罪。在介绍婚姻的场合，通常尊重妇女的意愿，男女双方了解对方的基本情况，并且没有剥夺妇女人身自由的行为，收取的财物数额与买卖妇女的"价金"也有明显的差别，通常要低一些。在介绍收养的场合，通常尊重儿童亲生父母或监护人的意愿，考虑儿童的利益，其收取的财物数额往往与买卖儿童的"价金"也有明显的差别。但是，如果是借介绍婚姻或收养儿童名义拐卖妇女、儿童的，应当以拐卖妇女、儿童罪追究刑事责任。

【关联罪】1. 拐卖妇女、儿童罪与诈骗罪的界限。妇女与他人事先共谋，假装被卖，收取买方钱财以后伺机逃离收买人家。这种情况，貌似拐卖妇女的案件，实属诈骗行为。

2. 拐卖妇女、儿童罪与绑架罪的界限。两罪在客观方面极为近似：①两罪的行为都包含使用绑架的方式——使用暴力劫持、控制他人或者掠诱儿童、偷盗婴幼儿的方式。②两罪的行为对象都包含妇女、儿童。③两罪侵犯的客体都是他人的人身权利。

两罪的主要区别在于：①犯罪目的不同。前者是以出卖为目的，后者则是以勒索财物或其他不法条件为目的。②犯罪侵犯的客体不同。前者侵犯的是被拐卖人的人身权利，后者侵犯的不仅是被绑架人的人身权利，还侵犯了他人的财产权利以及第三人的自决权。③犯罪对象不同。前者的行为对象仅限于妇女、儿童，后者则不限于妇女儿童，而是包括妇女、儿童在内的一切人。

【共犯】《严惩拐卖犯罪意见》（2010）第18、21、22条指出：①明知他人拐卖妇女、儿童，仍然向其提供被拐卖妇女、儿童的健康证明、出生证明或者其他帮助的，以拐卖妇女、儿童罪的共犯论处。②明知他人系拐卖儿童的"人贩子"，仍然利用从事诊疗、福利救助等工作的便利或者了解被拐卖方情况的条件，居间介绍的，以拐卖儿童罪的共犯论处。认定是否"明知"，应当根据证人证言、犯罪嫌疑人、被告人及其同案人供述和辩解，结合提供帮助的人次，以及是否明显违反相关规章制度、工作流程等，予以综合判断。③将妇女拐卖给有关场所，致使被拐卖的妇女被迫卖淫或者从事其他色情服务的，以拐卖妇女罪论处。有关场所的经营管理人员事前与拐卖妇女的犯罪人通谋的，对该经营管理人员以拐卖妇女罪的共犯论处；同时构成拐卖妇女罪和组织卖淫罪的，择一重罪论处。

对于拐卖妇女、儿童犯罪的共犯，应当根据各被告人在共同犯罪中的分工、地位、作用、参与拐卖的人数、次数，以及分赃数额等，准确区分主从犯。对于组织、领导、指挥拐卖妇女、儿童的某一个或者某几个犯罪环节，或者积极参与实施拐骗、绑架、收买、贩卖、接送、中转妇女、儿童等犯罪行为，起主要作用的，应当认定为主犯。对于仅提供被拐卖妇女、儿童信息或者相关证明文件，或者进行居间介绍，起辅助或者次要作用，没有获利或者获利较少的，一般可认定为从犯。对于各被告人在共同犯罪中的地位、作用区别不明显的，可以不区分主从犯。

【罪数】在拐卖妇女过程中：①奸淫被拐卖的妇女的；②强迫、引诱被拐卖的妇女卖淫的，是加重犯，因此，即使触犯强奸罪、强迫卖淫罪、引诱卖淫罪、引诱幼女卖淫罪，也不数罪并罚。但是，对被拐卖妇女实施其他犯罪的，比如杀害被拐卖妇女的，应当数罪并罚。

【练习】李某以出卖为目的偷盗一名男童，得手后因未找到买主，就产生了自己抚养的想法。在抚养过程中，因男童日夜啼哭，李某便将男童送回家中。李某的行为构成拐卖儿童罪。

本题难点在于：李某后来想自己抚养的行为是否单独成立拐骗儿童罪？以出卖为目的偷盗婴幼儿，当然包容拐骗儿童（脱离家庭监护人）的行为，自无单独评价为拐骗儿童罪的必要。再者，其后（拐卖儿童既遂后）虽有犯意的转变，但没有另外的"拐卖"行为，也不宜另外认定构成拐骗儿童罪。

四、收买被拐卖的妇女、儿童罪

（一）构成要件·法定刑

《刑法》第 241 条　收买被拐卖的妇女、儿童的，处 3 年以下有期徒刑、拘役或者管制。

收买被拐卖的妇女，强行与其发生性关系的，依照本法第 236 条的规定定罪处罚。

收买被拐卖的妇女、儿童，非法剥夺、限制其人身自由或者有伤害、侮辱等犯罪行为的，依照本法的有关规定定罪处罚。

收买被拐卖的妇女、儿童，并有第 2、3 款规定的犯罪行为的，依照数罪并罚的规定处罚。

收买被拐卖的妇女、儿童又出卖的，依照本法第 240 条的规定定罪处罚。

收买被拐卖的妇女、儿童，对被买儿童没有虐待行为，不阻碍对其进行解救的，可以从轻处罚；按照被买妇女的意愿，不阻碍其返回原居住地的，可以从轻或者减轻处罚。

【定义】不以出卖为目的，收买被拐卖的妇女、儿童的行为。

【客体】人身自由和人格尊严。

【对象】被拐卖的妇女、儿童。

【行为】"收买"被拐卖的妇女、儿童。

【主观】故意，即明知自己所收买的对象是被拐卖的妇女、儿童。收买人必须明知收买的是被拐卖的妇女、儿童，才构成本罪。如果收买人对此不是明知的，则不构成收买被拐卖的妇女、儿童罪。

（二）适用

【定罪】罪与非罪的界限。在我国，拐卖妇女、儿童的犯罪之所以猖獗，与存在着收买妇女、儿童的"市场需求"有关，所以，刑法将收买行为独立作为犯罪处罚。《严惩拐卖犯罪意见》（2010）第 20 条指出：明知是被拐卖的妇女、儿童而收买，具有下列情形之一的，以收买被拐卖的妇女、儿童罪论处；同时构成其他犯罪的，依照数罪并罚的规定处罚：①收买被拐卖的妇女后，违背被拐卖妇女的意愿，阻碍其返回原居住地的；②阻碍对被收买妇女、儿童进行解救的；③非法剥夺、限制被收买妇女、儿童的人身自由，情节严重，或者对被收买妇女、儿童有强奸、伤害、侮辱、虐待等行为的；④所收买的妇女、儿童被解救后又再次收买，或者收买多名被拐卖的妇女、儿童的；⑤组织、诱骗、强迫被收买的妇女、儿童从事乞讨、苦役，或者盗窃、传销、卖淫等违法犯罪活动的；⑥造成被收买妇女、儿童或者其亲属重伤、死亡以及其他严重后果的；⑦具有其他严重情节的。

另经《刑法修正案（九）》修订后，定罪尺度有所变化，趋于严厉。修订前的规定是："收买被拐卖的妇女、儿童，按照被买妇女的意愿，不阻碍其返回原居住地的，对被买儿童没有虐待行为，不阻碍对其进行解救的，可以不追究刑事责任。"收买者往往因此规定免受追诉。《刑法修正案（九）》将"可以不追究刑事责任"修正为"可以从轻处罚"或者"可以从轻或者减轻处罚"，显然期望对收买者严肃追诉。

【关联罪】与拐卖妇女、儿童罪主要区别是：本罪不以出卖为目的而后者以出卖为目的。如果以出卖为目的，收买被拐卖的妇女、儿童的，以拐卖妇女、儿童罪论处。收买被拐卖的妇女、儿童之后，转手出卖的，也应以拐卖妇女、儿童罪论处。

【案例】 **李邦祥拐卖妇女案**[1]

1994年4月间,从某县农村出来找工作的妇女刘某某、黄某某妯娌二人被他人拐骗到刘景胜(同案被告人,已判刑)家。刘景胜伙同他人将黄某某卖给了王某某为妻,在欲将刘某某卖给一名年龄较大的男人为妻时,由于刘某某哭闹不愿而未得逞。此后,刘景胜找到李邦祥并商定以1700元的价格将刘某某卖给李做小妾。李邦祥将刘某某带回家中后,遭到了其妻的强烈反对,同时又得知刘某某已结婚,且已生育,遂表示要么将刘某某送回家,要么将其退回给刘景胜。刘某某因黄某某随其一道出来也被拐卖掉,既怕一人回家无法交代,又怕被送回刘景胜处被刘殴打,故要求李邦祥将其再转卖他人。李遂将刘某某以人民币1800元转卖给刘振某为妻。所得款1800元除付刘景胜1700元外,剩余的100元自得。一审法院以拐卖妇女罪对李邦祥判处有期徒刑5年。二审法院认为:鉴于其在收买刘某某之后,曾表示愿意将刘某某送返回家,只是应刘某某要求才将其转卖他人,主观恶性不大,犯罪情节轻微,因此改判李邦祥犯拐卖妇女罪,免予刑事处罚。

裁判要旨:应收买的被拐卖妇女的要求将其再转卖给他人的行为,应在量刑上考虑被害人自愿等因素,对被告人从宽处罚。

【对向犯】本罪与拐卖妇女、儿童罪是典型的"对向犯",收买者不成立拐卖者(人贩子)拐卖妇女、儿童罪的共犯。甲听说乙有小孩卖,便与乙联系,约定交易时间地点,然后以3万元买下男婴。甲乙不是共犯,各定其罪。即使甲向乙预约、求购,也不构成共犯。如果为收买而教唆、帮助他人实施拐卖行为的,可成立数罪。甲为了自己买了收养,而唆使本无拐卖儿童意思的乙从外地收买婴儿转卖给自己,甲可成立拐卖儿童罪的教唆犯。乙为了自己买了收养而帮助人贩子丙接送贩运的儿童丁,乙可成立拐卖儿童罪的共犯。

【共犯】《严惩拐卖犯罪意见》(2010)第21、22、31条指出:①多名家庭成员或者亲友共同参与出卖亲生子女,或者"买人为妻""买人为子"构成收买被拐卖的妇女、儿童罪的,一般应当在综合考察犯意提起、各行为人在犯罪中所起作用等情节的基础上,依法追究其中罪责较重者的刑事责任。对于其他情节显著轻微危害不大,不认为是犯罪的,依法不追究刑事责任;必要时可以由公安机关予以行政处罚。②明知他人收买被拐卖的妇女、儿童,仍然向其提供被收买妇女、儿童的户籍证明、出生证明或者其他帮助的,以收买被拐卖的妇女、儿童罪的共犯论处,但是,收买人未被追究刑事责任的除外。③明知他人系拐卖儿童的"人贩子",仍然利用从事诊疗、福利救助等工作的便利或者了解被拐卖方情况的条件,居间介绍的,以拐卖儿童罪的共犯论处。认定是否"明知",应当根据证人证言、犯罪嫌疑人、被告人及其同案人供述和辩解,结合提供帮助的人次,以及是否明显违反相关规章制度、工作流程等,予以综合判断。

帮助收买者实施强奸、伤害、非法拘禁被收买妇女、儿童等犯罪行为,应当分别以各罪的共犯论处。不按收买被拐卖妇女、儿童罪的共犯论处。包庇、窝藏拐卖妇女儿童罪的犯罪分子的,以窝藏、包庇罪论处。

【罪数】1. 明知被拐卖的妇女是现役军人的妻子而与之结婚或同居的,行为人同时触犯收买被拐卖的妇女罪和破坏军婚罪,以破坏军婚罪论处。如果不知是现役军人的妻子,不成立破坏军婚罪,仅能按收买被拐卖的妇女罪处罚。

2. 收买被拐卖的妇女、儿童后,并对被收买者实施强奸、非法拘禁、伤害、侮辱等犯罪

---

[1] 参见中华人民共和国最高人民法院刑事审判第一、二、三、四、五庭主办:《刑事审判参考(2014年第3集·总第98集)》,法律出版社2014年版。

行为的，依然可构成强奸罪、非法拘禁罪、故意伤害罪、侮辱罪，并且应当与拐卖妇女、儿童罪实行数罪并罚。在这种场合，收买者尽管自以为与被买人已经成为"夫妻"，因为其婚姻本身自始就不合法，因此不能排除构成强奸罪。同理，收买者可能自认为与被收买的妇女或儿童是"一家人"，具有监护权，也不排除成立非法拘禁罪、故意伤害罪等。

【处罚】《刑法》第241条第6款规定：对被买儿童没有虐待行为，不阻碍对其进行解救的，可以从轻处罚；按照被买妇女的意愿，不阻碍其返回原居住地的，可以从轻或者减轻处罚。《严惩拐卖犯罪意见》（2010）第30条指出：①犯收买被拐卖的妇女、儿童罪，对被收买妇女、儿童实施违法犯罪活动或者将其作为牟利工具的，处罚时应当依法体现从严。②收买被拐卖的妇女、儿童，对被收买妇女、儿童没有实施摧残、虐待行为或者与其已形成稳定的婚姻家庭关系，但仍应依法追究刑事责任的，一般应当从轻处罚；符合缓刑条件的，可以依法适用缓刑。收买被拐卖的妇女、儿童，犯罪情节轻微的，可以依法免予刑事处罚。

五、聚众阻碍解救被收买的妇女、儿童罪

（一）构成要件·法定刑

《刑法》第242条　以暴力、威胁方法阻碍国家机关工作人员解救被收买的妇女、儿童的，依照本法第277条的规定定罪处罚。

聚众阻碍国家机关工作人员解救被收买的妇女、儿童的首要分子，处5年以下有期徒刑或者拘役；其他参与者使用暴力、威胁方法的，依照前款的规定处罚。

【定义】为首纠集、组织、煽动、指挥多人，阻碍国家机关工作人员解救被收买的妇女、儿童的行为。

【客体】复杂客体，被收买的妇女、儿童的人身自由权利和侵犯的国家机关的正常公务活动。

【行为】聚众阻碍国家机关工作人员解救被收买的妇女、儿童。"聚众"，指为首召集、指挥3人以上。

【主观】故意。

（二）适用

【定罪】鉴于阻碍解救行为多发生于偏远落后地区，多为收买被拐卖妇女、儿童者的相邻亲友，人们缺乏违法性意识，所以仅把在聚众阻碍解救中发挥首要分子作用的行为规定为犯罪。其他参加的行为，不认为犯罪或不按照本罪论处。

【关联罪】1. 本罪与妨害公务罪的界限。聚众阻碍解救被拐卖的妇女、儿童本来就具有妨害公务的性质，但鉴于这是一种与收买被拐卖的妇女、儿童行为相伴而生的犯罪现象，故刑法将其作为单独的犯罪类型。因此，对于聚众阻碍的首要分子，认定为本罪。其他参与者如果使用暴力阻碍解救符合妨害公务罪犯罪构成的，对其以妨害公务罪论处。如果没有使用暴力妨害的，则不认为是犯罪。因此，在一桩聚众阻碍解救的案件中，可能认定两种性质的犯罪，首要分子认定为本罪，其他非首要分子因为使用暴力阻碍解救，被认定为妨害公务罪。

2. 本罪与拐卖妇女、儿童罪共犯的界限。本罪是帮助"收买者"阻碍解救"被收买者"。假如帮助"拐卖者"阻碍警方解救"被拐卖者"，则性质不同：如果事先通谋的，应当以拐卖妇女、儿童罪的共犯论处；如果没有事先通谋的，可成立窝藏、包庇罪。

六、非法搜查罪·非法侵入住宅罪

（一）构成要件·法定刑

《刑法》第245条　非法搜查他人身体、住宅，或者非法侵入他人住宅的，处3年以下有期徒刑或者拘役。

司法工作人员滥用职权，犯前款罪的，从重处罚。

1. 非法搜查罪。

【定义】非法对他人身体或住宅进行搜查的行为。

【客体】他人的人身权利或者与人身权利有关的住宅权不受侵犯的权利。

【对象】他人的身体或住宅。

【行为】"非法搜查"，是指无搜查权的人，私自对他人的人身、住宅进行搜查，包括执法人员未经合法授权，擅自进行的搜查。经合法授权执行搜查的过程中，存在法律手续上的细微瑕疵的，或者没有严格遵循搜查程序的，不具有本罪的非法性，不构成本罪，例如：应出示搜查证的，没有出示；在搜查时，应当让被搜查人或家属、邻居或其他见证人在场，但未这样做；搜查妇女身体，按规定应由女工作人员进行，实际未照规定执行。这些均属于合法搜查中的违法现象，不构成非法搜查罪。非法搜查包括2类情形：①非法搜查他人人身；②非法搜查他人住宅。

【主观】故意。

【定罪】根据《渎职侵权案立案标准》（2006），国家机关工作人员利用职权非法搜查，涉嫌下列情形之一的，应予立案：①非法搜查他人身体、住宅，并实施殴打、侮辱等行为的；②非法搜查，情节严重，导致被搜查人或者其近亲属自杀、自残造成重伤、死亡，或者精神失常的；③非法搜查，造成财物严重损坏的；④非法搜查3人（户）次以上的；⑤司法工作人员对明知是与涉嫌犯罪无关的人身、住宅非法搜查的；⑥其他非法搜查应予追究刑事责任的情形。本罪主体虽然是一般主体，但检察机关对国家机关工作人员的立案标准可供参考。

因为《治安处罚法》（2012）第40条规定"非法搜查他人身体的"是可拘留和罚款的治安违法行为，所以需要参照刑事立案标准掌握二者的界限，如果非法搜查情节显著轻微、危害不大的，不认为是犯罪。

2. 非法侵入住宅罪。

【定义】非法闯入他人住宅或者经要求退出仍拒不退出，妨碍他人居住安宁的行为。

【客体】公民居住安宁不受侵犯的权利。在我国刑法中，非法侵入住宅罪被规定于侵犯公民人身权利罪一章，这意味被该条保护的客体是公民的居住安宁，而非作为财产的住宅。因此，侵入住宅行为只有在严重妨害他人居住安宁的条件下，才被认为是犯罪。未经许可进入他人住宅，但没有妨害他人居住安宁的，不认为是犯罪。

【对象】他人住宅。所谓住宅，即"户"，指供人生活起居的与外界相对隔离的住所，其特征表现为供他人家庭生活和与外界相对隔离两个方面，前者为功能特征，后者为场所特征。包括封闭的院落、牧民的帐篷、渔民作为家庭生活场所的渔船、为生活租用的房屋等；一般情况下，不包括集体宿舍、旅店宾馆、临时搭建的工棚等，但在特定情况下，如果确实具有上述两个特征的，也可以认为是住宅。非法搜查住宅以外的场所的，不能成立本罪，但不排除可成立其他犯罪，如聚众扰乱社会秩序罪。

【行为】"非法侵入"，包括作为和不作为。未经主人同意、没有正当理由擅自闯入他人住宅，影响他人生活安宁，或者未经许可无意进入他人住宅，经主人要求退出仍拒绝退出的行为。

（二）适用

【定罪】非法侵入住宅罪的罪与非罪的界限。通常非法侵入他人住宅的行为，只有在行为人人身危险性较大，没有正当理由擅自闯入他人住宅，或者经要求退出仍不退出，无理搅闹的行为才能构成非法侵入他人住宅罪。否则，情节显著轻微，危害不大的，不认为是犯罪。

【罪数】1. 以非法搜查为目的非法侵入他人住宅并实施了非法搜查行为的，该非法侵入住宅行为是非法搜查应有的内容，只成立非法搜查罪。

2. 想象竞合犯。若怀有犯罪故意非法侵入他人住宅，则该非法侵入住宅行为同时属于欲犯之罪的预备行为。

3. 吸收犯。若怀有犯罪故意非法侵入他人住宅并且已经着手实行了强奸、杀人、盗窃等犯罪，该"非法侵入住宅"（入户）行为是其他犯罪的必经过程，因被吸收而不独立成罪。

4. 若非法侵入他人住宅实行抢劫，属于《刑法》第263条之"入户抢劫"的加重犯。这也被称为"包容的一罪"，即"入户"被包容于《刑法》第263条抢劫罪的加重情节之中。

【处罚】司法工作人员滥用职权，犯非法搜查罪、非法侵入住宅罪的，从重处罚，本罪属于非真正的身份犯。司法工作人员具备此从重处罚的情节应以"滥用职权"为条件。司法工作人员没有滥用职权的，不能据此从重处罚。另外，非真正身份犯因特定身份而获从重或从轻处罚情节的，该情节仅及于有身份人一身，不及于其他人。所以，没有司法工作人员身份的人与司法工作人员共同犯非法搜查罪、非法侵入住宅罪的，对没有身份的人不适用此从重处罚的情节。

七、强迫劳动罪

（一）构成要件·法定刑

《刑法》第244条 以暴力、威胁或者限制人身自由的方法强迫他人劳动的，处3年以下有期徒刑或者拘役，并处罚金；情节严重的，处3年以上10年以下有期徒刑，并处罚金。

明知他人实施前款行为，为其招募、运送人员或者有其他协助强迫他人劳动行为的，依照前款的规定处罚。

单位犯前两款罪的，对单位判处罚金，并对其直接负责的主管人员和其他直接责任人员，依照第一款的规定处罚。

【定义】以暴力、威胁或者限制人身自由的方法强迫他人劳动的行为。

【客体】他人的人身权利。

【行为】①以暴力、威胁或限制人身自由的方法强迫他人劳动。②协助进行强迫他人劳动行为，如明知他人实施强迫劳动行为，为其招募、运送人员的。

【主观】故意。

【立案】原《刑法》第244条（强迫职工劳动罪）经《刑法修正案（八）》修正后，成为"强迫劳动罪"，且提高了法定刑，使其成为类似于"奴役罪"或把他人当奴隶役使的严重罪行。实施强迫劳动行为，严重侵犯他人人身权利的，应当定罪处罚。《立案标准（一）》（2008）针对《刑法修正案（八）》颁布前《刑法》第244条（强迫职工劳动罪）规定的立案标准可作为参考。强迫职工劳动涉嫌下列情形之一的，应予立案追诉：①强迫他人劳动，造成人员伤亡或者患职业病的；②采用殴打、胁迫、扣发工资、扣留身份证件等手段限制人身自由，强迫他人劳动的；③强迫妇女从事井下劳动、国家规定的第4级体力劳动强度的劳动或者其他禁忌从事的劳动，或者强迫处于经期、孕期和哺乳期妇女从事国家规定的第3级体力劳动强度以上的劳动或者其他禁忌从事的劳动的；④强迫已满16周岁未满18周岁的未成年人从事国家规定的第4级体力劳动强度的劳动，或者从事高空、井下劳动，或者在爆炸性、易燃性、放射性、毒害性等危险环境下从事劳动的。《治安处罚法》（2012）第40条规定，"以暴力、威胁或者其他手段强迫他人劳动的"也是治安违法行为，需根据立案标准决定移送检察院起诉还是公安"自处"。有关的指导判例在"裁判理由"环节指出[1]：在区分二者时，应从社会一般观念、伦理道德角度考察，可以从"强迫手段与社会一般观念相背离的程度"和"劳动者非自愿性的程度"两个方面，判断强迫行为是否达到足以使劳动者陷入不能自由选择的境地，从而需要刑法介入、干预的程度。对于强迫劳动情节显著轻微，刑法干预的必要性不强的，例如：偶尔强迫他人劳动、持续时间短、被强迫的人数较少、强迫程度较轻、被强迫者虽然不情愿但尚有选择自由的行为，则宜采用非刑罚制裁方式处理。实践中，这一尺度的掌握处于动态变化之中，不可脱离此类违法犯罪行为和劳动者权益保障的实际状况。

【加重犯】对于本罪的"情节严重"，实务中可结合如下一项或者几项情形进行认定[2]：①被强迫劳动者人数在10人以上的；②被强迫劳动者属于未成年人、严重残疾人、精神智力障碍达到限制民事行为能力程度的人或者其他处于特别脆弱状况的人，且人数在3人以上的；③以非人道的恶劣手段对他人进行摧残、精神折磨，强迫其劳动的；④强迫他人在爆炸性、易燃性、放射性、毒害性等危险环境下从事劳动或从事常人难以忍受的超强度体力劳动的；⑤因强迫劳动造成被害人自残、自杀、精神失常等严重后果，但尚不构成故意杀人罪、故意伤害罪等其他严重犯罪的；⑥强迫劳动持续时间较长的；⑦因强迫劳动被劳动行政部门、公安机关处理、处罚过，又实施强迫劳动构成犯罪的；⑧强迫他人无偿劳动，或所支付的报酬与他人劳动付出明显不成比例，行为人从中获利数额巨大的，数额巨大的标准似可参考盗窃罪数额巨大的标准确定；⑨其他能够反映行为人主观恶性深、动机卑劣以及强迫程度高、对被害人身心伤害大的情节。

（二）适用

【关联罪】强迫劳动罪与非法拘禁罪的界限。原《刑法》第244条（强迫职工劳动罪）经《刑法修正案（八）》修正后，成为"奴役罪"或把他人当奴隶役使的罪行，且其处罚较重。因此，使用限制乃至剥夺人身自由的方法强迫他人劳动，无需另定非法拘禁罪。

【共犯】《刑法》第244条第2款规定以招募、运送人员等方式"协助"强迫劳动行为，依照该条第1款的规定处罚。表明刑法将强迫劳动的"帮助"行为特别规定为正犯了。

【罪数】在强迫他人劳动过程中，有关人员又对职工实施了其他故意犯罪行为的，如故意伤害、故意杀人行为的，应当数罪并罚。

八、雇用童工从事危重劳动罪[3]

（一）构成要件·法定刑

《刑法》第244条之一　　违反劳动管理法规，雇用未满16周岁的未成年人从事超强度体力劳动的，或者从事高空、井下作业的，或者在爆炸性、易燃性、放射性、毒害性等危险环境下从事劳动，情节严重的，对直接责任人员，处3年以下有期徒刑或者拘役，并处罚金；情节特别严重的，处3年以上7年以下有期徒刑，并处罚金。

有前款行为，造成事故，又构成其他犯罪的，依照数罪并罚的规定处罚。

【定义】违反劳动管理法规，雇用未满16周岁的未成年人从事超强度体力劳动的，或者从事高空、井下作业的，或者在爆炸性、易燃性、放射性、毒害性等危险环境下从事劳动，情节严重的行为。

---

[1] 林山田：《刑法各罪论（上册）》，北京大学出版社2012年版，第149页。

[2] 中华人民共和国最高人民法院刑事审判第一、二、三、四、五庭主办：《刑事审判参考（2014年第3集·总第98集）》，法律出版社2014年版。

[3] 2002年12月28日《刑法修正案（四）》第4条增加的条款和罪名。

【客体】未成年人的身心健康。《劳动法》(2009)第15条规定,禁止用人单位招用未满16周岁的未成年人。文艺、体育和特种工艺单位招用未满16周岁未成年人的,必须依照国家有关规定,履行审批手续,并保障其接受义务教育的权利。

【对象】不满16周岁的未成年人。

【主体】用人单位。用人单位构成本罪的,仅对直接责任人处罚,属于对单位犯罪有特别规定的单罚。

【行为】违反劳动管理法规,雇用未满16周岁的未成年人从事超强度体力劳动的,或者从事高空、井下作业的,或者在爆炸性、易燃性、放射性、毒害性等危险环境下从事劳动,情节严重的。包含3个要素:①违反劳动法规雇用不满16周岁的未成年人,简称雇用"童工"。②从事危险或者超强度体力劳动。危险劳动,具体指高空、井下作业,或者在爆炸性、易燃性、放射性、毒害性等危险环境下的劳动;所谓超强度体力劳动,指国家规定的第4级体力劳动强度的劳动。③情节严重。同时具备上列3要素才认为具备本罪的客观要件。

【主观】故意,即明知是不满16周岁的未成年人而非法雇用从事危重劳动。

【立案】"情节严重",根据《立案标准(一)》(2008)第32条,指雇用童工从事危重劳动涉嫌下列情形之一的:①造成未满16周岁的未成年人伤亡或者对其身体健康造成严重危害的;②雇用未满16周岁的未成年人3人以上的;③以强迫、欺骗等手段雇用未满16周岁的未成年人从事危重劳动的;④其他情节严重的情形。

(二) 适用

【罪数】犯雇用童工从事危重劳动罪造成人员伤亡事故,又构成其他犯罪的,依照数罪并罚的规定处罚。构成其他犯罪,常见的有:①重大责任事故罪;②强令违章冒险作业罪;③重大劳动安全事故罪。

九、煽动民族仇恨、民族歧视罪

(一) 构成要件·法定刑

《刑法》第249条 煽动民族仇恨、民族歧视,情节严重的,处3年以下有期徒刑、拘役、管制或者剥夺政治权利;情节特别严重的,处3年以上10年以下有期徒刑。

【定义】煽动不同民族之间相互敌对歧视,情节严重的行为。

【客体】我国各民族平等、团结、互助的关系。我国《宪法》(2004)第4条明确规定:"禁止对任何民族的歧视和压迫,禁止破坏民族团结和制造民族分裂的行为。"为了维护我国各民族间的团结和祖国统一,我们一方面要认真落实民族政策、宗教政策,切实解决现存的问题,实现各民族共同繁荣;另一方面要依法制裁和打击制造民族矛盾和民族歧视的行为。各民族间和睦相处、平等对待也是国际社会致力维护的至关重要的价值,因此,煽动民族仇恨、民族歧视也是国际刑法惩治的罪行。

【行为】煽动民族仇恨或民族歧视,情节严重。煽动包括口头和文字形式。

【主观】故意。

【罪量】构成本罪须具备情节严重的条件。

【加重犯】"情节特别严重",根据司法经验,指由于煽动引发民族冲突、暴动或其他严重后果的。

(二) 适用

【关联罪】1. 本罪与煽动分裂国家罪的界限。借煽动民族仇恨、民族歧视,制造民族纠纷,煽动民族分裂,破坏国家统一的,属于危害国家安全的行为,应当以煽动分裂国家罪定罪处罚。[1]

2. 本罪与侮辱罪、诽谤罪的界限。二者都会出现侮辱、诽谤他人名誉、人格尊严的行为，但是二者之间存在明显的差别：①客体不同。前者所侵犯的客体是宪法所确定的民族关系；后者所侵犯的客体是公民个人的人格尊严。②行为表现形式不同。前者使用公开煽动方式，行为对象针对某个民族或种族；后者的行为对象是个人。③故意内容不同。前者行为人具有煽动民族仇恨和民族歧视的故意；后者行为人以贬低他人人格为目的。

十、出版歧视、侮辱少数民族作品罪

（一）构成要件·法定刑

《刑法》第250条　在出版物中刊载歧视、侮辱少数民族的内容，情节恶劣，造成严重后果的，对直接责任人员，处3年以下有期徒刑、拘役或者管制。

【定义】在出版物中刊载歧视、侮辱少数民族内容，情节恶劣，造成严重后果的行为。

【客体】各民族平等、团结、互助的关系及少数民族的自尊。

【行为】在出版物中刊载歧视、侮辱少数民族内容，情节恶劣，造成严重后果的行为。

【主观】故意。

（二）适用

【关联罪】1. 本罪与煽动民族仇恨、民族歧视罪的界限。二者近似之处：①都可能采取在出版物中刊载的方式，因为煽动行为也包括在出版物中以文字形式进行煽动；②都可能发生贬损少数民族平等地位、民族尊严的效果。二者的主要区别是：①目的不同。本罪以贬损少数民族尊严、平等地位为目的，以贬低他人人格为目的；后罪具有煽动民族仇恨和民族歧视的目的。②刊载的内容有所不同。本罪刊载的内容仅仅有损少数民族的平等地位和尊严；后罪则足以引起民族间的敌意和歧视。③行为对象不同。本罪行为对象限于少数民族；后罪行为对象是所有民族，包括煽动少数民族对人数占多数民族的仇视。

2. 本罪与侮辱罪、诽谤罪的界限。二者主要区别：①客体不同。本罪侵犯我国各民族平等、团结、互助的关系及少数民族的自尊；后罪损害他人名誉、人格尊严。②行为对象不同。本罪行为对象限于少数民族；后罪的行为对象是个人。

第四节　侵犯他人人格、名誉的犯罪

侮辱罪·诽谤罪

（一）构成要件·法定刑

《刑法》第246条　以暴力或者其他方法公然侮辱他人或者捏造事实诽谤他人，情节严重的，处3年以下有期徒刑、拘役、管制或者剥夺政治权利。

前款罪，告诉的才处理，但是严重危害社会秩序和国家利益的除外。

通过信息网络实施第一款规定的行为，被害人向人民法院告诉，但提供证据确有困难的，人民法院可以要求公安机关提供协助。

1. 侮辱罪。

【定义】使用暴力或者其他方法，公然侮辱他人，情节严重的行为。

---

[1]《国家安全法实施细则》第8条。参见王汉斌：1997年3月6日在第八届全国人民代表大会第五次会议上《关于〈中华人民共和国刑法〉（修订草案）的说明》。

【客体】他人的名誉和人格尊严。名誉包括：①外部名誉，"社会对人的一般评价"，"社会对人的价值给予的价值判断"。②名誉感情。③内部名誉。名誉内容是"人的价值"，包括人的行为或者人格的伦理价值，政治的、社交的、学问的、艺术的能力，也包括身体的、精神的资质、职业、身份、血统、信用（支付能力及支付意思的社会评价）等社会生活上广为承认的价值，还包括与该人现在有关过去和将来的价值。假定的名誉也是名誉。名誉包括自然人和法人的名誉。但是，人的商业信誉不在本罪所称的名誉的范围内。

【对象】特定的他人，但不要求指名道姓，只要侮辱的内容能使人知道是针对谁即可。例如，描写真人真事的文学作品，对特定人进行侮辱或披露隐私损害其名誉的；或者虽未写明真实姓名和住址，但事实是以特定人为描写对象，文中有侮辱或披露隐私的内容，致其名誉受到损害、情节严重的，应认定为侮辱罪。

【行为】以暴力或其他方法公然侮辱他人。"侮辱"，指损害他人名誉、人格尊严。"暴力"，指用身体强制的方法对他人进行侮辱，例如，当众打耳光，逼迫他人爬行以及做其他有辱人格的动作，强制扒光衣服，强制在面部刺字、身体上涂画，强制涂抹污秽物，等等。"其他方法"，指用暴力以外的方法侮辱，如使用语言、身体动作、文字、图画等方式辱骂、嘲弄、丑化他人等。"公然"，指能够为不特定多人所闻所见场合，但是不以实际上被多人所闻所见为必要，也不以被害人在场为必要。在公然侮辱他人后，被害人的名誉是否实际遭受损害，也不影响本罪的成立。如果在秘密状态下对他人施加暴力或者其他行为损害他人尊严的，不构成本罪。但不排除该行为构成其他罪，如故意伤害罪或强制猥亵、侮辱罪等。

【主观】故意。如果行为人没有损害他人名誉的故意，如教师批评、教育学生，家长训斥子女等，虽然也使他人名誉受损，但不能认为构成本罪。

【立案】因为侮辱行为只有"情节严重"的才构成犯罪，所以，轻微的侮辱行为，如一般的谩骂、戏弄他人的行为，不能当作犯罪处理。"情节严重"主要是指采取暴力方法侮辱他人，不仅严重损害他人名誉、人格尊严，而且使他人身心受到严重摧残的，如殴打并逼迫他人做难堪动作的，暴力殴打并游街示众的，暴力向他人身体涂抹污秽物的，等等。在以其他方法侮辱他人的场合，主要指影响恶劣或者后果严重的，如严重损害公共利益或伤害公众的感情引起公愤的，引起被害人自杀或者精神失常的，等等。

2. 诽谤罪。

【定义】捏造事实诽谤他人，情节严重的行为。

【客体】他人名誉权和人格权。

【对象】特定的他人，但是并不要求指名道姓，只要诽谤的内容能使人知道是针对谁的就足以成立。

【行为】捏造事实诽谤他人，情节严重。"捏造事实"，指虚构事实，如果散布、传播某种事实，不是诽谤，但不排除构成侮辱。"诽谤他人"，指散布、传播足以损害他人人格和名誉的虚假事情，包括书面和口头形式。诽谤行为要点是：散布虚假事实损害他人名誉，所散布之诽谤事实不以本人捏造为必要。根据《办理网络诽谤等刑案解释》（2013）第1条，具有下列情形之一的，应当认定为"捏造事实诽谤他人"：①捏造损害他人名誉的事实，在信息网络上散布，或者组织、指使人员在信息网络上散布的；即"捏造并散布"诽谤。②将信息网络上涉及他人的原始信息内容篡改为损害他人名誉的事实，在信息网络上散布，或者组织、指使人员在信息网络上散布的，即"篡改并散布"诽谤；例如，网络原帖称B与异性酒店共进晚餐，甲恶意将原帖篡改为 B 与情妇酒店过夜。篡改后有虚假内容且损害 B 的名誉，是诽谤。[1]③明知是捏造的损害他人名誉的事实，在信息网络上散布，情节恶劣的，以"捏造事实诽谤他人"论，即"明知虚假事实而散布"诽谤。

【主观】故意。即故意捏造或篡改事实并散布，损害他人名誉。在散布非本人捏造或篡改事实的场合，要求"明知虚假事实"。"明知虚假事实"的认定，"秦志晖诽谤、寻衅滋事案"[2]的裁判要旨指出：网络诽谤案件中，应结合行为人的身份、职业、生活经历、一贯表现等因素，综合判断其是否明知是虚假事实。对此应严格把握，不能过高要求普通网民对所转发信息真实性的审查义务。但对于行为人有特定身份，根据法律法规延伸出特定义务的情况，比如新闻从业人员对所发消息真实性未尽审查义务，短期内大量发布诽谤不同自然人的信息，就可以认定其具有诽谤的主观"明知"。如果无意贬损他人名誉、人格，只是因为道听途说，以讹传讹，或者传播真实事实，尽管在客观上也贬损了他人的名誉和人格，不构成诽谤罪。

【罪量】"情节严重"，主要是指手段恶劣或者后果严重的情况，如引起被害人自杀、精神失常的；造成恶劣的社会影响或政治影响的。《办理网络诽谤等刑案解释》（2013）第 2 条规定：利用信息网络诽谤他人，具有下列情形之一的，应当认定为"情节严重"：①同一诽谤信息实际被点击、浏览次数达到 5000 次以上，或者被转发次数达到 500 次以上的；②造成被害人或者其近亲属精神失常、自残、自杀等严重后果的；③ 2 年内曾因诽谤受过行政处罚，又诽谤他人的；④其他情节严重的情形。一年内多次实施利用信息网络诽谤他人行为未经处理，诽谤信息实际被点击、浏览、转发次数累计计算构成犯罪的，应当依法定罪处罚。"在计算具体数量时，应当扣除被害人自己点击、浏览或者转发的次数，也应当扣除网站管理人员为维护网站而点击等的次数。此外，还应扣除其他故意虚增而点击等，导致统计失真的次数。"[3] 此处"信息网络"，包括以计算机、电视机、固定电话机、移动电话机等电子设备为终端的计算机互联网、广播电视网、固定通信网、移动通信网等信息网络，以及向公众开放的局域网络。

（二）适用

【定罪】1. 诽谤、侮辱的认定。诽谤罪以"捏造事实"即事实"虚假"为要件，如果事实真实，即使有损他人名誉，也不成立诽谤罪。侮辱罪不以事实虚假为必要，即使事实真实但严重损害他人名誉的，不排除成立侮辱罪。但是如果事实真实，事关公共利益，有揭露的必要，为了保护公共利益的需要，可以舍弃保护虚名，在刑法上视为合法。这是为保障公民的知情权、批评权、舆论监督权而作出的合理取舍。例如，为了公共利益，在新闻报道或者评论文章中就事关公共利益的问题进行报道、评论，内容真实或者基本属实的，不能认为是侮辱、诽谤行为。损害名誉的真实事实，有关公共利益且目的纯粹为了公益的，阻却违法。阻却违法性条件如下：①"有关公共利益的事实"，公布该事实被认为是公共的利益。②目的的公益性，纯粹出于谋求公益的目的，没有其他动机（如泄愤报复、图利）。③在符合公益性条件时，法院必须判断其事实的真实与否。调查的结果真实与否不明时，要把不利归于被告人。

此外，①因自卫、自辩或保护合法权益；②公务员因职务而报告；③对于可受公评之事而

---

[1] 参见中华人民共和国最高人民法院刑事审判第一、二、三、四、五庭主办：《刑事审判参考（2014 年第 3 集·总第 98 集）》，法律出版社 2014 年版。

[2] 参见中华人民共和国最高人民法院刑事审判第一、二、三、四、五庭主办：《刑事审判参考（2014 年第 3 集·总第 98 集）》，法律出版社 2014 年版。

[3] 参见中华人民共和国最高人民法院刑事审判第一、二、三、四、五庭主办：《刑事审判参考（2014 年第 3 集·总第 98 集）》，法律出版社 2014 年版。

为的适当评论等，也可阻却侮辱、诽谤罪的成立。[1]

2. 与治安违法行为的界限。这包括两方面的情况：①行为人有诽谤他人的故意和捏造事实诽谤他人的行为，但是尚未达到情节严重程度，不构成犯罪，可以追究行为人民事侵权的责任，在必要时可以按《治安处罚法》（2012）第42条进行处罚。②行为人没有诽谤他人的故意，因新闻报道严重失实，或者撰写、发表批评文章的基本内容失实，使他人名誉受到损害的，应按照侵害他人名誉权处理，不构成犯罪。

【关联罪】1. 诽谤罪与侮辱罪的主要区别：①诽谤以事实虚假为要件；而侮辱不以事实虚假为要件。散布真实的事实有损他人名誉的，不成立诽谤罪，但不排除成立侮辱罪。②侮辱罪以"公然"为要件，而诽谤罪不以公然为要件。③侮辱罪的典型方式是"暴力"侮辱，其他类似暴力侮辱的方法主要是谩骂；而诽谤罪则以散布虚假事实方式，暴力不是其典型方式。

2. 诽谤罪与损害商业信誉、商品声誉罪的区别：犯罪的目的和侵害的对象不同。诽谤罪的目的是损害自然人的名誉，而损害商业信誉、商品声誉罪的目的是损害他人或者单位的商业信誉；诽谤罪的对象限于自然人，而损害商业信誉、商品声誉罪的对象还包括单位的商业信誉、商品声誉。

3. 侮辱罪与故意伤害罪的区别：在主观方面，侮辱罪意图损害他人的名誉、尊严，而故意伤害罪是损害他人的健康。在客观方面，侮辱罪不要求造成伤害的结果，而故意伤害罪则一般要造成轻伤以上的结果。在行为人使用暴力方法侮辱他人的场合，可能对被害人造成人身伤害。鉴于我国刑法中的故意伤害罪一般需要造成轻伤结果才能认定为犯罪，所以，暴力侮辱他人没有造成轻伤结果的，只能以侮辱罪追究刑事责任，不涉及构成伤害罪的问题。

【竞合】1. 暴力侮辱同时造成轻伤以上结果的，择重以故意伤害罪定罪处罚。

2. 《网络诽谤案解释》（2013）第5条第1款指出："利用信息网络辱骂、恐吓他人，情节恶劣，破坏社会秩序的，依第293条第1款第2项的规定，以寻衅滋事罪定罪处罚。"因为寻衅滋事罪明显重于侮辱罪，所以，即使触犯了侮辱罪，也按照想象竞合犯择重处断。不过，如果是个人起诉，只能起诉侮辱罪。

3. 《网络诽谤案解释》（2013）第5条第2款指出："编造虚假信息，或者明知是编造的虚假信息，在信息网络上散布，或者组织、指使人员在信息网络上散布，起哄闹事，造成公共秩序严重混乱的，依照第293条第1款第4项的规定，以寻衅滋事罪定罪处罚。"

【告诉才处理】《网络诽谤案解释》（2013）第3条规定：利用信息网络诽谤他人，具有下列情形之一的，应当认定为"严重危害社会秩序和国家利益"：①引发群体性事件的；②引发公共秩序混乱的；③引发民族、宗教冲突的；④诽谤多人，造成恶劣社会影响的；⑤损害国家形象，严重危害国家利益的；⑥造成恶劣国际影响的；⑦其他严重危害社会秩序和国家利益的情形。指导案例"蔡晓青侮辱案"[2]的裁判要旨指出："严重危害'社会秩序'和'国家利益'不要求同时具备，社会秩序、国家利益不是特指危害结果或者特定对象，而应当将其视为一个综合性的标准，扩展到从侮辱的手段、方法、内容和主观目的等角度，结合全案的案情、危害后果和情节等进行整体分析，综合判断是否达到了提起公诉的标准。"

另外，在犯其他罪的场合，又有侮辱行为的，如非法拘禁他人有侮辱情节的，在公共场所

---

[1] 经《刑法修正案（九）》修正。修正前的规定为："犯前款罪，致使被绑架人死亡或者杀害被绑架人的，处死刑，并处没收财产。"

[2] 经《刑法修正案（九）》修正。修正前的规定为："犯前款罪，致使被绑架人死亡或者杀害被绑架人的，处死刑，并处没收财产。"

强奸、强制猥亵、侮辱妇女同时又损害被害人名誉、人格的，按照有关的犯罪定罪处罚，不实行数罪并罚。但是，如果收买被拐卖的妇女，又有侮辱行为且情节严重的，应当以收买被拐卖的妇女罪与侮辱罪数罪并罚。

第五节　侵犯他人民主权利的犯罪

一、破坏选举罪

（一）构成要件·法定刑

《刑法》第 256 条　在选举各级人民代表大会代表和国家机关领导人员时，以暴力、威胁、欺骗、贿赂、伪造选举文件、虚报选举票数等手段破坏选举或者妨害选民和代表自由行使选举权和被选举权，情节严重的，处 3 年以下有期徒刑、拘役或者剥夺政治权利。

【定义】在选举各级人民代表大会代表和国家机关领导人员时，破坏选举活动或者妨害选民和代表自由行使选举权和被选举权，情节严重的行为。

【客体】公民的选举权和被选举权。

【对象】"选举"，指依据《全国人民代表大会和地方各级人民代表大会选举法》《全国人大常委会关于县级以下人民代表大会代表直接选举的若干规定》《全国人民代表大会组织法》《地方各级人民代表大会和地方各级人民政府组织法》等法律规定，为选举各级人民代表大会代表和国家机关领导人所进行的选举活动。包括：①各级人民代表大会代表的选举活动，指乡（镇）以上人民代表大会代表的选举活动；②国家机关领导人员的选举活动，指乡（镇）、街道以上国家机关领导人员的选举活动。不包括除此以外的其他种类的选举活动，例如，厂矿企业对厂长、经理的选举，党团组织和其他人民团体的选举，居民委员会、村民委员会委员的选举，等等。

【行为】①以暴力、威胁、欺骗、贿赂、伪造选举文件、虚报选举票数或者编造选举结果等手段破坏选举工作；②妨害选民和代表自由行使选举权和被选举权，情节严重，破坏选举的民主性和结果的真实性。例如，在选举会场使用暴力干扰选举活动致使选举工作不能正常进行；使用暴力、威胁手段妨害选民自由行使选举权和被选举权；贿买选票，威胁、贿买工作人员弄虚作假，进行舞弊；对控告选举中违法行为的检举人或者提出罢免要求的人进行压制、报复，等等。

【主观】故意。有意造成选举活动不能正常进行或者破坏选举结果的真实、合法性。过失不构成本罪，如由于过失而误计选票、介绍候选人情况失实等。

【罪量】对"情节严重"的把握。破坏选举行为情节严重的，才构成犯罪。所谓情节严重，根据最高人民检察院《渎职侵权案立案标准》（2006）的规定，国家机关工作人员利用职权破坏选举，涉嫌下列情形之一的，应予立案：①以暴力、威胁、欺骗、贿赂等手段，妨害选民、各级人民代表大会代表自由行使选举权和被选举权，致使选举无法正常进行，或者选举无效，或者选举结果不真实的；②以暴力破坏选举场所或者选举设备，致使选举无法正常进行的；③伪造选民证、选票等选举文件，虚报选举票数，产生不真实的选举结果或者强行宣布合法选举无效、非法选举有效的；④聚众冲击选举场所或者故意扰乱选举场所秩序，使选举工作无法进行的；⑤其他情节严重的情形。本罪主体虽然是一般主体，但检察机关对国家机关工作人员的立案标准可供参考。如果仅有轻微的干扰选举正常进行的行为，对选举活动的进行和结果没有产生严重影响的，属于违法行为，不构成犯罪。

(二) 适用

【定罪】"选举"范围。破坏选举罪的"选举",是指依据有关法律规定的特定意义上的"选举",即对各级人民代表大会代表和国家机关领导人的选举。对于其他选举活动进行干扰、破坏的,不能构成破坏选举罪。

【罪数】使用暴力手段破坏选举时,其暴力行为可能会同时触犯其他罪名,如故意伤害罪、妨害公务罪,在此,可视为想象竞合犯,从一重罪处罚,不需要实行数罪并罚。行为人使用贿买手段破坏选举的,可能会同时触犯行贿罪。因为,行贿的行为在此属于破坏选举行为的组成部分,所以不需要另定行贿罪实行数罪并罚。

二、非法剥夺公民宗教信仰自由罪·侵犯少数民族风俗习惯罪

(一) 构成要件·法定刑

《刑法》第251条　国家机关工作人员非法剥夺公民的宗教信仰自由和侵犯少数民族风俗习惯,情节严重的,处2年以下有期徒刑或者拘役。

1. 非法剥夺公民宗教信仰自由罪。

【定义】国家机关工作人员非法剥夺宗教信仰自由,情节严重的行为。

【客体】他人信仰宗教的自由权利。即信仰与不信仰宗教的自由权利,信仰这种宗教或那种宗教的权利,进行这种或那种宗教活动的自由权利。这种权利是宪法赋予公民的基本权利,因此,刑法规定,侵犯宗教信仰自由是犯罪行为。

【主体】国家机关工作人员。

【行为】非法剥夺公民的宗教信仰自由,情节严重。"非法剥夺",指以暴力、威胁等方法,制止他人信仰宗教、加入宗教团体;或者强迫他人放弃宗教信仰、退出宗教团体;或者强迫他人信仰某种宗教,加入某种宗教团体或者搅乱宗教仪式、破坏宗教场所等行为。"情节严重",指手段恶劣、后果严重、影响很坏。非情节严重的非法剥夺他人宗教信仰自由的行为,属于一般违法行为,不构成犯罪,但应由主管部门给予批评教育或者给予必要的行政处分。

【主观】故意。

2. 侵犯少数民族风俗习惯罪。

【定义】国家机关工作人员侵犯少数民族风俗习惯,情节严重的行为。

【客体】少数民族的风俗习惯。我国《宪法》第4条规定,各民族都有保持或者改革自己的风俗习惯的自由权利。保障这种自由对于维护全国各民族不论人数多少一律平等的权利,对于增进全国各民族的团结,具有重要的政治意义。因此,对我国少数民族在长期历史发展中形成的,在服饰、饮食、婚姻、丧葬、礼仪等方面的风俗习惯,应当尊重,不得侵犯。否则,要按刑法的规定追究其刑事责任。

【主体】国家机关工作人员。

【行为】侵犯少数民族风俗习惯,情节严重。

【主观】故意。如果行为人不是有意侵犯,而是由于言行不慎而侵犯少数民族的某种风俗习惯,不认为是犯罪。

(二) 适用

【定罪】合法的宗教活动和利用合法宗教活动进行非法活动的界限。在我国,信仰宗教自由是一项神圣的宪法权利,正当的宗教活动受到国家法律的保护。但是,利用宗教活动进行违法乃至犯罪行为则是法律所禁止的行为。如利用宗教活动进行诈骗钱财、造谣惑众、强奸妇女等行为,就是犯罪行为,应当受到刑事追究。实践证明,只有严厉制裁以宗教活动为名进行的违法犯罪行为,才能切实保证公民宗教信仰自由权利的实现。

三、侵犯通信自由罪

（一）构成要件·法定刑

《刑法》第252条　隐匿、毁弃或者非法开拆他人信件，侵犯公民通信自由权利，情节严重的，处1年以下有期徒刑或者拘役。

【定义】故意隐匿、毁弃或者非法开拆他人信件，情节严重的行为。

【客体】公民的通信自由，包括通信安全和通信秘密两个方面：为保证通信安全而禁止隐匿、扣押、毁弃他人信件；为保证通信秘密，禁止非法开拆或传阅他人信件。

【对象】他人的信件。

【行为】隐匿、毁弃或者非法开拆他人信件，情节严重。"隐匿"，指将信件予以截留或隐匿而不送交收件人的行为。"毁弃"，指将他人信件予以撕毁、抛弃，致使他人无法查收的行为。"非法开拆"，指擅自开拆他人信件的行为。实施隐匿、毁弃、非法开拆行为之一即可。根据全国人大常委会的有关决定，非法截获、篡改、删除他人电子邮件或者其他数据资料，侵犯公民通信自由和通信秘密，可以按侵犯通信自由罪追究刑事责任。根据我国《刑事诉讼法》（2012）第141条的规定，侦查人员经公安机关或者人民检察院批准扣押被告人的邮件、电报是合法行为，不具有违法性特征，不属于侵犯公民通信自由的行为。情节严重是一个罪量要件，司法实践中一般指非法隐匿、毁弃或者非法开拆他人信件次数较多或数量较大或后果严重的情形。

【主观】故意，即明知是他人信件而故意隐匿、毁弃或开拆。犯罪动机是多种多样的，动机是否恶劣，是量刑时要参考的一个酌定情节，不是侵犯通信自由罪的构成条件。

（二）适用

【罪数】侵犯通信自由与盗窃、诈骗的牵连及数罪并罚问题。①非法开拆他人信件，侵犯公民通信自由权利，情节严重，并从中窃取少量财物，或者窃取汇款、汇款支票，骗取汇兑款数额不大的，依照《刑法》关于侵犯通信自由罪的规定，从重处罚；②非法开拆他人信件，侵犯公民通信自由权利，情节严重，并从中窃取财物数额较大的，应按照重罪吸收轻罪的原则，依照《刑法》关于盗窃罪的规定从重处罚；③非法开拆他人信件，侵犯公民通信自由权利，情节严重，并从中窃取汇票或汇款支票，冒名骗取汇兑款数额较大的，应依照《刑法》关于侵犯通信自由罪和诈骗罪的规定，依法实行数罪并罚。对第③种情况，最高人民检察院批复按照诈骗罪而不是盗窃罪处罚，似乎是把"窃取汇票或汇款支票"作为侵犯通信自由罪的事实根据，因此单就"冒名骗取汇兑款"的行为，按照诈骗罪处罚。

四、私自开拆、隐匿、毁弃邮件、电报罪

（一）构成要件·法定刑

《刑法》第253条　邮政工作人员私自开拆或者隐匿、毁弃邮件、电报的，处2年以下有期徒刑或者拘役。

犯前款罪而窃取财物的，依照本法第264条的规定定罪从重处罚。

【定义】邮政工作人员利用职务上的便利，私自开拆、隐匿、毁弃邮件、电报的行为。

【客体】公民通信自由权利和国家邮政部门的正常管理活动。

【对象】客户交邮电部门邮寄、发送的邮件、电报。

【主体】邮政工作人员，即国家邮电部门的干部、营业人员、分拣员、发行员、接发员、押运员，以及依法从事公务的邮电代办人员与乡邮员等。只有这些与信件、电报、邮袋、包裹有直接联系的特定工作人员才能成为本罪的主体，非邮政工作人员或虽系邮电部门工作人员如党、团、工会、食堂等工作人员，不与邮件、电报接触，则不能成为本罪主体。

【行为】利用职务上的便利，私自开拆、隐匿、毁弃邮件、电报。"私自开拆"，指擅自开拆他人邮件、电报的行为。"隐匿"，指将邮件、电报予以截留或隐匿而不送交收件人的行为。"毁弃"，指将邮件、电报予以撕毁、抛弃，致使他人无法查收的行为。至于作案中是否私拆、隐匿、毁弃三者兼有或只实施其一，不影响本罪的成立。根据我国《刑事诉讼法》（2012）第141条的规定，公安机关、检察机关在必要的时候，可通知邮电机关将被告人的邮件、电报检交扣押。邮政工作人员依照这一规定扣押邮件、电报的，属于合法行为。所谓邮件，是指邮电部门传递过程中的函件（包括信函、明信片、印刷品、盲人读物四种）和包件。传递中的报纸杂志和汇票，也应视为邮件。电报，则包括明码电报和密码电报。

【主观】故意。过失不能构成本罪，如因疏忽大意而遗失、积压邮件、电报的，不构成本罪，可由行政主管部门处理。犯罪动机是多种多样的，有的为了窃取某种证件，有的为了窃取女人照片、画片等。出自何种动机，一般不影响本罪的成立。

（二）适用

【定罪】虽属故意私拆邮件、电报，但情节显著轻微的，均不构成本罪。

【关联罪】本罪与侵犯通信自由罪的界限。区别的关键在于犯罪主体与客体不同，前者是邮政工作人员利用邮电工作职务之便实施的行为，侵犯的是国家邮电部门的正常活动；后者是一般主体，不要求利用职务之便，不论是在什么时间、地点、条件下，采用什么手段，只要是故意隐匿、毁弃、开拆他人邮件、电报，情节严重的，即构成侵犯通信自由罪，其侵犯的客体是公民的民主权利。

【罪数】犯本罪而从中窃取财物的，以盗窃罪从重处罚。私拆邮件是窃取的手段行为，属于牵连犯，不数罪并罚。以往邮政工作人员的职务被视为公务性质，经管的邮件属于公共财产，私拆邮件从中窃取财物的，多以贪污罪定罪处罚。现在，鉴于邮政工作人员如邮递员基本属于"劳务性"工作，不具有从事公务性质，所以《刑法》第253条第3款规定以盗窃罪定罪处罚。现在快递、物流公司的业务飞速增长，其工作人员利用经管、递送邮件、货物的职务便利窃取财物的，如何定性处罚？本书认为，鉴于《办理贪贿案解释》（2016）将职务侵占罪定罪起点标准调整至6万元，"数额巨大"处5年以上的标准调整100万元，如果利用了职务或工作便利"监守自盗"的，一概以职务侵占罪定罪处罚，将会产生漏洞，未达6万元的"单位内盗"不能被定罪处罚。因此，对单位内盗应当择重以盗窃罪定罪处罚。

五、侵犯公民个人信息罪

《刑法》第253条之一　　违反国家有关规定，向他人出售或者提供公民个人信息，情节严重的，处3年以下有期徒刑或者拘役，并处或者单处罚金；情节特别严重的，处3年以上7年以下有期徒刑，并处罚金。

违反国家有关规定，将在履行职责或者提供服务过程中获得的公民个人信息，出售或者提供给他人的，依照前款的规定从重处罚。

窃取或者以其他方法非法获取公民个人信息的，依照第一款的规定处罚。

单位犯前三款罪的，对单位判处罚金，并对其直接负责的主管人员和其他直接责任人员，依照各该款的规定处罚。

【定义】违反国家有关规定，向他人出售、提供或者非法获取公民个人信息，情节严重的行为。

【客体】公民个人的信息安全

【对象】本罪对象是"公民个人信息"，《严惩侵害公民信息通知》（2013）指出，"公民个人信息包括公民的姓名、年龄、有效证件号码、婚姻状况、工作单位、学历、履历、家庭住址、电话号码等能够识别公民个人身份或者涉及公民个人隐私的信息、数据资料"。只要与公民个人相关，公民不想公开，而且与公共利益无关的信息，都可以纳入"公民个人信息"的范围，例如个人日常行踪等活动记录。[1]

【行为】违反国家有关规定，向他人出售、提供"公民个人信息"或者非法获取公民个人信息。"国家有关规定"，指有关公民个人信息管理、保护的国家规定，如商业银行法、居民身份证法、护照法、消费者权益保护法、旅游法、社会保险法、统计法等法律中关于保护公民个人信息的规定。违规出售、提供的公民个人信息的来源在所不问。"非法获取"指窃取或其他方法未经公民或法律授权获取公民个人信息。

【罪量】情节严重。根据《严惩侵害公民信息通知》（2013），侵害公民个人信息有下列情形的应当追究刑事责任：①被他人用以实施犯罪，造成受害人人身伤害或者死亡；②造成重大经济损失、恶劣社会影响的；③被侵害公民个人信息数量较大的；④违法所得数额较大的；⑤造成其他严重后果的。

有关指导案例裁判要旨[2]指出：判断非法获取公民个人信息行为是否达到"情节严重"，可从以下4个方面综合考量：①用途上，非法获取的信息是否被用于犯罪活动；②结果上，该信息是否严重影响被害人的正常生活，或者给被害人带来较大经济损失；③行为方式上，采取的手段、方法是否恶劣，是否使用违禁工具等；④信息数量、获利数额、行为持续时间上，非法获取公民个人信息的数量、次数较多，行为人获利数额较大，以及非法获取行为持续时间较长的，一般都可以认定为"情节严重"。综合以上因素考虑，对于没有使用违禁的密拍设备、窃听窃照器材，跟踪时间较短，没有非法获利的普通跟踪行为，一般不宜作为犯罪处理。

【量刑】将在履行职责或者提供服务过程中获得的公民个人信息，出售或者提供给他人的，从重处罚。要依法加大对财产刑的适用力度，剥夺犯罪分子非法获利和再次犯罪的资本。

【案例】周建平建立广州市华探调查有限公司。2008年12月，林桂余找周建平要求其提供14名"领导"的电话号码及通话清单。周建平通过林海棠和网友"皇家大卫"非法购买了电话清单，并以每份1200元或1500元不等的价格，先后向林桂余出售了14份，从中获利1.6万元。该电话清单被林桂余等诈骗团伙利用，冒充珠海市副市长霍某，骗得其亲友马某5万元。珠海市香洲区人民法院判决周建平非法获取公民个人信息罪[3]，判处有期徒刑1年6个月，并处罚金2000元。

第六节 借国家机关权力侵犯他人权利的犯罪

一、诬告陷害罪
（一）构成要件·法定刑

《刑法》第243条　捏造事实诬告陷害他人，意图使他人受刑事追究，情节严重的，处

---

[1] 经《刑法修正案（九）》修正。修正前的规定为："犯前款罪，致使被绑架人死亡或者杀害被绑架人的，处死刑，并处没收财产。"

[2] 参见中华人民共和国最高人民法院刑事审判第一庭、第二庭编：《刑事审判参考（2003年第1辑·总第30辑）》，法律出版社2003年版。

[3] 指导判例：朱斌等强迫劳动案【第867号】，载中华人民共和国最高人民法院刑事审判第一、二、三、四、五庭主办：《刑事审判参考（2013年第3集·总第92集）》，法律出版社2014年版。

3年以下有期徒刑、拘役或者管制；造成严重后果的，处3年以上10年以下有期徒刑。

国家机关工作人员犯前款罪的，从重处罚。

不是有意诬陷，而是错告，或者检举失实的，不适用前两款的规定。

【定义】捏造犯罪事实，向司法机关或有关单位告发，意图使他人受刑事追究，情节严重的行为。

【客体】他人的人身权利和司法机关的正常活动。诬告陷害他人，一方面，损害他人的人格、名誉，使他人面临刑事追究的危险甚至受到刑事追究，严重侵犯被诬陷人的权利；另一方面，虚假的告发往往会耗费公安、司法机关的资源，干扰司法机关的正常工作秩序。在特定历史背景下，诬告陷害之风一度猖獗，不仅严重破坏了人们的信任感和安全感，也严重损害了国家的威信。因此，这种犯罪行为不仅危害严重，也深为人民群众所痛恨。

【对象】"他人"，指行为人以外的所有的人，包括犯罪嫌疑人、刑事被告人和正在服刑的罪犯。仅捏造犯罪事实告发，没有指明犯罪人是谁，是虚报案情，不构成本罪。如果通过告发的事实可以明显地看出诬陷对象，即使没有指名道姓，也认为诬陷特定的人。

【行为】捏造事实诬告陷害他人，情节严重。这种行为包括3个要点：

1. 捏造犯罪事实，即虚构他人犯罪的事实。如果告发的情况是真实的而不是捏造的，不构成犯罪。犯罪事实，指依据《刑法》规定，应当或者足以引起刑事追究的事实，如贪污、受贿、强奸、诈骗、盗窃等《刑法》明文规定的犯罪事实。存在犯罪事实但有虚构、夸大成分的，不认为是捏造犯罪事实。

【案例】 **金某伪证案**[1]

1999年10月，蔡某在被告人金某家的卧室内，从金某的手包中盗走人民币5000元。案发后，金某同其妻赵某向公安机关谎报被盗人民币65 200元。金某将蔡某盗窃5000元的事实夸大，不属于诬告陷害罪中的"捏造事实"，不构成诬告陷害罪。金某指使赵某作伪证，妨害了司法机关的正常诉讼活动，构成妨害作证罪。另因为金某属于盗窃案件的被害人，不属于可以构成伪证罪的四类主体，不是伪证罪。如果捏造的仅仅是违反道德或者一般违法的事实，不足以引起司法机关的刑事追究，不构成本罪。

2. 将捏造的他人的犯罪事实向司法机关或有关单位告发。因为只有向有关单位告发才有可能使他人受到刑事追究，也才能够反映出行为人使他人受刑事追究的犯罪意图。告发的机关通常是公安或司法机关，向其他足以引起刑事追究的机关、机构或者组织告发的，也可以构成本罪。例如，向监察、纪检部门告发他人有贪污、受贿、挪用公款的犯罪事实，意图通过这种途径转交公安、司法机关追究他人刑事责任的。

3. "情节严重"。主要指诬陷造成的后果比较严重；或者捏造他人犯罪的事实比较严重；或者诬告的手段比较恶劣等严重情形。如果诬告他人，情节轻微、危害不大，不宜追究刑事责任。

【主观】故意，并且具有意图使他人受到刑事追究的目的。所谓刑事追究，是指公安、检察、审判机关按照法律规定的程序，对人们的犯罪事实进行侦查、起诉、审判。但是，被诬陷人是否实际受到刑事追究，不影响诬告陷害罪的成立。行为人的犯罪动机如何，也不影响本罪的成立。过失不构成本罪。

【着手·既遂】开始虚假告发为着手；虚假告发到达有关部门，就认为既遂，不以被害人

---

[1] 中华人民共和国最高人民法院刑事审判第一庭、第二庭编：《刑事审判参考（2002年第3辑·总第26辑）》，法律出版社2002年版，第182页。

受到刑事追究为必要。在开始告发以前，捏造犯罪事实、制作告发材料是预备行为。

【加重犯】《刑法》第243条之"造成严重后果"，指造成被诬陷人死亡的后果或者造成司法机关的重大错案。

(二) 适用

【定罪】1. 与错告、检举失实的区分。错告，指错误地指控他人有犯罪行为并予以告发的情况。检举失实，指检举揭发他人犯罪，与实际情况不一致或者不完全一致的情况。错告、检举失实与诬告行为虽然在客观上均有告发的内容与实际不一致的情况，但是行为人在主观上有根本区别：错告、检举失实的行为人没有虚构犯罪事实、陷害他人的故意；诬告陷害罪则必须具有捏造犯罪事实、陷害他人的故意。

【案例】<center>**韦思国等检举失实被宣告无罪案**[1]</center>

覃家平负责蒙村市场建设工作，原工程签订合同款388万元，工商部门结账是69万元，实际拨给二建工程款288万元，相差41万元。韦思国以署名韦钦壬等名，先后多次写题为"41万巨款哪里去了？"的控告信。信中称：覃家平在蒙村市场竣工后，为掩人耳目，公然绕开县建委、县建行等有关单位，单方面和工头黄德恩等人私下结账，以假充真提取工程款69万元，除建设投资28万元外，覃家平个人侵吞了41万元人民币。经有关部门多次联合调查核实，不存在侵吞41万元的事实。法院一审认为：被告人韦思国捏造他人贪污巨款并多次向上级有关部门作虚假告发，意图使他人受到刑事追究，构成诬告陷害罪，判处有期徒刑2年。法院二审认为：上诉人韦思国通过正当途径向上级机关举报，而且没有捏造犯罪的事实，只是举报有些不实，原审法院认定上诉人韦思国犯诬告陷害罪是错误的。二审法院遂宣告韦思国为无罪。

2. 与一般诬陷行为的区别。这包括两方面的情形：①捏造他人违法、违纪、违反道德的事实，进行告发，意图使他人受到党纪、政纪的处分，或者干扰他人任职升迁的，这种情形不具备诬告陷害罪的主客观要件，不认为是犯罪；如某甲与某乙系国家机关工作的同事，平时有隙。为报复某乙，某甲向公安机关作虚假匿名举报，诬告某乙曾在一歌舞厅嫖娼，有"陪侍女"某丙为证。公安机关调查时，某丙对此作了虚假指证，某乙因而受到了公安机关的处分。甲捏造乙"嫖娼"的事实，在我国法律上属于违法事实而不是犯罪事实。所以，甲的行为不具备捏造"犯罪事实"的要件，不可能构成诬告陷害罪。但不排除成立诽谤罪。②诬告陷害他人未达到"情节严重"程度的，也不认为构成犯罪。

【关联罪】本罪与诽谤罪的界限：编造"犯罪事实"向有关机关告发，意图使他人受"刑事追究"。如果编造的不是犯罪事实，客观上不可能使他人受刑事追究，不构成诬告陷害罪；如果编造了他人犯罪的事实并散布、传播，但没有向司法机关告发，不至于妨碍国家机关的活动，也不足以证明行为人有使他人受刑事追究之意图，不成立诬告陷害罪，但不排除可以成立诽谤罪。

【罪数】在实施诬告陷害的犯罪过程中，也可能捏造一些证据，甚至向司法机关作伪证，触犯伪证罪。对于其伪证行为，可视为诬告陷害犯罪行为的一个组成部分，不需要另外处罚。在实施诬告陷害的犯罪过程中，往往也会产生损害被诬陷人人格、名誉的结果，具有诽谤的性质。这是诬告陷害罪本身具有的危害，不需要另外追究诽谤的责任。

【处罚】国家机关工作人员犯诬告陷害罪的，从重处罚。在此，法律没有规定以利用职务

---

[1] 广西壮族自治区柳州地区中级人民法院 (1996) 柳地刑终字第31号刑事判决。

便利或滥用职权为必要。

二、刑讯逼供罪·暴力取证罪

（一）构成要件·法定刑

《刑法》第247条　司法工作人员对犯罪嫌疑人、被告人实行刑讯逼供或者使用暴力逼取证人证言的，处3年以下有期徒刑或者拘役。致人伤残、死亡的，依照本法第234条、第232条的规定定罪从重处罚。

1. 刑讯逼供罪。

【定义】司法工作人员对犯罪嫌疑人、被告人使用肉刑或者变相肉刑，逼取口供的行为。

【客体】公民的人身权利和司法机关的正常活动。在现代社会，公民的人身权利和人格被奉为至高无上的价值。为了逼取口供而有意摧残、折磨他人，是对人类尊严的最严重的侵犯。尤其是代表国家行使公权的司法工作人员实施这类践踏人权的行为，影响更为恶劣。有鉴于此，刑讯逼供的行为，不仅被各国法律规定为犯罪，也属于国际法上的犯罪，被视为一种侵犯国际社会人权价值准则的犯罪。另外，经验表明，几乎所有的冤案都与刑讯逼供有关。因此，刑讯逼供的行为也是一种严重妨害司法活动的犯罪。

【对象】犯罪嫌疑人、刑事被告人，即在刑事诉讼中被指控有犯罪行为而被司法机关依法追究刑事责任的人。在立案侦查阶段的，通常称为犯罪嫌疑人；在起诉、审判阶段的，通常称为被告人。正在服刑的罪犯，如果又因为涉嫌其他犯罪而又被立案侦查、起诉和审判的，他们又处于犯罪嫌疑人、刑事被告人的地位。正在服刑的罪犯本身，不属于本罪的行为对象。

【主体】特殊主体，限于司法工作人员，即具有侦查、检察、审判、监管职责的工作人员。不具有司法工作人员身份的人，如治安联防队员、单位聘用的保安人员以及其他干部群众，不属于本罪的主体。

【行为】"刑讯逼供"，指对犯罪嫌疑人、被告人使用肉刑或者变相肉刑，逼取口供的行为。肉刑，指故意地直接对人体组织或器官进行摧残以造成肉体痛苦的方法，如对人进行捆绑、殴打。变相肉刑，指使用肉刑以外的摧残、折磨人的身体、意志的方法，如长时间罚站、冻饿、昼夜连续审讯，甚至使用专门刑具或折磨方法进行刑讯逼供。

【主观】故意，并且具有逼取口供的目的。逼取口供，指迫使犯罪嫌疑人、刑事被告人坦白交代自己的罪行。这是本罪故意的关键内容，也是与其他犯罪区别的重要标志之一。如果目的是逼取证词，不构成本罪，构成暴力取证罪；如果目的是利用司法职权报复他人，也不构成本罪，可以构成故意伤害罪。逼取口供的动机大多是急于破案、结案。

【罪量】根据《渎职侵权案立案标准》（2006）的规定，国家机关工作人员刑讯逼供涉嫌下列情形之一的，应予立案：①以殴打、捆绑、违法使用械具等恶劣手段逼取口供的；②以较长时间冻、饿、晒、烤等手段逼取口供，严重损害犯罪嫌疑人、被告人身体健康的；③刑讯逼供造成犯罪嫌疑人、被告人轻伤、重伤、死亡的；④刑讯逼供，情节严重，导致犯罪嫌疑人、被告人自杀、自残造成重伤、死亡，或者精神失常的；⑤刑讯逼供，造成错案的；⑥刑讯逼供3人次以上的；⑦纵容、授意、指使、强迫他人刑讯逼供，具有上述情形之一的；⑧其他刑讯逼供应予追究刑事责任的情形。

2. 暴力取证罪。

【定义】司法工作人员使用暴力，向证人逼取证言的行为。

【客体】公民个人的人身权利和司法机关的正常活动秩序。

【对象】证人。了解案情的被害人也属于证人，因此，逼取被害人陈述的，也可成立本罪。不了解案情，但被司法人员当作证人的人，也属于本罪的行为对象。

【主体】司法工作人员。

【行为】对证人使用暴力逼取证言的行为。

【主观】故意，并且具有逼取证人证言的目的。

【罪量】根据《渎职侵权案立案标准》（2006）的规定，国家机关工作人员暴力取证涉嫌下列情形之一的，应予立案：①以殴打、捆绑、违法使用械具等恶劣手段逼取证人证言的；②暴力取证造成证人轻伤、重伤、死亡的；③暴力取证，情节严重，导致证人自杀、自残造成重伤、死亡，或者精神失常的；④暴力取证，造成错案的；⑤暴力取证3人次以上的；⑥纵容、授意、指使、强迫他人暴力取证，具有上述情形之一的；⑦其他暴力取证应予追究刑事责任的情形。

（二）适用

【关联罪】1. 暴力取证罪与刑讯逼供罪的区别要点在于目的、对象不同：刑讯逼供罪的目的是逼取口供，行为对象是犯罪嫌疑人、被告人；而暴力取证罪的目的是逼取证人证言，行为对象是证人。

2. 刑讯逼供罪与非法拘禁罪的界限。主要区别是：①犯罪客体不同。刑讯逼供罪的客体是人身权利和司法机关的正常活动秩序，而非法拘禁罪的客体是他人的人身自由。②行为对象不同。刑讯逼供罪的对象限于犯罪嫌疑人、被告人，而非法拘禁罪没有特定对象的限制。③主体不同。刑讯逼供罪是特殊主体，而非法拘禁罪是一般主体。④行为不同。刑讯逼供罪是利用司法职权拷打他人，而非法拘禁罪的行为不限于利用司法职权。⑤目的不同。刑讯逼供罪的目的是逼取口供，而非法拘禁罪则不要求有特定的目的。

鉴于刑讯逼供罪与非法拘禁罪在构成要件方面存在以上种种差别，通常不难正确区分。只是在实践中遇到国家机关工作人员利用职权侵犯公民人身权利的案件，该定何罪，较易混淆。例如，司法工作人员插手经济纠纷替人追债的，私设公堂拷问他人的，等等。对此区别的要点是看有无严重侵犯公民的人身自由的情形。非法拘禁罪在涉及被害人的人身自由上必须具有严重的非法性，如没有经过正当的法律程序、未取得合法手续而逮捕、拘禁他人；刑讯逼供罪通常在公民的人身自由方面没有严重的非法性，如对犯罪嫌疑人、被告人的逮捕、拘留均有合法的手续，其非法性主要表现在拷打他人方面。

【转化犯】刑讯逼供、暴力取证致人伤残，指刑讯逼供、暴力取证行为直接造成被害人重伤、残疾的结果。对此，应认定为故意伤害罪，但不包括被害人自伤自残发生伤残后果的情况。如果因刑讯引起自伤自残发生严重后果的，一般作为认定处罚刑讯逼供罪的情节考虑。

刑讯逼供、暴力取证致人死亡，指刑讯逼供、暴力取证的行为直接造成被害人死亡的结果。鉴于刑讯逼供多因急于破案，实务处理较通常的故意杀、伤犯罪宽容。在因果关系认定上，要求刑讯行为直接造成死亡结果。被害人因遭刑讯自杀身亡的，被害人疾病因刑讯诱发而死亡的，多认为死亡与刑讯行为没有因果关系，不成立故意杀人罪或故意伤害罪，只能按照刑讯逼供罪定罪处罚。在定性上，刑讯致人死亡的，一般认定为故意伤害罪，回避认定故意杀人罪的取向十分明显。原因有二：①刑讯多因急于破案，比谋杀、凶杀的恶性要小；②如果定性故意杀人罪，依《刑法》第247条第2款"从重处罚"，可能判处死刑。如某派出所民警甲接到关于某旅店老板乙涉嫌组织卖淫的举报，即前往该旅店，但没有碰见乙，便将怀疑是卖淫女的服务员丙带回派出所连夜审讯，要她交待从事卖淫以及乙组织卖淫活动的事。由于丙拒不承认有这些事，甲便指使其他民警对丙进行多次殴打、逼其交待，丙于次日晨死于审讯室。法医出具的尸检报告称"因受外力击打造成下肢大面积皮下出血，引起患有心脏功能障碍的丙心力衰竭而死"。甲的行为属于暴力取证行为，一般应按故意伤害罪从重处罚。因为丙本人有卖淫嫌疑，属于违法嫌疑人，不属于犯罪嫌疑人，故丙不是刑讯逼供罪的对象。甲对丙"多次殴打逼其交待"乙组织卖淫的犯罪事实，丙实际是被作为乙组织卖淫罪的证人而遭到殴打逼迫的，故甲属于暴力取证行为。暴力取证直接造成证人死亡的，一般转化为故意伤害罪。

三、虐待被监管人罪

（一）构成要件·法定刑

《刑法》第248条　监狱、拘留所、看守所等监管机构的监管人员对被监管人进行殴打或者体罚虐待，情节严重的，处3年以下有期徒刑或者拘役；情节特别严重的，处3年以上10年以下有期徒刑。致人伤残、死亡的，依照本法第234条、第232条的规定定罪从重处罚。

监管人员指使被监管人殴打或者体罚虐待其他被监管人的，依照前款的规定处罚。

【定义】监狱、拘留所、看守所、拘役所、劳教所等监管机构的监管人员对被监管人进行殴打或者体罚虐待，情节严重的行为。

【客体】被监管人的人身权利和监管机关的正常管理活动。

【对象】被监管人，即依法被关押于监管场所失去人身自由的人，包括在监狱中服刑的已决犯，在监狱、拘留所关押的未决的犯罪嫌疑人、被告人，以及劳教场所被羁押的劳动教养人员，因违反《治安管理处罚法》被拘留的人或者其他依法被监管人员。

【主体】特殊主体，即监管人员。监管人员，指监狱、拘留所、看守所、拘役所、劳教所等监管机构的具有监管人犯的职务的人员。本罪主体以具有监管人犯的职务为必要，不以具有国家工作人员身份为必要。根据1994年1月10日最高人民检察院《聘用或委托人员批复》的规定，受监管机关正式聘用或委托实际履行监管职务的人员是有监管人犯职务的人员，即使不具有国家工作人员身份，也可成立本罪。[1]

【行为】体罚虐待被监管人或者指使被监管人殴打或者体罚虐待其他被监管人，情节严重。

【主观】故意。通常是因为被监管人违反监管规定、不服管理而对其施加体罚。

【立案】构成本罪须"情节严重"。根据《渎职侵权案立案标准》（2006）的规定，体罚虐待被监管人涉嫌下列情形之一的，应予立案：①以殴打、捆绑、违法使用械具等恶劣手段虐待被监管人的；②以较长时间冻、饿、晒、烤等手段虐待被监管人，严重损害其身体健康的；③虐待造成被监管人轻伤、重伤、死亡的；[2] ④虐待被监管人，情节严重，导致被监管人自杀、自残造成重伤、死亡，或者精神失常的；⑤殴打或者体罚虐待3人次以上的；⑥指使被监管人殴打、体罚虐待其他被监管人，具有上述情形之一的；⑦其他情节严重的情形。监管人员在日常管理中因一时冲动、气愤对监管人员偶有轻微打骂行为的，不认为是犯罪。

【加重犯】《刑法》第248条规定之"情节特别严重"。参照最高人民检察院2001年8月24日发布的《人民检察院直接受理立案侦查的渎职侵权重特大案件标准（试行）》第38条，虐待被监管人案具有下列情形之一的，可认定为情节特别严重：①致使被监管人重伤或者精神失常的；②对被监管人5人以上或5次以上实施虐待的。

---

[1]《聘用或委托人员批复》现已失效，但可参照《狱医批复》（2000）、《失职致使在押人员脱逃案解释》（2001），虽未被正式聘用，但受委托履行监管职责的过程中符合相应犯罪构成的，可成立这些罪名。

[2] 注意：此项中"虐待造成被监管人轻伤、重伤、死亡的"只针对达到检察机关"立案"追究刑事责任的标准而言的。如果立案后查明、认定致人重伤、死亡符合《刑法》第248条规定的"虐待被监管人致其伤残、死亡的"，应依照《刑法》第234、232条即依照故意伤害罪和故意杀人罪定罪，从重处罚。

（二）适用

【定罪】根据《监狱法》等监管法规，对违反监管秩序的被监管人依法使用械具、禁闭等强制措施，属于合法行为。由此带来的痛苦，不认为是本罪的体罚虐待。

【关联罪】1. 与刑讯逼供罪的区别。二者具有诸多相近之处：①都是故意犯罪；②都可能对被害人进行肉体折磨或精神摧残；③行为对象都可能是被监管人。区别要点是故意的内容和行为对象不同：刑讯逼供罪故意的内容是逼取口供，对象是犯罪嫌疑人、被告人；虐待被监管人罪的故意一般出于惩戒、报复被监管人的动机，对象是被监管人。

2. 与故意伤害罪的区别：①《刑法》第248条第2款规定，监管人员指使被监管人殴打或者体罚虐待其他被监管人的，以本罪定罪处罚。这种情形无疑具有"教唆"他人伤害的特征，但是鉴于这种情形被立法和司法解释均认定为虐待被监管人罪的实行行为，因此，不定故意伤害罪（教唆）。被监管人殴打其他被监管人，依法属于破坏监管秩序罪的犯罪行为。②《刑法》第248条规定，虐待被监管人致其伤残、死亡的，依照《刑法》第234、232条即依照故意伤害罪和故意杀人罪定罪，从重处罚。

四、报复陷害罪

（一）构成要件·法定刑

《刑法》第254条　　国家机关工作人员滥用职权、假公济私，对控告人、申诉人、批评人、举报人实行报复陷害的，处2年以下有期徒刑或者拘役；情节严重，处2年以上7年以下有期徒刑。

【定义】国家机关工作人员滥用职权、假公济私，对控告人、申诉人、批评人、举报人实行报复陷害的行为。

【客体】公民的控告权、申诉权、批评监督权和国家机关的正常活动。

【对象】控告人、申诉人、批评人、举报人。这些报复陷害的对象，可能是国家工作人员，也可能是普通公民。

【主体】特殊主体，国家机关工作人员。

【行为】滥用职权，假公济私，对控告人、申诉人、批评人、举报人进行打击报复。滥用职权、假公济私进行打击报复，指以执行公务、履行职责为名，利用职权，为了个人的私情、私利，对有关人员进行迫害。通常表现为：利用职权借故将他人降职、减薪甚至开除公职，或者利用职权借故给予党纪、政纪的处罚等。

【主观】故意。过失不构成本罪。

【立案】根据《渎职侵权案立案标准》（2006）的规定，实施报复陷害行为涉嫌下列情形之一的，应予立案：①报复陷害，情节严重，导致控告人、申诉人、批评人、举报人或者其近亲属自杀、自残造成重伤、死亡，或者精神失常的；②致使控告人、申诉人、批评人、举报人或者其近亲属的其他合法权利受到严重损害的；③其他报复陷害应予追究刑事责任的情形。

但是在工作中，如果行为人没有打击报复的恶意，仅仅是因为工作方法简单粗暴、不了解情况，对涉及控告人、申诉人、批评人、举报人的事务作出不当处理，即使造成了一些不良的影响、后果的，也不能按犯罪处理。另外，行为人虽然有利用职权打击报复控告人、申诉人、批评人、举报人的行为，但是如果情节、后果轻微的，一般也不按犯罪处理。

（二）适用

【关联罪】与诬告陷害罪的界限。这两种犯罪的共同点是：行为人在主观上都有陷害他人的目的。它们的不同点在于：①犯罪对象的范围不同。报复陷害罪的对象只限于控告人、申诉人、批评人、举报人；诬告陷害罪的对象可以是包括犯人在内的任何人，没有身份限制。②行为方式不同。报复陷害必须是利用职务、滥用职权，进行报复陷害或打击报复；诬告陷害的行为，是否利用职权，对构成犯罪与否没有影响。③故意内容不同。报复陷害罪，行为人通常有陷害他人的目的，但并非限于让被害人受到刑事追究；诬告陷害罪，行为人在主观上必须具有意图使他人受到刑事追究的目的。④犯罪主体不同。报复陷害罪的主体必须是国家机关工作人员；诬告陷害罪是一般主体，国家机关工作人员或非国家机关工作人员均可构成。

五、打击报复会计、统计人员罪

（一）构成要件·法定刑

《刑法》第 255 条　公司、企业、事业单位、机关、团体的领导人，对依法履行职责、抵制违反会计法、统计法行为的会计、统计人员实行打击报复，情节恶劣的，处 3 年以下有期徒刑或者拘役。

【定义】公司、企业、事业单位、机关、团体的领导人，对依法履行职责、抵制违反《会计法》《统计法》行为的会计、统计人员进行打击报复，情节恶劣的行为。

【客体】会计人员、统计人员的人身权利、民主权利和国家正常的会计工作、统计工作制度。

【对象】依法履行职责，抵制违反《会计法》《统计法》行为的会计、统计人员。

【主体】特殊主体，即公司、企业、事业单位、机关、团体的领导人。只有具有这种身份的人，才能凭借职权或优势对会计、统计人员进行打击报复。

【行为】打击报复，情节恶劣的行为。

【主观】故意。

（二）适用

【关联罪】本罪与报复陷害罪的区别。二者在利用职权打击报复他人方面是共同的，不同点是：①客体不同。本罪客体主要是会计、统计工作制度，而报复陷害罪的客体主要是公民的控告权、申诉权、批评监督权和国家机关的正常活动。②对象不同。本罪对象是会计、统计人员，而报复陷害罪的对象是控告人、申诉人、批评人、举报人。③主体不同。本罪主体是公司、企业、事业单位、机关、团体的领导人，而报复陷害罪的主体是国家机关工作人员。

第七节　妨害婚姻家庭的犯罪

一、暴力干涉婚姻自由罪

（一）构成要件·法定刑

《刑法》第 257 条　以暴力干涉他人婚姻自由的，处 2 年以下有期徒刑或者拘役。

犯前款罪，致使被害人死亡的，处 2 年以上 7 年以下有期徒刑。

第 1 款罪，告诉的才处理。

【定义】以暴力手段干涉他人结婚和离婚自由的行为。

【客体】复杂客体，即他人的婚姻自由和被害人的人身权利。婚姻自由，包括结婚和离婚自由。

【对象】包括男人和女人的婚姻自由。生活中多见干涉妇女的婚姻自由，例如，父母干涉女儿的婚姻自由；夫家人干涉寡妇的婚姻自由。随着我国人口结构逐渐老龄化，子女干涉老人婚姻自由的情形逐渐增多。

【主体】一般主体，多见于被害人的家庭成员或亲友。

【行为】以暴力干涉他人婚姻自由。暴力，指捆绑、殴打、禁闭、强抢等对人身实行强制或打击的方法，使被干涉者屈从干涉者的意志，不能行使婚姻自由的权利。

【主观】故意。过失不能构成本罪。至于这种犯罪的动机则是很复杂的，有的是为了追求门当户对，有的是为了贪图钱财，有的是为了维护封建的传统习俗，等等。犯罪动机对犯罪的危害程度有一定影响，可在量刑时予以参考。

【加重犯】《刑法》第257条规定，犯暴力干涉婚姻自由罪致使被害人死亡的，是结果加重犯。引起被害人死亡，指被害人因婚姻自由受到干涉而自杀，或行为人在实施暴力干涉过程中过失致人死亡。两种情况都是出于暴力干涉婚姻自由的故意，对其行为所引起的死亡结果却是过失的，不是行为人所希望或放任的。对于那种因干涉婚姻自由的目的不能实现，故意将被干涉者重伤或杀害的，应按故意伤害罪或者故意杀人罪论处。

（二）适用

【定罪】1. 本罪限定采取暴力方式干涉婚姻自由，与此相应，干涉的程度也较为严重。如果干涉婚姻自由没有实行暴力行为的，属于一般违反婚姻法的行为，不构成暴力干涉婚姻自由罪。

2. 暴力干涉婚姻自由罪与抢亲行为的界限。对于抢亲行为，要作具体的分析，区分不同情况进行处理。属于少数民族地区民族习俗的，应进行宣传教育，不能视为犯罪行为。对于女方不同意恋爱、结婚，而以抢亲的暴力手段达到结婚目的的，应按暴力干涉婚姻自由罪论处。如果没有合法的婚姻关系，女方不同意与之结婚，而采取暴力手段，将女方抢来强行与之发生性行为，女方告发的，应以强奸罪论处。

【告诉才处理】根据《刑法》第98条的规定，本法所称"告诉才处理"，指被害人告诉才处理。如果被害人因受强制、威吓无法告诉的，人民检察院和被害人的近亲属也可以告诉。考虑到本罪多发生在亲属之间，刑法规定本罪告诉才处理，尊重被害人的选择权。但是告诉才处理的规定不适用于本罪的结果加重犯。

二、重婚罪

（一）构成要件·法定刑

《刑法》第258条　有配偶而重婚的，或者明知他人有配偶而与之结婚的，处2年以下有期徒刑或者拘役。

【定义】有配偶而重婚的，或明知他人有配偶而与之结婚的行为。

【客体】他人的婚姻家庭关系和一夫一妻的婚姻制度。我国《婚姻法》确立了一夫一妻的婚姻制度。这种制度有利于贯彻男女权利的平等、维护家庭的稳定和子女的合法权益，也有利于社会的安定与繁荣。已经有配偶而与他人重婚，或者明知他人有配偶而与之结婚，都是对我国一夫一妻婚姻制度的破坏。这不仅会损害重婚人原有配偶的合法权益，也会妨害家庭的稳定、未成年子女的健康成长。

【主体】已经有配偶的人和明知他人有配偶的人。有配偶的人，指已经依法登记结婚的人。仅有事实婚姻关系的人，不属于有配偶的人。[1] 编造配偶下落不明、恶意申请宣告配偶死亡，申请人与被申请人的婚姻关系实质上并未消灭，申请人与他人结婚的，是重婚。[2] 无

---

[1] 中华人民共和国最高人民法院刑事审判第一庭编：《刑事审判参考（1999年第2辑·总第2辑）》，法律出版社1999年版，第17页。

[2] 中华人民共和国最高人民法院刑事审判第一、二、三、四、五庭主办：《刑事审判参考（2006年第6集·总第53集）》，法律出版社2007年版，第36页。

配偶的人，如果明知对方有配偶而与之结婚的，也可以构成重婚罪。构成重婚罪，至少一方应当是已经有配偶的人。

【行为】重婚或与有配偶的人结婚。具体指：①有配偶而重婚；②没有配偶的人，明知他人有配偶而与之结婚。任何一种形式都构成重婚罪。与他人结婚，包括两种情况：①登记结婚，即通过办理结婚登记手续，取得了结婚证书，正式建立了在形式上具备合法婚姻要件的婚姻关系。因为我国《婚姻法》禁止重婚，所以这种具备合法形式的重婚，通常是使用欺骗方法办理结婚登记手续，获取结婚证书的。②事实婚。事实婚，指虽然没有进行登记结婚，但正式以夫妻名义共同生活，通常表现为对外以夫妻自居，彼此以夫妻相待，在事实上如同夫妻一样地同居生活。民政部在1994年2月1日发布的《婚姻登记管理条例》中虽然明确否认这种事实婚姻的法律效力，不予保护，但是这只是宣告事实婚姻在民事关系方面无效，不排除事实婚姻在刑事法律方面可以构成重婚罪的效果。有配偶的人与他人以夫妻名义同居生活的，或者明知他人有配偶而与之以夫妻名义同居生活的，仍应按重婚罪定罪处罚。外籍被告人与外籍配偶在境外结婚后，又在我国境内与他人以夫妻名义同居的行为，符合重婚罪的构成特征。因为：一方面，其在外国的婚姻关系被我国法律所承认；另一方面，其在我国境内的重婚行为，客观上已导致其同时拥有"两个妻子"，明显侵犯了我国的"一夫一妻制度"，因此应当纳入我国刑法的规制范围。

【案例】**法兰克·巴沙勒·米伦等重婚案**[1]

米伦于1991年8月24日在英国与Josephine Millen注册结婚且婚姻关系一直延续至今。2005年，米伦在我国经商期间结识罗敏婷并产生感情。在罗敏婷明知米伦已经注册结婚的情况下，双方仍以夫妻名义同居。2006年两人举办婚宴，宴请亲朋好友并公开他们之间的夫妻关系。后两人在广州市生育2名儿女。2013年2月26日，米伦与罗敏婷向公安机关投案。法院以重婚罪对两人判处拘役6个月，缓刑6个月。

【主观】故意。有配偶者只要与他人重婚就足以认定重婚故意。无配偶者需要明知他人已经有配偶而与之结婚，如果被欺瞒不知对方已有配偶的，因缺乏重婚故意，不构成重婚罪。仅有重婚故意者方有罪，重婚动机多样，有的出于喜新厌旧，玩弄女性；有的出于贪图享乐；有的为生儿育女，传宗接代；等等。无论出于何种动机，均不影响本罪的构成。

（二）适用

【定罪】1. 以事实婚作为构成要件的重婚罪的认定。因为刑法规定的"有配偶的人"，应当是指已经依法登记结婚的人，不包括未经依法登记结婚与他人具有事实婚姻关系的人，所以，仅有事实婚姻关系的人，又与其他无配偶的人再次或者多次建立事实婚姻关系的，不构成重婚罪；依法登记结婚的，也不构成重婚罪。只有当行为人属于有配偶的人，即已经与他人依法登记结婚（建立法律婚姻关系）的人，又与其他人建立事实婚姻关系的，才能认定构成重婚罪。在这种场合，事实婚姻可以作为重婚罪的构成要件，"是因为不能允许行为人以事实婚姻去肆意破坏依法登记的合法婚姻。法律不保护事实婚姻，但必须保护合法的婚姻关系不受侵犯"。[2]

有配偶的人与他人通奸或临时同居，未达到事实婚程度的，不成立重婚罪。1958年1月

---

[1] 中华人民共和国最高人民法院刑事审判第一、二、三、四、五庭主办：《刑事审判参考（2014年第2集·总第97集）》，法律出版社2014年版。

[2] 中华人民共和国最高人民法院刑事审判第一庭编：《刑事审判参考（1999年第2辑·总第2辑）》，法律出版社1999年版，第17页。

27日《最高人民法院关于如何认定重婚行为问题的批复》中指出:"如两人虽然同居,但明显只是临时姘居关系,彼此以'姘头'相对待,随时可以自由拆散,或者在约定时期届满后即结束姘居关系的,则只能认为是单纯非法姘居,不能认为是重婚。"

2. 指导案例"王艳重婚案"[1]的裁判要旨指出:"恶意申请致配偶被宣告死亡的,申请人与被申请人的婚姻关系实质上并未消灭,申请人再与他人结婚的构成重婚罪。"

3. 对妇女因陷于困境而重婚的,不认为是犯罪。这包括:①因为被拐卖而流落外地和他人重婚的;②因为逃避包办婚姻而流落外地重婚的;③遭受家庭虐待而流落外地重婚的;④因为生活所迫,逃荒要饭,流落他乡重婚的。因为妇女在上述特定的困境中没有选择的自由,所以即使在形式上具备了重婚的特征,也应当予以宽恕。

4. 对重婚行为的酌情处理。重婚毕竟是一种性质轻微的犯罪行为,所以不一定都定罪处罚。对于重婚者主动解除或经劝说、批评教育后解除非法婚姻关系的,也可以酌情不认定为是犯罪。

【其他处理】对犯重婚罪的犯罪分子,应宣告解除由于重婚而形成的非法婚姻关系。

三、破坏军婚罪

(一) 构成要件·法定刑

《刑法》第259条　明知是现役军人的配偶而与之同居或者结婚的,处3年以下有期徒刑或者拘役。

利用职权、从属关系,以胁迫手段奸淫现役军人的妻子的,依照本法第236条的规定定罪处罚。

【定义】明知是现役军人的配偶,而与之同居或结婚的行为。

【客体】现役军人的婚姻关系。现役军人,是指有军籍的正在中国人民解放军或人民武装警察部队服役的军人。包括:边防武装警察和消防警察,以及有军籍的干部、战士和其他专门技术人员。复员退伍军人、转业军人、人民警察以及在军事部门、人民武装警察部队中工作但没有军籍的工作人员,以及正在服刑的军人,都不属于现役军人。

【对象】现役军人的配偶,是指已依法与现役军人结婚或虽未办理登记手续,但已形成事实婚的人。我国《刑法》对军婚的保护范围仅限于军人的配偶,与现役军人有婚约的,不能视为现役军人的配偶。

【主体】一般主体。如果现役军人与其他现役军人的配偶结婚或同居,也应以破坏军婚罪论处。如果两个现役军人发生重婚关系,而重婚双方的配偶都不是现役军人的,应以重婚罪论处。因为这种行为侵犯的不是现役军人的合法婚姻关系,不宜定破坏军婚罪。

---

[1] 载中华人民共和国最高人民法院刑事审判第一、二、三、四、五庭主办:《刑事审判参考(2006年第6集·总第53集)》,法律出版社2007年版。1993年11月1日,杨国昌与王艳登记结婚。1994年2月,杨国昌赴日本从事劳务工作2年,但非法滞留至2002年12月20日。期间,其与被告人王艳通信至1997年3月,自1996年7月至2000年9月间,多次汇款给王艳。2001年11月20日,王艳以杨国昌于1996年5月后一直下落不明为由,向法院申请宣告杨国昌死亡。法院经公告一年后判决宣告杨国昌死亡。杨国昌被遣返回国后多处寻找王艳,王艳明知其回国却避而不见。2003年3月3日,杨国昌向法院起诉与王艳离婚。王艳于同月10日与胡宝柱登记结婚,并向法庭隐瞒杨国昌已被宣告死亡、自己与他人结婚的事实。同月27日,法院判决杨国昌与王艳离婚,并分割了夫妻共同财产。王艳不服,提起上诉,披露了一审中隐瞒的前述事实。经杨国昌申请,法院撤销了宣告其死亡的判决。2003年8月13日,法院撤销了前述离婚判决。2004年4月7日,杨国昌以王艳犯重婚罪向法院提起自诉。法院认为:王艳故意隐瞒真相,恶意申请宣告杨国昌死亡的行为系民法上的欺诈行为,以之获得确认的法律关系自始无效。因此,王艳与杨国昌的婚姻关系依然存在,其又与他人结婚的行为构成重婚罪,遂以重婚罪判处王艳拘役6个月,缓刑1年。

【行为】与现役军人配偶同居或结婚。"结婚",是指与现役军人配偶登记结婚或公开以夫妻名义共同生活。"同居",是指与现役军人配偶在一定时期内姘居,包括在较长时间里公开或秘密地在一起生活,这种关系以不正当的两性关系为基础,往往还有经济上或生活上的某些特殊关系。偶尔与现役军人配偶发生通奸行为的,不属于同居,不认为是犯罪。

【主观】故意,即明知对方是现役军人的配偶,而与之结婚或同居。如果行为人不知道对方是现役军人的配偶,而是由于受对方欺骗蒙蔽,不明真相而与之结婚或同居的,不应以破坏军婚罪论处。

(二) 适用

【定罪】司法扩张。最高人民法院于1985年7月18日曾印发《关于破坏军人婚姻罪的四个案例》,并以"按语"的形式指出:对于长期与现役军人配偶通奸,并给军人婚姻家庭关系造成严重破坏后果的,应以破坏军人婚姻罪论处。该判例和按语扩大了破坏军婚罪的范围,意味着"通奸"方式只有同时具备两个条件才可以认定为犯罪:①长期通奸;②使军人婚姻家庭遭受严重破坏。对于该判例和按语扩大认定破坏军婚罪是否适当,学说上多持批评态度。

【关联罪】重婚罪与破坏军婚罪的界限。区别在于:①行为对象不同。破坏军婚罪的对象限于现役军人的配偶;重婚罪的对象没有这种限制。现役军人配偶,是指已依法与现役军人结婚的人。②行为要件的范围不同。破坏军婚罪的行为包括"结婚""同居"两种行为,而重婚罪限于"结婚"一种行为。与现役军人配偶同居,是指与现役军人配偶在一定时期内姘居,包括在较长时间里公开或秘密地在一起生活,这种关系以不正当的两性关系为基础,往往还有经济上或生活上的某些特殊关系,不同于与现役军人配偶的通奸行为。③客体不同。破坏军婚罪的客体是现役军人的婚姻关系,而重婚罪的客体是一夫一妻的婚姻制度和他人的婚姻家庭关系。

【法条竞合】如果行为人明知是现役军人的配偶而与之结婚的,同时又触犯重婚罪,属于法条竞合犯,应当按照破坏军婚罪论处。

【其他法律效果】与现役军人配偶所成立的婚姻,不论是否履行登记,均为非法,人民法院应宣布解除其婚姻关系。惩罚破坏军婚罪,其目的是保护军人的婚姻关系,对于破坏军人婚姻的行为,情节一般,军人本人不愿声张追究的,可不作犯罪处理,但必须制止其违法行为,并可建议有关部门给予一定的纪律处分。

四、虐待罪

(一) 构成要件·法定刑

《刑法》第260条　虐待家庭成员,情节恶劣的,处2年以下有期徒刑、拘役或者管制。犯前款罪,致使被害人重伤、死亡的,处2年以上7年以下有期徒刑。

第一款罪,告诉的才处理,但被害人没有能力告诉,或者因受到强制、威吓无法告诉的除外。

【定义】对共同生活的家庭成员经常以打骂、捆绑、冻饿、有病不给医治、强迫超体力劳作、限制自由等方式,从肉体或精神上摧残、折磨,情节恶劣的行为。

【客体】家庭成员的人身权利和在家庭关系中应当享有的平等权利。家庭是人们成长、生活的基本单元,也是社会生活的基础,维护良好的家庭关系对于保障公民的权利,促进社会的发展、进步具有重要的意义。在现代社会中,人们日益认识到家庭暴力对人权尤其是妇女、儿童等弱势成员的人权的严重危害性。因此,应当重视对虐待行为的惩治,制止家庭暴力,切实保障家庭成员应当享有的各种权利。《办理家暴案意见》(2015)指出:"发生在家庭成员之间,以及具有监护、扶养、寄养、同居等关系的共同生活人员之间的家庭暴力犯罪,严重侵害公民人身权利，破坏家庭关系，影响社会和谐稳定。"

【对象】家庭成员，指共同生活的家庭成员。

【主体】特殊主体，限于相互之间存在扶养、扶助义务的共同生活的家庭成员。如夫妻、父母、子女、兄弟、姐妹等，也包括承担扶养义务的共同生活的亲友。不是上述共同生活的家庭成员之间的虐待，不构成本罪。夫妻离婚后仍然以夫妻名义在同一家庭中共同生活、共同抚养子女、履行夫妻间的权利义务的，属于本罪主体中的"家庭成员"。

【案例】 朱朝春虐待案[1]

朱朝春与刘祎于2007年11月协议离婚，但仍以夫妻名义共同生活。2006～2011年期间，朱朝春多次因感情问题以及家庭琐事对刘祎进行殴打，某日又因女儿教育问题和怀疑女儿非自己亲生等事项再次与刘祎发生争执，拿皮带对刘祎进行殴打，致使刘祎持匕首自杀。朱朝春随即将刘祎送医院抢救。经鉴定，刘祎体表多处挫伤，因被锐器刺中左胸部致心脏破裂大失血，抢救无效死亡。法院以虐待罪判处朱朝春有期徒刑5年。

【行为】虐待家庭成员，情节恶劣。"虐待"，指折磨、摧残家庭成员身心健康的行为。虐待具有经常性和连续性的特点，即行为人在相当长的时间里对共同生活的家庭成员，进行持续或者连续的肉体摧残或精神折磨，致使被害人的身心遭受严重创伤，通常表现为经常性的打骂、捆绑、冻饿、有病不给医治、强迫超体力劳作、限制自由等。在一个虐待故意支配下，这些折磨和摧残的方式，可能同时进行，也可能交替进行。但在整体上可以评价为一个虐待行为。偶尔发生的打骂、冻饿等行为，不构成虐待罪。虐待罪的行为对象，限于共同生活的家庭成员，通常是在家庭中处于强势的一方虐待弱势的一方，如家长虐待未成年的子女、丈夫虐待妻子、成年子女虐待没有独立生活能力的老人等。但是，被虐待的家庭成员是否有独立生活能力，不影响本罪的成立。

【主观】故意，即故意对被害人进行肉体或精神上的折磨和摧残。虐待的动机多种多样，不论出于何种动机，均不影响本罪的成立。

【立案】虐待行为"情节恶劣"的才能构成犯罪。《办理家暴案意见》（2015）第17条指出："依法惩处虐待犯罪。采取殴打、冻饿、强迫过度劳动、限制人身自由、恐吓、侮辱、谩骂等手段，对家庭成员的身体和精神进行摧残、折磨，是实践中较为多发的虐待性质的家庭暴力。根据司法实践，具有虐待持续时间较长、次数较多；虐待手段残忍；虐待造成被害人轻微伤或者患较严重疾病；对未成年人、老年人、残疾人、孕妇、哺乳期妇女、重病患者实施较为严重的虐待行为等情形，属于刑法第260条第1款规定的虐待'情节恶劣'，应当依法以虐待罪定罪处罚。"

【加重犯】《刑法》第260条第2款规定的"致使被害人重伤、死亡"，指虐待行为人因过失造成重伤或死亡结果的情形。

【量刑】《办理家暴案意见》（2015）第18条指出：根据司法实践，对于实施家庭暴力手段残忍或者造成严重后果；出于恶意侵占财产等卑劣动机实施家庭暴力；因酗酒、吸毒、赌博等恶习而长期或者多次实施家庭暴力；曾因实施家庭暴力受到刑事处罚、行政处罚；或者具有其他恶劣情形的，可以酌情从重处罚。对于实施家庭暴力犯罪情节较轻，或者被告人真诚悔罪，获得被害人谅解，从轻处罚有利于被扶养人的，可以酌情从轻处罚；对于情节轻微不需要判处刑罚的，人民检察院可以不起诉，人民法院可以判处免予刑事处罚。对于实施家庭暴力情

---

[1] 载中华人民共和国最高人民法院刑事审判第一、二、三、四、五庭主办：《刑事审判参考（2014年第3集·总第98集）》，法律出版社2015年版。

节显著轻微、危害不大、不构成犯罪的，应当撤销案件、不起诉，或者宣告无罪。人民法院、人民检察院、公安机关应当充分运用训诫，责令施暴人保证不再实施家庭暴力，或者向被害人赔礼道歉、赔偿损失等非刑罚处罚措施，加强对施暴人的教育与惩戒。

《办理家暴案意见》（2015）第21～24条指出：对家暴犯罪被判处管制或者宣告缓刑的犯罪分子，为了确保被害人及其子女和特定亲属的人身安全，可以适用禁止令，禁止犯罪分子侵扰被害人、酗酒、赌博等；经被害人申请且有必要的，禁止接近被害人及其未成年子女。告知申请撤销施暴人的监护资格。充分运用社区矫正措施对家暴犯罪分子依法开展家庭暴力行为矫治。

（二）适用

【定罪】管教子女与虐待行为的区别：虐待通常出于报复、泄愤的动机而折磨子女；而家长管教子女，往往是出于对子女成长的关心，要么是期望培养子女坚强的意志品质和刻苦勤奋的精神，要么是期望子女能够深刻汲取教训，避免再次犯错误甚至误入歧途。家长出于管教动机而偶有一些打骂或者体罚行为的，不属于虐待行为。

【关联罪】准确区分虐待犯罪致人重伤、死亡与故意伤害、故意杀人犯罪致人重伤、死亡的界限，对此，《办理家暴案意见》（2015）第17条指出："要根据被告人的主观故意、所实施的暴力手段与方式、是否立即或者直接造成被害人伤亡后果等进行综合判断。对于被告人主观上不具有侵害被害人健康或者剥夺被害人生命的故意，而是出于追求被害人肉体和精神上的痛苦，长期或者多次实施虐待行为，逐渐造成被害人身体损害，过失导致被害人重伤或者死亡的；或者因虐待致使被害人不堪忍受而自残、自杀，导致重伤或者死亡的，属于刑法第260条第2款规定的虐待'致使被害人重伤、死亡'，应当以虐待罪定罪处罚。对于被告人虽然实施家庭暴力呈现出经常性、持续性、反复性的特点，但其主观上具有希望或者放任被害人重伤或者死亡的故意，持凶器实施暴力，暴力手段残忍，暴力程度较强，直接或者立即造成被害人重伤或者死亡的，应当以故意伤害罪或者故意杀人罪定罪处罚。"

家长管教子女严厉、方式方法粗暴，通常认为不具有虐待性质。在管教子女过程中使用暴力直接造成子女重伤、死亡结果的，可定性为故意伤害罪。

【罪数】虐待家庭成员的过程中，故意重伤或者杀害被虐待人的，构成故意伤害罪或者故意杀人罪。是否数罪并罚，需具体分析：如果抛开该次故意伤害或者故意杀害被虐待人的行为，行为人平日的虐待还没有达到情节恶劣构成虐待罪的程度，那就不应当实行数罪并罚，只需要以一个故意伤害罪或者故意杀人罪定罪处罚，平日的虐待行为可以作为量刑情节考虑。如果抛开该次故意伤害或者故意杀害被虐待人的行为，行为人平日的虐待行为足以达到情节恶劣、构成虐待罪程度的，那就应当实行数罪并罚。总之，注意不要将该次故意伤害或者故意杀害被虐待人的行为，既作为认定故意伤害罪或者故意杀人罪的事实根据，又作为认定虐待行为"情节恶劣"的事实根据，对同一事实进行双重评价和处罚。

【告诉才处理】《刑法修正案（九）》对于第260条，"第1款罪，告诉的才处理"的规定作出了进一步限制，即被害人没有能力告诉，或者因受到强制、威吓无法告诉的，不适用告诉才处理。《办理家暴案意见》（2015）第9条指出："通过代为告诉充分保障被害人自诉权。"被害人不能亲告的，其法定代理人、近亲属可以告诉或者代为告诉；必要时，人民检察院可以告诉，人民法院对告诉或者代为告诉的，应当依法受理。

《办理家暴案意见》（2015）第1、3、6、8条指出：针对家庭暴力持续反复发生，不断恶化升级的特点，司法机关应当依法及时有效干预，不能以家务事为由而置之不理，互相推诿。"公检法"接到家庭暴力的报案、控告或者举报后应当"迅速审查、立案和转处"。在处理人身伤害、虐待、遗弃、婚姻家庭、继承等行政、民事案件过程中,一旦发现家庭暴力的犯罪线索,应当将案件转为刑事案件办理。据此,司法机关对虐待罪"告诉才处理",已非消极的不告不理,而是为保护弱势被害人采取了比公诉案更为积极的干预姿态。虐待案件"告诉才处理"的核心如《办理家暴案意见》(2015)第3、5、9条规定:"尊重被害人的程序选择权。""尊重被害人意愿,在立案、采取刑事强制措施、提起公诉、判处刑罚、减刑、假释时,应当充分听取被害人意见。""通过被害人近亲属、代为告诉充分保障被害人自诉权。"

五、虐待被监护、看护人罪

《刑法》第260条之一 对未成年人、老年人、患病的人、残疾人等负有监护、看护职责的人虐待被监护、看护的人,情节恶劣的,处3年以下有期徒刑或者拘役。

单位犯前款罪的,对单位判处罚金,并对其直接负责的主管人员和其他直接责任人员,依照前款的规定处罚。

有第1款行为,同时构成其他犯罪的,依照处罚较重的规定定罪处罚。

【定义】负有监护、看护职责的人虐待被监护、看护的人,情节恶劣的行为。

【客体】被监护、看护的人的人身权利和监护、看护职责[1]。

【对象】未成年人、老年人、患病的人、残疾人等被看护、监护人。"未成年人",根据《未成年人保护法》指不满18周岁的人;"老年人",根据《老年人权益保障法》的规定,指60岁以上的人;"患病的人"是指因病需要监护、看护的人。"残疾人",根据《残疾人保障法》(2008)第2条,指在心理、生理、人体结构上,某种组织、功能丧失或者不正常,全部或者部分丧失以正常方式从事某种活动能力的人,包括视力残疾、听力残疾、言语残疾、肢体残疾、智力残疾、精神残疾、多重残疾和其他残疾的人。"等被看护、监护人",指上述未成年人、老年人、患病的人、残疾人之外且状况相近的被看护、监护人。

【主体】对未成年人、老年人、患病的人、残疾人等负有监护、看护职责的人。包括个人和单位。例如,托儿所、幼儿园、学校等机构及负有监护、看护婴幼儿、学生职责的人员,养老院对在院老人负有监护、看护职责的人员,医院中对病人等负有监护、看护职责的医生、护士。"这种监护、看护职责,通常是基于合同、雇用、服务等关系确定,也可以通过口头约定、志愿性的服务等形式确定,如邻居受托或自愿代人照顾老人、儿童。"[2]

【行为】虐待被监护、看护的人,情节恶劣。"虐待",指采取殴打、冻饿、限制人身自由、恐吓、侮辱、谩骂等手段,对被监护、看护人的身体和精神进行摧残、折磨。鉴于处在监护、看护之下的未成年人、老人、病人、残疾人中有生活不能自理者,"虐待"的含义应当根据被监护、看护人的生活自理能力状况和监护、看护人的具体职责进行判断,对于完全不能生活自理的老人、婴幼儿、严重的精神病患者等,恶意不予护理使之处在痛苦、不人道的生活状态中的,也可以认定为本罪的虐待。

"情节恶劣",参照《办理家暴案意见》(2013)第17条对虐待罪、遗弃罪情节恶劣的规定,是指具有虐待持续时间较长、次数较多,虐待手段残忍,虐待造成被害人轻微伤或者患较严重疾病,对未成年人、老年人、残疾人、孕妇、哺乳期妇女、重病患者实施较为严重的虐待行为等情形。鉴于本罪行为对象是被监护、看护的未成年人、老人、病人、残疾人,行为人违背监护、看护职责,遗弃患严重疾病或者生活不能自理的被害人,造成身体严重损害或者其他严重后果的,也可以认定为"情节恶劣"。

---

[1] 雷建斌主编:《〈中华人民共和国刑法修正案(九)〉释解与适用》,人民法院出版社2015年版。
[2] 郎胜主编:《〈中华人民共和国刑法修正案(九)〉理解与适用》,中国民主与法制出版社2015年版。

【主观】故意，即明知自己对被监护人、看护人实施了虐待行为，不必有报复动机，需要行为人认识到自己对被害人负有监护、看护职责。

六、遗弃罪

（一）构成要件·法定刑

《刑法》第261条　对于年老、年幼、患病或者其他没有独立生活能力的人，负有扶养义务而拒绝扶养，情节恶劣的，处5年以下有期徒刑、拘役或者管制。

【定义】对年老、年幼、患病或者其他没有独立生活能力的人，负有扶养义务而拒绝扶养，情节恶劣的行为。

【客体】家庭成员之间的合法权益。《婚姻法》对家庭成员间有相互扶养的义务作了具体规定。如果行为人负有义务而不履行，就侵犯了被扶养人依法规定的受扶养的权利。

【对象】年老、年幼、患病或者其他没有独立生活能力的人。包括：①丧失劳动力、无生活来源而需要他人经济上予以供给的；②有经济收入，但生活不能自理需要他人照顾的；③因年幼而无独立生活能力的人。

【主体】特殊主体，对被遗弃者负有法定扶养义务的人。如果在法律上不负有法定义务而拒绝扶养的，不能认为是遗弃。确定行为人是否具有法定义务，应依据我国《婚姻法》的规定来确定。

【行为】负有扶养义务而拒绝扶养，情节恶劣。"拒绝扶养"，是不作为犯，指对没有独立生活能力的人拒绝履行扶养义务。对"拒绝扶养"应作广义理解："包括消极地不给予被害人必要的生活照应的不作为和积极地移置被害人于孤立无援的场所、造成场所隔离或者逃离被害人的行为。"[1] 因为遗弃行为只能由不作为构成，所以属于纯正的不作为犯。遗弃行为表现为拒绝履行自己的法定扶养义务，从而使被扶养人陷于极端困难的境地，生命和健康受到严重威胁或损害。

【主观】故意。

【罪量】遗弃行为"情节恶劣"的，才构成犯罪。《办理家暴案意见》（2013）第17条指出："依法惩处遗弃犯罪。负有扶养义务且有扶养能力的人，拒绝扶养年幼、年老、患病或者其他没有独立生活能力的家庭成员，是危害严重的遗弃性质的家庭暴力。根据司法实践，具有对被害人长期不予照顾、不提供生活来源；驱赶、逼迫被害人离家，致使被害人流离失所或者生存困难；遗弃患严重疾病或者生活不能自理的被害人；遗弃致使被害人身体严重损害或者造成其他严重后果等情形，属于刑法第261条规定的遗弃'情节恶劣'，应当依法以遗弃罪定罪处罚。"

（二）适用

【关联罪】1. 遗弃罪与虐待罪的界限。二者侵害的对象都是家庭成员；侵害行为的方式也有某些交叉，非常相似。二者的主要区别是：①犯罪目的不尽相同。遗弃罪的目的是摆脱、逃避履行扶养义务；虐待罪的目的是摧残和折磨被害人。②行为方式不同。遗弃罪是以消极的不作为形式拒绝履行应尽的扶养、扶助义务；虐待罪往往是以积极的作为形式对被害者施以肉体摧残或精神折磨。③犯罪对象不尽相同。遗弃罪的对象仅限于年老、年幼、患病或其他没有独立生活能力的人；虐待罪的对象可以是家庭中的任何成员。

在实际生活中，往往发生行为人对没有独立生活能力的家庭成员，既有打骂等积极的虐待行

---

[1] 张明楷：《刑法分则的解释原理》，中国人民大学出版社2004年版，第156页。

为，又有不予供养等不履行扶养义务的情况。对此，应当从行为整体考虑、综合判断。如果行为人的主要目的在于摆脱扶养的义务，行为的主要危害体现在不履行扶养义务方面，应当认定为遗弃罪；如果行为人的主要目的是虐待，行为的主要危害体现在虐待方面，应当认定为虐待罪。

2. 遗弃罪与故意杀人罪的区分。《办理家暴案意见》（2013）第17条指出："要根据被告人的主观故意、所实施行为的时间与地点、是否立即造成被害人死亡，以及被害人对被告人的依赖程度等进行综合判断。对于只是为了逃避扶养义务，并不希望或者放任被害人死亡，将生活不能自理的被害人弃置在福利院、医院、派出所等单位或者广场、车站等行人较多的场所，希望被害人得到他人救助的，一般以遗弃罪定罪处罚。对于希望或者放任被害人死亡，不履行必要的扶养义务，致使被害人因缺乏生活照料而死亡，或者将生活不能自理的被害人带至荒山野岭等人迹罕至的场所扔弃，使被害人难以得到他人救助的，应当以故意杀人罪定罪处罚。"

七、拐骗儿童罪

（一）构成要件·法定刑

《刑法》第262条　拐骗不满14周岁的未成年人，脱离家庭或者监护人的，处5年以下有期徒刑或者拘役。

【定义】拐骗不满14周岁的未成年人，脱离家庭或者监护人的行为。

【客体】他人的家庭和儿童的身心健康。

【对象】不满14周岁的未成年人。

【行为】拐骗不满14周岁的未成年人脱离家庭或者监护人。"拐骗"，指采用蒙骗、利诱、窃取、抢取或其他违背未成年人父母或监护人的意志的方法。拐骗的行为人可以直接对儿童本人实施欺骗、引诱、暴力掳走等，也可以对其家长或监护人进行蒙骗，而将儿童拐走。为了收养而使用暴力强取他人儿童的，一般也以拐骗儿童罪论处。

【主观】故意，一般具有自己收养或供自己使唤和奴役的目的。"任福文拐骗儿童案"[1]的裁判要旨指出：虚构儿童家庭寄养的资质和条件、隐瞒招募儿童的真实目的，采取欺骗方式使儿童脱离家庭以供役使的，构成拐骗儿童罪。由于刑法另规定有绑架罪、拐卖儿童罪，所以，排斥具有勒索的目的或出卖的目的。

（二）适用

【关联罪】1. 本罪与拐卖儿童罪的区别：目的不同。拐卖儿童罪以出卖为目的，拐骗儿童罪则不得具有此目的，通常以收养为目的。不过，如果拐骗儿童是为了收养，但是后来又出卖的，应该以拐卖儿童罪论处。此外，收买被拐卖的儿童之后，又转手出卖的，也应当以拐卖儿童罪论处。

---

[1] 载中华人民共和国最高人民法院刑事审判第一、二、三、四、五庭主办：《刑事审判参考（2014年第3集·总第98集）》，法律出版社2015年版。任福文在山东省某地承租房屋准备经营包子店，随后以救助孤儿为名让勒伍阿机（另案处理）为其在四川省昭觉县招收20名孤儿带往山东省某地寄养，称孤儿可学习挖野菜、做包子、在餐馆帮忙，并由志愿者补习文化课。勒伍阿机找到熊某（另案处理），让其放假回乡时宣传此事，并告知了任福文的联系方式。三人商议，任福文负责将招来的儿童带回山东，承担衣食住行等开支，勒伍阿机、熊某某负责在当地宣传。任福文承诺，勒伍阿机每介绍一名儿童每年给其1000元及一定工资，熊某某每介绍一名儿童给其500元。勒伍阿机、熊某某向儿童监护人进行宣传，任福文向儿童监护人许诺，其将为儿童提供教育、代为抚养、送儿童学习技术，每年春节送儿童回家过年时给予2500元补助，并赠送电视机、手机或者摩托车作年货，共骗取8名未满14周岁儿童的监护人签订了"家庭寄养协议"。随后任福文带领8名儿童准备乘车前往山东，因形迹可疑被抓获，8名儿童均被解救回家。法院认为：任福文以家庭寄养为名，采取蒙骗、利诱的方法，使8名不满14周岁的儿童脱离家庭和监护人，其行为构成拐骗儿童罪，对其判处有期徒刑3年。

2. 本罪与非法拘禁罪的区别：侵犯的客体和目的不同。非法拘禁罪侵犯人身自由，重点是对被非法剥夺自由人的人身自由的侵犯；拐骗儿童罪主要是对儿童权益、家庭关系以及监护人监护权的侵犯，因此，只要违背父母或监护人的意志将儿童带离家庭，即侵犯了本罪的客体，不问是否侵犯到儿童的行动自由。与拐骗儿童罪的客体相适应，行为人一般具有使不满14周岁的儿童脱离家庭或监护人的目的，而成立非法拘禁罪则不问是否具有此目的。行为人为使不满14周岁的儿童脱离家庭，同时又侵犯到儿童的行动自由的，既具备非法拘禁罪要件，也具备拐骗儿童罪要件，应从一重罪处断。本罪较重，故应以拐骗儿童罪论处。

为索债而扣押债务人的子女作为人质的，作为一种特定的犯罪类型，一般仍以非法拘禁罪论处。因为行为人具有非常明确的索债目的，为达此目的而暂时使儿童脱离家庭，没有使其永久脱离家庭的意思。

3. 本罪与绑架罪的区别。以勒索为目的绑架儿童扣作人质的，构成绑架罪。

八、组织残疾人、儿童乞讨罪[1]

《刑法》第262条之一　以暴力、胁迫手段组织残疾人或者不满14周岁的未成年人乞讨的，处3年以下有期徒刑或者拘役，并处罚金；情节严重的，处3年以上7年以下有期徒刑，并处罚金。

【定义】以暴力、胁迫手段组织残疾人或者不满14周岁的未成年人乞讨的行为。

【客体】残疾人和未成年人的身心健康。残疾人在身体或者心智方面存在缺陷：①因为缺乏谋生能力而容易被人利用从事乞讨活动；②因缺乏自我保护能力较容易受到盘剥、侵害。不满14周岁的未成年人因为体力、心智尚未发育成熟，自我保护能力较弱，同样较易被人利用从事乞讨活动。残疾人和未成年人属于社会弱势群体和需要重点保护的对象，因此，强制他们从事乞讨活动，将进一步加剧恶化社会弱势群体的生存状态，必须严厉禁止；行为人以强制方式组织残疾人和未成年人乞讨，从中牟利或者寄生，在道义上也是十分邪恶的，因此对行为人需要通过刑事法律予以惩处。

【对象】残疾人和不满14周岁的未成年人。

【主体】一般主体，即使行为人与被害人存在亲属关系，也不排除构成本罪。

【行为】以暴力、胁迫手段组织残疾人或者不满14周岁的未成年人乞讨。刑法学上的"组织"（他人乞讨）行为，通常指控制、支配3人以上从事某种活动，据此，本罪的组织行为应当是指控制、支配3个以上的残疾人和不满14周岁的未成年人从事乞讨活动。对于"暴力或胁迫手段"，鉴于残疾人和不满14周岁的未成年人生存和自我保护能力较弱，采取体罚、剥夺衣食或不提供必要衣食的方式迫使他们乞讨，或者因为乞讨不得力就采取体罚、剥夺衣食或不提供必要衣食的方式对待他们的，应当认为属于本罪的暴力、胁迫。

【主观】故意。现实生活中，行为人通常具有牟利的目的，但是根据法律规定不以具有牟利目的为必要。

【加重犯】"情节严重"，一般指使用暴力、胁迫的手段较为严重；严重损害被害人身心健康的；组织的人数较多的；通过对被组织乞讨者进行苛刻盘剥而获取的非法利益巨大的。

九、组织未成年人进行违反治安管理活动罪[2]

(一) 构成要件·法定刑

《刑法》第262条之二　组织未成年人进行盗窃、诈骗、抢夺、敲诈勒索等违反治安管

---

[1] 2006年6月29日《刑法修正案（六）》第17条新增条款。
[2] 《刑法修正案（七）》增补。

理活动的，处 3 年以下有期徒刑或者拘役，并处罚金；情节严重的，处 3 年以上 7 年以下有期徒刑，并处罚金。

【定义】组织未成年人进行盗窃、诈骗、抢夺、敲诈勒索等违反治安管理活动的行为。

【客体】治安秩序和未成年人的身心健康。鉴于一些不法分子组织未成年人从事扒窃、抢夺等违反治安管理活动的情况，严重危害社会治安秩序，损害未成年人的身心健康，经《刑法修正案（七）》增加此罪名。

【对象】"未成年人"，指不满 18 周岁的人。这里不问未成年人是否达到刑事责任年龄，也不问是否具有刑事责任能力。

【行为】"组织"，指控制、支配 3 个以上的未成年人进行违反治安管理活动。"盗窃、诈骗、抢夺、敲诈勒索等违反治安管理活动"，指违反《治安管理处罚法》但尚未达到构成犯罪程度的行为，通常是盗窃、诈骗、抢夺、敲诈勒索等数额不够较大的行为。例如：

甲在火车站以帮忙找工作为由，将赵、钱、孙、李 4 人（均为 15 周岁）带至自己租住的房屋，提供食宿，但要求 4 人跟他去抢东西，并买来蓝色校服让 4 人穿上，称这样抢东西的时候不容易引起注意。甲详细地向 4 人教授了如何确定目标、抢夺的具体方法、抢完后如何逃跑、如何与其联系，以及被警察抓获后应对的方法等，还威胁 4 人，如果不去抢，就要挨饿，甚至挨打。某晚 9 时许，甲带着 4 人来到某公交汽车站台附近伺机作案。其中，赵某抢夺一游客提包被抓获，财物价值 200 元。本案赵、钱、孙、李不满 16 周岁，对抢夺不负刑事责任。抢夺的财物数额不够较大，属于治安违法行为，没有达到构成抢夺罪的程度，对于甲也不能以抢夺罪间接正犯定罪处罚。甲构成组织未成年人进行违反治安管理活动罪。

（二）适用

本罪与共犯和间接正犯的区别。如果被组织的未成年人盗窃、诈骗、抢夺、敲诈勒索达到"数额较大"的，对其组织者分情况处理：

1. 未成年人达到刑事责任年龄、具有刑事责任能力构成犯罪的，对组织者仍应当以共犯论处。如甲教唆、帮助、组织乙（17 周岁）盗窃数额较大的，甲乙构成盗窃罪共犯。甲是教唆犯，乙是实行犯。对甲按照教唆不满 18 周岁的人犯罪从重处罚。

2. 未成年人没有达到刑事责任年龄或不具有刑事责任能力的，对组织者单独定罪处罚。如甲教唆、帮助、组织乙（15 周岁）盗窃数额较大的，乙不负刑事责任，对甲以盗窃罪论处。通说把甲的行为视为间接正犯。若采取非通说仍将甲视为共犯的，则甲为教唆犯，对甲按照教唆不满 18 周岁的人犯罪从重处罚。

3. 未成年人不具有刑事责任能力的，对组织者以间接正犯单独定罪处罚。如甲教唆、帮助、组织没有辨认能力的精神病人乙（17 周岁）盗窃数额较大的，乙不负刑事责任，对甲以盗窃罪实行犯论处。

总之，被组织的未成年人的行为在客观上达到了构成犯罪之标准的，不适用本罪定罪处罚，如盗窃达到数额较大的，对组织者要么以盗窃共犯定罪处罚，要么以盗窃间接正犯定罪处罚。如果组织者另外有组织未成年人从事违反治安管理活动的行为并构成本罪的，数罪并罚。例如，甲组织乙、丙、丁、戊等 8 人从事违反治安管理活动，构成本罪，其中，在甲的组织下，乙某次盗窃了一辆价值 10 万元的汽车交给甲，甲就还构成盗窃罪，数罪并罚。

第五章

侵犯财产罪

《刑法》分则第五章"侵犯财产罪"第263~276条规定了12个罪名，根据目的分三类：①以非法占有他人财物为目的的犯罪，包括盗窃罪、抢夺罪、聚众哄抢罪、抢劫罪、诈骗罪、敲诈勒索罪、侵占罪、职务侵占罪；②毁损他人财物的犯罪，包括故意毁坏财物罪、破坏生产经营罪；③以挪用方式侵犯他人财产的犯罪，包括挪用资金罪、挪用特定款物罪。

司法实践在处理这类犯罪方面积累了丰富的经验，需要深入细致地掌握。这类犯罪是常见多发的犯罪，虽然在刑法五百余个罪名中占不到3%的比例，却占整个犯罪实际发案数的70%以上。因为常见多发，司法机关在处理这些案件方面积累了丰富的司法经验，集中表达于司法解释中，如《办理盗窃案解释》（2013）、《办理抢夺案解释》（2013）。1997年《刑法》修订后，出台了《审理抢劫案解释》（2000）、《审理抢劫抢夺刑案意见》（2005）、《审理抢劫案意见》（2016）。此外，还有在1997年《刑法》修订前出台的《审理诈骗案解释》（现已失效），至今仍有参考价值。这些司法解释不仅提供了处理本章犯罪案件的参照，也集中反映了我国司法人员处理刑事案件的思维方式，其中许多解决问题的方式、结论，代表了我国司法人员处理各类刑事案件的习惯。从对象上讲，犯罪无非是对人和物的侵犯；从手段上讲，无非是暴力和诡诈的方式。本章之罪包括了以暴力和诡诈方式侵犯财产犯罪的基本类型，如抢劫、抢夺、诈骗、盗窃、敲诈勒索等，是掌握其他章节之罪的基础。因此，掌握本章之罪的法律要点和处理本章之罪的司法经验，是掌握我国刑法及其特点的关键环节，具有重要的意义。现将本章以非法占有为目的的罪名根据"夺取他人占有物"与"基于交付而获得他人占有物"进行区分，简列如下：

1. 盗窃罪、抢夺罪、抢劫罪的共同点是"违背他人意志夺取（或侵犯）他人占有"，区别是暴力程度不同。抢劫的暴力程度最强，达到足以压制他人的程度；抢夺虽然也有暴力性，但没有达到抢劫的暴力程度；盗窃则是违背他人意志平和地取得占有。

2. 诈骗罪和敲诈勒索罪的共同点是基于他人"交付"财物而取得财物占有。区别在于：诈骗是通过欺骗使他人陷入错误而交付，而敲诈勒索则是使用恐吓方式迫使他人交付。

3. 侵占罪的特点是不夺取他人的占有，其对象是"他人脱离占有之物"（保管物、遗忘物、埋藏物）。职务侵占罪的显著特点是利用职务上的便利，侵吞、窃取、骗取本人经管单位的财物。

第一节 违背他人意志非法夺取他人占有物的犯罪

一、盗窃罪

（一）构成要件·法定刑

《刑法》第264条　盗窃公私财物，数额较大的，或者多次盗窃、入户盗窃、携带凶器盗窃、扒窃的，处3年以下有期徒刑、拘役或者管制，并处或者单处罚金；数额巨大或者有其他严重情节的，处3年以上10年以下有期徒刑，并处罚金；数额特别巨大或者有其他特别严重情节的,处 10 年以上有期徒刑或者无期徒刑,并处罚金或者没收财产。

【定义】盗窃公私财物,数额较大的,或者多次盗窃、入户盗窃、携带凶器盗窃、扒窃的行为。

【客体】存在"本权说"(保护的法益是所有权)和"占有权说"(保护的法益是占有秩序)的分歧。差异体现在本人所有但在他人占有下的财物、盗贼占有的赃物、非法持有的违禁品等是否为盗窃的对象?现在实务中多肯定是盗窃罪对象,如窃取毒贩持有的毒品成立盗窃罪。另外,因对方不付租金而窃取自己出租物,因对方未付款而窃取分期付款产品,因期限届满而窃取担保物,因对方违约而窃取质押物,等等,可以成立盗窃罪。如果出于"自救""保全"自身利益的考虑,不足以认定非法占有目的,不成立盗窃罪。

【对象】"公私财物",指他人占有的公共财物和私人所有的财物。财物包括电力、煤气、天然气等无体物。"公私财物"中的"财物",一般指可管理且有价值(经济效用)之物。电力、煤气、天然气等,具有这个属性,属于财物。关于"有价值"的标准,存在客观说与主观说的分歧,通说采"主观说",即不必有客观的、经济上的交换价值,只要主观的、情感的价值之物的占有在刑法上确有保护之必要的,即可为刑法中的财物,如纪念品、礼品、祭葬品、文物赝品、已到报废期的汽车、金融机构回收准备销毁的纸币等。人的骨头、头发、血液及其替用品,如假牙、假发,也可认为是财物。

"他人占有"的公私财物。"占有",指(对财物)事实上支配、控制状态,不以占有者所有为必要。根据生活经验,下列财物是"占有"物:①支配范围内的财物,如住宅、院落内的财物,手持、肩背的财物。②推定支配的财物,如放置于公共场所桌椅上、交通工具行李架上的行李、提包、衣物等财物,停放路边的车辆及车内的财物,安放于庙宇的佛像,公园的座椅,等等。③能够归家的牲畜、宠物,如马、牛、狗。④本人失去支配但落入第三人支配或支配范围的财物,如乘客遗忘于出租车后备厢的财物,属于出租车主占有。占有不必达到"持有"程度,只要能够控制、支配即可,如将行李放在候车室椅上、手推车中去上洗手间期间,仍然保持占有。

占有人存在上下级关系的,如对店中货物,认为店主占有货物,伙计只是辅助占有。伙计窃取店中财物的,侵犯了店主占有,可成立盗窃罪。数人共同占有的财物,占有者之一窃取的,侵犯了其他共同占有人的占有,可成立盗窃罪。

本人所有的财物在他人合法占有下的,视同他人的财物,以非法占有为目的盗窃的,不排除成立盗窃罪。

【案例】 **叶文言等盗窃自己的轿车案**[1]

被告人叶文言因非法营运,其合法所有的轿车被某县交通管理所查扣,存放在 S 停车场。5 天后的某晚,叶文言等人至 S 停车场,换掉被链条锁住的轿车轮胎,将轿车(价值 9.2 万元)开走,并销赃得款 2.5 万元。约 3 个月后,叶文言向该县交通管理所申请赔偿,获赔 11.65 万元。法院认定叶文言构成盗窃罪,判处有期徒刑 10 年 6 个月,剥夺政治权利 2 年,并处罚金 5000 元。

不过,不能证实"非法占有目的的",不认定为盗窃罪。

---

[1] 载中华人民共和国最高人民法院刑事审判第一庭、第二庭编:《刑事审判参考(2005 年第 2 集・总第 43 集)》,法律出版社 2006 年版。

【案例】　　　　　　　陆惠忠、刘敏非法处置扣押的财产案[1]

陆惠忠在一起买卖纠纷案中被判支付对方当事人2.5万元。为此，法院将陆的价值10万元的起亚牌轿车扣押于法院停车场，若陆不履行判决，将拍卖该车。陆担心该车被贱卖，于是将该车偷回。公安通过监控录像锁定了陆，2日后将车追回。法院认为，陆惠忠构成非法处置扣押财产的行为，判处1年有期徒刑。

本案要点：被告人的主观上尚没有使法院扣押的物遭受损失或非法索赔的目的，所以不成立盗窃罪。

他人占有的财物，不限于合法占有，也包括他人不法占有的财物，如赃物等违法所得，毒品、假币等违禁品。窃取他人不法占有的赃物，同样可以构成盗窃罪。盗窃毒品、淫秽物品等违禁品，可成立盗窃罪，不计数额，根据情节轻重量刑。盗窃违禁品后又以违禁品实施其他犯罪的，应以盗窃罪与具体实施的其他犯罪实行数罪并罚。

盗窃对象是否包括财产性利益？存在分歧。盗打电话，盗用他人电话号码，盗用他人网络账号，将电信卡非法充值后使用，盗窃税票、欠条、权利凭证，如存单存折、信用卡、提货单等的，司法实务往往以盗窃罪定罪处罚，表明盗窃对象被扩张到财产性利益，且得到普遍认可。

近年来，对盗窃对象的认定有扩张趋势，对于通过纺织品网上交易平台窃取并转让他人的"纺织品出口配额"牟利的，有定盗窃罪的判例[2]。

最高人民法院研究室新近立场："网络虚拟财产"不是盗窃罪对象。"对于盗窃虚拟财产的行为，如确需刑法规制，可以按照非法获取计算机信息系统数据等计算机犯罪定罪处罚，不应按盗窃罪处理。"[3] 并且其"虚拟财产"范围掌握较广，包括游戏装备等虚拟物，也包括"Q币""金豆"等网络"钱币"。不过将他人账户"钱财"盗划到自己或他人账户的，虽然也是数据或电磁记录的改变，但司法实务一向认为是盗窃罪（对象）。[4] 网络游戏公司职员利用职务便利盗卖单位游戏"武器装备"的，有定职务侵占罪的判例[5]。

【行为】盗窃，指违背他人意志，和平地非法取得他人占有的财物。盗窃的要点是：①违背他人意志。②和平地即非暴力地取得。鉴于抢夺、抢劫也是违背他人意志取财，所以，此"非暴力地"体系解释而言指以抢夺、抢劫之外的方式违背他人意志取财。③非法取得他人占有的财物。既违背他人意志又不使用暴力取得他人占有物，常见"秘密窃取"作案被定盗窃罪案例。但是，秘密窃取只是盗窃案的常见情形，并非盗窃的法律要件。有时盗贼在众目睽睽之下（背着被害人）窃取财物，也是盗窃。盗窃罪的非暴力性，是它与抢劫罪、抢夺罪、敲诈勒索罪区别的要点：抢劫罪是暴力强取；抢夺罪是公然夺取；敲诈勒索罪是以威胁、要挟方

---

[1] 载中华人民共和国最高人民法院刑事审判第一、二、三、四、五庭主办：《刑事审判参考（2006年第4集·总第51集）》，法律出版社2007年版。

[2] 指导判例"詹伟东、詹伟京盗窃案【第527号】——通过纺织品网上交易平台窃取并转让他人的纺织品出口配额牟利的行为如何定罪？"载中华人民共和国最高人民法院刑事审判第一、二、三、四、五庭主办：《刑事审判参考（2007第1集·总第54集）》，法律出版社2008年版。

[3] 胡云腾、周加海、周海洋："《关于办理盗窃刑事案件适用法律若干问题的解释》的理解与适用"，载《人民司法》2014年第15期。

[4] 朱铁军、沈解平："孟动、何立康盗窃案"，载中华人民共和国最高人民法院刑事审判第一、二、三、四、五庭主办：《刑事审判参考（2006年第6集·总第53集）》，法律出版社2007年版，第42页。

[5] 苏敏华、吴志梅："王一辉、余珂、汤明职务侵占案"，载中华人民共和国最高人民法院刑事审判第一、二、三、四、五庭主办：《刑事审判参考（2007年第5集·总第58集）》，法律出版社2008年版，第48页。

式索取,都具有不同程度的暴力性。违背他人意志,是盗窃罪与诈骗罪区别的要点。诈骗虽然也是平和地取得他人财物,但还不违背当事人意志,是因为系当事人"自愿交付"而取得。盗窃罪是从他人控制下"取得"他人财物,这与侵占相区别,侵占是将已持有的他人财物予以侵吞。

从刑法保护财产占有的角度,可将《刑法》第264条(盗窃罪)视为保护财产占有的基本条款,以非法占有为目的从他人占有下非法取得他人财物,不属于抢劫、抢夺、敲诈勒索、骗取、侵占等特定方式的,可归属于盗窃方式。立法和司法对盗窃的扩张适用也表明其基本条款的地位,根据《刑法》第265条的规定,盗接他人通信线路、复制他人电信码号或者明知是盗接、复制的电信设备、设施而使用的,也是盗窃行为;有关司法解释规定,盗用他人网络账号、将电信卡非法充值后使用的,也以盗窃论。

【行为类型】1."盗窃公私财物数额较大"。根据《办理盗窃案解释》(2013)第1条,"数额较大",指盗窃财物价值1000元至3000元以上。各省、自治区、直辖市高级人民法院、人民检察院根据本地区经济发展状况,并考虑社会治安状况,在1000~3000元幅度内,确定本地区执行的具体数额标准,如北京市定为2000元,上海、广东定为3000元。盗窃数额较大的标准,以盗窃行为地的为准。在跨地区运行的公共交通工具上盗窃,盗窃地点无法查证的,应当根据受理案件所在地确定的数额标准认定。盗窃数额,指行为人窃取的公私财物的数额。

《办理盗窃案解释》(2013)第2条规定:"盗窃公私财物,具有下列情形之一的,'数额较大'的标准可以按照前条规定标准的50%确定:①曾因盗窃[1]受过刑事处罚的;[2] ②一年内曾因盗窃受过行政处罚的;③组织、控制未成年人盗窃的;④自然灾害、事故灾害、社会安全事件等突发事件期间,在事件发生地盗窃的;⑤盗窃残疾人、孤寡老人、丧失劳动能力人的财物的;⑥在医院盗窃病人或者其亲友财物的;⑦盗窃救灾、抢险、防汛、优抚、扶贫、移民、救济款物的;⑧因盗窃造成严重后果的。"

"数额减半"主要考虑:①增加"数额"以外因素定罪的权重,避免唯数额论;②吸纳因"劳教"废止而分流的盗窃案。盗窃案曾占"劳教"案的40%。劳教废止后,部分案件分流至治安管理处罚法,部分分流至刑法。

2."多次盗窃",根据《办理盗窃案解释》(2013)第3条,指2年内盗窃3次以上,单次盗窃或多次盗窃累计都没有达到"数额较大",如甲盗窃3次每次价值300元,单次或累计都没有达到数额较大,可以依据多次盗窃定罪处罚。如果单次盗窃或多次盗窃累计达到数额较大的,直接依据盗窃数额较大定罪处罚。例如,甲盗窃3次,每次财物价值3000元累计达到数额较大,依据盗窃数额较大定罪处罚,"多次盗窃"量刑上适当考虑。"3次盗窃行为并不要求均为'未经处理的',如3次中有受过刑事处罚或者行政处罚的,也应该算在'3次以内'。"[3] 这种计次方法较为合理:①已受过处罚的再犯比未经处理的再犯,有屡教不改性质;②劳教废止后,需要分流部分屡教不改盗窃犯归刑法处罚。

3."入户盗窃",指非法进入供他人家庭生活,与外界相对隔离的住所盗窃。"适用中应

---

[1] "《关于办理盗窃刑事案件适用法律若干问题的解释》的理解与适用"一文中指出:"此'盗窃',应理解为仅指构成第264条之盗窃罪,且以盗窃罪被定罪处罚。不包括因盗窃枪支、盗窃电力设备而竞合盗窃的情形。"
[2] "《关于办理盗窃刑事案件适用法律若干问题的解释》的理解与适用"一文中指出:"为强化对此类屡教不改者的惩治效果而设置的。……对根据本条已构成盗窃罪的行为人,如同时符合累犯成立条件的,依法从重处罚,并不存在双重从重问题。……在具体量刑时,要掌握好从重处罚的幅度,不宜增加过多的刑罚量。"
[3] 陈国庆、韩耀元、宋丹:"解读'两高'关于办理盗窃刑事案件司法解释",载《检察日报》2013年6月13日。

注意：①必须是非法入户后实施盗窃的，才能认定为'入户盗窃'；如是经被害人允许入户，其后见财起意，实施盗窃的，不属'入户盗窃'。②某一处所是否属于户，应结合具体情况作出认定。他人单独生活居住的居所，属于户；集体宿舍、旅店宾馆、工棚等，不属于户，但如其中的一个或者几个房间被确定为供他人家庭生活所用的居室，实际上具有住室的性质，且与外界相对隔离，就可以认定为户。"[1]

4. "携带凶器盗窃"，指携带枪支、爆炸物、管制刀具等国家禁止个人携带的器械盗窃，或者为了实施违法犯罪，携带其他足以危害他人人身安全的器械盗窃的。"适用中需注意：①对于携带国家禁止个人携带的器械以外的其他器械盗窃的，应当根据行为人携带该器械的目的、该器械的通常用途等判断其是否具有足以危害他人人身安全的危险性，认定是否属于'携带凶器盗窃'。如携带镊子、刀片等盗窃工具，或者随身携带挂在钥匙圈上的小水果刀等，或者下班途中携带装有钳子、扳手等的工具箱进行盗窃的，不宜认定为'携带凶器盗窃'；符合扒窃特征的，可以扒窃论处；行为人使用所携带的器械对他人进行威胁、伤害的，可以按转化型抢劫论处。②'携带凶器盗窃'应理解为实施盗窃行为时随身携带了凶器。虽然准备了凶器，但实施盗窃时并未将凶器带在身边，如将凶器留在停放在路边的车里，人离车寻找目标，实施盗窃、抗拒抓捕时均不能随手触及凶器，不足以危害他人人身安全的，不宜认定为'携带凶器盗窃'。至于携带的凶器是否在盗窃时对外显露，不影响行为的认定。"[2]

5. "扒窃"，指在公共场所或者公共交通工具上盗窃他人随身携带的财物。对于"随身携带的财物"，则"尚存不同认识，对于被害人携带，但不是随身携带，而是放在触手难及地方的财物，如乘坐公共交通工具时放置在行李架上的财物，不应认定为随身携带，对此不存在争议。对于虽已离身，但被害人放置在自己身旁、触手可及的财物，如放置在座椅旁、自行车车筐内等的财物，应否认定为随身携带，尚存在较大认识分歧。……我们研究认为，应当限缩解释为未离身的财物，即被害人的身体应当与财物有接触，如装在衣服口袋内的手机、钱包，手提、肩背的包，坐、躺、倚靠时与身体有直接接触的行李等"。这样限缩解释主要考虑扒窃被害人贴身财物，一方面表明罪犯胆大、主观恶性深；另一方面也易威胁人身安全。[3] 生活经验中熟悉的"扒窃"类型如：在公共汽车、火车、轮船等公共交通工具上窃取他人衣兜、提包中的财物；在商场、车站、码头、过街天桥、菜市场、步行街等公共场所"掏兜""掏包"作案的。这类"扒窃"作案者往往有一定的技巧，在公共场所团伙协同作案，严重危害社会治安。

【主观】故意，即明知是他人占有的财物。在发生事实认识错误的场合，确实不知他人占有物而"捡取"的，不具备盗窃的认识，不成立盗窃罪，但拒不退还的，可能成立侵占罪。

【案例】　　　　　　　深圳机场清洁工梁丽"捡拾"巨额黄金案

2008年12月9日早8时许，东莞某珠宝公司员工王某在深圳机场办理行李托运手续时中途离开，将一个装有约15公斤黄金首饰的小纸箱放在行李手推车上方的篮子内，并单独停放在柜台前1米的黄线处。现场监控视频显示，王某离开33秒后，机场清洁工梁丽出现在手推

---

[1] 胡云腾、周加海、周海洋："《关于办理盗窃刑事案件适用法律若干问题的解释》的理解与适用"，载《人民司法》2014年第15期。

[2] 胡云腾、周加海、周海洋："《关于办理盗窃刑事案件适用法律若干问题的解释》的理解与适用"，载《人民司法》2014年第15期。

[3] 胡云腾、周加海、周海洋："《关于办理盗窃刑事案件适用法律若干问题的解释》的理解与适用"，载《人民司法》2014年第15期。

车旁。大约半分钟后，梁丽将纸箱搬进机场一间厕所。王某约4分钟后返回，发现纸箱不见了，遂报警。深圳检察院认为，梁丽的行为虽然也有盗窃的特征，但构成盗窃罪的证据不足，更符合侵占罪的构成特征。检方认为其具有盗窃性质，即肯定该黄金首饰是他人占有物，而非遗忘物。检方称认定盗窃"证据不足"，似指认定梁丽主观"明知是他人占有物"证据不足，因梁丽辩称是"捡"不是"偷"。

"以非法占有为目的"，指剥夺被害人占有并由自己或第三人占有、利用的意思，并不限于为盗窃者本人占有，盗窃之后交由他人占有的，仍属非法占有，如为女友窃取钻戒赠与女友的。剥夺（被害人）占有不以永久剥夺为必要，以利用财物的意思暂时剥夺被害人占有的，也认为是非法占有。例如，被告人杨聪慧作案13起，从停放轿车上撬下号牌14副，意图要求被害人"赎回"号牌获利。被害人补办车牌费用为105元/副，共计1470元，法院判决其具有非法占有目的，构成盗窃罪。[1] 再如，甲窃取某住宅小区电梯主板10块（每块价值5万元），藏匿于小区内隐蔽地点。然后致电小区物业，要求物业打5万元到某卡号内才"完璧归赵"。即使甲收款后将电梯主板返还，甲仍具有非法占有的目的，其盗窃金额应为50万元。"利用的意思"不以按照财物用途利用为必要，如窃取他人衣柜烧火取暖的，男子窃取女人衣物满足变态癖好的。盗接他人通信线路、复制他人电信码号而使用的场合，需以牟利为目的。"以牟利为目的"，根据《办理盗窃案解释》（2013），指为了出售、出租、自用、转让等谋取经济利益的行为。

【既遂·未遂】目前理论上存在着"控制说"与"失控说"。"控制说"从犯罪人取得财物的角度考虑盗窃既遂，"失控说"从被害人失去财物的角度考虑盗窃既遂。从法理上讲，既遂的实质标准应当是法益遭受侵害，故"失控说"在法理上较占优势。从操作上讲，犯罪人控制之际是被害人失控之时；反之，被害人失控之时往往是犯罪人控制之际，二者存在着相互依存、相互印证的关系。所以，按司法经验，"行为人实际取得、转移、隐藏赃物，排除原权利人对财物的实际控制的，应当成立犯罪既遂"。[2] 划分既遂与未遂的界限，一般应具体问题具体分析：①对形状较小，容易搬动或隐藏的财物，如现金、手表、珠宝等，行为人接触并实际控制为既遂，如攥在手中、放入口袋，可认定行为人既遂，排除权利人对财物的控制。②对于体积大，搬运、隐藏较为困难的物品，如家庭的冰箱、电视、电脑，公司企业的机器设备、大宗原材料，一般以搬出财物占有人能够实际控制的场所为既遂，如以行为人拿出户外、室外，偷出库房外（或厂矿的大门、院墙外）为既遂，或以放到交通工具上为既遂。③商店内盗窃的，小件物品以拿离柜台为既遂，大件物品以出店门为既遂。④在超市等开架售货的地方盗窃商品，以出收银台为既遂。⑤在铁路货运过程中盗窃，通常以将特定物品拿离特定车厢为既遂。

根据司法经验，行为人因为意志以外的原因，没有实际取得、转移、隐藏赃物，尚未排除原权利人对财物实际控制的是犯罪未遂。为入室盗窃而撬门时被抓获，入室后开始物色财物并着手实施时被抓获，为盗窃车内财物而撬动车门时被抓获，均属于盗窃罪未遂。入超市等场所盗窃，在实施行为时即被发现并受到监控的，即使已经携带财物走出超市大门，但迅速被抓捕的，也属于犯罪未遂。在公共交通工具上进行扒窃，行窃时即被发现或者监控，行窃后即被抓获的，属于犯罪未遂；行窃时未被发现，行窃后因失主察觉呼喊，行为人在逃离公共交通工

---

[1] 指导判例"杨聪慧、马文明盗窃机动车号牌案【第582号】——以勒索钱财为目的的盗窃机动车号牌的如何定罪处罚？"载《刑事审判参考（2009年第5集·总第70集）》，法律出版社2010年版。

[2] 北京市一中院、一分检关于办理财产犯罪案件的指导意见。

具时被抓获的,属于犯罪既遂。偷割电缆线等电力、通信线路,盗窃通信设备、电力设备的,定性为盗窃罪;割断电力、通信线路,拆除设备并运离现场的,是犯罪既遂。盗窃机动车的场合,发动机动车并驶离原地的,是犯罪既遂;但行窃时即被事主发现,追赶并被抓获的,是盗窃未遂。进入他人住所、商店内盗窃体积较大的财物,将其搬出屋外为既遂;在警戒严密的工厂内,将不容易搬动的财物从仓库中搬出,并藏在院墙边准备伺机搬出的,是盗窃的未遂。[1]

因为司法解释计算盗窃"数额较大""数额巨大"等指"窃取"的数额,这多少含有自犯罪人控制角度(得到)计算盗窃数额,所以,司法实务有意无意总有采取"控制说"的倾向。根据司法解释,盗窃未遂情节严重的也应当定罪处罚。反推过去,若盗窃未遂情节不严重的就不定罪处罚。在以数额较大财物为盗窃对象的场合,盗窃是既遂还是未遂涉及有罪与无罪的酌量,应当慎重。对于在公共场所扒窃、入户盗窃的,因为犯罪人往往具有盗窃技能,主观恶性深,对治安危害大,应当对未遂从严掌握,以免发生追究刑事责任的障碍。

最高人民法院研究室对盗窃既遂标准基本采取"控制说",同时强调以被害人财产损失为既遂实质标准,其既遂标准倾向于收缩。"盗窃罪系财产犯罪,根据传统认识、社会一般观念,应当将造成他人财产损失补充解释为该罪的构成要件要素;对实施盗窃行为但没有实际造成他人财产损失的,不应认定为盗窃既遂,只能认定为盗窃未遂。否则,难以为社会公众所理解、认同,也难以体现、贯彻罪责刑相适应的刑法基本原则。……即对多次盗窃、入户盗窃、携带凶器盗窃或者扒窃,未使被害人失去对财物的控制的,应当认定为盗窃未遂。"[2]

【加重犯】根据《办理盗窃案解释》(2013):

1. 盗窃公私财物"数额巨大",指盗窃财物在 3 万~10 万元以上的;"其他严重情节"指具有《办理盗窃案解释》(2013)第 2 条第 3~8 项规定情形之一,或者入户盗窃、携带凶器盗窃,数额达到"数额巨大"50%。"数额特别巨大",指在 30 万~50 万元以上的;"其他特别严重情节",指盗窃公私财物,具有《办理盗窃案解释》(2013)第 2 条第 3~8 项规定情形之一,或者入户盗窃、携带凶器盗窃,数额达到"数额特别巨大"50%的。

对于"数额巨大""数额特别巨大",各省、自治区、直辖市高级人民法院、人民检察院可在规定的数额幅度内,分别确定本地区执行的数额标准。数人共同盗窃的,共同盗窃的总额为个人盗窃数额。

对盗窃数额发生认识错误,比如窃取价值数十万元的金表、玉器、文物等却不知道其价值的,通常不影响按照被盗财物的实际价值定罪处罚。但是,不排除极为特殊的场合接受认识错误的辩解:

【案例】 **沈某某盗窃案**[3]

2002 年 12 月 2 日晚,沈某某与潘某进行完卖淫嫖娼准备离开时,乘潘不备,顺手将潘放在床头柜上的嫖资及一只"伯爵牌"手表拿走,后藏匿于其租住房屋的灶台内。次日上午,潘某醒后发现手表不见,便通过他人约见了沈某某,声称:该表虽不值钱但对自己意义很大,如果沈退还,自己愿送 2000 元。沈某某坚决否认拿了该表。潘某某报案后,公安机关将已收拾好行李(手表仍在灶台内,被告人未携带或藏入行李中)准备离开某市的沈某某羁押。沈

---

[1] 北京市一中院、一分检关于办理财产犯罪案件的指导意见。
[2] 胡云腾、周加海、周海洋:"《关于办理盗窃刑事案件适用法律若干问题的解释》的理解与适用",载《人民司法》2014 年第 15 期。
[3] 载中华人民共和国最高人民法院刑事审判第一庭、第二庭编:《刑事审判参考(2004 年第 5 集·总第 40 集)》,法律出版社 2005 年版。

某某供述了自己拿走潘手表的事实及该手表的藏匿地点，且一直不能准确说出所盗手表的牌号、型号等具体特征，并认为该表只值六七百元；拿走潘的手表是因为性交易中潘行为粗暴，自己为了发泄不满。经鉴定，涉案手表价值 123 879.84 元。法院认为：被告人当时没有认识到其所盗手表的实际价值，其认识到的价值只是"数额较大"，而非"数额特别巨大"，且犯罪情节轻微，故以盗窃罪对其免予刑事处罚。

裁判要旨：被盗物品价值大又容易被误以为小的时候，才会产生认识错误问题。盗窃罪中的认识错误应从三个方面分析：①从主观考察，即行为人是否认识到或应当认识到，这涉及其出身、年龄、职业、见识、阅历等状况，以及其行为前后表现；②从手段考察，如果行为人采取扒窃、入室盗窃、撬锁盗窃等特定手段进行盗窃，即推定具有概括性的故意，以实际价值认定其盗窃数额。但是，行为人辩称其不知财物的真实价值且主动退回，也有充分理由相信其辩解的，则应对退回部分不作犯罪处理；③从场合特定性考察，即只能发生在行为人有合理机会接触被盗物品的"顺手牵羊"场合。

（二）适用

【定罪】根据《办理盗窃案解释》（2013）：

1. 经《刑法修正案（八）》修正后，盗窃行为分两种类型：①普通盗窃，以盗窃"数额较大"财物或者"多次"盗窃为程度要件。②特殊盗窃，包括入户盗窃、携带凶器盗窃及扒窃，构成犯罪不以数额较大或多次为要件。

2. 《办理盗窃案解释》（2013）第 7 条："盗窃公私财物数额较大，行为人认罪、悔罪，退赃、退赔，且具有下列情形之一，情节轻微的，可以不起诉或者免予刑事处罚；必要时，由有关部门予以行政处罚：①具有法定从宽处罚情节的；②没有参与分赃或者获赃较少且不是主犯的；③被害人谅解的；④其他情节轻微、危害不大的。"

3. 《办理盗窃案解释》（2013）第 12 条："盗窃未遂，具有下列情形之一的，应当依法追究刑事责任：①以数额巨大的财物为盗窃目标的；②以珍贵文物为盗窃目标的；③其他情节严重的情形。盗窃既有既遂，又有未遂，分别达到不同量刑幅度的，依照处罚较重的规定处罚；达到同一量刑幅度的，以盗窃罪既遂处罚。""如行为人仅以数额较大的财物为盗窃目标，最终未能得逞，通常可以认为其行为属于刑法第 13 条后半段规定的'情节显著轻微危害不大'，依法不应作为犯罪处理，可由有关部门给予行政处罚，一律追究刑事责任不符合宽严相济刑事政策；如综合全案，认为情节严重的，例如盗窃数额已接近数额巨大，且行为人在 2 年前又曾因盗窃受过行政处罚的，完全可以根据《办理盗窃案解释》（2013）第 12 条第 1 款第 3 项的规定追究刑事政策。"[1]

4. 盗窃未遂的基准刑。"对以数额巨大的财物为目标的盗窃未遂，是应以行为人意图盗窃的目标财物的价值作为确定其基准刑的依据，还是一律以数额较大作为确定基准刑的依据？经研究认为，应当根据目标财物价值作为确定基准刑的依据，在此基础上，依照刑法总则有关犯罪未遂的处罚规定，从轻或者减轻处罚。否则，势必存在不当的双重从宽问题。"[2] 不能以"盗窃目标"的总体价值作为量刑依据，只有行为人占有并能与周围其他财物相区分开的部分，才属于量刑的判断依据。

---

[1] 胡云腾、周加海、周海洋："《关于办理盗窃刑事案件适用法律若干问题的解释》的理解与适用"，载《人民司法》2014 年第 15 期。

[2] 胡云腾、周加海、周海洋："《关于办理盗窃刑事案件适用法律若干问题的解释》的理解与适用"，载《人民司法》2014 年第 15 期。

不以数额较大为要件的盗窃类型，也存在未遂。"对多次盗窃、入户盗窃、携带凶器盗窃或者扒窃未遂，仍应依据《办理盗窃案解释》（2013）第 12 条第 1 款的规定，决定应否追究刑事责任；重点是要适用好《办理盗窃案解释》（2013）第 12 条第 1 款第 3 项的规定。如行为人深夜通过翻窗、撬锁方式潜入他人住所盗窃的，即便未窃取到财物，也可认定其属于《办理盗窃案解释》（2013）第 12 条第 1 款第 3 项规定的'具有其他严重情节的情形'，以盗窃未遂追究其刑事责任；反之，如确因饥饿等原因，扒窃少量财物，结果又未遂的，不追究刑事责任，由公安机关予以行政处罚，则更符合宽严相济刑事责任。"[1]

5. 《办理盗窃案解释》（2013）第 8 条："偷拿家庭成员或者近亲属的财物，获得谅解的，一般可以不认为是犯罪；追究刑事责任的，应当酌情从宽。"根据这一规定，近亲属相盗似成为司法解释上的"告诉才处理"。应综合考虑盗窃次数、盗窃财物的价值、给被盗亲属造成的损失、行为人和被盗亲属的关系远近及案发后的反应等情况，慎重确定是否有追究刑事责任的必要。这体现在有关的指导判例中：

【案例】　　　　　　　　　　文某被控盗窃无罪案[2]

1999 年 7 月间，文某因谈恋爱遭到其母王某（惟一法定监护人）反对被赶出家门。之后，王某换了家里的门锁。数日后，文某得知其母回娘家，便带着女友撬锁开门入住，后因没钱吃饭便与女友先后 3 次将家中彩电、洗衣机、冰箱各 1 台，空调 4 台变卖，共得款 3150 元。案发后空调、洗衣机各 1 台被追回，其余物品获得退赔 14 500 元。法院认为：王某把文某赶出家门，不给生活费，管教方法不当，没有正确履行监护人的职责。且文某尚未成年，是家庭财产的共有人，偷拿自己家中物品变卖不属非法占有，遂判决其无罪。

6. 《办理盗窃案解释》（2013）第 9 条："单位组织、指使盗窃，符合刑法第 264 条及本解释有关规定的，以盗窃罪追究组织者、指使者、直接实施者的刑事责任。"这说明即使刑法未规定单位犯罪主体的罪名，如果以单位名义、为单位利益实施犯罪的，仍然可以追究有关个人的责任；而规定为单位犯罪的，则实行双罚制。其根据是立法机关之《第三十条解释》（2014）："公司、企业、事业单位、机关、团体等单位实施刑法规定的危害社会的行为，刑法分则和其他法律未规定追究单位的刑事责任的，对组织、策划、实施该危害社会行为的人依法追究刑事责任。"

7. 《办理盗窃案解释》（2013）第 13 条：盗窃国有馆藏一般文物、三级文物、二级以上文物的，应当分别认定为的"数额较大""数额巨大""数额特别巨大"。盗窃多件不同等级国有馆藏文物的，三件同级文物可以视为一件高一级文物。盗窃民间收藏的文物的，根据本解释第 4 条第 1 款第 1 项的规定认定盗窃数额。

8. 《办理盗窃案解释》（2013）第 10 条："偷开他人机动车的，按照下列规定处理：①偷开机动车，导致车辆丢失的，以盗窃罪定罪处罚；②为盗窃其他财物，偷开机动车作为犯罪工具使用后非法占有车辆，或者将车辆遗弃导致丢失的，被盗车辆的价值计入盗窃数额；③为实施其他犯罪，偷开机动车作为犯罪工具使用后非法占有车辆，或者将车辆遗弃导致丢失的，以盗窃罪和其他犯罪数罪并罚；将车辆送回未造成丢失的，按照其所实施的其他犯罪从重处罚。"根据此解释，偷开机动车定罪要点是"导致车辆丢失"，是指车辆脱离被害人控制且未能及时

---

[1] 胡云腾、周加海、周海洋："《关于办理盗窃刑事案件适用法律若干问题的解释》的理解与适用"，载《人民司法》2014 年第 15 期。

[2] 载中华人民共和国最高人民法院刑事审判第一庭、第二庭编：《刑事审判参考（2001 年第 2 辑·总第 13 辑）》，法律出版社 2001 年版。

找回，比如被害人遍寻不着、报警，可认为导致"车辆丢失"。

【量刑】根据《量刑指导意见》（2014）：

1. 构成盗窃罪的，可以根据下列不同情形在相应的幅度内确定量刑起点：①达到数额较大起点的，或者一年内入户盗窃或者在公共场所扒窃3次的，可以在3个月拘役至6个月有期徒刑幅度内确定量刑起点。②达到数额巨大起点或者有其他严重情节的，可以在3～4年有期徒刑幅度内确定量刑起点。③达到数额特别巨大起点或者有其他特别严重情节的，可以在10～12年有期徒刑幅度内确定量刑起点。

2. 在量刑起点的基础上，可以根据盗窃数额、次数、手段等犯罪事实增加刑罚量，确定基准刑：①盗窃数额每增加1000元，可以增加1～2个月刑期；②多次盗窃的，可以增加2～6个月刑期；③盗窃他人必需的生产、生活资料，严重影响他人生产、生活的，可以增加2～6个月刑期。

3. 盗窃近亲属财物的，可以减少基准刑的50%以下，不作犯罪处理的除外。

4. 盗窃增值税专用发票或者可以用于骗取出口退税、抵扣税款的其他发票和盗窃珍贵文物等物品的，依照有关法律、司法解释办理。

5. 财产刑适用。因犯盗窃罪，依法判处金刑的，应当在1000元以上盗窃数额的2倍以下判处罚金；没有盗窃数额或者盗窃数额无法计算的，应当在1000元以上10万元以下判处罚金。

【关联罪】1. 根据《办理盗窃案解释》（2013）第11条，盗窃公私财物并造成财物损毁的，按照下列规定处理：

（1）采用破坏性手段盗窃公私财物，造成其他财物损毁的，以盗窃罪从重处罚；同时构成盗窃罪和其他犯罪的，择一重罪从重处罚。例如，为盗窃而使用破坏手段又触犯破坏电力设备罪，破坏广播电视设施、公用电信设施罪，破坏交通设施罪，破坏易燃易爆设备罪，破坏生产经营罪等的，属于想象竞合犯，择一重罪处罚。

（2）"实施盗窃犯罪后，为掩盖罪行或者报复等，故意毁坏其他财物构成犯罪的，以盗窃罪和构成的其他犯罪数罪并罚"；如盗窃后为毁灭罪迹而放火的，构成盗窃和放火二罪，应当数罪并罚。此时已经不是一行为犯数罪，而是数行为犯数罪了。

（3）"盗窃行为未构成犯罪，但损毁财物构成其他犯罪的，以其他犯罪定罪处罚。"如盗窃广播电视设施、公用电信设施价值数额不大，但是构成危害公共安全犯罪的，以破坏广播电视设施、公用电信设施罪定罪处罚。

2. 盗窃罪是侵犯财产罪中非法占有型犯罪的"基本型"。也就是说，违背他人意志非法取得他人占有的财物，如果具备抢劫罪、抢夺罪、职务侵占罪、贪污罪、敲诈勒索罪等特征的，排斥适用盗窃罪。

3. 盗窃国家秘密的，盗窃枪支、弹药、爆炸物的，窃取国有档案的，盗窃国家机关公文、证件、印章的，盗窃武装部队公文、证件、印章的，为境外盗窃国家秘密的，盗掘古文化遗址、古墓葬的，利用职务上便利监守自盗的，等等，按照有关法条处理，不认定为盗窃罪。这些均属于法条竞合关系。

4. 盗窃罪特定的立法、司法类型：

（1）《刑法》第265条规定，以牟利为目的，盗接他人通信线路、复制他人电信码号或者明知是盗接、复制的电信设备、设施而使用的，以盗窃罪定罪处罚。"以牟利为目的"，指为了出售、出租、自用、转让等谋取经济利益的行为。

（2）《刑法》第196第3款规定，盗窃信用卡并使用的，以盗窃罪定罪处罚。其盗窃数额应当根据行为人盗窃信用卡后实际使用（提取、消费）的数额认定。这一立法规定源于中国长期的司法习惯，即盗窃他人存单、存折等金融凭证并冒领存款的，以盗窃罪定罪处罚。指导判例"屈自强盗窃案——盗窃定期存单从银行冒名取款的行为如何定性？"指出：

"本案的特殊性在于盗窃犯罪活动中夹杂着一定的欺骗行为，行为过程涉及三方当事人，既有秘密窃取的因素（针对被害人刘德彬），又有隐瞒事实真相诈骗第三人的因素（针对银行），如何定性，值得探讨。……考察被告人非法取得财物的主要手段或者说被害人丧失对财物的控制的根本原因在于被害人存单的被盗。也就是说，盗窃在被告人非法占有财物过程中起了决定作用。同时，从财产被害人来看，该财产的真正受害者是失主刘德彬而不是银行，刘德彬财产受侵犯不是因为受到诈骗所致，而是因为存单被秘密盗窃所致，因此其行为的基本特征是盗窃而不是诈骗，应当认定为盗窃罪。"

(3)《刑法》第210条第1款规定，盗窃增值税专用发票或者可以用于骗取出口退税、抵扣税款的其他发票的，以盗窃罪定罪处罚。盗窃上述发票数量在25份以上的，为"数额较大"。

(4) 将电信卡非法充值后使用，造成电信资费损失数额较大的，以盗窃罪定罪处罚。[1]

(5) 盗用他人公共信息网络上网账号、密码上网，造成他人电信资费损失数额较大的，以盗窃罪定罪处罚。[2]

5. 盗窃支票、汇票、本票、存单、存折、汇款单等金融票证的，其性质仍是盗窃，之后又持窃取的金融票证去冒领兑现的，可能使用诈骗的手段，通常认为这是当然的结果行为，而不需要另外再定诈骗罪。

【案例】 **屈自强盗窃案**[3]

2003年底，被告人张泽容利用其在舅舅刘德彬家当保姆的机会，偷配了刘家大门和铁门的钥匙。2004年2月某天，张泽容乘刘家无人之机，使用其私配的钥匙进入刘家，将刘放在卧室柜子里的15万元的定期存折及客厅桌子上刘德彬的身份证复印件盗走。事后，张泽容将此情况告知了被告人屈自强，并让屈自强帮忙取钱，屈自强表示同意，并约定取出钱后二人均分。因为领取大额定期存单需要存款人和取款人的身份证，张泽容便找人伪造了两张身份证，一张为刘德彬的，一张为印有屈自强照片的名为漆荣的身份证。被告人屈自强使用存折和两张假身份证来到中国银行大渡口区茄子溪储蓄所，将存折上的15.2万元本金及利息共计154 704元转为活期存折。随后，屈自强又分别在中国银行马王乡储蓄所、袁家岗储蓄所、两路口储蓄所、杨家坪储蓄所、杨家坪自动取款机上将154 704元取走。事后，张泽容从屈自强处拿走7万元，将其中17 000元存入银行，其余部分用于偿还赌债等。屈自强则将剩余部分存入银行。……案发后，屈自强退还被害人8万元人民币，张泽容退还给被害人17 000元人民币。法院判决被告人张泽容与屈自强犯盗窃罪。

冒领兑现的金额作为盗窃既遂的金额，其前提是没有对有关金融票据进行伪造、变造。如果对窃取的空白支票进行伪造，比如伪造印鉴盖在空白支票上，那么其非法获取财物的主要手段就不是盗窃而是金融凭证诈骗了，因为空白支票几无价值，蒙受损失的也不是支票的主人，而是被假支票欺骗的银行，因此应定金融凭证诈骗罪。

---

[1] 2000年5月24日最高人民法院《电信市场案解释》第7条。
[2] 2000年5月24日最高人民法院《电信市场案解释》第8条。
[3] 载中华人民共和国最高人民法院刑事审判第一、二、三、四、五庭主办：《刑事审判参考（2006年第5集·总第52集）》，法律出版社2007年版。

【数额认定】根据《办理盗窃案解释》（2013）第4、5条：盗窃的数额，按照下列方法认定：

1. 被盗财物有有效价格证明的，根据有效价格证明认定；无有效价格证明，或者根据价格证明认定盗窃数额明显不合理的，应当按照有关规定委托估价机构估价。计算盗窃数额不问销赃数额如何，即使销赃数额高于价格证明或估价的，也不算作盗窃数额。因为盗窃数额以被害人损失为据。

2. 盗窃外币的，按照盗窃时中国外汇交易中心或者中国人民银行授权机构公布的人民币对该货币的中间价折合成人民币计算；中国外汇交易中心或者中国人民银行授权机构未公布汇率中间价的外币，按照盗窃时境内银行人民币对该货币的中间价折算成人民币，或者该货币在境内银行、国际外汇市场对美元汇率与人民币对美元汇率中间价进行套算。

3. 盗窃电力、燃气、自来水等财物，盗窃数量能够查实的，按照查实的数量计算盗窃数额；盗窃数量无法查实的，以盗窃前6个月月均正常用量减去盗窃后计量仪表显示的月均用量推算盗窃数额；盗窃前正常使用不足6个月的，按照正常使用期间的月均用量减去盗窃后计量仪表显示的月均用量推算盗窃数额。

4. 明知是盗接他人通信线路、复制他人电信码号的电信设备、设施而使用的，按照合法用户为其支付的费用认定盗窃数额；无法直接确认的，以合法用户的电信设备、设施被盗接、复制后的月缴费额减去被盗接、复制前6个月的月均电话费推算盗窃数额；合法用户使用电信设备、设施不足6个月的，按照实际使用的月均电话费推算盗窃数额。

5. 盗接他人通信线路、复制他人电信码号出售的，按照销赃数额认定盗窃数额。

对于上述1～5，盗窃行为给失主造成的损失大于盗窃数额的，损失数额可以作为量刑情节考虑。

6. 盗窃有价支付凭证、有价证券、有价票证的，按照下列方法认定盗窃数额：①盗窃不记名、不挂失的有价支付凭证、有价证券、有价票证的，应当按票面数额和盗窃时应得的孳息、奖金或者奖品等可得收益一并计算盗窃数额；②盗窃记名的有价支付凭证、有价证券、有价票证，已经兑现的，按照兑现部分的财物价值计算盗窃数额；没有兑现，但失主无法通过挂失、补领、补办手续等方式避免损失的，按照给失主造成的实际损失计算盗窃数额。

【共犯】审理共同盗窃犯罪案件，应当根据案件的具体情形对各被告人分别作出处理：

1. 对犯罪集团的首要分子，应当按照集团盗窃的总数额处罚。

2. 对共同犯罪中的其他主犯，应当按照其所参与的或者组织、指挥的共同盗窃的数额处罚。

3. 对共同犯罪中的从犯，应当按照其所参与的共同盗窃的数额确定量刑幅度，并依照《刑法》第27条第2款（从犯）的规定，从轻、减轻处罚或者免除处罚。

二、抢夺罪

（一）构成要件·法定刑

《刑法》第267条　抢夺公私财物，数额较大的，或者多次抢夺的，[1] 处3年以下有期徒刑、拘役或者管制，并处或者单处罚金；数额巨大或者有其他严重情节的，处3年以上10年以下有期徒刑，并处罚金；数额特别巨大或者有其他特别严重情节的，处10年以上有期徒刑或者无期徒刑，并处罚金或者没收财产。

---

[1] "多次抢夺"系《刑法修正案（九）》增设。

携带凶器抢夺的,依照本法第263条的规定定罪处罚。

【定义】以非法占有为目的,公然夺取数额较大的公私财物的行为。

【对象】他人占有的公私财物。本人所有的在他人占有下的财物,也可以成为抢夺罪对象。

【案例】 **李丽波抢夺案**[1]

李丽波在文园停车场乘保管员不备,将其向典当公司借款65 000元而提供质押的轿车强行开走,之后携车逃匿,且未向典当公司清偿上述借款。文园停车场向典当公司赔偿经济损失及支付相关诉讼费用共计90 206元。法院认为,抢夺本人因质押而被第三人保管的财物属于非法占有,以抢夺罪判处有期徒刑3年,缓刑5年。

另对抢夺枪支、弹药、爆炸物、国有档案、国家秘密等,刑法已经特别规定为其他罪,不适用抢夺罪。

【行为】"抢夺",指强行夺取他人紧密占有财物的行为。对于抢夺行为需要从罪名设置体系中把握,刑法规定有盗窃罪、抢劫罪,抢夺罪介于二者之间,即使用了一定程度的暴力夺取财物但又没有达到抢劫程度。

【主观】故意,以非法占有为目的。

【罪量】抢夺公私财物"数额较大"才认为是犯罪。根据《办理抢夺案解释》(2013)第1条,"数额较大",指抢夺财物价值在1000~3000元以上的。各省、自治区、直辖市在前述数额幅度内,确定本地区执行的具体数额标准。

根据《办理抢夺案解释》(2013)第2条,抢夺公私财物,具有下列情形之一的,"数额较大"的标准按上述标准的50%确定:①曾因抢劫、抢夺或者聚众哄抢受过刑事处罚的;②一年内曾因抢夺或者哄抢受过行政处罚的;③一年内抢夺3次以上的;④驾驶机动车、非机动车抢夺的;⑤组织、控制未成年人抢夺的;⑥抢夺老年人、未成年人、孕妇、携带婴幼儿的人、残疾人、丧失劳动能力人的财物的;⑦在医院抢夺病人或者其亲友财物的;⑧抢夺救灾、抢险、防汛、优抚、扶贫、移民、救济款物的;⑨自然灾害、事故灾害、社会安全事件等突发事件期间,在事件发生地抢夺的;⑩导致他人轻伤或者精神失常等严重后果的。

"多次抢夺",参考《办理盗窃案解释》(2013)第3条,指2年内抢夺3次以上,单次或多次抢夺累计数额都没有达到数额较大。如果单次或多次累计达到数额较大的,直接依据抢夺数额较大定罪;如果一年以内抢夺3次以上,单次或累计达到数额较大50%的,依据《办理抢夺案解释》(2013)第2条定罪。

《办理抢夺案解释》(2013)第5条规定:抢夺公私财物数额较大,但未造成他人轻伤以上伤害,行为人系初犯,认罪、悔罪、退赃、退赔,且具有下列情形之一的,可以认定为犯罪情节轻微,不起诉或者免予刑事处罚;必要时,由有关部门依法予以行政处罚:①具有法定从宽处罚情节的;②没有参与分赃或者获赃较少,且不是主犯的;③被害人谅解的;④其他情节轻微、危害不大的。

【加重犯】1. "数额巨大或者有其他严重情节的"。"数额巨大",根据《办理抢夺案解释》(2013)第1条,指抢夺财物数额在"3万元至8万元以上";"其他严重情节",根据《办理抢夺案解释》(2013)第3条,指抢夺公私财物,具有下列情形之一的:①导致他人重伤的;②导致他人自杀的;③具有该"解释"第2条第3~10项规定的情形之一,数额达到

---

[1] 载中华人民共和国最高人民法院刑事审判第一庭、第二庭编:《刑事审判参考(2003年第6集·总第35集)》,法律出版社2004年版。

"数额巨大"50%的。

2. "数额特别巨大或者有其他特别严重情节的"。根据《办理抢夺案解释》(2013) 第1、4条,"数额特别巨大"指20万~40万以上。"其他特别严重情节的"指:①导致他人死亡的;②具有该"解释"第2条第3~10项规定的情形之一,数额达到"数额特别巨大"50%的。

【特别规定】"携带凶器抢夺的,依照本法第263条的规定定罪处罚。"基于罪刑法定原则,携带凶器盗窃、诈骗的,不能认为当然成立抢劫罪。此特别规定意味着盗窃罪与抢夺罪的区分具有实质意义。抢夺罪与盗窃罪定罪量刑基本相同,区分的实益不大。近来,"街头"抢夺现象严重破坏社会治安,成为刑事政策打击的重点,刑法特别规定携带凶器抢夺的以抢劫论,表明应当把抢夺评价为比盗窃严重的犯罪行为类型,这使抢夺罪与盗窃罪的界分具有实际意义。认定抢夺罪,若谋求与这种评价相适应,将会产生收缩适用抢夺罪的效果。

(二) 适用

【量刑】根据《量刑指导意见》(2013):

1. 构成抢夺罪的,可以根据下列不同情形在相应的幅度内确定量刑起点:

(1) 达到数额较大起点的,可以在1年以下有期徒刑、拘役幅度内确定量刑起点。

(2) 达到数额巨大起点或者有其他严重情节的,可以在3~4年有期徒刑幅度内确定量刑起点。

(3) 达到数额特别巨大起点或者有其他特别严重情节的,可以在10~12年有期徒刑幅度内确定量刑起点。依法应当判处无期徒刑的除外。

2. 在量刑起点的基础上,可以根据抢夺数额等其他影响犯罪构成的犯罪事实增加刑罚量,确定基准刑。

【关联罪】

1. 抢夺罪与盗窃罪的界限。盗窃、抢夺的共同点是:以非法占有为目的、违背他人意志、非法夺取他人占有物。"以对物暴力的方式强夺他人紧密占有的财物,具有致人伤亡可能性的行为,才构成抢夺罪;盗窃与抢夺的区别在于:对象是否属于他人紧密占有的财物,行为是否构成对物暴力。"[1]《刑法》第267条第2款规定,携带凶器抢夺以抢劫论;《办理抢夺案解释》(2013) 规定,抢夺公私财物致人死亡的认定为抢夺"其他特别严重情节",表明抢夺包含一定程度的暴力性和对人身安全的威胁,这是抢夺与盗窃区别的关键。暴力夺取他人紧密占有物,尚未达到抢劫程度的,应认定为抢夺;违背他人意志取得他人占有物,没有暴力,不威胁人身安全的,是盗窃。

本书认为,界分盗窃与抢夺,应当考虑"实益",缩小抢夺而扩大盗窃的范围。定性抢夺还是盗窃的主要实益差别有以下四种情况:①"携带凶器"作案时,定性"抢夺"的,以抢劫论;定性"盗窃"的,仍是盗窃罪。②在公共场所对他人携带财物作案且不够数额较大的,定性"抢夺"是治安违法行为;定性"盗窃"即属于"扒窃",是犯罪行为。③"入户"作案且数额不够较大的,定性"抢夺"是治安违法行为;定性"盗窃"则是犯罪行为。④携带凶器"入户"作案时,若定性"抢夺"则以抢劫论,且属于"入户抢劫";定性"盗窃"仅成立盗窃罪。[2] 这种错综复杂的实益差异形成的难局如 (2013年试卷二第60题):

甲潜入他人房间欲盗窃,忽见床上坐起一老妪,哀求其不要拿她的东西。甲不理睬而继续

---

[1] 张明楷:"盗窃与抢夺的界限",载《法学家》2006年第2期。
[2] 阮齐林:"论盗窃与抢夺界分的实益、倾向和标准",载《当代法学》2013年第1期。

翻找，拿走一条银项链（价值400元）。对甲拿走项链的行为，如果定抢夺，因数额不够较大不构成犯罪；如果定性盗窃，则因入户盗窃，即使数额不够较大也构成犯罪。如果给甲加上携带凶器作案因素，实益便发生重大变化，对拿走项链的行为，如果定性抢夺，则成立抢劫罪，且是"入户抢劫"，应在10年以上适用刑罚；如果定性盗窃，则仅是盗窃罪。怎样才能避开"窘境"得出合理结论？需要适当缩小抢夺、扩张盗窃。比如，本案中，对甲拿走项链的行为定性盗窃，入户且公然比"秘密"严重，定"入户盗窃"构成犯罪比定抢夺不构成犯罪合理；如果定性抢夺，携带凶器的是入户抢劫，没有携带凶器的不构成犯罪，要么畸重，要么畸轻，不能得出合理结论。

再如：在地铁车门即将关闭之际将他人手中的手机夺取下车逃走的，如果定性扒窃，即使数额不够较大也构成犯罪；如果定性抢夺，数额不够较大则不构成犯罪；携带凶器作案的，则成立在公共交通工具上抢劫的加重犯，也是要么畸轻、要么畸重。因此，化解立法带来的抢夺、盗窃错综复杂的实益难题，唯有限缩抢夺、扩张盗窃。立法规定携带凶器抢夺以抢劫论，司法解释将致人死亡作为抢夺情节加重犯，说明抢夺包含暴力侵害人身因素，只有具有暴力侵害人身因素的夺取他人占有物的行为才能认定为抢夺。反之，不具有暴力侵害人身因素的违背他人意志夺取占有物的行为，定不上抢夺，只能退一步认定为盗窃。

通说认为，盗窃的特点是"秘密窃取"，抢夺的特点是"公然夺取"，因此秘密性和公然性成为盗窃与抢夺的界分点。1998年出台之《审理盗窃案司法解释》规定，盗窃罪是"秘密窃取"财物的行为，影响极大，几乎使"秘密"成为盗窃罪的要件。值得注意的是，《办理盗窃案解释》（2013）没有给盗窃罪定义，似乎放弃了1998年解释中"秘密窃取"的表述。鉴于盗窃与抢夺界分的实益，对于"公然"夺取财物但不具有暴力侵害人身因素的行为，认定为盗窃更合理，将会成为趋势。

2. "飞车抢夺"。根据《办理抢夺案解释》（2013）第6条：驾驶机动车、非机动车夺取他人财物，具有下列情形之一的，应当以抢劫罪定罪处罚：①夺取他人财物时因被害人不放手而强行夺取的；②驾驶车辆逼挤、撞击或者强行逼倒他人夺取财物的；③明知会致人伤亡仍然强行夺取并放任造成财物持有人轻伤以上后果的。

3. 抢夺致人伤亡的，根据《办理抢夺案解释》（2013）可认定为抢夺的情节加重犯（抢夺有其他"严重情节""特别严重情节"）处3年以上10年以下有期徒刑，或10年以上有期徒刑或者无期徒刑，并处罚金或者没收财产。鉴于该法定刑幅度与《刑法》第234条故意伤害罪致人重伤、死亡的相近，因此，抢夺致人重伤、死亡包含抢夺过失致人重伤、死亡和抢夺故意致人死亡。此情节加重可作类似结果加重掌握，无需考虑以过失致人死亡罪、故意伤害罪、故意杀人罪定罪处罚。抢夺过程中另生杀人伤害犯意，另施杀伤行为的，应当另以故意伤害罪、故意杀人罪定罪处罚。

三、抢劫罪

（一）构成要件·法定刑

《刑法》第263条　以暴力、胁迫或者其他方法抢劫公私财物的，处3年以上10年以下有期徒刑，并处罚金；有下列情形之一的，处10年以上有期徒刑、无期徒刑或者死刑，并处罚金或者没收财产：

（一）入户抢劫的；

（二）在公共交通工具上抢劫的；

（三）抢劫银行或者其他金融机构的；

（四）多次抢劫或者抢劫数额巨大的；

（五）抢劫致人重伤、死亡的；

（六）冒充军警人员抢劫的；

（七）持枪抢劫的；

（八）抢劫军用物资或者抢险、救灾、救济物资的。

【定义】以非法占有为目的，使用暴力、胁迫或者其他方法压制他人反抗，夺取他人占有物的行为。

【客体】复杂客体，包括他人财产权利和人身权利。侵害客体是既遂的实质标准，根据"复杂客体说"，发生抢取财物或致人轻伤两种结果之一的，属抢劫既遂。

【对象】他人占有的公私财物。鉴于刑法单独规定有抢劫枪支、弹药罪，故对抢劫枪支、弹药的行为，不以抢劫罪论处。

【行为】以暴力、胁迫或者其他方法抢劫公私财物。包含三个要素：①暴力、胁迫或者其他方法；②压制被害人反抗；③强取被害人占有物。分述如下：

1. "暴力、胁迫或者其他方法"中，"暴力"指对人身使用有形力，如殴打、扼脖、抱摔、捆绑、拘禁等。"胁迫"指使用暴力对人施加精神强制，如持刀枪棍棒等器具迫使他人交出或放弃占有的财物。"其他方法"指与暴力、胁迫相当的其他足以使他人不能反抗、不知反抗的取财方法，常见如用药物麻醉的方法、强行灌醉酒的方法等。没有使用"暴力、胁迫或者其他方法"，不成立抢劫罪，如甲夜晚潜入商店内盗窃时，被值班老汉乙发现喊"抓贼！"甲不理睬，仍大摇大摆地从货架取走几件商品离去。甲没有暴力、胁迫行为，不成立抢劫罪。

2. 压制被害人反抗。以暴力、胁迫方法压制他人反抗取得他人占有物，是典型抢劫手段。"压制被害人反抗"，指使被害人难以反抗或不敢反抗。认定"压制被害人反抗"，主要根据"社会一般观念上"足以压制被害人反抗、取走财物的手段，如持刀近身逼住或抵住被害人身体或者扼住被害人脖子，强取其占有的财物，正常情况下，人们一般难以抗拒或者不敢抵抗的，可认定为足以压制反抗。

使用了一般足以压制反抗的暴力、胁迫，但因被害人异常强悍而没有起到压制效果的，不影响认定为抢劫。例如，甲持刀抵住乙腰部喝令乙交出钱包，乙异常强悍（如是擒拿高手），反将甲擒住，或者乙认出甲是朋友的孩子，虽然未受压制仍将钱包的现金交出，该持刀打劫行为一般足以压制反抗，尽管在该案中未能实际压制反抗，照样认定抢劫。只是对于乙未受压制而交出现金属于既遂还是未遂存在分歧。

使用一般不足以压制反抗的暴力、胁迫，一般也就不是抢劫的行为，也不能认定具有抢劫的故意，或者仅能认定敲诈、抢夺、盗窃的故意。即使因被害人胆小而起到压制效果的，不成立抢劫罪，可以认定为敲诈勒索、抢夺、盗窃等。如果知道被害人胆小且有意利用取得压制效果的，不排除可成立抢劫。

从实质上讲，抢劫是重暴力犯罪，其法定最低刑为 3 年以上有期徒刑，入户、在公共交通工具上抢劫等加重犯法定最低刑为 10 年以上有期徒刑，抢劫的暴力、胁迫应当达到相当严重、激烈的程度，与刑法配置的起步 3 年以上乃至 10 年以上的处罚相称。"激烈得使被害人失去抵抗能力，或不敢抵抗。"[1] 从体系上讲，未达这样暴力、胁迫的程度迫使他人交付财物的，是敲诈勒索；未达这样暴力、胁迫的程度夺取财物的，是抢夺、盗窃。

3. 暴力、胁迫或其他方法用于压制反抗强取财物，与取得财物有因果关系。包括以下情

---

[1]（台）林东茂：《刑法综览》，中国人民大学出版社 2009 年版。

形：①通过压制反抗夺取财物；②通过压制反抗迫使被害人交出财物；③拿走已被压制反抗被害人逃走之后落下的财物；④趁已被压制住反抗的被害人不注意，拿走财物；⑤出于夺取财物的故意，杀死被害人之后取走财物；⑥暴力胁迫抢劫时，拿走被害人逃跑中掉下的财物，因不是强取的结果，抢劫未遂；⑦根据《审理抢劫抢夺刑案意见》（2005），挟强奸、故意伤害、故意杀人犯罪的暴力，当面公然夺取被害人占有财物，其取财行为另成立抢劫罪。强奸、故意杀人、故意伤害过程中，暗取被害人遗落财物的，或者致被害人死亡后即刻取走被害人遗落现场财物的，认为强奸、杀伤的暴力与取财无关，不成立抢劫罪。

【案例】　　　　　　　　　　　　**郭学周故意伤害、抢夺案**[1]

该案具体案情如下：2009年6月下旬，在平艺陶瓷厂务工的郭学周被辞退，郑铭才到该厂接替他的工作。郭学周认为其被辞退系郑铭才从中作梗所致，对郑铭才怀恨在心，遂决意报复。2009年7月3日上午，郭学周携带菜刀来到平艺陶瓷厂附近路口守候。当郑铭才驾驶摩托车途经该路口时，郭学周上前质问郑铭才并向其索要"赔偿款"1万元遭拒，郭学周遂持刀将郑铭才的头部和手臂砍致轻伤。郑铭才被砍伤后弃车逃进平艺陶瓷厂，郭学周持刀追赶未成，遂返回现场将郑铭才的豪爵牌摩托车（价值4320元）骑走，后以1000元卖掉。检察院以故意伤害罪、抢劫罪起诉，法院认定其构成故意伤害罪、抢夺罪，分别处有期徒刑2年、1年6个月。

裁判要旨：实施故意伤害行为，被害人逃离后行为人临时起意取走被害人遗留在现场的财物，对于后行为应认定为抢夺罪。

"暴力"施加于财物占有人之外的人，从财物占有人之下取得财物的，属于"暴力、胁迫"取得财物，如甲将乙随行的儿子丙举起，命乙交出车钥匙让甲将车开走，甲对丙使用暴力，对乙使用暴力胁迫。

如果暴力直接夺取财物，没有用于抑制人的反抗强取财物的，不是抢劫，而是抢夺。

使用"其他方法"使他人不能或不知反抗而取其财物的，该不能或不知反抗状态必须是由犯罪分子的行为直接造成的。如果该状态是被害人自己或第三人造成的，如被害人自行饮酒至醉，或者因心脏病、癫痫病发作而不省人事，行为人利用他人昏睡状态取走财物的，不是抢劫的"其他方法"，而属于盗窃类的非暴力犯罪。

【主观】故意，以非法占有他人财物为目的。故意内容是使用暴力、胁迫或其他方法压制被害人反抗夺取他人财物。非法占有包括本人占有和第三人占有。没有非法占有目的，不构成抢劫罪，常见如自保行为、债务纠纷等。例如，甲、乙双方订立购销合同，甲方依约交付货物后，乙方违约迟迟不付货款。甲方担心乙方赖账，就带人到对方库房强行取回自己交付的货物，并且不再向乙方提出付款要求。甲显然不具有非法占有他人财物的故意，不成立抢劫罪。

【加重犯】《审理抢劫案解释》（2000）、《审理抢劫抢夺刑案意见》（2005）、《审理抢劫案意见》（2016），对于抢劫罪的加重犯作出了较为细致的解释。

1."入户抢劫"。"入户抢劫"是指为实施抢劫行为而进入他人生活的与外界相对隔离的住所，包括封闭的院落、牧民的帐篷、渔民作为家庭生活场所的渔船、为生活租用的房屋等进行抢劫的行为。对于入户盗窃，因被发现而当场使用暴力或者以暴力相威胁的行为，应当认定为入户抢劫。

《审理抢劫抢夺刑案意见》（2005）第1条指出，认定"入户抢劫"时，应当注意以下三

---

[1] 载中华人民共和国最高人民法院刑事审判第一、二、三、四、五庭主办：《刑事审判参考（2011年第2集·总第79集）》，法律出版社2012年版。

个问题：①"户"的范围。"户"在这里是指住所，其特征表现为供他人家庭生活和与外界相对隔离两个方面。前者为功能特征，后者为场所特征。一般情况下，集体宿舍、旅店宾馆、临时搭建的工棚等不应认定为"户"，但在特定情况下，如果确实具有上述两个特征的，也可以认定为"户"。②"入户"目的的非法性。根据《审理抢劫案意见》（2016），以侵害户内人员的人身、财产为目的，入户后实施抢劫，包括入户实施盗窃、诈骗等犯罪而转化为抢劫的，应当认定为"入户抢劫"。因访友办事等原因经户内人员允许入户后，临时起意实施抢劫，或者临时起意实施盗窃、诈骗等犯罪而转化为抢劫的，不应认定为"入户抢劫"。这一规定，改变了《审理抢劫抢夺刑案意见》（2005）将入户抢劫中的"入户"限定于抢劫等犯罪目的的规定，扩大为"以侵害户内人员的人身、财产为目的"。换言之，即使不以犯罪为目的，而只是出于一般违法目的，只要是"以侵害户内人员的人身、财产为目的"而入户，而后实施抢劫的，均可认定为入户抢劫。这样规定，有利于更有力地保护公民的住宅安全，更严厉地打击入户抢劫犯罪。③暴力或者暴力胁迫行为必须发生在户内。入户实施盗窃被发现，行为人为窝藏赃物、抗拒抓捕或者毁灭罪证而当场使用暴力或者以暴力相威胁的，如果暴力或者暴力胁迫行为发生在户内，可以认定为"入户抢劫"；如果发生在户外，不能认定为"入户抢劫"。

《审理抢劫案意见》（2016）进一步指出："认定'入户抢劫'，要注重审查行为人'入户'的目的，将'入户抢劫'与'在户内抢劫'区别开来。以侵害户内人员的人身、财产为目的，入户后实施抢劫，包括入户实施盗窃、诈骗等犯罪而转化为抢劫的，应当认定为'入户抢劫'。因访友办事等原因经户内人员允许入户后，临时起意实施抢劫，或者临时起意实施盗窃、诈骗等犯罪而转化为抢劫的，不应认定为'入户抢劫'。对于部分时间从事经营、部分时间用于生活起居的场所，行为人在非营业时间强行入内抢劫或者以购物等为名骗开房门入内抢劫的，应认定为'入户抢劫'。对于部分用于经营、部分用于生活且之间有明确隔离的场所，行为人进入生活场所实施抢劫的，应认定为'入户抢劫'；如场所之间没有明确隔离，行为人在营业时间入内实施抢劫的，不认定为'入户抢劫'，但在非营业时间入内实施抢劫的，应认定为'入户抢劫'。"

【案例】　　　　　　　　　　黄卫松抢劫案[1]

黄卫松在街道上见龚某向其招嫖，遂起意抢劫。随龚某来到其出租房内发生性关系后，持事先准备的弹簧刀进行威胁并劫得龚黄金戒指两枚（价值1091元），现金300余元。法院认为，案发时，龚某已在站街招嫖，并没有在其出租房内进行家庭生活，而是将该出租房作为从事卖淫活动的场所，此时该出租房发挥的是性交易场所的功能，而非家庭生活功能，因此不属于"入户抢劫"。

对于子女进入父母的居室内抢劫，虽然在形式上符合"入户抢劫"的构成特征，但是，由于他们属于共同生活的家庭成员，无论子女进入父母的居室是否得到同意，都不属于非法侵入；同时，从我国的传统伦理道德观念来看，无论子女是否成年或者与父母分开另住，子女进入父母的卧室或者住宅，都是正常的，因此不能认定为"入户抢劫"。[2]

---

[1] 指导判例"黄卫松抢劫案【第844号】——进入卖淫女出租房嫖宿后，实施抢劫是否构成'入户抢劫'？"载中华人民共和国最高人民法院刑事审判第一、二、三、四、五庭主办：《刑事审判参考（2013年第2集·总第91集）》，法律出版社2014年版。

[2] 指导判例"明安华抢劫案【第134号】——子女进入父母居室抢劫能否认定为'入户抢劫'？"载中华人民共和国最高人民法院刑事审判第一庭、第二庭编：《刑事审判参考（2001年第10集·总第21集）》，法律出版社2002年版。

2. "在公共交通工具上抢劫"。《审理抢劫案意见》(2016) 指出:"'公共交通工具',包括从事旅客运输的各种公共汽车,大、中型出租车,火车,地铁,轻轨,轮船,飞机等,不含小型出租车。对于虽不具有商业营运执照,但实际从事旅客运输的大、中型交通工具,可认定为'公共交通工具'。接送职工的单位班车、接送师生的校车等大、中型交通工具,视为'公共交通工具'。'在公共交通工具上抢劫',既包括在处于运营状态的公共交通工具上对旅客及司售、乘务人员实施抢劫,也包括拦截运营途中的公共交通工具对旅客及司售、乘务人员实施抢劫,不以登上公共交通工具为必要,行为人在车外向车内旅客及司售、乘务人员实施暴力、胁迫或其他手段亦可,但不包括在未运营的公共交通工具上针对司售、乘务人员实施抢劫。以暴力、胁迫或者麻醉等手段对公共交通工具上的特定人员实施抢劫的,一般应认定为'在公共交通工具上抢劫'。"

《审理抢劫案意见》(2016) 指出:"入户或者在公共交通工具上盗窃、诈骗、抢夺后,为了窝藏赃物、抗拒抓捕或者毁灭罪证,在户内或者公共交通工具上当场使用暴力或者以暴力相威胁的,构成'入户抢劫'或者'在公共交通工具上抢劫'。"

3. "抢劫银行或者其他金融机构"。《审理抢劫案解释》(2000) 指出,这是指抢劫银行或者其他金融机构的经营资金、有价证券和客户的资金等。抢劫正在使用中的银行或者其他金融机构的运钞车的,视为"抢劫银行或者其他金融机构"。

4. "多次抢劫或者抢劫数额巨大的"。"多次抢劫"是指抢劫3次以上。《审理抢劫抢夺刑案意见》(2005) 第3条指出,对于"多次"的认定,应以行为人实施的每一次抢劫行为均已构成犯罪为前提,综合考虑犯罪故意的产生及犯罪行为实施的时间、地点等因素,客观分析、认定。对于行为人基于一个犯意实施抢劫犯罪的,如在同一地点同时对在场的多人实施抢劫的;或基于同一犯意在同一地点实施连续抢劫犯罪的,如在同一地点连续地对途经此地的多人进行抢劫的;或在一次犯罪中对一栋居民楼中的几户居民连续实施入户抢劫的,一般应认定为一次犯罪。

"抢劫数额巨大",根据《审理抢劫案意见》(2016) 的规定:"认定'抢劫数额巨大',参照各地认定盗窃罪数额巨大的标准执行。抢劫数额以实际抢劫到的财物数额为依据。对以数额巨大的财物为明确目标,由于意志以外的原因,未能抢到财物或实际抢得的财物数额不大的,应同时认定'抢劫数额巨大'和犯罪未遂的情节,根据刑法有关规定,结合未遂犯的处理原则量刑。"盗窃数额巨大为3万~10万元以上。

根据《审理抢劫抢夺刑案意见》(2005) 第6条和《审理抢劫案意见》(2016),抢劫信用卡后使用、消费的,以行为人实际使用、消费的数额为抢劫数额。由于行为人意志以外的原因无法实际使用、消费的部分,虽不计入抢劫数额,但应作为量刑情节考虑。通过银行转账或者电子支付、手机银行等支付平台获取抢劫财物的,以行为人实际获取的财物为抢劫数额。所抢信用卡中存款数额巨大但未实际使用、消费额未达到数额巨大的,不是"抢劫数额巨大"。为抢劫其他财物,劫取机动车辆当作犯罪工具或者逃跑工具使用的,被劫取机动车辆的价值计入抢劫数额;为实施抢劫以外的其他犯罪劫取机动车辆的,以抢劫罪和实施的其他犯罪实行数罪并罚。

5. "抢劫致人重伤、死亡的"。即抢劫罪的结果加重犯。典型的情形是在抢劫过程中使用暴力压制反抗造成被害人重伤、死亡。此外,司法适用[1]对此有所扩张,还包括:①行为人

---

[1] 参见2001年5月26日实施的《最高人民法院关于抢劫过程中故意杀人案件如何定罪问题的批复》指出:行为人为劫取财物而预谋故意杀人,或者在劫取财物过程中,为制服被害人反抗而故意杀人的,以抢劫罪定罪处罚。行为人实施抢劫后,为灭口而故意杀人的,以抢劫罪和故意杀人罪定罪,实行数罪并罚。

为劫取财物而预谋故意杀人的。例如,甲为抢取乙的财物,埋伏在路边,从背后一枪或一刀将乙杀害,取走乙的财物,就属于"为劫取财物而预谋故意杀人"的情形,是抢劫的结果加重犯。过去对于"为劫取财物而预谋故意杀人的"究竟是认定为抢劫的结果加重犯还是认定为故意杀人罪存在争议,自从最高人民法院作出相关批复后,才有定论。②在劫取财物过程中,为制服被害人反抗而故意杀人的。以上两种情形,均属于"抢劫致人重伤、死亡的"情形,只需要以抢劫罪一罪定罪处罚。

6. "冒充军警人员抢劫"。《审理抢劫案意见》(2016)指出:"认定'冒充军警人员抢劫',要注重对行为人是否穿着军警制服、携带枪支、是否出示军警证件等情节进行综合审查,判断是否足以使他人误以为是军警人员。对于行为人仅穿着类似军警的服装或仅以言语宣称系军警人员但未携带枪支、也未出示军警证件而实施抢劫的,要结合抢劫地点、时间、暴力或威胁的具体情形,依照常人判断标准,确定是否认定为'冒充军警人员抢劫'。军警人员利用自身的真实身份实施抢劫的,不认定为'冒充军警人员抢劫',应依法从重处罚。"此规定有其道理,真警察利用警察身份抢劫,警察身份暴露在明处,对其抢劫暴力程度往往起到约束作用,所以其真警察身份并不产生特别的危险、危害。

行为必须具备"抢劫"要件,即实施了暴力、胁迫等足以压制他人反抗的行为。假冒军警人员以罚没、扣押财物的名义非法占有他人财物,没有实施足以使人不敢反抗的暴力、胁迫行为的,不成立抢劫罪,可成立诈骗罪、招摇撞骗罪。

7. "持枪抢劫"。是指行为人使用枪支或者向被害人显示持有、佩带的枪支进行抢劫的行为。"枪支"的概念和范围,适用《枪支管理法》的规定。据此,持枪抢劫中的"枪"应当理解为"真枪",不包括"假枪",如仿真枪支。使用仿真枪支使人误认为是枪支,足以使人不敢反抗的,属于抢劫罪的暴力、胁迫,但不属于持枪抢劫。

【量刑】1. 根据《量刑指导意见》(2016):

(1)构成抢劫罪的,可以根据下列不同情形在相应的幅度内确定量刑起点:①抢劫一次的,可以在3~6年有期徒刑幅度内确定量刑起点。②有下列情形之一的,可以在10~13年有期徒刑幅度内确定量刑起点:入户抢劫的;在公共交通工具上抢劫的;抢劫银行或者其他金融机构的;抢劫3次或者抢劫数额达到数额巨大起点的;抢劫致一人重伤的;冒充军警人员抢劫的;持枪抢劫的;抢劫军用物资或者抢险、救灾、救济物资的。依法应当判处无期徒刑以上刑罚的除外。

(2)在量刑起点的基础上,可以根据抢劫情节严重程度、抢劫次数、数额、致人伤害后果等其他影响犯罪构成的犯罪事实增加刑罚量,确定基准刑。

2.《审理抢劫案意见》(2016)第4条规定,具有法定8种加重处罚情节的刑罚适用:

(1)根据《刑法》第263条的规定,具有"抢劫致人重伤、死亡"等8种法定加重处罚情节的,处10年以上有期徒刑、无期徒刑或者死刑,并处罚金或者没收财产。应当根据抢劫的次数及数额、抢劫对人身的损害、对社会治安的危害等情况,结合被告人的主观恶性及人身危险程度,并根据量刑规范化的有关规定,确定具体的刑罚。判处无期徒刑以上刑罚的,一般应并处没收财产。

(2)具有下列情形之一的,可以判处无期徒刑以上刑罚:①抢劫致3人以上重伤,或者致人重伤造成严重残疾的;②在抢劫过程中故意杀害他人,或者故意伤害他人,致人死亡的;③具有除"抢劫致人重伤、死亡"外的两种以上加重处罚情节,或者抢劫次数特别多、抢劫数额特别巨大的。

(3)为劫取财物而预谋故意杀人,或者在劫取财物过程中为制服被害人反抗、抗拒抓捕而杀害被害人，且被告人无法定从宽处罚情节的，可依法判处死刑立即执行。对具有自首、立功等法定从轻处罚情节的，判处死刑立即执行应当慎重。对于采取故意杀人以外的其他手段实施抢劫并致人死亡的案件，要从犯罪的动机、预谋、实行行为等方面分析被告人主观恶性的大小，并从有无前科及平时表现、认罪悔罪情况等方面判断被告人的人身危险程度，不能不加区别，仅以出现被害人死亡的后果，一律判处死刑立即执行。

（4）抢劫致人重伤案件适用死刑，应当更加慎重、更加严格，除非具有采取极其残忍的手段造成被害人严重残疾等特别恶劣的情节或者造成特别严重后果的，一般不判处死刑立即执行。

（5）具有《刑法》第263条规定的"抢劫致人重伤、死亡"以外其他7种加重处罚情节，且犯罪情节特别恶劣、危害后果特别严重的，可依法判处死刑立即执行。认定"情节特别恶劣、危害后果特别严重"，应当从严掌握，适用死刑必须非常慎重、非常严格。

3. 《审理抢劫案意见》（2016）第5条规定，抢劫共同犯罪的刑罚适用：

（1）审理抢劫共同犯罪案件，应当充分考虑共同犯罪的情节及后果、共同犯罪人在抢劫中的作用以及被告人的主观恶性、人身危险性等情节，做到准确认定主从犯，分清罪责，以责定刑，罚当其罪。一案中有2名以上主犯的，要从犯罪提意、预谋、准备、行为实施、赃物处理等方面区分出罪责最大者和较大者；有2名以上从犯的，要在从犯中区分出罪责相对更轻者和较轻者。对从犯的处罚，要根据案件的具体事实、从犯的罪责，确定从轻还是减轻处罚。对具有自首、立功或者未成年人且初次抢劫等情节的从犯，可以依法免除处罚。

（2）对于共同抢劫致一人死亡的案件，依法应当判处死刑的，除犯罪手段特别残忍、情节及后果特别严重、社会影响特别恶劣、严重危害社会治安的外，一般只对共同抢劫犯罪中作用最突出、罪行最严重的那名主犯判处死刑立即执行。罪行最严重的主犯如因系未成年人而不适用死刑，或者因具有自首、立功等法定从宽处罚情节而不判处死刑立即执行的，不能不加区别地对其他主犯判处死刑立即执行。

（3）在抢劫共同犯罪案件中，有同案犯在逃的，应当根据现有证据尽量分清在押犯与在逃犯的罪责，对在押犯应按其罪责处刑。罪责确实难以分清，或者不排除在押犯的罪责可能轻于在逃犯的，对在押犯适用刑罚应当留有余地，判处死刑立即执行要格外慎重。

4. 《审理抢劫案意见》（2016）第6条规定累犯等情节的适用：根据《刑法》第65条第1款的规定，对累犯应当从重处罚。抢劫犯罪被告人具有累犯情节的，适用刑罚时要综合考虑犯罪的情节和后果，所犯前后罪的性质、间隔时间及判决轻重等情况，决定从重处罚的力度。对于前罪系抢劫等严重暴力犯罪的累犯，应当依法加大从重处罚的力度。对于虽不构成累犯，但具有抢劫犯罪前科的，一般不适用减轻处罚和缓刑。对于可能判处死刑的罪犯具有累犯情节的也应慎重，不能只要是累犯就一律判处死刑立即执行；被告人同时具有累犯和法定从宽处罚情节的，判处死刑立即执行应当综合考虑，从严掌握。

5. 《审理抢劫案意见》（2016）第7条规定关于抢劫案件附带民事赔偿的处理原则：要妥善处理抢劫案件附带民事赔偿工作。审理抢劫刑事案件，一般情况下人民法院不主动开展附带民事调解工作。但是，对于犯罪情节不是特别恶劣或者被害方生活、医疗陷入困境，被告人与被害方自行达成民事赔偿和解协议的，民事赔偿情况可作为评价被告人悔罪态度的依据之一，在量刑上酌情予以考虑。

【转化型抢劫】《刑法》第269条规定："犯盗窃、诈骗、抢夺罪，为窝藏赃物、抗拒抓捕或者毁灭罪证而当场使用暴力或者以暴力相威胁的，依照本法第263条的规定定罪处罚。"这种为"窝藏赃物、抗拒抓捕、毁灭罪证"而使用暴力，显然不符合第263条"暴力夺取财物"

的特征，由第 269 条拟制以抢劫罪论处，是准抢劫罪。原本实行盗窃、抢夺、诈骗非暴力犯罪，因为使用暴力而被拟制为抢劫罪暴力犯，司法解释称"转化型抢劫罪"，意思是由原来盗窃等转化为抢劫。转化型抢劫罪有三个要点：

1. "犯盗窃、诈骗、抢夺罪"。《审理抢劫案意见》（2016）指出："主要是指行为人已经着手实施盗窃、诈骗、抢夺行为，一般不考察盗窃、诈骗、抢夺行为是否既遂。但是所涉财物数额明显低于'数额较大'的标准，又不具有《审理抢劫抢夺刑案意见》（2005）第 5 条所列 5 种情节之一的，不构成抢劫罪。"另根据《审理未成年人刑案解释》（2006）第 10 条，已满 14 周岁不满 16 周岁的人盗窃、诈骗、抢夺他人财物，为窝藏赃物、抗拒抓捕或者毁灭罪证，当场使用暴力，故意伤害致人重伤或者死亡，或者故意杀人的，应当分别以故意伤害罪或者故意杀人罪定罪处罚。《审理抢劫抢夺刑案意见》（2005）第 5 条规定："行为人实施盗窃、诈骗、抢夺行为，未达到'数额较大'，为窝藏赃物、抗拒抓捕或者毁灭罪证当场使用暴力或者以暴力相威胁，情节较轻、危害不大的，一般不以犯罪论处；但具有下列情节之一的，可依照刑法第 269 条的规定，以抢劫罪定罪处罚：① 盗窃、诈骗、抢夺接近'数额较大'标准的；② 入户或在公共交通工具上盗窃、诈骗、抢夺后在户外或交通工具外实施上述行为的；③ 使用暴力致人轻微伤以上后果的；④ 使用凶器或以凶器相威胁的；⑤ 具有其他严重情节的。"

【案例】甲入户盗窃，窃取几件衣物（价值二百余元）后被发现。失主急忙抓捕，甲把失主打倒在地，一顿拳脚把失主打成轻微伤。法院认为，甲盗窃数额虽然不够"较大"，但是使用暴力"情节严重"，认定构成抢劫罪。相反，如果行为人盗窃、抢夺财物数额不够"较大"，而且暴力、威胁情节轻微的，属于情节显著轻微、危害不大，不认为是犯罪。

【案例】甲盗窃一辆旧自行车（价值 200 元），被群众发现，围上前来抓捕。甲双手抓车把手将自行车提起，口中威胁说"谁敢！谁敢！"众人上前将甲拿下。这种情形下的暴力、威胁非常轻微，盗窃财物数额也不够较大，不认为构成犯罪。

2. 当场使用暴力或者以暴力相威胁。"当场"，根据《审理抢劫案意见》（2016）的规定，"是指在盗窃、诈骗、抢夺的现场以及行为人刚离开现场即被他人发现并抓捕的情形"。一般要求在时间与场所上与盗窃、诈骗、抢夺行为相连接，但即使是在时间与场所上有一定距离，如果是在从现场被继续追踪等这种继续性延长的状况下实施的，则认为在盗窃、诈骗、抢夺的机会中。[1] 例如，甲抢夺乙的项链，被群众发现并追击。甲在逃至离现场五百多米处，发现还有一人在后面追击，就停下对这个追击者施加暴力，应当认定为"当场"。如果在盗窃、抢夺犯罪完成以后，在其他场合被人认出是犯罪分子或者销赃时被失主撞见，实施了抗拒抓捕行为，不认为是"当场"，不因此而转化为抢劫罪。如果该抗拒行为造成伤害或者死亡结果的，简单按照故意伤害罪、故意杀人罪定罪处罚就可以了。"暴力或者以暴力相威胁"，也应当具有足以压制他人不能或不敢夺回赃物、进行抓捕、扣留罪证的威力。如果不具有此种威力，不成立抢劫罪，如甲在公共场所窃取乙提包后被发现，乙紧追，甲把手中揉成一团的废报纸朝后一扔，乙不知何物闪身避开后，不敢再追了。因为这种特定场合下行为的"暴力"程度极低，通常不足以压制他人，所以不宜认为是盗窃后为窝藏赃物、抗拒抓捕而当场使用暴力。《审理抢劫案意见》（2016）指出："对于以摆脱的方式逃脱抓捕，暴力强度较小，未造成轻伤以上后果的，可不认定为'使用暴力'，不以抢劫罪论处。"

3. 为窝藏赃物、抗拒抓捕或者毁灭罪证。"窝藏赃物"，指防护盗窃、诈骗、抢夺到手的

---

[1] [日]大塚仁著，冯军译：《刑法概说》，中国人民大学出版社 2003 年版。

财物，这种情形也称"事后抢劫"。事后，就是指盗窃、诈骗、抢夺的犯罪行为已经实行终了，出于窝藏赃物的目的而实施了暴力、威胁。如果盗窃、诈骗、抢夺的犯罪行为正在实行中，犯罪人尚未取得财物就实施暴力、胁迫行为，并通过暴力、胁迫排除反抗、取得财物，不是事后抢劫，应直接适用《刑法》第263条认定抢劫罪。

【案例】甲、乙二人入户行窃，正在卧室翻找钱物之时，户主丙（女）外出回家。甲从卧室窜出，捂住丙的嘴将其按倒在地。乙从地上捡起一个酒瓶朝丙头上砸了一下，见酒瓶破碎后，又从地上捡起一把菜刀，用刀背朝丙的脖子、背部连砍两下，致丙当场昏迷。之后甲、乙二人继续翻找钱物并携带翻找的财物离去。甲、乙二人对丙使用暴力，不是为了窝藏赃物，因为赃物尚未到手；也不是为了抗拒抓捕，因为丙并没有对他们实施抓捕行动；也不是为了毁灭罪证。甲、乙二人属于犯意转化而非事后抢劫，他们为非法占有财物而对丙实行暴力，排除障碍后取财，符合《刑法》第263条之"暴力夺取财物"的特征，适用第263条定抢劫罪。虽然盗窃既遂，但为了窝藏赃物而当场使用暴力或以暴力相威胁，并且被害人最终将财物取回的，应当在认定为事后抢劫的基础上认定为抢劫未遂。[1]

"抗拒抓捕"，指使用暴力抗拒司法人员或者任何公民特别是失主对其的抓捕、扭送。这包括已经盗窃、诈骗、抢夺到财物之后抗拒抓捕的情形，也包括尚未获取财物仅仅为避免被抓捕而抗拒的情形。行为人一般性的撞击、挣脱、摆脱行为不能认定为"抗拒抓捕"，只有足以压制他人，使其不能抓捕、放弃抓捕的情况才属此类情形。

"毁灭罪证"，是指湮灭作案现场遗留的痕迹、物品等罪证。为了毁灭罪证而当场使用暴力夺取罪证也属于毁灭罪证。只有具备这三个目的之一，才能以抢劫论。如果不是出于这三个目的之一，不是转化的抢劫罪。

【案例】   **肖明明故意杀人案**[2]

某日晨7时许，肖明明至本村张家盗窃财物，当其在衣柜翻找财物时，将张家14周岁的女儿张蕊惊醒。肖恐事情败露，上前掐张蕊脖子致其昏迷，后用菜刀割张蕊脖颈致其死亡。肖随即逃离，未取任何财物。

本案焦点：不具备"为窝藏赃物、抗拒抓捕或者毁灭罪证"的目的条件，不成立（转化）抢劫罪。法院认为，本案被告人为灭口而杀人，成立故意杀人罪。因为不符合"为窝藏赃物、抗拒抓捕或者毁灭罪证"的条件，不成立（转化）抢劫罪；其盗窃未遂，可不单独追究刑事责任。

【携带凶器抢夺】《刑法》第267条第2款规定："携带凶器抢夺的，依照本法第263条的规定定罪处罚。""携带凶器抢夺"，指行为人随身携带枪支、爆炸物、管制刀具等国家禁止个人携带的器械进行抢夺或者为了实施犯罪而携带其他器械进行抢夺的行为。其要点是：①行为人随身携带枪支、爆炸物、管制刀具等违禁器械抢夺的，以抢劫论。因为随身携带法律禁止个人随身携带的器械（违禁器械），本身就具有违法性，对此从严认定。携带违禁器械抢夺的，不问是否有在犯罪中使用的意图，都以抢劫论处。②行为人随身携带违禁器械以外的器械抢夺的，须具备"为了实施犯罪准备"的条件才能以抢劫论。但有证据证明该器械确实不是为了

---

[1] 指导判例"杨飞飞、徐某抢劫案【第687号】——转化型抢劫犯罪是否存在未遂"，载中华人民共和国最高人民法院刑事审判第一、二、三、四、五庭主办：《刑事审判参考（2011年第2集·总第79集）》，法律出版社2012年版。

[2] 周小霖："肖明明故意杀人案——在盗窃过程中为灭口杀害被害人的应如何定性"，载中华人民共和国最高人民法院刑事审判第一、二、三、四、五庭主办：《刑事审判参考（2008年第3集·总第62集）》，法律出版社2008年版。

实施犯罪准备的，不以抢劫罪定罪。按照一般的理解，携带"凶器"抢夺，行为人主观上通常是具有在犯罪中使用的意图或者至少有"必要时"使用的意图；在客观上处在随时可用的状态。如果行为人携带凶器，但有证据表明并非用于犯罪的，不认为是携带凶器抢夺。如甲某是木匠，背着工具包去干活的路上，临时起意抢夺，被抓获后查出工具包中有一把斧头。这种情形就不能认为属于携带凶器抢夺，因而也不能认定为抢劫罪。③行为人携带凶器抢夺后，在逃跑过程中为窝藏赃物、抗拒抓捕或者毁灭罪证而当场使用暴力或者以暴力相威胁的，适用《刑法》第267条第2款（携带凶器抢夺）的规定以抢劫论处。④直接适用《刑法》第263条（抢劫罪）的规定定罪处罚，不需要适用第267条第2款（携带凶器抢夺）规定的情形。行为人将随身携带凶器"有意加以显示"、能为被害人察觉到的，表明行为人实际上已经超出"携带"的范围在实际"使用"该凶器（威胁他人）进行抢劫了，所以直接适用《刑法》第263条，以抢劫罪定罪处罚。

【未遂·既遂】抢劫罪作为一种侵犯财产的犯罪，一般以抢到财物为既遂，未抢到财物为未遂，但造成加重后果的（如致人重伤、死亡）不存在未遂，属结果加重犯，也不数罪并罚。抢劫的"着手"，通常是开始暴力、胁迫行为。在此之前，为了抢劫财物而跟踪尾随被害人、守候被害人、接近被害人，伺机开始暴力、胁迫的抢劫行为的，都属于预备行为。

（二）适用

抢劫罪兼有侵犯财产与侵犯人身的性质，是侵犯人身和侵犯财产这两大犯罪基本类型的"交接点"，涉及侵犯人身与侵犯财产罪的区别。并且，盗窃、诈骗、抢夺在一定情况下还可以"转化为"抢劫罪，又涉及侵犯财产罪之间的区别。因此，要熟练认定各种犯罪，不能不掌握抢劫罪的认定。以下主要根据《审理抢劫抢夺刑案意见》（2005）介绍有关认定问题。

【定罪】1. 对于强拿硬要少量物品，情节显著轻微、危害不大的行为，可不认为构成抢劫罪。由于刑法对抢劫罪规定的法定最低刑为3年以上，处罚比较严厉。所以，对于强索少量财物、抢吃少量食品等行为，尤其是高年级学生偶尔强抢低年级学生少量财物的，根据《刑法》第13条的"但书"规定，不应以抢劫罪论处。

2. 对于当事人之间因为存在民事、婚姻、邻里之类的纠纷，而发生的强拿、扣留对方财物的行为，通常不认为是抢劫罪。比如，因为有借贷纠纷，债权人公开拿走或者扣留对方财物用以抵债。再如，因为一方毁弃婚约，另一方索取彩礼不成而拿走对方与彩礼价值相当的财物。这种情形貌似抢劫，但行为人没有非法占有他人财物的目的，不构成抢劫罪。当然，如果使用这种不当手段超过法律容忍限度的，可以构成其他罪，如非法侵入住宅罪、侮辱罪、故意伤害罪等。

3. 抢劫本人所有、在他人合法占用下的财物，不排除成立抢劫罪。关键在于认定是否具有非法占有的目的，因为在抢劫"他人所有"财物时，非法占有目的较为明显、较容易认定；在抢劫本人所有财物时，往往事出有因，认定非法占有的目的需特别考虑。如果行为人没有非法占有的目的，强取他人合法占用下的财物的，不认为是抢劫罪。例如，甲的汽车被交警扣押于交警队院内。晚间，甲偷取院门钥匙欲将车盗走，被值班员乙发现后上前制止。甲即殴打乙，将乙捆绑，用毛巾、手帕、布条堵、勒乙某的口鼻，致乙某窒息死亡。对此案，法院认为甲盗回自己的汽车不具有非法占有的目的，不构成盗窃罪，故当场使用暴力的行为也不能转化为抢劫罪。所以，只能就其伤害行为追究刑事责任。[1]

---

[1] 中华人民共和国最高人民法院刑事审判第一庭、第二庭编：《刑事审判参考（2001年第5辑·总第16辑）》，法律出版社2001年版，第18页。

【关联罪】1. 与抢夺罪的区别：夺取财物的暴力作用对象以及程度不同。暴力用于夺取他人占有物，没有压制他人反抗的，是抢夺不是抢劫。尤其是《审理抢夺刑案解释》（2002，现已失效）规定，抢夺行为导致被害人重伤、死亡的，作为抢夺罪之情节加重犯处罚。根据司法经验，以下暴力夺取财物行为仍是抢夺：

（1）夺取财物行为牵连导致被害人摔倒非故意地致伤亡的；
（2）夺取财物后逃离现场时，无意中碰撞他人的；
（3）在夺取他人佩戴的项链、耳环等首饰时，因首饰牵连致被害人颈部、耳部受损伤的。
（4）在利用行驶的机动车辆夺取财物（飞车抢夺）时，牵连致被害人摔倒的；
（5）"飞车抢夺"一般仍是抢夺，但《办理抢夺案解释》（2013）第6条规定以下三种情形以抢劫论：①夺取他人财物时因被害人不放手而强行夺取的；②驾驶车辆逼挤、撞击或者强行逼倒他人夺取财物的；③明知会致人伤亡仍然强行夺取并放任造成财物持有人轻伤以上后果的。

2. 抢劫罪与故意伤害罪等侵犯人身犯罪的界限。行为人为索取债务使用暴力、暴力威胁等手段的，一般不以抢劫罪定罪处罚。构成故意伤害等其他犯罪的，依照《刑法》第234条（故意伤害罪）等规定处罚。其道理是："索债"表明行为没有非法占有他人财物的意思，不成立抢劫罪，故只能就其手段（以违法犯罪的方式维权）论罪。如果侵犯人身自由的，可成立非法拘禁罪（为索债而扣押人质）；如果造成他人轻伤以上后果的，成立故意伤害罪。如果索债的方式、方法没有问题，则属于合法维权。

行为人仅以"本人所输赌资"或"本人所赢赌债"为抢劫对象，其定性规则类似于索取不受法律保护的赌债、高利贷，不以抢劫罪定罪处罚。因暴力行为而构成故意伤害罪、非法拘禁罪的，依照相应规定处罚。但是，抢劫他人赌资或赌场赌资（非本人输赢之赌资赌债）的，以抢劫论；同时不排除追究其赌博罪责。

3. 以暴力、胁迫手段索取超出正常交易价钱、费用的钱财的行为定性。从事正常商品买卖、交易或者劳动服务的人，以暴力、胁迫手段迫使他人交出与合理价钱、费用相差不大钱物，情节严重的，以强迫交易罪定罪处罚；以非法占有为目的，以买卖、交易、服务为幌子采用暴力、胁迫手段迫使他人交出与合理价钱、费用相差悬殊的钱物的，以抢劫罪定罪处刑。在具体认定时，既要考虑超出合理价钱、费用的绝对数额，还要考虑超出合理价钱、费用的比例，加以综合判断。

4. 冒充正在执行公务的人民警察、联防队员，以抓卖淫嫖娼、赌博等违法行为为名非法占有财物的行为定性。①冒充正在执行公务的警察"抓赌"、"抓嫖"、没收赌资或者罚款的行为，构成犯罪的，以招摇撞骗罪从重处罚。因为冒充"警察"具有招摇撞骗罪之"冒充国家机关工作人员"的特征；构成犯罪主要是达到"数额较大"；"从重处罚"，指冒充警察是招摇撞骗罪法定从重处罚的情节。②冒充治安联防队员"抓赌"、"抓嫖"、没收赌资或者罚款的行为，构成犯罪的，以敲诈勒索罪定罪处罚，因为"治安联防队员"不是国家机关工作人员，冒充其身份不成立招摇撞骗罪。③在实施上述行为时使用暴力或者以暴力相威胁的，以抢劫罪定罪处罚，因为行为构成更重的犯罪应当按照重罪处罚。

5. 抢劫罪与绑架罪的界限。绑架罪是侵害他人人身自由权利的犯罪，其与抢劫罪的区别在于：①主观故意内容不尽相同。抢劫罪以非法占有他人财物目的为要件，绑架罪以勒索财物或其他不法要求为要件，出于非法占有财物之外的目的，也可以成立绑架罪。②取财手段不同，抢劫罪暴力、胁迫手段强力从被害人占有下夺取财物，即暴力夺取被害人占有物；绑架罪以扣押或杀伤人质相威胁，向关心人质安危的第三人如人质亲友、社会组织、政府等索要赎金或其他不法要求，迫使第三人交付占有的财物。③目标不同，抢劫的目标是被害人占有之物；而绑架罪的目标是第三人占有的财物。例如，甲、乙二人拦住丙的汽车之后，持刀威逼丙交出财物，结果只有几百元钱。甲、乙很不甘心，上车持刀逼迫丙开车回家，劫持丙至其家中，拿走3万元现金。然后又拿着丙的存折，挟持丙到银行取出20万元现金。甲、乙暴力强取财物构成抢劫罪。劫持行为是其抢劫暴力的一种形式，不是绑架罪。

6. 抢劫罪与故意杀人罪的界限。"图财害命"是抢劫罪还是故意杀人罪，关键看杀人行为是否夺取他人占有的手段。为获取被害人占有下的财物而杀害被害人排除占有从而获取财物的，是抢劫；杀人是抢劫手段、致人死亡的，成立抢劫致人死亡的结果加重犯。如果为了获取财产或财产性利益，如为争夺遗产而杀害其他继承人的，为了赖掉债务而杀害债权人的，为了骗取保险金而杀害被保险人的，为了侵吞他人委托保管物而杀害委托人的等，属于贪利动机的杀人行为，其杀人行为不是夺取财物占有、排除被害人对财物占有的手段，不是抢劫（财物），是故意杀人罪。

7. 抢劫罪与寻衅滋事强拿硬要财物行为的区别。强抢他人财物的，未必都成立抢劫罪，行为人本无抢劫作案的意图，借故或因事生非，强要、强抢与所借之故相称的财物，例如，甲在"黑摩的"较为集中的场所，向过往的"黑摩的"司机每人收取2元过路费，对不从者则显示出插在腰间的匕首予以威胁，共收取7人、14元后被抓获；再如，甲的轿车与乙的摩的发生剐蹭而争吵，甲要求乙修车并让乙看清楚其车牌让乙知道其不好惹，并从车中取出刀子架在乙脖子上，从摩的盒子中取走一百余元。甲的行为尽管很暴力，但因有修车的争执且仅取修车相当的钱财且有逞强斗气因素，明显与抢劫不相当，有判例认定不成立抢劫罪。或者抢取与所因之事有关的财物，例如，甲出歌厅见乙男与丙女撕扯就凑近想看个究竟，不料遭乙男骂，于是对乙男施以拳脚，乙男打电话报警，甲男夺下电话离去。甲男拿走电话一直开机直到警察找上门来。判例认为不成立抢劫罪。再如，甲乙丙等人在"家门口"大排档饮酒，发现烟抽完了，恰逢丁路过，甲拦住丁强搜香烟未果，搜到钱包从中取出50元买香烟。判例认为与抢劫不符。行为人在自己生活、工作熟悉的"地盘"如市场、小区、广场、公园、学校等，实施"欺生""欺负弱小"等"霸凌"行为，索要少量财物的，通常也不定抢劫罪。

司法实践中，对于未成年人使用或威胁使用轻微暴力强抢少量财物的行为，一般不以抢劫罪定罪处罚。其行为符合寻衅滋事罪特征的，可以按照寻衅滋事罪定罪处罚。例如，未成年在校生在学校或学校周边区域，强拿硬要学生财物的，可不按照抢劫罪定罪处罚。如果次数较多、数额较大，情节恶劣的，可按照寻衅滋事罪定罪处罚。

【罪数】1. 绑架过程中又当场劫取被害人随身携带财物的，同时触犯绑架罪和抢劫罪两罪名，应择一重罪定罪处罚。

2. 抢劫后，为灭口、泄愤报复而故意杀害、故意伤害被害人的，以抢劫罪和故意杀人罪或故意伤害罪定罪，实行数罪并罚。

【案例】　　　　　赵东波、赵军故意杀人、抢劫案[1]

赵东波、赵军商定租乘电动三轮车时抢劫车辆并杀死司机灭口。当晚11时许，赵东波携带木棍伙同赵军在蓟县城关镇征程网吧门口，租乘被害人高新驾驶的电动三轮出租车。当车行驶至某Z村北公路时，赵东波持木棍猛击高新头部，高新弃车沿公路逃跑。二人追上将其打倒在路边的渠沟内，赵军捡来石头砸高新。二人逼高新交出数十元现金后，脱下高新的上衣将其

---

[1] 黄应生、戴忠华："赵东波、赵军故意杀人、抢劫案"，载中华人民共和国最高人民法院刑事审判第一、二、三、四、五庭主办：《刑事审判参考（2008年第5集·总第64集）》，法律出版社2009年版，第28页。

捆绑在树上。高新挣脱后又逃跑，赵东波追上后将高新摔倒在地，二人分别猛掐高新颈部，赵军捡来一块混凝土块，与赵东波轮番猛砸高新的头、胸、腹等部位，致高新死亡。之后，二人驾驶劫取的电动三轮车（价值人民币 3000 元）逃离现场。法院认为，二被告人共同预谋抢劫、杀人犯罪，以暴力手段劫取被害人财物后，又将被害人杀害灭口，其行为均已构成抢劫罪和故意杀人罪，应依法数罪并罚。

3. 怀杀人的目的（而不是抢劫财物的目的）实施杀人行为之后，"临时起意"取走被害人占有财物的，或者为掩盖罪行而取走被害人占有之财物。首先，杀人行为已然成立故意杀人罪；其次，拿走被害人（死者）财物非法占有的，是盗窃或侵占。认为死者因没有占有意识而不能占有财物的，主张定侵占；认为死者仍能占有财物的，主张定盗窃。根据《审理抢劫抢夺刑案意见》（2005）第 8 条，杀人后临时起意取走被害人财物的，取财行为定性盗窃，不纠缠于"死者"是否有占有能力，这是妥当的。因为被害人刚刚还有占有能力，是杀害行为夺去了被害人的占有能力并当场取走其原占有的财物，对杀害行为者而言，仍是夺取他人占有物，是盗窃。不涉及死者是否具有占有能力的问题。前述杀人后临时起意取财，是一种特殊情形。在一般情形下，行为人只实施了取走死者（尸体）上附着的死者遗物的，因死者没有占有意识而不能占有财物，故行为人不成立盗窃罪。换言之取走死者（尸体）上附着的死者遗物，不成立盗窃。再次，拿走被害人财物毁弃的是故意毁坏财物性质。

4. 行为人只有故意伤害的意图（原本没有抢劫的故意），在对他人实施伤害过程中，"临时起意"非法占有被害人携带的财物的。首先，成立故意伤害罪。其次，"取财"行为如果发生在被害人尚未丧失神志之时，另成立抢劫罪；如果发生于被害人已经昏迷之时，是盗窃性质，数额较大的，另成立盗窃罪，均实行数罪并罚。

5. 在实施强奸犯罪时，临时起意挟强奸暴力当面掠取被害人财物的，另成立抢劫罪；乘被害人昏迷或死亡的无意识状态，临时起意掠走其财物的，另成立盗窃罪，均数罪并罚。

6. 为了抢劫预谋杀伤他人后当场取财的，是抢劫罪的结果加重犯。

【共犯】《审理抢劫案意见》（2016）指出："两人以上共同实施盗窃、诈骗、抢夺犯罪，其中部分行为人为窝藏赃物、抗拒抓捕或者毁灭罪证而当场使用暴力或者以暴力相威胁的，对于其余行为人是否以抢劫罪共犯论处，主要看其对实施暴力或者以暴力相威胁的行为人是否形成共同犯意、提供帮助。基于一定意思联络，对实施暴力或者以暴力相威胁的行为人提供帮助或实际成为帮凶的，可以抢劫共犯论处。"

四、聚众哄抢罪

（一）构成要件·法定刑

《刑法》第 268 条　聚众哄抢公私财物，数额较大或者有其他严重情节的，对首要分子和积极参加的，处 3 年以下有期徒刑、拘役或者管制，并处罚金；数额巨大或者有其他特别严重情节的，处 3 年以上 10 年以下有期徒刑，并处罚金。

【定义】以非法占有为目的，聚集多人，采用哄闹、滋扰的方法，公然夺取数额较大的公私财物或者情节严重的行为。

【行为】聚众哄抢公私财物，数额较大或者有其他严重情节的。"聚众哄抢"，指多人因偶然事件触发聚集到一起，公然夺取或窃取公私财物归各自占有的行为。聚众哄抢应是在偶然事件触发下发生的，比如，两村庄对某林地的归属发生争议，争议一方担心吃亏，聚众哄砍争议林木；或者如偶遇运输船舶搁浅，货主请附近村民帮助抢救货物，渐渐演化成哄抢行为；或某工厂、工地长期无人管理，众人聚集前往将值钱之物洗掠一空等。这是本罪与抢夺的共同犯罪的不同之处。聚众哄抢，数额较大或者有严重情节的，才成立犯罪。

【主观】故意，且以非法占有为目的。

【罪量】在聚众哄抢中，实施组织、指挥、策划行为起首要分子作用的，或者积极参加实施聚众哄抢行为的，应当追究刑事责任。对于一般参加者，不认为犯罪。

(二) 适用

【关联罪】1. 聚众哄抢罪与抢夺罪的区别。聚众哄抢是因偶然事件触发而发生的群体性抢夺行为，哄抢的财物归参与哄抢者本人或单位非法占有。这与数人事先通谋主动寻找机会抢夺作案的情形不同。所以，刑法在聚众哄抢的定罪处罚上作了严格的限定，只有首要分子和积极参加的，才成立犯罪。此外，对于这种因偶然事件触发的群体性失范的行为，不按照共犯"一部行为，全部责任"追究各参与者的罪责。

2. 聚众哄抢罪与抢劫罪的区别。在聚众哄抢时，当场使用暴力、威胁的，不适用《刑法》第 269 条以抢劫论（转化抢劫）的规定。因为适用《刑法》第 269 条（转化抢劫）的前提是在盗窃、抢夺、诈骗犯罪过程中，不能当然认为包含聚众哄抢行为。如果聚众哄抢者实施暴力哄抢财物的，考虑到这是因偶然事件触发的群体性失范行为，一般也不宜按照抢劫罪处罚。

【共犯】聚众哄抢罪属于必要的共犯。鉴于《刑法》第 268 条对首要分子和积极参加的没有专门规定有差别的法定刑，所以，不排斥适用总则共犯的有关规定，如对于积极参加的，可适用从犯的规定。

第二节 诈骗罪、敲诈勒索罪

一、诈骗罪

(一) 构成要件·法定刑

《刑法》第 266 条　　诈骗公私财物，数额较大的，处 3 年以下有期徒刑、拘役或者管制，并处或者单处罚金；数额巨大或者有其他严重情节的，处 3 年以上 10 年以下有期徒刑，并处罚金；数额特别巨大或者有其他特别严重情节的，处 10 年以上有期徒刑或者无期徒刑，并处罚金或者没收财产。本法另有规定的，依照规定。

【定义】以非法占有为目的，虚构事实或者隐瞒真相骗取数额较大财物的行为。

【对象】他人占有的财物。财产性利益也可成为本罪对象，如最高人民法院批复规定：伪造、租用军队车辆牌号骗免交养路费、通行费等规费的，可成立诈骗。

【行为】诈骗公私财物，数额较大。

"诈骗"，指虚构事实或者隐瞒真相欺骗人，使被害人误解而交付财物。

1. 诈骗或欺骗的前提：就"事实"进行欺骗。所谓"事实"，是指可以验证的、过去或现在的具体事件或状态。例如，G 公司在工商银行有 3 亿元存款；张三拥有 T 公司 50% 股权；X 公司定于今年 5 月 5 日上市；H 煤矿储量十亿吨。科学实验、专业知识验证的事件或状态也是事实，如经科学验证、鉴定"X 保健产品"具有治疗高血压功效，治愈率 80%。根据科学、自然规律，将来必定发生的事件（如今年 3 月 8 日将发生日全食）也属于事实。

"事实既可以是外在的，也可以是内在的。内在的事实包括内心的确信、认知以及主观目的等。"[1] 因此，内心的还款意图、付款意图、履约意图也属于事实。

---

[1] 王钢："德国刑法诈骗罪的客观构成要件——以德国司法判例为中心"，载《政治与法律》2014 年第 10 期。

欺骗，就事实进行"虚假表述"。"虚假表述。这种表述本身可能通过书面、口头或者默示的行为表现出来。"[1] 例如，张三声称拥有 T 公司 50% 股权并转让给李四，而张三不拥有该股权，张三有欺骗。赵某本无付款意图却向钱某购货、收货，声称货到付款，赵某有欺骗。刘某本无付款意图或付款能力，却到酒店进行高消费，刘某有欺骗。因为按照生活经验，到酒店食宿消费、到歌厅酒吧娱乐消费意味着有付款意思或付款能力，刘某的消费行为默示有付款意思或付款能力而实际却没有，刘某虚假表述了事实。

"不揭露真相不构成虚假表述，如果行为人有揭露真相的义务，则隐瞒真相构成虚假表述。"[2] 比如，甲已经收到乙方货物，乙方询问甲是否已经收货。甲有义务告知实情却谎称没有收到或不知道，导致乙方再次发货。

2. 认定就事实作虚假表述、进行欺骗需注意：

（1）"纯粹的价值判断并不是事实，就价值判断进行欺骗的，不能成立诈骗罪。同样，单纯的观点表达也并非对事实的陈述，不构成诈骗。"[3] 例如，夸自己的房子如何好、具有巨大升值潜力等，属于对事物是非好坏优劣之类的价值判断或评判，不是事物有无真假的表述。再如，在劝人买其房产时，说房子对人如何重要，并且是财产保值的最好方式等，属于观点表述，不是事实表述。不过，价值判断、观点表达如果基于事实就超出纯价值判断、观点表达范围，属于事实表达，例如，说 A 公司定于某日上市因而有投资价值，"公司上市"是事实表述，如果"公司上市"虚假，则就事实进行了欺骗。

（2）"这里的'事实'必须是过去或现在的事实。行为人向他人谎称将来会发生的事件的，原则上不成立诈骗。"[4] 如称 B 公司将来会扭亏为盈具有还款能力，或称 B 矿山或将探明更大储量等，诱人贷款或投资，这不成立欺骗，"因为未来的事件欠缺确定性以及与当前状态的关联性"。[5] 不能证实真伪，常人也不会被误导。

（3）必须表述了虚假事实，如果怀有诈骗意图表述了真实的事实，则属于不能犯未遂。

3. 欺骗的对象是"人"，诈骗是通过虚假表述使他人错误地处分财物而获得财物。欺骗机器、动物交付财物的，因为不存在人的误解和处分，不是诈骗罪的骗取财物。不过，使用信用卡高度依赖机器，如果使用假卡或者冒用他人信用卡从自动取款机取款的，可成立信用卡诈骗罪。这类"欺骗"机器行为，从外观到侵害性更接近于诈骗而非盗窃。

4. 诈骗行为与错误之间的因果关系，可分为欺诈引起错误、欺诈维持错误两种情形。在第二种情形中，行为人不能仅仅是单纯地利用他人的既存错误，还应当对错误在程度上予以放大、增强，或作为保证人没有履行说明义务将错误清除。

【案例】 <center>**张福锦等诈骗案**[6]</center>

张福锦了解到：在香港六合彩开奖时间过后，厦门市李德发经营的地下彩票销售点仍能出售彩票，即与张金刚、汪贵阳串通，由张金刚负责获取香港六合彩的中奖号码，汪贵阳负责带张福锦前往购买彩票。2001 年 3 月 6 日开奖时间过后，张福锦等人用已获取的 3 个中奖号码向李德发购买了彩票，共"中奖"202 000 元并向李索要奖金。李因无法全额兑现，只付给张福

---

[1] [美] 约书亚·德雷斯勒著，王秀梅等译：《美国刑法精解》，北京大学出版社 2009 年版。
[2] [美] 约书亚·德雷斯勒著，王秀梅等译：《美国刑法精解》，北京大学出版社 2009 年版。
[3] 王钢："德国刑法诈骗罪的客观构成要件——以德国司法判例为中心"，载《政治与法律》2014 年第 10 期。
[4] 王钢："德国刑法诈骗罪的客观构成要件——以德国司法判例为中心"，载《政治与法律》2014 年第 10 期。
[5] 王钢："德国刑法诈骗罪的客观构成要件——以德国司法判例为中心"，载《政治与法律》2014 年第 10 期。
[6] 最高人民法院中国应用法学研究所编：《人民法院案例选》，人民法院出版社 2003 年版。

锦 2900 元,法院认定张福锦等 3 人构成诈骗罪。

5. "骗取"财物。如何认定"骗取"？行为人虚假表述（虚构事实或隐瞒真相）使他人因误解而"交付"了财物。一般而言，假如他人知道事实真相就根本不会交付财物，那么就可以认定利用该虚假表述骗取了财物。不过，中国的刑事犯罪门槛较高，《刑法》在破坏市场经济秩序罪中规定有大量的经营性欺诈犯罪，如虚假广告罪、销售假冒注册商标商品罪、生产销售伪劣产品罪等。虚假表述，需要达到足以令人误解、处分财产的程度才成为诈骗。常人按照常识即能辨别真伪或不至于上当的虚假表述，不是刑事欺诈。人们在买卖、借贷、投资等金钱往来中应有常人的谨慎，人人皆知"王婆卖瓜自卖自夸""买者需谨慎"，商家吹嘘自家商品、虚标价格，虽有虚假但不是刑事诈骗。对现有事实没有虚假表述，仅仅不能兑现承诺的，不是诈骗。例如，甲签了分期付款协议买了一辆车，然后没有付款；或者甲获得贷款后没能偿还，甲当初就不打算付款、偿贷，也没有其他虚假表述的，属于恶意违约行为，不构成诈骗罪。"承诺将来支付是一种说话人实施今后的行为在当前事实的表述。但是，普通法不愿意基于诈骗罪起诉处理债务人违约问题。"[1]

6. 骗取被害人"交付"（处分）财物而非法占有财物，骗得财物"交付"是犯罪人取得、被害人丧失财物占有的必要环节。"交付"，指出于被害人的意思发生占有转移的处分。具体含义是：

（1）占有转移的处分或"占有的交割"。如果不是"占有交割"意义上的处分，不是交付。例如，甲向售货员乙要了一款名贵西服，谎称到试衣间试穿，乘机溜出商店，将西服占有；乙虽然将西服交到甲手中但没有让甲拿出商店的意思，不是交付，故甲非法占有该西服不是骗取而是窃取。

（2）交付是基于被害人意思的占有转移，因此受骗者对交付财物的内容应当有认知。因误解交付之物的内容而处分的，不是交付。例如，甲把手机放入装满苹果的购物袋底部，交售货员乙称重后按照苹果的价格付款。乙不知袋中有手机，甲非法取得手机不是基于乙同意的交付，不是骗取而是窃取。在"误解"的宽严程度上，学说上存在严格掌握与大体一致的分歧。"严格掌握说"认为，受骗者应对交付的对象、数量、价值等有全面的认识，不仅应认识到其在处分一定的财物，还必须对处分对象的特殊性、具体性有较为清楚的意识，才能认定为具有处分意识。[2]本书主张"大体一致说"，在受骗者没有认识到财产的真实价值、数量、重量但认识到处分了一定的财产时，应认为具有处分意识；没有意识到财产的种类、性质而处分的，不宜认为有处分意识，属于窃取行为。有关的指导判例亦支持该标准：

【案例】 **葛玉友等诈骗案**[3]

葛玉友等人在从纺织公司收购碎布料的过程中，先在运输车辆上装入 1.5 吨重的石头给"空车"过磅，随后偷偷把石头卸掉再装载碎布料过磅，然后根据两次过磅结果之差计算车上碎布料重量，使得每次交易均从纺织公司额外运走 1.5 吨碎布料，先后 7 次骗得碎布料共计 10.5 吨，价值 5.25 万元，检察院以盗窃罪起诉，法院认定葛玉友等人构成诈骗罪。

（3）交付者具有相应的处分能力。如果欺骗没有处分财物意思能力的孩童、精神病人交付的，不属于诈骗罪意义上的"交付"，行为人非法获取财物的方式不是骗取而是窃取。

---

[1] [美] 约书亚·德雷斯勒著，王秀梅等译：《美国刑法精解》，北京大学出版社 2009 年版。
[2] 周光权：《刑法各论》，中国人民大学出版社 2015 年版。
[3] 载中华人民共和国最高人民法院刑事审判第一、二、三、四、五庭主办：《刑事审判参考（2014 年第 6 集·总第 101 集）》，法律出版社 2015 年版。

（4）被骗交付人是具有作出财物占有转移处分权限的人，如财物的所有人、管理人等。如果被骗人没有该处分权限，骗取其交付不是诈骗罪意义上的交付。例如，甲见他人将摩托车停在路边，对乙谎称该车是自己的，请乙把该车推入甲的院子里。乙没有该车处分的权限，甲非法占有该车不是骗取而是窃取，是利用乙窃取他人财物。

被告人通过欺骗使被害人将财物放置（处）于被告人可自由支配的地方，也可认为是交付。

"数额较大"，根据《办理诈骗案的解释》（2011）第1条，指诈骗在"3000～10 000元"以上。各省、自治区、直辖市高级人民法院、人民检察院可以结合本地区经济社会发展状况，在"3000～10 000元"的数额幅度内，确定本地区执行的具体数额标准。比如北京市的定在5000元以上。

诈骗未遂的定罪起点。根据《办理诈骗案的解释》（2011）第5条，诈骗未遂，以数额巨大的财物为诈骗目标的，或者具有其他严重情节的，应当定罪处罚。诈骗的数额较大，指实际骗取的数额或既遂数额。因此，诈骗（数额较大财物）未遂的，认为没有达到诈骗定罪的违法性程度，不立案追诉。但是，诈骗（数额巨大财物）未遂的，认为达到诈骗定罪的违法性程度，可以定罪处罚。

"电信诈骗"的定罪起点，即利用发送短信、拨打电话、互联网等电信技术手段对不特定多数人实施诈骗，难以查证诈骗既遂的数额，未能查证既遂数额的，依据诈骗（数额巨大财物）未遂追究罪责。根据《办理诈骗案的解释》（2011）第5条，"电信诈骗"的诈骗数额难以查证，但具有下列情形之一的，应当认定为《刑法》第266条规定的"其他严重情节"，以诈骗罪（未遂）定罪处罚：①发送诈骗信息5000条以上的；②拨打诈骗电话500人次以上的；③诈骗手段恶劣、危害严重的。

【主观】故意，以非法占有为目的。

【加重犯】根据《办理诈骗案的解释》（2011）第1条，《刑法》第266条的"数额巨大"，指在3万～10万元以上，"数额特别巨大"，指在50万元以上的。各省院结合本地区经济社会发展状况确定具体标准，如北京市的"数额巨大"定为10万元以上，"特别巨大"定在50万元以上。

"酌情从严惩处"情节与《刑法》第266条之"其他严重情节"、"其他特别严重情节"的认定。《办理诈骗案的解释》（2011）第2条：诈骗公私财物达到相应数额标准，具有下列情形之一的，可以依照《刑法》第266条"酌情从严惩处"：①通过发送短信、拨打电话或者利用互联网、广播电视、报纸杂志等发布虚假信息，对不特定多数人实施诈骗的；②诈骗救灾、抢险、防汛、优抚、扶贫、移民、救济、医疗款物的；③以赈灾募捐名义实施诈骗的；④诈骗残疾人、老年人或者丧失劳动能力人的财物的；⑤造成被害人自杀、精神失常或者其他严重后果的。

《刑法》第266条之"其他严重情节"，指诈骗数额接近"数额巨大"的标准，并具有前述"酌情从严惩处"的情形之一，或者属于诈骗集团首要分子的。

《刑法》第266条之"其他特别严重情节"，指诈骗数额接近"数额特别巨大"的标准，并具有前述"酌情从严惩处"的情形之一，或者属于诈骗集团首要分子的。

"电信诈骗"案，发送诈骗信息5万条，或者拨打诈骗电话5000人次，或者诈骗手段特别恶劣、危害特别严重的，认定为"其他特别严重情节"，以诈骗罪（未遂）处罚。

《办理诈骗案的解释》（2011）第6条，诈骗既有既遂，又有未遂，分别达到不同量刑幅度的，依照处罚较重的规定处罚；达到同一量刑幅度的，以诈骗罪既遂处罚。

(二) 适用

【定罪】1. 酌情不诉或免予刑事处罚。根据《办理诈骗案的解释》(2011) 第 3 条,诈骗公私财物虽已达到"数额较大"的标准,但具有下列情形之一,且行为人认罪、悔罪的,可以根据《刑法》第 37 条、《刑事诉讼法》第 173 条不起诉或者免予刑事处罚:①具有法定从宽处罚情节的;②一审宣判前全部退赃、退赔的;③没有参与分赃或者获赃较少且不是主犯的;④被害人谅解的;⑤其他情节轻微、危害不大的。

2. 根据《办理诈骗案的解释》(2011) 第 4 条,诈骗近亲属的财物,近亲属谅解的,一般可不按犯罪处理。诈骗近亲属的财物,确有追究刑事责任必要的,具体处理也应酌情从宽。

【量刑】根据《量刑指导意见》(2013) 和《审理诈骗案解释》(1996,现已失效) 的规定:

1. 构成诈骗罪的,可以根据下列不同情形在相应的幅度内确定量刑起点:

(1) 达到数额较大起点的,可以在 1 年以下有期徒刑、拘役幅度内确定量刑起点。

(2) 达到数额巨大起点或者有其他严重情节的,可以在 3～4 年有期徒刑幅度内确定量刑起点。

(3) 达到数额特别巨大的,或者具有以下情节之一的,可以在 10～12 年有期徒刑幅度内确定量刑起点,依法应当判处无期徒刑的除外:①诈骗集团的首要分子或者共同诈骗犯罪中情节严重的主犯;②多次诈骗或者流窜作案危害严重的;③诈骗法人、其他组织或者个人急需的生产资料,严重影响生产或者造成其他严重损失的;④诈骗救灾、抢险、防汛、优抚、救济、医疗款物,造成严重后果的;⑤挥霍诈骗的财物,致使诈骗的财物无法返还的;⑥使用诈骗的财物进行违法犯罪活动的;⑦曾因诈骗受过刑事处罚的;⑧导致被害人死亡、精神失常或者其他后果的;⑨具有其他严重情节的。

2. 在量刑起点的基础上,可以根据诈骗数额、次数和其他犯罪情节的严重程度增加刑罚量确定基准刑:

(1) 诈骗数额未达到数额巨大起点的,每增加 2000 元,可以增加 1～2 个月刑期;

(2) 诈骗数额达到数额巨大起点的,每增加 10 000 元,可以增加 6 个月至 1 年刑期;或者每增加具有上文第 1 点中第 (3) 项情形之一的,可以增加 6 个月至 1 年刑期。

(3) 诈骗数额达到特别巨大起点的,每增加 50000 元,可以增加 1 年至 1 年 6 个月刑期。或者每增加具有上文第 1 点中第 (3) 项情形之一的,可以增加 6 个月至 2 年刑期。

3. 诈骗近亲属财物的,可以减少基准刑的 50% 以下。

【既遂】构成完整的诈骗,应具备五要素:行为人实施欺诈行为→被害人陷入错误→交付财物(财产处分)→行为人获得财物→被害人失去财物。以上五个要素的每个环节均有因果联系,如果缺乏其中的任何一个环节,不构成诈骗既遂。例如,甲为购买毒品吸食而谎称开店急需资金,向乙"借款"2 万元。乙识破甲的谎言,但念旧情不忍戳穿甲的骗局,佯装信以为真借给乙 2 万元。甲虽有欺骗行为,也发生了财物交付给甲且乙损失财物的结果,但因为这些结果与被害人陷入错误之间没有因果联系,不是诈骗既遂而只能是诈骗未遂。实务上的犯罪既遂标准亦是采"失控+控制说",这体现在有关的指导判例中:

【案例】 **詹群忠等诈骗案**[1]

2007 年 7 月 5 日,詹群忠等人利用短信群发器实施短信诈骗,菏泽市棉纺织厂的徐淑英受

---

[1] 载中华人民共和国最高人民法院刑事审判第一、二、三、四、五庭主办:《刑事审判参考 (2010 年第 5 集·总第 76 集)》,法律出版社 2011 年版。

骗后向短信中的指定账户汇款 9 万元，后詹群忠等人为逃避侦查而将诈骗短信涉及的银行卡丢弃，致使 9 万元无法被其取出，法院认定其构成犯罪未遂。

【共犯】《办理诈骗案的解释》（2011）第 7 条规定："明知他人实施诈骗犯罪，为其提供信用卡、手机卡、通讯工具、通讯传输通道、网络技术支持、费用结算等帮助的，以共同犯罪论处。"

【罪数】《办理诈骗案的解释》（2011）第 8 条规定："冒充国家机关工作人员进行诈骗，同时构成诈骗罪和招摇撞骗罪的，依照处罚较重的规定定罪处罚。"

【关联罪】1. 与盗窃罪区别要点：获取他人占有财物是否违背财物占有人意志，违背的是窃取；不违背的是骗取。因为诈骗是基于被害人处分而取得财物，而盗窃是违背被害人意志而取得财物。违背意志取其财违法程度较高，即使使用了诈术，也应当认定为窃取。如甲乙素不相识，在公共场合甲谎称有急事"借用"乙手机使用，乙将手机递给甲使用。甲乘机携手机溜走。甲是窃取还是骗取？应看甲取得（手机）占有剥夺乙（对手机）占有的关键方式。如果甲未经乙同意（许可）就将手机带走，是窃取；如果甲经乙同意将手机带走，甲带走手机基于乙的同意或处分，是合法的；只有甲通过欺骗得乙（同意甲带手机走）的处分，才涉嫌犯罪（诈骗）、排斥盗窃。违背他人意志（不经他人同意）取得他人财物本身就具有非法性，而经他人同意取得他人财物本身不具有非法性，只有存在欺骗时才具有非法性。行为人作案时非法取得他人占有物，不论是否使用了欺骗手段，只要是符合窃取特征，表明其行为具有非法性（窃取）且危害性超过了骗取，应当定盗窃排斥诈骗。

【案例】被告人朱影到村民王本香家，以驱鬼为由，诱骗王拿出 430 元及价值 1840 元金首饰作为道具，交给朱"施法驱鬼"。朱将上述财物用纸包好后，在"施法"过程用事先准备好的相同纸包调换装有财物纸包，待"施法"完毕，将该假纸包交还被害人，并嘱咐 3 日后才能打开，随后将被害人的上述财物带离现场。法院认定朱影构成盗窃罪。[1]

2. 刑法中规定十余种特殊的诈骗罪名，如《刑法》分则第三章第 5 节规定的金融诈骗罪中包括 8 个特殊诈骗罪名：①集资诈骗罪；②贷款诈骗罪；③票据诈骗罪；④金融凭证诈骗罪；⑤信用证诈骗罪；⑥信用卡诈骗罪；⑦有价证券诈骗罪；⑧保险诈骗罪。其他章节还规定有合同诈骗罪和骗取出口退税罪，加上招摇撞骗罪和冒充军人招摇撞骗罪，一共有 12 个特殊的诈骗罪名。根据法条竞合特别规定优先适用的原理，符合特别条款的诈骗罪，应当按特别条款定罪处罚，排除一般诈骗条款的适用。在此，应将诈骗理解为一类犯罪，整体掌握。此外，在贪污罪、职务侵占罪中，往往也含有利用职务上便利骗取公私财产的方式，与诈骗罪在使用欺骗手段上有交叉关系。

【案例】梁其珍先后伪造了某省公安厅文件、通知、荣誉证书、Q 市公安局副局长的名片和刑警执法证等，还盗取数件警服、警帽、持枪证以及相关材料，冒充刑警骗得王某与其恋爱并同居 4 个月之久，陆续骗取王某共 39 750 元。梁还冒充刑警，骗张某与其恋爱并发生性关系，得钱 500 元；冒充 Q 市公安局副局长骗取了某县人大、公安局有关领导的信任，陪同其游玩。法院对梁以招摇撞骗罪定罪，判处 10 年有期徒刑。[2]

3. 诈骗罪（广义的诈骗包含合同诈骗罪、金融诈骗罪等）与工商交易欺诈犯罪的区别。

---

[1] 焦卫："朱影盗窃案"，载中华人民共和国最高人民法院刑事审判第一、二、三、四、五庭主办：《刑事审判参考（2008 年第 3 集·总第 62 集）》，法律出版社 2008 年版，第 44 页。

[2] 杨柯、王金丽："梁其珍招摇撞骗案"，载中华人民共和国最高人民法院刑事审判第一庭、第二庭编：《刑事审判参考（2003 年第 5 集·总第 34 集）》，法律出版社 2004 年版，第 34 页。

要点是有无交易的形式和内容。许多犯罪尤其是经济犯罪都具有欺诈性，如生产、销售伪劣商品的犯罪（8个）和非法经营罪、虚假广告罪、假冒注册商标罪、假冒专利罪、侵犯著作权罪等。但是作为工商活动中的欺诈，一般具有交易的形式和内容，例如，在销售货品时以假充真、以次充好，声称卖的是特等大米，结果实际履行的是劣质大米，其中虽然有欺诈，但毕竟还有交易内容和形式，属于生产、销售伪劣商品罪。如果声称出售大米，签订合同、收取预付款后即逃之夭夭，没有交易的内容和形式，则属于合同诈骗罪。又如，声称是出售人造金刚石，收到货款后给客户一包沙子交货，这就超出了造假、售假的范围，纯属诈骗（合同诈骗罪）了。再如，甲号称生产出能使水变油的产品出售，客户买回后使用，根本就不具有使水变油的功能。法院认定构成生产、销售伪劣商品罪，而不是合同诈骗罪。类似的情形还有：甲打出广告、印制虚假保单、办理汽车保险业务、收取大量客户的保险费，开出假的保险单，但甲在保单上留有自己的电话，在他那里投保车险的"客户"遇到问题，打电话找来，甲尚能出面应付，进行理赔。甲对客户显然存在欺诈行为，但法院认定甲没有非法占有的目的，仅仅是没有保险资格办理保险业务，属于非法经营行为。假如甲在收取保险费之后卷款潜逃，就具有诈骗性质了。

因此，有学者将诈骗类犯罪称为"非法占有型诈骗"，而将工商交易中欺诈犯罪称为"经营型欺诈"，这倒能简明地表示出二者的差异。"经营型欺诈"的特点是有经营的形式和内容，以非法方式"营利"，形象点说是"挂羊头卖狗肉"。有经营形式"肉铺子"，有经营内容"交付羊肉"，当然也有欺诈性以较廉价的"狗肉冒充羊肉"，从而谋取非法利益。"非法占有型诈骗"的特点是没有交易形式和内容，形象点说是"空手套白狼"。

4. 诈骗罪与其他具有欺诈性犯罪的区别。要点在于：①使用假币罪的特点就是以假币冒充真币，具有欺诈性，但不定诈骗罪，如甲用假币到电器商场购买手机，甲的行为构成使用假币罪而不是诈骗罪。②价格欺诈，一般不认为是犯罪，如店主丙在柜台内陈列了两块标价5万元的玉石，韩某讲价后以3万元购买其中一块，周某讲价后以3000元购买了另一块。丙对韩某不构成诈骗罪。因为在玉石一类的商品交易中，因价格无常且商家奸诈、虚报价格是众所周知的，故买家一般也有所预期、戒备，常常凶狠地砍价。这种经营中的"价格欺诈"行为，一般属于经营性欺诈，不属于非法占有型的诈骗罪。③"制作、出售假冒他人署名的美术作品的"属于《刑法》第217条规定的侵犯著作权行为之一，一般不按诈骗罪定性，例如，画家丁临摹了著名画家范某的油画并署上范某的名字，通过画廊以5万元出售给田某，丁非法获利3万元。丁的行为不是诈骗罪。

【特殊类型】1. 以虚假、冒用的身份证件办理入网手续并使用移动电话，造成电信资费损失数额较大的，依照《刑法》第266条的规定，以诈骗罪定罪处罚。[1]

2. 使用伪造、变造、盗窃的武装部队车辆号牌，骗免养路费、通行费等各种规费，数额较大的，以诈骗罪定罪处罚。[2]

【诉讼欺诈】诉讼诈骗属于三角诈骗的特殊形态，法官是受骗者和财产处分人，而作为被告的被害人则是财产损失人。虽然最高人民检察院法律政策研究室《伪造证据答复》（2002）规定，以非法占有为目的，通过伪造证据骗取法院民事裁判占有他人财物的行为所侵害的主要是人民法院正常的审判活动，可以由人民法院依照民事诉讼法的有关规定作出处理，不宜以诈骗罪追究行为人的刑事责任。如果行为人伪造证据时，实施了伪造公司、企业、事业单位、人

---

[1] 2000年5月24日最高人民法院《审理电信市场案解释》第9条。
[2] 2002年4月17日最高人民法院《审理武装部队车辆号牌刑案解释》第3条。

民团体印章的行为,构成犯罪的,应当依照《刑法》第 280 条第 2 款的规定,以伪造公司、企业、事业单位、人民团体印章罪追究刑事责任;如果行为人有指使他人作伪证行为,构成犯罪的,应当依照《刑法》第 307 条第 1 款的规定,以妨害作证罪追究刑事责任。按照这个答复,诉讼欺诈通常不能按诈骗罪论处。但对此批复一直存在异议,导致司法实务处理情况不一。

【案例】 **李立增诈骗案**[1]

李立增通过修改作废的出库单,以之为证据向法院提起民事诉讼,使法院判决华云公司偿还"租赁费"105 920.26 元,并通过强制执行划走华云公司 66 万余元。法院认定李立增构成诈骗罪。

《刑法修正案(九)》增加刑法第 307 条之一第 3 款规定:有虚假诉讼行为,"非法占有他人财产或者逃避合法债务,又构成其他犯罪的,依照处罚较重的规定定罪从重处罚"。对此"构成其他犯罪的",一般指构成诈骗罪或合同诈骗罪。自此,对于"诉讼欺诈",依中国刑法可成立诈骗罪。例如,有伪造证据或妨害作证行为的,可以认为是(目的行为)诈骗罪与(手段行为)伪证罪、妨害作证罪的牵连犯,择一重罪定罪处罚。当然,如果诈骗未得逞的,没有必要追究诈骗的罪责;没有证据证明行为人具有诈骗的意图的,则不成立诈骗罪,对这两种情况只能按照有关伪证罪、妨害作证罪论处。

【追缴、退赔】《办理诈骗案的解释》(2011)第 9 条规定:"案发后查封、扣押、冻结在案的诈骗财物及其孳息,权属明确的,应当发还被害人;权属不明确的,可按被骗款物占查封、扣押、冻结在案的财物及其孳息总额的比例发还被害人,但已获退赔的应予扣除。"

《办理诈骗案的解释》(2011)第 10 条规定:"行为人已将诈骗财物用于清偿债务或者转让给他人,具有下列情形之一的,应当依法追缴:①对方明知是诈骗财物而收取的;②对方无偿取得诈骗财物的;③对方以明显低于市场的价格取得诈骗财物的;④对方取得诈骗财物系源于非法债务或者违法犯罪活动的。他人善意取得诈骗财物的,不予追缴。"

二、敲诈勒索罪

(一)构成要件·法定刑

《刑法》第 274 条 敲诈勒索公私财物,数额较大或者多次敲诈勒索的,处 3 年以下有期徒刑、拘役或者管制,并处或者单处罚金;数额巨大或者有其他严重情节的,处 3 年以上 10 年以下有期徒刑,并处罚金;数额特别巨大或者有其他特别严重情节的,处 10 年以上有期徒刑,并处罚金。

【定义】以非法占有为目的,敲诈勒索公私财物数额较大或者多次敲诈勒索的行为。

【客体】财产和自由。敲诈勒索罪"是以敲诈勒索为手段使他人产生恐惧心理,侵害其意思决定和行动自由,进而取得财产或财产性利益"[2]。

【行为】敲诈勒索公私财物。"敲诈勒索",指以暴力、威胁方法迫使他人交付财物。暴力,指实施暴力并表示之后还会继续实施,足以令人产生恐惧心理。暴力既可以直接针对被害人实施,也可以针对第三人实施,但在对第三人实施暴力的情况下,要以对被害人形成胁迫为必要。威胁,告知对方足以使对方产生惧怕心理的不利后果(恶害)。"恐吓者,将来恶害之通知也。"[3]

1. 告知威胁(不利后果·恶害)的方式和内容没有限定,告知威胁的方式如写"恐吓

---

[1] 国家法官学院编:《中国裁判案例要览》,人民法院出版社 2007 年版。
[2] [日] 大谷实著,黎宏译:《刑法各论》,法律出版社 2003 年版。
[3] 林东茂:《刑法综览》,中国人民大学出版社 2009 年版。

信"、打"恐吓电话"、托第三人转告等。告知威胁的内容包括对他人及其亲友人身、财产、名誉、家庭安宁、信用、隐私暴露等不利后果。例如，告知对方：将要绑架他家孩子，烧毁他家房子，曝光对方卖淫嫖娼、通奸的隐私，举报对方犯罪，等等。

2. 所告知不利后果的内容，并不要求其本身是不法的。因为敲诈勒索罪是侵犯财产罪，其不法性在于"非法占有公私财物"，而非威胁内容本身。换言之，关键不在于暴力或者威胁本身是否正当合法，而在于就所要达到获取财产的目的是否恰当。比如，举报犯罪之"威胁"本身正当合法，但若作为非法占有他人财物的手段，具有侵犯财产性质。因为被害人有心理压力，不是心甘情愿，在意思决定的自由上受到扭曲。举报他人犯罪相威胁，告发者对于索要的钱财并无任何请求权，成立敲诈勒索罪。至于该犯罪事实是否真实、是否应当受刑罚处罚，不影响敲诈勒索罪成立。

与他人发生纠纷而要求到公安机关解决纠纷或到法院提起诉讼，手段正当且存在解决纠纷的诉求，不成立敲诈勒索罪。

3. 所告知不利后果是否能实际实现、是否亲自实施，在所不问；但在由第三人实施的，告之者必须能影响第三人；或者被害人能够推测告知人对第三人有影响力。

4. 威胁的程度，足以令人恐惧、畏惧，一方面，单纯令人感到有压力或为难的不是威胁；另一方面，没有达到足以抑制反抗程度。认定是否达到足以令人恐惧的程度，采取客观标准即足以使一般人恐惧的不利后果即可。"恐吓的主要意义在于心理威吓，尚未动用武力。接受讯息之人是否屈服，是否因此将财物或财产利益交出，尚有斟酌余地。"[1] 另外，不足以令一般人恐惧的不利后果，如果与其他事情结合产生恐惧效果的，也是敲诈行为。比如，曝光未婚男女约会照，一般人不会在乎，不会感到恐惧、畏惧，但是该女子正与名门望族男子谈婚论嫁中，可能会引起误解产生不利影响。

暴力、威胁尚未达到足以压制对方反抗的程度，如果达到足以压制对方反抗的程度，认定为抢劫。

【主观】故意，且具有非法占有公私财物的目的。为行使财产权利而使用暴力、威胁手段，不成立敲诈勒索罪。如讨债时使用了暴力、威胁，虽然方式不当，但缺乏非法占有的目的，不构成本罪。高利贷讨债，在债务人居住、办公场所喷漆、洒粪便等，是告知恶害，但高利贷者有债权，不成立敲诈勒索。因为权益受到侵害而索要与侵害相当的赔偿补偿的，属于维权行为，不具有非法占有目的。如果以威胁方式索取"天价"赔偿，完全背离了维权索赔的目的，远远超出索赔范围的，具有非法占有的目的，可成立敲诈罪。例如：

李某购买几袋方便面，发现过期且调料包中有结晶，即向该方便面厂商"今麦郎"索赔450万元以示对产品质量问题的惩罚，而事实上并不存在产品质量问题。在协商过程中，一再向厂商表示今麦郎方便面汞超标、使用工业用盐、食用后致癌等，要在媒体上曝光等。李某没有受到损害却索赔450万元，显然背离了维权的目的，且编造今麦郎产品有种种质量问题，向厂商声称不赔偿就曝光，其手段具有威胁性且显然不法，成立敲诈勒索罪。

【罪量】敲诈勒索数额较大或者多次敲诈勒索。

1. 根据《办理敲诈案解释》（2013）第1条，"数额较大"，指敲诈勒索"在2000～5000元"以上的。根据《办理敲诈案解释》（2013）第2条，敲诈勒索公私财物，具有下列情形之一的，"数额较大"的标准按照50%确定：①曾因敲诈勒索受过刑事处罚的；②一年内曾因敲

---

[1] 林东茂：《刑法综览》，中国人民大学出版社2009年版。

诈勒索受过行政处罚的；③对未成年人、残疾人、老年人或者丧失劳动能力人敲诈勒索的；④以将要实施放火、爆炸等危害公共安全犯罪或者故意杀人、绑架等严重侵犯公民人身权利犯罪相威胁敲诈勒索的；⑤以黑恶势力名义敲诈勒索的；⑥利用或者冒充国家机关工作人员、军人、新闻工作者等特殊身份敲诈勒索的；⑦造成其他严重后果的。

2. "多次"，指2年以内敲诈勒索3次以上的。"多次"作为定罪根据暗含前提：每一次敲诈勒索都不够数额较大。诈骗未遂的解释，敲诈勒索（数额较大财物）未遂的，不立案追究罪责。敲诈勒索（数额巨大财物）未遂的，应立案追究罪责。

【加重犯】根据《办理敲诈案解释》（2013）第1条"数额巨大"，指敲诈勒索在3万元至10万元以上的；"数额特别巨大"指在30万元至50万元以上的。敲诈勒索公私财物数额达到"数额巨大"、"数额特别巨大"80%，并且具有《办理敲诈案解释》（2013）第2条第3~7项规定的（数额较大标准按50%确定的）情形之一的，可以分别认定为"其他严重情节""其他特别严重情节"。

（二）适 用

【定罪】1. 行使权利与敲诈勒索。中国刑法上敲诈勒索属于非法占有他人财物的犯罪，因此，行使或维护自己权利，没有严重逾越权利范围非法占有他人财物的，即使使用非法手段，也不成立敲诈勒索罪。如债权人使用暴力、威胁手段讨债的；被拆迁人采取上访、示威、媒体曝光、举报开发商违法犯罪等方式讨要拆迁补偿费的；民工用堵门堵车方式讨要工资、工程款的；消费者购买到不合格产品以媒体曝光等方式要求退货、赔偿的；等等，不成立敲诈勒索罪。因为其索要财物存在主张该财产权利的基础。例如，指导判例"夏某理等人涉嫌敲诈勒索无罪案"的判决指出："虽然被告人以（举报开发商违法）要挟为手段索赔并获取了巨额钱财，但其索赔是基于在房屋拆迁、坟墓搬迁中享有一定的民事权利提出的，故不足以认定敲诈勒索罪的。裁判要旨：拆迁户以举报开发商违法行为为手段，索取巨额补偿款不构成敲诈勒索罪。"[1]

---

[1] 载中华人民共和国最高人民法院刑事审判第一、二、三、四、五庭主办：《刑事审判参考（2008年第5集·总第64集）》，法律出版社2008年版。夏某理、夏某云系姐弟，夏某云、熊某系夫妻。2005年4月，香港某公司与浙江某公司共同投资组建旅游公司开发项目，拆迁由开发区管委会委托拆迁公司实施。同年11月中旬，叶某（夏某理、夏某云的母亲）与拆迁公司签订了房屋拆迁协议并收到房屋拆迁补偿费、坟墓迁移补偿费。夏某理、夏某云以及熊某起初虽对叶某签订了拆迁协议不满，但对拆迁补偿费标准并未有异议，其中夏某云还从叶某处收到房屋补偿费42 000元、夏某理收到10 000元。同年12月中旬，夏某云因家人在迁移坟墓时未通知自己到场而与母亲叶某等亲属发生矛盾，夏某理认为是开发区管委会实施拆迁而造成他们亲属不和，加上先前因其大儿子在校猝死一事多次进京上访被开发区管委会带回，因而欲重新向开发区管委会索取损失赔偿费和儿子死亡精神损失费。随后夏某理起草了一份要求开发区管委会、香港某公司、浙江某公司赔偿61万元的索赔材料，一份举报前述公司、开发区存在违规、违法行为的举报信，分别由夏某云交至开发区管委会、县信访局。后旅游公司总裁唐某担心因举报对工程进展不利，遂约夏某理、夏某云、熊某见面，夏某理等人交付了举报信、索赔材料，并声称不赔偿就举报，唐某答应赔偿25万元。夏某理等人在一份由唐某某起草的关于愿意支付25万元、夏某理不再举报该项目的承诺书上分别签字后，收到唐某某首期支付的10万元。除2万元被夏某云用于还贷款之外，其余8万元已被追回并发还。一审法院认为夏某理等人构成敲诈勒索罪；二审法院认为：拆迁协议效力待定。①无证据证明叶某与拆迁公司签订协议受全家委托；②叶某不能对其他共有人的财产份额单独处分。虽然被告人以要挟为手段索赔并获取了巨额钱财，但其索赔是基于在房屋拆迁、坟墓搬迁中享有一定的民事权利提出的，故不足以认定敲诈勒索罪的"以非法占有为目的"，因此宣告无罪。

【案例】　　　　　　　　　　　　王明雨被控敲诈勒索案[1]

被告人王明雨与张爱华经法院判决离婚时并未就财产分割及子女抚养问题进行处理。后王明雨要求分割夫妻财产，张爱华不予理睬，便以语言及寄信等手段，称若不解决"经济问题"，就向检察机关检举揭发张爱华的行贿行为。法院判决被告人不成立敲诈勒索罪，因为其目的是主张分割夫妻共同财产。

不过，如果行使权利或维权严重脱离了权利的范围、明显背离权力行使的目的，使用威胁手段非法获取财产的，目的和手段都不具有正当性，可以成立敲诈勒索罪。例如，甲餐馆就餐时从菜中吃到一个苍蝇，要求餐馆赔偿30万元精神损失费，否则就要组织众人天天到餐馆闹。吃到苍蝇显然受到损害，有权利要求补偿如免费换菜或者免单，但是索赔30万明显超出了权利范围、背离权利行使的目的，且其手段（来闹事）也不正当，超出社会容忍程度，是敲诈勒索。不过，虽索要30万元"天价"赔偿，但采取到法院起诉的方式，或者在媒体实事求是地曝光，没有夸张虚构，其手段本身正当或没有超出社会容忍限度，不成立敲诈勒索罪。再如，消费者遇到产品质量问题，要求退货、维修、赔偿甚至"假一罚十"的赔偿，都属于正当维权，但是如果要求赔偿数额彻底脱离了产品交易的价格，例如，李某购买几包疑似有质量问题的方便面，向厂家索要450万元的天价赔偿，且声称要在媒体曝光该品牌方便面"种种质量问题"，而这些"种种质量问题"是其编造和臆想的。其索要450万元严重脱离权利范围、背离消费者维权的目的，其编造虚假质量问题毁损他人商誉的手段也不正当，成立敲诈勒索罪。记者有报导事实真相的权利，在采访中发现厂矿企业发生安全事故、违规排污，以报导相要挟或不报导为条件，向有关单位索要财物的。因为记者没有从中获取财物的根据，具有不法占有他人财物的目的，其手段严重违背记者的职业操守，超出社会容忍限度，成立敲诈勒索罪。

国外有判例认为行使权利的行为追求不当目的，可以成立敲诈勒索罪。如意大利最高法院判例：

被告人是一家摄影公司的负责人，在其开展业务活动的过程中取得了一些体育界、演艺界及经济学界名人的照片，随后被告人威胁照片所涉名人向其支付所谓"拍摄报酬"，否则就在报纸上曝光之。米兰地方法院2009年12月10日的判决认为上述行为符合"威胁"的典型特征，构成敲诈勒索罪。但米兰上诉法院2010年12月2日第6060号判决认为本案中那些可能被曝光的名人照片，结合具体情况来看并不具有危害当事人名誉的可能，不会对所谓"被害人"的选择自由造成真正的压力，因此，不构成敲诈勒索罪。最高法院2011年第43317号判决否定了米兰上诉法院的意见，指出："向他人提出要行使属于自己的某项权利的行为，当其旨在追求那些不被法律认可或者不适当的目的时，也会变得违法，同样构成敲诈勒索罪。"

2. 利用他人的过错，索取没有法律根据的财物，是否构成敲诈勒索？如商店抓住小偷以"送官法办"威胁小偷，索取被盗物品十倍、百倍的"罚款""赔偿"的。关键在于被威胁人意思决定自由是否被扭曲？小偷在"公了"与"私了"之间权衡，如果被威胁人认为"私了"有利而宁愿选择高额赔偿，意思决定自由没有被扭曲，不是敲诈勒索。如果店主抓住小偷不放，强要脱离被盗物品价值的"天价"赔偿，则有敲诈勒索性质。再如，丈夫"捉奸"向"奸夫"索要"补偿"，如果使用暴力胁迫手段索要，"奸夫"支付赔偿显然是违背意志的，具有敲诈勒索性质；如果没有使用暴力胁迫手段强要，具有谅解性质，不成立敲诈勒索。

---

[1] 最高人民法院中国应用法学研究所编：《人民法院案例选（2008年第1集·总第63集）》，人民法院出版社2008年版。

3.《办理敲诈案解释》(2013) 第 5 条规定：敲诈勒索数额较大，行为人认罪、悔罪，退赃、退赔，并具有下列情形之一的，可以认定为犯罪情节轻微，不起诉或者免予刑事处罚，由有关部门依法予以行政处罚：①具有法定从宽处罚情节的；②没有参与分赃或者获赃较少且不是主犯的；③被害人谅解的；④其他情节轻微、危害不大的。

敲诈勒索近亲属的财物，获得谅解的，一般不认为是犯罪；认定为犯罪的，应当酌情从宽处理。被害人对敲诈勒索的发生存在过错的，根据被害人过错程度和案件其他情况，可以对行为人酌情从宽处理；情节显著轻微危害不大的，不认为是犯罪。

【关联罪】1. 与抢劫罪的差别。要点：暴力程度不同。如果暴力达到了足以压制对方不能抗拒、不敢抗拒、不得不交付财物的程度，是抢劫罪。尚未达到抢劫程度的是敲诈勒索。

【案例】 **林华明等敲诈勒索案**[1]

2004 年 6 月中旬，在首饰厂工作并住该厂宿舍的覃欣发现自己的皮带（价值 100 余元）失踪，经寻找发现在隔壁宿舍陈明仁的床上，怀疑系其所偷，故将此事告诉同宿舍的工友。次日上午，覃欣与同宿舍工友林华明等人找到陈明仁，责问皮带来源并提出要报公司保安部门处理，陈明仁提出要私了，林华明便叫陈明仁一同出外吃早餐并解决该事。吃完早餐后，林华明等人与陈明仁一起回厂。路上，林华明将陈明仁叫到一边并打了他两耳光。陈明仁承认盗窃皮带事实后，林华明又要求其赔偿自己宿舍被盗其他财物的损失，陈表示同意，此后林华明与同宿舍工友均称失窃了财物，要求陈明仁赔偿 5000 元并当天交付，陈明仁因现金不足便写下欠条。当天下午，陈明仁交给林华明 2000 元，被林华明用于与工友吃饭、赌博。检察院以抢劫罪提起公诉，法院认为：林华明既使用了暴力又使用了要挟手段，但被害人主要是因害怕被告发、被单位除名才被迫交出财物，因此林华明构成敲诈勒索罪，判处其有期徒刑 8 个月，其余被告人免予刑事处罚。

裁判要旨：在使用暴力手段敲诈勒索时，应以是否足以压制被害人反抗作为与抢劫罪的区分关键。

2. 与绑架罪的区分。绑架罪是敲诈勒索罪和非法拘禁罪的结合，即以非法拘禁人质的方式向第三人非法勒索财物。因此，以扣押人质这种特定方式敲诈勒索他人财物的，是绑架。敲诈勒索必须是使用扣押人质以外的方式勒索财物，不涉及绑架手段。

在因为捉奸、抓小偷或者与他人发生纠纷时，行为人扣押人质索要财物的，虽然有非法拘禁、索要财物行为，不一定都成立绑架罪。

【案例】 **熊志华等人捉奸之后索取财物案**[2]

2001 年 1 月 27 日下午，被告人熊志华跟踪其妻子熊某至本市某宾馆大厦内，见其妻熊某在服务台办理房间登记入住手续，便立即打电话约其兄，并由其兄又邀约"民子""宝宝"等 3 人赶往该宾馆门口会合。5 人会面后，即一起闯入该宾馆 607 房间，发现熊某正和张某某在一起，即对张某某一通拳打脚踢，经鉴定，张某某的损伤程度为轻微伤甲级。之后，熊志华责问张某某如何解决此事，张某某表示不知熊某已婚，并提出给熊志华 2 万元了结此事。熊志华则表示要了结此事，张某某至少得拿出 10 万元，威胁张某某立即打电话去筹钱，并强迫张某某当场写下 10 万元的欠条。张某某只得打电话给朋友黄某某，以自己急需钱用为由，让黄某

---

[1] 载中华人民共和国最高人民法院刑事审判第一庭、第二庭编：《刑事审判参考（2005 年第 3 集·总第 44 集）》，法律出版社 2006 年版。

[2] 载中华人民共和国最高人民法院刑事审判第一庭、第二庭编：《刑事审判参考（2002 年第 1 集·总第 24 集）》，法律出版社 2003 年版。

某送 4.5 万元到朋友陈某处再转交给被告人熊志华。嗣后，在熊志华的安排下，由熊志华之兄与"民子"等人将张某某带往江西耐火材料厂附近的一房屋内看押，由"宝宝"前往陈某处取走 4.5 万元。由于张某某的朋友报案，熊志华被抓获，张某某被放回，其他同案人潜逃。检察院以熊志华犯绑架罪起诉，法院终审判决敲诈勒索罪，判处有期徒刑 5 年。本案要点在于：①事出有因，因被戴绿帽子引起报复；②双方相识，制约着人身、财产侵害程度，过分侵害，躲不过被害人将来告发、同时被告人请来帮忙的人也担心受连累；③索要财物数额与社会一般观念符合。被戴绿帽子本是面子问题，暴力殴打主要是报复泄愤，索要钱财有平衡心理的成分，太少面子上过不去。因此数万元补偿符合社会观念。

声称绑架人质（而实际未实施绑架）相威胁勒索财物的，是敲诈勒索，这如同以声称爆炸、杀人、伤害相威胁索取财物的性质。

3. 与诈骗罪区分：诈骗是通过虚构的事实使他人误解，从而仿佛自愿地交付财物，而敲诈勒索，是通过威胁使他人感到害怕、恐惧而被迫交付财物。在通过被害人"交付"而取得他人财物这点上相同。但是，二者不同点在于：诈骗是因为一方欺骗，另一方上当受骗而仿佛自愿交付；敲诈勒索是一方威胁，另一方因为惧怕而被迫交付。这是敲诈勒索罪的危害性大于诈骗罪的地方。在使用威胁方式勒索财物时，行为人也可能虚构威胁恐吓对方，比如，甲听说乙的孩子失踪了，就打电话给乙谎称："你的孩子在我手里，拿 10 万元赎人，否则就将其杀掉！"乙为了自己孩子免遭杀害而交付 10 万元。其实，甲并没有绑架乙的孩子，显然甲发出的威胁是虚构的，存在欺骗，完全具备诈骗罪的要件。不过，甲的行为同时也符合使用威胁方式使人感到恐惧、勒索财物的特征，通常认为这是想象竞合犯，应当择一重罪处断。一般认为，敲诈勒索的危害性较大，故通常以敲诈勒索罪定罪处罚。如果威胁的内容是真实的，不成立诈骗罪，但不妨害成立敲诈勒索罪。

预言他人将有灾祸，如将来会遭车祸、宅中闹鬼、遭遇人抢劫、遭到殴打等，并谎称可帮助消除灾祸骗取钱财的，尽管被害人感到恐惧才交付钱财请被告人消灾的，仍是诈骗。因为此灾祸不来自于被告人（说话人），也不由被告人操控，因而不是被告人发出的威胁；被害人交付钱财也不是畏惧被告人施加恶害，而是期望从被告人处获得解消灾害的帮助。如果告之者不能影响第三人则不是威胁。例如：

乙与丙发生口角，甲知此事后，找到乙，谎称自己受丙所托带口信给乙，如果乙不拿出 2000 元给丙，丙将派人来打乙。乙害怕被打，就托甲将 2000 元带给丙。本例中，甲的行为构成诈骗罪[1]。

【共犯】明知他人实施敲诈勒索犯罪，为其提供信用卡、手机卡、通讯工具、通讯传输通道、网络技术支持等帮助的，以共同犯罪论处。

【量刑】根据《量刑指导意见》（2013）：

1. 构成敲诈勒索罪的，可以根据下列不同情形在相应的幅度内确定量刑起点：

（1）敲诈数额达到较大起点的，或者 2 年内 3 次敲诈勒索的，可以在 1 年以下有期徒刑、拘役幅度内确定量刑起点。

（2）敲诈数额达到巨大起点或者有其他严重情节的，可以在 3~5 年有期徒刑幅度内确定量刑起点。

（3）达到数额特别巨大起点或者有其他特别严重情节的，可以在 10~12 年有期徒刑幅度

---

[1] 国家司法考试 2005 年试题。

内确定量刑起点。

2. 在量刑起点的基础上，可以根据敲诈勒索的数额、次数、手段、致人伤害后果等犯罪事实增加刑罚量，确定基准刑：

（1）多次敲诈，可以增加6个月至1年刑期；

（2）敲诈数额达到较大起点的，每增加2000元，可以增加1个月至2个月刑期；

（3）敲诈数额达到巨大起点的，每增加30000元，可增加1年至2年刑期。

对犯敲诈勒索罪的被告人，应当在2000元以上、敲诈勒索数额的2倍以下判处罚金；被告人没有获得财物的，应当在2000元以上10万元以下判处罚金。

第三节　以侵占、挪用的方法侵犯财产的犯罪

一、侵占罪

（一）构成要件·法定刑

《刑法》第270条　将代为保管的他人财物非法占为己有，数额较大，拒不退还的，处2年以下有期徒刑、拘役或者罚金；数额巨大或者有其他严重情节的，处2年以上5年以下有期徒刑，并处罚金。

将他人的遗忘物或者埋藏物非法占为己有，数额较大，拒不交出的，依照前款的规定处罚。

本条罪，告诉的才处理。

【定义】以非法占有为目的，将为他人保管的财物或者他人的遗忘物、埋藏物占为己有，数额较大且拒不交还的行为。

【客体】财物的所有权及其他本权。因为侵占罪不侵犯他人占有，所以其保护客体只能是他人的所有权及其他本权。

【对象】他人脱离占有之物：①代为保管的他人财物；②他人的遗忘物；③他人的埋藏物。"遗忘物"，指物主有意放置因忘记拿走而脱离占有之物。其特征是物主若能及时发现遗忘了物品，能够回想起来遗忘的物品和地点，恢复占有。"埋藏物"，指埋藏在地下的财物。这里的财物包括动产和不动产。这里的"占有"，指"事实上或者法律上具有对物的支配力的状态"[1]。法律上支配关系如"受委托保管他人金钱的人，作为保管的方法，把金钱存入银行以及其他金融机构，既然保持着对该金钱的法律性支配，就可以认为拥有其占有"[2]。占有寄存单、提货单可认定为对寄存物、货物的占有；房产证记载的名义人是该房产的占有者。

侵占的实质是非法占有（他人）"脱离占有物"。本人受托"保管物"，当然是他人脱离占有物。"遗忘物"脱离主人占有但如果被第三人占有的，属于他人占有物，如甲遗忘在机场安检口的手机，落入到机场安检的占有下，安检转交失物招领处，又落入失物招领处占有下，不是脱离占有物。从安检人员或失物招领处窃取或骗取该手机的，是盗窃、诈骗，不是侵占。"埋藏物"也许具备脱离占有的特征才是侵占对象。埋藏物未必都是脱离占有物，如周某将丈夫受贿款100万元埋藏于别墅花园中，属于占有物。他人在野地埋藏储存土豆、大白菜、红薯，属于他人占有物。

---

[1] [日]大塚仁著，冯军译：《刑法概说》，中国人民大学出版社2003年版，第274页。

[2] [日]大塚仁著，冯军译：《刑法概说》，中国人民大学出版社2003年版，第275页。

侵占与盗窃、诈骗同属非法占有他人财物，但在评价上，侵占的危害大大轻于盗窃、诈骗，罪责更是大大轻于盗窃、诈骗，须告诉才处理。关键在于对财产侵犯的样态、程度不同，侵占只侵犯所有、不侵犯占有，而盗窃、诈骗既侵犯所有又侵犯占有。危害性差异在于是否侵犯占有，这点集中体现在是否"脱离占有物"上。所以，非法占有的是否脱离占有物，成为侵占与盗窃、诈骗区分的要点。

不法原因的给付物，如中间人帮人行贿的场合所占有之贿赂的财物，受托保管的用于非法经营的资金等，也可属于侵占罪的对象。

受委托保管的赃物，属于侵占的对象。不过，因为明知是赃物而予以保管，该行为同时构成掩饰、隐瞒犯罪所得罪，应当以掩饰、隐瞒犯罪所得罪论处。

【主体】特殊主体，因受托保管或不当得利而占有他人财物的人。因为受托保管或不当得利不是侵占行为，侵占行为是发生于已经占有他人财物之后的侵吞行为，故认为只有已经占有他人之物的人，才是本罪主体。

【行为】将代为保管的他人财物或者遗忘物、埋藏物非法占为己有，数额较大，拒不退还的。根据侵占对象的差异，侵占行为可分为两种类型：①侵占保管物；②侵占遗忘物、埋藏物。非法占为己有，指将已经持有的他人财物仿佛所有权人一样占有、支配、使用，即侵吞。

【主观】故意，明知是他人财物，具有非法占有的目的。

【罪量】"数额较大"，司法实务中一般比照职务侵占罪的定罪数量标准，掌握在3万元以上。"拒不退还"，指经权利人请求之后，仍不退还，包括明确拒绝退还和承诺退还但实际不退还。当然，有时财物占有人因为对请求退还人有合理的根据，怀疑其不是权利人时，可以拒绝退还。相反，权利人提出退还请求，并举证证明自己为权利人时，占有人仍不退还的，构成拒不退还。拒不退还，具有多重意义：①确证行为人具有非法占为己有的意图；②在侵占非特定物的场合，如现金，即使行为人将受委托保管的或捡拾的那笔钱花用出去了，但若能以等额现金退还的，不认为是侵占，因为此种情形下，行为人意图侵吞还是挪用，难以分辨和证实；③限制刑事处罚的范围，以便与刑法惩罚的其他犯罪的危害性相称。行为人可能使用欺骗手段作为"拒不退还"的借口，比如，谎称未曾发生为他人保管财物之事，或谎称保管物被盗、抢、丢失、灭失等，以实现非法据为己有的目的。这种情形不成立诈骗罪。

（二）适用

【定罪】刑法规定侵占罪的对象之一是"遗忘物"，因此，捡拾他人遗失物的，属于不当得利，不认为犯罪。所谓遗忘物，是指物主暂时遗忘的物品，其特征是物主"有意放置，忘记拿走"。因为是"有意放置"，物品往往放在适当的地点，如他人家中、衣帽挂上、旅馆客房内、他人办公室内、餐馆的桌椅上、商店柜台等处，物主一般会很快回想起来遗忘的物品和地点，恢复控制。而遗失物则往往是由于疏忽而无意识地失落的财物。因为物主在失落时没有意识到，所以物品往往不在适当的地方，物主往往不能确定在何处遗失，自然较难恢复控制。捡拾他人的遗失物据为己有不属于侵占行为。不过，应当注意到：在外国刑法中，侵占罪的对象之一是"遗失物"，这个"遗失物"范围较广，包含"遗忘物"在内。有的著述按照外国法的理解，不区分遗失物和遗忘物，认为它们均属于侵占罪的对象。关于我国刑法中的作为侵占罪对象的"遗忘物"是否包含"遗失物"，也有不同的看法。通说认为，我国刑法规定侵占罪的对象是"遗忘物"，是有意缩小侵占罪的处罚范围。因此，这个遗忘物的概念不同于遗失物的概念，刑法对侵占遗失物的行为不认为成立犯罪。

他人走失的动物，通常认为是遗失物。但是他人放养、并未走失的动物，既不属于遗失物，也不属于遗忘物，可以成为盗窃罪的对象。

【关联罪】1. 侵占罪与盗窃罪、诈骗罪的区别。它们都是非法侵犯他人财产的犯罪，都具有非法占有的目的。分析法律要件，它们存在以下差别：①对象范围不同。侵占罪限于他人的保管物、遗忘物、埋藏物，其共同点是他人脱离占有之物；盗窃罪、诈骗罪的对象是他人占有的公私财物。②主体不同。侵占罪主体是已占有他人财物的人；盗窃罪、诈骗罪主体是任何人。③犯意产生的时间不同。侵占罪产生于已占有他人之物之后；盗窃罪、诈骗罪产生于占有他人财物之前。④行为方式不同。侵占罪是将已持有他人之物"侵吞"，其不法性不在于改变占有关系而在于非法侵吞；盗窃罪、诈骗罪的不法性在于将他人占有之物转移为自己占有，非法性体现于夺取占有。

认定的关键在于：是否侵犯他人占有。盗窃的对象是他人占有之物，窃取行为侵害到他人占有；侵占的对象是他人脱离占有之物（或自己占有的他人财物），侵占行为不侵害他人占有。这是侵占罪的不法程度低于盗窃罪、诈骗罪的原因，也是与二者区别的要点。如果行为人是因为受托保管或因为偶然捡拾遗忘物、发现埋藏物而取得财物的占有之后，"非法侵吞"已经占有之物的，是侵占，即所谓"合法占有、非法侵吞"。如果行为人是通过盗窃、诈骗（非法）获得他人财物的占有，是盗窃、诈骗犯罪。

2. 侵占保管物与盗窃罪的区别。侵占委托保管物以行为人受委托保管他人财物为前提，至少存在两个要素：①行为主体是他人财物受托保管者，在此意义上是身份犯。②行为对象是他人委托保管物。如果不符合这两个条件，不成立侵占（委托保管物）类型的侵占罪。

【案例】　　　　　　　　**杨飞涉嫌侵占无罪案**[1]

自诉人赵伟良（袜厂业主）诉称，自2007年上半年开始，其将袜子分批交由杨飞父亲杨作新的定型厂定型。同年8月下旬，其发现有人在出售自己厂里生产的袜子，遂报案。公安机关经侦查发现，系杨飞将赵伟良交付杨作新定型的袜子盗卖给他人。公安机关追回袜子62包，每包300～500双，价值共计87 420元以上。法院认为：尽管杨作新经营的袜子加工厂在组织形式上系家庭经营，但实际上系由其夫妇共同经营，二人并未将赵伟良委托加工的袜子交由杨飞保管，杨飞对该批袜子未形成事实上的占有，故杨飞的盗卖行为不符合侵占罪的构成特征，遂判决杨飞无罪。该案其实盗窃父母占有的财物，属于亲属相盗类型。根据《办理盗窃案解释》(2013)，被害人即被告人父母不告诉的，一般不追究盗窃罪罪责。

裁判要旨：行为人既不具有"代为保管他人财物"的主体身份，又不具有"拒不返还"情节的，不构成侵占罪。

他人住宅、办公室、宿舍的财物属于主人占有下的财物，这种占有与主人是否在场无关。其他人（如仆人、客人、前来商谈事务的人、清洁工、同宿舍的人）未经许可拿取主人财物的，不是侵占而是盗窃。例如，甲受雇于乙在乙家做保姆，乙将出国半年，叮嘱甲："看好家。"在乙出国期间，甲将乙的财物拿走非法占有，这是盗窃。因为乙住宅里的财物，处在乙占有之下。再如，钟点工甲按时到乙家干活，乙出去购物，留下钟点工甲一人在家。甲乘机拿走了乙名贵手表一只，这是盗窃，不能认为主人甲外出，乙临时成为甲财产的保管人。几人共同租住一室的室友，偷拿同室人的财物的，也属于盗窃行为。推而广之，企业厂矿区内的生产设备、原材料、办公设备，机关、公司办公室中的办公设备，认为在单位占有之下，车间工人、办公室的职员将其非法占有的，应属于窃取而不是侵占。停车场的负有看守职责的保安、职员，不是客户停放车辆的占有者，只是看守者。停放于车场的车辆以及车内之物，均在停车

---

[1] 载中华人民共和国最高人民法院刑事审判第一、二、三、四、五庭主办：《刑事审判参考（2009年第5集·总第70集）》，法律出版社2010年版。

人的占有下,不是脱离占有之物。

雇请"小红帽"之类的人帮助搬运行李、货物等,主人跟随押货押车的,应当认为是主人占有之物。行为人乘机摆脱押运者占有行李货物的,应属盗窃。

数人对财物共同保管的场合,其中一人未经他人同意变共同占有为单独占有的,构成盗窃罪;共有物由某一人保管,其出于取得的意思将财物转至个人单独占有的,其行为构成侵占罪。

3. 侵占遗忘物与盗窃罪的区别。侵占罪的对象是脱离占有物,因此是否是遗忘物,关键看是否脱离占有。占有,指对财物事实上的支配状态,包括社会观念上可以推知财物的支配人的状态。例如,人们在车站、机场候车场所将行李物品放于手推车、座椅上,因去洗手间或询问处或购票处而暂时离开,该行李物品仍属于他人占有物。人们进入饭店用餐,将随身携带的物品放于桌椅上、衣帽挂上,在尚未离开饭店之前,该物品仍是他人占有物。人们特意停放的车辆属于他人占有之物,该车辆以及车内之物,均在车主的占有下,不是遗忘物。在公园、道路、野地的动物,若是主人放养的,即使主人不在场,也是他人占有之物。在外游走的动物,若能识途自动归家,不是脱离占有之物。

财物不是由所有人占有,而是由所有人以外的第三人占有的场合,行为人以窃取手段对这种占有关系加以侵害的,也构成盗窃。例如,甲、乙同到丙家造访,甲先行告辞,将手机遗忘在丙家的茶几上,乙将该手机拿走,是盗窃不是侵占。因为该手机处在丙的占有下。只有丙家人,即丙宅的主人据为己有可以成立侵占。再如,旅客将行李遗忘在客房里,该行李实际处在酒店的占有下。从这个意义上讲,"遗忘物"并非都是侵占的对象,只有脱离了占有的遗忘物才是侵占对象。其道理简单如同"失物招领处"保管的遗忘物不是侵占的对象。

乘客将财物遗忘于出租车的事情经常发生。出租车司机侵占乘车人的遗忘物,是常见的侵占案例,如甲乘出租车时将手提电脑遗忘在车内,司机将电脑侵占。存在争议的是:乘客拿走其他乘客遗忘在出租车后座上的财物,如何定性?第一种观点认为是盗窃。理由是:其他乘客遗忘在出租车中的财物实际落入司机的占有中,其他乘客拿取,是从第三人(司机)占有下窃取。第二种观点认为,出租车后座属于公共空间,其中的遗忘物不在任何人的占有下,任何发现人都是占有人,非法据为己有的都是侵占。争论的焦点对把握侵占与盗窃的界限至关重要,即该遗忘物是在他人(司机)占有下,还是脱离了任何人的占有?学者多持第一种观点,司法实务较认同第二种观点。笔者认为第一种观点合理,小型出租车后座是不是"公共空间"是永远说不清的问题,关键在于侵占罪扩张适用的利弊。我国刑法对侵占罪作了双重限制:一是拒不退还;二是告诉才处理,基本堵塞了追究侵占罪的可能性。对这样的行为(从出租车拿走其他乘客遗忘物)无法追究,不利于培育公民尊重他人财产权的规范意识。如果乘车人临时下车买东西或者叫人,让司机等候,将财物放在车上。司机悄悄或者乘其不备将车开走,占有财物的,不是侵占行为,因为乘客放在车上的财物既不是委托保管物,也不是遗忘物,该物品仍在物主的控制之下,应当根据情况认定为盗窃罪或者抢夺罪。

在公共汽车、大型客轮、火车等凭票即可进入的公共场所,其行李架、货架上放置的财物,如果物主在场,应认为是他人占有之物,不是遗忘物。如临时停车时,乘客下车购物、吃饭、观光的,只要还会返回车上,他们放置于行李架上的财物就不是遗忘物。如果物主离去,将行李、物品遗忘在行李架、货架上,应当属于遗忘物,不法取得者成立侵占罪。

死者对其随身携带之物是否具有占有性质?要具体分析。我国实务上对于杀人者在杀人后当场取走被害人携带财物的,以盗窃罪论。除此以外的情形,应认为死者对财物不具有占有性,因为死者已经没有支配财物的实力。如果拿取死者携带的财物的,应是侵占性质。如果死者在自己的家中，因其家中的财物不属于脱离占有之物，入户取其财的是窃取。

4. 侵占埋藏物与盗窃罪的区别。"埋藏物"应当指因为偶然发现而占有的埋藏物，如在建房时偶然挖到一坛金子或者珍贵文物，据为己有、拒不交还所有人或国家。如果行为人怀有非法占有意图，有意挖取他人埋藏、窖藏的财物，是盗窃。

普通墓葬中的陪葬品，是否脱离占有之物存在争议。我国刑法专门规定有盗掘古文化遗址、古墓葬罪，因此，"盗古墓"（清代及其以前的具有重大文化价值的墓葬）不是侵占，而是盗掘古文化遗址、古墓葬罪。司法上，对其他"盗墓"行为，一般认为是盗窃性质。尤其是后代仍然常去祭奠的墓葬，认为其中的陪葬品不是脱离占有之物较为妥当。年代久远的"无名墓葬"的陪葬物，应属于脱离占有之物。

5. 侵占保管物与诈骗罪、信用卡诈骗罪的区别。"曹成洋侵占案"[1]的裁判要旨指出："将银行卡借给他人使用后，通过挂失方式将银行卡内的他人资金取走的行为构成侵占罪。"

【告诉才处理】刑法规定犯侵占罪告诉的才处理。立法的初衷在于限制侵占罪的处罚范围，给私人自由处分的权利。不过，这实际上很难操作。如果人赃俱获，当事人能把东西拿回来，往往不愿控告。谁还愿意捡个官司打？如果不是人赃俱获的，东西拿不回来，当事人确实想控告，但是没有证据，想控告也控告不了。因为个人调查、取证太困难了。没证据的愿意控告，但控告不了；有证据能控告的不愿控告。所以说，在实际操作上相当困难。基于此点考虑，不宜过分扩张侵占罪的适用范围，侵蚀盗窃罪、诈骗罪的适用范围。

告诉才处理产生的重要影响之一是使职务侵占罪与侵占罪的区别变得十分重要。因为如属侵占，国家无权公诉，检察、公安机关就得退卷、撤案。所以，公安、检察机关在办理职务侵占案时都必须取得被告人身份的证据，以便确认是职务侵占还是侵占。

【侵占适用的扩张倾向】我国司法实务界存在明显的扩张适用侵占的倾向。这种倾向可能与贪污扩张适用有关。我国刑法中侵占类犯罪起源于贪污罪，新中国成立初期的"惩贪条例"规定了一个很大的"贪污"概念，凡国家工作人员利用职务便利侵吞、窃取、骗取公共财物的，都属于贪污。当时的背景是：不仅国家机关，就是厂矿企业也大多是公有的，这导致当时贪污罪涵盖的主体、对象尤其是手段十分宽广，包含利用职务便利的窃取、骗取手段。在改革开放之后，出现大量的非公有制经济，于是增补了职务侵占罪，其手段仍沿袭贪污罪的习惯性理解，包含窃取、骗取手段。最后，修订后的《刑法》增补规定了侵占罪，解决了非职务关系的侵占。司法中对贪污、职务侵占手段或行为人经管单位财物（占有）的宽泛理解，也渗透到对侵占行为的理解中，导致侵占罪适用范围的不适当扩张，以致侵蚀到盗窃罪、诈骗罪的适用范围。而刑法对侵占罪设置的限制处罚的双重要件（拒不退还、告诉才处理），表明对侵

---

[1] 载中华人民共和国最高人民法院刑事审判第一、二、三、四、五庭主办：《刑事审判参考（2013年第6集·总第95集）》，法律出版社2014年版。2011年10月，曹成洋的邻居王玉申与其商定，用曹成洋及其家人的身份证办理四张银行卡供王玉申的亲戚张聪转账使用，并许诺每张卡给曹成洋200元的"好处费"。办理好银行卡后，张聪拿走银行卡并设定了密码。2012年2月1日，曹成洋不愿意将其母亲杨春梅名下的招商银行卡给张聪使用，遂与杨春梅等人到银行将以杨春梅名义开立的银行卡挂失并冻结了账户内资金，曹成洋在此过程中得知该账户内有50万元。张聪得知该银行卡被挂失后，找到曹成洋表示愿意给好处费，但就取消挂失协商未果。后曹成洋、杨春梅以曹成洋名义补办了新银行卡并重新设定了密码，再通过转账将杨春梅账户内的资金转入该新银行卡内。检察院以盗窃罪起诉，法院认为：首先，曹成洋明知杨春梅名下银行卡内的钱是张聪存入，仍然私自支取且在张聪发现后拒绝了还款请求，具有非法占有他人财产的主观故意；其次，虽然杨春梅名下的银行卡由张聪持有，但卡内的资金却随时处于曹成洋及其家人的控制之下，后者可随时将该银行卡挂失从而占有卡内资金，曹成洋亦实施了挂失、补卡及支取资金的行为。因此，本案符合侵占罪"将代为保管的他人财物占为己有，且拒不归还"的特征，裁定终止审理。

占罪的占有他人财物的前提应作狭义理解，适用侵占罪应当绝对排斥窃取、骗取手段。

侵占罪与职务侵占罪、贪污罪的区别要点：①是否利用了职务上的便利。侵占罪是一种非职务、非公务的侵占。行为人持有他人的保管物是基于非职务性的保管关系。如果是侵占了因为职务关系保管的财物，则是职务侵占的性质；如果是侵占了因为公务关系保管的财物，则是贪污的性质。②贪污罪、职务侵占罪都包含利用职务上之便利窃取、骗取经管财物的行为，而作为侵占罪，应当绝对排斥窃取、骗取行为。

二、职务侵占罪

（一）构成要件·法定刑

《刑法》第271条　　公司、企业或者其他单位的人员，利用职务上的便利，将本单位财物非法占为己有，数额较大的，处5年以下有期徒刑或者拘役；数额巨大的，处5年以上有期徒刑，可以并处没收财产。

国有公司、企业或者其他国有单位中从事公务的人员和国有公司、企业或者其他国有单位委派到非国有公司、企业以及其他单位从事公务的人员有前款行为的，依照本法第382条、第383条的规定定罪处罚。

【定义】公司、企业或者其他单位的人员利用职务上的便利，将本单位财物占为己有，数额较大的行为。

【客体】公司、企业或者其他单位的财物所有权。

【对象】因为职务关系而占有、经管的单位财物。

【主体】特殊主体，即公司、企业或者其他单位的人员（以下简称"单位人员"），但不包括《刑法》第271条第2款规定之国家工作人员。单位人员如果属于依法从事公务的国家工作人员的，属于贪污罪的主体。其他单位的人员包括村委会、居委会中的非国家工作人员，[1] 村民小组组长。[2] 单位的人员，通常是单位雇用、聘用的人员，既包括正式职工、合同工，又包括单位临时工。[3] 即使用工合同到期之后未续签，只要行为人仍在实际行使职责，则仍可成为本罪的主体。非单位人员受单位委托经手、保管单位财物的，是侵占罪主体，不是职务侵占罪主体。单位是否包括没有法人资格的私营合伙企业，是否包括个体经营户？对此多少存在争议。笔者认为，此处的"单位"不应当受单位犯罪之"单位"概念的约束，因为它是被害单位。此处的"单位"，应当作广义或扩张的理解，包括各种雇用、聘用人员的经济实体。换言之，职务侵占罪之职务，应当作为人临时或长期受雇于他人从事某种职业活动之业务工作，不必拘泥于被害人是不是严格意义的单位。这种理解的意义在于限缩侵占罪的适用范围，有利于维护经济体的利益，增进对雇员的信任。

【行为】利用职务上的便利，将本单位财物非法占为己有并且数额较大的行为。"利用职务上的便利"，指利用本人职务上主管、负责、经管财物的便利，如经理主管公司的全面工作包括管理、支配、使用单位财物的职务，会计、出纳经管单位现金的职责，保管员管理、经手单位财物的职责，等等；也包括本人利用在职务上有隶属关系的单位其他人员的职务便利。该职务便利是否要求具有"管理性"？要求具有多大程度的管理性？掌握的标准不尽一致。我国在1995年《全国人大常委会关于惩治违反公司法的犯罪的决定》（现已失效）中才确立职务

---

[1] 1999年10月27日最高人民法院《维护农村稳定座谈会纪要》。

[2] 1999年7月23日最高人民法院《村民小组组长批复》。

[3] 指导判例"于庆伟职务侵占案【第235号】——单位的临时工能否构成职务侵占罪？"载中华人民共和国最高人民法院刑事审判第一庭、第二庭编：《刑事审判参考（2003年第2集·总第31集）》，法律出版社2004年版。

侵占罪。在职务侵占罪确立之初，因循贪污罪职务便利的理解，认为不包括劳务、劳动工作产生的便利，比如工人经手使用的工具、材料，或搬运的产品、货物等。对这些从事劳务性工作的单位人员侵占经手单位财物的，往往以盗窃罪定罪处罚。但随着时间的推移，对职务侵占罪之"职务"的理解逐渐脱离贪污罪之职务含义的影响，呈现扩大的趋向。即单位的人员不论其职务有没有管理性，都属于职务侵占罪之职务。"占为己有"，指行为人将经管的本单位财物非法占有。《刑法》第271条虽然没有具体表述占为己有的手段，因循第382条贪污罪的规定，侵占，指行为人以侵吞、盗窃、骗取或者以其他手段非法占用本公司、企业财物的行为。[1] 利用职务上便利窃取单位财物，俗称"监守自盗"；利用职务上便利骗取单位财物，俗称"虚报冒领"。

【主观】故意，具有非法占有财物的目的。

【罪量】"数额较大"，根据《办理贪贿案解释》（2016）第11条，按照贪污罪的2倍执行，即为6万元以上。

【加重犯】"数额巨大"，根据《办理贪贿案解释》（2016）第11条，按照贪污罪的5倍执行，即在100万元以上。

（二）适用

【关联罪】1. 职务侵占罪与侵占罪的区别。区别要点在于：是否利用了职务上的便利。公司、企业或者其他单位的人员，利用自己主管、经管、负责公司财物的便利，将公私财物据为己有的，是职务侵占罪；侵占罪则与职务无关。

2. 职务侵占罪与盗窃罪、诈骗罪的区分。以往司法扩张适用职务侵占罪，缩小适用盗窃罪。认为职务侵占罪包含利用职务便利"窃取"单位财物的行为，属于法条竞合，应当优先适用职务侵占罪定罪处罚，排斥盗窃罪的适用。其源头是惩治贪污罪的规定和司法实践，自1952年《惩贪条例》（现已失效）中确立贪污罪名始，国家工作人员利用职务上便利"窃取"公共财物的，以贪污论，排斥盗窃罪名适用。1995年的《全国人大常委会关于惩治违反公司法的犯罪的决定》（现已失效）首次确立职务侵占罪名，其适用一直因循着一种惯性思维：利用职务便利窃取、骗取公司、企业等单位财产，因为不具有国家工作人员主体身份不能定贪污罪的，以职务侵占罪定罪处罚。

贺豫松职务侵占案（第452号）：火车站行包房装卸工贺豫松当班装卸旅客托运行李包裹时，用掏芯手段窃取电脑、手机、电磁炉等价值45 871元。

林通职务侵占案（第247号）：林通和涂某二人押钞存进信用社金库后，林通支开涂某，又返回金库盗走70万元。

刘宏职务侵占案（第516号）：刘宏和刘某各持有公司仓库两把门锁中的一把门锁钥匙，刘宏撬开另一把门锁窃价值56 209元财物。

法院对上述三案窃取行为均以职务侵占罪定罪处罚，这是相当普遍的司法尺度。在"北大法宝"中检索到的职务侵占罪判例，有很多是单位工作人员窃取本单位财物的行为。以往司法尺度没有法条和法理根据，且面临着不得不改的现实。首先，从体系解释看，《刑法》第382条明文规定贪污含"窃取"方式，但是《刑法》第271条却没有明文表述职务侵占含"窃取"方式，此二法条文字表述差异当属立法者有意为之而非疏漏，说明职务侵占罪不包含"窃取"行为有法律文本上的根据。《刑法》中职务侵占罪（第271条）规定于侵占罪（第270条）之

---

[1] 1996年1月24日最高人民法院《办理违反公司法刑案解释》。

后，表明二者关联更紧密。其次，从文义解释看，侵占罪之法律要点在于将自己占有之他人财物非法侵吞，在仅获取"所有"不夺取"占有"意义上，不法程度低于盗窃，故侵占罪不能包含"窃取"。职务侵占罪作为侵占罪的特别类型，应当同样具有不夺取"占有"的侵吞属性且不法程度同样低于盗窃，不能包含"窃取"。最后，刑法评价也说明，职务侵占罪不法程度低于盗窃。刑法对职务侵占罪配置的法定刑低于盗窃罪，司法解释确立的定罪量刑的数额标准也轻于盗窃，尤其是在《办理贪贿案解释》（2016）给出职务侵占罪6万元"数额较大"、100万元"数额巨大"的新标准后，在定罪数额起点上职务侵占罪要比盗窃罪的高出20~60倍，在量刑数额标准上至少高出10倍以上。在刑法规范上，职务侵占罪的不法程度远远低于盗窃的，而在刑法适用上却认为职务侵占罪包含"窃取"方式，以低度不法包含高度不法形成的"倒挂"司法尺度，违背法理情理，在后《刑法修正案（九）》时代再也不能继续下去了。因此，必须调整以往职务侵占罪的司法尺度，严格限缩职务侵占罪的适用。

（1）严格区分"利用职务上便利"和"利用工作方便"。"利用职务上便利"应当指利用单位委托其"保管"单位财物的职务，这受托"保管"之责应当与侵占罪的相同，委托人（单位）向受托保管人有请求返还权，也即受托保管人不仅依单位职责有妥善保管该财物的义务，且依职责承担返还责任，发生损坏、丢失的，有财务或账目上的依据追究其失职或赔偿等责任。单位工作人员不具有这种职务上的保管责任，仅仅利用在单位工作，因使用劳动工具、加工零件、装配产品、搬运货物等经手、过手单位财物的便利，或者利用在单位工作熟悉环境、出入方便等便利，窃取单位财物的，不属于利用职务上便利，应定性盗窃而非职务侵占。据此，前述"指导判例"以及以职务侵占罪定罪处罚的大量判例，只是利用工作上便利，不具有利用职务上便利的要件。

（2）彻底理顺职务侵占罪与侵占罪、贪污罪、盗窃罪之间关系。职务侵占罪是侵占罪的特别类型而非贪污罪的特别类型，应具有侵占罪的根本属性即"侵吞受托保管物"，排斥"窃取他人占有物"的窃取行为。单位存放于车间、库房、料场、货架、行包房、金库等处的财物，应属单位占有财物，由厂主、店主或者车间、库房、料场等主管负责人以及门卫、保安占有；封缄于行李、包裹内的财物，同时还在主人占有下。单位人员利用工作便利窃取的，属于窃取他人占有的财物，成立盗窃罪，排斥适用职务侵占罪。二人以上共同保管的单位财物应当认为是全体保管人共同占有的财物，保管人违背其他保管人意志窃取的，也属于窃取他人占有财物，成立盗窃罪，排斥适用职务侵占罪。

区别要点也在于：是否利用职务上的便利。单位的人员如果没有利用职务便利，窃取、骗取本公司财物的，是盗窃罪或诈骗罪；行为人与公司、企业或者其他单位人员勾结，利用公司、企业或者其他单位人员的职务便利，共同将该单位财物非法占为己有，数额较大的，以职务侵占罪共犯论处。[1]

3. 职务侵占罪与合同诈骗罪的区别要点：职务侵占罪利用职务便利侵占本单位财物；合同诈骗罪是签订履行合同中骗取对方当事人财物。单位工作人员代表单位签订履行合同中收取对方当事人货物或者货款，而后非法占为己有的，应定职务侵占罪。

【案例】 **虞秀强职务侵占案**[2]

虞秀强为金维公司副总经理，负责原材料供应。金维公司与陈敏公司合作经营，由前者提

---

[1] 2000年7月8日最高人民法院《审理贪污、职务侵占案共同犯罪解释》第2条。
[2] 载中华人民共和国最高人民法院刑事审判第一、二、三、四、五庭主办：《刑事审判参考（2008年第2集·总第61集）》，法律出版社2008年版。

供资金，后者提供场地、设备，陈敏公司的生产经营活动由金维公司总经理张玉峰负责。后因陈敏公司生产资金不足，张玉峰要求虞秀强寻找垫资单位为陈敏公司供应原料。虞秀强找到宏大经营部、威宇公司、海圣公司3家单位，约定由他们垫资向陈敏公司供货，虞秀强负责向陈敏公司销售货物、回收货款，所产生的利润由3家单位与虞秀强平分。此后，上述3家单位通过虞秀强向陈敏公司销售多种化工原料。2004年，因陈敏公司经营亏损，3家单位所垫货款难以收回，遂多次要求虞秀强归还货款。2005年1月，因金维公司需购进3吨乙炳酰胺，虞秀强便以金维公司名义从锦纶厂购进价值757 000元的38吨乙炳酰胺，将其中的3吨运至金维公司用于生产，将金维公司用于支付给锦纶厂的5万元货款借故从财务处领出（当时即出具收条留档"今收到金维公司现金伍万元正"）；后将其余35吨卖给其他公司，取得销售款702 000余元。虞秀强在锦纶厂多次追索货款的情况下未予支付，而是用该货款中的305 440元作为陈敏公司所欠的货款支付给宏大经营部等3家单位，444 310元用于偿还个人债务及炒股。案发后，其亲友退赃266 000元。

一审法院认为：虞秀强在签订、履行合同过程中诈骗35吨己内酰胺，价值70余万元，且利用职务之便非法侵占本单位财物5万元，分别构成合同诈骗罪和职务侵占罪；二审法院认为：侵占本单位财物5万元的证据不足；虞秀强以公司名义滥用职权超需订购，对锦纶厂而言合同效力不受影响，38吨乙炳酰胺的所有权从交付时起已转移到金维公司。虞秀强在收到前述货物后擅自予以销售，销售款除用于支付3家单位货款及运费，个人将其中444 310元予以侵吞，数额巨大，已构成职务侵占罪，处有期徒刑9年，并处没收财产40万元。

裁判要旨：利用代理公司业务的职务之便将签订合同所得之财物占为己有的，应定职务侵占罪而非合同诈骗罪。

4. 职务侵占罪与贪污罪的区别。关键看是否属于国家工作人员，是否利用公务性职务。职务侵占罪的主体是公司、企业或者其他单位的人员，这些人员不属于国家工作人员。具体界限问题参见贪污罪部分，其中特别注意：①根据《刑法》第271条第2款的规定，国有单位中从事公务的人员和国有单位委派到非国有单位从事公务的人员实施侵占行为的，以贪污罪定罪处罚；②在国有资本控股、参股的股份有限公司中从事管理工作的人员，除受国家机关、国有公司、企业、事业单位委派从事公务的以外，不属于国家工作人员。对其利用职务上的便利，将本单位财物非法占为己有，数额较大的，应当依照《刑法》第271条第1款的规定，以职务侵占罪定罪处罚；[1] ③农村合作基金会从业人员，除具有金融机构现职工作人员身份的以外，不属于金融机构工作人员，对其实施的犯罪行为，应当依照刑法的有关规定定罪处罚。[2]

【量刑】根据《量刑指导意见》(2013)：

1. 构成职务侵占罪的，可以根据下列不同情形在相应的幅度内确定量刑起点：

（1）达到数额较大起点的，可以在2年以下有期徒刑、拘役幅度内确定量刑起点。

（2）达到数额巨大起点的，可以在5~6年有期徒刑幅度内确定量刑起点。

2. 在量刑起点的基础上，可以根据职务侵占数额等其他影响犯罪构成的犯罪事实增加刑罚量，确定基准刑。

三、挪用资金罪

（一）构成要件·法定刑

《刑法》第272条 公司、企业或者其他单位的工作人员，利用职务上的便利，挪用本

---

[1] 2001年5月26日最高人民法院《国有资本控股、参股公司管理人员批复》。
[2] 2000年5月12日最高人民法院《基金会人员批复》。

单位资金归个人使用或者借贷给他人，数额较大、超过3个月未还的，或者虽未超过3个月，但数额较大、进行营利活动的，或者进行非法活动的，处3年以下有期徒刑或者拘役；挪用本单位资金数额巨大的，或者数额较大不退还的，处3年以上10年以下有期徒刑。

国有公司、企业或者其他国有单位中从事公务的人员和国有公司、企业或者其他国有单位委派到非国有公司、企业以及其他单位从事公务的人员有前款行为的，依照本法第384条的规定定罪处罚。

【定义】公司、企业或者其他单位的工作人员，利用职务上的便利，挪用本单位资金归个人使用或者借贷给他人，数额较大、超过3个月未还的；或者数额较大、进行营利性活动的；或者进行非法活动的行为。

【客体】公司、企业或者其他单位资金的使用权和收益权。

【对象】公司、企业或者其他单位资金。资金指以货币、金融票证、有价证券等形式存在的财产，包括人民币、外国货币以及支票、股票、国库券等金融票证、有价证券。这类财产的特点是具有流通性或者可直接兑现成货币。筹建公司的工作人员在公司登记注册前，利用职务上的便利，挪用准备设立的公司在银行开设的临时账户上的资金，归个人使用或者借贷给他人，数额较大、超过3个月未还的；或者虽未超过3个月，但数额较大，进行营利活动的；或者进行非法活动的，应当根据《刑法》第272条（挪用资金罪）的规定，追究刑事责任。[1]

【主体】特殊主体，即公司、企业或者其他单位的人员（以下简称"单位人员"），但不包括《刑法》第272条第2款规定之国家工作人员。单位人员如果属于依法从事公务的国家工作人员的，属于挪用公款罪的主体。本罪主体限于个人，不包括单位。因此，单位研究决定将本单位资金借给他人使用的，不构成本罪。个人决定，为了单位的利益把资金借贷他人使用的，如厂长为了本厂的利益，把资金挪给工商局长的亲戚做生意的，因为这实质上是单位行为，也不认为构成本罪。

【行为】利用职务上的便利，挪用单位资金归个人使用或者借贷给他人，数额较大、超过3个月未还的；或者数额较大、进行营利性活动的；或者进行非法活动的行为。

"挪用"，指不按照单位资金正常的用途和资金使用权限程序使用资金。违反资金用途和程序的正当性是挪用的两个必要特征。

"挪用本单位资金归个人使用或者借贷给他人"，根据《立案标准（二）》（2010）第85条，包括下列情形之一：①将本单位资金供本人、亲友或者其他自然人使用的；②以个人名义将本单位资金供其他单位使用的；③个人决定以单位名义将本单位资金供其他单位使用，谋取个人利益的。"以个人名义"包括：行为人逃避财务监管的；行为人与使用人约定以个人名义进行的；借款、还款都以个人名义进行的等。

挪用资金的行为可分为以下三种类型：

1. 挪用资金数额较大，超过3个月未归还的。通常称为"超期未还型"，包括3个条件：①挪用资金数额较大，"数额较大"，根据《办理贪贿案解释》（2016）第11条，按挪用公款罪2倍掌握，即10万元以上；②挪用时间超过3个月；③尚未归还，即案发前未归还。挪用资金后尚未投入实际使用的，只要同时具备"数额较大"和"超过3个月未还"的构成要件，应当认定为挪用资金罪，但可以酌情从轻处罚。

2. 挪用资金数额较大，进行营利性活动。这通常称为"营利活动型"，包括两个条件：

---

[1] 2000年10月9日最高人民检察院《挪用尚未注册公司资金批复》。

①挪用资金数额较大,"数额较大",指 10 万元以上;②进行营利性活动,包括挪用资金存入银行,用于集资、购买股票、国债等,挪用资金归个人用于公司、企业注册资本验资证明,"营利活动型"不以超期未还为条件。

3. 挪用资金进行非法活动的,通常称为"非法活动型",也不以超期未还为条件,并且挪用在 6 万元以上的,可追究刑事责任。

【主观】故意,但不具有非法占有的目的。

【加重犯】根据《办理贪贿案解释》(2016),挪用资金"数额巨大",指挪用资金从事非法活动的指数额在 600 万元以上;或者挪用资金归个人使用,进行营利活动数额在 1000 万元以上的。挪用资金"数额较大不退还"的,"数额较大"为 10 万元以上,"不退还"指因客观原因在一审宣判前不能退还。如果有能力还而拒不退还,证明行为人具有非法占有的意图,应认定为职务侵占罪。

(二)适用

【关联罪】1. 挪用资金罪与挪用公款罪的区别。主体不同,看是否属于国家工作人员。

2. 挪用资金罪与职务侵占罪的区别。看是否具有非法占有的目的。挪用资金罪与职务侵占罪在主体和利用的职务性质上一致。不同点在于:挪用仅仅以临时使用为目的,打算归还,侵犯的是单位的资金管理使用权和收益权;职务侵占罪是以非法占有为目的,侵犯的是单位财产的所有权。此外,对象的范围不尽相同,挪用资金罪的对象限于资金;职务侵占罪的对象是单位财物,不限于资金。

四、挪用特定款物罪

(一)构成要件·法定刑

《刑法》第 273 条 挪用用于救灾、抢险、防汛、优抚、扶贫、移民、救济款物,情节严重,致使国家和人民群众利益遭受重大损害的,对直接责任人员,处 3 年以下有期徒刑或者拘役;情节特别严重的,处 3 年以上 7 年以下有期徒刑。

【定义】违反国家财经管理制度,挪用用于救灾、抢险、防汛、优抚、扶贫、移民、救济款物,情节严重,致使国家和人民群众利益遭受重大损害的行为。

【客体】特定款物的使用权和国家关于特定款物专用的财经管理制度。

【对象】特定款物:救灾、抢险、防汛、优抚、扶贫、移民、救济款物。另根据最高人民检察院的相关批复,失业保障金、下岗职工基本生活保障金属于救济金,预防、控制突发传染性疫情等灾害的救灾、优抚、救济等款物也属特定款物。"款物",指资金和物资。

【主体】特殊主体,经管救灾、抢险、防汛、优抚、扶贫、移民、救济款物的直接责任人员。"直接责任人员",是指对挪用行为直接负责的主管人员和其他直接责任人员。

【行为】挪用特定款物,情节严重,致使国家和人民群众利益遭受重大损害的。"挪用",指不经合法批准,擅自将经管的特定款物改作他用。但本条的"挪用",只是改变了特定款物的指定用途,排斥挪归个人使用。因为挪归个人使用,则触犯更重的挪用公款罪。照此理解,本条之挪用,是改变了特定款物的指定用途挪作其他公用。常见的情形如用于经济开发、经商、修建"政绩"工程等。"情节严重、致使国家和人民群众利益遭受重大损害的",根据司法机关的立案标准,是指挪用特定款物涉嫌下列情形之一的,应予追诉:①挪用特定款物价值在 5000 元以上的;②造成国家和人民群众直接经济损失数额在 5 万元以上的;③虽未达到上述数额标准,但造成人民群众的生产、生活严重困难的。这只是追诉的"罪量"条件最低起点,实际中掌握的标准可能高得多。

【主观】故意,即明知特定款物而改变其指定用途,挪作他用。

(二) 适用

【关联罪】本罪与挪用公款罪的区别：看是否挪归个人使用。如果挪归个人使用的，即使是特定款物，也应当以挪用公款罪论处，并且要从重处罚。如果将特定款物挪用于非指定用途和非个人使用的，是挪用特定款物罪之"挪用"，挪用数额较大、后果严重，可成立挪用特定款物罪。典型的例子如：某地遭水灾，国家拨了3亿元救济款，有关领导没有把它发放给灾民投入到救济、救灾方面去，而是拿去盖县委礼堂、宿舍、招待所等，影响了灾民的生活，后果严重，就是挪用特定款物罪。因为盖县委礼堂、集体宿舍、招待所，都是公共的用途或者非个人使用，没有挪归个人使用，所以不构成挪用公款罪。如果不是特定的款物，这种挪用实际上只是一个违反专款专用的财经纪律问题。但是，因为是特定款物，即使不是挪归个人使用，也可作为犯罪处罚。如果国家工作人员利用公务之便，把这些特定的款物挪归个人使用，实际上构成挪用公款罪，而且是一种严重形式的挪用公款罪。依照法律规定，数额标准按照挪用公款进行非法活动来掌握，从重处罚。

第四节 毁坏、破坏型财产犯罪

一、故意毁坏财物罪

(一) 构成要件·法定刑

《刑法》第275条 故意毁坏公私财物，数额较大或者有其他严重情节的，处3年以下有期徒刑、拘役或者罚金；数额巨大或者有其他特别严重情节的，处3年以上7年以下有期徒刑。

【定义】故意非法毁灭或者损坏公私财物，数额较大或者有其他严重情节的行为。

【客体】公私财产的安全。如果毁坏财物的行为危害公共安全的，则成立更重的危害公共安全的犯罪。

【对象】公私财物，指一切作为财产所有权的标的物，包括动产和不动产，也包括动物，但刑法另有规定的物除外。刑法另有规定的物，如机器设备，耕畜，界碑，界桩，永久性测量标志，国家机关公文、证件、印章、珍贵文物等，对其毁损成立特别的毁损罪。此外，对于交通工具、交通设备、电力设备、易燃易爆设备等进行毁损危害公共安全的，成立其他犯罪。根据本罪对象，可知本罪其实是故意毁损财物犯罪的基本类型。

【行为】毁坏公私财物，数额较大或者有其他严重情节。"毁坏"，指造成公私财物效用减少、丧失的行为。包括：①造成财物物理性或外形损伤，导致财物效用减损，如砸毁车辆、刺破轮胎，撕毁字画，用油墨油漆喷涂他人建筑物、汽车、广告牌、字画等。②造成公私财物灭失，如将钻戒抛入大海，将汽车弃于荒漠，放飞他人宠物鸟，将他人池鱼放跑入湖海，将牛奶倾倒，虽然没有造成物理或外形破坏，但导致被害人丧失占有、利用该财物，蒙受损失。③其他造成财物效用、价值减少、丧失的行为，如低价抛售他人股票造成他人财产损失，将粪便投入他人餐具使他人不愿再用该餐具等。

【主观】故意。自始至终没有对他人财物经济价值占有利用的意思，尤其是夺取他人占有财物后毁损的，排除占有利用意思非常重要。例如，甲冲到乙家将乙电脑搬到户外砸毁，若自始没有占有利用意思，虽然有入户强取窃取行为，仍然是毁损性质。若自始以非法占有为目的，入户取得电脑，出户时遭遇户主，为毁证或逃离而砸毁的，是盗窃性质。判例如：擅自操作他人股票账户，低抛高吸，造成他人财产损失的，因没有非法占有目的，法院判决构成故意毁坏财物罪。相反，非法操作他人股票账户与自己交易，低抛高吸，造成他人损失而自己从中获利的，法院认定具有非法占有目的，以盗窃罪定罪处罚。

【罪量】"数额较大或者有其他严重情节"，根据《立案标准（一）》（2008）第33条，指故意毁坏公私财物，涉嫌下列情形之一：①造成公私财物损失5000元以上的；②毁坏公私财物3次以上的；③纠集3人以上公然毁坏公私财物的；④其他情节严重的情形。如果未达上述程度，按民事侵权行为处理。

（二）适用

【关联罪】1. 故意毁坏财物罪是毁损、破坏财产类犯罪中最基本的犯罪类型。因此，它与其他毁损、破坏型犯罪，如故意毁损文物罪，破坏界碑、界桩或者永久性测量标志罪，危害公共安全中的放火罪、爆炸罪、投放危险物质罪、破坏交通工具罪、破坏交通设施罪、破坏易燃易爆设备罪、破坏电力设备罪等破坏型犯罪具有法条竞合关系，应按照特殊规定优先的原则，适用法律定罪量刑，即破坏性行为构成有关公共安全犯罪的，按照有关条款定罪处罚，不定故意毁坏财物罪。

2. 毁损型犯罪与非法占有型犯罪的区别。主要是目的不同：非法占有型犯罪如盗窃、抢夺、抢劫均以非法占有为目的，而故意毁坏财物罪、破坏生产经营罪主观方面除毁损意图外，排斥对财物占有利用意思。这点对两类犯罪的界分具有重要意义。就法益侵害性而言，毁损使法益遭到无可挽回的损害，重于非法占有的犯罪，但是罪责却明显轻于非法占有型犯罪。原因在于：毁损犯罪，一般"损人不利己"，没有强烈的诱惑力驱使人去犯这种罪，往往是"事出有因"，所以罪责较轻且不需要重刑遏制。反之，盗窃、抢劫等非法占有型犯罪，"损人利己"，有强烈的驱动力，其罪责较重且需要较重刑罚阻遏。两类犯罪罪责处罚轻重差异点，也是法律识别的要点。从他人占有下夺取财物毁损的，应能排除占有利用的意思，承担毁损的罪责。若认定具有占有利用的意思，应当科以非法占有犯罪的罪责。

（1）如果以非法占有为目的，窃取、抢取他人财物后，消费、使用、赠与、毁灭的，属于非法占有他人财物后对赃物的处分行为，这种后续行为通常已经包含在对非法占有财物罪如盗窃罪、抢劫罪的评价之中了，不独立评价处罚。所以，也被称为"事后不可罚的行为"。

（2）如果以毁损他人财物为目的（能排除非法占有财物的目的），行为人暗中或公然毁坏他人财物的，只以故意毁坏财物罪等破坏型犯罪论处。例如，甲将乙的价值数万元的名贵手表强行从乙手腕上捋下后掷于地毁之，只能以故意毁坏财物罪论处。不能认为甲从乙腕上捋下手表，同时又构成抢劫罪。因为构成抢劫罪需具有非法占有的目的，而甲的行为表明确无占有之意，这与非法占有他人财物后因为某种原因而毁弃的性质不同。

二、破坏生产经营罪

（一）构成要件·法定刑

《刑法》第276条　由于泄愤报复或者其他个人目的，毁坏机器设备、残害耕畜或者以其他方法破坏生产经营的，处3年以下有期徒刑、拘役或者管制；情节严重的，处3年以上7年以下有期徒刑。

【定义】由于泄愤报复或者其他个人目的，故意毁坏机器设备、残害耕畜或者以其他方法破坏生产经营的行为。

【客体】工农业生产经营活动和生产工具、生产资料的安全。

【对象】机器设备、耕畜以及其他生产工具、生产资料。不过，指导判例将非法经营罪扩张于工农业生产之外的生产经营,例如,指导判例"章国新破坏生产经营案"[1]的裁判要旨指出:为中奖窃取摇奖专用彩球并改变其重量行为,应定非法经营罪而非诈骗罪。理由是:体彩发行销售属于政府严格控制和管理下的一种特殊经营行为。

【行为】毁坏机器设备、残害耕畜或者以其他方法破坏生产经营的行为。"其他方法",指毁坏机器设备、残害耕畜之外的足以妨害生产经营活动的方法,例如,毁坏种植大棚等农业生产设施,毁坏种子、禾苗,切断电源导致停工停产,等等。

【主观】故意,且具有泄愤报复或者其他个人目的。"其他个人目的",主要是指逃避劳动、谋求私利或者其他非法利益等目的[2]。

【罪量】根据《立案标准(一)》(2008)第34条,破坏生产经营的行为,涉嫌下列情形之一的,应予立案追诉:①造成公私财物损失在5000元以上的;②破坏生产经营3次以上的;③纠集3人以上公然破坏生产经营的;④其他破坏生产经营应予追究刑事责任的情形。

(二)适用

【关联罪】1. 本罪与故意毁坏财物罪的区别。二者实际存在特殊规定与一般规定的竞合关系。破坏生产经营罪往往会造成财产毁损、损失,因此也属于毁坏型犯罪。破坏生产经营的行为同时造成财产毁损,触犯故意毁坏财物罪条款的,依照特别规定优先的原则适用法律定罪处罚,排斥一般条款的适用。本罪破坏的对象通常是用于生产经营的机器设备、耕畜、生产资料、种子或者禾苗等。破坏与生产经营无关的设备不构成本罪,可以构成故意毁坏财物罪。这里的"生产经营",应当是指工农业生产活动,因此,毁坏商场设备、商品,影响商业经营活动的,也不构成破坏生产经营罪,但可以构成故意毁坏财物罪。

2. 本罪与放火罪、爆炸罪、破坏电力设备罪、破坏易燃易爆设备罪等危害公共安全的犯罪的界限。要点在于是否足以危害公共安全。如果使用放火、爆炸等危险方法破坏生产经营,并危害公共安全的,或者以毁坏特定的公共设施如电力设备、易燃易爆设备等危害公共安全的,应当依照危害公共安全罪的有关规定定罪处罚。

【定罪】毁损型犯罪主要有三类(种):第一类是放火罪、破坏电力设备罪等危害公共安全的犯罪;第二类是破坏生产经营罪,破坏界碑、界桩罪,破坏永久性测量标志罪,故意损毁文物罪,故意损毁名胜古迹罪等;第三种是故意毁坏财物罪。如果行为人以行为触犯这三类(种)罪,应依次考虑,最后考虑定故意毁坏财物罪。

【案例】 **窦唯火烧记者汽车案**

歌手窦唯对新京报的报道不满,到该报社交涉未果,一怒之下将报社内的电视、电脑等摔砸在地。当晚6点左右,窦唯在报社门前,向一记者的丰田牌轿车泼洒汽油,随后点火烧车。此后窦唯拨打"110"电话自首。北京市宣武区法院判决:窦唯构成故意毁坏财物罪,鉴于犯罪情节轻微、自首、主动向被害方赔礼道歉、积极赔偿损失,有悔罪表现,免予刑事处罚。

本案要点:其放火烧车行为不足以引起危害公共安全的火灾。

三、拒不支付劳动报酬罪

《刑法》第276条之一 以转移财产、逃匿等方法逃避支付劳动者的劳动报酬或者有能力支付而不支付劳动者的劳动报酬,数额较大,经政府有关部门责令支付仍不支付的,处3年以下有期徒刑或者拘役,并处或者单处罚金;造成严重后果的,处3年以上7年以下有期徒

---

[1] 载中华人民共和国最高人民法院刑事审判第一庭、第二庭编:《刑事审判参考(2004年第2集·总第37集)》,法律出版社2005年版。

[2] 周道鸾、张军:《刑法罪名精释》,人民法院出版社2012年版。

刑，并处罚金。

单位犯前款罪的，对单位判处罚金，并对其直接负责的主管人员和其他直接责任人员，依照前款的规定处罚。

有前两款行为，尚未造成严重后果，在提起公诉前支付劳动者的劳动报酬，并依法承担相应赔偿责任的，可以减轻或者免除处罚。

【定义】以转移财产、逃匿等方法逃避支付劳动者的劳动报酬或者有能力支付而不支付劳动者的劳动报酬，数额较大，经政府有关部门责令支付仍不支付的行为。根据《拒不支付劳动报酬刑案解释》（2013）第1条，劳动报酬指的是劳动者依照《中华人民共和国劳动法》和《中华人民共和国劳动合同法》等法律的规定应得的劳动报酬，包括工资、奖金、津贴、补贴、延长工作时间的工资报酬及特殊情况下支付的工资等。对于劳务报酬，因其非基于劳动关系产生，因此仅属于民事法律关系调整的范畴。

【主体】一般主体，即任何实施了拒不支付劳动者劳动报酬行为的自然人或单位，单位不以具备合法经营资格为限。

【行为】根据《拒不支付劳动报酬刑案解释》（2013）第2条，"以转移财产、逃匿等方法逃避支付劳动者的劳动报酬"，指的是：①隐匿财产、恶意清偿、虚构债务、虚假破产、虚假倒闭或者以其他方法转移、处分财产的；②逃跑、藏匿的；③隐匿、销毁或者篡改账目、职工名册、工资支付记录、考勤记录等与劳动报酬相关的材料的；④以其他方法逃避支付劳动报酬的。

【主观】直接故意。

【罪量】对于"数额较大"，《拒不支付劳动报酬刑案解释》（2013）第3条采用了"期限＋数额"或"人数＋数额"的模式，以贯彻宽严相济刑事政策的要求：①拒不支付1名劳动者3个月以上的劳动报酬且数额在5000元至2万元以上的；②拒不支付10名以上劳动者的劳动报酬且数额累计在3万元至10万元以上的。"经政府有关部门责令支付仍不支付"，指的是经人力资源社会保障部门或者政府其他有关部门依法以限期整改指令书、行政处理决定书等文书责令支付劳动者的劳动报酬后，在指定的期限内仍不支付。

第六章
妨害社会管理秩序罪

妨害社会管理秩序罪，是指妨害国家机关对社会的管理活动，破坏社会正常秩序，情节严重的行为。社会管理秩序是个含义十分广泛的概念，刑法中规定的各类犯罪都从不同方面破坏了社会管理秩序，本章犯罪所侵犯的社会管理秩序仅限于本章各罪所侵犯的社会管理秩序，是一种除国家安全、公共安全、经济秩序等以外的狭义的社会管理秩序。这类犯罪共分9节。

第一节 扰乱公共秩序罪

一、妨害公务罪

（一）构成要件·法定刑

《刑法》第277条　以暴力、威胁方法阻碍国家机关工作人员依法执行职务的，处3年以下有期徒刑、拘役、管制或者罚金。

以暴力、威胁方法阻碍全国人民代表大会和地方各级人民代表大会代表依法执行代表职务的，依照前款的规定处罚。

在自然灾害和突发事件中，以暴力、威胁方法阻碍红十字会工作人员依法履行职责的，依照第1款的规定处罚。

故意阻碍国家安全机关、公安机关依法执行国家安全工作任务，未使用暴力、威胁方法，造成严重后果的，依照第1款的规定处罚。

暴力袭击正在依法执行职务的人民警察的，依照第1款的规定从重处罚。

【定义】以暴力、威胁方法阻碍国家机关工作人员依法执行职务，阻碍人民代表大会代表依法执行代表职务，阻碍红十字会工作人员依法履行职责的行为，或者故意阻碍国家安全机关、公安机关依法执行国家安全工作任务，未使用暴力、威胁方法，造成严重后果的行为。

【客体】国家机关工作人员依法执行职务的活动。执行职务的活动必须具有合法性，妨害没有合法性的职务活动，不成立本罪。但是国家机关工作人员执行职务的手续在形式上有细枝末节缺陷的，不属于违法执行职务。

【对象】正在依法执行职务的国家机关工作人员[1]；正在依法执行代表职务的全国或地方各级人民代表大会代表；在自然灾害和突发事件中正在依法履行职责的红十字会工作人员。但是应当注意："对于以暴力、威胁方法阻碍国有事业单位人员依照法律、行政法规的规定执行行政执法职务的，或者以暴力、威胁方法阻碍国家机关中受委托从事行政执法活动的事业编制人员执行行政执法职务的，可以对侵害人以妨害公务罪追究刑事责任。"[2]

---

[1] 包括《刑法》第93条第1款规定的人员以及2002年12月28日全国人大常委会《渎职罪主体的解释》中的人员。

[2] 2000年4月24日最高人民检察院《妨害公务罪认定批复》。

【行为】本罪的行为包括以下四种：

1. 以暴力、威胁方法阻碍国家机关工作人员依法执行职务。所谓暴力，是指对正在依法执行职务的国家机关工作人员进行袭击或者人身强制，如殴打、捆绑、伤害、禁闭等。这里的暴力只要足以阻碍执行职务即可成立。不仅包括直接施加于国家机关工作人员人身的暴力，也包括针对其间接施用的暴力。例如，在警察执行扣押时，当着警察的面将被押物品砸毁或者朝警察脚下猛掷石块。所谓威胁，是指以使国家机关工作人员产生畏惧的心理、不敢依法执行职务为目的，告知当场或将对其加害的情形，加害的内容通常为对国家机关工作人员本人或者亲属的人身侵害，对其财产、名誉的侵害等。加害的内容只要足以使人产生畏惧心理就能成立威胁，至于是否因此而实际使人产生了畏惧心理，在所不问。根据《查处拒不执行、暴力抗拒执行犯罪通知》（2007）第2条，暴力抗拒人民法院执行行为的，可以妨害公务罪论处；根据《破坏草原资源刑案解释》（2012）第4条，以暴力、威胁方法阻碍草原监督检查人员依法执行职务的，可以妨害公务罪论处。

2. 以暴力、威胁方法阻碍人民代表大会代表依法执行代表职务。《全国人民代表大会和地方各级人民代表大会代表法》（2015）第5条第1款规定："代表依照本法的规定在本级人民代表大会会议期间的工作和在本级人民代表大会闭会期间的活动，都是执行代表职务。"

3. 在自然灾害和突发事件中，以暴力、威胁方法阻碍红十字会工作人员依法履行职责。所谓自然灾害，是指由于自然力的破坏作用而发生的致使人的生命、财产遭受重大损害或危险的情况。例如地震、洪水、海啸、山崩等自然现象造成的破坏或危险。所谓突发事件，是指由于人为的原因所发生的严重危及不特定多数人生命、健康的紧急状态。例如，战争冲突、暴乱、骚乱、重大疫情等。

4. 使用暴力、威胁以外的方法，阻碍国家安全机关、公安机关的人员依法执行国家安全任务，造成严重后果的行为。所谓使用暴力、威胁以外的方法，主要指公民和组织依法有义务提供便利条件或者其他协助，拒不提供或者拒不协助；此外，还包括积极地使用欺骗方法。所谓造成严重后果，一般指使国家安全工作任务受挫，未能及时制止、侦破危害国家安全的犯罪，致使国家安全遭受损害的，致使严重危害国家安全的犯罪分子漏网、脱逃的。注意：在这种场合，不以使用暴力、威胁手段为要件，但是以造成严重后果为要件。

【主观】故意，即明知是国家机关工作人员、人大代表、红十字会工作人员、国家安全机关工作人员正在依法执行职务，而以暴力、威胁或者其他方法阻碍，希望迫使其停止执行职务或者改变执行职务。如果不知其正在执行职务，或者虽然明知但不是意在阻碍其执行职务，而是基于其他目的，则不构成本罪。构成其他犯罪的，按其触犯的罪名定罪处罚。例如，甲见乙、丙二人正把自己的弟弟丁挟持前行。甲以为乙、丙二人欺负其弟，上前就对乙、丙二人进行殴打致轻伤。事后才知乙、丙二人为执行公务的便衣警察，正在扭送有犯罪嫌疑的丁。因为甲缺乏妨碍公务的故意，不成立妨害公务罪，但可构成故意伤害罪。

（二）适用

【定罪】对于群众因提出合理要求不能满足，或者对政策不理解，或者因执行职务者态度生硬而与国家机关工作人员发生争吵、顶撞、纠缠的，不宜视为构成妨害公务罪。即使对于蛮不讲理、妨害公务的行为，也应当根据行为的危害程度，确定是给予治安管理处罚还是以本罪追究刑事责任。司法实务认定妨害公务行为构成犯罪需要具有较为严重的危害程度（罪量），暴力行为造成执行公务人员轻微伤以上结果的，或者阻碍公务执行造成较严重后果的，是立案追究刑事责任的一般尺度。

【量刑】根据《量刑指导意见》(2013)：

1. 构成妨害公务罪的，可以在2年以下有期徒刑、拘役幅度内确定量刑起点。
2. 在量刑起点的基础上，可以根据妨害公务造成的后果等犯罪事实增加刑罚量，确定基准刑。
3. 煽动群众阻碍依法执行职务、履行职责的，可以增加基准刑的20%以下。
4. 因执行公务行为不规范而导致妨害公务犯罪的，可以减少基准刑的20%以下。

【关联罪】妨害公务罪与故意伤害罪、故意杀人罪的界限。对执行职务的国家机关工作人员进行事后报复的，不是妨害公务罪。区别的关键在于：行为的特定场合。前者实行于国家机关工作人员正在执行职务之时；后者实行于执行职务结束以后。对后者，构成什么罪，按什么罪处罚。如对人身加害的，按照故意伤害罪、故意杀人罪等论处；故意毁损财物情节严重的，按照故意毁坏财物罪论处。

【罪数】1. 想象竞合犯。妨害公务罪的暴力不能包括故意伤害致人重伤或者杀害的行为，如果以严重程度相当于杀伤的暴力方式阻碍执行职务，造成执行公务人员伤亡的，则同时触犯故意伤害罪或故意杀人罪，属想象竞合犯，从一重罪处断。在造成轻伤结果的场合，仍以妨害公务罪为重，只需以妨害公务罪论处；在造成重伤或死亡结果的场合，以故意伤害罪（致人重伤、死亡）论处；如果该暴力行为具有故意杀人的性质，以故意杀人罪论处。

2. 数罪并罚。在犯罪过程中，以暴力、威胁方法抗拒公务人员检查，通常以所犯之罪与妨害公务罪数罪并罚。例如，在走私过程中以暴力、威胁方法抗拒缉私的，以走私罪与妨害公务罪数罪并罚（第157条）；犯《刑法》分则第三章第一节之生产、销售伪劣商品罪（共8个罪），暴力抗拒缉查的，数罪并罚。[1] 实施《刑法》第341条规定的（非法猎捕、杀害珍贵、濒危野生动物罪，非法收购、运输、出售珍贵、濒危野生动物、珍贵、濒危野生动物制品罪）犯罪，又以暴力、威胁方法抗拒查处，构成其他犯罪的，依照数罪并罚的规定处罚。[2] 以暴力、威胁方法阻碍行政执法人员依法行使盐业管理职务的，依照《刑法》第277条的规定，以妨害公务罪追究刑事责任；其非法经营行为已构成犯罪的，依照数罪并罚的规定追究刑事责任。[3] 但是法律有特别规定的除外，如在组织偷越国（边）境、运送他人偷越国（边）境犯罪中，以暴力、威胁方法抗拒检查的，其暴力、威胁抗拒检查行为（妨害公务）作为加重情节而不并罚；还有走私、贩卖、运输、制造毒品，暴力抗拒缉查的，也是作为加重情节而不数罪并罚。但是，如果故意杀伤缉查人员的，则需与故意杀人罪、故意伤害罪数罪并罚。

【法条竞合】刑法中还有其他包含妨害公务内容的犯罪，如抗税罪、劫夺被押解人员罪、组织越狱罪、暴动越狱罪、扰乱法庭秩序罪、破坏监管秩序罪等，在实施上述犯罪过程中往往同时触犯妨害公务罪，应当适用特殊规定定罪处罚。此外，聚众阻碍解救被收买的妇女、儿童罪及煽动暴力抗拒法律实施罪往往具有教唆妨害公务的性质，也应当适用专门规定处罚，不以妨害公务罪教唆犯论处。但根据《刑法》第242条第2款的规定，首要分子以外的其他参与者，使用暴力、威胁方法实施聚众阻碍解救被收买的妇女、儿童活动的，应以妨害公务罪论处。

---

[1] 2001年4月10日最高人民法院、最高人民检察院《办理伪劣商品刑案解释》第11条规定，实施《刑法》第140条至第148条规定的犯罪，又以暴力、威胁方法抗拒查处，构成其他犯罪的，依照数罪并罚的规定处罚。

[2] 2000年12月11日最高人民法院《审理野生动物资源刑案解释》第8条。

[3] 2002年9月13日最高人民检察院《办理非法经营食盐刑案解释》第5条。

二、煽动暴力抗拒法律实施罪

（一）构成要件·法定刑

《刑法》第278条　煽动群众暴力抗拒国家法律、行政法规实施的，处3年以下有期徒刑、拘役、管制或者剥夺政治权利；造成严重后果的，处3年以上7年以下有期徒刑。

【定义】故意煽动群众暴力抗拒国家法律、行政法规实施，扰乱公共秩序的行为。

【行为】煽动群众暴力抗拒国家法律、行政法规实施。所谓煽动，是指以鼓动性言词或文字引导、劝诱、挑动、促使群众实施某种行为。煽动行为的对象是不特定的群众，人数至少在3人以上。煽动的内容必须是要他人用暴力抗拒国家法律、行政法规实施，没有煽动使用暴力，不构成本罪。煽动群众采取暴力方式对抗法令实施具有扰乱公共秩序的性质，可以本罪追究刑事责任，不问被煽动的群众是否实际实施了被煽动的内容。

【主观】故意。

（二）适用

【定罪】煽动群众暴力抗拒国家法律、行政法规实施，造成严重后果的，构成本罪的加重犯。造成严重后果，一般是指所煽动的暴力行为导致人身伤亡、财产损失的；导致社会动荡不安、公共秩序混乱的；严重妨碍了法律、行政法规实施的。

【关联罪】本罪与煽动分裂国家罪、煽动颠覆国家政权罪的界限。区别的要点是犯罪的目的和煽动的内容不同，本罪以阻碍某项法律、行政法规实施为目的，煽动群众使用暴力抗拒该项法律、行政法规的实施；煽动分裂国家罪和煽动颠覆国家政权罪，则是以分裂国家或者倾覆国家政权和社会主义制度为目的，煽动民族分裂、地方割据或者煽动推翻人民民主专政政权和社会主义制度。

三、招摇撞骗罪

（一）构成要件·法定刑

《刑法》第279条　冒充国家机关工作人员招摇撞骗的，处3年以下有期徒刑、拘役、管制或者剥夺政治权利；情节严重的，处3年以上10年以下有期徒刑。

冒充人民警察招摇撞骗的，依照前款的规定从重处罚。

【定义】以谋取非法利益为目的，冒充国家机关工作人员招摇撞骗的行为。

【客体】国家机关的威信及其正常活动，同时包括公共利益或公民的合法权益。

【行为】冒充国家机关工作人员招摇撞骗。所谓冒充国家机关工作人员，指冒充国家机关中依法从事公务的人员的身份或职位，可以是非国家机关工作人员冒充国家机关工作人员，如工人、农民、待业人员、脱逃犯冒充国家机关干部；也可以是一般国家机关工作人员冒充具有特定职位的上级国家机关工作人员。如果冒充的不是国家机关工作人员，而是诸如普通党员、高干子弟、亲属，或者战斗英雄、劳动模范等，进行诈骗活动，不构成本罪。所谓招摇撞骗，就是利用假冒的身份或职位，到处炫耀，进行种种欺骗活动，往往具有多次性和连续性的特点。

【主观】故意，其目的是骗取某种非法利益。其表现形式是多种多样的，如通常是骗取钱财，也包括骗取荣誉称号、政治待遇、职位、学位、经济待遇、城市户口等。如果不具有获取某种非法利益的目的，不构成犯罪。

【加重犯】冒充国家机关工作人员招摇撞骗，情节严重的，构成本罪的加重犯。所谓情节严重，一般是指招摇撞骗，骗取财产数额巨大的；手段特别恶劣的；严重损害国家机关信誉和被害人利益的；一贯招摇撞骗，屡教不改的；等等。

(二) 适用

【关联罪】1. 本罪与诈骗罪区别的要点。招摇撞骗罪限于以冒充国家机关工作人员的方式骗取各种利益，既包括财产性利益，也包括非财产性利益；诈骗罪的行为对象限于财物和财产性利益，并且要求达到一定的数额，但不限定以冒充国家机关工作人员的方式骗取。如果行为人以冒充国家机关工作人员的特定方式招摇撞骗，骗取了包括财产在内的各种利益的，应认定为招摇撞骗罪。骗取的财物数额"特别巨大"（50万元以上）的，从罚当其罪的角度考虑，应择一重罪处罚，即以诈骗罪定罪处罚。

2. 根据司法经验，行为人冒充正在执行公务的人民警察"抓赌""抓嫖"，没收赌资或者罚款的行为，构成犯罪的，以招摇撞骗罪从重处罚；在实施上述行为时使用暴力或者暴力威胁的，以抢劫罪定罪处罚。[1]

【案例】 **梁其珍招摇撞骗案**[2]

2001年11月，被告人梁其珍与王某相识，梁谎称自己是安徽省公安厅刑警队重案组组长，骗得王某与其恋爱并同居。为骗取王某及其家人、亲戚的信任，梁其珍先后伪造了安徽省公安厅文件、通知、荣誉证书、审查登记表，印制了职务为池州市公安局副局长的名片和刑警执法证，购买了仿真玩具手枪，盗取了警服、警帽等。在骗取王某及其家人、亲戚的信任后，梁以种种谎言骗得王某家人及亲戚现金39 750元。2002年5月，梁又冒充安徽省公安厅刑警，骗取另一受害人张某与其恋爱并发生性关系。后以请人吃饭为由，骗取张某现金500元。2002年8月，梁冒充池州市公安局副局长前往潜山县，骗取了该县人大、公安局有关领导的信任，陪同其游玩。法院认为，梁其珍多次冒充人民警察招摇撞骗，骗取钱款及其他非法利益，严重妨害了国家机关的正常管理活动，侵犯了公民的合法权益，情节严重，已构成招摇撞骗罪，判处其有期徒刑10年。

四、伪造、变造、买卖国家机关公文、证件、印章罪·盗窃、抢夺、毁灭国家机关公文、证件、印章罪·伪造公司、企业、事业单位、人民团体印章罪·伪造、变造、买卖身份证件罪

(一) 构成要件·法定刑

《刑法》第280条　伪造、变造、买卖或者盗窃、抢夺、毁灭国家机关的公文、证件、印章的，处3年以下有期徒刑、拘役、管制或者剥夺政治权利，并处罚金；情节严重的，处3年以上10年以下有期徒刑，并处罚金。

伪造公司、企业、事业单位、人民团体的印章的，处3年以下有期徒刑、拘役、管制或者剥夺政治权利，并处罚金。

伪造、变造、买卖居民身份证、护照、社会保障卡、驾驶证等依法可以用于证明身份的证件的，处3年以下有期徒、拘役、管制或者剥夺政治权利，并处罚金；情节严重的，处3年以上7年以下有期徒刑，并处罚金。

1. 伪造、变造、买卖国家机关公文、证件、印章罪。

【定义】伪造、变造、买卖国家机关的公文、证件、印章的行为。

【对象】国家机关的公文、证件、印章。所谓公文，是指以国家机关的名义制作的，用于联系公务、指导工作、处理问题的书面文件，包括指示、决议、通知、命令、决定、请示报告、信函、电文等。这些公文，都是以制作公文的国家机关的名义，加盖该国家机关的公章发

---

[1] 2005年6月8日最高人民法院《审理抢劫抢夺刑案意见》。
[2] 中华人民共和国最高人民法院刑事审判第一庭、第二庭编：《刑事审判参考（2003年第5集·总第34集）》，法律出版社2004年版，第34页。

布的，或者以指定的负责人的名义代表该国家机关签发的。所谓证件，是指国家机关制作、颁发的用以证明身份、职务、权利义务关系或其他有关事项的凭证，如工作证、结婚证、户口迁移证、营业执照等。所谓印章，是指国家机关刻制的以文字、图记表明主体同一性的公章、专用章等，它们是国家机关行使职权的符号和标记。用于国家机关公务的私人印鉴、图章也应视为公务印章。国家机关中使用的与其职权无关的印章，不属于公务印章，如收发室的表示物品收讫的印章。

【行为】伪造、变造、买卖国家机关的公文、证件、印章。本罪之伪造，在狭义上讲，指没有制作权限的人冒用国家机关名义制作国家机关公文、证件、印章。这被称为"有形伪造"。另外，还应当肯定有制作权限的人以国家机关名义制作内容虚假的公文、证件、印章的，即所谓"无形伪造"也属于本罪之"伪造"。因为刑法将"变造"国家机关公文、证件、印章的行为也规定为犯罪，这意味着刑法对国家机关公文、证件、印章进行较为严密的保护，应将无形伪造包含在本罪伪造的范围内。伪造的程度达到足以使人认为是国家机关的公文、证件、印章即可，不必要求主体（制作机关的名称）完全一致。比如，行为人伪造一份名为"北京市海淀区公安局"的公文，盖有"北京市海淀区公安局"字样的印章，尽管与真实名称"北京市公安局海淀分局"不一致，但只要足以使人认为是海淀区公安分局公文即可，也不必要求伪造的外观与真实的完全一致。擅自制作不存在的国家机关证件、印章的，能否认定为本罪的伪造？例如，行为人制作"中华人民共和国内务部"的印章并使用。对此有肯定和否定的观点。肯定说认为"由于刑法规定本罪是为了保护国家机关印章的公共信用，而中华人民共和国内务部的印章所显示的是国家机关，故上述行为客观上侵犯了国家机关的公共信用，宜认定为伪造国家机关印章罪"。[1] 否定说认为，本罪成立的前提"是该公文、证件、印章有真实的机关存在。如果虚构机关之名伪造"的，不成立本罪。[2] 否定说似乎是我国司法实务的通说。

本罪之变造，指没有制作权限的人非法改变国家机关公文、证件部分内容，使其产生不同的证明效果。

本罪之买卖，指出售和购买行为，通常认为有出售或购买行为之一即可。买卖的对象，通常是形式完整的国家机关公文、证件、印章。如果形式上存在明显残缺、起不到相应的证明作用，不属于本罪的买卖对象。最高人民检察院研究室《买卖空白边境证答复》（2002）指出："对买卖尚未加盖发证机关的行政印章或者通行专用章印鉴的空白《中华人民共和国边境管理区通行证》的行为，不宜以买卖国家机关证件罪追究刑事责任。国家机关工作人员实施上述行为，构成犯罪的，可以按滥用职权等相关犯罪依法追究刑事责任。"另外，买卖的对象不限于真实的国家机关公文、证件、印章，例如，1998年12月29日全国人大常委会《惩治外汇犯罪的决定》第2条规定，买卖伪造、变造的海关签发的报关单、进口证明、外汇管理部门核准件等凭证和单据或者国家机关的其他公文、证件、印章的，依照《刑法》第280条的规定定罪处罚。有学者认为，还应包括一切伪造、变造的国家机关公文、证件、印章，理由是买卖伪造、变造的国家机关公文、证件、印章"同样严重侵害了公文、证件、印章的公共信用"。[3]

根据《办理机动车相关刑案解释》（2007）第2条，伪造、变造、买卖机动车行驶证、登记证书，累计3本以上的，以伪造、变造、买卖国家机关证件罪定罪，处3年以下有期徒刑、拘役、管制或者剥夺政治权利。伪造、变造、买卖机动车行驶证、登记证书，累计达到前述规

---

[1] 张明楷：《刑法学》，法律出版社2003年版，第802页。
[2] 周道鸾、张军主编：《刑法罪名精释》，人民法院出版社2003年版，第470页。
[3] 张明楷：《刑法学》，法律出版社2003年版，第802页。

定数量标准 5 倍以上的，属于本罪的"情节严重"，处 3 年以上 10 年以下有期徒刑。

【主观】故意，即明知是国家机关的公文、证件、印章而有意伪造、变造、买卖。

【加重犯】伪造、变造、买卖国家机关的公文、证件、印章，情节严重的，构成本罪的加重犯。所谓情节严重，主要是指伪造、变造、买卖重要国家机关的公文、证件、印章的；多次或者大量伪造、变造、买卖国家机关的公文、证件、印章的；因其伪造、变造、买卖公文、证件、印章行为而严重损害国家机关的利益和声誉的；伪造、变造、买卖公文、证件、印章，意图用于其他严重犯罪或者牵连其他犯罪的。

2. 盗窃、抢夺、毁灭国家机关公文、证件、印章罪。

【定义】指盗窃、抢夺、毁灭国家机关的公文、证件、印章的行为。本罪为选择性罪名。

【罪量】本罪的"情节严重"在司法实践中通常是指：多次或者大量盗窃、抢夺、毁灭国家机关公文、证件、印章的；盗窃、抢夺、毁灭国家机关重要的公文、证件、印章的；造成恶劣政治影响或者重大经济损失的；盗窃、抢夺、毁灭国家机关公文、证件、印章进行其他违法犯罪活动等情形。[1]

3. 伪造公司、企业、事业单位、人民团体印章罪。

【定义】伪造公司、企业、事业单位、人民团体的印章的行为。

【客体】公司、企业、事业单位、人民团体的正常活动及其信誉。

【行为】伪造公司、企业、事业单位、人民团体的印章。这里所谓"印章"，是指公司、企业、事业单位、人民团体刻制的以文字、图记表明其主体同一性的印章或某种特殊用途的专用印章。伪造印章包括伪造印信和印文。伪造非国家机关单位的文书、证件的，不构成犯罪，但如果在文书、证件上伪造了印文的，应以伪造印章罪论。

【主观】直接故意。

4. 伪造、变造、买卖身份证件罪。

【定义】指伪造、变造、买卖居民身份证、护照、社会保障卡、驾驶证等依法可以用于证明身份的证件的行为。

【行为对象】居民身份证、护照、社会保障卡、驾驶证等依法可以用于证明身份的证件。居民身份证和护照是专门的身份证件，社会保障卡与居民身份证使用同一号码，驾驶证使用身份证号码作为识别码。这四类证件都具有权威性、同一性、广泛性。其他"依法可以用于证明身份的证件"指与刑法明文列举的这四种证件在权威性、统一性、广泛性方面相当的证件。目前应当按照刑法明文列举的四种证件掌握，对于伪造、变造、买卖这四类证件之外的证件不宜以本罪论处。必要时，可以适用《刑法》第 280 条第 1 款或第 2 款定罪处罚。[2]

【行为】伪造、变造、买卖。

【加重犯】本罪的情节严重一般是指：大量伪造身份证的；伪造身份证出售获利巨大的；伪造、变造身份证造成严重危害后果的。

（二）适用

【定罪】1. 司法类型。根据司法解释，下列情形以伪造、变造、买卖国家机关公文、证件、印章罪定罪处罚：①伪造、变造、买卖海关签发的报关单、进口证明、外汇管理机关的核

---

[1] 周道鸾、张军：《刑法罪名精释》，人民法院出版社 2011 年版。
[2] 雷建斌主编、全国人大常委会法制工作员会刑法室编著：《〈中华人民共和国刑法修正案（九）〉释解与适用》，人民法院出版社 2015 年版，第 256、257 页。

准件等凭证或者购买伪造、变造的上述凭证的;[1] ②伪造、变造、买卖林木采伐许可证、木材运输证件、森林、林木、林地权属证书、占用或者征用林地审核同意书、育林基金等缴费收据以及其他国家机关批准的林业证件构成犯罪的;[2] ③伪造、变造、买卖国家机关颁发的野生动物允许进出口证明书、特许猎捕证、狩猎证、驯养繁殖许可证等公文、证件构成犯罪的;[3] ④伪造、变造、买卖机动车牌证及机动车入户、过户、验证的有关证明文件的;[4] ⑤伪造、变造、买卖机动车行驶证、登记证书,累计3本以上的。[5] 但是,伪造民用机动车号牌的,不成立本罪。另外,根据最高人民检察院法律政策研究室《政府临时性机构公文答复》(2003)的规定,伪造、变造、买卖各级人民政府设立的行使行政管理权的临时性机构的公文、证件、印章行为,构成犯罪的,应当依照《刑法》第280条第1款的规定,以伪造、变造、买卖国家机关公文、证件、印章罪追究刑事责任。

2. 目前,社会上伪造高等院校学历、学位证明牟利的活动较为严重,假文凭泛滥。但是,假文凭属于事业单位文书,不在本条之罪的范围内,导致法律适用上的困惑。针对这种情况,《办理高等院校学历证明刑案解释》(2001)规定:"对于伪造高等院校印章制作学历、学位证明的行为,应当依照《刑法》第280条第2款的规定,以伪造事业单位印章罪定罪处罚。明知是伪造高等院校印章制作的学历、学位证明而贩卖的,以伪造事业单位印章罪的共犯论处。"据此,惩治伪造、帮助伪造"假文凭"行为仍须以伪造高等院校印章为前提。

3. 常见的犯罪类型是行为人专门从事伪造身份证等伪造活动牟利,对这种行为以及贩卖等辅助行为,以伪造居民身份证罪论处不存在争议。本罪不包括独立的购买行为,所以,对于这种地下行业的相对方即买方如何认定成为问题。常见的情形是买方提供照片、姓名、出生年月等信息向卖方定制身份证。有学者认为,这种行为属于购买行为应有的内容,不属于参与伪造的行为,不能以伪造身份证的共犯论处。[6] 按照这种观点,本罪不包括购买(自用)行为,结论是不构成犯罪。对于购买(定制)伪造公司、企业、事业单位、人民团体印章的,也存在类似的疑义。实务中,在行为人未能补办遗失居民身份证的情况下,雇用他人以本人的真实身份资料伪造居民身份证供自己在日常生活中使用的,虽然违反身份证管理的法律规定,但情节显著轻微危害不大,不宜认定为犯罪。[7] 但是,司法实务上也偶有将这种"定制"者以伪造居民身份证罪(共犯)定罪处罚的案例。

【共犯】伪造国家机关公文、证件、印章往往需要一定的技能方能做到以假乱真的程度,社会上常见的犯罪类型是行为人专门从事伪造公文、证件、印章的活动牟利,并形成一个地下行业。对这类情形以本罪论处自无争议,问题是伪造之共犯与买卖行为的认定:①这种地下行业的"从业人员",除伪造者外,往往还有街头揽活、送活、收费的辅助人员,对这些购销的辅助活动,应当以伪造的共犯论处。②对于伪造行业的相对方(即买方)既有购买行为又有

---

[1] 1998年9月1日最高人民法院《审理外汇刑案解释》第2条。
[2] 2000年12月11日最高人民法院《审理森林资源刑案解释》第13条。
[3] 2000年12月11日最高人民法院《审理野生动物资源刑案解释》第9条。
[4] 1998年5月8日最高人民法院、最高人民检察院、公安部、国家工商行政管理局《机动车案规定》第6条。
[5] 2007年5月11日最高人民法院、最高人民检察院《办理机动车相关刑案解释》第2条。
[6] 张明楷:《刑法学》,法律出版社2003年版,第804页。
[7] 上海市第二中级人民法院(2004)沪二中刑终字第220号:张美华涉嫌伪造居民身份证无罪案(载《最高人民法院公报》2004年第12期)。一、二审法院均认为:张美华以本人的真实身份资料伪造居民身份证虽然违法,但其目的是为了解决身份证遗失后无法补办、日常生活中需证明自己身份的问题,由于未对社会造成严重危害,属于情节显著轻微危害不大,故宣告无罪。

一定的"伪造"（或帮助）行为的，应如何认定，值得探讨。常见的情形是：买方提供样式和内容要求伪造方依样制作，买方不仅仅有"购买"行为，还有相应的参与伪造（或帮助）行为，对此应当认定为伪造行为（共犯）还是买卖行为（单独犯）？司法实务有认定为伪造国家机关公文、证件、印章罪或伪造国家机关公文、证件、印章罪（共犯）的案例。[1] ③对购买"制成品"的，因为没有提供样式等参与伪造行为，不能以伪造行为或伪造的共犯论处。只能考虑以买卖国家机关公文、证件、印章罪论处，但是在买卖国家机关公文、证件、印章罪是否包含"伪造"品上，存在争议，本书持肯定的观点。

【罪数】1. 牵连犯。伪造、变造、买卖国家机关公文、证件、印章而后使用的，其使用行为可能又构成其他犯罪，如诈骗罪、招摇撞骗罪、骗购外汇罪等，属于典型的手段行为与目的行为的牵连犯，择一重罪定罪处罚。这种类型的牵连犯及其处理原则在我国学说和实务上得到广泛认可。例如，伪造、变造海关签发的报关单、进口证明、外汇管理部门核准件等凭证和单据，并用于骗购外汇的，属牵连犯，以骗购外汇罪从重处罚。[2]

2. 想象竞合犯。行为人为了实施诈骗等犯罪而伪造或购买国家机关公文、证件、印章，未能着手实行诈骗犯罪而案发的，该行为既属于诈骗罪的预备行为，又属于伪造、变造、买卖国家机关公文、证件、印章罪的实行行为，应当依据实行行为定罪处罚。因为只有伪造或购买一个行为，故属于（一罪的实行行为同时是另一罪的预备行为）想象竞合犯而不属于牵连犯。

【法条竞合犯】根据《刑法》第225条第2项的规定，"买卖进出口许可证、进出口原产地证明以及其他法律、行政法规规定的经营许可证或者批准文件"是非法经营行为之一，因此，"对于买卖允许进出口证明书等经营许可证明，同时触犯《刑法》第225、280条规定之罪的，依照处罚较重的规定定罪处罚"。[3] 实施买卖国家机关颁发的野生动物允许进出口证明书等"构成犯罪，同时构成《刑法》第225条第2项规定的非法经营罪的，依照处罚较重的规定定罪处罚"。[4]

五、使用虚假身份证件、盗用身份证件罪

《刑法》第280条之一　在依照国家规定应当提供身份证明的活动中，使用伪造、变造的或者盗用他人的居民身份证、护照、社会保障卡、驾驶证等依法可以用于证明身份的证件，情节严重的，处拘役或者管制，并处或者单处罚金。

有前款行为，同时构成其他犯罪的，依照处罚较重的规定定罪处罚。

【定义】在依照国家规定应当提供身份证明的活动中，情节严重的行为。

【行为】"在依照国家规定应当提供身份证明的活动中使用伪造、变造的居民身份证、护照、社会保障卡、驾驶证等身份证明或者盗用居民身份证、护照、社会保障卡、驾驶证等身份证明"。其中"国家规定"，指全国人民代表大会及其常务委员会制定的法律和决定，以及国务院制定的行政法规、规定的行政措施、发布的决定和命令。根据最高人民法院《关于准确理解和适用刑法中"国家规定"的有关问题的通知》（法发［2011］155号，以下称"关于国家规定的通知"），"国务院规定的行政措施"应当由国务院决定，通常以行政法规或者国务院制

---

[1] 直接定伪造国家机关公文、印章罪的案。例如"梅某某诈骗、伪造公文、印章案"，载刘家琛主编：《新刑法案例评析（下）》，人民法院出版社2002年版，第1029页；定共犯的案例如："刘某伪造居民身份证、伪造国家机关印章案"，载胡云腾主编：《刑法条文案例精解》，法律出版社2004年版，第410页。
[2] 1998年12月29日全国人民代表大会常务委员会《惩治外汇犯罪的决定》第1条。
[3] 2000年12月11日最高人民法院《审理森林资源刑案解释》第13条。
[4] 2000年12月11日最高人民法院《审理野生动物资源刑案解释》第9条。

发文件的形式加以规定。以国务院办公厅名义制发的文件，符合以下条件的，亦应视为《刑法》中的"国家规定"：①有明确的法律依据或者同相关行政法规不相抵触；②经国务院常务会议讨论通过或者经国务院批准；③在国务院公报上公开发布。"国家规定应当提供身份证明的活动"，例如，《居民身份证法》由第十届全国人民代表大会常务委员会通过，属于国家规定。该法第14条规定："有下列情形之一的，公民应当出示居民身份证证明身份：①常住户口登记项目变更；②兵役登记；③婚姻登记、收养登记；④申请办理出境手续；⑤法律、行政法规规定需要用居民身份证证明身份的其他情形。"据此，在上列常住户口登记项目变更、兵役、婚姻、收养登记、申请办理出境手续等事项中，应当出示居民身份证证明身份。如果行为人在上列活动中故意使用伪造、变造的居民身份证，属于"在依照国家规定应当提供身份证明的活动中使用伪造、变造的身份证明"。

"身份证明"，限于居民身份证、护照、社会保障卡、驾驶证四种。

"盗用"，指冒充他人身份、非法使用他人身份证明的行为。不以该身份证件系盗窃取得为必要。

【罪量】"情节严重"，一般指不止一次使用、盗用，或者使用、盗用造成侵害他人权益的后果，或为进行其他犯罪活动而使用、盗用等。

六、非法生产、买卖警用装备罪

《刑法》第281条　非法生产、买卖人民警察制式服装、车辆号牌等专用标志、警械，情节严重的，处3年以下有期徒刑、拘役或者管制，并处或者单处罚金。

单位犯前款罪的，对单位判处罚金，并对其直接负责的主管人员和其他直接责任人员，依照前款的规定处罚。

【定义】非法生产、买卖人民警察制式服装、车辆号牌等专用标志、警械，情节严重的行为。

【对象】人民警察制式服装、车辆号牌等专用标志、警械。所谓人民警察制式服装，是指国家依法规定其特有的样式专供人民警察穿着以便标志其身份、依法执行警务的服装，即警服。所谓车辆号牌，是指为了便于管理而制作的用于标明汽车归属、类型、排列顺序等的牌照。所谓专用标志，主要是指警衔标志、警服专用标志（如现行警服纽扣以及帽徽、领花、符号、领带、领带卡等）、警徽、警灯。所谓警械，根据《人民警察使用警械和武器条例》(1996)第3条的规定，是指"人民警察按照规定装备的警棍、催泪弹、高压水枪、特种防暴枪、手铐、脚镣、警绳等警用器械"。

【行为】非法生产、买卖人民警察制式服装、车辆号牌等专用标志、警械。所谓"非法"，是指违反《人民警察法》第36条的规定，未经许可而生产、买卖。

【罪量】"情节严重"，根据《立案标准（一）》(2008)第25条，指涉嫌下列情形之一的：①成套制式服装30套以上，或者非成套制式服装100件以上的；②手铐、脚镣、警用抓捕网、警用催泪喷射器、警灯、警报器单种或者合计10件以上的；③警棍50根以上的；④警衔、警号、胸章、臂章、帽徽等警用标志单种或者合计100件以上的；⑤警用号牌、省级以上公安机关专段民用车辆号牌1副以上，或者其他公安机关专段民用车辆号牌3副以上的；⑥非法经营数额5000元以上，或者非法获利1000元以上的；⑦被他人利用进行违法犯罪活动的；等等。

七、非法获取国家秘密罪·非法持有国家绝密、机密文件、资料、物品罪

（一）构成要件·法定刑

《刑法》第282条　以窃取、刺探、收买方法，非法获取国家秘密的，处3年以下有期徒刑、拘役、管制或者剥夺政治权利；情节严重的，处 3 年以上 7 年以下有期徒刑。

非法持有属于国家绝密、机密的文件、资料或者其他物品，拒不说明来源与用途的，处 3 年以下有期徒刑、拘役或者管制。

1. 非法获取国家秘密罪。

【定义】以窃取、刺探、收买方法，非法获取国家秘密的行为。

【对象】国家秘密，包括法定的绝密、机密、秘密三种级别的国家秘密。国家秘密以外的情报、信息等，不属于本罪的对象。

【行为】以窃取、刺探、收买方法非法获取国家秘密。所谓非法获取，是指依法不应知悉、取得某项国家秘密的人而知悉、取得该项国家秘密；或者依法可以知悉某项国家秘密的人员未经办理手续取得该项国家秘密。本罪的非法获取限于使用窃取、刺探、收买这三种方法之一知悉、取得国家秘密。

【主观】故意，即明知是国家秘密而非法获取。行为人以盗窃财物的故意，无意中获得国家秘密的，属于不同构成要件的事实认识错误，阻却对非法获取国家秘密的结果承担故意罪责。

【加重犯】"情节严重"，一般指：非法获取国家绝密级秘密的；非法获取秘密导致泄露、扩散，造成严重后果的；非法获取大量国家秘密的；等等。

2. 非法持有国家绝密、机密文件、资料、物品罪。

【定义】非法持有属于国家绝密、机密的文件、资料或者其他物品，拒不说明来源与用途的行为。

【对象】本罪的对象限于国家绝密、机密这两个级别的文件、资料或者其他物品，不包括秘密级的文件、资料或者其他物品。非法持有秘密级文件、资料或者其他物品的，不能构成本罪。另外，本罪的行为对象必须是存在于一定的载体或实物上的国家绝密或者机密，即载有国家绝密、机密的文件、资料或者本身含有国家绝密、机密的物品。仅仅非法知悉国家绝密、机密，而没有非法持有其载体或实物的，不能构成本罪。

【行为】非法持有属于国家绝密、机密的文件、资料或者其他物品，拒不说明来源与用途。这里所谓"非法持有"，根据《国家安全法实施细则》（1994，现已失效）第 19 条的规定，是指不应知悉某项国家绝密、机密的人员携带、存放属于该项国家绝密、机密的文件、资料和其他物品的，或者可以知悉某项国家绝密、机密的人员，未经办理手续私自携带、留存属于该项国家绝密、机密的文件、资料和其他物品的。所谓拒不说明来源与用途，是指经调查询问仍不肯说明所非法持有之机密、绝密的来源与用途。这里所说的来源，包括持有者所知的一切"来源"，主要是原始来源，但也包括持有者所知的其他来源。非法持有者不知原始来源而说明其获取持有的来源的，如拾得、受托保管、受赠等，也应认为说明了来源。这里所说的用途，包括非法持有者所知的他人打算的用途及其本人打算的用途。只要非法持有人如实交代了所知的用途，就应认为对用途作了说明。如果非法持有者对其所知的来源与用途作了虚假的"说明"，实质上仍是拒不说明来源与用途。是否虚假应根据非法持有人是否真实地交代所知情况判断，不宜根据是否与客观情况完全一致判断。只有同时具备非法持有与拒不说明来源与用途两个要素，才属于本罪的行为。

【主观】故意。故意的内容包括：①已知或被告知所持有的是属于国家绝密、机密的文件、资料或者其他物品；②明知其来源与用途，在间接获得持有的场合，不要求持有者明知原始的来源；③已知调查询问的人员是在依法行使侦查该项绝密、机密的来源与用途的职权。持有人主观上缺乏必要的故意内容而拒不说明来源与用途的，不能构成本罪。如不知是国家绝密、机密的，确实属于来源不明而不知其来源与用途的，以及不知对方是有权调查询问者的。

（二）适用

【关联罪】1. 非法获取国家秘密罪与为境外窃取、刺探、收买、非法提供国家秘密、情报罪的区别。要点在于是否为境外的机构、组织、个人实施非法获取国家秘密的行为或者是否将所非法获取的国家秘密故意向境外的机构、组织、个人非法提供。由于所非法获取的国家秘密泄露、扩散，而被境外的机构、组织、个人知悉、取得的，只要行为人对此情形不是故意的，仍应定为非法获取国家秘密罪。

2. 非法获取国家秘密罪与盗窃罪、侵犯商业秘密罪的区别。要点在于对象不同：本罪限于国家秘密；盗窃罪的对象是不包含国家秘密的财物；侵犯商业秘密罪的对象是商业秘密。

3. 非法持有国家绝密、机密文件、资料、物品罪与其他涉及国家秘密犯罪的区别。因犯间谍罪，为境外窃取、刺探、收买、非法提供国家秘密、情报罪，非法获取国家秘密罪而持有国家绝密、机密文件、资料、物品的，属于有关"涉密"犯罪应有的内容，不认为是数罪。在本人拒不说明来源与用途且无法证实构成其他涉密犯罪的情况下，才以非法持有国家绝密、机密文件、资料、物品罪论处。

【罪数】牵连犯。犯非法获取国家秘密罪而后又泄漏国家秘密的，还构成故意泄露国家秘密罪，属于牵连犯，应择一重罪处罚。因为非法获取国家秘密罪与故意泄露国家秘密罪的法定刑相同，通常根据具体案件中危害程度较重的行为定罪处罚，如行为人为了牟利而窃取试卷并向多人出售试题，其目的和危害主要体现在泄漏国家秘密上，法院以故意泄露国家秘密罪判处。

【案例】**杨博非法获取国家秘密案**[1]

被告人杨博系某县某中学高三学生，为在当年高考中取得好成绩，于2003年6月5日凌晨潜入该县教育局办公大楼，切断报警装置电源，强行进入保密室内，撬开铁皮柜，从《2003年普通高等学校招生全国统一考试试卷》文科数学、语文、英语、综合及理科数学、综合档案袋中抽出试卷后逃离现场。法院认为，被告人杨博采取秘密窃取的手段，非法获取属于国家绝密级的高考试卷6份，已构成非法获取国家秘密罪，判处有期徒刑7年。

八、非法生产、销售间谍器材、窃听、窃照专用器材罪

《刑法》第283条　非法生产、销售专用间谍器材或者窃听、窃照专用器材的，处3年以下有期徒刑、拘役或者管制，并处或者单处罚金；情节严重的，处3年以上7年以下有期徒刑，并处罚金。

单位犯前款罪的，对单位判处罚金，并对其直接负责的主管人员和其他直接责任人员，依照前款的规定处罚。

【定义】非法生产、销售窃听、窃照等间谍器材或者窃听、窃照专用器材的行为。

【对象】专用间谍器材或者窃听、窃照专用器材。所谓"专用间谍器材"，是指《国家安全法实施细则》（1994，现已失效）第20条规定的进行间谍活动需要的下列特殊器材：①暗藏式窃听、窃照器材；②突发式收发报机、一次性密码本、密写工具；③用于获取情报的电子监听、截收器材；④其他专用间谍器材。间谍器材的确认，由国家安全部负责。

所谓"窃听、窃照专用器材"，根据国家工商行政管理总局、公安部、国家质量监督检验检疫总局2014年12月23日发布的《禁止非法生产销售使用窃听窃照专用器材和"伪基站"

---

[1] 王作富主编：《刑法分则实务研究（中）》，中国方正出版社2007年版，第1221～1222页。

设备的规定》第3、4条，"窃听专用器材"，是指以伪装或者隐蔽方式使用，经公安机关依法进行技术检测后作出认定性结论，有以下情形之一的：①具有无线发射、接收语音信号功能的发射、接收器材；②微型语音信号拾取或者录制设备；③能够获取无线通信信息的电子接收器材；④利用搭接、感应等方式获取通讯线路信息的器材；⑤利用固体传声、光纤、微波、激光、红外线等技术获取语音信息的器材；⑥可遥控语音接收器件或者电子设备中的语音接收功能，获取相关语音信息，且无明显提示的器材（含软件）；⑦其他具有窃听功能的器材。"窃照专用器材"，是指以伪装或者隐蔽方式使用，经公安机关依法进行技术检测后作出认定性结论，有以下情形之一的：①具有无线发射功能的照相、摄像器材；②微型针孔式摄像装置以及使用微型针孔式摄像装置的照相、摄像器材；③取消正常取景器和回放显示器的微小相机和摄像机；④利用搭接、感应等方式获取图像信息的器材；⑤可遥控照相、摄像器件或者电子设备中的照相、摄像功能，获取相关图像信息，且无明显提示的器材（含软件）；⑥其他具有窃照功能的器材。

根据司法解释，非法生产、销售的"伪基站"属于专用间谍器材和窃听、窃照专用器材的以本罪论处；不属于的，可以非法经营罪论处。

【行为】"非法生产、销售"，指在未经国家有关部门特别许可的情况下，擅自生产、销售的行为。鉴于专用间谍器材和窃听、窃照专用器材的特殊功能，为了维护国家安全、公共安全和保障公民隐私，国家对专用间谍器材和窃听、窃照专用器材实行特许经营制度，未经许可不得生产、销售。

九、非法使用窃听、窃照专用器材罪

（一）构成要件·法定刑

《刑法》第284条　非法使用窃听、窃照专用器材，造成严重后果的，处2年以下有期徒刑、拘役或者管制。

【定义】非法使用窃听、窃照专用器材，造成严重后果的行为。

【行为·结果】非法使用窃听、窃照专用器材，造成严重后果。"非法使用"是指未经授权、许可，以伪装或者隐蔽方式使用，严重扰乱社会秩序、侵犯他人隐私或其他权益。所谓"窃听、窃照专用器材"，是指以伪装或者隐蔽方式使用音像器材。所谓造成严重后果，一般是指因窃取他人隐私而造成他人精神失常、家庭破裂以及受害人自杀等后果。此外，因窃取他人隐私而知悉国家秘密的，或者因窃取党和国家领导人的隐私而引发信任危机的，也应视为造成严重后果。

【主观】故意，通常出于获取他人隐私的目的。

【罪量】构成本罪必须同时具有非法使用窃听、窃照专用器材和造成严重后果这两个要件。使用窃听、窃照专用器材以外的方式获取他人隐私的，不构成犯罪。采取了非法使用窃听、窃照专用器材的方式，但未造成严重后果的，亦不构成犯罪。

（二）适用

【定罪】本罪适用中存在的问题：随着现代电子技术的高速发展，音像器材日益微型化，导致窃听、窃照专用器材与日常生活电子用品如手持电话、摄像机、录音机之间的差别难以界分。这种根据使用"工具"确定犯罪性的立法难以操作。

【罪数】本罪的对象不包括国家秘密、情报或者商业秘密。行为人非法使用窃听、窃照专用器材窃取国家秘密或者情报、商业秘密，又构成其他犯罪的，属于手段行为（使用窃听、窃照专用器材）与目的行为（窃取国家秘密、商业秘密）的牵连，择一重罪处断。

十、组织考试作弊罪·非法出售、提供试题、答案罪·代替考试罪

《刑法》第 284 条之一　　在法律规定的国家考试中，组织作弊的，处 3 年以下有期徒刑或者拘役，并处或者单处罚金；情节严重的，处 3 年以上 7 年以下有期徒刑，并处罚金。

为他人实施前款犯罪提供作弊器材或者其他帮助的，依照前款的规定处罚。

为实施考试作弊行为，向他人非法出售或者提供第 1 款规定的考试的试题、答案的，依照第 1 款的规定处罚。

代替他人或者让他人代替自己参加第 1 款规定的考试的，处拘役或者管制，并处或者单处罚金。

（一）组织考试作弊罪

【定义】在法律规定的国家考试中，组织考试作弊或者帮助组织考试作弊的行为。

【行为】"法律规定的国家考试"，根据现有法律规定，主要有：①法律规定的教育类考试，如高等教育入学考试（高考）、硕士和博士研究生入学考试、高等教育自学考试等。②法律规定的职业资格考试，如国家司法考试、公务员考试、执业医师资格考试等。目前，国务院正在进行行政审批项目清理，一些部门行业的水平评价类职业资格将被取消。从现有规定看，我国有近 20 部法律中规定了"国家考试"。[1]

法律规定的国家考试不以国家统一组织实施考试为必要。如国家公务员、中央机关及其直属机构公务员的录用，由中央公务员主管部门负责组织（考试）。地方各级机关公务员的录用，由省级公务员主管部门负责组织（考试）。

"组织（考试）作弊"，指纠集多人、分工合作从事考试作弊行为。（考试）"作弊"，指以不正当手段获得试题答案、考试成绩的行为，如根据《国家教育考试违规处理办法》（2011），教育考试中作弊包括：抄袭答案、替考、交换试卷答卷等。

根据《刑法》第 284 条之一第 2 款，为他人在法律规定的国家考试中组织作弊提供作弊器材或者其他帮助的行为，以组织考试作弊罪论处。这其实是组织考试作弊的共犯行为，构成犯罪应同时具备两个要件：客观上实施了提供作弊器材和其他帮助组织作弊的行为；主观上是故意的，即明知他人组织考试作弊而帮助。

"作弊器材"，指用于考试作弊的工具，主要是摄录、传输试题和答案的通信器材。

"其他帮助行为"，指提供考试作弊器材之外的帮助组织考试作弊的行为，包括在考试作弊组织者的指挥下，招募作弊考生，使用作弊器材摄录、传送试卷、答案，解答试题制作作弊答案等。

（二）非法出售、提供试题、答案罪

【定义】为实施考试作弊行为，向他人非法出售或者提供法律规定的国家考试的试题、答案的行为。

【行为】"他人"，既包括组织考试作弊的人，也包括其他为实施考试作弊而寻求获取试题或答案的人。

本罪实际是以非法出售、提供试题、答案方式帮助他人"实施考试作弊行为"，因此，出售、提供特定试题、答案的行为成立本罪，客观上对他人实施考试作弊行为发挥了帮助作用；主观上明知他人用于实施考试作弊活动。不为实施考试作弊行为而提供试题、答案的，不成立本罪。法律规定的国家考试试题、答案在启封前属于国家秘密。如果所出售、提供试题、答案

---

[1] 雷建斌主编、全国人大常委会法制工作员会刑法室编著：《〈中华人民共和国刑法修正案（九）〉释解与适用》，人民法院出版社 2015 年版，第 268 页。

属于国家秘密的，同时触犯本罪和故意泄露国家秘密罪，择一重罪处断。

（三）代替考试罪

【定义】代替他人或者让他人代替自己参加法律规定的国家考试的行为。

十一、非法侵入计算机信息系统罪·非法获取计算机信息系统数据、非法控制计算机信息系统罪·提供侵入、非法控制计算机信息系统程序、工具罪[1]

《刑法》第285条 违反国家规定，侵入国家事务、国防建设、尖端科学技术领域的计算机信息系统的，处3年以下有期徒刑或者拘役。

违反国家规定，侵入前款规定以外的计算机信息系统或者采用其他技术手段，获取该计算机信息系统中存储、处理或者传输的数据，或者对该计算机信息系统实施非法控制，情节严重的，处3年以下有期徒刑或者拘役，并处或者单处罚金；情节特别严重的，处3年以上7年以下有期徒刑，并处罚金。

提供专门用于侵入、非法控制计算机信息系统的程序、工具，或者明知他人实施侵入、非法控制计算机信息系统的违法犯罪行为而为其提供程序、工具，情节严重的，依照前款的规定处罚。

单位犯前三款罪的，对单位判处罚金，并对其直接负责的主管人员和其他直接责任人员，依照各该款的规定处罚。

（一）非法侵入计算机信息系统罪

【定义】违反国家规定，故意侵入国家事务、国防建设、尖端科学技术领域的计算机信息系统的行为。

1. 构成要件。

【对象】国家重点保护的计算机信息系统，即国家事务、国防建设、尖端科学技术领域的计算机信息系统。"计算机信息系统"，也可称"计算机系统"，是指具备自动处理数据功能的系统，包括计算机、网络设备、通信设备、自动化控制设备等。非法侵入国家重点保护范围以外的计算机信息系统的，不构成本罪。

【行为】违反国家规定，侵入国家事务、国防建设、尖端科学技术领域的计算机信息系统。非法侵入，指无权进入该计算机信息系统的人员，擅自操作进入该计算机信息系统，通常表现为以破解密码或窃取、刺探、骗取密码的方式，操作进入计算机信息系统。只要有非法侵入的行为，即具备本罪的行为要素，一旦进入，即构成本罪的既遂。

【主观】故意，即明知是国家重要的计算机信息系统而故意非法侵入。无意闯入后，经警示仍不退出的，亦应视为故意非法侵入。

2. 适用。

【罪数】（1）想象竞合犯。2007年6月26日发布的《最高人民法院关于审理危害军事通信刑事案件具体应用法律若干问题的解释》第6条第3款规定，违反国家规定，侵入国防建设、尖端科学技术领域的军事通信计算机信息系统，尚未对军事通信造成破坏的，依照《刑法》第285条的（非法侵入计算机信息系统罪）规定定罪处罚；对军事通信造成破坏，同时构成《刑法》第285条（非法侵入计算机信息系统罪）、第286条（破坏计算机信息系统罪）、第369条第1款（破坏武器装备、军事设施、军事通信罪）规定的犯罪的，依照处罚较重的规定定罪处罚。

---

[1] 经《刑法修正案（七）》修正。

（2）牵连犯。侵入国家重点保护的计算机信息系统窃取国家秘密或实施其他犯罪的，应作为牵连犯，择一重罪处罚。

（二）非法获取计算机信息系统数据、非法控制计算机信息系统罪

【定义】使用不法侵入的手段，获取计算机信息系统的数据或者非法控制计算机信息系统，情节严重的行为。

1. 构成要件。

【对象】计算机信息系统或者其中存储、处理或者传输的数据。

【行为】包括两种情形：①非法侵入且非法获取他人计算机信息系统中的数据；②非法侵入且非法控制他人计算机信息系统。非法控制，指非法使他人计算机信息系统执行其发出的指令。"侵入"的实质含义是指：行为人在没有得到许可时，违背计算机信息系统控制人或权利人的意愿，进入其无权进入的计算机信息系统中。可分为两类：①非法用户（无权访问特定信息系统的用户）侵入信息系统，如冒充合法用户、破解密码、盗取密码等；②合法用户（有权访问特定信息系统的用户）的越权访问，如未经批准、授权或者未办理相关手续而擅自访问该信息系统或者调取系统内部数据资源。

【罪量】"情节严重"。根据《办理计算机刑案解释》（2011）第1条第1款，非法获取计算机信息系统数据或者非法控制计算机信息系统，具有下列情形之一的，应认定为"情节严重"：①获取支付结算、证券交易、期货交易等网络金融服务的身份认证信息10组以上的；②获取前述第1项以外的身份认证信息500组以上的；③非法控制计算机信息系统20台以上的；④违法所得5000元以上或者造成经济损失1万元以上的；⑤其他情节严重的情形。这里的"其他情节严重的情形"至少包括获取信息的数量、次数、手段、潜在的危险性等，应从实质上判断其行为的法益侵害性和有责性是否到达需要刑罚处罚的程度。

【加重犯】"情节特别严重"，根据《办理计算机刑案解释》（2011）第1条第2款，指犯罪数量或数额达到"情节严重"标准5倍以上或其他情节特别严重的情形。

2. 适用。

（1）明知是他人非法控制的计算机信息系统，而对该计算机信息系统的控制权加以利用的，依照本罪定罪处罚。

（2）本罪与非法侵入计算机信息系统罪的区别。本罪对象是《刑法》第285条第1款之外的信息系统。如果侵入第285条第1款的计算机信息系统的，是非法侵入计算机信息系统罪。如果非法侵入第285条第1款的计算机信息系统并且实施了窃取数据或控制计算机行为，情节严重的，同时构成本罪。

（3）本罪与盗窃罪的区别。如果侵入他人计算机信息系统窃取财物的，如盗窃他人网络银行账户中的现金的，同时构成盗窃罪，应当以盗窃罪论处。如果既窃取数据又窃取财物的，成立数罪。对于窃取他人账户"Q币"在淘宝网出售的行为，指导案例以非法获取计算机信息系统数据罪定罪处罚，不主张以盗窃罪论处。对于窃取网络虚拟财产的，如"网游"的宝物、兵器、财富等，虽然属于财产性利益，通说仍主张以本罪论处，不主张以盗窃罪论处。

（4）本罪与有关侵犯知识产权罪的区别。非法侵入计算机信息系统窃取他人商业秘密、网络游戏等数据并非法利用，构成侵犯商业秘密罪、侵犯著作权罪的，具有牵连关系，择一重罪处断。

（5）《办理计算机刑案解释》（2011）第7条第1款规定：明知是非法获取计算机信息系统数据犯罪所获取的数据、非法控制计算机信息系统犯罪所获取的计算机信息系统控制权，而予以转移、收购、代为销售或者以其他方法掩饰、隐瞒，违法所得5000元以上的，应当依照

《刑法》第312条第1款的规定，以掩饰、隐瞒犯罪所得罪定罪处罚。

（三）提供侵入、非法控制计算机信息系统程序、工具罪

【定义】提供专门用于侵入、非法控制计算机信息系统的程序、工具，或者明知他人实施侵入、非法控制计算机信息系统的违法犯罪行为而为其提供程序、工具，情节严重的行为。

【行为】包括两种情形：

1. 提供专门用于侵入、非法控制计算机信息系统的程序、工具的。根据《办理计算机刑案解释》（2011），具有下列情形之一的程序、工具，应当认定为"专门用于侵入、非法控制计算机信息系统的程序、工具"：①具有避开或者突破计算机信息系统安全保护措施，未经授权或者超越授权获取计算机信息系统数据的功能的；②具有避开或者突破计算机信息系统安全保护措施，未经授权或者超越授权对计算机信息系统实施控制的功能的；③其他专门设计用于侵入、非法控制计算机信息系统、非法获取计算机信息系统数据的程序、工具。此处的"提供"，既包括有偿提供，也包括免费提供；既包括向特定人提供，也包括向不特定人提供，如将其放到网上供人免费下载使用。因为，此种"专门"工具只能作为入侵或非法控制之用，本身具有违禁性，所以对"提供"应作扩张把握。

2. 为他人实施侵入、非法控制计算机信息系统的违法犯罪行为而提供程序、工具的。此行为类型的"提供"，限于向已知图谋实施特定违法犯罪活动的人提供，并被用于实施特定的违法犯罪活动。

【主观】故意。因为"专门"的非法侵入、控制工具必然会被他人用于侵入、非法控制计算机信息系统的违法犯罪活动，所以，行为人只要明知是专门入侵、控制的工具而提供的，即具备本罪之故意。在提供非专门入侵、非法控制工具的场合，行为人须明知他人实施侵入、非法控制计算机信息系统的违法犯罪行为而为其提供，才具有本罪的故意。

【罪量】"情节严重"。《办理计算机刑案解释》（2011）第3条第1款规定，提供侵入、非法控制计算机信息系统的程序、工具，具有下列情形之一的，应当认定为"情节严重"：①提供能够用于非法获取支付结算、证券交易、期货交易等网络金融服务身份认证信息的专门性程序、工具5人次以上的；②提供前述第1项以外的专门用于侵入、非法控制计算机信息系统的程序、工具20人次以上的；③明知他人实施非法获取支付结算、证券交易、期货交易等网络金融服务身份认证信息的违法犯罪行为而为其提供程序、工具5人次以上的；④明知他人实施前述第3项以外的侵入、非法控制计算机信息系统的违法犯罪行为而为其提供程序、工具20人次以上的；⑤违法所得5000元以上或者造成经济损失1万元以上的；⑥其他情节严重的情形。

【加重犯】"情节特别严重"，根据《办理计算机刑案解释》（2011）第3条第2款，指数量或者数额达到"情节严重"标准5倍以上或其他情节特别严重的情形。

十二、破坏计算机信息系统罪

（一）构成要件·法定刑

《刑法》第286条　违反国家规定，对计算机信息系统功能进行删除、修改、增加、干扰，造成计算机信息系统不能正常运行，后果严重的，处5年以下有期徒刑或者拘役；后果特别严重的，处5年以上有期徒刑。

违反国家规定，对计算机信息系统中存储、处理或者传输的数据和应用程序进行删除、修改、增加的操作，后果严重的，依照前款的规定处罚。

故意制作、传播计算机病毒等破坏性程序，影响计算机系统正常运行，后果严重的，依照第1款的规定处罚。

【定义】违反国家规定，对计算机信息系统功能和信息系统中存储、处理、传输的数据和应用程序进行破坏，造成计算机信息系统不能正常运行，后果严重的行为。

【行为·结果】本罪的行为·结果包括以下两种：

1. 破坏计算机信息系统功能、数据、应用程序，"后果严重"。《办理计算机刑案解释》（2011）第4条第1款规定，破坏计算机信息系统功能、数据或者应用程序，具有下列情形之一的，应当认定为"后果严重"：①造成10台以上计算机信息系统的主要软件或者硬件不能正常运行的；②对20台以上计算机信息系统中存储、处理或者传输的数据进行删除、修改、增加操作的；③违法所得5000元以上或者造成经济损失1万元以上的；④造成为100台以上计算机信息系统提供域名解析、身份认证、计费等基础服务或者为1万以上用户提供服务的计算机信息系统不能正常运行累计1小时以上的；⑤造成其他严重后果的。

2. 故意制作、传播计算机病毒等破坏性程序，影响计算机系统正常运行，"后果严重"。《办理计算机刑案解释》（2011）第5条规定，具有下列情形之一的，应认定为"计算机病毒等破坏性程序"：①能够通过网络、存储介质、文件等媒介，将自身的部分、全部或者变种进行复制、传播，并破坏计算机系统功能、数据或者应用程序的；②能够在预先设定条件下自动触发，并破坏计算机系统功能、数据或者应用程序的；③其他专门设计用于破坏计算机系统功能、数据或者应用程序的程序。

《办理计算机刑案解释》（2011）第6条第1款规定：故意制作、传播计算机病毒等破坏性程序，影响计算机系统正常运行，具有下列情形之一的，应当认定为"后果严重"：①制作、提供、传输第5条第1项规定的程序，导致该程序通过网络、存储介质、文件等媒介传播的；②造成20台以上计算机系统被植入第5条第1、2项规定的程序的；③提供计算机病毒等破坏性程序10人次以上的；④违法所得5000元以上或者造成经济损失1万元以上的；⑤造成其他严重后果的。

【主观】故意，即明知自己的行为会发生影响计算机系统正常运行等危害结果，并且希望或者放任这种结果的发生。

【加重犯】"后果特别严重"，根据《办理计算机刑案解释》（2011）第4条第2款和第6条，分两种行为方式掌握：

1. 破坏计算机信息系统功能、数据或者应用程序，有下列情形之一的：①数量或者数额达到该行为方式"后果严重"标准5倍以上的；②造成为500台以上计算机信息系统提供域名解析、身份认证、计费等基础服务或者为5万以上用户提供服务的计算机信息系统不能正常运行累计1小时以上的；③破坏国家机关或者金融、电信、交通、教育、医疗、能源等领域提供公共服务的计算机信息系统的功能、数据或者应用程序，致使生产、生活受到严重影响或者造成恶劣社会影响的；④造成其他特别严重后果的。

2. 故意制作、传播计算机病毒等破坏性程序，影响计算机系统正常运行，具有下列情形之一的：①数量或者数额达到该行为方式"后果严重"标准5倍以上的；②制作、提供、传输能够通过网络、存储介质、文件等媒介，将自身的部分、全部或者变种进行复制、传播，并破坏计算机系统功能、数据或者应用程序的程序，导致该程序通过网络、存储介质、文件等媒介传播，致使生产、生活受到严重影响或者造成恶劣社会影响的；③造成其他特别严重后果的。

（二）适用

【关联罪】1. 本罪与故意毁坏财物罪、破坏生产经营罪等的区别。本罪的特点是以"技术操作"方式对计算机信息系统实施的破坏行为，如修改操作系统或删除数据等，不包括直接使用物理（或暴力的）方式直接对计算机硬件设备毁坏、拆卸等。如果使用物理方法对硬件破坏，不构成本罪，可以构成其他的破坏型犯罪，如故意毁坏财物罪等，在足以危害公共安全的情况下，甚至可以构成破坏公用电信设施罪。以"技术操作"方式对计算机信息系统实施破坏，直接危害到公共安全的，如通过网络攻击军事设施、核电站、水电站，也可以构成破坏军事设施罪、破坏电力设备罪等严重犯罪。

《审理军事通信刑案解释》（2007）第6条第3款规定，违反国家规定，侵入国防建设、尖端科学技术领域的军事通信计算机信息系统，尚未对军事通信造成破坏的，依照《刑法》第285条的（非法侵入计算机信息系统罪）规定定罪处罚；对军事通信造成破坏，同时构成《刑法》第285条（非法侵入计算机信息系统罪）、第286条（破坏计算机信息系统罪）、第369条第1款规定的（破坏军事通信罪）犯罪的，依照处罚较重的规定定罪处罚。

2.《刑法》第287条规定："利用计算机实施金融诈骗、盗窃、贪污、挪用公款、窃取国家秘密或者其他犯罪的，依照本法有关规定定罪处罚。"我国刑法目前规定的计算机犯罪仅仅针对计算机的犯罪，即以计算机信息系统为侵害对象的犯罪，没有将把计算机作为犯罪手段、工具的行为专门规定为犯罪，故以计算机作为工具实施犯罪的，按照其他犯罪处罚。例如，某银行职员，熟悉银行业务，他在某银行营业所旁租间屋子，然后把自己的笔记本电脑偷偷接到银行计算机系统上。在营业所上班开机后，他通过解密、操作等技术手段往自己的账户输入资金，共达48万元，然后去提取，构成盗窃罪。因利用计算机犯罪又导致计算机信息系统不能正常运行，后果严重的，应按牵连犯择一重罪处罚。

【案例】　　　　　　　**徐赞破坏计算机信息系统案**[1]

被告人徐赞利用"QQ尾巴"等程序在互联网上传播其编写的ipxsrv.exe程序，先后植入四万余台计算机，形成Bot Net"僵尸网络"。2004年10月~2005年1月，被告人徐赞操纵"僵尸网络"对北京大吕黄钟电子商务有限公司所属音乐网站（www.kuro.com.cn/北京飞行网，简称酷乐）发动多次DDOS攻击，致使该公司遭受重大经济损失，并且影响北京电信数据中心皂君庙机房网络设备及用户，造成恶劣的社会影响。经计算机病毒防治产品功能测试机构鉴定，ipxsrv.exe程序为破坏性程序。法院认为被告人徐赞故意制作、传播破坏性程序，影响计算机系统正常运行，后果严重，其行为已构成破坏计算机信息系统罪，判处有期徒刑1年零6个月。

十三、拒不履行信息网络安全管理义务罪

《刑法》第286条之一　　网络服务提供者不履行法律、行政法规规定的信息网络安全管理义务，经监管部门责令采取改正措施而拒不改正，有下列情形之一的，处3年以下有期徒刑、拘役或者管制，并处或者单处罚金：

（一）致使违法信息大量传播的；

（二）致使用户信息泄露，造成严重后果的；

（三）致使刑事案件证据灭失，情节严重的；

（四）有其他严重情节的。

单位犯前款罪的，对单位判处罚金，并对其直接负责的主管人员和其他直接责任人员，依照前款的规定处罚。

有前两款行为，同时构成其他犯罪的，依照处罚较重的规定定罪处罚。

【定义】网络服务提供者拒不履行法律、行政法规规定的信息网络安全管理义务，经监管

---

[1] 河北省唐山市路北区人民法院（2005）北刑初字第305号刑事判决。

部门责令采取改正措施而拒不改正，致发生《刑法》第286条之一规定的情形之一的行为。

【客体】国家对网络信息的监管制度。

【主体】网络服务提供者，包括自然人和单位。

【行为】不作为犯。不履行法律、行政法规规定的信息网络安全管理义务，经监管部门责令采取改正措施而拒不改正，有下列情形之一的：①致使违法信息大量传播的；②致使用户信息泄露，造成严重后果的；③致使刑事案件证据灭失，情节严重的；④有其他严重情节的。

【主观】故意，即明知被监管部门责令采取改正措施仍拒不改正。

十四、非法利用信息网络罪

《刑法》第287条之一　利用信息网络实施下列行为之一，情节严重的，处3年以下有期徒刑或者拘役，并处或者单处罚金：

（一）设立用于实施诈骗、传授犯罪方法、制作或者销售违禁物品、管制物品等违法犯罪活动的网站、通讯群组的；

（二）发布有关制作或者销售毒品、枪支、淫秽物品等违禁物品、管制物品或者其他违法犯罪信息的；

（三）为实施诈骗等违法犯罪活动发布信息的。

单位犯前款罪的，对单位判处罚金，并对其直接负责的主管人员和其他直接责任人员，依照第1款的规定处罚。

有前两款行为，同时构成其他犯罪的，依照处罚较重的规定定罪处罚。

【定义】利用信息网络实施《刑法》第287条之一所列行为之一，情节严重的行为。

【客体】国家对信息网络的管理秩序。

【行为】实施《刑法》第287条之一规定的非法利用信息网络行为之一：①设立用于实施诈骗、传授犯罪方法、制作或者销售违禁物品、管制物品等违法犯罪活动的网站、通讯群组的；②发布有关制作或者销售毒品、枪支、淫秽物品等违禁物品、管制物品或者其他违法犯罪信息的；③为实施诈骗等违法犯罪活动发布信息的。

【主观】故意，即对所实施之《刑法》第287条之一规定的非法利用信息网络行为有"明知"。

【罪量】"情节严重"。参照《办理网络赌博案意见》（2010），具有下列情形之一的，可认定为"情节严重"：①提供互联网接入、服务器托管等帮助，收取服务费数额在2万元以上的；②提供资金支付结算服务，收取服务费数额在1万元以上或者帮助收取犯罪资金在20万元以上的；③为10个以上违法犯罪网站投放违法犯罪有关的广告或者为违法犯罪网站投放广告累计100条以上的。"情节严重"通常指非法利用信息网络的行为，次数多或数量大，非法获利数额大，所涉犯罪性质严重，经行政处罚后再犯等。

【适用】网络涉毒犯罪的法律适用。根据《审理毒品案解释》（2016）第14条，利用信息网络，设立用于组织他人吸食、注射毒品的网站、通讯群组，发布组织他人吸食、注射毒品的违法活动信息，情节严重的，应当以非法利用信息网络罪定罪处罚。由于非法利用信息网络罪、帮助信息网络犯罪活动罪实际上是传授犯罪方法、贩卖毒品、非法买卖制毒物品等犯罪的预备行为或者帮助行为，因此，当这两罪与传授犯罪方法、贩卖毒品、非法买卖制毒物品等犯罪发生竞合时，应当依照处罚较重的规定定罪处罚。

十五、帮助信息网络犯罪活动罪

《刑法》第287条之二　明知他人利用信息网络实施犯罪，为其犯罪提供互联网接入、服务器托管、网络存储、通讯传输等技术支持，或者提供广告推广、支付结算等帮助，情节严重的，处3年以下有期徒刑或者拘役，并处或者单处罚金。

单位犯前款罪的，对单位判处罚金，并对其直接负责的主管人员和其他直接责任人员，依照第一款的规定处罚。

有前两款行为，同时构成其他犯罪的，依照处罚较重的规定定罪处罚。

【定义】明知他人利用信息网络实施犯罪，为其犯罪提供互联网接入、服务器托管、网络存储、通讯传输等技术支持，或者提供广告推广、支付结算等帮助，情节严重的行为。

【行为】帮助他人利用信息网络犯罪。以往依据共同犯罪规定、按照有关犯罪的共犯论处。《刑法修正案（九）》新增的第287条之二，将该类帮助行为专门规定为一种独立罪名即正犯化。因此，此后凡属本条规定之帮助信息网络犯罪的行为，应当适用本条定罪处罚。排斥适用共犯规定以开设赌场罪、传播淫秽物品罪等共犯处罚。

【主观】"明知他人利用信息网络实施犯罪"，参照《办理网络赌博案件意见》（2010），具有下列情形之一的可认定为"明知"，但是有证据证明确实不知道的除外：①收到行政主管机关书面等方式的告知后，仍然实施帮助行为的；②收取服务费明显异常的；③在执法人员调查时，通过销毁、修改数据、账本等方式故意规避调查或者向犯罪嫌疑人通风报信的；④其他有证据证明行为人明知的。

【罪量】"情节严重"，参照《办理计算机刑案解释》（2011）第9条，帮助信息网络犯罪活动，违法所得5000元以上，或者通过委托推广软件、投放广告等方式向其提供资金5000元以上的，一般可认定为"情节严重"。

十六、扰乱无线电通讯管理秩序罪

（一）构成要件·法定刑

《刑法》第288条　违反国家规定，擅自设置、使用无线电台（站），或者擅自使用无线电频率，干扰无线电通讯秩序，情节严重的，处3年以下有期徒刑、拘役或者管制，并处或者单处罚金；情节特别严重的，处3年以上7年以下有期徒刑，并处罚金。

单位犯前款罪的，对单位判处罚金，并对其直接负责的主管人员和其他直接责任人员，依照前款的规定处罚。

【定义】违反国家规定，擅自设置、使用无线电台（站），或者擅自占用频率干扰无线电通讯正常运行，情节严重的行为。

（二）适用

【罪数】1.《审理电信市场案解释》（2000）第5条规定："违反国家规定，擅自设置、使用无线电台（站），或者擅自占用频率，非法经营国际电信业务或者涉港澳台电信业务进行营利活动，同时构成非法经营罪和刑法第288条规定的扰乱无线电通讯管理秩序罪的，依照处罚较重的规定定罪处罚。"

2.《审理军事通信刑案解释》（2007）第6条第4款规定，违反国家规定，擅自设置、使用无线电台、站，或者擅自占用频率，经责令停止使用后拒不停止使用，干扰无线电通讯正常进行，构成犯罪的，依照《刑法》第288条的（扰乱无线电通讯管理秩序罪）规定定罪处罚；造成军事通信中断或者严重障碍，同时构成《刑法》第288条（扰乱无线电通讯管理秩序罪）、第369条第1款规定的（破坏武器装备、军事设施、军事通信罪）犯罪的，依照处罚较重的规定定罪处罚。

十七、聚众扰乱社会秩序罪·聚众冲击国家机关罪·扰乱国家机关工作秩序罪·组织、资助非法聚集罪

（一）构成要件·法定刑

《刑法》第290条　聚众扰乱社会秩序，情节严重，致使工作、生产、营业和教学、科研、医疗无法进行，造成严重损失的，对首要分子，处3年以上7年以下有期徒刑；对其他积极参加的，处3年以下有期徒刑、拘役、管制或者剥夺政治权利。

聚众冲击国家机关，致使国家机关工作无法进行，造成严重损失的，对首要分子，处5年以上10年以下有期徒刑；对其他积极参加的，处5年以下有期徒刑、拘役、管制或者剥夺政治权利。

多次扰乱国家机关工作秩序，经行政处罚后仍不改正，造成严重后果的，处3年以下有期徒刑、拘役或者管制。

多次组织、资助他人非法聚集，扰乱社会秩序，情节严重的，依照前款的规定处罚。

1. 聚众扰乱社会秩序罪。

【定义】聚众扰乱社会秩序，情节严重，致使工作、生产、营业和教学、科研无法进行，造成严重损失的行为。

【行为·结果】聚众扰乱党政机关、企业、事业单位和人民团体正常活动。所谓"聚众"，是指纠集3人以上特定或不特定的多人，在同一时间或空间聚合在一起。所谓"扰乱"，是指非法破坏、妨害有关机关单位正常活动的行为，可分为暴力性扰乱和非暴力性扰乱。前者如闯入办公场所，殴打、威胁有关人员，毁坏财物，强行留置有关人员等；后者如在办公场所哄闹、纠缠、辱骂，占据生产、工作场所或通道等。

根据《刑法》规定，聚众扰乱社会秩序，情节严重，致使工作、生产、营业和教学、科研无法进行，造成严重损失的，才成立本罪。

【主观】故意。由于本罪是聚众性犯罪，因而进行扰乱必须基于众行为人的共同故意。众行为人往往是意图通过扰乱活动，给有关机构、单位和领导施加压力，以实现自己的无理要求。要求的具体内容或动机可能各不相同，但不影响犯罪的成立。

2. 聚众冲击国家机关罪。

【定义】聚众冲击国家机关，致使国家机关工作无法进行，造成严重损失的行为。

【行为·结果】聚众冲击国家机关、致国家机关工作无法进行，造成严重损失。包括两个要素：①聚众冲击国家机关，指3人以上强行进入国家机关进行扰乱活动或者3人以上在国家机关进行扰乱拒不退去的行为。在实际中表现为倚仗人多势众，强行冲入国家机关、占据办公场所、封堵出入通道，或者在国家机关单位的门前、院内肆意哄闹。②致使国家机关工作无法进行、造成严重损失。所谓重大损失，一般是指：妨碍重大公务活动；致伤国家工作人员；造成工作长期停顿、较大财产损失及严重政治影响等。本罪的行为对象限于国家机关。

【主观】故意。一般是期望通过冲击行动施加压力，从而满足某种要求，或者通过冲击行为发泄对某种处置措施的不满情绪。

3. 扰乱国家机关工作秩序罪。

【定义】多次扰乱国家机关工作秩序，经行政处罚后仍不改正，造成严重后果的行为。

4. 组织、资助非法聚集罪。

【定义】多次组织、资助他人非法聚集，扰乱社会秩序，情节严重的行为。

（二）适用

【定罪】1. 聚众扰乱社会秩序带有群众性，情况比较复杂，处理时务必慎重。对于因待业

下岗生活困难而到有关部门抗议、示威、请愿，影响有关单位工作秩序的；对于扰乱活动，情节尚未达到严重程度的，不应作为犯罪案件处理。为了体现区别对待的政策，《刑法》规定只处罚组织、策划、指挥众人扰乱社会秩序的首要分子与积极参加实施聚众扰乱社会秩序者，而不处罚一般参与者。

2. 聚众冲击国家机关带有群众性，应谨慎处理。对于群众到国家机关进行合法示威、请愿活动，没有暴力冲击行为的，不能认定为犯罪。为了体现区别对待的政策，《刑法》规定只处罚首要分子与积极参加者，而不处罚一般参与者。

3.《涉医犯罪维护秩序意见》（2014）规定：在医疗机构私设灵堂、摆放花圈、焚烧纸钱、悬挂横幅、堵塞大门或者以其他方式扰乱医疗秩序，尚未造成严重损失，经劝说、警告无效的，要依法驱散，对拒不服从的人员要依法带离现场，依照《治安管理处罚法》第23条的规定处罚；聚众实施的，对首要分子和其他积极参加者依法予以治安处罚；造成严重损失或者扰乱其他公共秩序情节严重，构成寻衅滋事罪、聚众扰乱社会秩序罪、聚众扰乱公共场所秩序、交通秩序罪的，依照刑法的有关规定定罪处罚。

【关联罪】1. 聚众冲击国家机关罪与妨害公务罪的区分。行为对象和行为方式不同：聚众冲击国家机关罪的对象是国家机关，限于聚众冲击的方式；妨害公务罪的对象是正在依法执行职务的国家机关工作人员，不限于聚众的方式。从实质上讲，聚众冲击国家机关罪妨害的是国家机关的工作秩序，而妨害公务罪妨害的是某项具体的职务活动。

2. 聚众冲击国家机关罪与聚众扰乱社会秩序罪的区分：①行为对象不同。聚众冲击国家机关罪的对象限于国家机关；聚众扰乱社会秩序罪的对象除了国家机关，还包括企业、事业单位和人民团体。②行为方式和主观动机有所不同。"聚众冲击"，虽然也是一种扰乱，但侧重于暴力扰乱，并且通常需要人数较多才能构成冲击。此外，"聚众冲击"似乎更重视行为的客观方面，不问动机如何；"聚众扰乱"不必人数较多，但是含有无理取闹、恶意滋扰之意。

【罪数】聚众犯罪往往造成致人伤亡、毁坏公共财物等结果，同时触犯其他罪名，对此应以一行为触犯数罪名的想象竞合犯处理。

【案例】 <center>**陈先贵聚众扰乱社会秩序案**[1]</center>

被告人陈先贵因工作条件、生活待遇等问题，对金阳建筑公司科威特228项目工段经理部不满。1997年10月，陈先贵借工人对工资、生活待遇等方面有意见，煽动工人不满情绪，激化工人与项目经理部的矛盾，导致工人砸坏工地小食堂的财物。陈先贵还与吕治兵等人起草了"申诉书"，编造虚假事实欺骗群众，策划、组织工人签名。当公司总部为平息事件张贴公开信时，陈先贵向围观群众散布谎言，歪曲事实，阻止工人上工。此次事件给成都金阳建筑公司造成严重的经济损失。法院认为，被告人陈先贵为发泄自己对公司经理部的不满，实现其无理要求，积极参与组织他人扰乱社会秩序，致公司无法正常生产、经营，给企业造成严重经济损失，并在国际上造成恶劣影响，其行为已构成聚众扰乱社会秩序罪，依法判处有期徒刑2年。

十八、聚众扰乱公共场所秩序、交通秩序罪

《刑法》第291条　聚众扰乱车站、码头、民用航空站、商场、公园、影剧院、展览会、运动场或者其他公共场所秩序，聚众堵塞交通或者破坏交通秩序，抗拒、阻碍国家治安管理工作人员依法执行职务，情节严重的，对首要分子，处5年以下有期徒刑、拘役或者管制。

【定义】聚众扰乱公共场所秩序，聚众堵塞交通或者破坏交通秩序，抗拒、阻碍国家治安

---

[1] 中华人民共和国最高人民法院刑事审判第一庭编：《刑事审判参考（2000年第3辑·总第8辑）》，法律出版社2000年版，第31页。

管理工作人员依法执行职务，情节严重的行为。两种"聚众"行为应当与抗拒、阻碍执行职务的行为相结合才能构成本罪。①从罪状内部的关联性来看，一方面，本罪罪状中的"聚众""抗拒、阻碍"两种行为在逻辑上具有关联性，应当同时具备；另一方面，"国家治安管理工作人员"所涵盖的范围十分广泛，既包括治安民警，又包括交通民警和其他依法执行治安管理职务的工作人员[1]，而"执行职务"指的是对本罪特定秩序的管理与维护。②从不同罪名、部门法之间的界限来看，"国家治安管理工作人员"在性质上属于国家机关工作人员，因此，对于阻碍其依法执行职务的行为，如果采用了暴力、威胁方法予以阻碍或造成严重后果的，都可以直接按照妨害公务罪予以处罚。虽阻碍执行职务，但以上两者都不符合的，则可以适用《治安管理处罚法》第50条之规定，作非罪处理[2]。

【罪量】情节严重，在司法实践中一般是指聚众扰乱公共场所秩序、交通秩序人数多或者时间长的；造成人员伤亡或者公私财物重大损失的；影响或者行为手段恶劣等情形[3]。

【关联罪】本罪与聚众扰乱社会秩序罪的区分。本罪发生在公共场所、交通要道，侵犯的是公共场所秩序或交通秩序；聚众扰乱社会秩序罪发生在党政机关、企业、事业单位和人民团体，侵犯的是正常的工作、生产、营业和教学、科研秩序。

十九、投放虚假危险物质罪·编造、故意传播虚假恐怖信息罪·编造、故意传播虚假信息罪

（一）构成要件·法定刑

《刑法》第291条之一　　投放虚假的爆炸性、毒害性、放射性、传染病病原体等物质，或者编造爆炸威胁、生化威胁、放射威胁等恐怖信息，或者明知是编造的恐怖信息而故意传播，严重扰乱社会秩序的，处5年以下有期徒刑、拘役或者管制；造成严重后果的，处5年以上有期徒刑。

编造虚假的险情、疫情、灾情、警情，在信息网络或者其他媒体上传播，或者明知是上述虚假信息，故意在信息网络或者其他媒体上传播，严重扰乱社会秩序的，处3年以下有期徒刑、拘役或者管制；造成严重后果的，处3年以上7年以下有期徒刑。

1. 投放虚假危险物质罪。

【定义】投放虚假的爆炸性、毒害性、放射性、传染病病原体等物质，严重扰乱社会秩序的行为。

【行为】投放虚假的爆炸性、毒害性、放射性、传染病病原体等物质，严重扰乱社会秩序。

【主观】故意，即明知是虚假的危险物质而投放。如果故意投放（真的）危险物质危害公共安全，构成投放危险物质罪；如果意图投放（真的）危险物质，但因为认识错误，错用了无毒的物质，属于投放危险物质罪工具不能犯未遂。

【罪量】认定本罪之罪与非罪的要点在于是否严重扰乱了社会秩序，"应从虚假危险物质的形态，投放的场所、时间，以及行为所引起的社会心理反应、所产生的社会影响、所导致的社会秩序混乱程度等方面进行判断"[4]。例如，甲为了泄愤，故意在某公司的办公大楼顶部放置一黑色木箱，内置石块，电话报警称发现爆炸物，惊动大批警察紧急疏散建筑物内的人员，造成公众恐慌。甲的投放虚假危险物质行为具有严重扰乱社会秩序的性质。相反，朋友之间玩

---

[1] 郎胜：《中华人民共和国刑法释义》，法律出版社2015年版。
[2] 刘志伟："聚众犯罪若干实务问题研讨"，载《国家检察官学院学报》2003年第6期。
[3] 周道鸾、张军：《刑法罪名精释》，人民法院出版社2011年版。
[4] 张明楷：《刑法学》，法律出版社2003年版，第810页。

笑或恶作剧，邮寄点白色粉末声称是病菌、毒物，没有产生较大不良影响的，不能认为是犯罪。

【加重犯】投放虚假危险物质，造成严重后果的，构成本罪的加重犯。

2. 编造、故意传播虚假恐怖信息罪。

【定义】编造恐怖信息，传播或者放任传播或者明知是他人编造的恐怖信息而故意传播，严重扰乱社会秩序的行为。

【行为】根据《审理虚假恐怖信息案解释》（2013）第1条，"编造恐怖信息"指：①编造恐怖信息，传播或者放任传播；②明知是他人编造的恐怖信息而故意传播。"虚假恐怖信息"，是指以发生爆炸威胁、生化威胁、放射威胁、劫持航空器威胁、重大灾情、重大疫情等严重威胁公共安全的事件为内容，可能引起社会恐慌或者公共安全危机的不真实信息。

【结果】"严重扰乱社会秩序"。根据《审理虚假恐怖信息案解释》（2013）第2条，编造、故意传播虚假恐怖信息，具有下列情形之一的，应当认定为"严重扰乱社会秩序"：①致使机场、车站、码头、商场、影剧院、运动场馆等人员密集场所秩序混乱，或者采取紧急疏散措施的；②影响航空器、列车、船舶等大型客运交通工具正常运行的；③致使国家机关、学校、医院、厂矿企业等单位的工作、生产、经营、教学、科研等活动中断的；④造成行政村或者社区居民生活秩序严重混乱的；⑤致使公安、武警、消防、卫生检疫等职能部门采取紧急应对措施的；⑥其他严重扰乱社会秩序的。

【主观】故意。编造虚假恐怖信息并传播，其故意是不言自明的；传播他人编造恐怖信息，应认定行为人是否明知是编造恐怖信息。误信恐怖谣传而传播的不为罪。

【酌情从重】根据《审理虚假恐怖信息案解释》（2013）第3条，具有下列情形之一的，在5年以下有期徒刑范围内酌情从重处罚：①致使航班备降或返航；或者致使列车、船舶等大型客运交通工具中断运行的；②多次编造、故意传播虚假恐怖信息的；③造成直接经济损失20万元以上的；④造成乡镇、街道区域范围居民生活秩序严重混乱的；⑤具有其他酌情从重处罚情节的。

【加重犯】"造成严重后果的"，根据《审理虚假恐怖信息案解释》（2013）第4条，具有下列情形之一的，应当认定为"造成严重后果"：①造成3人以上轻伤或者1人以上重伤的；②造成直接经济损失50万元以上的；③造成县级以上区域范围居民生活秩序严重混乱的；④妨碍国家重大活动进行的；⑤造成其他严重后果的。

3. 编造、故意传播虚假信息罪。

【定义】编造虚假的险情、疫情、灾情、警情，在信息网络或者其他媒体上传播，或者明知是上述虚假信息，故意在信息网络或者其他媒体上传播，严重扰乱社会秩序的行为。

【行为】编造或故意传播虚假的险情、疫情、灾情、警情，在信息网络或者其他媒体上传播。传播其他虚假信息，造成公共秩序严重混乱的，不成立本罪。但不排除根据《办理网络诽谤等刑案解释》（2013）第5条以寻衅滋事罪定罪处罚。

【结果】"严重扰乱社会秩序"，参照《办理网络诽谤等刑案解释》（2013），是指：①传播范围广，如同一虚假信息实际被点击、浏览次数达到5000次以上，或者被转发次数达到500次以上的；②造成的后果严重或影响恶劣，如引发群体性事件的，引发公共秩序混乱的，引发民族、宗教冲突的，损害国家形象，严重危害国家利益的、造成恶劣国际影响的，等等。③屡教不改的，如经行政处罚后仍然编造、传播虚假信息的。

(二) 适用

【定罪】司法类型。《办理传染病刑案解释》(2003) 第 10 条第 1 款规定:"编造与突发传染病疫情等灾害有关的恐怖信息,或者明知是编造的此类恐怖信息而故意传播,严重扰乱社会秩序的,依照刑法第 291 条之一的规定,以编造、故意传播虚假恐怖信息罪定罪处罚。"

【关联罪】编造、故意传播虚假恐怖信息罪与投放虚假危险物质罪的界限。编造、故意传播虚假恐怖信息罪主要是仅有"传播、编造"行为,即传播、编造某种恐怖谣言,造成公众恐慌,而没有"投放"行为,即没有实际投放虚假的足以使人们误认为是爆炸物、危险物质等的物品。行为人投放虚假危险物质,意在引发虚假的恐怖信息或者客观上造成虚假恐怖信息的传播,属于投放行为的当然结果,不另外构成犯罪。

【罪数】投放虚假危险物质、编造虚假恐怖信息敲诈勒索财物的,视情形按照牵连犯择一重罪处断。

【案例】**袁才彦编造虚假恐怖信息案**

被告人因经济拮据,多次以在商场等单位引爆炸弹自杀相威胁勒索财物,造成部分商场停业,公安部门出动大量的人力、物力进行人员疏散。法院认定编造虚假恐怖信息罪造成严重后果,判处有期徒刑 12 年。[1]

【案例】被告人熊毅得知债主将搭乘航班向其索债,为阻止或迟滞债主到达,遂拨打深圳机场客服投诉电话,声称 ZH9706 航班上有爆炸物,将于飞机起飞后 45 分钟爆炸。深航启动一级响应程序,该航班紧急备降,导致空中 9 个航班紧急避让,武汉天河机场地面待命,航班全部停止起飞并启动了二级应急响应程序,调动消防、武警等多个部门 200 余人到现场应急处置,深圳航空公司为运送滞留在机场的乘客,临时增加 2 个航班,给深圳航空公司造成直接经济损失 17 万余元。湖北省襄阳高新技术产业开发区人民法院审理认为,被告人熊毅故意编造虚假恐怖信息,严重扰乱了社会秩序,其行为已构成编造虚假恐怖信息罪,判处被告人熊毅有期徒刑 4 年。[2]

【案例】**杨国栋投放虚假危险物质案**[3]

2002 年初,北京地区一度流传艾滋病患者为报复社会,用携带艾滋病病毒血液的针管偷扎无辜群众的传言,在公众中形成心理恐慌。在此期间,杨国栋因其女友与之分手而产生怨恨心理,某日乘坐 28 路公共汽车时用铁锥刺伤与其女友相像的女乘客杜某某的左腿根部,被民警抓获。此事件发生并经传开后,因误传有病毒,不仅给被害人造成了较大的心理压力,而且也被当作验证艾滋病患者扎针报复社会的例证,在社会上造成了恶劣的影响。对此公诉机关指控构成投放虚假危险物质罪。法院审理认为,本案证据不能证明杨国栋在案发前就已明知北京地区流传的"扎针"传播艾滋病的消息并意图制造虚假恐怖气氛,且其所使用的犯罪工具是一把实心的锥子,不可能存放任何物质,不存在"投放"问题,与投放虚假危险物质罪的客观方面不符,因此不构成该罪。但杨国栋在公共场所持铁锥随意刺伤他人身体,属滋事生非,且情节恶劣,扰乱了社会秩序,构成寻衅滋事罪,判处有期徒刑 1 年。

裁判要旨:行为人在公共场所用锥子扎人造成恐怖气氛,不能构成投放虚假危险物质罪。

---

[1] 指导案例第 372 号,载中华人民共和国最高人民法院刑事审判第一庭、第二庭编:《刑事审判参考 (2005 年第 6 集·总第 74 集)》,法律出版社 2006 年版。

[2] 《最高法公布三起编造虚假恐怖信息犯罪典型案例》,载中国新闻网 2013 年 9 月 29 日。

[3] 中华人民共和国最高人民法院刑事审判第一庭、第二庭编:《刑事审判参考 (2002 年第 5 辑·总第 28 辑)》,法律出版社 2003 年版,第 59 页。

二十、聚众斗殴罪

（一）构成要件·法定刑

《刑法》第292条　　聚众斗殴的，对首要分子和其他积极参加的，处3年以下有期徒刑、拘役或者管制；有下列情形之一的，对首要分子和其他积极参加的，处3年以上10年以下有期徒刑：

（一）多次聚众斗殴的；

（二）聚众斗殴人数多，规模大，社会影响恶劣的；

（三）在公共场所或者交通要道聚众斗殴，造成社会秩序严重混乱的；

（四）持械聚众斗殴的。

聚众斗殴，致人重伤、死亡的，依照本法第234条、第232条的规定定罪处罚。

【定义】基于争霸、报复等藐视社会秩序的动机，组织、策划、指挥或者积极参加聚众斗殴的行为。

【行为】聚众斗殴，指双方或多方人数均在3人以上的相互施加暴力攻击人身的行为。在实际生活中，通常表现为不法集团或者团伙之间为了炫耀武力或者不甘示弱而纠集多人打群架。斗殴双方对此往往事先约定，因此一般纠集的人数较多，备有器械。《刑法》仅处罚组织、策划、指挥聚众斗殴的首要分子与积极参加者，而不处罚一般参与者。

【主观】故意。一般是出于显示、炫耀武力，争霸一方，抢占地盘，或者通过"私斗"解决纷争，或者自行报复、代人报复等藐视社会秩序的动机。

【罪量】根据《立案标准（一）》（2008）第36条，组织、策划、指挥或者积极参加聚众斗殴的，应予立案追诉。

【加重犯】聚众斗殴的首要分子和其他积极参加者有下列法定情形之一的，构成本罪的加重犯：①多次聚众斗殴的。所谓多次，是指聚众斗殴3次以上的。②聚众斗殴人数多、规模大、社会影响恶劣的。社会影响恶劣主要指引起群众恐慌的。③在公共场所或者交通要道聚众斗殴，造成社会秩序严重混乱的。④持械聚众斗殴的。持械，是指预先准备了斗殴的器械并在斗殴中实际使用了该器械。事先谋划利用斗殴现场的器物实行斗殴的，也应视为事先准备。未预先准备斗殴器械或者未谋划利用斗殴现场的器物，仅有个别成员独自携带或者利用现场器物斗殴的，不宜视为持械聚众斗殴。一方持械，另一方未持械的，未持械方不属于持械聚众斗殴。携带斗殴器械，但以"对方使用，我方也使用"为条件的，应根据是否实际使用的情况认定是否属于持械聚众斗殴。

（二）适用

【关联罪】本罪与故意伤害罪的界限：①聚众斗殴致人轻伤的，应认定为聚众斗殴罪，不需另定故意伤害罪。因为聚众斗殴本身包含致人轻伤程度的伤害，属于法条竞合犯。②召集数人殴打他人的，应属于共同故意伤害罪，不是聚众斗殴罪。

【转化犯】《刑法》第292第2款规定，聚众斗殴，致人重伤、死亡的，以故意伤害罪或者故意杀人罪定罪处罚。聚众斗殴不仅是一种严重破坏公共秩序的犯罪，也是严重危及生命、健康的犯罪，因此，《刑法》规定在聚众斗殴中造成重伤、死亡结果的，以故意伤害罪或者故意杀人罪论处。对本款适用争议的焦点是，造成死亡结果的是否一律定故意杀人罪？有无考虑故意伤害罪（致人死亡）的余地？对此，一种观点认为，本款属于"拟制规定"[1]，所以致人

---

[1] 张明楷：《刑法分则的解释原理》，中国人民大学出版社2004年版，第272页。

死亡的应当一律认定为故意杀人罪。司法实务一般根据个案具体情形认定，即行为具有故意杀人性质的，认定为故意杀人罪；仅有伤害性质的，仍定为故意伤害罪。司法实务的做法较为合理，成立故意杀人罪，仍要求具备故意杀人的构成要件，主要是故意的内容。本款适用的范围限于造成重伤、死亡结果的直接责任人员和对致人重伤、死亡结果负有组织、策划、指挥责任的首要分子。应同时适用《刑法》第292条第2款的规定和第234条或者第232条的规定，以全面评价案情并表明对聚众斗殴行为不另行定罪处罚的根据。其他参加聚众斗殴的犯罪分子不能转化为故意伤害或者故意杀人罪。

【案例】　　　　　　　　　王琪、陈飞聚众斗殴案[1]

2006年8月20日，被告人王琪因琐事与被告人陈飞发生纠纷后，王琪纠集刘明、刘伟、翟建龙等7人手持擀面杖等物与陈飞纠集的手持铁管、弹簧锁的王在法、刘子军、贾安强等3人进行殴打，造成多人受伤。经法医鉴定，王琪、贾安强、刘子梦损伤程度属轻微伤。法院认为，被告人王琪、陈飞无视国法，纠集多人持械斗殴，二被告人的行为均构成聚众斗殴罪，分别判处有期徒刑3年。

【案例】　　　　　　　　　王乾坤故意杀人案[2]

某晚8时，葛磊一再与前女友刘丹通电话，引起刘丹现男友高杰不满，葛、高二人在电话中争吵并约定在某玻璃厂门口"见面"。葛磊随即电话告知王乾坤此事，并乘坐出租车去接王乾坤，王乾坤从网吧叫上陈骏、丁梦龙等人，同车来到玻璃厂门口。此时，高杰、刘丹以及杨峰、张言亮等共5人也已在玻璃厂门口不远处。葛磊表示自己与高杰单打，对方其他人由王乾坤等人对付，王表示同意。葛磊见高杰走来，上前与其厮打在一起。杨峰上前时，王乾坤拦住并打在一起，丁梦龙、陈骏与张言亮打在一起。厮打中，王乾坤持刀朝杨峰的腹、腰、腿、臀部等处连刺16刀，杨倒地。随后，王乾坤向正与陈骏、丁梦龙厮打的张言亮胸背部、臀部刺5刀，向正与葛磊厮打的高杰左上腹、臀部、腿部连刺9刀。之后，葛磊、王乾坤等人逃离现场。杨峰死亡，张言亮、高杰轻伤。葛磊、王乾坤事后投案自首。法院认为，王乾坤造成1人死亡、2人轻伤的严重后果，其行为构成故意杀人罪，判处死刑，剥夺政治权利终身。葛磊的行为构成聚众斗殴罪，判处有期徒刑3年。①本案具有聚众斗殴性质。②对王乾坤适用《刑法》第292条第2款，即聚众斗殴致人死亡的，以故意杀人罪论处。③葛磊等人对王乾坤持刀刺被害人不知情，对该"实行过限"部分不承担罪责，仅成立聚众斗殴罪。

二十一、寻衅滋事罪

（一）构成要件·法定刑

《刑法》第293条　有下列寻衅滋事行为之一，破坏社会秩序的，处5年以下有期徒刑、拘役或者管制：

（一）随意殴打他人，情节恶劣的；

（二）追逐、拦截、辱骂、恐吓他人，情节恶劣的；

（三）强拿硬要或者任意损毁、占用公私财物，情节严重的；

（四）在公共场所起哄闹事，造成公共场所秩序严重混乱的。

纠集他人多次实施前款行为，严重破坏社会秩序的，处5年以上10年以下有期徒刑，可

---

[1] 北京市通州区人民法院（2007）通刑初字第00021号刑事判决。
[2] 蔡军："王乾坤故意杀人案——聚众斗殴既致人死亡又致人轻伤的，如何定罪处罚"，载中华人民共和国最高人民法院刑事审判第一、二、三、四、五庭主办：《刑事审判参考（2009年第1集·总第66集）》，法律出版社2009年版，第14页。

以并处罚金。

【定义】寻衅滋事，扰乱公共秩序，有《刑法》第 293 条规定的应予惩罚情形之一的行为。

【行为】1. 随意殴打他人，情节恶劣的。《寻衅滋事案解释》（2013）第 2 条指出，随意殴打他人，破坏社会秩序，具有下列情形之一的，应当认定为"情节恶劣"：①致 1 人以上轻伤或者 2 人以上轻微伤的；②引起他人精神失常、自杀等严重后果的；③多次随意殴打他人的；④持凶器随意殴打他人的；⑤随意殴打精神病人、残疾人、流浪乞讨人员、老年人、孕妇、未成年人，造成恶劣社会影响的；⑥在公共场所随意殴打他人，造成公共场所秩序严重混乱的；⑦其他情节恶劣的情形。

2. 追逐、拦截、辱骂他人，情节恶劣的。《寻衅滋事案解释》（2013）第 3 条规定，追逐、拦截、辱骂、恐吓他人，破坏社会秩序，具有下列情形之一的，应当认定为"情节恶劣"：①多次追逐、拦截、辱骂、恐吓他人，造成恶劣社会影响的；②持凶器追逐、拦截、辱骂、恐吓他人的；③追逐、拦截、辱骂、恐吓精神病人、残疾人、流浪乞讨人员、老年人、孕妇、未成年人，造成恶劣社会影响的；④引起他人精神失常、自杀等严重后果的；⑤严重影响他人的工作、生活、生产、经营的；⑥其他情节恶劣的情形。

3. 强拿硬要或者任意损毁、占用公私财物，情节严重的。《寻衅滋事案解释》（2013）第 4 条规定，强拿硬要或者任意损毁、占用公私财物，破坏社会秩序，具有下列情形之一的，应当认定为"情节严重"：①强拿硬要公私财物价值 1000 元以上，或者任意损毁、占用公私财物价值 2000 元以上的；②多次强拿硬要或者任意损毁、占用公私财物，造成恶劣社会影响的；③强拿硬要或者任意损毁、占用精神病人、残疾人、流浪乞讨人员、老年人、孕妇、未成年人的财物，造成恶劣社会影响的；④引起他人精神失常、自杀等严重后果的；⑤严重影响他人的工作、生活、生产、经营的；⑥其他情节严重的情形。

4. 在公共场所起哄闹事，造成公共场所秩序严重混乱的。《寻衅滋事案解释》（2013）第 5 条规定，在车站、码头、机场、医院、商场、公园、影剧院、展览会、运动场或者其他公共场所起哄闹事，应当根据公共场所的性质、公共活动的重要程度、公共场所的人数、起哄闹事的时间、公共场所受影响的范围与程度等因素，综合判断是否"造成公共场所秩序严重混乱"。

【主观】故意犯。通常出自蔑视法纪、显示威风、寻求精神刺激或者发泄等寻衅滋事动机。根据《寻衅滋事案解释》（2013）第 1 条，寻衅滋事动机大体三种类型：

1. 无事生非。行为人为寻求刺激、发泄情绪、逞强耍横等，无事生非，实施《刑法》第 293 条规定的行为的，应当认定为"寻衅滋事"。

2. 借故生非（小题大做）。行为人因日常生活中的偶发矛盾纠纷，借故生非，实施《刑法》第 293 条规定的行为的，应当认定为"寻衅滋事"，但矛盾系由被害人故意引发或者被害人对矛盾激化负有主要责任的除外。

3. 一再无理纠缠。行为人因婚恋、家庭、邻里、债务等纠纷，实施殴打、辱骂、恐吓他人或者损毁、占用他人财物等行为的，一般不认定为"寻衅滋事"，但经有关部门批评制止或者处理后，继续实施前列行为，破坏社会秩序的除外。

（二）适用

【定罪】劳教废止与寻衅滋事罪的扩张适用。劳教废止后，原属于劳动教养对象的部分行为需要分流到刑法。《寻衅滋事案解释》（2013）给出十分具体的认定标准，意在适当扩大寻衅滋事罪的适用，填补劳教废止后的空隙。

【司法类型】《审理未成年人刑案解释》（2006）第7条规定："已满14周岁不满16周岁的人使用轻微暴力或者威胁，强行索要其他未成年人随身携带的生活、学习用品或者钱财数量不大，且未造成被害人轻微伤以上或者不敢正常到校学习、生活等危害后果的，不认为是犯罪。已满16周岁不满18周岁的人具有前款规定情形的，一般也不认为是犯罪。"例如，甲17周岁，多次伙同其他青少年人在学校附近拦截上学的中学生，搜取共十余人的零花钱、学习用品等财物，总共价值五六百元，一般不认为是犯罪。该解释第8条规定："已满16周岁不满18周岁的人出于以大欺小、以强凌弱或者寻求精神刺激，随意殴打其他未成年人、多次对其他未成年人强拿硬要或者任意损毁公私财物，扰乱学校及其他公共场所秩序，情节严重的，以寻衅滋事罪定罪处罚。"

【关联罪】1. 寻衅滋事罪与故意伤害罪的区别。

（1）无事生非类型的寻衅滋事与故意伤害罪的区分要点是动机不同：前者往往是殴打他人取乐、发泄或者显示威风，因此侵害的对象往往也是不特定的人；而后者往往产生于一定的事由或恩怨，因此对象一般也是特定事情的关系人。因寻衅滋事致人轻伤的，仍构成寻衅滋事罪；致人重伤、死亡的，则应以故意伤害罪、故意杀人罪论处。

（2）事出有因的"借故生非"型寻衅滋事行为，以及因婚恋、家庭、邻里、债务等纠纷而引发的寻衅滋事行为，作案对象一般相对特定，此时既可能构成寻衅滋事罪，也可能构成其他犯罪。以医疗纠纷引发的殴打他人案件为例，如果行为人殴打的对象是为其治疗的医务人员，或者其误认为参与治疗的医务人员，作案对象相对特定，一般不认定为"寻衅滋事"，若经有关部门批评制止或者处理处罚后，继续殴打医务人员，破坏公共场所秩序的，才可构成"寻衅滋事"。如果行为人进入医疗机构后不加区分，见医务人员就动手殴打，作案对象具有随意性，"滋事"的故意十分明显，则应认定为"寻衅滋事"。

（3）殴打他人造成公共场所秩序严重混乱，其行为同时符合寻衅滋事罪、故意伤害罪构成要件的，依照处罚较重的犯罪定罪处罚；虽在公共场所殴打他人，但未破坏社会秩序的，不构成寻衅滋事罪。[1]

2. 寻衅滋事、强拿硬要或者占用公私财物与抢劫罪的区别。《审理抢劫抢夺刑案意见》（2005）第9条规定："寻衅滋事罪是严重扰乱社会秩序的犯罪，行为人实施寻衅滋事的行为时，客观上也可能表现为强拿硬要公私财物的特征。这种强拿硬要的行为与抢劫罪的区别在于：前者行为人主观上还具有逞强好胜和通过强拿硬要来填补其精神空虚等目的，后者行为人一般只具有非法占有他人财物的目的；前者行为人客观上一般不以严重侵犯他人人身权利的方法强拿硬要财物，而后者行为人则以暴力、胁迫等方式作为劫取他人财物的手段。司法实践中，对于未成年人使用或威胁使用轻微暴力强抢少量财物的行为，一般不宜以抢劫罪定罪处罚。其行为符合寻衅滋事罪特征的，可以寻衅滋事罪定罪处罚。"

【案例】 **张彪等寻衅滋事案**[2]

被告人张彪（19周岁）在上学期间与同学秦青松关系较好，并曾帮助过秦青松。张彪在

---

[1] 指导判例"【1026号】肖胜故意伤害案——因不满医院治疗效果而持刀伤害医护人员的，如何定性？"载中华人民共和国最高人民法院刑事审判第一、二、三、四、五庭主办：《刑事审判参考（2014年第5集·总第100集）》，法律出版社2015年版。

[2] 司明灯、余剑锋、刘思源："张彪等寻衅滋事案——以轻微暴力强索硬要他人财物的行为如何定性"，载中华人民共和国最高人民法院刑事审判第一、二、三、四、五庭主办：《刑事审判参考（2008年第6集·总第65集）》，法律出版社2009年版，第45页。

毕业联系工作时让秦青松帮忙,因秦不予提供帮助以致心生不满。某日 17 时许,张彪得知秦青松要到某生态园游玩,便电话通知韩超到该生态园"收拾"秦青松。韩超接到电话后,即骑车带着倪中兴赶到生态园。在生态园,张彪向韩超指认秦青松后,韩超、倪中兴遂上前对秦青松进行殴打。然后,张彪要求秦青松给钱,因秦青松身上钱少,便要走其手机两部,并让其第二天拿钱换回手机,张彪、韩超各带走一部手机。后经秦青松索要,张彪将一部手机归还,但另一部手机被张彪卖掉,赃款被张彪和韩超挥霍。经鉴定,两部手机共计价值 1033 元。检察院起诉 3 被告人抢劫罪,法院一审认为,3 被告人随意殴打他人,强拿硬要,情节恶劣,其行为均已构成寻衅滋事罪,判处张彪有期徒刑 1 年零 6 个月,韩超有期徒刑 1 年,倪中兴有期徒刑 6 个月。二审维持对张彪、韩超定罪量刑,对倪中兴改判缓刑。

3. 寻衅滋事、追逐、拦截、辱骂他人与强制猥亵、侮辱妇女罪的区别。要点是:前者的行为对象虽然也包括妇女,但其行为方式不包括使用暴力、胁迫的手段对妇女进行猥亵、侮辱;追逐、拦截妇女并强制猥亵、侮辱的,应以强制猥亵、侮辱妇女罪论处。

4. 寻衅滋事、在公共场所起哄闹事的行为与聚众扰乱社会秩序罪、聚众扰乱公共场所秩序、交通秩序罪的区别。主要区别在于动机和起因不同:前者是藐视公德法纪,无事生非或小题大做;而后者往往是为了满足某种个人的要求,事出有因,企图用聚众闹事的方式向有关单位施加压力,获取一定的利益。

5. 寻衅滋事罪与强迫交易罪的区别。前罪主要侵犯社会管理秩序,主体限于自然人,是为了寻欢取乐、无事生非;后罪侵犯正常的市场交易秩序,主体包括自然人和单位,是为了谋取非法的经济利益。

【量刑】根据《量刑指导意见》(2013),构成寻衅滋事罪的,可以根据下列不同情形在相应的幅度内确定量刑起点:①寻衅滋事 1 次的,可以在 3 年以下有期徒刑、拘役幅度内确定量刑起点。②纠集他人 3 次寻衅滋事(每次都构成犯罪),严重破坏社会秩序的,可以在 5 年至 7 年有期徒刑幅度内确定量刑起点。在量刑起点的基础上,可以根据寻衅滋事次数、伤害后果、强拿硬要他人财物或任意损毁、占用公私财物数额等其他影响犯罪构成的犯罪事实增加刑罚量,确定基准刑。

行为人认罪、悔罪,积极赔偿被害人损失或者取得被害人谅解的,可以从轻处罚;犯罪情节轻微的,可以不起诉或者免予刑事处罚。

关于"纠集他人多次实施寻衅滋事行为",根据《寻衅滋事案解释》(2013)第 6 条,纠集他人 3 次以上实施寻衅滋事犯罪,未经处理的,可认定为"纠集他人多次实施寻衅滋事行为"。

【案例】　　　　　　　**李云杰寻衅滋事案**[1]

李云杰伙同李海全、宋海林(另案处理)于 2002 年 12 月 31 日 23 时许,饮酒后无故对胡记龙、徐建功、叶晓波进行殴打,致其中 1 人轻伤,2 人轻微伤。检察院指控李云杰犯故意伤害罪。法院认为,李云杰饮酒后随意殴打他人,情节恶劣,[2] 构成寻衅滋事罪。判处有期徒刑 2 年 6 个月。

【案例】　　　　　　　**涂潜旺寻衅滋事案**[3]

被告人涂潜旺因上访问题未能得到解决,为发泄不满,于 2006 年 5 月 28 日 2 时许,在市

---

[1] 北京市朝阳区人民法院(2003)朝刑初字第 1425 号刑事判决。
[2] "随意殴打他人,情节恶劣的",是《刑法》第 293 条规定寻衅滋事罪的行为之一,殴打他人会造成他人不同程度的伤害,这就涉及前述寻衅滋事罪与故意伤害罪的界限问题。
[3] 北京市第二中级人民法院(2007)二中刑终字第 00093 号刑事裁定。

东城区东方广场附近,使用铁钉、防水笔在地图指示灯箱、指示牌上刻画上访内容,造成上述物品毁坏,财物损失达人民币 12 450 元。法院认为,被告人涂潜旺为发泄不满,在公共场所任意损毁公私财物,情节严重,其行为已构成寻衅滋事罪,判处有期徒刑 1 年 6 个月。

二十二、组织、领导、参加黑社会性质组织罪·入境发展黑社会组织罪·包庇、纵容黑社会性质组织罪

(一)构成要件·法定刑

《刑法》第 294 条　组织、领导黑社会性质的组织的,处 7 年以上有期徒刑,并处没收财产;积极参加的,处 3 年以上 7 年以下有期徒刑,可以并处罚金或者没收财产;其他参加的,处 3 年以下有期徒刑、拘役、管制或者剥夺政治权利,可以并处罚金。

境外的黑社会组织的人员到中华人民共和国境内发展组织成员的,处 3 年以上 10 年以下有期徒刑。

国家机关工作人员包庇黑社会性质的组织,或者纵容黑社会性质的组织进行违法犯罪活动的,处 5 年以下有期徒刑;情节严重的,处 5 年以上有期徒刑。

犯前三款罪又有其他犯罪行为的,依照数罪并罚的规定处罚。

黑社会性质的组织应当同时具备以下特征:

(一)形成较稳定的犯罪组织,人数较多,有明确的组织者、领导者,骨干成员基本固定;

(二)有组织地通过违法犯罪活动或者其他手段获取经济利益,具体一定的经济实力,以支持该组织的活动;

(三)以暴力、威胁或者其他手段,有组织地多次进行违法犯罪活动,为非作恶,欺压、残害群众;

(四)通过实施违法犯罪活动,或者利用国家工作人员的包庇或者纵容,称霸一方,在一定的区域或者行业内,形成非法控制或者重大影响,严重破坏经济、社会生活秩序。

1. 组织、领导、参加黑社会性质组织罪。

【定义】组织、领导和参加黑社会性质的组织,并实施违法犯罪活动的行为。

【行为】组织、领导、参加黑社会性质的组织,实施违法犯罪活动。

根据《办理黑社会罪案纪要》(2010),"组织、领导"指发起、创建黑社会性质组织的行为,或者在组织中实施决策、指挥、协调、管理的行为,对整个组织及其运行、活动起着重要作用。"既包括通过一定形式产生的有明确职务、称谓的组织者、领导者,也包括在黑社会性质组织中被公认的事实上的组织者、领导者"[1]。

"积极参加",指接受黑社会性质组织的领导和管理,多次积极参与黑社会性质组织的违法犯罪活动,或者积极参与较严重的黑社会性质组织的犯罪活动且作用突出。积极参加者通常为"在组织中起重要作用的犯罪分子,如具体主管黑社会性质组织的财务、人员管理等事项的犯罪分子"[2]。此外,还可从行为人所获取的犯罪所得来判断,所获报酬数额较大的组织成员一般应认定为积极参加者[3]。

---

[1]《办理黑社会罪案纪要》(2010)。
[2]《办理黑社会罪案纪要》(2010)。
[3] 见"指导判例第 621 号:李军等参加黑社会性质组织案"的"裁判理由"部分,载中华人民共和国最高人民法院刑事审判第一、二、三、四、五庭主办:《刑事审判参考(2010 年第 3 集·总第 74 集)》,法律出版社 2010 年版。

"参加",指接受黑社会性质组织的领导和管理,参与黑社会性质组织违法犯罪活动。关于"参加"行为,实践中,可从以下几个方面认定[1]:

(1) 关于"参加"的主观明知问题的把握。行为人在加入犯罪组织时,只要知道或者应当知道所参加的是由多人组成、具有一定层级结构,主要从事违法犯罪活动的组织群体,或者该组织虽有形式合法的生产、经营活动,但仍是以有组织地实施违法犯罪活动为基本行为方式,欺压、残害群众的组织,就可以认定其"参加"行为构成参加黑社会性质组织罪。

(2) 关于接受黑社会性质组织领导和管理问题的把握。无论是积极参加者,还是一般参加者,都要接受黑社会性质组织的领导和管理,这不仅是一个必要的主观意志要素,而且是判断"参加"行为是否存在的重要依据。对于那些主观上并无加入意图,客观上也不受犯罪组织领导和管理,因被纠集、雇佣、收买、威逼或者受蒙蔽为黑社会性质组织实施违法犯罪活动或者提供帮助、支持、服务的人员,不应以参加黑社会性质组织罪定罪处罚。

(3) 关于"参加"行为完成形态问题的把握。在实践中,"参加"行为的完成形态具有复杂性,判断其是否完成,应以行为人与黑社会性质组织就加入该组织问题达成意思一致作为判断标准,而不能以是否履行手续、是否取得组织会籍、是否举行专门仪式等作为认定的标准。对有下列情形之一的,可以认定行为人完成了"参加"行为:①就加入犯罪组织问题有明确的约定;②行为人履行了加入组织的仪式;③行为人要求加入,并经该组织或组织头目批准或默许;④虽未履行手续,但已在该组织的领导和管理下实际参加了该组织的各种违法犯罪活动;⑤行为人开始不知道加入的是从事违法犯罪活动的黑社会性质组织,了解真相后没有退出,并在该组织的领导和管理下参加了该组织的违法犯罪活动。

"黑社会性质组织",按照《刑法》第294条,应当同时具备以下四个特征:

(1) 形成较稳定的犯罪组织,人数较多,有明确的组织者、领导者,骨干成员基本固定。这称为"组织特征"。认定这一特征特别注意:骨干成员基本固定、联系紧密,以及"有比较明确的层级和职责分工"。组织存续时间较长、成员较多一般在10人以上、有帮规帮纪,也是认定组织特征的参考因素。"组织者、领导者"指组织、领导、策划、指挥黑社会性质组织犯罪活动的人,不一定直接参与实施具体的犯罪活动;"骨干成员"通常指从组织者、领导者那里领受任务,又指挥和积极参与实施具体犯罪活动的人。

(2) 有组织地通过违法犯罪活动或者其他手段获取经济利益,具有一定的经济实力,以支持该组织的活动。这称为"经济特征"。"其他手段获取经济利益",包括合法手段获取的经济利益。"支持该组织的活动",指把组织的收入"用于违法犯罪活动或者维系犯罪组织的生存、发展",如"购买作案工具、提供作案经费,为受伤、死亡的组织成员提供医疗费、丧葬费,为组织成员及其家属提供工资、奖励、福利、生活费用,为组织寻求非法保护以及其他与实施有组织的违法犯罪活动有关的费用支出等"[2]。

(3) 以暴力、威胁或者其他手段,有组织地多次进行违法犯罪活动,为非作恶,欺压、残害群众。这称为"行为特征"。"以暴力、威胁或者其他手段"中的"其他手段",指以暴力、威胁为基础,在利用组织势力和影响已对他人形成心理强制或威慑的情况下,进行的非暴力手段的活动,如进行所谓的"谈判""协商""调解"活动,或者实施滋扰、哄闹、聚众活动等,

---

[1] 见"指导判例第618号:陈金豹等组织、领导、参加黑社会性质组织案"的"裁判理由"部分,载中华人民共和国最高人民法院刑事审判第一、二、三、四、五庭主办:《刑事审判参考(2010年第3集·总第74集)》,法律出版社2010年版。

[2]《办理黑社会罪案纪要》。

破坏社会秩序。

"有组织多次进行违法犯罪活动"中的"有组织的违法犯罪活动"主要指（黑社会性质组织）组织安排或以组织名义实施的违法犯罪活动。包括但不限于下列活动：①得到组织首领认可或者默许，多名组织成员共同实施的逞强争霸、插手纠纷、报复他人、替人行凶、非法敛财的活动。②组织成员为组织争夺势力范围、排除竞争对手、确立强势地位、谋取经济利益、维护非法权威或者按照组织的纪律、惯例、共同遵守的约定而实施的违法犯罪活动。

"多次进行违法犯罪活动"是构成要件，此要件"要结合危害性特征来加以判断。即使有些案件中的违法犯罪活动已符合'多次'的标准，但根据其性质和严重程度，尚不足以形成非法控制或者重大影响的，也不能认定为黑社会性质组织"。没有多次违法犯罪活动，或仅有违法活动而没有犯罪活动的，不能认定为黑社会性质组织。

（4）通过实施违法犯罪活动，或者利用国家工作人员的包庇或者纵容，称霸一方，在一定区域或者行业内，形成非法控制或者重大影响，严重破坏经济、社会生活秩序。这是"危害性"特征，是黑社会性质组织的本质特征，也是黑社会性质组织区别于一般犯罪集团的关键所在。

"一定区域"，指在一定区域中生活的人，以及该区域内的经济、社会生活秩序。应注意区域的大小和空间范围具有相对性，不能简单地以必须达到某一特定的空间范围为标准。

"一定行业"，既包括合法行业，也包括黄、赌、毒等非法行业。包括生产、流通、交换、消费等一个或多个市场环节。

《办理黑社会罪案纪要》（2010）指出，形成非法控制或者重大影响，严重破坏经济、社会生活秩序，包括以下情形之一：对在一定区域内生活或者在一定行业内从事生产、经营的群众形成心理强制、威慑，致使合法利益受损的群众不敢举报、控告的；对一定行业的生产、经营形成垄断，或者对涉及一定行业的准入、经营、竞争等经济活动形成重要影响的；插手民间纠纷、经济纠纷在相关区域或者行业内造成严重影响的；干扰、破坏他人正常生产、经营、生活，并在相关区域或者行业内造成严重影响的；干扰、破坏公司、企业、事业单位及社会团体的正常生产、经营、工作秩序，在相关区域、行业内造成严重影响，或者致使其不能正常生产、经营、工作的；多次干扰、破坏国家机关、行业管理部门以及村委会、居委会等基层群众自治组织的工作秩序，或者致使上述单位、组织的职能不能正常行使的；利用组织的势力、影响，使组织成员获取政治地位，或者在党政机关、基层群众自治组织中担任一定职务的；等等。

获取"非法控制性"的途径包括：①通过实施违法犯罪活动获取非法控制性；②利用国家工作人员的包庇或者纵容取得非法控制性。通过"实施违法犯罪"和"寻求非法保护"这两个途径之一取得非法控制性，即符合立法解释中的第4项特征，不必二者都具备。

【主观】故意。根据《办理黑社会罪案纪要》（2010），本罪故意内容，指明知所参加的组织具有一定规模，且是以实施违法犯罪为主要活动。认知这样的事实即可认定具备主观故意。不要求行为人认为自己参加的是黑社会性质组织，因为是否是"黑社会性质"，是法律性质认识，不是故意的必要认知内容。

对于参加黑社会性质的组织，没有实施其他违法犯罪活动的，或者受蒙蔽、胁迫参加黑社会性质的组织，情节轻微的，可以不作为犯罪处理。《办理黑社会罪案纪要》（2010）根据《刑法》第294条概括黑社会性质组织四个特征："组织特征""经济特征""行为特征""危害性特征"，并作出了以下解释：只要行为人知道或者应当知道是从事违法犯罪活动的组织，仍对该组织及其成员予以包庇，或者纵容其实施违法犯罪活动，即可认定本罪。至于行为人是否明知该组织系黑社会性质组织，不影响本罪的成立。

2. 入境发展黑社会组织罪。

【定义】境外的黑社会组织的人员到中华人民共和国境内发展组织成员的行为。

【主体】境外的黑社会组织的人员，即中华人民共和国境外的黑社会组织的人员，包括外国和我国台、港、澳地区的黑社会组织人员，如意大利、美国的黑手党、日本的山口组、我国台湾地区的竹联帮等组织的人员。我国公民在境外参加了境外黑社会组织成为其成员，又在我国境内为其发展成员的，也可成立本罪。

【行为】到中华人民共和国境内发展组织成员。根据《审理黑社会性质组织案解释》（2000）第2条的规定，所谓发展组织成员，是指将境内、外人员吸收为该黑社会组织成员的行为。对黑社会性质组织成员进行内部调整等行为，可视为发展组织成员。鉴于惩罚这种犯罪行为是为了阻止境外的黑社会组织向我国境内的渗透、扩张，所以本罪的行为地点限于我国境内。行为对象既包括我国人，也包括外国人。

3. 包庇、纵容黑社会性质组织罪。

【定义】国家机关工作人员包庇黑社会性质组织，或者纵容黑社会性质组织进行违法犯罪活动的行为。

【主体】国家机关工作人员，指在国家机关中从事公务的人员，包括在各级国家权力机关、行政机关、司法机关和军事机关中从事公务的人员。

【行为】本罪的行为包括以下两种：①包庇黑社会性质组织。所谓包庇，是指国家机关工作人员为使黑社会性质组织及其成员逃避查禁而通风报信，隐匿、毁灭、伪造证据，阻止他人作证、检举揭发，指使他人作伪证，帮助逃匿，或者阻挠其他国家机关工作人员依法查禁等行为[1]。从刑法有关规定看，国家机关工作人员是否利用职务之便包庇，在所不问。包庇的对象限于黑社会性质组织，为了包庇黑社会性质组织而包庇其个别成员的，也是本罪的包庇行为。仅仅包庇属于黑社会性质组织的个别成员的其他犯罪行为，不属于本罪的包庇。②纵容黑社会性质组织进行违法犯罪活动。所谓纵容，是指国家机关工作人员不依法履行职责，放纵黑社会性质组织进行违法犯罪活动的行为[2]。国家机关工作人员有责任阻止自己职责范围内发生的违法犯罪活动，尤其是应当阻止危害一方安宁、稳定的黑社会性质组织进行的违法犯罪活动，因此，对国家机关工作人员的纵容行为，应当追究刑事责任。纵容应以负有特定的职责并且不履行该职责为前提，缺乏这一前提的知情不举不属于纵容。纵容与共犯不同，纵容仅有不履行职责放纵、放任他人违法犯罪的行为，而未参与黑社会性质组织进行违法犯罪的活动。纵容的对象限于黑社会性质组织进行的违法犯罪活动。行为人具有上述包庇、纵容行为之一的，即认为具有本罪的行为。

【主观】故意，对"明知"的内容应作宽泛的解释，不需要从法律上对"黑社会性质组织"有清晰的认识，只要明知有违法犯罪活动的事实，同时根据具体案件中表现出的特征，能够判断可能涉嫌黑社会性质组织犯罪即可。《办理黑社会罪案纪要》（2010）指出，"只要行为人知道或者应当知道是从事违法犯罪活动的组织，仍对该组织及其成员予以包庇，或者纵容其实施违法犯罪活动，即可认定本罪。至于行为人是否明知该组织系黑社会性质组织，不影响本罪的成立"。

---

[1] 2000年12月10日最高人民法院《审理黑社会性质组织案解释》（2000）第5条第1款。
[2] 2000年12月10日最高人民法院《审理黑社会性质组织案解释》（2000）第5条第2款。

【案例】　　　　　　　　**陈国阳、张伟洲包庇黑社会性质组织案**[1]

在二被告人包庇黑社会性质组织的 3 宗事实中,有 2 宗发生在 2000 年,但他们辩称当时并不知道有黑社会性质组织,且该组织直至 2002 年才形成具有黑社会性质的组织,2000 年时尚未形成。法院认为,二被告人知道或者应当知道 3 宗案件系从事违法犯罪活动、具有一定规模的组织所为,至于该组织是否明确系黑社会性质组织,包庇时该组织是否已成型为黑社会性质组织,并不影响定罪量刑[2]。

【加重犯】包庇、纵容黑社会性质组织,情节严重的,构成本罪的加重犯。所谓情节严重,是指国家机关工作人员包庇、纵容黑社会性质组织,有下列情形之一的:①包庇、纵容黑社会性质组织跨境实施违法犯罪活动的;②包庇、纵容境外黑社会组织在境内实施违法犯罪活动的;③多次实施包庇、纵容行为的;④致使某一区域或者行业的经济、社会生活秩序遭受黑社会性质组织特别严重破坏的;⑤致使黑社会性质组织的组织者、领导者逃匿,或者致使对黑社会性质组织的查禁工作严重受阻的;⑥具有其他严重情节的。[3] 此处的"其他严重情节"一般是指包庇重大的黑社会性质组织;利用职权严重阻碍惩治黑社会性犯罪组织;徇私或者出于卑劣的动机包庇的;包庇行为导致严重后果的;主管政法治安工作的负责人或者有直接查处职责的司法工作人员纵容而导致严重后果的;等等。

(二) 适用

【定罪】1. 罪与非罪。《审理黑社会性质组织案解释》(2000) 第 3 条第 2 款规定:"对于参加黑社会性质的组织,没有实施其他违法犯罪活动的,或者受蒙蔽、胁迫参加黑社会性质的组织,情节轻微的,可以不作为犯罪处理。"

2. 与普通刑事犯罪集团的区别。《办理黑社会罪案纪要》(2010),概括了黑社会性质组织的组织、经济、行为、危害四特征,其中,具有经济实力维持组织活动经济特征和对特定区域或行业的形成非法控制性的危害性特征,是其突出特点。普通犯罪集团虽然也是有组织、有预谋、有计划地进行犯罪,但其目的是具体的,如进行盗窃、抢劫,或者走私、贩毒,因而通常实施一种或数种犯罪,集团经济实力尚不足以维持组织活动,或者尚不能达到区域、行业的控制性。

3. 与"恶势力"团伙的区别。《办理黑社会罪案纪要》(2010) 指出:"恶势力",是指经常纠集在一起,以暴力、威胁或其他手段,在一定区域或者行业内多次实施违法犯罪活动,为非作恶,扰乱经济、社会生活秩序,造成较为恶劣的社会影响,但尚未形成黑社会性质组织的犯罪团伙。"恶势力"一般为 3 人以上,纠集者、骨干成员相对固定,违法犯罪活动一般表现为敲诈勒索、强迫交易、欺行霸市、聚众斗殴、寻衅滋事、非法拘禁、故意伤害、抢劫、抢夺或者黄、赌、毒等。

4. 黑社会性质组织犯罪和成员个人犯罪的区分。判断要点在于:①是否由组织者、领导者直接组织、策划、指挥、参与实施;②是否基于组织意志实施,即组织成员实施的犯罪行为是否得到了组织者、领导者认可或者默许,抑或是否按照组织的纪律、惯例、共同遵守的约定

---

[1] 中华人民共和国最高人民法院刑事审判第一、二、三、四、五庭主办:《刑事审判参考 (2010 年第 3 集·总第 74 集)》,法律出版社 2010 年版。

[2] 见"指导判例第 624 号:区瑞狮等组织、领导、参加黑社会性质组织案"的"裁判理由"部分,载中华人民共和国最高人民法院刑事审判第一、二、三、四、五庭主办:《刑事审判参考 (2010 年第 3 集·总第 74 集)》,法律出版社 2010 年版。

[3] 2000 年 12 月 10 日最高人民法院《审理黑社会性质组织案解释》(2000) 第 6 条。

而实施;③是否为了组织利益实施。对于组织成员为了组织利益而实施的犯罪,并不要求组织者、领导者知情。如组织成员为组织争夺势力范围、排除竞争对手、确立强势地位、谋取经济利益、维护非法权威而实施的违法犯罪活动。反之,如果组织成员仅仅为了个人利益,在组织意志之外单独实施的违法犯罪活动,组织、领导者并不知情的,则应认定为组织成员个人犯罪。

应当结合组织化程度的高低、经济实力的强弱、有无追求和实现对社会的非法控制等特征,对黑社会性质组织与"恶势力"团伙加以区分。

【罪数】1. 组织、领导和参加黑社会性质组织,这本身就是刑法上独立的犯罪,因此,犯本罪又有其他犯罪行为的,如指使组织成员杀人、伤害、绑架、敲诈勒索或者接受组织派遣任务实行杀人、伤害、绑架、敲诈勒索等犯罪行为的,应当实行数罪并罚。对于黑社会性质组织的组织者、领导者,应当按照其所组织、领导的黑社会性质组织所犯的全部罪行处罚;对于黑社会性质组织的参加者,应当按照其所参与的犯罪处罚。

2. 根据《刑法》第294条第3款的规定,境外的黑社会组织的人员到我国境内发展组织成员的,即构成犯罪,如果又有其他犯罪行为的,依照数罪并罚的规定处罚。

【案例】 黄文、刘树林组织黑社会性质组织案[1]

2001年2月某日,被告人黄文与刘树林共谋组建名为"鬼蝶帮"的帮派。商定后,二人便积极发展成员,制定帮规。当月18日,黄、刘二人带各自发展的成员共二十余人集会,宣布成立"鬼蝶帮",由黄、刘做帮主,下设堂主、香主等,确定帮内成员联系暗号,并决定在当地向外来商贩收取"保护费"。同月25日,帮派成员再次集会讨论收取"保护费"事宜,并撰写传单由成员向外地商贩出示。在出示传单过程中,对反抗的商贩,帮派成员便将其摆置的摊位掀翻予以警告。法院认为,被告人黄文、刘树林组织黑社会性质组织,进行违法犯罪活动,构成组织黑社会性质组织罪,分别判处有期徒刑5年和有期徒刑3年。

二十三、传授犯罪方法罪

(一)构成要件·法定刑

《刑法》第295条 传授犯罪方法的,处5年以下有期徒刑、拘役或者管制;情节严重的,处5年以上有期徒刑;情节特别严重的,处10年以上有期徒刑或者无期徒刑。

【定义】用语言、文字、动作或者其他方法把某种具体犯罪的方法传授给他人的行为。

【行为】向他人传授某一具体犯罪的方法。"他人"作为传授犯罪方法罪的对象,并不限于特定主体。当行为人以公开的方式传授,例如通过广播、电视、报刊、互联网等公共媒介进行传授时,在此种情况下的传授对象就可能是不特定的人员。利用公共媒介不过是赋予了传授行为一种新的方式,其实质与传统的传授行为无异。犯罪方法,是指预备犯罪、实行犯罪以及完成犯罪后湮灭罪证、掩盖罪行的技术、步骤、办法等方法。传授犯罪方法的方式多种多样,例如,口头讲解、身体示范、观摩影像、阅读文字,公开或秘密的,当面或转授的,一人传授一人或多人,多人传授一人或多人,在社会上传授或者在关押场所传授,等等。传授后,对方是否接受了传授或者是否按传授的方法去实行犯罪,均不影响犯罪的成立。常见的类型有:①盗窃分子带徒传授盗窃技能的;②监狱犯人之间传习犯罪方法的;③恐怖分子在基地向他人传授制造恐怖事件方法的,如传授制造爆炸物的技能、教练使用枪支、投放危险物质等;④向盗窃汽车的犯罪分子传授开锁技能的;⑤向他人提供窃电装置传授窃电技能的。例如,甲精通

---

[1] 张耕总主编:《刑事案例诉辩审评——扰乱公共秩序罪》,中国检察出版社2005年版,第164~169页。

电工，因自己开办个体小工厂用电量大，就研究出一套窃电装置，使本厂每月"节省"30万元电费，共使供电单位损失一百余万元的电费收入。有些企业主慕名请甲也给安装窃电装置，甲不仅给安装还指导他们使用，每套收取 3000 元。甲的行为构成传授犯罪方法罪和盗窃罪。

在互联网散布犯罪方法的，可认定为传授犯罪方法：

【案例】 冯庆钊传授犯罪方法案[1]

冯庆钊通过自行搜集涉及炸药制造的信息，经整理形成一个电子文档，命名为《恐怖分子手册》，并于 2009 年 11 月 26 日及 2010 年 4 月 19 日先后两次在百度文库中发布《恐怖分子手册》电子文档（一）至（十），内容包括各种炸药、燃烧剂、汽油弹、炸弹、燃烧弹等配方及制作方法，其中穿插了一些涉及恐怖组织活动的字眼和语句。例如，"同学们，伟大主席奥马尔说：胜利属于团结的塔利班人民"。文档中所涉及的各种炸药知识、制法等均具有一定的科学性、可行性，但其内容不涉密，通过正常渠道如专业图书、网络等均可进行查询。前述文档共被浏览 2065 次，下载 116 次。冯庆钊被抓获归案后供述：其就是觉得好玩，想让别人也看看，当时没考虑后果，用这个文档名称是想引起浏览者的注意。法院以传授犯罪方法罪判处其拘役 6 个月。

裁判要旨：行为人出于间接故意在互联网上散布关于特定犯罪方法的技术知识，无论是否被他人实际接收和使用，均可构成传授犯罪方法罪。

实践中，"中性"的实际技能、方法广泛存在，既可以用于违法犯罪，也可以用于正当合法的行为。是否作为"犯罪方法"，取决于其实际运用的具体途径和场合。对于传授此类方法的行为如何认定，需要结合整体传授过程，并根据社会通常观念作出恰当判断。在司法实践中，应当重点结合以下情况予以认定：①行为人的个人情况；②向他人传授该种方法的原因；③在何种场合下或者利用何种途径传授该方法；④被传授人会基于何种原因向行为人学习该种方法；⑤行为人和被传授人言行的倾向性（如有无指明该种方法是实行某种犯罪的方法）等。

【主观】故意，即明知将犯罪方法传授给他人会产生危害社会的结果而依然传授，并且希望他人接受所传授的犯罪方法。没有传授犯罪方法的故意，在文学艺术、电影电视作品中表现的一些犯罪的情节被他人学习、模仿的，不构成犯罪。

（二）适用

【罪数】正确认定传授犯罪方法的犯罪行为与教唆犯罪行为并存的案件。对此应区分情况，分别处理：

1. 行为人以不同的犯罪内容、对不同对象或者同一对象实施了传授和教唆行为。这种情况下，传授行为和教唆行为各自独立，应构成传授犯罪方法罪与所教唆的犯罪，实行数罪并罚。例如，甲某带多名徒弟传授扒窃技能，收取"孝敬费"。某日，甲某又唆使徒弟之一乙某盗窃银行。甲某构成传授方法罪和盗窃罪（教唆），应当数罪并罚。

2. 行为人以同一犯罪内容对同一人或数人同时实施传授行为和教唆行为，应按吸收原则，择一重罪处罚。例如，甲教唆乙、丙等人盗窃银行，同时又传授或教授进入、逃离犯罪现场的技能或者打开金库的技能等，只定盗窃一罪，不另外成立传授犯罪方法罪。

---

[1] 中华人民共和国最高人民法院刑事审判第一、二、三、四、五庭主办：《刑事审判参考（2011 年第 2 集·总第 79 集）》，法律出版社 2011 年版。

【案例】 李祥英传授犯罪方法案[1]

2009年8月30日凌晨2时许,李祥英伙同许某(另案处理)持刀对方某城、朱某旭、吴某豪进行威胁,并以方某城生命安全为要挟,将三被害人强行带至棠景街棠下步行街。此后,李祥英等人以言语讲解的方式向三被害人传授抢夺的犯罪方法,并胁迫三被害人抢夺路人财物,致使三被害人被迫先后尾随多名路人。当日上午8时许,三被害人趁李祥英及同案人不注意时逃脱控制。法院认为:李祥英具有抢夺的犯罪故意,通过抢夺进行敛财是目的,而其胁迫三被害人去实施抢夺行为,必然要教其一些基本作案方法,传授犯罪方法是手段,此种情况应视为目的行为与手段行为的牵连,属于"处断的一罪"中的牵连犯,应择一重罪处断,故以传授犯罪方法罪判处李祥英有期徒刑4年。

裁判要旨:强迫他人学习犯罪方法后胁迫其实施犯罪的构成牵连犯,应择一重罪处断。

二十四、非法集会、游行、示威罪

(一)构成要件·法定刑

《刑法》第296条 举行集会、游行、示威,未依照法律规定申请或者申请未获许可,或者未按照主管机关许可的起止时间、地点、路线进行,又拒不服从解散命令,严重破坏社会秩序的,对集会、游行、示威的负责人和直接责任人员,处5年以下有期徒刑、拘役、管制或者剥夺政治权利。

【定义】举行集会、游行、示威未依照法律规定申请或者申请未经许可,或者未按照主管机关许可的起止时间、地点、路线进行,又拒不服从解散命令,严重破坏社会秩序的行为。

【主体】自然人,并且限于举行非法集会、游行、示威的负责人和直接责任人员。所谓负责人,是指《集会游行示威法》中所规定的提交申请书并在申请书中载明为负责人的人员。所谓直接责任人,是指负责人以外的实际组织、策划、指挥集会、游行、示威的人。不服从负责人或者现场组织者指挥,自行其是,因而直接严重破坏社会秩序的人,不是负责人或者直接责任人员,不能构成本罪。

【行为】本罪的行为表现为以下两个方面:①非法集会、游行、示威。具体可分为两种情况:一是擅自举行,即依照法律规定申请或者申请未获许可,而擅自举行集会、游行、示威;二是未按许可的方式举行,即虽然照法律规定申请并获许可,但所获许可的集会、游行、示威未按照主管机关许可的起止时间、地点、路线进行。②拒不服从解散命令,严重破坏社会秩序。仅有非法举行的行为而没有拒不服从解散命令,严重破坏社会秩序的,不能构成犯罪。举行了非法集会、游行、示威的负责人或者实际负责人,在得到解散命令后服从并积极执行解散命令的,即使因失控而未能及时、有效解散队伍,也不能认为是拒不服从解散命令。

(二)适用

【定罪】虽有非法举行集会、游行、示威的行为,但没有拒不服从解散命令或者没有造成严重破坏社会秩序的结果的,不构成犯罪。部分人服从解散命令,部分人不服从解散命令的,对于服从的人(包括负责人),不能认定是犯罪。因为部分人拒不服从解散命令,严重破坏社会秩序的,其罪责应由其中的直接责任人承担。

【关联罪】本罪与聚众扰乱社会秩序罪、聚众冲击国家机关罪、聚众扰乱公共场所秩序、交通秩序罪都具有聚众性,都可能发生于公共场所,都会造成严重破坏社会秩序的结果,极为近似。区别的要点是:本罪以举行具有集会、游行、示威性质的活动为前提的,在获准举行但

---

[1] 中华人民共和国最高人民法院刑事审判第一、二、三、四、五庭主办:《刑事审判参考(2010年第5集·总第76集)》,法律出版社2010年版。

举行的方式不当的场合，应认为具有集会、游行、示威的性质；在擅自举行的场合，如果符合表达共同意愿的活动以及预定在露天公共场所举行这两个条件，一般可认为是具有集会、游行、示威性质的活动。在举行具有集会、游行、示威性质的活动过程中，伴有妨碍工作、生产、营业、教学、科研秩序或者扰乱公共场所秩序、交通秩序或者国家机关工作秩序的，应视为本罪的扰乱社会秩序的情况。聚众进行不具有集会、游行、示威性质的活动，扰乱社会秩序、公共场所、交通秩序以及冲击国家机关进行扰乱活动的，应依照刑法其他有关规定定罪处罚，不宜按非法集会、游行、示威的案件认定处理。借举行集会、游行、示威之名，预定直接到有关机关、单位或者公共场所、交通要道进行冲击、扰乱活动的，应择一重罪处罚。

【案例】 **钱灵巧、陈敬富、郦加能、俞圣联非法集会、示威案**[1]

1999年6月12日下午3时许，以被告人钱灵巧、陈敬富、郦加能、俞圣联、罗正荣（现在逃）等为代表的个体商户，在与文山州文丰公司为昆明百大天地商场退租一事协商无效后，组织、煽动百大天地商家约40余人，未经公安机关批准，非法聚集在昆明世界园艺博览园门口，手持标语呼喊口号，长达3个多小时，给社会造成极为恶劣的影响。法院认为，被告人钱灵巧等无视国家法律，组织、煽动他人非法集会、示威，其行为已构成非法集会、示威罪，依法各判处有期徒刑1年。

二十五、非法携带武器、管制刀具、爆炸物参加集会、游行、示威罪

《刑法》第297条　违反法律规定，携带武器、管制刀具或者爆炸物参加集会、游行、示威的，处3年以下有期徒刑、拘役、管制或者剥夺政治权利。

【定义】违反法律规定，携带武器、管制刀具或者爆炸物参加集会、游行、示威的行为。行为人是否具备合法持有武器的资格，在所不问。

【关联罪】如果行为人非法持有、私藏枪支、弹药同时又携带参加集会、游行、示威的，数罪并罚。

二十六、破坏集会、游行、示威罪

《刑法》第298条　扰乱、冲击或者以其他方法破坏依法举行的集会、游行、示威，造成公共秩序混乱的，处5年以下有期徒刑、拘役、管制或者剥夺政治权利。

【定义】扰乱、冲击或者以其他方法破坏依法举行的集会、游行、示威，造成公共秩序混乱的行为。"其他方法"如堵塞集会、游行、示威队伍行进、停留的通道、场所等，"公共秩序混乱"主要指造成集会、游行、示威行经地或举行地的场所秩序或交通秩序混乱的；使依法举行的集会、游行、示威无法进行的；因之发生骚乱或打砸抢事件；等等。[2]

二十七、侮辱国旗、国徽罪

《刑法》第299条　在公众场合故意以焚烧、毁损、涂划、玷污、践踏等方式侮辱我国国旗、国徽的，处3年以下有期徒刑、拘役、管制或者剥夺政治权利。

【定义】在公众场合故意以焚烧、毁损、涂划、玷污、践踏等方式侮辱我国国旗、国徽的行为。"公共场合"，一是指根据国旗法、国徽法的规定，悬挂国旗、国徽的公共场所或中央机关所在地；二是指人群聚集的公共场所。

【罪量】如果行为人因个人利益受到国家机关的不当侵犯，为表示不满而弄污了国旗，经教育后及时改正，更换了新的国旗的，属于情节显著轻微，可由公安机关处理。

---

[1] 云南省昆明市官渡区人民法院（2000）官刑初字第311号刑事判决。
[2] 中华人民共和国最高人民法院刑事审判第一、二、三、四、五庭主办：《刑事审判参考（2010年第5集·总第76集）》，法律出版社2010年版。

二十八、组织、利用会道门、邪教组织、利用迷信破坏法律实施罪·组织、利用会道门、邪教组织、利用迷信致人死亡罪

（一）构成要件·法定刑

《刑法》第 300 条　组织、利用会道门、邪教组织或者利用迷信破坏国家法律、行政法规实施的，处 3 年以上 7 年以下有期徒刑，并处罚金；情节特别严重的，处 7 年以上有期徒刑或者无期徒刑，并处罚金或者没收财产；情节较轻的，处 3 年以下有期徒刑、拘役、管制或者剥夺政治权利，并处或者单处罚金。

组织、利用会道门、邪教组织或者利用迷信蒙骗他人，致人重伤、死亡的，依照前款的规定处罚。

犯第 1 款罪又有奸淫妇女、诈骗财物等犯罪行为的，依照数罪并罚的规定处罚。

1. 组织、利用会道门、邪教组织、利用迷信破坏法律实施罪。

【定义】组织和利用会道门、邪教组织或者利用迷信破坏国家法律、行政法规实施的行为。

【行为】本罪包括两种行为类型：

（1）有组织的方式，即组织、利用会道门和邪教组织破坏国家法律、行政法规的实施。会道门，指会门和道门等封建迷信组织的总称，包括一贯道、九宫道、先天道、后天道、大刀会、哥老会、青洪帮等封建迷信活动组织。邪教组织，指冒用宗教、气功或者其他名义建立，神化首要分子，利用制造、散布迷信邪说等手段蛊惑、蒙骗他人，发展、控制成员，危害社会的非法组织，邪教组织包括但不限于法轮功、全能神、门徒会、观音法门。国家有关主管部门发布的邪教组织名单可以直接作为认定邪教组织的依据；尚未列入名单的，是否属于邪教组织，由侦查机关提请国家有关主管部门出具意见。组织会道门、邪教组织，指发起成立会道门、邪教组织或者恢复已被取缔的会道门、邪教组织，发展门徒、招收会员。破坏国家法律、行政法规的实施，指以会道门、邪教组织为据点或者以其他方式利用迷信蛊惑人心，欺骗、控制群众，扰乱社会秩序，妨害国家法律、行政法规的实施。

（2）利用迷信破坏国家法律、行政法规的实施。如利用占卜、算命、看阴阳风水、做道场等形式进行招摇撞骗、蛊惑群众、破坏国家法律的实施等。

【主观】故意，一般具有煽动、蛊惑他人抗拒国家法律、行政法规实施的目的。

【基本犯】根据《办理邪教组织案解释》》（1999）第 2 条，组织和利用邪教组织并具有下列情形之一的，依照《刑法》第 300 条第 1 款的规定定罪处罚：

（1）聚众围攻、冲击国家机关、企业事业单位，扰乱国家机关、企业事业单位的工作、生产、经营、教学和科研秩序的；

（2）非法举行集会、游行、示威，煽动、欺骗、组织其成员或者其他人聚众围攻、冲击、强占、哄闹公共场所及宗教活动场所，扰乱社会秩序的；

（3）抗拒有关部门取缔或者已经被有关部门取缔，又恢复或者另行建立邪教组织，或者继续进行邪教活动的；

（4）煽动、欺骗、组织其成员或者其他人不履行法定义务，情节严重的；

（5）出版、印刷、复制、发行宣扬邪教内容出版物，以及印制邪教组织标识的；

（6）其他破坏国家法律、行政法规实施行为的。

《办理邪教组织案解释（二）》（2001）第 1 条进一步明确，制作、传播邪教宣传品，宣扬邪教，破坏法律、行政法规实施，具有下列情形之一的，依照《刑法》第 300 条第 1 款的规定，以组织、利用邪教组织破坏法律实施罪定罪处罚：

（1）制作、传播邪教传单、图片、标语、报纸300份以上，书刊100册以上，光盘100张以上，录音、录像带100盒以上的；

（2）制作、传播宣扬邪教的DVD、VCD、CD母盘的；

（3）利用互联网制作、传播邪教组织信息的；

（4）在公共场所悬挂横幅、条幅，或者以书写、喷涂标语等方式宣扬邪教，造成严重社会影响的；

（5）因制作、传播邪教宣传品受过刑事处罚或者行政处罚又制作、传播的；

（6）其他制作、传播邪教宣传品，情节严重的。

【加重犯】根据《办理邪教组织案解释》（1999）第2条第2款，实施第1款所列（基本犯）行为，并具有下列情形之一的，属于"情节特别严重"：①跨省、自治区、直辖市建立组织机构或者发展成员的；②勾结境外机构、组织、人员进行邪教活动的；③出版、印刷、复制、发行宣扬邪教内容出版物以及印制邪教组织标识，数量或者数额巨大的；④煽动、欺骗、组织其成员或者其他人破坏国家法律、行政法规实施，造成严重后果的。制作、传播邪教宣传品数量达到基本犯标准5倍以上，或者虽未达到5倍，但造成特别严重社会危害的，属于《刑法》第301条第1款规定的"情节特别严重"。

【减轻犯】《刑法修正案（九）》针对传播邪教宣传品案件较多、危害较轻的状况增加减轻犯规定。具体入罪标准有待司法解释明确。一般而言，指具有本罪基本犯的行为尚未造成严重后果的，或者数量或者数额在基本犯标准1/5以上的；或者其他宣扬邪教扰乱社会秩序的情节较轻的情形。

2. 组织、利用会道门、邪教组织、利用迷信致人死亡罪。

【定义】组织和利用会道门、邪教组织或者利用迷信蒙骗他人，致人死亡的行为。

【行为·结果】"蒙骗他人，致人重伤、死亡"，指组织、利用邪教组织，制造、散布迷信邪说，蒙骗成员或者他人实施绝食、自残、自虐等行为，或者阻止病人接受正常治疗，致人重伤、死亡的。

【主观】过失，即应当预见到自己的行为可能发生致人死亡的结果，因为疏忽大意而没有预见，或者已经预见而轻信能够避免，以致发生致人死亡结果。本罪组织、利用会道门、邪教组织、利用迷信蒙骗他人的行为虽然是故意的，但这并非本罪的犯罪故意，本罪对致人死亡的结果是过失的，应以此确定本罪的罪过形式。

【基本犯】参照《办理邪教组织案解释》（1999），组织、利用邪教组织蒙骗他人，致1人以上死亡或者多人重伤的，处3年以上7年以下有期徒刑，并处罚金。

【减轻犯】参照《办理邪教组织案解释》（1999），组织、利用邪教组织蒙骗他人，致人重伤的，处3年以下有期徒刑、拘役、管制或者剥夺政治权利，并处或者单处罚金。

【加重犯】根据《办理邪教组织案解释》（1999）组织、利用邪教组织蒙骗他人，具有下列情形之一的，处7年以上有期徒刑或者无期徒刑，并处罚金或者没收财产：①造成3人以上死亡的；②造成死亡人数不满3人，但造成多人重伤的；③曾因邪教活动受过刑事或者行政处罚，又组织和利用邪教组织蒙骗他人，致人死亡的；④造成其他特别严重后果的。

（二）适用

【定罪】将会道门、邪教组织中的组织者、骨干分子与一般参加者区分开来。后者的行为情节显著轻微、危害不大的，不认为是犯罪。鉴于近些年组织和利用邪教组织破坏法律实施的情形较为突出，《办理邪教组织案解释》（1999）第2条第1款为此特意指出："组织和利用邪教组织并具有下列情形之一的，依照刑法第300条第1款的规定定罪处罚：①聚众围攻、冲击国家机关、企业事业单位，扰乱国家机关、企业事业单位的工作、生产、经营、教学和科研秩序的；②非法举行集会、游行、示威，煽动、欺骗、组织其成员或者其他人聚众围攻、冲击、强占、哄闹公共场所及宗教活动场所，扰乱社会秩序的；③抗拒有关部门取缔或者已经被有关部门取缔，又恢复或者另行建立邪教组织，或者继续进行邪教活动的；④煽动、欺骗、组织其成员或者其他人不履行法定义务，情节严重的；⑤出版、印刷、复制、发行宣扬邪教内容出版物，以及印制邪教组织标识的；⑥其他破坏国家法律、行政法规实施行为的。"该司法解释第9条第2款同时规定："对于受蒙蔽、胁迫参加邪教组织并已退出和不再参加邪教组织活动的人员，不作为犯罪处理。"

【关联罪】1. 组织、利用会道门、邪教组织、利用迷信破坏法律实施罪与煽动暴力抗拒法律实施罪的界限。要点是：本罪限于采取利用迷信的方式，而不限定煽动暴力；后罪不包括采取利用迷信的方式煽动，但限定煽动的内容必须包含煽动暴力。鉴于刑法认为以利用迷信的方式破坏法律实施是一种较为严重的犯罪形式，所以如果行为人组织、利用会道门、邪教组织或者利用迷信煽动抗拒国家法律法规实施的，无论是否煽动使用暴力，都应以本罪论处。

2. 组织和利用邪教组织，以迷信邪说引诱、胁迫、欺骗或者其他手段，奸淫妇女、幼女的，依照《刑法》第236条的规定，以强奸罪定罪处罚；组织和利用邪教组织以各种欺骗手段，收取他人财物的，依照《刑法》第266条的规定，以诈骗罪定罪处罚。[1] 组织、策划、煽动、教唆、帮助邪教组织人员自杀、自残的，依照《刑法》第232、234条的规定，以故意杀人罪、故意伤害罪定罪处罚；邪教组织人员以自焚、自爆或者其他危险方法危害公共安全的，分别依照《刑法》第114条、第115条第1款以危险方法危害公共安全罪等规定定罪处罚。[2]

3. 组织、利用邪教组织，实施煽动分裂国家、煽动颠覆国家政权或者侮辱、诽谤他人，聚众冲击国家机关等行为，同时构成组织、利用邪教组织破坏法律实施罪和其他犯罪的，依照处罚较重的规定定罪处罚。

4. 使用"伪基站"等设备宣扬邪教，同时构成组织、利用邪教组织破坏法律实施罪和扰乱无线电通讯管理秩序罪等犯罪的，依照处罚较重的规定定罪处罚。

5. 通过破坏广播电视设施、公用电信设施宣扬邪教，分别构成破坏广播电视设施、公用电信设施罪和组织、利用邪教组织破坏法律实施罪的，依法实行数罪并罚。

6. 组织、利用邪教组织，制造、散布迷信邪说，组织、策划、煽动、胁迫、教唆、帮助其成员或者他人自杀、自伤的，以故意杀人罪或者故意伤害罪定罪处罚。

7. 邪教组织人员以自焚、自爆或者其他危险方法危害公共安全的，以以危险方法危害公共安全罪等定罪处罚。

【共犯】明知他人组织、利用邪教组织实施犯罪，而为其提供经费、场地、技术、工具、食宿、接送等便利条件或者帮助，情节严重的，以共犯论处。

【既遂·未遂】邪教宣传品在传播之前被查获的，是预备犯；运输、邮寄过程中被查获的，是未遂犯；全部或部分传播出去的，犯罪既遂，没有传播部分，量刑时酌情考虑；对于制作行为，制作完成即犯罪既遂，既遂不以传播为必要。

---

[1]《办理邪教组织案解释》(1999) 第5、6条。
[2]《办理邪教组织案解释（二）》第9、10条。

二十九、聚众淫乱罪、引诱未成年人聚众淫乱罪

（一）构成要件·法定刑

《刑法》第301条　聚众进行淫乱活动的，对首要分子或者多次参加的，处5年以下有期徒刑、拘役或者管制。

引诱未成年人参加聚众淫乱活动的，依照前款的规定从重处罚。

1. 聚众淫乱罪。

【定义】聚集3人以上进行淫乱或者多次参加3人以上的淫乱活动的行为。

【主体】自然人，限于首要分子和多次参加的人员。

【行为】聚众淫乱。所谓聚众淫乱，是指3个以上的异性共同发生违反道德准则、令正常人感到羞耻的性行为，如群奸群宿。"淫乱"属于典型的规范构成要素，"淫乱"不单是一个客观的事实概念，而是一个需要根据价值判断才能确定其含义的概念。财物、人、枪支、毒品这样的法律概念表述的基本是一个客观的事实，具有确定性。但是对于淫乱、淫秽之类的概念，则不同时代、不同的人看法差别很大。因为它们含有道德、价值评判的因素，具有不客观、不明确的特性。罪刑法定原则要求明确性，故排斥过多使用这类要素。淫乱的含义很难界定，大体只能认为是一种伤害公众健全性道德、使公众感到羞耻（或恶心）的性行为。不能把3人以上共同发生性行为的情形一律视为淫乱，只有当其发生的场合、方式令同时代的普通人感到羞耻、难以容忍的，才能视为淫乱。聚众，指3人以上，但是，3人以上发生性行为并非都是淫乱。只有该聚众性行为同时具有淫乱性，才认为是犯罪。性行为虽然包括猥亵行为，但应以性交为必要。对于聚众淫乱活动的首要分子和多次参加聚众淫乱活动的，以本罪追究刑事责任。

【主观】故意。行为人多具有藐视社会伦理、寻求变态精神刺激的心理特征。本罪的故意仅要求行为人认识到事实层面，即其从事的该性行为，不要求行为人认识到该性行为具有淫乱性。该性行为是否具有"淫乱"性，属于法官依据法律的判断，而法官作这种判断依据的是社会公众的性道德准则。

【罪量】根据《立案标准（一）》（2008）第41条，组织、策划、指挥3人以上进行淫乱活动或者参加聚众淫乱活动3次以上的，应予立案追诉。

2. 引诱未成年人聚众淫乱罪。

【定义】引诱未成年人参加聚众淫乱活动的行为。在司法实践中，往往是通过传播淫秽物品、宣讲性体验、性感受甚至直接进行性表演等方法拉拢、侵蚀、引诱未成年人参加淫乱活动。

（二）适用

【定罪】对于一般参加聚众淫乱活动的人及偶尔参加聚众淫乱的人，不应以犯罪论处。由于"淫乱"是依据不断变化的道德准则确认的，刑事法律可以维护公认的性道德，但应当十分审慎。

三十、盗窃、侮辱、故意毁坏尸体、尸骨、骨灰罪

（一）构成要件·法定刑

《刑法》第302条　盗窃、侮辱、故意毁坏尸体、尸骨、骨灰的，处3年以下有期徒刑、拘役或者管制。

《刑法》第234条之一第3款　违背本人生前意愿摘取其尸体器官，或者本人生前未表示同意，违反国家规定，违背其近亲属意愿摘取其尸体器官的，依照本法第302条的规定定罪处罚。

【定义】盗窃、侮辱、故意毁坏尸体、尸骨、骨灰或者非法摘取尸体器官的行为。

【对象】尸体、尸骨、骨灰。"尸体",指自然人死亡后所遗留的躯体,尚未死亡的被害人的身体不是尸体。尸体不以完整无缺为必要,缺少部分肢体、器官的,仍不失为尸体。"尸骨",指尸体腐烂后形成的相对完整的遗骸、遗骨,如土葬棺木中的遗骸、遗骨。"骨灰",指尸体焚化后形成的灰土。

【行为】1. 盗窃尸体、尸骨、骨灰,指窃取尸体、尸骨、骨灰,置于行为人自己控制之下的行为。以尸体、尸骨、骨灰原本不在行为人控制之下为必要。如果尸体原本就在行为人控制之下,不构成本罪。例如,杀人后直接将被害人尸体转移、隐藏、掩埋的。

2. 侮辱尸体、尸骨、骨灰。指以暴露、猥亵、毁损、涂划、践踏、鞭打等方式损害尸体、尸骨、骨灰尊严的行为。对于奸尸行为,有案例认定构成侮辱尸体罪。

3. 故意毁坏尸体、尸骨、骨灰。"违背本人生前意愿摘取其尸体器官",属于故意毁坏尸体的行为。因为盗窃尸体的对象是人死后遗留的较完整的躯体,难以扩张解释至尸体的器官。"违背本人生前意愿摘取其尸体器官",指本人生前表示拒绝死后捐献器官,违背本人生前意愿摘取其尸体器官。"本人生前未表示同意",指本人生前未就捐献尸体器官作出书面的意思表示,推定为"本人生前未表示同意"(死后捐献器官)。"违反国家规定",主要指《人体器官移植条例》有关人体器官捐献的规定,如"人体器官捐献应当遵循自愿、无偿的原则"。"任何组织或者个人不得强迫、欺骗或者利诱他人捐献人体器官。""公民生前未表示不同意捐献其人体器官的,该公民死亡后,其配偶、成年子女、父母可以以书面形式共同表示同意捐献该公民人体器官的意愿。""违背其近亲属意愿"(摘取其尸体器官),主要指没有得到近亲属以书面形式共同表示同意捐献的意愿。本罪是选择性罪名。

【主观】故意。对自己实施的盗窃、侮辱、毁坏尸体、尸骨、骨灰行为明知,或者明知没有合法有效同意而摘取尸体器官。

(二)适用

【罪数】盗窃后又侮辱、毁坏尸体的,或者为了侮辱、毁坏尸体而先盗窃尸体的,仍只构成一罪。杀人后为毁灭罪证、掩盖罪迹而毁坏、抛弃尸体的,仅以故意杀人罪一罪定罪处罚;杀人后为损害尸体的尊严及生者的感情而故意侮辱尸体的,应当实行数罪并罚。因为在这种场合,行为人已有独立的侮辱尸体的犯意和行为,在故意杀人罪之外又构成了独立的犯罪。

三十一、赌博罪·开设赌场罪

(一)构成要件·法定刑

《刑法》第303条 以营利为目的,聚众赌博或者以赌博为业的,处3年以下有期徒刑、拘役或者管制,并处罚金。

开设赌场的,处3年以下有期徒刑、拘役或者管制,并处罚金;情节严重的,处3年以上10年以下有期徒刑,并处罚金。

1. 赌博罪。

【定义】以营利为目的,聚众赌博或者以赌博为业的行为。

【行为】本罪的行为包括以下两种:

(1) 聚众赌博。所谓"聚众赌博",是指组织不特定多数人参加赌博。刑法惩罚组织、召集他人赌博从中渔利的行为。

(2) 以赌博为业。所谓"以赌博为业",是指经常从事赌博活动、靠赌博所得为其挥霍和生活主要来源的行为。这种行为人俗称"赌棍",无正当职业专事赌博谋生,或者虽有正常职业但兼业赌博,不务正业。

【罪量】根据《立案标准(一)》(2008):

(1) 以营利为目的,有下列情形之一的,属于《刑法》第303条规定的"聚众赌博",应予立案追诉:①组织3人以上赌博,抽头渔利数额累计达到5000元以上的;②组织3人以上赌博,赌资数额累计达到5万元以上的;③组织3人以上赌博,参赌人数累计达到20人以上的;④组织我国公民10人以上赴境外赌博,从中收取回扣、介绍费的;⑤其他聚众赌博应予追究刑事责任的情形。

"赌资",根据《立案标准(一)》(2008)第43条,包括:①赌博犯罪中用作赌注的款物;②换取筹码的款物;③通过赌博赢取的款物。通过计算机网络实施赌博犯罪的,赌资数额可以按照在计算机网络上投注或者赢取的点数乘以每一点实际代表的金额认定。

(2) 以营利为目的,以赌博为业的,应予立案追诉。

【主观】故意,并且行为人主观上具有营利的目的。

2. 开设赌场罪。

【定义】开设赌场的行为。

【行为】"开设赌场",指公开或秘密地开设营业性赌博场所的行为。根据司法解释,开设赌场行为还包括:

(1) 通过信息网络开设赌场。《办理网络赌博案解释》(2010)指出:利用互联网、移动通讯终端等传输赌博视频、数据,组织赌博活动,具有下列情形之一的,属于"开设赌场"行为:①建立赌博网站并接受投注的;②建立赌博网站并提供给他人组织赌博的;③为赌博网站担任代理并接受投注的;④参与赌博网站利润分成的。

(2) 以设置赌博机方式开设赌场。《办理开设赌场案意见》(2014)指出:设置具有退币、退分、退钢珠等赌博功能的电子游戏设施设备,并以现金、有价证券等贵重款物作为奖品,或者以回购奖品方式给予他人现金、有价证券等贵重款物组织赌博活动的,应当认定为"开设赌场"行为。

开设赌场有两种营利方式:①赌场不直接参加赌博,以收取场地、用具使用费或者抽头获利;②赌场直接参加赌博,如设置游戏机、吃角子老虎机等赌博机器或者雇用人员与顾客赌博。以营利为目的,只有开设赌场的人,即赌场经营者、管理者才能构成犯罪。

【主观】故意。具有营利目的。

【罪量】根据《立案标准(一)》(2008)第44条,开设赌场的,应予立案追诉。根据《办理赌博机案意见》(2014),设置赌博机组织赌博活动,具有下列情形之一的,应当按照开设赌场罪定罪处罚:①设置赌博机10台以上的;②设置赌博机2台以上,容留未成年人赌博的;③在中小学校附近设置赌博机2台以上的;④违法所得累计达到5000元以上的;⑤赌资数额累计达到5万元以上的;⑥参赌人数累计达到20人以上的;⑦因设置赌博机被行政处罚后,两年内再设置赌博机5台以上的;⑧因赌博、开设赌场犯罪被刑事处罚后,5年内再设置赌博机5台以上的;⑨其他应当追究刑事责任的情形。

根据《办理开设赌场案意见》(2014),"赌资"包括:①当场查获的用于赌博的款物;②代币、有价证券、赌博积分等实际代表的金额;③在赌博机上投注或赢取的点数实际代表的金额。

【加重犯】"情节严重"。

(1)《办理网络赌博案解释》(2010)指出:通过网络开设赌场,具有下列情形之一的,应当认定为"情节严重":①抽头渔利数额累计达到3万元以上的;②赌资数额累计达到30万元以上的;③参赌人数累计达到120人以上的;④建立赌博网站后通过提供给他人组织赌博,违法所得数额在3万元以上的;⑤参与赌博网站利润分成,违法所得数额在3万元以上的;

⑥为赌博网站招募下级代理，由下级代理接受投注的；⑦招揽未成年人参与网络赌博的；⑧其他情节严重的情形。

关于网络赌博犯罪的参赌人数、赌资数额和网站代理的认定。赌博网站的会员账号数可以认定为参赌人数，如果查实一个账号多人使用或者多个账号一人使用的，应当按照实际使用的人数计算参赌人数。赌资数额可以按照在网络上投注或者赢取的点数乘以每一点实际代表的金额认定。对于将资金直接或间接兑换为虚拟货币、游戏道具等虚拟物品，并用其作为筹码投注的，赌资数额按照购买该虚拟物品所需资金数额或者实际支付资金数额认定。对于开设赌场犯罪中用于接收、流转赌资的银行账户内的资金，犯罪嫌疑人、被告人不能说明合法来源的，可以认定为赌资。向该银行账户转入、转出资金的银行账户数量可以认定为参赌人数。如果查实一个账户多人使用或多个账户一人使用的，应当按照实际使用的人数计算参赌人数。有证据证明犯罪嫌疑人在赌博网站上的账号设置有下级账号的，应当认定其为赌博网站的代理。

（2）《办理赌博机案意见》（2014）指出：设置赌博机组织赌博活动，具有下列情形之一的，应当认定为"情节严重"：①数量或者数额达到第2条第1款第1项至第6项规定标准6倍以上的；②因设置赌博机被行政处罚后，2年内再设置赌博机30台以上的；③因赌博、开设赌场犯罪被刑事处罚后，5年内再设置赌博机30台以上的；④其他情节严重的情形。

可同时供多人使用的赌博机，台数按照能够独立供一人进行赌博活动的操作基本单元的数量认定。在两个以上地点设置赌博机，赌博机的数量、违法所得、赌资数额、参赌人数等均合并计算。

【量刑】根据《办理赌博刑案解释》（2005）第5条，实施赌博犯罪，有下列情形之一的，从重处罚：①具有国家工作人员身份的；②组织国家工作人员赴境外赌博的；③组织未成年人参与赌博，或者开设赌场吸引未成年人参与赌博的。

赌博犯罪中用作赌注的款物、换取筹码的款物和通过赌博赢取的款物属于赌资。通过计算机网络实施赌博犯罪的，赌资数额可以按照在计算机网络上投注或者赢取的点数乘以每一点实际代表的金额认定。赌资应当依法予以追缴；赌博用具、赌博违法所得以及赌博犯罪分子所有的专门用于赌博的资金、交通工具、通讯工具等，应当依法予以没收。

（二）适用

【定罪】1. 把赌博罪、开设赌场罪与一般的娱乐行为区别开来。《办理赌博刑案解释》（2005）第9条规定："不以营利为目的，进行带有少量财物输赢的娱乐活动，以及提供棋牌室等娱乐场所只收取正常的场所和服务费用的经营行为等，不以赌博论处。"

2. 把赌头、赌棍与一般参与赌博的人员区别开来，对前者应依法追究刑事责任，对后者主要是批评教育。对于出于"义气"或碍于情面提供场所，纠集多人赌博，而没有抽头渔利的，一般不宜按犯罪处理，可给予治安管理处罚。对于多次参加赌博，尚不具备赌头、赌棍条件的，一般不按赌博罪论处，可按《治安管理处罚法》处理。

3. 开设赌场，主要指经营赌场的行为，还包括：①参与赌场管理并领取高额固定工资的行为；②为赌博网站做代理或者参与利润分成的行为。赌场雇员在赌场中为赌博提供服务的行为，不属于开设赌场行为。

【关联罪】1. 赌博罪与诈骗罪的界限。如果设圈套引诱他人参赌，并且在赌博中使用欺骗方式（"出千"如使用专门的工具控制赌博结果）的，应当以诈骗罪论处。但是：①仅仅使用欺骗手段引诱他人参赌，但在赌博中没有使用欺骗方法控制赌博结果的，不是诈骗罪，仅成立赌博罪。②《设置圈套诱骗参赌批复》（1995）规定："行为人设置圈套诱骗他人参赌获取钱财，属赌博行为，构成犯罪的，应当以赌博罪定罪处罚。参赌者识破骗局要求退还所输钱财，设赌者又使用暴力或者以暴力相威胁,拒绝退还的,应以赌博罪从重处罚;致参赌者伤害或者死亡的,应以赌博罪和故意伤害罪或者故意杀人罪,依法实行数罪并罚。"

2. 赌博罪与非法经营罪的界限。《办理赌博刑案解释》(2005)第6条规定:"未经国家批准擅自发行、销售彩票,构成犯罪的,依照刑法第225条第4项的规定,以非法经营罪定罪处罚。"在行为人所获取的利益来源上,非法发行、销售彩票的行为人是通过发行、销售彩票,取得除返奖、发行费用后的余额;而赌博者的非法获利则是其借助运气、技巧等因素获取对方的钱财,不存在返奖、发行销售费用等开支。

【案例】　　　　　　　　　　**周帮权等赌博案**

2008年2月,周帮权、吴学富经共谋,组织他人对香港"六合彩"摇出的特别号码进行竞猜赌博。此后,二人各自联系购买"六合彩"的人员,并雇用王兴广、许菊清等人帮忙联系,约定按购买人员投注金额的12%或13%的比例向王、许支付报酬,并按1:40的比例对投注人员进行赔付。其间,周帮权负责对当期账目进行登记核算,朱绍菊帮助吴学富核对购买"六合彩"的单据。至同年5月24日晚周帮权等人被当场抓获时,周帮权、吴学富组织"六合彩"竞猜赌博共33期,涉赌金额68万余元,获利55 929元;案发后公安机关没收周帮权赌资26 717.24元。法院认定周帮权、吴学富、朱绍菊构成赌博罪,对周帮权、吴学富处有期徒刑1年6个月,分别并处罚金3万元;对朱绍菊处有期徒刑8个月,并处罚金1万元。

裁判要旨:"在内地利用香港'六合彩'开奖信息在庄家与投注者之间进行竞猜对赌,由于与'六合彩'经营机构之间并无关联,故不属于非法发行、销售彩票的非法经营行为,而构成赌博罪。"[1]

3. 赌博罪与贿赂犯罪的界限。《办理赌博刑案解释》(2005)第7条规定:"通过赌博或者为国家工作人员赌博提供资金的形式实施行贿、受贿行为,构成犯罪的,依照刑法关于贿赂犯罪的规定定罪处罚。"

4. 与"赌资"相关的犯罪的认定:

(1) 任何人以非法占有为目的,以"抓赌"的名义,使用暴力、胁迫方式强行抢取赌资的,应认定为抢劫罪,赌资的不法性质不排除抢劫行为的犯罪性质。

(2) 索取、抢取本人所输赌资或他人所欠赌债的,通常属于赌博者之间的纠纷,一般不认为是犯罪;但其方法违法犯罪的,比如侵犯人身自由或伤害他人身体健康的,应当以非法拘禁或故意伤害罪论处。

(3) 冒充警察借"抓赌"之名,利用赌博者因自己有违法行为害怕张扬、受罚的心理,以罚款、没收为名索取钱财、拿取赌资的,属于冒充国家机关工作人员招摇撞骗;冒充"联防队员"的,属于敲诈勒索性质。但是,在这种场合,以没有使用暴力、强行抢取的抢劫行为为限。若有抢劫行为的,按重罪即抢劫罪论处。

(4) 司法人员在执行职务中罚没赌资之后,应交公而没有交公,据为己有的,属于利用职务便利侵吞公共财产的行为,以贪污罪论处。因为已经被依法罚没的财物属于公共财产。

【共犯】《办理赌博刑案解释》(2005)第4条规定:"明知他人实施赌博犯罪活动,而为其提供资金、计算机网络、通讯、费用结算等直接帮助的,以赌博罪的共犯论处。"

根据《办理赌博机案意见》(2014),明知他人利用赌博机开设赌场,具有下列情形之一的,以开设赌场罪的共犯论处:①提供赌博机、资金、场地、技术支持、资金结算服务的;

---

[1] 周道鸾、张军:《刑法罪名精释》,人民法院出版社2011年版。

②受雇参与赌场经营管理并分成的;③为开设赌场者组织客源,收取回扣、手续费的;④参与赌场管理并领取高额固定工资的;⑤提供其他直接帮助的。

【案例】　　　　　　　　陈宝林等赌博案

2003年12月以来,陈宝林伙同彭世美、陈中勋、王胜利、陈东生、简翠霞等人,在陈宝林住处、陈中勋住处等地,利用赌博网站提供的网络管理操作平台,为赌博网站担任代理,以提供赌博网站账户和密码的方式,发展数十名代理商和会员进行赌球活动。陈宝林负责与赌博网站的"后庄"联系发展代理商和会员、赌资结算,掌握、控制参赌人员输赢结算。陈中勋受陈宝林的指使对赌球代理商、会员进行网上登记、对账核算,并安排人员结算输赢款,陈宝林每月付给其5000元;陈宝林指使彭世美、王胜利、陈东生、简翠霞分别结算以现金形式、信用卡形式收付的赌博输赢款,每月分别付给他们2000~5000元不等的定额报酬。仅2004年4月22日至同年7月21日,赌球输赢款收支累计达人民币61 136 196元,违法所得人民币2 319 365元。法院认定陈宝林等6名被告构成赌博罪,对陈宝林判处有期徒刑3年。

裁判要旨:"开设赌场的犯罪中不参与利润分成,仅领取报酬而实施帮助行为的人亦构成赌博罪[1]的共犯。"[2]

三十二、故意延误投递邮件罪

《刑法》第304条　　邮政工作人员严重不负责任,故意延误投递邮件,致使公共财产、国家和人民利益遭受重大损失的,处2年以下有期徒刑或者拘役。

【定义】邮政工作人员严重不负责任,故意延误投递邮件,致使公共财产、国家和人民利益遭受重大损失的行为。

【主体】邮政工作人员,即邮政企业及其分支机构的营业员、投递员、押运员和其他从事邮政工作的人员。

【行为·结果】严重不负责任,故意延误投递邮件,致使公共财产、国家和人民利益遭受重大损失。根据《立案标准(一)》(2008)第45条,故意延误投递邮件涉嫌下列情形之一的,应予立案追诉:①造成直接经济损失2万元以上的;②延误高校录取通知书或者其他重要邮件投递,致使他人失去高校录取资格或者造成其他无法挽回的重大损失的;③严重损害国家声誉或者造成其他恶劣社会影响的;④其他致使公共财产、国家和人民利益遭受重大损失的情形。

第二节　妨害司法罪

一、伪证罪

(一)构成要件·法定刑

《刑法》第305条　　在刑事诉讼中,证人、鉴定人、记录人、翻译人对与案件有重要关系的情节,故意作虚假证明、鉴定、记录、翻译,意图陷害他人或者隐匿罪证的,处3年以下有期徒刑或者拘役;情节严重的,处3年以上7年以下有期徒刑。

【定义】在刑事诉讼中,证人、鉴定人、记录人、翻译人对与案件有重要关系的情节,故

---

[1] 中华人民共和国最高人民法院刑事审判第一、二、三、四、五庭主办:《刑事审判参考(2012年第1集·总第84集)》,法律出版社2012年版。

[2] 当时仅有赌博罪罪名,2006年后始有开设赌场罪罪名,现在应为开设赌场罪——作者注。

意作虚假证明、鉴定、记录、翻译，意图陷害他人或者隐匿罪证的行为。

【主体】刑事诉讼中的证人、鉴定人、记录人、翻译人。证人，指在刑事诉讼中经司法机关的要求或同意，陈述自己所知道的案件事实情况的人。鉴定人，指在刑事诉讼中运用专门的知识和技能依法鉴别案件中某些情节有无或者真伪的人。记录人，指在刑事诉讼中依法或者受委托担任记录职责的人。翻译人，指司法机关指定或者聘请为外籍、少数民族或聋哑人等诉讼参与人充当翻译的人员，也包括为案件中的法律文书或证据材料等有关资料做书面翻译的人员。

【行为】在刑事诉讼中，对与案件有重要关系的情节作虚假的证明、鉴定、记录、翻译。具体包括以下要素：①在刑事诉讼中，即伪证行为必须是发生在刑事案件的立案、侦查、起诉、审判的过程中。在民事诉讼、行政诉讼中的伪证行为，不构成本罪。②行为人必须有作虚假的证明、鉴定、记录、翻译的行为。虚假，指与客观真实的情况不一致，与行为人的主观意图无关。③虚假的证明、鉴定、记录、翻译的内容，必须是与案件有重要关系的情节。有重要关系的情节，指足以使无罪的人受到刑事处罚或者使轻罪受重罚的情节；或者是足以使犯罪分子逃避刑事处罚或者使重罪被轻判的情节。如果伪证所涉的事实情节属于对定罪量刑影响不大的，则不能以伪证罪论处。至于伪证行为是否实际影响到案件的正确处理，不妨碍本罪的成立。

【主观】故意，并且具有陷害他人或者隐匿罪证的目的。

【加重犯】犯伪证罪，情节严重的，构成本罪的加重犯。情节严重，一般指因伪证造成较为严重的冤案、错案的，如使无辜的人受到刑事处罚，使犯罪分子逃脱应受的惩罚等；因伪证造成不可挽回的损失的，如致无辜者或者不应处死刑的罪犯被判处死刑的；因伪证造成被害人精神失常或者家破人亡的；使刑事诉讼工作受到严重破坏的；伪证的动机十分卑鄙、手段极端恶劣的；等等。

(二) 适用

【定罪】如果证人如实地根据自己的经验、记忆作出了陈述，即使事后被证明与案件的客观事实不一致，也不能以其证明的内容虚假为由认定为犯罪。同样的道理，如果鉴定人、记录人、翻译人不是有意作伪证，而是由于水平不高或工作疏忽而提供了不科学或者不符合实际的鉴定结论、记录、翻译的，亦不构成伪证罪。此外，刑事被告人、犯罪嫌疑人就与自己有利害关系的情节作虚假陈述的，不构成犯罪。这种豁免是出于对人类自我保护本性的容忍。

【关联罪】伪证罪与诬告陷害罪的界限。本罪的主体是四种特定的人员，而诬告陷害罪的主体是一般主体；本罪只是在与案件有重要关系的个别情节上提供伪证，而诬告陷害罪是捏造整个犯罪事实；本罪发生在刑事诉讼过程之中，而诬告陷害罪的行为则是在立案侦查之前实行的，并且是引起立案侦查的原因；本罪的行为人具有陷害他人或者隐匿罪证的目的，诬告陷害罪的行为人只有陷害他人的目的。

二、辩护人、诉讼代理人毁灭证据、伪造证据、妨害作证罪

(一) 构成要件·法定刑

《刑法》第306条　在刑事诉讼中，辩护人、诉讼代理人毁灭、伪造证据，帮助当事人毁灭、伪造证据，威胁、引诱证人违背事实改变证言或者作伪证的，处3年以下有期徒刑或者拘役；情节严重的，处3年以上7年以下有期徒刑。

辩护人、诉讼代理人提供、出示、引用的证人证言或者其他证据失实，不是有意伪造的，不属于伪造证据。

【定义】在刑事诉讼中，辩护人、诉讼代理人毁灭、伪造证据，帮助当事人毁灭、伪造证

据，威胁、引诱证人违背事实改变证言或者作伪证的行为。

【主体】刑事诉讼中的辩护人、诉讼代理人。《刑事诉讼法》第32条规定："下列的人可以被委托为辩护人：①律师；②人民团体或者犯罪嫌疑人、被告人所在单位推荐的人；③犯罪嫌疑人、被告人的监护人、亲友。"《刑事诉讼法》第106条第5项规定："'诉讼代理人'是指公诉案件的被害人及其法定代理人或者近亲属、自诉案件的自诉人及其法定代理人委托代为参加诉讼的人和附带民事诉讼的当事人及其法定代理人委托代为参加诉讼的人。"另外，也应包括根据《刑事诉讼法》第33条规定的受犯罪嫌疑人聘请为其提供法律帮助、代理申诉、控告、申请变更强制措施的律师。在实际生活中，多是律师担任辩护人、诉讼代理人。

【对象】刑事诉讼证据，即《刑事诉讼法》第48条所规定的8种证据：物证；书证；证人证言；被害人陈述；犯罪嫌疑人、被告人供述和辩解；鉴定意见；勘验、检查、辨认、侦查实验等笔录；视听资料、电子数据。

【行为】本罪的行为必须发生在刑事诉讼中，具体表现为三种情况：①行为人直接或者唆使他人毁灭、伪造证据。"毁灭"，指使证据灭失或者丧失证明案件真相的作用、效力。"伪造"，指改变证据证明的内容或方向。②帮助当事人毁灭、伪造证据，即唆使或者提供便利条件，由当事人毁灭、伪造证据。由于当事人与案件的审判结果有直接的利害关系，因此他们毁灭证据的行为不认为是犯罪，也不能构成本罪的共犯。③威胁、引诱证人违背事实改变证言或者作伪证。"威胁"，指以暴力或者其他方式施加迫害，对证人进行恐吓；但是告知证人不如实作证应负的法律责任不是威胁。"引诱"，指以金钱等物质利益对证人进行收买，或者以女色等非物质性的利益对证人进行诱惑。为了帮助证人回忆经历的情况而作的一些提示甚至诱导，不能认为是引诱。违背事实改变证言或者作伪证，是指要证人作出与其经验、记忆不一致的证言，即要求证人不如实作证。证人的经验、记忆可能是正确的，也可能是错误的，所以证人证言最终是否与案件真相一致与是否违背事实作证不完全等同。辩护人、诉讼代理人在刑事案件非诉讼阶段或者民事、行政案件中，实施妨害作证、毁灭证据、伪造证据行为的，以妨害作证罪、帮助毁灭、伪造证据罪定罪处罚。

"就辩护人而言，一般是毁灭或者帮助毁灭有罪、罪重的证据，伪造或者帮助伪造无罪或者罪轻的证据，威胁、引诱证人违背事实改变有罪、罪重的证言或者作无罪、罪轻的证言；就诉讼代理人而言，一般是毁灭或者帮助毁灭无罪、罪轻的证据；伪造或者帮助伪造有罪、罪重的证据；威胁、引诱证人违背事实改变无罪、罪轻的证言或者作有罪、罪重的证言。但并不排斥相反情况，即在特殊情况下出现了相反情况时，也不影响本罪的成立。"[1]行为人在刑事诉讼任何阶段实施上述妨害刑事诉讼证据行为之一的，就具备本罪的客观构成要素。

【加重犯】辩护人、诉讼代理人犯本罪情节严重的，构成本罪的加重犯。情节严重，一般指因妨害证据的行为导致司法机关无法查明、证实案件真相的；因妨害证据的行为导致司法机关对案件作出了错误的处理的；犯罪的目的、动机特别恶劣的；犯罪手段特别恶劣的；等等。

【主观】故意。为了强调构成本罪必须具有妨害证据或者妨害作证的故意，《刑法》第306条第2款特别指出："辩护人、诉讼代理人提供、出示、引用的证人证言或者其他证据失实，不是有意伪造的，不属于伪造证据。"

(二) 适用

【共犯】与总则教唆犯规定的竞合。辩护人、诉讼代理人教唆他人毁灭、伪造证据或者威

---

[1] 张明楷：《刑法学》，法律出版社2003年版，第827页。

胁、引诱证人作伪证的，尽管具有"教唆"行为的特点，但是，对此种特定教唆，法律已经专门规定为一种犯罪，就不适用教唆犯的规定。

三、妨害作证罪·帮助毁灭、伪造证据罪

(一) 构成要件·法定刑

《刑法》第307条　　以暴力、威胁、贿买等方法阻止证人作证或者指使他人作伪证的，处3年以下有期徒刑或者拘役；情节严重的，处3年以上7年以下有期徒刑。

帮助当事人毁灭、伪造证据，情节严重的，处3年以下有期徒刑或者拘役。

司法工作人员犯前两款罪的，从重处罚。

1. 妨害作证罪。

【定义】以暴力、威胁、贿买等方法阻止证人作证或者指使他人作伪证的行为。

【行为】本罪的行为具体有两类：①以暴力、威胁、贿买等方法阻止证人作证。所谓阻止证人作证，是指在刑事诉讼中，阻止证人接受公安、国家安全、检察等司法机关依法调查、询问以及阻止证人出席法庭作证；在民事、经济和行政诉讼中，阻止证人出席法庭作证。阻止证人作证的方法是多种多样的，除了法律列举的暴力、威胁、贿买的方法外，还包括其他类似的方法，如色情引诱、要挟的方法等。②指使他人作伪证，即出主意要他人作伪证。作伪证包括知道案件情况的人不如实作证和冒充知道案件情况的人作假证。

【主观】故意。

【加重犯】"情节严重"是本罪的加重处罚情节，司法实践中通常指因妨害作证造成了严重后果的情形，如导致冤假错案发生，或严重妨害司法机关正常诉讼活动的；手段特别恶劣的；给另一方当事人或者第三方造成重大损失的；使用暴力手段迫使他人作伪证，造成被害人轻伤后果的；多次实施或经批评教育后仍继续实施妨害行为等情形。[1]

2. 帮助毁灭、伪造证据罪。

【定义】帮助当事人毁灭、伪造证据，情节严重的行为。

【主体】自然人，一般主体，但不包括当事人本人和刑事诉讼中的辩护人、诉讼代理人。当事人本人毁灭、伪造与本人有利害关系的证据不为罪，亦不构成本罪的共犯。刑事诉讼的辩护人、诉讼代理人帮助当事人毁灭、伪造证据的，是辩护人、诉讼代理人毁灭证据、伪造证据罪。非刑事诉讼中，当事人的代理人可以构成本罪。本罪主体是在虚假诉讼中不具有重要利益的人，即只能是帮助当事人实现一定非法利益的人，而不能是为自己直接从裁判结果中获利（不包括获得当事人承诺的报酬或者其他利益）而实施行为的人。

【对象】证据，既包括刑事诉讼中的证据，又包括民事诉讼、行政诉讼中的证据。

【行为】帮助当事人毁灭、伪造证据。对这里的当事人应作广义理解，而不限于刑事诉讼中的当事人。帮助，实质是指一切替当事人毁灭、伪造证据的行为，包括受当事人指使而毁灭、伪造证据的行为，教唆、指使当事人毁灭、伪造证据的行为，为当事人毁灭、伪造证据提供各种便利条件或者伙同当事人共同实施毁灭、伪造证据的行为，向当事人教授毁灭、伪造证据方法的行为，等等。换言之，这里的帮助仅仅意味着不包括当事人本人为自身的利害关系而毁灭、伪造证据的行为。

【罪量】帮助当事人毁灭、伪造证据，必须情节严重的才能构成犯罪。情节严重，一般是指帮助毁灭、伪造证据的行为后果严重的；帮助毁灭、伪造重大案件的重要证据的；帮助当事

---

[1] 中华人民共和国最高人民法院刑事审判第一庭、第二庭编：《刑事审判参考（2005年第3集·总第44集）》，法律出版社2005年版。

人毁灭、伪造的动机或者手段恶劣的；等等。

（二）适用

【关联罪】1. 妨害作证罪与辩护人、诉讼代理人毁灭证据、伪造证据、妨害作证罪的区别。要点是：主体和诉讼的范围不同，辩护人、诉讼代理人在刑事诉讼中指使他人作伪证的，应认定为辩护人、诉讼代理人妨害作证罪，不是妨害作证罪。

2. 与妨害作证罪区别：

【案例】　　　　　　　吴荣平妨害作证、洪善祥帮助伪造证据案

洪善祥多次因赌博、偿还赌债、宾馆住宿向吴荣平借款共计近20万元。吴荣平获悉洪善祥有套房屋已协议卖与他人，便与洪善祥恶意串通伪造借条，多写借款金额，并指使洪善祥书写虚假的借款原因，以待日后起诉时骗取人民法院的裁判文书，待该房屋拍卖后可多参与分配。2009年3月8日，吴荣平持伪造的借条以洪善祥因生意经营向其借款24.90万元不予归还为由提起民事诉讼，洪善祥配合作虚假陈述。3月15日，法院作出民事调解书，确认洪善祥应当偿还借款及利息共计25.10万元。后吴荣平向法院申请执行，使法院作出执行裁定书，将洪善祥的前述房屋及土地使用权予以查封。2011年10月27日，法院决定对前述案件再审，在此期间，吴荣平又指使洪善祥提供虚假借款凭据。后因法院发现二人有虚假诉讼的嫌疑而案发。法院认定吴荣平构成妨害作证罪，判处有期徒刑7个月；洪善祥构成帮助伪造证据罪，判处有期徒刑6个月。

裁判要旨："在双方当事人串通进行虚假诉讼侵害第三方权益的情况下，区分妨害作证罪与帮助伪造证据罪的关键在于：行为人能否从虚假证据所涉诉讼的裁判中直接获取利益。如果不能直接获取，而是在帮助对方当事人获取利益，则构成帮助伪造证据罪。"[1]

【罪数】因采取暴力手段阻止证人作证或迫使他人作伪证而触犯其他罪的，如伤害、杀害证人或者绑架证人、非法拘禁证人等，则应按处理牵连犯的原则，从一重罪处断。为非法占有他人财产而实施妨害作证行为的，同时构成妨害作证罪和诈骗罪，应从一重罪处断。当然，如果行为人本身具有正当理由参与诉讼，只是在其争讼标的的基础上意图多占有他人合法财产的，一般不宜以诈骗罪论处；但非法占有他人合法财产在整个诉讼标的中占主要比例的除外。

【共犯】指使他人作伪证虽然具有教唆的性质，但是不能按教唆犯处理。因为刑法分则将这种情形的教唆已经专门规定为一种犯罪行为，不必适用总则教唆犯的规定。

四、虚假诉讼罪

（一）构成要件·法定刑

《刑法》第307条之一　　以捏造的事实提起民事诉讼，妨害司法秩序或者严重侵害他人合法权益的，处3年以下有期徒刑、拘役或者管制，并处或者单处罚金；情节严重的，处3年以上7年以下有期徒刑，并处罚金。

单位犯前款罪的，对单位判处罚金，并对其直接负责的主管人员和其他直接责任人员，依照前款的规定处罚。

有第一款行为，非法占有他人财产或者逃避合法债务，又构成其他犯罪的，依照处罚较重的规定定罪从重处罚。

司法工作人员利用职权，与他人共同实施前三款行为的，从重处罚；同时构成其他犯罪的，依照处罚较重的规定定罪从重处罚。

---

[1] 中华人民共和国最高人民法院刑事审判第一庭、第二庭编：《刑事审判参考（2005年第3集·总第44集）》，法律出版社2005年版。

【定义】本罪指，以捏造的事实提起民事诉讼，妨害司法秩序或者严重侵害他人合法权益的行为。根据《防范制裁虚假诉讼意见》（2016）第1条，虚假诉讼一般包含以下要素：①以规避法律、法规或国家政策谋取非法利益为目的；②双方当事人存在恶意串通；③虚构事实；④借用合法的民事程序；⑤侵害国家利益、社会公共利益或者案外人的合法权益。

【行为】"以捏造的事实提起民事诉讼"。"捏造的事实"，指编造或虚构的虚假案件事实。根据《防范制裁虚假诉讼意见》（2016）第2条，虚假诉讼在实践中通常表现出以下特征：①当事人为夫妻、朋友等亲近关系或者关联企业等共同利益关系；②原告诉请司法保护的标的额与其自身经济状况严重不符；③原告起诉所依据的事实和理由明显不符合常理；④当事人双方无实质性民事权益争议；⑤案件证据不足，但双方仍然主动迅速达成调解协议，并请求人民法院出具调解书；⑥一方对另一方提出的于己不利的事实，不合常理地明确表示承认。

【结果】"妨害司法秩序或者严重侵害他人合法权益的"，"妨害司法秩序"或者"严重侵害他人合法权益"二者具备其一即可。

【主观】故意，即明知是捏造的事实而提起民事诉讼，或者参与其中进行虚假的诉讼。

【客体】司法秩序和他人合法权益。

（二）适用

实行虚假诉讼，非法占有他人财产或者逃避合法债务，又构成其他犯罪的，依照处罚较重的规定定罪从重处罚。又构成其他犯罪，主要是诈骗罪。利用虚假诉讼非法占有他人财物，属于典型的讼诉诈骗。诉讼诈骗的特点是被骗作出财产处分者与蒙受财产损失的被害人不是同一人，属于诈骗罪的特殊情形，不影响诈骗罪的成立。但不排除成立诈骗罪之外的犯罪，如贪污罪、职务侵占罪、逃税罪、妨害清算罪、虚假破产罪等。以虚假诉讼方式构成其他罪的，妨害了司法秩序，所以从重处罚。当事人在实施虚假诉讼的过程中作伪证的，可能构成妨害作证罪，此时两罪属于包容关系，应从一重罪以虚假诉讼罪论处。

五、打击报复证人罪

（一）构成要件·法定刑

《刑法》第308条　对证人进行打击报复的，处3年以下有期徒刑或者拘役；情节严重的，处3年以上7年以下有期徒刑。

【定义】对证人进行打击报复的行为。

【对象】证人，即在诉讼过程中已依法提供了证词的人，包括在各种诉讼中依法向法庭提供证词的证人以及在刑事诉讼中向公安、国家安全、检察机关提供证词的人。知道案件情况但尚未作证的人，不是本罪的行为对象，属于妨害作证罪的对象。证人的亲友亦不是本罪的对象，但是通过加害证人近亲属的方式来报复证人的，根据《刑事诉讼法》第61条[1]规定的精神，可以构成本罪。

【行为】对证人进行打击报复。所谓打击报复，是指以各种各样的方式损害证人合法利益的行为，通常表现为直接侵害证人的人身、自由、名誉，毁坏证人的财产或者骚扰证人的生活安宁，利用职权迫害证人等。打击报复的手段没有限制，但不包括故意导致证人重伤或者死亡的行为。

【主观】故意。

---

[1]《刑事诉讼法》第61条规定："人民法院、人民检察院和公安机关应当保障证人及其近亲属的安全。对证人及其近亲属进行威胁、侮辱、殴打或者打击报复，构成犯罪的，依法追究刑事责任；尚不够刑事处罚的，依法给予治安管理处罚。"

【罪量】构成本罪必须严重损害证人的合法权益，如经常辱骂、殴打等。虽实施了对证人的打击报复，但情节显著轻微的，可不以犯罪论处，如偶尔、轻微的辱骂、殴打等。

【加重犯】打击报复证人，情节严重的，构成本罪的加重犯。司法实践中，一般是指对证人多次打击报复的；打击报复行为给证人造成身心严重痛苦的；打击报复的手段恶劣的；打击报复的行为造成严重后果或恶劣社会影响；等等。

（二）适用

【关联罪】本罪与故意伤害罪的界限在于对象不同：本罪的对象限于证人。此外，故意伤害罪一般要造成轻伤以上结果才定罪处罚，而构成本罪则不必造成轻伤以上结果。

【罪数】如果采取侮辱的手段打击报复证人，应择一重罪即以本罪论处。

【案例】　　　　　　　　林渊打击报复证人案[1]

2000年8月30日上午，某县人民法院刑事审判庭开庭审理林银清涉嫌职务侵占一案，陈丽珍以证人身份出庭作证，被告人林渊到庭旁听。约11时许，法庭休庭，林渊先离开法院往县政府方向走去，随后，陈丽珍也骑自行车往同一方向行驶，至县消防大队门口附近时，林渊抓住陈丽珍的自行车，并用拳头击中陈丽珍头部，后经人劝止。案发后，陈丽珍的伤情经某县公安局法医鉴定，属轻微伤害。法院认为，林渊殴打证人陈丽珍致陈丽珍轻微伤害，其行为已构成打击报复证人罪，判处有期徒刑1年。

六、泄露不应公开的案件信息罪·披露、报道不应公开的案件信息罪

（一）构成要件·法定刑

《刑法》第308条之一　　司法工作人员、辩护人、诉讼代理人或者其他诉讼参与人，泄露依法不公开审理的案件中不应当公开的信息，造成信息公开传播或者其他严重后果的，处3年以下有期徒刑、拘役或者管制，并处或者单处罚金。

有前款行为，泄露国家秘密的，依照本法第398条的规定定罪处罚。

公开披露、报道第1款规定的案件信息，情节严重的，依照第1款的规定处罚。

单位犯前款罪的，对单位判处罚金，并对其直接负责的主管人员和其他直接责任人员，依照第1款的规定处罚。

1. 泄露不应公开的案件信息罪。

【定义】司法工作人员、辩护人、诉讼代理人或者其他诉讼参与人，泄露依法不公开审理的案件中不应当公开的信息，造成信息公开传播或者其他严重后果的行为。

【主体】司法工作人员、辩护人、诉讼代理人或者其他诉讼参与人。

【行为】泄露依法不公开审理的案件中不应当公开的信息。"不公开审理的案件"：①根据《刑事诉讼法》第183条、第274条，有关国家秘密、个人隐私、未成年人案件，不公开审理，涉及商业秘密案件当事人申请不公开审理的，可以不公开审理。②根据《民事诉讼法》第134条，涉及国家秘密、个人隐私或者法律另有规定的不公开审理，离婚案件，涉及商业秘密的案件，当事人申请不公开审理的，可以不公开审理。③《行政诉讼法》第54条规定，涉及国家秘密、个人隐私和法律另有规定的不公开审理。"不应当公开的信息"，"指公开以后可能对国家安全和利益、当事人受法律保护的隐私权、商业秘密造成损害，以及对涉案未成年人的身心健康造成不利的信息。包括案件涉及的国家秘密、个人隐私、商业秘密本身，也包括其他与案件有关不宜为诉讼参与人以外人员的信息，如案件事实的细节，诉讼参与人在参加庭审时发表

---

[1] 福建省漳州市中级人民法院（2001）漳刑终字第34号刑事裁定。

言论的具体内容，被性侵犯的被害人的个人信息等"。[1]

【结果】造成信息公开传播或者其他严重后果的。"造成信息公开传播"，参照《办理网络诽谤等刑案解释》（2013），在网络上传播，点击、浏览次数达到5000次以上，或者被转发次数达到500次以上的。在其他媒体上传播，主要指在重要或主流的报纸杂志、电视广播上传播的。"其他严重后果"，参照《办理网络诽谤等刑事案件》，一般指：造成被害人或者其近亲属精神失常、自残、自杀等严重后果的；造成恶劣社会影响的；严重干扰司法审判活动的；严重侵犯他人隐私、商业秘密的。

2. 披露、报道不应公开的案件信息罪。

【定义】公开披露、报道依法不公开审理的案件中不应当公开的信息，情节严重的行为。

【罪量】"情节严重"，一般指：造成恶劣社会影响的；严重干扰司法审判活动的；严重侵害他人隐私、商业秘密的。

（二）适用

本条之罪的适用，不得侵犯正当的舆论监督权。

七、扰乱法庭秩序罪

《刑法》第309条　有下列扰乱法庭秩序情形之一的，处3年以下有期徒刑、拘役、管制或者罚金。

（一）聚众哄闹、冲击法庭的；

（二）殴打司法工作人员或者诉讼参与人的；

（三）侮辱、诽谤、威胁司法工作人员或者诉讼参与人，不听法庭制止，严重扰乱法庭秩序的；

（四）有毁坏法庭设施，抢夺、损毁诉讼文书、证据等扰乱法庭秩序行为，情节严重的。

【定义】本罪指，具有《刑法》第309条所列扰乱法庭秩序情形之一的行为。

【行为】《刑法》第309条列举之扰乱法庭秩序的行为如下：

1. 聚众哄闹、冲击法庭。"聚众哄闹"，是指聚集多人在法庭内外起哄、喧闹，干扰审判活动的正常进行；"冲击法庭"，指未被法庭允许参加庭审活动及旁听的人员强行冲进法庭或者以其他暴力行动在法庭内外扰乱审判活动的正常进行，如向法庭投掷石块、在法庭内毁坏财物等。

2. 殴打司法工作人员或者诉讼参与人的。"殴打司法工作人员"，是指直接对司法工作人员人身进行暴力袭击，司法工作人员既包括正在法庭上执行职务的审判人员、法警、书记员，也包括正在出庭公诉的公诉人及其他司法工作人员。在法庭外对正在准备参加开庭审理的司法工作人员进行暴力袭击的，也应视为本罪的殴打司法工作人员。"其他诉讼参与人"指参与诉讼的司法工作人员之外的诉讼参与人，包括被害人、自诉人、犯罪嫌疑人、被告人、原告、被告、共同诉讼人、第三人、法定代理人、诉讼代表人、诉讼代理人、辩护人、证人、鉴定人和翻译员等。应当注意：殴打司法工作人员或其他诉讼参与人，不必采取聚众的形式。

3. 侮辱、诽谤、威胁司法工作人员或者诉讼参与人，不听法庭制止。

4. 有毁坏法庭设施，抢夺、损毁诉讼文书、证据等扰乱法庭秩序行为。"等扰乱法庭秩序行为"，应限于本项所列举的行为，仅可通过有权解释（立法或司法解释）扩张适用于列举之外的行为。

---

[1] 雷建斌主编、全国人大常委会法制工作员会刑法室编著：《〈中华人民共和国刑法修正案（九）〉释解与适用》，人民法院出版社2015年版。

【对象】人民法院的庭审活动。因此不是针对庭审活动进行扰乱的，不构成本罪。聚众冲击人民法院而非法庭的庭审活动，扰乱了人民法院正常工作秩序的，可以构成聚众冲击国家机关罪，而不构成本罪。

【罪量】"严重扰乱法庭秩序"，指法庭秩序严重混乱、无法继续审理案件或者审理案件的活动被迫中断等。仅仅轻微扰乱法庭秩序的，尚不足以构成犯罪。"情节严重"一般指严重扰乱法庭秩序，案件无法继续正常审理，或者案件审理被迫中断等情形。

【主观】故意。

八、窝藏、包庇罪

（一）构成要件·法定刑

《刑法》第310条　明知是犯罪的人而为其提供隐藏处所、财物，帮助其逃匿或者作假证明包庇的，处3年以下有期徒刑、拘役或者管制；情节严重的，处3年以上10年以下有期徒刑。

犯前款罪，事前通谋的，以共同犯罪论处。

【定义】明知是犯罪的人而为其提供隐藏处所、财物，帮助其逃匿或者作假证明包庇的行为。

【对象】犯罪的人。这里所谓犯罪的人，是指已经实施了犯罪行为、正受追查或者正在逃匿的人，既包括已决犯，也包括未决犯。

【行为】窝藏、包庇。

1. 窝藏行为，即隐匿犯罪人或帮助其逃匿。主要有以下三种情形：①提供隐藏处所，通常表现为将犯罪人留宿于家中，也包括为犯罪人包用客房、借赁房屋、介绍至亲友处隐藏。②提供财物，资助或协助犯罪人逃匿，如提供路费、宿费、给隐藏起来的犯罪分子送水、送饭等。③帮助其逃匿，主要是指提供其他便利条件帮助逃匿，如为犯罪分子带路、指示逃匿的方向、路线、地点、提供交通便利等。

2. 包庇行为，即作假证明包庇，是指非以证人的身份向司法机关提供虚假的证言、物证为犯罪分子掩盖罪行或者开脱、减轻罪责。如提供虚假的出生证明或"替人顶罪"的情形。另外，还包括《刑法》第362条规定之"通风报信"行为。

【主观】故意，即明知对方是犯罪的人而予以窝藏、包庇，使其逃避法律制裁。明知对方是犯罪的人，包括知道对方是被司法机关采取了强制措施或者正在被司法机关通缉、抓捕的犯罪嫌疑人、刑事被告人；知道对方是正在服刑的罪犯；知道对方已实施了犯罪行为，需要躲避司法机关的调查、处理。不知对方是犯罪的人，或者虽然知道对方是犯罪的人但无使其逃避法律制裁或司法机关追究的目的的，不能构成本罪。需要研究的问题是：行为人认识到什么内容和程度就能认定为"明知是犯罪的人"？本书认为，不可能要求行为人达到法官、法律专家那么精确的认识程度。通常认识到是"逃犯"就可以了。

"逃犯"按常人理解，可包括三种情形：①已决的"逃犯"，比如从监狱中脱逃的罪犯；②"犯事"后正在被公安司法机关追查的人；③"犯事"后为逃避刑事侦查而掩盖犯罪事实、毁灭证据的人。行为人"事先"有此认识就可以认定明知是犯罪的人。另外就是"事后"的印证，司法机关认定该人有犯罪嫌疑或者判决有罪。如果事后司法机关经调查审理澄清了该人不构成犯罪，则行为人自无构成窝藏、包庇罪的道理。

【加重犯】窝藏、包庇犯罪分子，情节严重的，构成本罪的加重犯。所谓情节严重，一般指窝藏、包庇多人；一贯或多次窝藏、包庇的；窝藏、包庇罪恶严重的犯罪分子的；被窝藏、包庇的犯罪分子其间又犯下严重罪行的；窝藏、包庇被在全国范围通缉的犯罪分子的；窝藏、包庇的动机、手段十分恶劣的；等等。

（二）适用

【定罪】本罪与知情不举的区别。知情不举是指明知是犯罪分子而不检举告发的行为。它与窝藏、包庇罪的区别在于：主观上没有使犯罪分子逃避法律制裁的目的，客观上没有实施窝藏、包庇的行为。知情不举不构成本罪。明知是犯罪的人而有一般交往，无窝藏、包庇意图的，应属于知情不举。但是，明知他人有间谍犯罪行为，在国家安全机关向其调查有关情况、收集有关证据时，拒绝提供的，可以构成《刑法》第311条之拒绝提供间谍犯罪证据罪。

【关联罪】1. 本罪与伪证罪的界限。作假证明包庇的行为与伪证行为相似。它们的区别是：①行为主体不同。包庇罪的主体是一般主体；伪证罪的主体是特殊主体，只限于证人、鉴定人、记录人、翻译人。②犯罪时间不同。包庇罪可以在刑事诉讼过程中实施，也可以在此之前实施；伪证罪只能在刑事诉讼过程中实施。因此，特定的主体在刑事诉讼中作伪证以包庇犯罪分子的，是伪证罪；其他人在刑事诉讼之前或之中提供假证明包庇犯罪分子的，是包庇罪。例如，证人的实质条件是"了解案情的人"，因此，不以证人身份作假证明包庇他人的，属于包庇行为，如向司法机关提供犯罪嫌疑人、被告人虚假的出生日期证明。司法实践中，司法机关在立案（侦查）之后向了解案情的人进行调查取证的，一般把被调查取证人视为证人，此时其作假证明的，是伪证行为。在立案（侦查）之前，了解案情的人或自称了解案情的人作假证明包庇他人的，属于包庇行为。

2. 本罪与帮助毁灭、伪造证据罪的区别。包庇罪的作假证明包庇犯罪分子行为与帮助毁灭、伪造证据罪的伪造证据行为极其相似。二者的主要差别是：发生的场合和行为对象不同。包庇罪的作假证明行为限于为刑事案件中的犯罪分子作假证明；帮助毁灭、伪造证据罪的伪造证据行为，可以是在任何诉讼案件（刑事、非刑事）中伪造任何证据（包括伪造假证明）。作假证明实际上是伪造证据的情况之一。鉴于包庇罪是较为特殊、具体的规定，对以作假证明的方式包庇犯罪分子的，应以包庇罪定罪处罚。另外，帮助当事人毁灭罪证、湮灭罪迹的行为，应属于帮助毁灭、伪造证据罪的行为之一，对这种行为应以帮助毁灭、伪造证据罪论处，不宜再以包庇罪论处。

3. 本罪与其他具有包庇动机或包庇性质的犯罪的界限。刑法中除包庇罪外，还有其他一些犯罪具有包庇动机或性质。例如，窝藏罪，从动机上讲往往出于包庇动机；掩饰、隐瞒犯罪所得、犯罪所得收益罪，窝藏毒品、毒赃罪，直接包庇"物"，间接包庇人。还有《刑法》第294条第4款包庇、纵容黑社会性质组织罪，第305条伪证罪，第306条辩护人、诉讼代理人毁灭证据、伪造证据、妨害作证罪，第307条第1款妨害作证罪，第307条第2款帮助毁灭、伪造证据罪，第308条打击报复证人罪，第309条扰乱法庭秩序罪，第311条拒绝提供间谍犯罪证据罪，第349条包庇毒品犯罪分子罪，第399条第1款徇私枉法罪，第400条第1款私放在押人员罪，第411条放纵走私罪，第416条第2款阻碍解救被拐卖、绑架妇女、儿童罪，第417条帮助犯罪分子逃避处罚罪，第401条徇私舞弊减刑、假释、暂予监外执行罪，第402条徇私舞弊不移交刑事案件罪等，因此对包庇罪之"包庇"应作狭义理解，遇有专门规定的适用专门规定。

【共犯】事先未与被窝藏、包庇的犯罪分子通谋，而在事后予以窝藏、包庇的，是窝藏、包庇罪。如果"事先通谋的"，应以共同犯罪论处。"事前通谋"，指行为人与被窝藏、包庇的犯罪分子，在犯罪活动之前，就谋划或合谋，答应犯罪分子作案后给以窝藏或者包庇的，这和刑法总则规定共犯的主客观要件是一致的。如犯罪分子在犯罪之前，与行为人进行策划，行为人分工承担窝藏或答应在追究刑事责任时提供虚假证明来掩盖罪行等。因此，如果只是知道作案人员要去实施犯罪，事后予以窝藏、包庇或者事先知道作案人员要去实施犯罪，未去报案，犯罪发生后又窝藏、包庇犯罪分子的，都不应以共同犯罪论处，而单独构成窝藏、包庇罪。[1]

【特别规定】《刑法》第362条规定，旅馆业、文化娱乐业、出租汽车业等单位的人员，在公安机关查处卖淫嫖娼活动时，为违法犯罪分子通风报信，情节严重的，依照《刑法》第310条的规定定罪处罚，即按包庇罪定罪处罚。这种特殊包庇罪的构成要件如下：①主体是旅馆业、文化娱乐业、出租汽车业等单位的人员，包括在上述单位工作或者受雇用的一切人员，如负责人、正式职工、临时工。②行为是在公安机关查处卖淫、嫖娼活动时，为违法犯罪分子通风报信。所谓通风报信，是指将公安机关查处卖淫、嫖娼的部署、行动地点、时间、对象及其他有关消息告知违法犯罪人员；或者为违法犯罪分子放哨、望风，在发现前来查处的公安机关人员时，立即向违法犯罪分子通报情况，使其躲避。以通风报信方式包庇的行为对象是从事卖淫、嫖娼的违法犯罪分子，既包括组织、强迫、引诱、容留、介绍卖淫的犯罪分子、传播性病的犯罪分子，也包括从事卖淫嫖娼的违法人员。根据《刑法》规定，这种行为必须情节严重才构成包庇罪。所谓情节严重，一般是指一贯或者多次通风报信的；致使大量违法犯罪分子躲避查处的；致使公安机关重大查处行动失败的；公安机关人员利用职务之便通风报信的；等等。③主观上系故意，通常具有使卖淫嫖娼人员逃避查处的目的。

【案例】　　　　　　　　　张荣双包庇案[2]

被告人张荣双在得知赵志国（另案处理）发生重大交通事故后，到北京市公安局平谷分局交通支队顶替赵志国投案，谎称此事故系其驾车所致，意图使赵志国逃避法律制裁。法院认为，被告人张荣双明知他人发生重大交通事故而顶替他人投案，意图使其逃避法律制裁，其行为已构成包庇罪，判处拘役6个月，缓刑1年。

九、拒绝提供间谍犯罪证据、恐怖主义犯罪、极端主义犯罪证据罪

《刑法》第311条　　明知他人有间谍犯罪或者恐怖主义、极端主义犯罪行为，在司法机关向其调查有关情况、收集有关证据时，拒绝提供，情节严重的，处3年以下有期徒刑、拘役或者管制。

【定义】明知他人有间谍犯罪或者恐怖主义、极端主义犯罪行为，在司法机关向其调查有关情况、收集有关证据时，拒绝提供，情节严重的行为。

【主体】明知他人有间谍犯罪或者恐怖主义、极端主义犯罪行为的自然人。

【行为】不作为犯，拒绝提供所知他人间谍犯罪或者恐怖主义、极端主义犯罪的有关情况、有关证据：①指有关他人间谍犯罪或者恐怖主义、极端主义犯罪行为的情况、证据；②指行为人知道的情况或掌握的证据。③拒绝提供是以受到司法机关的调查、取证为前提的，没有受到国家安全机关的调查、取证，仅仅是知情不举的，不属于拒绝提供。拒绝向司法机关以外的人员提供的，或者拒绝提供与间谍犯罪或者恐怖主义、极端主义犯罪行为无关的情况、证据的，或者拒绝提供本人间谍犯罪或者恐怖主义、极端主义犯罪的情况、证据的，或者不能提供不知道或者不掌握的情况、证据的，均不属于本罪的拒绝提供行为。

【主观】故意认识因素：

1.明知他人有间谍犯罪或者恐怖主义、极端主义犯罪行为。间谍犯罪行为，狭义指《刑法》第110条规定之犯罪行为，广义指《国家安全法》（2009）第15条所提及的危害国家安全的犯罪行为。鉴于本罪属于不作为犯，因此应采取狭义。"恐怖主义"犯罪，指以制造社会

---

[1] 1986年1月15日最高人民法院研究室《窝藏、包庇罪答复》。
[2] 北京市平谷区人民法院（2007）平刑初字第17号刑事判决。

恐慌、危害公共安全或者胁迫国家机关、国际组织为目的，采取暴力、破坏、恐吓等手段，造成或者意图造成人员伤亡、重大财产损失、公共设施损坏、社会秩序混乱等严重社会危害的行为，以及煽动、资助或者以其他方式协助实施上述活动的行为，[1] 不限于《刑法》第120条规定的犯罪。"极端主义"（Extremism），指为了达到个人或者小部分人的某些目的，而不惜一切后果地采取极端的手段对公众或政治领导集团进行威胁。基于极端主义而实施的暴力、恐怖主义犯罪行为，属于极端主义犯罪。"明知"是指知道他人有间谍犯罪或者恐怖主义、极端主义犯罪行为的事实，不必要求知道法律性质。不过，司法人员调查、取证时会告知当事人有关案件的法律性质。

2. 明知是司法人员向其调查情况、收集证据。未被明确告知身份和调查意向，因而拒绝提供的，不具有本罪故意。

【罪量】本罪的情节严重，在司法实践中，一般是指因行为人拒绝提供情况和证据导致间谍分子、恐怖主义、极端主义分子逍遥法外，给国家造成重大损失的；出于对重大间谍犯罪、恐怖主义、极端主义犯罪进行包庇的意图而拒绝提供犯罪证据等情形。

十、掩饰、隐瞒犯罪所得、犯罪所得收益罪[2]

（一）构成要件·法定刑

《刑法》第312条　明知是犯罪所得及其产生的收益而予以窝藏、转移、收购、代为销售或者以其他方法掩饰、隐瞒的，处3年以下有期徒刑、拘役或者管制，并处或者单处罚金；情节严重的，处3年以上7年以下有期徒刑，并处罚金。

单位犯前款罪的，对单位判处罚金，并对其直接负责的主管人员和其他直接责任人员，依照前款的规定处罚。

【定义】明知是犯罪所得及其产生的收益而予以窝藏、转移、收购、代为销售或者以其他方法掩饰、隐瞒的行为。"犯罪所得"指的是通过犯罪直接得到的赃款、赃物；"犯罪所得产生的收益"指的是上游犯罪行为人对犯罪所得进行处理后得到的孳息、租金等，它属于间接获益，但在具体认定数额时应扣除行为人投入的合法因素，如将犯罪所得进行投资，所获得的利益应当扣除其所付出的劳动价值。

【对象】他人"犯罪所得及其产生的收益"。"犯罪所得"，指通过犯罪直接得到的赃款、赃物。其中包括：①通过实施盗窃、诈骗、抢夺、抢劫、敲诈勒索、侵占等侵犯财产的犯罪获得的财物，即狭义的赃物。②通过实施其他犯罪获得的不法财产，如通过生产、销售伪劣商品、侵犯著作权获取的不法收入，通过受雇杀人、伤害获得的佣金等。犯罪所得不仅包括财物，还包括财产性利益，如通过犯罪行为强占的承包经营权、公司或企业的股权、租赁权、矿山开采权、土地开发权等。"犯罪所得产生的收益"，指上游犯罪的行为人对犯罪所得进行处理后得到的孳息、租金等财产和财产性利益。

【主体】包括个人和单位。

【行为】本罪的行为包括以下五种：①窝藏，即将犯罪所得及其产生的收益放置于一定的场所隐藏、保管。②转移，指在他人犯罪既遂后，将犯罪所得及其产生的收益由一个地方搬运到另一个地方，不包括通过金融机构以转账方式将赃款转移，这种转移赃款的方式是一种洗钱行为。③收购，指从各处或者不特定人手中购买犯罪所得及其产生的收益。收购通常表现为大量购买赃物或重复购买某一类赃物，用途可能有两种：一是转卖渔利；二是自用。在收购赃物

---

[1] 全国人大常委会：《关于加强反恐怖工作有关问题的决定》，自2011年10月29日起公布并实施。
[2] 已经《刑法修正案（七）》修正。

自用的场合，通常是用于生产经营，如收购钢材作原料，收购一次性餐具供自己经营的饭店使用等，或者购买价值巨大的赃物自用，如汽车。在以收购方式犯本罪的场合，则不问是否有销售行为，也不问是否销出，只要收购行为完成，即构成既遂。④代为销售，是指帮助或者代理犯罪分子销售犯罪所得及其产生的收益。代为销售与收购不同，代为销售事先并不支付对价钱财，未取得对犯罪所得及其产生的收益的"所有"。以代为销售的方式犯本罪的，应以销出犯罪所得及其产生的收益为既遂。⑤以其他方法掩饰、隐瞒犯罪所得及其产生的收益，指窝藏、转移、收购、代为销售以外的方法，如居间介绍买卖、收受、持有、使用、加工、提供资金账户，协助将财物转换为现金、金融票据、有价证券，协助将资金转移、汇往境外，等等。本罪的掩饰，指行为人主动设法遮盖犯罪所得及其产生的收益；本罪的隐瞒，指当司法机关调查有关财产及其性质和来源时，行为人尽管知情却有意掩盖犯罪所得及其产生的收益。行为人具有窝藏、转移、收购、代为销售行为之一，或者具有以其他方法掩饰、隐瞒犯罪所得及其产生的收益的行为，即认为具有本罪行为。

【主观】故意，即明知是犯罪所得及其产生的收益而予以窝藏、转移、收购、代为销售或者以其他方法掩饰、隐瞒。可以在行为前明知，也可以在行为过程中明知。认定明知，不能仅凭行为人口供，应根据案件的客观事实予以分析。只要证明行为人知道或者应当知道是犯罪所得及其产生的收益，就可以认定。

【案例】　　　　　　　　　　**韩亚泽掩饰、隐瞒犯罪所得案**。[1]

2013年1月19日，韩亚泽以90元的价格从一男子（具体身份不详）处购买黑色小米牌手机（价值1339元）一部。经查，该手机系另案被告人刘培栋在一网吧上网时被盗，根据防盗追踪功能，在韩亚泽处查获该手机，韩亚泽将手机退还。法院认为：韩亚泽在非正常销售手机的场所，以极低价格收购没有发票也不配带充电器、电池的价值千余元的手机，其明知该手机可能是犯罪所得，仍予以购买的行为构成掩饰、隐瞒犯罪所得罪，对其单处罚金1000元。如果行为人确实不知道是犯罪所得及其产生的收益，就不具有本罪的故意。

【罪量】《审理掩饰犯罪所得罪解释》（2015）第1条指出：掩饰、隐瞒犯罪所得、犯罪所得收益，具有下列情形之一的，应当定罪处罚：①掩饰、隐瞒犯罪所得及其产生的收益价值3000元至1万元以上的；②一年内曾因掩饰、隐瞒犯罪所得及其产生的收益行为受过行政处罚，又实施掩饰、隐瞒犯罪所得及其产生的收益行为的；③掩饰、隐瞒的犯罪所得系电力设备、交通设施、广播电视设施、公用电信设施、军事设施或者救灾、抢险、防汛、优抚、扶贫、移民、救济款物的；④掩饰、隐瞒行为致使上游犯罪无法及时查处，并造成公私财物损失无法挽回的；⑤实施其他掩饰、隐瞒犯罪所得及其产生的收益行为，妨害司法机关对上游犯罪进行追究的。司法解释对掩饰、隐瞒涉及计算机信息系统数据、计算机信息系统控制权的犯罪所得及其产生的收益行为构成犯罪已有规定的，审理此类案件依照该规定。

依照《第341、312条解释》（2014），明知是非法狩猎的野生动物而收购，数量达到50只以上的，以掩饰、隐瞒犯罪所得罪定罪处罚。需要注意的是：下游犯罪（掩饰、隐瞒犯罪所得罪）的刑期，在一般情况下应低于上游犯罪的刑期。非法狩猎罪的最高刑期为3年，而本罪有两个量刑幅度，即3年有期徒刑以下刑罚和情节严重时3年以上7年以下有期徒刑的刑罚。因此，购买非法狩猎的野生动物行为构成犯罪的，不宜适用本罪的"情节严重"条款，即不论购买多少野生动物，适用本罪时都只能在3年有期徒刑以下处罚。并且就同一犯罪对象而言，

---

[1] 载中华人民共和国最高人民法院刑事审判第一、二、三、四、五庭主办：《刑事审判参考（2015年第1集·总第100集）》，法律出版社2016年版。

非法狩猎罪的刑罚应高于掩饰、隐瞒犯罪所得罪的刑罚。[1]

数额计算,应当以实施掩饰、隐瞒行为时为准。收购或者代为销售财物的价格高于其实际价值的,以收购或者代为销售的价格计算。多次实施掩饰、隐瞒犯罪所得及其产生的收益行为,未经行政处罚,依法应当追诉的,犯罪所得、犯罪所得收益的数额应当累计计算。

【量刑】《审理掩饰犯罪所得罪解释》(2015)第2条指出:掩饰、隐瞒犯罪所得及其产生的收益达到定罪起点标准,认罪、悔罪并退赃、退赔,且具有下列情形之一的,可以认定为犯罪情节轻微,免予刑事处罚:①具有法定从宽处罚情节的;②为近亲属掩饰、隐瞒犯罪所得及其产生的收益,且系初犯、偶犯的;③有其他情节轻微情形的。

行为人为自用而掩饰、隐瞒犯罪所得,财物价值刚达到定罪金额起点标准,认罪、悔罪并退赃、退赔的,一般可不认为是犯罪;依法追究刑事责任的,应当酌情从宽。

应注意:①"自用"应严格掌握在生活用品范围内,即使是个体企业、私营企业用于生产经营,也不能认定为自用。②"刚达到"不应理解为正好达到,而是超过不多。例如,某省制定的标准是3000元,那么3000~4000元一般都可以理解为刚达到。③从宽处理的前提是行为人明知是犯罪所得,如不明知则属于善意购买,不构成犯罪。

【加重犯】根据《审理掩饰犯罪所得罪解释》(2015)第3条,"情节严重",指有下列情形之一:①涉案价值总额达到10万元以上的;②实施10次以上,或者实施3次以上且涉案价值总额达到5万元以上的;③掩饰、隐瞒的犯罪所得系电力设备、交通设施、广播电视设施、公用电信设施、军事设施或者救灾、抢险、防汛、优抚、扶贫、移民、救济款物,价值总额达到5万元以上的;④掩饰、隐瞒行为致使上游犯罪无法及时查处,并造成公私财物重大损失无法挽回或其他严重后果的;⑤实施其他掩饰、隐瞒犯罪所得及其产生的收益行为,严重妨害司法机关对上游犯罪予以追究的。另外《办理计算机刑案解释》(2011)第7条也规定,涉及此类犯罪而掩饰、隐瞒违法所得5万元以上的属于"情节严重"。

在认定前述实施次数时应注意:①每一次掩饰、隐瞒的行为必须是一个独立的行为,即独立的主观意图、独立的掩饰隐瞒行为、独立的行为结果,不包括基于同一故意,在同一时间、同一地点,同时或者连续对多起上游犯罪进行掩饰、隐瞒的情形,也不包括为同一个上游犯罪人的同一起犯罪事实的犯罪所得及其收益而分多次掩饰、隐瞒的情形;②不以每次行为都构成犯罪为前提;③行为未超过治安处罚或刑事追诉时效。

【数额认定】①基准计价方法以实施掩饰、隐瞒行为时的市场价为基准,市场价的确定应当以价格鉴定机构作出的鉴定意见为准;②补充计价方法:一般情况下收购和销售赃物的价格往往低于赃物实际价值,但也不排除特殊情况下,行为人从上游犯罪人处收购赃物时或向他人销售赃物时的价格高于赃物的实际价值的情况,此时应就高认定,以收购或代为销售价格计;③掩饰、隐瞒犯罪所得及其产生的收益的行为实施后产生的孳息不计入犯罪所得收益的数额,此部分收益可以非法所得论,予以追缴。[2]

其他司法解释对掩饰、隐瞒涉及机动车、计算机信息系统数据、计算机信息系统控制权的犯罪所得及其产生的收益行为认定"情节严重"已有规定的,审理此类案件依照该规定。

根据《量刑指导意见》(2014),犯本罪情节一般的,可以在1年以下有期徒刑、拘役幅

---

[1] 陆建红、杨华、曹东方:"《关于审理掩饰、隐瞒犯罪所得、犯罪所得收益刑事案件适用法律若干问题的解释》的理解与适用",载《人民司法》2015年第17期。

[2] 陆建红、杨华、曹东方:"《关于审理掩饰、隐瞒犯罪所得、犯罪所得收益刑事案件适用法律若干问题的解释》的理解与适用",载《人民司法》2015年第17期。

度内确定量刑起点。情节严重的,可以在3~4年有期徒刑幅度内确定量刑起点。在量刑起点的基础上,可以根据犯罪数额等其他影响犯罪构成的犯罪事实增加刑罚量,确定基准刑。

(二) 适用

【定罪】认定本罪,以上游犯罪事实成立为前提。因为本罪对象是"犯罪所得及其收益",所以,应当以"上游犯罪"行为达到犯罪程度为前提,才能称之为"犯罪"所得。"上游犯罪"如甲盗窃手机一部价值800元未达"数额较大"不成立盗窃罪,该所得不能称为"犯罪所得",乙给予掩饰隐瞒的,也不成立犯罪。不以上游犯罪实际被定罪判刑为必要。上游犯罪尚未依法裁判,但查证属实的,不影响本罪认定。上游犯罪事实经查证属实,但因行为人未达到刑事责任年龄等原因依法不予追究刑事责任的,不影响本罪认定。如甲(15周岁)盗窃价值5万元汽车一辆,因没有达到负刑事责任年龄而不成立盗窃罪;乙明知该车是甲盗窃所得仍收购,乙依然成立掩饰、隐瞒犯罪所得罪。

【关联罪】1. 本罪与洗钱罪、窝藏、转移、隐瞒毒品、毒赃罪的关系。因为《刑法修正案(六)》对本罪的手段抽象为"掩饰、隐瞒",对本罪的对象抽象为"犯罪所得及其收益",使本条扩张成为惩治掩饰、隐瞒犯罪所得及其收益的性质、来源行为的普遍性规定,与洗钱罪和窝藏、转移、隐瞒毒品、毒赃罪属于法规竞合关系,按照一般法与特别法的适用原则从一重罪处断。

2. 本罪与私藏枪支罪属于想象竞合关系。例如,行为人明知是他人犯罪所得的枪支而予以窝藏,同时构成掩饰、隐瞒犯罪所得罪和私藏枪支罪,应从一重罪处罚。此外,本罪的手段行为或目的行为可能构成其他犯罪如滥用职权罪、故意毁坏文物罪等,应依照牵连犯从一重罪处罚。

3. 涉赃车行为的认定:

(1) 明知是盗窃、抢劫、诈骗、抢夺的机动车,实施下列行为之一的,依照《刑法》第312条的规定,以掩饰、隐瞒犯罪所得、犯罪所得收益罪定罪:①买卖、介绍买卖、典当、拍卖、抵押或者用其抵债的;②拆解、拼装或者组装的;③修改发动机号、车辆识别代号的;④更改车身颜色或者车辆外形的;⑤提供或者出售机动车来历凭证、整车合格证、号牌以及有关机动车的其他证明和凭证的;⑥提供或者出售伪造、变造的机动车来历凭证、整车合格证、号牌以及有关机动车的其他证明和凭证的。行为人实施上述行为,涉及的机动车有下列情形之一的,应当认定行为人主观上属于"明知":①没有合法有效的来历凭证;②发动机号、车辆识别代号有明显更改痕迹,没有合法证明的。[1]

(2) 明知是赃车而购买,以本罪定罪处罚。单位的主管人员或者其他直接责任人员明知是赃车购买的,以本罪定罪处罚。"明知",是指知道或者应当知道。有下列情形之一的,可视为应当知道,但有证据证明确属被蒙骗的除外:在非法的机动车交易场所和销售单位购买的;机动车证件手续不全或者明显违反规定的;机动车发动机号或者车架号有更改痕迹,没有合法证明的;以明显低于市场价格购买机动车的。[2]

(3) 非法出售机动车有关发票的,或者伪造、擅自制造或者出售伪造、擅自制造的机动车有关发票的,以非法制造、出售非法制造的发票罪定罪处罚。[3]

(4) 伪造、变造、买卖机动车牌证及机动车入户、过户、验证的有关证明文件的,依照伪

---

[1] 《办理机动车相关刑案解释》(2007) 第1条、第6条。
[2] 《机动车案规定》(1998) 第17条。
[3] 《机动车案规定》(1998) 第6条。

造国家机关公文、证件罪定罪处罚。[1]

（5）公安、工商行政管理人员利用职务上的便利，索取或者非法收受他人财物，为赃车入户、过户、验证构成犯罪的，以受贿罪定罪处罚。[2]

（6）公安、工商行政管理人员或者其他国家机关工作人员滥用职权或者玩忽职守、徇私舞弊，致使公共财产、国家和人民利益遭受重大损失的，依照玩忽职守罪定罪处罚。[3]

（7）公安人员对盗窃、抢劫的机动车辆，非法提供机动车牌证或者为其取得机动车牌证提供便利，帮助犯罪分子逃避处罚的，以帮助犯罪分子逃避处罚罪定罪处罚。[4]

【共犯】1. 本罪是在他人犯罪获取犯罪所得及其产生的收益之后实施的。如果是事先有通谋，事后为其他犯罪人窝藏、转移、收购、代为销售或者以其他方法掩饰、隐瞒犯罪所得及其产生的收益，应当以共同犯罪论处，不属本罪。[5]

【案例】马俊、陈小灵等盗窃、隐瞒犯罪所得案[6]

余大贵、马俊、陶军等共谋盗窃南松公司仓库中的工艺玻璃珠，其间，余大贵找到王伟环提出盗窃得手后将赃物卖给王伟环，王伟环同意。王伟环因现金不足找到陈小灵，告知余大贵一伙盗窃计划，问陈小灵是否要购买，陈小灵表示同意收购。2006年12月30日晚，余大贵将其一伙的行动告知王伟环，要王准备现金交易。王伟环联系陈小灵，要陈小灵于当晚前往潮安县铁铺镇交易。余大贵一伙盗窃得手后（窃得工艺玻璃珠72箱，共值450万元），即告知王伟环，并将赃物运至与事先王伟环约定的铁铺镇。王伟环即联系陈小灵，要陈小灵携带4万元赶到该处。王伟环从陈小灵处收取4万元，将其中的3万元私下付给余大贵。之后，王伟环通过陈小灵等人转卖出部分赃物得款后，再付15万元给余大贵、马俊等人，余大贵、马俊一伙将赃款瓜分。法院认定，王伟环与余大贵事先通谋、事后收购盗窃的赃物，系余大贵一伙盗窃犯罪的共犯。陈小灵明知是他人犯罪所得赃物，仍为非法牟利而予以收购、销售，其行为已构成隐瞒犯罪所得罪。

本案要点有二：①王伟环与盗犯"事先通谋"事后收购赃物，对盗窃实行起到帮助作用，以共犯论。②陈小灵在盗窃实行犯不知情的情况下，与销赃人事先约定、事后出资收购赃物的行为，不构成盗窃共犯，单独成立掩饰、隐瞒犯罪所得罪。因为"陈小灵收购赃物的行为对余大贵等人的盗窃没有起到鼓励、支持作用"。[7]

2. 明知是赃车而介绍买卖的，以本罪的共犯论处。

【事后不可罚行为】上游犯罪人掩饰隐瞒自己犯罪所得及其收益的，仅对其上游犯罪定罪处罚。例如，甲诈骗汽车一辆价值30万元销赃得款10万元，仅处罚其诈骗罪不处罚其"销赃（车）"行为。因为诈骗罪包含对诈骗财物的占有、处分。同理，上游犯罪包含对上游犯罪者对自己犯罪所得的占有、处分，对该占有处罚不另行定罪处罚。

---

[1]《机动车案规定》（1998）第7条。
[2]《机动车案规定》（1998）第8条。
[3]《机动车案规定》（1998）第9条。
[4]《机动车案规定》（1998）第10条。
[5] 2007年1月19日最高人民法院、最高人民检察院《办理盗窃油气、破坏油气设备刑案解释》第5条；《办理机动车相关刑案解释》第4条。
[6] 载中华人民共和国最高人民法院刑事审判第一、二、三、四、五庭主办：《刑事审判参考（2008年第2集·总第61集）》，法律出版社2008年版。
[7] 载中华人民共和国最高人民法院刑事审判第一、二、三、四、五庭主办：《刑事审判参考（2008年第2集·总第61集）》，法律出版社2008年版。

十一、拒不执行判决、裁定罪

（一）构成要件·法定刑

《刑法》第313条　对人民法院的判决、裁定有能力执行而拒不执行，情节严重的，处3年以下有期徒刑、拘役或者罚金。情节特别严重的，处3年以上7年以下有期徒刑，并处罚金。

单位犯前款罪的，对单位判处罚金，并对其直接负责的主管人员和其他直接责任人员，依照前款的规定处罚。

《刑法》第37条之一第2款　被禁止从事相关职业的人违反人民法院依照前款规定作出的决定的，由公安机关依法给予处罚；情节严重的，依照本法第313条的规定定罪处罚。

【定义】被执行人、协助执行义务人、担保人等负有执行义务的人，对人民法院的判决、裁定有能力执行而拒不执行，情节严重的行为。

【主体】《审理拒不执行判决案解释》（2015）第1条，指被执行人、协助执行义务人、担保人等负有执行义务的人。既包括自然人，也包括单位。负有执行人民法院判决、裁定义务的单位直接负责的主管人员和其他直接责任人员，为了本单位的利益，严重抗拒执行、造成特别严重后果的，也可以构成本罪。

【对象】人民法院的判决、裁定。这里的人民法院的判决、裁定，根据全国人大常委会《刑法第313条的解释》（2002）的规定，"是指人民法院依法作出的具有执行内容并已发生法律效力的判决、裁定。人民法院为依法执行支付令、生效的调解书、仲裁裁决、公证债权文书等所作的裁定属于该条规定的裁定"。根据《拒不执行调解书答复》（2000），判决、裁定不包括人民法院的"调解书"，因此拒不执行调解书的不成立本罪。

【行为】对人民法院的判决、裁定有能力执行而拒不执行。因此，本罪的行为方式是不作为。《审理拒不执行判决、裁定案解释》（1998，现已失效）第2条规定："对人民法院发生法律效力的判决、裁定'有能力执行'，是指根据查实的证据证明，负有执行人民法院判决、裁定义务的人有可供执行的财产或者具有履行特定行为义务的能力。"

【罪量】"情节严重"。全国人大常委会《刑法第313条的解释》（2002）规定："下列情形属于刑法第313条规定的'有能力执行而拒不执行，情节严重'的情形：①被执行人隐藏、转移、故意毁损财产或者无偿转让财产、以明显不合理的低价转让财产，致使判决、裁定无法执行的；②担保人或者被执行人隐藏、转移、故意毁损或者转让已向人民法院提供担保的财产，致使判决、裁定无法执行的；③协助执行义务人接到人民法院协助执行通知书后，拒不协助执行，致使判决、裁定无法执行的；④被执行人、担保人、协助执行义务人与国家机关工作人员通谋，利用国家机关工作人员的职权妨害执行，致使判决、裁定无法执行的；⑤其他有能力执行而拒不执行，情节严重的情形。"前述"致使判决、裁定无法执行"，是指人民法院的执行机构无法运用法律规定的执行措施，或者虽运用了法律规定的各种执行措施，但仍无法执行的情形。拒不执行判决、裁定罪所侵犯的法益主要是司法秩序和司法权威，故应当从影响人民法院执行工作的角度，而不能从债权人是否最终实现债权角度来理解。这体现在有关的指导判例中：

【案例】　　　　　马素英、杨保全拒不执行判决、裁定案[1]

马素英自执行通知发出后，在其开办的床具厂仍正常经营、有能力履行部分债务的情况

---

[1] 最高人民法院刑事审判第一、二、三、四、五庭主办：《刑事审判参考（2008年第1集·总第60集）》，法律出版社2008年版。

下，却与丈夫杨保全协议离婚分割财产和债务，约定除电视机、洗衣机、电冰箱外的其余财产均归杨保全所有，债务 30 万元由马素英偿还，之后两人又采取逃匿的方式致使已生效的判决、裁定长期无法执行。法院认定两人构成拒不执行判决、裁定罪。

《审理拒不执行判决案解释》（2015）第 2 条规定：上述立法解释的"其他有能力执行而拒不执行，情节严重的情形"，指下列情形之一：①具有拒绝报告或者虚假报告财产情况、违反人民法院限制高消费及有关消费令等拒不执行行为，经采取罚款或者拘留等强制措施后仍拒不执行的；②伪造、毁灭有关被执行人履行能力的重要证据，以暴力、威胁、贿买方法阻止他人作证或者指使、贿买、胁迫他人作伪证，妨碍人民法院查明被执行人财产情况，致使判决、裁定无法执行的；③拒不交付法律文书指定交付的财物、票证或者拒不迁出房屋、退出土地，致使判决、裁定无法执行的；④与他人串通，通过虚假诉讼、虚假仲裁、虚假和解等方式妨害执行，致使判决、裁定无法执行的；⑤以暴力、威胁方法阻碍执行人员进入执行现场或者聚众哄闹、冲击执行现场，致使执行工作无法进行的；⑥对执行人员进行侮辱、围攻、扣押、殴打，致使执行工作无法进行的；⑦毁损、抢夺执行案件材料、执行公务车辆和其他执行器械、执行人员服装以及执行公务证件，致使执行工作无法进行的；⑧拒不执行法院判决、裁定，致使债权人遭受重大损失的。此外，有关的典型案例指出：对生效判决有能力执行而长期拒不执行并因之被司法拘留，且在被拘留后依然拒不执行的，系有能力执行拒不执行"情节严重"的情形。[1] 申请执行人有证据证明同时具有下列情形，人民法院认为符合《刑事诉讼法》第 204 条第 3 项规定的，以自诉案件立案审理：①负有执行义务的人拒不执行判决、裁定，侵犯了申请执行人的人身、财产权利，应当依法追究刑事责任的；②申请执行人曾经提出控告，而公安机关或者人民检察院对负有执行义务的人不予追究刑事责任的。

【主观】故意，即明知自己对已生效的判决、裁定有执行义务而拒不执行。

【量刑】被告人在一审宣告判决前，履行全部或部分执行义务的，可以酌情从宽处罚。拒不执行支付赡养费、扶养费、抚育费、抚恤金、医疗费用、劳动报酬等判决、裁定的，可以酌情从重处罚。

【数额认定】在执行程序中，法院依法收取的执行案件受理费和产生的执行费用，依法应由负有执行判决、裁定的义务主体承担。执行等费用的产生，是为实现判决、裁定所确定的给付内容而派生的，实质上也就是义务主体没有自动履行判决、裁定所造成的损失，理应计入拒不执行的金额。[2]

（二）适 用

【关联罪】本罪与妨害公务罪的界限。本罪妨害的是法院判决、裁定的执行活动，而妨害公务罪妨害的是普通的公务活动；在行为方式上，根据立法解释对本罪"情节严重"的界定，本罪不包含暴力、威胁妨害执行的行为，而妨害公务罪通常情况下限于采用暴力、威胁手段。因此：①如果行为人以立法解释规定的方式拒不执行判决、裁定的，构成拒不执行判决、裁定罪；②如果执行判决、裁定的义务人以暴力、威胁方法抗拒司法警察的强制执行，构成妨害公务罪；其他人帮助暴力、威胁抗拒的，构成妨害公务罪的共犯；③如果执行判决、裁定的义务人明显分别有①、②两种行为且都单独达到犯罪程度，构成二罪，数罪并罚。

---

[1] "杨宏余拒不执行判决、裁定案"，载《最高人民法院拒不执行生效判决、裁定典型案例》，发布日期：2015 年 12 月 4 日。

[2] "施慧英拒不执行判决案"，载中华人民共和国最高人民法院中国应用法学研究所编：《人民法院案例选（2004 年刑事专集·总第 47 期）》，人民法院出版社 2005 年版。

【共犯】1. 其他人与被执行人共同实施拒不执行判决、裁定的行为，例如采用暴力、威胁方法帮助当事人或有协助执行义务的人阻碍判决、裁定执行，情节严重的，以拒不执行判决、裁定罪的共犯依法追究刑事责任。[1]

2. 国家机关工作人员与被执行人等通谋利用职务便利妨害执行并导致判决、裁定无法执行的，以本罪的共犯追究刑事责任。[2]

【罪数】1. 暴力抗拒人民法院执行判决、裁定，杀害、重伤执行人员的，依照《刑法》第232条、第234条第2款的规定以故意杀人罪或者故意伤害罪定罪处罚。[3]

2. 国家机关工作人员收受贿赂或者滥用职权，与被执行人等通谋利用职务便利妨害执行并导致判决、裁定无法执行，同时又构成受贿罪、滥用职权罪的，择一重罪处罚。[4]

十二、非法处置查封、扣押、冻结的财产罪

(一) 构成要件·法定刑

《刑法》第314条　隐藏、转移、变卖、故意毁损已被司法机关查封、扣押、冻结的财产，情节严重的，处3年以下有期徒刑、拘役或者罚金。

【定义】隐藏、转移、变卖、故意毁损已被司法机关查封、扣押、冻结的财产，情节严重的行为。

【对象】已被司法机关查封、扣押、冻结的财产。查封，指司法机关对需要采取财产保全措施的财物清点后，加贴封条，就地封存或移地封存；扣押，指司法机关将需要采取保全措施的财物就地扣留或送到一定的场所予以扣留；冻结，指司法机关通知有关金融机构，不准被申请人提取或者处分其存款。这里的查封、扣押、冻结，均特指司法机关作出的查封、扣押、冻结，不包括工商、税务、海关等行政执法机关所作的查封、扣押、冻结。

【行为】隐藏、转移、变卖、故意毁损已被司法机关查封、扣押、冻结的财产。"隐藏"，指将已被司法机关查封、扣押的财产隐匿或收藏，使司法机关难以发现。"转移"，指将已被司法机关查封、扣押、冻结的财产从一地移到另一地。"变卖"，指将已被司法机关查封、扣押的财产予以出卖。故意毁损，指对财物故意毁灭或损坏，或失去或减少其价值。

【罪量】《刑法》第314条规定，非法处置已被司法机关查封、扣押、冻结的财产必须情节严重才能构成本罪。所谓"情节严重"，主要是指：①妨害司法机关查封、扣押、冻结的行为严重妨害了诉讼活动的；②导致作出判决、裁定后却在客观上无法执行的；③严重损害对方当事人利益的；④不听司法机关的劝阻、警告，继续妨害查封、扣押、冻结的；⑤动机或手段十分恶劣的；等等。

【主观】故意，即明知是被司法机关查封、扣押、冻结的财产，仍实施非法处置行为。

(二) 适用

【关联罪】1. 与拒不执行判决裁定罪的区分。如果非法隐藏、转移、变卖、故意毁损已被司法机关查封、扣押、冻结的财产的行为发生在诉讼保全程序中，而没有进入执行程序，那么应当以非法处置查封、扣押、冻结的财产罪定罪；如果此种行为发生在执行程序中，但行为人并不是负有执行法院判决、裁定义务的人，亦应以非法处置查封、扣押、冻结的财产罪定罪；如果在执行程序中负有执行生效裁判义务的人实施了此种行为，但并没有拒不执行法院生效裁

---

[1]《审理拒不执行判决、裁定案解释》(1998，现已失效) 第5条。
[2] 全国人大常委会《刑法第313条的解释》(2002)。
[3]《审理拒不执行判决、裁定案解释》(1998，现已失效) 第6条。
[4] 全国人大常委会《刑法第313条的解释》(2002)。

判的目的，也应当以非法处置查封、扣押、冻结的财产罪定罪；如果在执行程序中负有执行生效裁判义务的人实施了此种行为，且具有拒不执行法院生效裁判的目的，因为该行为系作为拒不执行法院裁判的手段实施的，两罪的法定刑相同，以拒不执行判决、裁定罪定罪更为适当。[1]

2. 与盗窃罪区别。本人所有在他人合法占有下的财物属于盗窃对象，窃取司法扣押物的可成立盗窃罪。不过，不具有非法占有目的的，只能成立妨害司法扣押罪，不成立盗窃罪。如龙永刚窃取被法院扣押的汽车案[2]。龙永刚把法院大门铁锁撬开，将其因未履行民事调解书确定的偿还借款义务而被法院扣押的汽车偷偷开走，进行藏匿，并给法院打来电话，称汽车被他开走，但拒不交代汽车的下落。后被告人龙永刚被公安机关抓获，被盗汽车被追回，经鉴定汽车价值52 480元。法院认为，被告人行为已构成非法处置扣押的财产罪，判处有期徒刑3年。

【案例】　　　　　　　　　罗扬非法处置查封的财产案[3]

2003年8月，禧鑫公司向杨浦建行贷款950万元，罗扬作为公司股东承担连带担保责任。2004年8月，因禧鑫公司未能如期归还贷款，杨浦建行以罗扬等人作为被申请人向法院申请支付令，要求归还贷款本金及利息，但支付令生效后罗扬等人仍未归还。同年10月19日，法院查封了罗扬名下的一套房屋产权，期限至2006年10月21日止。罗扬在得知房屋被查封的情况后，隐瞒该事实，以138万元的价格将该房出售给郭某。合同约定：乙方于2005年9月6日前付款50万元；甲方于2005年9月10日前办理还款手续和注销抵押登记，办理好上述事项后的5日内双方办理交易手续；甲方未按约定期限交房，乙方有权解除合同，甲方赔偿金额为总价款的20%，退还乙方已支付的房价款。同年8月至9月上旬，罗扬先后按约定共收取郭某支付的购房预付款50万元，用于归还其个人欠款和经营活动。后罗扬在其妻的帮助下以48万余元冲减禧鑫公司所欠贷款本金，法院遂于2006年5月依申请解除了对前述房屋产权的查封。案发后，罗扬与郭某达成协议并还款51万元。检察院以合同诈骗罪起诉，法院认定罗扬构成非法处置查封的财产罪，判处有期徒刑1年6个月。

裁判要旨：明知房产被依法查封而隐瞒事实将其出卖并收取预付款的，构成非法处置查封、扣押、冻结的财产罪，其既遂应以是否实行了非法处置有关财产之行为为准。

十三、破坏监管秩序罪

（一）构成要件·法定刑

《刑法》第315条　依法被关押的罪犯，有下列破坏监管秩序行为之一，情节严重的，处3年以下有期徒刑：

（一）殴打监管人员的；

（二）组织其他被监管人破坏监管秩序的；

（三）聚众闹事，扰乱正常监管秩序的；

（四）殴打、体罚或者指使他人殴打、体罚其他被监管人的。

【定义】依法被关押的罪犯，有法定破坏监管秩序的情形之一，情节严重的行为。

---

[1] 中华人民共和国最高人民法院刑事审判第一、二、三、四、五庭主办：《刑事审判参考（2006年第4集·总第51集）》，法律出版社2006年版，第32页。

[2] 最高人民法院中国应用法学研究所编：《人民法院案例选（总第41辑）》，人民法院出版社2003年版，第69页。

[3] 中华人民共和国最高人民法院刑事审判第一、二、三、四、五庭主办：《刑事审判参考（2007年第1集·总第54集）》，法律出版社2008年版。

【主体】依法被关押的罪犯。这里的罪犯，是指被法院宣告有罪判处刑罚，正在被执行剥夺自由刑的犯罪分子，即正在被关押服刑的已决犯，包括在看守所服刑余刑在 1 年以下的罪犯和在监狱服刑的罪犯，不包括已被逮捕关押但尚未被定罪判刑的未决犯（犯罪嫌疑人、刑事被告人），也不包括未被关押的已决犯。

【行为】本罪的行为包括以下四种情形：①殴打监管人员的；②组织其他被监管人破坏监管秩序的；③聚众闹事，扰乱正常监管秩序的；④殴打、体罚或者指使他人殴打、体罚其他被监管人的。

【罪量】《刑法》第 315 条规定，有破坏监管秩序的行为之一，情节严重的才能构成本罪。所谓情节严重，一般是指多次破坏监管秩序，受过警告、记过或者禁闭处分后仍不悔改的；组织其他被监管人或者聚众闹事，造成较为严重后果的；殴打监管人员或者其他被监管人员造成轻伤或轻微伤的；殴打监管人员影响恶劣的；殴打、体罚其他被监管人员引起自杀、精神失常等严重后果的；等等。

【主观】故意，即明知是破坏监管秩序的行为而有意实施。

（二）适用

【关联罪】本罪与故意伤害罪的界限。本罪对主体和对象均有严格限制，而故意伤害罪没有限制。因此，狱中犯人殴打监管人员，殴打、体罚或者指使他人殴打、体罚其他被监管人员，情节严重的，通常认定为本罪，不认定为故意伤害罪或故意伤害罪的共犯（教唆犯）。

【案例】　　　　　　　　　**李伟破坏监管秩序案**[1]

被告人李伟原于某监狱第十六分监区服刑。2006 年 5 月 29 日下午，被告人李伟与同监区服刑罪犯于永光因琐事发生矛盾。同年 5 月 31 日，被告人李伟见于永光正在罪犯洗漱间内洗漱，遂故意用肩碰撞于永光，并在于永光转身离开时将其拉回进行殴打，造成于永光左耳外伤性骨膜穿孔。经鉴定，于永光身体所受损伤程度为轻伤。法院认为，被告人李伟作为被依法关押的罪犯，在与同监区服刑罪犯于永光发生矛盾后，在监区内对于永光进行殴打，致于永光轻伤，情节严重，其行为已构成破坏监管秩序罪，判处有期徒刑 1 年。

本罪与故意伤害罪的实质差别是：本罪不以造成轻伤以上结果为构成要件。如果殴打他人造成轻伤以上结果，其实是同时触犯了故意伤害罪和本罪，应从一重罪处罚。

十四、脱逃罪、劫夺被押解人员罪

（一）构成要件·法定刑

《刑法》第 316 条　　依法被关押的罪犯、被告人、犯罪嫌疑人脱逃的，处 5 年以下有期徒刑或者拘役。

劫夺押解途中的罪犯、被告人、犯罪嫌疑人的，处 3 年以上 7 年以下有期徒刑；情节严重的，处 7 年以上有期徒刑。

1. 脱逃罪。

【定义】依法被关押的罪犯、被告人、犯罪嫌疑人从羁押、刑罚执行场所或者押解途中逃走的行为。

【主体】依法被关押的罪犯、被告人、犯罪嫌疑人，包括已经拘留、逮捕而尚未判决的未决犯和已被判处拘役以上剥夺自由的刑罚正在监狱等服刑的已决犯。被劳动教养或者行政拘留

---

[1] 北京市房山区人民法院（2006）房刑初字第 00471 号刑事判决。

的人，不是罪犯，不属于本罪的主体；被司法机关采取拘传、取保候审、监视居住等强制措施的犯罪嫌疑人、刑事被告人，被判处管制、拘役、徒刑宣告缓刑的罪犯以及被假释的罪犯，由于他们不在被关押的状态，不是本罪的主体。因错捕、错判而被关押的无辜的蒙受冤狱者，不属于被"依法"关押，不是本罪的主体，其实施脱逃行为的不构成脱逃罪。不过，蒙受冤狱者如果有组织、策划、教唆他人脱逃的行为，可以成立他人脱逃罪之共犯（教唆・帮助犯）。

【案例】 **陈维仁等脱逃案**[1]

陈维仁于1994年7月因涉嫌诈骗被逮捕，关押在宿松县看守所。同年12月，同监在押人董峥荣提出挖洞逃跑，陈维仁表示同意并主动说可以弄到挖洞的工具。后陈维仁之妻张萍前来探视，陈密告张萍自己准备逃跑，要张设法将铁锹、钢钎等挖洞工具带进看守所交陈。张萍因害怕而未同意。两天后，张萍和女儿陈琼再次探视陈维仁时，陈再次提出要张送工具来，并称不给送工具就自杀。张萍只好答应，并于12月24日将铁锹一把、钢钎一根、电筒、灯泡、蜡烛等物品及500元偷偷带进看守所交给陈维仁。次日，该看守所所有在押人在陈维仁的组织下开始轮班日夜挖洞，4日后，陈维仁和该监房其他11名在押人通过此地道全部脱逃。陈维仁脱逃后找到张萍，两人在多地躲藏直至1995年3月30日被抓获归案。经查证，陈维仁脱逃前涉及的经济纠纷不构成诈骗罪。一、二审法院均宣告无罪，安徽省高院经再审认为，陈维仁虽然不具备脱逃罪的主体资格，但其积极组织、策划、资助其他人犯共同脱逃，构成脱逃罪的共犯，遂以脱逃罪判处陈维仁有期徒刑2年，缓刑3年，陈琼免予刑事处分。

裁判要旨：无罪被错捕羁押的人伙同他人共同脱逃，亦构成脱逃罪。

【行为】从关押场所或者押解途中脱逃。关押场所，主要是指看守所和监狱。被依法逮捕、关押之后于押解途中脱逃的，也构成本罪。从关押场所或者押解途中逃走的方式是多种多样的，通常是乘机秘密逃走，也有破门窗、毁戒具逃跑的；或者对看守人员施以暴力或威胁逃跑。多数是单独实施逃跑，也有结伙逃跑的，使用何种方式脱逃，一般不影响犯罪的成立。在使用暴力逃跑的场合，重伤或者杀害看管人员或者进行其他严重破坏活动的，应按牵连犯的处理原则，择一重罪处断。使用暴力脱逃，应以未达暴动程度为限。在多人共同脱逃的场合，以未达到有组织的程度为限。

【主观】故意，通常脱逃的目的是逃避羁押和刑罚的执行。如果罪犯因有私事而私自脱离刑罚执行场所，事后又主动回归的，或者经批准回家后，逾期返回监所的，因其不具备脱逃的故意和逃避羁押、服刑的目的，因而不构成犯罪。

【既遂・未遂】一般以脱逃行为是否完成为准，凡达到逃避羁押监管程度的是既遂，通常以脱逃行为是否脱离看守者的实力性支配为依据，[2] 具体表现为已逃离关押场所、摆脱监管人员的控制等。虽逃出关押场所，但未出看守人员直接监视控制范围，即被抓回的；或者虽然挣脱了戒具，逃出了囚车，但当场被押解人员抓住的，应认为尚未摆脱监管人员的直接控制范围，以未遂论。

2. 劫夺被押解人员罪。

【定义】其他人以夺走、纵放被押解人员为目的，使用暴力、胁迫或者其他方法劫夺押解途中的罪犯、被告人、犯罪嫌疑人的行为。

【行为】劫夺押解途中的罪犯、被告人、犯罪嫌疑人。所谓"劫夺"，是指以暴力、胁迫

---

[1] 载中华人民共和国最高人民法院刑事审判第一庭、第二庭编：《刑事审判参考（2001年第3集・总第14集）》，法律出版社2002年版。
[2] [日]大塚仁著，冯军译：《刑法概说》，中国人民大学出版社2009年版。

或其他方法使被押解人脱离押解人员控制的行为。既包括以暴力、胁迫的方法强行夺取、纵放，也包括以麻醉押解人的方法违背押解人的意志使被押解人脱离控制的行为。劫夺行为的对象是押解途中的罪犯、被告人、犯罪嫌疑人。押解途中，指自押出监狱、看守所等关押场所时起至押入监狱、看守所等关押场所时止的全过程。押于法院受审、候审，押至检察院提审的，也属于押解途中。劫夺监狱、看守所等关押场所的罪犯、被告人、犯罪嫌疑人，不构成本罪。如果采取聚众方式的，可构成聚众持械劫狱罪；如果没有采取聚众方式的，案例有认定为窝藏罪（帮助罪犯逃避处罚）；如果利用职务上便利的，可构成私放在押人员罪；但通常不认定为构成脱逃罪的共犯（帮助犯）。这里的被告人，应限于刑事被告人。

【主观】故意。

【加重犯】本罪的"情节严重"，司法实践中一般是指劫夺重刑犯或重大案件的犯罪嫌疑人、被告人；多人进行劫夺或劫夺多人的；造成严重后果的等情形。

（二）适用

【定罪】对于无夺取、纵放被押解人意图，只为纠缠、取闹，拦截被押解人员的，不应认定为本罪。不排除成立妨害公务罪。

【关联罪】1. 脱逃罪与破坏监管秩序罪的界限。主体范围不同：后罪限于被关押的"罪犯"，而前罪还包括被关押的被告人、犯罪嫌疑人（即未决犯）。

2. 劫夺被押解人员罪与妨害公务罪的界限。押解人犯从广义上讲也属于一种公务活动，因此，劫夺被押解人，也有妨害公务的性质。二者的主要区别是目的不同：前罪必须具有劫夺被押解人员的目的，而妨碍公务罪不具有此目的。如果行为人不具有劫夺被押解人的意图，仅以暴力、威胁的方法妨碍押解工作的，不构成前罪，可以构成妨害公务罪。

【罪数】行为人因使用暴力方法劫夺被押解人员，致押解人员伤亡的，应按想象竞合犯择一重罪处罚；劫夺被押解人员后为灭口又杀害押解人员的，应实行数罪并罚。

十五、组织越狱罪·暴动越狱罪·聚众持械劫狱罪

（一）构成要件·法定刑

《刑法》第317条 组织越狱的首要分子和积极参加的，处5年以上有期徒刑；其他参加的，处5年以下有期徒刑或者拘役。

暴动越狱或者聚众持械劫狱的首要分子和积极参加的，处10年以上有期徒刑或者无期徒刑；情节特别严重的，处死刑；其他参加的，处3年以上10年以下有期徒刑。

1. 组织越狱罪。

【定义】依法被关押的犯罪嫌疑人、被告人、罪犯，在为首分子的组织、策划、指挥下，有组织、有计划地以非暴动的方式越狱逃跑的行为。

【行为】本罪的行为具体包括以下要点：①有组织、有计划性，即在首要分子组织、策划下，在押的犯罪分子进行周密准备和分工，选择一定的方法、手段、时机，从关押场所逃跑。②聚众性，即参加的人数较多，至少3人以上。虽有较为周密的计划，但人数不足3人的，不能认为是组织越狱；较多的人共同逃跑但无组织性的，亦不属于组织越狱。③非暴动性，组织越狱行为不包括有计划地集体使用暴力的方式进行越狱，但不排除使用轻微的暴力或者个别人员非有计划地使用暴力。所谓越狱，是指逃离监狱、看守所等国家设立的刑罚执行场所或者关押犯罪嫌疑人、刑事被告人的场所，包括自押解途中逃离。

【主观】故意，即有组织越狱的故意或者参加有组织的越狱行动的故意。不明真相趁乱尾随逃跑或者单独逃跑的，不构成本罪，但可以构成脱逃罪。

2. 暴动越狱罪。

【定义】依法被关押的犯罪嫌疑人、被告人、罪犯，以有组织或者聚众的形式集体使用暴力手段强行越狱的行为。

【行为】本罪的行为具体包括以下要点：①聚众性，即较多的人共同实行越狱行为。暴动越狱通常具有一定的组织形式，在这个意义上讲，暴动越狱是组织越狱的严重形式。但是暴动越狱不要求必须采取有组织的形式，较多的人临时纠集在一起共同实行暴力越狱行为，亦可构成本罪。②暴动性，即共同采取暴力行动。仅有个别人使用暴力，对于配置武装人员警戒的监所来说，尚不足以构成对其安全的严重威胁，不能称为暴动。③强行越狱，即以共同的暴力行动，排除监管人员的控制，逃离关押场所。

【主观】故意，即具有集体使用暴力手段强行越狱的故意。在一般情况下，行为人不仅自己有暴力强行越狱的故意，还有与其他人共同使用暴力强行越狱的故意。

【加重犯】在司法实践中，"情节特别严重"一般是指暴动越狱造成了极其严重的危害后果的，例如，致多人死、伤；众多被关押的罪犯、犯罪嫌疑人和被告人脱逃；抢夺监所的武器、弹药，占领监所与司法机关对峙的；扣押监管人员作为人质的；犯罪手段特别残忍的；社会影响特别恶劣的等情形。

3. 聚众持械劫狱罪。

【定义】狱外的人聚众持械劫夺被依法关押在狱中的被监管人的行为。

【对象】被依法关押于监狱、看守所等国家设立的刑罚执行机构或者羁押场所的罪犯、被告人、犯罪嫌疑人，不包括押解途中的罪犯、被告人、犯罪嫌疑人。

【行为】本罪的行为具体包括以下要点：①聚众性，即纠集了较多的人。②持械，即持有武器或其他具有杀伤、破坏作用的器械，如刀、匕首、棍棒、铁锹等。③以暴力方式劫夺狱中犯人，如攻占监狱劫走犯人或者冲进监狱夺走犯人。

【主观】故意。

【加重犯】在司法实践中，"情节特别严重"应慎重掌握，一般是指携带、使用武器、弹药劫狱，造成监管人员伤亡或者监所严重破坏的；攻占监管场所，劫走重要案犯或者致使大量被关押人员脱逃的等情形。

（二）适 用

【关联罪】1. 暴动越狱罪与组织越狱罪的区别。要点是构成暴动越狱罪必须采取共同的暴力行为；组织越狱罪的构成要件中则排斥共同的暴力行为。如果组织越狱并且共同使用了暴力手段的，即具有暴动性的，则构成暴动越狱罪。

2. 组织越狱罪与脱逃罪的界限。组织越狱行为从广义上来说也是一种脱逃行为，但脱逃罪既可以单人实施，又可以数人共同实施，在数人共同实施时，属于普通共同犯罪而非聚众犯罪；而组织越狱罪只能由多人聚众实施，在聚众实施的过程中有明显的首要分子，有明确的分工和一定的组织。

【案例】 **张小平组织越狱案**[1]

2004年3月20日，羁押于某县公安局看守所10号监房的麻国章（另案处理）提出越狱的想法。同押于10号监房的被告人张小平和麻回星（另案处理）、田辉（另案处理）、苏朋（另案处理）表示赞同。于是，5人为越狱做准备，先撕床单成布条再搓成绳子，然后，采用搭人

---

[1] 湖南省湘西土家族苗族自治州中级人民法院（2004）州刑二初字第5号刑事判决。本案另涉及抢劫罪，这里只摘取了其组织越狱罪部分。

梯的办法由麻国章几次爬上天窗用布绳缠住钢筋，扳脱一根钢筋。当天晚饭后，5人一起商量逃跑的时间、路线及顺序，麻国章用笔画了两条逃跑路线图。同月21日凌晨1时左右，5人开始越狱。田辉首先把张小平顶上天窗，张小平钻出天窗后，麻回星随后也钻出天窗逃离监房，其他三人因无法钻出天窗未得逃出。张小平和麻回星在监房外等了一会儿后，不见其他人出来，二人便逃离看守所。法院以组织越狱罪，判处张小平有期徒刑6年。本案张小平等人的行为是"脱逃"还是"越狱"？不无商榷余地。未超出同一监舍范围的共谋脱逃，似乎不应该认定为组织越狱。

【罪数】在暴动越狱、聚众持械劫狱的过程中致人重伤、死亡的，仍只需以本罪一罪论处。

第三节 妨害国（边）境管理罪

一、偷越国（边）境罪

《刑法》第322条 违反国（边）境管理法规，偷越国（边）境，情节严重的，处1年以下有期徒刑、拘役或者管制，并处罚金；为参加恐怖活动组织、接受恐怖活动培训或者实施恐怖活动，偷越国（边）境的，处1年以上3年以下有期徒刑，并处罚金。

【定罪】违反国（边）境管理法规，偷越国（边）境，情节严重的行为。

【行为】违反国（边）境管理法规，偷越国（边）境。"违反国（边）境管理法规"，指违反我国关于出入境管理的法律、法规规定，主要是指《公民出境入境管理法》《外国人入境出境管理法》《中国公民因私事往来香港地区或者澳门地区的暂行管理办法》《边防检查条例》等法律、法规的规定。"偷越"，根据《办理妨害国边境刑案解释》(2002)第6条，指不具备合法出入境资格而出入境，侵犯我国国（边）境管理秩序的行为。包括下列情形之一：①没有出入境证件出入国（边）境或者逃避接受边防检查的；②使用伪造、变造、无效的出入境证件出入国（边）境的；③使用他人出入境证件出入国（边）境的；④使用以虚假的出入境事由、隐瞒真实身份、冒用他人身份证件等方式骗取的出入境证件出入国（边）境的；⑤采用其他方式非法出入国（边）境的。

【主观】故意，即明知自己非法越境而仍偷越。

【罪量】构成本罪一般以"情节严重"为要件。根据《办理妨害国边境刑案解释》(2012)第5条，"情节严重"指下列情形之一：①在境外实施损害国家利益行为的；②偷越国（边）境3次以上或者3人以上结伙偷越国（边）境的；③拉拢、引诱他人一起偷越国（边）境的；④勾结境外组织、人员偷越国（边）境的；⑤因偷越国（边）境被行政处罚后一年内又偷越国（边）境的；⑥其他情节严重的情形。

此外，为参加恐怖活动组织、接受恐怖活动培训或者实施恐怖活动，偷越国（边）境的，不以"情节严重"为要件。

二、组织他人偷越国（边）境罪

（一）构成要件·法定刑

《刑法》第318条 组织他人偷越国（边）境的，处2年以上7年以下有期徒刑，并处罚金；有下列情形之一的，处7年以上有期徒刑或者无期徒刑，并处罚金或者没收财产：

（一）组织他人偷越国（边）境集团的首要分子；

（二）多次组织他人偷越国（边）境或者组织他人偷越国（边）境人数众多的；

（三）造成被组织人重伤、死亡的；

（四）剥夺或者限制被组织人人身自由的；
（五）以暴力、威胁方法抗拒检查的；
（六）违法所得数额巨大的；
（七）有其他特别严重情节的。

犯前款罪，对被组织人有杀害、伤害、强奸、拐卖等犯罪行为，或者对检查人员有杀害、伤害等犯罪行为的，依照数罪并罚的规定处罚。

【定义】组织他人偷越国（边）境的行为。

【行为】组织他人偷越国（边）境。根据《办理妨害国边境刑案解释》（2012第1条，指领导、策划、指挥他人偷越国（边）境或者在首要分子指挥下，实施拉拢、引诱、介绍他人偷越国（边）境等行为。指导案例"凌文勇组织他人偷越边境、韦德其等运送他人偷越边境案"[1]的裁判要旨指出："对于拉拢、引诱、介绍三种方式以外的其他协助行为，一般不宜认定为'组织'行为。"另外，作为组织行为的"介绍"，应当是在首要分子指挥下，在偷渡的组织者与偷渡人员之间进行的牵线搭桥的行为，构成组织他人偷越国（边）境罪共犯。如果"介绍"不是在首要分子指挥下实施的，不是组织偷越国边境罪的共犯。如果被介绍人偷越国（边）境行为构成了犯罪，对介绍人应以偷越国（边）境罪的共犯论处。

"偷越"，是指"不具备合法出入境资格而出入境，侵犯我国国（边）境管理秩序的行为。与偷越国边境罪之"偷越"同义。

【主观】故意。

【加重犯】"造成被组织人重伤、死亡的"，指组织偷越过程中因为路途遥远艰难或者交通工具出现故障等原因导致伤亡事故或者自杀事故等。不包括故意杀伤被组织者的行为。根据《办理妨害国边境案解释》（2012），"组织他人偷越国（边）境人数众多的"，指人数在10人以上。"违法所得数额巨大"，指违法所得数额在20万元以上。

（二）适用

【既遂·未遂】以组织他人偷越国（边）境为目的，招募、拉拢、引诱、介绍、培训偷越国（边）境人员，策划、安排偷越国（边）境行为，在他人偷越国（边）境之前或者偷越国（边）境过程中被查获的，应当以组织他人偷越国（边）境罪（未遂）论处。

对于包括本罪在内的偷越国（边）境类犯罪的既遂，应明确"边境"在概念上属于地带而非界线，不能机械地以"越过国界线"作为判断标准。具体可分为两种情况：①在使用假护照、出入境证件直接从海关通关的情形下，通过海关验证为既遂，验证过程中因被查获而不予放行的为未遂；②在绕过海关偷越的情形下，出境以越过国界线为既遂；入境原则上也以越过国界线为既遂，但在国界线附近设有关卡的，应将关卡视为控制点，既遂采取越过控制点标准，虽越过国界但未越过关卡属于未遂。

【案例】**农海兴组织他人偷越国境案**[2]

农海兴系云南省富宁县村民，因其种植的甘蔗地须找人工除草，于2012年7月16日联系越南人农文报，请农文报帮忙找一些越南人到其家除甘蔗地里的杂草，并承诺包吃包住，每人每天50元工钱。农文报遂告知宋阿巴、杨文幸等13名越南人上述情况。后农海兴与农文报商

---

[1] 载中华人民共和国最高人民法院刑事审判第一、二、三、四、五庭主办：《刑事审判参考（2015年第1集·总第102集）》，法律出版社2016年版。

[2] 载中华人民共和国最高人民法院刑事审判第一、二、三、四、五庭主办：《刑事审判参考（2013年第4集·总第93集）》，法律出版社2014年版。

定,由农文报负责组织越南人入境,农海兴负责在广西接应。次日凌晨,农海兴约上表弟农镇嵘到位于广西的约定地点等候。19时许,农文报在未办理任何合法有效的出入境证件的情况下,带领宋阿巴等13名越南人偷越国境线到达位于广西的约定地点,随后登上由农海兴驾驶的车辆前往云南省富宁县,途中遇上正在巡逻的公安民警,农海兴以及非法入境的14名越南人被当场抓获。农海兴到案后如实供述了上述事实。法院认为:农海兴所组织的14名越南人在偷越国境过程中被查获,属于犯罪未遂,以组织他人偷越国境罪判处农海兴有期徒刑3年,缓刑3年,并处罚金人民币5000元。

裁判要旨:被组织者在偷越国(边)境过程中被抓获的,应认定组织他人偷越国(边)境罪未遂。"偷越国(边)境过程中"应理解为他人已经偷越国境线,但尚未完成偷越行为,依然在偷越过程中。

【罪数】犯本罪,对被组织人有杀害、伤害、强奸、拐卖等犯罪行为,或者对检查人员有杀害、伤害等犯罪行为的,依照数罪并罚的规定处罚。构成本罪加重犯事由的,不能数罪并罚,如拘禁被组织人的,不另行定非法拘禁罪;以暴力、威胁方法抗拒检查的,不另行定妨害公务罪。

三、运送他人偷越国(边)境罪

(一)构成要件·法定刑

《刑法》第321条 运送他人偷越国(边)境的,处5年以下有期徒刑、拘役或者管制,并处罚金;有下列情形之一的,处5年以上10年以下有期徒刑,并处罚金:

(一)多次实施运送行为或者运送人数众多的;
(二)所使用的船只、车辆等交通工具不具备必要的安全条件,足以造成严重后果的;
(三)违法所得数额巨大的;
(四)有其他特别严重情节的。

在运送他人偷越国(边)境中造成被运送人重伤、死亡,或者以暴力、威胁方法抗拒检查的,处7年以上有期徒刑,并处罚金。

犯前两款罪,对被运送人有杀害、伤害、强奸、拐卖等犯罪行为,或者对检查人员有杀害、伤害等犯罪行为的,依照数罪并罚的规定处罚。

【定义】指非法将偷越国(边)境的人员送出或者接入国(边)境的行为。

【行为】运送他人偷越国(边)境。所谓运送,是指使用车船等交通工具或者徒步将偷越国(边)境的人员接入或者送出国(边)境的行为。

【主观】故意,即明知自己运送他人偷越国(边)境而希望将他人送出或接入国(边)境。一般具有牟利的目的,无论什么目的,不影响定罪。

【加重犯】根据《办理妨害国边境刑案解释》(2012)第1条第2款,《刑法》第321条第1款第1项之"人数众多"指在10人以上的;《刑法》第321条第1款第3项之"违法所得数额巨大"指在20万元以上的。

(二)适用

【关联罪】本罪与组织他人偷越国(边)境罪的界限。两者都严重侵害国(边)境管理秩序,其主要区别是:

1. 客观行为不同。前者是运送行为,后者是组织行为。明知他人组织他人偷越国(边)境,而参与购买、联系、安排船只、汽车等交通工具,提供运输服务,将非法出境人员送至离境口岸、指引路线,甚至是积极对偷渡人员进行英语培训以应付通关的需要,转交与出境人员身份不符的虚假证件,安排食宿、送取机票等行为,均是为组织他人偷越国(边)境提供帮助,且由于主观目的及行为缺乏组织性,不能认定为组织他人偷越国(边)境罪的共同犯罪,而应认定为本罪。

【案例】 凌文勇组织他人偷越边境、韦德其等运送他人偷越边境案[1]

2012年11月,凌文勇在越南预谋组织29名越南籍偷渡人员入境中国后经广西、福建等地偷渡我国台湾地区,并收取偷渡费用共计187 915.68元,安排陈德成、邓文桃驾船运送。凌文勇为上述越南籍人员办理入境中国的手续后,于同年12月2日组织上述人员从友谊关口岸入境到达广西,后将该29名人员分成两批,分别由二人带领至福建。凌文勇在前往福建的途中电话联系韦德其帮忙购买偷渡所需船只及安排住宿。后韦德其找何邦太帮忙,并与陈德成、邓文桃一起购买了船只,对船只进行改装并购买了导航仪,凌文勇支付了相关费用。12月5日,29名越南籍偷渡人员乘坐何邦太安排的车辆到金蛇头码头集结。登船后,由陈德成、邓文桃按照导航仪设定的航线驾驶船只欲偷渡台湾。其间,凌文勇向韦德其、何邦太分别支付酬劳2000元、5000元。次日,由于船只马力不足,陈德成、邓文桃将船只停靠在福建省黄岐码头附近,后被边防派出所查获。法院认定凌文勇构成组织他人偷越边境罪,处有期徒刑7年,并处罚金20万元;何邦太、韦德其、陈德成、邓文桃构成运送他人偷越边境罪,均判处有期徒刑3年。本案中,何邦太、韦德其、陈德成、邓文桃没有以"拉拢、引诱、介绍"方式协助凌文勇,而是以运送方式协助,构成运送他人偷越边境罪。

裁判要旨:组织他人偷越边境罪中的"组织"主要有两种方式:一是领导、策划、指挥他人偷越边境的行为;二是在首要分子指挥下,实施拉拢、引诱、介绍他人偷越边境等行为。对于拉拢、引诱、介绍三种方式以外的其他协助行为,一般不宜认定为"组织"行为。

2. 主观故意内容不同。前者是运送他人偷越国(边)境的故意,后者是组织他人偷越国(边)境的故意。

【定罪】 对于既组织又运送他人偷越国(边)境的,如何定罪,应作具体分析。如果运送他人偷越国(边)境只是组织他人偷越国(边)境的有机组成部分,应按组织他人偷越国(边)境罪定罪处刑。如果两者是互不相关的独立的犯罪,则应分别定罪,数罪并罚。

【罪数】 犯本罪,对被运送人有杀害、伤害、强奸、拐卖等犯罪行为的,或者对检查人员有杀害、伤害等犯罪行为的,依照数罪并罚的规定处罚。

四、骗取出境证件罪

(一) 构成要件·法定刑

《刑法》第319条 以劳务输出、经贸往来或者其他名义,弄虚作假,骗取护照、签证等出境证件,为组织他人偷越国(边)境使用的,处3年以下有期徒刑,并处罚金;情节严重的,处3年以上10年以下有期徒刑,并处罚金。

单位犯前款罪的,对单位判处罚金,并对其直接负责的主管人员和其他直接责任人员,依照前款的规定处罚。

【定义】 以劳务输出、经贸往来或者其他名义,弄虚作假,骗取护照、签证等出境证件,为组织他人偷越国(边)境使用的行为。

【对象】 护照、签证等出境证件。"出境证件",包括护照或者代替护照使用的国际旅行证件,中华人民共和国海员证,中华人民共和国出入境通行证,中华人民共和国旅行证,中国公民往来香港、澳门、台湾地区证件,边境地区出入境通行证,签证、签注,出(境)证明、名单,以及其他出境时需要查验的资料。

---

[1] 载中华人民共和国最高人民法院刑事审判第一、二、三、四、五庭主办:《刑事审判参考(2015年第1集·总第102集)》,法律出版社2016年版。

【行为】以劳务输出、经贸往来或者其他名义，弄虚作假骗取护照、签证等出境证件。"弄虚作假"，指为组织他人偷越国（边）境，编造出境事由、身份信息或者相关的境外关系证明的。

【主观】故意，并具有为组织他人偷越国（边）境使用的目的。不具有该种目的，不构成本罪。至于目的是否实现，不影响本罪成立。为单个人偷越国（边）境骗取出境证件的，不构成本罪。行为人为了自己偷越国（边）境，而骗取出境证件的，不构成犯罪。

【加重犯】"情节严重"，根据《办理妨害国边境案解释》（2012）第2条，指具有下列情形之一的：①骗取出境证件5份以上的；②非法收取费用30万元以上的；③明知是国家规定的不准出境的人员而为其骗取出境证件的；④其他情节严重的情形。

（二）适用

【关联罪】本罪与组织他人偷越国（边）境罪的区别。本罪骗取出境证件的目的是"为组织他人偷越国（边）境使用"，与组织偷越有关联，通常是组织者以外的人，尤其是有办理出境证件业务的单位、个人（如旅行社、出国留学中介机构、国家机关等）为组织者骗取，而本人却不是组织者或没有组织偷越的行为。如果是组织者本人骗取出境证件用于组织偷越活动，则属于组织偷越的预备行为。如果该组织者过去实施过组织偷越行为或者这次已经着手实施组织偷越行为，则预备行为被吸收，不另外定罪、不数罪并罚。

【案例】**顾国均、王建忠组织他人偷越国（边）境案**[1]

2002年9月30日，被告人顾国均、王建忠及王益明（另案处理）共同出资注册成立了三盟公司。公司成立后，顾国均、王建忠在明知公司无对外劳务合作经营权和签约权及我国政府与马来西亚无劳务合作关系的情况下，伙同王益明擅自招收和通过他人招收赴马来西亚的出国劳务人员，先后11次组织140余人以旅游的形式出境赴马来西亚非法务工，收取每人人民币28万~35万元不等的费用，并通过通州市建筑职工中等专业学校为出国劳务人员非法办理了《职业资格证书》和《职业岗位技能证书》，又出高价请他人为劳务人员办理了赴马来西亚的旅游签证和飞机票。法院认为，被告人顾国均等人为谋取非法利益，以办理旅游签证的形式，非法大量招收、组织人员赴马来西亚务工，已构成组织他人偷越国（边）境罪，判处顾国均有期徒刑10年，并处罚金人民币10万元；王建忠有期徒刑11年，并处罚金人民币10万元。如果仅仅查明其有骗取出境证件的行为，未能查明有组织偷越行为，鉴于刑法已有单独规定，则直接以骗取出境证件罪论处，不按组织偷越国（边）境罪的预备犯论处。

【单位行为】《办理妨害国边境案解释》（2013）第7条指出，以单位名义或者单位形式组织他人偷越国（边）境、为他人提供伪造、变造的出入境证件或者运送他人偷越国（边）境的，应当依照《刑法》第318条、第320条、第321条的规定追究直接负责的主管人员和其他直接责任人员的刑事责任。

五、提供伪造、变造的出入境证件罪·出售出入境证件罪

（一）构成要件·法定刑

《刑法》第320条　为他人提供伪造、变造的护照、签证等出入境证件，或者出售护照、签证等出境证件的，处5年以下有期徒刑，并处罚金；情节严重的，处5年以上有期徒刑，并处罚金。

---

[1] 中华人民共和国最高人民法院刑事审判第一庭、第二庭编：《刑事审判参考（2004年第3集·总第38集）》，法律出版社2004年版，第143~152页。

1. 提供伪造、变造的出入境证件罪。

【定义】为他人提供伪造、变造的护照、签证等出入境证件的行为。

【行为】为他人提供伪造、变造的护照、签证等出入境证件。"他人"，指自己以外的其他人，可能是偷越国（边）境的人，也可能是倒卖出入境证件的人或其他任何人。"提供"，指供给，包括有偿的和无偿的提供，实践中，多为有偿提供。"伪造"，指无权制作护照、签证等出入境证件的人，非法仿造真的出入境证件、制造假的出入境证件的行为。"变造"，指直接在真实的出入境证件上采用涂改、擦消、揭换、拼接等方法予以加工、改造的行为。出入境证件主要是护照、签证、回乡证、返乡证。行为人只要向他人提供伪造、变造的护照、签证等出入境证件，即可构成本罪。至于这些出入境证件是否系行为人所伪造、变造，并不影响本罪的成立。但是，如果行为人只是伪造、变造出入境证件，而没有向他人提供，则不构成本罪，但可能构成伪造、变造国家机关证件罪。

【主观】故意，即明知是伪造、变造的护照、签证等出入境证件，仍然提供给他人。一般具有牟利的目的，但无论具有何种目的，不影响定罪。

【加重犯】提供伪造、变造的出入境证件，情节严重的，构成本罪的加重犯。根据《审理偷越国（边）境刑案解释》（2002，现已失效）第4条的规定，具有下列情形之一的，属于这里的"情节严重"：①为他人提供伪造、变造的护照、签证等出入境证件5份以上的；②违法所得30万元以上的；③有其他严重情节的。

2. 出售出入境证件罪。

【定义】出售护照、签证等出入境证件的行为。

【对象】国家有权机关制发的真实的出入境证件。至于出售的出入境证件是否处在有效期内，不影响本罪成立。

【行为】出售护照、签证等出入境证件。出售即出卖，实践中，出售出入境证件的行为一般表现为先收集、购置出入境证件后再转卖，负责办理护照和签证的官员利用职权出售护照等出入境证件，将自己的护照、签证、回乡证、返乡证等出入境证件非法出卖等。

【主观】故意，通常具有牟利的目的，即行为人明知自己在出售出入境证件，但为了牟利，仍然出售。

【加重犯】根据《审理偷越国（边）境刑案解释》（2002，现已失效），"情节严重"指下列情形之一：①出售护照、签证等出入境证件5份以上的；②违法所得30万元以上的；③有其他严重情节的。

（二）适用

【关联罪】提供伪造、变造的出入境证件罪与伪造、变造国家机关证件罪的界限。如果只有伪造、变造行为而未向他人提供的，应按照伪造、变造国家机关证件罪处罚；伪造、变造后向他人提供的，应按照牵连犯从一重罪处罚的原则，以提供伪造、变造的出入境证件罪处罚。

出售出入境证件罪与买卖国家机关证件罪存在竞合关系，鉴于出售出入境证件罪较为特别，优先认定为出售出入境证件罪。

六、破坏界碑、界桩罪·破坏永久性测量标志罪

《刑法》第323条　故意破坏国家边境的界碑、界桩或者永久性测量标志的，处3年以下有期徒刑或者拘役。

1. 破坏界碑、界桩罪。

【定义】故意破坏国家边境的界碑、界桩的行为。

【对象】界碑、界桩。所谓界碑、界桩，是指我国政府与邻国按照条约规定或者历史上实

际形成的管辖范围，在陆地接壤地区里埋设的指示边境分界及其走向的标志物。界碑和界桩没有实质性的区别，只是形状不同。

【行为】破坏国家边境的界碑、界桩。所谓"破坏"，即砸毁、拆除、挖掉、盗走、移动或者改变原样，使界碑、界桩失去原有的意义和作用的行为。

【主观】故意。

2. 破坏永久性测量标志罪。

【定义】故意破坏国家设立的永久性测量标志的行为。

【对象】永久性测量标志。所谓"永久性测量标志"，是指国家测绘单位在全国各地进行测绘工作所建设的地上、地下或者水上的各种测量标志物，包括各等级的三角点、导线点、军用控制点、重力点、天文点、水准点的木质觇标、钢质觇标和标石标志，地形测量、工程测量和形变测量的各种固定标志等。

【行为】破坏永久性测量标志。

【主观】故意。

第四节　妨害文物管理罪

一、故意损毁文物罪·故意损毁名胜古迹罪·过失损毁文物罪

（一）构成要件·法定刑

《刑法》第 324 条　故意损毁国家保护的珍贵文物或者被确定为全国重点文物保护单位、省级文物保护单位的文物的，处 3 年以下有期徒刑或者拘役，并处或者单处罚金；情节严重的，处 3 年以上 10 年以下有期徒刑，并处罚金。

故意损毁国家保护的名胜古迹，情节严重的，处 5 年以下有期徒刑或者拘役，并处或者单处罚金。

过失损毁国家保护的珍贵文物或者被确定为全国重点文物保护单位、省级文物保护单位的文物，造成严重后果的，处 3 年以下有期徒刑或者拘役。

1. 故意损毁文物罪。

【定义】故意损毁国家保护的珍贵文物或者被确定为全国重点文物保护单位、省级文物保护单位的文物的行为。

【对象】本罪的对象包括两类：一类是可移动的国家保护的珍贵文物，是指具有重大历史、科学、艺术价值的文物。根据《文物保护法》第 2 条及其实施条例的规定，珍贵文物包括具有重大历史、科学、艺术价值的纪念物、艺术品、工艺美术品、革命文献资料、手稿、古旧图书资料以及代表性实物等文物。珍贵文物依法分为一、二、三级。是否属于珍贵文物由有关部门鉴定确认。此外，具有科学价值的古脊椎动物化石和古人类化石同文物一样受国家保护。[1] 另一类是不可移动的珍贵文物，即全国重点文物保护单位和省级文物保护单位的文物。前者是由国务院核定公布后确定的文物保护单位，后者是由省、自治区、直辖市人民政府核定公布确定的文物保护单位。只有损毁珍贵文物或者国家级、省级文物保护单位的文物的，才能构成本罪。

【行为】损毁国家保护的珍贵文物或者被确定为全国重点文物保护单位、省级文物保护单

---

[1] 立法解释对此进一步确认，2005 年 12 月 29 日全国人大常委会《古脊椎动物化石的解释》。

位的文物。所谓损毁文物，是指改变文物的性质、面貌和形状的行为。损毁的方法是多种多样的，如砸毁、焚烧、挖掘、拆卸、污损等。关于损毁的程度或范围，刑法并无特别的限定，因此可以是完全损毁，也可以是部分损毁。

【主观】故意，即明知是国家保护的珍贵文物等而故意损毁。

【罪量】"情节严重"，根据《立案标准（一）》（2008）第46条，指故意损毁国家保护的珍贵文物，或者被确定为全国重点文物保护单位、省级文物保护单位的文物。

2. 故意损毁名胜古迹罪。

【定义】故意损毁国家保护的名胜古迹，情节严重的行为。

【对象】国家保护的名胜古迹。所谓国家保护的名胜古迹，是指国家保护的具有重大历史、艺术、科学价值的风景区或者与名人事迹、历史大事有关，值得后人凭吊的地点、遗址和建筑物，如古墓葬、古遗址、古建筑、古石刻、革命纪念建筑物、风景名胜区等。作为本罪损毁的对象，不包括已被核定、公布为全国重点文物保护单位、省级文物保护单位的名胜古迹。

【行为】损毁国家保护的名胜古迹。

【罪量】"情节严重"，根据《立案标准（一）》（2008）第47条，指故意损毁国家保护的名胜古迹，涉嫌下列情形之一：①造成国家保护的名胜古迹严重损毁的；②损毁国家保护的名胜古迹3次以上或者3处以上，尚未造成严重损毁后果的；③损毁手段特别恶劣的；④其他情节严重的情形。

【主观】故意，即明知是国家保护的名胜古迹而予以损毁。

3. 过失损毁文物罪。

【定义】过失损毁国家保护的珍贵文物或者被确定为全国重点文物保护单位、省级文物保护单位的文物，造成严重后果的行为。

【对象】国家保护的珍贵文物或者被确定为全国重点文物保护单位、省级文物保护单位的文物。

【行为·结果】损毁国家保护的珍贵文物或者被确定为全国重点文物保护单位、省级文物保护单位的文物，造成严重后果。"造成严重后果"，根据《立案标准（一）》（2008）第48条，指涉嫌下列情形之一：①造成珍贵文物严重损毁的；②造成被确定为全国重点文物保护单位、省级文物保护单位的文物严重损毁的；③造成珍贵文物损毁3件以上的；④其他造成严重后果的情形。

（二）适用

【关联罪】1. 故意损毁文物罪与故意毁坏财物罪的界限。对象不同：故意损毁文物罪的对象限于国家保护的珍贵文物或者被确定为全国重点文物保护单位、省级文物保护单位的文物；故意毁坏财物罪的对象是一般公私财物。

2. 故意损毁名胜古迹罪与故意损毁文物罪的界限：①对象不同。故意损毁名胜古迹罪的对象是国家保护的名胜古迹，故意损毁文物罪的对象是国家保护的珍贵文物或者被确定为全国重点文物保护单位、省级文物保护单位的文物。②对情节的要求不同。构成故意损毁名胜古迹罪以"情节严重"为条件，而构成故意损毁文物罪没有"情节严重"的限制条件。

【案例】**靳昭过失损毁文物案**[1]

2000年1月15日，被告人靳昭驾驶昌河牌白色面包车，无视禁行标志，从故宫午门向南

---

[1] 熊选国、任卫华主编：《刑法罪名适用指南——妨害文物管理罪》，中国人民公安大学出版社2007年版，第39页。

通过天安门城楼中心门洞驶向长安街。当该车行至金水桥北侧桥头时，撞在主桥北端拦挡行人的防护绳上，由于该绳拴在东西侧的汉白玉杆上，致使桥北端东西两侧长度各约四米的汉白玉石柱、石栏板和抱柱石各一块全部倒塌损坏，且断裂成数十块，已无法修复。经鉴定，对全国重点文物保护单位的文物建筑造成了不可弥补的损失。法院认为，被告人靳昭应当预见到自己的行为可能发生损毁文物的结果，但其没有预见，造成全国重点文物保护单位的文物损毁，其行为已构成过失损毁文物罪，判处有期徒刑2年6个月。

二、非法向外国人出售、赠送珍贵文物罪

（一）构成要件·法定刑

《刑法》第325条　违反文物保护法规，将收藏的国家禁止出口的珍贵文物私自出售或者私自赠送给外国人的，处5年以下有期徒刑或者拘役，可以并处罚金。

单位犯前款罪的，对单位判处罚金，并对其直接负责的主管人员和其他直接责任人员，依照前款的规定处罚。

【定义】违反文物保护法规，将收藏的国家禁止出口的珍贵文物私自出售或者私自赠送给外国人的行为。

【行为】本罪行为具体包括以下要素：①违反文物保护法规，主要是指违反珍贵文物除经国务院批准外运展览外，一律禁止出境的规定。②行为对象是收藏的国家禁止出口的珍贵文物，包括单位收藏或者个人收藏的珍贵文物。③私自出售、私自赠送给外国人。这里的"私自"是指未经有关部门依法允许；"外国人"是指不具有我国国籍的人。④被私自赠送、出售的珍贵文物必须是在我国境内的。

【主观】故意。

（二）适用

【案例】　　　　　**刘某非法向外国人出售珍贵文物案**[1]

被告人刘某，1999年5月，因生意急需资金周转，将家中祖传的一对青瓷花瓶以每只2500元的价格出卖给外籍游客。经鉴定，该对花瓶属国家二级保护文物。法院以非法向外国人出售珍贵文物罪判处刘某有期徒刑1年，缓刑2年，并处罚金5000元。

三、倒卖文物罪

（一）构成要件·法定刑

《刑法》第326条　以牟利为目的，倒卖国家禁止经营的文物，情节严重的，处5年以下有期徒刑或者拘役，并处罚金；情节特别严重的，处5年以上10年以下有期徒刑，并处罚金。

单位犯前款罪的，对单位判处罚金，并对其直接负责的主管人员和其他直接责任人员，依照前款的规定处罚。

【定义】以牟利为目的，倒卖国家禁止经营的文物，情节严重的行为。

【对象】国家禁止经营的文物。根据过去的司法解释，一、二、三级珍贵文物及其他国家保护的具有重大历史、文化、科学价值的文物，未经许可不得经营。[2] 其具体范围由国家文物主管部门核定公布。倒卖不属于国家禁止经营的文物的，不构成本罪。

【行为】倒卖国家禁止经营的文物。"倒卖"，指为赚取买入卖出之间的差价而买进卖出的行为。但是否实际赚取了其中的差价，不影响本罪的成立。买进收藏或者卖出藏品的，不属于倒卖。对倒卖应从整体上理解，泛指非法收购、贩运、转手卖出等一系列行为。行为人收购或

---

[1] 胡云腾主编：《刑法条文案例精解》，法律出版社2004年版，第466页。
[2] 《办理经济犯罪案解答》（1985·现已失效）。

者正在运输途中即被抓获,即使尚未卖出也构成本罪。

【罪量】倒卖文物,必须情节严重才能构成本罪。所谓"情节严重",一般指非法倒卖国家三级以上珍贵文物的;多次或者经常倒卖国家禁止经营的文物的;倒卖国家禁止经营的文物数量较大或者非法牟利数额较大的;等等。

【主观】故意,并且以牟利为目的。

(二) 适用

【关联罪】1. 本罪与非法经营罪的区别:对象不同,本罪限于国家禁止经营的文物。因为法律把倒卖文物的行为独立规定为犯罪,本罪与非法经营罪也算是一种因为对象不同而形成的法条竞合关系。

2. 本罪与掩饰、隐瞒犯罪所得、犯罪所得收益罪的区别:明知文物是犯罪所得而"代为销售"的,应当以掩饰、隐瞒犯罪所得罪论处。但收购犯罪所得的文物倒卖的,应当择一重罪定罪处罚。倒卖无法证实来源的文物的,以倒卖文物罪论处。

四、非法出售、私赠文物藏品罪

(一) 构成要件·法定刑

《刑法》第327条　　违反文物保护法规,国有博物馆、图书馆等单位将国家保护的文物藏品出售或者私自送给非国有单位或者个人的,对单位判处罚金,并对其直接负责的主管人员和其他直接责任人员,处3年以下有期徒刑或者拘役。

【定义】违反文物保护法规,国有博物馆、图书馆等单位将国家保护的文物藏品出售或者私自送给非国有单位或者个人的行为。

【主体】国有博物馆、图书馆等单位。

【对象】国有博物馆、图书馆等国有单位所收藏的文物藏品,这些文物藏品是属于国家所有并受国家保护的文物藏品。

【行为】违反文物保护法规,将国家保护的文物藏品出售或者私自送给非国有单位或者个人。这里的出售包括私自出售和经主管部门"允许"出售。国家禁止将国有的国家保护的文物藏品出售给非国有单位或个人,因此,以任何方式把国有的国家保护的文物藏品卖给非国有单位或个人,都属于本罪的出售行为。这里的"私自送给",是指未经国家文化行政管理部门依法批准,国有文物收藏单位将馆藏文物赠送给非国有的单位或者个人。出售、私自送给的对方必须是非国有的单位或个人。出售、私自送给另一国有单位的,不构成本罪。

【主观】故意。

(二) 适用

【关联罪】1. 本罪与非法向外国人出售、赠送珍贵文物罪的界限。主体和对象不同:本罪主体限于国有博物馆、图书馆等单位,对象限于国有文物藏品;非法向外国人出售、赠送珍贵文物罪的主体为一般主体,对象为收藏的国家禁止出口的珍贵文物,包括单位收藏或者个人收藏的珍贵文物。本罪的买方或受赠方为非国有单位或个人,没有排除外国的单位和个人;向外国人出售、赠送珍贵文物罪,也没有排除国有文物藏品,因此,单位把国家保护的国有文物藏品非法出售或者私自赠送给外国的单位和个人的,同时触犯本罪和非法向外国人出售、赠送珍贵文物罪,择一重罪处罚。

2. 本罪与贪污罪的界限。本罪属于纯正的单位犯罪;如果个人利用职务上的便利,将国有文物藏品私自出售、赠送他人的,则涉嫌贪污罪。

五、盗掘古文化遗址、古墓葬罪·盗掘古人类化石、古脊椎动物化石罪

(一) 构成要件·法定刑

《刑法》第328条　盗掘具有历史、艺术、科学价值的古文化遗址、古墓葬的,处3年以上10年以下有期徒刑,并处罚金;情节较轻的,处3年以下有期徒刑、拘役或者管制,并处罚金;有下列情形之一的,处10年以上有期徒刑、无期徒刑,并处罚金或者没收财产:

(一) 盗掘确定为全国重点文物保护单位和省级文物保护单位的古文化遗址、古墓葬的;

(二) 盗掘古文化遗址、古墓葬集团的首要分子;

(三) 多次盗掘古文化遗址、古墓葬的;

(四) 盗掘古文化遗址、古墓葬,并盗窃珍贵文物或者造成珍贵文物严重破坏的。

盗掘国家保护的具有科学价值的古人类化石和古脊椎动物化石的,依照前款的规定处罚。

1. 盗掘古文化遗址、古墓葬罪。

【定义】盗掘具有历史、艺术、科学价值的古文化遗址、古墓葬的行为。

【对象】具有历史、艺术、科学价值的古文化遗址、古墓葬。这里是指受国家保护的清代和清代以前的具有历史、艺术、科学价值的文化遗址、墓葬,包括地面或地下埋藏的建筑、壁画、石刻、雕刻群、遗墟、坟墓等。1911年辛亥革命以后,与著名历史事件有关的名人墓葬、遗址和纪念地,也视同古文化遗址、古墓葬。[1] 盗掘其他墓葬、遗址、物品的,不构成本罪。

【行为】盗掘。所谓盗掘,是指未经国家文物主管部门批准,私自开挖、掘取。盗掘不限于秘密挖掘,也包括公然哄挖。

【主观】故意,即明知是古文化遗址、古墓葬而盗掘。

【既遂】行为人只要实施了盗掘古文化遗址、古墓葬的行为,即构成本罪的既遂。是否窃取了文物,不影响本罪的成立,亦不影响本罪的既遂。

2. 盗掘古人类化石、古脊椎动物化石罪。

【定义】盗掘国家保护的具有科学价值的古人类化石和古脊椎动物化石的行为。

(二) 适用

【关联罪】1. 盗掘古文化遗址、古墓葬罪与故意损毁文物罪、故意损毁名胜古迹罪的界限:①目的不同。犯本罪一般具有窃取文物的目的,而后两罪不具此目的。②行为对象不同。本罪的对象限于古文化遗址、古墓葬,通常是埋藏于地下或定着于地面不可移动的,但不限于是否被确定为国家级、省级文物保护单位的文物;后两罪,一个限于珍贵文物、国家级、省级文物保护单位的文物,一个限于名胜古迹。③行为方式不同。本罪限于盗掘的方式;后两罪可以包括任何方式的损毁。如果是在盗掘古文化遗址、古墓葬罪的过程中,又损毁珍贵文物名胜古迹的,仍只需以本罪一罪处罚。

2. 盗掘古文化遗址、古墓葬罪与盗窃罪的界限。盗掘古文化遗址、古墓葬并窃取文物的,仍以本罪处。"盗掘"包括"盗凿"崖壁雕像的行为。

【案例】　　　　　　　　**李生跃盗掘古文化遗址案**[2]

2001年1月12日晚,李生跃携带扁钻、手锤等作案工具,翻围墙进入广元市市中区盘龙镇境内的省级重点文物保护单位观音岩摩崖造像(石窟寺)保护区内,盗凿走该保护区内摩崖造像头像2尊,销赃得款800元。同年2月21日晚,李生跃再次窜入观音岩保护区内,采用

---

[1] 1987年11月27日最高人民法院、最高人民检察院《办理文物案解释》。

[2] 最高人民法院刑事审判第一庭、第二庭编:《刑事审判参考(2003年第5辑·总第34辑)》,法律出版社2004年版,第54页。

同样的方法凿取头像6尊。法院认为，被告人李生跃的行为构成盗掘古文化遗址罪，依法判处有期徒刑10年，并处罚金1万元。盗掘其他墓葬、遗址，窃取财物（包括文物）数额较大的，以盗窃罪论处。窃取他人已挖掘出来的珍贵文物的，也应以盗窃罪论处。

3. 盗掘古人类化石、古脊椎动物化石罪与盗掘文化遗址、古墓葬罪的唯一区别是对象不同，即盗掘古人类化石、古脊椎动物化石罪的对象为国家保护的具有科学价值的古人类化石、古脊椎动物化石。除此之外，盗掘古人类化石、古脊椎动物化石罪的构成要件、法定刑与盗掘古文化遗址、古墓葬罪相同。

六、抢夺、窃取国有档案罪·擅自出卖、转让国有档案罪

（一）构成要件·法定刑

《刑法》第329条　抢夺、窃取国家所有的档案的，处5年以下有期徒刑或者拘役。

违反档案法的规定，擅自出卖、转让国家所有的档案，情节严重的，处3年以下有期徒刑或者拘役。

有前两款行为，同时又构成本法规定的其他犯罪的，依照处罚较重的规定定罪处罚。

1. 抢夺、窃取国有档案罪。

【定义】以非法占有为目的，抢夺、窃取国家所有的档案的行为。

【对象】国家所有的档案。"档案"，指过去和现在的国家机构、社会组织以及个人从事政治、军事、经济、科学文化、宗教等活动直接形成的对国家和社会有保存价值的文字、图表、声像等不同形式的历史记录。"国家所有的档案"，指具有重要保存价值，国家对其具有所有权及处置权的档案。

【行为】抢夺、窃取国家所有的档案。所谓"抢夺"，是指乘人不备公然夺取的行为。所谓"窃取"，是指秘密取得。抢夺、窃取行为的对象是国有档案。

【主观】故意，并且具有非法占有的目的。

2. 擅自出卖、转让国有档案罪。

【定义】违反档案法的规定，擅自出卖、转让国家所有的档案，情节严重的行为。

【对象】国家所有的档案，既包括原件，也包括复制件。

【行为】违反档案法的规定，擅自出卖、转让国家所有的档案。所谓"擅自出卖、转让"，是指不具有档案法要求的正当目的和未履行要求的审批手续获得批准，自行出卖、转让。"出卖"是指以牟利为目的，收取价金，出让档案；"转让"是指无偿赠送或有偿交换。

【罪量】擅自出卖、转让国有档案，必须情节严重的才能构成犯罪。所谓"情节严重"，一般指擅自出卖、转让重要的国有档案的；多次擅自出卖、转让国有档案的；将国有档案擅自出卖、转让给外国的机构、组织或个人的；擅自出卖、转让国有档案牟利数额巨大的；擅自出卖、转让国有档案动机恶劣或者造成严重后果的；等等。

【主观】故意。

（二）适用

【罪数】1. 如果抢夺、窃取的国有档案属于国家秘密的，同时又会构成非法获取国家秘密罪。这实际上是一行为触犯两个罪名的想象竞合犯的形态。对此，应按其中较重的罪名定罪判刑。

2. 犯擅自出卖、转让国有档案罪，同时又构成刑法规定的其他犯罪的，依照处罚较重的规定定罪处罚。

第五节　危害公共卫生罪

一、妨害传染病防治罪

（一）构成要件·法定刑

《刑法》第330条　违反传染病防治法的规定，有下列情形之一，引起甲类传染病传播或者有传播严重危险的，处3年以下有期徒刑或者拘役；后果特别严重的，处3年以上7年以下有期徒刑：

（一）供水单位供应的饮用水不符合国家规定的卫生标准的；

（二）拒绝按照卫生防疫机构提出的卫生要求，对传染病病原体污染的污水、污物、粪便进行消毒处理的；

（三）准许或者纵容传染病病人、病原携带者和疑似传染病病人从事国务院卫生行政部门规定禁止从事的易使该传染病扩散的工作的；

（四）拒绝执行卫生防疫机构依照传染病防治法提出的预防、控制措施的。

单位犯前款罪的，对单位判处罚金，并对其直接负责的主管人员和其他直接责任人员，依照前款的规定处罚。

甲类传染病的范围，依照《中华人民共和国传染病防治法》和国务院有关规定确定。

【定义】违反传染病防治法的规定，引起甲类传染病传播或者有传播严重危险的行为。

【行为】本罪的行为包括两方面的要素：

1. 有法定的违反传染病防治法的行为之一：①供水单位供应的饮用水不符合国家规定的卫生标准的；②拒绝按照卫生防疫机构提出的卫生要求，对传染病病原体污染的污水、污物、粪便进行消毒处理的；③准许或者纵容传染病病人、病原携带者和疑似传染病病人从事国务院卫生行政部门规定禁止从事的易使该传染病扩散的工作的；④拒绝执行卫生防疫机构依照传染病防治法提出的预防、控制措施的。

2. 行为引起甲类传染病传播或者有传播的严重危险。所谓"甲类传染病传播"，是指实际造成了甲类传染病传播的后果，使他人感染上了这种疫病。所谓"有传播严重危险"，是指虽未实际造成甲类传染病传播后果，但具有造成这种疫病传播重大可能性的情况。甲类传染病，目前是指《传染病防治法》第3条所称的鼠疫、霍乱。国务院可以根据具体情况，增加或者减少甲类传染病病种，并予以公布。

【主观】过失，即应当预见自己违反传染病防治规定的行为可能发生引起甲类传染病传播或者有传播严重危险的结果，因为疏忽大意而没有预见，或者已经预见而轻信能够避免。行为人对违反传染病防治法的行为，可能是故意的；但对其行为可能引起严重危险状态或后果是过失的，不具有故意。故意违反传染病防治法的行为，通常属于行政违法行为，只有当其造成严重危害结果，才有必要作为刑事违法行为。可见，造成严重危害结果是由行政违法转为刑事违法的根本要素，所以，应当根据行为人对严重结果的心态来确定罪过性质，不能根据行为人对违反传染病防治法规行为的心态来确定罪过的性质。

另外，本罪及许多违反行政法规因而导致严重后果而被刑法规定为犯罪的"行政犯"，与杀人、强奸、放火、盗窃、抢劫等古老的"自然犯"有一个明显的差别，这就是其反伦理道义的性质不是十分显著，因此，在确定其罪过形式及判断行为人罪过形式时，应与自然犯有所区别。对行政犯不宜普遍运用间接故意的观念，通常对危害结果不具有恶意或希望其发生的意志，就排斥故意。换言之，对本罪罪过形式的确认与判断，只需考虑两点：①从积极角度看，对危害结果的发生具有过失；②从消极的角度看，不具有直接故意。由于行政犯反伦理道义的性质没有自然犯显著，所以，在已认识到危害结果可能发生的情况下，根据行为人是轻信还是放任心态，来划分、认定过失、故意，很难得出合理的结论。

有学者提倡"客观的超过要素"的概念，认为对于本罪及类似的情况，应当确定其主观罪过形式是故意，但是这个故意仅限于对行为本身的故意，不包括对行为严重后果的故意。行为的严重后果应当属于客观的超过要素，作为一个客观要件予以把握，对此客观的超过要素，行为人不得具有故意。[1]

（二）适用

【关联罪】1. 本罪与投放危险物质罪的界限。本罪行为人通常是违反传染病防治法，过失或放任传染病传播的结果或危险，但不具有追求传染病传播结果的直接故意；基于制造恐怖的动机而故意传播传染病的，应当按照投放危险物质罪处罚。

2. 本罪与投放虚假危险物质罪的界限。本罪是过失犯罪，后者是故意犯罪。

二、传染病菌种、毒种扩散罪

（一）构成要件·法定刑

《刑法》第331条　从事实验、保藏、携带、运输传染病菌种、毒种的人员，违反国务院卫生行政部门的有关规定，造成传染病菌种、毒种扩散，后果严重的，处3年以下有期徒刑或者拘役；后果特别严重的，处3年以上7年以下有期徒刑。

【定义】从事实验、保藏、携带、运输传染病菌种、毒种的人员，违反国务院卫生行政部门的有关规定，造成传染病菌种、毒种扩散，后果严重的行为。

【主体】从事实验、保藏、携带、运输传染病菌种、毒种的人员。

【行为·结果】违反国务院卫生行政部门的有关规定，造成传染病菌种、毒种扩散，后果严重。违反有关规定，指违反关于传染病菌种、毒种的保藏、使用、运输等的各种管理制度。造成传染病菌种、毒种扩散，指造成《传染病防治法实施办法》第60条规定的一、二、三类传染病的菌（毒）种之一失去控制，流传到社会。"后果严重"，根据《立案标准（一）》(2008)第50条，指涉嫌下列情形之一：①导致甲类和按甲类管理的传染病传播的；②导致乙类、丙类传染病流行、暴发的；③造成人员重伤或者死亡的；④严重影响正常的生产、生活秩序的；⑤其他造成严重后果的情形。

【主观】过失。但对国务院卫生行政部门的有关规定的违反，则常常是明知故犯。

【加重犯】犯本罪，后果特别严重的，构成本罪的加重犯。"后果特别严重"，指因传染病菌种、毒种的扩散事故，造成甲类传染病暴发、流行或者有暴发、流行重大危险的；造成其他传染病大规模暴发、流行的；造成受感染者多人死亡、残疾的；等等。

（二）适用

【关联罪】1. 本罪与投放危险物质罪的界限：①主体不同。本罪主体限于从事实验、保藏、携带、运输传染病菌种、毒种的人员；投放危险物质罪的主体是一般主体。②主观罪过形式不同。本罪是过失罪；投放危险物质罪是故意罪。

2. 本罪与过失投放危险物质罪的界限。主体不同：本罪主体限于从事实验、保藏、携带、运输传染病菌种、毒种的人员；过失投放危险物质罪的主体是一般主体。

---

[1] 张明楷："'客观的超过要素'概念之提倡"，载《法学研究》1999年第3期。

【案例】　　　　　　　　**冯某传染病菌种、毒种扩散案**[1]

被告人冯某系某传染病研究所的工作人员，其职责是负责保藏本研究所研究使用的菌种。2000年5月1日，由于种种原因，冯某与其女友约定的旅游计划发生变化，需要提前出发。5月1日中午，女友开始不断催促正在上班的冯某，并提起冯某未得到提拔的事。考虑到自己认真工作也不会被提拔，况且提前离开不会有什么事，冯某提前离岗与女友前去旅游。结果，其负责保藏的乙型脑炎病毒因保藏不善迅速传播，导致周围的办公和居住人员多人感染了"乙脑"，其中一名儿童不治身亡。冯某的行为构成传染病菌种、毒种扩散罪。

三、妨害国境卫生检疫罪

《刑法》第332条　　违反国境卫生检疫规定，引起检疫传染病传播或者有传播严重危险的，处3年以下有期徒刑或者拘役，并处或者单处罚金。

单位犯前款罪的，对单位判处罚金，并对其直接负责的主管人员和其他直接责任人员，依照前款的规定处罚。

【定义】违反国境卫生检疫规定，引起检疫传染病传播或者有传播严重危险的行为。

"检疫传染病"，指鼠疫、霍乱、黄热病以及国务院确定和公布的其他传染病。检疫传染病不包括监测传染病，即按照世界卫生组织的要求，由各成员国根据各自的情况确定的传染病。目前，我国卫生部确定和公布的监测传染病有流感、骨髓灰质炎、登革热、疟疾、斑疹伤寒、回归热等。引起监测传染病传播或者有严重传播危险的，不构成本罪。

四、非法组织卖血罪·强迫卖血罪

（一）构成要件·法定刑

《刑法》第333条　　非法组织他人出卖血液的，处5年以下有期徒刑，并处罚金；以暴力、威胁方法强迫他人出卖血液的，处5年以上10年以下有期徒刑，并处罚金。

有前款行为，对他人造成伤害的，依照本法第234条的规定定罪处罚。

1. 非法组织卖血罪。

【定义】非法组织他人出卖血液的行为。

【行为】非法组织他人出卖血液，即违反《血液制品管理条例》的规定，擅自策划、动员、拉拢、联络、控制多名供血者抽取体内血液出卖。既包括组织多名供血者向用血单位或者个人出卖，也包括擅自设立血浆采集点，组织多名供血者接受血浆采集。有些组织者往往与血站、医疗单位的人员相勾结，控制供血来源，敲诈用血者，盘剥、欺压供血者。本罪是行为犯，只要为使他人出卖血液而实施了组织行为，即使被组织者尚未出卖血液，也构成本罪的既遂。

【主观】故意，一般具有牟取非法利益的目的。如果不是出于牟取非法利益的目的，而是在组织献血过程中违反有关规定的，一般不以犯罪论处。[2]

【罪量】根据《立案标准（一）》（2008）第52条，非法组织他人出卖血液，涉嫌下列情形之一的，应予立案追诉：①组织卖血3人次以上的；②组织卖血非法获利2000元以上的；③组织未成年人卖血的；④被组织卖血的人的血液含有艾滋病病毒、乙型肝炎病毒、丙型肝炎病毒、梅毒螺旋体等病原微生物的；⑤其他非法组织卖血应予追究刑事责任的情形。

2. 强迫卖血罪。

【定义】以暴力、威胁方法强迫他人出卖血液的行为。

---

[1] 韩玉胜主编：《刑法学原理与案例教程》，中国人民大学出版社2006年版，第626~627页。
[2] 周道鸾、张军：《刑法罪名精释》，人民法院出版社2011年版。

(二) 适用

【转化犯】1.《刑法》第333条第2款规定,非法组织他人卖血,对他人造成伤害的,依照《刑法》第234条的规定定罪处罚,即以故意伤害罪定罪处罚。这主要是指在组织他人卖血活动中超量卖血或者因患疾病不能抽血的人卖血而严重损害健康甚至导致死亡的后果,实际上又构成了故意伤害罪。对这一规定较合理的理解是造成他人重伤、死亡的,转化为较重的故意伤害罪定罪处罚。

2. 根据《刑法》第333条的规定,以暴力、威胁方法强迫他人出卖血液,对他人造成伤害的,依照《刑法》第234条规定的故意伤害罪定罪处罚。这主要是指用暴力、威胁方法强迫患有疾病不能抽血的人出卖血液,或者强迫他人超量出卖血液,而对他人身体造成严重伤害的,或者由于使用暴力而直接致他人身体受到严重伤害的。由于行为人使用暴力、威胁方法强迫他人出卖血液,对他人造成了严重伤害,这就使强迫卖血罪的犯罪构成发生了根本性的变化,即转化为故意伤害罪。

【案例】 **姜某非法组织卖血案**[1]

被告人姜某看到有些单位难以完成献血指标,便打起主意欲牟取"中介"费。2006年9月26日,姜某非法组织李某等4人顶替某村的献血名额,至采血点每人卖血400毫升,姜某按约定从该村收取了5600元,支付了3200元给4位卖血者,自己从中克扣2400元。同月,姜某又组织胡某、周某、刘某3人至某村验血,欲顶替该村的献血名额。血站经过对比发现她带来的人有反复献血的情况,违反有关献血条例规定,由此案发。法院以被告人姜某犯非法组织卖血罪,判处有期徒刑6个月,缓刑6个月,并处罚金人民币2000元。

五、非法采集、供应血液、制作、供应血液制品罪·采集、供应血液、制作、供应血液制品事故罪

(一) 构成要件·法定刑

《刑法》第334条 非法采集、供应血液或者制作、供应血液制品,不符合国家规定的标准,足以危害人体健康的,处5年以下有期徒刑或者拘役,并处罚金;对人体健康造成严重危害的,处5年以上10年以下有期徒刑,并处罚金;造成特别严重后果的,处10年以上有期徒刑或者无期徒刑,并处罚金或者没收财产。

经国家主管部门批准采集、供应血液或者制作、供应血液制品的部门,不依照规定进行检测或者违背其他操作规定,造成危害他人身体健康后果的,对单位判处罚金,并对其直接负责的主管人员和其他直接责任人员,处5年以下有期徒刑或者拘役。

1. 非法采集、供应血液、制作、供应血液制品罪。

【定义】非法采集、供应血液或者制作、供应血液制品,不符合国家规定的标准,足以危害人体健康的行为。

【行为·结果】(1) 非法性,即未经国家主管部门批准或者超过批准的业务范围,采集、供应血液或者制作、供应血液制品。

(2) 不符合国家规定的标准,足以危害人体健康。根据《办理采供血液等刑案解释》(2008)第2条,具有下列情形之一的,应认定为"不符合国家规定的标准,足以危害人体健康":①采集、供应的血液含有艾滋病病毒、乙型肝炎病毒、丙型肝炎病毒、梅毒螺旋体等病原微生物的;②制作、供应的血液制品含有艾滋病病毒、乙型肝炎病毒、丙型肝炎病毒、梅毒

---

[1] 上海市金山区人民法院2006年一审刑事判决书,载中国广播网:http://www.cnr.cn/2004news/society/200612/t20061205_504342039.html。

螺旋体等病原微生物，或者将含有上述病原微生物的血液用于制作血液制品的；③使用不符合国家规定的药品、诊断试剂、卫生器材，或者重复使用一次性采血器材采集血液，造成传染病传播危险的；④违反规定对献血者、供血浆者超量、频繁采集血液、血浆，足以危害人体健康的；⑤其他不符合国家有关采集、供应血液或者制作、供应血液制品的规定标准，足以危害人体健康的。人体的健康包括供血者和用血者的健康。"血液"，指全血、成分血和特殊血液成分。"血液制品"，指各种血浆蛋白制品。

（3）如果采集、供应血液或者制作、供应血液制品的行为未经卫生行政主管部门批准，但其采集、供应的血液或者制作、供应的血液制品符合国家规定的标准，不足以危害人体健康的，不构成犯罪。判断是否足以危害人体健康，主要看采集、供应血液或者制作、供应血液制品的设备是否符合标准；采集、制作的程序是否严格按照国家规定，如采血前是否对供血者进行严格的身体检查，消毒措施是否严格等。[1]

【主观】故意，即明知没有采集、供应血液、制作、供应血液制品的资格，却为了获利从事这方面的活动。由于血液、血液制品的采集、制作、供应的要求极为严格，所以无资格者从事这方面活动，无法知道也无法保证符合国家标准。行为人是否知道其采供、制供的过程及产品不合格，不影响本罪故意的成立。

【加重犯】根据《办理采供血液等刑案解释》（2008）第3、4条：

（1）非法采集、供应血液或者制作、供应血液制品，具有下列情形之一的，应认定为《刑法》第334条第1款规定的"对人体健康造成严重危害"：①造成献血者、供血浆者、受血者感染乙型肝炎病毒、丙型肝炎病毒、梅毒螺旋体或者其他经血液传播的病原微生物的；②造成献血者、供血浆者、受血者重度贫血、造血功能障碍或者其他器官组织损伤导致功能障碍等身体严重危害的；③对人体健康造成其他严重危害的。

（2）具有下列情形之一的，应认定为《刑法》第334条第1款规定的"造成特别严重后果"：①因血液传播疾病导致人员死亡或者感染艾滋病病毒的；②造成5人以上感染乙型肝炎病毒、丙型肝炎病毒、梅毒螺旋体或者其他经血液传播的病原微生物的；③造成5人以上重度贫血、造血功能障碍或者其他器官组织损伤导致功能障碍等身体严重危害的；④造成其他特别严重后果的。

2. 采集、供应血液、制作、供应血液制品事故罪。

【定义】经国家主管部门批准采集、供应血液或者制作、供应血液制品的部门，不依照规定进行检测或者违背其他操作规定，造成危害他人身体健康后果的行为。

【主体】经国家主管部门批准采集、供应血液或者制作、供应血液制品的部门，根据《办理采供血液等刑案解释》（2008）第7、8条，是指经国家主管部门批准的采供血机构和血液制品生产经营单位。采供血机构，包括血液中心、中心血站、中心血库、脐带血造血干细胞库和国家卫生行政主管部门根据医学发展需要批准、设置的其他类型血库、单采血浆站。

【行为·结果】不依照规定进行检测或者违背其他操作规定，造成危害他人身体健康后果。根据《办理采供血液等刑案解释》（2008）第5条，具有下列情形之一的，应认定为《刑法》第334条第2款规定的"不依照规定进行检测或者违背其他操作规定"：

（1）血站未用两个企业生产的试剂对艾滋病病毒抗体、乙型肝炎病毒表面抗原、丙型肝炎病毒抗体、梅毒抗体进行两次检测的。

---

[1] 周道鸾、张军：《刑法罪名精释》，人民法院出版社2011年版。

（2）单采血浆站不依照规定对艾滋病病毒抗体、乙型肝炎病毒表面抗原、丙型肝炎病毒抗体、梅毒抗体进行检测的。

（3）血液制品生产企业在投料生产前未用主管部门批准和检定合格的试剂进行复检的。

（4）血站、单采血浆站和血液制品生产企业使用的诊断试剂没有生产单位名称、生产批准文号或者经检定不合格的。

（5）采供血机构在采集检验标本、采集血液和成分血分离时，使用没有生产单位名称、生产批准文号或者超过有效期的一次性注射器等采血器材的。

（6）不依照国家规定的标准和要求包装、储存、运输血液、原料血浆的。

（7）对国家规定检测项目结果呈阳性的血液未及时按照规定予以清除的。

（8）不具备相应资格的医务人员进行采血、检验操作的。

（9）对献血者、供血浆者超量、频繁采集血液、血浆的。

（10）采供血机构采集血液、血浆前，未对献血者或供血浆者进行身份识别，采集冒名顶替者、健康检查不合格者血液、血浆的。

（11）血站擅自采集原料血浆，单采血浆站擅自采集临床用血或者向医疗机构供应原料血浆的。

（12）重复使用一次性采血器材的。

（13）其他不依照规定进行检测或者违背操作规定的。

根据《办理采供血液等刑案解释》（2008）第6条，具有下列情形之一的，应认定为《刑法》第334条第2款规定的"造成危害他人身体健康后果"：

（1）造成献血者、供血浆者、受血者感染艾滋病病毒、乙型肝炎病毒、丙型肝炎病毒、梅毒螺旋体或者其他经血液传播的病原微生物的。

（2）造成献血者、供血浆者、受血者重度贫血、造血功能障碍或者其他器官组织损伤导致功能障碍等身体严重危害的。

（3）造成其他危害他人身体健康后果的。

【主观】过失。即单位及其违章责任人对造成损害他人身体健康的后果是因为过失。

（二）适用

【关联罪】采集、供应血液、制作、供应血液制品事故罪与非法采集、供应血液、制作、供应血液制品罪的界限。二者的主要区别是：①主体不同。前者为经国家主管部门批准采集、供应血液或者制作、供应血液制品的部门；后者是自然人一般主体，并且是无从事血液制品生产经营资格的人。②主观不同。前者为责任事故型的过失罪；后者是故意罪。③行为和结果不同。前者表现为违章行为，并以实际造成对人体健康损害的后果为要件；后者因无资格，也无章可循，因此，仅以不符合国家标准、足以损害他人健康的危险状态为要件，不以实际发生损害健康后果为要件，实际发生损害健康后果是该罪的加重犯。

【案例】 **李志武、刘丰阁非法采集、供应血液、制作、供应血液制品案**[1]

被告李志武私购采血用离心机一台及其他采血工具，伙同其妻刘丰阁于1998年2月14日至2月28日，先后非法采集三十余人的血液，加工后卖给李坤生（外逃）转售。2月28日，被告人李志武、刘丰阁被公安机关抓获，并缴获已加工的血浆23袋。经卫生防疫站抽取其中7袋化验，均含有艾滋病病毒。法院认为，被告人李志武、刘丰阁未经国家主管部门批准而非法

---

[1] 河南省镇平县人民法院（1998）镇刑初字第85号刑事判决。

采集、供应血液，足以危害人体健康，其行为已构成非法采集、供应血液、制作、供应血液制品罪，判处被告人李志武有期徒刑 2 年，并处罚金 3000 元；被告人刘丰阁有期徒刑 1 年，缓刑 1 年，并处罚金 2000 元。

六、医疗事故罪

（一）构成要件·法定刑

《刑法》第 335 条　　医务人员由于严重不负责任，造成就诊人死亡或者严重损害就诊人身体健康的，处 3 年以下有期徒刑或者拘役。

【定义】医务人员由于严重不负责任，造成就诊人死亡或者严重损害就诊人身体健康的行为。

【主体】医务人员。所谓医务人员，是指从事诊疗、护理事务的人员，包括国家、集体医疗单位的医生、护士、药剂人员，以及经主管部门批准开业的个体行医人员。

【行为·结果】严重不负责任，造成就诊人死亡或者严重损害就诊人身体健康。"严重不负责任"，根据《立案标准（一）》（2008）第 56 条，指具有下列情形之一的：①擅离职守的；②无正当理由拒绝对危急就诊人实行必要的医疗救治的；③未经批准擅自开展试验性医疗的；④严重违反查对、复核制度的；⑤使用未经批准使用的药品、消毒药剂、医疗器械的；⑥严重违反国家法律法规及有明确规定的诊疗技术规范、常规的；⑦其他严重不负责任的情形。

"严重损害就诊人身体健康"，指造成就诊人严重残疾、重伤、感染艾滋病、病毒性肝炎等难以治愈的疾病或者其他严重损害就诊人身体健康的后果。

【主观】过失，即应当预见自己的行为可能发生就诊人死亡或者严重损害就诊人身体健康的结果，因为疏忽大意而没有预见或者已经预见而轻信能够避免。这种业务上的过失，往往通过严重违反医疗规章制度表现出来。

（二）适用

【定罪】应把本罪与医疗过程中发生的差错、意外及技术事故区别开来。医疗过程中发生差错，虽有严重不负责任之处，但其损害结果轻微，不构成犯罪。医疗过程中发生的意外事故，指在诊疗、护理过程中，由于就诊人病情或体质特殊而发生了医务人员难以预料和防范的不良后果，导致了病人死亡、残疾或功能障碍。这种情形虽有严重后果，但医务人员无严重的过失和违章行为，也不构成犯罪。医疗技术事故，指医务人员因医疗技术水平不高、缺乏经验等造成的事故。医疗技术事故不是因为医务人员责任心不强、违反规章制度造成的，因而不构成犯罪。

【案例】　　　　　　　　**孟广超医疗事故案**[1]

被告人孟广超系个体医生，具有行医资格和执业许可证。1996～1997 年孟广超在开封医专学习期间，张茂珍副教授传授其一治疗腰、腿疼等风湿病的民间验方。在张茂珍的指导下，用于临床有一定疗效。孟广超在以后的行医过程中，未经国家卫生行政部门批准，按该验方配制成胶囊，针对患者使用，未出现不良反应。2004 年 5 月 3 日上午，本村村民孟广义因腰疼和注张村村民王相海因浑身疼到孟广超处治疗，孟广超给二人开具自己配制的胶囊。二人服用后认为有效，孟广超遂加大了剂量，后二人均中毒。孟广超闻讯后，采取了相应的抢救措施。王相海经抢救脱险，孟广义经抢救无效死亡。

本案焦点：被告人的行为性质是过失致人死亡、生产销售假药还是医疗事故？法院以医疗

---

[1] 中华人民共和国最高人民法院刑事审判第一、二、三、四、五庭主办：《刑事审判参考（2007 年第 1 集·总第 54 集）》，法律出版社 2007 年版，第 52～53 页。

事故罪判处被告人孟广超有期徒刑1年。

七、非法行医罪、非法进行节育手术罪

（一）构成要件·法定刑

《刑法》第336条　未取得医生执业资格的人非法行医，情节严重的，处3年以下有期徒刑、拘役或者管制，并处或者单处罚金；严重损害就诊人身体健康的，处3年以上10年以下有期徒刑，并处罚金；造成就诊人死亡的，处10年以上有期徒刑，并处罚金。

未取得医生执业资格的人擅自为他人进行节育复通手术、假节育手术、终止妊娠手术或者摘取宫内节育器，情节严重的，处3年以下有期徒刑、拘役或者管制，并处或者单处罚金；严重损害就诊人身体健康的，处3年以上10年以下有期徒刑，并处罚金；造成就诊人死亡的，处10年以上有期徒刑，并处罚金。

1. 非法行医罪。

【定义】未取得医生执业资格的人非法行医，情节严重的行为。

【主体】未取得医生执业资格的人。具有医生执业资格的人不能构成本罪。所谓医生执业资格，是指根据《执业医师法》（2009）第12条的规定："医师资格考试成绩合格，取得执业医师资格或者执业助理医师资格。"

另外，2002年6月21日全国人大常委会法制工作委员会就河北省人大常委会法制工作委员会提出的"《刑法》第336条非法行医的含义"的法律询问的答复指出："根据执业医师法的规定，高等学校医学专业本科毕业的人，应当在执业医师指导下在医疗单位试用1年，才能参加国家统一考试取得执业医师资格。因此，医科大学本科毕业，分配到医院担任见习医生，在试用期内从事相应的医疗活动，不属于非法行医。"[1]

【行为】非法行医，即无医生执业资格从事行医活动，根据《审理非法行医刑案解释》（2008）第1条规定，具有下列情形之一的，应认定为《刑法》第336条第1款规定的"未取得医生执业资格的人非法行医"：

（1）未取得或者以非法手段取得医师资格从事医疗活动的。"通过医师资格考试，取得了执业医师资格或者执业助理医师资格，即视为取得医师资格。对取得医师资格但尚未进行医师注册取得执业证书的人从事诊疗活动，可以进行行政处罚，不宜一律按照非法行医罪处理。"[2]以非法手段取得医师资格的人，"主要指以伪造、欺骗、行贿等手段取得资格证书的行为"[3]。

（2）个人未取得《医疗机构执业许可证》开办医疗机构的。"个人开办私立医院或者私立诊所，按照《医疗卫生管理条例》的有关规定，取得医疗机构执业许可证后，方能开展诊疗活动。该项规定主要打击一些非法诊所，如地下性病诊所等。"[4]

（3）被依法吊销医师执业证书期间从事医疗活动的。

---

[1] 全国人大常委会法制工作委员会的答复以及河北省人大常委会法制工作委员会的询问均是针对韦某非法行医案。该案的基本案情为：韦某毕业于白求恩医科大学，尚未取得执业医师资格，分配到北戴河某医院门诊任见习医生，其负责医疗的病人在诊疗过程中死亡。

[2] 李晓："解读《关于审理非法行医刑事案件具体应用法律若干问题的解释》"，载李少平主编：《解读最高人民法院司法解释、指导案例·刑事卷（下）》，人民法院出版社2014年版。

[3] 李晓："解读《关于审理非法行医刑事案件具体应用法律若干问题的解释》"，载李少平主编：《解读最高人民法院司法解释、指导案例·刑事卷（下）》，人民法院出版社2014年版。

[4] 李晓："解读《关于审理非法行医刑事案件具体应用法律若干问题的解释》"，载李少平主编：《解读最高人民法院司法解释、指导案例·刑事卷（下）》，人民法院出版社2014年版。

(4) 未取得乡村医生执业证书，从事乡村医疗活动的。根据国务院《乡村医生从业管理条例》的规定，取得乡村医生执业证书，经县级卫生行政管理部门注册后，在乡村医疗机构从事一般医疗服务的，不是非法行医。

(5) 家庭接生员实施家庭接生以外的医疗行为的。仅取得家庭接生员资格的人，如果从事接生以外的行医活动，情节严重的，可按照非法行医罪追究刑事责任。

【罪量】根据刑法规定，非法行医必须情节严重的才构成本罪。根据《审理非法行医刑案解释》（2008）第2条之规定，具有下列情形之一的，应认定为《刑法》第336条第1款规定的"情节严重"：①造成就诊人轻度残疾、器官组织损伤导致一般功能障碍的；②造成甲类传染病传播、流行或者有传播、流行危险的；③使用假药、劣药或不符合国家规定标准的卫生材料、医疗器械，足以严重危害人体健康的；④非法行医被卫生行政部门行政处罚2次以后，再次非法行医的；⑤其他情节严重的情形。因此，民间一些"土医生"偶尔利用一些具有一定医疗效果的偏方、秘方为群众治病的，不构成本罪。

【主观】故意，即明知无医生执业资格而非法行医。本罪的故意，只需认识到无执业资格而行医的事实，不问行为人是否明知无执业资格行医的非法性质。

【加重犯】非法行医严重损害就诊人身体健康或者造成就诊人死亡的，构成本罪的结果加重犯。根据《审理非法行医刑案解释》（2008）第3条规定，具有下列情形之一的，应认定为《刑法》第336条第1款规定的"严重损害就诊人身体健康"：①造成就诊人中度以上残疾、器官组织损伤导致严重功能障碍的；②造成3名以上就诊人轻度残疾、器官组织损伤导致一般功能障碍的。

《审理非法行医刑案解释》（2008）第5条规定，本解释所称"轻度残疾、器官组织损伤导致一般功能障碍""中度以上残疾、器官组织损伤导致严重功能障碍"，参照卫生部《医疗事故分级标准（试行）》认定。依据卫生部《医疗事故分级标准（试行）》，"轻度残疾、器官组织损伤导致一般功能障碍"相当于三级医疗事故，分甲、乙、丙、丁、戊五个等级，共135种情形。"中度以上残疾、器官组织损伤导致严重功能障碍"相当于二级医疗事故。"造成3名以上就诊人轻度残疾、器官组织损伤导致一般功能障碍的"相当于三个三级医疗事故。非法行医不同于故意伤害，其"严重损害就诊人身体健康""参照《医疗事故分级标准（试行）》认定损害就诊人身体健康更为科学"。[1]

【罪数】根据《审理非法行医刑案解释》（2008）第4条规定："实施非法行医犯罪，同时构成生产、销售假药罪，生产、销售劣药罪，诈骗罪等其他犯罪的，依照刑法处罚较重的规定定罪处罚。"

2. 非法进行节育手术罪。

【定义】指未取得医生执业资格的人擅自为他人进行节育复通手术、假节育手术、终止妊娠手术或者摘取宫内节育器，情节严重的行为。

【主体】未取得医生执业资格的人。

【行为】擅自为他人进行节育复通手术、假节育手术、终止妊娠手术或者摘取宫内节育器。节育复通手术，指对做了计划生育绝育手术的人，重新接通输精管或输卵管，使其恢复生育能力。假节育手术，包括虚假的绝育手术以及在子宫内上节育器等虚假的节育手术，使其表面上看来不能生育而实际上仍保持生育的能力。终止妊娠手术，指进行药物或者人工流产

---

[1] 李晓："解读《关于审理非法行医刑事案件具体应用法律若干问题的解释》"，载李少平主编：《解读最高人民法院司法解释、指导案例·刑事卷（下）》，人民法院出版社2014年版。

手术。

【罪量】"情节严重",根据《立案标准(一)》(2008)第58条,指非法进行节育手术案涉嫌下列情形之一的:①造成就诊人轻伤、重伤、死亡或者感染艾滋病、病毒性肝炎等难以治愈的疾病的;②非法进行节育复通手术、假节育手术、终止妊娠手术或者摘取宫内节育器5人次以上的;③致使他人超计划生育的;④非法进行选择性别的终止妊娠手术的;⑤非法获利累计5000元以上的;⑥其他情节严重的情形。

【主观】故意。

【加重犯】非法进行节育手术,严重损害就诊人身体健康或者造成就诊人死亡的,构成本罪的结果加重犯。

(二) 适用

【关联罪】1. 非法行医罪与医疗事故罪的区别:①主体不同。前罪的主体无医生执业资格;后罪的主体有医生执业资格。②主观不同。前罪为故意犯罪;后罪为过失犯罪。③行为不同。前罪限于非法从事诊疗活动;后罪是合法从事诊疗、护理活动,不仅包括诊疗活动,也包括护理活动,并且以造成严重后果为要件。

《审理非法行医刑案解释》(2008)的"解读"指出:非法行医罪的主体"既不能仅限于无医疗教育背景的,也不能对于执业医师超范围、类别、地点的诊疗活动一律按照非法行医来定罪。要严格区分刑法意义上的非法行医罪和行政法规规定的非法行医行为。……对于违反《执业医师法》的规定,超过注册的执业地点、执业类别、执业范围从事诊疗活动的,目前不宜作为刑事犯罪处理"。[1] 据此,可以看出最高人民法院法官严格区分刑事违法与行政违法取向:具有"医师资格"行医的,原则上不具有刑事违法性,但两种情形除外:①虽然受过医疗教育取得过医师资格,但被依法吊销的可以构成刑法意义非法行医。②个人即使有医师资格,未取得《医疗机构执业许可证》开办医疗机构的,可构成刑法意义非法行医。

最近出现有医师资格者,私下"接活"在宾馆客房之类非医疗场所施行手术致人死亡的案件。因其有医师资格,难以认定为非法行医;因其从接诊到手术都没有经过医疗机构、不在医疗场所,不能认可其在进行常规医疗行为,难以按照医疗事故处理。对此,作为折中,可考虑按照过失致人死亡、重伤罪定罪处罚。

2. 非法进行节育手术罪与医疗事故罪的区别。要点是看行为主体是否具有医生执业资格。有资格者依法或私下为他人施行节育复通手术的,不构成犯罪;因严重不负责造成就诊人重伤、死亡的,只能构成医疗事故罪。

3. 非法进行节育手术罪与非法行医罪的联系与区别。非法进行节育手术罪实际上是非法行医罪的特殊类型,因此具备非法进行节育手术罪的犯罪构成,往往也同时具备非法行医罪的犯罪构成。二者的主要区别是:非法进行节育手术罪的客体除包括他人的生命、健康之外,还特别包括计划生育的管理秩序。在现实生活中,多为非法行医的过程中兼施节育的手术,对此,认定为非法行医罪比较合理。如果行为人非法行医,专门或主要是施行破坏节育或者堕胎手术的,应认定为非法进行节育手术罪。无论何种情形,均不需数罪并罚。

4. 非法行医罪加重犯的适用。非法行医没有造成死亡结果,罕见追究刑事责任;造成死亡结果则构成加重犯处10年以上有期徒刑。这导致非法行医罪几乎成为法定最低刑10年以上有期徒刑之罪。由此在适用时应当特别注意认定:死亡结果与不具有医师资格违反医疗常规误

---

[1] 李晓:"解读《关于审理非法行医刑事案件具体应用法律若干问题的解释》",载李少平主编:《解读最高人民法院司法解释、指导案例·刑事卷(下)》,人民法院出版社2014年版。

诊误治行为或者与没有医疗机构执业许可缺乏基本的医疗条件存在因果关系。

【案例】　　　　　　　　　贺淑华非法行医案

贺淑华无行医执业证照行医多年，某日给刘福琼接生时滥用"缩宫素"，致刘宫缩过强引发羊水栓塞，导致刘及胎儿死亡。经鉴定：刘福琼及胎儿的死亡与贺淑华非法行医有直接关系。法院认为，贺淑华无行医执照非法为他人接生，致人死亡，其行为已构成非法行医罪，判处有期徒刑 10 年，并处罚金 1 万元。[1] 本案就诊人死亡与被告人"滥用"缩宫素以及缺乏必要的监测和抢救条件存在因果关系。

【案例】　　　　　　　　周兆钧被控非法行医无罪案[2]

周兆钧于 1953 年获卫生部颁发的医师证书，多年从事医疗活动。1998 年底以后，他在家里为街道居民看病（病人主要以老人为主），不收挂号费，只收取药品费用（自带药品、针剂者不收费）。2000 年 3 月 1 日，王建辉（女，65 岁）因咳嗽多日，自带青霉素针剂来到周兆钧家里，周兆钧为王建辉做完皮试后，按操作规程为王建辉注射了自带的 1 支 80 万单位的青霉素针剂。约十几分钟后，周兆钧发现王建辉有青霉素过敏反应特征，立即注射了 10 毫克"地塞米松"针剂（抗过敏用），见情况未好转，又注射了一支"副肾上腺素"针剂（升血压、抗休克用），并立即叫王建辉的女儿杨美群过来，杨美群见状拨打急救电话。后王建辉因呼吸循环衰竭，于当天经抢救无效死亡。法医鉴定：王建辉因注射青霉素引起过敏性休克而急性死亡。一审、二审均认定周兆钧构成非法行医罪，最高院认为：周兆钧具备医师从业资格且多年从事医疗活动，具有一定的医学知识和医疗技术。其在家为街道居民看病，虽未经注册，未取得"医疗机构执业许可证"，但不属于刑法规定的未取得医生执业资格的人。且周兆钧给王建辉注射青霉素针，没有违反技术操作规范，王建辉过敏死亡系意外事件，故宣告周兆钧无罪。裁判要旨：已经取得执业医师资格的人未取得"医师执业证书"或者"医疗机构执业许可证"行医的，不构成非法行医罪。本案被告人"按操作规程为王建辉注射了"青霉素，发现过敏反应也进行了符合医疗常规处置，被害人死亡很大程度上归因于年老体弱承受不住过敏反应，因此死亡结果不是缺乏医疗知识、违反医疗常规行为造成的。此外，本案主体认定也反映出最高人民法院收缩非法行医罪适用的取向。

八、妨害动植物防疫、检疫罪[3]

（一）构成要件·法定刑

《刑法》第 337 条　　违反有关动植物防疫、检疫的国家规定，引起重大动植物疫情的，或者有引起重大动植物疫情危险，情节严重的，处 3 年以下有期徒刑或者拘役，并处或者单处罚金。

单位犯前款罪的，对单位判处罚金，并对其直接负责的主管人员和其他直接责任人员，依照前款的规定处罚。

【定义】违反国家动植物防疫、检疫规定，引起重大动植物疫情，或者有引起重大动植物疫情危险，情节严重的行为。

【行为】本罪包括两种行为：①违反国家动植物防疫、检疫规定，引起重大动植物疫情；

---

[1] 冉容："贺淑华非法行医案"，载中华人民共和国最高人民法院刑事审判第一、二、三、四、五庭主办：《刑事审判参考（2006 年第 6 集·总第 53 集）》，法律出版社 2007 年版，第 50 页。

[2] 载中华人民共和国最高人民法院刑事审判第一庭、第二庭编：《刑事审判参考（2004 年第 1 集·总第 36 集）》，法律出版社 2005 年版。

[3] 原"逃避动植物检疫罪"已被《刑法修正案（七）》取消。

②违反国家动植物防疫、检疫规定，有引起重大动植物疫情危险，情节严重的。

【立案标准】根据《立案标准（一）》（2008）第59条，逃避动植物检疫涉嫌下列情形之一的，应予立案追诉：①造成国家规定的《进境动物一、二类传染病、寄生虫病名录》中所列的动物疫病传入或者对农、牧、渔业生产以及人体健康、公共安全造成严重危害的其他动物疫病在国内暴发流行的；②造成国家规定的《进境植物检疫性有害生物名录》中所列的有害生物传入或者对农、林业生产、生态环境以及人体健康有严重危害的其他有害生物在国内传播扩散的。"情节严重"，在司法实践中一般是指虽未引起动植物病虫害大规模发生，但已产生了严重危险，且行为人多次违反国家有关动植物防疫、检疫的规定，或者弄虚作假逃避检查，或者不听劝阻抗拒检查等情形。

（二）适 用

【关联罪】本罪与妨害国境卫生检疫罪的区别要点是：①检疫的对象不同。前者为动植物及相关检疫物；后者为人及其他物品。②危害结果的内容不同。前者为动植物疫情；后者是检疫传染病。

第六节　破坏环境资源保护罪

一、污染环境罪

（一）构成要件·法定刑

《刑法》第338条　违反国家规定，排放、倾倒或者处置有放射性的废物、含传染病病原体的废物、有毒物质或者其他有害物质，严重污染环境的，处3年以下有期徒刑或者拘役，并处或者单处罚金；后果特别严重的，处3年以上7年以下有期徒刑，并处罚金。

【定义】违反国家规定，排放、倾倒或者处置有害物质，严重污染环境的行为。

【行为】违反国家规定，排放、倾倒、处置有害物质。"违反国家规定"，指违反国家有关保护环境、防治污染的法律规定，不按照指定的地点、方法等排放、倾倒或者处置有放射性的废物、含传染病病原体的废物、有毒物质或者有害物质。《办理环境污染案解释》（2013）第10条指出：下列物质应当认定为"有毒物质"：①危险废物，包括列入国家危险废物名录的废物，以及根据国家规定的危险废物鉴别标准和鉴别方法认定的具有危险特性的废物；②剧毒化学品、列入重点环境管理危险化学品名录的化学品，以及含有上述化学品的物质；③含有铅、汞、镉、铬等重金属的物质；④《关于持久性有机污染物的斯德哥尔摩公约》附件所列物质；⑤其他具有毒性，可能污染环境的物质。"其他有害物质"，指放射性的废物、含传染病病原体的废物、有毒物质之外的污染环境的的物质。行为的场所和方式不限，包括向土地、水体、大气排放、倾倒、处置。

【罪量】"严重污染环境"，根据《办理环境污染案解释》（2013）附表，指下列情形之一：①在饮用水水源一级保护区、自然保护区核心区排放、倾倒、处置有放射性的废物、含传染病病原体的废物、有毒物质的；②非法排放、倾倒、处置危险废物3吨以上的；③非法排放含重金属、持久性有机污染物等严重危害环境、损害人体健康的污染物超过国家污染物排放标准或者省、自治区、直辖市人民政府根据法律授权制定的污染物排放标准3倍以上的；④私设暗管或者利用渗井、渗坑、裂隙、溶洞等排放、倾倒、处置有放射性的废物、含传染病病原体的废物、有毒物质的；⑤2年内曾因违反国家规定，排放、倾倒、处置有放射性的废物、含传染病病原体的废物、有毒物质受过2次以上行政处罚，又实施前列行为的；⑥致使乡镇以上集中式饮用水水源取水中断 12 小时以上的;⑦致使基本农田、防护林地、特种用途林地 5 亩以上,其他农用地 10 亩以上,其他土地 20 亩以上基本功能丧失或者遭受永久性破坏的;⑧致使森林或者其他林木死亡 50 立方米以上,或者幼树死亡 2500 株以上的;⑨致使公私财产损失 30 万元以上的;⑩致使疏散、转移群众 5000 人以上的;⑪致使 30 人以上中毒的;⑫致使 3 人以上轻伤、轻度残疾或者器官组织损伤导致一般功能障碍的;⑬致使 1 人以上重伤、中度残疾或者器官组织损伤导致严重功能障碍的;⑭其他严重污染环境的情形。

上述①~⑤项针对毒害性较强的污染物即"有放射性的废物、含传染病病原体的废物、有毒物质的"设定了"严重污染环境"的入罪标准,符合该入罪标准的应当依法追诉。

【案例】 **王文峰、马正勇污染环境案**[1]

2012 年 9 月,王文峰对租用油罐做煤焦油生意的刁胜先谎称其在污水处理厂有关系,可以帮刁胜先处理煤焦油分离废液(煤焦油分离废液中含有大量的挥发酚和油类物质,还有大量的芳香族化合物和杂环有机化合物,属于较难处理的工业废水)。同年 12 月 25 日,刁胜先委托王文峰处理煤焦油分离废液,王文峰遂租用马正勇驾驶的槽罐车装载了煤焦油分离废液 30.24 吨。随后,王文峰指使马正勇将槽罐车开至其事先踩点确定的倾倒地点冯泾河北支浜岸边。当晚 21 时许,王文峰、马正勇趁无人之际将前述废液倒入河内,致使冯泾河北支浜及相连的冯泾河河水大面积被污染。江阴市环保局为防止污染扩大、消除污染,对该污染事件进行了筑坝拦截、调水稀释、活性炭吸附等相应处置,共计花费 60 万余元。此外,本次事件还对流域局部的水环境、饮水安全、农业浇灌等产生较大负面影响,造成了不可估量的间接损失。案发后,王文峰的家属自愿代为赔偿 1 万元,马正勇自愿赔偿 5 万元。法院认定王文峰犯污染环境罪,判处有期徒刑 1 年 9 个月,并处罚金 3 万元;马正勇犯污染环境罪,判处有期徒刑 9 个月,缓刑 1 年,并处罚金 1 万元。

裁判要旨:煤焦油分离液属于污染环境罪罪状中的"有毒物质",擅自向河中倾倒大量煤焦油分离液的行为构成污染环境罪。

如排放、倾倒、处置上述①~⑤项毒害性较强的污染物之外的"其他有害物质",属于"其他严重污染环境的情形"。

【案例】 **梁连平污染环境案**[2]

2013 年 9 月 9 日 23 时许,梁连平到台州市路桥区金清镇泗水村老人协会东边荒地上,违反国家规定点火焚烧近 20 吨工业垃圾,导致垃圾燃烧持续近两天两夜,向空气排放大量苯并[a]芘、氯化氢、二噁英等气体污染物,严重污染周边空气,并使附近群众感到明显不适。案发后经检测,现场遗留的两堆工业垃圾燃烧残渣的苯并[a]芘含量分别为 12.6μg/kg、78.4μg/kg。法院认为,梁连平违反国家规定焚烧工业垃圾产生有害物质,直接排放大气,严重污染环境,其行为构成污染环境罪,对其判处有期徒刑 1 年 6 个月,并处罚金人民币 5 万元。

裁判要旨:"焚烧工业垃圾,向空气排放大量气体污染物的行为符合《办理环境污染案解释》第 1 条第 14 项规定的'其他严重污染环境的情形',应以污染环境罪定罪处罚。"

如排放、倾倒、处置上述①~⑤项毒害性较强的污染物之外的"其他有害物质",且没有

---

[1] 载中华人民共和国最高人民法院刑事审判第一、二、三、四、五庭主办:《刑事审判参考(2014 年第 2 集·总第 97 集)》,法律出版社 2015 年版。

[2] 载中华人民共和国最高人民法院刑事审判第一、二、三、四、五庭主办:《刑事审判参考(2014 年第 2 集·总第 97 集)》,法律出版社 2015 年版。

造成⑥~⑬项结果的，只能适用"⑭其他严重污染环境的情形"定罪。如果不具备"⑭其他严重污染环境的情形"的，"只能依法予以行政处罚"[1]。

"公私财产损失"，包括污染环境直接造成的财产损毁、减少的实际价值和为防止污染扩散以及消除污染而采取的必要的、合理的措施而发生的费用。

【主观】故意，对自己违规排放、倾倒或者处置有害物质的行为事实明知。

【加重犯】"后果特别严重"，根据《办理环境污染案解释》（2013）附表，指下列情形之一：①致使县级以上城区集中式饮用水水源取水中断12个小时以上的；②致使基本农田、防护林地、特种用途林地15亩以上，其他农用地30亩以上，其他土地60亩以上基本功能丧失或者遭受永久性破坏的；③致使森林或者其他林木死亡150立方米以上，或者幼树死亡7500株以上的；④致使公私财产损失100万元以上的；⑤致使疏散、转移群众15000人以上的；⑥致使100人以上中毒的；⑦致使10人以上轻伤、轻度残疾或者器官组织损伤导致一般功能障碍的；⑧致使3人以上重伤、中度残疾或者器官组织损伤导致严重功能障碍的；⑨致使1人以上重伤、中度残疾或者器官组织损伤导致严重功能障碍，并致使5人以上轻伤、轻度残疾或者器官组织损伤导致一般功能障碍的；⑩致使1人以上死亡或者重度残疾的；⑪其他后果特别严重的情形。

【量刑】根据《办理环境污染案解释》（2013）第4条，犯污染环境犯罪具有下列情形之一的，酌情从重处罚：①阻挠环境监督检查或者突发环境事件调查的；②闲置、拆除污染防治设施或者使污染防治设施不正常运行的；③在医院、学校、居民区等人口集中地区及其附近，违反国家规定排放、倾倒、处置有放射性的废物、含传染病病原体的废物、有毒物质或者其他有害物质的；④在限期整改期间，违反国家规定排放、倾倒、处置有放射性的废物、含传染病病原体的废物、有毒物质或者其他有害物质的。犯污染环境罪，但及时采取措施，防止损失扩大、消除污染，积极赔偿损失的，可以酌情从宽处罚。

单位犯《刑法》第338条之罪的，依照《办理环境污染案解释》（2013）规定之相应个人犯罪的定罪量刑标准，对直接负责的主管人员和其他直接责任人员定罪处罚，并对单位判处罚金。

（二）适用

【关联罪】1. 本罪与危险物品肇事罪的界限。二罪虽然都涉及危险物品，都可能造成环境污染但有明显区别：①环境污染罪违反环保法规，在排放、处理危险废物等有害物质过程中发生的；危险物品肇事罪实在爆炸性、易燃性、放射性、毒害性、腐蚀性物品的生产管理使用中发生的。②环境污染罪以污染环境结果为要素；而危险物品肇事罪以造成人身伤亡结果为要素。

2. 本罪与重大责任事故罪的区别。要点是行为方式和结果不同：①本罪违反环保法规；重大责任事故罪违反安全生产法规。②本罪以严重污染环境为要件，不以造成人身伤亡、重大财产损失后果为要件；而重大责任事故罪以造成人员伤亡、重大财产损失后果为要件，不以造成环境污染为要件。

【共犯】《办理环境污染案解释》（2013）第7条规定：行为人明知他人无经营许可证或者超出经营许可范围，向其提供或者委托其收集、贮存、利用、处置危险废物，严重污染环境的，以污染环境罪的共同犯罪论处。该第7条规定是鉴于"实践中，不少企业为降低危险废物

---

[1] 载中华人民共和国最高人民法院刑事审判第一、二、三、四、五庭主办：《刑事审判参考（2014年第2集·总第97集）》，法律出版社2015年版。

的处置费用,在明知他人未取得经营许可证或者超出经营许可范围的情况下,向他人提供或者委托他人收集、贮存、利用、处置危险废物的现象十分普遍。该他人接收危险废物后,由于实际不具备相应的处置能力,往往将危险废物直接倾倒在土壤、河流中,严重污染环境。从支付的费用看,有关单位对该行为往往心知肚明,对严重污染环境的结果实际持放任心态"。[1]

二、非法处置进口的固体废物罪·擅自进口固体废物罪

（一）构成要件·法定刑

《刑法》第339条　违反国家规定,将境外的固体废物进境倾倒、堆放、处置的,处5年以下有期徒刑或者拘役,并处罚金;造成重大环境污染事故,致使公私财产遭受重大损失或者严重危害人体健康的,处5年以上10年以下有期徒刑,并处罚金;后果特别严重的,处10年以上有期徒刑,并处罚金。

未经国务院有关主管部门许可,擅自进口固体废物用作原料,造成重大环境污染事故,致使公私财产遭受重大损失或者严重危害人体健康的,处5年以下有期徒刑或者拘役,并处罚金;后果特别严重的,处5年以上10年以下有期徒刑,并处罚金。

以原料利用为名,进口不能用作原料的固体废物、液态废物和气态废物的,依照本法第152条第2款、第3款的规定定罪处罚。

1. 非法处置进口的固体废物罪。

【定义】违反国家规定,将境外的固体废物进境倾倒、堆放、处置的行为。

【行为】违反国家规定,将境外的固体废物进境倾倒、堆放、处置。所谓"固体废物",是指在生产建设、日常生活和其他活动中产生的污染环境的固态、半固态废弃物质。本罪的行为方式限于将境外的固体废物进境倾倒、堆放、处置的行为,实质是一种将我国领土作为洋垃圾的堆放、处理场所的行为。有上述行为即可构成本罪,不必实际发生污染环境的后果。

【主观】故意,即明知是境外的固体废物而非法运入我国境内处置。

【罪量】根据《立案标准（一）》（2008）第61条,非法处置进口的固体废物,应予立案追诉。

【加重犯】将境外的固体废物进境倾倒、堆放、处置,造成重大环境污染事故,致使公私财产遭受重大损失或者严重危害人体健康或者后果特别严重的,构成本罪的加重犯。

2. 擅自进口固体废物罪。

【定义】未经国务院有关主管部门许可,擅自进口固体废物用作原料,造成重大环境污染事故,致使公私财产遭受重大损失或者严重危害人体健康的行为。

【行为】"未经国务院有关主管部门许可,擅自进口固体废物用作原料",是指未经环境保护局及其他有关监督管理部门许可,而私自进口可用作原料的废物。对于可以用作原料的废物,确有必要进口的,可以进口,但必须严格依法由环境部门颁发"进口废物批准证",并接受国家商检部门、海关和工商部门的管理。未经有关部门许可,不得进口废物作原料,否则,就是擅自进口。关于限制进口的废物（即可用作原料的废物）,是指列入《国家限制进口的可用作原料的废物目录》的废物。

【结果】造成重大环境污染事故,致使公私财产遭受重大损失或者严重危害人体健康。造成重大环境污染事故的原因有两种:一种是主观上希望进口的是可用作原料的废物,但由于上当受骗或者废物品质因运输时间过长而发生变化,实际进口的是不能利用的废物以致污染环

---

[1] 周加海、喻海松:"解读《关于办理环境污染刑事案件适用法律若干问题的解释》",载李少平主编《解读最高人民法院司法解释、指导案例·刑事卷（下）》,人民法院出版社2014年版。

境;另一种是实际上进口了可用作原料的废物,由于自己运输、保管、加工不当,以致污染环境。不论是哪种原因造成的重大污染事故,都可以成立本罪的结果要件。

【主观】故意,即明知自己未取得国务院有关主管部门的许可,仍擅自进口固体废物,一般具有以进口废物作为原料使用、加工的目的。

【罪量】根据《立案标准(一)》(2008)第62条,非法处置进口的固体废物涉嫌下列情形之一,应予立案追诉:①致使公私财产损失30万元以上的;②致使基本农田、防护林地、特种用途林地5亩以上,其他农用地10亩以上,其他土地20亩以上基本功能丧失或者遭受永久性破坏的;③致使森林或者其他林木死亡50立方米以上,或者幼树死亡2500株以上的;④致使1人以上死亡、3人以上重伤、10人以上轻伤,或者1人以上重伤并且5人以上轻伤的;⑤致使传染病发生、流行或者人员中毒达到《国家突发公共卫生事件应急预案》中突发公共卫生事件分级Ⅲ级以上情形,严重危害人体健康的;⑥其他致使公私财产遭受重大损失或者人身伤亡的严重后果的情形。

【加重犯】擅自进口固体废物用作原料,后果特别严重的,构成本罪的加重犯。所谓"后果特别严重",主要是指对环境的污染特别严重,致使公私财产遭受特别重大的损失或者致使严重危害众多人的健康和生命的。

(二) 适用

【关联罪】1. 非法处置进口的固体废物罪与走私废物罪的区别。前者不逃避海关监管,后者逃避海关监管;前者处罚的是将固体废物在我国境内倾倒、堆放、处置的行为,后者处罚的是走私行为。因此,如果行为人走私固体废物并在我国境内倾倒、堆放、处置的,应数罪并罚。

2. 擅自进口固体废物罪与走私废物罪的区别。主要在于是否逃避海关监管,即是否具有"走私"行为。本罪违反的国家规定,是有关环境保护的规定,不包括走私方式违反海关法的规定。根据《刑法修正案(四)》,增加的第152条第2款规定,"逃避海关监管"将境外废物运输进境,属于走私性质的犯罪,以走私废物罪论处。

3. 擅自进口固体废物罪与非法处置进口的固体废物罪的界限。二罪均有擅自进口固体废物的行为,十分相近。主要区别是目的不同:本罪具有利用废物作原料的目的;而后者则是以将境外的固体废物进境倾倒、堆放、处置为目的,没有用作原料的目的,在这种目的支配之下的行为,实际是一种将我国作为洋垃圾堆放、处理场所的行为,比本罪的性质更为严重。

4. 擅自进口固体废物罪与走私犯罪的区别。《刑法》第339条第3款规定:"以原料利用为名,进口不能用作原料的固体废物、液态废物和气态废物的,依照本法第152条第2款、第3款的规定定罪处罚。"根据《审理走私刑案解释(二)》(2006,现已失效)第8条的规定:"经许可进口国家限制进口的可用作原料的废物时,偷逃应缴税额,构成犯罪的,应当依照刑法第153条规定,以走私普通货物罪定罪处罚;既未经许可,又偷逃应缴税额,同时构成走私废物罪和走私普通货物罪的,应当按照刑法处罚较重的规定定罪处罚。虽经许可,但超过许可数量进口国家限制进口的可用作原料的废物,超过部分以未经许可论。"

三、非法捕捞水产品罪

《刑法》第340条 违反保护水产资源法规,在禁渔区、禁渔期或者使用禁用的工具、方法捕捞水产品,情节严重的,处3年以下有期徒刑、拘役、管制或者罚金。

【定义】违反保护水产资源法规,在禁渔区、禁渔期或者使用禁用的工具、方法捕捞水产品,情节严重的行为。

【行为】违反保护水产资源法规,在禁渔区、禁渔期或者使用禁用的工具、方法捕捞水产品。禁渔区，是指对某些重要鱼、虾、贝类的产卵场、越冬场和幼体索饵场，划定禁止全部作业或限制作业的一定区域。禁渔期，是指对某些经济鱼类幼鱼出现的不同盛期，规定禁止全部作业或限制作业的一定期限。禁用的工具、方法，是指不合乎保护鱼类资源要求的捕捞工具、方法，如渔网的网眼超过了国家规定的最小尺寸以及炸鱼、毒鱼、电鱼等禁用的方法。行为人捕捞水产品的行为只要具备在禁渔区、禁渔期或者使用禁用的工具、方法这四种情形之一的，即可以构成本罪。经省级以上人民政府渔业行政主管部门批准，因科学研究等特殊需要，在禁渔区、禁渔期捕捞，或者使用禁用的渔具、捕捞方法，或者捕捞重点保护的渔业资源品种的。属于符合《渔业法实施细则》规定的合法行为。

【罪量】"情节严重"，根据《立案标准（一）》（2008）第63条，指非法捕捞水产品涉嫌下列情形之一：①在内陆水域非法捕捞水产品500公斤以上或者价值5000元以上的，或者在海洋水域非法捕捞水产品2000公斤以上或者价值20 000元以上的；②非法捕捞有重要经济价值的水生动物苗种、怀卵亲体或者在水产种质资源保护区内捕捞水产品，在内陆水域50公斤以上或者价值500元以上，或者在海洋水域200公斤以上或者价值2000元以上的；③在禁渔区内使用禁用的工具或者禁用的方法捕捞的；④在禁渔期内使用禁用的工具或者禁用的方法捕捞的；⑤在公海使用禁用渔具从事捕捞作业，造成严重影响的；⑥其他情节严重的情形。

关于上述"立案标准"适用：

【案例】 **耿志全非法捕捞水产品案**[1]

2013年6月24日16时许，耿志全在长江禁渔期内，到江阴市利港新河闸口西侧长江堤岸边，使用电瓶、海兜、逆变器等国家禁止的电鱼工具进行捕鱼，共捕得长江小川条、鲫鱼等水产品合计1公斤，价值人民币44元，被江阴市渔政管理站工作人员当场查获。法院认定耿志全构成非法捕捞水产品罪，判处罚金3000元。

裁判要旨：应先从数量，再从时间、地点、工具、方法这四种情形认定是否符合《立案标准（一）》中非法捕捞水产品罪的追诉标准。对于"时间+工具或者方法"（禁渔期+禁用工具或者禁用方法）、"地点+工具或者方法"（禁渔区+禁用工具或者禁用方法）这两种情形，即使数量均未达到情节严重的认定标准，也应认定为情节严重，而对于"禁渔区+禁渔期""禁用工具+禁用方法"这两种情形，原则上不应直接认定为情节严重，但如果使用的禁用工具和禁用方法破坏性极大，给水产资源造成或者足以造成严重影响的，可以适用《立案标准（一）》的兜底条款认定为情节严重。

本案属于立案标准④之"禁渔期+禁用工具"的情形。

【主观】故意。通常具有营利或者其他目的，但目的并不是构成本罪的必要要件。

四、非法猎捕、杀害珍贵、濒危野生动物罪·非法收购、运输、出售珍贵、濒危野生动物制品罪·非法狩猎罪

（一）构成要件·法定刑

《刑法》第341条 非法猎捕、杀害国家重点保护的珍贵、濒危野生动物的，或者非法收购、运输、出售国家重点保护的珍贵、濒危野生动物及其制品的，处5年以下有期徒刑或者拘役，并处罚金；情节严重的，处5年以上10年以下有期徒刑，并处罚金；情节特别严重的，处10年以上有期徒刑，并处罚金或者没收财产。

违反狩猎法规，在禁猎区、禁猎期或者使用禁用的工具、方法进行狩猎，破坏野生动物资

---

[1] 载中华人民共和国最高人民法院刑事审判第一、二、三、四、五庭主办：《刑事审判参考（2014年第1集·总第96集）》，法律出版社2015年版。

源，情节严重的，处 3 年以下有期徒刑、拘役、管制或者罚金。

1. 非法猎捕、杀害珍贵、濒危野生动物罪。

【定义】非法猎捕、杀害国家重点保护的珍贵、濒危野生动物的行为。

【对象】国家重点保护的珍贵、濒危野生动物。《审理野生动物资源刑案解释》（2000）第 1 条规定："刑法第 341 条第 1 款规定的'珍贵、濒危野生动物'，包括列入国家重点保护野生动物名录的国家一、二级保护野生动物、列入《濒危野生动植物种国际贸易公约》附录一、附录二的野生动物以及驯养繁殖的上述物种。"

【行为】非法猎捕、杀害国家重点保护的珍贵、濒危野生动物。所谓非法猎捕、杀害，是指违反《野生动物保护法》的规定进行猎捕、杀害。根据《野生动物保护法》，对于国家保护的珍贵、濒危野生的动物，严禁在任何时间、任何地点使用任何工具或方法进行猎捕和杀害。如因科学研究、驯养繁殖、展览或者特殊情况，需要捕捉或捕捞国家一级保护的野生动物，必须向国务院野生动物行政主管部门申请特许猎捕证；捕获国家二级保护的野生动物，必须向省、自治区、直辖市政府野生动物行政主管部门申请特许猎捕证。捕猎者必须根据猎捕证所规定的种类、数量、地点和期限进行捕猎，不得使用军用武器、毒药、炸药进行捕猎，违反上述规定的猎捕、杀害珍贵、濒危野生动物的，均属非法。行为人有非法猎捕、杀害行为之一的，即可构成本罪。

【主观】故意，即明知是珍贵、濒危野生动物而有意猎捕、杀害等。由于缺乏必要的认识，误捕、误杀的，不构成本罪。

【加重犯】犯本罪情节严重或者情节特别严重的，构成本罪的加重犯。所谓情节严重，一般指猎捕一级野生动物 2~3 只或者较为珍稀的一级野生动物 1 只的；猎捕二级野生动物 3~6 只的。根据司法解释，具体指有下列情形之一的：①达到《审理野生动物资源刑案解释》（2000）附表"情节严重"数量标准的；②在非法猎捕、杀害不同种类的珍贵、濒危野生动物，其中两种以上分别达到附表所列"情节严重"数量标准一半以上的；③犯罪集团的首要分子；④严重影响对野生动物的科研、养殖等工作顺利进行的；⑤以武装掩护方法实施犯罪的；⑥使用特种车、军用车等交通工具实施犯罪的；⑦造成其他重大损失的。

所谓"情节特别严重"，一般是指：猎捕极为珍稀的一级保护野生动物 1 只的；猎捕较为珍稀的一级保护野生动物 2~3 只的；猎捕其他一级保护野生动物 4~6 只的；猎捕较为珍稀二级保护野生动物 4~6 只，或者其他二级野生保护动物 6 只以上的。根据司法解释，具体指有下列三种情形之一的：

（1）达到《审理野生动物资源刑案解释》（2000）附表"情节特别严重"数量标准的。

（2）在非法猎捕、杀害不同种类的珍贵、濒危野生动物，其中两种以上分别达到附表所列"情节特别严重"数量标准一半以上的。

（3）达到了"情节严重"的数量标准并具有下列情形之一的：①犯罪集团的首要分子；②严重影响对野生动物的科研、养殖等工作顺利进行的；③以武装掩护方法实施犯罪的；④使用特种车、军用车等交通工具实施犯罪的；⑤造成其他重大损失的。

2. 非法收购、运输、出售珍贵、濒危野生动物、珍贵、濒危野生动物制品罪。

【定义】违反野生动物保护法规，未经有关部门批准，非法收购、运输、出售国家重点保护的珍贵、濒危野生动物及其制品的行为。

【对象】国家重点保护的珍贵、濒危野生动物及其制品。包括野生动物保护法实施前已有的制品。

【案例】　　　　　　**达瓦加甫非法出售珍贵、濒危野生动物制品案**[1]

达瓦加甫分别于1985年、1987年从其他牧民处购得雪豹皮1张、2张（其中1张雪豹皮连骨），经加工后一直存放家中。2005年12月24日，经乌兰巴特介绍买主，达瓦加甫正在其子的住宅内出售上述3张雪豹皮时，被公安人员当场抓获。经鉴定，3张雪豹皮价值人民币37.5万元。法院认为：达瓦加甫的雪豹皮系20余年前购买，2005年非法出售时人赃俱获，未造成严重后果，依法可酌情减轻处罚，遂在法定刑以下对其判处有期徒刑3年，缓刑4年，并处罚金5000元，并已报最高人民法院核准。

裁判要旨：出售野生动物保护法实施前已持有的雪豹皮可构成非法出售珍贵、濒危野生动物制品罪，但未造成严重社会危害，认罪态度较好的，可酌情减轻处罚。

【行为】违反野生动物保护法规，未经有关部门批准收购、运输、出售国家重点保护的珍贵、濒危野生动物及其制品。《审理野生动物资源刑案解释》（2000）第2条规定："刑法第341条第1款规定的'收购'，包括以营利、自用等为目的的购买行为；'运输'，包括采用携带、邮寄、利用他人、使用交通工具等方法进行运送的行为；'出售'，包括出卖和以营利为目的的加工利用行为。"

【主观】故意，即明知是国家重点保护的珍贵、濒危野生动物、珍贵、濒危野生动物制品而非法收购、运输、出售，一般具有获取非法利益的目的。如果不知是国家重点保护的珍贵、濒危野生动物或者制品而收购、运输、出售的，不构成犯罪。

【加重犯】非法收购、运输、出售国家重点保护的珍贵、濒危野生动物及其制品，情节严重或者情节特别严重的，构成本罪的加重犯。根据前述司法解释，所谓"情节严重"，是指在非法收购、运输、出售珍贵、濒危野生动物的场合，与前述非法猎捕、杀害珍贵、濒危野生动物罪的"情节严重"相同。在非法收购、运输、出售珍贵、濒危野生动物制品的场合，具有下列情形之一的属于"情节严重"：①价值在10万元以上的；②非法获利5万元以上的；③具有其他严重情节的。

根据前述司法解释，所谓"情节特别严重"，在非法收购、运输、出售珍贵、濒危野生动物的场合与前述非法猎捕、杀害珍贵、濒危野生动物罪的"情节特别严重"相同。在非法收购、运输、出售珍贵、濒危野生动物制品的场合，具有下列情形之一的属于"情节特别严重"：①价值在20万元以上的；②非法获利10万元以上的；③具有其他特别严重情节的。

关于价值的计算，参见：

【案例】　　　**严叶成、周建伟等非法收购、运输、出售珍贵、濒危野生动物、
珍贵、濒危野生动物制品案**[2]

2000年4月，周建伟在浙江温州将其非法驯养的一只东北虎以8.5万元的价格出售给严叶成。严叶成使用《陆生野生动物及其产品出省运输证明》（系周建强以马戏团的东北虎驯养证骗取有关部门出具），将该东北虎运抵福建泉州，用其从事营业性表演活动。2000年11月，该东北虎因病死亡，严叶成将虎皮、虎爪用酒精处理后，将虎骨和虎肉放入冰箱，存放于其在江苏省淮安市的家中。2001年11月，严叶成与史建强联系，欲将虎肉以2.1万元的价格向某饭店出售，但因公安机关事前得到举报而未实现该交易。2001年12月3日，严叶成向公安机

---

[1] 中华人民共和国最高人民法院刑事审判第一、二、三、四、五庭主办：《刑事审判参考（2008年第6集·总第65集）》，法律出版社2008年版。

[2] 载中华人民共和国最高人民法院刑事审判第一庭、第二庭编：《刑事审判参考（2002年第6集·总第29集）》，法律出版社2003年版。

关投案自首。经核定，该东北虎虎肉（含虎骨）价值48万元。法院认定严叶成犯非法收购、运输、出售珍贵、濒危野生动物、珍贵、濒危野生动物制品罪，判处有期徒刑9年，周建伟犯非法出售珍贵、濒危野生动物罪，判处有期徒刑10年，周建强犯非法运输珍贵、濒危野生动物罪，判处有期徒刑6年，史建强犯非法出售珍贵、濒危野生动物制品罪（未遂），判处有期徒刑5年。

裁判要旨：应当按照国家野生动物保护主管部门核定的价值认定珍贵、濒危野生动物制品的价值，只有当核定价值低于实际交易价格时，才能以实际交易价格认定。

3. 非法狩猎罪。

【定义】违反狩猎法规，在禁猎区、禁猎期或者使用禁用的工具、方法进行狩猎，破坏野生动物资源，情节严重的行为。

【行为】违反狩猎法规，在禁猎区、禁猎期或者使用禁用的工具、方法进行狩猎，破坏野生动物资源。禁猎区，是指国家有关部门划定禁止捕猎的区域。禁猎期，是指国家有关部门根据野生动物的繁殖和皮毛、肉食及成熟季节而规定的禁止捕猎的期限。禁用的工具、方法，是指能够破坏野生动物资源、危及人畜安全的工具、方法，如地弓、地枪、炸药、毒药，以及火攻、烟熏等方法。

【罪量】"情节严重"，根据《立案标准（一）》（2008）第66条，指非法狩猎涉嫌下列情形之一：①非法狩猎野生动物20只以上的；②在禁猎区内使用禁用的工具或者禁用的方法狩猎的；③在禁猎期内使用禁用的工具或者禁用的方法狩猎的；④其他情节严重的情形。

【主观】故意。至于是为了营利或者出于其他目的，不影响本罪的成立。

（二）适用

【关联罪】1. 非法猎捕、杀害珍贵、濒危野生动物罪与非法捕捞水产品罪的界限。二者的主要区别在于对象不同：前罪的对象限于珍贵、濒危野生动物，其中包括珍贵、濒危的水生动物；后罪的对象为一般的水产品。明知是珍贵、濒危的水生野生动物而捕捞或杀害的，应以前罪论处。在非法捕捞水产品过程中，误捕、误杀珍贵、濒危的水生野生动物的不构成前罪，可作为非法捕捞水产品行为的情节考虑。

2. 《审理野生动物资源刑案解释》（2000）第9条规定，伪造、变造、买卖国家机关颁发的野生动物允许进出口证明书、特许猎捕证、狩猎证、驯养繁殖许可证等公文、证件构成犯罪的，以伪造、变造、买卖国家机关公文、证件罪定罪处罚。实施上述行为构成犯罪，同时构成非法经营罪的，依照处罚较重的规定定罪处罚。

【定罪】根据《审理野生动物资源刑案解释》（2000）第7条，使用爆炸、投毒、设置电网等危险方法破坏野生动物资源，构成非法猎捕、杀害珍贵、濒危野生动物罪或者非法狩猎罪，同时构成《刑法》第114条或者第115条规定之罪（放火罪、爆炸罪、投放危险物质罪）的，依照处罚较重的规定定罪处罚。

【罪数】根据《审理野生动物资源刑案解释》（2000）第8条，实施《刑法》第341条规定的犯罪，又以暴力、威胁方法抗拒查处，构成其他犯罪的，依照数罪并罚的规定处罚。

【案例】　　**钟玉庭非法收购、运输珍贵、濒危野生动物制品案**[1]

2001年初，被告人钟玉庭经人介绍，认识一名叫扎西的商人。同年4月某日，被告人钟玉庭与扎西联系后，以藏羚羊头每个110元、藏羚羊角每对47元的价格，从扎西手中收购59只

---

[1] 青海省西宁市中级人民法院（2002）宁刑终字第28号刑事裁定。

藏羚羊头和118对藏羚羊角。法院认定被告人钟玉庭犯有非法收购、运输珍贵、濒危野生动物制品罪,判处有期徒刑13年。

五、非法占用农用地罪

《刑法》第342条　违反土地管理法规,非法占用耕地、林地等农用地,改变被占用土地用途,数量较大,造成耕地、林地等农用地大量毁坏的,处5年以下有期徒刑或者拘役,并处或者单处罚金。

【定义】违反土地管理法规,非法占用耕地、林地、草地、园地、养殖水面等农用地,改变被占用土地用途,数量较大,造成耕地、林地等农用地大量毁坏的行为。

【行为】具体包括以下要素:①违反土地管理法规。根据《刑法》第228、342、410条的解释》(2001),违反土地管理法规,是指违反土地管理法、森林法、草原法等法律以及有关行政法规中关于土地管理的规定。②非法占用农用地,指违反土地利用总体规划或计划,未经批准或者采取欺骗手段骗取批准,占用农用地。超过批准使用农用地数量占用农用地的,多占的部分属于非法占用。③改变被占用土地用途,数量较大。"改变被占用土地用途"不仅包括非法将农用地改为建设用地等非农用地,而且包括农用地之间的非法改变用途的行为。

【罪量】非法占用农用地,必须同时具备"数量较大"和"造成农用地大量毁坏"两个要件才能构成本罪。根据《立案标准(一)》(2000)第67条,"数量较大"指非法占用农用地涉嫌下列情形之一:①非法占用基本农田5亩以上或者基本农田以外的耕地10亩以上的;②非法占用防护林地或者特种用途林地数量单种或者合计5亩以上的;③非法占用其他林地10亩以上的;④非法占用本款第②项、第③项规定的林地,其中一项数量达到相应规定的数量标准的50%以上,且两项数量合计达到该项规定的数量标准的;⑤非法占用其他农用地数量较大的情形。

"造成耕地大量毁坏",指非法占用耕地建窑、建坟、建房、挖沙、采石、采矿、取土、堆放固体废弃物或者进行其他非农业建设,造成耕地种植条件严重毁坏或者严重污染,被毁坏耕地数量达到上述"数量较大"的。

"造成林地大量毁坏",指非法占用林地,改变被占用林地用途,在非法占用的林地上实施建窑、建坟、建房、挖沙、采石、采矿、取土、种植农作物、堆放或者排泄废弃物等行为或者进行其他非林业生产、建设,造成林地的原有植被或者林业种植条件严重毁坏或者严重污染,被毁坏林地数量达到上述"数量较大"的。

根据《破坏草原资源刑案解释》(2012)第2条,"造成耕地、林地等农用地大量毁坏",指的是非法占用草原,改变被占用草原用途,数量较大,且具有下列情形之一:①开垦草原种植粮食作物、经济作物、林木的;②在草原上建窑、建房、修路、挖砂、采石、采矿、取土、剥取草皮的;③在草原上堆放或者排放废弃物,造成草原的原有植被严重毁坏或者严重污染的;④违反草原保护、建设、利用规划种植牧草和饲料作物,造成草原沙化或者水土严重流失的;⑤其他造成草原严重毁坏的情形。

【主观】故意,即明知是农用地而非法占用。

六、非法采矿罪·破坏性采矿罪

(一) 构成要件·法定刑

《刑法》第343条　违反矿产资源法的规定,未取得采矿许可证擅自采矿,擅自进入国家规划矿区、对国民经济具有重要价值的矿区和他人矿区范围采矿,或者擅自开采国家规定实行保护性开采的特定矿种,情节严重的,处3年以下有期徒刑、拘役或者管制,并处或者单处罚金;情节特别严重的,处3年以上7年以下有期徒刑,并处罚金。

违反矿产资源法的规定,采取破坏性的开采方法开采矿产资源,造成矿产资源严重破坏的,处 5 年以下有期徒刑或者拘役,并处罚金。

1. 非法采矿罪。

【定义】违反矿产资源法的规定,未取得采矿许可证而擅自采矿,擅自进入国家规划矿区、对国民经济具有重要价值的矿区和他人矿区范围采矿,或者擅自开采国家规定实行保护性开采的特定矿种,情节严重的行为。

【行为】非法采矿的行为,具体包括三种情形:

(1) 未取得采矿许可证擅自采矿。《审理采矿刑案解释》(2003) 第 2 条规定,具有下列情形之一的,属于"未取得采矿许可证擅自采矿":①无采矿许可证开采矿产资源的;②采矿许可证被注销、吊销后继续开采矿产资源的;③超越采矿许可证规定的矿区范围开采矿产资源的;④未按采矿许可证规定的矿种开采矿产资源的(共生、伴生矿种除外);⑤其他未取得采矿许可证开采矿产资源的情形。另外,《办理矿山生产安全刑案解释》(2007,现已失效)第 8 条第 1 款规定:"在采矿许可证被依法暂扣期间擅自开采的,视为《刑法》第 343 条第 1 款规定的'未取得采矿许可证擅自采矿'。"

(2) 擅自进入国家规划矿区、对国民经济具有重要价值的矿区和他人矿区范围采矿。"国家规划矿区",指国家根据建设规划和矿产资源规划,为建设大、中型矿山划定的矿产资源分布区域。"对国民经济具有重要价值的矿区",指国家根据国民经济发展需要划定的,尚未列入国家建设规划的,储量大、质量好,具有开发前景的矿产资源保护区域。

(3) 擅自开采国家规定实行保护性开采的特定矿种。这些特定矿种包括钨、锡、锑、离子型稀土矿。

有上述三种情形之一的,即认为具有非法采矿行为。

【主观】故意。

【罪量】"情节严重",根据《立案标准(一)》(2008) 第 68 条,指非法采矿造成矿产资源破坏的价值数额在"5 万~10 万元"以上的。

【加重犯】《刑法修正案(八)》将本罪的加重构成由"造成矿产资源严重破坏"修改为"情节特别严重",以进一步加大对矿产资源的保护力度。《审理采矿刑案解释》(2003) 第 3 条规定,非法采矿造成矿产资源破坏的价值,数额在 30 万元以上的,属于"造成矿产资源严重破坏"。实践中,数额标准可以作为"情节特别严重"的认定标准之一作参考。

2. 破坏性采矿罪。

【定义】违反矿产资源法的规定,采取破坏性的开采方法开采矿产资源,造成矿产资源严重破坏的行为。

【行为】采取破坏性开采方法开采矿产资源。《审理采矿刑案解释》(2003) 第 4 条规定,"采取破坏性的开采方法开采矿产资源",是指行为人违反地质矿产主管部门审查批准的矿产资源开发利用方案开采矿产资源,并造成矿产资源严重破坏的行为。如采易弃难,采富弃贫,严重违反开采回采率、采矿贫化率和选矿回收率的指标进行采矿的行为。根据《办理盗窃油气、破坏油气设备刑案解释》(2007) 第 6 条,违反矿产资源法的规定,非法开采或者破坏性开采石油、天然气资源的,依照本罪追究刑事责任。

【主观】故意。

【罪量】根据《立案标准(一)》(2008) 第 69 条,指造成矿产资源严重破坏价值在 30 万~50 万元以上的。破坏性的开采方法以及造成矿产资源严重破坏的价值数额,由省级以上地质矿产主管部门出具鉴定结论,经查证属实后予以认定。

（二）适 用

【罪数】《办理矿山生产安全刑案解释》（2007）第 8 条第 2 款规定，违反矿产资源法的规定，非法采矿或者采取破坏性的开采方法开采矿产资源，造成重大伤亡事故或者其他严重后果，同时构成非法采矿罪和《刑法》第 134 条（重大责任事故罪、强令违章冒险作业罪）或者第 135 条（重大劳动安全事故罪）规定的犯罪的，依照数罪并罚的规定处罚。

七、非法采伐、毁坏国家重点保护植物罪·非法收购、运输、加工、出售国家重点保护植物、国家重点保护植物制品罪

（一）构成要件·法定刑

《刑法》第 344 条　违反国家规定，非法采伐、毁坏珍贵树木或者国家重点保护的其他植物的，或者非法收购、运输、加工、出售珍贵树木或者国家重点保护的其他植物及其制品的，处 3 年以下有期徒刑、拘役或者管制，并处罚金；情节严重的，处 3 年以上 7 年以下有期徒刑，并处罚金。

1. 非法采伐、毁坏国家重点保护植物罪。

【定义】违反国家规定，非法采伐、毁坏珍贵树木或者国家重点保护的其他植物的行为。

【对象】珍贵树木或者国家重点保护的其他植物。珍贵树木包括由省级以上林业主管部门或者其他部门确定的具有重大历史纪念意义、科学研究价值或者年代久远的古树名木，国家禁止、限制出口的珍贵树木以及列入国家重点保护野生植物名录的树木。即林业部制定的《国家珍贵树种名录》中规定的珍贵树木，共 132 种，主要是具有较高的生态、科学研究、经济利用和观赏价值的树木。其中，国家一级珍贵树木主要包括银杉、巨柏、银杏、水松、南方红豆杉、天目、铁木等，国家二级珍贵树木包括云柏、红松、黄杉、白豆杉等。

【行为】违反国家规定，非法采伐、毁坏珍贵树木或者国家重点保护的其他植物。所谓"采伐"，指砍伐树木、采集木材的行为；所谓"毁坏"，指采用剥皮、砍枝、取脂等方式使树木死亡或者影响其正常生长的行为。

【主观】故意，即明知是珍贵树木或者国家重点保护的其他植物而采伐、毁坏。

【加重犯】"情节严重"。根据《审理森林资源刑案解释》（2000）第 2 条，具有下列情形之一的，属于非法采伐、毁坏珍贵树木行为"情节严重"：①非法采伐珍贵树木 2 株以上或者毁坏珍贵树木致使珍贵树木死亡 3 株以上的；②非法采伐珍贵树木 2 立方米以上的；③为首组织、策划、指挥非法采伐或者毁坏珍贵树木的；④其他情节严重的情形。

2. 非法收购、运输、加工、出售国家重点保护植物、国家重点保护植物制品罪。

【定义】违反国家规定，非法收购、运输、加工、出售珍贵树木或者国家重点保护的其他植物及其制品的行为。

【对象】珍贵树木或者国家重点保护的其他植物及其制品。

【行为】违反国家规定，非法收购、运输、加工、出售珍贵树木或者国家重点保护的其他植物及其制品。所谓"收购"，包括以营利、自用等为目的的购买行为；"运输"，包括采用携带、邮寄、利用他人、使用交通工具等方法进行运送的行为；"加工"，是指把原材料、半成品等制成成品，或者使其达到规定的要求；"出售"，即出卖。

【主观】故意。

（二）适 用

【定罪】认定非法收购、运输、加工、出售国家重点保护植物、国家重点保护植物制品罪应当注意刑法上的认识错误问题。许多做古旧家具的生意人，从乡村收购古旧家具而后出售牟利，或者拆解古旧家具的板材、制作家具出售牟利，其中不乏珍贵树木的制品。如果因为不识珍贵树木制成的古旧家具材质而触犯本罪的，属于事实认识错误，可阻却本罪故意；如果因为不知收购、运输、加工、出售珍贵树木制成的古旧家具是犯罪而触犯本罪的，属于法律认识错误，不阻却本罪的故意。但是在目前的背景下，做古旧家具的生意人确实难以意识到行为违法，是否应追究刑事责任成为问题。因此，可考虑将本罪对象之一"国家重点保护植物制品"限定在新砍伐的珍贵树木制成品范围内，把珍贵树木制成的古旧家具排除在本罪范围外。

八、盗伐林木罪·滥伐林木罪·非法收购、运输盗伐、滥伐的林木罪

（一）构成要件·法定刑

《刑法》第345条　盗伐森林或者其他林木，数量较大的，处3年以下有期徒刑、拘役或者管制，并处或者单处罚金；数量巨大的，处3年以上7年以下有期徒刑，并处罚金；数量特别巨大的，处7年以上有期徒刑，并处罚金。

违反森林法的规定，滥伐森林或者其他林木，数量较大的，处3年以下有期徒刑、拘役或者管制，并处或者单处罚金；数量巨大的，处3年以上7年以下有期徒刑，并处罚金。

非法收购、运输明知是盗伐、滥伐的林木，情节严重的，处3年以下有期徒刑、拘役或者管制，并处或者单处罚金；情节特别严重的，处3年以上7年以下有期徒刑，并处罚金。

盗伐、滥伐国家级自然保护区内的森林或者其他林木的，从重处罚。

1. 盗伐林木罪。

【定义】以非法占有为目的，盗伐森林或者其他林木，数量较大的行为。

【对象】不属于本人或本单位所有的森林或者其他林木。这里的"森林"，是指大面积的原始森林和人造林，包括防护林、用材林、经济林、薪炭林和特种用途林等；"其他林木"，是指小面积的树林和零星树木，但不包括农村农民房前屋后个人所有的零星树木。

【行为】盗伐森林或者其他林木。"盗伐"的基本含义是未经许可擅自采伐不属于本人或本单位所有的林木。根据《审理森林资源刑案解释》（2000）第3条，盗伐行为包括：①擅自砍伐国家、集体、他人所有或者他人承包经营管理的森林或者其他林木的；②擅自砍伐本单位或者本人承包经营管理的森林或者其他林木的；③在林木采伐许可证规定的地点以外采伐国家、集体、他人所有或者他人承包经营管理的森林或者其他林木的。

"盗伐"之"伐"指"砍伐"，根据有关城市绿化条例，如《广东省城市绿化条例》规定，砍伐与修剪、迁移并列，因此本罪之"砍伐"指整株砍伐（致树木死掉），不包括剪枝、迁移。自树干"截伐"属于"剪枝"还是"砍伐"？值得探讨。本书认为，"截伐"时树干能够存活，不宜认为本罪之"砍伐"。"迁移"不属于砍伐，参见：

【案例】　　　　　　　　　　**李波盗伐林木案**[1]

2010年8月，李波在未经管理部门批准许可的情况下，对从事苗圃生意的王夫兴（另案处理）谎称其已与交通局的领导打好招呼，可以处理无锡市葛埭社区路段两侧的香樟树，并让王帮忙卖掉其中10棵。王夫兴遂联系到买家苏州市望湖苗圃场经营者周建东。2010年9月20日，周建东安排人员至上述路段挖走香樟树共计10棵，其中胸径40厘米的1棵、38厘米的2棵、28厘米的7棵，林木蓄积量共计5.1475立方米，价值共计35 496元。当日，李波在上述挖树现场遇从事苗圃生意的陆文贤，陆得知李波系得到相关领导同意后而处理香樟树，即向李波提出购买部分香樟树，李波表示同意。陆文贤又与范建民、王吾兵商定将上述路段的香樟树卖与范、王二人。2010年9月22日，范建民、王吾兵各自带领工人在上述路段挖树时被公安

---

[1] 载中华人民共和国最高人民法院刑事审判第一、二、三、四、五庭主办：《刑事审判参考（2012年第3集·总第86集）》，法律出版社2013年版。

人员当场查获。案发时，范建民、王吾兵已开挖香樟树17棵，其中胸径30厘米的2棵、29厘米的6棵、28厘米的3棵、27厘米的5棵、26厘米的1棵，上述林木蓄积量共计6.901立方米，价值共计53 250元。案发后，王夫兴退赔被害单位3.2万元。检察院以盗伐林木罪起诉，法院认为：本案被告人的行为属于"盗挖"，而非"盗伐"，其主观上追求的和行为最终实现的都是活体树木的经济价值，而非立木材积的经济价值，主要侵犯的是树木所有权人的财产权益，不构成盗伐林木罪，遂以盗窃罪判处李波有期徒刑4年，并处罚金5000元。本案"盗挖"属于"迁移"而非砍伐。

裁判要旨：城市道路两旁的行道树属于盗伐林木罪罪状中'其他林木'的范畴，但以出售为目的，盗挖价值数额较大的行道树的行为构成盗窃罪。

【罪量】盗伐林木必须数量较大才能构成本罪。根据《审理森林资源刑案解释》（2000）第4条，盗伐林木"数量较大"，以2~5立方米或者幼树100~200株为起点。对于1年内多次盗伐少量林木未经处罚的，累计其盗伐林木的数量，依法追究刑事责任。

【主观】故意，并且具有非法占有的目的。

【加重犯】盗伐林木，数量巨大或者数量特别巨大的，构成本罪的加重犯。根据《审理森林资源刑案解释》（2000）第4条，盗伐林木"数量巨大"，以20~50立方米或者幼树1000~2000株为起点；盗伐林木"数量特别巨大"，以100~200立方米或者幼树5000~10 000株为起点。

2. 滥伐林木罪。

【定义】违反森林法的规定，滥伐森林或者其他林木，数量较大的行为。

【对象】森林或者其他林木。

【行为】根据《审理森林资源刑案解释》（2000）第5条，本罪的行为包括以下两种情形：①未经林业行政主管部门及法律规定的其他主管部门批准并核发林木采伐许可证，或者虽然持有林木采伐许可证，但违反林木采伐许可证规定的时间、数量、树种或者方式，任意采伐本单位所有或者本人所有的森林或者其他林木的；②超过林木采伐许可证规定的数量采伐他人所有的森林或者其他林木的。此外，林木权属争议一方在林木权属确认之前，擅自砍伐森林或者其他林木，数量较大的，以滥伐林木罪论处。

《采伐许可证批复》（2004）规定，违反森林法的规定，在林木采伐许可证规定的地点以外采伐本单位或者本人所有的森林或者其他林木的，除农村居民采伐自留地和房前屋后个人所有的零星林木外，属于《审理森林资源刑案解释》（2000）第5条第1款第1项"未经林业行政主管部门及法律规定的其他主管部门批准并核发林木采伐许可证"规定的情形，数量较大的，应当依照《刑法》第345条第2款的规定，以滥伐林木罪定罪处罚。

【罪量】滥伐林木，必须数量较大才能构成本罪。根据《审理森林资源刑案解释》（2000）第6条，滥伐林木"数量较大"，以10~20立方米或者幼树500~1000株为起点。对于一年内多次滥伐少量林木未经处罚的，累计其盗伐、滥伐林木的数量，构成犯罪的，依法追究刑事责任。

【主观】故意。本罪不要求以非法占有为目的。

【加重犯】滥伐林木，数量巨大的，构成本罪的加重犯。根据《审理森林资源刑案解释》（2000）第6条，滥伐林木"数量巨大"，以50~100立方米或者幼树2500~5000株为起点。

3. 非法收购、运输盗伐、滥伐的林木罪。

【定义】非法收购、运输明知是盗伐、滥伐的林木，情节严重的行为。

【对象】盗伐、滥伐的林木。

【行为】非法收购、运输盗伐、滥伐的林木。所谓收购，包括以营利、自用等为目的的购买行为；运输，包括采用携带、邮寄、利用他人、使用交通工具等方法进行运送的行为。

【罪量】根据《审理森林资源刑案解释》（2000）第 11 条第 1 款，"情节严重"是指具有下列情形之一的：①非法收购盗伐、滥伐的林木 20 立方米以上或者幼树 1000 株以上的；②非法收购盗伐、滥伐的珍贵树木 2 立方米以上或者 5 株以上的；③其他情节严重的情形。

【主观】故意，即明知是盗伐、滥伐的林木而予以收购、运输。《审理森林资源刑案解释》（2000）第 10 条规定，"明知"，是指知道或者应当知道。具有下列情形之一的，可以视为应当知道，但是有证据证明确属被蒙骗的除外：①在非法的木材交易场所或者销售单位收购木材的；②收购以明显低于市场价格出售的木材的；③收购违反规定出售的木材的。根据有关法律规定，严禁任何单位和个人收购无采伐证的木材，因此，只要行为人知道是无采伐证的木材，一般就可以认定行为人明知是盗伐、滥伐的林木。不知是盗伐、滥伐的林木而收购的不构成本罪。

【加重犯】非法收购、运输盗伐、滥伐的林木，情节特别严重的，构成本罪的加重犯。根据《审理森林资源刑案解释》（2000）第 11 条第 2 款，具有下列情形之一的，属于在林区非法收购盗伐、滥伐的林木"情节特别严重"：①非法收购盗伐、滥伐的林木 100 立方米以上或者幼树 5000 株以上的；②非法收购盗伐、滥伐的珍贵树木 5 立方米以上或者 10 株以上的；③其他情节特别严重的情形。

（二）适用

【定罪】《刑法修正案（四）》对非法收购、运输、盗伐、滥伐的林木罪作了三处修改：①取消了"在林区"的限制，也就是构成本罪没有特殊地域的限制；②由非法"收购"行为扩大到非法"运输"行为；③取消了"以牟利为目的"的限制。

【关联罪】1. 盗伐林木罪与盗窃罪的界限。《审理森林资源刑案解释》（2000）第 9 条规定："将国家、集体、他人所有并已经伐倒的树木窃为己有，以及偷砍他人房前屋后、自留地种植的零星树木，数额较大的，依照刑法第 264 条的规定，以盗窃罪定罪处罚。"第 15 条规定："非法实施采种、采脂、挖笋、掘根、剥树皮等行为，牟取经济利益数额较大的，依照刑法第 264 条的规定，以盗窃罪定罪处罚。同时构成其他犯罪的，依照处罚较重的规定定罪处罚。"

2. 盗伐林木罪与非法采伐、毁坏国家重点保护植物罪的界限。二者主要区别是对象不同：前者为普通林木，后者为珍贵树木及其他国家重点保护植物。在盗伐林木时又故意非法采伐、毁坏国家重点保护植物，同时触犯二罪的，择一重罪定罪处罚。

3. 滥伐林木罪与盗伐林木罪的界限。二者的主要区别是：盗伐林木的行为，不仅破坏国家的林业资源，还侵犯了国家、集体或者个人的林木所有权。而滥伐林木，仅破坏林业资源，所砍伐为自有林木并不侵害国家、集体或者个人的林木所有权。

【案例】 **黄永富滥伐林木案**[1]

2005 年 3 月，韩其定（另案处理）让被告人黄永富帮其找一片山地准备开垦种植槟榔，被告人黄永富答应后，韩其定即找到村委会的干部，经村委会干部口头同意开垦山地后，韩其定看中了黄永富的益智园及周围的一片山林地，之后韩其定叫被告人黄永富帮其雇工砍山。2006 年 3 月 21 日～28 日期间，在韩其定没有取得开垦伐林许可手续的情况下，被告人黄永富

---

[1] 海南省海南中级人民法院（2007）海南刑终字第 1 号刑事裁定。

叫来本村村民黄开富等30人对该林地上的林木进行砍伐。经测量，被滥伐林地面积1012亩，林木蓄积量为11 488立方米。法院认为，被告人黄永富在没有取得开垦伐林许可手续的情况下，组织他人滥伐林木，且数量巨大，其行为已构成滥伐林木罪，判处有期徒刑4年，并处罚金人民币2000元。

4. 滥伐林木罪与非法采伐、毁坏国家重点保护植物罪的区别。对象不同：前者为普通林木；后者为珍贵树木以及其他国家重点保护植物。滥伐林木同时触犯非法采伐、毁坏国家重点保护植物罪的，依照处罚较重的规定定罪处罚。

5. 非法收购、运输盗伐、滥伐的林木罪与掩饰、隐瞒犯罪所得、犯罪所得收益罪的法条竞合关系。盗伐、滥伐的林木在广义上也属于犯罪所得，因此对其进行非法收购、运输的行为也属于一种收购、转移犯罪所得的行为。鉴于刑法将非法收购、运输明知是盗伐、滥伐的林木的行为单独规定为一种犯罪，所以，对于非法收购、运输明知是盗伐、滥伐的林木的行为，应以本罪论处。

6. 非法收购、运输盗伐、滥伐的林木罪与盗伐、滥伐林木罪共犯的区别。唆使他人盗伐、滥伐林木而后予以低价收购或者运输的，或者与盗伐、滥伐的犯罪分子事先通谋，承担盗伐、滥伐林木的购销、运输分工的，应以盗伐、滥伐林木罪的共犯论处。

【共犯】雇用他人盗伐林木构成犯罪的案件，如果被雇者不知是盗伐他人林木的，应由雇主承担刑事责任；如果被雇者明知是盗伐他人林木的，应按盗伐林木罪的共犯论处。

第七节 走私、贩卖、运输、制造毒品罪

一、走私、贩卖、运输、制造毒品罪
（一）构成要件·法定刑

《刑法》第347条 走私、贩卖、运输、制造毒品，无论数量多少，都应当追究刑事责任，予以刑事处罚。

走私、贩卖、运输、制造毒品，有下列情形之一的，处15年有期徒刑、无期徒刑或者死刑，并处没收财产：

（一）走私、贩卖、运输、制造鸦片1000克以上、海洛因或者甲基苯丙胺50克以上或者其他毒品数量大的；

（二）走私、贩卖、运输、制造毒品集团的首要分子；

（三）武装掩护走私、贩卖、运输、制造毒品的；

（四）以暴力抗拒检查、拘留、逮捕，情节严重的；

（五）参与有组织的国际贩毒活动的。

走私、贩卖、运输、制造鸦片200克以上不满1000克、海洛因或者甲基苯丙胺10克以上不满50克或者其他毒品数量较大的，处7年以上有期徒刑，并处罚金。

走私、贩卖、运输、制造鸦片不满200克、海洛因或者甲基苯丙胺不满10克或者其他少量毒品的，处3年以下有期徒刑、拘役或者管制，并处罚金；情节严重的，处3年以上7年以下有期徒刑，并处罚金。

单位犯第2款、第3款、第4款罪的，对单位判处罚金，并对其直接负责的主管人员和其他直接责任人员，依照各该款的规定处罚。

利用、教唆未成年人走私、贩卖、运输、制造毒品，或者向未成年人出售毒品的，从重

处罚。

对多次走私、贩卖、运输、制造毒品，未经处理的，毒品数量累计计算。

【定义】明知是毒品而故意走私、贩卖、运输、制造的行为。

【对象】毒品。《刑法》第357条第1款规定，毒品，是指鸦片、海洛因、甲基苯丙胺（冰毒）、吗啡、大麻、可卡因、含可待因复方口服液体制剂（包括口服溶液剂、糖浆剂）[1]以及国家规定管制的其他能够使人形成瘾癖的麻醉药品和精神药品。

【行为】走私、贩卖、运输、制造毒品。具体包括以下四种情形：①走私毒品。这里的走私毒品，是指明知是毒品而非法将其运输、携带、邮寄进出国（边）境的行为。直接向走私人非法收购走私进口的毒品，或者在内海、领海运输、收购、贩卖毒品的，以走私毒品论处。②贩卖毒品。这里的贩卖毒品，是指明知是毒品而非法销售或者以贩卖为目的而非法收买毒品的行为。销售的实质是有偿转让，因此，在案例中对于用毒品抵扣非法购买枪支款的，认定构成贩卖毒品罪和非法买卖枪支罪，数罪并罚。[2]对于居间介绍买卖毒品的，无论是否获利，均以贩卖毒品罪的共犯论处。③运输毒品。这里的运输毒品，是指明知是毒品而采用携带、邮寄、利用他人或者使用交通工具等方法非法运送毒品的行为。运输应有相当的距离，如从甲城市转移往乙城市，从甲乡镇转移往乙乡镇，从毒品的批发地转运到外地。如果距离过短，如在同一城区内由甲房屋转移到乙房屋的，就不能以运输论。④制造毒品。这里的制造毒品，是指非法从毒品原植物直接提炼或者用化学方法加工、配制毒品的行为。包括：用毒品原植物或配剂提取或制作毒品；以改变毒品成分和效用为目的，用混合等物理方法加工、配制毒品的行为，如把H中毒品和X种毒品混合配制成Y种毒品。但是，为便于隐蔽运输、销售、使用、欺骗购买者，或者为了增重，对毒品掺杂使假，添加或者去除其他非毒品物质，不属于制造毒品的行为。

【主观】故意，即明知走私、贩卖、运输、制造的是毒品而依然实施。根据《立案标准（三）》（2012）、《办理毒品案意见》（2007），走私、贩卖、运输毒品主观故意中的"明知"，是指行为人知道或者应当知道所实施的是走私、贩卖、运输毒品行为。具有下列情形之一，结合行为人的供述和其他证据综合审查判断，可以认定其"应当知道"，但有证据证明确属被蒙骗的除外：行程路线故意绕开检查站点，在其携带、运输的物品中查获毒品的；

（1）执法人员在检查时，要求行为人申报为他人携带的物品和其他疑似毒品物，并告知其法律责任，而行为人未如实申报，在其所携带的物品内查获毒品的；

（2）以伪报、藏匿、伪装等蒙蔽手段逃避海关、边防等检查，在其携带、运输、邮寄的物品中查获毒品的；

（3）执法人员检查时，有逃跑、丢弃携带物品或逃避、抗拒检查等行为，在其携带或丢弃的物品中查获毒品的；

（4）体内或者贴身隐秘处藏匿毒品的；

（5）为获取不同寻常的高额或不等值的报酬而携带、运输毒品的；

---

[1] 食品药品监管总局、公安部、国家卫生计生委于2015年4月3日发布《关于将含可待因复方口服液体制剂列入第二类精神药品管理的公告》，规定国家从2015年5月1日起将含可待因复方口服液体制剂列入国家管制的第二类精神药品进行管理。

[2] 参见朱铁军："庄木根、刘平平、郑斌非法买卖枪支、贩卖毒品案——非法买卖枪支时以毒品冲抵部分价款行为如何定性"，载中华人民共和国最高人民法院刑事审判第一、二、三、四、五庭主办：《刑事审判参考（2007年第6集·总第59集）》，法律出版社2008年版，第1页。

（6）采用高度隐蔽的方式携带、运输物品，从中查获毒品的；

（7）采用高度隐蔽的方式交接物品，明显违背合法物品惯常交接方式的，从中查获毒品的；

（8）行程路线故意绕开检查站点，在其携带、运输的物品中查获毒品的；

（9）以虚假身份、地址或者其他虚假方式办理托运、寄递手续，在托运、寄递的物品中查获毒品的；

（10）有其他证据足以证明行为人应当知道的。

根据《立案标准（三）》（2012），制造毒品主观故意中的"明知"，是指行为人知道或者应当知道所实施的是制造毒品行为。有下列情形之一，结合行为人的供述和其他证据综合审查判断，可以认定其"应当知道"，但有证据证明确属被蒙骗的除外：①购置了专门用于制造毒品的设备、工具、制毒物品或者配制方案的；②为获取不同寻常的高额或者不等值的报酬为他人制造物品，经检验是毒品的；③在偏远、隐蔽场所制造，或者采取对制造设备进行伪装等方式制造物品，经检验是毒品的；④制造人员在执法人员检查时，有逃跑、抗拒检查等行为，在现场查获制造出的物品，经检验是毒品的；⑤有其他证据足以证明行为人应当知道的。

如果不是明知，而是被别人利用、欺骗，在不知情的情况下实施了走私、贩卖、运输、制造毒品的行为，不构成本罪。但是，本罪只要求行为人认识到是毒品，不要求行为人认识到毒品的名称、化学成分、效用等具体性质。

【主体】包括自然人和单位。已满14周岁的人对贩卖毒品罪负刑事责任；已满16周岁的人对走私、运输、制造毒品行为负刑事责任。

【罪量】走私、贩卖、运输、制造毒品，无论数量多少，都应当追究刑事责任。

【加重犯】根据《审理毒品案解释》（2016）第1、2条：

1. 走私、贩卖、运输、制造、非法持有下列毒品，应当认定为第347条第2款第1项、第348条规定的"其他毒品数量大"：①可卡因50克以上；②3，4－亚甲二氧基甲基苯丙胺（MDMA）等苯丙胺类毒品（甲基苯丙胺除外）、吗啡100克以上；③芬太尼125克以上；④甲卡西酮200克以上；⑤二氢埃托啡10毫克以上；⑥哌替啶（杜冷丁）250克以上；⑦氯胺酮500克以上；⑧美沙酮1千克以上；⑨曲马多、γ－羟丁酸2千克以上；⑩大麻油5千克、大麻脂10千克、大麻叶及大麻烟150千克以上；⑪可待因、丁丙诺啡5千克以上；⑫三唑仑、安眠酮50千克以上；⑬阿普唑仑、恰特草100千克以上；⑭咖啡因、罂粟壳200千克以上；⑮巴比妥、苯巴比妥、安钠咖、尼美西泮250千克以上；⑯氯氮卓、艾司唑仑、地西泮、溴西泮500千克以上；⑰上述毒品以外的其他毒品数量大的。

国家定点生产企业按照标准规格生产的麻醉药品或者精神药品被用于毒品犯罪的，根据药品中毒品成分的含量认定涉案毒品数量。

2. 走私、贩卖、运输、制造、非法持有下列毒品，应当认定为《刑法》第347条第3款、第348条规定的"其他毒品数量较大"：①可卡因10克以上不满50克；②3，4－亚甲二氧基甲基苯丙胺（MDMA）等苯丙胺类毒品（甲基苯丙胺除外）、吗啡20克以上不满100克；③芬太尼25克以上不满125克；④甲卡西酮40克以上不满200克；⑤二氢埃托啡2毫克以上不满10毫克；⑥哌替啶（杜冷丁）50克以上不满250克；⑦氯胺酮100克以上不满500克；⑧美沙酮200克以上不满1千克；⑨曲马多、γ－羟丁酸400克以上不满2千克；⑩大麻油1千克以上不满5千克、大麻脂2千克以上不满10千克、大麻叶及大麻烟30千克以上不满150千克；⑪可待因、丁丙诺啡1千克以上不满5千克；⑫三唑仑、安眠酮10千克以上不满50千克；⑬阿普唑仑、恰特草20千克以上不满100千克；⑭咖啡因、罂粟壳40千克以上不满200千克；

⑮巴比妥、苯巴比妥、安钠咖、尼美西泮 50 千克以上不满 250 千克；⑯氯氮卓、艾司唑仑、地西泮、溴西泮 100 千克以上不满 500 千克；⑰上述毒品以外的其他毒品数量较大的。

3. 毒品数量计算。根据《审理毒品案纪要（武汉）》（2015）：走私、贩卖、运输、制造、非法持有两种以上毒品的，可以将不同种类的毒品分别折算为海洛因的数量，以折算后累加的毒品总量作为量刑的根据。对于刑法、司法解释或者其他规范性文件明确规定了定罪量刑数量标准的毒品，应当按照该毒品与海洛因定罪量刑数量标准的比例进行折算后累加。对于刑法、司法解释及其他规范性文件没有规定定罪量刑数量标准，但《非法药物折算表》规定了与海洛因的折算比例的毒品，可以按照《非法药物折算表》折算为海洛因后进行累加。对于既未规定定罪量刑数量标准，又不具备折算条件的毒品，综合考虑其致瘾癖性、社会危害性、数量、纯度等因素依法量刑。在裁判文书中，应当客观表述涉案毒品的种类和数量，并综合认定为数量大、数量较大或者少量毒品等，不明确表述将不同种类毒品进行折算后累加的毒品总量。

对于未查获实物的甲基苯丙胺片剂（俗称"麻古"等）、MDMA 片剂（俗称"摇头丸"）等混合型毒品，可以根据在案证据证明的毒品粒数，参考本案或者本地区查获的同类毒品的平均重量计算出毒品数量。在裁判文书中，应当客观表述根据在案证据认定的毒品粒数。

对于有吸毒情节的贩毒人员，一般应当按照其购买的毒品数量认定其贩卖毒品的数量，量刑时酌情考虑其吸食毒品的情节；购买的毒品数量无法查明的，按照能够证明的贩卖数量及查获的毒品数量认定其贩毒数量；确有证据证明其购买的部分毒品并非用于贩卖的，不应计入其贩毒数量。在毒品丢失、销毁等情形下，因为被告人出于贩卖目的购买这部分毒品，无论是否卖出，均应计入其贩卖毒品的数量。[1]

办理毒品犯罪案件，无论毒品纯度高低，一般均应将查证属实的毒品数量认定为毒品犯罪的数量，并据此确定适用的法定刑幅度，但司法解释另有规定或者为了隐蔽运输而临时改变毒品常规形态的除外。涉案毒品纯度明显低于同类毒品的正常纯度的，量刑时可以酌情考虑。

制造毒品案件中，毒品成品、半成品的数量应当全部认定为制造毒品的数量，对于无法再加工出成品、半成品的废液、废料则不应计入制造毒品的数量。对于废液、废料的认定，可以根据其毒品成分的含量、外观形态，结合被告人对制毒过程的供述等证据进行分析判断，必要时可以听取鉴定机构的意见。

4. 在实施走私、贩卖、运输、制造毒品犯罪的过程中，携带枪支、弹药或者爆炸物用于掩护的，应当认定为《刑法》第347条第2款第3项规定的"武装掩护走私、贩卖、运输、制造毒品"。枪支、弹药、爆炸物种类的认定，依照相关司法解释的规定执行。"携带"既包括随身携带、随包携带、随车携带，也包括在制毒场所存放等，既不要求显示、出示、使用，对枪支、弹药或者爆炸物的数量亦无要求。"用于掩护"的表述旨在从用途和目的上对掩护加以限制，对于只携带子弹而没有携带枪支，不可能实现掩护目的的，不能认定为"武装掩护"。[2]

5. 在实施走私、贩卖、运输、制造毒品犯罪的过程中，以暴力抗拒检查、拘留、逮捕，造成执法人员死亡、重伤、多人轻伤或者具有其他严重情节的，应当认定为《刑法》第347条

---

[1] 高贵君、马岩、方文军、李静然："《全国法院毒品犯罪审判工作座谈会纪要》（武汉）的理解与适用"，载《人民司法》2015 年第 13 期。

[2] 贵君、马岩、方文军、李静然："《全国法院毒品犯罪审判工作座谈会纪要》（武汉）的理解与适用"，载《人民司法》2015 年第 13 期。

第 2 款第 4 项规定的"以暴力抗拒检查、拘留、逮捕，情节严重"。

6. 走私、贩卖、运输、制造毒品，具有下列情形之一的，应当认定为《刑法》第 347 条第 4 款规定的"情节严重"：①向多人贩卖毒品或者多次走私、贩卖、运输、制造毒品的。②在戒毒场所、监管场所贩卖毒品的。"戒毒场所"包括强制隔离戒毒所、自愿戒毒所、社区戒毒治疗门诊、戒毒医院等，"监管场所"包括拘留所、看守所、监狱等。③向在校学生贩卖毒品的。如果贩卖对象既是未成年人又是在校学生的，适用本项的规定处罚。④组织、利用残疾人、严重疾病患者、怀孕或者正在哺乳自己婴儿的妇女走私、贩卖、运输、制造毒品的。⑤国家工作人员走私、贩卖、运输、制造毒品的。⑥其他情节严重的情形。由于刑法已经规定走私、贩卖、运输、制造少量毒品的处 3 年以下有期徒刑、拘役或者管制，因此这里的"情节严重"是指除毒品数量之外的其他情节。

【量刑】1. 毒品再犯处罚。《审理毒品案纪要（大连）》(2008) 指出：根据《刑法》第 365 条规定，只要因走私、贩卖、运输、制造、非法持有毒品罪被判过刑，不论是在刑罚执行完毕后，还是在缓刑、假释或者暂予监外执行期间，又犯《刑法》分则第六章第七节规定的犯罪的，都是毒品再犯，应当从重处罚。因走私、贩卖、运输、制造、非法持有毒品罪被判刑的犯罪分子，在缓刑、假释或者暂予监外执行期间又犯《刑法》分则第六章第七节规定的犯罪的，应当在对其所犯新的毒品犯罪适用《刑法》第 356 条从重处罚的规定确定刑罚后，再依法数罪并罚。对同时构成累犯和毒品再犯的被告人，应当同时引用《刑法》关于累犯和毒品再犯的条款从重处罚。

《审理毒品案纪要（武汉）》(2015) 对上述规定作出了进一步完善：①对于因同一毒品犯罪前科同时构成累犯和毒品再犯的被告人，在裁判文书中应当同时引用刑法关于累犯和毒品再犯的条款，但在量刑时不得重复予以从重处罚；②对于因不同犯罪前科同时构成累犯和毒品再犯的被告人，一般情况下从重处罚幅度要大于前述情形。

具有下列情形之一的，应依法严惩：①通过网络多次、向多人贩卖毒品，并指使未成年人为其运送毒品、对网络群组进行管理的；②虽然贩卖少量毒品，却在实施毒品交易时随身携带枪支、弹药，并向追赶的公安人员开枪射击的；③多次零包（毒品数量在 10 克以下）贩卖毒品，且系累犯和毒品再犯的；④娱乐场所管理者明知顾客要在会所、包房内吸食毒品，但为了增加营业收入，仍容留多人在前述场所吸食毒品的；⑤为获取毒资，与他人共谋实施抢劫、盗窃等侵财性犯罪，并唆使未成年人参与共同犯罪的；⑥吸毒后驾驶机动车强行闯卡、连续违章，并撞击公共设施、剐蹭行人、毁坏他人财物，从而严重影响交通安全，并对不特定多数人的人身、财产权益造成损害的。

2. 毒品数量与量刑。《刑法》第 347 条第 7 款规定："对多次走私、贩卖、运输、制造毒品，未经处理的，毒品数量累计计算。"《审理毒品案纪要（南宁）》(2000，现已失效) 指出："毒品犯罪数量对毒品犯罪的定罪，特别是量刑具有重要作用。但毒品数量只是依法惩处毒品犯罪的一个重要情节而不是全部情节。因此，执行量刑的数量标准不能简单化。特别是对被告人可能判处死刑的案件，确定刑罚必须综合考虑被告人的犯罪情节、危害后果、主观恶性等多种因素。"

3. 毒品含量与量刑。《刑法》第 357 条第 2 款规定："毒品的数量以查证属实的走私、贩卖、运输、制造、非法持有毒品的数量计算，不以纯度折算。"《审理毒品案纪要（南宁）》(2000，现已失效) 指出："根据刑法的规定，对于毒品的数量不以纯度折算。但对于查获的毒品有证据证明大量掺假，经鉴定查明毒品含量极少，确有大量掺假成分的，在处刑时应酌情考虑。特别是掺假之后毒品的数量才达到判处死刑的标准的，对被告人可不判处死刑立即执行。为掩护运输而将毒品融入其他物品中，不应将其他物品计入毒品的数量，可以将溶液蒸馏后得到的纯度较高的毒品数量作为量刑的依据。对杜冷丁和盐酸二氢埃托啡针剂及片剂要按照有效药物成分的含量计算毒品数量。在终端消费市场，海洛因的正常纯度为5%～60%左右，甲基苯丙胺（冰毒）的正常纯度为50%～99%左右，甲基苯丙胺片剂的正常纯度为5%～30%左右，氯胺酮的正常纯度为60%～99%左右。明显低于上述纯度范围最低值的，量刑时可以酌情考虑。[1] 根据《办理毒品案意见》（2007），可能判处死刑的毒品犯罪案件，毒品鉴定结论中应有含量鉴定的结论。死刑的适用。根据《审理毒品案纪要（武汉）》（2015）：①对于运输毒品犯罪，重点打击运输毒品犯罪集团首要分子，组织、指使、雇用他人运输毒品的主犯或者毒枭、职业毒犯、毒品再犯，以及具有武装掩护运输毒品、以运输毒品为业、多次运输毒品等严重情节的被告人，对其中依法应当判处死刑的，坚决依法判处。对于受人指使、雇用参与运输毒品的被告人，慎重适用死刑，其中的初犯、偶犯，一般不判处死刑。一案中有多人受雇运输毒品的，同时判处2人以上死刑要特别慎重。②对于涉案毒品数量刚超过实际掌握的死刑数量标准的，原则上只对其中罪责最大的一名主犯适用死刑；罪责确实难以区分的可以不判处死刑。③如果涉案毒品数量达到巨大以上，判处2人以上死刑应具备以下两个条件：其一，2名以上主犯的罪责均很突出，或者个别主犯罪责稍次但具有法定或者重大酌定从重处罚情节；其二，判处2人以上死刑符合罪刑相适应原则，并有利于全案量刑平衡。④对于买卖同宗毒品的上下家，涉案毒品数量刚超过实际掌握的死刑数量标准的，一般不能同时判处死刑；上家主动联络销售毒品，积极促成毒品交易的，通常可以判处上家死刑；下家积极筹资，主动向上家约购毒品，对促成毒品交易起更大作用的，可以考虑判处下家死刑。涉案毒品数量达到巨大以上的，也要综合上述因素决定死刑适用。

4. 区分前述主犯和从犯，应从犯罪的整个过程来分析，具体可分为三个阶段把握：

（1）毒品供应的源头作用大小。应考察：①毒品犯罪的犯意是由谁提出的；②毒品的来源渠道与谁关联紧密；③与毒品上家联络和谈判的是谁；④出资购买毒品的购毒款金额高低。

（2）毒品转移的中间作用大小。应考察：①藏匿毒品、逃避检查的方法由谁提出；②掩藏毒品的工具由谁购买或者提供；③运输转移毒品的行为具体由谁实施。

（3）毒品处理的终端作用大小。应考察：①毒品到达目的地后由谁负责派人前来接应；②毒品到达目的地后由谁联系下家负责销售处理；③毒品处理完后谁主持分赃以及分赃数额谁多谁少。

另外值得注意的是：区分主从犯必须首先看共犯之间的相互关系，如果一毒品共犯实施的行为完全受另一毒品共犯支配，虽然另一毒品共犯没有实施任何具体行为或只实施了少量具体行为，但其在共同犯罪中实际起到支配作用，支配者应认定为主犯，被支配者应认定为从犯。

5. 根据最高人民法院发布的有关典型案例，具有以下情形的，应认定为"罪行极其严重"，可判处死刑，剥夺政治权利终身，并处没收全部财产。[2]

（1）在跨国毒品共同犯罪中系主犯，所涉毒品数量特别巨大，且系累犯。如"唐小平走私、贩卖、运输毒品案"：唐小平（系累犯）伙同他人走私、贩卖、运输甲基苯丙胺片剂，其出境联系购买毒品，并组织、指挥他人支付毒资、接取毒品，共计被查获353.10千克。

（2）制造毒品数量巨大，并非法持有枪支、弹药。如"洪海沿制造毒品案"：洪海沿伙同

---

[1] 高贵君、马岩、方文军、李静然："《全国法院毒品犯罪审判工作座谈会纪要》（武汉）的理解与适用"，载《人民司法》2015年第13期。

[2] 最高人民法院："毒品犯罪及吸毒诱发次生犯罪十大典型案例"，载《法制日报》2016年6月23日。

他人在自家旧屋内制造甲基苯丙胺达 8000 余克,并非法持有枪支、弹药。

(3) 假释考验期内大量贩卖毒品,且系毒品再犯。如"舒余坤贩卖毒品案":舒余坤曾因贩卖毒品罪被判处无期徒刑,后又在假释考验期内向他人贩卖海洛因各 600 克、400 克,舒余坤还委托二购买者将 200 克海洛因运回贵阳市代其贩卖,后者携带海洛因返回途中被抓获。后公安人员将舒余坤抓获并从其家中查获 1050.4 克海洛因。

(4) 吸毒致幻后杀死无辜幼儿。如"陈万寿故意杀人案":陈万寿长期吸毒,曾被强制隔离戒毒但又复吸,且此前曾有过吸毒致幻现象。陈万寿作案前 1 小时左右吸食毒品,随后产生幻觉,持菜刀闯入邻居家中挟持年仅 3 岁的被害人,并不顾到场公安人员和群众的劝阻,砍切其颈部一刀致其当场死亡。

(二) 适用

【定罪】1. 罪名的确定。走私、贩卖、运输、制造毒品罪是选择罪名,即实施其中一种行为的成立完整一罪,实施其中数行为的也只判决为一罪,不数罪并罚。罪名根据实施的行为确定。例如,甲贩卖毒品 300 克,判决成立"贩卖毒品罪"。乙贩卖毒品 100 克,走私毒品 300 克,判决成立走私、贩卖毒品罪,犯罪数量 400 克。处理方式如同同种数罪不数罪并罚的。罪名的表述顺序固定为"走私、贩卖运输、制造毒品罪",不受行为先后顺序的影响,例如,乙贩卖毒品 100 克行为在先、走私 300 克在后,判决罪名依然为"走私、贩卖毒品罪"。

2. 贩卖毒品罪认定。《审理毒品案纪要(武汉)》(2015) 指出:

贩毒人员被抓获后,对于从其住所、车辆等处查获的毒品,一般均应认定为其贩卖的毒品。确有证据证明查获的毒品并非贩毒人员用于贩卖,其行为另构成非法持有毒品罪、窝藏毒品罪等其他犯罪的,依法定罪处罚。

吸毒者在购买、存储毒品过程中被查获,没有证据证明其是为了实施贩卖毒品等其他犯罪,毒品数量达到《刑法》第 248 条规定的最低数量标准的,以非法持有毒品罪定罪处罚。吸毒者在运输毒品过程中被查获,没有证据证明其是为了实施贩卖毒品等其他犯罪,毒品数量达到较大以上的,以运输毒品罪定罪处罚。

行为人为吸毒者代购毒品,在运输过程中被查获,没有证据证明托购者、代购者是为了实施贩卖毒品等其他犯罪,毒品数量达到较大以上的,对托购者、代购者以运输毒品罪的共犯论处。行为人为他人代购仅用于吸食的毒品,在交通、食宿等必要开销之外收取"介绍费""劳务费",或者以贩卖为目的收取部分毒品作为酬劳的,应视为从中牟利,属于变相加价贩卖毒品,以贩卖毒品罪定罪处罚。

对于"代购蹭吸"的情形,多数意见认为"蹭吸"是为了满足自身吸食毒品的需求,不宜认定为牟利行为;而且,如果对以吸食为目的的托购者认定非法持有毒品罪,对"蹭吸"的代购者认定贩卖毒品罪,也会导致处罚失衡。[1]

购毒者接收贩毒者通过物流寄递方式交付的毒品,没有证据证明其是为了实施贩卖毒品等其他犯罪,毒品数量达到《刑法》第 348 条规定的最低数量标准的,一般以非法持有毒品罪定罪处罚。代收者明知是物流寄递的毒品而代购毒者接收,没有证据证明其与购毒者有实施贩卖、运输毒品等犯罪的共同故意,毒品数量达到《刑法》第 348 条规定的最低数量标准的,对代收者以非法持有毒品罪定罪处罚。

行为人利用信息网络贩卖毒品、在境内非法买卖用于制造毒品的原料或者配剂、传授制造

---

[1] 高贵君、马岩、方文军、李静然:"《全国法院毒品犯罪审判工作座谈会纪要》(武汉)的理解与适用",载《人民司法》2015 年第 13 期。

毒品等犯罪的方法，构成贩卖毒品罪、非法买卖制毒物品罪、传授犯罪方法罪等犯罪的，依法定罪处罚。行为人开设网站、利用网络聊天室等组织他人共同吸毒，构成引诱、教唆、欺骗他人吸毒罪等犯罪的，依法定罪处罚。多数意见认为，虚拟空间不符合容留他人吸毒罪中的场所特征，对此类行为不能认定为容留他人吸毒罪。

行为人非法贩卖麻醉药品、精神药品的，应区分情形：①对于向走私、贩卖毒品的犯罪分子或者吸食、注射毒品的人员进行贩卖的，应当以贩卖毒品罪定罪处罚；②对于出于医疗目的，违反药品管理法的相关规定，向无资质的药品经营人员、私立医院、诊所、药店或者病人非法贩卖的，侵犯的是国家对药品的正常经营管理秩序，故不应认定为贩卖毒品罪。符合非法经营罪的定罪标准的，依法定罪处罚。实践中有的被告人向不特定对象贩卖麻、精药品，如果没有证据证明其是故意向走私、贩卖毒品的犯罪分子或者吸食、注射毒品的人员进行贩卖的，根据有利于被告人的原则，一般不宜认定为贩卖毒品罪。[1]

3. 特情引诱。《审理毒品案纪要（大连）》（2008）指出，对特情介入侦破的毒品案件，要区别不同情形予以分别处理：对已持有毒品待售或者有证据证明已准备实施大宗毒品犯罪者，采取特情贴靠、接洽而破获的案件，不存在犯罪引诱，应当依法处理。行为人本没有实施毒品犯罪的主观意图，而是在特情诱惑和促成下形成犯意，进而实施毒品犯罪的，属于"犯意引诱"。对因"犯意引诱"实施毒品犯罪的被告人，根据罪刑相适应原则，应当依法从轻处罚，无论涉案毒品数量多大，都不应判处死刑立即执行。行为人在特情既为其安排上线，又提供下线的双重引诱，即"双套引诱"下实施毒品犯罪的，处刑时可予以更大幅度的从宽处罚或者依法免予刑事处罚。行为人本来只有实施数量较小的毒品犯罪的故意，在特情引诱下实施了数量较大甚至达到实际掌握的死刑数量标准的毒品犯罪的，属于"数量引诱"。对因"数量引诱"实施毒品犯罪的被告人，应当依法从轻处罚，即使毒品数量超过实际掌握的死刑数量标准，一般也不判处死刑立即执行。

【程序】根据《毒品案程序规定》（2016），要点如下：

1. 毒品提取。侦查人员应当对毒品犯罪案件有关的场所、物品、人身进行勘验、检查或者搜查，及时准确地发现、固定、提取、采集毒品及内外包装物上的痕迹、生物样本等物证，依法予以扣押。必要时，可以指派或者聘请具有专门知识的人，在侦查人员的主持下进行勘验、检查。

2. 毒品扣押。应当在有犯罪嫌疑人在场并有见证人的情况下，由 2 名以上侦查人员执行。毒品的提取、扣押情况应当制作笔录，并当场开具扣押清单。笔录和扣押清单应当由侦查人员、犯罪嫌疑人和见证人签名，见证人不得由办理该毒品犯罪案件的公安机关、人民检察院、人民法院的工作人员、实习人员或者其聘用的协勤、文职、清洁、保安等人员担任。犯罪嫌疑人拒绝签名的，应当在笔录和扣押清单中注明。

3. 毒品称量。一般应当由两名以上侦查人员在查获毒品的现场完成。不具备现场称量条件的，应当在对毒品及包装物封装后，带至公安机关办案场所或者其他适当的场所进行称量，称量应当在有犯罪嫌疑人在场并有见证人的情况下进行，并制作称量笔录。对已经封装的毒品进行称量前，应当在有犯罪嫌疑人在场并有见证人的情况下拆封，并记录在称量笔录中。称量笔录应当由称量人、犯罪嫌疑人和见证人签名。犯罪嫌疑人拒绝签名的，应当在称量笔录中注明。

---

[1] 高贵君、马岩、方文军、李静然："《全国法院毒品犯罪审判工作座谈会纪要》（武汉）的理解与适用"，载《人民司法》2015 年第 13 期。

4. 毒品取样。一般应当在称量工作完成后，由 2 名以上侦查人员在查获毒品的现场或者公安机关办案场所完成，应当在有犯罪嫌疑人在场并有见证人的情况下进行，并制作取样笔录。必要时，可以指派或者聘请具有专门知识的人进行取样。对已经封装的毒品进行取样前，应当在有犯罪嫌疑人在场并有见证人的情况下拆封，并记录在取样笔录中，取样笔录应当由取样人、犯罪嫌疑人和见证人签名。犯罪嫌疑人拒绝签名的，应当在取样笔录中注明。

5. 毒品送检。应当由 2 名以上侦查人员自毒品被查获之日起 3 日以内，送至鉴定机构进行鉴定，具有案情复杂、查获毒品数量较多、异地办案、在交通不便地区办案等情形的，送检时限可以延长至 7 日。对毒品原植物及其种子、幼苗，应当委托具备相应资质的鉴定机构进行鉴定。当地没有具备相应资质的鉴定机构的，可以委托侦办案件的公安机关所在地的县级以上农牧、林业行政主管部门，或者设立农林相关专业的普通高等学校、科研院所出具检验报告。

6. 慎用死刑、重刑。具有下列情形之一的，公安机关应当委托鉴定机构对查获的毒品进行含量鉴定：①犯罪嫌疑人、被告人可能被判处死刑的；②查获的毒品系液态、固液混合物或者系毒品半成品的；③查获的毒品可能大量掺假的；④查获的毒品系成分复杂的新类型毒品，且犯罪嫌疑人、被告人可能被判处 7 年以上有期徒刑的；⑤人民检察院、人民法院认为含量鉴定对定罪量刑有重大影响而书面要求进行含量鉴定的。进行含量鉴定的检材应当与进行成分鉴定的检材来源一致，且一一对应。

7. 证据排除。毒品的提取、扣押、称量、取样、送检程序存在瑕疵，可能严重影响司法公正的，人民检察院、人民法院应当要求公安机关予以补正或者作出合理解释，否则对相关证据应当依法予以排除，不得作为批准逮捕、提起公诉或者判决的依据。

【关联罪】1. 利用信息网络，设立用于实施传授制造毒品、非法生产制毒物品的方法，贩卖毒品，非法买卖制毒物品或者组织他人吸食、注射毒品等违法犯罪活动的网站、通讯群组，或者发布实施前述违法犯罪活动的信息，情节严重的，应当依照《刑法》第 287 条之一的规定，以非法利用信息网络罪定罪处罚。

实施《刑法》第 287 条之一、第 287 条之二规定的行为，同时构成贩卖毒品罪、非法买卖制毒物品罪、传授犯罪方法罪等犯罪的，依照处罚较重的规定定罪处罚。

2. 走私毒品又走私其他物品构成犯罪的，按走私毒品罪和构成的其他走私罪分别定罪，实行并罚。

3. 故意贩卖假毒品骗取财物的，以诈骗罪论处；把假毒品误作真毒品进行走私、贩卖、运输的，应以本罪（未遂）处罚。

【共犯】1. 居间行为。《审理毒品案纪要（武汉）》（2015）指出：办理贩卖毒品案件，应当准确认定居间介绍买卖毒品行为，并与居中倒卖毒品行为相区别。居间介绍者在毒品交易中处于中间人地位，发挥介绍联络作用，通常与交易一方构成共同犯罪，但不以牟利为要件；居中倒卖者属于毒品交易主体，与前后环节的交易对象是上下家关系，直接参与毒品交易并从中获利。居间介绍者受贩毒者委托，为其介绍联络购毒者的，与贩毒者构成贩卖毒品罪的共同犯罪；明知购毒者以贩卖为目的购买毒品，受委托为其介绍联络贩毒者的，与购毒者构成贩卖毒品罪的共同犯罪；受以吸食为目的的购毒者委托，为其介绍联络贩毒者，毒品数量达到《刑法》第 348 条规定的最低数量标准的，一般与购毒者构成非法持有毒品罪的共同犯罪；同时与贩毒者、购毒者共谋，联络促成双方交易的，通常认定与贩毒者构成贩卖毒品罪的共同犯罪。居间介绍者实施为毒品交易主体提供交易信息、介绍交易对象等帮助行为，对促成交易起次要、辅助作用的，应当认定为从犯；对于以居间介绍者的身份介入毒品交易，但在交易中超出居间介绍者的地位，对交易的发起和达成起重要作用的被告人，可以认定为主犯。

2. 同行运输。两人以上同行运输毒品的，应当从是否明知他人带有毒品，有无共同运输毒品的意思联络，有无实施配合、掩护他人运输毒品的行为等方面综合审查认定是否构成共同犯罪。受雇于同一雇主同行运输毒品，但受雇者之间没有共同犯罪故意，或者虽然明知他人受雇运输毒品，但各自的运输行为相对独立，既没有实施配合、掩护他人运输毒品的行为，又分别按照各自运输的毒品数量领取报酬的，不应认定为共同犯罪。受雇于同一雇主分段运输同一宗毒品，但受雇者之间没有犯罪共谋的，也不应认定为共同犯罪。雇用他人运输毒品的雇主，及其他对受雇者起到一定组织、指挥作用的人员，与各受雇者分别构成运输毒品罪的共同犯罪，对运输的全部毒品数量承担刑事责任。

3. 《审理毒品案纪要（南宁）》（2000，现已失效）对毒品案件的共同犯罪问题作了如下规定：

毒品共同犯罪是指二人以上共同故意实施走私、贩卖、运输、制造毒品等犯罪行为。共同犯罪不应以案发后其他共同犯罪人是否到案为条件。仅在客观上相互关联的毒品犯罪行为，如买卖毒品的双方，不一定构成共犯，但为了诉讼便利可并案审理。审理毒品共同犯罪案件应当注意以下几个方面的问题：

（1）要正确区分主犯和从犯。在共同犯罪中起意吸毒、为主出资、毒品所有者以及其他起主要作用的是主犯；在共同犯罪中起次要或者辅助作用的是从犯。对于确有证据证明在共同犯罪中起次要或者辅助作用的，不能因为其他共同犯罪人未归案而不认定为从犯，甚至将其认定为主犯或按主犯处罚。只要认定了从犯，无论主犯是否到案，均应依照并援引刑法关于从犯的规定从轻、减轻或者免除处罚。

（2）要正确认定共同犯罪案件中主犯和从犯的毒品犯罪数量。对于毒品犯罪集团的首要分子，应按集团毒品犯罪的总数量处罚；对一般共同犯罪的主犯，应当按其组织、指挥的毒品犯罪数量处罚；对于从犯，应当按其个人直接参与实施的毒品犯罪数量处罚。

（3）要根据行为人在共同犯罪中作用和罪责的大小确定刑罚。不同案件不能简单地类比，这一案件的从犯参与毒品犯罪的数量可能比另一案件的主犯参与毒品犯罪的数量大，但对这一案件从犯的处罚不是必然重于另一案件的主犯。共同犯罪中能分清主从犯的，不能因为涉案的毒品数量特别巨大，就一律将被告人认定为主犯并判处重刑甚至死刑。受雇于他人实施毒品犯罪的，应根据其在犯罪中的作用具体认定为主犯或从犯。受他人指使实施毒品犯罪并在犯罪中起次要作用的，一般应认定为从犯。

【案例】　　　　　　　　　**阿力日呷等贩卖、运输毒品案**[1]

2010年3月，阿力日呷与女友阿牛木史牛（已判刑）商定共同出资3万元购买1块海洛因。后阿布木拉尾（已判刑）得知二人意图到某省购买海洛因，便主动要求出资共同购买海洛因以牟利，表示愿意以每块3.6万元的价格购买2块海洛因，并汇给阿力日呷7.2万元。阿布木拉尾让阿布么作外（已判刑）随阿力日呷、阿牛木史牛去某省境内将其购买的毒品运输回来，许诺事成后付给阿布么作外6000元报酬。同月21日，阿力日呷与阿牛木史牛、阿布么作外前往云南购买海洛因，阿力日呷以10.2万元的价格购买了3块海洛因。阿力日呷拿了2块海洛因给阿布么作外（净重693克），另1块交给阿牛木史牛藏于身上（净重344克）。三人在搭乘长途汽车返回途中被抓获并查获3块海洛因。法院以阿力日呷犯贩卖、运输毒品罪判处死刑，但最高院不予核准并发回重审。

---

[1] 载中华人民共和国最高人民法院刑事审判第一、二、三、四、五庭主办：《刑事审判参考（2014年第1集·总第96集）》，法律出版社2015年版。

裁判要旨：行为人对临时结伙贩卖、运输毒品起组织作用，但自身实际贩卖毒品数量相对较少、对同案被告人和毒品的控制力较弱，且各共同犯罪人责任相对分散的情况下，可不判处死刑立即执行。

【案例】　　　　　　　　姚某贩卖毒品案[1]

姚某，男，1993年9月4日出生。2011年7月22日因犯贩卖毒品罪被判处有期徒刑6个月（犯罪时未满18周岁）。2013年1月16日22时许，姚某在垫江县某网吧附近一巷子内以200元的价格贩卖甲基苯丙胺0.19克给吸毒人员欧阳才飞。二人交易完毕后被民警当场抓获。法院认为，虽然姚某曾因毒品犯罪被判刑，但犯罪时未满18周岁，不构成累犯。姚某到案后如实供述罪行，可从轻处罚，遂以贩卖毒品罪判处姚某有期徒刑6个月，并处罚金人民币1000元。

裁判要旨：不满18周岁的人因毒品犯罪被判处5年有期徒刑以下刑罚，其再次实施毒品犯罪的，不能认定为毒品再犯。《刑事诉讼法》规定"犯罪记录封存之后不得向任何单位和个人提供，但司法机关为办案需要进行查询的除外"，根据该规定的精神和刑法从旧兼从轻原则，司法机关应对被封存的未成年犯罪记录的情况予以保密，也不得将该记录用作从重处罚的依据。

【案例】　　　　傅勇、朱小勇贩卖、运输毒品，石远德运输毒品案[2]

2013年2月20日，朱小勇携带毒品驾车从东莞前往杭州。当日21时许，朱小勇因车辆在行驶途中出现故障，给傅勇打电话求助。傅勇明知朱小勇携带毒品，仍指使石远德、郭俊富（另案处理）驾车接应。次日1时许3人会合，朱小勇将藏有996.8克甲基苯丙胺的饮料箱交给石远德、郭俊富后，自行驾车前往杭州。石远德、郭俊富驾车途中遇到交警检查酒驾，石远德下车逃跑，并将藏有毒品的饮料箱扔在杭州武警支队营地内。石远德随即被交警抓获，郭俊富因无酒驾嫌疑被释放。武警官兵在营地内发现毒品后送交公安机关。其间，石远德将毒品被其丢弃的情况电话告知傅勇。傅勇与朱小勇见面后商定，由郭俊富指路，傅勇指使严勇驾驶朱小勇的汽车回到丢弃毒品的地点寻找。后傅勇等人寻找毒品时被武警官兵及交警抓获。随后，公安机关又从傅勇的租住处和暂住处查获甲基苯丙胺733.8克、海洛因22.88克，扣押吸毒工具。同年3月8日，公安机关抓获朱小勇并从其租住处查获甲基苯丙胺36.94克。法院以贩卖、运输毒品罪判处傅勇死刑、朱小勇死缓，以运输毒品罪判处石远德无期徒刑。

裁判要旨：在毒品运输方将毒品交给接应方后否认涉案的情况下，应结合证据认定其与毒品犯罪事实的关联。对于毒品接应方，在没有证据证实其是毒品下家或者贩卖毒品共犯的情况下，其行为宜以运输毒品罪论处。

二、非法持有毒品罪

（一）构成要件·法定刑

《刑法》第348条　　非法持有鸦片1000克以上、海洛因或者甲基苯丙胺50克以上或者其他毒品数量大的，处7年以上有期徒刑或者无期徒刑，并处罚金；非法持有鸦片200克以上不满1000克、海洛因或者甲基苯丙胺10克以上不满50克或者其他毒品数量较大的，处3年以下有期徒刑、拘役或者管制，并处罚金；情节严重的，处3年以上7年以下有期徒刑，并处

---

[1] 载中华人民共和国最高人民法院刑事审判第一、二、三、四、五庭主办：《刑事审判参考（2015年第1集·总第102集）》，法律出版社2015年版。

[2] 中华人民共和国最高人民法院刑事审判第一、二、三、四、五庭主办：《刑事审判参考（2015年第2集·总第103集）》，法律出版社2015年版。

罚金。

【定义】明知是鸦片、海洛因、甲基苯丙胺或者其他毒品而非法持有，且数量较大的行为。

【行为】非法持有数量较大的毒品。具体包括以下要素：①持有毒品，指占有、携有、藏有或者其他方式持有毒品的行为。持有不限于直接持有，也包括间接持有。持有也不限于有所有权的持有，既包括本人亲自控制、占有自己所有或者他人所有的毒品，也包括本人拥有而由他人保管、占有的毒品。"持有是一种持续行为，只有当毒品在一定时间内由行为人支配时，才构成持有；至于时间的长短，则并不影响持有的成立，只是一种量刑情节，但如果时间过短，不足以说明行为人事实上支配着毒品时，则不能认为是持有。"[1] ②持有的非法性。所谓"非法"，是指违反国家法律和国家主管部门的规定。如违反国务院的《麻醉药品和精神药品管理条例》等。

【罪量】非法持有毒品"数量较大"的才成立本罪。"数量较大"，指非法持有鸦片200克以上、海洛因或者甲基苯丙胺10克以上或者其他毒品数量较大的。"其他毒品数量较大"与《刑法》第347条第3款之"其他毒品数量较大"相同。毒品的数量以查证属实的数量计算，不以纯度折算。

【主观】故意，即明知是毒品而非法持有。对于没有认识到是毒品而持有的，不能认定为本罪。《办理毒品案意见》（2007）规定，走私、贩卖、运输、非法持有毒品主观故意中的"明知"，是指行为人知道或者应当知道所实施的行为是走私、贩卖、运输、非法持有毒品行为。具有下列情形之一，并且犯罪嫌疑人、被告人不能作出合理解释的，可以认定其"应当知道"，但有证据证明确属被蒙骗的除外：①执法人员在口岸、机场、车站、港口和其他检查站检查时，要求行为人申报为他人携带的物品和其他疑似毒品物，并告知其法律责任，而行为人未如实申报，在其所携带的物品内查获毒品的；②以伪报、藏匿、伪装等蒙蔽手段逃避海关、边防等检查，在其携带、运输、邮寄的物品中查获毒品的；③执法人员检查时，有逃跑、丢弃携带物品或逃避、抗拒检查等行为，在其携带或丢弃的物品中查获毒品的；④体内藏匿毒品的；⑤为获取不同寻常的高额或不等值的报酬而携带、运输毒品的；⑥采用高度隐蔽的方式携带、运输毒品的；⑦采用高度隐蔽的方式交接毒品，明显违背合法物品惯常交接方式的；⑧其他有证据足以证明行为人应当知道的。

【加重犯】《审理毒品案解释》（2016）指出：非法持有毒品达到"数量较大"标准，且具有下列情形之一的，应当认定为《刑法》第348条规定的"情节严重"：①在戒毒场所、监管场所非法持有毒品的；②利用、教唆未成年人非法持有毒品的；③国家工作人员非法持有毒品的；④其他情节严重的情形。

【量刑】包庇走私、贩卖、运输、制造毒品的近亲属，或者为其窝藏、转移、隐瞒毒品或者毒品犯罪所得的财物，不具有《刑法》第348条前两款规定的"情节严重"情形，归案后认罪、悔罪、积极退赃，且系初犯、偶犯，犯罪情节轻微不需要判处刑罚的，可以免予刑事处罚。

【关联罪】非法持有毒品罪与《刑法》第347条之走私、贩卖、制造、运输毒品罪的关系：

1. 本人因犯《刑法》第347条之罪而持有毒品，以第347条之罪定罪处罚。
2. 本人为犯《刑法》第347条之罪的人而持有毒品的，是窝藏毒品罪。

---

[1] 张明楷：《刑法学》，法律出版社2003年版，第877页。

3. 如果不能证实本人所非法持有毒品与《刑法》第347条之罪的关联，是非法持有毒品。例如，从甲住处查出100克毒品，甲供述是乙的，乙承认该毒品是其暂放在甲处的，但无法查明乙的毒品来源。认定乙构成非法持有毒品罪，甲构成乙的共犯。换言之，行为人"持有"本人拥有的毒品或者来源不明的毒品，是"持有"；查清毒品来源是他人所有或行为人本人贩卖、运输的毒品，以窝藏毒品罪或者贩卖、运输毒品罪论处，无须定非法持有毒品罪。

（二）适用

【定罪】1. 关于吸毒者涉嫌毒品犯罪的问题。《审理毒品案纪要（南宁）》（2000，现已失效）指出："吸毒者在购买、运输、存储毒品过程中被抓获的，如没有证据证明被告人实施了其他毒品犯罪行为的，一般不应定罪处罚，但查获的毒品数量大的，应当以非法持有毒品罪定罪处罚；毒品数量未超过《刑法》第348条规定数量最低标准的，不定罪处罚。对于以贩养吸的被告人，被查获的毒品数量应认定为其犯罪的数量，但量刑时应考虑被告人吸食毒品的情节。"

代购代卖毒品、居间介绍买卖毒品均从属于毒品交易主体的毒品买卖行为，二者的区别是：①行为方式不同。居间介绍买卖毒品主要是为毒品交易双方提供交易信息，介绍交易对象，协调交易价格、数量或者提供其他帮助。因此，居间介绍者中除了部分直接参与交易者之外，通常不会直接持有毒品，也不会帮助运输毒品，而代购代卖者必然直接持有毒品，而且往往伴随着帮助运输毒品的行为。②在交易中发挥的作用不同。居间介绍者不是一方交易主体，而是中间人，而代购代卖者起到的是交易一方代理人的作用，是实际参与毒品交易的一方主体，委托代购代卖者并不具体参与交易。③是否牟利对其行为性质的影响不同。居间介绍买卖毒品的，是否牟利并不影响其行为性质的认定。为他人代购仅用于吸食的毒品，代购者从中牟利的构成贩卖毒品罪；没有从中牟利但毒品数量达到较大以上的，对其以非法持有毒品罪的共犯论处。④交易双方之间的关系不同。居间介绍买卖毒品的，贩毒者、购毒者之间此前并无直接联系。代购代卖毒品的，如果是代购者或者代卖者向委托者指定的人去购买或者贩卖毒品，实际的购毒者与贩毒者之间事先可能存在联系；但如果是代购者或者代卖者主动为委托者寻找毒品来源或者联系毒品销售渠道，则事先可能亦无联络。[1]

2. 接受藏匿毒品邮包的定性：

【案例】**张玉英非法持有毒品案**[2]

2005年1月，张玉英与成都市名为"尕蛋"的男子电话联系购买400克毒品海洛因，每克300元，并约定采用邮寄的方式。张玉英向"尕蛋"提供了收件人的地址、姓名为新疆乌鲁木齐市北京南路32号第九中学黄建新。2005年1月20日，张玉英接到"尕蛋"的通知后，到乌鲁木齐市第九中学收发室领取了邮包，离开时被公安人员抓获，当场从邮包中搜出一块用黄色胶带包裹的白色粉末物，净重336克，从中检出海洛因成分。一审、二审法院均认为，张玉英构成运输毒品罪，对其判处死刑，剥夺政治权利终身，并处没收个人全部财产。最高院改判非法持有毒品罪，对张玉英判处无期徒刑，剥夺政治权利终身，并处罚金1万元。

裁判要旨：对接受藏匿有毒品的邮包的行为，应考察行为人是否具有运输毒品之目的。如果行为人与毒品贩卖者联系的目的在于购买并接受通过邮局邮寄来的毒品，而非关心将毒品由甲地运到乙地的这一过程，则不能认定其具有运输毒品之目的，在数量较大的情况下应构成非

---

[1] 李静然："居间介绍买卖毒品的法律适用相关问题"，载《人民法院报》2016年6月28日。
[2] 载中华人民共和国最高人民法院刑事审判第一庭、第二庭编：《刑事审判参考（2005年第6集·总第47集）》，法律出版社2006年版。

法持有毒品罪。

3. 托购、代购毒品问题。《审理毒品案纪要（南宁）》（2000，现已失效）指出："有证据证明行为人不是以营利为目的，为他人代买仅用于吸食的毒品，毒品数量超过刑法第348条规定数量最低标准，构成犯罪的，托购者、代购者均构成非法持有毒品罪。"

【罪数】《审理毒品案纪要（南宁）》（2000，现已失效）指出："非法持有毒品达到刑法第348条规定的构成犯罪的数量标准，没有证据证明实施了走私、贩卖、运输、制造毒品等犯罪行为的，以非法持有毒品罪定罪。"因此，因实施其他毒品犯罪而持有毒品的，按所实施的毒品犯罪定罪处罚。例如，行为人因为贩卖、运输毒品而持有的，仅需以一个贩卖、运输毒品罪处罚。

三、包庇毒品犯罪分子罪·窝藏、转移、隐瞒毒品、毒赃罪

（一）构成要件·法定刑

《刑法》第349条　包庇走私、贩卖、运输、制造毒品的犯罪分子的，为犯罪分子窝藏、转移、隐瞒毒品或者犯罪所得的财物的，处3年以下有期徒刑、拘役或者管制；情节严重的，处3年以上10年以下有期徒刑。

缉毒人员或者其他国家机关工作人员掩护、包庇走私、贩卖、运输、制造毒品的犯罪分子的，依照前款的规定从重处罚。

犯前两款罪，事先通谋的，以走私、贩卖、运输、制造毒品罪的共犯论处。

1. 包庇毒品犯罪分子罪。

【定义】明知是走私、贩卖、运输、制造毒品的犯罪分子，而向司法机关作虚假证明掩盖其罪行，以使其逃避法律制裁的行为。

【对象】走私、贩卖、运输、制造毒品的犯罪分子。

【行为】包庇走私、贩卖、运输、制造毒品的犯罪分子。包庇，指向司法机关作虚假证明掩盖走私、贩卖、运输、制造毒品的犯罪分子的罪行，以使其逃避法律制裁的行为。根据《立案标准（三）》（2012），包庇走私、贩卖、运输、制造毒品的犯罪分子，涉嫌下列情形之一的，应予立案追诉：①作虚假证明，帮助掩盖罪行的；②帮助隐藏、转移或者毁灭证据的；③帮助取得虚假身份或者身份证件的；④以其他方式包庇犯罪分子的。

【主观】故意，即明知是走私、贩卖、运输、制造毒品的犯罪分子，而有意予以包庇。

【加重犯】《审理毒品案解释》（2016）第6条第1款指出：包庇走私、贩卖、运输、制造毒品的犯罪分子，具有下列情形之一的，应当认定为《刑法》第349条第1款规定的"情节严重"：①被包庇的犯罪分子依法应当判处15年有期徒刑以上刑罚的；②包庇多名或者多次包庇走私、贩卖、运输、制造毒品的犯罪分子的；③严重妨害司法机关对被包庇的犯罪分子实施的毒品犯罪进行追究的。"严重妨害"是指包庇者毁灭重要证据导致司法机关难以认定犯罪，作伪证严重影响司法机关准确认定犯罪事实，以及帮助犯罪分子藏匿、潜逃严重妨害其及时到案等情形；④其他情节严重的情形。

2. 窝藏、转移、隐瞒毒品、毒赃罪。

【定义】明知是毒品或者毒品犯罪所得的财物而为犯罪分子窝藏、转移、隐瞒的行为。

【对象】毒品或者毒品犯罪所得的财物。

【行为】为犯罪分子窝藏、转移、隐瞒毒品或者毒品犯罪所得的财物。"窝藏"，即将毒品或者毒品犯罪所得的财物放置于一定的场所隐藏、保管。"转移"，是指在他人犯罪既遂后，将毒品或者毒品犯罪所得的财物由一个地方搬运到另一个地方。

【主观】故意，明知是毒品或毒品犯罪所得财物。

【加重犯】《审理毒品案解释》(2016) 第6条第2款指出：为走私、贩卖、运输、制造毒品的犯罪分子窝藏、转移、隐瞒毒品或者毒品犯罪所得的财物，具有下列情形之一的，应当认定为《刑法》第349条第1款规定的"情节严重"：①为犯罪分子窝藏、转移、隐瞒毒品达到《刑法》第347条第2款第1项或者本解释第1条第1款规定的"数量大"标准的；②为犯罪分子窝藏、转移、隐瞒毒品犯罪所得的财物价值达到5万元以上的；③为多人或者多次为他人窝藏、转移、隐瞒毒品或者毒品犯罪所得的财物的；④严重妨害司法机关对该犯罪分子实施的毒品犯罪进行追究的；⑤其他情节严重的情形。

(二) 适用

【关联罪】1. 包庇毒品犯罪分子罪与包庇罪的区别。要点是行为对象不同，本罪包庇的对象限于毒品犯罪分子。

2. 窝藏、转移、隐瞒毒品、毒赃罪与非法持有毒品罪的区别。要点在于毒品来源是否清楚。如果有证据能够证明是为其他毒品犯罪分子保管的毒品，属于窝藏毒品性质。如果不能说明或不能证明毒品来源的，属于非法持有。例如，从甲住处查出100克毒品，甲供述是乙的，乙承认该毒品是其暂放在甲处的，但无法查明乙的毒品来源的，应认定乙构成非法持有毒品罪，甲构成乙的共犯。换言之，行为人"持有"本人拥有的毒品或者来源不明的毒品，是"持有"；查清毒品来源是他人所有或行为人本人贩卖、运输的毒品，以窝藏毒品罪或者贩卖、运输毒品罪论处，无须定非法持有毒品罪。

3. 窝藏、转移、隐瞒毒品、毒赃罪与洗钱罪的区别。要点是客体不同：洗钱罪是一种破坏金融秩序的犯罪，因此限定在利用金融工具、金融手段替他人掩饰、隐瞒"毒赃"的来源和非法性质；而窝藏、转移、隐瞒毒品、毒赃罪使用金融工具、金融手段以外的方法掩饰、隐瞒毒赃的性质和来源。

【共犯】《刑法》第349条第3款规定，犯包庇毒品犯罪分子罪，事先通谋的，以走私、贩卖、运输、制造毒品罪的共犯论处；犯窝藏、转移、隐瞒毒品、毒赃罪，事先通谋的，以走私、贩卖、运输、制造毒品罪的共犯论处。

四、非法生产、买卖、运输制毒物品、走私制毒物品罪

(一) 构成要件·法定刑

《刑法》第350条　违反国家规定，非法运输、携带醋酸酐、乙醚、三氯甲烷或者其他用于制造毒品的原料或者配剂或者携带上述物品进出境，情节较重的，处3年以下有期徒刑、拘役或者管制，并处罚金；情节严重的，处3年以上7年以下有期徒刑，并处罚金；情节特别严重的，处7年以上有期徒刑，并处罚金或者没收财产。

明知他人制造毒品而为其生产、买卖、运输前款规定的物品的，以制造毒品罪的共犯论处。

单位犯前两款罪的，对单位判处罚金，并对其直接负责的主管人员和其他直接责任人员，依照前两款的规定处罚。

【定义】违反国家规定，非法生产、买卖、运输醋酸酐、乙醚、三氯甲烷或者其他用于制造毒品的原料、配剂，或者携带上述物品进出境，情节较重的行为。

【对象】醋酸酐、乙醚、三氯甲烷或者其他用于制造毒品的原料或者配剂，也称"制毒物品"。

【行为】非法生产、买卖、运输制毒物品或者携带制毒物品进出境。参照《办理制毒物品案意见》(2009)，包含如下行为：①未经许可或者备案，擅自生产、买卖、运输、走私易制毒化学品的；②超出许可证明或者备案证明的品种、数量范围生产、买卖、运输、走私易制毒化学品的；③使用他人的或者伪造、变造、失效的许可证明或者备案证明生产、买卖、运输、走私易制毒化学品的；④经营单位违反规定，向无购买许可证明、变造、换效的购买许可证明、备案证明，向其销售易制毒化学品的；⑤以其他方式非法生产、买卖运输、走私易制毒化学品的。

《审理毒品案解释》（2016）第 7 条指出："易制毒化学品生产、经营、购买、运输单位或者个人未办理许可证明或者备案证明，生产、销售、购买、运输易制毒化学品，确实用于合法生产、生活需要的，不以制毒物品犯罪论处。"

【罪量】"情节较重"。根据《审理毒品案解释》（2016）第 7 条，有下列情形之一的，认定为"情节较重"：①麻黄碱（麻黄素）、伪麻黄碱（伪麻黄素）、消旋麻黄碱（消旋麻黄素）1 千克以上不满 5 千克；②1－苯基－2－丙酮、1－苯基－2－溴－1－丙酮、3，4－亚甲基二氧苯基－2－丙酮、羟亚胺 2 千克以上不满 10 千克；③3－氧－2－苯基丁腈、邻氯苯基环戊酮、去甲麻黄碱（去甲麻黄素）、甲基麻黄碱（甲基麻黄素）4 千克以上不满 20 千克；④醋酸酐 10 千克以上不满 50 千克；⑤麻黄浸膏、麻黄浸膏粉、胡椒醛、黄樟素、黄樟油、异黄樟素、麦角酸、麦角胺、麦角新碱、苯乙酸 20 千克以上不满 100 千克；⑥N－乙酰邻氨基苯酸、邻氨基苯甲酸、三氯甲烷、乙醚、哌啶 50 千克以上不满 250 千克；⑦甲苯、丙酮、甲基乙基酮、高锰酸钾、硫酸、盐酸 100 千克以上不满 500 千克；⑧其他制毒物品数量相当的。

达到前述"情节较重"数量标准最低值的 50%，且具有下列情形之一的，也应认定为"情节较重"：①曾因非法生产、买卖、运输制毒物品、走私制毒物品受过刑事处罚的；② 2 年内曾因非法生产、买卖、运输制毒物品、走私制毒物品受过行政处罚的；③一次组织 5 人以上或者多次非法生产、买卖、运输制毒物品、走私制毒物品，或者在多个地点非法生产制毒物品的；④利用、教唆未成年人非法生产、买卖、运输制毒物品、走私制毒物品的；⑤国家工作人员非法生产、买卖、运输制毒物品、走私制毒物品的；⑥严重影响群众正常生产、生活秩序的（这主要是指生产制毒物品过程中污染水源或者土壤，导致养殖的鱼类、牲畜或者种植的农作物大量死亡等严重影响群众生产、生活秩序的情形[1]）；⑦其他情节较重的情形。

【主观】故意。实施走私、买卖制毒物品行为，有下列情形之一，且查获了易制毒化学品，结合行为人的供述和其他证据综合审查判断，可以认定其"明知"是制毒物品而走私或者非法买卖，但有证据证明确属被蒙骗的除外：①改变产品形状、包装或者使用虚假标签、商标等产品标志的；②以藏匿、夹带、伪装或者其他隐蔽方式运输、携带易制毒化学品逃避检查的；③抗拒检查或在检查时丢弃货物逃跑的；④以伪报、藏匿、伪装等蒙蔽手段逃避海关、边防等检查的；⑤选择不设海关或者边防检查站的路段绕行出入境的；⑥以虚假身份、地址或者其他虚假方式办理托运、寄递手续的；⑦以其他方法隐瞒真相，逃避对易制毒化学品依法监管的。

【加重犯】根据《审理毒品案解释》（2016）第 8 条，具有下列情形之一的，应当认定为"情节严重"：其一，制毒物品数量达到"情节较重"最高数量标准以上，不满最高数量标准 5 倍的；其二，达到"情节较重"的数量标准，且具有以下情形之一的：①一次组织 5 人以上或者多次非法生产、买卖、运输制毒物品、走私制毒物品，或者在多个地点非法生产制毒物品的；②利用、教唆未成年人非法生产、买卖、运输制毒物品、走私制毒物品的；③国家工作人员非法生产、买卖、运输制毒物品、走私制毒物品的；④严重影响群众正常生产、生活秩序

---

[1] 高贵君、马岩、方文军、李静然："《关于审理毒品犯罪案件适用法律若干问题的解释》的理解与适用"，载《人民司法·应用》2016 年第 13 期。

的；其三，其他情节严重的情形。

具有下列情形之一的，应当认定为"情节特别严重"：其一，制毒物品数量在"情节较重"的最高数量标准5倍以上的；其二，达到制毒物品数量在"情节较重"的最高数量标准5倍以上，且具有以下情形之一的：①一次组织5人以上或者多次非法生产、买卖、运输制毒物品、走私制毒物品，或者在多个地点非法生产制毒物品的；②利用、教唆未成年人非法生产、买卖、运输制毒物品、走私制毒物品的；③国家工作人员非法生产、买卖、运输制毒物品、走私制毒物品的；④严重影响群众正常生产、生活秩序的；其三，其他情节特别严重的情形。

（二）适用

【共犯】《刑法》第350条第2款："明知他人制造毒品而为其生产、买卖、运输前款规定的物品的，以制造毒品罪的共犯论处。"不知他人用于制造毒品的，不成制造毒品罪共犯。

【案例】　　　　　　**王小情、杨平先等非法买卖制毒物品案**[1]

杨平先为贩卖麻黄碱牟利，租用一废弃厂房，雇用曾红宝、刘林全、刘林辉等人，利用其非法购得的复方茶碱麻黄碱片提炼麻黄碱。其中，曾红宝负责生产，并与刘林全分别驾车运送物资，刘林辉参与加工制造。2010年3月9日，杨平先将提炼出的250千克麻黄碱贩卖给王小情。同月12日，公安人员在上述加工厂内查获一批生产设备和配剂，从厂内水池中查获含有麻黄碱成分的液体，另从杨平先的办公室查获其指使曾红宝存放的28.38余千克的麻黄碱。2010年1月至3月，王小情多次从杨平先等人处购买麻黄碱，先后4次分别组织或者伙同王放祥、张鹏、王以林、王勤龙等人驾车将共计475余千克麻黄碱从四川运输至广东贩卖给他人。其中，王放祥参与4次，张鹏参与3次（共计425千克），王以林参与2次（共计75千克），王勤龙参与1次（25千克）。检察院以王小情、王敢祥、张鹏、王以林、王勤龙构成制造毒品罪起诉，法院认定前述被告人构成非法买卖制毒物品罪，对王小情、杨平先判处有期徒刑10年，并处罚金500万元。裁判要旨：以非法贩卖为目的，利用麻黄碱类复方制剂加工、提炼制毒物品的，应当认定为非法买卖制毒物品罪。

裁判要旨：向他人贩卖制毒物品，没有证据证实行为人明知他人用于制造毒品的，不应认定为制造毒品罪的共犯。

【关联罪】本罪与走私、贩卖、运输、制造毒品罪的区别。对象不同：本罪对象限于制毒物品，即用于制造毒品的原料或者配剂；而走私、贩卖、运输、制造毒品罪则是毒品。

五、非法种植毒品原植物罪

（一）构成要件·法定刑

《刑法》第351条　　非法种植罂粟、大麻等毒品原植物的，一律强制铲除。有下列情形之一的，处5年以下有期徒刑、拘役或者管制，并处罚金：

（一）种植罂粟500株以上不满3000株或者其他毒品原植物数量较大的；

（二）经公安机关处理后又种植的；

（三）抗拒铲除的。

非法种植罂粟3000株以上或者其他毒品原植物数量大的，处5年以上有期徒刑，并处罚金或者没收财产。

非法种植罂粟或者其他毒品原植物，在收获前自动铲除的，可以免除处罚。

---

[1] 载中华人民共和国最高人民法院刑事审判第一、二、三、四、五庭主办：《刑事审判参考（2012年第4集·总第87集）》，法律出版社2013年版。

【定义】明知是罂粟、大麻等毒品原植物而非法种植且数量较大，或者经公安机关处理后又种植，或者抗拒铲除的行为。

【对象】罂粟、大麻等毒品原植物。

【行为】非法种植罂粟、大麻等毒品原植物。

【罪量】《审理毒品案解释》（2016）第9条规定，非法种植毒品原植物，具有下列情形之一的，应当认定为"数量较大"：①非法种植大麻5000株以上不满3万株的；②非法种植罂粟200平方米以上不满1200平方米、大麻2000平方米以上不满1.2万平方米，尚未出苗的；③非法种植其他毒品原植物数量较大的。非法种植毒品原植物，超过"数量较大"最高数量标准的，应当认定"数量大"。

【主观】故意。

（二）适用

【关联罪】本罪与制造毒品罪的界限。前者是指种植毒品原植物的行为，后者是指将毒品原植物进行加工、提炼，制造毒品的行为。非法种植毒品原植物数量较大，又以其为原料制造毒品的，应当以制造毒品罪从重处罚。非法种植毒品原植物数量较大，又实施其他制造毒品行为的，应当分别定非法种植毒品原植物罪和制造毒品罪，数罪并罚。

六、非法买卖、运输、携带、持有毒品原植物种子、幼苗罪

《刑法》第352条　非法买卖、运输、携带、持有未经灭活的罂粟等毒品原植物种子或者幼苗，数量较大的，处3年以下有期徒刑、拘役或者管制，并处或者单处罚金。

【定义】非法买卖、运输、携带、持有未经灭活的罂粟等毒品原植物种子或者幼苗，数量较大的行为。

【对象】未经灭活的罂粟等毒品原植物种子或者幼苗。

【行为】非法买卖、运输、携带、持有未经灭活的罂粟等毒品原植物种子或者幼苗。

【罪量】"数量较大"。《审理毒品案解释》（2016）第10条规定，具有下列情形之一的，应当认定为"数量较大"：①罂粟种子50克以上、罂粟幼苗5000株以上的；②大麻种子50千克以上、大麻幼苗5万株以上的；③其他毒品原植物种子或者幼苗数量较大的。

【主观】故意。

七、引诱、教唆、欺骗他人吸毒罪，强迫他人吸毒罪

（一）构成要件·法定刑

《刑法》第353条　引诱、教唆、欺骗他人吸食、注射毒品的，处3年以下有期徒刑、拘役或者管制，并处罚金；情节严重的，处3年以上7年以下有期徒刑，并处罚金。

强迫他人吸食、注射毒品的，处3年以上10年以下有期徒刑，并处罚金。

引诱、教唆、欺骗或者强迫未成年人吸食、注射毒品的，从重处罚。

1.引诱、教唆、欺骗他人吸毒罪。

【定义】引诱、教唆、欺骗他人吸食、注射毒品的行为。

【行为】引诱、教唆、欺骗他人吸食、注射毒品。引诱、教唆他人吸食、注射毒品，是指通过向他人宣扬吸食、注射毒品后的感受等方法，诱使、唆使他人吸食、注射毒品的行为。欺骗他人吸食、注射毒品，是指用隐瞒事实真相或者制造假象等方法使他人吸食、注射毒品的行为。

【案例】 **崔健引诱、教唆他人吸毒案**[1]

被告人崔健吸毒之后,于2000年3月在家中诱使张某某(男,1983年8月15日出生)仿效其吸食毒品。同年3月中旬,被告人崔健携所买的毒品至印某家中,对在场的印某(男,1984年1月30日生)、张某某和钱锋(男,22岁)等人宣扬吸食毒品能治感冒、脚痛等病,会产生"飘"的感觉等,并当场演示吸食毒品的方法,引诱、唆使印某、张某某和钱锋效仿其吸毒的方法吸食毒品。同年三四月间,被告人崔健在方泰镇孙卫家中,以上述相同方法诱使孙卫(男,21岁)等人吸食毒品。法院以被告人崔健犯引诱、教唆他人吸毒罪,判处有期徒刑3年,罚金人民币3000元。被引诱、教唆、欺骗的人吸食、注射毒品后是否成瘾,不影响本罪的成立。

【主观】故意。

【加重犯】《审理毒品案解释》(2016)第11条规定,具有下列情形之一的,应当认定为"情节严重":①引诱、教唆、欺骗多人或者多次引诱、教唆、欺骗他人吸食、注射毒品的;②对他人身体健康造成严重危害的;③导致他人实施故意杀人、故意伤害、交通肇事等犯罪行为的;④国家工作人员引诱、教唆、欺骗他人吸食、注射毒品的;⑤其他情节严重的情形。

2. 强迫他人吸毒罪。

【定义】强迫他人吸食、注射毒品的行为。

【行为】强迫他人吸食、注射毒品。所谓"强迫他人吸食、注射毒品",是指违背他人意志,使用暴力、胁迫或者其他方法,迫使他人吸食、注射毒品的行为。被强迫的人吸食、注射毒品后是否成瘾,不影响本罪的成立。"其他方法",是指利用他人处于醉酒状态或者熟睡之机等方法为其吸食、注射毒品。

【主观】故意。

(二)适用

【数罪并罚】强迫他人吸毒过程中暴力致人重伤、死亡的,应以强迫他人吸毒罪、故意杀人或者故意伤害罪并罚。但行为人在强迫他人吸食、注射毒品过程中,因捆绑、殴打致人轻伤的,可从一重罪即按强迫他人吸毒罪处罚。

八、容留他人吸毒罪

(一)构成要件·法定刑

《刑法》第354条　容留他人吸食、注射毒品的,处3年以下有期徒刑、拘役或者管制,并处罚金。

【定义】容留他人吸食、注射毒品的行为。

【行为】容留他人吸食、注射毒品。所谓"容留他人吸食、注射毒品",是指为他人吸食、注射毒品提供场所的行为。构成容留他人吸毒罪仅限于容留者拥有对场所的支配、控制权,而被容留者未经容留者允许,不享有场所使用权的情形。此外,对场所有共同居住、使用权的一方,放任另一方在共同的住所内容留他人吸食、注射毒品的,因放任者不符合认定为犯罪的条件,对其不应以容留他人吸毒罪定罪处罚。[2]

【主观】故意。

【罪量】《审理毒品案解释》(2016)第12条规定,容留他人吸食、注射毒品,具有下列

---

[1] 乔宪志主编:《上海法院案例精选(2002年)》,上海人民出版社2003年版,第625页。
[2] 高贵君、马岩、方文军、李静然:"《关于审理毒品犯罪案件适用法律若干问题的解释》的理解与适用",载《人民司法·应用》2016年第13期。

情形之一的,应当以容留他人吸毒罪定罪处罚:①一次容留多人吸食、注射毒品的;② 2 年内多次容留他人吸食、注射毒品的;③ 2 年内曾因容留他人吸食、注射毒品受过行政处罚的;④容留未成年人吸食、注射毒品的;⑤以牟利为目的容留他人吸食、注射毒品的。这主要是指为赚取场所使用费或者为了招揽生意而容留他人吸食、注射毒品的情形,如专门开设地下烟馆容留他人吸食、注射毒品并收取场地使用费,或者娱乐场所经营者、管理者为招揽生意而容许顾客在场所内吸食、注射毒品的;⑥容留他人吸食、注射毒品造成严重后果的;⑦其他应当追究刑事责任的情形。实践中可将行为人"曾因容留他人吸食、注射毒品受过刑事处罚的"认定为"其他应当追究刑事责任的情形"。如果行为人不构成累犯的,依法定罪处罚;行为人构成累犯的,可以认定累犯但不予从重处罚,以免重复评价。容留近亲属吸食、注射毒品,情节显著轻微危害不大的,如父母 2 年内多次在自己家中容留已单独居住的成年子女吸食毒品的,或者同胞姐姐在自己家中容留未成年弟弟吸食毒品的,不作为犯罪处理;需要追究刑事责任的,可以酌情从宽处罚。

【案例】 **聂凯凯容留他人吸毒案**[1]

2013 年 2 月至同年 8 月,吸毒人员宋某、张某、池某、江某(未成年人)、易某先后入住聂凯凯经营的"平安旅馆"吸食毒品。聂凯凯在送毛巾等物品到上述人员入住的房间时,看见他们吸食毒品未予制止,也未向公安机关报告。聂凯凯到案后如实供述了自己的罪行。法院以聂凯凯犯容留他人吸毒罪,判处拘役 5 个月,并处罚金 1000 元。但此种情形毕竟不同于事先明知他人吸食毒品而提供场所的行为,旅馆经营者也没有从吸毒人员处收取除应收房费外的其他费用,故量刑时可以酌情从轻处罚。

裁判要旨:旅馆经营者发现入住客人吸食毒品后不予制止且未报告公安机关的,其行为属于放任他人吸毒,应以容留他人吸毒罪论处。

(二)适用

【关联罪】向他人贩卖毒品后又容留其吸食、注射毒品,或者容留他人吸食、注射毒品并向其贩卖毒品,符合容留他人吸毒罪的定罪条件的,以贩卖毒品罪和容留他人吸毒罪数罪并罚。对于实践中常见的多次让他人在相关场所"试吸"毒品后又向其贩卖毒品的,因让他人"试吸"毒品的行为属于贩卖毒品的手段行为,故不宜认定为容留他人吸毒罪并数罪并罚。

九、非法提供麻醉药品、精神药品罪

(一)构成要件·法定刑

《刑法》第 355 条 依法从事生产、运输、管理、使用国家管制的麻醉药品、精神药品的人员,违反国家规定,向吸食、注射毒品的人提供国家规定管制的能够使人形成瘾癖的麻醉药品、精神药品的,处 3 年以下有期徒刑或者拘役,并处罚金;情节严重的,处 3 年以上 7 年以下有期徒刑,并处罚金。向走私、贩卖毒品的犯罪分子或者以牟利为目的,向吸食、注射毒品的人提供国家规定管制的能够使人形成瘾癖的麻醉药品、精神药品的,依照本法第 347 条的规定定罪处罚。

单位犯前款罪的,对单位判处罚金,并对其直接负责的主管人员和其他直接责任人员,依照前款的规定处罚。

【定义】依法从事生产、运输、管理、使用国家管制的麻醉药品、精神药品的人员与单位,违反国家规定,向吸食、注射毒品的人提供国家规定管制的能够使人形成瘾癖的麻醉药

---

[1] 载中华人民共和国最高人民法院刑事审判第一、二、三、四、五庭主办:《刑事审判参考(2015 年第 1 集·总第 102 集)》,法律出版社 2016 年版。

品、精神药品的行为。

【主体】依法从事生产、运输、管理、使用国家管制的麻醉药品、精神药品的人员以及相关单位。

【对象】国家规定管制的能够使人形成瘾癖的麻醉药品、精神药品。

【行为】违反国家规定,向吸食、注射毒品的人提供国家规定管制的能够使人形成瘾癖的麻醉药品、精神药品。

【主观】直接故意,不以牟利目的为必要。

【罪量】《审理毒品案解释》(2016)第13条规定,具有下列情形之一的,应当依《刑法》第355条第1款定罪处罚:①非法提供麻醉药品、精神药品达到《刑法》第347条第3款"数量较大"标准最低值的50%,不满"数量较大"标准的;②2年内曾因非法提供麻醉药品、精神药品受过行政处罚的;③向多人或者多次非法提供麻醉药品、精神药品的;④向吸食、注射毒品的未成年人非法提供麻醉药品、精神药品的;⑤非法提供麻醉药品、精神药品造成严重后果的;⑥其他应当追究刑事责任的情形。

【加重犯】具有下列情形之一的,应当认定为"情节严重":其一,非法提供麻醉药品、精神药品达到《刑法》第347条第3款"数量较大"标准的;其二,非法提供麻醉药品达到第347条第3款"数量较大"标准最低值的50%,不满"数量较大"标准,且具有以下情形之一的:①向多人或者多次非法提供麻醉药品、精神药品的;②向吸食、注射毒品的未成年人非法提供麻醉药品、精神药品的;③非法提供麻醉药品、精神药品造成严重后果的;其三,其他情节严重的情形。

(二) 适用

【定罪】根据《刑法》第355条的规定,依法从事生产、运输、管理、使用国家管制的麻醉药品、精神药品的单位和人员,非法向走私、贩卖毒品的犯罪分子提供麻醉药品、精神药品的,以走私、贩卖毒品罪论处;以牟利为目的向吸毒者提供的,以贩卖毒品罪论处。

第八节 组织、强迫、引诱、容留、介绍卖淫罪

一、组织卖淫罪·强迫卖淫罪·协助组织卖淫罪

(一) 构成要件·法定刑

《刑法》第358条 组织他人卖淫或者强迫他人卖淫的,处5年以上10年以下有期徒刑,并处罚金;情节严重的,处10年以上有期徒刑或者无期徒刑,并处罚金或者没收财产。

组织、强迫未成年人卖淫的,依照前款的规定从重处罚。

犯前两款罪,并有杀害、伤害、强奸、绑架等犯罪行为的,依照数罪并罚的规定处罚。

为组织卖淫的人招募、运送人员或者有其他协助组织他人卖淫行为的,处5年以下有期徒刑,并处罚金;情节严重的,处5年以上10年以下有期徒刑,并处罚金。

1. 组织卖淫罪。

【定义】组织他人卖淫的行为。

【行为】组织他人卖淫,指以招募、雇用、纠集、强迫、引诱、容留等手段,控制多人从事卖淫的行为。"他人",指除自己之外的所有的人,包括男人。"卖淫"指出卖肉体的行为。

对于向同性出卖肉体的，有案例认定是"卖淫"。[1]

这表明"卖淫"不限于男女性交，也包括同性性行为。对于仅提供手淫等色情按摩服务、不提供性交的行为，有案例认为不是刑法意义上的"卖淫"。"组织"，指即通过管理、控制、安排等方式使分散的卖淫人员能够有组织地进行卖淫活动。组织，必须具有一定的规模，被组织卖淫人员至少在3人以上，一般安排固定场所或者虽然没有固定场所但能管理、控制多人有组织地从事卖淫活动，制定收费标准、分成方式。[2] 提供卖淫场所的，对卖淫活动形成了有效管理与控制，是组织卖淫与容留卖淫的区别要点。

【主观】故意。

2. 强迫卖淫罪。

【定义】违背他人的意志，以暴力、胁迫或者其他方法迫使他人卖淫的行为。

【行为】强迫他人卖淫，指违背他人的意志，以暴力、胁迫或者其他方法迫使他人卖淫。

【主观】故意。

3. 协助组织卖淫罪。

【定义】为组织卖淫的人招募、运送人员等协助组织他人卖淫行为。

【行为】协助组织卖淫，指为组织卖淫的人提供协助行为，常见的协助行为有为组织卖淫的人招募、运送人员，监管卖淫人员，看护卖淫场所，帮助组织者管理财务等。

【主观】故意。

【罪量】根据《立案标准（一）》（2008）第77条，在组织卖淫的犯罪活动中，充当保镖、打手、管账人，招募、运送人员等起帮助作用的，应予立案追诉。

（二）适用

【定罪】1. 特定行业单位人员犯罪。《刑法》第361条规定，旅馆业、饮食服务业、文化娱乐业、出租汽车业等单位的人员，利用本单位的条件，组织他人卖淫的，以组织卖淫罪定罪处罚；利用本单位的条件，强迫他人卖淫的，以强迫卖淫罪定罪处罚。前列单位的主要负责人，犯本罪的，从重处罚。

2. 协助组织者与组织者之间不适用共犯规定。对协助组织卖淫的行为，不能以组织卖淫罪的共犯定罪处罚。因为刑法已经将这种共犯行为规定为独立的犯罪，不适用总则关于共犯的一般规定。

3. 组织卖淫与协助组织卖淫的区别。"在具体案件中，组织他人卖淫场所中的老板、领班、直接管理人员一般系组织者，其行为应当以组织卖淫罪论处。而保镖、打手、管账人、服务生一般系协助组织者，应当以协助组织卖淫罪论处。"[3]

【罪数】1. 在组织他人卖淫的犯罪活动中，对被组织卖淫的人有强迫、引诱、容留、介绍卖淫行为的，应当作为组织他人卖淫罪的量刑情节予以考虑，不实行数罪并罚。如果这些行为

---

[1] 指导案例"李宁组织卖淫案【第303号】——组织男性从事同性性交易，是否构成组织卖淫罪？"载中华人民共和国最高人民法院刑事审判第一庭、第二庭编：《刑事审判参考（2004年第3集·总第38集）》，法律出版社2005年版。

[2] 指导判例"张桂方、冯晓明组织卖淫案【第1054号】——如何区分与认定组织卖淫罪与引诱、容留、介绍卖淫罪以及如何认定组织卖淫罪的'情节严重'"，载中华人民共和国最高人民法院刑事审判第一、二、三、四、五庭主办：《刑事审判参考（2015年第2集·总第103集）》，法律出版社2016年版。

[3] 指导判例"蔡轶等组织卖淫、协助组织卖淫案【第768号】——如何区分组织卖淫罪与协助组织卖淫罪"，载中华人民共和国最高人民法院刑事审判第一、二、三、四、五庭主办：《刑事审判参考（2012年第2集·总第85集）》，法律出版社2013年版。

是对被组织者以外的其他人实施的，仍应当分别定罪，实行数罪并罚。

2. 犯组织卖淫罪、强迫卖淫罪、协助组织卖淫罪并有杀害、伤害、强奸、绑架等犯罪行为的，依照数罪并罚的规定处罚。需要注意的是，《刑法修正案（九）》颁布之前曾有规定"强奸后迫使卖淫的，以强迫卖淫罪加重处罚"，现已改为数罪并罚。但如果对于"为迫使妇女卖淫而将其强奸"这一行为独立评价，则属于强迫卖淫罪（预备）和强奸罪的想象竞合，从一重罪处罚。

二、引诱、容留、介绍卖淫罪·引诱幼女卖淫罪

（一）构成要件·法定刑

《刑法》第359条　引诱、容留、介绍他人卖淫的，处5年以下有期徒刑、拘役或者管制，并处罚金；情节严重的，处5年以上有期徒刑，并处罚金。

引诱不满14周岁的幼女卖淫的，处5年以上有期徒刑，并处罚金。

1. 引诱、容留、介绍卖淫罪。

【定义】引诱、容留、介绍他人卖淫的行为。

【行为】引诱、容留、介绍他人卖淫。引诱他人卖淫，指利用钱财等手段诱使本没有卖淫意思的人从事卖淫活动，容留他人卖淫，指提供场所供他人卖淫使用。

【案例】**杨某、米某容留卖淫案**[1]

杨某、米某系夫妻，二人与子女均住在五里沟村113号院内，且长期将院内十余间自有住房对外出租。2006年4月27日、6月5日、7月27日，公安机关将在上述地点从事卖淫活动的承租人彭某、李某、刘某、孙某、王某、付某6人抓获，且将容留卖淫的杜某抓获。同年8月初和10月12日，民警两次告知杨某承租户中存在卖淫嫖娼的嫌疑。杨某、米某在明知皮某、王某等人长期从事卖淫活动的情况下，仍将该院内房屋出租给上述人员。同年10月17日11时许，民警将从事卖淫活动的皮某、王某、杜某抓获，当日亦将二被告人抓获。法院以容留卖淫罪分别对杨某、米某判处有期徒刑5年，并处罚金5000元。

裁判要旨：明知他人在出租房内从事卖淫活动仍出租房屋的行为，应认定为容留卖淫罪。但实践中房东出租房屋并疏于管理的现象较为普遍，对于承租者从事违法犯罪活动，房东不具备前述情形的，一般只承担行政违法责任。

介绍他人卖淫，指为卖淫人员招徕嫖客的行为。为嫖客介绍、指引、推荐嫖娼场所的，属于介绍嫖娼不是介绍卖淫，例如，行为人临时起意为他人介绍嫖娼，自己与卖淫者并不相识；或根据市场讯息，自己介绍嫖客到某处进行嫖娼；或根据自己曾经嫖娼的经历和熟悉处所，带领或者介绍嫖客到该处所进行嫖娼的。但如果行为人基于其与卖淫人员的约定，介绍嫖客与该卖淫人员进行卖淫嫖娼活动，或基于其与某介绍卖淫者的约定，介绍嫖客通过该介绍卖淫者与卖淫人员进行卖淫嫖娼活动的，实际上行为人表现为介绍嫖娼者、介绍卖淫者的双重身份，此时可构成介绍卖淫罪。[2]

【主观】故意。引诱、容留、介绍他人卖淫是否以营利为目的，不影响本罪的成立。

【罪量】根据《立案标准（一）》（2008）第78条，引诱、容留、介绍他人卖淫，涉嫌下列情形之一的，应予立案追诉：①引诱、容留、介绍2人次以上卖淫的；②引诱、容留、介绍

---

[1] 载中华人民共和国最高人民法院刑事审判第一、二、三、四、五庭主办：《刑事审判参考（2011年第2集·总第79集）》，法律出版社2012年版。

[2] 指导判例"吴祥海介绍卖淫案【第376号】——介绍卖淫罪与介绍嫖娼行为的区别"，载中华人民共和国最高人民法院刑事审判第一庭、第二庭编：《刑事审判参考（2005年第6集·总第47集）》，法律出版社2006年版。

已满 14 周岁未满 18 周岁的未成年人卖淫的；③被引诱、容留、介绍卖淫的人患有艾滋病或者患有梅毒、淋病等严重性病；④其他引诱、容留、介绍卖淫应予追究刑事责任的情形。

【加重犯】引诱、容留、介绍他人卖淫，情节严重的，构成本罪的加重犯。所谓情节严重的，一般有以下几种情形：[1] ①引诱、容留、介绍卖淫人次达 10 人次以上的；②引诱、容留、介绍已满 14 周岁未满 18 周岁的未成年人卖淫达 5 人次以上的；③容留、介绍不满 14 周岁的未成年人卖淫的；④引诱、容留、介绍明知是患有艾滋病或者梅毒、淋病等严重性病的人卖淫，或者造成上述严重性病感染的；⑤其他情节严重的情形。这里的人数、次数标准不应机械地套用，否则对那些刚达到前述标准的行为人认定"情节严重"既不能做到罪责刑相适应，也不会产生良好的社会效果。应当综合全案各种情节，对被告人处以适当的刑罚。这体现在有关的指导判例中：

【案例】　　　　　　　　徐某引诱、容留、介绍卖淫案[2]

2011 年 6 月，徐某雇佣陈某并诱使其在徐某开设的理发店内卖淫。后徐某先后介绍杨某、贺某、胡某在店内与陈某发生性关系，非法获利 80 元。一审法院以引诱、容留、介绍卖淫罪对徐某判处有期徒刑 2 年，并处罚金 2000 元，检察院根据《最高人民法院、最高人民检察院关于执行〈全国人大常委会关于严禁卖淫嫖娼的决定〉的若干问题的解答》（已于 2013 年 1 月被废止）认为本案被介绍人数已达到 3 人，属于"情节严重"，以量刑畸轻为由抗诉，但被二审法院驳回。

2. 引诱幼女卖淫罪。

【定义】引诱不满 14 周岁的幼女卖淫的行为。

【对象】不满 14 周岁的幼女。

【行为】引诱不满 14 周岁的幼女卖淫。

【主观】故意。

（二）适用

【罪数】1. 引诱、容留、介绍卖淫罪是一个选择性罪名。引诱、容留、介绍他人卖淫这三种行为，不论是同时实施还是只实施其中一种行为，均构成本罪。例如：介绍他人卖淫的，定介绍卖淫罪；兼有引诱、容留、介绍他人卖淫三种行为的，定引诱、容留、介绍卖淫罪，不实行数罪并罚。

2. 如果只是容留、介绍幼女卖淫，则不成立引诱幼女卖淫罪，仅成立容留、介绍卖淫罪。引诱幼女卖淫，同时又容留、介绍卖淫的，应分别认定为引诱幼女卖淫罪与容留、介绍卖淫罪，实行数罪并罚。

三、传播性病罪

《刑法》第 360 条　明知自己患有梅毒、淋病等严重性病卖淫、嫖娼的，处 5 年以下有期徒刑、拘役或者管制，并处罚金。

---

[1] 指导判例"聂姣连介绍卖淫案【第 973 号】——如何区分介绍卖淫的一般违法行为和介绍卖淫罪，以及如何认定介绍卖淫罪中的'情节严重'"，载中华人民共和国最高人民法院刑事审判第一、二、三、四、五庭主办：《刑事审判参考（2014 年第 2 集·总第 97 集）》，法律出版社 2015 年版。

[2] 中华人民共和国最高人民法院刑事审判第一、二、三、四、五庭主办：《刑事审判参考（2013 年第 2 集·总第 91 集）》，法律出版社 2014 年版。

【定义】明知自己患有梅毒、淋病等严重性病而进行卖淫、嫖娼的行为。

【主体】特殊主体，患有梅毒、淋病等严重性病的人。

【行为】实施了卖淫、嫖娼的行为。至于实际是否已造成他人染上性病的结果，不影响本罪的成立。如果行为人通过恋爱、婚姻、强奸等将性病传染给他人，或者将病菌通过衣裤、浴缸、毛巾等物传染给他人的，则不构成本罪。

【主观】故意，即明知自己患有梅毒、淋病等严重性病而卖淫或嫖娼。有下列情形之一，可认定行为人是"明知"：①有证据证明行为人曾到医院就医，被诊断为有严重性病的；②根据本人的知识和经验，能够知道自己患有严重性病的；③其他证明行为人明知的情形。

【罪数】组织、强迫、引诱、容留、介绍有性病的人卖淫的，只定组织、强迫、引诱、容留、介绍卖淫罪一罪，从重处罚。

第九节 制作、贩卖、传播淫秽物品罪

一、制作、复制、出版、贩卖、传播淫秽物品牟利罪·为他人提供书号出版淫秽书刊罪

（一）构成要件·法定刑

《刑法》第363条 以牟利为目的，制作、复制、出版、贩卖、传播淫秽物品的，处3年以下有期徒刑、拘役或者管制，并处罚金；情节严重的，处3年以上10年以下有期徒刑，并处罚金；情节特别严重的，处10年以上有期徒刑或者无期徒刑，并处罚金或者没收财产。

为他人提供书号，出版淫秽书刊的，处3年以下有期徒刑、拘役或者管制，并处或者单处罚金；明知他人用于出版淫秽书刊而提供书号的，依照前款的规定处罚。

1. 制作、复制、出版、贩卖、传播淫秽物品牟利罪。

【定义】以牟利为目的，制作、复制、出版、贩卖、传播淫秽物品的行为。

【对象】淫秽物品。《刑法》第367条规定："本法所称淫秽物品，是指具体描绘性行为或者露骨宣扬色情的诲淫性的书刊、影片、录像带、录音带、图片及其他淫秽物品。有关人体生理、医学知识的科学著作不是淫秽物品。包含有色情内容的有艺术价值的文学、艺术作品不视为淫秽物品。"《办理淫秽电子信息刑案解释（一）》（2004）第9条规定："刑法第367条第1款规定的'其他淫秽物品'，包括具体描绘性行为或者露骨宣扬色情的淫秽性的视频文件、音频文件、电子刊物、图片、文章、短信息等互联网、移动通讯终端电子信息和声讯台语音信息。有关人体生理、医学知识的电子信息和声讯台语音信息不是淫秽物品。包含色情内容的有艺术价值的电子文学、艺术作品不视为淫秽物品。"

【行为】本罪的行为包括以下五种：①制作淫秽物品。这里的制作，是指生产、录制、摄制、编写、绘画、印刷等产生淫秽物品的行为。②复制淫秽物品。这里的复制，是指以印刷、复印、拓印、录音、录像、翻录、翻拍等方式将淫秽物品制作一份或者多份的行为。③出版淫秽物品。这里的出版，是指将淫秽物品编辑、印刷后，公开发行的行为。④贩卖淫秽物品。这里的贩卖，是指销售淫秽物品的行为，包括批发、零售、倒卖等行为。⑤传播淫秽物品。这里的传播，是指通过播放、出租、出借、承运、邮寄、携带等方式致使淫秽物品流传的行为。根据《办理淫秽电子信息刑案解释（一）》（2004）第1条的规定，本罪的行为还包括：①利用互联网、移动通讯终端制作、复制、出版、贩卖、传播淫秽电子信息的；②利用聊天室、论坛、即时通信软件、电子邮件等方式制作、复制、出版、贩卖、传播淫秽电子信息的。

【案例】　　　　　　　　**唐小明制作、贩卖淫秽物品牟利案**[1]

编写添加淫秽色情内容的手机网站建站程序并贩卖的行为，应以制作、贩卖淫秽物品牟利罪处罚。2008年9月，唐小明自行编写一套用于开设 WAP 手机网站的建站程序，并向该程序内添加了淫秽色情小说等内容。后唐小明通过网络联系，以1500～3000元不等的价格将该程序出售给施凯源、金春晨、缪丹杰、郑波、王俊、郑方华、蒋峥、胡洋洋、曹雪嘉、盛南寅、薛佳乐（均另案处理）等人开设淫秽色情网站，非法获利25 500元。经对唐小明出售给缪丹杰、施凯源的色情网站程序内容（均未更新程序中的小说内容）进行鉴定，该程序内有小说99部，其中95部为淫秽色情小说。法院以制作、贩卖淫秽物品牟利罪，判处唐小明有期徒刑1年6个月，并处罚金65 000元。裁判要旨：编写添加淫秽色情内容的手机网站建站程序并贩卖的，依法以制作、贩卖淫秽物品牟利罪定罪处罚。

【罪量】根据《立案标准（一）》（2008）第82条，以牟利为目的传播淫秽物品，涉嫌下列情形之一的，应予立案追诉：①制作、复制、出版淫秽影碟、软件、录像带50～100张（盒）以上，淫秽音碟、录音带100～200张（盒）以上，淫秽扑克、书刊、画册100～200副（册）以上，淫秽照片、画片500～1000张以上的；②贩卖淫秽影碟、软件、录像带100～200张（盒）以上，淫秽音碟、录音带200～400张（盒）以上，淫秽扑克、书刊、画册200～400副（册）以上，淫秽照片、画片1000～2000张以上的；③向他人传播淫秽物品达200～500人次以上，或者组织播放淫秽影、像达10～20场次以上的；④制作、复制、出版、贩卖、传播淫秽物品，获利5000～10 000元以上的。

以牟利为目的利用互联网移动通信终端传播淫秽物品，或者利用聊天室、论坛、即时通信软件、电子邮件等方式传播淫秽物品涉嫌下列情形之一的，应予立案追诉：①制作、复制、出版、贩卖、传播淫秽电影、表演、动画等视频文件20个以上的；②制作、复制、出版、贩卖、传播淫秽音频文件100个以上的；③制作、复制、出版、贩卖、传播淫秽电子刊物、图片、文章、短信息等200件以上的；④制作、复制、出版、贩卖、传播的淫秽电子信息，实际被点击数达到10 000次以上的；⑤以会员制方式出版、贩卖、传播淫秽电子信息，注册会员达200人以上的；⑥利用淫秽电子信息收取广告费、会员注册费或者其他费用，违法所得10 000元以上的；⑦数量或者数额虽未达到第①项至第⑥项规定标准，但分别达到其中两项以上标准一半以上的；⑧造成严重后果的。

【案例】　　　　　　　　**罗刚等传播淫秽物品牟利案**[2]

北京轻点万维公司是一家移动增值业务提供商，在中国联通移动网络及各类移动增值业务平台上，向用户推出各类信息服务、应用等移动增值服务，轻点万维公司与中国联通按照双方约定的比例享有收入分成。为了提高联通 WAP 的点击率，增加公司收入，无线互联网业务部主管罗刚指使杨韬、丁怡、袁毅在本公司内通过 WAP 业务传播淫秽信息，自2007年1月1日至5月9日共上传28张淫秽图片，经专用工具计算页面点击并排除自点击后，28张淫秽图片的实际被点击数为82 973次。法院认定罗刚、杨韬、丁怡、袁毅构成传播淫秽物品牟利罪，其中罗刚处有期徒刑5年，并处罚金5000元。

裁判要旨：在计算实际被点击数时应排除人为设置的虚假计数、网站的自点击数、有证据

---

[1] 载中华人民共和国最高人民法院刑事审判第一、二、三、四、五庭主办：《刑事审判参考（2011年第1集·总第78集）》，法律出版社2012年版。

[2] 载中华人民共和国最高人民法院刑事审判第一、二、三、四、五庭主办：《刑事审判参考（2011年第1集·总第78集）》，法律出版社2012年版。

证实的无效点击数、因手机 WAP 上网的特性导致的对同一电子文件设置的重复计数。对于其他需要排除的计数方式，应有必要和充分的证据证实才能排除，且范围不宜过大。

以牟利为目的，通过声讯台传播淫秽语音信息，涉嫌下列情形之一的，应予立案追诉：①向100人次以上传播的；②违法所得10 000元以上的；③造成严重后果的。根据《办理传播淫秽电子信息刑案解释（二）》（2010）第1、6、7条，以牟利为目的，利用互联网、移动通讯终端制作、复制、出版、贩卖、传播内容含有不满14周岁未成年人的淫秽电子信息，具有下列情形之一的，以制作、复制、出版、贩卖、传播淫秽物品牟利罪定罪处罚：①制作、复制、出版、贩卖、传播淫秽电影、表演、动画等视频文件10个以上的；②制作、复制、出版、贩卖、传播淫秽音频文件50个以上的；③制作、复制、出版、贩卖、传播淫秽电子刊物、图片、文章等100件以上的；④制作、复制、出版、贩卖、传播的淫秽电子信息，实际被点击数达到5000次以上的；⑤以会员制方式出版、贩卖、传播淫秽电子信息，注册会员达100人以上的；⑥利用淫秽电子信息收取广告费、会员注册费或者其他费用，违法所得5000元以上的；⑦数量或者数额虽未达到第1项至第6项规定标准，但分别达到其中两项以上标准一半以上的；⑧造成严重后果的。

电信业务经营者、互联网信息服务提供者明知是淫秽网站，为其提供互联网接入、服务器托管、网络存储空间、通讯传输通道、代收费等服务，并收取服务费，具有下列情形之一的，对直接负责的主管人员和其他直接责任人员以传播淫秽物品牟利罪定罪处罚：①为5个以上淫秽网站提供上述服务的；②为淫秽网站提供互联网接入、服务器托管、网络存储空间、通讯传输通道等服务，收取服务费数额在2万元以上的；③为淫秽网站提供代收费服务，收取服务费数额在5万元以上的；④造成严重后果的。

明知是淫秽网站，以牟利为目的，通过投放广告等方式向其直接或者间接提供资金，或者提供费用结算服务，具有下列情形之一的，对直接负责的主管人员和其他直接责任人员，以制作、复制、出版、贩卖、传播淫秽物品牟利罪的共同犯罪处罚：①向10个以上淫秽网站投放广告或者以其他方式提供资金的；②向淫秽网站投放广告20条以上的；③向10个以上淫秽网站提供费用结算服务的；④以投放广告或者其他方式向淫秽网站提供资金数额在5万元以上的；⑤为淫秽网站提供费用结算服务，收取服务费数额在2万元以上的；⑥造成严重后果的。

【主观】故意，并具有牟利目的。

【加重犯】以牟利为目的，制作、复制、出版、贩卖、传播淫秽物品，情节严重或者情节特别严重的，构成本罪的加重犯。

根据《审理非法出版物刑案解释》（1998）第8条第2、3款的规定，以牟利为目的，实施《刑法》第363条第1款规定的行为，具有下列情形之一的，应当认定为制作、复制、出版、贩卖、传播淫秽物品牟利罪"情节严重"：①制作、复制、出版淫秽影碟、软件、录像带250～500张（盒）以上，淫秽音碟、录音带500～1000张（盒）以上，淫秽扑克、书刊、画册500～1000副（册）以上，淫秽照片、画片2500～5000张以上的；②贩卖淫秽影碟、软件、录像带500～1000张（盒）以上，淫秽音碟、录音带1000～2000张（盒）以上，淫秽扑克、书刊、画册1000～2000副（册）以上，淫秽照片、画片5000～10 000张以上的；③向他人传播淫秽物品达1000～2000人次以上，或者组织播放淫秽影、像达50～100场次以上的；④制作、复制、出版、贩卖、传播淫秽物品，获利30 000～50 000元以上的。以牟利为目的，实施《刑法》第363条第1款规定的行为，其数量（数额）达到前款规定的数量（数额）5倍以上的，应当认定为制作、复制、出版、贩卖、传播淫秽物品牟利罪"情节特别严重"。

根据《办理淫秽电子信息刑案解释（一）》（2004）第2条的规定，实施该解释第1条规定的行为，数量或者数额达到第1条第1款第1~6项规定标准5倍以上的，应当认定为《刑法》第363条第1款规定的"情节严重"；达到规定标准25倍以上的，应当认定为"情节特别严重"。第5条第2款规定，实施第1款规定行为，数量或者数额达到该款第1~2项规定标准5倍以上的，应当认定为《刑法》第363条第1款规定的"情节严重"；达到规定标准25倍以上的，应当认定为"情节特别严重"。《办理传播淫秽电子信息刑案解释（二）》（2010）的"情节严重""情节特别严重"采用了与前述倍数相同的认定标准。鉴于现在网络进入"云时代"，一个网络云盘可以存储数以千计的淫秽影片，直接在网上售卖云盘账号密码即可，价格仅数元、数十元。上述司法解释制定的定罪量刑标准显然已经不适合云时代传播淫秽物品的状况。因此，在定罪量刑时应当主要依据贩卖淫秽物品牟利的金额，而不能依据视频数量。

2. 为他人提供书号出版淫秽书刊罪。

【定义】违反国家关于书号管理的规定，向其他单位或者个人提供书号，致使淫秽书刊得以出版的行为。

【行为】为他人提供书号，出版淫秽书刊。《审理非法出版物刑案解释》（1998）第9条第1、2款规定，为他人提供书号、刊号，出版淫秽书刊的，以为他人提供书号出版淫秽书刊罪定罪处罚。为他人提供版号，出版淫秽音像制品的，以为他人提供书号出版淫秽书刊罪定罪处罚。

【主观】过失，即应当预见为他人提供书号，可能用于淫秽书刊的出版，因为疏忽大意而没有预见，或者已经预见而轻信能够避免，以致淫秽书刊出版。

（二）适用

【关联罪】为他人提供书号出版淫秽书刊罪与出版淫秽物品牟利罪的区别。前罪是过失罪，无出版淫秽书刊的故意和牟利的目的。如果明知他人用于出版淫秽书刊而提供书号的，以出版淫秽物品牟利罪的共犯论处。《审理非法出版物刑案解释》（1998）第9条第3款规定，明知他人用于出版淫秽书刊而提供书号、刊号的，以出版淫秽物品牟利罪定罪处罚。

二、传播淫秽物品罪·组织播放淫秽音像制品罪

（一）构成要件·法定刑

《刑法》第364条　传播淫秽的书刊、影片、音像、图片或者其他淫秽物品，情节严重的，处2年以下有期徒刑、拘役或者管制。

组织播放淫秽的电影、录像等音像制品的，处3年以下有期徒刑、拘役或者管制，并处罚金；情节严重的，处3年以上10年以下有期徒刑，并处罚金。

制作、复制淫秽的电影、录像等音像制品组织播放的，依照第2款的规定从重处罚。

向不满18周岁的未成年人传播淫秽物品的，从重处罚。

1. 传播淫秽物品罪。

【定义】传播淫秽的书刊、影片、音像、图片或者其他淫秽物品，情节严重的行为。

【对象】淫秽的书刊、影片、音像、图片或者其他淫秽物品。

【行为】传播淫秽的书刊、影片、音像、图片或者其他淫秽物品。根据《办理淫秽电子信息刑案解释（一）》（2004）的规定，本罪的行为还包括：①利用互联网、移动通讯终端传播淫秽电子信息的；②利用聊天室、论坛、即时通信软件、电子邮件等方式传播淫秽电子信息的。

根据《办理传播淫秽电子信息刑案解释（二）》（2010）第3条，利用互联网建立主要用于传播淫秽电子信息的群组，成员达30人以上或者造成严重后果的，对建立者、管理者和主要传播者，以传播淫秽物品罪定罪处罚。该规定不以传播电子信息的数量、点击数作为定罪量

刑的标准,主要考虑到群组具有人员的封闭性和受众的特定性,在线聊天和传播淫秽电子信息时,如果不屏蔽消息,受众都可以接收。如果以传播电子信息的数量计算,从传播者的角度考虑过于放纵,从受众的角度考察又太严苛。

【案例】　　　　　　　　　　　胡鹏等传播淫秽物品案[1]

2009年4、5月份,陈冰为与他人共享淫秽视频,用自己的QQ号码在互联网上创建了一个名称为"S1影视公司"的高级群。胡鹏为共享淫秽视频,充当该高级群的管理员,介绍、验证其他成员加入该群。同年5、6月份,作为该群成员的高庆平为提高权限,取得管理员资格,共上传了淫秽视频种子文件166个。陈永哲在群成员索要淫秽视频的情况下,将种子文件"苍井空55部合集"上传到该群共享空间中。截至2009年10月13日,该群成员达300余人,高庆平上传的种子文件中能下载观看的视频文件达50个,陈永哲上传的种子文件中能下载观看的视频文件达55个。经鉴定,上述105个视频文件均为淫秽物品。另查明,陈冰、胡鹏均未上传淫秽视频,案发时高庆平、陈永哲均已退出该群。法院以传播淫秽物品罪,对陈冰、胡鹏、高庆平、陈永哲各处拘役3个月,其中陈冰缓刑4个月。

裁判要旨:利用群组传播淫秽电子信息的定罪标准不同于《办理传播淫秽电子信息刑案解释(二)》(2010)第2条的规定,不以计算传播电子信息的数量、点击数作为定罪量刑的标准,而是依据成员数量和后果进行认定。

根据《办理传播淫秽电子信息刑案解释(二)》(2010)第5条,网站建立者、直接负责的管理者明知他人制作、复制、出版、贩卖、传播的是淫秽电子信息,允许或者放任他人在自己所有、管理的网站或者网页上发布,具有下列情形之一的,以传播淫秽物品罪定罪处罚:①数量达到《办理传播淫秽电子信息刑案解释(二)》(2010)第1条第2款第1~5项规定标准10倍以上的;②数量分别达到第1条第2款第1~5项2项以上标准5倍以上的;③造成严重后果的。

【罪量】"情节严重",根据《立案标准(一)》(2004)第84条,指传播淫秽物品案涉嫌下列情形之一:①向他人传播淫秽的书刊、影片、音像、图片等出版物达300~600人次以上或者造成恶劣社会影响的;②利用互联网或者移动通讯终端或者利用聊天室、论坛、即时通信软件、电子邮件等方式传播淫秽电子信息,达到传播淫秽物品牟利罪定罪数量标准的2倍以上的。有传播行为但情节不够严重的,不构成犯罪。

【主观】故意,并且不以牟利为目的。

2. 组织播放淫秽音像制品罪。

【定义】组织播放淫秽的电影、录像等音像制品的行为。

【对象】淫秽的电影、录像等音像制品。

【行为】组织播放淫秽的电影、录像等音像制品。

【罪量】组织播放淫秽音像制品,情节显著轻微、危害不大的,不构成犯罪。《审理非法出版物刑案解释》(1998)第10条第2款规定:"组织播放淫秽的电影、录像等音像制品达15~30场次以上或者造成恶劣社会影响的,依照刑法第364条第2款的规定,以组织播放淫秽音像制品罪定罪处罚。"

【加重犯】组织播放淫秽音像制品,情节严重的,构成本罪的加重犯。

【主观】故意,并且不以牟利为目的。

---

[1] 载中华人民共和国最高人民法院刑事审判第一、二、三、四、五庭主办:《刑事审判参考(2011年第1集·总第78集)》,法律出版社2012年版。

【处罚】《刑法》第364条第3款规定，制作、复制淫秽的电影、录像等音像制品组织播放的，依照组织播放淫秽音像制品罪的规定，从重处罚。

（二）适用

【关联罪】1. 传播淫秽物品与传播淫秽物品牟利罪的区别。要点在于是否具有牟利的目的。

2. 组织播放淫秽音像制品罪与传播淫秽物品牟利罪的区别。要点在于是否具有牟利的目的。

3. 组织播放淫秽音像制品罪与传播淫秽物品罪的区别。组织播放淫秽音像制品罪限于"组织播放"这一特定的传播方式，行为对象限于淫秽的电影、录像等音像制品。

【案例】　　　　　　　　冷继超传播淫秽物品案[1]

冷继超于2008年11月申请注册成为"幼香阁"淫秽论坛网站会员，因其在该网站点击频率高，于2009年2月升级为版主，负责管理该网站的"幼男电影下载区""幼男图片上传区"两个淫秽版块。2009年8月11日，冷继超被公安机关抓获。至案发时，冷继超在其管理的版块中共计发布和编辑淫秽色情图片1233张，两个版块的页面访问量达24 601次。法院以传播淫秽物品罪对其判处有期徒刑1年，缓刑2年。

裁判要旨：《办理传播淫秽电子信息刑案解释（二）》（2010）出台后，法院在审理此类案件时应将行为人直接制作、复制、传播淫秽物品与其担任网站管理者时允许或放任他人上传这两种情况区分开来，分别按照两个司法解释的数量标准进行认定。

三、组织淫秽表演罪

（一）构成要件·法定刑

《刑法》第365条　　组织进行淫秽表演的，处3年以下有期徒刑、拘役或者管制，并处罚金；情节严重的，处3年以上10年以下有期徒刑，并处罚金。

【定义】以招募、雇用、强迫、引诱等手段组织进行淫秽表演的行为。

【行为】组织进行淫秽表演。包括以策划、招募、强迫、雇用、引诱、提供场地、提供资金等手段，组织进行淫秽表演。

【案例】　　　　　　　　董志尧组织淫秽表演案[2]

2009年5月至2011年2月，董志尧单独或伙同蔡光明、沈琳等人（均另案处理），由董志尧寻找模特或由蔡光明、沈琳等人招募模特提供给董志尧，再由董志尧通过互联网发布人体模特私拍摄影信息，并招募参与私拍活动的摄影者，租借公寓或预订宾馆客房作为拍摄场地，安排模特分场次供摄影者拍摄，在拍摄过程中要求模特按照摄影者的需要，全裸、暴露生殖器以及摆出各种淫秽姿势。经鉴定，董志尧组织的私拍活动中有20余场系淫秽表演。法院认为：在董组织的人体摄影活动中，模特裸露生殖器、摆出淫秽姿势，通过其形体、动作等可感受的形式将相关信息传递给拍摄者，满足了拍摄者感官上的需求，在性质上不仅属于表演行为，而且也会给作为观看者的摄影者带来不正当的性刺激、性兴奋，进而危害社会的健康性风尚，属于刑法上的淫秽表演，故以组织淫秽表演罪判处董志尧有期徒刑4年，并处罚金8000元。

裁判要旨：招募模特和摄影者要求模特暴露生殖器、摆出淫秽姿势供摄影者拍摄的，构成

---

[1] 载中华人民共和国最高人民法院刑事审判第一、二、三、四、五庭主办：《刑事审判参考（2011年第1集·总第78集）》，法律出版社2012年版。

[2] 载中华人民共和国最高人民法院刑事审判第一、二、三、四、五庭主办：《刑事审判参考（2014年第1集·总第96集）》，法律出版社2015年版。

组织淫秽表演罪。采取"一对一"的形式，即让1名模特在1名摄影者面前进行淫秽表演，因受众具有不特定性，亦应包含在上述情形内。

【罪量】根据《立案标准（一）》（2008）第86条，组织淫秽表演涉嫌下列情形之一的，应予立案追诉：①组织表演者进行裸体表演的；②组织表演者利用性器官进行海淫性表演的；③组织表演者半裸体或者变相裸体表演并通过语言、动作具体描绘性行为的；④其他组织进行淫秽表演应予追究刑事责任的情形。

【主观】故意。

【加重犯】本罪的"情节严重"在司法实践中一般是指：①多次组织淫秽表演的；②以暴力、胁迫或者其他手段强迫他人进行淫秽表演的；③社会影响极其恶劣的；④观看人数多、表演时间长，表演内容极其淫荡的；⑤在未成年人中传播，造成严重后果的等情形。

（二）适用

【定罪】本罪的行为是淫秽表演的组织行为、管理行为。表演行为本身是被组织的，通常不认为是犯罪；表演者一般是被组织者，通常也不认为是本罪的共犯。但是如果表演者本人也参与组织管理活动的，可以构成本罪。

第七章 危害国防利益罪

第一节 危害国防利益罪概述

危害国防利益罪，是指故意或者过失危害国防利益，依照法律应受刑罚处罚的一类犯罪行为。

1997年《刑法》分则第七章规定的危害国防利益罪，共计14个条文，21个罪名。2005年2月《刑法修正案（五）》增设了过失损坏武器装备、军事设施、军事通信罪。根据是否以"战时"为犯罪构成要件，可以分为平时危害国防利益的犯罪和战时危害国防利益的犯罪。

国防利益是这一类犯罪的同类客体。所谓国防利益，是指满足国家防备和抵御外来侵略，制止武装颠覆，保卫其主权统一、领土完整和安全需要的保障条件。国防利益是从国家的生存发展需要与外部世界的联系中产生的，并体现在国防物质基础、作战和军事行动、国防管理秩序、武装力量建设等方面。这是本类犯罪区别于其他犯罪的主要特征。

在定罪方面应当注意本章与其他章规定的在行为方式上近似的犯罪的区别。如阻碍军人执行职务罪与妨害公务罪的区别，冒充军人招摇撞骗罪与招摇撞骗罪的区别，破坏武器装备、军事设施、军事通信罪与破坏广播电视设施、公用电信设施罪的区别等。区别的要点一般是侵犯的客体与行为对象不同。在发生法条竞合的场合，一般优先适用本章的规定定罪处罚，因为本章的规定比刑法其他章的规定（军人违反职责罪一章除外）具体、特殊。

第二节 平时危害国防利益的犯罪

一、阻碍军人执行职务罪·阻碍军事行动罪

（一）构成要件·法定刑

《刑法》第368条　以暴力、威胁方法阻碍军人依法执行职务的，处3年以下有期徒刑、拘役、管制或者罚金。

故意阻碍武装部队军事行动，造成严重后果的，处5年以下有期徒刑或者拘役。

1. 阻碍军人执行职务罪。

【定义】以暴力、威胁方法阻碍军人依法执行职务的行为。

2. 阻碍军事行动罪。

【定义】故意阻碍武装部队的军事行动，造成严重后果的行为。

（二）适用

【定罪】1. 区分阻碍军人执行职务罪的罪与非罪的要点在于：是否使用了暴力、威胁方法。如果只是一般的纠缠、劝阻，不成立本罪。

2. 区分阻碍军事行动罪的罪与非罪的要点是：①主观上是否为故意；②是否因阻碍军事行动造成了严重后果。

【关联罪】1. 阻碍军人执行职务罪与妨害公务罪的区别：①客体不同。前罪的客体是军人依法执行职务的活动；后罪的客体是国家机关工作人员依法执行职务的活动。②行为对象不同。前罪的对象是正在依法执行职务的军人；后罪的对象是非军人中的国家机关工作人员、人大代表、红十字会工作人员等。③行为方法不尽相同。前罪表现为暴力、威胁方法；后罪在故意阻碍国家安全机关、公安机关依法执行国家安全工作任务并造成严重后果的情形下，虽没有使用暴力、威胁方法，仍可构成妨害公务罪。

2. 阻碍军人执行职务罪与阻碍军事行动罪的区别：①阻碍的对象不同。前罪是阻碍军人依法执行职务；后罪阻碍的是军事行动。②后罪是结果犯，必须因阻碍军事行动造成严重后果；前罪并无此限制。

【罪数】《刑法》第368条第1款与第277条存在法条竞合。对阻碍军人执行职务构成犯罪的，以阻碍军人执行职务罪论处，不定妨害公务罪。

二、破坏武器装备、军事设施、军事通信罪·过失损坏武器装备、军事设施、军事通信罪[1]

（一）构成要件·法定刑

《刑法》第369条　破坏武器装备、军事设施、军事通信的，处3年以下有期徒刑、拘役或者管制；破坏重要武器装备、军事设施、军事通信的，处3年以上10年以下有期徒刑；情节特别严重的，处10年以上有期徒刑、无期徒刑或者死刑。

过失犯前款罪，造成严重后果的，处3年以下有期徒刑或者拘役；造成特别严重后果的，处3年以上7年以下有期徒刑。[2]

战时犯前两款罪的，从重处罚。[3]

1. 破坏武器装备、军事设施、军事通信罪。

【定义】故意破坏部队的武器装备、军事设施、军事通信的行为。

【客体】军队战斗力的物质保障。

【主体】自然人一般主体。

【行为】表现为故意破坏部队的武器装备、军事设施、军事通信的行为。"破坏"是使武器装备全部或部分丧失使用功能，其方式既可以是作为，如砸毁、炸毁、放火、发射干扰信号、拆卸其部件等；也可以是不作为，如拒不履行保管、维修义务而使武器装备遭到毁坏。破坏的对象是武器装备、军事设施、军事通信。所谓武器装备，是指武装部队用于实施和保障作战行动的武器、武器系统和军事技术器材的统称，包括匕首、枪械、火炮、火箭、导弹、通信器材、气象保障器材以及各种军用装备等。所谓军事设施，是指直接用于军事目的的建筑、场地和设备，包括指挥机关、作战工程、军用机场、试验场、军用输油管道、军用铁路专用线等。如果破坏的对象与军事设施无关，则不构成本罪。所谓军事通信，是指军队运用通信手段，为实施指挥和武器控制而进行的信息传递，包括无线电通信、有线电通信、光通信等。《刑法》第369条第1款所说的"重要武器装备"，是指部队的主要武器装备和其他在作战中有重要作用的武器装备，包括导弹武器系统、飞机、战舰、坦克、大口径火炮、雷达等。"重要军事设施"，是指指挥中心、大型作战工程、各类通信、导航、观测枢纽、机场、码头、大型仓库、重要管线、道路，以及其他对作战具有重要作用的军事设施。"重要军事通信"，是

---

[1] 2005年2月28日《刑法修正案（五）》新增加的罪。
[2] 2005年2月28日《刑法修正案（五）》第3条增订。
[3] 2005年2月28日《刑法修正案（五）》第3条修订。

指军事首脑机关及重要指挥中心的通信，部队作战中的通信，等级战备通信，飞行航行训练、抢险救灾、军事演习或者处置突发性事件中的通信，以及执行试飞试航、武器装备科研试验或者远洋航行等重要军事任务中的通信。[1] 如果破坏的对象与此无关，则不构成本罪。本罪是行为犯，即只要实施了破坏行为就构成犯罪。

【主观】故意，通常具有泄愤报复或者其他个人目的。

【加重犯】犯破坏武器装备、军事设施、军事通信罪，情节特别严重的，是本罪的加重犯。破坏武器装备、军事设施"情节特别严重"，是指破坏武器装备、军事设施并具有下列情形之一的：①致使大批或者重要武器装备报废的；②造成大批或者重要军事设施丧失使用效能的；③战时破坏重要武器装备、军事设施的；④因破坏武器装备、军事设施致使战斗、战役或者其他重要军事行动遭受重大损失的；⑤造成伤亡多人或者重大经济损失的等。破坏军事通信"情节特别严重"，是指实施破坏军事通信行为，具有下列情形之一的：①造成重要军事通信中断或者严重障碍，严重影响部队完成作战任务或者致使部队在作战中遭受损失的；②造成部队执行抢险救灾、军事演习或者处置突发性事件等任务的通信中断或者严重障碍，因此贻误部队行动，致使死亡3人以上、重伤10人以上或者财产损失100万元以上的；③破坏重要军事通信3次以上的；④其他情节特别严重的情形。[2]

2. 过失损坏武器装备、军事设施、军事通信罪。

【定义】由于过失致使武器装备、军事设施、军事通信遭受损坏，造成严重后果的行为。

【客体】军队战斗力的物质保障。

【主体】自然人一般主体。

【行为】表现为因过失致使武器装备、军事设施、军事通信遭受损坏的行为。

【结果】造成严重后果。是否造成严重后果，是罪与非罪的界限。

【主观】过失。

【加重犯】犯过失损坏武器装备、军事设施、军事通信罪，造成特别严重后果的，是本罪的加重犯。过失损坏武器装备、军事设施，具有下列情形之一的，属于"造成特别严重后果"：①造成特别重要或者大量重要武器装备、军事设施损毁或者丧失使用效能的；②造成多人伤亡的；③严重影响部队完成重要任务的；④致使国家财产遭受特别重大损失的等。

过失损坏军事通信，具有下列情形之一的，属于"造成特别严重后果"：①造成重要军事通信中断或者严重障碍，严重影响部队完成作战任务或者致使部队在作战中遭受损失的；②造成部队执行抢险救灾、军事演习或者处置突发性事件等任务的通信中断或者严重障碍，并因此贻误部队行动，致使死亡3人以上、重伤10人以上或者财产损失100万元以上的；③其他后果特别严重的情形。[3]

（二）适用

【定罪】建设、施工单位直接负责的主管人员、施工管理人员，明知是军事通信线路、设备而指使、强令、纵容他人予以损毁的，或者不听管护人员劝阻，指使、强令、纵容他人违章作业，致使军事通信线路、设备损毁的，以破坏军事通信罪定罪处罚。建设、施工单位直接负责的主管人员、施工管理人员，忽视军事通信线路、设备保护标志，指使、强令、纵容他人违

---

[1]《审理军事通信刑案解释》（2007）第7条。
[2]《审理军事通信刑案解释》（2007）第2条。
[3]《审理军事通信刑案解释》（2007）第4条。

章作业，致使军事通信线路、设备损毁的，以过失损坏军事通信罪定罪处罚。[1]

【关联罪】破坏武器装备、军事设施、军事通信罪与破坏电力设备罪、破坏易燃易爆设备罪、破坏交通工具罪、破坏交通设施罪、破坏广播电视设施、公用电信设施罪的区别：①对象不同：本罪的对象是军用的武器装备、军事设施和通信；后几种罪的对象是民用的设施和通信。②客体不同：本罪的客体是国防利益；后几种罪的客体是公共安全。

【罪数】1. 故意破坏军事通信，并造成公用电信设施损毁，危害公共安全，同时构成《刑法》第124条第1款之破坏广播电视设施、公用电信设施罪和《刑法》第369条第1款之破坏军事通信罪的，从一重论处。过失损坏军事通信，并造成公用电信设施损毁，危害公共安全，同时构成《刑法》第124条第2款之过失损坏广播电视设施、公用电信设施罪和《刑法》第369条第2款之过失损坏军事通信罪的，从一重论处。[2]

2. 盗窃军事通信线路、设备，不构成盗窃罪，但破坏军事通信的，构成犯罪的，依照《刑法》第369条第1款之破坏军事通信罪定罪处罚；同时构成破坏广播电视设施、公用电信设施罪、盗窃罪和破坏军事通信罪的，从一重论处。[3]

3. 违反国家规定，侵入国防建设、尖端科学技术领域的军事通信计算机信息系统，尚未对军事通信造成破坏的，依照《刑法》第285条规定之非法侵入计算机信息系统罪定罪处罚；对军事通信造成破坏，同时构成非法侵入计算机信息系统罪、破坏计算机信息系统罪和破坏军事通信罪的，从一重论处。[4]

4. 违反国家规定，擅自设置、使用无线电台、站，或者擅自占用频率，经责令停止使用后拒不停止使用，干扰无线电通讯正常进行，构成犯罪的，以扰乱无线电通讯管理秩序罪定罪处罚；造成军事通信中断或者严重障碍，同时构成扰乱无线电通讯管理秩序罪、破坏军事通信罪的，从一重论处。[5]

【处罚】战时犯破坏武器装备、军事设施、军事通信罪或者过失损坏武器装备、军事设施、军事通信罪的，从重处罚。

三、故意提供不合格武器装备、军事设施罪·过失提供不合格武器装备、军事设施罪

（一）构成要件·法定刑

《刑法》第370条　明知是不合格的武器装备、军事设施而提供给武装部队的，处5年以下有期徒刑或者拘役；情节严重的，处5年以上10年以下有期徒刑；情节特别严重的，处10年以上有期徒刑、无期徒刑或者死刑。

过失犯前款罪，造成严重后果的，处3年以下有期徒刑或者拘役；造成特别严重后果的，处3年以上7年以下有期徒刑。

单位犯第1款罪的，对单位判处罚金，并对其直接负责的主管人员和其他直接责任人员，依照第1款的规定处罚。

（二）适用

【立案标准】根据《立案标准（一）》（2008）第87、88条，故意提供不合格武器装备、军事设施，涉嫌下列情形之一的，应予立案追诉：①造成人员轻伤以上的；②造成直接经济损

---

[1]《审理军事通信刑案解释》（2007）第5条。
[2]《审理军事通信刑案解释》（2007）第6条第1款。
[3]《审理军事通信刑案解释》（2007）第6条第2款。
[4]《审理军事通信刑案解释》（2007）第6条第3款。
[5]《审理军事通信刑案解释》（2007）第6条第4款。

失 10 万元以上的;③提供不合格的枪支 3 支以上、子弹 100 发以上、雷管 500 枚以上、炸药 5 千克以上或者其他重要武器装备、军事设施的;④影响作战、演习、抢险救灾等重大任务完成的;⑤发生在战时的;⑥其他故意提供不合格武器装备、军事设施应予追究刑事责任的情形。

过失提供不合格武器装备、军事设施涉嫌下列情形之一的,应予立案追诉:①造成死亡 1 人或者重伤 3 人以上的;②造成直接经济损失 30 万元以上的;③严重影响作战、演习、抢险救灾等重大任务完成的;④其他造成严重后果的情形。

【关联罪】故意提供不合格武器装备、军事设施罪与过失提供不合格武器装备、军事设施罪的区分:①主体不完全相同。前罪主体包括单位,后罪主体只能是自然人。②结果不同。前罪是行为犯;后罪必须造成严重结果,是否造成严重后果,是区分罪与非罪的界限。③主观方面不同。前罪是故意,后罪是过失。

四、聚众冲击军事禁区罪·聚众扰乱军事管理区秩序罪

(一)构成要件·法定刑

《刑法》第 371 条　聚众冲击军事禁区,严重扰乱军事禁区秩序的,对首要分子,处 5 年以上 10 年以下有期徒刑;对其他积极参加的,处 5 年以下有期徒刑、拘役、管制或者剥夺政治权利。

聚众扰乱军事管理区秩序,情节严重,致使军事管理区工作无法进行,造成严重损失的,对首要分子,处 3 年以上 7 年以下有期徒刑;对于其他积极参加的,处 3 年以下有期徒刑、拘役、管制或者剥夺政治权利。

(二)适用

【罪量】根据《立案标准(一)》(2008)第 89、90 条,聚众冲击军事禁区涉嫌下列情形之一的,应予立案追诉:①冲击 3 次以上或者一次冲击持续时间较长的;②持械或者采取暴力手段冲击的;③冲击重要军事禁区的;④发生在战时的;⑤其他严重扰乱军事禁区秩序应予追究刑事责任的情形。

聚众扰乱军事管理区秩序涉嫌下列情形之一的,应予立案追诉:①造成人员轻伤以上的;②扰乱 3 次以上或者一次扰乱持续时间较长的;③造成直接经济损失 5 万元以上的;④持械或者采取暴力手段的;⑤扰乱重要军事管理区秩序的;⑥发生在战时的;⑦其他聚众扰乱军事管理区秩序应予追究刑事责任的情形。

【定罪】对于聚众冲击军事禁区的,如果没有严重扰乱军事禁区秩序,不以犯罪论处。即使严重扰乱了军事禁区秩序的,也只追究首要分子和积极参加者的刑事责任,对于其他一般参加者,可酌情批评教育或适当给予行政处罚,但不能按犯罪处理。对于扰乱军事管理区秩序尚未达到情节严重程度或者没有造成严重损失的,不应作为犯罪论处,而应当予以批评教育或者采用行政处罚措施。对于扰乱军事管理区情节严重、造成严重后果而作为犯罪处理的案件,追究刑事责任的,也只能限于首要分子和积极参加者。

【关联罪】聚众冲击军事禁区罪与聚众冲击国家机关罪的区别:①冲击的对象不同。前罪的对象是军事禁区;后罪对象是国家机关。②侵犯的客体不同。前罪的客体是军事禁区的管理秩序;后罪的客体是国家机关的管理秩序和正常活动。

【罪数】如果行为人在实施扰乱军事管理区秩序犯罪的过程中,还实施了重伤、杀人、抢劫、毁坏财物等行为,又构成了相应的犯罪,应与本罪一起实行数罪并罚。

五、冒充军人招摇撞骗罪

(一)构成要件·法定刑

《刑法》第 372 条　冒充军人招摇撞骗的,处 3 年以下有期徒刑、拘役、管制或者剥夺

政治权利；情节严重的，处 3 年以上 10 年以下有期徒刑。

【定义】指以谋取非法利益为目的，冒充军人招摇撞骗的行为。

【主体】自然人一般主体。

【行为】冒充军人进行招摇撞骗。这里的"军人"，是指中国人民解放军和中国人民武装警察部队的现役军人。"冒充军人"，可以是非军人冒充军人，也可以是军衔、职务较低的军人冒充军衔、职务较高的军人，还包括此单位的军人冒充彼单位的军人。"招摇撞骗"，是指假冒军人名义或利用假冒的军人身份骗取各种非法利益或者进行其他欺骗活动。

【主观】故意，并具有谋取非法利益的目的。

（二）适用

【定罪】1. 成立本罪必须具有谋取非法利益的目的，如果仅仅是为了满足某种虚荣心而没有谋取非法利益的，不成立犯罪。

2. 冒充军人使用伪造、变造、盗窃的武装部队车辆号牌，造成恶劣影响的，也以本罪论处。[1]

【关联罪】本罪与招摇撞骗罪的区别主要在于冒充的对象不同：本罪冒充的是军人，而后罪冒充的是国家机关工作人员。二者所侵犯的客体也不同。

【罪数】在实施本罪的过程中，牵连触犯其他罪名的，如伪造武装部队公文、证件、印章用于招摇撞骗、冒充军人进行诈骗、走私活动，按牵连犯择一重罪定罪处罚。

六、煽动军人逃离部队罪 · 雇用逃离部队军人罪

《刑法》第 373 条 煽动军人逃离部队或者明知是逃离部队的军人而雇用，情节严重的，处 3 年以下有期徒刑、拘役或者管制。

（一）煽动军人逃离部队罪

【定义】煽动军人逃离部队，情节严重的行为。

【行为】表现为煽动军人逃离部队，情节严重的行为。所谓"煽动"，应当是指对不特定多人实施的宣传、鼓动的行为。其方法多种多样，如发表演说、邮寄宣传材料、散发标语传单等。仅仅唆使个别军人逃离部队的，不属于煽动，例如军人的亲友因故劝说特定军人逃离部队的。所谓"逃离部队"，是指为逃避服役而脱离部队。

【罪量】"情节严重"，根据《立案标准（一）》（2008）第 91 条，指涉嫌下列情形之一：①煽动 3 人以上逃离部队的；②煽动指挥人员、值班执勤人员或者其他负有重要职责人员逃离部队的；③影响重要军事任务完成的；④发生在战时的；⑤其他情节严重的情形。

【主观】故意，通常具有使军人脱离所在部队，不履行服兵役义务的目的。

（二）雇用逃离部队军人罪

【定义】明知是逃离部队的军人而雇用，情节严重的行为。

【行为】表现为明知是逃离部队的军人而故意雇用，情节严重的行为。

【罪量】"情节严重"，根据《立案标准（一）》（2008）第 92 条，主要指：①雇用以 6 个月以上；②雇用 3 人以上；③明知是逃离部队的指挥人员、值班执勤人员或者其他负有重要职责人员而雇用的；④阻碍部队将被雇用军人带回的；⑤其他情节严重的情形。

【主观】故意。

---

[1]《审理武装部队车辆号牌刑案解释》（2002，现已失效）第 4 条。

七、接送不合格兵员罪

《刑法》第 374 条 在征兵工作中徇私舞弊，接送不合格兵员，情节严重的，处 3 年以下有期徒刑或者拘役；造成特别严重后果的，处 3 年以上 7 年以下有期徒刑。

【定义】在征兵工作中徇私舞弊，接送不合格兵员，情节严重的行为。

【客体】部队的战斗力和兵员质量管理秩序。

【主体】特殊主体，为在征兵工作中负有政审、体检、接送职责的人员。

【行为】征兵工作中徇私舞弊，接送不合格兵员。首先，行为必须发生在征兵工作中。所谓"征兵"，是指征集中国人民解放军和中国人民武装警察部队现役的兵员。其次，必须具有徇私舞弊和接送的行为。"徇私舞弊"，是指徇个人私利或者徇亲友私情的行为，其特点是从个人利益出发，置国防利益于不顾。接送则是对应行为，涉及接和送。最后，本罪的对象必须是不合格的兵员。"不合格兵员"，是指不符合征兵条件的兵员，包括身体条件、政治条件和年龄、文化程度不合格。只有同时具备以上三个条件，才符合本罪的客观方面。

【罪量】"情节严重"，根据《立案标准（一）》（2008）第 93 条，主要指：①接送不合格特种条件兵员 1 名以上或者普通兵员 3 名以上的；②发生在战时的；③造成严重后果的；④其他情节严重的情形。

【主观】故意，一般具有徇私的动机。本罪是故意犯罪，在征兵工作中，因疏忽而接受了不合格兵员的，不成立本罪。

【加重犯】"造成特别严重后果"，主要是指接送的兵员中有犯罪嫌疑人或者罪犯的；不合格兵员入伍后多次进行违法犯罪活动或者实施严重犯罪的；严重影响完成作战、训练等重要军事任务的；等等。

八、伪造、变造、买卖武装部队公文、证件、印章罪·盗窃、抢夺武装部队公文、证件、印章罪·非法生产、买卖武装部队制式服装罪·伪造、盗窃、买卖、非法提供、非法使用武装部队专用标志罪

（一）构成要件·法定刑

《刑法》第 375 条 伪造、变造、买卖或者盗窃、抢夺武装部队公文、证件、印章的，处 3 年以下有期徒刑、拘役、管制或者剥夺政治权利；情节严重的，处 3 年以上 10 年以下有期徒刑。

非法生产、买卖武装部队制式服装，情节严重的，处 3 年以下有期徒刑、拘役或者管制，并处或者单处罚金。

伪造、盗窃、买卖或者非法提供、使用武装部队车辆号牌等专用标志，情节严重的，处 3 年以下有期徒刑、拘役或者管制，并处或者单处罚金；情节特别严重的，处 3 年以上 7 年以下有期徒刑，并处罚金。

单位犯第 2 款、第 3 款罪的，对单位判处罚金，并对其直接负责的主管人员和其他直接责任人员，依照各该款的规定处罚。

1. 伪造、变造、买卖武装部队公文、证件、印章罪。

【定义】伪造、变造、买卖武装部队公文、证件、印章的行为。

2. 盗窃、抢夺武装部队公文、证件、印章罪。

【定义】盗窃、抢夺武装部队公文、证件、印章的行为。

3. 非法生产、买卖武装部队制式服装罪。

【定义】非法生产、买卖武装部队制式服装、情节严重的行为。

4. 伪造、盗窃、买卖、非法提供、非法使用武装部队专用标志罪。

【定义】伪造、盗窃、买卖或者非法提供、使用武装部队车辆号牌等专用标志，情节严重的行为。

【罪量】情节严重。根据《审理武装部队车辆号牌刑案解释》（2002，现已失效）第2条，非法生产、买卖武装部队车辆号牌等专用标志，具有下列情形之一的，属于"情节严重"：①非法生产、买卖武装部队军以上领导机关专用车辆号牌的；②非法生产、买卖武装部队其他车辆号牌3副以上的；③具有其他严重情节的。伪造、变造武装部队车辆号牌或者买卖伪造、变造的武装部队车辆号牌，情节严重的，以非法生产、买卖军用标志罪论处。

（二）适用

【定罪】1. 伪造、变造、买卖或者盗窃、抢夺武装部队公文、证件、印章，情节显著轻微，危害不大的，不以犯罪论处。非法生产、买卖武装部队制式服装、车辆号牌等专用标志，情节不严重的，不以犯罪论处。

2. 伪造、变造、买卖或者盗窃、抢夺武装部队车辆行驶证、车辆驾驶证、车辆监理印章，具有下列情形之一的，以伪造、变造、买卖武装部队公文、证件、印章罪或者盗窃、抢夺武装部队公文、证件、印章罪定罪处罚：①伪造、变造、买卖或者盗窃、抢夺武装部队车辆监理印章的；②伪造、变造、买卖或者盗窃、抢夺武装部队车辆行驶证、车辆驾驶证3本以上的。具有下列情形之一的，属于《刑法》第375条第1款规定的"情节严重"：①伪造、变造、买卖或者盗窃、抢夺武装部队车辆监理印章3枚以上的；②伪造、变造、买卖或者盗窃、抢夺武装部队车辆行驶证、车辆驾驶证10本以上的；③具有其他严重情节的。[1]

【关联罪】1. 伪造、变造、买卖武装部队公文、证件、印章罪与伪造、变造、买卖国家机关公文、证件、印章罪之间，盗窃、抢夺武装部队公文、证件、印章罪与盗窃、抢夺国家机关公文、证件、印章罪之间的主要区别是行为对象不同：前罪的行为对象是武装部队公文、证件、印章；后罪的行为对象是国家机关的公文、证件、印章。

2. 使用伪造、变造、盗窃的武装部队车辆号牌，不缴或者少缴应征的车辆购置税、车辆使用税等税款，偷税数额占应纳税额的10%以上，且偷税数额在1万元以上的，以偷税罪定罪处罚。[2]

3. 使用伪造、变造、盗窃的武装部队车辆号牌，骗免养路费、通行费等各种规费，数额较大的，以诈骗罪定罪处罚。[3]

4. 冒充军人使用伪造、变造、盗窃的武装部队车辆号牌，造成恶劣影响的，以冒充军人招摇撞骗罪定罪处罚。[4]

【罪数】1. 以本条规定犯罪的行为为手段，进行其他犯罪活动的，按照牵连犯的处理原则，择一重论处，不数罪并罚。其他犯罪尚未着手实施的，以本罪定罪处罚。

2. 《刑法》第375条第1款与《刑法》第280条第1款存在竞合，属于特殊法条与一般法条之间的关系，同时触犯这两个罪名的，虽然伪造、变造、买卖武装部队公文、证件、印章罪与伪造、变造、买卖国家机关公文、证件、印章罪的法定刑是一样的，但在定性上以特殊法条所规定的罪即以前罪论处。对于毁灭武装部队公文、证件、印章，构成犯罪的，应以《刑法》第280条第1款之毁灭国家机关公文、证件、印章罪定罪处罚。

---

[1]《审理武装部队车辆号牌刑案解释》（2002，现已失效）第1条。
[2]《审理武装部队车辆号牌刑案解释》（2002，现已失效）第3条第1款。
[3]《审理武装部队车辆号牌刑案解释》（2002，现已失效）第3条第2款。
[4]《审理武装部队车辆号牌刑案解释》（2002，现已失效）第4条。

第三节 战时危害国防利益的犯罪

一、战时拒绝、逃避征召、军事训练罪·战时拒绝、逃避服役罪

《刑法》第376条 预备役人员在战时拒绝、逃避征召或者军事训练，情节严重的，处3年以下有期徒刑或者拘役。

公民战时拒绝、逃避服兵役，情节严重的，处2年以下有期徒刑或者拘役。

（一）战时拒绝、逃避征召、军事训练罪

【定义】预备役人员在战时拒绝、逃避征召、军事训练，情节严重的行为。

【客体】战时预备役人员的征召、军事训练制度。

【主体】特殊主体，即预备役人员。根据《兵役法》，预备役人员是指编入民兵组织或者经过登记服预备役的人员。包括预备役军官和预备役士兵。

【行为】表现为在战时拒绝、逃避征召、军事训练的行为。所谓"征召"，是指兵役机关依法向预备役人员发出通知，要求其按规定时间和地点报道，准备转服现役。所谓"军事训练"，是指对预备役人员进行军事理论教育和作战技能训练的活动。预备役训练是国家武装力量军事训练的组成部分。"拒绝"是指不接受或者接到征召、军事训练通知后拒不报到的行为。"逃避"是指有意躲避的行为。

【罪量】"情节严重"主要是指以暴力、威胁方法抗拒征召、军事训练的；煽动他人共同拒绝、逃避征召、军事训练的；多次拒绝、逃避征召、军事训练的，屡教不改的；等等。

（二）战时拒绝、逃避服役罪

【定义】公民战时拒绝、逃避服兵役，情节严重的行为。

【客体】国家战时兵役管理秩序。

【主体】依法应服兵役的公民，主要是应征公民。应征公民是指经兵役登记和初步审查符合服役条件的公民，包括男性应征公民和女性应征公民。

【行为】表现为战时拒绝、逃避服役，情节严重的行为。"拒绝服役"是指拒不履行兵役义务。"逃避服役"是指以某种行为或虚假理由躲避服兵役。行为人往往以自伤身体、隐匿、假装病残逃避服役，或者雇请他人冒名顶替。"情节严重"是指经教育后仍然拒绝、逃避服役义务的；拒绝、逃避服役影响作战或其他重要军事任务完成的；煽动他人拒绝、逃避服役的；以暴力手段抗拒服役的；等等。

【罪量】"情节严重"主要是指以暴力方法抗拒服役的；煽动他人共同拒绝、逃避服役的；经多次教育仍然拒绝、逃避服役的；因拒绝、逃避服役影响部队完成重要任务的；等等。

二、战时故意提供虚假敌情罪

《刑法》第377条 战时故意向武装部队提供虚假敌情，造成严重后果的，处3年以上10年以下有期徒刑；造成特别严重后果的，处10年以上有期徒刑或者无期徒刑。

【定义】指战时故意向武装部队提供虚假敌情，造成严重后果的行为。

三、战时造谣扰乱军心罪

《刑法》第378条 战时造谣惑众，扰乱军心的，处3年以下有期徒刑、拘役或者管制；情节严重的，处3年以上10年以下有期徒刑。

【定义】指战时造谣惑众，扰乱军心的行为。

四、战时窝藏逃离部队军人罪

《刑法》第379条　　战时明知是逃离部队的军人而为其提供隐蔽住所、财物，情节严重的，处3年以下有期徒刑或者拘役。

【定义】战时明知是逃离部队的军人而为其提供隐蔽住所、财物，情节严重的行为。

【关联罪】本罪与窝藏罪的界限。两者的主要区别是：①侵犯的客体不同。前罪侵犯的客体是战时部队军人管理秩序；后罪的客体是司法机关的正常活动。②行为对象不同。前罪的对象是逃离部队的军人；后罪的对象是实施了犯罪的人，即触犯了刑法并构成犯罪的人。

五、战时拒绝、故意延误军事订货罪

《刑法》第380条　　战时拒绝或者故意延误军事订货，情节严重的，对单位判处罚金，并对其直接负责的主管人员和其他直接责任人员，处5年以下有期徒刑或者拘役；造成严重后果的，处5年以上有期徒刑。

六、战时拒绝军事征收、征用罪

《刑法》第381条　　战时拒绝军事征收、征用，情节严重的，处3年以下有期徒刑或者拘役。

第八章

贪污贿赂罪

第一节 贪污贿赂罪概述

贪污贿赂犯罪是一类犯罪的统称，是指国家工作人员实施的贪污、受贿、挪用公款等贪利渎职、危害公务行为的廉洁性、妨害国家机关正常活动的行为，以及其他个人或者组织实施的与国家工作人员贪利渎职犯罪行为具有关联性或者对向性的犯罪行为。

这类犯罪以贪污、受贿、挪用公款等国家工作人员利用职务上的便利等谋利渎职的犯罪为中心，同时涵盖国家机关、其他个人或组织实施的与国家工作人员贪利渎职犯罪具有关联性、对向性的犯罪。

贪污贿赂罪的客体主要是国家工作人员职务行为的公正、廉洁性以及国家机关、国有企事业单位、人民团体等单位的正常活动。贪污贿赂罪是一种与公务活动密切相关的渎职性犯罪，这类犯罪既危害了公务活动的廉洁性，又危害了国家机关、国有企事业单位、人民团体等单位的正常活动，还侵害了公共财产，少数犯罪还侵犯了公民私人财产以及其他单位的财产。

在刑法中把这些犯罪归为一类，具有重要的政策和法律意义。这一类犯罪与我国目前比较严重的、人民群众痛恨的贪污腐败现象有关，也是党和国家在整治腐败、加强党风廉政建设的工作中依法进行惩治的重点。将这些犯罪规定为独立的类罪，充分反映出依法严厉惩治腐败现象的国家意志，突出了现阶段反腐败斗争刑事打击的重点。在法律上，将这些犯罪归为一类，规定由检察机关负责对这类犯罪案件的立案侦查，进一步明确了公安机关与检察机关的立案侦查分工，具有诉讼程序方面的意义。

第二节 贪污挪用犯罪

一、贪污罪

（一）构成要件·法定刑

《刑法》第382条 国家工作人员利用职务上的便利，侵吞、窃取、骗取或者以其他手段非法占有公共财物的，是贪污罪。

受国家机关、国有公司、企业、事业单位、人民团体委托管理、经营国有财产的人员，利用职务上的便利，侵吞、窃取、骗取或者以其他手段非法占有国有财物的，以贪污论。

与前两款所列人员勾结，伙同贪污的，以共犯论处。

《刑法》第383条 对犯贪污罪的，根据情节轻重，分别依照下列规定处罚：

（一）贪污数额较大或者有其他较重情节的，处3年以下有期徒刑或者拘役，并处罚金。

（二）贪污数额巨大或者有其他严重情节的，处3年以上10年以下有期徒刑，并处罚金或者没收财产。

（三）贪污数额特别巨大或者有其他特别严重情节的，处10年以上有期徒刑或者无期徒刑，并处罚金或者没收财产；数额特别巨大，并使国家和人民利益遭受特别重大损失的，处无期徒刑或者死刑，并处没收财产。

对多次贪污未经处理的，按照累计贪污数额处罚。

犯第1款罪，在提起公诉前如实供述自己罪行、真诚悔罪、积极退赃，避免、减少损害结果的发生，有第1项规定情形的，可以从轻、减轻或者免除处罚；有第2项、第3项规定情形的，可以从轻处罚。

犯第1款罪，有第3项规定情形被判处死刑缓期执行的，人民法院根据犯罪情节等情况可以同时决定在其死刑缓期执行2年期满依法减为无期徒刑后，终身监禁，不得减刑、假释。

【定义】国家工作人员利用职务上的便利，侵吞、窃取、骗取或者以其他手段非法占有公共财物的行为。

【客体】复杂客体。即国家工作人员职务行为的廉洁性和公共财产的所有权。

【对象】"公共财产"，指《刑法》第91条规定的下列财产：①国有财产；②劳动群众集体所有的财产；③用于扶贫和其他公益事业的社会捐助或者专项基金的财产；④在国家机关、国有公司、企业、集体企业和人民团体管理、使用或者运输中的私人财产，以公共财产论。此外，因为非国有公司、企业、事业单位中从事公务的人员贪污本单位财产的也能成立贪污罪，所以，有关非国有单位的财产也能成为本罪的对象。

【主体】特殊主体，包括国家工作人员和"受委托管理、经营国有财产的人员"。根据《刑法》第93条规定，国家工作人员，包括以下三类从事公务的人员：

1. 国家机关工作人员，具体包括在国家机关中从事公务的人员以及在中国共产党的各级机关、中国人民政治协商会议的各级机关中从事公务的人员。

2. 国家出资公司、企业中从事公务的人员。具体可以分为三种：

（1）国有独资（全资）公司、企业（以下称"国有单位"）中从事经营管理工作的人员，属于国家工作人员，如董事、经理、会计、出纳等。

（2）国有控股、参股公司、企业（"国有参股单位"）中受国家机关或"国有单位"的"委派"从事公务的人员是国家工作人员。只要他们在其中从事公务，不论被委派前是否具有国家工作人员的身份，都以国家工作人员论。关于国家出资企业中国家工作人员的认定，《办理国家出资企业中职务犯罪案意见》（2010）第6条指出：经国家机关、国有公司、企业、事业单位提名、推荐、任命、批准等，在国有控股、参股公司及其分支机构中从事公务的人员，应当认定为国家工作人员。具体的任命机构和程序，不影响国家工作人员的认定。

（3）《办理国家出资企业中职务犯罪案意见》（2010）指出：经国家出资企业中负有管理、监督国有资产职责的组织批准或者研究决定，代表其在国有控股、参股公司及其分支机构中从事组织、领导、监督、经营、管理工作的人员，应当认定为国家工作人员。由此可见，前述《意见》对主体范围较以前有所扩张，把"间接委派"或"二次委派"的，也认定为"国家工作人员"。认定国家出资企业中这类国家工作人员身份，应掌握以下要点：

第一，任命主体是"负有管理、监督国有资产职责的组织"，其范围多数意见认为："除国资管理机构、国有单位外，主要是上级或者本级国家出资企业内部的党委、党政联席会。"[1]

---

[1] 宋国蕾、张宁："国家出资企业人员职务犯罪研讨会综述"，载中华人民共和国最高人民法院刑事审判第一、二、三、四、五庭主办：《刑事审判参考（2012年第6集·总第89集）》，法律出版社2013年版。

【案例】 如何认定国家出资企业中的国家工作人员——章国钧受贿案[1]

被告人章国钧经交通银行湖州分行党委研究决定，先后担任新天地支行的业务管理经理、行长助理的职务，其工作内容主要是通过对贷款客户的调查、贷款的申报，以及贷款发放后的监控与实地查访，对国有财产进行监督、经营、管理。被告人章国钧属于国家工作人员，其利用职务之便，收受他人财物，为他人谋取利益的行为，构成受贿罪。"交通银行"属于国家出资企业，"湖州分行党委"属于"负有管理、监督国有资产职责的组织"，经其研究决定被告人章国均从事管理活动，符合前述《意见》规定。

国家出资企业中的董事会、监事会不能认定是适格的委派主体。[2]

【案例】 如何审查认定国家出资企业中国家工作人员的身份——李培光职务侵占、挪用资金案[3]

"上诉人李培光所在中铁三局四公司系国有资本控股公司中铁三局的全资子公司，属于国家出资企业，李培光系该公司合同制员工，只有技术职称，没有行政级别，其担任南广铁路NGZQ-4项目部一分部财务主任是经过公司人力资源部提名，主管总会计师同意报公司总经理聘任的，未经公司党委或者党政联席会讨论、批准或者任命，故其不具有国家工作人员身份。"[4]

【案例】 **宋涛宋涛非国家工作人员受贿案**

上港集团为国有控股、中外合资的股份有限公司。宋涛在上港集团生产业务部下设的生产调度室从主管到担任副经理、经理的职务变动，均由其上级部门领导个人提出聘任意见，由人事组织部审核后，由公司总裁在总部机关职工岗位变动审批表上签署同意见即成，无须经过人事组织部提名、领导部门扩大会议讨论决定的程序。所以不属于国家工作人员。[5]

第二，"从事公务"，"公务首先是管理性的事务，而不是一般的技术性、业务性活动。在国家出资企业中，中层以上管理人员可被视为代表管理、监督国家资产职责的组织从事公务，中层以下管理人员如果主要从事的是事务性、技术性、业务性工作，一般不宜认定为从事公务"。[6] 行为人的身份如果符合形式要件，即经国家出资企业中负有管理、监督国有资产职责的组织批准或者研究决定，即使从事的公司性的公务，也应以国家工作人员从事公务论。因为在国家出资企业中，国家性公务必然包含在公司性的公务中。

"国家出资企业中国有成分比例一般不影响国家工作人员的认定，关键看企业人员从事的工作是否具有公务性质。"[7] 受国家出资企业委派在不含有任何国有资产的公司企业从事管理

---

[1] 载中华人民共和国最高人民法院刑事审判第一、二、三、四、五庭主办：《刑事审判参考（2014年第2集·总第97集）》，法律出版社2015年版。

[2] 宋国蕾、张宁："国家出资企业人员职务犯罪研讨会综述"，载中华人民共和国最高人民法院刑事审判第一、二、三、四、五庭主办：《刑事审判参考（2012年第6集·总第89集）》，法律出版社2013年版。

[3] 载中华人民共和国最高人民法院刑事审判第一、二、三、四、五庭主办：《刑事审判参考（2014年第4集·总第99集）》，法律出版社2015年版。

[4] 宋国蕾、张宁："国家出资企业人员职务犯罪研讨会综述"，载中华人民共和国最高人民法院刑事审判第一、二、三、四、五庭主办：《刑事审判参考（2012年第6集·总第89集）》，法律出版社2013年版。

[5] 载中华人民共和国最高人民法院刑事审判第一、二、三、四、五庭主办：《刑事审判参考（2014年第2集·总第97集）》，法律出版社2015年版。

[6] 宋国蕾、张宁："国家出资企业人员职务犯罪研讨会综述"，载中华人民共和国最高人民法院刑事审判第一、二、三、四、五庭主办：《刑事审判参考（2012年第6集·总第89集）》，法律出版社2013年版。

[7] 宋国蕾、张宁："国家出资企业人员职务犯罪研讨会综述"，载中华人民共和国最高人民法院刑事审判第一、二、三、四、五庭主办：《刑事审判参考（2012年第6集·总第89集）》，法律出版社2013年版。

工作的，是否可以认定为国家工作人员？对此多数意见认定为："应该根据被委派人员具体从事的活动是否具有公务性认定其是否属于国家工作人员。通常情况下，不能认定该类人员为国家工作人员；但是，在特殊情况下，党政部门出于公共管理活动需要向非国有出资企业委派人员的，应当认定该被委派人员为从事公务。"[1]

前述《意见》规定："国家出资企业中的国家工作人员，在国家出资企业中持有个人股份或者同时接受非国有股东委托的，不影响其国家工作人员身份的认定。国家工作人员在国家出资企业改制前利用职务上的便利实施犯罪，在其不再具有国家工作人员身份后又实施同种行为，依法构成不同犯罪的，应当分别定罪，实行数罪并罚。国家工作人员利用职务上的便利，在国家出资企业改制过程中隐匿公司、企业财产，在其不再具有国家工作人员身份后将所隐匿财产据为己有的，以贪污罪定罪处罚。"

3. 其他依照法律从事公务的人员。主要指协助人民政府从事行政管理工作的村民委员会等村基层组织人员。根据全国人民代表大会常务委员会的解释，村民委员会等村基层组织人员协助人民政府从事下列行政管理工作，属于《刑法》第93条第2款规定的"其他依照法律从事公务的人员"：①救灾、抢险、防汛、优抚、扶贫、移民、救济款物的管理；②社会捐助公益事业款物的管理；③国有土地的经营和管理；④土地征用补偿费用的管理；⑤代征、代缴税款；⑥有关计划生育、户籍、征兵工作；⑦协助人民政府从事的其他行政管理工作。参照此理解，城市居民委员会等基层组织人员协助政府从事行政管理事务的，也可视为依法从事公务的人员。前述"村民委员会等村基层组织"，不应仅局限于村民委员会等村级组织，村民小组也应当属于"村基层组织"的范围，从事具体协助工作的村民小组组长等工作人员，也应当属于前述范围。[2] 另外，根据有关的指导判例，村民小组长代表村民小组将建在国有土地上的、权属归集体所有的房屋对外出租，在签订租赁合同过程中索取、收受他人财物的，不属于协助人民政府"对国有土地经营和管理"。[3] 又如，"施工作业上坝公路用地补偿费""租用运输道路泥沙冲进稻田补偿费"属于村民委员会对农村集体所有土地的经营和管理范围，不是依照法律从事公务。村民委员会等村基层组织成员利用职务上的便利非法占有的财物，既包括国有财产，也包括村集体所有财产的，应当分别定罪处罚。如果难以区分是利用协助人民政府从事行政管理工作的职务便利，还是利用管理村公共事务的职务便利的，一般应当认定为利用管理村公共事务的职务便利，因为行为主体毕竟是村民委员会等村基层组织成员，而并非政府公务人员。[4] 此外，依法被选出的在人民法院履行职务的人民陪审员、履行特定手续被人民检察院聘任的特邀检察员等，也属于其他依法从事公务的人员。

此外，"受委托管理、经营国有财产的人员"，即《刑法》第382条第2款规定的"受国

---

[1] 宋国蕾、张宁："国家出资企业人员职务犯罪研讨会综述"，载中华人民共和国最高人民法院刑事审判第一、二、三、四、五庭主办：《刑事审判参考（2012年第6集·总第89集）》，法律出版社2013年版。

[2] 指导判例"廖常伦贪污、受贿案【第594号】——村民小组长在特定情形下属于'其他依照法律从事公务的人员'"，载中华人民共和国最高人民法院刑事审判第一、二、三、四、五庭主办：《刑事审判参考（2009年第6集·总第71集）》，法律出版社2010年版。

[3] 指导判例"张留群受贿案【第595号】——村民组组长依法从事公务的认定"，载中华人民共和国最高人民法院刑事审判第一、二、三、四、五庭主办：《刑事审判参考（2009年第6集·总第71集）》，法律出版社2010年版。

[4] 指导判例"宾四春、郭利、戴自立贪污案【第136号】——如何认定村民委员会等村基层组织成员为依照法律从事公务的人员？"载中华人民共和国最高人民法院刑事审判第一庭、第二庭编：《刑事审判参考（2001年第10集·总第21集）》，法律出版社2002年版。

家机关、国有公司、企业、事业单位、人民团体委托管理、经营国有财产的人员"，也属于贪污罪的主体。"受委托"的形式上不限，如任命、指派、提名、推荐、认可、同意、批准等均可，无论是书面委任文件还是口头提名，只要是有证据证明其属上述委托形式之一即可。[1] "受委托管理、经营国有财产"，根据《审理经济犯罪案座谈会纪要》（2003），是指因承包、租赁、临时聘用等方式管理、经营国有财产。如行为人以承包人、租赁人的身份，管理、经营国有的企业、公司或者其中的某个工程队、车间、门市部等。在承包、租赁经营期间，属于受委托管理、经营国有财产的人员。这些人不具有国家工作人员的身份，与国家机关、国有企业等委托方主要是市场经济关系，不是行政任命、委派关系，也不因"受托"而具有国家工作人员的身份。但是这些人如果利用经管国有财产的职务上的便利，侵吞、骗取、窃取、盗卖承包、租赁公司、企业财产的，以贪污罪论处。

国家工作人员的本质特征是依法从事公务。"依法从事公务"是指在国家机关、公司、企业、事业单位、人民团体、社会团体中从事组织、领导、监督、管理等公共事务性质的活动。中国共产党的基层组织的组成人员的职务活动也属于从事公务活动。在有关单位工作，但不是从事公务活动的人员，不属于国家工作人员。因此，直接从事生产劳动或者服务性劳动的人员，如国家机关中的工勤人员、工厂的工人、商店的售货员、宾馆的服务员、部队战士、司机、收款员、售票员、购销员等，不属于从事公务的人员。

国家工作人员以外的人员不能构成贪污罪。但是其他人员与上述国家工作人员以及《刑法》第382条规定的"受委托管理、经营国有财产的人员"勾结，伙同贪污的，以贪污罪的共犯论处。

【行为】利用职务上的便利，侵吞、窃取、骗取或者以其他手段非法占有公共财物。"利用职务上的便利"，是指利用职务范围内的权力和地位形成的有利条件，具体表现为主管、保管、出纳、经手财物等便利条件。利用因工作关系熟悉作案环境、凭工作人员身份便于接近作案目标等与职务无关的便利条件，不属于利用职务之便。"侵吞"，是指行为人利用职务上的便利，将自己控制之下的公共财物非法据为己有，如将自己保管、使用的公共财物加以扣留，应交而隐匿不交，应支付而不支付，收款不入账或非法转卖或者私自赠与他人，非法占有或私自用掉其所追缴的赃款赃物和罚没款物，甚至于将自己控制下的国家机关、国有公司、企事业单位等用于行贿的款物非法据为己有，等等。"窃取"，是指行为人利用职务之便，将自己合法主管、管理、经手的公共财物，平和地非法据为己有的行为，即通常所说的监守自盗，如银行的业务人员窃取自己经管的国有财产。"骗取"，是指行为人利用职务上的便利，以虚构事实或隐瞒真相的欺骗手段，非法占有公共财物的行为，如涂改单据、账目，谎报开支，冒领旅差费、医疗费、工资、补贴等；谎报亏损，非法占有公款；虚构或隐瞒事实，冒领款物；等等。所谓"其他手段"，是指侵吞、窃取、骗取以外的其他利用职务上的便利，非法占有公共财物的行为。钱款的去向、用途不影响贪污罪认定，国家工作人员出于贪污的故意，非法占有公共财物之后，将赃款赃物用于单位公务支出或者社会捐赠的，不影响贪污罪的认定，但量刑时可以酌情考虑。《刑法》第394条规定，国家工作人员在国内公务活动或者对外交往中接受礼物，依照国家规定应当交公而不交公，数额较大的，以贪污罪定罪处罚。这是国家工作人员利用职务之便，侵吞公共财物的一种特殊形式。

---

[1] 指导判例"顾荣忠挪用公款、贪污案【第446号】——由国有公司负责人口头提名、非国有公司聘任的管理人员能否以国家工作人员论？"载中华人民共和国最高人民法院刑事审判第一、二、三、四、五庭主办：《刑事审判参考（2007年第3集·总第56集）》，法律出版社2008年版。

【主观】故意，并且具有非法占有公共财物的目的。非法占有的目的是贪污罪与挪用公款罪区别的要点。非法占有的目的，需要根据行为人的客观表现认定。在司法实践中，认为行为人弄虚作假将账目冲平或者消去、销毁账目、掩盖财物的踪迹，就足以认定行为人具有非法占有的目的。

【罪量】"数额较大或者有其他严重情节"，根据《办理贪贿案解释》（2016）第1条，"数额较大"指贪污3万元以上；"有其他严重情节"指贪污1万元以上不满3万元且具有下列"六种贪污严重情形之一"的：①贪污救灾、抢险、防汛、优抚、扶贫、移民、救济、防疫、社会捐助等特定款物的。"等"字所代表的其他特定款物的认定要从严掌握，应与所列举的款物具有实质相当性，具体可以从事项重要性、用途特定性以及时间紧迫性等方面进行判断。②曾因贪污、受贿、挪用公款受过党纪、行政处分的。③曾因故意犯罪受过刑事追究的。之所以用"刑事追究"而非"刑事处罚"，主要是考虑到较轻的刑事犯罪还有不起诉或者免予刑事处罚等处理措施，"刑事追究"一词更具包容性。④赃款赃物用于非法活动的。应注意：一方面，不要求赃款赃物全部或者大部分用于非法活动；另一方面，用于非法活动的赃款赃物数额需要达到一定程度，对于用于非法活动的赃款赃物占比较小的，不宜适用本项规定。"度"的具体把握，实践中可以根据个案情况结合非法活动的比例数和绝对数综合判断。⑤拒不交待赃款赃物去向或者拒不配合追缴工作，致使无法追缴的。⑥造成恶劣影响或者其他严重后果的。[1]

【加重犯】根据《办理贪贿案解释》（2016）第2、4条：①"贪污数额巨大或者有其他严重情节的"，贪污"数额巨大"指贪污20万元以上不满300万元的。"有其他严重情节"指贪污数额在10万元以上不满20万元，且具有前述"六种贪污严重情形之一"的。②"贪污数额特别巨大或者有其他特别严重情节的"，"贪污数额特别巨大"指贪污300万元以上的；"有其他特别严重情节"，指贪污数额在150万元以上不满300万元，且具有前述"六种贪污严重情形之一"的。

【量刑】根据《办理贪贿案解释》（2016）第19条，对贪污罪判处3年以下有期徒刑或者拘役的，应当并处10万元以上50万元以下的罚金；判处3年以上10年以下有期徒刑的，应当并处20万元以上犯罪数额2倍以下的罚金或者没收财产；判处10年以上有期徒刑或者无期徒刑的，应当并处50万元以上犯罪数额2倍以下的罚金或者没收财产。

另，贪污犯罪分子违法所得的一切财物，应当依照《刑法》第64条追缴或者责令退赔。

（二）适用

【关联罪】1.贪污罪与盗窃罪、诈骗罪的区别：①主体不同。贪污罪是特殊主体，即国家工作人员和受委托管理、经营国有财产的人员；盗窃罪、诈骗罪是一般主体。②行为方式与行为对象有所不同。贪污罪中窃取、骗取公共财物的行为是利用职务上的便利实施的；盗窃罪、诈骗罪则没有这一条件。贪污罪的行为对象是公共财物；盗窃罪、诈骗罪的行为对象是公私财物。③客体有所不同。贪污罪的客体是公共财产和职务行为的廉洁性；盗窃罪、诈骗罪的客体是公私财产占有关系。

在认定具体案件时，应当分析行为人究竟是利用职务上的便利，还是仅仅利用工作方便。如果国家工作人员没有利用职务上的便利，仅仅是利用在单位工作、熟悉环境、了解情况、进出方便等与本人职务没有直接关系的便利条件，窃取公共财产的，是盗窃罪。例如，某会计总

---

[1] 裴显鼎、苗有水、刘为波、王珅："最高人民法院、最高人民检察院关于办理贪污贿赂刑事案件适用法律若干问题的解释"，载《人民司法》2016年第19期。

管知道本单位在某日发工资，财务室金库有巨额现金，便提前偷配了出纳经管的金库的钥匙，于晚上潜入单位财务室，用配制的钥匙打开金库，偷走巨款。该行为没有直接利用本人的职权，属于盗窃罪。相反，如果该财务总管利用本人经管公共财物的职务之便，窃取本人经管的公共财物，然后伪造外部人员作案的假象的，就构成贪污罪。

2. 贪污罪与侵占罪的区别：①主体不同。贪污罪的主体是国家工作人员和受托管理、经营国有财产的人员；侵占罪的主体是他人财产的保管者或者实际持有者。②行为及行为方式有所不同。贪污罪的行为必须利用职务上的便利；侵占罪没有利用职务上的便利。贪污行为包括侵吞、盗窃、骗取等方式；侵占只能是侵吞一种行为方式，不包括窃取、骗取的方式。在侵吞财物的场合，贪污罪的行为人是因为（公务）职务的关系而持有该财物；侵占罪的行为人是因受他人委托而持有该财物或者因偶然因素而持有他人遗忘物、埋藏物。③行为对象不同。贪污罪的对象是公共财物；侵占罪的对象是他人的委托保管物、遗忘物、埋藏物。

3. 贪污罪与职务侵占罪的区别：①主体不同。贪污罪的主体是国家工作人员和"受国家机关、国有公司、企业、事业单位、人民团体委托管理、经营国有财产的人员"；职务侵占罪的主体是上述贪污罪主体范围以外的公司、企业或者其他单位的人员。②客体不同。贪污罪的客体是公务职务行为的廉洁性和公共财产；职务侵占罪的客体是职务诚实信用和本单位财产。

在分析案例、认定犯罪性质时，主要是分析贪污罪与职务侵占罪在主体上的差别。这一问题相当繁琐复杂，只能大体上提供一个区分的脉络：

（1）在企事业单位（包括金融保险单位）发生利用职务上的便利侵吞、窃取、骗取单位财产行为的：①看该单位是否属于国有。是国有性质的，通常应当认定为贪污罪；是非国有性质的，则需进一步分析。②看是否是政府或者国有单位委派从事公务的人员。在非国有的企事业单位和在国有资本控股、参股的股份有限公司中从事管理工作的人员，除受国家机关、国有公司、企业、事业单位委派从事公务的以外，不属于国家工作人员。对其利用职务上的便利，将本单位财物非法占为己有，数额较大的，应当依照《刑法》第271条第1款的规定，以职务侵占罪定罪处罚。只有国家机关、国有公司、企业、事业单位委派从事公务的人员，才属于国家工作人员，应当认定为贪污罪。③看是否从事管理工作，不论是在国有单位还是非国有单位，如果行为人仅仅是从事劳务性工作的人员而不是从事管理工作的人员，如工人、勤杂人员，在工作中窃取接触到的生产资料、劳动工具、生产成品的，只能定盗窃罪。

（2）在农村，村民委员会等村基层组织人员利用协助人民政府从事行政管理工作的职务之便，侵吞、窃取、骗取公共财产的，认定为贪污罪；村民小组长利用职务上的便利非法占有公共财产，数额较大的，构成职务侵占罪。

4. 贪污罪与私分国有资产罪、私分罚没财物罪的区别。区别要点在于：①是个人行为还是单位集体行为。贪污罪是个人或者数人共同实施侵吞公共财产的行为；而私分国有资产罪、私分罚没财物罪则是以单位名义集体私分国有财产、罚没财物，通常表现为由单位的负责人或者决策机构集体讨论决定，按照一定的分配方案或者分发标准，例如，以工作业绩、职务高低为分配依据，通过单位财务渠道，经过会计造册、领导审批等程序，将国有资产、罚没财物以单位名义分发给本单位职工。②贪污罪具有相当的秘密性和隐蔽性，私分国有资产罪具有较大程度、范围内的公开性。③在贪污罪中，分取赃物人与贪污行为人具有一致性。实践中也存在部分共同贪污犯罪人未分取赃物或者将赃物交给共同犯罪人之外的其他人的情形，但这仅属于赃物的事后分割和处理问题；私分国有资产罪在受益人员的数量上具有多数性、在构成上具有广泛性特征，一般不以某一特定层面为限。[1] 如果是单位的领导或者经管国有资产的少数人员利用职务之便秘密私分国有资产、罚没财物，而不是按一定的方案或标准分发给职工的，应以贪污罪共犯论处。

5. 在国企改制中利用职务便利隐瞒债权、虚构债务将国有资产输送到自己持股的公司中，可成立贪污罪。

【案例】 徐华、罗永德贪污案[2]

在国有企业改制过程中隐瞒资产真实情况造成巨额国有资产流失的行为如何处理？路桥燃料公司原系国有企业。1998年，路桥燃料公司进行产权制度改革，在资产评估过程中，被告人徐华明知公司的应付款账户中有三笔共计47.435 738万元系前几年虚设，而未向评估人员作出说明，隐瞒该款项的真实情况，从而使评估人员将该三笔款项作为应付款评估并予以确认。同年12月，路桥区政府路政发（1998）147号文件同意路桥燃料公司产权制度改革实施方案。此后，路桥燃料公司在21名职工中平均配股。2000年4月，被告人罗永德从徐华处得知公司资产评估中存在虚报负债的情况。同年6月，二被告人在部分职工得知内情要求私分的情况下，商定开职工大会，经讨论并确定虚报负债部分用于冲减企业亏损或上缴国有资产管理部门。6月30日，路桥燃料有限公司股东大会选举产生董事会，董事长为徐华、副董事长为罗永德。尔后，二被告人和应文伟等5人收购了其他16名股东的全部股份，并于2000年8月17日正式成立路桥燃料有限公司。自2000年4月份以来，罗永德明知公司资产评估中存在虚报负债的情况，而未向有关部门报告并继续同徐华一起到有关部门办理企业改制的后继手续。2000年9月7日，路桥燃料有限公司向路桥区财政局交清路桥燃料公司国有资产购买款465.3969万元。随后，被告人徐华、罗永德等人积极办理公司产权转移手续。案发时，手续尚在办理之中。案发以后，路桥燃料有限公司于2000年11月28日将47.435 738万元上缴给路桥区财政局国资科。台州市路桥区人民法院认为，被告人徐华身为国有公司工作人员，为达到非法占有的目的，在国有企业改制的资产评估中，对公司虚设负债款不作说明，从而骗取评估人员的确认；被告人罗永德明知该公司在资产评估中存在着虚报负债的情况，而积极与徐华一起到有关部门办理企业改制后继手续，造成国有资产即将转移。被告人徐华、罗永德的行为均已构成贪污（未遂）罪。判徐华处有期徒刑3年，并处没收财产3万元；判处罗永德有期徒刑一年，缓刑一年，并处没收财产1万元。根据《办理国家出资企业中职务犯罪案意见》（2010），应当以所隐匿财产在改制过程中已为行为人实际控制，或改制已完成为既遂标准。

6. 科研活动中的贪污罪与非罪的界限。根据2016年最高人民检察院发布的《关于充分发挥检察职能依法保障和促进科技创新的意见》，一是要区分科研人员合法的股权分红、知识产权收益、科技成果转化收益分配与贪污、受贿之间的界限；二是要区分科技创新探索失败、合理损耗与骗取科研立项、虚增科研经费投入的界限；三是要区分突破现有规章制度，按照科技创新需求使用科研经费与贪污、挪用、私分科研经费的界限。

【既遂·未遂】因为贪污罪所侵吞、骗取、窃取之公共财产一般是行为人经管或者经手的财产，所以，一般当行为人实施弄虚作假等行为，充分暴露出非法占有意图的同时，犯罪也就达到既遂。只有在侵犯的公共财产不在行为人占有之下或者不完全在行为人占有之下的场合，

---

[1] 指导判例"杨代芳贪污、受贿案【第313号】——私分国有资产与共同贪污的区分？"载中华人民共和国最高人民法院刑事审判第一庭、第二庭编：《刑事审判参考（2004年第4集·总第39集）》，法律出版社2005年版。

[2] 载中华人民共和国最高人民法院刑事审判第一庭、第二庭编：《刑事审判参考（2001年第8集·总第19集）》，法律出版社2002年版。

才可能发生未遂的情况。例如，行为人利用职务上的便利将单位存款从单位账户上划出，但因为意志以外的原因未能入到个人账户上，单位尚未失控而行为人也尚未控制该笔存款，可以认为是贪污罪未遂。

【共犯】贪污罪属于特殊主体的犯罪，限于国家工作人员。但是如果行为人与国家工作人员勾结，利用国家工作人员的职务便利，共同侵吞、窃取、骗取或者以其他手段非法占有公共财物的，以贪污罪共犯论处。如果公司、企业或者其他单位中，不具有国家工作人员身份的人与国家工作人员勾结，分别利用各自的职务便利，共同将本单位财物非法占为己有的，按照主犯的犯罪性质定罪。[1]

国企改制中，国家工作人员利用职权在改制中以低估资产、隐瞒债权、虚设债务、虚构产权交易等方式隐匿财产归个人持股的改制后企业所有的，以贪污罪论。贪污数额以所隐匿财产全额计算；改制后企业仍有国有股份的，按股份比例扣除归于国有的部分。非国家工作人员实施前述行为的，以职务侵占罪论。两种人勾结共同实施的，以贪污罪共同犯罪论。隐匿企业财产转为职工集体持股的改制后企业所有的，对其责任人以私分国有资产罪论处。改制后的公司、企业中只有改制前公司、企业的管理人员或者少数职工持股，以贪污罪论处。国家工作人员在国有资产处置过程中徇私舞弊，将国有资产低价折股或者低价出售给特定关系人持有股份或者本人实际控制的公司、企业，致使国家利益遭受重大损失的，以贪污罪论。因而受贿的，择一重罪处罚。用改制企业的资金、金融凭证、有价证券等担保个人贷款，用于购买改制企业股份的，以挪用论。但经有关主管部门批准的除外。[2]

【处罚】对多次贪污未经处理的，按照累计贪污数额处罚。

1. 所谓多次贪污未经处理，是指两次以上（含两次）的贪污行为，既没有受过刑事处罚，也没有受过行政处理。累计贪污数额时，应依刑法有关追诉时效的规定执行，在追诉时效期限内的贪污数额应累计计算，已过追诉时效期限的贪污数额不予计算。在审判实践中，对被贪污的公款在贪污后至案发前所生利息，不作为贪污的犯罪数额计算。但该利息是贪污行为给被害单位造成实际经济损失的一部分，应作为被告人的非法所得，连同其贪污的公款一并依法追缴。

2. 共同贪污犯罪中"个人贪污数额"的认定。《刑法》第383条第1款规定的"个人贪污数额"，在共同贪污犯罪案件中应理解为个人所参与或者组织、指挥共同贪污的数额，不能只按个人实际分得的赃款数额来认定。对共同贪污犯罪中的从犯，应当按照其所参与的共同贪污的数额确定量刑幅度，并依照《刑法》第27条第2款的规定，从轻、减轻处罚或者免除处罚。[3]

3. 贪污数额认定与业务回扣。国家工作人员成立第三方公司套取单位公款后，将其中的部分公款用于支付原单位业务回扣费用，原则上应全额计入贪污数额，因为这属于既遂后的赃款处置行为。但在同时符合以下两个条件的情况下，则应从贪污数额中扣除该部分费用：①行为人对第三方公司替原单位支付的业务回扣费用，主观上没有非法占有的故意、客观上也未实际控制和占有；②该部分业务费用支出客观上有利于原单位开展业务，属于单位惯例，且行为人实施的贪污犯罪未造成原单位的财产损失。从行业惯例和现实的角度评判，对于这种支付业务回扣费用的做法，不能将全部责任归于行为人。当然，这只是表明行为人对该部分钱款不用

---

[1]《审理贪污、职务侵占案共同犯罪解释》（2000）第3条。
[2] 根据《办理国家出资企业中职务犯罪案意见》（2010）。
[3]《审理经济犯罪案座谈会纪要》（2003）。

承担贪污罪的责任，并不意味着放纵或默许业务回扣的行为。[1]

二、挪用公款罪

（一）构成要件·法定刑

《刑法》第384条 国家工作人员利用职务上的便利，挪用公款归个人使用，进行非法活动的，或者挪用公款数额较大、进行营利活动的，或者挪用公款数额较大、超过3个月未还的，是挪用公款罪，处5年以下有期徒刑或者拘役；情节严重的，处5年以上有期徒刑。挪用公款数额巨大不退还的，处10年以上有期徒刑或者无期徒刑。

挪用用于救灾、抢险、防汛、优抚、扶贫、移民、救济款物归个人使用的，从重处罚。

【定义】国家工作人员利用职务上的便利，挪用公款归个人使用，进行非法活动的，或者挪用公款数额较大、进行营利活动的，或者挪用公款数额较大、超过3个月未还的行为。

【客体】国家机关、国有企业、事业单位、人民团体的公款管理制度和使用、收益权。

【对象】"公款"，是指以货币、金融票证、有价证券等形式存在的公共财产。包括人民币、外国货币以及支票、股票、国库券等金融票证、有价证券。这类公共财产具有流通性或者可直接兑现成货币的特点。挪用金融票证、有价证券为他人提供担保与挪用公款为他人担保没有实质差别，均构成本罪，但挪用金额应当以承担的风险数额为准，所以，挪用公款存单为本人或者他人质押贷款的行为应认定为挪用公款罪。公款一般不包含公物。但是，根据《刑法》第384条的规定，挪用于救灾、抢险、防汛、优抚、扶贫、移民、救济款物归个人使用的，可以构成挪用公款罪。这些特定款物中不仅包括特定的公款也包括特定的公物。因此，挪用公款罪的对象之中还包括特定公物。特定公物以外的普通公物，不属于挪用公款罪对象的范围。国家工作人员挪用非特定公物归个人使用的行为，不以挪用公款罪论处。[2]

【主体】特殊主体，即国家工作人员，包括：①国家机关工作人员；②依法从事公务的人员；③其他依法从事公务的人员。在这个范围内挪用公款罪的主体与贪污罪相同，可以参照贪污罪的主体范围掌握。但是，挪用公款罪的主体范围有一点与贪污罪不同，即"受委托经营、管理国有财产的人员"属于贪污罪的主体范围，但是不属于挪用公款罪的主体范围，这部分人不能构成挪用公款罪。在这一点上讲，挪用公款罪的主体范围略微小于贪污罪的主体范围。

【行为】利用职务上的便利，挪用公款归个人使用，进行非法活动的，或者挪用公款数额较大、进行营利活动的，或者挪用公款数额较大、超过3个月未还的。挪用行为不仅表现为对公款的一种"消费"或者"处分"，而且包括其他形式的"支付"，例如挪用金融凭证、有价证券用于质押。挪用公款归还个人贷款的，应当根据产生贷款的原因，分别认定属于挪用公款三种情形的具体种类，归还个人进行营利活动或者进行非法活动产生的欠款，应当认定为挪用公款进行营利活动或者进行非法活动。挪用公款归个人使用，用于公司、企业注册资金证明的，由于申报注册资本是为进行生产经营活动作准备，属于成立公司、企业进行营利活动的组成部分，故应当认定为挪用公款进行营利活动。[3]

1. 根据立法解释，挪用公款"归个人使用"是指下列情形之一：

---

[1] 指导判例"陈强等贪污、受贿案【第1071号】——国家工作人员套取的公款中用于支付原单位业务回扣费用的部分，是否应当计入贪污数额？"载中华人民共和国最高人民法院刑事审判第一、二、三、四、五庭主办：《刑事审判参考（2015年第1集·总第102集）》，法律出版社2016年版。

[2] 《非特定公物批复》（2000）。

[3] 熊选国、苗有水："六种特殊挪用公款行为性质的认定"，载《人民法院报》2005年7月27日。

（1）将公款供本人、亲友或者其他自然人使用的。

（2）以个人名义将公款供其他单位使用的。根据《审理经济犯罪案座谈会纪要》（2003）的规定，"以个人名义"实际是将公款置于个人非法支配下的表现形式。通常表现为三种情形：①超越职权、逃避财务监管，如单位借款财务不好办理，即声称下级公司用款，以下级公司的名义借款，实际归原来提出借款的单位使用。②与使用人约定借款、还款均以个人名义进行，或者虽无约定，但借款、还款都是以个人名义进行的。③虽然经过单位集体决定，但借款、还款都是以个人名义进行的。

（3）个人决定以单位名义将公款供其他单位使用，谋取个人利益的。根据《审理经济犯罪案座谈会纪要》（2003）的规定，这里"个人决定"既包括行为人在职权范围内决定，也包括超越职权决定。"谋取个人利益"，包括：①行为人与使用人事先约定谋取个人利益，实际尚未获取的情况；②虽未事先约定，但实际已获取了个人利益的情况。"个人利益"包括正当利益和不正当利益，也包括财产性利益和非财产性利益。但是这种"非财产性利益"须是具体的可以用证据证明的利益，如升学、就业等，不包括亲情关系。如果仅仅因为关系好，就认为是个人利益，则实质取消了"个人利益"要件的限制。

【案例】 **张威挪用公款案**[1]

2002年8月底，酒泉三正世纪学校董事长王宗红以该校资金紧张为由，向被告人张威同提出想从张威同所在的新村村委会贷款200万元，月息为0.8%，张威同在未与村委会其他成员商议的情况下，安排村委会文书兼出纳柴景荣将村里的征地补偿款共210万元分别于2002年9月2日、10月11日、10月21日3次借给三正世纪学校使用，约定月利息为0.8%。2002年10月，王宗红再次找张威同提出向新村村委会借款600万元，包括前面已经借出的210万元，张威同便于2002年10月30日召集村委会委员会议就是否给三正学校借款进行讨论，张威同未将此前已经借款给三正学校210万元向会议说明，会上大家一致同意借款给三正学校600万元，会后新村村委会与三正学校签订了600万元的贷款合同，约定月利息0.6%，2003年9月30日归还。合同签订后，新村村委会实际只给三正学校借款531.5万元，包括开会研究之前借给三正学校的210万元。2003年9月24日，三正学校归还220万元，案发时尚未归还的311.5万元，通过司法程序大部分已经追回。二审法院认为：经查，上诉人张威同在未经村委会讨论的情况下出借公款，但并不是以个人名义进行的；后在与三正世纪学校履行600万元贷款合同时，已实际包含了210万元，且张威同没有谋取个人利益，……宣告上诉人张威同无罪。

本案要点：个人决定以单位名义将公款借给其他单位使用，没有谋取个人利益的，不构成挪用公款罪。应从以下几个方面区分"个人决定借出公款"与"以个人名义将公款借出"：①公款的所有权单位对公款的真实去向是否知情；②借款人是否隐瞒了款项的真实用途；③借出的款项是由单位直接控制还是由借款人背着单位私下控制；④借款人是否用公款谋取了个人私利。

2. 根据《刑法》第384条规定，挪用公款归个人使用，分为三种不同的情形：

（1）挪用公款归个人使用，进行非法活动的。这是指挪用公款归自己或者其他人使用，进行各种法律禁止的活动，如进行走私、赌博、嫖娼等违法犯罪活动以及进行放高利贷等非法经营活动。挪用公款用于归还个人贷款或者私人借款，如果该贷款、借款是用于非法活动的，

---

[1] 郭彦东："张威同挪用公款案——个人决定以单位名义将公款借给其他单位使用，没有谋取个人利益的不构成挪用公款罪"，载中华人民共和国最高人民法院刑事审判第一、二、三、四、五庭主办：《刑事审判参考（2008年第4集·总第63集）》，法律出版社2009年版。

应视为挪用公款进行非法活动。这种挪用公款的情形可称之为"非法活动型"。

对挪用公款进行违法犯罪活动的行为，在法律上没有规定定罪的起点数额，体现出法律对挪用公款进行非法活动从严惩处的精神。但是，在司法实践中认定这种情形的挪用公款行为，还是有一个基本的定罪起点数额。根据《办理贪贿案解释》（2016）第5条，挪用3万元为追诉数额起点。挪用时间的长短对构成犯罪没有影响。

挪用国家救灾、抢险、防汛、防洪、优抚、扶贫、移民、救济款物归个人使用的定罪的数额标准，参照挪用公款归个人使用进行非法活动的数额标准掌握，即3万元为追诉数额起点。

（2）挪用公款归个人使用，进行营利活动、数额较大的。"进行营利活动"，通常是指进行经商、办企业等经营性活动。挪用公款为个人进行营利活动做准备，如用作私有公司、企业的资信证明，以取得工商登记等，属于挪用公款用于营利活动。以获取利息、股息为目的，个人挪用公款存入银行，用于集资、购买股票、国债等，属于挪用公款进行营利活动。所获取的利息、股息应作为违法所得，连同被告人挪用的公款一并依法追缴，但不作为挪用公款的犯罪数额计算。挪用公款用于归还个人贷款或者私人借款，如果该贷款、借款是用于营利活动的，应视为挪用公款进行营利活动。至于经营性活动是否获利，不影响本罪的成立。这种挪用公款的情形，可称之为"营利活动型"。

"数额较大"，根据《办理贪贿案解释》（2016）第6条，指5万元以上，不受挪用时间长短的限制。在案发前部分或者全部归还本息的，可以从轻处罚；情节轻微的，可以免除处罚。对被挪用公款在挪用（包括银行库存款）后至案发前所生的利息，不作为挪用公款的数额计算。

（3）挪用公款归个人使用，数额较大，超过3个月未还的。这里的归个人使用，是指归自己或者他人进行非法活动、营利活动以外的用途。这种挪用公款的情形可称之为"超期未还型"。

"数额较大"，根据《办理贪贿案解释》（2016）第6条，指挪用5万元以上。"超过3个月未还"，是挪用公款后被司法机关、主管部门或者有关单位发现前超过3个月尚未归还。如果挪用公款数额较大，超过3个月，但在案发前已经全部归还本息的，可以从轻处罚或者免除处罚；挪用公款数额巨大，超过3个月后，虽在案发前已全部归还本息，只要属于依法应予追诉的，仍应按挪用公款罪追究刑事责任，可以酌情从轻处罚。

【主观】故意。其故意的内容与法律规定的归个人使用的客观行为特征相一致，在挪用人挪用公款给他人使用的场合，只要挪用人明知使用人用于营利活动或者非法活动的，就应当认定为挪用人具备挪用公款进行营利活动或者非法活动的主观认识。如果挪用人不知道使用人用公款进行营利活动或者用于非法活动的，只能认定为属于其他挪用公款归个人使用的情况。

挪用公款罪的主观意志因素，是以暂时使用为目的。这意味着必须排斥、排除非法占有的目的。对此，需要根据行为人的客观表现认定或推定。依据司法经验，如果行为人没有弄虚作假将账目做平，没有在账目上掩盖公款的来源和去向，通常认定行为人只有挪用的目的，不具有非法占有的目的。

【加重犯】1. "情节严重"，根据《办理贪贿案解释》（2016）第5条，指：

（1）挪用公款从事非法活动具有下列情形之一的：①挪用公款数额在100万元以上的；②挪用救灾、抢险、防汛、优抚、扶贫、移民、救济特定款物，数额在50万元以上不满100万元的；③挪用公款不退还，数额在50万元以上不满100万元的；④其他严重的情节。

（2）挪用公款从事营利活动或其他个人使用，具有下列情形之一的：①挪用公款数额在200万元以上的；②挪用救灾、抢险、防汛、优抚、扶贫、移民、救济特定款物，数额在100

万元以上不满 200 万元的；②挪用公款不退还，数额在 100 万元以上不满 200 万元的；④其他严重的情节。

2. "数额巨大"指：①挪用公款从事非法活动或者挪用特定款物在 300 万以上的；②挪用公款归个人使用或者进行营利活动在 500 万元以上。挪用公款数额巨大不退还的，是指行为人挪用数额巨大的公款之后，因客观原因导致在一审宣判前不能退还的情况，如大部分款项借给他人而无法追回，挪用公款进行营利活动造成重大亏损而无法返还等。不包括客观上有能力退还而主观上不想还的情况。行为人有能力退还而不退还的，以贪污罪论处。

(二) 适用

【定罪】1. 国家工作人员将所承包、租赁的企业或者其他经济组织资金挪用于承包、租赁项目以外的其他用途，归个人使用，致使承包、租赁合同不能兑现的，应以挪用公款罪定罪处罚；完成了承包、租赁合同的，可不以挪用公款罪追究刑事责任。

2. 区分挪用公款罪类型的意义。挪用公款罪分"超期未还型""营利活动型"和"非法活动型"。"超期未还型"成立犯罪以"数额较大"和"超过 3 个月未还"为要件。"营利活动型"成立犯罪则不以"超过 3 个月未还"为要件，挪用公款数额较大从事营利活动即成立犯罪。"非法活动型"成立犯罪也不以"超过 3 个月未还"为要件，且司法机关掌握的定罪数额标准低于"营利活动型"。

"挪而未用"的，属于超期未还型。在这种情况下，行为人为了从事非法活动或营利活动而挪走了公款（单位失去对公款的控制），但该笔被挪用的公款未实际投入到预定的非法活动或营利活动中，应当认定为"超期未还型"。

挪用公款归还"欠款"的，属于挪用公款从事非法活动、营利活动还是一般的归个人使用？对此应根据产生欠款的原因认定。例如，甲因为赌博欠乙 3 万元，后挪用 3 万元公款还给乙，甲的行为属于挪用公款从事非法活动。

3. 挪用公款用于质押的数额认定。应以实际用于质押的特定款（货币、有价证券等）的数额或者特定物（限于动产）的价值认定，而非以实际取得的贷款数额为准。原因在于：①挪用公款用于质押，会因没有依法或如约履行债务而承担担保责任而使公款处于风险之中，因此，挪用公款的数额应以实际或者可能承担的风险数额认定；②挪用公款罪所保护的法益不仅包括国家工作人员职务行为的廉洁性，还包括单位对该款项的占有、使用、收益权，故应以实际侵犯了本罪法益的数额认定。[1]

4. 国家工作人员未将公款的实际控制权转移，而以单位临时账户的银行进账单作为个人公司的注册资本进行验资、骗取公司登记的行为，不成立挪用公款罪，不排除构成虚报注册资本罪。这体现在有关的指导判例中：

【案例】 薛玉泉虚报注册资本案[2]

山东黄金集团有限公司董事长薛玉泉以设立临时账户，用本公司资金 400 万元"一进一出"开具假银行进账单的方式，欺骗公司登记主管部门取得公司登记。检察院以挪用公款罪起诉，法院不予认定。

裁判要旨：国家机关工作人员以单位名义擅自出借公款给其他单位使用，未谋取个人利益，造成巨大损失的，构成滥用职权罪而非挪用公款罪。

---

[1] 罗开卷："挪用公款用于质押的数额认定"，载《人民法院报》2012 年 8 月 9 日。
[2] 中华人民共和国最高人民法院刑事审判第一庭、第二庭编：《刑事审判参考（2001 年第 10 辑·总第 21 辑）》，法律出版社 2001 年版。

【案例】　　　　　　　　　　　　　**张群生滥用职权案**[1]

张群生,某军校科研部财务负责人。1998年10月至2002年12月,为给单位赚利息,未请示领导,擅自决定从院校财务账户支取转账支票出借资金给两个地方公司,并与对方约定利率和还款期限,借款方出具向张所在院校借款的借条。借款方到期无力还款时,应对方请求,张群生又让借款人借新还旧。通过此种滚动方式,张群生先后多次出借公款,累计2900万元。在此期间,收回利息款45万余元并归入单位账户。至案发,尚有本金500余万元无法追回,张以项目协作费名义挂账。后张群生在院校财务处清查经费账目时如实交代了上述事实。法院以滥用职权罪判处张群生有期徒刑2年6个月。

【关联罪】1. 挪用公款罪与贪污罪的区别。二者的主要区别是：①客体不同。挪用公款罪侵害的是公款的使用、收益权,贪污罪侵害的是公共财产的所有权。②对象不同。挪用公款罪的对象仅限于公款,除特定款物（国家救灾、抢险、防汛、防洪、优抚、扶贫、移民、救济款物）中的特定公物外,不包括其他公物。贪污罪的对象是公共财物,既包括公款,也包括公物。③主体范围略有不同。挪用公款罪与贪污罪的主体虽然都是特殊主体即国家工作人员,但有一点差别,挪用公款罪的主体之中,不包括受委托经营、管理国有财产的人员,如不具有国家工作人员身份的国有公司、企业的承包、租赁人员等,而贪污罪的主体范围包含这部分人员。在这个意义上讲,挪用公款罪的主体范围略小于贪污罪的主体范围。④行为方式不同。挪用公款罪的行为手段是擅自私用；贪污罪的行为手段是侵吞、窃取、骗取等非法手段。⑤犯罪目的不同。这是二者的主要区别。挪用公款罪以非法占用为目的,即暂时地挪用公款归个人使用；贪污罪以非法占有为目的,即意图永远地非法占有公共财物。行为人挪用公款归个人使用,因客观原因导致一审宣判前不能退还的,仍然以挪用公款罪定罪处罚；行为人以"挪用"的方式取得公款后,有能力退还而拒不退还的、携带公款潜逃、挥霍公款、使用公款进行违法犯罪活动等,致使公款在提起公诉前不能退还的,说明行为人已经实际具有非法占有公共财物的故意,应以贪污罪论处。在认定案件的性质时,往往需要根据行为人的客观行为判断行为人的目的是挪用还是占有。行为人如果没有采取涂改、销毁、伪造账簿的手段掩盖公款的踪迹、去向的,一般认为仅有暂时挪用的意图,没有非法占有的意图；行为人如果采取涂改、销毁、伪造账簿的手段,掩盖公款踪迹、去向,甚至采取了窃取、骗取的方式的,一般认为具有非法占有的意图。

在司法实践中,具有以下情形之一的,可以认定行为人具有非法占有公款的目的：

（1）行为人挪用公款后采取虚假发票平账、销毁有关账目等手段,使所挪用的公款已难以在单位财务账目上反映出来,且没有归还行为的,应当以贪污罪定罪处罚。

（2）行为人截取单位收入不入账,非法占有,使所占有的公款难以在单位财务账目上反映出来,且没有归还行为的,应当以贪污罪定罪处罚。

（3）根据《审理挪用公款案解释》（1998）第6条的规定,行为人"携带挪用的公款潜逃的",对其携带挪用的公款部分,以贪污罪定罪处罚。行为人以"挪用"的方式取得公款后,携带公款潜逃、挥霍公款、使用公款进行违法犯罪活动等,致使公款在提起公诉前不能退还的,说明行为人已经实际具有非法占有公款的故意,应以贪污罪论处。挪用公款后因害怕罪行败露或已经案发而"畏罪潜逃的",仍是挪用公款性质。

（4）有证据证明行为人有能力归还所挪用的公款而拒不归还,并隐瞒挪用的公款去向的,应当以贪污罪定罪处罚。但行为人挪用公款归个人使用,因"客观原因"导致一审宣判前不

---

[1] 载中华人民共和国最高人民法院刑事审判第一、二、三、四、五庭主办：《刑事审判参考（2009年第3集·总第68集）》,法律出版社2009年版。

能退还的，仍然以挪用公款罪定罪处罚。

2. 挪用公款罪与挪用资金罪的区别。二者的主要区别在于主体不同：挪用公款罪的主体是国家工作人员；挪用资金罪的主体是公司、企业或者其他单位的工作人员。在这一点上讲，二者的区别类似于贪污罪与职务侵占罪的区别。此外，二者在行为对象和客体上也有所不同：挪用公款罪的对象是公款和特定款物中的特定公物，在经济性质上属于公共财产，客体是公款的占有、使用权和国家工作人员职务行为廉洁性；挪用资金罪的行为对象是单位的资金，客体是公司、企业或者其他单位资金的使用权和普通雇员业务行为廉洁性。

3. 挪用公款罪的与挪用特定款物罪的区别。二者的主要区别是：①主体不同。挪用公款罪的主体是特殊主体，即国家工作人员；挪用特定款物罪的主体是特定款物的经管人员。②挪用的目的或者用途不同。挪用公款罪是挪用公款归个人使用，即挪作私用；挪用特定款物罪则是为了其他公用，即挪作他用。这是区别二者的关键。如果行为人挪用特定款物归个人使用，应以挪用公款罪从重处罚。③行为对象不同。挪用公款罪的行为对象是公款，包括特定公物在内。挪用特定款物罪的行为对象仅限于特定款物，即救灾、抢险、防汛、优抚、扶贫、移民、救济款物。④客观方面不同。挪用公款罪在客观上只要求挪用公款归个人使用并达到一定的数额标准，就认为具备客观要件，不包含造成一定的损害结果。而挪用特定款物罪则在客观上要求致使国家和人民群众利益遭受重大损害的结果发生，否则不构成犯罪。⑤客体不同。挪用公款罪的客体是国家工作人员职务行为的廉洁性和国家财经管理制度以及公款使用权；挪用特定款物罪的客体是国家对特定款物专款专用的财经管理制度以及国家和人民群众的利益。

【共犯】使用人与挪用人共谋，指使或者参与策划取得挪用款的，以挪用公款罪的共犯定罪处罚。使用人构成挪用公款罪的共犯，既不需要具有国家工作人员的身份，也不需要利用本人的职务上的便利，但是，需要具备以下两个要件：①在主观上与挪用人共谋，与挪用人具有挪用公款的共同犯罪故意。②在客观上实施了教唆、帮助挪用人挪用公款的行为，对公款被挪用起到了一定的作用。如果使用人主观上不知道他人挪用公款而取得并使用他人挪用的公款的，不构成共犯。如果使用人知道他人挪用的公款并使用，但是没有实施帮助、教唆他人挪用公款行为的，也不构成共犯。也就是说，对使用人不能仅仅因为有使用挪用的公款的行为就认为是挪用公款罪的共犯。

挪用人与使用人成立共犯的场合，对公款用途认识不一致的，不妨害共犯的成立，例如，甲与乙共谋挪用公款供乙使用，甲以为乙将公款用于购买住宅，乙实际将公款用于贩卖毒品的犯罪活动，甲不知情。这不影响甲、乙成立共犯，但甲仅在挪用公款归个人其他使用的范围内承担罪责。

【罪数】因挪用公款索取、收受贿赂构成犯罪的，依照数罪并罚的规定处罚；挪用公款进行非法活动构成其他犯罪的，依照数罪并罚的规定处罚。按照牵连犯的理论，这两种情形大体可以算作牵连犯，前者属于手段行为的牵连；后者属于结果行为的牵连，既然属于牵连犯，通常不需要实行数罪并罚，而是择一重罪处罚。但是，对于挪用公款罪而言，这两种情形均应当实行数罪并罚。

【处罚】挪用公款归个人使用，数额较大，超过3个月但在案发前全部归还本金的，可以从轻处罚或者免除处罚。给国家、集体造成的利息损失应予追缴。挪用公款数额巨大，超过3个月，案发前全部归还的，可以酌情从轻处罚。

多次挪用公款不还，挪用公款数额累计计算；多次挪用公款，并以后次挪用的公款归还前次挪用的公款，挪用公款数额以案发时未还的实际数额认定。

挪用用于救灾、抢险、防汛、优抚、扶贫、移民、救济款物归个人使用的，以挪用公款罪定罪并从重处罚。

三、私分国有资产罪·私分罚没财物罪

（一）构成要件·法定刑

《刑法》第396条　国家机关、国有公司、企业、事业单位、人民团体，违反国家规定，以单位名义将国有资产集体私分给个人，数额较大的，对其直接负责的主管人员和其他直接责任人员，处3年以下有期徒刑或者拘役，并处或者单处罚金；数额巨大的，处3年以上7年以下有期徒刑，并处罚金。

司法机关、行政执法机关违反国家规定，将应当上缴国家的罚没财物，以单位名义集体私分给个人的，依照前款的规定处罚。

1. 私分国有资产罪。

【定义】国家机关、国有公司、企业、事业单位、人民团体，违反国家规定，以单位名义将国有资产集体私分给个人，数额较大的行为。

【对象】"国有资产"，是指国家依法取得和认定的，或者国家以各种形式对企业投资和投资收益、国家向行政事业单位拨款等形成的资产。[1]

【主体】国家机关、国有公司、企业、事业单位、人民团体，不包括自然人。

【行为】以单位名义将国有资产集体私分给个人。

【罪量】数额较大。根据《自侦案件立案标准》（1999）及司法经验，数额较大一般是指在10万元以上的。

【主观】故意。

2. 私分罚没财物罪。

【定义】司法机关、行政执法机关违反国家规定，将应当上缴国家的罚没财物，以单位名义集体私分给个人的行为。

【对象】应当上缴国家的罚没财物。所谓"罚没财物"，是指司法机关、行政执法机关和法律、法规授权的机构依据法律、法规对公民、法人和其他组织实施处罚所得的罚款以及追缴、没收的财物。依照国家规定，罚没财物除依法发还给有关公民、法人和其他组织的以外，一律上缴财政，严禁集体私分。

【主体】司法机关、行政执法机关，不包括自然人。

【行为】违反国家规定，以单位名义将应当上缴国家的罚没财物私分给个人。依照国家规定，罚没财物除依法发还给有关公民、法人和其他组织的以外，一律上缴财政，严禁集体私分。

【主观】故意。

【罪量】数额较大。根据《自侦案件立案标准》（1999）及司法经验，数额较大一般是指在10万元以上的。

（二）适用

【关联罪】私分国有资产罪与贪污罪的区别。要点在于：是单位集体行为还是个人行为。本罪的特点是以单位名义集体私分国有财产，通常表现为由单位的负责人或者决策机构集体讨论决定，按照一定的分配方案或者分发标准将国有资产以单位名义分发给本单位职工。分配走单位财务程序有账可查，分配依据是职务高低、工作贡献大小，分配范围类似于单位分福利，

---

[1]《自侦案件立案标准》（1999）附则。

基本人人有份。例如：

上级拨给某县粮管所100万元粮食亏损补贴款。甲、乙、丙、丁、戊五人分别任该粮管所所长、副所长、工会主席、会计、出纳。他们商量后，采取虚列生产支出的方法擅自将该100万元转入小金库。然后经所委会集体研究，分给所里50名职工每人10 000元，人人有份，是私分国有资产罪。如果是单位的领导或者经管国有资产的少数人员利用职务之便秘密私分国有资产，而不是按一定的方案或标准分发给职工的，应以个人共同犯贪污罪论处。上述5被告人每人又各分100 000元，应当认定为贪污罪。对甲、乙、丙、丁、戊5人以私分国有资产罪（作为单位犯罪的直接责任人员）与贪污罪数罪并罚。

私分国有资产罪与私分罚没财物罪的区别：①前者可由任何国家机关、国有公司、企业、事业单位、人民团体构成，后者只能由司法机关、行政执法机关构成；②前者私分的只是本单位的"公物"，是归单位所有或由本单位生产、承包、经营的国有财物；后者私分的必须是司法和行政执法活动中的罚金、没收、追缴和罚款所得。

【罪与非罪的界限】对于在单位财力状况允许的范围内以及将单位具有一定自主支配权的钱款违反规定分配给单位成员，未造成严重社会危害后果的行为，一般不宜认定为私分行为，属于财经违纪行为。相反，下列情形一般可认定为私分国有资产行为：①在单位没有经营效益甚至经营亏损的情况下，变卖分配国有财产等严重违背国有财产的经营管理职责，妨害国有公司、企业的正常生产、经营活动的；②单位将无权自主支配、分配的钱款通过巧立名目、违规做账等手段从财务账上支出，或者将应依法上缴财务入账的正常或者非正常收入予以截留，变造各种栏目进行私分发放等，严重破坏国家财政收支政策的贯彻落实的。[1]

【案例】　　　　　　　　**张金康、夏琴私分国有资产案**[2]

上海医保管理中心系国有事业单位，经费来源为国家财政全额拨款。张金康、夏琴分别系医保管理中心系主任、办公室主任。2001年12月至2003年4月，医保管理中心领导班子经讨论，由张金康决定，夏琴具体操办，将国家财政专项拨款的邮电通讯费和资料速递费结余部分以快递费、邮寄费等名义，从上海市邮政局、上海宝山邮电支局先后套购邮政电子消费卡价值213 000元，套取现金97 560元并用于购买超市代币券，相应发票予以入账。随后，两人将其中价值243 800元的邮政电子消费卡和超市代币券以单位福利名义，定期分发给医保管理中心的全体员工，两人各分得面值14 100元和10 500元的消费卡及代币券。另外，张金康在已经享受单位每月给予180元通讯费的前提下，让夏琴用邮政电子消费卡为其支付移动电话通讯费5800余元。2002年2月，由张金康决定，夏琴具体操办，将国家财政专项拨款的业务招待费以会务费名义从申康宾馆套现1.5万元，以年度特别奖励的名义发放给医保管理中心部分人员，其中，张金康分得1000元，夏琴分得5000元。2003年7月，张金康、夏琴向纪委如实交代了上述事实并归还全部赃款。法院认为，医保管理中心违反国家财政经费必须专项使用的规定，以虚假名义套取专项经费后以单位名义变相私分，数额达20余万元，已构成私分国有资产罪；张金康、夏琴作为实施上述犯罪的直接负责的主管人员和直接责任人员，应承担刑事责任，对两人分别判处罚金2万元、1.5万元。

---

[1] 指导判例"李祖清等被控贪污案【第377号】——国家机关内部科室集体私分违法收入的行为构成私分国有资产罪？"载中华人民共和国最高人民法院刑事审判第一、二、三、四、五庭主办：《刑事审判参考（2005年第6集·总第47集）》，法律出版社2006年版。

[2] 载中华人民共和国最高人民法院刑事审判第一庭、第二庭编：《刑事审判参考（2004年第2集·总第37集）》，法律出版社2005年版。

裁判要旨：在区分假借奖金、福利等名义变相集体私分国有资产行为与超标准、超范围发放奖金、福利等一般财经违纪行为时，可参照单位经营利润情况、单位对所分资产是否具有自主支配、分配权等情况综合分析。

【练习】甲、乙、丙、丁4人分别是某县粮管所所长、副所长、会计、出纳。他们商量后，采取虚列生产支出的方法擅自将用于冲减粮食亏损的50万元转入小金库。然后经所委会集体研究，分给所里40名职工每人8000元。此外，上列四被告人和所委会成员共10人，每人又分2000元；上列四被告人每人再次分得4000元。4被告人构成何罪？

答：①该单位构成私分国有资产罪，甲、乙、丙、丁4人作为直接责任人员应当承担私分国有资产罪的刑事责任。②后两次的私分行为，应当认定为贪污罪。因此甲、乙、丙、丁4人分别构成私分国有资产罪和贪污罪。其他所委会成员分得数额较小，属于情节显著轻微、危害不大，不认为是犯罪。其他职工因为不属于私分的直接责任人，对该单位犯私分国有资产罪不承担刑事责任。③对甲、乙、丙、丁4人以私分国有资产罪（作为单位犯罪的直接责任人员）与贪污罪数罪并罚。

四、巨额财产来源不明罪·隐瞒境外存款罪

（一）构成要件·法定刑

《刑法》第395条　国家工作人员的财产、支出明显超过合法收入，差额巨大的，可以责令该国工作人员说明来源。不能说明来源的，差额部分以非法所得论，处5年以下有期徒刑或者拘役；差额特别巨大的，处5年以上10年以下有期徒刑。财产的差额部分予以追缴。

国家工作人员在境外的存款，应当依照国家规定申报。数额较大、隐瞒不报的，处2年以下有期徒刑或者拘役；情节较轻的，由其所在单位或者上级主管机关酌情给予行政处分。

1. 巨额财产来源不明罪。

【定义】国家工作人员的财产或者支出明显超过合法收入，差额巨大，而本人又不能说明其来源合法的行为。

【客体】复杂客体，侵害国家工作人员廉洁性和司法机关正常活动。国家工作人员作为人民的公仆，应当模范遵守国家法律和法规，保持清正廉明。在当前腐败严重的形势下，国家工作人员拥有巨额来源不明的财产，并且不能向司法机关说明来源，本身就会损害国家工作人员的廉洁性。此外，国家工作人员拥有与其合法收入差额巨大的财产，对司法机关责令说明的要求拒绝如实说明，妨害了司法机关反腐败活动的顺利进行。正因为如此，国家为了加强反腐败的力度，采取举证责任倒置的诉讼方式，追究国家工作人员拥有巨额来源不明财产的行为。

【主体】国家工作人员。

【行为】国家工作人员的财产或者支出明显超过合法收入，差额巨大，而本人又不能说明其来源是合法的。这里的"财产"，是指国家工作人员所拥有的房屋、交通工具、存款、现金、生活用品等私人财产。这里的"支出"，是指国家工作人员的各种开支、消费。这里的"合法收入"，是指按法律规定应属于国家工作人员合法拥有的工资、奖金、津贴、继承的遗产、接受的馈赠、捐助等。"不能说明其来源合法"，指面对司法机关的调查，不能说明来源，包括：①拒不说明财产来源；②无法说明财产具体来源；③说出的财产来源经查证不属实；④说出的来源因线索不具体等原因无法查实，且能排除财产来源合法的可能性和合理性的。[1] 当然，如果能够查明财产来源的合法性，不能以犯罪论。

---

[1] 2003年11月13日最高人民法院《审理经济犯罪案座谈会纪要》。

【主观】故意。行为人明知自己的财产或支出明显超过合法收入，差额巨大，其财产或者支出的来源是非法的，当司法机关责令其说明来源时，因主观上不愿而拒绝加以说明。

【罪量】巨额财产来源不明，数额在30万元以上的，应当追究刑事责任。

2. 隐瞒境外存款罪。

【定义】国家工作人员在境外存款，数额较大、隐瞒不报的行为。

【主体】国家工作人员。

【对象】在境外的存款。既包括国外又包括我国港澳台地区的存款；既包括外币又包括港币、澳币、台币以及债券、股票等金融衍生品。

【行为】隐瞒不报。

【罪量】数额较大。根据司法经验，所谓"数额较大"，一般指隐瞒不报的存款在30万元以上的。

【主观】故意。

（二）适 用

【关联罪】1. 巨额财产来源不明罪与贪污贿赂犯罪、挪用公款罪或其他犯罪的界限。如果查明财产的来源是贪污、受贿、挪用公款罪或其他犯罪所得，应当以相应犯罪论处。确实无法查清，又达到"数额巨大"的，才应按巨额财产来源不明罪处罚；如果查明部分财产是贪污贿赂所得，部分财产来源不明且数额巨大的，应当实行数罪并罚。

2. 隐瞒境外存款罪与巨额财产来源不明罪的区别。只要有在境外存款数额较大并且隐瞒不报，即可构成隐瞒境外存款罪，不论其是否说明财产的来源。如果行为人对其隐瞒不报的境外存款不能说明来源的，应以巨额财产来源不明罪论处，无须数罪并罚。

【罪数】如果国家工作人员说明或者被查明财产的来源是贪污、受贿所得，应当直接按贪污罪、受贿罪或者挪用公款罪论处。如果说明或者被查明其中的部分财产是贪污、受贿所得，部分财产来源不明且数额巨大的，应当实行数罪并罚。实际的情况是：从我国刑法确立此罪名以来，单独以巨额财产来源不明罪一罪定罪处罚的案件极少。通常都是在查处行为人贪污、受贿、挪用公款等腐败犯罪的过程中发现尚有巨额财产来源不明，从而以本罪与其他罪实行数罪并罚。

【案例】 **胡发群受贿、巨额财产来源不明案**[1]

受贿的事实：1998年至2004年6月，胡发群利用其先后担任上饶行署副专员、上饶市常务副市长和上饶市委副书记的职务之便，分别索取和收受姚贵禄145万元、收受胡旺钱8万元、吕美庆1万元以及港币2万元、毛永生3万元、邱亨龙2万元、汪兴荣与徐梅英夫妇2万元、张少敏2万元，共计受贿170.179 8万元。

巨额财产来源不明的事实：胡发群家庭总财产为706.342 49万元（包括存款、现金、不动产折币及有关支出），能够说明来源的财产511.083 04万元（包括家庭合法收入90.003 24万元），非法收受礼金255.079 8万元。除已认定为受贿的犯罪金额外，尚有195.259 45万元不能说明合法来源。胡发群在有关部门已掌握其部分受贿事实，并对其进行询问后交代了前述犯罪事实。法院认定胡发群构成受贿罪，因具有索贿情节，依法应从重处罚，判处无期徒刑，剥夺政治权利终身，并处没收个人全部财产；亦构成巨额财产来源不明罪，处有期徒刑4年。数罪并罚决定执行无期徒刑，剥夺政治权利终身，并处没收个人全部财产。

裁判要旨：部分财产是贪污、受贿所得，部分财产来源不明且数额巨大的应数罪并罚。

---

[1] 载中华人民共和国最高人民法院刑事审判第一、二、三、四、五庭主办：《刑事审判参考（2006年第1集·总第48集）》，法律出版社2007年版。

第三节　贿赂犯罪

一、受贿罪

（一）构成要件·法定刑

《刑法》第385条　国家工作人员利用职务上的便利，索取他人财物的，或者非法收受他人财物，为他人谋取利益的，是受贿罪。

国家工作人员在经济往来中，违反国家规定，收受各种名义的回扣、手续费，归个人所有的，以受贿论处。

《刑法》第386条　对犯受贿罪的，根据受贿所得数额及情节，依照本法第383条的规定处罚。索贿的从重处罚。

【定义】国家工作人员利用职务上的便利，索取他人财物，或者非法收受他人财物，为他人谋取利益的行为。

【客体】国家工作人员职务行为廉洁性。国家机关工作人员因为其职务行为除了从国家领取薪酬以外，不得从公务活动的相对人处收取报酬。这既是法律对国家工作人员的基本要求，也是国家工作人员自律的道德行为准则。这一准则是保证国家工作人员保持廉洁性的基本前提，而国家工作人员的廉洁性又是保证公务行为公正、诚实的基本条件。受贿行为，破坏了公务行为的不可收买性和国家工作人员必须保持清正廉明的行为准则，势必破坏公务行为的廉洁公正。

【主体】特殊主体，即《刑法》第93条规定的国家工作人员，参见贪污罪主体部分。

【行为】利用职务上的便利，索取他人财物，或者非法收受他人财物，为他人谋取利益。要点如下：

1. 利用职务上的便利，既包括利用本人职务上主管、负责、承办某项公共事务的职权，也包括利用职务上有隶属、制约关系的其他国家工作人员的职权。担任单位领导职务的国家工作人员，通过不属自己主管的下级部门的国家工作人员的职务为他人谋取利益的，应当认定为"利用职务上的便利"为他人谋取利益。例如，法院主管刑事的副院长指示民庭庭长，让其按照指示办事，属于利用职务上的便利。再如，成克杰通过银行为请托人办理贷款，他身居自治区主席的要职，银行虽然不属于他主管的下级部门，仍有隶属关系，也认为是利用职务上便利。

2. 索取、收受他人的财物。受贿的方式包括两种基本形式：①收受他人财物，即非法收受他人的财物，为他人谋取利益；②索取他人财物，即索贿。此外，还有商业受贿及斡旋受贿的特殊方式，分述如下：

（1）收受财物，指行为人非法收受他人主动给予的财物，并利用职务上的便利为他人谋取利益的情况。国家工作人员只能因为职务关系收取国家或者雇佣单位给予的薪酬以及因为加班加点收取合理的额外报酬。国家工作人员收受他人财物的非法性，是指行为人因为职务关系收取了法律允许收受范围以外的财物。

在收受贿赂的场合，必须同时具备"为他人谋取利益"的条件，才能构成受贿罪。为他人谋取利益，是指行为人允诺或者实际利用职务上的便利为他人谋取某种利益的行为。这种利益既包括物质性的利益，也包括非物质性的利益，例如，谋取职务提拔或调整，迁移户口，调动工作，提供就业、就学、出国的机会等。这种利益既包括非法或不正当的利益，也包括合法正当的利益。也就是说，为他人谋取的利益是否正当合法，不影响受贿罪的成立。当然这里所称的"是否正当合法"，是指为他人谋取的利益本身是否正当合法，不包含谋取利益的方式是否正当合法。因为就谋取利益的方式而言，以贿赂方式谋取利益均不属于正当合法。在认定这一条件时，也不问是否实际为他人谋取了利益。为他人实际谋取了利益，固然足以认定具备这一条件；没有为他人实际谋取利益，也不影响受贿罪的成立。

因为在认定"为他人谋取利益"的要件时，不受利益是否正当、是否实际谋取的限制，所以，关于利用职务上的便利究竟是主观要件还是客观要件，存在争议。对此，应当把为他人谋取利益与收受贿赂联系起来掌握。为他人谋取利益，表明在给予财物与收受财物的过程中，授受双方实际进行着钱权交易。对收受贿赂者而言，其首先当然地认识到行贿者的谋利需求，同时，收受贿赂的行为本身意味着行为人承诺并实际利用职务上的便利为他人谋取利益。只有当收受财物的行为具有这样的特征时，才显现出权钱交易的性质。因此，把为他人谋取利益当作客观要件较为合理。只是在认定时，有证据表明在收受贿赂过程中，受贿方与行贿方存在着利用职务上的便利谋取利益的默契，就足以认定为他人谋取利益，不必要求实际谋取了利益。

《办理贪贿案解释》（2016）第13条规定，具有下列情形之一的，应当认定为"为他人谋取利益"：①实际或者承诺为他人谋取利益的；②明知他人有具体请托事项的；③履职时未被请托，但事后基于该履职事由收受他人财物的。第1项核心内容是不问是否着手为他人谋取利益、为他人谋事项是否已完成；第2项核心内容是明确收受财物与职务相关的具体请托事项有关联的，即应当以受贿处理；第3项的核心内容是明确事后受贿可以构成受贿罪。基于惩治贪腐犯罪的现实需要考虑，事前受贿和事后受贿没有实质不同，均是钱权交易，侵害了公职行为的廉洁性和国家廉政建设制度。[1] 此外，国家工作人员索取、收受具有上下级关系的下属或者具有行政管理关系的被管理人员的财物价值3万元以上，可能影响职权行使的，视为承诺为他人谋取利益。这一规定划清了贿赂犯罪与正常人情往来、收受礼金违反党纪、政纪行为的界限，为党纪、政纪处理和发挥作用留下了合理空间。

（2）索取他人财物，即所谓"索贿"，是指行为人利用职务上的便利，以主动向他人索要甚至勒索财物的方式收取财物。索贿的特点是行为人索要财物的主动性和他人给予财物的被动性。就索贿者而言，在自己实施或者不实施某种职务行为与他人有利害关系的场合，主动要求他人给予财物，作为自己是否实施职权或者如何行使职权的条件。就被索贿者而言，基于自身利益的考虑，不得不应行为人的要求而被动甚至被迫给予财物。索贿的特征决定行为人一定要有主动索要财物的意思表示。至于索取贿赂意思表示的方式，则没有特别的限定，可以是明示的，如向他人明确提出给予财物的要求，甚至讲明了交付财物的数量、方式、期限，也可以是暗示的，如故意将应该批准或者办理的事情久拖不决，示意对方在财物上有所表示；可以是直接向对方提出，也可以通过第三人转告或暗示对方。

在索贿的场合，构成受贿罪不需要具备为他人谋取利益的要件。因为国家工作人员在履行职务的过程中，利用职务上的便利主动向职务行为的相对人索取财物，具有较高的违法性。这种行为本身就严重到足以按照犯罪处罚的程度，所以不必像收受贿赂那样需要具备为他人谋取利益的要件。换言之，行为人只要有索取财物的行为，就足以认定具备受贿罪的客观要件，而不问行为人是否有利用职务上的便利为他人谋取利益的行为。这是索贿行为与受贿行为在构成要件方面一个重要的差别。但是，应当注意：索贿是受贿的一种行为表现形式，不是一个独立

---

[1] 最高人民检察院法律政策研究室："办理贪污贿赂案件法律适用标准"，载《检察日报》2016年5月23日、24日。

的罪名。

（3）经济往来中的受贿行为。根据《刑法》第385条第2款的规定："国家工作人员在经济往来中，违反国家规定，收受各种名义的回扣、手续费，归个人所有的，以受贿论处。"对此，可以理解为是法律中的提示性规定。因为在经济往来中，往往出现以回扣、手续费等形式出现的受贿行为。这类受贿行为貌似合理、合法，具有一定的欺骗性，可能会使人误以为是合理的酬劳，所以立法中特别加以提示，进一步明确其受贿的性质。此外，经济往来本身包含利益性质，其为他人谋取利益是不言而喻的。所谓"经济往来"，是指国家工作人员参与的国家经济管理活动和因职务关系而参与的购销商品或者提供、接受服务等交易活动。例如，建筑工程立项、承包、发包，为国家、国家机关、国有单位订货、采购商品，等等。所谓"违反国家规定收受各种名义的回扣、手续费"，是指国家有关规定禁止国家工作人员在因职务关系参与的经济往来中收受各种名义的回扣、手续费归个人所有，因此而收受并归个人所有的，就属于违反国家规定。所谓"归个人所有"，是指个人账外暗中据为己有。如果国家工作人员收受了回扣、手续费之后，入账上交本单位，而没有归个人所有的，不构成犯罪。

（4）法律特别规定的斡旋受贿行为（利用职务影响力受贿）。《刑法》第388条规定："国家工作人员利用本人职权或者地位形成的便利条件，通过其他国家工作人员职务上的行为，为请托人谋取不正当利益，索取请托人财物或者收受请托人财物的，以受贿论处。"斡旋受贿与一般的受贿不同，行为人不是直接利用本人的职权为请托人谋取利益，而是利用本人职权或地位形成的便利条件，通过其他国家工作人员职务上的行为，为请托人谋利。因为有间接利用职权为他人谋利的特点，这种情形的受贿又被称为"间接受贿"，与此相对，"利用职务便利"为他人谋利的受贿被称为"直接受贿"。

斡旋受贿行为除索取或收受财物之外，还须具有以下三个特征：①利用本人职权或地位形成的便利条件（职务影响力）。所谓利用本人职权或地位形成的便利条件，是指行为人利用了本人职权或者地位产生的影响和一定的工作联系。通常表现为单位内不同部门的国家工作人员之间、上下级单位的国家工作人员之间、有工作联系的不同单位的国家工作人员之间等，例如公安机关承办刑事案件的人员与检察机关负责审查批捕、起诉的人员之间。适用斡旋受贿即"间接受贿"，以不属于本人"利用职务上便利"为前提，所以，斡旋受贿人与被其利用的国家工作人员之间在职务上没有隶属、制约关系。如果利用下属、下级的职权为他人谋利，应属于直接利用本人职权的情形，不应适用斡旋受贿的规定。这种影响、地位必须具有公职性质，非因公职关系形成的社会地位，不属于这里所说的地位。例如，著名学者、运动员等社会知名人士具有较高的社会地位和声望，可能对其他国家机关工作人员具有影响力，这种地位与本人的公职无关，利用这种地位形成的有利条件为他人斡旋的，不构成犯罪。②必须是谋取不正当利益。鉴于斡旋受贿行为利用职权的间接性质，其违法性明显轻于直接利用本人职权受贿的情况。所以，立法上对其构成要件作为了较为严格的限制。斡旋受贿行为以受贿论处，无论是索取财物还是收受财物，都必须具有为请托人谋取不正当利益的条件。没有为请托人谋取利益或者为请托人谋取的利益不是不正当利益的，不构成犯罪。所谓不正当利益，是指请托人依据法律、法规、政策所不应当得到的利益，包括该利益本身不正当和不正当的帮助、便利。例如，招标工作的负责人不公正地帮助某投标人中标。投标和中标，自身性质并非不正当，但是为其提供违法的帮助、便利使其中标，构成谋取不正当利益。如果是请托人依法应当得到的或者可能得到的利益，仅仅因为数量、名额、机会有限而难以得到的利益，就不属于不正当的利益。③通过其他国家工作人员的职务行为为请托人谋取不正当利益。这里的职务行为，是指国家工作人员行使职权的行为。其他国家工作人员直接为请托人谋取不正当利益的这种职务行为，其实是斡旋受贿人利用本人职权或者地位形成的便利条件所产生的结果，也是斡旋受贿人利用本人职权或者地位形成的便利条件为请托人谋取不正当利益的一种特殊的表现形式。在这个意义上讲，斡旋受贿相对于一般的受贿，在利用职务上的便利具有间接利用本人职权的特点。

收受贿赂的时间在我国刑法上没有限制。"国家工作人员利用职务上的便利为请托人谋取利益，并与请托人事先约定，在其离退休后收受请托人财物，构成犯罪的，以受贿罪定罪处罚。"[1] 这是指行为人在离退休以后按照过去的约定实际从行贿人处收取了贿赂。如果行为人利用职务之便为他人谋取利益，约定将来收取贿赂，尚未兑现或者到了约定兑现的时候没有实际兑现的，从理论上讲可以认为是受贿未遂。

3. 贿赂的"财物"，根据《办理贪贿案解释》（2016）第12条，贿赂犯罪中的"财物"，包括货币、物品和财产性利益。财产性利益包括可以折算为货币的物质利益如房屋装修、债务免除等，以及需要支付货币的其他利益如会员服务、旅游等。后者的犯罪数额，以实际支付或者应当支付的数额计算。[2] 但不包括诸如提升职务、迁移户口、升学就业、提供女色等非财产性利益。设立债权实际上是一种期约贿赂的方式，按照我国的司法习惯和有关司法解释的精神，一般需要依约实际交付财物时，才认定为受贿罪。免除债务也属于一种期约贿赂的方式，如果在债务到期以后，债务实际上被免除，可以成立受贿罪。

根据《办理商业贿赂案意见》（2008）第8条，收受银行卡的，不论受贿人是否实际取出或者消费，卡内的存款数额一般应全额认定为受贿数额。使用银行卡透支的，如果由给予银行卡的一方承担还款责任，透支数额也应当认定为受贿数额。

【主观】故意，即行为人明知自己在利用职务上的便利向他人索取财物或者收受他人的财物。受贿故意的一项重要内容是认识到索取、收受财物与职务行为的关联性。这种关联性可以从两方面判断：①送给财物的人在有关事项上有求于自己的职务行为，或者他人送来财物与自己职权管辖的事项有关。②明显超出了基于亲情、友情一般礼尚往来的范围。这又表现为数量较大或者巨大，远远超出了人情交往的常规；或者表现为送予者与收受者素不相识，根本不存在友情交往的关系。赃款赃物的去向不影响贪污、受贿故意的认定，例如，将赃款赃物用于单位公务支出或者社会捐赠。《办理贪贿案解释》（2016）第16条第2款规定："特定关系人索取、收受他人财物，国家工作人员知道后未退还或者上交的，应当认定国家工作人员具有受贿故意。"适用本规定时应注意：①此情形以国家工作人员接受特定关系人转请托为前提，特定关系人未将转请托事项告知国家工作人员的不适用本规定；②"知道后未退还或者上交"强调的是主观故意的判断，因赃款赃物被特定关系人挥霍等，知道时确实已经不具备退还或者上交的客观条件的，则应当有所区别慎重适用；③影响力贿赂犯罪以国家工作人员不构成受贿罪为前提，在认定国家工作人员构成受贿罪的情况下，相关行受贿犯罪的罪名适用应当保持协调一致，对特定关系人不得另以利用影响力受贿罪处理，对行贿人也不得以对有影响力的人行贿罪处理。

---

[1]《离退休后收受财物批复》（2000）。
[2] 对于受贿罪对象的财物有不同的见解。大体有三种观点：①财物说，认为贿赂仅限于金钱和可以用金钱计算的财物，不包括其他利益；②财产性利益说，认为贿赂除了包含金钱及可以用金钱计算的财物外，还应包括其他物质利益，如提供房屋使用权、免除债务、提供免费旅游、餐饮娱乐等；③利益说，认为一切能够满足人的欲望、需要的利益，无论是物质的还是非物质的、有形的还是无形的，均可属于贿赂物。如安排就业、就学，提职升迁，提供出国机会、色情服务等。根据《办理贪贿案解释》（2016）以及《审理商业贿赂案意见》（2008），我国司法实务采取财产性利益说，强调该利益必须是：①具有财产性，即具有金钱价值；②表现为可以折算为货币的物质利益需要支付货币的其他利益。

【罪量】根据《办理贪贿案解释》(2016)第1条，受贿"数额较大"定罪起点在3万元以上。"有其他严重情节"指受贿1万元以上不满3万元且具有下列"八种受贿严重情形之一"的：①多次索贿的。对于"多次"应结合行为人的主观目的、索贿事由、对象等进行具体认定，避免单纯形式化的理解。比如，基于一笔款项10万元的索贿目的经多次索要才陆续得逞的，不宜认定为多次索贿，同时向多个不同的对象索贿的，也不宜认定为多次索贿；②为他人谋取不正当利益，致使公共财产、国家和人民利益遭受损失的；③为他人谋取职务提拔、调整的。应注意：这里不要求实际谋取，只要有承诺、实施、实现三个阶段中任何一个阶段的行为即可认定，职务"调整"包括职务的平级调整，但是，离职、退休等不再具有国家工作人员公职身份的调整一般不宜认定为这里的职务调整；④曾因贪污、受贿、挪用公款受过党纪、行政处分的；⑤曾因故意犯罪受过刑事追究的；⑥赃款赃物用于非法活动的；⑦拒不交待赃款赃物去向或者拒不配合追缴工作，致使无法追缴的；⑧造成恶劣影响或者其他严重后果的。[1]

对于共同受贿犯罪，被告人"受贿所得数额"原则上应当以其参与或者组织、指挥的共同受贿数额认定。但在难以区分主从犯的共同受贿案件中，行贿人的贿赂款分别或者明确送给多人，且按照各被告人实际所得数额处罚更能实现罪刑相适应的，可以按照被告人实际所得数额，并考虑共同受贿犯罪情况予以处罚。应注意：

1. "分别或者明确送给多人"主要包括3种情形：①行贿人虽然将贿赂款交给一人，但行贿人明确是送给多人，甚至明确了每人的数额，并要求收钱人转交；②行贿人以宴请、游玩等名义将多人聚在一起，当面将贿赂款送给每个人；③行贿人私下将贿赂款分别送给多人。

2. "共同受贿犯罪情况"着重是指造成国家损失的情况、国家工作人员职务廉洁性的受损情况、公平公正秩序的受损情况等情节。

3. "更能实现罪刑相适应"，一般是指在难以区分主从犯的共同受贿案件中，没有索贿情节且未造成严重危害后果，共同受贿数额超过起点数额不多的情形。

以上数额认定方法主要是考虑到：

1. 受贿犯罪与盗窃、贪污等犯罪在获取财物方式上有重大区别，索贿以外的受贿犯罪往往是被动获取财物，对于行贿人送钱与否、送钱的时间与地点，受贿人事先往往不确定，更非由其所决定。

2. 受贿犯罪的危害后果主要体现在利用职务便利为他人谋取的利益、对国家工作人员职务廉洁性的损害等受贿"情节"上，而非主要体现在受贿"数额"上。此外，受贿人对他人受贿数额不明知、也不应当明知，各受贿人在收受财物问题上缺乏明显的犯意联络，故不能完全适用"部分实行全部责任"原则。[2]

【加重犯】根据《办理贪贿案解释》(2016)第2条：①"受贿数额巨大或者有其他严重情节的"，受贿"数额巨大"指受贿20万元以上不满300万元的。"有其他严重情节"指受贿数额在10万元以上不满20万元，且具有前述"八种受贿严重情形之一"的。②"受贿数额特别巨大或者有其他特别严重情节的"，"数额特别巨大"指受贿300万元以上的；"有其他特别严重情节"，指受贿数额在150万元以上不满300万元，且具有前述"八种受贿严重情形之

---

[1] 裴显鼎、苗有水、刘为波、王珅：“最高人民法院、最高人民检察院关于办理贪污贿赂刑事案件适用法律若干问题的解释”，载《人民司法》2016年第19期。

[2] 黄应生：“最高人民法院研究室关于共同受贿案件中受贿数额认定问题的研究意见解读”，载《司法研究与指导》2012年第2集。

一"的。

【量刑】根据《办理贪贿案解释》（2016）第19条，对受贿罪判处3年以下有期徒刑或者拘役的，应当并处10万元以上50万元以下的罚金；判处3年以上10年以下有期徒刑的，应当并处20万元以上犯罪数额2倍以下的罚金或者没收财产；判处10年以上有期徒刑或者无期徒刑的，应当并处50万元以上犯罪数额2倍以下的罚金或者没收财产。

在具体案件中，对从宽处罚幅度的把握应当考虑三个方面：①从退还的时间来看，"主动退还"一般介于"及时退还"和"被动退还"之间，退还时间的早晚反映了悔罪程度的大小，一般而言，越接近"及时退还"情形的，从宽处罚的幅度就越大；②从是否为请托人谋取利益来看，"主动退还"时已为请托人谋取了利益，尤其是非法利益的，从宽的幅度就越小；没有或者不愿为请托人谋取利益的，从宽的幅度就越大；③收受财物数额的大小，也影响从宽的幅度。应根据以上三个方面的因素，结合行为人到案后的认罪态度等情况，分别确定从轻、减轻或免予刑事处罚。[1]

另，受贿犯罪分子违法所得的一切财物，应当依照《刑法》第64条追缴或者责令退赔。

【既遂】通常以收取财物为既遂。行为人受贿后，将收取的贿赂转送他人、捐赠公益事业的，属于犯罪后对财物的处分行为，不影响受贿的成立。行为人收取财物后，没有实际给他人谋到利益的，也不影响受贿罪既遂。

"为他人谋取利益"不是受贿罪既遂的标准。明知他人有请托事项或承诺为他人谋取利益而非法收受了请托人财物就成立受贿罪并既遂，不以实际实施为他人谋取利益的行为或实际谋取到利益为必要。

（二）适 用

【司法解释】1. 鉴于不断出现新的贿赂方式，出于惩治商业贿赂的需要，《办理受贿刑案意见》（2007）对司法中办理受贿案件遇到的疑难问题，作出了权威性的指导。该司法解释全文如下：

（1）关于以交易形式收受贿赂问题。国家工作人员利用职务上的便利为请托人谋取利益，以下列交易形式收受请托人财物的，以受贿论处：①以明显低于市场的价格向请托人购买房屋、汽车等物品的；②以明显高于市场的价格向请托人出售房屋、汽车等物品的；③以其他交易形式非法收受请托人财物的。受贿数额按照交易时当地市场价格与实际支付价格的差额计算。"其他交易形式"，例如以明显高于市场的价格向请托人出租房屋。这体现在有关的指导判例中：

【案例】　　　　　　　　　　凌吉敏受贿案[2]

凌吉敏（原人力资源和社会保障部养老保险司待遇处副处长）明知扶余华侨农场有与其职权相关的请托事项，以明显高于市场价格的租金向请托人出租房屋，以此方式收受该农场633 864元。法院认定其属于变相收受请托人的财物，默示同意为请托人谋取利益，其行为构成受贿罪，受贿数额为实际收取的租金与市场租金的差额，对其判处有期徒刑10年。

上述"市场价格"包括商品经营者事先设定的不针对特定人的最低优惠价格。根据商品

---

[1] 指导判例"周标受贿案【第1017号】——案发前主动退还贿赂款的行为如何处理？"载中华人民共和国最高人民法院刑事审判第一、二、三、四、五庭主办：《刑事审判参考（2014年第4集·总第99集）》，法律出版社2015年版。

[2] 中华人民共和国最高人民法院刑事审判第一、二、三、四、五庭主办：《刑事审判参考（2014年第6集·总第101集）》，法律出版社2015年版。

经营者事先设定的各种优惠交易条件，以优惠价格购买商品的，不属于受贿。

（2）关于收受干股问题。干股是指未出资而获得的股份。国家工作人员利用职务上的便利为请托人谋取利益，收受请托人提供的干股的，以受贿论处。进行了股权转让登记或者相关证据证明股份发生了实际转让的，受贿数额按转让行为时股份价值计算，所分红利按受贿孳息处理。股份未实际转让，以股份分红名义获取利益的，实际获利数额应当认定为受贿数额。

（3）关于以开办公司等合作投资名义收受贿赂问题。国家工作人员利用职务上的便利为请托人谋取利益，由请托人出资，"合作"开办公司或者进行其他"合作"投资的，以受贿论处。受贿数额为请托人给国家工作人员的出资额。国家工作人员利用职务上的便利为请托人谋取利益，以合作开办公司或者其他合作投资的名义获取"利润"，没有实际出资和参与管理、经营的，以受贿论处。

（4）关于以委托请托人投资证券、期货或者其他委托理财的名义收受贿赂问题。国家工作人员利用职务上的便利为请托人谋取利益，以委托请托人投资证券、期货或者其他委托理财的名义，未实际出资而获取"收益"，或者虽然实际出资，但获取"收益"明显高于出资应得收益的，以受贿论处。受贿数额，前一情形，以"收益"额计算；后一情形，以"收益"额与出资应得收益额的差额计算。

（5）关于以赌博形式收受贿赂的认定问题。根据《办理赌博刑案解释》（2005）第7条的规定，国家工作人员利用职务上的便利为请托人谋取利益，通过赌博方式收受请托人财物的，构成受贿。

实践中应注意区分贿赂与赌博活动、娱乐活动的界限。具体认定时，主要应当结合以下因素进行判断：①赌博的背景、场合、时间、次数；②赌资来源；③其他赌博参与者有无事先通谋；④输赢钱物的具体情况和金额大小。

（6）关于特定关系人"挂名"领取薪酬问题。国家工作人员利用职务上的便利为请托人谋取利益，要求或者接受请托人以给特定关系人安排工作为名，使特定关系人不实际工作却获取所谓薪酬的，以受贿论处。

（7）关于由特定关系人收受贿赂问题。根据《办理受贿刑案意见》（2007）第11条，"特定关系人"是指与国家工作人员有近亲属、情妇（夫）以及其他共同利益关系的人。

国家工作人员利用职务上的便利为请托人谋取利益，授意请托人以本意见所列形式，将有关财物给予特定关系人的，以受贿论处。特定关系人与国家工作人员通谋，共同实施上述行为的，对特定关系人以受贿罪的共犯论处。特定关系人以外的其他人与国家工作人员通谋，由国家工作人员利用职务上的便利为请托人谋取利益，收受请托人财物后双方共同占有的，以受贿罪的共犯论处。

司法判例则进一步明确，授意请托人给予第三人财物的，也以受论。

【案例】　　　　　　　　　**雷政富受贿案**[1]

2007年7月至2008年12月，雷政富利用职务之便为勇智公司承接工程项目等提供帮助。2008年1月，华伦达公司法定代表人肖烨（另案处理）安排赵某（另案处理）偷拍赵某与雷政富的性爱视频。同年2月14日，雷政富与赵某在金源大饭店开房时被肖烨安排的人当场"捉奸"，假扮赵某男友的张进（另案处理）对雷政富播放了性爱视频，双方为此发生纠纷。肖烨接到赵某的通知后来到饭店假意协调解决，让雷政富离开。同年2月16日，肖烨以张进

---

[1] 载中华人民共和国最高人民法院刑事审判第一、二、三、四、五庭主办：《刑事审判参考（2013年第4集·总第93集）》，法律出版社2014年版。

要闹事为由，向雷政富提出"借款"300万元，雷政富担心不雅视频曝光，在明知其被肖烨设局敲诈的情况下，要求勇智公司法定代表人明勇智"借款"300万元给华伦达公司，后肖烨向勇智公司出具借条。同年8月18日，该"借款"期满后，肖烨个人及其永煌公司的账上均有足额资金，但未归还。雷政富得知肖烨未归还后，向明勇智表示由其本人归还，明勇智提出不用雷归还，雷予以认可。法院认为：本案300万元"借款"实际上是明勇智为肖烨敲诈雷政富的款项买单，性质上属于贿赂款。无论是明勇智答应借款给肖烨，还是放弃对该"借款"的追索，目的是出于对雷之前对其公司关照的感谢，并希望继续得到关照，都是基于雷政富的职权。本案表面上看，雷政富本人没有获得财物，但请托人的行贿指向是明确的，而肖烨之所以获利，完全源于雷政富与明勇智之间的权钱交易和雷政富最终对该财产的处分意思。遂以受贿罪判处雷政富有期徒刑13年，剥夺政治权利3年，并处没收个人财产30万元。

裁判要旨：利用职务便利为他人谋取利益，授意他人向第三人出借款项，还款义务最终被免除的，属于受贿。

（8）关于收受贿赂物品未办理权属变更问题。国家工作人员利用职务上的便利为请托人谋取利益，收受请托人房屋、汽车等物品，未变更权属登记或者借用他人名义办理权属变更登记的，不影响受贿的认定。

认定以房屋、汽车等物品为对象的受贿，应注意与借用的区分。具体认定时，除双方交代或者书面协议之外，主要应当结合以下因素进行判断：①有无借用的合理事由；②是否实际使用；③借用时间的长短；④有无归还的条件；⑤有无归还的意思表示及行为。

（9）关于收受财物后退还或者上交问题。国家工作人员收受请托人财物后及时退还或者上交的，不是受贿，具体而言，有两个条件：①自始没有受贿的意思；②及时、主动退还或上交。但不能单纯考虑时间上是否及时，主要看退还的条件、事由。包括请托事项决定前退还和请托事项虽已决定但在实现了请托人之要求后退还。国家工作人员受贿后，因自身或者与其受贿有关联的人、事被查处，为掩饰犯罪而退还或者上交的，不影响受贿罪认定，可以视为其对抗侦查、摆脱罪责，事后缺乏悔罪表现，在量刑时予以考虑。

（10）关于在职时为请托人谋利，离职后收受财物问题。国家工作人员利用职务上的便利为请托人谋取利益之前或者之后，约定在其离职后收受请托人财物，并在离职后收受的，以受贿论处。国家工作人员利用职务上的便利为请托人谋取利益，离职前后连续收受请托人财物的，离职前后收受部分均应计入受贿数额。

（11）关于正确贯彻宽严相济刑事政策的问题。依照《办理受贿案意见》（2007）办理受贿刑事案件，要根据刑法关于受贿罪的有关规定和受贿罪权钱交易的本质特征，准确区分罪与非罪、此罪与彼罪的界限，惩处少数，教育多数。在从严惩处受贿犯罪的同时，对于具有自首、立功等情节的，依法从轻、减轻或者免除处罚。

2. 根据《办理贪贿案解释》（2016）第16条，国家工作人员出于受贿的故意，收受他人财物之后，将赃款赃物用于单位公务支出或者社会捐赠的，不影响受贿罪的认定，但量刑时可以酌情考虑。

【定罪】1. 注意区分贿赂与馈赠的界限。主要应当结合以下因素全面分析、综合判断：①发生财物往来的背景，如双方是否存在亲友关系及历史上交往的情形和程度；②往来财物的价值；③财物往来的缘由、时机和方式，提供财物方对于接受方有无职务上的请托；④接受方是否利用职务上的便利为提供方谋取利益。受贿有利用职务上的便利为请托人谋取利益的情况，往往采取隐蔽的、不正常的方式进行；馈赠是正常的礼尚往来行为，没有利用职务之便的情况，而且都是以公开的、正常的方式进行。但如果借接受馈赠之名，行受贿之实，则应以受贿罪追究责任。在实践中经常遇到，因为婚丧嫁娶、逢年过节收受礼金、压岁钱，因为生病住院收受看望慰问礼金，打牌、打麻将赢取钱财等情况。对此，如果没有超出礼尚往来、朋友、上下级之间交往的一般限度的，不宜认定为受贿。但是借婚丧嫁娶大肆聚敛钱财的，可以认定为受贿行为。逢年过节收受具有上下级关系的下属或者具有行政管理关系的被管理人员高额礼金、压岁钱，不论他人是否有具体的请托事项，国家工作人员索取、收受的财物价值达到3万元以上，可能影响职权行使的，应当视为承诺为他人谋取利益。在他人有具体请托事由的情况下，借打牌、玩麻将的娱乐方式，利用他人"点炮、放水"赢得大量钱财，利用职务上的便利为他人谋取利益的，应当认定为受贿行为。

在区分国家工作人员以优惠价格购买商品房与以交易形式收受贿赂时，可从两个方面考虑：①交易型受贿仍然具有受贿罪权钱交易的本质特征，这些优惠并不是为了促销而进行的正常销售手段，而是为了通过优惠换取国家工作人员手中的公权力；②在"优惠价格"的本质特征上，可考虑是否"事先设定"和"不针对特定人"两个方面，结合案件实际判断"优惠价格"是正常市场优惠还是交易型受贿。[1]

2. 受贿与收取合理报酬的区别。国家工作人员在法律、政策和行政纪律允许的范围内，或者利用业余时间、休假时间，为他人临时进行某项工作或提供某项服务而收取合理劳动报酬的，不属受贿行为。如果是违反国家的法律和政策，利用职务之便为他人谋取利益而从中收受贿赂的行为，属受贿行为。这体现在有关的指导判例中：

【案例】　　　　　　　　　　刘群祥被控受贿案[2]

1992年6月至1994年3月，刘群祥（原系湖北省石首市中药材公司副经理）帮助本公司业务员赵松青开展承包业务，先后从赵松青手中拿走现金11.9万余元。案发后检察院追回6.025万元。法院认为，刘群祥向赵松青索要的款项属于正当合伙承包经营所得的分成，并非利用职务上的便利，前述款项部分已用于业务活动，部分系其本人劳动所得，故宣告刘群祥无罪。

另根据最高人民检察院《关于充分发挥检察职能依法保障和促进科技创新的意见》，对于身兼行政职务的科研人员特别是学术带头人，要区分其科研人员与公务人员的身份，特别是要区分科技创新活动与公务管理，正确把握科研人员以自身专业知识提供咨询等合法兼职获利的行为，与利用审批、管理等行政权力索贿受贿的界限。

3. 接受他人宴请、旅游、食宿等款待是否能认定为收受他人财物？这不仅涉及对"收受他人财物"的理解，还涉及事实的认定和危害程度的斟酌。接受款待，而这种款待需要付费且事实上由他人付费了，可以认定为收受他人财物，比如甲支付给旅行社3万元买欧洲7日游，提供给乙夫妇二人，可以认为乙收受了3万元财物，未必一定是金钱等物质。新近的案例显示出这样的倾向，但接受款待往往或者因为金额不大，或者因为难以清晰计算，或者难以区分是应酬还是接受请托，没有被认定为受贿。《办理贪贿案解释》（2016）则进一步明确了本罪的"财物"包括财产性利益，表现为可以折算为货币的物质利益如房屋装修、债务免除等，以及需要支付货币的其他利益如会员服务、旅游等。

---

[1] 指导判例"胡伟富受贿案【第975号】——如何区分国家工作人员以优惠价格购买商品房与以交易形式收受贿赂？"载中华人民共和国最高人民法院刑事审判第一、二、三、四、五庭主办：《刑事审判参考（2014年第2集·总第97集）》，法律出版社2015年版。

[2] 中华人民共和国最高人民法院刑事审判第一庭编：《刑事审判参考（1999年第2辑·总第2辑）》，法律出版社1999年版。

4. 期约受贿。"期约受贿"指接受他人请托，利用职务上的便利为他人谋利，约定将来收受财物。如果"事后"发生了收受财物的事实，不论行为人"受财"之时是在职期间还是在退职以后，毫无疑问可成立受贿罪。如果"事后"没有发生收受财物的事实，则不能定本罪。最高人民法院出于惩治商业贿赂的考虑，在《办理受贿刑案意见》（2007）中，对新形态的受贿认定采取了扩张的态势，但也没有将这种"事后"没有兑现许诺或期约的情形纳入受贿范围。对于事先约定贿赂事后没有兑现的情形，如果行为人滥用职权为他人谋利，可追究其徇私舞弊滥用职权的罪责。

此外，国家工作人员在退休以后，接受在职期间职务活动相对人给予的财物的，不能一概认为是受贿，须查明与其在职期间的职务行为有没有关联。如果查明该收受财物是事先约定的兑现，当然成立受贿罪。如果不能查明与利用职务便利为他人谋利存在关联性的，不宜认定为受贿。不过，贿赂有时采取隐蔽方式，查证约定相当困难，同时也存在使受财人遭诬陷的隐忧。

【关联罪】1. 受贿罪与诈骗罪、敲诈勒索罪的区别。主要在于是否利用职务之便；国家工作人员以利用职务上的便利为他人谋取利益为名，骗取他人数额较大的财物，但并没有而且也不打算利用职务之便为他人谋取利益的，是诈骗罪，不是受贿罪。国家工作人员以要挟、威胁的方式勒索他人财物，但并没有利用职务之便的，是敲诈勒索罪，不是受贿罪。

2. 受贿罪与非国家工作人员受贿罪的区别。主要是主体和职务的性质不同；受贿罪的主体是国家工作人员，职务的性质是公务。非国家工作人员受贿罪的主体是公司、企业或其他单位的非国家工作人员，职务性质是非公务的。根据《刑法》的规定，国有公司、企业中从事公务的人员和国有公司、企业委派到非国有公司、企业或者国家控股的股份制公司、企业从事公务的人员利用职务上的便利受贿的；或者在经济往来中，违反国家规定，收受各种名义的回扣、手续费，归个人所有的，以受贿罪论。国有金融机构工作人员和国有金融机构委派到非国有金融机构从事公务的人员在金融业务活动中受贿或者收受各种名义的回扣、手续费归个人所有的，以受贿罪论处。村民委员会等村基层组织人员协助人民政府从事行政管理工作，利用职务上的便利受贿的，以受贿罪论处。

3. 受贿罪与贪污罪的区别。主要在于行为方式和行为对象不同。受贿罪是利用职务之便索取或者收受其他个人或单位的财物，该财物通常不是行为人在职务上经手或者经管的；贪污罪是利用自己主管、管理、经手公共财物的职务之便，用侵吞、窃取、骗取等方法非法占有本单位的公共财物，该财物是行为人在职务上直接管理、经手的。行为人利用主管、管理、经手公共财产的职务上的便利，将本单位的公共财产以某种名义转给其他单位或个人，然后又以回扣、手续费等名义收回据为己有的，应以贪污罪论处。因为在这种场合，行为人利用的是经管公共财产的职务之便，侵害的是国家和本单位的公共财产权，具有贪污罪的特征。实务中认定行为人直接收受的财物属于单位还是请托人，可以合同、发票的数额为准，如果其中包含了这一部分直接收受的财物，则为价内款，应认定为单位的财物，以贪污罪论处；如其中不包含，则为价外款，认定为请托人的财物，以受贿罪论处。[1] 在行为人利用职务上的便利以本单位名义秘密开设银行账户，再以本单位的名义向其他有关单位索要"赞助款"并非法占有的情况下，如果被索贿人缺乏行贿的主观目的以及对行为人意图的认知，则行为人属于意图规避法

---

[1] 指导判例"胡启能贪污案【第275号】——截留并非法占有本单位利润款的贪污行为与收受回扣的贪污行为的区分？"载中华人民共和国最高人民法院刑事审判第一庭、第二庭编：《刑事审判参考（2003年第6集·总第35集）》，法律出版社2004年版。

律而假借单位名义索要财物，其行为构成贪污罪而非受贿罪。在受贿犯罪中，国家工作人员与"他人"（行贿主体）间，应当具有主观认知上的对应性和客观行为上的互动性。"他人"如果既无国家工作人员向本人索贿的主观认知，又无向国家工作人员行贿的主观故意和客观行为，则行为不具有违法性。[1]

4. 受贿罪与介绍贿赂罪的区别。在斡旋受贿的场合，要注意与介绍贿赂罪的区别。区别的要点在于：是否利用本人职权或者地位形成的便利条件。如果国家工作人员利用本人职权或者地位形成的便利条件，通过其他国家工作人员职务上的行为，为请托人谋取不正当利益，索取请托人财物或者收受请托人财物的，以受贿论处。如果国家工作人员仅仅是利用亲情、友情等非职务、工作上的便利，出面在行贿人与受贿人之间进行介绍、联系，使行贿、受贿得以实现，从而由收受贿赂的国家工作人员利用职务之便为他人谋取利益的，属于介绍贿赂的行为。行为人因为出面介绍的缘故，也可能会从请托人那里收受财物。这只能属于介绍贿赂得到的财物，不是受贿的财物。

【共犯认定】受贿罪属于特殊主体的犯罪，非国家工作人员不能构成本罪的实行犯。但是，非国家工作人员（例如国家工作人员的亲友）教唆、帮助国家工作人员受贿，可以构成受贿罪的共犯。在斡旋受贿的场合，被利用职权为他人谋利的人，虽然本人没有收受财物，如果明知他人斡旋受贿仍利用职务便利为行贿人谋利，也可以成立共犯。

非国家工作人员构成受贿罪共犯分两种情形：①"特定关系人"（见前文论述）与国家工作人员通谋，由"特定关系人"收受财物的，不以共同占有贿赂物为必要，即使贿赂物由"特定关系人"占有的，双方也成立受贿罪共犯。②"特定关系人"之外的人与国家工作人员通谋，由"特定关系人"之外的人收受财物的，以共同占有贿赂物为必要，即国家工作人员没有占有贿赂物的，不成立受贿罪共犯。国家工作人员占有贿赂物而"特定关系人"之外的人没有占有贿赂物的，国家工作人员成立受贿罪，"特定关系人"之外的人不成立受贿罪共犯，但不排除成立介绍贿赂罪或行贿罪共犯。

但是，事先没有通谋，国家工作人员利用职务上的便利为请托人谋取利益，授意请托人将财物给予他人的（包括特定关系人和非特定关系人），对国家工作人员应当以受贿论处，对受财的他人不认为是共犯。对这种情形可认为国家工作人员收受贿赂后赠送、处分贿赂物给他人。

【共犯处罚】根据《办理商业贿赂刑案意见》（2008）第11条，非国家工作人员与国家工作人员通谋，共同收受他人财物，构成共同犯罪的，根据双方利用职务便利的具体情形分别定罪追究刑事责任：

1. 利用国家工作人员的职务便利为他人谋取利益的，以受贿罪追究刑事责任。
2. 利用非国家工作人员的职务便利为他人谋取利益的，以非国家工作人员受贿罪追究刑事责任。
3. 分别利用各自的职务便利为他人谋取利益的，按照主犯的犯罪性质追究刑事责任，不能分清主从犯的，可以受贿罪追究刑事责任。

【罪数】《办理贪贿案解释》（2016）第17条规定："国家工作人员利用职务上的便利，收受他人财物，为他人谋取利益，同时构成受贿罪和刑法分则第三章第三节、第九章规定的渎职

---

[1] 指导判例"阎怀民、钱玉芳贪污、受贿案【第334号】——国家工作人员利用职务上的便利以单位的名义向有关单位索要'赞助款'并占为己有的行为是索贿还是贪污？"载中华人民共和国最高人民法院刑事审判第一庭、第二庭编：《刑事审判参考（2005年第1集·总第42集）》，法律出版社2006年版。

犯罪的，除刑法另有规定外，以受贿罪和渎职犯罪数罪并罚。"以往的学说和实务曾认为，国家工作人员利用职务便利收受财物为他人谋取利益而渎职的，具有牵连关系不必数罪并罚。《办理贪贿案解释》（2016）则确认应当数罪并罚，而不问是否存在牵连关系。

二、利用影响力受贿罪

（一）构成要件·法定刑

《刑法》第388条之一　　国家工作人员的近亲属或者其他与该国家工作人员关系密切的人，通过该国家工作人员职务上的行为，或者利用该国家工作人员职权或者地位形成的便利条件，通过其他国家工作人员职务上的行为，为请托人谋取不正当利益，索取请托人财物或者收受请托人财物，数额较大或者有其他较重情节的，处3年以下有期徒刑或者拘役，并处罚金；数额巨大或者有其他严重情节的，处3年以上7年以下有期徒刑，并处罚金；数额特别巨大或者有其他特别严重情节的，处7年以上有期徒刑，并处罚金或者没收财产。

离职的国家工作人员或者其近亲属以及其他与其关系密切的人，利用该离职的国家工作人员原职权或者地位形成的便利条件实施前款行为的，依照前款的规定定罪处罚。

【定义】国家工作人员的关系密切人或者离职的国家工作人员及其关系密切人利用对国家工作人员职务行为的直接间接的影响力，为请托人谋取不正当利益，收受请托人财物数额较大或者有其他较重情节的行为。

【主体】特殊主体：①国家工作人员的关系密切人，主要包括国家工作人员的近亲属，情人等。此外，同学、战友、老部下、老上级等其他与国家工作人员交往密切具有足够影响力的人，也可属于关系密切人。②离职的国家工作人员。③离职的国家工作人员关系密切人。

【行为】利用影响力斡旋受贿包括四种类型：

1. 关系密切人通过国家工作人员职务上的行为为请托人谋取不正当利益，索取或收受请托人财物。

2. 关系密切人利用国家工作人员职权或者地位形成的便利条件，通过其他国家工作人员职务上的行为，为请托人谋取不正当利益，索取或者收受请托人财物。

3. 离职的国家工作人员利用原职权或者地位形成的便利条件，通过国家工作人员职务上的行为，为请托人谋取不正当利益，索取或者收受请托人财物。

4. 离职的国家工作人员的关系密切的人，利用原职权或者地位形成的便利条件，通过国家工作人员职务上的行为，为请托人谋取不正当利益，索取或者收受请托人财物。

【罪量和加重犯】根据《办理贪贿案解释》（2006）第10条，利用影响力受贿罪的定罪量刑适用标准，参照受贿罪的执行。

【量刑】"并处罚金"，指在10万元以上犯罪数额2倍以下判处罚金。

（二）适用

【认定】利用影响力受贿罪的特点：官员的"身边人"利用对官员的影响力"斡旋收财"，或者离职官员及其"身边人"利用离职官员的影响力"斡旋收财"。"斡旋收财"，也可通俗地解说为"说情收财"。

【关联罪】利用影响力受贿罪与受贿罪的区别。主要是主体身份不同：受贿罪的主体是国家工作人员，利用影响力受贿罪的主体是非国家工作人员。根据《刑法》第388条规定，国家工作人员利用现任职务上的影响力斡旋受贿的，以受贿罪论处。根据《刑法》第388条之一的规定，"关系密切人"等利用非本人职务上的影响力，或者离职的国家工作人员利用非现任职务的影响力斡旋受贿的，是利用影响力受贿罪。其实质是影响力的来源不同，影响力来自本人现任职务上的，属于受贿罪；影响力来自非本人现任职务上的，属于本罪。国家工作人员同时具备本人的职权或者地位形成的便利条件和其与其他国家工作人员的密切关系，原则上应当以受贿罪论处。

【案例】　　　　　　　　　　　陆某受贿案[1]

陆某既是国家工作人员，又与被其利用的其他国家工作人员之间具有不正当男女关系，其同时利用"本人的职权或地位形成的便利条件"和"与其他国家工作人员的密切关系"为不具备投标资格的某公司谋取不正当利益，通过挂靠有资质的企业参与投标并中标，先后4次共收受86万元，法院认定其构成受贿罪。但确有证据证明行为人尽管有国家工作人员的身份，但没有利用本人现任职务上的影响力的，仅仅利用亲情、人情上（对官员）的影响力，仅成立利用影响力受贿。

【共犯】利用影响力受贿罪与受贿罪共犯的区别：

1. 受贿罪的共犯。任何人（包括关系密切人等）与国家工作人员共谋并共同收受贿赂的，构成受贿罪的共犯。例如，甲是张局长的儿子（关系密切人），接受建筑商乙的请托收受50万元向张局长说情，把某桥梁工程发包给乙。甲担心张局长不答应，就向张局长明说乙给了50万元好处。张局长于是就把工程发包给乙。在本案中，足以认定甲与张局长有共谋，张局长构成受贿罪，甲构成其受贿罪的共犯。对甲不必要也不应当按照利用影响力受贿罪处罚。

2. 利用影响力受贿罪。由上例张局长与其子甲受贿共犯案可知，任何人包括关系人一旦与国家工作人员构成受贿罪共犯，即排斥适用利用影响力受贿罪。这表明，利用影响力受贿罪的适用总是暗含着一个前提：不能认定构成受贿罪共犯。假如上例中，张局长虽然接受儿子甲的说情把工程发包给了乙，但是不知道儿子甲收了乙50万元的好处，或者不能证实张局长知道。既然张局长本人没有收财，也不知道儿子收财，当然不能定张局长受贿罪。这时才根据甲利用对其父的影响力说情收财，通过其父的职务行为为请托人乙谋取不正当利益，对甲以利用影响力受贿罪定罪处罚。

这正是《刑法修正案（七）》对原有的贿赂犯罪立法的补充之处。按照原有的贿赂罪立法，当无法证实张局长知道其子甲收50万元好处时，不仅不能对张局长定罪，也不能对甲定罪。经《刑法修正案（七）》增加规定利用影响力受贿罪后，则至少可以对说情收财的甲定罪处罚。如果有证据表明张局长与甲共谋收受50万好处的，则对二人以受贿罪（共犯）论处。

三、单位受贿罪

（一）构成要件·法定刑

《刑法》第387条　　国家机关、国有公司、企业、事业单位、人民团体，索取、非法收受他人财物，为他人谋取利益，情节严重的，对单位判处罚金，并对其直接负责的主管人员和其他直接责任人员，处5年以下有期徒刑或者拘役。

前款所列单位，在经济往来中，在账外暗中收受各种名义的回扣、手续费的，以受贿论，依照前款的规定处罚。

【定义】国家机关、国有公司、企业、事业单位、人民团体索取、非法收受他人财物，为他人谋取利益，情节严重的行为。

【主体】只能是特定单位：国家机关、国有公司、企业、事业单位、人民团体。

【行为】索取、非法收受他人财物，为他人谋取利益。

【罪量】"情节严重"，根据检察机关的立案标准，单位受贿一般以受贿10万元以上为定

---

[1] 载中华人民共和国最高人民法院刑事审判第一庭、第二庭编：《刑事审判参考（2002年第1集·总第24集）》，法律出版社2003年版。

罪数额标准；单位受贿不满10万元，具有下列情形之一的，也应当追究刑事责任：①故意刁难、要挟有关单位、个人，造成恶劣影响的；②强行索取财物的；③致使国家或者社会利益遭受重大损失的。

【主观】故意。

（二）适用

【关联罪】单位受贿罪与受贿罪的区别。①主体不同：单位受贿罪的主体是单位，即国家机关、国有公司、企业、事业单位、人民团体；受贿罪的主体是自然人。②定罪的标准有所不同：单位受贿罪必须情节严重的才构成犯罪，其定罪的数额标准一般掌握在10万元以上；个人受贿定罪的数额标准一般在3万元以上。

单位受贿罪与受贿罪的实质区别在于是否以单位名义收受财物并且该财物归单位所有。如果以单位名义收受财物，没有进入单位的财务账目，而由个别国家工作人员占有，实质是个人受贿。如果以单位名义受贿的财物进入了单位的财务账目，为单位占有而有关人员私分的，构成对单位财产的侵占。单位领导研究决定收受、私分回扣款的行为，属于名为单位、实为单位领导个人谋取私利，应以个人共同受贿定罪处罚。如果认定收受回扣属于单位行为，则行为人在收受回扣、继而私分的情况下不仅需承担单位受贿的刑事责任，同时还将构成贪污罪，显失合理。[1]

【定罪】通常，单位犯罪引证个人（自然人）犯罪的罪状，并且与个人犯罪使用相同罪名。但是，在受贿罪的立法上，对个人受贿和单位受贿分别规定独立的罪状和罪名。

【罪数】单位因受贿而进行其他犯罪活动，如非法经营、生产销售伪劣商品、走私等，又构成犯罪的，对单位按照数罪并罚的规定予以处罚。单位受贿的直接负责的主管人员和其他直接责任人员，因单位受贿而进行违法活动构成其他犯罪的，均应与单位受贿罪数罪并罚。

四、行贿罪

《刑法》第389条　为谋取不正当利益，给予国家工作人员以财物的，是行贿罪。

在经济往来中，违反国家规定，给予国家工作人员以财物，数额较大的，或者违反国家规定，给予国家工作人员以各种名义的回扣、手续费的，以行贿论处。

因被勒索给予国家工作人员以财物，没有获得不正当利益的，不是行贿。

《刑法》第390条　对犯行贿罪的，处5年以下有期徒刑或者拘役，并处罚金；因行贿谋取不正当利益，情节严重的，或者使国家利益遭受重大损失的，处5年以上10年以下有期徒刑，并处罚金；情节特别严重的，或者使国家利益遭受特别重大损失的，处10年以上有期徒刑或者无期徒刑，并处罚金或者没收财产。

行贿人在被追诉前主动交待行贿行为的，可以从轻或者减轻处罚。其中，犯罪较轻的，对侦破重大案件起关键作用的，或者有重大立功表现的，可以减轻或者免除处罚。

【定义】为谋取不正当利益，给予国家工作人员以财物的行为。

【客体】复杂客体，主要是国家工作人员职务行为的廉洁性，还包括国家经济管理的正常活动。行贿罪与受贿罪具有密切联系，相互依存。行贿行为尤其是主动行贿的行为，极大地助长了受贿行为，而受贿行为又刺激了行贿行为，二者共同形成了腐败现象。因此，行贿与受贿具有共同的危害性。

---

[1] 指导判例"左佳等受贿、贪污、挪用公款案【第195号】——单位领导研究决定收受回扣款、并为少数领导私分行为的定性？"载中华人民共和国最高人民法院刑事审判第一庭、第二庭编：《刑事审判参考（2002年第4集·总第27集）》，法律出版社2003年版。

【对象】国家工作人员，即受贿罪的主体。因此，行贿罪和受贿罪成为一种对向性的犯罪，被统称为贿赂犯罪。

【行为】违反国家规定，给予国家工作人员以财物。与受贿行为有收受贿赂和索取贿赂两种行为形式相对应，行贿行为也有两种形式：①主动行贿，即为谋取不正当利益而主动给予国家工作人员财物。②被动行贿，即因为受勒索而被迫给予国家工作人员财物，并且实际谋取了不正当的利益。需要注意的是：在主动行贿还是被动行贿的场合，对谋取不正当利益要件的要求有很大的差别。在主动行贿时，只要具有谋取不正当利益的目的，即足以认定为行贿；在被动行贿时，必须实际谋取了不正当利益，才能认定为行贿。

在经济往来中，违反国家规定，给予国家工作人员以财物，数额较大的，或者违反国家规定，给予国家工作人员以各种名义的回扣、手续费的，以行贿论。所谓"违反国家规定"，主要表现为在账外暗中给予财物或者回扣、手续费等。

【主观】故意，并具有谋取不正当利益的目的。如果不具有谋取不正当利益的目的，不能构成行贿罪。根据《办理商业贿赂刑案意见》（2008）第9条，在行贿犯罪中，"谋取不正当利益"，是指行贿人谋取违反法律、法规、规章或者政策规定的利益，或者要求对方违反法律、法规、规章、政策、行业规范的规定提供帮助或者方便条件。在招标投标、政府采购等商业活动中，违背公平原则，给予相关人员财物以谋取竞争优势的，属于"谋取不正当利益"。据此，该"不正当利益"，包括本身不法的利益和不法的帮助、便利，如谋求司法工作人员徇私枉法、枉法裁判，谋求国家工作人员放纵走私、非法放行偷越国（边）境人员，谋求税务人员不征、少征税款等。如果是请托人依法应当得到的或者可能得到的利益，仅仅因为数量、名额、机会有限，甚至遭到有关国家工作人员的刁难，而难以得到或实现的利益，就不属于不正当的利益。例如，承揽工程方在施工完毕，验收合格之后，因为工程发包方迟迟不支付工程款，而给予有关人员财物，期望对方及时付款的，就不属于谋取不正当利益，因为依合同发包方本应按期付款。但是，如果行为人违反法律规定使用贿赂这样不正当的竞争手段去获取利益的，也应当属于谋取不正当利益。例如，在建筑工程竞标的过程中，给招标方有关人员以财物，谋取中标的；或者是给有人事任免权的领导人以财物，谋求升迁即买官的，应当认为是谋取不正当利益。因此，以贿赂开路不正当地击败竞争对手，达到自己追求的目的，也应当认为是谋取不正当利益。

【排除性条件】因被勒索而给予国家工作人员财物，没有获得不正当利益的，不是行贿，不构成犯罪。在行为人主动行贿的场合，谋取不正当利益是主观要件。这意味着，行为人只要在谋取不正当利益的主观意图支配下，主动给国家工作人员以财物的，足以认为是行贿。行为人通过给国家工作人员财物，最终是否实际谋取了所期望的不正当利益，不影响受贿罪的成立。但是在因受国家工作人员的勒索而被迫行贿的场合，对谋取不正当利益应当按照客观要件对待。如果被勒索行贿的人没有实际谋取不正当利益的，不能构成行贿罪。只有在实际谋取了不正当利益的情况下，才可能构成行贿罪。

【罪量】根据《办理贪贿案解释》（2016）第7条，行贿数额在3万元以上的追究刑事责任。行贿数额在1万元以上不满3万元，具有下列情形之一的，应当以行贿罪追究刑事责任：①向3人以上行贿的；②将违法所得用于行贿的；③通过行贿谋取职务提拔、调整的；④向负有食品、药品、安全生产、环境保护等监督管理职责的国家工作人员行贿，实施非法活动的（这里应作客观化理解，只有客观实施了"非法活动"或者实际发生了"影响司法公正"的结果，才应予以适用）；⑤向司法工作人员行贿，影响司法公正的；⑥造成经济损失数额在50万元以上不满100万元的。"经济损失"是指已经实际造成的财产损失，包括为挽回损失而支付的各种开支、费用等。[1]

【加重犯】根据《办理贪贿案解释》（2006）第8、9条，犯行贿罪，具有下列情形之一的，应当认定为"情节严重"：①行贿数额在100万元以上不满500万元的；②行贿数额在50万元以上不满100万元，并具有本解释第7条第2款第1项至第5项规定的情形之一的；③其他严重的情节。行贿造成经济损失数额在100万元以上不满500万元的，应当认定为"使国家利益遭受重大损失"。犯行贿罪，具有下列情形之一的，应当认定为"情节特别严重"：①行贿数额在500万元以上的；②行贿数额在250万元以上不满500万元，并具有本解释第7条第2款第1项至第5项规定的情形之一的；③其他特别严重的情节。行贿造成经济损失数额在500万元以上的，应当认定为"使国家利益遭受特别重大损失"。

【量刑】"行贿人在被追诉前主动交待行贿行为的"，"被追诉前"指检察机关立案前。"交代行贿行为"指交代自己向他人行贿的行为。

【案例】 **袁珏行贿案**[2]

2010年5月，袁珏（上海同济华润建筑设计有限公司项目经理，国家注册建筑师）通过沈巧龙（另案处理）介绍，与负责拆迁安置房开发建设的泰州市海陵房产开发公司经理刘耀东（国家工作人员，另案处理.）相识，并委托沈巧龙向刘耀东索要其使用的银行卡号，于2010年6月14日至2011年3月12日，分三次向该卡存入计124 000元。在刘耀东的帮助下，未经招标程序，袁珏以挂靠单位同济大学建筑设计研究院（集团）有限公司的名义承揽了泰州市海曙颐园的规划设计项目。2011年4月11日，袁珏在配合检察机关调查刘耀东问题时交代了上述行贿事实。法院认为：袁珏作为从业多年的国家注册建筑师，应当知道投资泰州市海曙颐园项目必须进行招标，然而通过承诺送钱的方式非法获得该项目，属于以不正当手段谋取合法利益，应以行贿论处。由于其在检察机关立案前即已交代其行贿行为，结合本案具体情况，决定对袁珏免予刑事处罚。根据《办理贪贿案解释》（2016）第14条，《刑法》第390条第2款规定的"犯罪较轻"，指根据行贿犯罪的事实、情节，可能被判处3年有期徒刑以下刑罚的。根据犯罪的事实、情节，已经或者可能被判处10年有期徒刑以上刑罚的，或者案件在本省、自治区、直辖市或者全国范围内有较大影响的，可以认定为《刑法》第390条第2款的"重大案件"。具有下列情形之一的，可以认定为《刑法》第390条第2款规定的"对侦破重大案件起关键作用"：①主动交待办案机关未掌握的重大案件线索的；②主动交待的犯罪线索不属于重大案件的线索，但该线索对于重大案件侦破有重要作用的；③主动交待行贿事实，对于重大案件的证据收集有重要作用的；④主动交待行贿事实，对于重大案件的追逃、追赃有重要作用的。

裁判要旨：配合检察机关调查他人受贿案件时，交代向他人行贿的事实，应认定为被追诉前主动交代。

"并处罚金"，指在10万元以上犯罪数额2倍以下判处罚金。

【关联罪】本罪与妨害作证罪的界限。如果证人是国家工作人员，行为人用贿买的方法妨害证人作证的，由于仅是使国家工作人员利用证人身份为自己谋取不正当利益，而非利用职务上的便利，因此只构成妨害作证罪。

---

[1] 裴显鼎、苗有水、刘为波、王珅："最高人民法院、最高人民检察院关于办理贪污贿赂刑事案件适用法律若干问题的解释"，载《人民司法》2016年第19期。

[2] 载中华人民共和国最高人民法院刑事审判第一、二、三、四、五庭主办：《刑事审判参考（2012年第3集·总第86集）》，法律出版社2013年版。

五、对有影响力的人行贿罪

《刑法》第390条之一　为谋取不正当利益,向国家工作人员的近亲属或者其他与该国家工作人员关系密切的人,或者向离职的国家工作人员或者其近亲属以及其他与其关系密切的人行贿的,处3年以下有期徒刑或者拘役,并处罚金;情节严重的,或者使国家利益遭受重大损失的,处3年以上7年以下有期徒刑,并处罚金;情节特别严重的,或者使国家利益遭受特别重大损失的,处7年以上10年以下有期徒刑,并处罚金。

单位犯前款罪的,对单位判处罚金,并对其直接负责的主管人员和其他直接责任人员,处3年以下有期徒刑或者拘役,并处罚金。

【定义】为谋取不正当利益,向对国家工作人员有影响力的人行贿的行为。

【对象】对国家工作人员有影响力的人。①国家工作人员的近亲属或者其他与该国家工作人员关系密切的人;②离职的国家工作人员或者其近亲属以及其他与其关系密切的人。

【行为】给予对国家工作人员有影响力的人财物。

【主观】故意,为谋取不正当利益。

【罪量】根据《办理贪贿案解释》(2016)第10条,对有影响力的人行贿罪的定罪量刑适用标准,参照行贿罪的执行。单位对有影响力的人行贿数额在20万元以上的,应当以对有影响力的人行贿罪追究刑事责任。

【量刑】"并处罚金",指在10万元以上犯罪数额2倍以下判处罚金。

六、单位行贿罪

(一) 构成要件·法定刑

《刑法》第393条　单位为谋取不正当利益而行贿,或者违反国家规定,给予国家工作人员以回扣、手续费,情节严重的,对单位判处罚金,并对其直接负责的主管人员和其他直接责任人员,处5年以下有期徒刑或者拘役,并处罚金。因行贿取得的违法所得归个人所有的,依照本法第389条、第390条的规定定罪处罚。

【定义】单位为谋取不正当利益而行贿,或者违反国家规定,给予国家工作人员以回扣、手续费,情节严重的行为。

【主体】单位。

【对象】国家工作人员。

【行为】向国家工作人员行贿,或者违反国家规定,给予国家工作人员以回扣、手续费。

【主观】故意,且具有谋取不正当利益的目的。

【罪量】情节严重是指:

1. 单位行贿数额在20万元以上的。

2. 单位为谋取不正当利益而行贿,数额在10万元以上、不满20万元,但具有下列情形之一的:①为谋取非法利益而行贿的;②向3人以上行贿的;③向党政领导、司法工作人员、行政执法人员行贿的;④致使国家或者社会利益遭受重大损失的。[1]

【量刑】"并处罚金",指在10万元以上、犯罪数额2倍以下判处罚金。

(二) 适用

【关联罪】单位行贿罪与行贿罪的区别:①主体不同。行贿罪的主体是自然人;单位行贿罪的主体是单位,即公司、企业、事业单位、机关、团体。②定罪的标准不同。行贿罪一般以

---

[1]《自侦案件立案标准》(1999)。

行贿数额在 1 万元以上为定罪的数额起点；而单位行贿罪一般以行贿数额在 20 万元以上为定罪的数额起点。

单位行贿罪应当具备单位犯罪一般特征：①为了单位的利益；②以单位名义。单位名义的关键事实证据是单位出资（贿赂物）、有据可查。巨额贿赂往往是追求单位的商业利益，所以往往具备为单位利益要件，关键看是否单位出资。个人为了谋取不正当利益，用单位的财物或者以单位的名义向国家工作人员等个人行贿，因行贿取得的违法所得归个人所有的，应当以行贿罪论处。

【定罪】通常，单位犯罪引证个人（自然人）犯罪的罪状，并且与个人犯罪使用相同罪名。但是，在行贿罪的立法上，对个人行贿和单位行贿分别规定独立的罪状和罪名。

七、对单位行贿罪

（一）构成要件·法定刑

《刑法》第 391 条　为谋取不正当利益，给予国家机关、国有公司、企业、事业单位、人民团体以财物的，或者在经济往来中，违反国家规定，给予各种名义的回扣、手续费的，处 3 年以下有期徒刑或者拘役，并处罚金。

单位犯前款罪的，对单位判处罚金，并对其直接负责的主管人员和其他直接责任人员，依照前款的规定处罚。

【定义】为谋取不正当利益，给予国家机关、国有公司、企业、事业单位、人民团体以财物的，或者在经济往来中，违反国家规定，给予各种名义的回扣、手续费的行为。

【对象】国家机关、国有公司、企业、事业单位、人民团体。

【主体】自然人和单位。

【行为】给予国家机关、国有公司、企业、事业单位、人民团体以财物的，或者在经济往来中，违反国家规定，给予各种名义的回扣、手续费。

【主观】故意，且具有谋取不正当利益的目的。

【罪量】对单位行贿，一般以个人行贿数额在 10 万元以上、单位行贿数额在 20 万元以上为定罪的数额起点。个人行贿数额不满 10 万元、单位行贿数额在 10 万元以上、不满 20 万元，但具有下列情形之一的，也构成本罪：①为谋取非法利益而行贿的；②向 3 个以上单位行贿的；③向党政机关、司法机关、行政执法机关行贿的；④致使国家或者社会利益遭受重大损失的。[1]

【量刑】"并处罚金"，指在 10 万元以上、犯罪数额 2 倍以下判处罚金。

（二）适用

【关联罪】本罪与行贿罪的区别：①贿赂的对象不同。对单位行贿罪的对象只能是国家机关、国有公司、企业、事业单位、人民团体等特定的单位；而行贿罪的贿赂对象只能是国家工作人员个人。②主体的范围不同。对单位行贿罪的主体不仅包括自然人，也包括单位；行贿罪的主体限于自然人。③定罪的数额标准不同。行贿罪一般以行贿数额在 1 万元以上为定罪的数额起点；对单位行贿罪，个人行贿数额在 10 万元以上、单位行贿数额在 20 万元以上为定罪的数额起点。

---

[1] 1999 年 9 月 16 日最高人民检察院《检察院立案标准》。

八、介绍贿赂罪

（一）构成要件·法定刑

《刑法》第392条　向国家工作人员介绍贿赂，情节严重的，处3年以下有期徒刑或者拘役，并处罚金。

介绍贿赂人在被追诉前主动交待介绍贿赂行为的，可以减轻处罚或者免除处罚。

【定义】向国家工作人员介绍贿赂，情节严重的行为。

【对象】国家工作人员。

【行为】向国家工作人员介绍贿赂。介绍贿赂，指在行贿人和受贿人之间实施沟通、撮合，促使行贿与受贿得以实现的行为。

【主观】故意。

【罪量】"情节严重"指：介绍个人向国家工作人员行贿，数额在3万元以上的；介绍单位向国家工作人员行贿，数额在20万元以上的；介绍贿赂数额不满上述标准，但具有下列情形之一的：①为使行贿人获取非法利益而介绍贿赂的；②3次以上或者为3人以上介绍贿赂的；③向党政领导、司法工作人员、行政执法人员介绍贿赂的；④致使国家或者社会利益遭受重大损失的。

【量刑】"并处罚金"指在10万元以上、犯罪数额2倍以下判处罚金。

（二）适用

【关联罪】1. 介绍贿赂罪与斡旋受贿行为的区别：①是否利用本人职权或者地位形成的便利条件。斡旋受贿以利用本人职权或者地位形成的便利条件为要件；介绍贿赂则不以此为要件。如果国家工作人员利用本人职权或者地位形成的便利条件，通过其他国家工作人员职务上的行为，为请托人谋取不正当利益，索取请托人财物或者收受请托人财物的，以受贿论处。如果国家工作人员，仅仅是利用亲情、友情关系，出面在行贿人与受贿人之间进行介绍、联系，使行贿受贿得以实现，从而使收受贿赂的国家工作人员利用职务之便为他人谋取利益的，属于介绍贿赂的行为。判断行为人是否利用本人职权或者地位形成的便利条件，一方面要看与职务有无关联；另一方面要看谁的行为对促使其他国家工作人员利用职权为请托人谋利起到关键作用。如果行为人仅仅起到牵线搭桥的作用，其他国家工作人员主要是因为收受贿赂才利用职务之便为请托人谋取利益的，属于介绍贿赂的性质。②斡旋受贿构成受贿罪，以斡旋人收受请托人财物为要件；介绍贿赂罪不以此为要件。从法律上讲，介绍贿赂人即使没有收受财物，也可成立犯罪。

2. 介绍贿赂罪与行贿罪共犯的区别。这种界限是很难划定的，一般而言，行为人居间介绍，贿赂在行贿人和受贿人之间进行的，可认为是介绍贿赂。如果是行为人代请托人向国家工作人员行贿的，可认为是行贿的共犯。因为在这种场合，行为人转交贿赂成为行贿的必要环节，参与完成了行贿行为。

3. 介绍贿赂罪与受贿罪共犯的区别。在行为人从请托人或受贿人那里收受了财物的场合，形成与受贿罪共犯区别的难点。一般而言，行为人因居间介绍，从行贿人那里受到酬谢的，可认为是介绍贿赂的违法所得，仅仅成立介绍贿赂罪。受贿人收受财物之后，给予介绍贿赂人财物的，一般也可认为是介绍贿赂的违法所得，仅成立介绍贿赂罪。如果向国家工作人员"介绍贿赂"且与受贿人共同占有财物的，应成立受贿罪的共犯。

第九章 渎职罪

第一节 渎职罪概述

渎职罪，是指国家机关工作人员滥用职权、玩忽职守，或者利用职权徇私舞弊，违背公务职责的公正性、廉洁性、勤勉性，妨害国家机关正常的职能活动，严重损害国家和人民利益的一类犯罪行为。

这类犯罪具有以下共同特征：

一、客体

渎职罪侵犯的客体是国家机关的正常职能和人民利益。这是本类犯罪区别于其他类犯罪的本质特征。国家机关担负着政治、经济、文化等多方面的基本职能。这些职能的正常行使，是实现国家机关各项任务的重要保证。国家机关工作人员背离国家机关的活动准则，违背公务职责的公正、廉洁、勤勉性，滥用职权、玩忽职守，必然会使国家机关的正常职能活动遭到破坏，使人民利益受到损害。

二、主体

渎职罪的主体，除个别犯罪外，都是特殊主体，即国家机关工作人员。根据《刑法》第93条及2002年12月28日全国人大常委会《渎职罪主体的解释》，这里所称"国家机关工作人员"包括：①国家机关工作人员，即在国家权力机关、行政机关、审判机关、检察机关、军事机关从事公务的人员；②在依照法律、法规规定行使国家行政管理职权的组织中从事公务的人员；③在受国家机关委托代表国家机关行使职权的组织中从事公务的人员；④虽未列入国家机关人员编制但在国家机关中从事公务的人员。上述人员在代表国家机关行使职权时，有渎职行为，构成犯罪的，依照刑法关于渎职罪的规定追究刑事责任。在乡（镇）以上中国共产党机关、人民政协机关中从事公务的人员，司法实践中也应当视为国家机关工作人员。[1]

此外，根据有关司法解释，中国证券监督管理委员会干部，[2] 镇财政所在编干部,[3] 受委派承担了监管职能但还未被公安机关正式录用的狱医,[4] 合同制民警,[5] 属于工人编制的镇工商所长,[6] 工人等非监管机关在编监管人员,[7] 企业事业单位的公安机构在改革过程中的工作人员,[8] 海事局及其分支机构的工作人员,[9] 在履行政府行政公务活动时，可以成为

---

[1]《审理经济犯罪案座谈会纪要》(2003)。
[2]《证监会主体认定答复函》(2000)。
[3]《镇财政所所长批复》(2000)。
[4]《狱医批复》(2000)。
[5]《合同制民警批复》(2000)。
[6]《工商所所长批复》(2000)。
[7]《失职致使在押人员脱逃案解释》(2001)。
[8]《公安机构批复》(2002)。
[9]《海事局答复》(2003)。

渎职犯罪的主体。国家机关工作人员以外的国家工作人员渎职的，依照其他章节的规定定罪处罚。渎职罪主体的唯一例外是《刑法》第 398 条第 2 款关于泄露国家秘密罪主体的规定，即非国家机关工作人员犯泄露国家秘密罪的，依照该条第 1 款规定酌情处罚。

三、行为

客观方面主要表现为两大类渎职行为：①自以为是、滥用职权，或者不负责任、玩忽职守，其中以《刑法》第 397 条第 1 款所规定的滥用职权罪和玩忽职守罪最具一般性和代表性；②利用职权徇私舞弊，其中以《刑法》第 399 条第 1、2 款所规定的徇私枉法罪和民事、行政枉法裁判罪最具代表性。有些渎职犯罪，必须使国家和人民的利益遭受重大损失或以造成重大损失结果为要件。因此，认定渎职犯罪行为时，造成的重大损失结果显得非常重要。如刑法规定玩忽职守、滥用职权等渎职犯罪是以致使公共财产、国家和人民利益遭受重大损失为构成要件。其中，"公共财产的重大损失"，通常是指渎职行为已经造成的重大经济损失，分为"直接经济损失"和"间接经济损失"，前者指与行为有直接因果关系而造成的财产损毁、减少的实际价值；后者指由直接经济损失引起和牵连的其他损失，包括失去的在正常情况下可以获得的利益和为恢复正常的管理活动或者挽回所造成的损失所支付的各种开支、费用等。[1] 在司法实践中，有以下情形之一的，虽然公共财产作为债权存在，但已无法实现债权的，可以认定为行为人的渎职行为造成了经济损失：①债务人已经依法定程序被宣告破产；②债务人潜逃，去向不明；③因行为人责任，致使超过诉讼时效；④有证据证明债权无法实现的其他情况。[2]

四、主观

渎职犯罪主观方面既有故意，也有过失。典型的过失，通常具有对待职责马虎草率、漫不经心或者自以为是、恣意妄为、严重不负责任的心理。典型的故意则通常具有徇私舞弊之"徇私"的动机。这里所说的"故意""过失"主要是对渎职行为所造成之损害结果的心态，而非对待渎职行为本身的态度。在这种场合，行为人对渎职行为本身是故意还是过失，并非确立罪过形式的主要因素。

关于本章渎职犯罪的罪与非罪的罪量标准，最重要也是最全面的依据是《渎职侵权案立案标准》（2006）。关于本章之罪特殊犯罪构成或加重犯罪构成的认定，最重要的依据是《渎职侵权重特大案件标准》（2002）。需要注意的是：①最高人民检察院确立的重大、特大案件的标准可以作为认定特殊的（加重的）犯罪构成的主要根据。因为在有些犯罪上，最高人民检察院重特大案件的数量标准与最高人民法院有关司法解释的加重构成的数量标准一致，表明最高人民检察院确立重特大案件的数量标准时考虑到刑法中加重构成的认定。例如，在非法批准征用、占用土地案上，最高人民检察院重特大案件的数量标准与最高人民法院《审理土地资源刑案解释》（2000）中加重构成的数量标准就是一致的。[3] ②最高人民检察院确定重特大案件的数量标准的目的主要是为了便于统计、分析和决策，反映犯罪的危害程度，[4] 与"情节特别严重"并非是严格的对应关系。符合"特大案件"的标准认为是"情节特别严重"应当是没有什么问题的；但是符合"重大案件"的标准未必都应当认定为"情节特别严重"。因为

---

[1]《渎职侵权案立案标准》（2006）。此处关于直接经济损失、间接经济损失的认定，代表了检察机关的认定标准，可适用于本章所有渎职罪经济损失的认定。
[2]《审理经济犯罪案座谈会纪要》（2003）。
[3]《渎职侵权重特大案件标准》（2001）第 19 条和《审理土地资源刑案解释》（2000）第 5 条。
[4] 罗庆东、史卫中、郎俊义："最高人民检察院、公安部《关于经济犯罪案件追诉标准的规定》的理解与适用"，载姜伟主编：《刑事司法指南（总第 7 辑）》，法律出版社 2001 年版，第 133 页。

"重大案件"的标准与上述"立案标准"在有的场合仍然存在一定的衔接关系,而立案标准只是检察机关立案、批捕、起诉的最低标准或起点标准,所以,超过立案标准即起点标准而符合重大案件标准的,有时也可以认定为具备基本犯罪构成。情节特别严重通常是根据犯罪的动机、目的、手段、后果等因素作出的综合判断,而司法解释中确定重大案件的主要根据是客观结果,并不全面。对于符合重大案件标准的情况,还需综合判断全案后确定其属于基本犯罪构成还是特殊犯罪构成。本章以下使用检察机关的重大、特大案件标准均宜作此种理解,不再一一赘述。

第二节 一般国家机关工作人员的渎职罪

一、滥用职权罪·玩忽职守罪

(一)构成要件·法定刑

《刑法》第397条 国家机关工作人员滥用职权或者玩忽职守,致使公共财产、国家和人民利益遭受重大损失的,处3年以下有期徒刑或者拘役;情节特别严重的,处3年以上7年以下有期徒刑。本法另有规定的,依照规定。

国家工作人员徇私舞弊,犯前款罪的,处5年以下有期徒刑或者拘役;情节特别严重的,处5年以上10年以下有期徒刑。本法另有规定的,依照规定。

1. 滥用职权罪。

【定义】国家机关工作人员超越职权,违法决定、处理其无权决定、处理的事项,或者违反规定处理公务,致使公共财产、国家和人民利益遭受重大损失的行为。

【客体】公务职责的公正、勤勉性和国家机关的正常职能活动。

【主体】特殊主体,即国家机关工作人员。

【行为】滥用职权,表现为两种情形:①超越职权,违法决定、处理其无权决定、处理的事项;②违反规定处理公务。

【结果】致使公共财产、国家和人民利益遭受重大损失。根据《渎职侵权案立案标准》(2006)的规定,因滥用职权涉嫌下列情形之一的,应予立案:①造成死亡1人以上,或者重伤2人以上,或者重伤1人、轻伤3人以上,或者轻伤5人以上的;②导致10人以上严重中毒的;③造成个人财产直接经济损失10万元以上,或者直接经济损失不满10万元,但间接经济损失50万元以上的;[1] ④造成公共财产或者法人、其他组织财产直接经济损失20万元以上,或者直接经济损失不满20万元,但间接经济损失100万元以上的;⑤虽未达到③、④两项数额标准,但③、④两项合计直接经济损失20万元以上,或者合计直接经济损失不满20万元,但合计间接经济损失100万元以上的;⑥造成公司、企业等单位停业、停产6个月以上,或者破产的;⑦弄虚作假,不报、缓报、谎报或者授意、指使、强令他人不报、缓报、谎报情况,导致重特大事故危害结果继续、扩大,或者致使抢救、调查、处理工作延误的;⑧严重损害国家声誉,或者造成恶劣社会影响的;⑨其他致使公共财产、国家和人民利益遭受重大损失的情形。是否造成严重后果,即致使公共财产、国家和人民利益遭受重大损失,是区分滥用职权罪

---

[1] 直接经济损失和间接经济损失,是指立案时确已造成的经济损失。移送审查起诉前,犯罪嫌疑人及其亲友自行挽回的经济损失,以及由司法机关或者犯罪嫌疑人所在单位及其上级主管部门挽回的经济损失,不予扣减,但可作为对犯罪嫌疑人从轻处理的情节考虑。

与一般渎职行为的主要标准。滥用职权行为与重大损失结果有因果关系。如果滥权行为与重大损失结果没有因果关系，不成立滥用职权罪。

【案例】　　　　　　　　　**包智安受贿、涉嫌滥用职权案**[1]

1997年3月至1998年1月，包智安在担任南京市劳动局局长期间，未经集体研究，擅自决定以南京市劳动局的名义，为下属企业正大公司出具鉴证书，致使该公司以假联营协议的形式，先后向南京计时器厂等3家企业借款3700万元，造成共计3440余万元的损失。1999~2003年，经南京市政府协调，由南京市劳动局陆续"借"给3家企业共计1700余万元。一审法院以滥用职权罪判处包智安有期徒刑4年。（受贿部分的判决略）二审法院认为：包智安超越职权同意鉴证的行为与前述损失不具有因果关系。原因如下：①鉴证只是工商行政管理机关审查合同的真实性、合法性的一种监督管理制度，不是借款合同成立的必经程序，也不具有担保合同履行的性质，南京市劳动局不需要对3家企业的资金拆借损失承担赔偿责任，3家企业作为市场经济的主体对此应当明知。没有证据证实包智安在拆借过程中起决定性的作用，3家企业将资金拆借给正大公司是企业经自主决策作出的行为，只有非法拆借与遭受经济损失之间才存在直接的因果关系；②正大公司破产是3家企业不能收回借款的直接原因，但这是正大公司经营管理不善、资金周转困难等多种原因造成的，而非包智安帮助促成借款所造成。遂撤销前述判决。

裁判要旨：滥用职权行为与损失后果之间无必然因果关系的不构成滥用职权罪，仅承担行政责任。

【案例】　　　　　　　　　　**龚晓涉嫌玩忽职守无罪案**[2]

1998年12月，黔江车管所下辖的彭水县村民蒋明凡因驾驶证有效期届满申请换证。从事体检工作的龚晓在既未体检（效力只有1年，下一年度审验时需重新体检），也未要求蒋明凡到指定医院体检的情况下，违反规定自行在《机动车驾驶证申请表》上的"视力"栏中填写"5.2"、填写"无妨碍驾驶疾病及生理缺陷"，致使自1995年左眼视力即已失明的蒋明凡换领了驾驶证。此后3年蒋明凡都通过了年度审验、体检。2002年8月20日，蒋明凡驾驶一辆中型客车违章超载30人（核载19座）途中客车翻覆，造成26人死亡、4人受伤和车辆报废的特大交通事故。经调查，蒋明凡对此次事故负全部责任。检察院以玩忽职守罪起诉，法院认为：本案与交通事故有联系的有三个因素：①龚晓在蒋明凡换证时的体检失职行为；②换证以后各年度审验中的他人审验失职行为；③蒋明凡的违章驾驶行为。从行为与结果联系的紧密程度看，因素③是导致事故发生的直接原因，因素①、②不可能单独导致交通事故的发生，其只有依附于最后一个因素才能产生本案的结果。故认定龚晓的玩忽职守行为与交通事故之间没有刑法上的因果关系，宣告无罪。

【主观】过失，[3] 即行为人应当预见自己滥用职权的行为可能致使公共财产、国家和人民利益遭受重大损失，因疏忽大意而没有预见，或者已经预见而轻信能够避免，以致造成这种重大损失发生。行为人滥用职权行为本身往往是故意的，但对致使公共财产、国家和人民利益遭

---

[1] 载中华人民共和国最高人民法院刑事审判第一庭、第二庭编：《刑事审判参考（2004年第6集·总第41集）》，法律出版社2005年版。

[2] 载中华人民共和国最高人民法院刑事审判第一庭、第二庭编：《刑事审判参考（2004年第2集·总第37集）》，法律出版社2005年版。

[3] 周道鸾、张军、高憬宏、熊选国："刑法实务若干问题研究"，载中华人民共和国最高人民法院刑事审判第一庭、第二庭编：《刑事审判参考（2004年第1集·总第36集）》，法律出版社2004年版，第129页。

受重大损失则是过失的。也就是说，本条之罪的罪过形式（过失）主要是根据对"致使公共财产、国家和人民利益遭受重大损失"的心态确定的。

【加重犯】犯滥用职权罪，情节特别严重的，是滥用职权罪的加重犯。《刑法》第397条第1、2款规定中"情节特别严重"，主要是指因滥用职权致使公共财产、国家和人民利益遭受的损失特别严重。此外，行为人滥用职权的严重程度以及行为人的动机是否恶劣，也是判断情节是否特别严重的重要因素。根据《渎职侵权重特大案件标准》（2002）的规定，滥用职权案"重大案件"的标准是：①致人死亡2人以上，或者重伤5人以上，或者轻伤10人以上的；②造成直接经济损失50万元以上的。滥用职权案"特大案件"的标准是：①致人死亡5人以上，或者重伤10人以上，或者轻伤20人以上的；②造成直接经济损失100万元以上的。

2. 玩忽职守罪。

【定义】国家机关工作人员严重不负责任，不履行或者不认真履行职责，致使公共财产、国家和人民利益遭受重大损失的行为。

【客体】公务职责的公正、勤勉性和国家机关的正常职能活动。

【主体】特殊主体，即国家机关工作人员。

【行为】玩忽职守，主要表现为两种情形：①严重不负责任，不履行职责；②严重不负责任，不认真履行职责。

【结果】致使公共财产、国家和人民利益遭受重大损失。根据《渎职侵权案立案标准》（2006）的规定，因玩忽职守涉嫌下列情形之一的，应予立案：①造成死亡1人以上，或者重伤3人以上，或者重伤2人、轻伤4人以上，或者重伤1人、轻伤7人以上，或者轻伤10人以上的；②导致20人以上严重中毒的；③造成个人财产直接经济损失15万元以上，或者直接经济损失不满15万元，但间接经济损失75万元以上的；④造成公共财产或者法人、其他组织财产直接经济损失30万元以上，或者直接经济损失不满30万元，但间接经济损失150万元以上的；⑤虽未达到③、④两项数额标准，但③、④两项合计直接经济损失30万元以上，或者合计直接经济损失不满30万元，但合计间接经济损失150万元以上的；⑥造成公司、企业等单位停业、停产1年以上，或者破产的；⑦海关、外汇管理部门的工作人员严重不负责任，造成100万美元以上外汇被骗购或者逃汇1000万美元以上的；⑧严重损害国家声誉，或者造成恶劣社会影响的；⑨其他致使公共财产、国家和人民利益遭受重大损失的情形。

根据指导判例有关内容，"行政机关的行政罚没款不能认定为玩忽职守造成的直接经济损失"。[1] 该案被告人决定为单位购进的一批酒被发现是假酒，致使单位遭技监局罚没款、物23万余元。终审判决将行政罚没数额作为重大经济损失而认定构成玩忽职守罪不当。

【主观】过失，即行为人应当预见自己玩忽职守的行为可能致使公共财产、国家和人民利益遭受重大损失，因疏忽大意而没有预见，或者已经预见而轻信能够避免，以致发生这种重大损失。行为人玩忽职守行为本身也可能是故意的，但对损害结果，则是过失的。

【加重犯】犯玩忽职守罪，情节特别严重的，是玩忽职守罪的加重犯。《刑法》第397条第1、2款规定的"情节特别严重"，主要是指因玩忽职守致使公共财产、国家和人民利益遭受的损失特别严重。此外，行为人玩忽职守的严重程度以及行为人的动机是否恶劣，也是判断情节是否特别严重的重要因素。根据《渎职侵权重特大案件标准》（2002）的规定，玩忽职守案

---

[1] 指导判例"王文强玩忽职守案【第16号】——行政机关的行政罚没款能否认定为玩忽职守造成的直接经济损失？"载中华人民共和国最高人民法院刑事审判第一庭、第二庭编：《刑事审判参考（1999年第2集·总第2集》，法律出版社2000年版。

"重大案件"的标准是:①致人死亡3人以上,或者重伤10人以上,或者轻伤15人以上的;②造成直接经济损失100万元以上的。"特大案件"的标准是:①致人死亡7人以上,或者重伤15人以上,或者轻伤30人以上的;②造成直接经济损失200万元以上的。

(二) 适用

【特殊规定】徇私舞弊犯滥用职权罪或者玩忽职守罪,是情节加重犯,适用《刑法》第397条第2款处罚。"徇私舞弊",指"为徇私情、私利,故意违背事实和法律,伪造材料,隐瞒情况,弄虚作假的行为"[1] 如为贪图金钱、女色以及其他个人的利益或者为照顾亲友、同事以及其他私人关系而有意违背事实和法律处理公务。徇私舞弊型渎职犯罪的"徇私",根据《审理经济犯罪案座谈会纪要》(2003)的规定,应理解为"徇个人私情、私利。国家机关工作人员为了本单位的利益,实施滥用职权、玩忽职守行为,构成犯罪的",不属于具有"徇私"动机,依照《刑法》第397条第1款的规定定罪处罚。

【相关规定】1. 林业主管部门工作人员之外的国家机关工作人员,违反森林法的规定,滥用职权或者玩忽职守,致使林木被滥伐40立方米以上或者幼树被滥伐2000株以上,或者致使防护林、特种用途林被滥伐10立方米以上或者幼树被滥伐400株以上,或者致使珍贵树木被采伐、毁坏4立方米或者4株以上,或者致使国家重点保护的其他植物被采伐、毁坏后果严重的,或者致使国家严禁采伐的林木被采伐、毁坏情节恶劣的,按照《刑法》第397条的规定以滥用职权罪或者玩忽职守罪追究刑事责任。[2]

2. 林业主管部门工作人员违法发放林业采伐许可证,致使森林遭受严重破坏的,依照《刑法》第407条的规定,以违法发放林木采伐许可证罪追究刑事责任;以其他方式滥用职权或者玩忽职守,致使森林遭受严重破坏的,依照《刑法》第397条的规定,以滥用职权罪或者玩忽职守罪追究刑事责任,立案标准依照《渎职侵权案立案标准》(2006)第一部分"渎职犯罪案件"第18条第3款的规定执行。[3]

3. 对于违反刑事诉讼法和有关规定,滥用职权或者严重不负责任,造成犯罪嫌疑人超期羁押的,应当追究直接负责的主管人员和其他直接责任人员的纪律责任;构成犯罪的,依照《刑法》第397条以滥用职权罪、玩忽职守罪追究刑事责任。[4]

4. 对非法制造、买卖、运输、储存毒鼠强等禁用剧毒化学品行为负有查处职责的国家机关工作人员,滥用职权或者玩忽职守,致使公共财产、国家和人民利益遭受重大损失的,依照《刑法》第397条的规定,以滥用职权罪或者玩忽职守罪追究刑事责任。[5]

5. 在预防、控制突发传染病疫情等灾害的工作中,负有组织、协调、指挥、灾害调查、控制、医疗救治、信息传递、交通运输、物资保障等职责的国家机关工作人员,滥用职权或者玩忽职守,致使公共财产、国家和人民利益遭受重大损失的,依照《刑法》第397条的规定,以滥用职权罪或者玩忽职守罪定罪处罚。[6]

6. 国家工作人员滥用职权,实施下列行为之一,致使公共财产、国家和人民利益遭受重

---

[1]《渎职侵权案立案标准》(2006)。
[2]《渎职侵权案立案标准》(2006)。
[3] 2007年5月16日发布的《最高人民检察院关于对林业主管部门工作人员在发放林木采伐许可证之外滥用职权玩忽职守致使森林遭受严重破坏的行为适用法律问题批复》。
[4] 2003年11月24日发布的《中华人民共和国最高人民检察院关于在检察工作中防止和纠正超期羁押的若干规定》第8条。
[5]《办理禁用化学品刑案解释》(2003)第4条。
[6]《办理传染病刑案解释》(2003)第15条。

大损失的,依照《刑法》第 397 条的规定,以滥用职权罪定罪处罚:①超越职权范围,批准发放石油、天然气勘查、开采、加工、经营等许可证的;②违反国家规定,给不符合法定条件的单位、个人发放石油、天然气勘查、开采、加工、经营等许可证的;③违反《石油天然气管道保护条例》(现已失效)等国家规定,在油气设备安全保护范围内批准建设项目的;④对发现或者经举报查实的未经依法批准、许可擅自从事石油、天然气勘查、开采、加工、经营等违法活动不予查封、取缔的。[1]

7. 国家工作人员滥用职权,有下列情形之一,致使盗窃、抢劫、诈骗、抢夺的机动车被办理登记手续,数量达到 3 辆以上或者价值总额达到 30 万元以上的,依照《刑法》第 397 条第 1 款的规定,以滥用职权罪定罪,处 3 年以下有期徒刑或者拘役:①明知是登记手续不全或者不符合规定的机动车而办理登记手续的;②指使他人为明知是登记手续不全或者不符合规定的机动车办理登记手续的;③违规或者指使他人违规更改、调换车辆档案的;④其他滥用职权的行为。国家机关工作人员实施上述行为,致使盗窃、抢劫、诈骗、抢夺的机动车被办理登记手续,分别达到上述规定数量、数额标准 5 倍以上的,或者明知是盗窃、抢劫、诈骗、抢夺的机动车而办理登记手续的,属于《刑法》第 397 条第 1 款规定的"情节特别严重",处 3 年以上 7 年以下有期徒刑。"明知"是指涉及的机动车有下列情形之一的:①没有合法有效的来历凭证;②发动机号、车辆识别代号有明显更改痕迹,没有合法证明的。国家机关工作人员徇私舞弊,实施上述行为,构成犯罪的,依照《刑法》第 397 条第 2 款的规定定罪处罚。[2]

8. 国家机关工作人员疏于审查或者审查不严,致使盗窃、抢劫、诈骗、抢夺的机动车被办理登记手续,数量达到 5 辆以上或者价值总额达到 50 万元以上的,依照《刑法》第 397 条第 1 款的规定,以玩忽职守罪定罪,处 3 年以下有期徒刑或者拘役。[3]

【关联罪】1. 滥用职权罪与玩忽职守罪的界限。玩忽职守罪与滥用职权罪在犯罪主体、犯罪客体、罪过的性质、犯罪结果、加重情节等方面是相同的。二者的主要区别是渎职的客观行为方式不同:玩忽职守罪主要表现为以不作为的方式不履行职责或者怠于履行职责;滥用职权罪主要表现为以作为的方式超越权限处理无权处理的事务或者不顾职责的程序和宗旨、随心所欲地处理事务。此外,二者在主观方面也有所不同:玩忽职守罪的主观方面往往表现为马虎草率、敷衍塞责之类的对工作严重不负责任的态度,行为人对玩忽职守行为本身可能是有意的,也可能是无意的;滥用职权的主观方面主要表现为行使职权时自以为是、为所欲为的态度,行为人对渎职行为本身往往是有意的。

2. 滥用职权罪与《刑法》另规定的滥用职权犯罪的关系。《刑法》另规定的特定的滥用职权(徇私舞弊)的犯罪有:《刑法》第 399 条之徇私枉法罪,民事、行政枉法裁判罪,执行判决、裁定滥用职权罪;第 400 条之私放在押人员罪;第 401 条之徇私舞弊减刑、假释、暂予监外执行罪;第 402 条之徇私舞弊不移交刑事案件罪;第 403 条之滥用管理公司、证券职权罪;第 404 条之徇私舞弊不征、少征税款罪;第 405 条之徇私舞弊发售发票、抵扣税款、出口退税罪,违法提供出口退税凭证罪;第 407 条之违法发放林木采伐许可证罪;第 410 条之非法批准征收、征用、占用土地罪,非法低价出让国有土地使用权罪;第 411 条之放纵走私罪;第 412 条第 1 款之商检徇私舞弊罪;第 413 条第 1 款之动植物检疫徇私舞弊罪;第 414 条之放纵制售伪劣商品犯罪行为罪;第 415 条之办理偷越国(边)境人员出入境证件罪,放行偷越国(边)

---

[1]《办理盗窃油气、破坏油气设备刑案解释》(2007) 第 7 条。
[2]《办理机动车相关刑案解释》(2007) 第 3、6 条。
[3]《办理机动车相关刑案解释》(2007) 第 3 条。

境人员罪；第416条第2款之阻碍解救被拐卖、绑架妇女、儿童罪；第417条之帮助犯罪分子逃避处罚罪；第418条之招收公务员、学生徇私舞弊罪；等等。本罪与上列其他具有滥用职权（徇私舞弊）性质的犯罪是一般与特别的关系，行为人的行为触犯《刑法》第397条的规定和其他有关条款规定的，应选择特别规定定罪处罚。《渎职侵权案立案标准》（2006）指出：国家机关工作人员滥用职权，符合《刑法》第九章所规定的特殊渎职罪构成要件的，按照该特殊规定追究刑事责任；主体不符合《刑法》分则第九章所规定的特殊渎职罪的主体要件，但滥用职权涉嫌具有该罪应予立案的第1~9项规定情形之一的，按照《刑法》第397条的规定以滥用职权罪追究刑事责任。

3. 滥用职权罪与《刑法》第165条之非法经营同类营业罪，第166条之为亲友非法牟利罪，第168条之国有公司、企业、事业单位人员滥用职权罪，第169条之徇私舞弊低价折股、低价出售国有资产罪等的区别。这些犯罪都具有滥用职权（徇私舞弊）的性质，十分相似，它们的区别是：①主体不同。滥用职权罪主体为国家机关工作人员；后几罪的主体为国有公司、企业事业单位的负责人或者工作人员。②职务的性质不同。滥用职权罪的职务是公务性职务；后几罪的职务是企业事业单位的经营、管理业务性职务。③客体不同。滥用职权罪客体是公务职责的公正、勤勉性和国家机关的正常职能活动；后几罪的客体是市场经济的具体秩序。

4. 玩忽职守罪与刑法另有规定的玩忽职守犯罪的关系。刑法另行规定的具有玩忽职守性质的渎职犯罪有：《刑法》第398条之过失泄露国家秘密罪；第399条之执行判决、裁定失职罪；第400条之失职致使在押人员脱逃罪；第406条之国家机关工作人员签订、履行合同失职被骗罪；第408条之环境监管失职罪；第409条之传染病防治失职罪；第412条第2款之商检失职罪；第413条第2款之动植物检疫失职罪；第416条第1款之不解救被拐卖、绑架妇女、儿童罪；第419条之失职造成珍贵文物损毁、流失罪；等等。本罪与上述有关犯罪是一般与特殊的法条竞合关系，因此，行为人触犯刑法另有规定的特定玩忽职守犯罪的，虽然也触犯了第397条的规定，但依法应以特别的规定定罪处罚。《渎职侵权案立案标准》（2006）中指出：国家机关工作人员玩忽职守，符合《刑法》第九章所规定的特殊渎职罪构成要件的，按照该特殊规定追究刑事责任；主体不符合《刑法》第九章所规定的特殊渎职罪的主体要件，但玩忽职守涉嫌具有该罪应予立案的第1~9项规定情形之一的，按照《刑法》第397条的规定以玩忽职守罪追究刑事责任。

5. 玩忽职守罪与有关重大责任事故犯罪的区别。从广义上讲，玩忽职守罪以造成重大损失为要件，亦属于一种责任事故型犯罪，与其他事故型犯罪所不同之处在于它是公务型责任事故。因此，玩忽职守罪与其他责任事故型犯罪有相似之处，认定时应予注意。这些事故型犯罪主要有：《刑法》第131条之重大飞行事故罪，第132条之铁路运营安全事故罪，第134条第1款之重大责任事故罪，第135条之重大劳动安全事故罪，第136条之危险物品肇事罪，第137条之工程重大安全事故罪，第138条之教育设施重大安全事故罪，第139条之消防责任事故罪，第330条之妨害传染病防治罪，第331条之传染病菌种、毒种扩散罪，第335条之医疗事故罪，第338条之污染环境罪，等等。玩忽职守罪与上述事故型犯罪的主要区别是：①主体不同。玩忽职守罪主体为国家机关工作人员；而有关事故型犯罪的主体一般为厂矿企业事业单位的职工或者工作人员。②发生的场合不同。玩忽职守罪发生于国家机关的公务活动过程中；而有关事故型犯罪一般发生于生产、作业等业务活动中以及直接指挥生产、作业或者管理生产、作业等业务活动过程中。③侵犯的客体不同。玩忽职守罪侵犯的客体是公务职责的公正、勤勉性和国家机关的正常职能活动；而有关事故型犯罪侵犯的客体为公共安全、公共卫生或者自然环境的保护、管理秩序。

6. 玩忽职守罪与《刑法》第 167 条之签订、履行合同失职被骗罪的区别：①主体不同。玩忽职守罪主体为国家机关工作人员；签订、履行合同失职被骗罪的主体为国有公司、企业、事业单位直接负责的主管人员。②渎职的性质不同。玩忽职守罪为公务职权；后者为国有公司、企业、事业单位的经营、管理权。③客体不同。玩忽职守罪的客体是公务职责的公正、勤勉性和国家机关的正常职能活动；后者为国家对公司、企业的管理秩序。

7. 玩忽职守罪与金融机构工作人员业务失职犯罪的区别。金融机构工作人员业务失职犯罪有：《刑法》第 186 条之违法发放贷款罪；第 188 条之违规出具金融票证罪；第 189 条之对违法票据承兑、付款、保证罪；等等。二者的主要区别是：①主体不同。玩忽职守罪的主体为国家机关工作人员；后几罪的主体为金融机构工作人员。②渎职的性质不同。玩忽职守罪为公务职权；后几罪为金融业务职权。③客体不同。玩忽职守罪的客体是公务职责的公正、勤勉性和国家机关的正常职能活动；后者为社会主义市场经济的金融管理秩序。

【罪数】国家机关工作人员滥用职权，与被执行人、担保人、协助执行义务人通谋，利用国家机关工作人员的职权妨害执行活动，致使判决、裁定无法执行，又构成犯罪的，从一重以滥用职权罪论处，而不以滥用职权罪与拒不执行判决、裁定罪数罪并罚。[1]

【时效】玩忽职守行为造成的重大损失当时没有发生，而是玩忽职守行为之后一定时间发生的，应从危害结果发生之日起计算玩忽职守罪的追诉期限。[2]

二、故意泄露国家秘密罪·过失泄露国家秘密罪

（一）构成要件·法定刑

《刑法》第 398 条　国家机关工作人员违反保守国家秘密法的规定，故意或者过失泄露国家秘密，情节严重的，处 3 年以下有期徒刑或者拘役；情节特别严重的，处 3 年以上 7 年以下有期徒刑。

非国家机关工作人员犯前款罪的，依照前款的规定酌情处罚。

1. 故意泄露国家秘密罪。

【定义】国家机关工作人员或者非国家机关工作人员违反保守国家秘密法，故意使国家秘密被不应知悉者知悉，或者故意使国家秘密超出了限定的接触范围，情节严重的行为。

【客体】国家保密制度。

【主体】一般是国家机关工作人员，但根据《刑法》第 398 条第 2 款的规定，非国家机关工作人员也可构成本罪。

【对象】国家秘密。从内涵上说，国家秘密是指关于国家安全和利益，依照法定程序确定，在一定时间内只限于一定范围的人员知悉的事项。从外延上说，国家秘密分为"绝密""机密""秘密"三个级别。"绝密"，是指最重要的国家秘密，泄露会使国家的安全和利益遭受特别严重的损害。"机密"，是指重要的国家秘密，泄露会使国家的安全和利益遭受严重损害。"秘密"，是指一般的国家秘密，泄露会使国家的安全和利益遭受损害。本罪所说的"国家秘密"与"绝密""机密""秘密"在逻辑的外延上是母项与子项的关系。根据《保守国家秘密法》第 9 条的规定，国家秘密主要包括以下内容：①国家事务的重大决策中的秘密事项；②国防建设和武装力量活动中的秘密；③外交和外事活动中的秘密事项；④国民经济和社会发展中的秘密事项；⑤科学技术中的秘密事项；⑥维护国家安全活动和追查刑事犯罪中的秘密事

---

[1]《刑法第 313 条的解释》（2002）。
[2]《审理经济犯罪案座谈会纪要》（2003）。

项；⑦其他经国家保密工作部门确定应当保守的国家秘密事项。

【行为】违反保守国家秘密法，故意泄露国家秘密，情节严重。所谓"泄露国家秘密"，是指行为人把自己掌握或知道的国家秘密泄露给不应知悉的人，或者故意使国家秘密超出了限定的接触范围。泄露的方式多种多样，一般为作为，但不论何种方式，均不影响本罪的成立。根据指导案例裁判要旨："利用参加中考命题工作的便利将考前辅导内容作为正式试题，情节严重的，应当以故意泄露国家秘密罪定罪处罚，在考前被有关部门及时发现并重新命题、印制，未造成特别严重的后果的，可从轻处罚。"[1]

【罪量】"情节严重"。参照《渎职侵权案立案标准》（2006）的规定，"情节严重"应是国家机关工作人员涉嫌故意泄露国家秘密具有下列情形之一：①泄露绝密级国家秘密1项（件）以上的；②泄露机密级国家秘密2项（件）以上的；③泄露秘密级国家秘密3项（件）以上的；④向非境外机构、组织、人员泄露国家秘密，造成或者可能造成危害社会稳定、经济发展、国防安全或其他严重危害后果的；⑤通过口头、书面或者网络等方式向公众散布、传播国家秘密的；⑥利用职权指使或者强迫他人违反国家保守秘密法的规定泄露国家秘密的；⑦以牟取私利为目的泄露国家秘密的；⑧其他情节严重的情形。非国家机关工作人员涉嫌故意泄露国家秘密犯罪行为的立案标准，参照上述标准执行。

【主观】故意，包括直接故意和间接故意。泄露国家秘密的动机是多种多样的，无论出于何种动机都不影响定罪，但对量刑有重要意义。

【加重犯】犯故意泄露国家秘密罪，情节特别严重的，是本罪的加重犯，应处3年以上7年以下有期徒刑。所谓情节特别严重，一般指重大、特大泄密案件。[2] 根据《渎职侵权重特大案件标准》（2001）的规定，具备下列情形之一的，属于"重大"故意泄密案件：①故意泄露绝密级国家秘密1项（件）以上，或者泄露机密级国家秘密3项（件）以上，或者泄露秘密级国家秘密5项（件）以上的；②故意泄露国家秘密造成直接经济损失50万元以上的；③故意泄露国家秘密对国家安全构成严重危害的；④故意泄露国家秘密对社会秩序造成严重危害的。"特大"案件指具备下列情形之一的：①故意泄露绝密级国家秘密2项（件）以上，或者泄露机密级国家秘密5项（件）以上，或者泄露秘密级国家秘密7项（件）以上的；②故意泄露国家秘密造成直接经济损失100万元以上的；③故意泄露国家秘密对国家安全构成特别严重危害的；④故意泄露国家秘密对社会秩序造成特别严重危害的。

此外，学理解释一般认为，下列情形也属于情节特别严重：利用泄露国家秘密进行投机取利、实施不法活动的；故意泄露国家秘密给国家和人民利益造成特别重大损失的；故意泄露国家秘密，在案发后推卸责任、嫁祸于人的；等等。

2. 过失泄露国家秘密罪。

【定义】国家机关工作人员或者非国家机关工作人员违反保守国家秘密法，过失泄露国家秘密，或者遗失国家秘密载体，致使国家秘密被不应知悉者知悉或者超出了限定的接触范围，情节严重的行为。

【客体】国家保密制度。

【主体】一般是国家机关工作人员，但根据《刑法》第398条第2款的规定，非国家机关

---

[1] 指导判例"李宝安、昝旺木、李兴安故意泄露国家秘密案【第258号】——利用中考命题工作的便利将考前辅导内容作为中考试题的行为是否构成故意泄露国家秘密罪？"载中华人民共和国最高人民法院刑事审判第一庭、第二庭编：《刑事审判参考（2003年第4集·总第33集）》，法律出版社2004年版。

[2] 重大案件不一定都是情节特别严重的情况。

工作人员也可构成本罪。

【行为】违反保守国家秘密法,过失泄露国家秘密或者遗失国家秘密载体,情节严重。

【罪量】"情节严重"。参照《渎职侵权案立案标准》(2006)的规定,"情节严重"应是国家机关工作人员涉嫌过失泄露国家秘密具有下列情形之一:①泄露绝密级国家秘密 1 项(件)以上的;②泄露机密级国家秘密 3 项(件)以上的;③泄露秘密级国家秘密 4 项(件)以上的;④违反保密规定,将涉及国家秘密的计算机或者计算机信息系统与互联网相连接,泄露国家秘密的;⑤泄露国家秘密或者遗失国家秘密载体,隐瞒不报、不如实提供有关情况或者不采取补救措施的;⑥其他情节严重的情形。非国家机关工作人员涉嫌过失泄露国家秘密犯罪行为的立案标准,参照上述标准执行。

【主观】过失,包括疏忽大意的过失和过于自信的过失。

【加重犯】"情节特别严重",一般指重大、特大泄密案件。根据《渎职侵权重特大案件标准》(2001)的规定,具备下列情形之一的,属于重大过失泄露国家秘密案件:①过失泄露绝密级国家秘密 1 项(件)以上,或者泄露机密级国家秘密 5 项(件)以上,或者泄露秘密级国家秘密 7 项(件)以上并造成严重后果的;②过失泄露国家秘密造成直接经济损失 100 万元以上的;③过失泄露国家秘密对国家安全构成严重危害的;④过失泄露国家秘密对社会秩序造成严重危害的。特大过失泄露国家秘密案件指具备下列情形之一的:①过失泄露绝密级国家秘密 2 项(件)以上,或者泄露机密级国家秘密 7 项(件)以上,或者泄露秘密级国家秘密 10 项(件)以上的;②过失泄露国家秘密造成直接经济损失 200 万元以上的;③过失泄露国家秘密对国家安全构成特别严重危害的;④过失泄露国家秘密对社会秩序造成特别严重危害的。

(二)适 用

【关联罪】1. 故意泄露国家秘密罪与过失泄露国家秘密罪的界限。区分点在于罪过的形式不同:前者是故意犯罪;后者是过失犯罪。判断的要点是看行为人在把国家秘密泄露给不应知悉的人这一点上是过失还是故意的。

2. 故意泄露国家秘密罪与为境外窃取、刺探、收买、非法提供国家秘密、情报罪的界限。二者的主要区别是:①主体不同。前罪的主体一般为有权知悉国家秘密的国家机关工作人员;后者的主体为一般主体。②客观方面不同。前者不要求泄密给特定对象;后者则必须是为境外机构、组织、人员窃取、刺探、收买、非法提供国家秘密、情报。前者泄露的是国家秘密;后者不仅包括国家秘密,还包括情报。③客体不同。前者为国家保密制度;后者为国家安全。④罪与非罪的标准不同。前者必须情节严重才构成犯罪;后者则无此限制。

通过互联网将国家秘密或者情报非法发送给境外的机构、组织、个人的,依照《刑法》第 111 条的规定定罪处罚;通过互联网发布国家秘密,情节严重的,依照《刑法》第 398 条按照故意泄露国家秘密罪处罚。[1]

3. 故意泄露国家秘密罪与非法获取国家秘密罪的界限。二者区分的要点是:在获取国家秘密上是否使用了窃取、收买、刺探等"非法"手段。故意泄露国家秘密罪的行为人往往是有权知悉国家秘密或掌管国家秘密的人员,在取得国家秘密上,没有也不需要使用"非法"手段,因此一般不存在"非法获取"的问题,只存在"泄漏"的问题。相反,如果行为人在取得国家秘密上就采取了非法的手段,则还构成非法获取国家秘密罪。而在非法获取之后向他

---

[1]《审理国家秘密、情报案解释》(2001)第 6 条。

人泄露的,则属于非法获取国家秘密罪的牵连犯。

4. 故意泄露国家秘密罪与侵犯商业秘密罪的界限。二者的主要区别是:①主体不同。前罪主体主要是国家机关工作人员;后罪是一般主体。②客体不同。前罪侵犯的客体是国家保密制度;后罪侵犯的客体是商业秘密专用权和相关经济利益。③行为对象不同。前者是国家保密法规定的国家秘密;后者仅限于商业秘密。

【罪数】1. 非法获取国家秘密后故意泄露的,属于牵连犯,择一重罪处罚。在司法实务中,有以故意泄露国家秘密罪定罪处罚的案例。在这种场合,往往是因为犯罪人的目的和行为的主要危害性体现在泄漏方面。如行为人为了牟利而窃取试卷而向众多人出售试题,其目的和危害主要体现在泄漏国家秘密上,法院以故意泄露国家秘密罪定罪处罚。

2. 国家机关工作人员将自己知悉的属于国家秘密范畴内的商业秘密泄露出去,达到犯罪程度的,属于想象竞合,从一重罪处断。

三、国家机关工作人员签订、履行合同失职被骗罪

(一) 构成要件·法定刑

《刑法》第 406 条　　国家机关工作人员在签订、履行合同中,因严重不负责任被诈骗,致使国家利益遭受重大损失的,处 3 年以下有期徒刑或者拘役;致使国家利益遭受特别重大损失的,处 3 年以上 7 年以下有期徒刑。

【定义】国家机关工作人员在签订、履行合同过程中,因严重不负责任,不履行或者不认真履行职责被诈骗,致使国家利益遭受重大损失的行为。

【客体】国家机关的正常活动和国有资产的安全。

【主体】国家机关工作人员,一般是国家机关中负有签订、履行合同职责的工作人员。

【行为】在签订履行合同过程中,因严重不负责任,不履行或者不认真履行职责而被诈骗。包括以下要素:①行为发生在签订、履行合同的过程中。②因严重不负责任被诈骗。所谓"严重不负责任",就其客观表现而言,往往违反经贸活动的规章制度、惯例以及国家机关的工作程序、工作纪律等,例如,不认真审查对方当事人的合同主体资格、资信情况、履约能力,盲目签订、履行合同;应当公证、签证的不予公证、签证;应当经集体研究或者上级审批的,擅自越权签订或者履行经济合同;违反规定为他人签订经济合同提供担保;等等。

【结果】致使国家利益遭受重大损失。根据检察机关的立案标准,国家工作人员在签订、履行合同过程中,因严重不负责任,不履行或者不认真履行职责而被诈骗,涉嫌下列情形之一的,应予立案:①造成直接经济损失 30 万元以上,或者直接经济损失不满 30 万元,但间接经济损失 150 万元以上的;②其他致使国家利益遭受重大损失的情形。损失后果指的是现实的、具体的经济损失,不包括可能的、间接的、潜在的或者非经济性的损失,但不得将属由合同对方的诈骗行为直接造成的损失,或者直接的损失对象是第三方,但最终责任将落到该国有单位的损失理解为间接损失。[1]

【主观】过失,包括疏忽大意的过失和过于自信的过失。

【加重犯】构成本罪并致使国家利益遭受特别重大损失的,是本罪的结果加重犯。根据《渎职侵权重特大案件标准》(2002) 的规定,国家机关工作人员签订、履行合同失职被骗案造成直接经济损失 100 万元以上的属于重大案件;造成直接经济损失 200 万元以上的属于特大

---

[1] 指导判例"高原、梁汉钊信用证诈骗,签订、履行合同失职被骗案【第 270 号】——如何理解签订、履行合同失职被骗罪的客观要件?"载中华人民共和国最高人民法院刑事审判第一庭、第二庭编:《刑事审判参考 (2003 年第 6 集·总第 35 集)》,法律出版社 2004 年版。

案件。重特大案件可以作为认定致使国家利益遭受特别重大损失的重要依据。

（二）适用

【定罪】对于国家机关工作人员在签订、履行合同过程中，因国家政策、国际国内市场行情变化等不能预见或者不能抗拒的原因，致使国家利益遭受重大损失的，不能以犯罪论处。[1]

【关联罪】1. 本罪与签订、履行合同失职被骗罪的界限。区分的要点在于主体的不同：本罪主体是国家机关工作人员；而后罪的主体为国有公司、企业、事业单位直接负责的主管人员。

2. 本罪与玩忽职守罪的界限：①发生场合不同。本罪发生在特定的场合，即发生在经济合同的签订、履行中；而玩忽职守罪发生在一般场合。②危害结果不同。本罪结果是致使国家利益遭受重大损失；而后罪是致使公共财产、国家和人民利益遭受重大损失。

【案例】 刘波、吴全良签订、履行合同失职案[2]

鹤壁市郊区粮食局办公会议决定，派主管购销业务的副局长吴全良和办公室主任刘波去东北进购250吨的大米供应鹤壁春节市场。吴全良因家中有私事，让不懂业务的刘波先去，刘波到东北后与黑龙江省同江市粮油经销处经理洪延里签订了购销240吨大米的合同，并将随身携带的60万元汇票、身份证、印章交给了洪延里的妻子姜福坤（该经销处会计），但洪延里根本无履行合同的能力。直到几个月后，刘波方知被骗，造成直接经济损失60万元的严重后果。被告人刘波构成国家机关工作人员签订、履行合同失职被骗罪。

四、非法批准征用、占用土地罪·非法低价出让国有土地使用权罪

《刑法》第410条 国家机关工作人员徇私舞弊，违反土地管理法规，滥用职权，非法批准征用、占用土地，或者非法低价出让国有土地使用权，情节严重的，处3年以下有期徒刑或者拘役；致使国家国家或者集体利益遭受特别重大损失的，处3年以上7年以下有期徒刑。

（一）非法批准征用、占用土地罪

【定义】国家机关工作人员徇私舞弊，违反土地管理法、森林法、草原法等法律以及有关行政法规中关于土地管理的规定，滥用职权，非法批准征用、占用耕地、林地等农用地以及其他土地，情节严重的行为。

【行为】表现为徇私舞弊，违反土地管理法规，滥用职权，非法批准征用、占用土地，情节严重的行为。

【罪量】根据最高人民检察院司法解释，具有下列情形之一的，属于非法批准征用、占用土地"情节严重"，依照《刑法》第410条的规定，以非法批准征用、占用土地罪定罪处罚：①非法批准征用、占用基本农田10亩以上的；②非法批准征用、占用基本农田以外的耕地30亩以上的；③非法批准征用、占用其他土地50亩以上的；④虽未达到上述数量标准，但造成有关单位、个人直接经济损失30万元以上，或者造成耕地大量毁坏或者植被遭到严重破坏的；⑤非法批准征用、占用土地，影响群众生产、生活，引起纠纷，造成恶劣影响或者其他严重后果的；⑥非法批准征用、占用防护林地、特种用途林地分别或者合计10亩以上的；⑦非法批准征用、占用其他林地20亩以上的；⑧非法批准征用、占用林地造成直接经济损失30万元以上，或者造成防护林地、特种用途林地分别或者合计5亩以上或者其他林地10亩以上毁坏的；⑨其他情节严重的情形。[3]

---

[1] 周道鸾、张军主编：《刑法罪名精释》，人民法院出版社2007年版，第891页。
[2] 河南省鹤壁市郊区人民法院（1997）鹤刑初字第69号刑事判决。
[3] 《渎职侵权案立案标准》（2006）。

【主观】故意,并出于徇私舞弊的动机。

【加重犯】犯非法批准征用、占用土地罪,致使国家或者集体利益遭受特别重大损失的,为本罪的加重犯,处3年以上7年以下有期徒刑。根据《审理土地资源刑案解释》(2000)第5条的规定,具有下列情形之一的,属于《刑法》第410条规定之非法批准征用、占用土地"致使国家或者集体利益遭受特别重大损失":①非法批准征用、占用基本农田20亩以上的;②非法批准征用、占用基本农田以外的耕地60亩以上的;③非法批准征用、占用其他土地100亩以上的;④非法批准征用、占用土地,造成基本农田5亩以上,其他耕地10亩以上严重毁坏的;⑤非法批准征用、占用土地造成直接经济损失50万元以上等恶劣情节的。

(二) 非法低价出让国有土地使用权罪

【定义】国家机关工作人员徇私舞弊,违反土地管理法、森林法、草原法等法律以及有关行政法规中关于土地管理的规定,滥用职权,非法低价出让国有土地使用权,情节严重的行为。

【行为】表现为徇私舞弊,违反土地管理法规,滥用职权,非法低价出让国有土地使用权,情节严重的行为。

【罪量】根据《审理土地资源刑案解释》(2000)第6条的规定,具有下列情形之一的,属于非法低价出让国有土地使用权"情节严重",依照《刑法》第410条的规定,以非法低价出让国有土地使用权罪定罪处罚:①非法低价出让国有土地使用权面积在30亩以上,并且出让价额低于国家规定的最低价额标准的60%的;②造成国有土地资产流失价额在30万元以上的。另结合《渎职侵权案立案标准》(2006)的规定,除上述情形外,有下列情形之一的应予立案:①非法低价出让国有土地使用权,影响群众生产、生活,引起纠纷,造成恶劣影响或者其他严重后果的;②非法低价出让林地合计30亩以上,并且出让价额低于国家规定的最低价额标准的60%的;③造成国有资产流失30万元以上的;④其他情节严重的情形。

【主观】故意,并出于徇私舞弊的动机。

【加重犯】犯非法低价出让国有土地使用权罪,致使国家或者集体利益遭受特别重大损失的,为本罪的加重犯,处3年以上7年以下有期徒刑。根据《审理土地资源刑案解释》(2000)第7条的规定,具有下列情形之一的,属于《刑法》非法低价出让土地使用权罪中的"致使国家或者集体利益遭受特别重大损失":①非法低价出让国有土地使用权面积在60亩以上,并且出让价额低于国家规定的最低价额标准的40%的;②造成国有土地资产流失价额在50万元以上的。

五、招收公务员、学生徇私舞弊罪

(一) 构成要件·法定刑

《刑法》第418条　国家机关工作人员在招收公务员、学生工作中徇私舞弊,情节严重的,处3年以下有期徒刑或者拘役。

【定义】国家机关工作人员在招收公务员、省级以上教育行政部门组织招收的学生工作中徇私舞弊,情节严重的行为。

【行为】客观上包括两种情形:①在招收公务员的工作中徇私舞弊,情节严重;②在省级以上教育行政部门组织招收的学生工作中徇私舞弊,情节严重。

【罪量】国家机关工作人员在招收公务员、学生工作中徇私舞弊,是否情节严重,是区分罪与非罪的重要标准。所谓"情节严重",参照《渎职侵权案立案标准》(2006)的规定,指涉嫌下列情形之一:①徇私舞弊,利用职务便利,伪造、变造人事、户口档案、考试成绩或者其他影响招收工作的有关资料,或者明知是伪造、变造的上述材料而予以认可的;②徇私舞弊，利用职务便利，帮助5名以上考生作弊的；③徇私舞弊招收不合格的公务员、学生3人次以上的；④因徇私舞弊招收不合格的公务员、学生，导致被排挤的合格人员或者其近亲属自杀、自残造成重伤、死亡，或者精神失常的；⑤因徇私舞弊招收公务员、学生，导致该项招收工作重新进行的；⑥其他情节严重的情形。

【主观】故意，并出于徇私舞弊的动机。

（二）适用

【关联罪】本罪与滥用职权罪的界限。二者的区别在于：①行为发生的场合不同。本罪发生在招收公务员、学生的工作中；后者发生在一般工作中。②主观方面不尽相同。本罪必须具有徇私的动机；后罪的动机如何并不影响犯罪成立。

【罪数】1. 国家机关工作人员因受贿而徇私舞弊，招收不合格的公务员、学生，如果受贿行为成立犯罪的，成立牵连犯，从一重定罪处罚。

2. 国家机关工作人员在招收公务员、学生工作中，故意泄露属于国家秘密的录用、考试的试卷、试题从而招收不合格人员的，成立牵连犯，从一重定罪处罚。[1]

3. 国家机关工作人员徇私舞弊、滥用职权，招收不合格的公务员、学生，同时触犯本罪和滥用职权罪的，是想象竞合犯，从一重定罪处罚。

六、失职造成珍贵文物损毁、流失罪

《刑法》第419条　国家机关工作人员严重不负责任，造成珍贵文物损毁或者流失，后果严重的，处3年以下有期徒刑或者拘役。

【定义】国家机关工作人员严重不负责任，造成珍贵文物损毁或者流失，后果严重的行为。

【主体】国家机关工作人员，主要是指文物行政部门、公安机关、工商行政管理部门、海关、城乡建设规划部门等国家机关的工作人员。

【行为】表现为严重不负责任，造成珍贵文物损毁或者流失。"损毁"，是指珍贵文物全部或者部分遭到破坏、损坏，致使无法恢复原状。"流失"，是指珍贵文物丢失或者流传到国外、民间，致使无法追回。

【后果】参照《渎职侵权案立案标准》（2006）的规定，涉嫌下列情形之一的，视为"后果严重"，应予以立案：①导致国家一、二、三级珍贵文物损毁或者流失的；②导致全国重点文物保护单位或者省、自治区、直辖市级文物保护单位损毁的；③其他后果严重的情形。

【主观】过失。

第三节　司法工作人员的渎职罪

一、徇私枉法罪·民事、行政枉法裁判罪·执行判决、裁定失职罪·[2]执行判决、裁定滥用职权罪[3]

（一）构成要件·法定刑

《刑法》第399条　司法工作人员徇私枉法、徇情枉法，对明知是无罪的人而使他受追

---

[1] 周道鸾、张军主编：《刑法罪名精释》，人民法院出版社2007年版，第918页。
[2] 2002年12月28日《刑法修正案（四）》第8条新增加的罪。
[3] 2002年12月28日《刑法修正案（四）》第8条新增加的罪。

诉、对明知是有罪的人而故意包庇不使他受追诉，或者在刑事审判活动中故意违背事实和法律作枉法裁判的，处 5 年以下有期徒刑或者拘役；情节严重的，处 5 年以上 10 年以下有期徒刑；情节特别严重的，处 10 年以上有期徒刑。

在民事、行政审判活动中故意违背事实和法律作枉法裁判，情节严重的，处 5 年以下有期徒刑或者拘役；情节特别严重的，处 5 年以上 10 年以下有期徒刑。

在执行判决、裁定活动中，严重不负责任或者滥用职权，不依法采取诉讼保全措施、不履行法定执行职责，或者违法采取诉讼保全措施、强制执行措施，致使当事人或者其他人的利益遭受重大损失的，处 5 年以下有期徒刑或者拘役；致使当事人或者其他人的利益遭受特别重大损失的，处 5 年以上 10 年以下有期徒刑。[1]

司法工作人员收受贿赂，有前 3 款行为的，同时又构成本法第 385 条规定之罪的，依照处罚较重的规定定罪处罚。[2]

1. 徇私枉法罪。

【定义】司法工作人员徇私枉法、徇情枉法，对明知是无罪的人而使他受追诉、对明知是有罪的人而故意包庇不使他受追诉，或者在刑事审判活动中故意违背事实和法律作枉法裁判的行为。

【客体】司法机关的正常职能。司法人员滥用职权、徇私枉法的行为，都会破坏司法机关的正常活动，破坏社会主义法制。

【主体】特殊主体，即司法工作人员。根据《刑法》第 94 条规定，司法工作人员是指有侦查、检察、审判、监管职责的工作人员。审判实践中，在司法机关中任职的专业技术人员，在办案中故意提供虚假材料和意见，或者故意作虚假鉴定，严重影响刑事追诉活动的，也可构成本罪。但是其他专业技术人员故意作虚假鉴定的，可成立伪证罪。

【行为】利用司法上的职务之便，进行枉法追诉或者枉法裁判。具体表现为利用司法职务上的便利，实施以下三种枉法行为：①对明知是无罪的人而使他受追诉。即对没有实施危害社会行为，或者根据《刑法》第 13 条规定，情节显著轻微危害不大，不认为是犯罪以及其他依照刑法规定不负刑事责任的人，采取伪造、隐匿、毁灭证据或者其他隐瞒事实、违背法律的手段，以追究刑事责任为目的进行侦查（含采取强制性措施）、起诉、审判等追诉活动。②对明知是有罪的人而故意包庇不使他受追诉。即对有事实和确凿证据证明实施犯罪的人，采取伪造、隐匿、毁灭证据或者其他隐瞒事实、违背法律的手段，故意包庇使其不受侦查（含采取强制措施）、起诉或者审判。故意包庇不使受追诉的犯罪事实，既可以是全部的犯罪事实，也可以是部分犯罪事实或情节。另外，故意违背事实真相，违法变更强制措施，或者虽然采取强制措施，但实际放任不管，致使人犯逃避刑事追诉的，亦属枉法包庇的情形。③在刑事审判活动中故意违背事实和法律枉法裁判。这是指枉法进行裁定、判决，使有罪判无罪、无罪判有罪或者重罪轻判、轻罪重判。

【罪量】确定、依法追究徇私枉法者的刑事责任，要综合考虑其行为给国家、社会和人民利益造成的损失，给有关当事人的人身、财产等方面的权益造成的损失，以及造成的政治影响等方面的情况。根据《渎职侵权案立案标准》（2006）的规定，徇私枉法涉嫌下列情形之一的，应予立案：①对明知是没有犯罪事实或者其他依法不应当追究刑事责任的人，采取伪造、隐匿、毁灭证据或者其他隐瞒事实、违反法律的手段，以追究刑事责任为目的立案、侦查、起

---

[1] 2002 年 12 月 28 日《刑法修正案（四）》第 8 条第 3 款增订。
[2] 2002 年 12 月 28 日《刑法修正案（四）》第 8 条第 4 款修订。

诉、审判的；②对明知是有犯罪事实需要追究刑事责任的人，采取伪造、隐匿、毁灭证据或者其他隐瞒事实、违反法律的手段，故意包庇使其不受立案、侦查、起诉、审判的；③采取伪造、隐匿、毁灭证据或者其他隐瞒事实、违反法律的手段，故意使罪重的人受较轻的追诉，或者使罪轻的人受较重的追诉的；④在立案后，采取伪造、隐匿、毁灭证据或者其他隐瞒事实、违反法律的手段，应当采取强制措施而不采取强制措施，或者虽然采取强制措施，但中断侦查或者超过法定期限不采取任何措施，实际放任不管，以及违法撤销、变更强制措施，致使犯罪嫌疑人、被告人实际脱离司法机关侦控的；⑤在刑事审判活动中故意违背事实和法律，作出枉法判决、裁定，即有罪判无罪、无罪判有罪，或者重罪轻判、轻罪重判的；⑥其他徇私枉法应予追究刑事责任的情形。

【主观】故意，即明知案件的事实真相，出于屈从私利、私情的动机，而有意枉法追诉、包庇、裁判。徇私、徇情的动机是各种各样的，有的是贪图钱财、女色，有的是袒护、包庇亲友、同事或者泄愤报复。

【加重犯】犯徇私枉法，并具有严重情节或者特别严重情节的，是本罪的加重犯。在审判实践中，所谓"情节严重"，主要是指从动机、手段、后果等方面综合考虑比较恶劣、严重，如因贪赃、贪图女色而枉法的，采取了伪造、毁灭重要证据的方式或刑讯的方式枉法的，给国家和人民利益造成较大损失的，给有关当事人的人身、财产权益造成较严重损害的，等等。根据《渎职侵权重特大案件标准》（2002）的规定，徇私枉法具有下列情形之一的属于"重大案件"：①对依法可能判处3年以上7年以下有期徒刑的犯罪分子，故意包庇不使其受追诉的；②致使无罪的人被判处3年以上7年以下有期徒刑的。所谓"情节特别严重"，主要是从犯罪的动机、手段、后果等方面综合判断特别恶劣、严重，如徇私枉法行为造成重大冤、假、错案，给国家和人民利益造成特别严重的损失或者给有关当事人的生命、人身、财产造成特别重大损害的；徇私枉法包庇重大的犯罪分子，致使犯罪集团的首要分子、惯犯、累犯以及其他罪行特别严重的罪犯逃避法律惩罚的；徇私枉法的动机特别卑劣、手段特别恶劣，造成极为恶劣的社会影响或其他严重后果的；等等。根据《渎职侵权重特大案件标准》（2002）第5条的规定，徇私枉法具有下列情形之一的属于"特大案件"：①对依法可能判处7年以上有期徒刑、无期徒刑、死刑的犯罪分子，故意包庇不使其受追诉的；②致使无罪的人被判处7年以上有期徒刑、无期徒刑、死刑的。

2. 民事、行政枉法裁判罪。

【定义】审判人员在民事、行政审判活动中，故意违背事实和法律作枉法裁判，情节严重的行为。

【客体】人民法院的审判职能。

【主体】特殊主体，只能是在民事、行政诉讼活动中负有审判职责的人员。

【对象】民事、行政诉讼中的当事人。

【行为】表现为在民事、行政审判活动中作出违背事实和法律的判决、裁定的行为。民事、行政审判活动，是指非刑事诉讼的审判活动，包括民事案件，行政案件，经济纠纷案件，海商、海事案件的司法审判活动。违背事实和法律的判决、裁定，是指不依据已有的证据查清、认定案件的事实或者不依据已查清的案件事实正确地适用法律，作出颠倒、歪曲事实的认定和颠倒是非、歪曲法律的判决、裁定。通常表现为有意偏袒一方当事人，或者损害一方当事人的利益，证据确凿充分的，认定为证据不足；证据不足的，认定为确实充分；不依据已查清的事实公正地确定当事人的责任；等等。对于有充分的事由和证据应予立案而有意裁定不予立案的，也属于枉法裁判的一种形式。

【罪量】依据《刑法》第399条第2款的规定，在民事、行政审判活动中，枉法裁判的行为必须情节严重，才能构成犯罪。所谓情节严重，主要指从行为人的动机、手段及所造成的后果等方面综合考虑，其社会危害性比较严重，应予刑罚处罚。参照《渎职侵权案立案标准》(2006)，指涉嫌下列情形之一的：①枉法裁判，致使当事人或者其近亲属自杀、自残造成重伤、死亡，或者精神失常的；②枉法裁判，造成个人财产直接经济损失10万元以上，或者直接经济损失不满10万元，但间接经济损失50万元以上的；③枉法裁判，造成法人或者其他组织财产直接经济损失20万元以上，或者直接经济损失不满20万元，但间接经济损失100万元以上的；④伪造、变造有关材料、证据，制造假案枉法裁判的；⑤串通当事人制造伪证、毁灭证据或者篡改庭审笔录而枉法裁判的；⑥徇私情、私利，明知是伪造、变造的证据予以采信，或者故意对应当采信的证据不予采信，或者故意违反法定程序，或者故意错误适用法律而枉法裁判的；⑦其他情节严重的情形。

【主观】故意，即明知案件的事实或应当适用的法律，而故意违背事实和法律作出裁定或判决。

【加重犯】犯民事、行政枉法裁判罪，情节特别严重的，是本罪的加重犯。所谓"情节特别严重"，主要是从动机、手段、后果等方面综合考虑，其社会危害性十分严重，如严重贪赃枉法的；在诉讼标的巨大或影响重大的案件上，不顾证据确凿、事实充分，作出完全颠倒黑白的判决的；毁灭、隐匿重大案件的重要证据作出枉法判决的；极为严重地损害国家和人民的利益或造成极为恶劣的社会影响的；极为严重地损害当事人的合法权益，造成当事人自杀、精神失常、家破人亡、企业破产等后果的；等等。根据《渎职侵权重特大案件标准》(2002)第6条的规定，民事、行政枉法裁判具有下列情形之一的，属于"重大案件"：①枉法裁判，致使公民的财产损失10万元以上、法人或者其他组织财产损失50万元以上的；②枉法裁判，引起当事人及其亲属精神失常或者重伤的。民事、行政枉法裁判具有下列情形之一的，属于"特大案件"：①枉法裁判，致使公民的财产损失50万元以上、法人或者其他组织财产损失100万元以上的；②引起当事人及其亲属自杀死亡的。

3. 执行判决、裁定失职罪。

【定义】司法工作人员在执行判决、裁定活动中，严重不负责任，不依法采取诉讼保全措施、不履行法定执行职责，或者违法采取保全措施、强制执行措施，致使当事人或者其他人的利益遭受重大损失的行为。

【客体】人民法院的正常执行活动。

【主体】人民法院中从事生效判决、裁定执行工作的人员。

【行为】在执行生效判决、裁定活动中，严重不负责任。具体表现为：①不依法采取诉讼保全措施；②不履行法定执行职责，致使当事人或者其他人的利益遭受重大损失。这里的"当事人"，指有关案件的原告人、被告人和第三人；"其他人"指前述当事人以外的人。

【罪量】致使当事人或者其他人的利益遭受重大损失。根据《渎职侵权案立案标准》(2006)的规定，涉嫌下列情形之一的，应予立案：①致使当事人或者其近亲属自杀、自残造成重伤、死亡或者精神失常的；②造成个人财产直接经济损失15万元以上，或者直接经济损失虽不满15万元，但间接经济损失75万元以上的；③造成法人或者其他组织财产直接经济损失30万元以上，或者直接经济损失不满30万元，但间接经济损失150万元以上的；④造成公司、企业等单位停业、停产1年以上，或者破产的；⑤其他致使当事人或者其他人的利益遭受重大损失的情形。

【主观】过失。

【加重犯】犯执行判决、裁定失职罪，并致使当事人或者其他人的利益遭受特别重大损失的，是本罪的加重犯。对于"特别重大损失"，目前尚无相关立法或司法解释，司法实践中，可结合本罪立案标准并参考本条其他犯罪的加重犯条件予以认定。

4. 执行判决、裁定滥用职权罪。

【定义】司法工作人员在执行判决、裁定活动中，滥用职权，不依法采取诉讼保全措施、不履行法定执行职责，或者违法采取保全措施、强制执行措施，致使当事人或者其他人的利益遭受重大损失的行为。

【客体】人民法院的正常执行活动。

【主体】人民法院中从事生效判决、裁定执行工作的人员。

【行为】执行判决、裁定活动中滥用职权，违法采取诉讼保全措施、强制执行措施，致使当事人或者其他人的利益遭受重大损失的行为。

【罪量】致使当事人或者其他人的利益遭受重大损失。根据《渎职侵权案立案标准》（2006）的规定，涉嫌下列情形之一的，应予立案：①致使当事人或者其近亲属自杀、自残造成重伤、死亡或者精神失常的；②造成个人财产直接经济损失10万元以上，或者直接经济损失不满10万元，但间接经济损失50万元以上的；③造成法人或者其他组织财产直接经济损失20万元以上，或者直接经济损失不满20万元，但间接经济损失100万元以上的；④造成公司、企业等单位停业、停产6个月以上，或者破产的；⑤其他致使当事人或者其他人的利益遭受重大损失的情形。

【主观】一般是过失[1]。主张"过失说"确定主观罪过形式的，重点在于致使重大损失的结果。另有主张故意的观点，其确定主观罪过形式的重点在滥用职权行为本身。本书采取司法实务中通说"过失说"。

【加重犯】执行判决、裁定滥用职权，并致使当事人或者其他人的利益遭受特别重大损失的，是本罪的加重犯。对于"特别重大损失"，目前尚无相关立法或司法解释，司法实践中，可结合本罪立案标准并参考本条其他犯罪的加重犯条件予以认定。

（二）适用

【定罪】司法实践中，由于司法工作人员认识水平不高、工作能力有限、工作方法简单等原因，因而造成错案的，不应以犯罪论处。由于工作隶属关系，迫于上级的压力而作出显失公平裁判的，也不应以犯罪论处。

【关联罪】1. 徇私枉法罪与民事、行政枉法裁判罪的界限。二者均有徇私的动机和枉法裁判的行为，相当近似。主要区别是：①主体不同。前罪主体包括有侦查、检察、审判等司法职责的人员，通常为公安机关、国家安全机关人员、检察员、审判员及陪审员；后罪主体限于民事、行政案件的审判人员。②行为发生的场合不同。前罪发生在刑事诉讼活动过程中；后罪发生在民事诉讼、行政诉讼审判过程中。③行为对象不同。前罪针对的是刑事案件的犯罪嫌疑人、被告人或者一般公民；后罪针对的是民事、行政诉讼当事人。④构成犯罪的条件不同。枉法裁判罪需要以"情节严重"为要件；徇私枉法罪并无此要件的限定。值得注意的是：如果对刑事案件作枉法裁判的，应当以徇私枉法罪论处。

2. 徇私枉法罪与帮助毁灭、伪造证据罪的关系。司法工作人员在徇私枉法的行为过程中，可能采取毁灭、伪造证据的方法进行枉法追诉、裁判，这与帮助毁灭、伪造证据罪相

---

[1] 周道鸾、张军主编：《刑法罪名精释》，人民法院出版社2007年版，第872页。

似。二者的主要区别是：①前罪的毁灭、伪造证据行为是作为徇私枉法犯罪的方法行为，在实行徇私枉法犯罪过程中实施的；而后罪则不是在徇私枉法犯罪过程中实施的。②前罪毁灭、伪造证据的行为必须利用司法职权；而后罪则无此限制。在徇私枉法的犯罪过程中，利用司法职权毁灭、伪造证据的，实质属于方法行为牵连到帮助毁灭、伪造证据罪，应择较重的罪即本罪论处。

3. 徇私枉法罪与伪证罪的界限。伪证罪与徇私枉法罪，均为特殊主体，均有陷害或包庇的目的，均发生于刑事诉讼过程中，均可能有妨害证据的行为，极为近似。二者的主要区别在于：①主体不同。徇私枉法罪的主体是有侦查、起诉、审判等司法职责的人员，通常为公安机关、国家安全机关人员、检察员、审判员及陪审员；伪证罪的主体为证人、鉴定人、翻译人和记录人。②客观方面不同。徇私枉法罪限于利用司法职务之便；伪证罪则无利用司法职务之便的行为特征。③侵犯的客体不同。徇私枉法罪是一种滥用司法职权的行为；伪证罪是一种妨害司法活动的行为。

【共犯】非司法工作人员与司法工作人员勾结，共同实施徇私枉法行为，构成犯罪的，以徇私枉法罪的共犯追究刑事责任。[1]

【罪数】1. 司法工作人员收受贿赂，进行徇私枉法、枉法裁判，在执行判决、裁定中严重不负责任或者滥用职权，又构成犯罪的，择一重罪定罪处罚，不需要实行数罪并罚。

2. 负有审判职责的司法工作人员利用司法职务之便，在刑事、民事、行政枉法裁判的过程中采取了毁灭、伪造证据的手段，应视为牵连犯，只需以徇私枉法罪或民事、行政枉法裁判罪定罪处罚。

【案例】　　　　　　　**韩忠福、韩克炳徇私枉法案**[2]

韩宝琛因盗窃被西宁市公安局刑事拘留，被告人韩克炳持韩宝琛家的户口簿到化隆县公安局德恒隆派出所，对当时任该所所长的被告人韩忠福说："韩宝琛被西宁市公安局逮捕，年龄改到不满16周岁，法院在判刑时轻一些。"被告人韩忠福便按韩克炳的要求更换了户口簿，将韩宝琛的年龄改小5岁，同时给西宁市公安局出具了韩宝琛的虚假户籍证明。事后，被告人韩忠福将原户口簿和介绍信销毁，并将韩宝琛的《常住人口登记表》旧户口底册上的年龄更改。西宁市公安局办案干警到韩宝琛伯父韩有才处调查韩宝琛的年龄时，韩有才依被告人韩克炳事前的授意，作了与更改的户口簿中的年龄一致的虚假证明，致使西宁市人民检察院对韩宝琛作了不起诉决定。后韩宝琛被劳动教养1年6个月。

(1) 本案被告人韩忠福构成何罪？为什么？

答：徇私枉法罪。因为被告人韩忠福作为司法工作人员，徇私枉法，对明知是有犯罪事实需要追究刑事责任的人，采取改小年龄的非法手段，故意包庇使其不受追诉，构成徇私枉法罪。

(2) 本案另一被告人韩克炳该当何罪？

答：徇私枉法罪共犯。

(3) 如果被告人韩忠福收受了韩克炳的贿赂，构成犯罪的，是否需要以徇私枉法罪与受贿罪数罪并罚？

答：不需要。司法工作人员收受贿赂，进行徇私枉法，又构成犯罪的，择一重罪定罪处罚。

---

[1]《徇私枉法罪共犯答复》(2003)。
[2] 青海省海东地区中级人民法院(2005)东刑初字第3号刑事判决。

二、私放在押人员罪·失职致使在押人员脱逃罪

（一）构成要件·法定刑

《刑法》第 400 条　司法工作人员私放在押的犯罪嫌疑人、被告人或者罪犯的，处 5 年以下有期徒刑或者拘役；情节严重的，处 5 年以上 10 年以下有期徒刑；情节特别严重的，处 10 年以上有期徒刑。

司法工作人员由于严重不负责任，致使在押的犯罪嫌疑人、被告人或者罪犯脱逃，造成严重后果的，处 3 年以下有期徒刑或者拘役；造成特别严重后果的，处 3 年以上 10 年以下有期徒刑。

1. 私放在押人员罪。

【定义】司法工作人员私放在押（包括在羁押场所和押解途中）的犯罪嫌疑人、被告人或者罪犯的行为。

【客体】国家对在押人员的监管制度。

【主体】特殊主体，即负有监管职责的司法工作人员。不在监管机关工作，但负有看管、押解、决定拘留或者批捕、决定逮捕职责的司法工作人员也可以构成本罪的主体。另外，根据《失职致使在押人员脱逃案解释》（2001），工人等非监管机关在编监管人员在被监管机关聘用受委托履行监管职责的过程中私放在押人员的，以《刑法》第 400 条第 1 款的规定，以私放在押人员罪追究刑事责任。

【行为】表现为违反国家对在押人员的监管制度，私放在押人员的行为。在押人员包括：①犯罪嫌疑人；②刑事被告人；③已经被判决有罪的罪犯。私放的场所包括在羁押场所和押解途中。

【罪量】根据《渎职侵权案立案标准》（2006）的规定，私放在押人员涉嫌下列情形之一的，应予立案：①私自将在押的犯罪嫌疑人、被告人、罪犯放走，或者授意、指使、强迫他人将在押的犯罪嫌疑人、被告人、罪犯放走的；②伪造、变造有关法律文书、证明材料，以使在押的犯罪嫌疑人、被告人、罪犯逃跑或者被释放的；③为私放在押的犯罪嫌疑人、被告人、罪犯，故意向其通风报信、提供条件，致使该在押的犯罪嫌疑人、被告人、罪犯脱逃的；④其他私放在押的犯罪嫌疑人、被告人、罪犯应予追究刑事责任的情形。

【主观】故意。

【加重犯】犯私放在押人员罪，情节严重或者情节特别严重的，是本罪的加重犯。情节严重的认定，可参考《渎职侵权重特大案件标准》（2002）第 7 条中重特大私放在押人员案件的标准。有下列情形之一的属于重大案件：①私放 3 人以上的；②私放可能判处有期徒刑 10 年以上或者余刑在 5 年以上的重大刑事犯罪分子的；③在押人员被私放后又实施重大犯罪的。情节特别严重的认定，可参考司法解释关于特大私放在押人员的标准，有下列情形之一的属于特大案件：①私放 5 人以上的；②私放可能判处无期徒刑以上的重大刑事犯罪分子的；③在押人员被私放后又犯罪致人死亡的。

2. 失职致使在押人员脱逃罪。

【定义】司法工作人员由于严重不负责任，不履行或者不认真履行职责，致使在押的犯罪嫌疑人、被告人、罪犯脱逃，造成严重后果的行为。

【主体】特殊主体，即负有监管职责的司法工作人员。不在监管机关工作，但负有看管、押解、决定拘留或者批捕、决定逮捕职责的司法工作人员也可以构成本罪的主体。另外：①根据《失职致使在押人员脱逃案解释》（2001），工人等非监管机关在编监管人员在被监管机关聘用受委托履行监管职责的过程中，由于严重不负责任，致使在押人员脱逃，造成严重后果

的，依《刑法》第400条第2款的规定，以失职致使在押人员脱逃罪追究刑事责任。②根据《狱医批复》（2000），对于未被公安机关正式录用，受委托履行监管职责的人员，由于严重不负责任，致使在押人员脱逃，造成严重后果的，以《刑法》第400条第2款规定的失职致使在押人员脱逃罪定罪处罚。不负监管职责的狱医，不构成本罪主体。但受委派承担了监管职责的狱医，可成为本罪的主体。

【行为】严重不负责任，不履行或者不认真履行职责，致使在押的犯罪嫌疑人、被告人、罪犯脱逃。

【结果】致使在押人员脱逃，造成严重后果。根据《渎职侵权案立案标准》（2006）的规定，涉嫌下列情形之一的，应予立案：①致使依法可能判处或者已经判处10年以上有期徒刑、无期徒刑、死刑的犯罪嫌疑人、被告人、罪犯脱逃的；②致使犯罪嫌疑人、被告人、罪犯脱逃3人次以上的；③犯罪嫌疑人、被告人、罪犯脱逃以后，打击报复报案人、控告人、举报人、被害人、证人和司法工作人员等，或者继续犯罪的；④其他致使在押的犯罪嫌疑人、被告人、罪犯脱逃，造成严重后果的情形。

【主观】过失。如果是故意私放在押人员的，按照私放在押人员罪处罚。

【加重犯】犯失职致使在押人员脱逃罪，造成特别严重后果的，是本罪的加重犯。可参考《渎职侵权重特大案件标准》（2002）第8条认定特别严重的后果。失职致使在押人员脱逃，具有下列情形之一的，属于重大案件：①致使脱逃5人以上的；②致使可能判处无期徒刑或者死刑缓期二年执行的重大刑事犯罪分子脱逃的；③在押人员脱逃后实施重大犯罪致人死亡的。具有下列情形之一的，属于特大案件：①致使脱逃10人以上的；②致使可能判处死刑的重大刑事犯罪分子脱逃的；③在押人员脱逃后实施重大犯罪致人死亡2人以上的。

（二）适用

【关联罪】1. 私放在押人员罪与徇私枉法罪的界限。二者都可能都是出于包庇罪犯的动机，并产生使罪犯逃避刑事追究的效果。区别要点是：本罪的私放行为使在押人员摆脱人身羁押，而脱离人身羁押可能导致罪犯逃避刑事追诉或处罚；徇私枉法罪则是通过对犯罪嫌疑人、被告人或罪犯的实体内容进行枉法的调查、认定、裁判而致使罪犯逃避应有的处罚。

2. 私放在押人员罪与窝藏罪的界限。"私放"的行为本身包含有利用司法人员的身份或监管、押解职务上便利的内容。如果司法人员没有利用身份或职务上的便利，帮助在押人员脱逃或脱离羁押状态的，应当认定为窝藏罪。

3. 私放在押人员罪与脱逃罪共犯的区分。负有监管职责的司法工作人员利用监管之便，私放在押人员脱逃的，不成立共犯，行为人以私放在押人员罪论处，脱逃的在押人员构成犯罪的，以脱逃罪论处。司法工作人员没有利用职务的便利私放在押人员的，成立脱逃罪的共犯。

三、徇私舞弊减刑、假释、暂予监外执行罪

《刑法》第401条　司法工作人员徇私舞弊，对不符合减刑、假释、暂予监外执行条件的罪犯，予以减刑、假释或者暂予监外执行的，处3年以下有期徒刑或者拘役；情节严重的，处3年以上7年以下有期徒刑。

【定义】司法工作人员徇私舞弊，对不符合减刑、假释、暂予监外执行条件的罪犯予以减刑、假释、暂予监外执行的行为。

【行为】表现为利用职权或工作上的便利，枉法使罪犯获取减刑、假释、监外执行的行为。

【罪量】根据《渎职侵权案立案标准》（2006）的规定，涉嫌下列情形之一的，应予立案：①刑罚执行机关的工作人员对不符合减刑、假释、暂予监外执行条件的罪犯，捏造事实，伪造材料，违法报请减刑、假释、暂予监外执行的；②审判人员对不符合减刑、假释、暂予监外执

行条件的罪犯,徇私舞弊,违法裁定减刑、假释或者违法决定暂予监外执行的;③监狱管理机关、公安机关的工作人员对不符合暂予监外执行条件的罪犯,徇私舞弊,违法批准暂予监外执行的;④不具有报请、裁定、决定或者批准减刑、假释、暂予监外执行权的司法工作人员利用职务上的便利,伪造有关材料,导致不符合减刑、假释、暂予监外执行条件的罪犯被减刑、假释、暂予监外执行的;⑤其他徇私舞弊减刑、假释、暂予监外执行应予追究刑事责任的情形。

【主观】故意,并具有徇私的动机。

【加重犯】犯本罪,且情节严重的,是本罪的加重犯。认定情节严重可参考《渎职侵权重特大案件标准》(2002)第9条中重特大案件的标准。有下列情形之一的,属于重大案件:①办理3次以上或者一次办理3人以上的;②为重大刑事犯罪分子办理减刑、假释、暂予监外执行的。有下列情形之一的,属于特大案件:①办理5次以上或者一次办理5人以上的;②为特别重大刑事犯罪分子办理减刑、假释、暂予监外执行的。

第四节 特定国家机关工作人员的渎职罪

一、枉法仲裁罪[1]

《刑法》第399条之一[2] 依法承担仲裁职责的人员,在仲裁活动中故意违背事实和法律作枉法裁决,情节严重的,处3年以下有期徒刑或者拘役;情节特别严重的,处3年以上7年以下有期徒刑。

【定义】依法承担仲裁职责的人员,在仲裁活动中故意违背事实和法律作枉法裁决,情节严重的行为。

【客体】仲裁活动的公正性。

【主体】依法承担仲裁职责的人员。

【行为】表现为在仲裁活动中故意违背事实和法律作枉法裁决,情节严重的行为。仲裁制度是指民(商)事争议的双方当事人达成协议,自愿将争议提交选定的第三者根据一定程序规则和公正原则作出裁决,并有义务履行裁决的一种法律制度。1995年9月1日施行的《仲裁法》第7条规定:"仲裁应当根据事实,符合法律规定,公平合理地解决纠纷。"《刑法修正案(六)》将情节严重的枉法仲裁行为纳入犯罪的范围,体现了国家保证公正仲裁经济纠纷、保护仲裁双方当事人合法权益、保障社会主义市场经济健康发展的决心。所谓"违背事实和法律作出枉法裁决",是指不依据已有的证据查清、认定仲裁案件的事实或者不依据已查清的案件事实正确地适用法律,作出颠倒、歪曲事实的认定和颠倒是非、歪曲法律的仲裁裁决。通常表现为有意偏袒一方当事人,或者损害一方当事人的利益;对于证据确凿充分的,认定为证据不足;证据不足的,认定为确实充分;不依据已查清的事实公正地确定当事人的责任,等等。

依据《刑法修正案(六)》第20条的规定,枉法仲裁的行为必须情节严重,才能构成犯罪。所谓"情节严重",主要从行为人的动机、手段及所造成的后果等方面综合考虑,其社会危害性比较严重,应予刑罚处罚。关于情节严重的具体内容,可参考检察机关关于民事、行政枉法裁判罪的立案标准予以认定,司法实践中一般是指犯罪手段恶劣,严重侵犯当事人合法权益的;给当事人的生产、经营或者生活造成严重困难的;造成恶劣社会影响的等情形。

---

[1] 2006年6月29日《刑法修正案(六)》第20条新增加的罪。
[2] 2006年6月29日《刑法修正案(六)》第20条增订。

【主观】故意，即明知案件的事实或应当适用的法律，而故意违背事实和法律作出仲裁裁决。

【加重犯】犯本罪并情节特别严重的，是本罪的加重犯。对于"情节特别严重"，主要从动机、手段、后果等方面综合考虑，其社会危害性十分严重。关于情节特别严重的具体内容，可参考民事、行政枉法裁判罪的相关规定予以认定。

二、徇私舞弊不移交刑事案件罪

《刑法》第402条　行政执法人员徇私舞弊，对依法应当移交司法机关追究刑事责任的不移交，情节严重的，处3年以下有期徒刑或者拘役；造成严重后果的，处3年以上7年以下有期徒刑。

【定义】行政执法人员徇私舞弊，对依法应当移交司法机关追究刑事责任的案件不移交，情节严重的行为。

【客体】行政机关的正常活动和司法职权。

【主体】特殊主体，限于行政执法人员，即在国家公安、工商、税务、海关、检疫等行政机关中依法行使行政职权的国家机关工作人员。

【行为】表现为利用行政执法的职权舞弊枉法，对依法应当移交司法机关追究刑事责任的案件不移交的行为。这是指行政执法人员在履行职责、查处行政违法活动的过程中，发现所查处的违法行为已构成犯罪，依法应当移送司法机关追究刑事责任却违背职责不予移送，而非法以其他方式处置。如私自予以掩饰、隐瞒，不追究任何责任，或者把犯罪行为当作违法行为处理结案，以行政处罚代替刑事处罚。

【罪量】依据《刑法》第402条规定，不移交刑事案件的行为必须情节严重才能构成犯罪。所谓情节严重，根据《渎职侵权案立案标准》（2006）的规定，涉嫌下列情形之一的，应予立案：①对依法可能判处3年以上有期徒刑、无期徒刑、死刑的犯罪案件不移交的；②不移交刑事案件涉及3人次以上的；③司法机关提出意见后，无正当理由仍然不予移交的；④以罚代刑，放纵犯罪嫌疑人，致使犯罪嫌疑人继续进行违法犯罪活动的；⑤行政执法部门主管领导阻止移交的；⑥隐瞒、毁灭证据，伪造材料，改变刑事案件性质的；⑦直接负责的主管人员和其他直接责任人员为牟取本单位私利而不移交刑事案件，情节严重的；⑧其他情节严重的情形。

【主观】故意，即在行政执法过程中，明知其执法对象的行为已构成犯罪，应依法将案件移交司法机关追究刑事责任，却有意不予移交。动机是徇私利、私情。

【加重犯】犯本罪，造成严重后果的，为加重犯。所谓造成严重后果，根据《渎职侵权重特大案件标准》（2002）第10条，具有下列情形之一的，属于重大案件：①对犯罪嫌疑人依法可能判处5年以上10年以下有期徒刑的重大刑事案件不移交的；②5次以上不移交犯罪案件，或者一次不移交犯罪案件涉及5名以上犯罪嫌疑人的；③以罚代刑，放纵犯罪嫌疑人，致使犯罪嫌疑人继续进行刑事犯罪的。具有下列情形之一的，属于特大案件：①对犯罪嫌疑人依法可能判处10年以上有期徒刑、无期徒刑、死刑的特别重大刑事案件不移交的；②7次以上不移交犯罪案件，或者一次不移交犯罪案件涉及7名以上犯罪嫌疑人的；③以罚代刑，放纵犯罪嫌疑人，致使犯罪嫌疑人继续进行严重刑事犯罪的。

三、滥用管理公司、证券职权罪

《刑法》第403条　国家有关主管部门的国家机关工作人员，徇私舞弊，滥用职权，对不符合法律规定的公司设立、登记申请或者股票、债券发行、上市申请，予以批准或者登记，致使公共财产、国家和人民利益遭受重大损失的，处5年以下有期徒刑或者拘役。

上级部门强令登记机关及其工作人员实施前款行为的，对其直接负责的主管人员，依照前款的规定处罚。

【定义】国家有关主管部门的国家机关工作人员，徇私舞弊，滥用职权，对不符合法律规定的公司设立、登记申请或者股票、债券发行、上市申请，予以批准或者登记，致使公共财产、国家和人民利益遭受重大损失的行为。

【客体】国家对证券、公司的正常管理活动。

【主体】国家有关主管部门的国家机关工作人员，主要是指工商行政管理、金融、证券管理等国家有关主管部门的工作人员。

【行为】表现为徇私舞弊，滥用职权，对不符合法律规定的公司设立、登记申请或者股票、债券发行、上市申请，予以批准或者登记，致使公共财产、国家和人民利益遭受重大损失的行为。

【罪量】根据《渎职侵权案立案标准》（2006）的规定，涉嫌下列情形之一的，应予立案：①造成直接经济损失 50 万元以上的；②工商行政管理部门的工作人员对不符合法律规定条件的公司设立、登记申请，违法予以批准、登记，严重扰乱市场秩序的；③金融证券管理机构工作人员对不符合法律规定条件的股票、债券发行、上市申请，违法予以批准，严重损害公众利益，或者严重扰乱金融秩序的；④工商行政管理部门、金融证券管理机构的工作人员对不符合法律规定条件的公司设立、登记申请或者股票、债券发行、上市申请，违法予以批准或者登记，致使犯罪行为得逞的；⑤上级部门、当地政府直接负责的主管人员强令登记机关及其工作人员，对不符合法律规定条件的公司设立、登记申请或者股票、债券发行、上市申请予以批准或者登记，致使公共财产、国家或者人民利益遭受重大损失的；⑥其他致使公共财产、国家和人民利益遭受重大损失的情形。

【处罚】上级部门强令登记机关及其工作人员实施本条规定的行为的，对其直接负责的主管人员，以滥用管理公司、证券职权罪定罪处罚。

四、徇私舞弊不征、少征税款罪

《刑法》第 404 条　税务机关的工作人员徇私舞弊，不征或者少征应征税款，致使国家税收遭受重大损失的，处 5 年以下有期徒刑或者拘役；造成特别重大损失的，处 5 年以上有期徒刑。

【定义】税务机关工作人员徇私舞弊，不征、少征应征税款，致使国家税收遭受重大损失的行为。

【客体】国家税务征收管理制度。

【主体】税务机关工作人员，即在税务机关从事税收征收管理工作的国家机关工作人员。

【行为】表现为徇私舞弊，非法不征、少征应征税款，致使国家税收遭受重大损失的行为。"应征税款"是指国家有关税收的法律、法规根据纳税主体、纳税对象、税率等指标而确定的，税收机关必须征收的纳税数额。[1]

【罪量】根据《渎职侵权案立案标准》（2006）的规定，涉嫌下列情形之一的，应予立案：①徇私舞弊不征、少征应征税款，致使国家税收损失累计达 10 万元以上的；②上级主管部门工作人员指使税务机关工作人员徇私舞弊不征、少征应征税款，致使国家税收损失累计达 10 万元以上的；③徇私舞弊不征、少征应征税款不满 10 万元，但具有索取或者收受贿赂或者其

---

[1] 周道鸾、张军主编：《刑法罪名精释》，人民法院出版社 2007 年版，第 885 页。

他恶劣情节的;④其他致使国家税收遭受重大损失的情形。

【主观】故意,并出于徇私的动机。

【加重犯】犯本罪,致使国家税收遭受特别重大损失的,是本罪的加重犯。根据《渎职侵权重特大案件标准》(2002)第12条,造成国家税收损失累计达30万元以上的属于"重大案件";造成国家税收损失累计达50万元以上的属于"特大案件"。

五、徇私舞弊发售发票、抵扣税款、出口退税罪·违法提供出口退税凭证罪

(一)构成要件·法定刑

《刑法》第405条 税收机关的工作人员违反法律、行政法规的规定,在办理发售发票、抵扣税款、出口退税工作中,徇私舞弊,致使国家利益遭受重大损失的,处5年以下有期徒刑或者拘役;致使国家利益遭受特别重大损失的,处5年以上有期徒刑。

其他国家机关工作人员违反国家规定,在提供出口货物报关单、出口收汇核销单等出口退税凭证的工作中,徇私舞弊,致使国家利益遭受重大损失的,依照前款的规定处罚。

1. 徇私舞弊发售发票、抵扣税款、出口退税罪。

【定义】税务机关的工作人员违反法律、行政法规的规定,在办理发售发票、抵扣税款、出口退税工作中,为徇私情私利,对明知不符合条件的单位或者个人发售发票、抵扣税款、出口退税,致使国家利益遭受重大损失的行为。

【行为】表现为违反法律、行政法规的规定,在办理发售发票、抵扣税款、出口退税工作中,为徇私情私利,对明知不符合条件的单位或者个人发售发票、抵扣税款、出口退税,致使国家利益遭受重大损失的行为。

【罪量】根据《渎职侵权案立案标准》(2006)的规定,徇私舞弊发售发票、抵扣税款、出口退税,涉嫌下列情形之一的,应予立案:①徇私舞弊,致使国家税收损失累计达10万元以上的;②徇私舞弊,致使国家税收损失累计不满10万元,但发售增值税专用发票25份以上或者其他发票50份以上或者增值税专用发票与其他发票合计50份以上,或者具有索取、收受贿赂或者其他恶劣情节的;③其他致使国家利益遭受重大损失的情形。

【主观】故意,并具有徇私的动机。

【加重犯】犯徇私舞弊发售发票、抵扣税款、出口退税罪,致使国家利益遭受特别重大损失的,是本罪的加重犯。根据《渎职侵权重特大案件标准》(2002)第13条,造成国家税收损失累计达30万元以上的属于"重大案件";造成国家税收损失累计达50万元以上的属于"特大案件"。

2. 违法提供出口退税凭证罪。

【定义】国家机关工作人员违反国家规定,在提供出口货物报关单、出口收汇核销单等出口退税凭证的工作中,徇私舞弊,致使国家利益遭受特别重大损失的行为。

【行为】表现为违反国家规定,在提供出口货物报关单、出口收汇核销单等出口退税凭证的工作中,徇私舞弊,致使国家利益遭受特别重大损失的行为。

【罪量】根据《渎职侵权案立案标准》(2006)的规定,违法提供出口退税凭证,涉嫌下列情形之一的,应予立案:①徇私舞弊,致使国家税收损失累计达10万元以上的;②徇私舞弊,致使国家税收损失累计不满10万元,但具有索取、收受贿赂或者其他恶劣情节的;③其他致使国家利益遭受重大损失的情形。

【主观】故意,并具有徇私的动机。

【加重犯】犯违法提供出口退税凭证罪,致使国家利益遭受特别重大损失的,是加重的犯罪构成。根据《渎职侵权重特大案件标准》(2002)第13条,造成国家税收损失累计达30万

元以上的属于"重大案件";造成国家税收损失累计达50万元以上的属于"特大案件"。

(二) 适用

【罪数】1. 在徇私舞弊发售发票、抵扣税款、出口退税罪中,致使国家税收损失累计不满10万元,但具有索取、收受贿赂行为的,因为受贿行为作为定罪的情节考虑,根据不得重复评价、处罚的原理,择一重罪处罚,不能数罪并罚。

2. 在违法提供出口退税凭证罪中,徇私舞弊,致使国家税收损失累计不满10万元,但具有索取、收受贿赂行为的,因为索取、收受贿赂行为作为定罪的情节考虑,根据不得重复评价、处罚的原理,择一重罪处罚。

六、违法发放林木采伐许可证罪

(一) 构成要件·法定刑

《刑法》第407条 林业主管部门的工作人员违反森林法的规定,超过批准的年采伐限额发放林木采伐许可证或者违反规定滥发林木采伐许可证,情节严重,致使森林遭受严重破坏的,处3年以下有期徒刑或者拘役。

(二) 适用

【罪量】根据《渎职侵权案立案标准》(2006),林业主管部门工作人员之外的国家机关工作人员,违反森林法的规定,滥用职权或者玩忽职守,致使林木被滥伐40立方米以上或者幼树被滥伐2000株以上,或者致使防护林、特种用途林被滥伐10立方米以上或者幼树被滥伐400株以上,或者致使珍贵树木被采伐、毁坏4立方米或者4株以上,或者致使国家重点保护的其他植物被采伐、毁坏后果严重的,或者致使国家严禁采伐的林木被采伐、毁坏情节恶劣的,按照《刑法》第397条的规定以滥用职权罪或者玩忽职守罪追究刑事责任。

【关联罪】本罪与滥伐林木罪的界限。违法发放采伐许可证的行为,虽然帮助了滥伐行为,导致滥伐的结果,但是对违法发放采伐许可证的行为,不按滥伐林木罪的共犯论处。

七、环境监管失职罪

(一) 构成要件·法定刑

《刑法》第408条 负有环境保护监督管理职责的国家机关工作人员严重不负责任,导致发生重大环境污染事故,致使公私财产遭受重大损失或者造成人身伤亡的严重后果的,处3年以下有期徒刑或者拘役。

【主观】过失。

【罪量】根据《渎职侵权案立案标准》(2006)的规定,涉嫌下列情形之一的,应予立案:①造成死亡1人以上,或者重伤3人以上,或者重伤2人、轻伤4人以上,或者重伤1人、轻伤7人以上,或者轻伤10人以上的;②导致30人以上严重中毒的;③造成个人财产直接经济损失15万元以上,或者直接经济损失不满15万元,但间接经济损失75万元以上的;④造成公共财产、法人或者其他组织财产直接经济损失30万元以上,或者直接经济损失不满30万元,但间接经济损失150万元以上的;⑤虽未达到3、4两项数额标准,但3、4两项合计直接经济损失30万元以上,或者合计直接经济损失不满30万元,但合计间接经济损失150万元以上的;⑥造成基本农田或者防护林地、特种用途林地10亩以上,或者基本农田以外的耕地50亩以上,或者其他土地70亩以上被严重毁坏的;⑦造成生活饮用水地表水源和地下水源严重污染的;⑧其他致使公私财产遭受重大损失或者造成人身伤亡严重后果的情形。

(二) 适用

【认定】本罪为过失犯罪。如果行为人出于故意,不尽环境保护监管职责,致使公私财产遭受重大损失或者造成人身伤亡的,应以相应的故意犯罪(如以危险方法危害公共安全罪)

定罪处罚，因受贿而故意不尽环境保护监管职责，构成犯罪的，因以相应的故意犯罪与受贿罪并罚。

【关联罪】环境监管失职罪与重大环境污染事故罪的区别。二者的区别是：①主体不同。前罪的主体为负有环境监督管理职责的国家机关工作人员；后罪的主体为普通的个人或单位。②发生的场合不同。前罪发生于环保的监督管理的活动中；后罪发生于生产、生活中。③侵犯的客体不同。前罪客体为国家机关的环保职能；后罪客体为国家对自然环境的保护与管理秩序。

八、食品监管渎职罪

《刑法》第408条之一　　负有食品安全监督管理职责的国家机关工作人员，滥用职权或者玩忽职守，导致发生重大食品安全事故或者造成其他严重后果的，处5年以下有期徒刑或者拘役；造成特别严重后果的，处5年以上10年以下有期徒刑。

徇私舞弊犯前款罪的，从重处罚。

【主观】一般为过失，但间接故意也可构成本罪。

【罪量】"重大食品安全事故"，根据《食品安全法》第99条的规定，是指食物中毒、食源性疾病、食品污染等源于食品，对人体健康有严重危害或者可能有严重危害的事故；"其他严重后果"，指可能对人体健康有潜在的危害，并造成严重社会影响的食品安全事故。对"导致发生重大食品安全事故或者造成其他严重后果"的认定，可参照《渎职侵权案立案标准》（2006）关于"滥用职权案"的规定，从死伤人数、直接经济损失数额以及事故的危害范围、对公众饮食安全的危害程度等方面综合加以考虑。

【关联罪】行为人在食品监管活动中因受贿而徇私舞弊，滥用职权或者玩忽职守，同时构成受贿罪和本罪的，应数罪并罚。

九、传染病防治失职罪

(一) 构成要件·法定刑

《刑法》第409条　　从事传染病防治的政府卫生行政部门的工作人员严重不负责任，导致传染病传播或者流行，情节严重的，处3年以下有期徒刑或者拘役。

【定义】从事传染病防治的政府卫生行政部门的工作人员严重不负责任，不履行或者不认真履行传染病防治监管职责导致传染病传播或者流行，情节严重的行为。

【主体】特殊主体，为从事传染病防治的政府卫生行政部门的工作人员。根据《办理传染病刑案解释》（2003）第16条的规定，在预防、控制突发传染病疫情等灾害期间，从事传染病防治的政府卫生行政部门的工作人员，或者正在受政府卫生行政部门委托代表政府卫生行政部门行使职权的组织中从事公务的人员，或者虽未列入政府卫生行政部门人员编制但在政府卫生行政部门从事公务的人员，在代表政府卫生行政部门行使职权时，严重不负责任，导致传染病传播或者流行，情节严重的，依照《刑法》第409条的规定，以传染病防治失职罪定罪处罚。

【行为】表现为严重不负责任，不履行或者不认真履行传染病防治监管职责，导致传染病传播或者流行，情节严重的行为。

【罪量】根据《渎职侵权案立案标准》（2006）的规定，涉嫌下列情形之一的，应予立案：①导致甲类传染病传播的；②导致乙类、丙类传染病流行的；③因传染病传播或者流行，造成人员重伤或者死亡的；④因传染病传播或者流行，严重影响正常的生产、生活秩序的；⑤在国家对突发传染病疫情等灾害采取预防、控制措施后，对发生突发传染病疫情等灾害的地区或者突发传染病病人、病原携带者、疑似突发传染病病人，未按照预防、控制突发传染病疫情等灾害工作规范的要求做好防疫、检疫、隔离、防护、救治等工作，或者采取的预防、控制措施不当，造成传染范围扩大或者疫情、灾情加重的；⑥在国家对突发传染病疫情等灾害采取预防、控制措施后，隐瞒、缓报、谎报或者授意、指使、强令他人隐瞒、缓报、谎报疫情、灾情，造成传染范围扩大或者疫情、灾情加重的；⑦在国家对突发传染病疫情等灾害采取预防、控制措施后，拒不执行突发传染病疫情等灾害应急处理指挥机构的决定、命令，造成传染范围扩大或者疫情、灾情加重的；⑧其他情节严重的情形。

【主观】过失。

（二）适用

【关联罪】传染病防治失职罪与妨害传染病防治罪的界限。二者的区别是：①主体不同。前罪主体为负有传染病防治职责的人员；后罪主体为普通的个人和单位，他们往往是传染病防治人员的工作对象。②行为方式不同。前罪是违背法律规定的防治传染病的工作职责，具有渎职性；后罪的行为则无此渎职性质。③客体不同。本罪的客体为国家有关部门的防治传染病的职能；后罪主要是危害公共卫生。

十、放纵走私罪

（一）构成要件·法定刑

《刑法》第411条　海关工作人员徇私舞弊，放纵走私，情节严重的，处5年以下有期徒刑或者拘役；情节特别严重的，处5年以上有期徒刑。

【定义】海关工作人员为贪图钱财、袒护亲友或者其他私情私利，明知是走私行为而予以放纵，使之不受追究，情节严重的行为。

【主体】特殊主体，即海关工作人员

【行为】徇私舞弊，放纵走私。所谓"放纵走私"，是指对应当查缉的走私货物、物品不予查缉，或者对应当追究法律责任的走私活动人不予追究，而包庇、纵容、放走走私活动人的行为。[1]

【罪量】情节严重，根据《渎职侵权案立案标准》（2006）的规定，涉嫌下列情形之一的，应予立案：①放纵走私犯罪的；②因放纵走私致使国家应收税额损失累计达10万元以上的；③放纵走私行为3起次以上的；④放纵走私行为，具有索取或者收受贿赂情节的；⑤其他情节严重的情形。

【主观】故意，并具有徇私的动机。

【加重犯】犯本罪，情节特别严重的，是本罪的加重犯。根据《渎职侵权重特大案件标准》（2002）第21条，因放纵走私造成国家税收损失累计达30万元以上的属于"重大案件"；造成国家税收损失累计达50万元以上的属于"特大案件"。

（二）适用

【关联罪】1. 本罪与走私共同犯罪的界限。如果海关工作人员事先与走私犯罪分子通谋，利用职务之便为走私货物、物品放行，参与分赃的，应当以走私罪的共犯论处。

2. 本罪与徇私舞弊不移交刑事案件罪的区别。海关工作人员在查处走私活动时发现走私犯罪行为，如果未作任何处理就予以放行的，应当以放纵走私罪论处；如果发现构成走私罪应当追究刑事责任，却徇私情私利仅以行政处罚结案，不移交司法机关追究刑事责任的，应当以徇私舞弊不移交刑事案件罪论处。

【罪数】在因收受贿赂而放纵走私的场合，如果收受贿赂行为作为定罪的情节考虑，根据

---

[1] 周道鸾、张军主编：《刑法罪名精释》，人民法院出版社2007年版，第901页。

不得重复评价、处罚的原理，应择一重罪处罚。

十一、商检徇私舞弊罪·商检失职罪

《刑法》第412条　国家商检部门、商检机构的工作人员徇私舞弊，伪造检验结果的，处5年以下有期徒刑或者拘役；造成严重后果的，处5年以上10年以下有期徒刑。

前款所列人员严重不负责任，对应当检验的物品不检验，或者延误检验出证、错误出证，致使国家利益遭受重大损失的，处3年以下有期徒刑或者拘役。

【关联罪】商检失职罪与商检徇私舞弊罪的界限。在错误出证的场合，商检失职罪与商检徇私舞弊罪都会出现与商品真实情况不符合的检验结果，在客观上近似。二者的主要区别是：前罪是由于严重不负责任而过失出具了错误的检验证明文件，而后罪是由于徇私舞弊而故意伪造虚假的检验结果。

十二、动植物检疫徇私舞弊罪·动植物检疫失职罪

《刑法》第413条　动植物检疫机关的检疫人员徇私舞弊，伪造检疫结果的，处5年以下有期徒刑或者拘役；造成严重后果的，处5年以上10年以下有期徒刑。

前款所列人员严重不负责任，对应当检疫的检疫物不检疫，或者延误检疫出证、错误出证，致使国家利益遭受重大损失的，处3年以下有期徒刑或者拘役。

【关联罪】动植物检疫徇私舞弊罪与动植物检疫失职罪的主要区别是：前者是故意罪；后者是过失罪。

十三、放纵制售伪劣商品犯罪行为罪

《刑法》第414条　对生产、销售伪劣商品犯罪行为负有追究责任的国家机关工作人员，徇私舞弊，不履行法律规定的追究职责，情节严重的，处5年以下有期徒刑或者拘役。

【关联罪】1. 本罪与徇私枉法罪的界限。在司法人员不履行对生产、销售伪劣商品犯罪行为追究职责的场合，本罪与徇私枉法罪的包庇犯罪分子使其不受追诉或者枉法裁判的行为极其近似。二者的区别是：本罪表现为不履行追究职责的不作为；后罪则表现为利用职权积极地实施包庇行为，使犯罪人不受追诉或者枉法将有罪判无罪、重罪判轻刑。

2. 本罪与徇私舞弊不移交刑事案件罪的界限。行政执法人员在查处生产、销售伪劣商品的违法行为过程中，发现违法行为已构成犯罪，不予查处的，应当以本罪论处；徇私情私利仅以行政处理结案，不移交司法机关追究刑事责任的，应当以徇私舞弊不移交刑事案件罪论处。

十四、办理偷越国（边）境人员出入境证件罪·放行偷越国（边）境人员罪

（一）构成要件·法定刑

《刑法》第415条　负责办理护照、签证以及其他出入境证件的国家机关工作人员，对明知是企图偷越国（边）境的人员，予以办理出入境证件的，或者边防、海关等国家机关工作人员，对明知是偷越国（边）境的人员，予以放行的，处3年以下有期徒刑或者拘役；情节严重的，处3年以上7年以下有期徒刑。

1. 办理偷越国（边）境人员出入境证件罪。

【定义】负责办理护照、签证以及其他出入境证件的国家机关工作人员，对明知是企图偷越国（边）境的人员予以办理出入境证件的行为。

【行为】对明知是企图偷越国（边）境的人员，予以办理出入境证件。

【主观】故意。

【加重犯】犯办理偷越国（边）境人员出入境证件罪，情节严重的，是该罪的加重犯。"情节严重"，可参考《渎职侵权重特大案件标准》（2002）第27条认定。办理偷越国（边）境人员出入境证件，具有下列情形之一的，属于"重大案件"：①违法办理3人以上的；②违法办理 3 次以上的；③违法为刑事犯罪分子办证的。有下列情形之一的，属于"特大案件"：①违法办理 5 人以上的；②违法办理 5 次以上的；③违法为严重刑事犯罪分子办证的。

2. 放行偷越国（边）境人员罪。

【定义】边防、海关等国家机关工作人员，对明知是偷越国（边）境的人员，予以放行的行为。

【行为】对明知是偷越国（边）境的人员，予以放行。本罪的既遂以被放行的偷越者实际偷越过国（边）境为标志。

【主观】故意，过失不成立本罪。

【加重犯】犯放行偷越国（边）境人员罪，情节严重的，是该罪的加重犯。放行偷越国（边）境人员具有下列情形之一的，属于"重大案件"：①违法放行 3 人以上的；②违法放行 3 次以上的；③违法放行刑事犯罪分子的。有下列情形之一的，属于"特大案件"：①违法放行 5 人以上的；②违法放行 5 次以上的；③违法放行严重刑事犯罪分子的。

（二）适用

【关联罪】办理偷越国（边）境人员出入境证件罪与组织、运送他人偷越国（边）境罪的界限。行为人与组织、运送他人偷越国（边）境的犯罪分子相勾结，实施非法办理出入境证件行为的，应以组织、运送他人偷越国（边）境罪的共同犯罪论处。

十五、不解救被拐卖、绑架妇女、儿童罪·阻碍解救被拐卖、绑架妇女、儿童罪

《刑法》第 416 条　对被拐卖、绑架的妇女、儿童负有解救职责的国家机关工作人员，接到被拐卖、绑架妇女、儿童及其家属的解救要求或者接到其他人的举报，而对被拐卖、绑架的妇女、儿童不进行解救，造成严重后果的，处 5 年以下有期徒刑或者拘役。

负有解救职责的国家机关工作人员利用职务阻碍解救的，处 2 年以上 7 年以下有期徒刑；情节较轻的，处 2 年以下有期徒刑或者拘役。

【主观】故意。

【罪量】根据《渎职侵权案立案标准》（2006）的规定，不解救被拐卖、绑架妇女、儿童，涉嫌下列情形之一的，应予立案：①导致被拐卖、绑架的妇女、儿童或者其家属重伤、死亡或者精神失常的；②导致被拐卖、绑架的妇女、儿童被转移、隐匿、转卖，不能及时进行解救的；③对被拐卖、绑架的妇女、儿童不进行解救 3 人次以上的；④对被拐卖、绑架的妇女、儿童不进行解救，造成恶劣社会影响的；⑤其他造成严重后果的情形。

阻碍解救被拐卖、绑架妇女、儿童，涉嫌下列情形之一的，应予立案：①利用职权，禁止、阻止或者妨碍有关部门、人员解救被拐卖、绑架的妇女、儿童的；②利用职务上的便利，向拐卖、绑架者或者收买者通风报信，妨碍解救工作正常进行的；③其他利用职务阻碍解救被拐卖、绑架的妇女、儿童应予追究刑事责任的情形。"情节较轻"，一般是指没有造成严重后果（如解救活动没有实际受到阻碍的）、没有造成恶劣社会影响等情形。

【关联罪】不解救被拐卖、绑架妇女、儿童罪与阻碍解救被拐卖、绑架妇女、儿童罪的界限。二者的主要区别是：前罪仅有不履行解救职责的不作为，而无阻碍解救的行为，表现出一种消极的不作为；后罪不仅不履行解救职责，而且还利用职务积极地阻碍对被害人的解救，表现出一种积极的作为。

十六、帮助犯罪分子逃避处罚罪

《刑法》第 417 条　有查禁犯罪活动职责的国家机关工作人员，向犯罪分子通风报信、提供便利，帮助犯罪分子逃避处罚的，处 3 年以下有期徒刑或者拘役；情节严重的，处 3 年以上 10 年以下有期徒刑。

【定义】有查禁犯罪活动职责的司法及公安、国家安全、海关、税务等国家机关的工作人员向犯罪分子通风报信、提供便利,帮助犯罪分子逃避处罚的行为。

【主体】"国家机关的工作人员",不要求必须具有国家干部身份,从其他单位借调而来的人员也可构成本罪。[1]作为行使刑事审判权的人民法院,虽也负有打击犯罪活动的职责,但这主要是从法院最后对被告人定罪量刑的角度上而言的。审判权在刑事程序上具有中立性、最后性,人民法院一般不直接参与或担负或履行查禁犯罪活动的职责,因此,案件的执行法官不能构成本罪的主体。[2]

【行为】表现为向犯罪分子通风报信、提供便利,帮助犯罪分子逃避处罚的行为。"犯罪分子"包括正在实行犯罪或者有证据证明涉嫌犯罪的犯罪嫌疑人,不以法院已经作出生效刑事判决为必要条件,只要行为对象已被司法机关立案查处,进入实质性刑事追究程序,就可以称之为"犯罪分子"。"逃避处罚"指逃避刑事处罚。指导案例"潘楠博涉嫌帮助犯罪分子逃避处罚、受贿案"[3]裁判要旨:"负有查禁犯罪活动职责的国家机关工作人员向违法行为人通风报信,帮助逃避行政处罚的行为不能构成帮助犯罪分子逃避处罚罪。"

【主观】故意。

【罪量】根据《渎职侵权案立案标准》(2006)的规定,涉嫌下列情形之一的,应予立案:①向犯罪分子泄漏有关部门查禁犯罪活动的部署、人员、措施、时间、地点等情况的;②向犯罪分子提供钱物、交通工具、通讯设备、隐藏处所等便利条件的;③向犯罪分子泄漏案情的;④帮助、示意犯罪分子隐匿、毁灭、伪造证据,或者串供、翻供的;⑤其他帮助犯罪分子逃避处罚应予追究刑事责任的情形。

【加重犯】犯本罪,情节严重的,是本罪的加重犯。"情节严重"可参考《渎职侵权重特大案件标准》(2002)第31条予以认定。有下列情形之一的,属于"重大案件":①帮助犯罪分子逃避处罚3次的;②使3名以上犯罪分子逃避处罚的;③帮助重大刑事犯罪分子逃避处罚的。有下列情形之一的,属于"特大案件":①帮助犯罪分子逃避处罚5次的;②使5名以上犯罪分子逃避处罚的;③帮助2名以上重大刑事犯罪分子逃避处罚的。

【关联罪】本罪与窝藏、包庇罪的区别。二者均包括帮助犯罪分子逃避处罚的行为,十分相似。二者的区别是:①主体不同。本罪主体为负有查禁犯罪活动职责的国家机关工作人员,为特殊主体;后罪主体为一般主体。②行为方式有所不同。本罪帮助犯罪分子逃避处罚有两种方式:一是通风报信,二是提供便利,并且一般要利用职务之便;后者的行为方式主要是提供便利,不包括通风报信,只是在旅馆业、饮食服务业等从业人员为卖淫嫖娼违法犯罪分子通风报信的特殊场合,通风报信才独立成为包庇罪的行为方式。

---

[1] 指导判例"杨有才帮助犯罪分子逃避处罚案【第129号】——参与案件侦查工作的公安机关借用人员是否属于司法工作人员?"载中华人民共和国最高人民法院刑事审判第一庭、第二庭编:《刑事审判参考(2001年第9集·总第20集)》,法律出版社2002年版。

[2] 指导判例"李刚等帮助犯罪分子逃避处罚案【第186号】——执行法官能否成为帮助犯罪分子逃避处罚罪的主体?"载中华人民共和国最高人民法院刑事审判第一庭、第二庭编:《刑事审判参考(2002年第3集·总第26集)》,法律出版社2003年版。

[3] 载中华人民共和国最高人民法院刑事审判第一庭、第二庭编:《刑事审判参考(2005年第4集·总第45集)》,法律出版社2006年版。

第十章 军人违反职责罪

第一节 军人违反职责罪概述

军人违反职责罪，是指军人违反职责，危害国家军事利益，依照法律应当受刑罚处罚的一类犯罪行为。《刑法》分则第十章军人违反职责罪共32个条文（第420～451条），规定了31个罪名。这类犯罪有以下共同特征：

一、客体

侵害的同类客体是国家的军事利益。所谓国家军事利益，是指有关武装力量作战、训练、物质保障、军事秘密管理秩序等方面的利益。具体表现为作战秩序、战斗力、武装力量管理秩序、军事秘密、武装力量的国际声誉等。军人违反职责罪的危害实质在于破坏武装力量建设，削弱部队战斗力，危害国家军事利益。

二、主体

主体是军人，即限于《刑法》第450条所规定的人员："中国人民解放军的现役军官、文职干部、士兵及具有军籍的学员和中国人民武装警察部队的现役警官、文职干部、士兵及具有军籍的学员以及执行军事任务的预备役人员和其他人员。"所谓预备役人员，是指编入民兵组织或者经过登记服预备役的地方人员。所谓其他人员，是指在军队（含武装部队）机关、部队、院校、医院、基地等队列单位和事业单位工作的正式职员、工人以及临时征用或者受委托执行军事任务的地方人员。需要注意的是：预备役人员和其他人员成为本类犯罪的主体必须以执行军事任务为前提，如进行军事训练、执行战斗任务等。主体的特殊性是本类犯罪区别于其他种类的犯罪的重要特征。

三、行为

在客观方面表现为违反军人职责，危害国家军事利益的行为。犯罪的时间、地点，对于军人违反职责罪的定罪量刑具有重要的影响。例如"战时"，对有些军职罪是犯罪构成的要件，对有些军职罪则是量刑的重要情节。《刑法》第451条规定，"战时，是指国家宣布进入战争状态、部队受领作战任务或者遭敌突然袭击时。"在处罚方面，《刑法》第449条规定的战时缓行制度很有特色，也应予以重视。

四、主观

大部分犯罪的主观是故意，少数犯罪的主观是过失。

由于本章属于刑法中较为特殊的规定，所以在本章之罪与其他章节之罪发生法条竞合时，一般优先适用本章的规定。但对军人盗窃、抢夺部队的枪支、弹药、爆炸物案件的法律适用是一个例外。

第二节 危害作战利益的犯罪

一、战时违抗命令罪

（一）构成要件·法定刑

《刑法》第421条　战时违抗命令，对作战造成危害的，处3年以上10年以下有期徒刑；致使战斗、战役遭受重大损失的，处10年以上有期徒刑、无期徒刑或者死刑。

【定义】战时故意违背并抗拒执行上级的命令，对作战造成危害的行为。

（二）适用

【定罪】成立本罪必须至少符合三个条件：①从时间条件看，必须发生在"战时"；②从主观方面来看，必须是出于"故意"；③从结果条件来看，必须"对作战造成了危害"。

【加重犯】"致使战斗、战役遭受重大损失"，一般指造成我军人员重大伤亡；武器装备、军事设施和军用物资严重损失；导致战斗、战役失利等情形。

二、隐瞒、谎报军情罪·拒传、假传军令罪

《刑法》第422条　故意隐瞒、谎报军情或者拒传、假传军令，对作战造成危害的，处3年以上10年以下有期徒刑；致使战斗、战役遭受重大损失的，处10年以上有期徒刑、无期徒刑或者死刑。

【定罪】这两个罪未限定为战时犯罪，因为在部队平时的战备工作中，隐瞒或者谎报军情都可能导致在作战、准备上决策失误，最终对作战造成危害。成立该条文之罪必须至少符合两个条件：①从主观方面来看，必须是出于"故意"；②从结果条件来看，必须"对作战造成了危害"。

三、投降罪

（一）构成要件·法定刑

《刑法》第423条　在战场上贪生怕死，自动放下武器投降敌人的，处3年以上10年以下有期徒刑；情节严重的，处10年以上有期徒刑或者无期徒刑。

投降后为敌人效劳的，处10年以上有期徒刑、无期徒刑或者死刑。

【定义】在战场上贪生怕死，自动放下武器，向敌人投降的行为。

（二）适用

【定罪】成立本罪必须至少符合两个条件：①从时空条件看，必须发生在"战场"上；②从主观方面来看，必须是出于"故意"，并出于贪生怕死的动机。

【加重犯】"情节严重"，一般是指指挥人员或者其他负有重要职责的人员投降的；在紧要关头或者危急时刻投降的；率领部队或者部属投降的；胁迫他人投降的；策动多人或者策动指挥人员、其他负有重要职责的人员投降的；携带重要武器装备投降的；因投降导致战斗、战役遭受重大损失等情形。

【关联罪】1. 本罪与投敌叛变罪的区别：①主体不同。本罪的主体是中国人民解放军的武装战斗人员；后罪的主体是具有中国国籍的公民。②行为的场合和方式不同。本罪是在战场上自动放下武器；投敌叛变罪则不受这一特定场合和方式的限制。③动机不同。本罪出于贪生怕死的动机；投敌叛变罪则出于叛国等动机。

2. 被敌人俘虏后，积极为敌人效劳的，不成立本罪，而以投敌叛变罪论处。

四、战时临阵脱逃罪

《刑法》第 424 条　战时临阵脱逃的，处 3 年以下有期徒刑；情节严重的，处 3 年以上 10 年以下有期徒刑；致使战斗、战役遭受重大损失的，处 10 年以上有期徒刑、无期徒刑或者死刑。

【定义】战时面临战斗任务而脱离岗位逃避参加战斗的行为。

【关联罪】本罪与投降罪的区别。本罪仅有逃避战斗的行为而没有向敌方缴械投降的行为。

五、违令作战消极罪

《刑法》第 428 条　指挥人员违抗命令，临阵畏缩，作战消极，造成严重后果的，处 5 年以下有期徒刑；致使战斗、战役遭受重大损失或者有其他特别严重情节的，处 5 年以上有期徒刑。

【定义】指挥人员违抗命令，临阵畏缩，作战消极，造成严重后果的行为。

六、拒不救援友邻部队罪

《刑法》第 429 条　在战场上明知友邻部队处境危急请求救援，能救援而不救援，致使友邻部队遭受重大损失的，对指挥人员，处 5 年以下有期徒刑。

【定义】指挥人员在战场上明知友邻部队处境危急请求救援，能救援而不救援，致使友邻部队遭受重大损失的行为。

七、战时造谣惑众罪

（一）构成要件·法定刑

《刑法》第 433 条　战时造谣惑众，动摇军心的，处 3 年以下有期徒刑；情节严重的，处 3 年以上 10 年以下有期徒刑；情节特别严重的，处 10 年以上有期徒刑或者无期徒刑。

【定义】战时造谣惑众，动摇军心的行为。

（二）适用

【加重犯】"情节严重"，一般是指指挥人员造谣惑众的；谣言散布范围广的；谣言内容煽动性大的；在紧要关头或者危急时刻造谣惑众的；引起部队混乱、指挥失控、多人逃亡等严重后果等情形。"情节特别严重"可参照前述标准认定。

【关联罪】本罪与战时造谣扰乱军心罪的区别主要在于主体不同。本罪的主体限于军人，后罪是一般主体。对于军人战时造谣惑众、扰乱军心构成犯罪的，应以战时造谣惑众罪论处。

八、战时自伤罪

（一）构成要件·法定刑

《刑法》第 434 条　战时自伤身体，逃避军事义务的，处 3 年以下有期徒刑；情节严重的，处 3 年以上 7 年以下有期徒刑。

【定义】战时自伤身体，逃避军事义务的行为。

【客体】军人参战秩序。在战时，军人应当随时准备参加作战，履行保卫祖国的义务。军人为了逃避军事义务，自伤身体，影响官兵士气，削弱部队战斗力，危害作战利益。

【行为】表现为战时自伤身体的行为。本罪只能发生在战时。"自伤"身体指有意识地伤害自己的身体，包括加重已有的伤害。

【主观】故意，并具有逃避军事义务的目的。军事义务泛指要求军人履行的与作战有关的义务，如向战区开进、集结、临战待命和准备实施战斗行动，担负战场勤务和各种作战保障等。如果行为人自伤身体的目的不是为了逃避军事义务，而是为了骗取荣誉或掩盖失误，则不构成战时自伤罪。

【加重犯】"情节严重"一般是指指挥人员或者其他负有重要职责的人员自伤的；紧要关头或者危急时刻自伤的；因自伤造成严重后果等情形。

（二）适用

【定罪】普通人在一般场合伤害自己的身体健康不是犯罪；军人在平时自伤身体不构成犯罪。

第三节　违反部队管理秩序的犯罪

一、擅离、玩忽军事职守罪

（一）构成要件·法定刑

《刑法》第425条　指挥人员和值班、值勤人员擅离职守或者玩忽职守，造成严重后果的，处3年以下有期徒刑或者拘役；造成特别严重后果的，处3年以上7年以下有期徒刑。

战时犯前款罪的，处5年以上有期徒刑。

【定义】指挥人员和值班、值勤人员，擅离职守或者玩忽军事职守，造成严重后果的行为。

【客体】武装力量的指挥、值班、值勤管理制度。

【主体】限于指挥人员和值班、值勤人员，属于军人违反职责罪中的特殊主体。

【行为】表现为擅离职守或者玩忽职守，因而造成严重后果的行为。所谓擅离职守，是指擅自离开指挥、值班、值勤岗位。所谓玩忽职守，是指在履行职责的岗位上，严重不负责任，不履行职责，或者马虎草率、疏忽大意，不正确履行职责。军人擅离、玩忽职守造成严重后果的，才构成犯罪。

【结果】造成严重后果。所谓严重后果，指符合下列情形之一：①致使战斗、战役遭受重大损失的；②贻误战机的；③致人伤亡的；④发生重大事故造成武器装备毁损的；⑤给国家军事利益或其他财产造成重大损失的；等等。

【主观】过失。行为人对擅自离开岗位、严重不负责任、不履行职责、马虎草率的行为是故意的，对造成严重后果是过失的。

（二）适用

【关联罪】本罪与战时临阵脱逃罪的主要区别：①本罪是特定的值班、执勤人员的渎职行为；战时临阵脱逃罪限于在战斗之中或者面临战斗之际逃离战场或战斗岗位。②本罪要求造成了严重的后果才构成犯罪；后者则不要求造成严重后果即可构成犯罪。

二、阻碍执行军事职务罪

（一）构成要件·法定刑

《刑法》第426条　以暴力、威胁方法，阻碍指挥人员或者值班、值勤人员执行职务的，处5年以下有期徒刑或者拘役；情节严重的，处5年以上10年以下有期徒刑；情节特别严重的，处10年以上有期徒刑或者无期徒刑。战时从重处罚。

【定义】以暴力、威胁方法阻碍指挥人员或者值班、值勤人员执行职务的行为。

（二）适用

【关联罪】1.本罪与妨害公务罪的区别：①主体不同。本罪是特殊主体，限于军人；后罪是一般主体。②行为对象不同。本罪的对象是军队的指挥人员或者值班、值勤人员执行职务的活动；后罪的对象是国家工作人员执行职务的活动。在发生法条竞合时，优先适用本法条。

2.本罪与阻碍军人执行职务罪的主要区别：①犯罪客体不尽相同。本罪的客体是指挥和值班、值勤的正常秩序；后罪的客体是军人依法执行职务的活动。②行为对象不同。本罪的对象是正在执行职务的指挥人员和值班、值勤人员；后罪的对象是依法执行职务的军人。③犯罪主体不同。本罪的主体是军人；后罪的主体是一般主体。

三、指使部属违反职责罪

《刑法》第427条　滥用职权，指使部属进行违反职责的活动，造成严重后果的，处5年以下有期徒刑或者拘役；情节特别严重的，处5年以上10年以下有期徒刑。

【定义】滥用职权，指使部属进行违反职责的活动，造成严重后果的行为。

四、军人叛逃罪

（一）构成要件·法定刑

《刑法》第430条　在履行公务期间，擅离岗位，叛逃境外或者在境外叛逃，危害国家军事利益的，处5年以下有期徒刑或者拘役；情节严重的，处5年以上有期徒刑。

驾驶航空器、舰船叛逃的，或者有其他特别严重情节的，处10年以上有期徒刑、无期徒刑或者死刑。

【定义】军人在履行公务期间，擅离岗位，叛逃境外或者在境外叛逃，危害国家军事利益的行为。

【加重犯】"情节严重"，一般指指挥人员和其他担负重要职责的人员叛逃的；策动他人叛逃的；携带军事秘密叛逃的；战时叛逃的等情形。"其他特别严重情节"，一般指策动多人或策动指挥人员和其他担负重要职责的人员叛逃的；叛逃后积极从事危害国家安全和国防利益活动等情形。

（二）适用

【关联罪】1. 本罪与叛逃罪的区别主要在于主体不同。本罪的主体限于军人；叛逃罪的主体是国家机关工作人员。在发生法条竞合时，优先适用本法条。

2. 本罪与投敌叛变罪的界限。如果行为人是因私合法出境后与派出单位和有关部门脱离关系，并滞留境外不归的，属于出走而不属于"在境外叛逃"，但如在境外有投敌叛变行为，则可以投敌叛变罪论处。

五、逃离部队罪

（一）构成要件·法定刑

《刑法》第435条　违反兵役法规，逃离部队，情节严重的，处3年以下有期徒刑或者拘役。

战时犯前款罪的，处3年以上7年以下有期徒刑。

【定义】违反兵役法规，逃离部队，情节严重的行为。

【罪量】"情节严重"是指指挥人员和其他担负重要职责的人员逃离部队的；策动多人或者胁迫他人逃离部队的；在部队执行重要任务期间逃离部队的；逃离部队3次以上或者因逃离部队受纪律处分仍不悔改再次逃离部队的；逃离部队持续时间超过3个月或者累计时间达6个月的；逃离部队后在社会上从事违法活动的；逃离部队后私自出境等情形。

（二）适用

【定罪】本罪是故意犯罪，在司法实践中，对擅自离队或者逾假不归的军人，如果经教育仍拒不返回部队，或者有意脱离与部队联系的，应认定其具有逃避服兵役的主观故意。如果行为人确属家庭有实际困难或者其他特殊原因，能主动向部队说明情况，或者经教育后及时归队的，不应认定其有逃避服兵役的主观故意。

【关联罪】1. 本罪与《刑法》第376条（战时拒绝、逃避征召、军事训练罪，战时拒绝、逃避服役罪）的区别主要在于主体不同。本罪的主体是已经应征、应召入伍服役的军人；后两罪的主体是尚未应征、应召入伍的预备役人员或公民。

2. 本罪与战时临阵脱逃罪的区别主要在于行为时是否面临战斗任务。战时临阵脱逃罪必须面临具体明确的战斗任务，因此只发生在战时和战场上；而逃离部队罪则发生在平时，或者虽然发生在战时，但没有面临具体、明确的战斗任务。

3. 本罪与军人叛逃罪的关系。军人叛逃时，当然同时有逃离部队的行为。对此应根据重法优先适用的原则，以军人叛逃罪论处。

第四节　危害军事秘密安全的犯罪

一、非法获取军事秘密罪·为境外窃取、刺探、收买、非法提供军事秘密罪

（一）构成要件·法定刑

《刑法》第431条　以窃取、刺探、收买方法，非法获取军事秘密的，处5年以下有期徒刑；情节严重的，处5年以上10年以下有期徒刑；情节特别严重的，处10年以上有期徒刑。

为境外的机构、组织、人员窃取、刺探、收买、非法提供军事秘密的，处10年以上有期徒刑、无期徒刑或者死刑。

【加重犯】"情节严重"，一般指利用职权非法获取军事秘密的；从作战、机要、保密等重要部门非法获取军事秘密的；非法获取机密级或者多项秘密级军事秘密的；非法获取军事秘密的手段特别恶劣的；战时非法获取军事秘密的；将非法获取的军事秘密又泄露的；非法获取军事秘密造成严重后果的等情形。"情节特别严重"可参照前述标准予以认定。

（二）适用

【关联罪】1. 非法获取军事秘密罪与非法获取国家秘密罪的区别：①主体不同。前罪的主体是军人；后罪的主体是一般主体。②对象不同。前罪的对象是军事秘密；后罪的对象是国家秘密。在发生法条竞合时，优先适用《刑法》第431条。

2. 为境外窃取、刺探、收买、非法提供军事秘密罪与为境外窃取、刺探、收买、非法提供国家秘密、情报罪的区别：①主体不同。前罪主体是军人；后罪的主体是一般主体。②对象不同。前罪的对象是军事秘密；后罪的对象是国家秘密和情报。在发生法条竞合时，优先适用《刑法》第431条。

3. 为境外窃取、刺探、收买、非法提供军事秘密罪与非法获取军事秘密罪的区别主要在于是否为"境外"非法获取或者提供军事秘密。可以把为境外窃取、刺探、收买、非法提供军事秘密罪理解为非法获取军事秘密罪的加重形态。

二、故意泄露军事秘密罪·过失泄露军事秘密罪

（一）构成要件·法定刑

《刑法》第432条　违反保守国家秘密法规，故意或者过失泄露军事秘密，情节严重的，处5年以下有期徒刑或者拘役；情节特别严重的，处5年以上10年以下有期徒刑。

战时犯前款罪的，处5年以上10年以下有期徒刑；情节特别严重的，处10年以上有期徒刑或者无期徒刑。

【罪量】"情节严重"，一般指机要、保密人员或者其他负有特殊保密义务的人员泄密的；出于恶劣的个人动机或者为达到非法目的泄密的；利用职权指使或强迫他人违反保密规定泄露

军事秘密的；出卖军事秘密的；战时泄密的；执行特殊任务时泄密的；泄露机密级或多项秘密级军事秘密的；因泄密造成严重后果等情形。"情节特别严重"可参照前述标准予以认定。

(二) 适 用

【关联罪】1. 故意泄露军事秘密罪、过失泄露军事秘密罪与故意泄露国家秘密罪、过失泄露国家秘密罪之间的区别：①主体不同。本罪的主体是军人；后罪的主体是国家机关工作人员和其他人员。②对象不同。本罪对象是军事秘密；后罪的对象是国家秘密。在发生法条竞合时，优先适用《刑法》第432条。

2. 故意泄露军事秘密罪与过失泄露军事秘密罪的区别主要在于罪过形式不同。另外，就二者成立犯罪的要件"情节严重"来看，其具体标准也不相同。

第五节 危害部队物质保障的犯罪

一、武器装备肇事罪

(一) 构成要件·法定刑

《刑法》第436条 违反武器装备使用规定，情节严重，因而发生责任事故，致人重伤、死亡或者造成其他严重后果的，处3年以下有期徒刑或者拘役；后果特别严重的，处3年以上7年以下有期徒刑。

【定义】违反武器装备使用规定，情节严重，因而发生责任事故，致人重伤、死亡或者造成其他严重后果的行为。

【客体】武器装备的管理、使用制度。所谓武器装备，是指用于杀伤敌人和破坏敌人作战设施的武器和军事技术设备，如枪、炮、弹药、战车、飞机、舰艇、化学武器、核武器和侦察、通讯、工程、防化、防空技术设备等。

【行为】表现为违反武器装备使用规定，情节严重，因而发生重大责任事故，致人重伤、死亡或者造成其他严重后果的行为。这里包含三层含义：①行为人实施了违反武器装备使用规定的行为，这是构成本罪的前提条件；②违反武器装备使用规定的行为必须情节严重，主要指在管理、使用、操作武器装备的过程中，故意违反规定或者操作规程，或者马虎从事、严重不负责任，或者擅自使用、操作武器装备等；③发生重大责任事故，致人重伤、死亡或者造成其他严重后果，如造成爆炸、火灾、大面积污染、重要武器装备不能使用以及公共财物的重大损失等。

【结果】致人重伤、死亡或者造成其他严重后果。是否造成严重后果，是区分罪与非罪的界限。

【主观】过失，即行为人对其行为造成的重大事故，是由于疏忽大意或过于自信所致。至于违反武器装备使用规定的行为本身，则可能是明知故犯。

(二) 适 用

【关联罪】本罪与交通肇事罪、过失致人死亡罪、失火罪、过失爆炸罪、重大责任事故罪、危险物品肇事罪等犯罪的区别：①主体不同。本罪的主体是军人；后几种犯罪的主体是普通公民或者单位的职工。②行为发生的场合不同。本罪的肇事行为发生在军人使用、操作武器装备的过程中，因违反规定或操作规程而发生重大责任事故，致人重伤、死亡或者造成其他严重后果；后几种犯罪发生在日常生活或者厂矿企业的生产作业过程中，因过失而造成严重后果。例如，在处理军人驾驶军用装备车辆肇事案件时，如果是因为违反武器装备使用规定和操作规程情节严重，致人重伤、死亡或者造成其他严重后果的，即使同时违反交通运输规章制度，也应以武器装备肇事罪论处；如果仅因违反交通运输规章制度而发生重大事故，致人重伤、死亡或者使公私财产遭受重大损失的，则应以交通肇事罪论处。

二、擅自改变武器装备编配用途罪

《刑法》第437条 违反武器装备管理规定，擅自改变武器装备的编配用途，造成严重后果的，处3年以下有期徒刑或者拘役；造成特别严重后果的，处3年以上7年以下有期徒刑。

【定义】违反武器装备管理规定，擅自改变武器装备的编配用途，造成严重后果的行为。

三、盗窃、抢夺武器装备、军用物资罪

（一）构成要件·法定刑

《刑法》第438条 盗窃、抢夺武器装备或者军用物资的，处5年以下有期徒刑或者拘役；情节严重的，处5年以上10年以下有期徒刑；情节特别严重的，处10年以上有期徒刑、无期徒刑或者死刑。

盗窃、抢夺枪支、弹药、爆炸物的，依照本法第127条的规定处罚。

【定义】以非法占有为目的，秘密窃取或者公然夺取部队武器装备或者军用物资的行为。

【行为】表现为秘密窃取或者乘人不备、公然夺取部队武器装备或者军用物资的行为。这里所说的"军用物资"，是指武器装备以外的供军事上使用的被服、粮秣、油料、药材、建材等。

【主观】故意，并具有非法占有武器装备、军用物资的目的。

【加重犯】"情节严重"，一般指盗窃、抢夺重要武器装备或者多件武器装备的；盗窃、抢夺军用物资数额巨大的；盗窃、抢夺武器装备、军用物资严重影响部队完成战备执勤任务的；采用破坏性方法盗窃、抢夺武器装备或军用物资的；盗窃、抢夺武器装备、军用物资造成严重后果的；多次盗窃、抢夺武器装备或军用物资等情形。

"情节特别严重"，一般指盗窃、抢夺多件重要武器装备或者多次盗窃、抢夺重要武器装备的；盗窃、抢夺军用物资的价值达到数额特别巨大的；盗窃、抢夺武器装备或者军用物资严重影响部队完成作战等重大任务的；造成特别严重后果的；战时盗窃、抢夺武器装备或军用物资，情节严重的等情形。

（二）适用

【定罪】刑法对军人盗窃、抢夺部队的枪支、弹药、爆炸物案件适用法律的特别规定。《刑法》第438条第2款明确规定，军人盗窃或者抢夺部队的枪支、弹药、爆炸物的，以《刑法》第127条之盗窃、抢夺枪支、弹药、爆炸物罪论处，不以本罪论处。据此也可以认为本罪的对象"武器装备、军用物资"实际上不包括枪支、弹药、爆炸物。

【关联罪】本罪与贪污罪的区别在于是否利用经管公共财产（包括军用物资）的职务上的便利。军人利用职务上的便利，盗窃自己经手、管理的军用物资，具备贪污罪基本特征的，应当以贪污罪论处。军人没有利用职务上的便利盗窃武器装备、军用物资的，以本罪论处。

四、非法出卖、转让武器装备罪

《刑法》第439条 非法出卖、转让军队武器装备的，处3年以上10年以下有期徒刑；出卖、转让大量武器装备或者有其他特别严重情节的，处10年以上有期徒刑、无期徒刑或者死刑。

【定义】非法将部队的武器装备出卖或者转让给他人的行为。

五、遗弃武器装备罪

《刑法》第440条 违抗命令,遗弃武器装备的,处5年以下有期徒刑或者拘役;遗弃重要或者大量武器装备的,或者有其他严重情节的,处5年以上有期徒刑。

【定义】违抗命令,遗弃武器装备的行为。

六、遗失武器装备罪

《刑法》第441条 遗失武器装备,不及时报告或者有其他严重情节的,处3年以下有期徒刑或者拘役。

【定义】遗失武器装备,不及时报告或者有其他严重情节的行为。

【关联罪】遗失武器装备罪与丢失枪支不报罪的区别:主体不同,前罪主体是军人;后罪主体是依法配备公务用枪的人员。

七、擅自出卖、转让军队房地产罪

《刑法》第442条 违反规定,擅自出卖、转让军队房地产,情节严重的,对直接责任人员,处3年以下有期徒刑或者拘役;情节特别严重的,处3年以上10年以下有期徒刑。

【定义】违反军队房地产管理规定,擅自出卖、转让军队房地产,情节严重的行为。

八、私放俘虏罪

《刑法》第447条 私放俘虏的,处5年以下有期徒刑;私放重要俘虏、私放俘虏多人或者有其他严重情节的,处5年以上有期徒刑。

【定义】私自将俘虏放走的行为。

第六节 违反人道主义的犯罪

一、虐待部属罪

(一) 构成要件·法定刑

《刑法》第443条 滥用职权,虐待部属,情节恶劣,致人重伤或者造成其他严重后果的,处5年以下有期徒刑或者拘役;致人死亡的,处5年以上有期徒刑。

【定义】滥用职权,虐待部属,情节恶劣,因而致人重伤或者造成其他严重后果的行为。

【行为】滥用职权,虐待部属。所谓部属,是指与行为人有隶属关系的下级军人。所谓虐待,则是指对部属进行肉体上的折磨和摧残等。

【结果】情节恶劣,致人重伤或者造成其他严重后果。

【主观】行为人对滥用职权、虐待部属是故意而为,而对于造成严重后果则是过失的。

(二) 适用

【关联罪】本罪与虐待罪的区别:主体和对象不同。本罪主体是军人,是部队中的各级首长和其他有权指挥他人的人员;虐待罪的主体是自然人一般主体。本罪的对象是与行为人有隶属关系的军人;虐待罪的对象是家庭成员。

二、遗弃伤病军人罪

《刑法》第444条 在战场上故意遗弃伤病军人,情节恶劣的,对直接责任人员,处5年以下有期徒刑。

【定义】在战场上故意遗弃伤病军人,情节恶劣的行为。

【处罚】根据本条规定,只追究直接责任人员的刑事责任。

三、战时拒不救治伤病军人罪

《刑法》第445条 战时在救护治疗职位上,有条件救治而拒不救治危重伤病军人的,处5年以下有期徒刑或者拘役;造成伤病军人重残、死亡或者有其他严重情节的,处5年以上10年以下有期徒刑。

【定义】战时在救护治疗职位上,有条件救治而拒不救治危重伤病军人的行为。

四、战时残害居民、掠夺居民财物罪

《刑法》第446条 战时在军事行动地区,残害无辜居民或者掠夺无辜居民财物的,处5年以下有期徒刑;情节严重的,处5年以上10年以下有期徒刑;情节特别严重的,处10年以上有期徒刑、无期徒刑或者死刑。

【定义】战时在军事行动地区,残害无辜居民或者掠夺无辜居民财物的行为。

五、虐待俘虏罪

《刑法》第448条 虐待俘虏,情节恶劣的,处3年以下有期徒刑。

【定义】虐待俘虏,情节恶劣的行为。

【罪量】"情节恶劣"一般指指挥人员带头虐待俘虏的;虐待俘虏屡教不改的;虐待俘虏的手段特别残酷的;虐待伤、病俘虏或者俘虏中的中、高级军官的;因虐待导致俘虏自杀、行凶、伤亡、逃跑、闹事等严重后果的;造成恶劣政治影响等情形。